KB039571

헌법재판의 길

조용호

박영사

머 리 말

나는 2013. 4. 19.부터 6년 동안 제5기 재판부의 헌법재판관으로 재직하다가 2019. 4. 18. 퇴임한 후 같은 해 5. 1.자로 모교인 건국대학교 법학전문대학원의 석좌교수로 부임하였다. 2019학년도 2학기부터 법학전문대학원생들을 지도하면서 강의 자료로 활용하기 위해, 내가 참여했던 헌법재판소공보 제200호(2013. 6. 20.)부터 제271호(2019. 5. 20.)에 실린 헌법재판소 결정 1,169건을 전부 새로이 읽고 분석하여 나름대로 정리하였다. 그 과정에서 많은 성찰과 번민, 수정과 퇴고를 거듭하여 집필했던 다수의견, 반대의견, 소수의견 등을 한데 모아 내가 헌법재판에서 구현하고자 했던 바를 회고하면서 법조 인생 40여 년을 정리하여 보는 것도 의미가 있을 것으로 생각하여 이 책을 출간하기로 하였다.

우리 국민 모두는 인간의 존엄성이 보장되고 자유와 평등에 기반한 열린 민주사회에 살고 싶어 한다. 그것이 우리 헌법의 이념이자 가치이기도 하다. 따라서 헌법재판에 임하면서 늘 인간의 존엄과 가치를 최고 지향점으로 하고 그 실천원리인 민주주의와 법치주의를 구현하도록 노력하였다. 그러한 맥락에서 '구치소 과밀수용' 사건[6]에서 구치소 내 과밀수용행위가 인간의 존엄과 가치를 침해한다고 하여 위헌선언을 하였고, '낙태죄' 사건[8]에서는 우리 모두 태아였음을 강조하면서 임신한 여성의 자기결정권보다 태아의 생명권이 우선하여야 한다고 보아 합헌의견을 취하였으며, 협의상 이혼을 하려는 경우 반드시 부부가 함께 법원에 직접 출석하여 협의이혼의사확인신청서를 제출하도록 강제하는 '가족관계의 등록 등에 관한 규칙' 제73조가 협의이혼을 하려는 사람들의 일반적 행동자유권을 침해한다고 보았다[86]. 타인의 자유 또는 권리와 충돌되지 아니하는 개인의 온전한 자유와 권리만큼은 국가의 개입이나 간섭을 배제하여 이를 철저히 보장하여야 한다. '성매매처벌법' 사건[2]에서는 성매매를 형사처벌하는 것이 인간의 본성과 성매매의 본질에 반한다는 인식 아래 혼자서 전부 위헌의견을 취하였다. 인터넷게임과 관련된 '강제적 셧다운제' 사건[1] 및 '심야시간대 학원교습 제한' 사건[3]에서는 청소년들의 일반적 행동자유권, 인격의 자유로운 발현권 및 학부모의 자녀교육권을 침해하는 것으로 보고, 국가가 청소년의 수면 시간까지 간섭하는 전체주의적 위험성을 비판하였다.

헌법에 명문규정이 없는 경우에도 헌법재판소는 헌법 제10조와 제37조 제1항에 의거하여 생명권, 일반적 인격권, '혐연권' 등 많은 권리들을 '헌법에 열거되지 않은 기본권'으로 인정하여 왔다. 그러나 변호인의 피의자 접견·교통권은 피체포자 등의 '변호인의 조력을 받을 권리'를 기본권으로 인정한 결과 발생하는 간접적이고 부수적인 효과로서 형사소송법 등 개별 법률을 통하여 구체적으로 형성된 법률상의 권리에 불과함에도 다수의견이 이를 헌법상 기본권으로 보는 것[55]은 물론, 더 나아가 '변호인이 되려는 자'의 피의자 접견·교통권까지 헌법상 기본권으로 인정하는 것[20]에는 동의할 수 없고, 기본권 개념을 이렇게까지 확대하는 것이 옳은 것인지 의문이다.

헌법이 말하는 평등은 공허한 비전이 아니라 현실에서 실현되어야 한다. 따라서 어떤 명분으로든 공평한 기회를 빼앗아서는 안 된다. 일정한 공공기관은 한시적으로 매년 정원의 100분의 3 이상씩 34세 이하의 미취업자를 고용하도록 의무화한 '청년고용촉진특별법' 상의 '청년할당제' 사건[9]에서, 고용영역에서의 불합리한 연령차별 금지라는 우리 법체계의 기본질서와 부합하지 않고 적극적 평등실현조치도 아니며 동등한 처지에 있는 다른 연령 집단의 취업기회를 박탈·잠식하는 것이어서 헌법상 평등원칙에 위반된다고 보았으나 위헌 정족수에는 이르지 못하였다. 평등권을 침해하는지 여부 또는 평등원칙에 위배되는지 여부는 그 심사기준(심사척도)에 따라 달라질 수 있으나 통상의 합리성 심사기준에 의하더라도, 모계출생자가 국적취득신고로 대한민국 국적을 취득할 수 있는 신고기간을 합리적 근거 없이 2004. 12. 31.까지 제한한 구 국적법 부칙 제7조 제1항[10], 다른 법정 보훈단체와 달리 고엽제전우회와 월남참전자회의 경우 중복가입을 금지한 '참전유공자예우 및 단체설립에 관한 법률' 제19조 단서[11], 소득파악율의 차이를 이유로 직장가입자와 달리 지역가입자에 대하여는 소득 이외에 재산, 생활수준, 경제활동참가율 등을 고려하여 보험료를 산정·부과하도록 한 '국민건강보험법 제72조'[12], 반의사불벌죄에 있어서 처벌을 희망하는 의사를 철회할 수 있는 시기를 제1심판결 선고 전까지로 제한한 형사소송법 제232조 제3항[15], 보훈대상자의 부모에 대한 유족보상금 지급 시 수급권자를 1인에 한정하고 나이가 많은 자를 우선하도록 규정한 '보훈보상대상자 지원에 관한 법률' 제11조 제1항 제2호[16], 독신자의 친양자입양을 할 수 없도록 한 민법 제908조의2

제1항 제1호[83] 등은 평등권을 침해하여 헌법에 위반된다고 보았다. 그러나 초·중등교원과 달리 정당가입과 선거운동 등의 정치활동의 자유가 보장되는 대학교원의 단결권을 인정하지 않는 '교원의 노동조합 설립 및 운영 등에 관한 법률' 조항은 평등원칙에 위배되지 않는다고 보았다[69].

자유권적 기본권과 관련하여, 먼저 보호의무자 2인의 동의와 정신건강의학과 전문의 1인의 진단으로 정신질환자에 대한 강제입원이 가능하도록 한 '정신보건법' 제24조[19]가 신체의 자유를 침해한다고 보았으나, 전투경찰순경에 대한 징계처분으로 영창을 규정하고 있는 '전투경찰대설치법' 제5조 제1, 2항[21], 디엔에이 감식시료 채취대상자가 동의하는 경우에 영장 없이 디엔에이감식시료를 채취할 수 있도록 규정한 '디엔에이신원확인정보의 이용 및 보호에 관한 법률' 제8조 제3항[22]은 신체의 자유를 침해하지 않는다고 보았다. 헌법의 최고규범성에는 헌법에 의해 부여된 의무가 반드시 준수되어야 한다는 적극적 의미 또한 가진다. 이른바 '양심적 병역거부' 사건[25]에서, 병역법의 병역종류조항에 대체복무제를 규정하지 않았다고 하여 양심적 병역거부자의 양심의 자유를 침해하는 것은 아니라는 소수의견에 가담하면서, 양심의 자유의 본질이 '법질서에 대한 복종을 거부할 수 있는 권리'가 아니라는 보충의견을 집필하였다. '사립유치원을 매도하고 그 등기원인을 증여로 기재한 행위의 적법여부'에 관한 사건[63]에서는 탈법행위 내지 법률회피행위에 대한 엄정한 대처의 필요성을 강조하였으며, 박근혜 대통령에 대한 탄핵심판 사건[92]에서, 피청구인의 헌법과 법률 위배행위가 국민의 신임을 배반한 행위로서 헌법수호의 관점에서 용납될 수 없는 중대한 법 위배행위라고 판단하여 파면하는 결정에 동참한 것도 같은 맥락이었다.

한편, 우리 헌법은 제1조 제1항에서 대한민국은 민주공화국임을 천명하고 있고, 전문(前文)에서 "자유와 권리에 따르는 책임과 의무를 완수하게 하여"라고 규정하고 있으며, 제37조 제2항에서 미국 헌법이나 독일 기본법 등과는 달리 "국민의 모든 자유와 권리는 국가안전보장·질서유지 또는 공공복리를 위하여 필요한 경우에 한하여 법률로써 제한할 수 있으며, 제한하는 경우에도 자유와 권리의 본질적인 내용을 침해할 수 없다."는 규정을 두고 있다. 따라서 개별 기본권을 제한하는 법령 조항에 대한 위헌심사를 함에 있어서 이러한 헌법 전문의 구동존이(求同存異), 화이부동(和而不同)의 통합정신과 '자주적 인간상', 제1조 제1항의 '공화주의'(자유, 법치, 공공선, 시민적 덕성 등), 제37조 제2항의 일반적 법률유보조항을 어떻게 규범조화적으로 해석할 것인지 늘 염두에 두어야 했다. 특히 개별적 기본권 제한의 문제가 국가안전보장·질서유지와 관련하여 논의될 때에는, 그것이 자유와 권리의 본질적 내용을 침해하는 것이 아닌 한, 비례원칙에 따라 대체로 '제한되는 기본권의 정도'(私益)보다 달성되는 '입법목적의 효과'(公益)를 우선하지 않을 수 없었다. 헌법 해석에 있어 마지막까지 고려해야 할 헌법적 요소는 결국 인간의 존엄성과 비례의 원칙이기 때문이다. 과잉금지원칙에 따른 위헌성 심사에서 입법목적의 정당성부터 의심하였고[2][33][90], 수단의 적합성을 갖추지 못하였음도 지적하였다[34][41][44][61][75][86]. 나아가 '통합진보당 해산' 사건[91]에서는 통합진보당에 대한 해산결정은 비례원칙에 어긋나지 아니하며, 정당해산의 실효성 확보를 위해 소속 국회의원의 의원직을 상실시킬 수 있다는 다수의견에 가담하였고, '통신비밀보호법' 상의 '위치정보 추적자료 요청조항' 사건[36]과 '기지국 수사 요청조항' 사건[37] 및 이른바 '패킷감청' 사건 등에서도 합헌 의견을 제시하거나 가담하였다. 표현의 자유와 관련해서도, 위와 같은 맥락에서 '인터넷신문 등록요건 강화' 사건[28]에서 언론의 자유를 침해한다고 본 다수의견과 달리 과잉금지원칙에 위배하여 직업수행의 자유를 침해하는 것이 아니라고 하였고, 건강기능식품 기능성광고 또는 의료광고[26]는 '상업광고'로서 정치적·시민적 표현행위 등과 관련이 적으므로 사전검열금지원칙이 적용되지 않는다고 보아 다수의견에 반대하였다. 변리사 등록을 한 자의 대한변리사회 강제가입의무를 규정한 '변리사법' 제11조[31]가 소극적 결사의 자유, 직업수행의 자유를 침해한다고 보았고, 정보통신망을 통해 청소년유해매체물을 제공하는 사업자에게 이용자의 본인확인 의무를 부과하고 있는 '청소년보호법' 제6조 제1항[32], 게임물 관련사업자에게 게임물 이용자의 회원 가입시 본인인증을 할 수 있는 절차를 밟도록 한 '게임산업진흥에 관한 법률' 조항[33]이 개인정보자기결정권을 침해하는 것으로 보았으나, 형제자매에게 가족관계등록부 등의 기록사항에 관한 교부청구권을 부여하는 '가족관계의 등록 등에 관한 법률' 조항[87]은 다수의견과 달리 개인정보자기결정권을 침해하지 않는다고 보았다. 변호사시험 성적을 합격자에게 공개하지 않도록 규정한 '변호사시험법' 조항[34]은 알 권리를 침해한다고 보아 위헌을 선언하였다.

참정권, 공무담임권과 관련하여, 정당에 대한 재정적 후원을 금지하고 위반시 형사처벌하는 정치자금법 조항이 정당활동의 자유와 국민의 정치적 표현의 자유를 침해한다거나[49], 언론인 또는 공기업 상근직원의 선거운동을 금지하고 처벌하는 공직선거법 조항이 선거운동의 자유를 침해한다[50][52]는 다수의견에 반대하였고, 자치구·시·군의회의원 선거구획정에서의 인구편차 기준을 종전의 상하 60%에서 상하 50%(인구비례 3:1)로 변경하였다[53].

청구권적 기본권과 관련하여, '민주화운동 관련자 명예회복 및 보상 등에 관한 법률'에서 민주화보상위원회의 보상금 등의 지급결정에 동의한 때 '민주화운동과 관련하여 입은 피해'에 대해 재판상 화해의 성립을 간주하는 조항이 정신적 손해에 대한 국가배상청구권을 침해한다고 본 다수의견에 반대하였다[57]. 한편, 선례보다는 사안에 가장 적합하고 올바른 결론을 이끌어낼 필요가 있다는 인식 아래, 즉시항고 제기기간을 3일로 제한하고 있는 형사소송법 제405조에 대한 선례를 변경하여 재판청구권을 침해한다고 보아 위헌 선언하였다[58].

사회적 기본권 중 먼저 교육을 받을 권리 또는 교육제도와 관련해서는, 사학(私學)의 역사성과 교육에 대한 역할, 공헌 등을 간과하고 사학도 공교육의 일환이라는 명분 아래 사학의 자유를 가볍게 여기는 풍조에 반대하여, 임시이사가 선임된 학교법인의 정상화를 위한 이사 선임에 관하여 종전의 설립자·이사 등을 배제한 채 사학분쟁조정위원회의 심의만을 거치도록 한 사립학교법 조항들[60]과 개방이사 제도 및 초·중등학교장의 중임회수를 1회로 제한한 사립학교법 조항들[61]이 각각 사학의 자유, 초·중등학교장의 직업의 지유를 침해한다고 보았고, '자사고' 사건[64]에서는 유일하게 자사고·외국어고 등 특목고의 설치 근거인 초·중등교육법 시행령 조항이 교육제도 법정주의에 어긋남을 논증하였다. 근로의 권리, 노동조합 등과 관련해서는, 노조전임자 급여금지, 근로시간 면제 등을 규정한 '노동조합 및 노동관계조정법' 조항[66], 공무원의 집단행위를 금지하고 있는 국가공무원법 조항 및 교원노조의 정치활동을 금지한 교원노조법 제3조[67], 교원노조법의 적용을 받는 교원의 범위를 초·중등학교에 재직 중인 교원으로 한정하고 있는 같은 법 제2조[68], 사용자가 노동조합의 운영비를 원조하는 행위를 금지한 노동조합법 규정[70]에 대하여 전부 합헌 의견을 표시하였다. 상시 4명 이하의 근로자를 사용하는 사업 또는 사업장에 대하여 근로기준법의 일부 규정을 적용할 수 있도록 위임한 근로기준법 제11조 제2항[71] 및 근로자 4명 이하 사용 사업장에 적용될 근로기준법 조항을 정하고 있는 시행령이 부당해고제한조항, 노동위원회 구제절차에 관한 조항을 나열하지 아니한 것

[72]의 합헌성을 제시하였다. 연금 등 복지와 관련해서는, 통상의 출·퇴근 재해를 업무상재해로 인정하지 아니한 산업재해보상보험법 제37조 제1항 제1호 다목에 대하여 2회에 걸쳐 합헌 의견을 취하였고[76], 홀트아동복지회 등 입양기관이 '기본생활지원을 위한 미혼모자가족 복지시설'을 함께 운영할 수 없도록 한 '한부모가족지원법' 조항[77]에 대하여는 위헌의견을 취하였다.

입법부와 행정부가 헌법을 위반하는 것은 하나의 사건이지만 헌법재판소에서 이를 긍정하면 헌법의 원칙으로 된다. 따라서 입법 또는 행정의 목적이 선의(善意)에 기인한다거나 '더 높은 정의를 위하여'라는 명분을 경계하였다. 그리하여 출생신고시 자녀의 이름에 사용할 수 있는 한자의 범위를 '통상 사용되는 한자'로 제한하는 것[5]은 법원의 행정전산화 편의를 위해 행복추구권에서 파생되는 '부모의 자녀의 이름을 지을 자유'를 침해한다고 보았다. 지옥으로 가는 길은 선의(善意)로 포장되어 있다. '기간제 및 단시간근로자 보호 등에 관한 법률'의 입법취지는 기간제근로자들을 정규직으로 전환하도록 유도하고자 하는 선의에서 나온 것이지만, 현실에서는 정규직도 마다하고 기간제로나마 계속 근무할 수 있기를 원하는 근로자들을 기존의 직장에서 쫓겨나게 만들어 오히려 그들의 근로의 자유를 침해하는 것이어서 다수의견과는 달리 위헌론을 취하였다[65]. 입법의 미비 또는 충돌로 인한 불이익 또는 혼란을 국민에게 전가해서는 아니 되는 점을 상해죄 동시범 특례조항[79], 온라인서비스제공자의 상시 신고조치의무 사건[106]에서 강조하였고, 같은 맥락에서 죄형법정주의 및 책임주의원칙 또한 일관되게 강조하였다[41][46][107].

현대 국가에서 강조되는 사회자본(social capital)의 핵심요소·가치는 바로 신뢰이고, 신뢰보호는 법치질서 확립이라는 헌법적 근거를 갖는다. '자사고' 사건[64]에서, 자사고의 전기 선발을 대통령령으로 보장하여 온 초·중등교육법 시행령 규정을, 문재인 정부의 선거공약이라는 이유만으로 2017. 12. 27. 갑자기 삭제하고 경과규정도 없이 다음 해인 2018학년도 입시부터 전기를 후기로 돌려 신입생을 일반고와 동시에 선발하도록 한 조치에 대하여, 신뢰보호원칙을 위반하여 학교법인의 사학운영의 자유를 침해한다는 다수의견을 주도하였으나 위헌 정족수에는 이르지 못하였다. 그 결과 문재인 정부는 아예 자사고 등 특목고를 폐지하는 수순을 밟고 있는 것이다.

행정기관이 구체적 타당성과 합목적성을 추구하면서 행정을 수행하고 결과와 내용을 중히 여긴다면, 사법기관은 합법성과 법적 안정성을 꾀하면서 절차와 과정을 중시한다. 입법기관도 입법을 함에 있어 헌법과 국회법 등에서 정한 입법절차를 준수하여야 함은 물론 법체계의 정합성(整合性)을 갖추고, 그 내용이 명확하고 구체적이어야 하며(명확성원칙), 입법권의 남용으로 법치주의의 실질적 내용을 침해해서는 안 된다(과잉금지원칙). 전문적·구체적·세부적인 사항을 행정입법에 위임하더라도 포괄위임금지원칙에 위배되지 않도록 신중히 하여야 한다. 우리나라 국회의 입법과정이 정쟁 때문에 너무 허술하고 대증적(對症的)이며 때로는 근시안적인 면이 없지 않다는 점은 공지의 사실이다. 이러한 입법절차상의 문제점은 이른바 '국회선진화법' 사건[93]에서는 인용의견에 대한 보충의견으로, '부정청탁금지법(이른바 김영란법)'사건[4]에서는 반대(위헌)의견으로 지적한 바가 있다.

우리나라가 단기간 내에 고도의 경제발전을 이루면서 세계 10위권의 경제대국으로 성장할 수 있었던 것은, 특히 우리 헌법이 사유재산제를 바탕으로 하고 자유경쟁을 존중하는 시장경제질서를 채택하여 온 데에 힘입은 바 크다. 우리 헌법이 추구하는 경제질서는 개인과 기업의 경제상의 자유와 창의를 존중함을 기본으로 한다. 따라서 유통시장에 대한 규제에 있어서도 헌법이 보장하는 기업의 경제상의 자유와 조화를 이루는 한도 내에서 이루어져야 하는 것이므로, '대형마트의 영업시간 제한, 의무휴업을 명할 수 있는 유통산업발전법' 사건[90]에서는 유일하게 위헌론을 피력하였다. 결국 위헌론에서 우려했던 결과, 즉 전통시장을 보호하지도 못한채 온라인시장, 택배 시장의 활성화 등 시대의 흐름과 소매시장구조의 재편, 소비패턴의 변화에 따라 상당수 대형마트의 폐점, 쇠퇴를 초래하였다.

헌법소원심판 청구의 대상성, 즉 공권력 행사성 여부와 관련하여, 계약의 체결·이행 등과 관련한 금품 제공 등으로 부정당업자 제재 처분을 받은 자를 일정기간 수의계약의 계약상대자에서 배제하도록 한 '지방자치단체 입찰 및 계약 집행기준'(행정자치부 예규) 조항이 헌법소원의 대상이 되는 '공권력 행사'에 해당하는지 여부에 대하여, 반대의견은 이것이 '지방자치단체의 내부규정'에 불과하다는 이유로 헌법소원 대상성이 없다고 하였으나, 위 예규조항이 '법령보충적 행정규칙'으로서 공권력 행사성이 인정된다는 다수의견을 집필한 다음, '행정규칙의 헌법소원 대상성 여부'와 '행정규칙의 법규성 여부'는 헌법소원과 행정소송의 고유한 목적·구조·기능에 따라 독자적인 기준에 의하여 판단되어야 한다는 보충의견을 개진하였다[95].

헌법재판소의 결정문은 간결하고 분명하며 설득력 있는 것이어야 한다. 삶의 경험과 경륜, 진지한 성찰이 차별화된 목소리로 녹아내리는 결정문이 내가 지향(志向)한 것이다. 그리하여 평의를 거친 후 최종적으로 결정문을 작성함에 있어서 폭넓은 설득력과 미래에도 생명력을 가진 균형 잡힌 것이 되도록 하고자 노력하였다. 사안의 성격상 단순한 법리 전개에 그친 것도 없지 않지만, 특별한 사건에서는 일반인들도 사안의 본질을 쉽게 이해할 수 있도록 격언, 속담, 경구(警句), 잠언은 물론 소설, 수필 등을 다양하게 인용하는 등 종전의 일반적인 결정문 작성 방식에 다소 변화를 꾀하여 보았다[1][2][5][6][8][34][44][65][90].

헌법은 그 자체로 현실을 바꾸지 못하기 때문에 헌법재판소가 국민들과 함께 헌법에 생명력을 불어넣어 주어야 한다. 그때 비로소 헌법은 우리를 치유와 통합의 길로 안내하고, 우리는 헌법이 제공하는 기회, 즉 자유와 권리를 누릴 수가 있다. 헌법재판소는 1988년 창설된 이래 헌법의 엄정한 해석을 통하여 국민의 기본권을 보호하고 헌법 이념과 가치를 지키는 역할을 다해 왔다. 헌법재판소 결정은 단순히 심판청구된 사건에 대해 결정을 내리는 것이 아니라 그 이상의 것이다. 헌법재판소는 30여 년의 역사 속에서 우리나라가 '법에 대한 권위와 복종의 문화'에서 '법에 의한 권리와 공정의 문화'로 나아갔음을 보여주었고, 추상적 규범에 머물던 헌법을 국민의 생활 속에서 현실적으로 자리잡게 하였다(생활규범화). 지난 6년간 헌법재판관으로 재직하면서 위와 같은 헌법재판소의 기능과 역할의 일익을 담당할 수 있었던 것에 무한한 영광과 자부심을 느끼며, 그러한 기회를 주신 나의 조국(祖國) 대한민국과 모든 분들께 감사드린다.

끝으로 뛰어난 능력과 우수한 자질을 갖추고 연구보고서를 통해 개별 사건의 기초를 닦아준 헌법연구관들과 수많은 평의와 결정문 작성 과정에서 풍부한 지식과 경험·경륜에서 우러나온 지혜와 영감을 나눠주고 조언을 해주신 동료 재판관들께 깊이 감사드린다. 바쁜 업무에도 불구하고 여러 가지 자료 수집을 도와준 황정현 헌법연구관과 최성훈 비서관께도 감사드린다.

2020. 4. 18.

재판관 퇴임 1주년을 자축하면서

일감호 옆 법학관 연구실에서

일러두기

1. 지난 6년간(2013.4.19.부터 2019.4.18.까지) 헌법재판관으로 재직하는 동안 평의 및 결정문 작성에 관여한 사건들 중 헌법재판소공보 제200호(2013.6.20.)부터 제271호(2019.5.20.)까지 실린 결정 1,169건을 나름대로 체계를 세워 정리하였다.

1. 제1장부터 제6장까지는 기본권(인간의 존엄과 가치, 행복추구권/평등권, 평등원칙/자유권적 기본권/참정권, 공무담임권/청구권적 기본권/사회적 기본권), 제7장은 형사법 관련, 제8장은 민사법, 가사법 관련, 제9장은 경제질서 관련, 제10장은 정당해산, 탄핵, 권한쟁의, 제11장은 헌법소원심판 관련 사안으로 분류하였다.

1. 각 장에서는 결정례가 많은 경우 '일반 사건에서의 의견'에서 [위헌의견을 취한 사례]와 [합헌의견을 취한 사례]로 나누어 정리하였다.

1. 내가 집필한 법정의견이나 반대의견, 보충의견 중 의미가 있다고 생각하는 110건을 추려 따로 전문을 인용하여 소개하였다.

1. '일반 사건에서의 의견'에서 재판관 사이에 견해가 일치되어 전원 일치 위헌, 전원 일치 합헌으로 결론이 난 사건은 '전원 적극', '전원 소극'으로 표시하였고, 재판관들의 의견이 나뉘는 경우는 위헌:합헌을 적극:소극으로 표시하여 그 가담 숫자를 표시하였으며, 특히 내가 가담한 부분에 대하여는 밑줄을 그어 표시하였다.

1. [위헌(합헌)의견을 취한 사례]는 헌법재판소의 법정의견이 아니라 내가 취한 위헌(합헌)의견이라는 취지이다.

1. 결정례마다 선고 연월일과 사건번호 및 수록된 공보의 호수와 면수를 표시하였다.

1. 110거의 주요 결정은 [사안과 쟁점]에서 간략히 사건의 개요와 헌법적 쟁점을 요약한 다음, 내가 집필한 부분은 [법정(위헌)의견], [법정(합헌)의견], [반대의견], [보충의견] 등으로 표시하여 인용하였다.

1. 사건의 수록 순서에 특별한 원칙은 없다.

1. 헌법재판소공보에 실린 원문 중 불필요한 부분(종전의 헌재 결정을 인용하면서

밝힌 헌법재판소판례집 호수 및 면수 등)은 삭제하였고, 요지 부분에서도 각 법령의 연혁은 편집의 편의를 위해 전부 삭제하였다. 자세한 것은 헌재 결정이 실린 헌법재판소 공보의 호수와 면수를 기재하였으므로 이를 참조하면 될 것이다.

1. 110건의 주요 인용례의 사건명 중 '위헌확인'은 헌법재판소법 제68조 제1항에 의한 헌법소원 사건을, '위헌소원'은 헌법재판소법 제68조 제2항에 의한 헌법소원 사건을, '위헌제청'은 당사자의 신청 또는 직권에 의한 법원의 위헌제청 사건을 의미한다.

목 차

제1장 인간의 존엄과 가치, 행복추구권

제2장 평등권, 평등원칙

제3장 자유권적 기본권

제4장 참정권, 공무담임권

제5장 청구권적 기본권

제6장 사회적 기본권

제7장 형사법 관련

제8장 민사법, 가사법 관련

제9장 경제질서 관련

제10장 정당해산, 탄핵, 권한쟁의

제11장 헌법소원심판 관련

제 1 장

인간의 존엄과 가치, 행복추구권

일반 사건에서의 의견

◇ 위헌의견을 취한 사례

▸ 사법경찰관이 보도자료 배포 직후 기자들의 취재요청에 응하여 청구인이 경찰서 조사실에서 양손에 수갑을 찬 채 조사받는 모습을 촬영할 수 있도록 허용한 행위가 청구인의 인격권을 침해하는지 여부(적극:소극 7:2, 2014. 3. 27. 2012헌마652; 공보 210호 654면)

▸ <간통죄 사건> 배우자 있는 자의 간통행위 및 그와의 상간행위를 2년 이하의 징역에 처하도록 규정한 형법 제241조가 헌법에 위반하는지 여부(적극:소극 7:2, 2015. 2. 26. 2009헌바17등; 공보 221호 349면; 위헌 의견 7명 중 5명은 간통죄가 과잉금지원칙에 위배하여 국민의 성적 자기결정권 및 사생활의 비밀과 자유를 침해한다는 견해이고, 위헌 1명은 배우자에 대한 성적 성실의무가 없거나 미혼인 상간자까지 처벌하는 것은 위헌이라는 견해이며, 위헌 1명은 소극요건인 '종용이나 유서'의 개념이 불명확하고 징역형만을 규정한 것이 책임과 형벌 간 비례원칙에 위배되어 위헌이라는 견해이다)

▸ 운전면허를 받은 사람이 자동차등을 이용하여 살인 또는 강간 등 행정안전부령이 정하는 범죄행위를 한 때 운전면허를 취소하도록 하는 구 도로교통법 제93조 제1항 제11호가 직업의 자유 및 일반적 행동의 자유를 침해하는지 여부(적극:소극 8:1, 2015. 5. 28. 2013헌가6; 공보 224호 828면)

▸ 선거기사심의위원회가 불공정한 선거기사를 보도하였다고 인정한 언론사에 대하여 언론중재위원회를 통하여 사과문을 게재할 것을 명하도록 하는 공직선거법 제8조의3 제3항 중 '사과문 게재' 부분('사과문 게재 조항')과, 해당 언론사가 사과문 게재 명령을 지체 없이 이행하지 않을 경우 형사처벌하는 공직선거법 제256조 제2항 제2호 중 '제8조의3 제3항에 따른 사과문 게재' 부분('처벌 조항')이 언론사의 인격권을 침해하는지 여부(적극:소극 8:1, 2015. 7. 30. 2013헌가8; 공보 226호 1100면)

- 아동·청소년 대상 성범죄자에게 1년마다 정기적으로 새로 촬영한 사진을 제출하도록 하고, 정당한 사유 없이 사진제출의무를 위반한 경우 형사처벌하도록 한 구 '아동·청소년의 성보호에 관한 법률' 제34조 제2항이 일반적 행동의 자유를 침해하는지 여부(적극:소극 4:5, 2015. 7. 30. 2014헌바257; 공보226호 1193면)
- 전국기능경기대회 입상자의 국내기능경기대회 참가를 금지하는 숙련기술장려법 시행령 제7조 제1항, 제2항 중 각 '전국기능경기대회에 참가하여 입상한 사실이 없는 사람에게만 참가자격을 부여한 부분'이 행복추구권을 침해하는지 여부(적극:소극 7:2, 2015. 10. 21. 2013헌마757; 공보 229호 1687면)
- 인수자가 없는 시체를 생전의 본인의 의사와는 무관하게 해부용 시체로 제공될 수 있도록 규정한 '시체 해부 및 보존에 관한 법률' 제12조 제1항 본문이 시체처분에 관한 자기결정권을 침해하는지 여부(전원 적극, 2015. 11. 26. 2012헌마940; 공보 230호 1832면)
- 변경정보를 제출하지 아니하거나 거짓으로 제출한 자를 형사처벌하는 '성폭력범죄의 처벌 등에 관한 특례법' 제50조 제3항 제2호가 일반적 행동의 자유를 침해하는지 여부(소극:적극 5:4, 2016. 7. 28. 2016헌마109; 공보 238호 1303면)
- 운전면허를 받은 사람이 다른 사람의 자동차등을 훔친 경우에는 운전면허를 필요적으로 취소하도록 한 구 도로교통법 제9조 제1항 제12호 중 '다른 사람의 자동차 등을 훔친 경우' 부분이 운전면허 소지자의 직업의 자유 내지 일반적 행동의 자유를 침해하는지 여부(적극:소극 7:1. 2017. 5. 25. 2016헌가6; 공보 248호 506면)

◇ 합헌의견을 취한 사례

① 인격권, 명예권 등 관련

- 사회·문화 기관이나 단체를 통하여 일본제국주의의 내선융화 또는 황민화운동을 적극 주도함으로써 일본제국주의의 식민통치 및 침략전쟁에 적극 협력한 행위를 친일반민족행위로 정의한 '일제강점하 반민족행위 진상규명에 관한 특별법' 제2조 제13호가 조사대상자의 사회적 평가와 그 유족의 인격권을 침해하는지 여부(전원 소극, 2013. 5. 30. 2012헌바19; 공보200호 643면)

- 국가유공자의 범위에 국군포로를 포함시키지 않은 '국가유공자 등 예우 및 지원에 관한 법률' 제4조 제1항이 청구인들(북한에서 사망한 국군포로의 자녀들로서, 북한에서 태어나 대한민국에 입국한 북한이탈주민들)의 명예권 및 평등권을 침해하는지 여부(전원 소극, 2014. 6. 26. 2012헌마757; 공보 213호 1146면)
- 범죄행위 당시에 없었던 위치추적 전자장치 부착명령을 출소예정자에게 소급 적용할 수 있도록 한 '특정 범죄자에 대한 위치추적 전자장치 부착 등에 관한 법률' 부칙 제2조 제1항이 과잉금지원칙에 반하여 피부착자의 인격권 등을 침해하는지 여부(전원 소극, 2015. 9. 24. 2015헌바35; 공보 228호 1444면)
- 변호사에 대한 징계결정정보를 인터넷 홈페이지에 공개하도록 한 변호사법 제98조의5 제3항과 징계결정정보의 공개범위와 시행방법을 정한 변호사법 시행령 제23조의2('징계결정 공개조항')가 청구인의 인격권을 침해하는지 여부(전원 소극, 2018. 7. 26. 2016헌마1029; 공보 262호 1300면)
- 미신고 불법집회에 대한 경찰의 촬영행위가 과잉금지원칙을 위반하여 청구인들의 일반적 인격권, 개인정보자기결정권, 집회의 자유를 침해하는지 여부(소극:적극 4:5, 2018. 8. 30. 2014헌마843; 공보 263호 1475면)

② 수용자 관련

- 청구인에게 상체승의 포승과 수갑을 채우고 별도의 포승으로 다른 수용자와 연승한 행위가 청구인의 인격권 내지 신체의 자유를 침해하는지 여부(전원 소극, 2014. 5. 29. 2013헌마280; 공보 212호 1036면)
- 피청구인 교도소장이 청구인을 비롯한 ○○교도소 수용자의 동절기 취침시간을 21:00로 정한 행위가 청구인의 일반적 행동자유권을 침해하는지 여부(전원 소극, 2016. 6. 30. 2015헌마36; 공보 237호 1117면)
- 교도소·구치소의 수용자가 교정시설 외부로 나갈 경우 도주 방지를 위하여 해당 수용자의 발목에 전자장치를 부착하도록 한 '수용자 도주방지를 위한 위치추적전자장치 운영방안(교정본부 2015. 11. 13.자 공문)' Ⅴ. 수용자 위치추적 전자장치 운영계획 중 부착대상 수용자 가운데 2단계 출정수용자 관련 부분('이 사건 운영방안')이 헌법소원의 대상인 공권력의 행사에 해당하는지 여부(전원 소극), 이 사건 운영방안에 따른 전자장치 부착행위('이 사건 부착행위')가 법

률유보원칙, 적법절차원칙, 과잉금지원칙에 위반되어 수용자인 청구인들의 인격권과 신체의 자유를 침해하는지 여부(전원 소극, 2018. 5. 31. 2016헌마191등; 공보 260호 921면)

- 청구인이 법원에 출정 시 피청구인인 ○○교도소장이 민사법정 내에서 청구인으로 하여금 양손수갑 2개를 앞으로 사용하고 상체승을 한 상태에서 변론을 하도록 한 행위('민사법정 내 보호장비 사용행위')가 법률유보원칙, 과잉금지원칙에 위반되어 청구인의 인격권과 신체의 자유를 침해하는지 여부(전원 소극, 2018. 6. 28. 2017헌마181; 공보 261호 1174면)
- 청구인이 법원에 출정할 때 피청구인(○○교도소장)이 청구인에게 행정법정 방청석에서 청구인의 변론 순서가 될 때까지 대기하는 동안 수갑 1개를 착용하도록 한 행위가 과잉금지원칙을 위반하여 청구인의 인격권과 신체의 자유를 침해하는지 여부(전원 소극, 2018. 7. 26. 2017헌마1238; 공보 262호 1318면)
- 교도소 수용거실에 조명을 켜 둔 행위가 청구인의 인간으로서의 존엄과 가치 등 기본권을 침해하는지 여부(전원 소극, 2018. 8. 30. 2017헌마440; 공보 263호 1556면)

③ '성폭력범죄의 처벌 등에 관한 특례법' 관련

- 강제추행죄로 유죄판결이 확정된 자는 신상정보 등록대상자가 되도록 규정한 '성폭력범죄의 처벌 등에 관한 특례법' 제42조 제1항(등록조항)이 개인정보자기결정권을 침해하는지 여부(소극:적극 7:2, 2014. 7. 24. 2013헌마423등; 공보 214호 1296면)
- 등록대상자는 성명, 주민등록번호 등을 제출하여야 하고 위 정보가 변경된 경우 그 사유와 변경내용을 제출하여야 한다고 규정한 구 '성폭력범죄의 처벌 등에 관한 특례법' 제43조 제1항 본문(제출조항)이 개인정보자기결정권을 침해하는지 여부, 관할경찰관서의 장은 등록기간 중 반기 1회 등록대상자와 직접 대면 등의 방법으로 등록정보의 진위 및 변경 여부를 확인하여야 한다고 규정한 위 특례법 조항이 일반적 행동자유권, 개인정보자기결정권을 침해하는지 여부(소극:적극 6:3, 2016. 3. 31. 2014헌마457; 공보 234호 619면)

- 구 '성폭력범죄의 처벌 등에 관한 특례법' 제13조 제1항 중 '카메라나 그 밖에 이와 유사한 기능을 갖춘 기계장치를 이용하여 성적 욕망 또는 수치심을 유발할 수 있는 다른 사람의 신체를 그 의사에 반하여 촬영한 자'에 관한 부분이 일반적 행동자유권을 침해하는지 여부(전원 소극, 2017. 6. 29. 2015헌바243; 공보 249호 634면)
- 정당한 사유 없이 관할 경찰관서에 출석하지 아니하거나 촬영에 응하지 아니한 자를 형사처벌하는 '성폭력범죄의 처벌 등에 관한 특례법' 제50조 제3항 제3호가 청구인의 일반적 행동의 자유를 침해하는지 여부(전원 소극, 2016. 7. 28. 2016헌마109; 공보 238호 1303면)
- '성폭력범죄의 처벌 등에 관한 특례법' 제16조 제2항 중 같은 법 제14조 제2항의 범죄를 범한 사람에 대하여 유죄판결을 선고하는 경우 성폭력 치료프로그램의 이수명령을 병과하도록 한 부분이 일반적 행동자유권을 침해하는지 여부(전원 소극, 2016. 12. 29. 2016헌바153; 공보 243호 165면)

④ 도로교통법 관련

- 긴급자동차를 제외한 이륜자동차의 자동차 전용도로 통행을 금지하고 이를 위반한 경우 처벌하는 도로교통법 제63조, 제154조 제6호가 통행의 자유(일반적 행동의 자유)를 침해하는지 여부(전원 소극, 2015. 9. 24. 2014헌바291; 공보 228호 1433면)
- 음주운전에 대한 형사처벌의 장소적 범위를 '도로 외의 곳'으로 정한 도로교통법 조항이 죄형법정주의의 명확성원칙, 일반적 행동의 자유, 평등원칙에 위반되는지 여부(소극:적극 7:2, 2016. 2. 25. 2015헌가11; 공보233호 321면)
- 사람을 사상한 후 필요한 조치 및 신고를 하지 아니하여 벌금 이상의 형을 선고받고 운전면허가 취소된 사람은 운전면허가 취소된 날부터 4년간 운전면허를 받을 수 없도록 한 도로교통법 제82조 제2항 제4호가 직업의 자유 및 일반적 행동의 자유를 침해하는지 여부(소극:적극 7:2, 2017. 12. 28. 2016헌바254; 공보 255호 98면)
- 대통령령으로 정하는 경우를 제외하고는 전용차로로 통행할 수 있는 차가 아닌 차의 전용차로 통행을 금지하며, 이를 위반한 경우 과태료에 처하도록 한

도로교통법 제15조 제3항 및 도로교통법 제160조 제3항 중 제15조 제3항에 관한 부분이 과잉금지원칙에 위반되어 일반적 행동자유권을 침해하는지 여부(전원 소극, 2018. 11. 29. 2017헌바465; 공보 266호 1670면)

▸ 교통사고 발생 시 사상자 구호 등 필요한 조치를 하지 않은 자에 대한 형사처벌을 정하는 구 도로교통법 제148조가 과잉금지원칙에 위반하여 일반적 행동자유권을 침해하는지 여부(전원 소극, 2019. 4. 11. 2017헌가28; 공보 271호 388면)

⑤ 계약의 자유 관련

▸ 계속거래업자와 계속거래계약을 체결한 소비자에게 일방적 해지권을 부여한 방문판매 등에 관한 법률 제31조 중 '계속거래'에 관한 부분이 청구인의 계약의 자유를 침해하는지 여부(전원 소극, 2016. 6. 30. 2015헌바371등; 공보 237호 1108면)

▸ 채무자에 대한 회생절차가 개시된 경우 관리인에게 쌍방 미이행 쌍무계약에 대한 해제권을 부여하고 있는 '채무자 회생 및 파산에 관한 법률' 제119조 제1항 본문 중 '계약의 해제'에 관한 부분이 청구인의 계약의 자유를 침해하는지 여부(전원 소극, 2016. 9. 29. 2015헌바28; 공보 240호 1506)

▸ 방송통신위원회가 지원금 상한액에 대한 기준 및 한도를 정하여 고시하도록 하고, 이동통신사업자가 방송통신위원회가 정하여 고시한 상한액을 초과한 지원금을 지급할 수 없도록 하며, 대리점 및 판매점은 이동통신사업자가 위 상한액의 범위 내에서 정하여 공시한 지원금의 100분의 15의 범위 내에서만 이용자에게 지원금을 추가로 지급할 수 있도록 정하고 있는 '이동통신단말장치 유통구조 개선에 관한 법률' 제4조 제1항, 제2항 본문 및 제5항('지원금 상한 조항')이 청구인들의 계약의 자유를 침해하는지 여부(전원 소극, 2017. 5. 25. 2014헌마844; 공보 248호 541면)

▸ 소규모 건축물로서 건축주가 직접 시공하는 건축물의 경우, 허가권자가 해당 건축물의 설계에 참여하지 아니한 자 중에서 공사감리자를 지정하도록 하는 건축법 제25조 제2항 본문이 청구인의 계약의 자유를 침해하는지 여부(전원 소극, 2017. 5. 25. 2016헌마516; 공보 248호 566면)

- 제대혈의 매매행위를 금지하고 있는 '제대혈 관리 및 연구에 관한 법률' 제5조 제1항 제1호가 과잉금지원칙에 반하여 계약의 자유 및 재산권을 침해하는지 여부(전원 소극, 2017. 11. 30. 2016헌바38; 공보 254호 1175면)

⑥ 행복추구권 관련

- 공문서의 한글전용을 규정한 국어기본법 제14조 제1항 및 국어기본법 시행령 제11조가 청구인들의 행복추구권을 침해하는지 여부(전원 소극, 2016. 11. 24. 2012헌마854; 공보 242호 1900면)

⑦ 기타 일반적 행동자유권 관련

- 주택재건축사업 시행자의 매도청구권을 규정한 구 도시 및 주거환경정비법 제39조 전문 제1호 중 '제16조 제3항'에 관한 부분이 매도청구권 행사의 상대방의 일반적 행동자유권을 침해하는지 여부(전원 소극, 2014. 3. 27. 2012헌가21; 공보 210호 565면)
- 공중이용시설의 소유자 등은 해당시설의 전체를 금연구역으로 지정하여야 한다고 규정한 국민건강증진법 제9조 제4항('금연구역조항')이 흡연자의 일반적 행동자유권을 침해하는지 여부(전원 소극, 2014. 9. 25. 2013헌마411; 공보 216호 1608면)
- 공무원에게 직무의 내외를 불문하고 품위유지의무를 부과하고, 품위손상행위를 공무원에 대한 징계사유로 규정한 국가공무원법 제63조 및 제78조 제1항 제3호가 명확성원칙에 위배되는지 여부, 과잉금지원칙에 위배되어 공무원의 일반적 행동의 자유를 침해하는지 여부(전원 소극, 2016. 2. 25. 2013헌바435; 공보 233호 370면)
- 수중형 체험활동 운영자에게 수중형 체험활동 참가자에게 발생한 생명 · 신체의 손해를 배상하기 위하여 보험에 가입하도록 하는 '연안사고 예방에 관한 법률' 제13조 제1항 중 '수중형 체험활동'에 관련된 부분이 청구인의 계약의 자유를 침해하는지 여부(전원 소극, 2016. 7. 28. 2015헌마923; 공보 238호 1289면)
- 비어업인이 잠수용 스쿠버장비를 사용하여 수산자원을 포획 · 채취하는 것을 금지하는 수산자원관리법 시행규칙 제6조 중 '잠수용 스쿠버장비 사용'에 관한

부분이 청구인의 일반적 행동의 자유를 침해하는지 여부(전원 소극, 2016. 10. 27. 2013헌마450; 공보 241호 1677면)

- 1천만 원 이상의 기부금품을 모집하려는 자에 대하여 예외 없이 사전에 행정청에 등록하도록 의무를 부과하고, 이를 위반할 경우 징역형을 포함하는 형사처벌을 하도록 한 '기부금품의 모집 및 사용에 관한 법률' 제16조 제1항 제1호가 일반적 행동자유권을 침해하는지 여부(전원 소극, 2016. 11. 24. 2014헌바66; 공보 242호 1840면)
- 유사군복의 판매 목적 소지를 금지하는 '군복 및 군용장구의 단속에 관한 법률' 제8조 제2항 중 '판매목적 소지'에 관한 부분과 이를 위반한 경우 형사처벌하는 제13조 제1항 제2호가 유사군복을 판매할 목적으로 소지하여 직업을 영위하는 자의 직업의 자유 및 일회적 · 단발적으로 판매하고자 유사군복을 소지하는 자의 일반적 행동의 자유를 침해하는지 여부(소극:적극 6:3, 2019. 4. 11. 2018헌가14; 공보 271호 401면)
- 배상금 등을 지급받으려는 신청인으로 하여금 '4 · 16세월호참사에 관하여 어떠한 방법으로도 일체의 이의를 제기하지 않을 것임을 서약합니다'라는 내용이 기재된 배상금 등의 동의 및 청구서를 제출하도록 규정한 세월호피해자지원법 시행령 제15조 중 별지 제15호 서식 가운데 일체의 이의를 금지한 부분이 법률유보원칙을 위반하여 청구인들의 일반적 행동의 자유를 침해하는지 여부(적극:소극 6:2, 2017. 6. 29. 2015헌마654; 공보 249호 652면)
- LPG를 연료로 사용할 수 있는 자동차 또는 그 사용자의 범위를 제한하고 있는 '액화석유가스의 안전관리 및 사업법 시행규칙' 제40조가 LPG승용자동차를 소유하고 있거나 운행하려는 청구인들의 일반적 행동자유권 및 재산권을 침해하는지 여부(전원 소극, 2017. 12. 28. 2015헌마997; 공보 255호 157면)
- 농업협동조합 조합장의 재임 중 기부행위를 금지하고, 이를 위반하면 형사처벌하는 농업협동조합법 조항('기부행위처벌조항')이 조합장의 일반적 행동자유권을 침해하는지 여부(전원 소극, 2018. 2. 22. 2016헌바370; 공보 257호 424면)

[1] 청소년보호법상 강제적 셧다운제 위헌확인 사건

(2014. 4. 24. 2011헌마659등)

◇ 사안과 쟁점

청구인들은 인터넷게임을 즐겨하는 16세 미만의 청소년, 그 부모 및 인터넷게임의 개발 및 제공 업체들이다. 청구인들은 16세 미만의 청소년에게 오전 0시부터 오전 6시까지 인터넷게임의 제공을 금지하고 이를 위반하는 인터넷게임 제공자를 형사처벌하도록 규정한 청소년보호법 조항들이 청소년의 일반적 행동자유권, 부모의 자녀교육권 등을 침해하고, 인터넷게임 제공자의 직업의 자유 등을 침해한다고 주장하면서, 헌법소원심판을 청구하였다.

쟁점은, 16세 미만의 청소년에게 오전 0시부터 오전 6시까지 인터넷게임의 제공을 금지하는 이른바 '강제적 셧다운제'를 규정한 청소년보호법 조항(이하 '이 사건 금지조항')이 인터넷게임 제공자의 직업수행의 자유, 16세 미만 청소년의 일반적 행동자유권, 부모의 자녀교육권을 침해하는지 여부이다(소극:적극 7:2, 2014. 4. 24. 2011헌마659등; 공보 211호 830면). 재판관 조용호는 위헌의견을 집필하였다.

◇ 반대(위헌)의견

가. 문화국가의 원리와 자율 규제의 원칙

우리는 기본적으로, 강제적 셧다운제는 문화에 대한 자율성과 다양성 보장에 반하여 국가에 의한 지나친 간섭과 개입을 하는 것으로 건국헌법 이래 헌법의 기본원리로 채택하고 있는 문화국가의 원리(헌재 2004. 5. 27. 2003헌가1 참조)에 반한다는 점에서, 다수의견에 반대한다.

(1) 우선 인터넷게임 과몰입·중독의 문제는 가정과 인터넷게임 제공자들의 자구 노력에 의하여 자율적으로 해결하여야 할 문제이다. 이 사건 금지조항이 규제하고자 하는 16세 미만 청소년들이 심야시간대에 인터넷게임을 즐기는 행위는 가정이라는 공간에서 이루어지는 것이므로, 국가의 개입 이전에 각 가정의 자율적인 해결 노력이 우선되고 존중되어야 할 영역이다. 헌법재판소도 학교 밖의 교육영역에서는

부모의 교육권이 국가의 교육권에 우선함을 명시적으로 인정한 바가 있다(헌재 2009. 10. 29. 2008헌마635 참조). 자녀가 심야시간대에 인터넷게임을 하도록 허용할 것인가는 학교 밖의 영역이므로 개별 가정의 교육방침에 따른 지도와 부모와 자식 간의 대화를 통해 해결하여야 할 문제이다. 그러한 자율적인 규제와 자정 기능에 앞서 국가가 먼저 개입할 문제는 결코 아니다. 부모의 경우도 청소년의 인터넷게임 이용시간의 통제가 어렵다는 인식 아래 일시적인 편의를 위하여 국가의 개입을 채근하고 그 교육권을 쉽게 포기하거나 방기할 것이 아니다. 청소년을 바르게 키우고 잘못된 행동을 통제해야 할 1차적인 책임과 의무는 부모에게 있는 것이다.

(2) 우리나라와 달리 외국에서는 국가가 직접 나서서 게임을 규제하는 사례가 거의 없다. 규제하더라도 독립된 민간기구를 설립해 게임물을 등급별로 분류하고 게임물의 폭력성, 선정성에 대한 정보를 일반인들에게 전달해 학부모와 청소년에게 합리적으로 선택할 수 있도록 돕고 있는 정도이고, 국가 차원에서는 대부분 게임산업을 진흥하는 부분에 대해서만 관여하고 있는 실정이다. 태국에서 강제적 게임규제를 통해 부작용을 겪은 후 자율규제로 방향을 선회하였고, 베트남에서 온라임게임을 금지당한 청소년들이 PC 패키지 게임(PC Package Game)으로 몰리는 풍선효과가 발생하고 있는 것은 시사하는 바가 크다.

(3) 인터넷게임 과몰입·중독과 강제적 셧다운제 간의 관련성 등 규제의 목적과 수단의 연계성이 불확실함에도, 강제적 셧다운제는 게임을 유해한 것이라는 게임에 대한 부정적 인식을 바탕으로 만들어진 제도이다. 인터넷게임을 비롯한 게임은 이미 하나의 오락행위 내지 국민의 여가활동의 하나로 인식되고 있고, 게임산업법 뿐만 아니라 '이스포츠(전자스포츠) 진흥에 관한 법률'에서도 게임을 국민의 여가선용 및 국민경제 발전에 기여하는 문화활동 내지 문화산업의 하나로 다루고 있다. 따라서 여가 및 문화활동의 하나로 자리 잡은 게임의 이용과 관련하여 무조건 이용을 금지시키는 강제적 셧다운제 등의 차단식 규제를 통해 해결하는 것보다는 거시적 관점에서 청소년들이 게임만이 아닌 보다 다양한 문화를 경험할 수 있도록 각종 환경을 조성하고 관련 제도를 추진해나가는 것이 바람직하다.

(4) 한편, 게임뿐만 아니라 영화, 음악, 비디오, 드라마, 만화, 애니메이션, 방송 등 문화 콘텐츠를 규제하거나 금지하는 흐름 속에는 대체로 청소년보호 논리가 작용하는바, 그러한 보호주의 관점에서만 접근하면 아무리 커다란 장점을 지닌 문화 매

체라도 살아남을 수가 없다. 과거 '만화'에 대한 지나친 규제로 국내 만화산업이 피폐화하고 일본 만화에 시장을 잠식 당한 부정적 사례와 오늘날 세계적인 한류(韓流) 열풍이 문화 콘텐츠에 대한 과거의 규제와 간섭을 철폐하면서부터 그 싹을 틔우고 성장해온 긍정적 사례를 늘 상기할 필요가 있다.

(5) 이러한 전제 아래, 이 사건 금지조항의 '인터넷게임' 부분이 죄형법정주의의 명확성원칙에 위반되고, 이 사건 금지조항이 과잉금지원칙을 위반하여 청구인들의 기본권, 즉 청소년의 일반적 행동자유권과 평등권, 부모의 자녀교육권 및 인터넷게임 제공자의 직업수행의 자유를 침해한다고 생각하므로 아래와 같이 그 의견을 밝힌다.

나. 죄형법정주의의 명확성원칙 위반 여부

죄형법정주의는 범죄와 형벌이 법률로 정하여져야 함을 의미하는 것으로, 이러한 죄형법정주의에서 파생되는 명확성원칙은 누구나 법률이 처벌하고자 하는 행위가 무엇인지 예견할 수 있고, 그에 따라 자신의 행위를 결정할 수 있도록 구성요건이 명확할 것을 의미한다(헌재 2002. 11. 28. 2002헌가5).

이 사건 금지조항을 위반하여 16세 미만의 청소년에게 인터넷게임을 제공한 자에게는 '2년 이하의 징역 또는 1천만 원 이하의 벌금'이라는 형벌이 부과되므로, 이 사건 금지조항의 적용대상인 '인터넷게임'의 의미와 범위는 인터넷게임 제공자의 입장에서 볼 때 처벌조항의 구성요건에 해당한다.

이 사건 금지조항이 규정하는 '인터넷게임'은 법에서 정의하고 있듯이 '정보통신망을 통하여 실시간으로 제공되는 게임물'로 그 의미가 불명확하다고 보기는 어려운 점도 있다. 그러나 구법 제23조의3 제2항, 제3항 및 법 제26조 제2항, 제3항은 여성가족부장관으로 하여금 이 사건 금지조항에 따른 제한대상 게임물의 범위가 적절한지 여부를 2년마다 평가하도록 규정하고 있고, 이 사건 부칙조항들은 '인터넷게임 중 심각한 인터넷게임 중독의 우려가 없는 것으로서 대통령령이 정하는 기기를 이용한 인터넷게임'에 대하여 그 적용을 유예하도록 정하고 있다. 또한 여성가족부장관은 인터넷게임물 범위의 적절성에 대한 정기 평가 결과 게임물의 범위를 조정하는 등의 개선 조치를 하는 경우에는 그 내용을 고시하여야 한다(법 시행령 제21조). 그런데 '심각한 인터넷게임 중독의 우려'와 그러한 우려가 없는 것의 판단 기준 및 방법에 관하여 법률에서는 전혀 정하지 아니하고, 여성가족부장관의 적절성 평가 결과 어떠한 개선 조치가 이루어질 것인지는 이 사건 금지조항뿐만 아니라 법 조항 전체를 살펴보더라도 알 수 없어, 일반인으로서는 대통령령 또는 고시에서 정해질 내용을 쉽사리 예측하기 어렵다.

따라서 강제적 셧다운제의 적용대상인 인터넷게임의 구체적 범위가 어떠한지 수범자인 인터넷게임 제공자조차도 제대로 파악하기 어려우므로, 이 사건 금지조항 중 '인터넷게임' 부분은 불명확하다. 그러므로 이 사건 금지조항은 죄형법정주의의 명확성원칙에 위반된다.

다. 과잉금지원칙 위반 여부

(1) 이 사건 금지조항의 입법목적은 청소년의 인터넷게임 과몰입·중독을 예방하고 청소년의 수면시간 및 건강을 보장한다는 것이고, 다수의견은 학교 및 가정, 청소년 스스로가 인터넷게임의 과다 이용을 자율적으로 통제하는데 한계가 있으므로 이를 제도적 차원에서 일률적으로 금지하는 것은 적절한 수단이라고 한다.

그러나 청소년들이 인터넷게임에 과몰입·중독되는 현상의 주된 원인이 심야시간대에 인터넷게임을 하는 데 있다고 단정하기 어렵다. 물론 인터넷게임의 오락적 요소도 일부 그 원인일 수는 있겠지만 그 밖에도 불안한 자기통제력 등 게임이용자의 기질적 요인, 사회적 소외감이나 외로움 증가로 인한 심리적 요인, 핵가족 증가 및 과도한 입시위주의 학업 스트레스, 놀이문화의 부재 등의 환경적 요인 등 다양한 요인이 복합적으로 작용하여 인터넷게임에 과몰입·중독된다고 봄이 타당하다. 이와 같이 인터넷게임 과몰입·중독의 원인이 복잡, 다양함에도 이를 예방하기 위한 근본적인 처방 없이 그저 심야시간대에 인터넷게임을 일률적으로 금지하는 것만으로는 이 문제를 해결하기란 사실상 불가능하다고 보인다. 오히려 어릴 때부터 인터넷게임 과몰입·중독 예방 교육을 강화하고, 상담·치료 시스템의 정비와 상담 전문인력을 양성하며, 인터넷게임 과몰입·중독 예방을 위한 환경개선 및 정책개발 등이 효과적이고 근본적인 해결책이다.

청소년들의 수면시간 확보라는 또 다른 입법목적은 헌법 제37조 제2항에 따라 개인의 기본권 제한을 정당화할 수 있는 사유인지 의심스러울 뿐만 아니라, 그 입법목적의 정당성을 일단 수긍한다 하더라도 다음과 같은 이유로 이 사건 금지조항이 그 입법목적 달성을 위한 적절한 수단이라 보기 어렵다.

게임은 원래 오락적 요소와 운동적 요소를 모두 가지고 있는 것으로 게임을 즐기는 행위는 개인적인 취미나 오락 활동에 해당한다. 인터넷의 보급 및 사용이 보편화됨에 따라 정보의 검색 및 공유, 의견의 교환, 상품구매 및 결제에 이르기까지 생활 전반에 인터넷이 이용되고 있는 현실에서 인터넷서비스를 기반으로 한 게임이 게임 종류의 대부분을 차지하게 된 것은 자연스러운 문화현상의 하나라고 볼 수 있다.

그런데 이 사건 금지조항은 근본적으로 게임을 청소년의 성장과 발전에 전혀 도움이 되지 않는 무가치한 것 또는 악영향을 미치는 것으로 보는 시각과 인터넷게임을 금지하면 곧바로 청소년들이 수면을 취할 것이라는 점을 전제로 하고 있는 것으로 보인다. 그러나 청소년의 수면시간 확보에 장애가 될 수 있는 수많은 환경적인 요소(예컨대, 자유로운 TV시청, 음악감상, 게임 아닌 인터넷 사용, PC게임 등)가 상존하고 있음에도 그 중 유독 인터넷게임만을 금지한다고 하여 과연 얼마만큼 수면시간 확보에 도움이 될지 의문이다. 또한 뒤에서 보는 것처럼 강제적 셧다운제가 적용되는 인터넷게임은 사실상 청소년이 이용가능한 게임이라는 점에 비추어 보면 인터넷게임 자체에 대한 사회적 혐오 인식에 바탕을 둔 이 사건 금지조항은 그 입법목적 달성을 위한 적절한 수단이라고 보기 어렵다.

(2) 설령 이 사건 금지조항이 입법목적 달성에 어느 정도 기여하는 적절한 수단이라 하더라도, 다음과 같은 점에서 이 사건 금지조항은 청구인들의 기본권을 제한함에 있어 이중적이고 과도한 입법적 조치로서 그 침해의 최소성 원칙에도 위반된다.

㈎ 먼저, 게임산업법상 등급분류제도로 청소년에게 유해성이 인정되는 청소년이용불가 등급을 받은 인터넷게임물 및 청소년보호법상 청소년유해매체물로 결정된 인터넷게임물은 16세 미만 청소년에게 이미 그 제공이 제한되기 때문에, 강제적 셧다운제가 적용되는 인터넷게임은 사실상 '전체이용가', '12세이용가', '15세이용가'로 등급분류된 청소년들이 이용가능한 게임이다.

이와 같이 게임콘텐츠에 대하여 일차적 사용 규제가 이루어진 상황에서 게임의 이용시간을 강제적으로 규제하는 이 사건 금지조항은 인터넷게임 자체의 유해성보다는 과도한 인터넷게임의 이용이 초래할 수 있는 중독 등을 예방하고자 시간적 규제를 하는데 제도의 주안점이 있다고 할 수 있다. 그러므로 부모 등 법정대리인이나 프로게이머 등이 필요에 따라 해제를 요청하는 등 인터넷게임의 장시간 이용으로 인한 유해한 결과를 염려할 필요가 없는 경우에는 그 예외가 인정되어야 한다.

또한 인터넷게임의 과몰입·중독 현상은 '게임을 얼마나 오래 하느냐, 그리고 얼마나 지나치게 하느냐'의 문제이지, '게임을 낮에 하느냐, 심야시간에 하느냐'의 문제는 아니다. 그러므로 청소년의 충분한 수면시간 확보나 인터넷게임의 과몰입·중독 예방이라는 입법목적 달성을 위해서라면 특정 시간대에 인터넷게임의 이용을 일률적으로 금지하는 것보다는 오히려 하루에 일정시간 이상 게임을 할 수 없도록 '게임 총시간'을 규제하는 방법이 보다 적절하고 효과적이라 할 수 있다.

따라서 이 사건 금지조항이 심야시간대에 16세 미만 청소년의 인터넷게임 이용을 전면적으로 금지하는 것은 필요 이상의 과도한 규제라고 보아야 한다.

(나) 청소년보호를 위한 규제입법은 청소년의 교육 및 양육에 관한 부모의 권리를 과도하게 제한하여서는 아니 되고, 특히 학교 밖의 영역에서는 부모의 자녀교육권이 우선되어야 한다. 그런데 청소년은 소위 PC방에 밤 10시 이후 출입이 금지되므로(게임산업법 제28조 제7호, 동법 시행령 제16조) 강제적 셧다운제는 실제로 청소년이 가정 내에서 인터넷게임을 이용하는 경우에 적용된다. 따라서 자신의 자녀에게 가정 내에서 어느 정도의 시간 동안 언제까지 인터넷게임을 하도록 허용할 것인가에 대해 부모의 자율적 결정이 우선적으로 보장되어야 하고, 만약 이러한 자율적 결정을 보장할 수 있는 다른 법적 수단이 있다면 강제적 셧다운제는 입법목적 달성을 위하여 기본권 침해를 최소화하는 수단이라 보기 어렵다.

그런데 청소년 본인이나 법정대리인이 인터넷게임 제공자에게 게임물의 이용방법 및 이용시간 등의 제한조치를 요청할 수 있는 이른바 '선택적 셧다운제'가 게임산업법에 규정되어 2012. 1. 22.부터 시행되고 있는바, 이에 따르면 부모 등 법정대리인은 인터넷게임의 이용시간 조절에 관하여 자녀와 직접적인 충돌을 일으킬 필요도 없이, 부모 자신의 자율적 결정에 따라 자녀의 인터넷게임 이용방법 및 이용시간을 통제할 수 있다. 따라서 선택적 셧다운제와 같은 덜 침해적인 대체수단이 마련되어 있음에도 불구하고, 부모 및 청소년 스스로가 인터넷게임의 이용시간을 조절할 수 있는 자율적 통제능력을 상실하였다고 보고 일률적으로 특정시간대에 인터넷게임을 하지 못하도록 통제하는 이 사건 금지조항은 침해의 최소성 원칙에 위반된다.

(다) 다수의견과 같이 청소년 보호라는 명분(입법목적의 정당성)에 치우쳐 국가가 청소년의 수면시간까지 챙기고 간섭하는 것을 허용한다면 21세기 이 문명의 시대에 새로운 전체주의의 단초(端初)를 허용하는 우(遇)를 범하지 않을까 두려울 따름이다.

강제적 셧다운제는 선진국에서는 유례를 찾아보기 힘든 제도이고, 게임정책의 국제기준은 자율규제임을 고려할 때, 이 사건 금지조항은 전근대적이고 국가주의적일 뿐만 아니라 행정편의주의적인 발상에 기대고 있는 것이다. “모든 문제에는 간단하고 멋지지만 잘못된 해결책이 있다.”라는 H.L. Mencken의 말은 이 사건 금지조항에 꼭 들어맞는다.

(3) 그리고 16세 미만 청소년의 심야시간대 인터넷게임 이용률이 원래 높지 않았고, 부모 등 타인명의로 인터넷게임에 접속하거나 접속하는데 주민등록번호가 필요하지 않은 해외 게임제공자가 제공하는 인터넷게임에 접속하여 게임을 지속하는 경우 이를 통제할 방법이 없다는 점에서 제도의 실효성이 적어 이 사건 금지조항으로 인하여 달성되는 공익적 측면은 그리 크지 않은 반면, 필요 이상의 과도한 규제로 인터넷게임 이용에 관한 청소년의 권리와 이를 허용할 수 있는 부모의 자녀교육권을 지나치게 제한할 뿐만 아니라, 이러한 규제가 콘텐츠 산업의 60%를 차지하여 글로벌 경쟁력이 큰 산업이자 연 매출규모 10조 원에 달하는 국내 인터넷게임 시장을 위축시키고 게임업체로 하여금 해외 이전 등을 선택하게 함으로써 국내 인터넷게임 산업 전반에 상당한 손실을 초래할 수 있다는 점을 감안한다면 법익의 균형성도 갖추고 있다고 보기 어렵다.

(4) 따라서 이 사건 금지조항은 헌법상 과잉금지원칙에 위반하여 청구인 청소년들의 일반적 행동자유권, 청구인 학부모의 자녀교육권 및 청구인 인터넷게임 제공자들의 직업수행의 자유를 침해한다.

라. 평등권 침해 여부

(1) 다른 게임 이용제공자 또는 이용자들과의 차별

강제적 셧다운제는 청소년들의 게임중독을 예방하고 방지하기 위한 목적으로 도입되었으므로 인터넷게임에 대해서만 셧다운제를 적용하는 것이 합리적인 차별이 되기 위해서는 인터넷게임과 다른 게임 사이에 중독성에 관한 본질적인 차이가 있거나 인터넷게임의 경우 심야시간대에 그 이용을 규제하여야 할 특별한 사정이 있어야 한다.

인터넷게임은 여러 게이머가 동시에 접속하여 상호 경쟁하고 협력할 수 있기 때문에 기타 게임에 비해 더 흥미로운 오락적 요소들을 구현할 수 있다. 하지만 기타 게임 중에서도 강한 흡인력을 가진 게임들이 다수 존재하고, 아케이드 게임을 제외하고는 게임 기기가 있으면 다른 게임도 어디서든 손쉽게 즐길 수 있어 과다한 이용 또는 중독 가능성 측면에서 인터넷게임과 다른 게임 사이에 별다른 차이가 없다. 또한 게임산업법상 등급분류제로 16세 미만 청소년에게 제공되는 인터넷게임은 심야시간대에도 여전히 청소년 이용가능 판정을 받은 게임이므로 심야시간대에 유독 인터넷게임의 이용만을 규제하여야 할 합리적 이유도 찾기 어렵다. 오히려 이 사건 금지조항에서 인터넷게임만을 그 적용대상으로 하고 있는 것은 다른 게임에 비하여 게임 사업자의 서버를 통제함으로써 손쉽게 청소년들의 게임 이용을 통제할 수 있기 때문으로 보인다.

따라서 이 사건 금지조항은 인터넷게임과 다른 게임을 이용하는 경우에 대한 규제를 달리 하는 것에 합리적 이유가 없으므로 청구인들의 헌법상 평등권을 침해한다.

(2) 해외 게임업체와의 차별

법상 '인터넷게임'은 게임산업법에 따른 게임물 중 '정보통신망 이용촉진 및 정보보호 등에 관한 법률' 제2조 제1항 제1호에 따른 정보통신망을 통하여 실시간으로 제공되는 게임물이므로(구법 제23조의3 제1항, 법 제24조 제1항), 일응 정보통신망을 통하여 국내 이용자들에게 제공되는 인터넷게임은 그 제공자가 해외 게임업체인지 해외 서버인지 등을 불문하고 모두 그 규율대상으로 볼 수 있다. 그러나 법 제24조 제1항에서 인터넷게임 제공자는 다시 '전기통신사업법 제22조에 따라 부가통신사업자로 신고한 자'(같은 조 제1항 후단 및 제4항에 따라 신고한 것으로 보는 경우를 포함한다)를 말한다고 정의하고 있어, 결국 부가통신사업자로 방송통신위원회에 신고한 사업자 또는 허가받은 기간통신사업자 중 부가통신사업을 경영하려는 자가 아니면 이 사건 금지조항의 규율을 받지 않는다. 따라서 국내 지사 설치 등으로 국내법상 통신사업자로 허가받거나 신고하지 않은 해외 사업자라면 인터넷게임 제공자에 해당하지 아니하여 강제적 셧다운제의 규제대상에 해당하지 않는다. 또한 주민등록번호를 기반으로 한 개인정보를 통해 접속하지 않는 해외 게임업체 제공의 인터넷게임에 대하여는 사실상 규제가 곤란하다.

그렇다면 결국 국내법상 부가통신사업자로 신고하거나 기간통신사업자로 허가받은 인터넷게임 제공자인 국내 게임업체가 주로 강제적 셧다운제의 규율을 받는 것이므로 합리적 이유 없이 청구인 인터넷게임 제공자들을 차별하는 것으로 볼 수 있다.

마. 소 결

그러므로 이 사건 금지조항 중 '인터넷게임' 부분은 죄형법정주의의 명확성원칙에 위배되고, 이 사건 금지조항은 과잉금지원칙을 위반하여 청구인들의 일반적 행동자유권과 평등권, 자녀교육권, 직업수행의 자유를 침해하므로 헌법에 위반된다.

[2] '성매매알선 등 행위의 처벌에 관한 법률' 위헌제청 사건

(2016. 3. 31. 2013헌가2)

◇ 사안과 쟁점

이 사건은 성매매를 하였다는 범죄사실로 기소된 사람이, 성매매를 한 사람을 형사처벌하는 '성매매알선 등 행위의 처벌에 관한 법률'(이하 '성매매처벌법') 조항에 대하여 위헌제청신청을 하였고, 당해사건 법원이 이를 받아들여 위헌제청을 한 사건이다.

쟁점은, 성매매처벌법 제21조 제1항(이하 '심판대상조항')이 개인의 성적 자기결정권, 사생활의 비밀과 자유, 성판매자의 직업선택의 자유 등을 침해하는지 여부이다(소극:적극 6:3, 2016. 3. 31. 2013헌가2; 공보 234호 508면). 6명의 합헌의견과 3명의 위헌의견으로 나뉘었고, 3명의 위헌의견도 성판매자를 처벌하는 것은 위헌이나 성구매자를 처벌하는 것은 합헌이라는 2명의 일부위헌 의견과 성판매자 및 성구매자를 가릴 것 없이 모두 처벌하는 것이 위헌이라는 재판관 조용호의 전부위헌 의견이 있다.

◇ 반대(전부위헌)의견

나는 심판대상조항이 헌법에 위반된다고 생각하므로, 아래와 같이 반대의견을 밝힌다.

가. 과잉금지원칙 위반

심판대상조항은 과잉금지원칙에 위반하여 성매매자(성판매자 및 성매수자)의 성적

자기결정권 및 사생활의 비밀과 자유를 침해하여 헌법에 위반된다.

(1) 인간의 본성과 성매매의 본질

(가) 인간의 본성

인류의 역사와 함께 해온 성매매는 시대와 국가를 불문하고 개인윤리 차원에서 비난을 받아왔을 뿐만 아니라 사회규범에 의한 제재·처벌의 대상이 되어 왔고, 특히 성을 파는 여성들은 뭇사람들의 사회적 멸시를 받아왔다. 그럼에도 성매매가 사라진 적은 없으며, 오히려 시대와 상황에 따라서는 성매매를 사회적으로 용인하거나 국가가 이를 장려하기도 하였다. 물론 그러한 역사적 사실이 곧바로 성매매를 정당화하거나 전면 허용해야 할 근거가 될 수는 없다. 그러나 성매매가 지금은 물론 앞으로도 계속 존속하리라고 예상되는 것은, 우리 인류가 도덕적 소양·윤리적 성찰이 부족하거나 성매매에 대한 제재·처벌이 약하기 때문이 아니라 성에 대한 인간의 본성에서 연유하는 것이기 때문이다.

인간은 다른 동물과 달리 종족번식을 위해서만이 아니라 즐거움을 추구하기 위하여도 성행위를 한다. 성행위를 통하여 얻는 즐거움에는 육체적인 쾌락에서 오는 즐거움도 있지만, 정서적 교감·감정적 이완·심리적 만족감·자기정체성의 확인 등 정신적 즐거움도 있다. 성행위를 통하여 얻는 즐거움으로 우리의 삶이 건강하고 행복하게 되며, 상대방과 함께 함으로써 긴밀하게 소통하거나 결속을 강화하게 된다. 성 자체가 목적이 되거나 육체적 쾌락만을 추구하는 것은 아니고, 성적 욕구를 통하여 다양한 이익과 행복을 추구하여 왔다. 인간의 성은 개인의 일생을 통해 한 개인의 삶과 함께 하고 한 개인을 그 사람답게 하는 특징을 보여주는 행동양식이다. 인간의 강한 성적 욕구 때문에 인류라는 종(種)이 멸종되지 않고 사회적 연대를 통하여 오늘날처럼 번창한 것이다.

(나) 성매매의 본질

성매매의 본질을 도덕적 타락, 선택한 노동, 자본주의와 가부장제의 모순의 산물, 여성에 대한 성적 폭력 등 어느 것으로 보든 모두 부분적인 진실을 가지고 있다. 이상주의적 도덕관에 따르면 건전한 성풍속 및 성도덕에 부합하는 성행위는 남녀가 어떠한 대가를 바라고서가 아니라 서로의 사랑을 느끼며 자연스러운 합의하에 성관계를 갖는 경우일 것이다. 그러나 현실에 있어서는 성관계가 반드시 사랑을 전제로 하는 것도 아니고, 성매매라 하여 반드시 사랑이 매개되지 않는 것도 아니다.

역사적으로 인간의 사랑이 어떤 대가나 경제적 조건을 전제로 한 것이라고 하여 처벌이나 제재의 대상이 되지는 아니하였고, 오히려 아무런 대가가 결부되지 않은 사랑이나 성관계를 찾아보기 어렵다. 따라서 단순히 성관계에 돈이 개재되었다는 이유만으로 이를 백안시하거나 비난하는 것은 성에 대한 도덕적·윤리적 편견에 불과하다. 성매매는 어느 누구에게도 해악이 되지 않고, 결혼이나 사랑을 전제로 하지 않는 성행위라 하여 도덕적으로 비난받을 것도 아니다. 이미 성이 개방된 사회에서 성매매가 성도덕을 타락시킬 수 있다는 비난은 현실에 부합하지 않을 뿐만 아니라, 성매매가 성적 욕망이 해소되는 공간으로 이해될 수도 있다. 인간의 본성에 따라 성매매에 대한 수요와 공급은 항상 있어 온 것이고, 그런 연유로 성매매가 인류의 가장 오래된 직업 중의 하나가 된 것이다.

성매매가 허용되어야 하는지, 규제되어야 하는지, 금지되거나 형사 처벌되어야 하는지에 대한 입장의 차이와 상관 없이, 나는 이 문제가 우리의 삶의 질에 영향을 미친다고 믿는다. 따라서 인간의 본성에 대한 깊은 성찰을 통하여 성매매의 본질을 고찰해본다면, 입법자는 그 수단이 열린 민주사회에서 타당하게 받아들일 수 없을 만큼 다른 기본권을 제한하면서까지 성매매를 규율할 것은 아니라고 생각한다.

(2) 입법목적의 정당성에 관하여

다수의견은 성매매가 인간의 성을 물질로 취급하거나 도구화하여 비인간성, 폭력성, 착취성을 가지는 등 사회적 유해성이 인정되므로 성매매를 근절함으로써 건전한 성풍속 및 성도덕을 확립하고자 하는 심판대상조항의 입법목적이 정당하다고 보고 있고, 일부 위헌의견도 위 입법목적의 정당성을 일단 수긍하고 있다.

그러나 나는 위에서 본 인간의 본성과 성매매의 본질을 고려하여 볼 때 심판대상조항의 입법목적부터 정당하다고 보기 어렵다고 생각한다.

㈎ 성매매의 사회적 유해성 여부

사회의 유지는 그 구성원들이 하나의 지배적인 가치관을 공유하는 데서 지켜지는 것이 아니라 각 개인이 서로 다른 가치관을 가지고 있다는 사실을 인정하고 다른 가치관을 가진 사람들의 행위를 관용(寬容)하는 데서 지켜지는 것이다.

사람에 따라 추구하는 가치관이나 행복의 내용이 다르듯이 성적 욕구를 외부로 표출하는 양상 또한 다를 수밖에 없다. 성에 대하여 매우 엄격한 관념을 가진 사람은 성을 판매하는 행위가 자기 자신을 상품화하는 것이고 도덕적 노예제를 인정하는 것과 마찬가지로 결코 용납될 수 없다고 생각할 수 있다. 그러나 모든 사람이 이처럼 성적으로 엄격한 도덕관념을 갖고 있는 것은 아니고, 성인들 사이의 자유로운 의사의 합치에 따른 자발적 성매매도 얼마든지 가능하다. 자발적 성매매는 성판매자가 자신의 이익을 위하여 자유의지에 따라 스스로 상대방과의 성행위를 결정한 것이지, 다수의견에서 말하는 바와 같이 인간의 인격과 신체를 자본의 위력에 양보하는 것이 아니다. 성매매는 성판매자와 성매수자 사이에서 합의 아래 이루어지기 때문에 반사회적 불법성도 적다. 또한 성매매는 인간의 신체 또는 인격이 아닌 성적 서비스를 판매하는 것으로서 그러한 한도 내에서는 성매매 역시 다른 서비스업에서 제공되는 노동과 본질적으로 다르지 않다. 성매매가 성을 상품화하여 성판매자의 인격권을 침해하고 건전한 성풍속을 해하며 산업구조를 기형화시킨다는 주장은 성매매 자체의 속성이 아니라 성매매에 대한 사회적 낙인의 결과일 뿐이다. 결국 다수의견이 제시하는 사회적 해악은 가정적인 것이거나 구체적 법익 침해가 없는 것이다.

한편, 성매매특별법은 성매매 근절이라는 목적을 밝힌 것(제1조 참조) 외에는 성매매가 왜 근절되어야 하는지 그 이유를 밝히고 있지 않다. 성매매 자체가 인간의 존엄성을 침해하는 행위라고 본다면 성매매특별법에서 '성매매 피해자'라는 개념을 따로 상정하는 것(제2조 제1항 제4호, 제2장 등 참조)은 무의미하다. 심판대상조항의 입법목적은 성판매자의 인간의 존엄과 인격적 자율성을 보호하기 위하여 성판매자를 처벌한다는 것이어서 수긍하기 어렵다.

㈏ 건전한 성풍속 및 성도덕의 보호함

위에서 살펴본 바와 같이 성매매 자체는 사회적 유해성을 갖고 있지 아니하므로, 국가가 형벌권의 행사를 통하여 윤리적·도덕적 영역인 성풍속을 국민에게 강제하고 그 준수 여부를 감독하는 것이 과연 정당한 국가의 책무인지 의문이다. 성풍속 및 성도덕 그 자체에 관여하는 것이 법의 의무는 아니며, 인간의 성생활에 있어서 형벌에 의한 규제 대상이 아닌 사적인 도덕과 부도덕의 영역은 존재하여야 한다. 건전한 성풍속 및 성도덕은 사회구성원들의 일반적인 통념을 기초로 하여 결정되는 것으로서 매우 추상적·관념적이고 불명확할 뿐만 아니라 시대와 장소, 상황 및 가치관에 따라 얼마든지 변화될 수 있는 개념이며, 이를 누가 어떻게 규정할 수 있는지조차 의문이다. 개인주의 및 성개방적 사고의 급속한 확산에 따라 성에 대한 인식이 바뀌어 가고 있는 상황에서, 특정 성행위가 금전 등을 매개로 이루어졌다는 사정만으로 건전한 성풍속 및 성도덕을 해한다고 보는 것이 우리 사회 구성원들의 일반적인 인식이라고 단정하기도 어렵다. 사회 스스로 질서를 잡아야 할 내밀한 성생활의 영역에 건전한 성풍속 및 성도덕을 확립한다는 명분으로 국가가 개입하여 성매매를 형벌의 대상으로 삼는 것은 결국 입법자가 특정한 도덕관을 확인하고 강제하는 것이며, 이는 성별·종교·사회적 신분 등에 중립적인 우리의 헌법적 가치에 명백히 배치되고 나아가 성매매 여성에 대한 낙인찍기라는 부정적 평가 및 여성의 정조라는 성차별적 사고에 기인한 것으로 남녀평등사상에 기초한 헌법정신과도 합치되지 아니한다.

㈐ **국가의 최소보호의무 위반과 심판대상조항**

1) 자발적 성매매, 특히 생계형의 경우는 경제적 사정으로 어쩔 수 없이 성매매라는 직업을 선택할 수밖에 없는 '실존적(實存的) 삶'에 관한 문제이다. 다수의견은 성매매가 인간의 존엄성을 침해하는 것이어서 법적 보호의 대상에서 제외되어야 한다고 하지만, 인간의 생존을 위협하는 것보다 더 인간의 존엄성을 침해하는 것은 없다. 많은 여성 성판매자들이 다른 대안이 없는 절박한 상황에서 성매매업에 종사하게 되었다는 현실을 간과해서는 안된다. 성매매라는 직업이 돈을 벌 수 있다 하더라도 대단히 힘들고 위험한 직업이며 사회의 경멸을 인내해야 하므로, 생계 때문에 성매매를 선택하는 여성들로서는 최후의 선택인 것이다. 건전한 성풍속 및 성도덕의 확립이라는 고상한 사회적 삶의 가치는 생계에 지장이 없는 일반인들에게는 타당할 수 있지만, 당장 먹고 사는 문제에 내몰리는 사람들 특히 사회적·경제적 약자인 여성들에게는 공허한 환상일 뿐이다. 사회적 삶의 가치나 담론(談論)은 생존 이후의 문제이기 때문이다. 성매매 여성들의 인권 보호를 위한다는 명분으로 만들어진 심판대상조항이 오히려 성매매 여성들의 생존을 위협하는 가장 큰 인권유린의 결과를 낳고 있는 것이다.

2) 법률은 헌법에 부합하는 가치를 형성하기 위하여 면밀하게 형성되고 발전하여야 한다. 따라서 어떤 법률 규정이 비록 표면적으로는 가치중립적이라 하더라도, 헌법적 이념과 가치를 폄하하는 실질적 효과가 인정된다면 그것은 위헌적이다. 우리 헌법은 제34조에서 국민의 인간다운 생활을 할 권리를 보장하고(제1항), 국가의 국민에 대한 사회보장·사회복지 증진노력의무(제2항)와 생계와 생활을 유지할 능력이 없는 국민에 대한 최소보호의무(제5항)를 규정하고 있다. 생계형 자발적 성매매 여성의 경우 국가로부터 최소한의 보호도 받지 못한 채 그야말로 먹고 살기 위해 마지막 선

택으로 성매매에 나아가게 되는데, 국민에 대한 최소보호의무조차 다하지 못한 국가가 오히려 이들을 형사처벌하는 것은 결국 또 다른 사회적 폭력이다. “최고의 악질포주는 나라”라고 외치는 성판매 여성들의 절규를 들어야 한다. 우리의 딸이자 누이이며 자매인 ‘영자’(영자의 전성시대), ‘판틴’(레미제라블), ‘소냐’(죄와 벌)가 심판대상조항에 의하여 성매매죄로 처벌받는다고 가정해보라. 수긍할 수 있겠는가?

(3) 수단의 적합성 및 침해의 최소성에 관하여

㈎ 형사처벌의 적정성 여부

1) 우리의 생활영역에는 법률이 직접 규율할 부분도 있지만 도덕에 맡겨두어야 할 부분도 있다. 도덕적으로 비난받을 만한 행위 모두를 형벌의 대상으로 삼는 것은 사실상 불가능하다. 개인의 성생활과 같은 사생활 영역에 대하여는 그 권리와 자유의 성질상 최대한 개인의 자기결정권에 맡기는 것이 헌법정신에 부합한다. 인간의 존엄에 대한 헌법적 보호의 방점(傍點)은 인간의 신체의 불가침성과 가치의 중대성에 있다. 그런데 성인 간의 자발적 성매매는 본질적으로 개인의 사생활 중에서도 극히 내밀한 사사(私事)의 영역에 속하는 것이고, 제3자에 의한 알선 없이 개인 차원에서 이루어질 경우 그 자체로 타인에게 피해를 주거나 건전한 성풍속 및 성도덕에 해악을 미친다고 보기 어렵다. 대가를 전제로 하였더라도 자발적 성매매는 서로 간에 동의 아래 이루어지는 것이므로 보호범위 안에서도 가장 보호받아야 할 지점에 해당하는바, 법익 침해를 기준으로 보면 그 범죄성을 설명할 수 없게 된다. 따라서 성도덕에 맡겨 사회 스스로 질서를 잡아야 할 성생활의 영역에 국가가 개입하여 이를 형벌의 대상으로 삼는 것은 성적 자기결정권 및 사생활의 비밀과 자유를 침해하게 된다. 성적 자기결정권 및 사생활의 비밀과 자유를 침해받지 아니할 권리는 궁극적으로 인간의 존엄성을 보호하고 보장하기 위한 것이다.

2) 다수의견도 긍정하고 있듯이 현대 형법의 추세는 사생활에 대한 비범죄화(非犯罪化) 경향이다. 우리 헌법재판소가 과거 형법에 규정되고 있던 혼인빙자간음죄나 간통죄에 대하여 위헌 결정을 내렸던 것은 이와 같은 맥락에서였다(헌재 2009. 11. 26. 2008헌바58등; 헌재 2015. 2. 26. 2009헌바17등 참조). 특히 간통죄와 심판대상조항을 비교하여 볼 때, 법정형에 있어서 간통죄의 경우 2년 이하의 징역(형법 제241조 제1항)임에 반하여, 심판대상조항은 1년 이하의 징역이나 300만 원 이하의 벌금·구류 또는 과료이고, 간통의 경우 성적 성실의무를 위배하여 혼인제도·가족제도를 깨뜨리거나

그럴 위험성이 있는 행위여서 사회적 유해성이 인정되고 배우자라는 피해자가 있음에 반하여, 심판대상조항의 경우에는 사회적 유해성은 물론 피해자도 없다. 이처럼 실정법에서나 사회의 법감정에서도 심판대상조항을 간통죄보다 가벼운 사안으로 보고 있다. 따라서 우리 헌법재판소가 이미 간통죄를 위헌으로 결정한 까닭을 돌이켜 보면서 심판대상조항을 숙고해볼 때 이제 성매매를 비범죄화하기에 여건도 충분히 성숙된 것으로 보인다. 국제앰네스티도 2015년 더블린 국제대의원총회에서 "성노동자들은 세상에서 가장 소외된 집단 중 하나로 늘 차별과 폭력, 학대의 위험에 놓여 있다. 이들의 인권을 보호하고 이들에 대한 학대와 폭력의 위험을 감소시킬 수 있는 최선의 길은 성노동과 관련된 모든 측면을 비범죄화하는 것이다." 라고 하는 결의문을 채택한 바 있다. 다만, 여기서 우리가 경계하여야 할 것은 성매매의 비범죄화를 '합법화'로 확대해석하여 비범죄화가 마치 성매매를 조장하고 확산시킴으로써 사회의 건전성을 해칠 것이라는 오해이다.

3) 다수의견은 성매매 자체가 비인간성, 폭력 및 착취의 성격을 갖는다고 보지만, 이는 오히려 국가가 성매매를 사회적으로 근절되어야 할 대상으로 봄으로써 성판매자들을 법적 보호의 사각지대로 내몰았기 때문에 발생하는 문제이다. 성매매 종사자들은 성매매 자체가 필연적으로 폭력과 착취를 낳는 것은 아니므로 성매매를 사회의 구조적 폭력으로 보는 시각에 반대하고 있는바, 결국 성매매를 사회의 구조적 폭력으로 보는 시각은 윤리·도덕의 이름으로 휘두르는 사회적 편견에 불과할 수도 있다.

성매매 과정에서 인신매매, 아동·청소년의 성매매, 강요, 감금, 착취, 폭행 등의 범죄가 이루어진다면 마땅히 그에 대응하여 형사 처벌을 하여야 한다. 성매매를 알선·조장·방조하는 행위, 호객행위, 성매매 광고 등도 성매매를 외부적으로 드러내어 사회적 유해성을 인정할 수 있으므로 국가가 개입하여 이를 억제할 필요성이 있다. 적어도 입법론으로는 위와 같은 범죄에 단속 및 처벌을 집중하고 실효적인 형집행을 받도록 하는 것이 더 효과적이라고 볼 수 있다.

(나) 형벌의 실효성 여부

1) 심판대상조항은 성매매를 근절하기 위한 것이므로 수단의 적합성이 인정되기 위해서는 심판대상조항이 성매매를 억제하거나 예방의 효과가 있어야 한다. 다수의견은 성매매처벌법 시행 이후 집창촌 등 일부 성매매 집결지를 중심으로 성매매 업

소 및 성판매 여성의 수가 감소한 점을 근거로 수단의 적합성을 인정하고 있다. 그러나 심판대상조항은 성매매 집결지에서의 성매매만을 처벌하는 조항이 아니고, 그 이상 다른 유형의 성매매가 늘어남으로써 전체 성매매에 대한 수요·공급의 억제 효과가 부정된다면 수단의 적합성을 인정할 수 없다. 그런데 성매매처벌법이 시행된지 10여 년이 지났음에도 성매매가 전체적으로 감소하였다는 자료는 없고, 각종 성매매 실태조사보고에 의하면 오히려 음성적 형태의 성매매를 확산하는 부작용만 낳고 있다는 것이다. 즉, 전체 성매매 업소 및 성판매 여성의 수가 증가하였고, 성매매 집결지를 중심으로 한 전통적인 유형의 성매매 뿐만 아니라 겸업형 성매매, 인터넷이나 스마트폰을 이용한 성매매, 해외원정 성매매, 신종·변종 성매매 등 다양한 유형의 성매매 시장이 활성화되어 심각한 사회문제가 되고 있지만 그 규모조차 제대로 파악되지 않고 있는 실정이다. 그렇다면 성매매 근절을 목적으로 하는 심판대상조항은 성매매 근절에 전혀 기여하고 있지 못하므로 그 실효성에 강한 의문이 있고, 이는 결국 수단의 적합성 요건에 위반된다.

2) 이처럼 성매매 규모에 대한 정확한 실태 파악조차 어려운 상황에서는 일반 국민이 일상생활 공간에서 성매매 전단지나 호객행위 등 유해환경에 얼마나 자주 또는 쉽게 노출되는지도 심판대상조항의 실효성 여부를 판단함에 있어 중요한 의미를 가진다. 그런데 성매매처벌법 시행 이후 집창촌과 같은 성매매 집결지에 대한 단속이 집중되면서 그 풍선효과로서 위에서 본 바와 같은 음성적 형태의 성매매가 급격히 확산되고 있고, 연구 결과에 따라서는 최근의 성추행·성폭력 사범의 증가도 이와 긴밀한 관련이 있는 것으로 보고하고 있다. 그 결과 성매매 단속이 더 어려워진 점은 논외로 하더라도 단속과 처벌이 어려운 형태의 신종 성매매가 주택가, 오피스텔 등을 포함한 다양한 지역에 산재하게 되면서, 주로 집창촌에서 성매매가 이루어지던 과거에 비하여 성매매에 대한 접근성은 오히려 높아지게 되었다. 이는 청소년을 비롯한 일반 국민이 원하든 원치 않든 성매매 관련 정보에 쉽게 노출되거나 성매매에 접근할 수 있는 기회가 더 많아지게 되어 건전한 성풍속 및 성도덕 확립이라는 심판대상조항의 보호법익이 더 훼손되고 있음을 의미한다.

3) 이러한 결과가 다수의견에서 말하듯이 단지 수사기관의 간헐적 단속, 선별적 형사소추와 같은 집행상의 문제에 불과하다고 볼 수는 없다. 시간과 장소에 구애받지 않고 내밀하게 이루어지는 성매매를 경찰이 모두 단속한다는 것은 애초에 불가능

할뿐더러, 오히려 단속 실적을 높이기 위해 집창촌에 대한 집중적인 단속과 함정수사의 유혹, 단속 과정에서의 유착과 비리 등 경찰권의 남용과 부패를 초래한다는 것이 역사적 경험이고 현실이다. 성매매의 금지로 성판매자는 폭력에 더 취약해지고 사회에서 소외된다. 이 점에서도 심판대상조항을 성매매 근절에 실효성 있는 적절한 수단이라고 보기 어렵다.

㈐ 덜 제약적 방법의 존재

다수의견이 구체적으로 설시하고 있듯이, 성매매처벌법과 성매매피해자보호법에서 성판매자로 하여금 성매매에서 벗어나 정상적인 사회에 복귀할 수 있도록 하는 여러 제도적 방안을 마련해 놓고 있는 것은 사실이다. 그러나 성매매에 대한 규제가 필요하더라도, 성매매의 발생 원인이 성판매자의 경제적 욕망으로 인한 경우든 성매수자의 성적 욕망으로 인한 경우든, 그것은 형사처벌에 의한 것이어서는 아니된다. 성매매의 문제에 대한 최선의 해결책은 사회보장·사회복지정책의 확충을 통하여 성매매여성이 성매매로부터 벗어날 수 있도록 지원하는 것이다. 다수의견은 성판매자에 대한 보호처분 가능성이 있어 국가형벌권의 행사를 최소화하고 있다고 하지만, 성매매처벌법상 성판매자에 대한 보호처분은 지도와 치료 및 상담을 병행하여 실효성 있게 이루어져야 함에도 그러한 질적 인프라가 구축되어 있지 못한 한계가 있다. 결국 다수의견이 설시하고 있는 여러 제도적 방안은 근본적인 해결책이 되지 못하므로, 그 정도의 제도적 방안을 마련한 것만 가지고 침해최소성을 벗어난다고 쉽게 단정할 것은 아니다. 입법례 중에는 성매매를 일정 부분 허용하거나 비범죄화하는 국가들이 있는바, 이는 성매매자를 처벌하는 것보다 완화된 기본권 제한 수단이 있음을 실증하는 것이다. 또한 성판매자를 형사 처벌하지 않고 일정구역 안에서만 성매매를 허용하는 등의 덜 제약적인 방법이 가능하므로, 심판대상조항은 침해의 최소성 원칙에 위배된다.

㈑ 특히 성매수자만의 처벌과 관련하여

1) 일부 위헌의견은 성판매자에 대한 처벌은 헌법에 위반된다고 보면서도 성매수자에 대한 처벌은 헌법에 위반되지 않는다고 한다. 그러나 심판대상조항은 성판매자와 성매수자를 모두 처벌한다는 점에서 강학상 대향범(對向犯)에 해당하는데, 일부 위헌의견과 같이 성매매를 사회적으로 유해한 행위로 본다면 성판매자와 성매수자의 가벌성(可罰性)을 달리 볼 이유는 없다. 유독 성판매자에 대하여는 사회구조적 문제

를 내세워 비난가능성이 없다고 보면서 성매수자만 처벌하는 것은 오히려 처벌에서의 불균형성 문제가 생길 수 있고 또 하나의 성적 이중잣대를 강화할 뿐이다. 성을 파는 행위와 사는 행위는 동시에 일어난다. 성에 있어서 수요와 공급이 생겨나는 것은 인간의 자연스러운 현상이고, 이 두 가지 행위 중 어느 것이 더 비도덕적이냐 또는 가벌적이냐 하는 논의는 무의미하다.

일부 위헌의견이 지적하는 것처럼 성매매 예방교육의 실시, 성매매 업소나 성매매로 인하여 수익을 얻는 제3자에 대한 강력한 제재, 수익 박탈을 위한 몰수·추징 등과 같이 성산업 자체를 억제함으로써 성판매자 및 성매수자의 기본권을 덜 제한하면서도 성매매를 근절할 수 있는 방법이 존재한다면, 성판매자뿐 아니라 성매수자에 대한 형사 처벌 역시 불필요하고 과도한 제재로서 침해의 최소성 원칙에 위배된다.

따라서 성판매자뿐만 아니라 성매수자의 경우도 그 자체로는 사회적 유해성이 없으므로 이들을 형사 처벌의 대상으로 삼는 것은 모두 헌법에 위반된다고 보는 것이 논리적으로도 타당하고 성판매 여성의 보호라는 정책적 측면에서도 바람직하다. 남녀를 불문하고 성판매자는 처벌하지 않고 성매수자만 처벌하는 국가(스웨덴 등 북유럽 국가)에서 오히려 인터넷, SNS 등을 이용한 은밀한 형태의 성매매를 양산하고 성판매자가 성매매 장소와 고객을 관리해주는 범죄조직에 의탁하는 결과를 낳고 있다는 연구 보고를 주목할 필요가 있다.

2) 심판대상조항에서 보는 바와 같이 국가가 특정 내용의 도덕관념을 잣대로 그에 위반되는 성행위를 형사 처벌한다면, 그러한 도덕관념을 갖지 아니한 사람들의 성적 욕구는 억압될 수밖에 없고, 특히 그러한 도덕관념에 따른 성관계가 어렵거나 불가능한 사람들은 인간으로서 가장 기본적인 성적 욕구를 충족시킬 수 없는 상황으로 내몰릴 수도 있으므로, 성적 자기결정권 및 사생활의 비밀과 자유에 대하여 불필요하고 과도한 제한을 당하게 된다. 성적 생활영역에서의 합의 여부는 개인의 성품이나 매력, 호감, 처한 환경 등 다양한 요인에 따라 달리 결정될 수 있다. 그런데도 유독 경제적 대가를 매개로 한 성관계를 가질 수 없도록 하는 것은 그 외에 다른 여건을 갖추지 못한 사람들에게 사실상 성생활을 포기하라고 강요하는 것과 마찬가지이고, 이는 인간의 본성을 거스르는 가혹한 처사이다.

우리 사회에는 사고, 질병, 장애, 고령 및 기타의 사유로 자연스러운 이성 교제를 통하여 자신의 성적 욕망을 해결하기가 어렵고 성적으로 위로를 받고자 하는 욕구가 있으나 성구매가 자신의 성적 욕구를 충족시킬 수 있는 사실상 유일한 방법인 사람들, 예컨대 지체장애인, 홀로 된 노인, 독거남(獨居男), 동성애자, 외모가 추(醜)한 사람, 불법체류자나 이주 노동자(이하 '성적 소외자'라 한다) 등이 있다. 성적 소외자의 성 문제는 이미 우리 사회가 당면한 중요한 과제이다. 성생활은 고독감, 우울증 등 사회적·정서적 어려움을 극복하고 삶에 대한 긍정적 인식의 확립 및 자기존재감과 삶의 질 향상에 도움을 주므로, 성적 소외자에 대한 배려 차원에서도 성매매 문제를 진지하게 고려해야 한다. 헌법 제34조는 인간다운 생활을 할 권리와 함께 국가의 사회보장·사회복지 증진 의무를 규정하고 있으며(제1항, 제2항), 국가는 노인의 복지향상을 위한 정책을 실시할 의무를 지고(제4항), 신체장애자 및 질병·노령 기타의 사유로 생활능력이 없는 국민은 법률이 정하는 바에 의하여 국가가 보호하도록 규정하고 있다(제5항). 성적 소외자는 국가로부터 특별히 더 보호받아야 할 사람들이라고 할 수 있고, 이들이 다른 누구에게도 피해를 주지 않으면서 자발적으로 성을 판매하고자 하는 상대방의 도움을 받아 성적 만족을 얻는다고 하여 우리 사회의 건전한 성풍속 및 성도덕이 무너질 것이라고 볼 수는 없다. 그럼에도 이들이 겪고 있는 성생활의 어려움을 국가가 함께 고민하고 해결하기 위해 노력하지는 못할지언정, 도덕적으로 건전하지 못하다고 비난하고 범죄화하는 것은 국가의 책임 방기(放棄)를 국민 개개인의 도덕성 탓으로 전가시키는 위선적 행태라 아니할 수 없다.

(마) 소 결

따라서 심판대상조항은 건전한 성풍속 및 성도덕을 확립하기 위한 적합한 수단이 아닐뿐더러 그러한 입법목적을 달성하기 위한 필요 최소한의 제재로 볼 수도 없으므로, 수단의 적합성 및 침해의 최소성 원칙에 위배된다.

(4) 법익균형성에 관하여

앞서 본 바와 같이 건전한 성풍속 및 성도덕의 확립은 심판대상조항의 정당한 입법목적이라고 보기 어렵고, 설령 심판대상조항의 입법목적의 정당성을 수긍한다 하더라도 그러한 공익은 지극히 추상적이거나 모호하여 개인의 주관적 도덕감정에 따라 달라질 수 있으며, 입법정책적 법익에 불과하여 헌법적 가치에 해당한다고 볼 수 없을 뿐만 아니라, 실제로 심판대상조항이 그 기능을 다하고 있다고도 볼 수 없다.

반면, 심판대상조항에 따른 형사처벌이 가져오는 사적 불이익은 매우 실질적이고 구체적이며 그 불이익의 정도가 크고, 심판대상조항으로 인하여 인간의 기본적 욕구 충족과 행복 추구를 위해 반드시 필요한 성적 자기결정권 및 사생활의 비밀과 자유라는 헌법상 기본권의 박탈에 이를 정도로 중대한 기본권침해가 발생하고 있다. 결국 심판대상조항은 법익 균형성도 상실하였다.

(5) 결 론

따라서 심판대상조항은 과잉금지원칙에 위반하여 성매매자(성판매자 및 성매수자)의 성적 자기결정권 및 사생활의 비밀과 자유를 침해하므로 헌법에 위반된다.

나. 평등원칙 위반

금품이나 그 밖의 재산상의 이익을 수수하거나 수수하기로 약속하고 일정한 성행위를 하는 경우에는 특정인을 상대로 하든 불특정인을 상대로 하든 본질적으로 동일한 성매매임에도 불구하고, 심판대상조항이 불특정인을 상대로 한 경우에만 처벌하여 이를 달리 취급하는 것은 합리적인 이유가 없다. 불특정인을 상대로 한 성매매가 특정인에 대한 성매매에 비해 사회적 유해성이 훨씬 크다고 하는 다수의견은 근거 없는 사회적 편견일 뿐이다. 심판대상조항이 불특정인을 상대로 한 성매매만을 처벌하는 결과, 가진 자들인 특정인을 상대로 한 값비싼 성매매, 예컨대 축첩행위나 외국인 상대의 현지처 계약 또는 최근 사회문제로 되고 있는 스폰서 계약 등은 문제 삼지 않으면서, 불특정의 소시민들을 상대로 한 비교적 저렴하고 폐해가 적은 전통적인 성매매만을 처벌하고 사회적 망신을 주는 결과를 초래하여 심히 부당하다.

결국 심판대상조항은 불특정인을 상대로 한 성매매만을 처벌하므로 헌법상 평등원칙에 위반된다.

다. 결 론

"동냥은 못 줄망정 쪽박은 깨지 마라"는 우리 속담이 있다. 국가가 국민에 대한 최소보호의무를 다 하지 못하여 삶의 밑바닥에 내몰린 성매매 종사자들이 성매매를 통해서나마 어떻게든 살아가려고 애쓰는 마당에, 인간의 본성과 성매매의 본질에 반하는 '성매매 근절'이라는 명분을 내세워 이들을 형사 처벌하는 것은 국가가 할 일이 아니라고 나는 믿는다. 이런 전제 아래 전부위헌 의견을 피력하는 바이다.

[3] 심야시간대 학원교습 제한 위헌확인 사건

(2016. 5. 26. 2014헌마374)

◇ 사안과 쟁점

청구인들은 고등학생 및 그 학부모와 교습학원 운영자들인데, '학원의 설립·운영 및 과외교습에 관한 법률'(이하 '학원법') 제16조 제2항, 서울특별시, 경기도, 대구광역시, 인천광역시의 관련 조례(이하 '학원조례조항')가 학교교과교습학원 및 교습소의 교습시간을 05:00부터 22:00 또는 23:00까지로 제한함으로써 학생의 인격의 자유로운 발현권, 학부모의 자녀교육권, 학원운영자의 직업수행의 자유 등을 침해한다고 주장하면서 헌법소원심판을 청구하였다.

쟁점은, 심야시간대 학원교습을 제한하는 학원조례조항이 학생의 인격의 자유로운 발현권, 학부모의 자녀교육권, 학원운영자의 직업수행의 자유를 침해하는지 여부이다(소극:적극 6:3, 2016. 5. 26. 2014헌마374; 공보 236호 942면). 재판관 조용호는 위헌의견을 집필하였다.

◇ 반대(위헌)의견

우리는 기본적으로 국가나 지방자치단체가 지나치게 국민생활이나 주민생활에 관여·규제·간섭하거나 또는 법률이나 조례로써 국민생활이나 주민생활의 일상 구석구석까지 세세하게 규율하려는 발상과 시도는 헌법정신에 맞지 않는다고 생각하는 바, 이러한 대전제 아래 이 사건을 보기로 한다.

학원법조항에 대한 심판청구가 부적법하다는 점에 대하여는 다수의견과 견해를 같이 한다. 그러나 학원조례조항은 과잉금지원칙에 위배하여 학생의 인격의 자유로운 발현권, 학부모의 자녀교육권 및 학원운영자의 직업수행의 자유를 침해하고, 합리적 이유 없이 청구인들을 차별하여 평등권을 침해한다고 생각하므로, 다음과 같이 그 이유를 밝힌다.

가. 사교육에 대한 규제의 헌법적 한계

(1) 인류의 역사와 문화는 앞세대의 정신적 활동의 산물이 뒤세대로 이어짐으로써 그 뿌리를 내려 발전할 수 있으므로, 가르치고 배우는 행위는 역사발전과 문화진보의 전제조건이다. 모든 개인은 배움을 통하여 저마다 타고난 소질을 계발하고 인격을 고양하며, 사회공동체에서 자립하여 생활할 수 있는 능력과 소양을 기른다. 그러므로 배움을 통한 개인의 자유로운 인격 발현 및 자아실현은 국가공동체가 경제적·문화적으로 발전하기 위한 초석이며, 개인이 인간으로서의 존엄과 가치를 유지하면서 행복하고 인간다운 생활을 추구하기 위한 가장 중요한 전제가 된다(헌재 2000. 4. 27. 98헌가16등 참조).

(2) 국가가 주도하는 학교교육은 그 교육내용이 비교적 획일적·평균적이어서, 학생들의 개별적인 학습수준을 고려하기 어렵고, 다양한 입시제도에 따른 학습 수요를 모두 충족할 수 없다는 한계가 있다. 학원 등의 교습은 다양한 입시제도에 따른 수준별 교육, 맞춤교육 등을 통해 학생들의 학습결손을 보충하거나 학업성취도를 심화시킴으로써 학교교육의 한계를 보완하고 교육기회의 실질적 평등에 기여하는 긍정적인 기능을 수행한다.

(3) 학습자로서의 아동과 청소년은 되도록 국가의 방해를 받지 아니하고 자신의 인격, 특히 성향이나 능력을 자유롭게 발현할 수 있는 권리가 있다. 아동과 청소년은 인격의 발전을 위하여 어느 정도 부모와 학교 교사 등의 지도를 필요로 하는 아직 성숙하지 못한 인격체이지만, 부모와 국가에 의한 단순한 보호의 대상이 아닌 독자적인 인격체이다. 이들의 인격권은 성인과 마찬가지로 인간의 존엄성 및 행복추구권을 보장하는 헌법 제10조에 의하여 보호된다. 따라서 헌법은 국가의 교육권한과 부모의 교육권의 범주내에서 아동 및 청소년에게도 자신의 교육에 관하여 스스로 결정할 권리, 즉 자유롭게 교육을 받을 권리를 부여한다. 이에 따라 학생들은 학교교육 외에 학원교습을 받을지 여부와 언제, 어떠한 방식으로 학원교습을 받을 것인지 등에 관하여 국가의 간섭을 받지 아니하고 자유롭게 결정할 권리를 가진다(헌재 2000. 4. 27. 98헌가16등 참조).

(4) 헌법 제36조 제1항은 혼인과 가족생활이 국가의 특별한 보호를 받는다는 것을 규정하고 있고, 가족생활을 구성하는 핵심적 내용 중의 하나가 바로 자녀의 양육

과 교육이다. 부모는 어떠한 방향으로 자녀의 인격이 형성되어야 하는가에 관한 목표를 정하고, 자녀의 개인적 성향·능력·정신적 신체적 발달상황 등을 고려하여 교육목적을 달성하기에 적합한 교육수단을 선택할 권리를 가진다. 부모의 이러한 일차적인 결정권은, 누구보다도 부모가 자녀의 이익을 가장 잘 보호할 수 있다는 사고에 기인하는 것이다. 따라서 학교교육의 범주내에서는 국가의 교육권한이 헌법적으로 독자적인 지위를 부여받음으로써 부모의 교육권과 함께 자녀의 교육을 담당하지만, 학교 밖의 교육영역에서는 원칙적으로 부모의 교육권이 우위를 차지한다(헌재 2000. 4. 27. 98헌가16등 참조).

(5) 따라서 국가 또는 지방자치단체가 사교육을 제한하는 경우에는 학생의 인격의 자유로운 발현권과 학부모의 교육권을 존중하여야 한다는 헌법적 한계를 가진다. 즉, 사교육의 영역에서 학생이 자유롭게 배우고자 하는 행위를 공권력이 규제하는 것은 부당하게 학생의 자유로운 인격 발현을 막고 부모의 교육권을 침해할 가능성이 크므로, 매우 신중하게 이루어져야만 한다.

나. 학생의 인격의 자유로운 발현권, 학부모의 자녀교육권 및 학원운영자의 직업수행의 자유 침해 여부

(1) 입법목적의 정당성 및 수단의 적절성

㈎ 다수의견은 학원조례조항의 입법목적으로 ① 학생들의 건강과 안전 보호 및 자습능력 향상, ② 학교교육의 정상화, ③ 학부모의 경제적 부담 경감 및 이를 통한 사교육기회 차별의 최소화, 비정상적인 교육투자로 인한 인적·물적 낭비의 감소 등을 들고 있다.

㈏ 우선 '학생들의 건강과 안전 보호 및 자습능력 향상'이라는 입법목적에 관하여 본다. '학생들의 건강 보호' 및 '자습능력 향상'과 관련하여, 다수의견은 '심야교습은 학생들의 귀가시간을 늦추고 수면과 휴식시간을 단축시켜 성장기에 있는 학생들의 육체적, 정서적 발달을 심각하게 방해할 수 있다'고 하면서, '학원 심야교습을 제한하면 학생들이 보다 일찍 귀가하여 휴식과 수면을 취하거나 자습능력을 키울 수 있다'고 한다. 학원의 심야교습은 학생 또는 학부모가 원해서 받는 것이지 그 누구도 이를 강제하지 않으므로, 이 부분 입법목적은 결국 학생 또는 학부모의 자율적 선택으로 인하여 수면 및 휴식시간과 자습시간이 단축되는 것을 공권력을 행사(학원조례

조항의 제정)하여 막아보겠다는 취지로 볼 수 있다. 수면시간과 휴식시간을 언제, 어떻게 가질지, 심야에 학원교습을 받을지 아니면 자습을 할지의 문제는 타인의 법익과 아무런 관련을 갖지 않는 지극히 개인적인 것이므로 학생 각자의 자율적 판단에 맡겨야 한다. 나아가 이는 학교 밖의 교육영역에 속하는 것이어서 부모의 교육권이 국가의 교육권에 우선하므로, 자녀의 의사를 존중하여 부모가 교육할 문제이지 국가 또는 지방자치단체가 먼저 개입할 문제가 결코 아니다(헌재 2014. 4. 24. 2011헌마659등 결정의 반대의견 참조). 따라서 과열된 학원교습으로부터 수면 및 휴식시간, 자습시간을 확보하여 학생들의 건강과 여가를 보호하고 자습능력을 향상시킨다는 것은 학생과 부모의 자율이 보장되어야 하는 영역에 공권력이 지나치게 후견적으로 개입하는 것으로서 그 입법목적의 정당성을 인정하기 어렵다.

설령 입법목적의 정당성을 인정한다 하더라도, 학생들의 수면시간 및 휴식시간 확보는 입시체제의 전환이 없이 단순히 학원 등의 교습시간을 제한한다고 하여 달성되는 것은 아니다. 학원 등의 교습시간을 규제한다고 하더라도 현 입시체제하에서 학생들은 학교나 독서실에서의 자율학습, 개인과외교습 및 심야에 이루어지는 인터넷교습 또는 방송교습으로 인하여 수면시간과 여가시간이 부족할 수 밖에 없다(헌재 2009. 10. 29. 2008헌마454 결정의 반대의견 참조). 학습 이외에도 인터넷 사용, 인터넷게임, TV 시청, 음악감상 등 청소년의 수면시간 확보에 장애가 될 수 있는 수많은 요소가 있으므로, 심야 학원교습만을 제한한다고 하여 과연 얼마만큼 수면시간 확보에 도움이 될지 의문이다(헌재 2014. 4. 24. 2011헌마659등 결정의 반대의견 참조).

나아가 '학생들의 안전 보호'라는 입법목적은 학원 및 주택가 주변의 치안 강화, 심야 시간의 셔틀버스 운영 등의 수단을 사용하여 달성하여야 하는 것이지, 심야시간의 학원교습 자체를 제한함으로써 해결할 문제는 아니다. 또한 학원 등의 교습시간을 규제하더라도 학생들이 학교, 독서실 등에 밤늦게까지 머무르는 경우가 많아, 위와 같은 규제가 학생들의 안전 보호에 얼마나 기여할 수 있는지도 의문이다. 따라서 학원조례조항은 '학생들의 건강과 안전 보호 및 자습능력 향상'이라는 입법목적을 달성하기 위한 적절한 수단이라고 볼 수도 없다.

(다) '학교교육의 정상화'라는 입법목적에 관하여 본다. 다수의견은 심야교습으로 인한 수면 및 휴식시간 부족은 학교수업에 영향을 미쳐 수업집중도를 저하시키고, 지나친 선행학습은 학교교육을 부실하게 한다고 한다. 앞서 보았듯이 학원 등의 심

야교습 이외에도 수많은 요소들이 학생들의 수면 및 휴식시간에 영향을 주므로, 단순히 학원 등의 심야교습을 금지한다고 하여 학생들의 수면 및 휴식시간이 증가함으로써 학교교육이 정상화된다고 보기 어렵다. 지나친 선행학습은 학원교습만의 문제가 아니라 개인과외교습, 인터넷교습 등의 경우에도 마찬가지로 발생하는 문제이므로 학원 등의 심야교습만을 금지하는 사유가 될 수 없다.

앞서 보았듯이 사교육은 학생들의 학습욕구 및 학교교육의 부족분을 보충해주는 공적 기능을 갖고 있어 공교육과 상호 보완적인 관계에 있으므로, 학원 등의 심야교습이 학교교육에 반드시 부정적 영향만을 미친다고 보기 어렵다. 사교육이 학교교육에 부정적 영향을 미치는 경우가 있다 하더라도, 그러한 부정적 영향이 구체적으로 어떤 모습으로 어느 정도로 나타나는지, 긍정적 영향에 비하여 부정적 영향이 더 큰 것인지 등에 관한 실증적 자료도 충분하다고 볼 수 없다. 학교교육이 부실화된 것이 학원의 심야교습 때문이라기보다는, 그 반대로 학교교육의 질과 여건이 국민의 기대수준에 미치지 못하여 학원 등의 심야교습이 활성화되는 것으로 볼 수 있다(이 점에 관하여는 뒤에서 살펴본다). 그러므로 학원의 심야교습을 제한하여 학교교육을 정상화하겠다는 것은 원인과 결과가 뒤바뀐 조치이고 엉뚱한 곳에서 해답을 찾는 것이다. 따라서 학원 등의 심야교습을 제한하는 것이 '학교교육의 정상화'라는 입법목적의 달성을 위한 적절한 수단이라 볼 수 없다.

㈑ '학부모의 경제적 부담 경감 및 이를 통한 사교육기회 차별의 최소화, 비정상적인 교육투자로 인한 인적·물적 낭비의 감소'라는 입법목적에 관하여 본다. 헌법은 부모의 자녀교육권 및 재산의 자유로운 사용과 처분을 보장하는 재산권조항을 통하여 부모가 자신의 인생관·교육관과 경제적 능력에 따라 자녀의 교육을 위하여 서로 다른 정도의 금전적 부담을 하는 것을 당연히 보장하고 있다. 국민 스스로 선택한 인생관·사회관을 바탕으로 사회공동체 안에서 각자의 생활을 자신의 책임아래 스스로 결정하고 형성하는 성숙한 민주시민이 우리 헌법의 인간상이라는 점에 비추어, 학부모 각자가 자신의 인생관·교육관 및 경제력에 따라 자녀의 사교육에 대하여 어느 정도 부담을 할 것인가를 스스로 결정하고 이에 대한 책임과 위험을 지게끔 하는 것이 헌법의 정신에 부합한다(헌재 2000. 4. 27. 98헌가16등 참조). 따라서 사교육에서의 과열경쟁으로 인한 학부모의 경제적 부담을 덜어주고 국민이 되도록 균등한 정도의 사교육을 받도록 하려는 학원조례조항의 입법목적이 과연 헌법이 허용하는 정당한

공익이 될 수 있는지 의문이다.

나아가 헌법이 지향하는 문화국가이념에 비추어, 국가는 학교교육과 같은 제도교육 외에 사적인 교육의 영역에서도 사인의 교육을 지원하고 장려해야 할 의무가 있다. 경제력의 차이 등으로 말미암아 교육의 기회에 있어서 사인 간에 불평등이 존재한다면, 국가는 원칙적으로 의무교육의 확대 등 적극적인 급부활동을 통하여 사인 간의 교육기회의 불평등을 해소할 수 있을 뿐, 개인의 기본권행사인 사교육을 억제함으로써 교육에서의 평등을 실현할 수는 없다(헌재 2000. 4. 27. 98헌가16등 참조). 따라서 학부모의 경제적 부담을 경감시켜 사교육기회 차별을 최소화한다는 명목으로 학원 등의 심야교습을 제한하는 것은 헌법상의 문화국가원리에도 어긋난다.

우리나라에서 학력은 개인의 사회적 · 경제적 지위를 결정하는데 결정적인 영향을 미쳐 왔고, 국민의 자녀에 대한 높은 교육열은 자녀의 교육을 위하여 부모가 할 수 있는 모든 노력과 투자를 다해야 한다는 정서를 형성하였다. 또한, 국가의 수시로 바뀌는 교육정책과 불충분한 교육투자로 말미암아 학교교육의 질과 여건이 국민의 기대수준에 미치지 못함에 따라 이를 사적으로 해결하려는 사교육에의 관심과 열기를 유발하게 되었다. 따라서 사교육의 과열을 해소하는 근본적이고 바람직한 방법은, 학력제일주의의 사회적 구조를 개선하여 능력이 중시되는 사회를 만들고, 많은 재정투자를 통하여 학교교육의 환경을 개선하여 교육의 질을 높이며, 고등교육기관을 균형있게 발전시킴과 아울러 평생교육제도를 확충하고, 대학입학제도를 개선하여 사교육의 수요를 감소시키는 것이다(헌재 2000. 4. 27. 98헌가16등 참조). 단순히 학원의 심야교습을 규제하는 것으로 사교육에 따른 학부모의 경제적 부담을 경감하고 비정상적인 교육투자로 인한 인적 · 물적 낭비를 감소시키겠다는 것은 행정편의적 발상으로서 일종의 대증요법(對症療法)에 불과하고 결코 근본적인 해결책이 될 수 없다.

교습시간을 제한한다고 하더라도 학생들과 학부모의 수요가 있는 이상 학원들은 학원조례조항에 위반되더라도 심야교습을 강행하게 될 가능성이 있고, 그렇게 행해진 심야교습은 적발의 위험으로 인하여 그 교습료가 상승하게 될 것이므로 오히려 사교육비의 증가를 가져올 수 있다. 또한 학원조례조항은 학원 등의 교습시간만을 제한하고 있기 때문에 고액의 비용을 요하는 개인과외교습을 유발하여 경제적 불평등으로 인한 교육기회의 차별을 오히려 심화시킬 수 있다(헌재 2009. 10. 29. 2008헌마454 결정의 반대의견 참조). 다수의견은 통계청의 사교육비 조사결과를 인용하면서 개인과외교습에 대한 참여율은 2009년 이후부터 감소하였고, 개인과외교습에 대한 1인당 사교육비도 2009년 이후 큰 변동이 없는 상태이므로 학원 등의 심야교습 제한으로 인하여 개인과외교습이 급증하였다고 보기 어렵다고 한다. 그러나 개인과외교습에 대한 참여율이나 사교육비가 크게 증가하지 않은 것은 글로벌 금융위기에 따른 경기침체 등 복합적인 요인이 작용하였을 수 있고, 불법 심야 개인과외교습 등은 통계에 제대로 반영되지 않았을 가능성도 높으므로, 위 자료만으로 학원 등의 심야교습 제한이 개인과외교습에 대한 유발효과가 없다고 단정할 수 없다. 따라서 학원조례조항은 학부모의 경제적 부담 경감, 사교육기회 차별의 최소화, 비정상적인 교육투자로 인한 인적·물적 낭비의 감소라는 입법목적의 달성을 위한 적절한 수단이 될 수도 없다.

(마) 이와 같이 학원조례조항의 입법목적 중 일부에 대하여는 그 정당성에 의문이 들고, 설령 입법목적의 정당성을 모두 긍정하더라도 학원조례조항이 그러한 입법목적의 달성을 위한 적절한 수단이라고 볼 수 없다.

(2) 침해의 최소성 및 법익의 균형성

(가) 학생들은 저마다 자신만의 학습습관과 학습방식에 대한 선호를 가지고 있고, 이에 따라 학생들이 학업을 수행하는 모습은 매우 다양하게 나타난다. 아침에 학습능률이 오르는 학생들이 있는가 하면, 심야에 학습능률이 오르는 학생들도 있다. 다른 사람의 도움 없이 스스로 학습하는 것을 선호하는 학생들도 있고, 강의를 들을 때 학습효과가 가장 좋다고 느끼는 학생들도 있다. 앞서 보았듯이 이와 같은 학습방식 및 내용은 1차적으로 학생 개인의 자율적 판단이 최대한 존중되어야 하는 영역이며, 2차적으로는 학부모의 판단 역시 존중되어야 한다.

그런데 학원조례조항은 22:00 또는 23:00 이후의 학원교습을 전면적으로 금지하면서 어떠한 예외도 허용하지 않고 있다. 다수의견은 학원조례조항이 학원교습 자체를 금지하는 것이 아니라 심야에 한하여 학원교습을 제한하고 있을 뿐이어서 과도한 규제가 아니라고 한다. 그러나 자신의 학업계획 및 학습습관에 따라 심야시간대에 학원교습을 받기를 원하는 학생들의 경우 자신이 원하는 시간대에 학원교습을 받는 것이 불가능하므로, 학원조례조항으로 인한 기본권 제한의 정도가 결코 가볍다고 볼 수 없다. 이와 같이 학원조례조항은 학생들의 자율적 판단이 최대한 존중되어야 하는 영역에 대하여 강도 높은 규제를 가하고 있으므로, 학생들의 인격의 자유로운 발현권을 제한하는 정도가 매우 크다. 나아가 학원조례조항은 보호자인 학부모의 동의가 있는 경우에도 심야교습을 금지하고 있는데, 이는 학교 밖의 교육영역에서 자녀교육에 대한 부모의 판단보다 국가 내지 지방자치단체의 판단을 우선시하는 것이므로 부모의 자녀교육권 역시 중대하게 제한하고 있다.

현재 각급 학교에서는 정규 수업시간이 끝난 후에도 방과 후 활동, 보충수업 또는 자율학습 등의 명목으로 각종 학습을 강제적으로 시키는 경우가 많다. 특히 고등학교의 경우 야간 자율학습이 밤늦게까지 실시되는 경우가 많은데, 학생들의 입장에서 학교에서 실시하는 야간 자율학습 조치에 반하여 학원교습을 선택하는 것은 현실적으로 쉽지 않다. 결국 학생들은 학교에서 실시하는 보충수업 또는 야간 자율학습이 끝난 뒤에야 비로소 학원의 교습을 받을 수 있다. 학원조례조항은 이러한 사정을 고려하지 않고 일률적으로 22:00 또는 23:00까지만 학원 교습을 허용하고 있어, 평일에는 학원교습을 받는 것이 사실상 불가능한 경우가 많다. 이는 학생들의 학습욕구 및 학교교육의 부족분을 보충해주는 학원의 기능을 전혀 고려하지 않은 조치이다. 학원운영자 역시 위와 같은 사정으로 인하여 평일에는 학원 등의 영업을 하기가 사실상 어려운 경우가 많으므로, 직업수행의 자유를 과도하게 제한받고 있다.

다수의견은 학원조례조항에 의하더라도 토요일과 일요일에는 05:00부터 22:00 또는 23:00까지 장시간 교습을 할 수 있으므로 과도한 제한이 아니라고 한다. 그러나 주중에 밤늦게까지 학원교습을 받을지, 아니면 주말에 학원교습을 통하여 부족한 학습 부분을 보충할지는 전적으로 학생들의 자율적 판단에 맡겨야 하는 문제이다. 학생들 중에는 주중에 밤늦게까지 집중적으로 학습하고 주말에는 휴식을 취하기를 원하는 학생들이 있는가 하면, 주중에 일찍 잠자리에 드는 대신 주말에 부족한 학습량을 보충하기를 원하는 학생들도 있을 것인데, 학원조례조항은 이러한 학습시간 및 학습방식에 대한 학생들의 선택권을 박탈한다. 나아가 만약 다수의견과 같이 심야의 학원교습을 금지하는 것이 학생들의 건강을 보호하기 위한 것이라고 본다면, 심야와 마찬가지로 수면과 휴식이 필요한 토요일과 일요일에 장시간 교습이 가능하다는 점이 학원조례조항의 기본권 침해를 완화하는 사유로 고려될 수 있는지도 의문이다.

한편 초등학생과 중학생 및 고등학생은 그 신체발달의 정도가 달라 필요한 수면시간이 다를 수 있고, 정규수업이 끝나는 시간에도 차이가 있다. 그럼에도 불구하고, 학원조례조항은 이러한 차이를 전혀 고려하지 않고 일률적으로 학원 교습시간을 제한하고 있다는 점에서도 불합리하다.

이와 같이 학원조례조항은 학생들의 연령, 신체발달의 정도, 강제적인 야간자율학습의 운영 여부 등 학생들이 처한 상황을 전혀 고려하지 않고 22:00 내지는 23:00 이후의 교습을 일률적·전면적으로 금지하고 있으므로, 청구인들의 기본권을 필요 이상으로 제한하는 불합리하고 과도한 규제이다.

(나) 다수의견은 학원교습이 제한되는 시간에는 인터넷통신, 교육방송 등을 통하여 교습을 받을 수 있다고 한다. 그러나 인터넷통신강좌나 교육방송 등의 시청을 통한 학습은 매체를 통하여 강의 내용을 일방적으로 전달받는 것에 불과하여, 교육자와 직접 대면하면서 양방향 의사소통과 맞춤형 교육이 가능한 학원교습과는 교육내용의 전달 정도 및 학습효율의 면에서 본질적인 차이가 있다. 따라서 심야에 인터넷통신, 교육방송 등의 시청을 통한 학습이 가능하다고 하여 학원조례조항의 위헌성이 완화된다고 볼 수 없다.

(다) 서울시 조례조항, 대구시 조례조항, 인천시 조례조항은 그 적용대상을 고등학교 재학생으로 한정하고 있지 않아 재수생(삼수생 이상을 포함한다. 이하 같다)을 대상으로 하는 학원 등도 교습시간의 제한을 받는다. 그런데 재수생 중 상당수는 만 19세 이상의 성인이어서 심판대상조항은 상당수의 성인에 대하여도 학원 등에서 심야교습을 받는 것을 제한한다. 이 경우 성인의 인격의 자유로운 발현권, 자기결정권에 대한 지나친 제한이 된다는 점도 고려되어야 한다.

(라) 다른 법령에서 영업시간이나 청소년의 출입시간을 제한하고 있는 경우는 대체로 해당 영업이 식품접객영업, 목욕장업, 사행행위영업 등 선량한 사회풍속을 해할 위험이 있는 영업인 경우여서(식품위생법 제43조, 공중위생관리법 시행규칙 제7조 별표 4, '사행행위 등 규제 및 처벌 특례법' 제11조 제2항 참조), 학생들을 가르치는 학원 등의 영업과는 근본적인 차이가 있다. 또한 청소년게임제공업소나 찜질방 등의 경우에는 청소년을 보호·감독할 만한 실질적인 지위에 있는 자를 동반한 경우에는 출입시간 외에도 청소년의 출입이 가능한 반면('게임산업진흥에 관한 법률' 시행령 제16조 제2호 가목, 공중위생관리법 시행규칙 제7조 별표 4), 학원 등의 경우에는 보호자의 동의가 있다고 하더라도 22:00 내지는 23:00 이후의 교습이 전면적으로 금지된다. 이는 학생들의 학습욕구 및 학교교육의 부족분을 보충해주는 학원의 기능을 전혀 고려하지 않은 조치이다.

㈒ 미국, 독일, 일본 등 외국의 입법례를 살펴보더라도 학원조례조항과 같이 학원 등의 심야교습을 제한하고 있는 경우를 발견하기 어려우므로, 학원조례조항은 세계적으로 그 유례를 찾기 어려운 불합리한 조항이다. 따라서 학원조례조항은 침해의 최소성 원칙에 어긋난다.

㈓ 앞서 보았듯이 학생들의 건강과 안전 보호 및 자습능력 향상, 학교교육의 정상화, 학부모의 경제적 부담 경감 및 이를 통한 사교육기회 차별의 최소화 등 학원조례조항의 입법목적 중 일부는 그 정당성에 의문이 들고, 학원 등의 심야교습을 제한하는 것이 위와 같은 입법목적을 달성하는 데 기여한다고 보기도 어렵다. 반면 학원조례조항으로 인하여 학생과 학부모는 원하는 학원교육을 원하는 시간에 받을 수 없고, 학원 등의 운영자는 학교에서의 야간자율학습 등으로 사실상 평일에 학원 운영을 하지 못하는 중대한 불이익을 받는다. 따라서 학원조례조항은 법익의 균형성도 상실하였다.

(3) 소 결

따라서 학원조례조항은 과잉금지원칙에 위반하여 청구인 학생의 인격의 자유로운 발현권, 청구인 학부모의 자녀교육권 및 청구인 학원운영자의 직업수행의 자유를 침해한다.

다. 평등권 침해 여부

(1) 다른 지방자치단체 주민과의 차별

헌법이 지방자치단체의 자치입법권을 인정한 이상, 조례에 의한 규제가 지역의 여건이나 환경 등에 따라 다르게 나타나는 것은 어느 정도 불가피하기는 하다. 그러나 대학교 및 일부 중등학교에의 진학 경쟁은 전국의 수험생들을 대상으로 이루어진다. 이러한 현실하에서 학원조례조항이 앞서 본 바와 같이 사실상 학원교습이 불가능한 시간으로 학원 등의 교습시간을 제한하여 학원 교습을 받고자 하는 학생들의 교습의 기회를 아예 박탈하는 것은 자치입법권의 한계를 넘어서는 것이다(헌재 2009. 10. 29. 2008헌마454 결정의 반대의견 참조).

청구인들은 학원조례조항으로 인하여 단지 서울특별시, 경기도, 대구광역시, 인천광역시에 거주하고 있거나 학원 등을 운영하고 있다는 이유로, 교습시간을 제한하지 않거나 교습시간을 학원조례조항보다 상대적으로 늦게 규정하고 있는 지방자치단체의 학생, 학부모 및 학원운영자와 비교하여 불합리한 차별을 받고 있다. 따라서 학원조례조항은 청구인들의 평등권을 침해한다.

(2) 학원운영자와 다른 사교육 주체와의 차별

(가) 교육방송 운영자와의 차별

교육방송이 학교교육의 질적 향상을 꾀하고 지역 간, 계층 간 교육적 불균형을 해소하기 위한 매체라 하더라도, 학생들의 건강을 보호하는 것이 학원조례조항의 입법목적이라면, 심야에 방송되는 교육방송의 교습프로그램도 제한되어야 한다. 영리추구를 목적으로 하는지 여부는 위 입법목적과 아무런 관련이 없으므로, 학원교습이 영리추구를 목적으로 한다는 것이 교육방송과의 차별취급을 정당화하는 근거가 될 수 없다. 그럼에도 교육방송은 전혀 규제하지 않고 학원 등의 교습시간만을 제한하는 것은 합리적 이유 없는 차별이다(헌재 2009. 10. 29. 2008헌마454 결정의 반대의견 참조).

(나) 개인과외교습자와의 차별

개인과외교습 시장의 규모가 상당한 수준으로 성장하고 있고, 그룹과외 내지 공부방이라는 형태로 학원 등과 다름없는 수업을 하고 있는 등 개인과외교습이 학생들에게 미치는 영향력이 학원 등에 비하여 결코 적지 않다. 개인과외교습에 대하여는 심야교습을 허용한 채 학원 등의 교습시간만 제한한다면 적은 비용으로 학원 등을 통하여 교습을 받고자 했던 많은 학생들은 학습을 할 수 없게 되고, 개인과외교습의 수요가 많아져 그 비용이 고액으로 상승하게 될 것이다. 이는 오히려 경제적 능력에 따른 교육기회의 불평등을 조장하게 된다. 이처럼 학원조례조항은 학원 등보다 폐해가 큰 개인과외교습의 교습시간은 제한하지 않은 채 학원 등의 교습시간만 제한하여 합리적 이유 없이 학원운영자를 차별한다(헌재 2009. 10. 29. 2008헌마454 결정의 반대의견 참조).

(다) 인터넷 통신강좌 운영자와의 차별

학원조례조항의 입법목적이 학생들의 건강 보호와 학교교육의 충실화라면, 심야에 인터넷통신에 접속하여 강좌를 수강하는 것 역시 제한되어야 한다. 그러나 학원조례조항은 인터넷교습은 전혀 규제하지 않고 학원 등의 교습시간만을 제한하므로, 합리적 이유 없이 학원운영자를 차별한다(헌재 2009. 10. 29. 2008헌마454 결정의 반대의견 참조).

㈑ 소 결

학원조례조항은 다른 사교육 주체에 비하여 학원운영자를 합리적 이유 없이 차별함으로써 학원운영자의 평등권을 침해하고 있다.

(3) 재수생 및 재수생 학부모와의 차별

경기도 조례조항은 고등학교 재학생을 대상으로 하는 학원 등의 교습시간을 제한하고 있으나, 재수생을 대상으로 하는 학원 등의 교습시간에 관하여는 이를 제한하는 규정을 두고 있지 아니하다. 그러나 재수생은 대학입시에 있어 고등학교 3학년인 재학생과 경쟁관계에 있으므로, 경기도 조례조항이 재수생에 대하여는 학원 등의 교습시간을 제한하지 않고 고등학교 재학생에 대하여만 교습시간을 제한하는 것은 합리적 이유 없이 고등학교 재학생 및 그 학부모를 차별하는 것이다.

(4) 소 결

학원조례조항은 합리적 이유 없이 청구인들을 차별하여 평등권을 침해한다.

라. 결 론

따라서 학원조례조항은 과잉금지원칙에 위반하여 청구인 학생의 인격의 자유로운 발현권, 청구인 학부모의 자녀교육권 및 청구인 학원운영자의 직업수행의 자유를 침해하고, 합리적 이유 없이 청구인들을 차별하여 평등권을 침해하므로, 헌법에 위반된다.

[4] 부정청탁금지법 위헌확인 사건

(2016. 7. 28. 2015헌마236등)

◇ 사안과 쟁점

이 사건은 '부정청탁 및 금품 등 수수의 금지에 관한 법률'(이하 '청탁금지법') 일부 조항에 대한 위헌확인 사건인데, 청구인들은 언론인 및 사립학교 경영자 또는 교원들이다.

쟁점은, 부정청탁금지조항 및 대가성 여부를 불문하고 직무와 관련하여 금품 등을 수수하는 것을 금지할 뿐만 아니라, 직무관련성이나 대가성이 없더라도 동일인으로부터 일정 금액을 초과하는 금품 등의 수수를 금지하는 제8조 제1항과 제2항 중 사립학교 관계자와 언론인에 관한 부분이 과잉금지원칙을 위반하여 언론인과 사립학교 관계자의 일반적 행동자유권을 침해하는지 여부이다(소극:적극 7:2, 2016. 7. 28. 2015헌마236등; 공보 238호 1252면).

7명의 법정의견은 청탁금지법 제5조 제1항 및 제2항 제7호(부정청탁금지조항), 제8조 제1항, 제2항(금품수수금지조항) 제8조 제3항 제2호, 제10조 제1항(위임조항), 제9조 제1항 제2호(신고조항), 제22조 제1항 제2호, 제23조 제5항 제2호(제재조항) 중 각 사립학교 관계자와 언론인에 관한 부분이 헌법에 위반되지 아니한다고 하였다. 위임조항 중 제8조 제3항 제2호에 대하여는 3명의 위헌의견, 제재조항 중 제22조 제1항 제2호 부분에 대하여는 4명의 위헌의견이 있었다. 재판관 조용호 등 2명은 청구인들이 본질적으로 다투는 것이 공직자 등이 아닌 사립학교 관계자와 언론인을 청탁금지법 적용 대상에 포함시킨 것에 있음에 착안하여, 사립학교 관계자와 언론인을 청탁금지법 적용 대상에 포함시킨 정의조항(제2조 제1호 라목과 마목, 제2호 다목과 라목)이 위헌이라는 반대의견을 피력하였다.

◇ 반대(위헌)의견

우리는 법정의견과 달리 정의조항을 심판대상으로 삼아 그 위헌 여부를 판단해야 하며, 정의조항은 과잉금지원칙을 위반하여 사립학교 관계자 및 언론인의 일반적 행동자유권을 침해한다고 생각하므로 아래와 같이 그 의견을 밝힌다.

가. 정의조항에 대한 판단의 필요성

(1) 정의조항의 판단 실익

정의조항은 사립학교, 사립학교법인, 언론사를 '공공기관'으로, 사립학교 관계자 및 언론인을 '공직자등'으로 규정하고 있다. 법정의견은 위 조항이 그 자체로는 청구인들의 권리의무에 아무런 영향을 주지 않고, 다른 심판대상조항의 위헌 여부에서 함께 판단할 수 있다는 이유로 심판대상에서 제외하고 있다. 그러나 청구인들은 정의조항을 심판대상으로 명시하면서, 시종일관 정의조항이 언론인과 사립학교 관계자를 '공직자등'에 포함시켜 청탁금지법의 적용을 받게 한 것의 위헌성을 다투고 있다. 헌법재판소가 정의조항에 대해 위헌결정을 내리게 되면, 언론인과 사립학교 관계자는 더 이상 청탁금지법의 규율대상에 해당하지 않게 되므로 다른 조항을 다툴 필요가 없게 된다. 따라서 정의조항을 직접 심판대상으로 삼아 그 위헌 여부를 확인하여 주는 것이 청구인들의 입장에서 가장 근본적이고 효과적인 해결책이 된다.

(2) 정의조항의 기본권 침해의 직접성

정의규정의 경우 일반적으로 법령조항 자체에 의해서는 기본권의 침해가 발생하지 아니하므로 직접성 요건이 결여되는 것이 원칙이다(헌재 2004. 9. 23. 2002헌마563 참조). 그러나 정의규정이라 하더라도 기본권 제한과 밀접하게 연관되어 있거나 형벌조항의 중요한 구성요건을 이루고 있는 경우에는 기본권 침해의 직접성을 인정할 수 있다.

정의조항은 부정청탁에 따른 직무수행이나 금품등 수수와 같은 행위금지의무의 인적 범위를 규정하고 있는바, 이는 청구인들의 일반적 행동자유권이라는 기본권 제한과 밀접히 관련되어 있을 뿐만 아니라, 청탁금지법상 처벌조항의 인적 대상범위를 직접 규정함으로써 형벌조항의 중요한 구성요건을 이루고 있다. 따라서 정의조항은 기본권 침해의 직접성이 인정될 수 있으므로 이를 심판대상으로 삼아 본안에서 그 위헌 여부를 판단함이 상당하다.

나. 정의조항의 기본권 침해 여부

(1) 입법목적의 정당성 및 수단의 적정성

㈎ 사회 곳곳에서 이루어지는 부정청탁 관행이나 접대문화는 직무수행의 공정성을 저해하여 공정한 경쟁을 막고 국민의 의혹과 불신을 초래할 뿐만 아니라, 지적·생산적 활동에 투입되어야 할 자원을 부정한 청탁에 투입시킴으로써 각종 사회적 비용을 증대시킨다. 따라서 지속적이고 건전한 국가 발전을 위해서는 부정청탁이 용인되지 않는 사회 문화를 형성할 수 있는 법과 제도의 확립이 요청된다.

그러나 사회에서 발생하는 모든 부조리에 국가가 전면적으로 개입하여 부패행위를 일소하는 것은 사실상 불가능할 뿐만 아니라, 부패행위 근절을 이유로 사회의 모든 영역을 국가의 감시망 아래 두는 것은 바람직하지도 않다. 부패행위 발생 분야의 성격에 따라서는 국가의 적극적인 개입보다는 자율적인 규제와 정화 작용 그리고 시행착오를 통하여 반부패·청렴문화를 정착시켜 나가는 것이 장기적이고 지속적인 관점에서 더욱 바람직할 수도 있다. 따라서 공공영역과 민간영역에서의 부패행위 근절에 관한 시도가 동일한 방식과 수준으로 이루어지는 것은 적절하지 않으며, 공공영역과 달리 민간영역의 경우에는 국가의 개입 이전에 민간분야의 자율적인 해결 노력이 우선되고 존중될 필요가 있다. 나아가 구체적 법익에 대한 명백한 침해가 없다면 부패행위 발생에 대한 추상적 위험만을 이유로 민간영역에 국가권력이 광범위하게 개입하는 것은 자제되어야 한다.

(나) 정의조항은 부정청탁과 관련하여 사립학교 관계자 및 언론인을 공무원과 마찬가지로 청탁금지법의 적용대상에 포함시킴으로써 공공영역을 넘어 민간영역에 대하여도 국가의 광범위한 후견적 개입을 가능하게 한다. 이는 해당 직무의 공공성을 강조하여 언론인이나 사립학교 관계자의 업무의 공정성과 신뢰성, 직무의 불가매수성을 공무원과 동일한 수준으로 담보하기 위한 것이다. 그러나 직무의 성격상 공공성이 인정된다는 이유로 공공영역과 민간영역의 본질적인 차이를 무시하고 동일한 잣대를 적용하여 청탁금지법의 규제대상을 확대하고자 하는 입법목적은 그 자체로 정당성을 인정하기 어렵다.

부패행위 근절을 위하여 사학과 언론영역에까지 청탁금지법의 적용범위를 확대하는 것이 적정한 수단인지도 의문이다. 청탁금지법의 본래 제정취지는 공직사회의 부정청탁 관행 등을 근절하고자 하는 데 있다. 이를 위해 청탁금지법은 잠재적으로 부패를 형성할 수 있는 행위들을 유형화하고 이를 감지하는 시스템을 체계화하여 공직자에 대한 경보장치를 마련하는 등 부패에 대한 예방적이고 포괄적인 법률의 성격을 갖는다. 그런데 정의조항은 이러한 예방적이고 포괄적인 청탁금지법의 적용대상을 민간영역인 사립학교 관계자나 언론인에게까지 확대함으로써 이들의 일반적 행동자유권을 상당 부분 제한하고 있으며, 이들의 생활을 국가가 감시·통제할 수 있게 함으로써 사실상 교육의 자유나 언론의 자유를 위축시킬 가능성도 있다. 국가의 감시망 아래 두는 영역이 늘어날수록 그로 인하여 유발되는 사회적 비용 역시 커질 수밖에 없다는 점을 고려할 때, 부정청탁을 하는 사람이나 금품등을 제공하는 사람들의 부정한 혜택에 대한 기대를 꺾고 언론이나 사학 분야의 신뢰 저하를 방지하겠다는 다소 추상적인 이익을 위하여 민간영역까지 청탁금지법의 적용대상에 포함시키는 것은 입법목적의 달성을 위한 효율성의 측면에서도 결코 적정한 수단이라 볼 수 없다.

(2) 침해의 최소성

㈎ 법체계의 정합성(整合性) 문제

시대적 상황이 변하고 사회적 요구가 달라짐에 따라 직무의 공공성으로 인해 부패의 근절이 절실한 영역에서는 처벌의 범위를 확대하거나 새로운 범죄로 규율할 필요성이 있을 수 있다. 그러나 그 경우에도 명확하고 일관성 있는 기준이 제시되어야 하며, 현실적 필요성만을 강조한 나머지 규범의 정당성이나 법체계상의 균형을 무시하는 입법은 지양되어야 마땅하다.

1) 국·공립학교와 사립학교는 설립주체와 운영에 있어서 근본적인 차이가 있다. 사립학교의 장과 교직원은 사인이 설립한 학교법인에 의하여 임면되며 공무원으로서의 신분이 보장되지 않는다. 사립학교 교직원이 국·공립학교 교직원과 유사한 자격조건이나 근무조건을 갖추고 연금 등 복지혜택을 받는다거나, 상당수의 사립학교가 정부의 보조금을 받아 운영하고 있다 하더라도 이는 국가의 교육정책에 기인하는 것일 뿐이며, 사립학교가 공교육에 참여하는 것은 헌법 제31조 제1항의 능력에 따라 균등하게 교육을 받을 권리를 실현하여야 하는 국가의 역할을 일정 부분 분담하는 것에 불과하다. 따라서 사적 근로관계에 기초한 사립학교 교직원의 지위가 국·공립학교 교직원의 지위와 동일하게 되는 것도 아니고, 사립학교 교직원이 행하는 업무의 공정성과 신뢰성 및 직무의 불가매수성이 공무원에게 요구되는 것과 동일한 수준으로 요구된다고 보기도 어렵다.

2) 언론은 정보제공과 여론형성이라는 중요한 역할을 담당하는 등 사회적 영향력이 크기 때문에 언론의 영역에서 이루어지는 부정부패를 근절할 필요성 또한 인정된다. 그러나 언론은 어디까지나 민주주의 사회에서 그 활동의 자유가 보장되어야 하는 자율적인 영역에 존재하고, 언론이 부패하면 신뢰를 상실하여 자연스럽게 도태된다는 점을 고려하면, 언론인이 행하는 업무의 공정성과 신뢰성 및 직무의 불가매수성이 공무원에게 요구되는 것과 동일한 수준으로 청탁금지법에 의해 보호되어야 한다고 볼 수 없다. 특히 '공공기관의 운영에 관한 법률'에서는 설립이나 운영에 정부의 보조금이 지원되는 등 국가와의 관련성이 인정되는 한국방송공사(KBS)와 한국교육방송공사(EBS)를 공공기관으로 지정할 수 없도록 규정함으로써 정부의 재정지원 여부와 상관없이 언론사의 자율성을 최대한 보장해 주고 있는 반면(제4조 제2항 제3호), 정의조항은 청탁금지법의 적용대상에 '언론중재 및 피해구제 등에 관한 법률' 제

2조 제12호에 따른 언론사를 모두 포함하여 엄격한 행위금지의무를 부과하고 그 위반행위를 제재하도록 하고 있는바, 다른 법률 조항과의 관계에 비추어 보더라도 정의조항은 법체계상의 통일성이나 정합성에 배치된다.

3) 직무관련성이나 대가성이 인정되지 않는 금품등 수수 행위는 일종의 사회윤리규범 위반행위로서의 성격을 띤다. 따라서 정의조항이 민간영역인 사립학교 관계자나 언론인의 사회윤리규범 위반행위에 대하여까지 청탁금지법을 통해 형벌과 과태료의 제재를 가할 수 있도록 한 것은 과도한 국가 형벌권의 행사라 보지 않을 수 없다. 특히 청탁금지법이 적용될 경우 직무와 관련하여 동일인으로부터 1회 100만 원, 1년 합계 300만 원을 수수하면 과태료의 제재를 받음과 달리(제8조 제2항, 제23조 제5항 제1호 본문), 직무와 무관하게 동일인으로부터 1회 101만 원, 1년 합계 301만 원을 수수하면 형사처벌을 받게 되는바(제8조 제1항, 제22조 제1항 제1호 본문), 전자와 같이 직무관련성이 있는 금품등 수수에 대하여는 행정벌이 부과됨에 반해, 후자와 같이 직무관련성이 없는 경우 오히려 더 중한 형사처벌이 가해질 수 있다는 측면에서 보면 금품등 수수행위에 대한 청탁금지법상 제재는 책임과 형벌 간의 비례원칙에도 어긋난다.

㈏ 자발적 부패근절 시도의 무력화와 처벌의 실효성 저하

그동안 교육과 언론의 영역에서는 반부패 · 청렴문화 확산을 위한 자발적이고 지속적인 노력과 전문가의 활동이 이어져 왔다. 사립유치원 윤리강령, 촌지근절대책, 기자윤리강령 등을 마련하여 해당 분야의 부패행위를 근절하고 투명성과 공정성을 확립하려는 시도도 이루어졌다. 그런데 이들 민간영역에서 자발적으로 이루어지는 부패행위 근절 대책이 단기간의 가시적인 성과를 보이지 않았다는 이유만으로 그 실효성을 폄하하고, 이들의 자율적 규제와 자정기능을 무시한 채 국가가 광범위하게 개입하게 되면 오히려 민간의 자발적인 쇄신 의지를 상실시킬 수 있고, 결과적으로 이들이 처벌을 피할 수 있는 영역만을 찾아 스스로 행동반경을 좁히거나 더 이상의 자정노력 없이 국가의 형사정책에만 수동적으로 의존하는 상황을 초래할 수도 있다.

나아가 청탁금지법이 마련되기 전부터도 민간영역의 부패행위에 대하여는 국가 형벌권에 의한 규제가 가능하였다. 형법상 배임수증재죄(제357조)나 '특정범죄 가중처벌 등에 관한 법률'상 알선수재죄(제3조)가 그 대표적인 예이다. 그럼에도 불구하고 기존의 처벌조항을 적용하기 위해 청탁과 관련한 금품등 수수의 현실적 입증이 어렵다는 이유로 청탁금지법의 적용대상을 확장하는 것은 단지 수사기관의 입증부담을

덜고 처벌의 공백을 메우기 위한 편의적인 발상에 기한 것이라는 강한 의심이 든다. 또한, 청탁금지법의 적용대상을 사립학교 관계자와 언론인에게까지 확대함으로써 수사기관으로 하여금 기존의 처벌조항으로 적극적으로 수사하도록 독려하기 보다는 입증이 용이한 청탁금지법에만 주로 의존하게 함으로써 오히려 부정부패 척결의 규범력과 실효성을 저하시킬 수도 있다.

(다) 적용대상의 자의적(恣意的) 선정

1) 부정부패는 공공영역이든 민간영역이든 모두 문제가 될 수 있으므로 양 영역에서의 부정부패 근절을 위하여 구체적으로 어떠한 조치를 취할 것인지는 기본적으로 입법재량에 속한다. 그러나 그렇다 하더라도 공공성이 강한 다른 민간영역과 달리 사립학교 관계자와 언론인을 청탁금지법 적용대상으로 삼은 것에 대한 합리적인 이유가 인정되어야만 그러한 입법은 입법재량의 범위 내에 속하는 것으로서 그 정당성을 인정받을 수 있다.

그런데 청탁금지법의 내용을 전반적으로 살펴보아도, 민간영역 중 교육이나 언론만을 그 적용대상으로 삼은 합리적 이유를 찾아보기 어렵다. '교육'을 국·공립학교 임직원과 사립학교 관계자가 동일하게 수행하는 업무로 본다면, '의료행위' 역시 민간의료기관의 임직원과 국·공립의료기관의 임직원이 모두 동일하게 수행하는 업무로 보아야 함에도 불구하고, 의료법이나 약사법상의 의료행위는 청탁금지법의 적용대상에 포함되어 있지 않다. 각종 특별법으로 부정부패를 처벌할 정도로 공공성이 강조된 민간영역의 직군(職群)들, 예컨대 상법상의 '민간기업', '특정경제범죄 가중처벌 등에 관한 법률'상의 '금융 및 보험', 건설산업기본법상의 '건설', 변호사법상의 '변호사' 등 역시 청탁금지법의 적용대상에서 제외되어 있다. 이처럼 공공성이 강하여 특별법의 적용대상에 해당하면서도 오히려 청탁금지법의 적용대상에서는 제외된 민간영역이 존재하는 반면에, 별도의 특별법상 규율을 받지 않는 영역인 교육이나 언론은 오히려 청탁금지법의 적용대상에 포함되고 있는바, 그와 같이 규정하게 된 합리적인 이유를 찾아보기 어렵다.

2) 한편, 민간영역의 직군들 가운데 사립학교 관계자와 언론인에 대하여 우선적으로 청탁금지법의 적용대상으로 삼아야 될 정도로 이들 직군이 다른 직군에 비하여 부패하였다는 실증적인 조사결과가 있는 것도 아니다. 오히려 한 조사보고에 의하면 (이천현, "한국의 민간부패 현황과 제도적 개선방안", 형사정책연구 제26권 제2호 참조), 2013

년도의 각 산업별 '청렴 경쟁력 지수'를 볼 때 전체 평균보다 낮은 부분은 건설업, 도·소매업, 보건·의료·사회복지업, 제조업 등 총 4개 부문으로서 건설업이 가장 낮고, 방송·통신·미디어 및 교육 서비스업이 가장 높게 나타나 민간산업 중에서는 상대적으로 청렴한 것으로 평가된다는 것이다.

3) 차라리 영국의 '뇌물방지법'이나 싱가포르의 '부패방지법'과 같이 모든 민간영역을 청탁금지법의 적용대상에 포함시켰더라면 최소한 적용대상 선정의 자의성에 관한 의심은 불식시킬 수 있었을 것이다. 이에 대하여는, 청탁금지법의 적용대상이 향후 다른 민간영역으로 단계적으로 확대적용될 것을 예정하고 있으므로 사립학교 관계자와 언론인을 우선적으로 적용대상으로 삼은 것이 불합리하지 않다는 반론이 있을 수 있다. 그러나 그러한 입법의도가 있다면 청탁금지법에서 그 취지를 명확하게 규정하거나 부칙 규정에서라도 민간부문에서의 적용대상 확장에 관한 시계열(時系列)적인 로드맵(roadmap)을 구체적으로 제시하여 의문의 여지가 없도록 했어야 한다. 그럼에도 불구하고 민간영역에 관한 청탁금지법의 적용대상 선정 기준에 관한 합리적인 이유가 법률 어디에도 드러나 있지 않다. 따라서 정의조항은 자의적인 기준에 따라 청탁금지법의 적용대상을 정한 것이라고 보지 않을 수 없다.

㈑ 입법과정에서의 진지성 결여

입법의 중요성과 그 효력의 일반성, 행위규범성 및 재판규범성 등을 고려할 때, 입법자로서는 입법과정에서 형식적 절차를 준수하여야 할 뿐만 아니라, 하나의 법률 또는 하나의 조문을 제·개정하더라도 여론에 호도되지 않고 국가와 국민의 내일을 위하여 참으로 깊은 고민과 논의를 거듭하여 입법을 할 의무가 있다. 즉, 입법자에게 입법형성의 자유가 인정된다고 하더라도 거기에는 자의적 판단이 허용되는 것은 아니라는 내재적 한계가 있다.

그런데 19대 국회에서의 청탁금지법의 입법과정을 보면(정무위원회회의록 등 참조), 당초 국민권익위원회안이나 정부안 또는 국회의원 3인의 발의안에서는 정의조항에 사립학교 관계자나 언론인이 전혀 언급되지 않았음에도, 정무위원회 법안심사소위원회의 심의 과정에서 국·공립학교 교직원에 대응하는 사립학교 및 유치원 교직원과 공공기관으로 지정할 수 없는 KBS와 EBS를 공공기관으로 오인하여 이들에 대응하는 MBC와 SBS 등 민간 언론사들도 포함시켜야 한다는 단순 논리에서 이들 직군이 정의조항에 포함되었고, 국회 법제사법위원회 논의 과정에서 학교법인 임직원까지 포함되었다. 이때 논의 과정에서 이들 직군이 다른 민간영역에 비하여 더 부패하였다거나 청렴지수가 낮다는 등의 통계자료나 실증적인 조사보고가 있었던 것도 아니고, 달리 합리적인 이유 제시가 있었던 것도 아니다.

이처럼 청탁금지법의 적용대상 확대와 관련하여 국회 상임위원회는 물론 본회의에서도 충분한 논의가 없었던 결과, 청탁금지법안을 통과시키고 나서 곧바로 국회의원들 스스로 법안 내용의 위헌성을 지적하면서 법안이 공포·시행되기 전부터 그 개정의 필요성을 주장하여 왔다. 그리하여 20대 국회에서도 일단 실시해보고 문제가 드러나면 고치자는 입장과 시행 전에 정의조항을 포함한 심판대상조항들과 다른 문제조항들을 함께 개정하거나 보완하자는 입장 및 헌법재판소의 결정을 기다려보자는 유보적인 입장으로 나뉘고 있음이 작금의 현실이다. 이러한 상황은 정의조항을 포함한 심판대상조항들이 형식적인 입법절차만 거쳤을 뿐, 그 실체적 내용에 관한 숙의(熟議) 과정과 진지한 토론 없이 졸속으로 입법함에 따른 당연한 결과인 것으로 보인다. 따라서 입법과정에서 정의조항에 사립학교 관계자와 언론인을 포함시키게 된 이유에 대하여 합리적인 근거를 제시하지 아니한 채 이들 직군을 포함시킨 입법자의 자의적인 입법자세 내지 입법형성의 내재적 한계를 일탈한 의무 해태도 함께 지적될 필요가 있다.

(마) 이상에서 살펴본 바와 같이, 정의조항은 사립학교 관계자와 언론인을 공직자와 동일하게 청탁금지법의 적용대상으로 삼은 합리적인 기준을 제시하지 못하여 그 적용대상의 선정이 자의적이라는 의심이 들게 할 뿐만 아니라, 민간의 자발적인 부정부패 척결의 의지를 꺾고 국가의 처벌상의 편의와 효율성만을 강조한 결과 진지한 논의 없이 여론에 떠밀려 졸속으로 입법된 것으로 보인다. 따라서 정의조항은 침해의 최소성 원칙에도 반한다.

(3) 법익의 균형성

정의조항에 의하여 달성하려는 공익은 사립학교 관계자 및 언론인이 부정청탁을 한 사람이나 금품등을 제공한 사람에게 어떠한 혜택을 베풀 것이라는 기대를 꺾고 해당 분야에 대한 일반 국민의 신뢰 저하를 예방하기 위한 것인바, 이는 현실화되지 않은 미래의 막연하고 추상적인 위험성에 불과하다. 반면 정의조항에 의해 사립학교 관계자 및 언론인이 청탁금지법의 적용대상에 포함됨에 따라 발생하는 일반적 행동자유권의 제한 정도는 중대하고 이로 인하여 교육의 자유와 언론의 자유가 사실상 위축될 가능성도 존재한다. 따라서 제한되는 사익이 정의조항으로 달성하려는 공익보다 훨씬 크다고 할 것이므로 법익의 균형성도 갖추지 못하였다.

(4) 소 결

정의조항은 과잉금지원칙을 위반하여 청구인들의 일반적 행동자유권을 침해한다.

다. 결 론

그렇다면 정의조항은 과잉금지원칙을 위반하여 사립학교 관계자 및 언론인인 청구인들의 일반적 행동자유권을 침해하므로 더 나아가 판단할 필요 없이 헌법에 위반된다.

[5] 인명용 한자 위헌확인 사건

(2016. 7. 28. 2015헌마964)

◇ 사안과 쟁점

청구인은 출생한 아들의 이름을 '로○(嫪○)'으로 정하여 주민센터에 출생신고를 접수하였는데 담당공무원은 '嫪(로)'가 '가족관계의 등록 등에 관한 법률'의 위임에 따라 제정된 '가족관계의 등록 등에 관한 규칙'이 정하는 '통상 사용되는 한자'의 범위에 포함되지 않는다는 이유로 가족관계등록부에 한글로만 '로○'이라고 기록하였다. 이에 청구인이 헌법소원심판을 청구하였다.

쟁점은, 출생신고시 자녀의 이름에 사용할 수 있는 한자의 범위를 '통상 사용되는 한자'로 제한하고 있는 '가족관계의 등록 등에 관한 법률' 조항(이하 '심판대상조항')이 '부모가 자녀의 이름을 지을 자유'를 침해하는지 여부이다(소극:적극 6:3, 2016. 7. 28. 2015헌마964; 공보 238호 1295면).

법정의견(6명)은 한자는 그 숫자가 방대하고 범위가 불분명하여 가족관계등록 전산시스템에 모두 구현하기 어려우므로 자녀의 이름에 사용할 수 있는 한자의 범위를 제한하는 것은 불가피하다는 이유로 이를 기각하였다. 재판관 조용호 등 3명은 위 조항이 부모가 자녀의 이름을 지을 자유를 침해한다고 보았다.

◇ 반대(위헌)의견

우리는 심판대상조항이 과잉금지원칙에 위반하여 청구인의 자녀의 이름을 지을 자유를 침해한다고 생각하므로 아래와 같이 반대의견을 밝힌다.

가. 작명(作名)의 의미

이름(성명)은 개인 한 사람 한 사람에 대한 고유한 명칭으로 부여되므로, 개인의 정체성과 개별성을 나타내는 인격의 상징으로서 개인이 사회 속에서 자신의 생활영역을 형성하고 발현하는 기초가 된다(헌재 2005. 12. 22. 2003헌가5등 참조). 법정의견도 수긍하고 있듯이 '부모가 자녀의 이름을 지을 자유'는 행복추구권을 보장하는 헌법 제10조에 의하여 보호받는다. 따라서 사회 속에서 어떠한 이름으로 상징되고 인식되는가는 자녀에게 중요한 문제이므로, 자녀의 인격발현을 위하여 양육권을 가지는 부모는 원칙적으로 자녀의 이름을 자유롭게 결정할 수 있어야 한다.

특히 우리나라에서 부모가 자녀의 이름을 짓는 행위는 고유한 사회·문화적 함의(含意)를 지니고 있다. 한자문화권에 속하는 우리나라의 경우 이름은 보통 한자로 짓기 마련인데, 한자는 표어문자(表語文字)로서 각 글자마다 고유한 뜻을 지니고 있으므로, 이름에 사용된 한자는 우리 사회에서 자기 존재를 나타내는 기본적인 토대가 된다. 그리하여 부모는 자녀의 이름에 부모의 자녀에 대한 기대와 희망 등을 담기도 하고, 건강과 행복을 바라는 마음을 담기도 하며, 친족관계를 용이하게 파악할 수 있는 항렬자(行列字)를 포함하기도 하는 등 심사숙고하여 이름에 사용될 한자를 고른다.

이러한 우리 사회의 현실에다가 이름은 개인을 표시하는 인격의 상징으로서 원칙적으로 개인이 원하는 내용으로 정하여 사용할 수 있어야 한다는 점을 고려할 때, 자녀의 이름에 사용할 수 있는 한자의 범위를 제한함에 있어서는 신중한 접근이 필요하다.

나. 자녀의 이름을 지을 자유의 침해

(1) 목적의 정당성 및 수단의 적합성에 관하여

법정의견은 어려운 한자를 이름에 사용할 수 없게 하여 당사자와 이해관계인의 불편을 방지하고 행정전산화를 용이하게 한다는 심판대상조항의 입법목적이 정당하다고 보고 있다. 그러나 이러한 입법목적은 다음과 같은 이유에서 정당성을 가지기 어렵다.

1) 심판대상조항은 1990. 12. 31. 호적법 개정으로 비로소 도입된 것으로, 그 전에는 자녀의 이름에 사용할 수 있는 한자의 범위에 아무런 제한이 없었다. 따라서 연혁적으로 보더라도 한자의 숫자가 방대하고 그 범위가 불분명하다는 사실로부터 통상 사용되지 않는 어려운 한자를 이름에 쓸 수 없게 제한하여야 한다는 결론이 도출되는 것은 아니다.

2) 우리나라는 1948년 구 '한글 전용에 관한 법률'을 제정·공포한 이래 한글 전용 정책을 주축으로 하면서 모든 법령 및 공문서가 한글 사용을 원칙으로 하고 있다. 과거 호적부에 이름을 한자로만 기재하던 것도 1994. 7. 11. 구 호적법 시행규칙 개정으로 한글과 한자를 병기하는 것으로 변경되어 현행 가족관계등록부에도 '홍길동(洪吉童)'과 같이 한글과 한자를 병기하고 있다. 또한 현재 금융이나 부동산거래 등 각종 사법상 법률관계에서도 개인의 동일성을 식별하고 신분을 확인하기 위해 한글 이름 및 주민등록번호를 기재하게 함이 보통이며, 이름을 한자로만 기재하게 하는 경우는 드물다. 따라서 이름에 통상 사용되지 아니하는 어려운 한자를 사용한다고 하더라도 그로 인하여 당사자나 이해관계인이 무슨 불편을 겪는다는 것인지 이해하기 어렵다. 오독(誤讀)의 위험이 있다는 이유로 이름에 사용할 수 있는 한자를 제한하는 것도 설득력 있는 이유가 될 수 없다. 초·중등 교육과정에서 한자 교육을 필수 과목으로 편제하지 아니한 현재의 교육시스템에서 교육을 받은 사람들의 경우 '인명용 한자'라고 하더라도 이를 잘 알고 사용한다고 보기는 어렵기 때문이다.

결국 심판대상조항의 주된 입법목적은 행정전산화의 편의 도모에 있다. 그러나 정보통신기술의 수준 역시 심판대상조항이 도입된 1990년대와 비교할 수 없을 정도로 발달되어 현재는 유용(有用)되는 한자의 전산화가 기술적으로 불가능하다고 볼 수 없는바, 행정전산화의 어려움을 이유로 이름에 사용하는 한자의 범위를 제한하는 것은 그 정당성을 인정하기 어렵다. 행정전산화가 되기 전에는 모든 한자의 사용이 가능하던 것이 오히려 행정전산화로 인하여 한자 사용에 제한을 받는다는 것은 아이러니가 아닐 수 없다. 수단이 목적을 정당화할 수는 없다. 국민의 기본권이 행정전산화의 편의라는 수단에 의하여 제한되어서는 아니되기 때문이다.

3) 그렇다면 법정의견이 들고 있는 입법목적이라는 것은 심판대상조항이 도입

될 당시와는 달라진 현실에서 더 이상 그 정당성을 가지기 어렵고, 따라서 수단의 적합성도 인정될 여지가 없다.

(2) 침해의 최소성에 관하여

1) 우리나라에서 한자를 이름에 사용할 수 있도록 하는 것은 한자의 뜻에 기초하여 자녀의 이름을 짓는 우리의 전통과 문화에 기인하는 것이므로, 이름에 어려운 한자를 사용하는 것이 불편하다거나 또는 행정전산화의 편의를 도모한다는 이유로 이름에 인명용 한자 이외의 한자 사용을 일률적으로 제한할 것은 아니다. 자녀의 복리에 반하는 등의 특별한 사정이 없는 한 원칙적으로 부모가 원하는 한자를 사용할 수 있도록 하여야 한다.

2) 법정의견은 심판대상조항이 입법목적 달성을 위하여 인명용 한자 이외의 한자 사용을 제한하는 것이 불가피하다고 보고 있으나 이는 수긍하기 어렵다.

먼저, 우리나라에서는 공문서에서나 사문서에서나 기본적으로 한글로 이름을 쓰고 한자는 병기(倂記)하는 데 그친다. 따라서 사람의 이름을 읽지 못하거나 잘못 읽을 염려가 적으므로 이름에 사용되는 한자의 범위를 제한할 필요성도 적다. 법정의견은 중국과 일본에서도 인명에 사용할 수 있는 한자의 범위를 제한하고 있다는 사정을 들어 심판대상조항으로 인한 기본권 제한이 과도하지 않다고 한다. 그러나 우리나라와는 달리 중국과 일본에서는 사람의 이름을 쓸 때 한자 사용이 기본(원칙)이므로, 한자의 숫자가 방대하고 그 범위가 불분명하다는 점에서 이름에 사용할 수 있는 한자의 범위를 제한할 필요성이 도출될 수 있다. 따라서 이름에 사용할 수 있는 한자의 범위 제한과 관련하여 중국 및 일본과 단순 비교하는 것은 적절하지 않다.

다음으로, 현재 기술 수준에서 한자 정보의 전산화는 어려운 것이 아니다. 국제표준코드인 '유니코드'에 등록되어 있는 한·중·일 통합한자가 약 8만 자이고, 국내표준코드인 'KS 코드'에 등록되어 있는 한자는 약 1만 8천 자에 이른다. 그렇다면 심판대상조항과 같이 '인명용 한자' 이외의 한자 사용을 일률적으로 제한하지 않고서도 이름에 사용되는 한자를 전산시스템에 구현함에는 지장이 없을 것이다.

기본적으로 헌법 제10조의 행복추구권에 의하여 보호되는 '부모가 자녀의 이름을 지을 자유'를 위해서 정부의 전산화 기술이 맞춰져야 하는 것이지, 부모가 자녀의 이름을 지을 자유가 정부의 전산화 기술에 맞춰져야 하는 것은 아니다.

만약 어려운 한자를 사용하는 것이 당사자와 이해관계인의 불편을 초래하고 행정전산화를 방해하는 결과를 초래한다면, 다른 공문서나 공적장부에 기재되는 한자의 범위도 한정하여야 한다. 그런데 국어기본법 제14조 제1항 및 행정기관의 행정업무 운영에 관한 사항을 정하는 '행정 효율과 협업 촉진에 관한 규정'(대통령령 제27103호, 2016. 4. 26.) 제7조 제1항은 "공문서는 한글로 작성하되 뜻을 정확하게 전달하기 위하여 필요한 경우 등에는 괄호 안에 한자나 그 밖의 외국 글자를 함께 적을 수 있다."고 규정하면서도, 심판대상조항과 같이 사용할 수 있는 한자의 범위를 제한하고 있지 않다. 또한 '외국의 국호, 지명 및 인명의 표기에 관한 사무처리지침'(가족관계등록예규 제451호, 2015. 2. 1.)은 국적회복신고를 하는 경우에 국적회복자는 종전에 우리나라에서 사용하던 성명(한자를 포함한다)을 가족관계등록신고서에 기재할 수 있다고 규정하면서, 이때에는 인명용 한자의 제한을 받지 아니한다고 규정하고 있다(제8조 제1항). 그렇다면 유독 출생신고할 때 자녀의 이름에 관해서만 한자의 범위를 제한하는 것이 필요한 것인지 의문이다.

3) 법정의견이 설시하고 있듯이, 가족관계등록규칙 개정을 통해 '인명용 한자'가 추가되는 경우 당사자는 개명허가 절차 또는 출생신고인의 추후보완신고를 거쳐 원하는 이름을 사용할 수 있게 된다. 그러나 심판대상조항이 막연히 장래에 개정될 가능성이 있다는 점을 들어 현재 기본권 제한이 완화되었다고 볼 수는 없다. 처음부터 원하는 한자를 사용할 수 있다면 인명용 한자의 추가에 따른 개명허가절차나 추후보완신고 등 불필요한 절차를 거칠 필요가 없다. 오히려 '인명용 한자'의 범위가 9차례의 대법원규칙 개정을 통하여 확대되어 왔다는 사정은, 헌법 제10조의 행복추구권에 의하여 보호되는 '부모가 자녀의 이름을 지을 자유'를 일률적으로 제한하는 수단을 채택한 심판대상조항의 문제점을 스스로 인정하고 있는 것이다.

나아가 인명용 한자로 통칭되는 '통상 사용되는 한자'를 누가 결정하고, 어느 정도의 사용빈도가 있어야 그 범위에 들어가는 것인지도 의문이다. 인명용 한자가 처음 도입될 당시(1990. 12. 30.) 2,731자이던 것이 9차례의 개정 결과 현재(2014. 10. 20.) 8,142자로 되었는바, 우리의 경험상 20여 년 사이에 한자 사용의 빈도수가 감소되면 감소되었지 증가하였을 리는 없을 것임에 비추어 보더라도, 인명용 한자 또는 통상 사용되는 한자의 범위라는 것이 얼마나 작위적인 것인지 알 수 있다. 인명용 한자는 '프로쿠르스테스의 침대'의 변형인 것이다.

4) 결국 한자의 전면 사용을 허용하되 필요한 경우 예외규정을 두어 그 입법목

적을 달성할 수 있음에도, 심판대상조항은 국민으로 하여금 국가가 정한 '인명용 한자'라는 기준에 맞추도록 강제함으로써 기본권으로 보호되는 '부모가 자녀의 이름을 지을 자유'를 일률적으로 제한하고 있으므로, 침해의 최소성 원칙에 위배된다.

(3) 법익의 균형성에 관하여

당사자와 이해관계인의 불편 방지나 행정편의 도모라는 공익보다 심판대상조항으로 말미암아 부모가 자녀의 이름을 자유롭게 지을 수 없게 됨으로써 초래되는 기본권 침해가 훨씬 중대하다고 볼 수 있으므로, 심판대상조항은 법익의 균형성도 갖추지 못하였다.

다. 결 론

따라서 심판대상조항은 과잉금지원칙을 위반하여 청구인의 자녀의 이름을 지을 자유를 침해한다.

[6] 구치소 과밀수용 위헌확인 사건

(2016. 12. 29. 2013헌마142)

◇ 사안과 쟁점

벌금을 납부하지 아니하여 노역장유치명령에 따라 10여 일 간 ㅇㅇ구치소의 방실(면적 8.96㎡, 정원 6명)에 수용되었다가 석방된 청구인이 위 방실에 과밀수용한 행위의 위헌확인을 구하는 사건이다.

쟁점은, 구치소 내 과밀수용행위가 수형자의 인간의 존엄과 가치를 침해하는지 여부이다(전원 적극, 2016. 12. 29. 2013헌마142; 공보 243호 194면). 재판관 조용호는 주심으로 전원 일치의 법정(위헌)의견과 재판관 4명의 보충의견까지 집필하였다.

◇ 법정(위헌)의견

가. 제한되는 기본권

이 사건 수용행위로 인하여 헌법 제10조에 의하여 보장되는 청구인의 인간의 존엄과 가치가 침해되었는지 여부가 문제된다.

청구인은 이 사건 수용행위로 인하여 행복추구권, 인격권 및 인간다운 생활을 할 권리를 침해받았다는 주장도 하고 있으나, 위 기본권들의 침해를 다투는 청구인의 주장은 모두 인간의 존엄과 가치의 침해를 다투는 청구인의 주장에 포섭될 수 있으므로 별도로 판단하지 아니한다.

나. 인간의 존엄과 가치에서 비롯하는 국가형벌권 행사의 한계

헌법 제10조는 "모든 국민은 인간으로서 존엄과 가치를 가지며, 행복을 추구할 권리를 가진다. 국가는 개인이 가지는 불가침의 기본적 인권을 확인하고 이를 보장할 의무를 진다."라고 규정하고 있다. 헌법 제10조에서 규정한 인간의 존엄과 가치는 헌법이념의 핵심으로, 국가는 헌법에 규정된 개별적 기본권을 비롯하여 헌법에 열거되지 아니한 자유와 권리까지도 이를 보장하여야 하며, 이를 통하여 개별 국민이 가지는 인간으로서의 존엄과 가치를 존중하고 확보하여야 한다는 헌법의 기본원리를 선언한 것이다. 따라서 자유와 권리의 보장은 1차적으로 헌법상 개별적 기본권규정을 매개로 이루어지지만, 기본권 제한에 있어서 인간의 존엄과 가치를 침해하거나 기본권 형성에 있어서 최소한의 필요한 보장조차 규정하지 않음으로써 결과적으로 인간으로서의 존엄과 가치를 훼손한다면 헌법 제10조에서 규정한 인간의 존엄과 가치에 위반된다(헌재 2000. 6. 1. 98헌마216 참조).

인간의 존엄과 가치는 모든 인간을 그 자체로서 목적으로 존중할 것을 요구하고, 인간을 다른 목적을 위한 단순한 수단으로 취급하는 것을 허용하지 아니하는바, 이는 특히 국가의 형벌권 행사에 있어 매우 중요한 의미를 가진다. 국가의 형벌권 행사는 공동체의 질서를 유지함으로써 인간의 존엄과 가치를 보호하기 위한 것이기도 하지만, 동시에 그 대상이 되는 피의자·피고인·수형자의 인간의 존엄과 가치에 대한 위협이 될 수도 있기 때문이다. 인간의 존엄과 가치는 국가가 형벌권을 행사함에 있어서 피의자·피고인·수형자를 다른 모든 사람과 마찬가지로 존엄과 가치를 가지는 인간으로 대우할 것을 요구한다. 그러므로 인간의 존엄과 가치는 국가가 형벌권을 행사함에 있어 사람을 국가행위의 단순한 객체로 취급하거나 비인간적이고 잔혹한 형벌을 부과하는 것을 금지하고, 행형(行刑)에 있어 인간 생존의 기본조건이 박탈된 시설에 사람을 수용하는 것을 금지한다. 특히 수형자의 경우 형벌의 집행을 위하여 교정시설에 격리된 채 강제적인 공동생활을 하게 되는바, 그 과정에서 구금의 목적 달성을 위하여 필요최소한의 범위 내에서는 수형자의 기본권에 대한 제한이 불가피하다 하더라도, 국가는 인간의 존엄과 가치에서 비롯되는 위와 같은 국가형벌권 행사의 한계를 준수하여야 하고, 어떠한 경우에도 수형자가 인간으로서 가지는 존엄과 가치를 훼손할 수 없다.

다. 과밀수용의 문제점

오늘날 교정의 궁극적인 목적은 범죄자로 하여금 법을 준수하게 하고 일반시민으로 사회에 복귀하게 하는 재사회화(再社會化)에 있는바, 이 때 재사회화는 수형자가 출소 후에 범행하지 않고 정상적인 사회생활을 영위할 수 있도록 한다는 적극적 의미를 담고 있다. 수용자의 처우와 권리 및 교정시설의 운영에 관하여 필요한 사항을 규정하고 있는 '형의 집행 및 수용자의 처우에 관한 법률'(이하 '형집행법'이라 한다)도 그 제정목적이 수형자의 교정교화와 건전한 사회복귀 도모에 있음을 밝히는 한편(제1조), 수형자 처우의 원칙으로 교육·교화프로그램, 작업, 직업훈련 등을 통하여 수형자의 교정교화를 도모하며, 수형자가 사회생활에 적응하는 능력을 함양하도록 처우하여야 한다는 점을 규정함으로써(제55조), 교정의 최종 목적이 수형자의 재사회화에 있음을 확인하고 있다.

재사회화의 목적을 달성하기 위해서는 그에 알맞은 적절한 환경과 조건을 갖출 것이 요구된다. 그런데 교정시설의 수용면적, 관리인원의 수 등 제반 사정에 비추어 적정한 수를 초과하는 수용인원이 교정시설에 수용되는 이른바 '과밀수용'의 경우, 교정시설의 위생상태가 불량하게 되어 수형자 간에 질병이 퍼질 가능성이 높아지고, 관리인원이 부족하게 되어 수형자의 접견·운동을 제한하게 되거나 음식·의료 등 서비스가 부실해질 수 있으며, 수형자들의 처우불만이 제대로 해소되지 못하고 수형자 간 긴장과 갈등이 고조됨으로써 싸움·폭행·자살 등 교정사고가 빈발하게 될 수 있다. 또한 과밀수용은 수형자의 특성에 따른 개별화된 교정프로그램의 작동을 불가능하게 하고, 교정공무원들에게 과도한 직무를 부과하고 심리적 부담을 갖게 하여 직무수행능력에 악영향을 미칠 수도 있다.

이와 같이 과밀수용은 교정교화를 위한 적절한 환경과 조건을 갖추지 못함으로써 교정시설의 질서유지에 부정적 영향을 주고 교정역량을 저하시켜, 결국 교정의 최종 목적인 수형자의 재사회화를 저해하게 한다.

라. 이 사건 수용행위가 청구인의 인간의 존엄과 가치를 침해한 것인지 여부

(1) 이 사건 수용행위의 법적 근거

㈎ 형집행법상 '수용자'란 수형자 · 미결수용자 · 사형확정자 등 법률과 적법한 절차에 따라 교도소 · 구치소 및 그 지소, 즉 교정시설에 수용된 사람을 의미하고(현행법 제2조 제1호, 구법 제2조 제4호), 그 중 '수형자'란 징역형 · 금고형 또는 구류형의 선고를 받아 그 형이 확정되어 교정시설에 수용된 사람과 벌금 또는 과료를 완납하지 아니하여 노역장 유치명령을 받아 교정시설에 수용된 사람을 의미한다(현행법 제2조 제2호, 구법 제2조 제1호).

형집행법은 수용자의 수용에 관하여 "수용자는 독거수용한다. 다만, 다음 각 호의 어느 하나에 해당하는 사유가 있으면 혼거수용할 수 있다. 1. 독거실 부족 등 시설여건이 충분하지 아니한 때, 2. 수용자의 생명 또는 신체의 보호, 정서적 안정을 위하여 필요한 때, 3. 수형자의 교화 또는 건전한 사회복귀를 위하여 필요한 때"라고 규정하고 있고(제14조), 남성과 여성은 분리하여 수용하도록 규정하고 있으며(제13조 제1항), 수형자와 미결수용자, 19세 이상의 수형자와 19세 미만의 수형자를 같은 교정시설에 수용하는 경우에는 서로 분리하여 수용하도록 하고(제13조 제2항), 소장이 수용자의 거실을 지정하는 경우에는 죄명 · 형기 · 죄질 · 성격 · 범죄전력 · 나이 · 경력 및 수용생활 태도, 그 밖에 수용자의 개인적 특성을 고려하여야 한다고 규정하고 있다(제15조).

그리고 형집행법 시행령은 혼거수용 인원은 원칙적으로 3명 이상으로 한다고 규정하고(제8조 본문), 원칙적으로 노역장 유치명령을 받은 수형자와 징역형 · 금고형 또는 구류형을 선고받아 형이 확정된 수형자를 혼거수용해서는 아니 된다고 규정하고 있다(제9조 본문).

한편, 법무부 예규인 '수용구분 및 이송 · 기록 등에 관한 지침'(2011. 4. 11. 법무부

예규 제979호로 개정된 것)에 의하면 ○○구치소의 수용정원은 2,200명이고(제82조 제3항 및 별지 제13호), ○○구치소는 서울중앙지방법원 제1심 피의자 및 피고인, 서울중앙지방법원 제1심 판결에 불복하여 서울중앙지방법원 합의부 또는 서울고등법원에 항소를 제기한 피고인, 서울 동부·북부지방법원, 의정부지방법원 본원 및 관할지원 제1심 판결에 불복하여 서울고등법원에 항소를 제기한 피고인, 원심이 서울중앙·동부·북부지방법원으로 각 법원 합의부 제2심 또는 서울고등법원 판결에 불복하여 대법원에 상고를 제기한 피고인 등을 수용한다(제84조).

(나) 청구인은 벌금 70만 원의 형이 확정되었으나 벌금의 납부를 거부하고 노역장 유치명령을 받은 사람으로 형집행법상 수형자에 해당하는 성인 남성인바, ○○구치소장은 위와 같은 규정들에 근거하고 당시 ○○구치소의 수용현황을 고려하여 청구인을 2012. 12. 8. 16:00경부터 2012. 12. 18. 13:00경까지 미결수용자나 여성수용자와 분리하여 노역장 유치명령을 받은 수형자만으로 이루어진 이 사건 방실에 수용하였다.

(2) 인정되는 사실

(가) 법무부에 의하면, 청구인이 이 사건 방실에 수용되었던 2012. 12. 8.부터 2012. 12. 18.까지의 기간 동안 ○○구치소에 실제로 수용된 총 인원은 다음 표와 같이 적게는 2,957명부터 많게는 3,019명으로, 수용정원 대비 실제 수용인원의 비율이 134% 내지 137%에 이르렀다.

날짜	수용인원(명)	날짜	수용인원(명)
2012. 12. 8.	2,972	2012. 12. 14.	2,986
2012. 12. 9.	2,971	2012. 12. 15.	2,985
2012. 12. 10.	2,957	2012. 12. 16.	2,984
2012. 12. 11.	2,961	2012. 12. 17.	3,019
2012. 12. 12.	2,968	2012. 12. 18.	3,017
2012. 12. 13.	2,981		

(나) 한편, [별지2] 평면도를 토대로 이 사건 방실의 면적을 계산하여 보면, ① 건축물의 벽, 기둥 등의 중심선을 기준으로 한 수평투영면적은 가로 3.20m, 세로 2.80m, 합계 8.96㎡이고, ② 벽, 기둥 밖의 실제 내부를 기준으로 한 면적은 가로 2.96m, 세로 2.46m, 합계 7.28㎡이다. ③ 여기에 관물함과 개수대의 면적(0.9㎡)을

제외하여 수형자들이 실제 개인적으로 숙식 등 생활에 사용할 수 있는 면적은 6.38 ㎡이다.

그리고 피청구인에 의하면, 청구인이 이 사건 방실에 수용되었던 2012. 12. 8.부터 2012. 12. 18.까지의 기간 동안 시간별로 이 사건 방실에 실제로 수용된 인원은, 12. 8. 16:00부터 12. 9. 16:00까지(24시간, 1일)는 4인, 12. 9. 16:00부터 12. 11. 21:00까지 및 12. 14. 13:00부터 12. 18. 13:00까지(149시간, 6일 5시간)는 5인, 12. 11. 21:00부터 12. 14. 13:00까지(64시간, 2일 16시간)는 6인이었다.

따라서 청구인이 이 사건 방실에 수용되었던 기간 동안 이 사건 방실의 실제 수용인원의 변동에 따른 1인당 수용면적은 다음 표와 같다.

수용기간	수용 인원	1인당 수용면적		
		수평투영 면적	내부 치수	개인사용 가능면적
2012. 12. 8. 16:00 ~ 12. 9. 16:00	4명	2.24㎡	1.82㎡	1.59㎡
2012. 12. 9. 16:00 ~ 12. 11. 21:00	5명	1.79㎡	1.45㎡	1.27㎡
2012. 12. 11. 21:00 ~ 12. 14. 13:00	6명	1.49㎡	1.21㎡	1.06㎡
2012. 12. 14. 13:00 ~ 12. 18. 13:00	5명	1.79㎡	1.45㎡	1.27㎡

(3) 판 단

앞서 본 바와 같이 ○○구치소의 수용정원은 2,200명이나, '수용구분 및 이송·기록 등에 관한 지침'에 규정된 수용구분에 따라 다른 교정시설에 비하여 수용하여야 할 대상이 상대적으로 많아 그 수용인원이 매우 과밀한 편이다. 더욱이 ○○구치소에 수용된 인원의 상당수가 재판이 계속 중이어서 다른 교정시설로의 이송이 쉽지 않은 미결수용자에 해당하는 점, 관련 규정에 따라 수형자는 미결수용자와, 남성수용자는 여성수용자와 각각 분리수용되어야 하고, 원칙적으로 노역장 유치명령을 받은 수형자와 징역형·금고형 또는 구류형을 선고받아 형이 확정된 수형자를 혼거수용해서는 아니 되는 점 등이 각 방실의 수용인원을 과밀하게 하는 요인이 된다.

다만, 교정시설의 수용인원은 사회적 상황, 범죄의 증감 등에 따라 변화하므로 미리 예측하기 어렵고 국가가 임의로 수용자 수를 일정한 수준 이하로 제한할 수 없으며, 교정시설의 입장에서 기존의 수용자들의 충분한 생활공간을 확보하기 위하여 추가로 입소하는 수용자들의 수용을 거부할 수도 없다. 또한, 한정된 국가예산 중 교정시설의 설치·운영을 위한 예산확보가 쉽지 않고, 님비(NIMBY) 현상으로 인하여 부지선정에도 어려움이 있는 점 등에 비추어 보면, 증감하는 수용인원에 따라 그때그때 교정시설을 신축하는 등 탄력적으로 대처하기에는 어려움이 있는 것이 현실이다.

그러므로 수형자가 인간 생존의 기본조건이 박탈된 교정시설에 수용되어 인간의 존엄과 가치를 침해당하였는지 여부를 판단함에 있어서는 1인당 수용면적뿐만 아니라 수형자 수와 수용거실 현황 등 수용시설 전반의 운영 실태와 수형자들의 생활 여건, 수용기간, 접견 및 운동 기타 편의제공 여부, 수용에 소요되는 비용, 국가 예산의 문제 등 제반 사정을 종합적으로 고려할 필요가 있다. 그러나 교정시설 내에 수형자가 인간다운 생활을 할 수 있는 최소한의 공간을 확보하는 것은 교정의 최종 목적인 재사회화를 달성하기 위한 가장 기본적인 조건이므로, 교정시설의 1인당 수용면적이 수형자의 인간으로서의 기본 욕구에 따른 생활조차 어렵게 할 만큼 지나치게 협소하다면, 이는 그 자체로 국가형벌권 행사의 한계를 넘어 수형자의 인간의 존엄과 가치를 침해하는 것이다.

이 사건의 경우, 성인 남성인 청구인은 6인이 수용되었던 2일 16시간 동안 1인당 수평투영면적 1.49㎡(내부치수 1.21㎡), 실제 개인사용가능면적 1.06㎡인 이 사건 방실에서 생활하였고, 5인이 수용되었던 6일 5시간 동안 1인당 수평투영면적 1.79㎡(내부치수 1.45㎡), 실제 개인사용가능면적 1.27㎡인 이 사건 방실에 수용되었는데, 위와 같은 1인당 수용면적은 우리나라 성인 남성의 평균 신장인 174cm(2010년 국가기술표준원 실시 제6차 한국인 인체치수 조사 결과) 전후의 키를 가진 사람이 팔을 마음껏 펴기도 어렵고 어느 쪽으로 발을 뻗더라도 발을 다 뻗지 못하며, 다른 수형자들과 부딪치지 않기 위하여 모로 누워 칼잠을 자야할 정도로 매우 협소한 것이다.

그렇다면 청구인이 이 사건 방실에 수용된 기간이 비교적 단기이고, 청구인이 접견 및 운동을 위하여 총 10시간을 이 사건 방실 밖에서 보낸 점 등 제반 사정을 참작하여 보더라도, 청구인은 인간으로서의 기본 생활에 필요한 최소한의 공간조차 확보되지 못한 이 사건 방실에서 신체적·정신적 건강이 악화되거나 인격체로서의 기본 활동에 필요한 조건을 박탈당하는 등 극심한 고통을 경험하였을 가능성이 크다.

따라서 청구인이 인간으로서의 최소한의 품위를 유지할 수 없을 정도로 과밀한 공간에서 이루어진 이 사건 수용행위는 청구인의 인간으로서의 존엄과 가치를 침해하여 헌법에 위반된다.

◇ 보충의견

우리는 교정시설 내에 수형자 1인당 적어도 2.58㎡ 이상의 수용면적을 상당한 기간 이내에 확보하여야 한다고 생각하므로 다음과 같이 보충의견을 밝힌다.

헌법 제10조는 모든 기본권 보장의 종국적 목적이자 기본이념이라 할 수 있는 인간의 본질적이고 고유한 가치인 '인간의 존엄과 가치'를 천명하고 있고, 형집행법은 "이 법을 집행하는 때에 수용자의 인권은 최대한으로 존중되어야 한다."라고 규정하여(제4조) 수용자의 인권을 존중할 의무를 교정기관에 부과하고 있으며, 교정시설의 설비에 관하여 "교정시설의 거실·작업장·접견실이나 그 밖의 수용생활을 위한 설비는 그 목적과 기능에 맞도록 설치되어야 한다. 특히, 거실은 수용자가 건강하게 생활할 수 있도록 적정한 수준의 공간과 채광·통풍·난방을 위한 시설이 갖추어져야 한다."라고 규정하고 있다(제6조 제2항). 또한, 우리나라가 1990년 가입한 '시민적·정치적 권리에 관한 국제규약'(International Covenant on Civil and Political Rights) 제10조 제1항은 "자유를 박탈당한 모든 사람은 인도적으로 또한 인간의 존엄성을 존중하여 취급된다."라고 규정하고 있고, 국제연합의 '피구금자 처우에 관한 최저기준규칙'(Standard Minimum Rules for the Treatment of Prisoners) 제10조는 "피구금자가 사용하도록 마련된 모든 설비, 특히 모든 취침 설비는 기후 상태와 특히 공기의 용적, 최소바닥면적, 조명, 난방 및 환기에 관하여 적절한 고려를 함으로써 건강유지에 필요한 모든 조건을 충족하여야 한다."라고 규정하고 있다.

교정시설의 수용환경, 특히 1인당 수용면적은 수형자의 인권을 보장하고 교정의 최종 목적인 재사회화를 달성하기 위한 물적 토대이자 가장 기본적인 조건이 된다. 그러나 위와 같은 헌법과 형집행법 및 국제규범의 규정에도 불구하고, 형집행법을 비롯한 관련 법령은 교정시설에 정원을 초과하여 수용하는 것을 직접적으로 금지하는 규정이나 수형자 1인당 최소수용면적에 관한 규정을 두고 있지 않으며, 과밀수용된 수형자들은 열악한 환경에서 인간으로서 최소한의 품위조차 지키기 어려운 생활을 강요당하고 있는 실정이다. 앞서 본 바와 같이 예측이나 통제가 불가능한 수용인원의 증감변동, 예산확보의 어려움 및 님비현상 등과 같은 현실적 어려움을 고려하지 않을 수 없으나, 국가는 수형자가 신체적·정신적 건강을 유지하고 인간이라면 누구나 가지는 인격체로서의 기본 생활을 향유할 수 있는 1인당 최소수용면적을 보장하여야 한다.

이와 관련하여 외국의 사례를 살펴보면, '고문 및 비인도적 또는 모욕적 처우나 처벌의 방지를 위한 유럽위원회'(European Committee for the Prevention of Torture and Inhumane or Degrading Treatment or Punishment)는 혼거 수용실의 경우 1인당 최소수용면적을 4㎡로 제시한 바 있고, 유럽인권재판소는 1인당 수용면적이 2.7㎡인 수용시설에 몇 개월간 수용한 경우 유럽인권협약 제3조(모욕적 처우의 금지)에 위반된다고 판단한 바 있다(Mandic and Jovic v. Slovenia; Strucl and Others v. Slovenia, Applications nos. 5774/10 & 5985/10, 20 October 2011). 미국의 경우 수형자에 대하여는 수용시설 환경이 지나치게 열악하여 수정헌법 제8조의 '잔혹하고 이상한 형벌(cruel and unusual punishment)의 금지'에 위배되는지 여부를 판단하는바, 연방대법원이 약 6.3㎡에 2인을 수용한 것이 헌법의 위반에 이르는 정도가 아니라고 한 예가 있으나(Rhodes v. Chapman, 452 U.S. 337, 1981), 제7연방항소법원은 1인당 수용면적이 2.2㎡인 경우(실제 사용가능면적은 그 절반이었음) 위헌이라고 판단하였고(French v. Owens, 777 F.2d 1250, 1985), 제8연방항소법원은 1인당 2.5-3㎡의 경우 그 수용조건이 위헌적이라고 판단하였다(Cody v. Hillard, 799 F.2d 477, 1986). 독일의 경우 연방헌법재판소는 7.6㎡ 내지 8㎡의 독거실에 2인이 수용된 경우 인간의 존엄성을 침해한다고 판단하였고(BVerfG, NJW 2002. 2699 f.), 프랑크푸르트 주상급법원이 11.54㎡(화장실 포함)의 방에 3인이 수용된 경우 인간의 존엄성을 침해한다고 판단한 바 있다(OLG Frankfurt a.M., NStZ-RR 2009, 326). 교정시설의 수형자 1인당 수용면적은 개별 국가의 사회적·경제적 여건과 수형자의 신체조건 등의 영향을 받을 수밖에 없겠으나, 교정시설의 수용환경의 문제는 인간의 보편적 인권에 관한 것이라는 점에서 위와 같은 외국의 사례는 우리에게도 시사하는 바가 크다.

한편, 우리나라의 경우 앞서 본 바와 같이 수형자 1인당 최소수용면적을 규정하고 있는 법령은 없으나, 법무시설의 신축·증축을 위한 설계·시공 등에 관한 적정한 시설기준을 정하고 있는 '법무시설 기준규칙' (2011. 12. 29. 법무부 훈령 제848호로 개정된 것)은 제3조 제3항 및 별표 1에서 혼거실의 경우 수용자 1인당 수용면적을 2.58㎡

로 규정하고 있고, 교정시설에 수용중인 수용자의 수용구분 등에 관한 세부 사항을 정함을 목적으로 하는 '수용구분 및 이송·기록 등에 관한 지침' 제82조 제1항 제2호는 혼거실의 수용정원 산정기준을 2.58㎡당 1명으로 규정하고 있다.

위 '법무시설 기준규칙'과 '수용구분 및 이송·기록 등에 관한 지침'은 행정규칙으로 행정부 내부에서만 효력을 가질 뿐 대외적인 구속력은 없고, 각 교정시설의 다양한 형태와 규모, 지역별 교정수요 등의 차이로 인하여 수형자 1인당 최소수용면적의 기준을 일의적으로 설정하는 것은 쉽지 않은 일이다. 그러나 위 규칙 및 지침이 규정하고 있는 수형자 1인당 수용면적은 국가가 예산확보, 수용인원 발생에 대한 수요예측, 부지선정 등 교정시설 확충과 관련하여 발생하는 여러 가지 어려움에도 불구하고 적어도 해당 면적이 확보되어야만 교정시설 내에서 수형자가 인간의 존엄과 가치를 유지하며 생활할 수 있다는 판단 아래 설정한 기준이므로, 현재의 시점에서는 이를 수형자를 위하여 확보되어야 할 교정시설 내 1인당 최소수용면적에 관한 일응의 기준으로 볼 수 있을 것이다.

따라서 국가는 교정시설 내에 수형자 1인당 적어도 2.58㎡ 이상의 수용면적을 확보하여야 한다. 다만, 교정시설 내 공간을 확보하거나 교정시설을 신축 또는 증축하는 것이 현실적으로 단기에 해결될 수 있는 문제가 아님을 참작하여, 상당한 기간(늦어도 5년 내지 7년) 이내에 위와 같은 기준을 충족하도록 개선해 나갈 것을 촉구한다. 물론, 위와 같은 기준을 충족한 이후에도 국가는 교정시설 내 수용환경이 우리 사회의 인권의식의 향상과 경제적 성장에 발맞추어 지속적으로 개선될 수 있도록 부단한 노력을 기울여야 하며, 1인당 최소수용면적의 확보를 비롯한 교정시설의 확충 외에 형사정책적 측면에서도 불구속 수사의 확대 및 미결구금 기간의 축소, 가석방 및 귀휴제도의 효율적인 활용 등 과밀수용을 해소하기 위한 방안을 적극적으로 마련할 필요가 있다.

신영복은 「감옥으로부터의 사색」에서, "없는 사람이 살기는 겨울보다 여름이 낫다고 하지만 교도소의 우리들은 차라리 겨울을 택합니다. …… 여름징역은 바로 옆 사람을 증오하게 한다는 사실 때문입니다. 모로 누워 칼잠을 자야 하는 좁은 잠자리는 옆 사람을 단지 37℃의 열덩어리로만 느끼게 합니다. 이것은 옆 사람의 체온으로 추위를 이겨나가는 겨울철의 원시적 우정과는 극명한 대조를 이루는 형벌 중의 형벌입니다. 자기의 가장 가까이에 있는 사람을 미워한다는 사실, 자기의 가장 가까이에 있는 사람으로부터 미움받는다는 사실은 매우 불행한 일입니다. 더욱이 그 미움의 원인이 자신의 고의적인 소행에서 연유된 것이 아니고 자신의 존재 그 자체 때문이라는 사실은 그 불행을 매우 절망적인 것으로 만듭니다. 그러나 무엇보다도 우리 자신을 불행하게 하는 것은 우리가 미워하는 대상이 이성적으로 옳게 파악되지 못하고 말초감각에 의하여 그릇되게 파악되고 있다는 것, 그리고 그것을 알면서도 증오의 감정과 대상을 바로잡지 못하고 있다는 자기혐오에 있습니다."라고 썼다. 위 글은 1985년에 작성된 것인데, 과밀수용으로 인하여 수형자들이 신체적·정신적 고통에 시달리다 못해 서로를 인격체가 아닌 물건처럼 대하며 미워하고, 이를 자각하면서도 상대방에 대한 증오를 멈출 수 없어 결국 스스로를 혐오하게 되는 비극적인 상황이 30여년이 지난 오늘날에도 계속되고 있음은 매우 안타까운 일이다.

과밀수용은 단기간에 해결되기 어려울 뿐만 아니라 모든 유관기관 간의 협력과 개선의지를 필요로 하는 문제이다. 그러나 법정의견에서 이미 강조한 바와 같이, 국가는 수형자를 다른 모든 사람과 마찬가지로 존엄과 가치를 가지는 인간으로 대우하여야 하고, 수형자가 불필요한 신체적·정신적 불편을 겪지 않도록 할 수 있는 최소한의 공간을 갖춘 수용시설을 확충하는 것은 그 전제가 되는 기본적인 조건임을 잊어서는 아니 된다. 수형자라 하더라도 인간으로서의 품위를 지킬 수 있는 수용환경에서 각자의 인격을 형성하고 발전시킬 기회를 가질 수 있도록 함으로써 그들이 다시 자유를 회복하였을 때에는 개인과 공동체의 상호연관 속에서 균형을 잡고 자신의 인생과 공동체에 대한 책임을 다할 수 있는 인격체로 살아갈 수 있도록 하는 것이야말로 국가형벌권 행사의 궁극적인 목적이자 이를 정당화할 수 있는 근거라고 우리는 믿는다.

[7] 항공사의 추가 보안검색 위헌확인 사건

(2018. 2. 22. 2016헌마780)

◇ 사안과 쟁점

인천공항에서 미국행 대한항공편을 이용하고자 출국심사를 받는 과정에서 일반적인 보안검색을 받고, 항공기 탑승 전에 다시 추가 보안검색 대상자로서 소지품을 밖으로 꺼내도록 하거나 손으로 신체를 더듬는 방식의 추가 보안검색을 받은 청구인이, 항공사로 하여금 체약국의 요구가 있는 경우 추가 보안검색을 실시할 수 있도록 한 '국가항공보안계획 8.1.19'에 대하여 한 위헌확인 사건이다.

쟁점은, '국가항공보안계획' 제8장 '승객 · 휴대물품 · 위탁수하물 등 보안대책' 중 8.1.19 가운데 체약국의 요구가 있는 경우 항공운수사업자의 추가 보안검색 실시에 관한 부분(이하 '이 사건 국가항공보안계획')이 법률유보원칙에 위배되거나 인격권 등을 침해하는지 여부이다(전원 소극, 2018. 2. 22. 2016헌마780; 공보 257호 459면). 전원 일치 합헌 의견이었고, 재판관 조용호는 주심으로 법정의견을 집필하였다.

◇ 법정(합헌)의견

가. 민간항공보안 법규

(1) 국제민간항공협약(Convention on International Civil Aviation)

㈎ 제2차 세계대전이 끝난 후 국제민간항공 수송체계 및 질서를 확립하기 위하여 52개국의 참여로 '국제민간항공협약', 일명 '시카고 협약(Chicago Convention)'이 1944. 12. 7. 미국 시카고에서 작성 · 채택되어 1947. 4. 4. 최초 발효되었다. 이 협약은 다자간 국제조약으로 우리나라는 1952. 12. 11. 가입하여 조약 제38호로 발효되었고, 1957. 2. 4. 국회에서 비준동의를 받았다.

헌법 제6조 제1항은 "헌법에 의하여 체결 · 공포된 조약과 일반적으로 승인된 국제법규는 국내법과 같은 효력을 가진다."라고 규정하고 있고, 헌법 제60조 제1항은 국회의 조약 체결 · 비준에 대한 동의권을 규정하고 있는바, 국제민간항공협약은 우리나라가 가입과 동시에 발효되었고 사후에 국회의 비준동의도 받았으므로 국내법과 같은 효력을 가지고, 위 협약의 국내 이행을 위해서 '항공보안법'이 마련되어 있다. 따라서 항공운송사업자를 포함한 공항운영자등은 위 협약에서 정한 사항의 이행을 위해 항공보안법 및 그 위임을 받은 하위법령이 정한 바가 있으면 그에 따르고, 정한 바가 없으면 위 협약에서 정한 바에 따른다(항공보안법 제1조, 제3조 참조).

㈏ 국제민간항공협약 부속서

국제민간항공협약은 총 96개 조항으로 이루어진 협약 본문과 이를 뒷받침하는 부속서가 제1부터 제19까지로 구성되어 있다. '국제민간항공협약 부속서'는 국제민간항공협약에 기초를 두고 있으나 협약 본문에 모두 포함시킬 수 없는 고도의 전문적이고 기술적인 세부사항을 규정하기 위하여 마련된 것으로, 항공과 직접 관련된 모든 분야의 국제표준을 마련해 주고 기술상의 기준을 제시한 국제규범으로, 국제민간항공협약의 일부로서 협약 본문과 동등한 효력이 있다.

'항공보안'에 관한 사항은 제17부속서에서 규정하고 있는바, '국제민간항공협약 부속서 17' 중 2.4.1 전문은 "각 체약국은 다른 체약국으로부터 특정한 항공편에 대해 추가적인 보안조치를 요구받을 경우, 가능한 한도 내에서 조치를 취해야 한다."고 정하고 있다.

(2) 항공보안법

국제민간항공협약 등 국제협약에 따라 공항시설, 항행안전시설 및 항공기 내에서의 불법행위를 방지하고 민간항공의 보안을 확보하기 위한 기준·절차 및 의무사항 등을 규정함을 목적으로 항공보안법이 마련되어 있다.

항공보안법은 민간항공의 보안을 위한 국제협약의 준수 의무와 함께, 항공안전 및 보안에 관한 기본계획의 수립과 시행, 공항 및 항공기 내의 보안을 위한 필요한 조치로서의 보안검색의 기준과 방법 및 승객 등의 협조 의무, 항공보안장비, 항공안전보안지시·조사 및 점검 등에 대한 구체적인 규정을 두고 있고, 그 외에 민간항공에 대한 불법방해행위에 신속하게 대응하기 위하여 국가항공보안 우발계획의 수립근거도 마련하고 있으며, 민간항공 보안업무의 효율적 추진을 위하여 항공보안 자율신고제도도 정하고 있다. 특히 항공보안법은 국토교통부장관으로 하여금 항공보안 업무를 수행하기 위하여 '국가항공보안계획'을 수립·시행하도록 의무를 부과하고 있는바(제1조, 제4조, 제10조 제1항), 국토교통부령인 '항공보안법 시행규칙'에서는 국가항공보안계획에 항공운송사업자를 포함한 공항운영자등의 항공보안에 대한 임무 및 항공보안에 관한 국제협력 등의 내용이 포함되도록 규정하고 있다(제3조의2 제1항). 항공운송사업자를 포함한 공항운영자등은 국가항공보안계획에 따라 자체 보안계획을 수립하여 국토교통부장관의 승인을 받아야 하고, 이를 제대로 이행하지 아니하면 과태료를 부과받게 된다(법 제10조 제2항, 제51조 제1항 제1호).

나. 제한되는 기본권 및 이 사건의 쟁점

(1) 헌법 제10조는 모든 기본권 보장의 종국적 목적이자 기본이념이라 할 수 있는 인간의 본질적이고 고유한 가치인 인간의 존엄과 가치로부터 유래하는 인격권을 보장하고 있다(헌재 1990. 9. 10. 89헌마82; 헌재 2002. 7. 18. 2000헌마327 참조). 이미 탑승을 위한 출국 수속 과정에서 일반적인 보안검색을 마쳤음에도, 취항 예정지 국가인 체약국의 요구가 있다는 이유로 항공기 탑승 전 또는 탑승구 앞에서 보안 담당자로부터 신체검사 등 보안검색을 당하는 경우 해당 승객은 모욕감 내지 수치심 등을 느낄 수 있다. 따라서 이 사건 국가항공보안계획으로 인한 인격권 침해 여부가 일차적으로 문제된다.

(2) 헌법 제12조가 보장하는 신체의 자유는 신체활동을 자율적으로 할 수 있는 신체거동의 자유와 함께 신체의 안전성이 외부로부터의 물리적인 힘이나 정신적인 위협으로부터 침해당하지 아니할 자유를 포함한다(헌재 1992. 12. 24. 92헌가8 참조). 항공보안법상 일반적인 보안검색이 승객에 대해서는 문형금속탐지기 또는 원형검색장비를 사용하여, 휴대물품에 대해서는 엑스선 검색장비를 사용하여 이루어지는 것과 달리(항공보안법 시행령 제10조 제1항), 국가항공보안계획에서 추가 보안검색은 신체에 대해서는 촉수검색(patdown)을 예정하고 있으므로(8.1.14 참조), 인격권과 더불어 신체의 자유 침해 여부도 함께 문제될 수 있다.

(3) 청구인은 알 권리의 침해도 주장하나, 헌법 제21조 등에서 도출되는 기본권인 알 권리는 일반적으로 접근할 수 있는 정보원으로부터 자유롭게 정보를 수령·수집하거나, 국가기관 등에 대하여 정보의 공개를 청구할 수 있는 권리를 말하는바(헌재 1991. 5. 13. 90헌마133 참조), 항공기의 취항 예정지인 체약국이 어떠한 사유로 특정인에 대해 추가 보안검색을 요구하게 되는 것인지가 일반적인 정보라고 보기 어렵고, 이 사건 국가항공보안계획은 체약국의 요구가 있으면 항공운송사업자가 그 요구에 따라 탑승 수속 전 또는 탑승구 앞에서 추가 보안검색을 실시하는 것에 대해 규정하고 있을 뿐이므로 이 사건 국가항공보안계획에 의해 알 권리가 제한된다고 볼 수 없다.

(4) 이와 같이 이 사건 국가항공보안계획에 의해 항공운송사업자가 승객을 상대로 체약국의 요구에 따라 추가 보안검색을 실시할 경우 승객의 인격권 등 기본권이 침해될 수 있으므로, 이 사건 국가항공보안계획이 법률적 근거를 두고 있는지, 과잉

금지원칙을 위반하여 청구인의 기본권을 침해하는지 여부가 문제된다.

다. 법률유보원칙 위배 여부

(1) 기본권 제한에 있어 법률유보원칙

기본권은 헌법 제37조 제2항에 의하여 국가안전보장, 질서유지 또는 공공복리를 위하여 필요한 경우에 한하여 이를 제한할 수 있으나, 그 제한의 방법은 원칙적으로 법률로써만 가능하다. 이러한 법률유보원칙은 '법률에 의한' 규율만을 뜻하는 것이 아니라 '법률에 근거한' 규율을 요청하는 것이므로, 기본권 제한의 형식이 반드시 법률의 형식일 필요는 없고 법률에 근거를 두고 있으면 된다(헌재 2013. 7. 25. 2012헌마167 참조).

(2) 이 사건 국가항공보안계획의 법률유보원칙 위배 여부

(가) 항공보안법은 국제민간항공협약 등 국제협약에 따라 공항시설, 항행안전시설 및 항공기 내에서의 불법행위를 방지하고 민간항공의 보안을 확보하기 위한 기준·절차 및 의무사항 등을 규정함을 목적으로 마련된 법으로(제1조), 국토교통부장관으로 하여금 민간항공보안 업무를 수행하기 위하여 국가항공보안계획을 수립·시행하도록 하고(제10조 제1항), 공항운영자, 항공운송사업자 등은 위 계획에 따라 자체 보안계획을 수립하여 승인을 받는 등 항공보안을 위한 국가시책에 협조하도록 정하고 있다(제5조).

국가항공보안계획은 이와 같이 항공보안법 제10조 제1항에 직접적인 근거규정을 두고 마련된 것으로, 민간항공에 대한 불법행위로부터 승객·승무원·항공기 및 공항시설 등을 보호하기 위하여 체약국과 상호 협력할 사항을 정하고, 공항운영자 등의 승객·승무원·휴대물품·위탁수하물·화물·기내물품 등에 대한 구체적인 검색 방법을 정하고 있다.

(나) 또한 항공보안법은 "항공운송사업자는 승객의 안전 및 항공기의 보안을 위하여 필요한 조치를 하여야 하고(제14조 제1항), 항공기에 탑승하는 사람은 신체, 휴대물품 및 위탁수하물에 대한 보안검색을 받아야 하며(제15조 제1항), 이를 거부하는 사람에 대해서 항공운송사업자는 탑승을 거절할 수 있다(제23조)"고 규정함으로써, 승객을 대상으로 하는 항공운송사업자의 보안검색 의무 및 내용에 대한 본질적인 사항을 법에서 직접 정하고 있는데, 이는 항공보안을 위한 기준·절차 및 의무사항에

관하여 국제협약에 따르기 위한 것임을 밝힌 것이다. 항공보안법 시행규칙에서도 국가항공보안계획에 국제항공운송사업자를 포함한 공항운영자등의 항공보안에 대한 임무 및 항공보안에 관한 국제협력 등의 내용이 포함되도록 규정하고 있고(제3조의2 제1항), 이 사건 국가항공보안계획은 '국제민간항공협약 부속서 17'에서 "각 체약국은 다른 체약국으로부터 특정한 항공편에 대해 추가적인 보안조치를 요구받을 경우, 가능한 한도 내에서 조치를 취해야 한다."(2.4.1 전문)고 정한 것을 반영한 것으로 보인다.

(3) 소 결

그렇다면 이 사건 국가항공보안계획은 항공보안법에 직접적인 근거를 두고 있고, 항공보안법에서 이 사건 국가항공보안계획에서 정한 보안검색의 본질적 사항에 대해 규정하고 있으므로, 헌법상 법률유보원칙에 위배되지 않는다.

라. 과잉금지원칙 위반 여부

이 사건 국가항공보안계획이 헌법상 과잉금지원칙을 위반하여 청구인의 인격권 및 신체의 자유를 침해하는지 여부에 대하여 본다.

(1) 목적의 정당성 및 수단의 적합성

이 사건 국가항공보안계획은 민간항공보안에 관하여 국제협약에서 정한 기준 및 절차에 따르고 민간항공에 대한 불법방해행위로부터 승객, 승무원, 항공기 및 공항시설 등을 보호하기 위한 것으로 입법목적이 정당하다.

'국제민간항공협약 부속서 17'(항공보안)(Annex17 to the Convention on International Civil Aviation) 2.4.1 전문은 "각 체약국은 다른 체약국으로부터 특정한 항공편에 대해 추가적인 보안조치를 요구받을 경우, 가능한 한도 내에서 조치를 취해야 한다."고 정하고 있는바, 앞서 본 바와 같이 국제민간항공협약 부속서는 우리나라가 1952년 가입하여 발효된 국제민간항공협약의 한 부분으로 국제민간항공협약과 동등한 효력이 있고, 항공보안법 및 관련 규정에서도 항공보안의 기준 및 절차에 관해 국제협약에 따르도록 정하고 있으므로, 이 사건 국가항공보안계획의 심판대상규정이 위 부속서에서 정한 바에 따라 항공운송사업자로 하여금 체약국의 요구가 있는 경우 탑승 수속 전 또는 탑승구 앞에서 추가 보안검색을 실시할 수 있도록 하도록 규정한 것은 위와 같은 입법목적을 달성하기 위한 적합한 수단이다.

(2) 침해의 최소성

(가) 항공보안법에 의하면 항공운송사업자를 포함한 공항운영자등은 자체 보안계획을 수립하여 국토교통부장관의 승인을 받아야 하는데(제10조 제2항), 공항운영자등이 수립하는 자체 보안계획은 국토교통부장관이 수립하는 국가항공보안계획, 법 제3조에 따른 국제협약 및 국제민간항공협약 부속서 17 등의 내용에 적합한 것이어야 국토교통부장관으로부터 승인을 받을 수 있다(시행규칙 제3조의3 제2호). 만약 공항운영자등이 자체 보안계획을 불이행하면 과태료를 부과받는다(법 제51조 제1항 제1호). 그런데 앞서 본 바와 같이 국제민간항공협약 부속서 17의 2.4.1 전문은 체약국의 요구에 따른 추가 보안조치 의무에 대해 정하고 있다.

따라서 국제민간항공협약의 체약국인 우리나라의 항공운송사업자로서는 위 협약을 준수할 의무가 있고, 항공운송사업자가 체약국의 이러한 요구를 이행하지 아니하는 경우 체약국의 법이 정한 바에 따라 취항금지 등의 조치를 받을 수도 있으므로 체약국의 추가 보안검색 요구가 있는 경우 항공운송사업자의 추가 보안검색 실시는 사실상 불가피하다고 보인다.

(나) 다만 국제민간항공협약 부속서 17의 2.4.1 전문에 의하면, '가능한 한도 내'에서 체약국의 추가 보안검색 요구에 협력하도록 정하고 있고, 항공보안법에 의하면 항공운송사업자는 보안검색을 거부하는 등 항공기의 안전운항을 저해할 우려가 있는 사람, 또는 국가기관 또는 국제기구 등으로부터 탑승거절이 요청 또는 통보된 사람에 대하여 탑승을 거절할 수 있으므로(법 제23조 제7항), 체약국의 요구에 따른 추가 보안검색을 거부하는 승객에 대하여는 탑승을 거절하면 된다.

그리고 항공보안법이나 관련 규정에서 일반 보안검색 외에 예외적인 보안검색 실시의 기준, 절차, 방법에 관하여 정함으로써 항공운송사업자의 추가 보안검색으로 인한 관련 기본권 침해를 방지하기 위한 조치를 마련하고 있다. 구체적으로, 항공보안법은 공항운영자등이 국토교통부장관이 고시하는 항공보안장비를 사용하도록 하고, 항공보안장비의 종류, 성능 및 운영방법 등에 관한 기준을 고시하도록 하고 있다(제27조). 이에 항공보안법 시행령은 법 제27조에 따라 국토교통부장관이 고시하는 항공보안장비를 사용하여 보안검색을 하도록 하면서, 일반적인 보안검색 방법이 아닌 승객에 대한 신체검색이나 개봉검색은 검색장비의 경보음이 울리는 경우, 무기류나 위해물품을 휴대하거나 숨기고 있다고 의심되는 경우, 엑스선 검색장비에 의해 내용물을 판독할 수 없는 경우 등에 예외적으로 실시하는 것으로 정하고 있다(제10조 제3항).

국가항공보안계획도 제8장에서 승객에 대해 개별검색을 실시하는 경우 반드시 승객의 동의를 받아서 행하도록 하고 승객의 인격을 침해할 수 있는 언행을 금하고 있으며(8.1.12), 승객의 신체검색시 동일한 성(性)을 가진 항공보안검색요원이 검색업무를 수행하도록 하고, 여성 승객에 대한 보안검색은 반드시 여성 항공보안검색요원이 검색하도록 하고 있다(8.1.9). 또한 개봉검색 · 촉수검색 및 폭발물탐지기를 이용한 검색을 예외적인 보안검색 방법으로 정하고 있다(8.1.14).

㈐ 이러한 점들을 종합하여 보면, 이 사건 국가항공보안계획은 민간항공보안에 관한 국제협약의 준수 및 민간항공의 보안을 위해 필요 최소한도의 것을 정한 것으로서 침해의 최소성이 인정된다.

(3) 법익의 균형성

항공기 이용이 보편화됨에 따라 국내외적으로 항공기 안전사고나 항고기에 대한 또는 항공기를 이용한 테러 위협이 계속 커지고 있는바, 항공기 사고는 한번 발생하면 그로 인한 인명 피해가 심각하므로 항공기 내에서의 불법행위 방지 및 민간항공의 보안 확보라는 공익은 매우 중대하다. 이에 반해 체약국의 요구가 있는 경우 승객을 상대로 실시되는 추가 보안검색은 그 방법 및 절차를 고려할 때 그로 인해 대상자가 느낄 모욕감이나 수치심, 신체의 자유의 제한 정도가 그리 크다고 보기 어렵다. 따라서 이 사건 국가항공보안계획은 법익의 균형성도 인정된다.

(4) 소 결

그러므로 이 사건 국가항공보안계획은 과잉금지원칙에 위반하여 청구인의 인격권 등 기본권을 침해하지 아니한다.

[8] 낙태죄 위헌소원 사건

(2019. 4. 11. 2017헌바127)

◇ 사안과 쟁점

청구인은 산부인과 의사로서 2년 여 동안 69회의 낙태를 시술하였다는 범죄사실로 기소되자, 제1심 재판 계속 중 자기낙태죄 조항(형법 제269조 제1항)과 의사낙태죄 조항(형법 제270조 제1항)에 대하여 위헌법률심판 제청신청을 하였으나 기각되자 헌법소원심판을 청구한 사건이다.

쟁점은, 임신한 여성의 자기낙태를 처벌하는 형법 제269조 제1항과 의사가 임신한 여성의 촉탁 또는 승낙을 받아 낙태하게 한 경우를 처벌하는 제270조 제1항이 임신한 여성의 자기결정권을 침해하는지 여부이다(적극:소극 7:2, 2019. 4. 11. 2017헌바127; 공보 271호 479면)

4명의 헌법불합치 의견과 3명의 위헌 의견, 2명의 합헌 의견으로 나뉜 결과, 주문은 계속 적용의 헌법불합치 결정을 선고한 사건이다. 헌법불합치 의견은 태아가 모체를 떠난 상태에서 독자적으로 생존할 수 있는 시점인 임신 22주 내외에 도달하기 전이면서 동시에 임신 유지와 출산 여부에 관한 자기결정권을 행사하기에 충분한 시간이 보장되는 시기(결정가능기간)까지의 낙태에 대해서는 국가가 생명보호의 정도를 달리 정할 수 있다. 입법자는 결정가능기간을 어떻게 정하고 결정가능기간의 종기를 언제까지로 할 것인지, 결정가능기간 중 일정한 시기까지는 사회적·경제적 사유에 대한 확인을 요구하지 않을 것인지 여부까지를 포함하여 입법재량을 가진다고 하여 헌법불합치 결정을 선고하되, 입법자의 개선입법이 이루어질 때까지 계속 적용을 명한다는 것이다. 위헌 의견은 임신 제1삼분기(대략 마지막 생리기간의 첫날부터 14주 무렵까지)에는 어떠한 사유를 요구함이 없이 임신한 여성이 자신의 숙고와 판단 아래 낙태할 수 있어야 하므로, 임신 제1삼분기에 이루어진 낙태에 대하여 처벌하는 부분은 그 위헌성이 명확하므로 단순위헌결정을 하여야 한다는 것이다. 합헌 의견은 태아는 헌법상 생명권의 주체이므로 태아의 생명권을 보호하고자 하는 공익의 중요성은 태아의 성장 상태에 따라 달라진다고 볼 수 없고, 임신 중의 특정 기간 동안에는 임신한 여성의 인격권이나 자기결정권이 우선하고 그 이후에는 태아의 생명권이 우선한다고 할 수도 없다는 것이다. 재판관 조용호는 주심으로 합헌 의견을 집필하였다.

◇ 반대(합헌)의견

우리는 자기낙태죄 조항 및 의사낙태죄 조항 모두 헌법에 위반되지 않는다고 생각하므로 아래와 같이 그 이유를 밝힌다.

가. 자기낙태죄 조항에 대한 판단

"지금 우리가 자기낙태죄 조항에 대한 위헌, 합헌의 논의를 할 수 있는 것도 우리 모두 모체로부터 낙태당하지 않고 태어났기 때문이다. 우리 모두 태아였다."

(1) 인간의 존엄과 태아의 생명, 그리고 국가의 보호의무

(가) 모든 국민은 인간으로서 존엄과 가치를 가진다(헌법 제10조). 헌법재판소는 우리 헌법질서가 예정하는 인간상에 대해, '자신이 스스로 선택한 인생관·사회관을 바탕으로 사회공동체 안에서 각자의 생활을 자신의 책임 아래 스스로 결정하고 형성하는 성숙한 민주시민'(헌재 1998. 5. 28. 96헌가5; 헌재 2000. 4. 27. 98헌가16등)으로, 또는 '사회와 고립된 주관적 개인이나 공동체의 단순한 구성분자가 아니라, 공동체에 관련되고 공동체에 구속되어 있기는 하지만 그로 인하여 자신의 고유가치를 훼손당하지 아니하고 개인과 공동체의 상호연관 속에서 균형을 잡고 있는 인격체'(헌재 2003. 10. 30. 2002헌마518)라고 보았다. 다만 개별·구체적 인간이 이러한 인간상과 다르다고 하여 존엄하지 않은 것은 아니다.

인간은 단지 인간이기 때문에 존엄하며, 이는 우리 헌법이 규정하는 당위적 요청이다. 인간의 생명은 고귀하고 고유한 가치를 가지며, 이 세상에서 무엇과도 바꿀 수 없는 존엄한 인간 존재의 근원이다. 이러한 생명에 대한 권리, 즉 생명권은 비록 헌법에 명문의 규정이 없다 하더라도 인간의 생존본능과 존재목적에 바탕을 둔 선험적이고 자연법적인 권리로서 헌법에 규정된 모든 기본권의 전제로서 기능하는 기본권 중의 기본권이다(헌재 1996. 11. 28. 95헌바1; 헌재 2012. 8. 23. 2010헌바402 참조). 인간의 생명이 존재하는 곳에 존엄이 따르며, 생명의 주체가 스스로 존엄한 존재임을 의식하고 있는지 여부나 존엄을 지킬 수 있는지 여부는 중요하지 않다. 인간의 존엄을 인정하는 데는 인격체 속에 내재하는 잠재적 능력으로 충분하다(BVerfGE, 39, 1, 41).

(나) 태아와 임신한 여성은 미묘한 관계에 있다. 임신한 여성의 관점에서 볼 때 태아는 나인 동시에 내가 아니다. 태아와 임신한 여성은 명백히 한 사람이라고도 또는 두 사람이라고도 말할 수 없으며, 인간의 존엄이라는 측면에서 모두 존중되어야 하는 생명이자 서로의 이익을 침해할 가능성에도 불구하고 결코 서로를 적대자라 칭할 수 없는 특수한 공동체를 구성하고 있다.

태아는 인간으로서 형성되어 가는 단계의 생명으로서 인간의 내재적 가치를 지니고 있다. 단지 태아가 인간과 동일한 유전자를 가지고 있는 인간종(種)이라서 그렇다고 보는 것은 아니다. 태아는 다른 누구로 대체될 수 없는 유일무이한 인격체로 발전할 수 있는 자연적인 성장의 잠재력을 갖추고 있기 때문이다. 태아는 모체로부터 영양분과 산소를 공급받지만 세포의 성장과 분열은 모두 독립적으로 일어나고, 모체와 다른 면역체계를 가지며, 모체의 의지와 관계없이 독립적으로 움직이고 일정한 시기부터는 고통을 느낄 수 있다. 따라서 태아는 모체의 일부가 아니라 독립된 생명체로서, 자연적으로 유산되는 안타까운 사정이 없는 한 장래에 존엄한 인간으로서 성장한다. 태아는 생존을 모체에 의존하고 있지만, 일정기간(현재의 의료기술로는 임신 22주 내외라고 한다) 이상이 경과하면 자연적 출산 이전에 모체로부터 분리되어도 생존할 수 있다. 태아가 모체에서 점점 성장하여 인간의 모습에 가까워진 후 출산을 통하여 인간이 된다는 점을 고려하면, 태아와 출생한 사람은 생명의 일련의 연속적인 발달과정 아래 놓여 있다고 볼 수 있으므로, 인간의 존엄성의 정도나 생명 보호의 필요성과 관련하여 태아와 출생한 사람 사이에 근본적인 차이가 있다고 보기 어렵다.

문제는 생명이 어느 시기부터 존엄한 존재로서 헌법적 보호를 받아야 하는지에 관한 것인데, 비록 의학과 철학 그리고 신학의 각 전문가들이 합치된 의견에 도달하는 것이 불가능하다는 점을 고려하더라도, 출생 전의 생성 중인 생명을 헌법상 생명권의 보호대상에서 제외한다면 생명권의 보호는 불완전한 것에 그치고 말 것이므로 태아 역시 헌법상 생명권의 주체가 된다고 보아야 한다(헌재 2008. 7. 31. 2004헌바81; 헌재 2012. 8. 23. 2010헌바402 참조). 수정란의 착상 이후로 태아의 발달은 계속적으로 이루어지기 때문에 단계를 나눌 수 없으며, 태아의 발달과정 특히 정신적 부분에 대한 설명은 아직 부족한 상태이다. 또 태아가 모체에서 독립하여 생존가능한 시기가 점차 앞당겨지리라는 점은 충분히 예측할 수 있고, 언젠가 수정란이 처음부터 인공자궁에서 성장하는 날이 오지 않으리라고 단정할 수도 없다. 그러므로 의심스러운 경우에는 생명권의 보호를 가장 두텁게 하는 해석방법을 선택할 수밖에 없다. 따라서 적어도 수정란이 자궁에 착상된 때부터 출생시까지의 태아는 기간의 구분 없이 내재적 인간의 가치를 지닌 생성 중인 생명으로서 인간의 존엄성을 향유한다.

(다) 우리는 근본적으로 태아의 물리적 존재, 생명을 소멸시키는 낙태의 자유가 자기결정권을 통하여 보호될 수 있는지에 대해서 의문을 가지고 있다. 태아는 모체의 일부분이라는 전제를 받아들이더라도, 적어도 태아가 생명의 내재적 가치를 지닌

존재라면 그 생명을 적극적으로 소멸시킬 자유가 여성의 자기결정권에 포함된다고 볼 수는 없다. 원칙적으로 임신한 여성은 존엄한 인간으로서, 태아의 생명을 유지시키고 성장시키기 위한 도구로서 사용되지 않을 권리(인격권), 태아의 생명을 지키기 위하여 신체의 완전성을 훼손당하지 않을 권리(신체의 자유)가 있음은 물론이다.

그러나 우리 헌법상 낙태할 권리는 어디에도 언급되어 있지 않고, 헌법제정권력인 국민이 그와 같은 권리를 부여할 의도를 가지고 있지도 않다. 태아의 생명권과 여성의 자기결정권은 근본적으로 비교대상이 될 수 없다. 낙태는 자유로운 선택의 문제가 아니라, 윤리에 어긋나는 생명침해행위이다. 법질서는 자신의 신체의 자유를 지키기 위해 다른 생명을 희생할 것을 요구하지도 않고 허용하지도 않는다. 임신한 여성의 자기결정권의 행사는 타인의 자유 또는 권리를 침해하지 아니하는 범위 내에서 가능하다는 일반적인 한계가 있다. 따라서 태아가 모체의 일부라고 하더라도 임신한 여성에게 생명의 내재적 가치를 소멸시킬 권리, 즉 태아를 적극적으로 죽일 권리가 자기결정권의 내용으로 인정될 수는 없다.

다만, 선례(헌재 2012. 8. 23. 2010헌바402)에서 임신한 여성의 자기결정권 안에 여성이 임신을 유지 또는 종결할 것인지를 결정할 수 있는 권리가 포함된다고 보았고, 이 사건의 다수의견 역시 이를 전제로 하여 그 논지를 펴고 있다. 앞서 본 바와 같은 의문은 있으나, 아래에서는 선례 및 다수의견과 같이 자기낙태죄 조항이 임신한 여성의 자기결정권, 즉 낙태의 자유를 제한하고 있음을 전제로 하여 판단하기로 한다.

㈑ 인간의 존엄성은 최고의 헌법적 가치이자 국가목표규범으로서 모든 국가기관을 구속하며, 국가는 인간존엄성을 실현해야 할 의무와 과제를 안고 있다. 헌법 제10조는 "국가는 개인이 가지는 불가침의 기본적 인권을 확인하고 이를 보장할 의무를 진다."고 규정하고 있으므로, 국가는 태아가 가지는 불가침의 기본적 인권인 생명권을 보호할 의무가 있다(헌재 2008. 7. 31. 2004헌바81 참조).

국가의 가장 중요한 의무는 그 공동체 구성원 모두의 생명과 안전, 이익을 보호하는 것이고 자신을 보호할 수 없는 자들의 그것에 대해서는 특별히 그러하다. 태아는 스스로를 지킬 수 있는 방법이 없으며, 생성 중인 생명으로서 외부 공격에 취약하다. 생명의 침해는 회복 불가능하고, 생명에 대한 부분적 제약을 상정할 수 없기 때문에 태아의 생명을 박탈하는 것을 금지하지 않고 태아의 생명을 보호하는 것은 불가능하다. 따라서 인간의 존엄을 실현하기 위한 국가의 과제를 이행하기 위하여 국가는 태아의 생명을 박탈하는 낙태를 금지할 수 있는 것이다.

인간존엄성을 실현해야 할 국가의 의무와 과제에 따라, 국가의 생명보호의무는 단지 태아에 대한 국가의 직접적인 침해만을 금지하는 것이 아니라, 태아가 제3자에 의하여 인간존엄성의 근원인 생명을 위협받을 때 이를 보호하는 것까지 포함한다(헌재 2011. 8. 30. 2006헌마788 참조). 낙태는 생명에 대한 고의적인 파괴행위이므로, 국가의 생명보호의무는 임신한 여성의 태아에 대한 침해에 대해서도 적용되어야 한다. 태아와 임신한 여성이 매우 특별한 유대관계를 갖는다는 점은 분명하나, 태아가 모체와는 별개의 독립된 생명인 이상 태아의 모가 태아의 생명을 해치는 자기낙태 행위의 경우에는 다른 경우와 마찬가지로 태아의 생명을 보호할 필요성이 있기 때문이다. 법질서는 태아에게 그 존재 자체만으로 생명권을 보장하는 것이지, 태아의 모의 수용을 통해 비로소 생명권 보장의 근거를 갖는 것이 아니다.

다만 낙태의 금지로 인하여 임신상태를 유지하고 출산해야 하는 임신한 여성의 기본권 보호 역시 국가의 의무이자 과제이므로, 자기낙태죄 조항으로 인하여 임신한 여성의 기본권이 과도하게 제한되는지 여부가 문제될 수 있다.

(마) 위 내용들을 종합하여 보면, 자기낙태죄 조항은 임신한 여성의 낙태를 방지하여 태아의 생명권을 보호하기 위한 것으로서 그 입법목적이 정당하다. 또한 임신한 여성의 낙태를 원칙적으로 금지하고 이를 위반할 경우 형사처벌하는 것은 위 목적을 달성하기 위한 효과적인 방법이므로 수단의 적합성도 인정된다.

(2) 형사처벌과 침해의 최소성

(가) 태아는 인간으로서 존엄성을 가지므로 국가는 태아의 생명을 보호할 의무가 있다. 태아는 모로부터도 법적인 보호를 받아야 한다. 헌법이 명령하는 보호가 다른 방법으로 달성될 수 없을 때 입법자는 형법적 수단을 동원할 수밖에 없다. 태아의 생명 보호는 낙태를 원칙적으로 금지하고 이를 위반할 경우 형사처벌함으로써 가능한데, 그것이 자기낙태죄 조항이다.

일반적으로 기본권 침해를 판단함에 있어 덜 침해적인 수단으로도 입법목적을 동등한 정도로 달성할 수 있는지 여부를 판단하는 '침해의 최소성'의 문제는, 낙태의 금지와 관련하여 의미를 가지기 어렵다. 문제는 낙태의 금지를 관철하기 위한 수단으로 형벌까지 동원해야 하는가에 있다.

낙태를 원칙적으로 금지하고 이를 위반할 경우 형사처벌하는 것은 태아의 생명

보호를 위하여 입법자가 선택할 수 있는 가장 확실하고 효과적인 방법이다. 형벌의 부과는 입법목적의 달성을 위한 가장 강력하고 확실한 수단 가운데 하나이기 때문에 다른 수단을 채택하여 낙태를 동일한 정도로 방지할 수 있을 지 의문이다. 물론 형벌은 다른 법적 수단과는 비교할 수 없는 강력한 법률효과 및 기본권 제한 효과를 발생시키므로 가급적 그 사용을 억제할 필요가 있고, 따라서 형벌 아닌 다른 수단으로 입법목적을 달성할 수 있다면 입법자는 마땅히 그 방법을 모색하여야 한다(헌재 2011. 8. 30. 2008헌가22등 참조). 그런데 자기낙태죄 조항은 달성하고자 하는 입법목적이 태아의 생명권 보호로서 매우 중대하고, 생명권 침해의 특수한 성격을 고려할 때 형벌을 통하여 낙태를 강하게 금지할 필요성이 충분히 인정된다. 자기낙태죄 조항이 형벌로써 낙태를 규제하고 있음에도 불구하고 여전히 낙태가 광범위하게 이루어지고 있는 현실을 감안하면, 만일 낙태를 처벌하지 않거나 형벌보다 가벼운 제재를 할 경우 현재보다 낙태가 증가하여 태아의 생명권을 보호하고자 하는 자기낙태죄 조항의 입법목적을 달성할 수 없게 될 가능성을 배제할 수 없다. 성교육 내지 피임 관련 교육의 강화, 낙태 관련 상담의 실시, 국가적·사회적 차원의 모성보호조치 등의 방법 역시 낙태를 방지할 효과적인 수단이 되기에는 부족하다. 따라서 낙태를 원칙적으로 금지하고 이를 위반할 경우 형사처벌하는 것 외에 여성의 자기결정권을 덜 침해하면서 태아의 생명을 동등하게 효과적으로 보호하는 다른 수단을 상정하기 어렵다.

(나) 다수의견은 추정 낙태시술 건수에 비하여 수사기관의 기소 건수가 매우 적다는 점 등을 근거로 자기낙태죄 조항이 형벌로서의 실효성이 없어 태아의 생명 보호라는 입법목적 달성에 기여하지 못한다고 한다. 그러나 일반적으로 형벌은 그 위하력으로 인하여 존재 자체만으로 해당 행위를 어느 정도 억지하는 효과가 있다. 낙태는 임신한 여성과 시술 의사가 모두 처벌되기 때문에 매우 은밀하게 이루어지고 있어 그 적발이 쉽지 않으므로, 기소 건수가 적다는 것이 곧바로 낙태죄가 실효성이 없다는 근거가 된다고 볼 수는 없다. 여러 연구결과들을 종합하여 볼 때, 우리 사회에서 낙태 추정건수와 인공임신중절률이 지속적으로 감소하여 온 것으로 보인다. 이는 물론 피임의 증가, 남아선호사상의 약화, 경제사정의 개선 등 여러 요인이 복합적으로 작용한 결과라고 볼 수 있지만, 낙태를 형벌로써 금지하고 있는 것 또한 그 한 요인이 되었다는 점을 부인하기는 어렵다.

다수의견은 형벌조항이 사실상 사문화되었다거나, 절박한 처지에서 낙태를 원하는 임신한 여성에게 위하효과가 없다거나, 낙태수술 과정에서의 위험성과 여성건강의 침해를 도외시하거나, 낙태에 반대하는 태아의 친부 등의 협박수단으로 사용되거나, 가사·민사 분쟁의 압박수단으로 악용될 수 있다는 등의 근거를 들어 낙태를 형사처벌하는 것에 반대한다. 그러나 이는 그러한 악용 자체를 막기 위한 대책을 통하여 해결할 문제이지, 악용 사례가 있다고 하여 자기낙태죄 조항이 태아의 생명을 보호하는 데 기여하지 못한다고 볼 수는 없다. 사실상 사문화되었다고 하더라도 자기낙태죄 조항에 의하여 단 하나의 태아의 생명을 구할 수 있다면 자기낙태죄 조항의 존재의의는 충분한 것이다. 낙태수술 과정에서의 위험성과 여성건강의 침해는 낙태 허용을 전제로 한 주장에 불과하므로, 낙태 허용 여부 자체가 쟁점인 이 사건에서 고려할 사항은 아니다. 그리고 국가별 낙태 허용 사유 및 낙태 건수나 낙태율은 해당 국가 고유의 다양한 사회·문화적 요소와 전통, 관습이 결합하여 영향을 미치므로 이를 단순 비교할 것은 아니다.

(다) 낙태를 원칙적으로 금지하고 이를 위반할 경우 형사처벌하는 것 외에, 임신한 여성의 자기결정권을 보다 덜 제한하면서 태아의 생명 보호라는 공익을 동등하게 효과적으로 보호할 수 있는 다른 수단이 있다고 보기 어렵다. 결국 자기낙태죄 조항의 위헌 여부를 판단하는 핵심은 낙태 금지를 통해 달성하려는 공익과 침해되는 사익의 비교형량, 즉 법익균형성의 판단에 있다.

(3) 법익의 균형성

(가) 태아의 생명권과 임신한 여성의 자기결정권의 충돌

생명은 이 세상에서 무엇과도 바꿀 수 없는 존엄한 인간 존재의 근원이므로 태아의 생명 보호는 매우 중대하고도 절실한 공익이다. 생명권은 그 특성상 일부 제한을 상정할 수 없고 생명권에 대한 제한은 곧 생명권의 완전한 박탈을 의미하며, 낙태된 태아는 생명이 될 기회를 영원히 잃게 된다. 이와 같은 태아의 생명 보호의 중요성과 생명권 침해의 특수한 성격을 고려할 때, 입법자는 가능한 한 태아의 생명을 최대한 보호하고 그 생명권 침해를 예방하기 위한 최선의 노력을 기울여야 한다. 태아의 생명권과 임신한 여성의 자기결정권은 서로 대립하는 관계에 있고, 하나의 상황에서 양자를 모두 조화롭게 실현하는 것은 불가능하며, 따라서 어느 것을 어떤 범위에서 우선시킬 것인지는 매우 어려운 철학적, 윤리적, 규범적, 의학적, 사회학적 문제이다.

태아의 생명권과 임신한 여성의 자기결정권이라는 두 기본권이 충돌되는 상황에서, 국가가 어떠한 방법으로, 어느 정도로 태아를 보호할 것인가에 관한 구체적인 결단은 입법자의 과제에 속한다. 그러나 임신한 여성에게 신체의 자유 또는 자기결정권을 주기 위해 태아의 생명권을 희생하는 것은 임신한 여성과 태아에 대해 동등한 배려를 보여주지 못하는 것이 된다. 자기낙태죄 조항은 원칙적으로 낙태를 금지하면서 임신한 여성의 생명·건강의 보호를 위해 필요한 경우나 범죄행위로 임신한 경우 등 불가피한 경우에만 예외적으로 '모자보건법'을 통하여 낙태를 허용하고 있다. 이는 태아의 생명을 폭넓게 보호하는 입법으로서 기본적으로 태아의 생명권을 여성의 자기결정권에 우선시킨 것이라 볼 수 있다. 임신한 여성의 자기결정권에 비하여 태아의 생명권 보호를 보다 중시한 입법자의 위와 같은 판단은 존중되어야 한다.

(나) 국가의 보호의무와의 관계

자기낙태죄 조항을 통해 달성되는 공익은 태아의 생명 보호를 통한 인간의 존엄을 근본으로 하는 헌법적 가치질서의 수호에 있다. 태아는 인간이 될 수 있는 가능성을 가지고 있는 생명체이기 때문에 소중하고, 국가는 이를 보호해야 하는 정당한 공익이 있다. 자기낙태죄 조항이 임신한 여성의 낙태를 금지하는 것은 임신한 여성을 단지 태아의 생명을 유지시키고 성장시키기 위한 도구로서 인식하기 때문이 아니다. 임신한 여성이 자신과 특수한 공동체 관계에 있고 인간의 내재적 가치를 지닌 태아의 생명을 희생시키는 행위를 우리 헌법질서가 받아들일 수 없으며, 스스로를 방어할 수단이 없는 태어나지 않은 생명을 보호함으로써 인간의 존엄을 수호한다는 규범적 목표를 지향하지 않을 수 없기 때문이다.

태아에 대한 국가의 보호의무는 입법, 행정, 사법의 모든 국가기관에 있으며, 국가기관은 태아를 보호하고 출생하도록 법질서를 형성하여야 한다. 헌법재판소의 경우도 다를 바 없다. 따라서 헌법재판소도 자기낙태죄 조항을 통하여 태아의 생명을 보호하고자 하는 입법자의 결단을 함부로 배척할 것이 아니다. 낙태를 허용할 것인지 그리고 어느 시기까지 허용할 것인지를 결정하는 것은 진지하고도 충분한 사회적 논의를 통하여 다수 국민들의 의견이 도출된 다음 민주적 대의기관인 입법부에 의하여 이루어지는 것이 바람직하다.

(다) 태아의 성장단계와 관련하여

자기낙태죄 조항은 원칙적으로 낙태를 금지함으로써 태아의 발달 정도와 무관하게 임신의 전 기간에 걸쳐 차등 없이 태아의 생명권을 임신한 여성의 자기결정권에 우선시키고 있다. 태아의 생명권을 보호하고자 하는 공익의 중요성은 태아의 성장 상태에 따라 달라진다고 볼 수 없으며, 임신 중의 특정한 기간 동안에는 임신한 여성의 인격권이나 자기결정권이 우선하고 그 이후에는 태아의 생명권이 우선한다고 할 수도 없다. 앞서 보았듯이 헌법이 태아의 생명을 보호하는 것은 태아가 인간으로 될 예정인 생명체로서 그 자체로 존엄한 존재이기 때문이지, 그것이 독립하여 생존할 능력이 있다거나 사고능력, 자아인식 등 정신적 능력이 있기 때문은 아니다. 인간이면 누구나 신체적 조건이나 발달 상태 등과 관계없이 동등하게 생명 보호의 주체가 되는 것과 마찬가지로, 태아도 성장 상태와 관계없이 생명권의 주체로서 마땅히 보호를 받아야 한다(헌재 2012. 8. 23. 2010헌바402 참조).

특히 의학의 비약적 발전으로 태아가 모태를 떠난 상태에서의 생존 가능성이 점점 높아지고 있고 태아의 성장 속도 역시 태아별로 다른 현실을 감안한다면, 태아의 성장단계에 따라 혹은 태아가 독자적 생존능력을 갖추었는지 여부에 따라 혹은 '안전한 낙태'가 가능한 시기에 따라 생명 보호의 정도를 달리하는 것은 정당화될 수 없다. 생명의 발달과정은 일련의 연속적인 과정으로서 특정 시점을 전후로 하여 명확하게 발달단계가 구분되는 것이 아니므로, 가령 임신 12주를 기준으로 낙태의 금지 및 처벌 여부를 달리한다고 할 때 임신 12주의 태아와 임신 13주의 태아 사이에 생명의 보호 정도를 달리해야 할 정도의 근본적인 차이가 있다고 볼 수 있는지도 의문이다. 독자적 생존능력을 갖추었는지 여부를 기준으로 할 경우 식물인간 등 병원의 중환자실에 누워있는 사람들에 대하여도 같은 논리가 적용될 우려가 없지 않다. 다수의견이 말하는 생명의 단계에 따른 형법상의 상이한 법적 효과는, 형법상의 범죄유형과 그 보호법익에 따른 형법 고유의 문제이지, 헌법상 태아의 생명권 보호와 관련하여 이를 원용할 것은 아니다. 다수의견과 같이 이른바 '결정가능기간' 또는 '임신 제1삼분기'에 낙태를 허용할 경우 해당 시기 태아의 생명권에 대하여는 기본권 보호의 공백이 발생하게 되고, 이는 국가가 자신의 기본권 보호의무를 다하지 못하는 결과가 될 수 있다. 자기낙태죄 조항이 태아의 성장단계나 독자적 생존능력, 안전한 낙태가 가능한지 여부에 따라 낙태의 금지 및 처벌 여부에 차등을 두지 않은 것에는 합당한 이유가 있는 것이다.

㈑ 사회적 · 경제적 사유 등과 관련하여

다수의견은 자기낙태죄 조항이 '사회적 · 경제적 사유'로 인한 낙태를 허용하지 아니하여 임신한 여성의 자기결정권을 지나치게 제한한다고 한다. 다수의견이 예시하는 사회적 · 경제적 사유를 보면 대체로 여성의 경력단절, 자녀양육, 재생산권, 학업이나 직장생활 등 사회활동 지장, 경제적 부담, 혼전임신 · 혼외임신, 이혼 · 별거 · 절교 등이 거론되고 있다. 그러나 사회적 · 경제적 사유의 개념과 범위가 매우 모호하고 그 사유의 충족 여부를 객관적으로 확인하기도 어렵다. 사회적 · 경제적 사유에 따른 낙태의 허용은 결국 임신한 여성의 편의에 따라 낙태를 허용하자는 것인데, 이를 허용할 경우 현실적으로 낙태의 전면 허용과 동일한 결과를 초래한다. 자신의 삶에 불편한 요소가 생기면 언제든지 이를 제거할 수 있다는 사고에 따라 낙태를 허용한다면 나중에는 낙태를 줄여야 한다는 명분조차 생기지 않을 뿐만 아니라, 나아가서는 일반적인 생명경시 풍조를 유발할 우려가 있다. 사회적 · 경제적 사유에 의한 낙태의 허용은 결국 '편의'에 따른 생명박탈권을 창설하는 것이다. 헌법 전문(前文)은 "자유와 권리에 따르는 책임과 의무를 완수하게 하여"라고 선언하고 있다. 성관계라는 원인을 선택한 이상 그 결과인 임신 · 출산에 대하여 책임을 져야 하는 것이 위와 같은 헌법 정신에도 맞는다. 임신한 여성은 '임신상태'라는 표지를 제거하여 행복을 찾을 것이 아니라 태아를 살려서 행복을 찾아야 한다. 그것이 앞서 본 바와 같은 우리 헌법이 예정하는 인간상인 것이다. 우리 세대가 상대적인 불편요소를 제거하는 시류 · 사조(思潮)에 편승하여 낙태를 합법화한다면 훗날 우리조차 다음 세대의 불편요소로 전락해 안락사, 고려장 등의 이름으로 제거대상이 될 수도 있다.

다수의견이 내세우는 사회적 · 경제적 사유들은 그 자체로 원래부터 존재하던 사회적 문제들이지 낙태를 금지하고 처벌함으로 인하여 발생하는 문제는 아니다. 낙태를 허용하지 아니함으로써 여성이 위와 같은 문제들에 직면하게 되는 측면이 존재한다고 하더라도, 그러한 문제들은 그 바탕이 되는 사회 구조적인 문제들, 즉 미혼모에 대한 지원 부족 및 부정적인 인식, 열악한 보육 여건, 직장 및 가정에서의 성차별적 · 가부장적 문화 등을 해결하는 것이 보다 근본적인 방안이다.

자기낙태죄 조항이 가족계획, 즉 자녀의 수, 터울, 출산시기의 조절 등을 결정하고 이를 위한 정보와 수단을 얻을 수 있는 권리인 여성의 재생산권(reproductive rights)을 침해하는 것은 아닌지 의문이 있을 수 있다. 그러나 재생산권의 침해는 낙태가 아니라 피임을 통해서도 충분히 방지할 수 있다. 하나의 생명을 종식시키는 '낙태'와 하나의 생명이 생기는 것을 막는 '피임'은 당연하고도 중요한 차이가 있다. 이것이 피임을 금지하지 않으면서도 낙태를 금지하는 강력한 공익적 이유이다. 자기낙태죄 조항은 여성의 재생산권보다 태아의 생명권을 보호하기 위한 불가피한 선택이다.

따라서 자기낙태죄 조항이 다수의견이 주장하는 바와 같은 사정만으로 여성의 자기결정권을 지나치게 제한한다고 보기는 어렵다.

㈎ **낙태의 정당화사유와 관련하여**

임신한 여성이 처한 상황에 따라서는 낙태의 금지가 자기결정권 뿐만 아니라 인격권 및 인간의 존엄과 가치, 건강권 등을 침해하는 결과에 이를 수도 있다. 이러한 경우에까지 낙태 금지와 처벌의 예외를 일절 허용하지 않는다면 오히려 헌법의 정신과 가치에 반할 수도 있다. 낙태(인공임신중절)의 정당화사유로는 대체로 임신의 지속이 여성의 생명과 건강을 심각하게 해칠 우려가 있거나 범죄로 인한 임신 등 사회통념상 임신의 계속을 도저히 기대하기 어려운 의학적·우생학적·윤리적 정당화사유가 있을 수 있다.

실제로 모자보건법은 ① 본인이나 배우자가 우생학적 또는 유전학적 정신장애나 신체질환이 있는 경우, ② 본인이나 배우자가 전염성 질환이 있는 경우, ③ 강간 또는 준강간에 의하여 임신된 경우, ④ 법률상 혼인할 수 없는 혈족 또는 인척 간에 임신된 경우, ⑤ 임신의 지속이 보건의학적 이유로 모체의 건강을 심각하게 해치고 있거나 해칠 우려가 있는 경우 중 어느 하나에 해당되는 경우에는 의사가 임신한 여성과 배우자의 동의를 받아 임신 24주 이내에 인공임신중절수술을 할 수 있도록 하고, 이 경우 의사와 임신한 여성을 처벌하지 않도록 하고 있어(모자보건법 제14조, 제28조, 같은 법 시행령 제15조), 자기낙태죄 조항이 여성의 인간의 존엄과 가치, 생명권 등을 중대하게 침해하지 않도록 배려하고 있다.

청구인은, 모자보건법 제14조 제1항이 예외의 인정범위가 지나치게 협소하고, 강간·준강간인지 여부에 대한 판단기준과 절차를 규정하지 아니하여 명확성원칙에 위배되며, 위 조항이 배우자의 동의를 요구하는 부분은 성별·혼인 여부에 따른 차별적 취급으로 평등권을 침해하고 임신한 여성의 자기결정권을 침해한다고 주장하고 있으나, 이는 이 사건의 심판대상이 아닌 모자보건법 제14조 제1항의 위헌 사유를 주장하는 것이므로 더 나아가 살피지 아니한다.

(바) 성차별적 효과와 관련하여

여성만이 임신할 수 있으므로 '성차별적 효과'가 있다는 간접차별의 주장은 실질적으로 자기낙태죄 조항으로 인해 성차별적 피해가 발생한 것이 아니라는 점에서 부당하다. 미혼이거나 미성년이거나 사회적·경제적으로 취약한 지위에 있는 여성이 임신한 경우 입는 불이익은 낙태의 자유가 없기 때문에 발생한 것이 아니라 우리 사회에 존재하고 있는 성별에 따른 차별과 임신한 여성의 개별적 처지를 둘러싼 편견, 불충분한 모성보호조치 등에 기인한 것이다.

한편, 현실에서는 낙태의 허용이 오히려 성차별적 효과를 가져 올 가능성도 있다. 아이를 양육할 의무나 생물학적 아버지로서의 책임으로부터 자유로워지고자 하는 남성, 사회적 편견이나 경제적 어려움 등을 염려하는 임신한 여성의 가족, 친구의 낙태의 권유나 교사(敎唆)는 현재 드러내놓고 하기 어려운 요구 또는 범죄인데, 낙태가 단지 선택의 문제가 된다면 그러한 요구나 압박은 보다 거리낌 없이 행하여질 것이고, 그로 인한 불이익을 감내해야 하는 사람은 모두 임신한 여성이다. 초기 페미니스트들이 낙태에 반대하였던 것 역시 이러한 이유이다.

자기낙태죄 조항은 낙태의 실행과 교사, 방조에 관련된 남성과 여성 모두를 처벌하고, 임신하지 않은 여성에게는 아무 영향을 미치지 않는다는 점에서 성별 중립적 규제이며, 어떤 차별취급이 존재하지 않는다. 자기낙태죄 조항은 태아의 생명 보호를 위한 불가피한 수단일 뿐, 거기에 여성차별의 숨겨진 의도를 찾아내기 어렵다. 이와 반대로 임신한 여성과 그 가족이 특정한 성별의 아이를 선호하여 낙태할 수 있다면, 이는 명백한 성차별 효과를 가져 온다.

(사) 소 결

자기낙태죄 조항으로 인하여 임신한 여성의 자기결정권이 어느 정도 제한되는 것은 사실이나, 그 제한의 정도가 자기낙태죄 조항을 통하여 달성하려는 태아의 생명권 보호라는 중대한 공익에 비하여 결코 크다고 볼 수 없다. 비록 자기낙태죄 조항이 낙태 근절에 큰 기여를 하지 못한다고 하더라도 이 조항이 존재함으로 인한 위하효과 및 이 조항이 없어질 경우 발생할지도 모를 인명경시풍조 등을 고려하여 보면, 자기낙태죄 조항으로 달성하려는 공익이 결코 가볍다고 할 수 없다(헌재 2012. 8. 23. 2010헌바402 참조).

따라서 자기낙태죄 조항은 법익균형성 원칙에도 반하지 아니한다.

(4) 입법자의 성찰과 모성보호의 필요성

1973년 미국 연방대법원이 로 대 웨이드(Roe v. Wade) 사건에서 낙태를 규제하는 주법(州法)에 대하여 위헌결정을 한 이래, 미국 내에서 낙태를 둘러싼 사회적 합의가 형성되고 논란은 종식되었는가? 우리가 역사를 통해 보는 바와 같이 미국 내에서의 논란은 여전히 계속되고 있고, 위 사건의 당사자였던 노마 매코비(Norma McCorvey)라는 여성은 나중에 낙태 반대 운동가로 변신하여 활동하였으며, 아직도 많은 주에서 낙태에 대한 규제와 이를 둘러싼 분쟁이 계속되고 있다. 또한 관련 결정 이후 각각의 찬반 세력이 더욱 결속력을 더하고 정치세력화하면서 정치지형의 변화를 가져오고, 더 나아가 연방대법원의 구성에까지 영향을 미치고 있다.

국가가 태아의 생명보호의무를 이행함에 있어 어떠한 조치를 취하여야 하는가에 관하여, 단지 시민의 법감정이나 다수의 의지에 종속되어야 하는 것은 아니고 헌법적 가치 질서에 구속되어야 하기 때문에 국가의 권력 행사에 대한 위헌심사는 가능하고 필요하다. 그러나 헌법적 가치질서의 일차적 수호자인 입법자는 낙태와 같이 극도로 논쟁적이고 인간 존엄의 본질에 관한 탐색을 요하는 문제에 관한 규율을 함에 있어 보다 적극적이고 진지한 성찰을 하여야 한다. 정치과정의 회피와 사법심사로의 도피가 만능의 해결책이 될 수는 없다.

우리 헌법은 제36조 제2항에서 “국가는 모성의 보호를 위하여 노력하여야 한다.”고 규정한다. 그러나 현실에서 임신한 여성은 모성의 보호를 충분히 받지 못하고 있다. 아이의 아버지의 공평한 육아분담, 맞벌이 가정에서 아이의 양육을 도와줄 가족이나 사회시스템의 존재가 누구에게나 당연한 것이 아니고, 임신으로 차별과 편견에 시달리지 않는 것만으로도 다행으로 여기는 사람도 있을 것이다. 이러한 사회 환경이 변화하지 않는다면, 여성의 지위 향상을 위해 임신을 부정하고 태아의 생명을 박탈할 권리가 필요하다는 목소리는 줄어들지 않을 것이다.

국가는 인간의 존엄을 위협할 수 있는 현실을 입법을 통하여 개선해 나갈 의무가 있다. 낙태를 형사처벌하는 규정 이외에, 낙태를 하지 않도록 유도하는 제도를 규범화하는 입법정책도 필요하다. 임신은 여성 혼자가 아닌 남녀의 문제이므로, 국가는 미혼부(未婚父) 등 남성의 책임을 강화하는 ‘양육책임법’의 제정, 미혼모에 대한 사회적 안전망의 구축, 여성이 부담없이 임신·출산·양육할 수 있는 모성보호정책, 임신한 부부에 대한 적극적인 지원과 육아시설의 확충 등 낙태를 선택하지 않도록 유도

하는 입법을 하여야 한다. 출산은 여성이 하지만 양육에 대한 경제적 부담은 국가와 사회, 남성이 함께 부담하도록 해야 한다. 이러한 입법과 제도 개선 등을 통하여 태아의 생명권을 실효적으로 보장함과 동시에 여성의 자기결정권도 보호할 수 있을 것이다.

(5) 결 론

이상에서 본 바와 같이 자기낙태죄 조항이 임신 초기의 낙태나 사회적·경제적 사유에 의한 낙태를 허용하고 있지 아니한 것이 과잉금지원칙에 위배되어 임신한 여성의 자기결정권을 과도하게 제한한다고 볼 수 없다. 헌법재판소는 이미 2012. 8. 23. 자기낙태죄 조항을 합헌으로 판단한 바 있다. 그때부터 7년이 채 경과하지 않은 현 시점에서 위 선례의 판단을 바꿀 만큼의 사정변경이 있다고 보기 어렵다. 이 점에서도 자기낙태죄 조항에 대한 합헌 선언은 유지되어야 한다.

나. 의사낙태죄 조항에 대한 판단

"나는 인간의 생명을 수태된 때로부터 지상의 것으로 존중하겠노라. 비록 어떤 위협을 당할지라도 나의 지식을 인도에 어긋나게 사용하지 않겠노라."(히포크라테스 선서에 기반한 제네바 선언 중에서)

청구인은, 자기낙태죄 조항의 위헌 여부와 별개로, 의사낙태죄 조항(형법 제270조 제1항)이 의사의 업무상동의낙태를 2년 이하의 징역에 처하도록 규정하고 있는 것은 과도한 처벌이라는 취지로 주장한다. 따라서 아래에서는, 의사낙태죄 조항이 의사가 임신한 여성의 촉탁이나 승낙을 받아 낙태하게 한 때에 2년 이하의 징역에 처하도록 규정하고 있는 것이 책임과 형벌 간의 비례원칙에 위배되는지 여부와 형법 제269조 제2항의 동의낙태죄와 달리 벌금형을 법정형으로 규정하지 아니한 것이 형벌체계상의 균형에 반하여 헌법상 평등원칙에 위배되는지 여부를 차례로 살펴보기로 한다.

(1) 책임과 형벌 간의 비례원칙 위배 여부

어떤 행위를 범죄로 규정하고 이에 대하여 어떠한 형벌을 과할 것인가 하는 문제는 원칙적으로 입법자가 우리의 역사와 문화, 입법 당시의 시대적 상황과 국민 일반의 가치관 내지 법감정, 범죄의 실태와 죄질, 보호법익 및 범죄예방 효과 등을 종합적으로 고려하여 결정할 국가의 입법정책에 관한 사항으로서, 광범위한 입법재량 내지 형성의 자유가 인정되어야 할 부분이다. 또한, 어느 범죄에 대한 법정형이 그 범죄의 죄질 및 이에 따른 행위자의 책임에 비하여 지나치게 가혹한 것이어서 현저히 형벌 체계상의 균형을 잃고 있다거나 그 범죄에 대한 형벌 본래의 목적과 기능을 달성함에 있어 필요한 정도를 일탈하였다는 등 헌법상의 평등 및 비례의 원칙 등에 명백히 위배되는 경우가 아닌 한 쉽사리 헌법에 위반된다고 단정하여서는 아니 된다(헌재 2011. 2. 24. 2009헌바29 참조).

입법자는 의료와 보건지도를 통하여 생명의 유지와 보호, 건강의 회복과 증진을 본분으로 하는 업무에 종사하는 의사가 그에 반하여 낙태를 하게 한 경우에는 일반인보다 책임이 무거우며, 실제로 낙태시술을 할 수 있고, 전문적 의료지식을 가지고 있는 의사가 이를 남용하여 영리행위에 이르게 될 우려가 있다는 판단 하에 의사의 낙태를 징역형으로만 처벌하도록 함으로써 태아의 생명을 보호하고자 한 것임을 알 수 있다. 이러한 입법목적은 정당하고, 의사의 낙태를 징역형으로 처벌하는 것은 이러한 입법목적을 달성하기 위한 적절한 방법에 해당한다.

의사낙태죄 조항은 의사가 임신한 여성의 촉탁이나 승낙을 받아 낙태를 하게 한 경우를 징역형으로만 처벌하도록 규정하고 있으나, 그 법정형의 상한이 2년 이하의 징역으로 되어 있어 법정형의 상한 자체가 높지 않을 뿐만 아니라, 비교적 죄질이 가벼운 낙태에 대하여는 작량감경이나 법률상 감경을 하지 않아도 선고유예 또는 집행유예 선고의 길이 열려 있으므로, 행위의 개별성에 맞추어 책임에 알맞은 형벌을 선고할 수 없도록 하는 지나치게 과중한 형벌을 규정하고 있다고 볼 수 없다.

그러므로 의사낙태죄 조항은 책임과 형벌 간의 비례원칙에 위배되지 아니한다(헌재 2012. 8. 23. 2010헌바402 참조).

(2) 평등원칙 위배 여부

낙태는 행위태양에 관계없이 태아의 생명을 박탈하는 결과를 초래할 위험이 높고, 일반인에 의해서 행해지기는 어려워 대부분 낙태에 관한 지식이 있는 의료업무 종사자를 통해 이루어지며, 태아의 생명을 보호해야 하는 업무에 종사하는 자가 태아의 생명을 박탈하는 시술을 한다는 점에서 비난가능성 또한 크다. 나아가 경미한 벌금형은 실제로 낙태시술을 할 수 있고, 전문적 의료지식을 가지고 있는 것을 남용하여 영리행위를 추구하는 의사에 대하여는 위하력을 가지기 어렵다.

이러한 점들을 고려하여 입법자가 의사낙태죄 조항에 대하여 동의낙태죄(제269조 제2항)와 달리 벌금형을 규정하지 아니한 것이 형벌체계상의 균형에 반하여 헌법상 평등원칙에 위배된다고도 할 수 없다(헌재 2012. 8. 23. 2010헌바402 참조).

(3) 소 결

의사낙태죄 조항은 책임과 형벌 간의 비례원칙에 위배되지 아니하고, 형벌체계상의 균형에 반하여 헌법상 평등원칙에 위배되지도 아니한다.

청구인은 의사낙태죄 조항이 직업의 자유를 침해한다고도 주장하나, 그에 대한 구체적 주장 없이 단지 다른 기본권들이 침해되는 결과 직업의 자유도 함께 침해된다고 주장하고 있을 뿐이므로, 이 부분 주장에 대하여는 별도로 판단하지 아니한다.

다. 결 론

자기낙태죄 조항 및 의사낙태죄 조항은 모두 헌법에 위반되지 아니한다.

제 2 장

평등권, 평등원칙

일반 사건에서의 의견

◇ 위헌의견을 취한 사례

▸ 학교용지 확보 등에 관한 특례법 제5조 제1항 단서 제5호 중 '도시 및 주거환경정비법' 제2조 제2호 "다목"의 규정에 따른 주택재건축사업의 경우, 학교용지부담금 부과 대상에서 '기존 거주자와 토지 및 건축물의 소유자에게 분양하는 경우'에 해당하는 개발사업분만 제외하고, 매도나 현금청산의 대상이 되어 제3자에게 분양됨으로써 기존에 비하여 가구 수가 증가하지 아니하는 개발사업분을 학교용지부담금 부과 대상에서 제외하는 규정을 두지 아니한 것이 평등원칙에 위배되는지 여부(전원 적극, 2013. 7. 25. 2011헌가32; 공보 202호 894면/2014. 4. 24. 2013헌가28; 공보 211호 730면)

▸ 농협·축협 조합장이 금고 이상의 형을 선고받고 그 형이 확정되지 아니한 경우에도 이사가 그 직무를 대행하도록 규정한 농업협동조합법 제46조 제4항 제3호 중 '조합장'에 관한 부분 및 제107조 제1항 중 제46조 제4항 제3호의 '조합장'에 관한 부분이 청구인들의 평등권을 침해하는지 여부(전원 적극, 2013. 8. 29. 2010헌마562; 공보 203호 1171면)

▸ 구 '특정범죄가중처벌 등에 관한 법률' 제11조 제1항 중 마약류관리에관한법률 제58조 제1항 제6호 가운데 '수입'에 관한 부분이 마약류관리에관한법률 제58조 제1항 제6호 중 '수입'에 관한 부분과의 관계에서, 똑같은 내용의 구성요건을 규정하면서 법정형의 하한만 5년에서 10년으로 올려놓은 것이 형벌체계상의 균형을 잃어 평등원칙에 위반되는지 여부(전원 적극, 2014. 4. 24. 2011헌바2; 공보 211호 734면)

▸ 선거범죄로 인하여 100만 원 이상의 벌금형이 선고되면 임원의 결격사유가 됨에도, 새마을금고법 제21조가 선거범죄와 다른 죄가 병합되어 경합범으로 재판하게 되는 경우 선거범죄를 분리 심리하여 따로 선고하는 규정('분리 선고 규정')을 두지 않은 것이, 선거범죄와 다른 죄의 경합범으로 기소, 처벌되는 사람과 별도로 기소, 처벌되는 사람 사이에 합리적 이유 없이 차별하여 헌법상

평등원칙에 위반되는지 여부(전원 적극, 2014. 9. 25. 2013헌바208; 공보 216호 1564면)

- 심판대상 선거구구역표 중 인구편차 상하 $33\frac{1}{3}$%의 기준을 넘어서는 선거구에 관한 부분은 위 선거구가 속한 지역에 주민등록을 마친 청구인들의 선거권 및 평등권을 침해하는지 여부(적극:소극 6:3, 2014. 10. 30. 2012헌마190등; 공보 217호 1725면, 소극설은, 전국 선거구 평균 인구수 인구편차 상하 50%를 기준으로 위헌 여부를 판단하였던 종전의 선례, 즉 2001. 10. 25. 2009헌마92등을 유지하자는 견해이다)
- 국회에서 허위의 진술을 한 증인을 형법상 위증죄보다 무거운 법정형을 정한 '국회에서의 증언·감정 등에 관한법률' 제14조 제1항이 형벌체계상의 정당성과 균형성을 상실하여 평등원칙에 위배되는지 여부(소극:적극, 5:4, 2015. 10. 20. 2012헌바410; 공보 228호 1401면)
- 치과전문의 자격 인정 요건으로 '외국의 의료기관에서 치과의사 전문의 과정을 이수한 사람'을 포함하지 아니한 '치과의사전문의의 수련 및 자격 인정 등에 관한 규정'(대통령령 제22075호) 제18조 제1항이 의사전문의와 비교하여 청구인들의 평등권을 침해하는지 여부(전원 적극, 2015. 9. 24. 2013헌마197; 공보 228호 1459면)
- 1978. 6. 14.부터 1998. 6. 13. 사이에 태어난 모계출생자가 대한민국 국적을 취득할 수 있는 특례를 두면서 2004. 12. 31.까지 국적취득신고를 한 경우에만 대한민국 국적을 취득하도록 한 국적법 부칙 제7조 제1항이 평등원칙에 위배되는지 여부(적극:소극 4:5, 2015. 11. 26. 2014헌바211; 공보 230호 1776면)
- '수사가 진행 중이거나 형사재판이 계속 중이었다가 그 사유가 소멸한 경우'에는 잔여 퇴직급여 등에 대하여 이자를 가산하는 규정을 두면서, '형이 확정되었다가 그 사유가 소멸한 경우'에는 이자 가산 규정을 두지 않은 군인연금법 제33조 제2항이 평등원칙을 위반하는지 여부(전원 적극, 2016. 7. 28. 2015헌바20; 공보 238호 1240면)
- 공무상 질병 또는 부상으로 인하여 퇴직 후 장애 상태가 확정된 군인에게 상이연금을 지급하도록 한 개정된 군인연금법 제23조 제1항을 개정법 시행일 이후부터 적용하도록 한 군인연금법 부칙 조항이 평등원칙에 위반되는지 여부(적극:소극 8:1, 2016. 12. 29. 2015헌바208등; 공보 243호 112면): 퇴직 후 신법 조

항 시행일 전에 장애 상태가 확정된 군인에 대하여 신법 조항을 소급적용한다는 경과규정을 두지 않은 심판대상조항으로 인하여 퇴직 후 공무상 질병 또는 부상으로 인하여 장애 상태가 확정된 군인 가운데, 신법 조항 시행일 이후에 장애 상태가 확정된 군인은 상이연금을 지급받을 수 있는 반면, 그 전에 장애 상태가 확정된 군인은 상이연금을 지급받을 수 없는데, 이는 불합리한 차별로서 평등원칙에 위반된다.

- 대한민국국적을 가지고 있는 영유아 중에서 재외국민인 영유아를 보육료 · 양육수당의 지원대상에서 제외함으로써, 청구인들과 같이 국내에 거주하면서 재외국민인 영유아를 양육하는 부모를 차별하는 보건복지부지침('2015년 보육사업안내')이 평등권을 침해하는지 여부(전원 적극, 2018. 1. 25. 2015헌마1047; 공보 256호 334면)
- 독립유공자의 손자녀 중 1명에게만 보상금을 지급하도록 하면서, 독립유공자의 선순위 자녀의 자녀에 해당하는 손자녀가 2명 이상인 경우에 나이가 많은 손자녀를 우선하도록 규정한 '독립유공자예우에 관한 법률' 제12조 제2항 중 '손자녀 1명에 한정하여 보상금을 지급하는 부분' 및 같은 조 제4항 제1호 본문 중 '나이가 많은 손자녀를 우선하는 부분'이 평등권을 침해하는지 여부(전원 적극, 2013. 10. 24. 2011헌마724; 공보 205호 1535면)

◇ 합헌의견을 취한 사례

① 민사법 관련

- 임대사업자가 부도 또는 파산이 발생한 후 1년 이상 분양전환승인을 신청하지 않는 경우 임차인들이 그 총수의 3분의 2 이상의 동의를 받아 직접 분양전환승인을 신청할 수 있도록 한 구 임대주택법 제21조 제5항('임차인신청권 조항') 및 분양전환승인을 받은 후 6개월 이상 임대사업자가 분양전환에 응하지 않는 경우 임차인이 임대사업자를 상대로 승인받은 분양전환가격에 따라 매도할 것을 청구할 수 있도록 한 임대주택법 제21조 제8항('매도청구권 조항')이 임대사업자의 일반 채권자의 평등권을 침해하는지 여부(전원 소극, 2013. 5. 30. 2011헌바74; 공보 200호 618면)

- 주택재개발사업과 달리 주택재건축사업의 경우 그 시행자에게 원칙적으로 수용권을 인정하지 않는(천재 · 지변 그 밖의 불가피한 사유로 인하여 긴급히 정비사업을 시행할 필요가 있다고 인정되는 때에만 수용권 인정) 구 도시 및 주거환경정비법 제38조 중 "주택재건축사업의 경우에는 제8조 제4항 제1호의 규정에 해당하는 사업에 한한다." 부분이 평등원칙에 위배되는지 여부(전원 소극, 2014. 1. 28. 2011헌바363; 공보 208호 308면)
- 주거환경개선사업 및 주택재개발사업의 시행으로 철거되는 주택의 소유자에 대해서는 임시수용시설의 설치 등을 사업시행자의 의무로 규정한 반면, 도시환경정비사업의 경우에는 이와 같은 규정을 두지 아니한 도시 및 주거환경정비법 제36조 제1항 본문 중 '소유자'에 관한 부분이 평등원칙에 위반되는지 여부(전원 소극, 2014. 3. 27. 2011헌바396; 공보 210호 600면)
- 주택임대차(주택임대차보호법)와 상가임대차(상가건물임대차보호법)를 그 보증금액을 기준으로 한 적용범위에 있어서 달리 취급하고 있는 것이 평등원칙에 위반되는지 여부(전원 소극, 2014. 3. 27. 2013헌바198; 공보210호 627면)
- '공유재산 및 물품 관리법' 제81조 제1항이 의무교육 실시와 같은 공익 목적 내지 공적 용도로 공유재산을 무단점유한 경우를 사익추구의 목적으로 무단점유한 경우와 동일하게 변상금을 부과하고 있어 평등원칙에 위반되는지 여부(전원 소극, 2017. 7. 27. 2016헌바374; 공보 250호 788면)

② 형사법 관련

- 자기의 직계존속을 살해한 자를 일반 살인죄를 저지른 자에 비하여 가중처벌하는 형법 제250조 제2항 중 '자기의 직계존속을 살해한 자' 부분이 평등원칙에 위배되는지 여부(소극:적극 7:2, 2013. 7. 25. 2011헌바267; 공보 202호 925면)
- 수뢰죄를 범하여 금고 이상의 형의 선고유예를 받은 국가공무원은 당연퇴직하도록 한 국가공무원법 제69조 단서 중 '형법 제129조 제1항'에 관한 부분이 경찰공무원이나 군인에 비하여 일반공무원을 불합리하게 차별하여 평등원칙에 위반되는지 여부(전원 소극, 2013. 7. 25. 2012헌바409; 공보 202호 989면)

- 형법 제129조 제1항의 규정을 적용함에 있어 공무원 아닌 사람을 공무원으로 의제하는 조항인 구 건설기술관리법 제45조 제1호 중 '지방위원회 위원 중 공무원이 아닌 위원' 부분('설계심의분과위원회 위원') 및 제45조 제2호('설계자문위원회의 위원')가 평등원칙에 위배되는지 여부(전원 소극, 2015. 4. 30. 2014헌바30; 공보 223호 688면/2015. 4. 30. 2014헌바179등; 공보 223호 692면)
- 형사소송법과 달리 자기의 형사책임과 관련한 증언거부권 고지 규정을 두고 있지 않은 '국회에서의 증언·감정 등에 관한 법률'이 평등원칙에 위배되는지 여부(소극:적극 8:1)(2015. 9. 24. 2012헌바410; 공보 228호 1401면)
- 긴급자동차를 제외한 이륜자동차의 자동차전용도로 통행을 금지하고 이를 위반한 경우 처벌하는 도로교통법 제63조, 제154조 제6호가 이륜자동차를 원동기장치자전거와 동일하게 취급하여 평등원칙에 위배되는지 여부(전원 소극, 2015. 9. 24. 2014헌바291; 공보 228호 1433면)
- '특정범죄 가중처벌 등에 관한 법률' 제5조의3 제1항 제2호가 전기자전거의 도주행위를 도로교통법상 사고후미조치죄로 처벌되는 일반자전거의 도주행위에 비해 무겁게 처벌하는 것이 평등원칙에 위배되는지 여부(전원 소극, 2016. 2. 25. 2013헌바113; 공보 233호 346면)
- '특정범죄 가중처벌 등에 관한 법률'이 적용되는 기관에 대해서는 과장대리급 이상의 간부직원만을 공무원으로 의제하면서, '공공기관의 운영에 관한 법률' 제53조가 공기업의 직원 전부를 형법상 뇌물죄를 적용함에 있어 공무원으로 의제하는 것이 평등원칙에 위배되는지 여부(전원 소극, 2016. 12. 29. 2015헌바225; 공보 243호 124면)
- 폭력행위등처벌에관한법률위반(집단·흉기등상해)죄를 국민참여재판 대상에서 제외한 '국민의 형사재판 참여에 관한 법률' 제5조 제1항 제1호 중 구 법원조직법 제32조 제1항 제3호 다목이 평등권을 침해하는지 여부(전원 소극, 2016. 12. 29. 2015헌바63; 공보 243호 81면)
- 범인이 형사처분을 면할 목적으로 국외에 있는 경우 그 기간 동안 공소시효가 정지되도록 정한 형사소송법 제253조 제3항이 범인이 국내에 있는 경우와 국외에 있는 경우를 차별 취급하여 평등원칙에 위반되는지 여부(전원 소극, 2017. 11. 30. 2016헌바157; 공보 254호 1179면)

③ 시험, 자격제도 관련

- 국가자격제도에 관련된 평등권에 관한 외국인의 기본권주체성 여부(소극:적극 7:2, 2014. 8. 28. 2013헌마359; 공보215호 1423면, 무면허의료행위를 금지하고 처벌하는 의료법 조항이 제한하고 있는 직업의 자유는 국가자격제도 정책과 국가의 경제상황에 따라 법률에 의하여 제한할 수 있는 국민의 권리에 해당하고, 외국인이 국내에서 누리는 직업의 자유는 법률에 따라 정부의 허가에 의하여 비로소 발생하는 권리이다. 외국인은 자격제도 자체를 다툴 수 있는 기본권주체성이 인정되지 아니하는 이상 이와 관련된 평등권에 관하여 따로 기본권주체성을 인정할 수 없다)
- 병역법 제37조 제3호가 의사자격이 있는 사람으로서 인턴과 레지던트 과정을 마치고 자연계대학원에서 박사학위과정을 수학 중인 사람은 전문연구요원으로 편입하는 것을 허용하면서, 의사자격이 있는 사람으로서 인턴 과정만 마치고 자연계대학원에서 박사학위과정을 수학 중인 사람은 전문연구요원으로 편입할 수 없도록 한 것이 병역의무의 이행과 관련하여 후자를 합리적 이유 없이 차별하는지 여부(전원 소극, 2013. 11. 28. 2011헌마269; 공보 206호 1706면)
- 민간기업체 등 근무경력이 있는 사람의 경력 인정의 범위를 공무원 경력이 있는 사람 등과 달리 동일한 분야의 업무에 종사한 경력만으로 제한하고 있는 지방공무원 보수규정(대통령령 제23498호) [별표 2] 중 '2. 유사경력 가. 전문·특수경력 1) 법인, 단체 또는 민간기업체 등에서 임용예정 직렬 및 직류와 동일한 분야의 업무에 상근으로 종사한 경력' 부분이 청구인의 평등권을 침해하는지 여부(전원 소극, 2013. 11. 28. 2011헌마437; 공보 206호 1725면)
- 의사 또는 치과의사에 대해서만 물리치료사 지도권한을 인정하고 한의사에게는 이를 배제하고 있는 구 '의료기사 등에 관한 법률' 제1조 중 "의사 또는 치과의사의 지도하에 진료 또는 의화학적 검사에 종사하는 자" 중 물리치료사에 관한 부분이 한의사를 의사 및 치과의사에 비하여 합리적 이유 없이 차별하여 한의사의 평등권을 침해하는지 여부(전원 소극, 2014. 5. 29. 2011헌마552; 공보 212호 993면)
- 제2종 운전면허를 받은 사람과는 달리, 제1종 운전면허를 받은 사람이 정기적성검사 기간 내에 적성검사를 받지 아니한 경우에 행정형벌을 과하도록 규정

한 구 도로교통법 제156조 제8호 부분이 평등원칙에 위반되는지 여부(전원 소극, 2015. 2. 26. 2012헌바268; 공보 221호 364면)

- 공무원의 근무연수 및 계급에 따라 행정사 자격시험의 제1차시험을 면제하거나 제1차시험의 전과목과 제2차시험의 일부과목을 면제하는 행정사법 제9조 제1항 제1호, 제2항 제1호 및 제2호, 행정사법 시행령 제13조 제1항 내지 제3항, 별표 1 제3호 중 일반행정사에 관한 부분('시험면제조항')이 일반 응시자인 청구인들의 평등권 및 직업선택의 자유를 침해하는지 여부(전원 소극, 2016. 2. 25. 2013헌마626; 공보 233호 410면)
- 선발예정인원이 3명 이하인 채용시험인 경우 가점을 받을 수 없도록 한 구 '국가유공자 등 예우 및 지원에 관한 법률' 조항이 평등권을 침해하는지 여부(전원 소극, 2016. 9. 29. 2014헌마541; 공보 240호 1559면)/국가기관 등의 취업지원 실시기관이 시행하는 공무원 채용시험의 가점 대상이 되는 공무원의 범위에서 지도직 공무원을 배제하도록 규정한 구 '국가유공자 등 예우 및 지원에 관한 법률 시행령' 조항이 평등권을 침해하는지 여부(전원 소극, 2016. 10. 27. 2014헌마254; 공보 241호 1685면)
- 대학·산업대학·전문대학에서 의무기록사 관련 학문을 전공한 사람에 대해서는 의무기록사 국가시험 응시자격을 부여하고, 사이버대학에서 같은 학문을 전공한 사람에 대해서는 의무기록사 국가시험에 응시할 수 없도록 한 의료기사 등에 관한 법률 제4조 제1항 제1호 중 '의무기록사'에 관한 부분이 청구인의 평등권을 침해하는지 여부(전원 소극, 2016. 10. 27. 2014헌마1037; 공보 241호 1718면)
- 응시기간의 제한이 없는 의사·약사 등의 다른 자격시험 및 사법시험 응시자들과 비교하여 응시기간과 응시횟수를 제한하는 변호사시험법 제7조 제1항(법학전문대학원의 석사학위를 취득한 달의 말일 또는 취득예정기간 내 시행된 시험일부터 5년 내에 5회)이 변호사시험 응시자들의 평등권을 침해할 가능성이 있는지 여부(전원 소극, 2016. 9. 29. 2016헌마47등; 공보 240호 1578면)
- 정신건강의학과 질환사유로 신체등급 4급 판정을 받아 보충역에 편입된 사람('정신질환사유 4급 판정자')이 사회복지시설 운영 지원 분야 및 초·중·고 장애학생 지원 분야('사회복지시설 지원 분야 등')에 지정될 수 없도록 제한하는, 구 사회복무요원 소집업무 규정(병무청훈령 제950호) 제24조 제1항 제2호 및 사회

복무요원 소집업무 규정(병무청훈령 제1040호) 제24조 제2항 중 "제1항 각 호" 가운데 "제2호" 부분이 청구인의 평등권을 침해하는지 여부(전원 소극, 2018. 7. 26. 2016헌마163; 공보 262호 1269면)

▸ 7급 교정직공무원으로의 승진시험 응시횟수를 3회로 제한하고 있는 '교정직 공무원 승진임용 규정' 제7조 제1항 중 '7급 공무원으로의 승진시험'에 관한 부분이 8급 교정직공무원인 청구인의 평등권을 침해하는지 여부(전원 소극, 2018. 7. 26. 2016헌마930; 공보 262호 1294면)

④ 선거, 공무담임권 관련

▸ 주민투표를 실시함에 있어서 투표인명부 작성기준일을 투표일 전 19일로 정한 주민투표법 제6조 제1항 중 '투표인명부 작성기준일(투표일 전 19일을 말한다)' 부분이 작성기준일 이후에 전입신고를 한 청구인으로 하여금 주거지역에서 주민투표를 할 수 없도록 하여 청구인의 평등권을 침해하는지 여부(전원 소극, 2013. 7. 25. 2011헌마676; 공보 202호 1005면)

▸ 기초자치단체장선거의 예비후보자를 후원회지정권자에서 제외하여 후원회를 통한 정치자금의 모금을 할 수 없도록 하고, 이를 위반하면 형사처벌하는 정치자금법 제6조 제6호, 제45조 제1항 본문이 기초자치단체장선거의 예비후보자를 합리적 이유 없이 대통령선거 및 지역구국회의원선거의 예비후보자와 달리 취급하여 청구인의 평등권을 침해하는지 여부(전원 소극, 2016. 9. 29. 2015헌바228; 공보 240호 1522면)

▸ 신용협동조합의 임원이 신용협동조합법 중 선거와 관련된 조항을 위반하여 벌금형을 선고받은 경우에도 벌금액수와 상관없이 그 집행이 끝나거나 집행이 면제된 날부터 5년이 지나지 아니한 경우 그 사유가 발견되거나 발생되었을 때 즉시 임원에서 면직되도록 한 신용협동조합법 제28조가 평등권을 침해하는지 여부(소극:적극 6:3, 2018. 7. 26. 2017헌마452; 공보 262호 1308면)

▸ 지역구국회의원선거의 정당추천후보자가 후원회의 후원금으로 납부하거나 지출한 기탁금과 선거비용 중 반환·보전받은 반환·보전비용을 소속정당에 인계하거나 국고에 귀속시키도록 정하고 있는 정치자금법 제58조 제1항, 제4항 중 '지역구국회의원선거의 정당추천후보자'와 '후원회의 후원금'에 관한 부분

('반환·보전비용 처리조항')이 청구인들의 평등권을 침해하는지 여부(전원 소극, 2018. 7. 26. 2016헌마524등; 공보 262호 1286면)

⑤ 교육제도 관련

- 모집정원의 70%를 임직원 자녀 전형으로 선발하고 10%만을 일반전형으로 선발하는 내용의 충남○○고(이른바 '기업형 자사고') 입학전형요강을 피청구인 충청남도 교육감이 승인한 것이 위 고등학교에 지원하고자 하는 청구인들의 평등권을 침해하는지 여부(전원 소극, 2015. 11. 26. 2014헌마145; 공보 230호 1844면)
- 수석교사제도 관련: ① 경상남도 교육감이 2016년 말에 정한 '2017 교육공무원 평정업무 처리요령(중등 교원·교육전문직원)' 및 '2017 교육공무원 평정업무 처리요령(초등·유치원·특수·보건·교육전문직)' 중 교사 근무성적의 평정자·확인자 권한을 교장·원장·교감·원감에게는 부여하면서 수석교사에게는 부여하지 않은 부분이 수석교사인 청구인들의 평등권을 침해하는지 여부(전원 소극, 2019. 4. 11. 2017헌마601; 공보 271호 529면), ② 성과상여금, 교원 등에 대한 보전수당, 시간외근무수당, 관리업무수당, 직급보조비의 지급대상으로 수석교사를 별도로 규정하지 않아 수석교사는 교장·교감, 장학관·교육연구관과 달리 성과상여금 등을 지급받지 못하거나 일반교사와 동일하게 지급받도록 한, '공무원수당 등에 관한 규정' 조항들이 수석교사인 청구인들의 평등권을 침해하는지 여부(전원 소극, 2019. 4. 11. 2017헌마602등; 공보 271호 533면), ③ 교육경력만으로 장학관·교육연구관을 특별채용하는 경우 그 교육경력에 1년 이상의 교장, 원장, 교감 또는 원감 재직 경력이 포함되어야 한다고 규정한 교육공무원임용령 조항이 수석교사인 청구인들의 평등권을 침해하는지 여부(전원 소극, 2019. 4. 11. 2017헌마603; 공보 271호 541면), ④ 수석교사가 그 임기 중에 교장 등의 자격을 취득할 수 없도록 한 교육공무원법 제29조의4 제4항 및 관리업무수당이나 직급보조비 지급대상에 수석교사를 포함시키지 아니한 공무원수당 등에 관한 규정 제18조의6 등이 청구인들의 평등권을 침해하는지 여부(전원 소극, 2015. 6. 25. 2012헌마494; 공보 225호 1033면)

⑥ 근로, 의료, 연금, 복지 관련

- 공무원이 '직무와 관련 없는 과실로 인한 경우' 및 '소속상관의 정당한 직무상의 명령에 따르다가 과실로 인한 경우'를 제외하고 재직 중의 사유로 금고 이상의 형을 받은 경우, 퇴직급여 등을 감액하도록 2009. 12. 31. 개정된 공무원연금법 제64조 제1항 제1호('감액조항')가 평등원칙에 위배되는지 여부(소극:적극 7:2, 2013. 8. 29. 2010헌바354등; 공보 203호 1121면)
- 1969년 이후에 태어난 가입자의 조기노령연금 수급개시연령을 그 이전에 태어난 가입자보다 더 높게 규정한 심판대상조항이 청구인의 평등권을 침해하는지 여부(전원 소극, 2013. 10. 24. 2012헌마906; 공보 205호 1566면)
- 계속근로기간 1년에 대하여 30일분 이상의 평균임금을 퇴직금으로 지급하도록 하는 퇴직금제도를 모든 사업장에 동일하게 적용하는 구 근로자퇴직급여보장법 제8조 제1항이 근로자 10인 미만의 영세사업장에 대하여 특별한 배려를 하지 않아 평등원칙에 위배되는지 여부(전원 소극, 2013. 9. 26. 2012헌바186; 공보 204호 1336면)
- 부모가 고엽제후유증환자인지 또는 고엽제후유의증환자인지 여부에 따라 척추이분증을 얻은 고엽제 2세를 달리 취급하는 '고엽제후유의증 등 환자지원 및 단체설립에 관한 법률' 제2조 제4호 중 '제5조 제3항 제1호' 부분이 평등원칙에 위배되는지 여부(소극:적극 4:5, 2014. 4. 24. 2011헌바228; 공보 211호 763면)
- 유족급여를 받을 유족이 되는 자녀의 범위에서 18세 이상인 자녀를 제외한 구 공무원연금법 제3조 제2항 전문 중 자녀에 관한 부분이 18세 이상인 자녀인 청구인의 평등권을 침해하는지 여부(소극:적극 8:1, 2014. 5. 29. 2012헌마515; 공보 212호 1006면)
- 공무원연금법 제3조 제1항 제1호 가목 단서에서 '지방자치단체의 장'을 공무원연금법의 적용대상에서 제외 한 것이 지방자치단체장들의 평등권을 침해하는지 여부(소극:적극 6:3, 2014. 6. 26. 2012헌마459; 공보 213호 1134면)
- 국회의원 재직기간이 1년 미만인 자(헌법개정 또는 국회의 해산으로 인하여 국회의원의 임기가 단축되거나 종료된 경우는 제외)를 연로회원지원금 지급 대상에서 제외

하는 것이 1년 미만 재직한 전직 국회의원인 청구인의 평등권을 침해하는지 여부(전원 소극, 2015. 4. 30. 2013헌마666; 공보 223호 751면)

- 근로자의 날을 관공서의 공휴일에 포함시키지 않는 '관공서의 공휴일에 관한 규정'(대통령령 24273호)이 공무원의 평등권을 침해하는지 여부(소극:적극 8:1, 2015. 5. 28. 2013헌마343; 공보224호 894면)
- 계속근로기간 1년 이상인 근로자가 근로연도 중간에 퇴직한 경우 중도퇴직 전 1년 미만의 근로에 대하여 유급휴가를 보장하지 않는 근로기준법 제60조 제2항이 중도퇴직 근로자의 평등권을 침해하는지 여부(소극:적극 5:4, 2015. 5. 28. 2013헌마619; 공보 224호 987면)
- 현역병 등의 복무기간을 군인으로서의 복무기간에 산입하도록 한 개정 군인연금법 시행 전에 퇴직하여 급여의 사유가 발생한 자에 대하여 위 법을 소급적용하지 않도록 한 군인연금법 부칙 제2항이 평등원칙에 위배되는지 여부(전원 소극, 2015. 6. 25. 2013헌바17; 공보 225호 989면)
- 정년을 60세 이상으로 의무화하는 '고용상 연령차별금지 및 고령자고용촉진에 관한 법률' 제19조의 시행일을 규정한 위 법률 부칙 단서 제2호 중 제19조에 관한 부분이 위 개정조항의 혜택을 받지 못하는 청구인의 평등권을 침해하는지 여부(전원 소극, 2015. 6. 25. 2014헌마674; 공보 225호 1058면)
- 독립유공자의 유족으로서 보상받을 권리가 유족등록을 신청한 날이 속하는 달부터 발생하도록 정한 '독립유공자예우에 관한 법률' 제8조가 '5·18민주화운동 관련자 보상 등에 관한 법률'과 비교하여 평등원칙에 위배되는지 여부(전원 소극, 2015. 9. 24. 2015헌바48; 공보 228호 1448면)
- 의료인에 대한 자격정지처분의 사유가 발생한 날로부터 5년이 지난 경우 처분을 할 수 없도록 시효규정을 신설하면서 이미 자격정지처분이 있었던 경우 시효규정의 적용대상에서 제외한 의료법 부칙 제4조가 청구인들의 평등권을 침해하는지 여부(전원 소극, 2017. 11. 30. 2016헌마725; 공보 254호 1215면)
- 공무원의 시간외·야간·휴일근무수당의 산정방법을 정하고 있는 '공무원수당 등에 관한 규정' 제16조 제2항과 제17조 제2항이 근로기준법과 비교하여 청구인의 평등권을 침해하는지 여부(전원 소극, 2017. 8. 31. 2016헌마404; 공보 251호 905면)

- 같은 서훈 등급임에도 순국선열의 유족보다 애국지사 본인에게 높은 보상금 지급액 기준을 두고 있는 구 '독립유공자예우에 관한 법률 시행령' 제6조의 [별표 1] 중 '건국훈장 5등급 서훈자의 배우자 외의 유족'에 관한 부분이 청구인의 평등권을 침해하는지 여부(전원 소극, 2018. 1. 25. 2016헌마319; 공보 256호 338면)
- 부마민주항쟁을 이유로 30일 미만 구금된 자를 보상금 또는 생활지원금의 지급대상에서 제외하는 '부마민주항쟁 관련자의 명예회복 및 보상 등에 관한 법률' 제21조 제1항, 제22조 제1항이 청구인의 평등권을 침해하는지 여부(소극: 적극 7:2, 2019. 4. 11. 2016헌마418; 공보 271호 524면)
- 2013. 10. 24. 2011헌마724 한정합헌 결정 이후 개정된 '독립유공자예우에 관한 법률' 제12조 제2항 제1호 중 '손자녀 1명에 한정하여 보상금을 지급하는 부분' 및 같은 조 제4항 제1호 중 '나이가 많은 손자녀를 우선하는 부분'이 평등권을 침해하는지 여부(전원 소극, 2018. 6. 28. 2015헌마304; 공보 261호 1140면)

⑦ 기 타

- 변호사시험의 시험장으로 서울 소재 4개 대학교를 선정한 피청구인의 공고가 서울 응시자에 비하여 지방 응시자를 자의적으로 차별하여 지방 응시자인 청구인들의 평등권을 침해하는지 여부(전원 소극, 2013. 9. 26. 2011헌마782; 공보 204호 1392면)
- 중국국적동포가 재외동포 사증 발급을 신청할 경우, 일정한 첨부서류를 제출하도록 하는 출입국관리법 시행규칙 제76조 제1항 제1호 별표 5 중 재외동포(F-4) 체류자격의 첨부서류 가운데 '연간납세증명서, 소득증명서류 등 체류기간 중 단순노무행위 등 영 제23조 제3항 각 호에서 규정한 취업활동('단순노무행위 등 취업활동')에 종사하지 않을 것임을 소명하는 서류(법무부장관이 고시하는 불법체류가 많이 발생하는 국가의 외국국적동포에 한함)' 부분 및 "출입국관리법 시행규칙 별표 5 '사증발급신청 등 첨부서류'에 관한 고시"(법무부고시 제2007-150호) 중 '중국' 부분이 청구인(중국국적동포)의 평등권을 침해하는지 여부(전원 소극, 2014. 4. 24. 2011헌마474등; 공보 211호 806면)

- 상속받은 경우와는 달리 비상장주식을 증여받은 경우에는 물납을 허용하지 않은 구 '상속세 및 증여세법' 제73조 제1항이 평등원칙에 위배되는지 여부(전원 소극, 2015. 4. 30. 2013헌바137등; 공보 223호 676면)
- 대한민국 국적을 가지지 아니한 사람을 위로금 지급대상에서 제외한 '대일항쟁기 강제동원 피해조사 및 국외강제동원 희생자 등 지원에 관한 특별법' 제7조 제4호가 평등원칙에 위배되는지 여부(소극:적극 6:3, 2015. 12. 23. 2011헌바139; 공보 231호 84면/2015. 12. 23. 2013헌바11; 공보 231호 89면)/1947. 8. 15.부터 1965. 6. 22.까지 계속하여 일본에 거주한 사람을 지급대상에서 제외하고 있는 '대일항쟁기 강제동원 피해조사 및 국외강제동원 희생자 등 지원에 관한 특별법' 제7조 제3호가 평등원칙에 위배되는지 여부(전원 소극, 2015. 12. 23. 2011헌바55; 공보 231호 80면)
- 사할린 지역 강제동원 피해자를 1990. 9. 30.까지 사망 또는 행방불명된 사람으로 정의한 '대일항쟁기 강제동원 피해조사 및 국외강제동원 희생자 등 지원에 관한 특별법' 제2조 제3호 다목이 평등원칙에 위배되는지 여부(전원 소극, 2015. 12. 23. 2011헌바11; 공보 231호 89면)
- 종전에 합헌으로 결정한 사건이 있는 형벌조항에 대하여 위헌결정이 선고된 경우 그 합헌결정이 있는 날의 다음 날로 소급하여 효력을 상실하도록 한 헌법재판소법 제47조 제3항 단서가 평등원칙에 위배되는지 여부(전원 소극, 2016. 4. 28. 2015헌바216; 공보 235호 759면)
- 현역병 및 사회복무요원과 달리 공무원의 초임호봉 획정에 인정되는 경력에 산업기능요원의 경력을 제외하도록 한 공무원보수규정(대통령령 제25070호) 제8조 제2항 중 [별표 15]에 따른 [별표 16] 제1호 가목 본문 가운데 산업기능요원의 경력을 제외하는 부분이 산업기능요원인 청구인의 평등권을 침해하는지 여부(전원 소극, 2016. 6. 30. 2014헌마192; 공보 237호 1113면)
- 2009. 11. 28. 이후 면허를 받은 개인택시운송사업의 상속을 허용하면서, 이를 2015. 6. 22. 이후 최초로 개인택시운송사업의 상속이 성립하는 경우부터 적용하도록 한 '고양시 개인택시운송사업 면허의 양도·상속에 관한 조례' 부칙 제2조 중 '상속'에 관한 부분이 청구인의 평등권을 침해하는지 여부(전원 소극, 2017. 5. 25. 2015헌마1110; 공보 248호 554면)

▸ 사회복무요원에게 현역병의 봉급에 해당하는 보수를 지급하도록 한 병역법 시행령 제62조 제1항 본문이 현역병에 비하여 사회복무요원을 합리적 근거 없이 차별하여 평등권을 침해하는지 여부(전원 소극, 2019. 2. 28. 2017헌마374등; 공보 269호 304면)/사회복무요원에게 보수 외에 직무수행에 필요한 여비, 급식비 등 실비를 지급하도록 한 병역법 시행령 제62조 제2항 전단이 현역병에 비하여 사회복무요원을 합리적 이유 없이 차별하여 평등권을 침해하는지 여부(전원 소극, 2019. 4. 11. 2018헌마920; 공보 271호 581면)

[9] 청년할당제 위헌확인 사건

(2014. 8. 28. 2013헌마553)

◇ 사안과 쟁점

2013. 5. 22. 개정된 청년고용촉진특별법은 2014. 1. 1.부터 3년간 한시적으로 대통령령으로 정하는 공공기관과 지방공기업은 매년 정원의 100분의 3 이상씩 34세 이하의 청년 미취업자를 고용하도록 의무화하였다(청년할당제). 청구인들은 공공기관과 지방공기업에 취업하려고 하는 사람들이다.

쟁점은, 청년할당제에 관한 청년고용촉진특별법 조항(이하 '심판대상조항')이 35세 이상 미취업자들의 평등권, 직업선택의 자유를 침해하는지 여부이다(적극:소극 5:4, 2014. 8. 28. 2013헌마553; 공보 215호 1427면). 법정의견(4명)은 청년할당제가 평등권, 공공기관 취업의 자유를 침해한다고 볼 수 없다고 하였으나, 주심 재판관 조용호 등 5명의 반대의견은 직업선택의 자유, 평등원칙에 위반된다고 보았다.

◇ 반대(위헌)의견

가. 우리는, 청년할당제를 규정하고 있는 심판대상조항이 기본권 제한의 일반원칙인 비례원칙에 위배될 뿐만 아니라 평등원칙을 위반하여 헌법에 위반된다고 생각하므로, 다음과 같이 그 이유를 밝힌다.

나. 판단의 전제

(1) 벨기에의 로제타 플랜(Rosetta Plan)과의 비교

(가) 벨기에에서는 2000년부터 이른바 로제타 플랜을 시행하고 있다. 로제타 플랜은 1990년대 말 당시 벨기에의 청년층, 특히 저학력 청년층의 실업률이 높게 나타나자, 근로자수 50명 이상인 민간기업의 고용주들에게 당해 사업장 정원의 3%에 해당하는 인원을 청년실업자들로 신규 채용해야 할 의무를 부과한 제도이다. 로제타 플랜은 그 대상이 될 수 있는 청년층을 세 개의 그룹으로 구분하고, 18세 이상 25세 미만으로서 학교를 졸업한지 6개월이 경과하지 않은 청년층 그룹을 최우선적인 지원 대상으로 하였다.

로제타 플랜에 대하여는, 적극적 복지국가의 이념에 부합하고 효과적인 노동공급 및 고용증대를 가져온다는 긍정적 평가와 위 제도로 인하여 기업들은 보다 경험이 풍부한 구직자들 대신에 경험이 별로 없는 청년층 구직자들을 채용할 수밖에 없어 생산성이 저하되며 효율적인 인사관리가 어렵게 되어 기업의 대외경쟁력을 약화시킬 수 있다는 부정적 평가가 있다.

위 제도가 시행된 이후 벨기에의 청년실업률의 감소가 통계적으로 유의미한 수준으로 나타나지 않고 있어 제도의 실효성에 대한 의문이 제기되고 있으며, 장기실업자나 성인실업자 등 실업기간이 길어서 상대적으로 지원의 필요성이 큰 집단이 위 제도의 우선적인 혜택을 받지 못한다는 점에서 형평에 반한다는 비판도 있다.

(나) 우리나라의 청년할당제는 위 로제타 플랜을 참고한 제도이다. 그런데 로제타 플랜은 저학력 노동력이 많고 학생들의 학업 중단이 사회적 문제가 된 벨기에의 상황을 반영한 제도이다. 이에 반하여 우리나라는 고등학교 졸업생의 대부분이 대학에 진학하면서 고학력의 청년실업자 비중이 갈수록 증가하고 있는바, 벨기에와는 노동시장의 상황이 전혀 다르다(벨기에의 대학진학율은 2001년 32%로 OECD 평균인 48%에 비하여 16% 포인트나 낮았으며 2008년까지 전혀 상승하지 않고 OECD 평균 56%와의 격차는 더 벌어졌다고 한다. 반면 우리나라의 대학진학율은 2001년 48%에서 2008년 71%로 7년 사이 23% 포인트나 증가하였다).

청년할당제는 국회 입법과정에서 주무 부처인 고용노동부조차 헌법상 평등원칙에 위배될 뿐만 아니라 고용정책기본법 등 현행법체계와 모순된다는 이유로 반대를 하였고, 청년실업 대책으로서 효과가 있을지 여부에 대한 논란도 있었다. 게다가 개별 공공기관의 경영사정 내지 인력수요를 고려하지 않고 일률적으로 정원의 3%를 신규 채용하도록 강제하는 것이어서, 기존 인력의 감축이 강제되고 결과적으로 고령근로자에 대한 차별로 이어질 가능성이 있다는 우려도 제기되었다. 청년할당제는 청년실업난 해소를 위한 근본 대책이라기보다 일부 여론을 의식하여 로제타 플랜의 피상적인 부분만을 조급하게 도입하여 입법화된 측면이 있다.

(2) 적극적 평등실현조치(Affirmative Action)

적극적 평등실현조치는 대체로 '일정한 혜택을 통하여 종래 차별을 받아온 소수집단에게 사회의 각 영역에서 보다 많은 참여의 기회를 부여하려는 제반 조치'를 의미한다. 미국에서 인종차별의 관행을 철폐하기 위하여 시행되어 온 소수인종집단에 대한 우대정책 등이 그 대표적인 예이다. 우리 헌법재판소는 제대군인가산점제도 사건에서 '잠정적 우대조치'라는 표현을 사용하면서, "잠정적 우대조치라 함은, 종래 사회로부터 차별을 받아 온 일정집단에 대해 그동안의 불이익을 보상하여 주기 위하여 그 집단의 구성원이라는 이유로 취업이나 입학 등의 영역에서 직·간접적으로 이익을 부여하는 조치를 말한다."라고 설시한 바 있다(헌재 1999. 12. 23. 98헌마363).

위와 같이 적극적 평등실현조치는 과거부터 가해진 차별의 결과로 현재 불리한 처지에 있는 집단을 다른 집단과 동등한 처지에까지 끌어 올려 실질적 평등을 달성하고자 한다는 점에서 그 정당성의 근거를 찾을 수 있다. 즉, 역사적으로 소외된 일정한 집단의 불평등한 상황을 바로 잡거나 완화될 수 있도록 공권력이 더 유리한 특별취급을 하는 것은 헌법적으로 금지되는 것이 아니며, 차별취급에 해당하지 아니한다. 그런데 적극적 평등실현조치의 혜택을 받는 집단에 속하지 않는 사람들은 그 조치로 인하여 상대적으로 불이익을 받게 되므로, 실질적 평등을 실현하기 위한 위 조치가 오히려 평등원칙에 위배되는 차별(이른바 '역차별')이 아닌지 문제된다.

청년할당제의 위헌성 여부에 대한 판단에 있어서는 그것이 적극적 평등실현조치에 해당하는지 여부와 관련해서도 검토되어야 한다.

다. 청년할당제의 위헌성

(1) 과잉금지원칙 위반

㈎ 목적의 정당성 및 수단의 적합성

법정의견이 설시하고 있는 바와 같이, 국가적 차원에서 청년실업문제를 해소하고 경제성장과 사회 안정을 위하여 청년층의 고용을 늘리려는 청년할당제의 입법목적 자체 및 심판대상조항이 이러한 입법목적에 다소나마 기여한다는 측면에서 수단의 적합성은 수긍할 수 있다.

(나) 침해의 최소성

심판대상조항은 직업선택의 자유를 제한하고 있으므로, 헌법재판소가 그 위헌 여부를 심사함에 있어서는 엄격한 비례의 원칙이 그 심사척도가 되어야 한다. 그런데 청년할당제는 위와 같은 입법목적을 달성하기 위한 필요한 최소한의 제한이라고 볼 수 없어 침해의 최소성이 인정되지 않는다.

1) 청년할당제는 청년실업을 완화하는 근본적인 대책이 되지 못한다. 최근 10여 년간 지속된 높은 청년실업률은 경기위축으로 인한 채용축소, 국내제조업체의 해외이전 등으로 인한 산업공동화현상 및 대기업과 중소기업의 임금격차상승으로 인한 인력의 수요와 공급 불일치 등 노동시장의 구조적인 문제에 그 근본 원인이 있다. 이런 구조적이고 고착화된 청년실업난을 해소하기 위해서는 공공부문과 민간부문의 투자확대를 유도하고, 노동수요를 예측하여 청년층에 대한 적정한 직업교육과 훈련을 하는 등 청년실업의 근본 대책을 수립·시행하여 적정한 일자리를 창출하여야 한다. 그런데 청년할당제는 일자리 창출 없이 한정된 일자리 일부를 특정 연령층으로 채우도록 강제하는 대증적(對症的)인 처방에 불과할 뿐이다.

종래 청년할당제가 권고사항이었던 2013년 이전에도 공공기관의 전체 청년고용률은 권고기준인 3%를 넘었지만, 청년실업률은 결코 낮아지지 않았다. 청년할당제가 청년실업 완화에 기여하기 위해서는 공공기관의 채용정원의 증가로 창출된다는 전제하에서만 가능한 것이고, 한정된 일자리를 특정 연령대의 청년층에게 우선 배분하는 것에 불과한 청년할당제는 세대 간의 갈등만 조장할 뿐 전체실업률은 물론 청년실업 완화에도 기여하는 바가 미미하다.

2) 공공기관은 사익을 추구하는 민간기업과 달리 공익사업을 추구하는 특별단체로서 국가나 지방자치단체로부터 경영 내지 운용지침을 받고 예산을 지원받으며 경영상의 지도·감독을 받는 준(準)국가기관의 성격을 가진다. 따라서 공공기관은 사기업이나 사적 단체와는 달리 그 소속 직원의 채용에 있어서 일반국민에게 균등한 취업기회를 보장하여야 한다. 즉, 공공기관은 특별한 사정이 없는 한 성별, 나이, 연고, 학벌 등을 배격하고 오로지 능력주의 내지 성적주의에 입각하여 경쟁에 의한 공

정한 채용기회를 보장하여야 한다.

그런데 청년할당제는 합리적 이유없이 능력주의 내지 성적주의를 배제한채 단순히 생물학적인 나이를 기준으로 특정 연령층(15세 이상 34세 이하)에게 특혜를 부여함으로써 사실상 다른 연령층의 공공기관 취업기회를 박탈하거나 제한하고 있다. 즉, 청년할당제는 35세 이상 연령층의 공공기관 취업기회를 박탈하거나 또는 12세 이상 14세 이하 연령층 일부 내지 32세 이상 34세 이하 연령층 일부의 공공기관 취업기회를 잠식할 가능성이 크다. 특히 2012년 상반기 대졸 신입사원의 평균연령이 남자의 경우 33.2세라고 하는 '한국고용정보원'의 통계자료에 비추어 보면, 청년할당제의 실효성에 의문이 더욱 커진다.

3) 나아가 불가피하게 청년할당제를 선택할 수밖에 없는 사정이 있더라도, 이 사건 청년고용촉진특별법과 같이 채용정원의 일정 비율을 할당하는 이른바 경성(硬性)고용할당제를 강제할 것이 아니라, 채용정원은 경쟁을 통하여 공정하게 선발하되 정원 외 고용을 할당하거나 자발적인 추가 고용의 경우 재정지원(보조금 또는 지원금) 내지 조세감면 혜택을 주는 이른바 연성(軟性)고용할당제를 도입하였어야 한다.

4) 이처럼 청년할당제는 청년실업을 완화하는 근본 대책이 되지 못할 뿐만 아니라, 다른 경쟁자들의 취업의 자유를 덜 제한하면서도 청년층의 고용을 촉진·확대하는 제도가 존재하므로, 청년할당제는 기본권 제한 입법이 지켜야 할 침해 최소성 원칙에 부합된다고 할 수 없다.

㈐ 법익 균형성

청년할당제는 국가기관 내지 공공기관의 취업에 있어서 기준이 되는 능력주의에 대한 중대한 예외이므로, 이를 정당화하기 위해서는 그 예외를 인정할만한 중대한 공익상의 필요가 있어야 한다. 청년층의 일자리 제공을 통한 소득보장, 경제성장과 사회 안정은 국가공동체의 운영에 있어서 결코 간과할 수 없는 국가의 공적 과제이지만, 이는 국가가 법치국가 원칙의 범위 내에서 다양한 사회경제적인 정책과 제도 개선을 통하여 달성해야 할 국가의 목표이지, 특정 연령층의 구직자를 합리적 이유 없이 우대하면서까지 긴급하게 달성해야 할 정도로 중대한 공익이라고 볼 수 없다. 직업은 모든 사람에게 생존의 도구이자 인격실현의 수단이다. 국가는 공정한 경쟁과 균등한 기회보장을 통하여 모든 국민이 헌법상의 자유와 권리를 행사하고 자신의 인격을 실현할 수 있도록 하여야 한다. 특히 공공기관은 구직자들이 선망하는 직장이므로, 성별 · 연령 · 학벌 · 출신지역 등과 관계없이 공정한 경쟁이 이루어져야 할 취업시장이다. 공공기관의 취업이 능력주의와 평등원칙에 입각하여 공정한 경쟁으로 실시되지 않고, 능력과 무관한 나이를 기준으로 불합리한 차별을 한다면 그로 인하여 불이익을 받는 연령층의 기본권이 침해되는 것은 물론 정의사회에 대한 믿음과 희망마저 잃게 된다.

결국 청년할당제는 그 제도의 시행으로 얻게 되는 특정 연령층의 실업해소라는 공익보다 청구인들과 같은 다른 연령층 미취업자들의 직업선택의 자유에 대한 제한이 훨씬 커서 법익균형성 원칙에도 위배된다.

㈑ 소 결

이처럼 청년할당제는 청구인들과 같은 다른 연령층 미취업자들의 직업선택의 자유를 과도하게 침해하여 헌법에 위반된다.

(2) 평등원칙 위반

㈎ 차별취급의 체계부조화성

국회가 입법을 함에 있어서는 헌법의 이념과 정신, 개별 기본권조항을 존중하여야 하고, 헌법을 정점으로 형성된 우리 법체계의 기본질서와 조화되도록 하여야 한다.

그러나 청년할당제는 헌법과 이를 정점으로 형성된 우리 법체계와 모순된다. 헌법 제11조는 "모든 국민은 법 앞에 평등하다. 누구든지 성별 · 종교 또는 사회적 신분에 의하여 정치적 · 경제적 · 문화적 생활의 모든 영역에 있어서 차별을 받지 아니한다."고 선언함으로써 모든 영역에서 불합리한 차별을 금지하고 있고, 이러한 헌법이념을 구현하기 위하여 입법자는 근로의 영역에 있어서 기회의 균등한 보장을 위한 법체계를 확립해 놓고 있다. 즉, 고용정책기본법 제7조 제1항은 "사업주는 근로자를 모집 · 채용할 때에 합리적인 이유 없이 성별, 신앙, 연령, 신체조건, 사회적 신분, 출신지역, 출신학교, 혼인 · 임신 또는 병력(病歷) 등(이하 "성별등"이라 한다)을 이유로 차별을 하여서는 아니 되며, 균등한 취업기회를 보장하여야 한다."고 규정하고 있고, '고용상연령차별금지및고령자고용촉진에관한법률' 제4조의4 제1항은 "사업주는 모집 · 채용 등의 분야에서 합리적인 이유 없이 연령을 이유로 근로자 또는 근로자가 되려는 자를 차별하여서는 아니 된다."고 규정하여 특별히 '연령'을 이유로 한 근로기회의 차별 금지를 입법화하고 있다. 국가인권위원회법 제2조 제3호도 합리적인 이유 없이 나이를 이유로 고용(모집 · 채용 등)과 관련하여 특정한 사람(특정한 사람들의 집단을 포함)을 우대 · 배제 · 구별하거나 불리하게 대우하는 행위를 '평등권 침해의 차별행위'로 규정하고 이를 금지하고 있으며, 우리나라도 가입한 국제노동기구(ILO)의 '고령근로자의 평등대우와 보호에 관한 권고(제162호)' 제3조는 고령근로자에 대한 고용차별금지 조치를 취할 것을 요구하고 있다. 이처럼 고용영역에 있어서 기회의 균등 내지 연령차별의 금지는 우리 법체계 내에서 정립된 기본질서이고, 보편적인 국제규범이다.

따라서 청년할당제는 헌법의 이념과 이를 구체화하고 있는 전체 법체계 내지 기본질서와 부합하지 아니하여 정책수단으로서의 합리성을 결여하였다.

(나) 청년할당제의 역차별성

한편, 청년할당제는 장애인고용할당제도(구 장애인고용촉진등에 관한 법률, 헌재 2003. 7. 24. 2001헌바96 합헌 결정)나 여성할당제도(남녀고용평등과 일 · 가정 양립지원에 관한 법률)와 같이 역사적으로 차별을 받아 왔기 때문에 특별한 보호가 필요한 장애인이나 여성과 같은 사회적 약자들에게 과거의 차별로 인한 불이익을 시정하고 이를 보상해주기 위한 적극적 평등실현조치가 아니다.

15세 이상 34세 이하의 연령층은 독립된 개체로서 새롭게 인생을 시작하는 단계에 있는 사람들이라는 점에서 사회의 관심과 배려, 지원이 필요한 시기이기는 하나, 우리들 각자가 삶을 살아가는 과정에서 반드시 거쳐야하는 인생의 한 단계이지, 역사적으로나 사회적으로 의도적으로 불평등한 취급을 받거나 차별을 받아온 고립되고 단절된 소수집단이 아니다. 오히려 다른 연령층에 비하여 고용주들이 더 선호하여 온 연령층이다.

청년실업을 완화하기 위해 일정한 범위 내에서 사회정책적으로 지원하는 것은 가능할 것이나, 합리적 이유없이 이들에게 특혜를 주고 결과적으로 다른 연령층을 차별하는 것은 결코 헌법적으로 정당화될 수 없다.

(다) 소 결

따라서 청년할당제는 고용영역에서의 불합리한 연령차별금지라는 우리 법체계의 기본질서와 부합하지 않고, 과거의 차별로 인한 불이익을 시정하고 이를 보상해주기 위한 적극적 평등실현조치도 아니며, 동등한 처지에 있는 다른 연령 집단의 취업기회를 박탈하거나 잠식하는 것이어서, 헌법상 평등원칙에 위반된다.

(3) 결 론

결국 청년할당제는 헌법상 평등원칙 및 직업선택의 자유를 침해하여 헌법에 위반된다.

[10] 구 국적법 부칙 제7조 제1항 위헌소원 사건

(2015. 11. 26. 2014헌바211)

◇ 사안과 쟁점

청구인은 1980. 4. 24. 당시 미국 시민권자였던 부 허○택과 대한민국 국민인 모 전○혜 사이에서 출생한 미국 시민권자인 남성이다. 청구인의 부 허○택은 대한민국 국민이었으나 1977. 11. 8. 미국 시민권을 취득함으로써 대한민국 국적을 상실하였다가, 2011. 10. 28. 대한민국 국적을 회복하였다. 청구인은 2012. 4.경 법무부장관에게 국적판정신청을 하고, 2012. 4. 16. 국적법 시행령 부칙(대통령령 제22588호) 제4조에 따른 국적재취득신고를 하였는데, 법무부장관은 청구인이 미국 시민권자일 뿐 대한민국 국적을 함께 보유한 복수국적자가 아니라는 이유로 청구인에 대하여 국적비보유판정을 하고, 청구인의 국적재취득신고를 반려하였다. 청구인은 모계출생자의 국적취득 특례를 규정한 국적법 부칙 제7조 제1항에 따라 대한민국 국적을 취득하기 위하여 2013. 11. 6. 서울 출입국관리사무소에 위 부칙조항에 따른 국적취득신고서를 우편으로 제출하였는데, 서울 출입국관리사무소장은 2013. 11. 12. 위 부칙조항에서 정한 신고기간이 지나 이를 접수할 수 없다는 이유로 위 신고서를 반송하였다(이하 '이 사건 처분'). 청구인은 이 사건 처분의 취소를 구하는 소송을 제기하였고, 소송계속 중 위 부칙 제7조 제1항 중 '2004년 12월 31일까지' 부분에 대하여 위헌법률심판제청신청을 하였다. 위 법원은 2014. 4. 10. 청구기각 판결을 선고하고, 위헌법률심판제청신청을 기각하였다. 이에 청구인은 헌법소원심판을 청구하였다.

쟁점은, 국적법 부칙 제7조 제1항 중 '2004년 12월 31일까지 대통령령이 정하는 바에 의하여 법무부장관에게 신고함으로써' 부분(이하 '심판대상조항')이 헌법에 위반되는지 여부인데, 특히 모계출생자가 국적취득신고로 대한민국 국적을 취득할 수 있는 신고기간(이하 '특례기간')을 합리적인 근거 없이 2004. 12. 31.까지 제한함으로써 특례기간까지 국적취득신고를 한 모계출생자와 그렇지 않은 모계출생자를 차별하고 있어 평등원칙에 위반되는지 여부이다(소극:적극 5:4, 2015. 11. 26. 2014헌바211; 공보 230호 1776면). 재판관 조용호는 반대(위헌)의견을 집필하였다.

◇ 반대(위헌)의견

우리는 다수의견과 달리 심판대상조항은 평등원칙에 위반된다고 생각하므로 아래와 같이 견해를 밝힌다.

가. 부계혈통주의 원칙에 따라 대한민국 국적을 취득하지 못했던 모계출생자를 구제하는 조처를 함에 있어, 심판대상조항과 같이 모계출생자의 신고로 대한민국 국적을 취득할 수 있도록 한 것, 그리고 모계출생자의 국적관계를 조기에 확정하여 법적 불확실성을 제거하기 위하여 특례기간을 한정하는 것 그 자체를 불합리하다고 볼 수 없다는 점은 다수의견과 같다.

나. 그러나 심판대상조항이 특례기간을 2004. 12. 31.까지로 한정하고, 이에 대하여 사실상 아무런 예외를 인정하지 않고 있는 것은 합리적인 이유 없이 특례의 적용을 받는 모계출생자와 출생으로 대한민국 국적을 취득한 모계출생자를 차별하는 것이어서 평등원칙에 위반된다.

(1) 개정된 부칙조항은 단순히 개정 국적법 시행 이전에 태어난 모계출생자에게 시혜를 베푸는 것이 아니라, 헌법 제11조 제1항, 제36조 제1항의 평등원칙에 위반되는 부계혈통주의 원칙을 폐기하면서 그 이전에 태어남으로써 대한민국 국적을 취득하지 못한 모계출생자를 위헌적인 차별로 인한 불이익으로부터 구제하도록 한 것이다. 그렇다면 개정된 부칙조항은 위와 같은 차별로 불이익을 받아온 모계출생자들을 적절하게 구제할 수 있어야 한다.

심판대상조항은 특례의 적용을 받는 모계출생자에게 특례기간을 2001. 12. 19.부터 2004. 12. 31.까지 약 3년으로 부여하고 있다. 그런데 특례기간의 종기인 2004. 12. 31. 당시를 기준으로 특례의 적용을 받는 모계출생자의 연령은 6세부터 26세까지로 그 연령대가 매우 다양한데, 이들에 대하여 일률적으로 2004. 12. 31.까지만 국적취득 신고를 하도록 한 것은 실효적인 권리구제 수단이라고 보기 어렵다. 특히 특례의 적용을 받는 모계출생자가 유아인 경우에는 그 법정대리인인 부모에 의하여 국적취득 신고를 할 수밖에 없는바, 위 법정대리인이 과실로 신고기한을 놓치는 경우에는 달리 구제받을 방법이 없다. 또한 자신이 대한민국 국민이 아니라는 사실을 알 수 없었던 사유가 있는 경우 또는 모계출생자의 탓으로 돌리기 곤란한 사정에 의하여 특례기간 내에 국적취득신고를 하지 못한 경우에조차 일률적으로 2004. 12. 31.까지라는 기한을 강제하고 달리 예외규정을 두지 아니하여 구제하지 않는 것은, 국적관계의 불안정을 해소하려는 것이 아니라 이에 관한 업무를 한정된 기간만 수행하겠다는 행정편의주의적인 발상에 지나지 않는 것으로서, 모계출생자에 대한 적절한 구제조치라고 볼 수 없다.

법무부의 통계에 의하면, 1998년부터 2005년까지 사이에 개정 전 부칙조항 및 개정된 부칙조항에 따라 국적취득 신고를 통하여 대한민국 국적을 취득한 모계출생자의 수는 1,213명으로 파악된다. 1978. 6. 14.부터 1998. 6. 13. 사이에 태어난 모계출생자들이 특례의 적용을 받는다는 점을 고려해보았을 때 위 1,213명이 대한민국 국적을 취득하였다는 것만으로 특례의 적용을 받는 모계출생자가 충분히 구제받았다고 단정하기도 어렵다.

(2) 다수의견은 특례기간을 적용함에 있어 예외규정을 둘 경우 여러 가지 폐해가 발생할 수 있음을 우려하고 있으나, 그러한 폐해는 이미 부계혈통주의 원칙을 취할 때부터 있어온 문제인 것이지 특례의 적용을 받는 모계출생자에게 신고기간의 제한에 예외규정을 둔다고 하여 비로소 발생하는 문제는 아니다.

다수의견은 특례의 적용을 받는 모계출생자가 국적법 부칙 제7조(1997. 12. 13. 법률 제5431호) 제3항 또는 간이·특별귀화 제도를 통하여 충분히 구제받을 수 있다고 한다. 그러나 위 국적법 부칙 제7조 제3항이 규정하는 '천재지변 기타 불가항력적 사유'는 '책임 없는 사유' 또는 '정당한 사유'보다도 그 요건이 협소하여 사실상 위 규정을 통하여 구제를 받는 것은 거의 기대하기 어렵고, 간이·특별귀화는 국적법에서 정한 일정한 요건을 갖추어야 하며, 귀화는 종국적으로 법무부장관의 허가사항이어서 법무부장관이 귀화신청을 거부하는 경우 모계출생자는 대한민국 국적을 취득할 수 없을 뿐만 아니라, 헌법상 평등원칙에 위반되는 부계혈통주의 원칙 때문에 대한민국 국적을 취득하지 못했던 모계출생자가 신고에 의하여 대한민국 국적을 취득하는 것과 외국인이 대한민국 국적을 취득하는 제도인 귀화를 통해서 대한민국 국적을 취득하도록 하는 것이 본질적으로 같은 범주의 것이라고 보기도 어렵다.

한편, 다수의견은 독일과 일본의 입법례를 들면서 심판대상조항이 특례기간을 3년으로 한정한 것에 합리적인 이유가 있다고 한다. 그러나 심판대상조항이 위 입법례를 받아들이면서 그 사회·경제·문화적 의미 또는 특례의 적용을 받는 모계출생자의 범위 및 위와 같은 특례기간을 둠으로써 발생하게 될 문제 등에 관하여 어떠한 고민을 한 흔적이 있는지 찾아볼 수 없다.

(3) 이 사건에서, 청구인은 1980. 4. 24. 당시 미국 국적이었던 부 허○택과 대한민국 국적의 모 전○혜 사이에서 태어나 1980. 5. 23. 허○택에 의하여 출생신고되었고, 허○택의 제적부에도 허○택의 자로 입적되었으며, 서울에서 초·중·고·대학교를 졸업한 후 ○○대학교 의과대학원을 수료하여 현재 ○○대학교 병원에서 수련의로 재직 중인데, 대한민국 여권을 발급받아 사용하기도 하였고, 2004. 1. 29. 육군에 입대하여 2006. 1. 28. 만기 전역하였다. 청구인과 같이 자신이 대한민국 국적자라고 오인하기에 충분한 상황에 있고, 이러한 오인을 바탕으로 병역의무까지 이행한 모계출생자조차도 특례기간이 경과하기만 하면 신고에 의한 국적취득을 할 수 없도록 하는 것은, 특례기간 내에 신고로써 대한민국 국적을 취득할 수 있었던 모계출생자와 특별한 사정으로 인하여 그럴 수 없었던 모계출생자를 합리적 이유 없이 차별하는 것이다.

다. 이상과 같은 점들을 종합하면, 아무런 예외규정 없이 특례기간을 2004. 12. 31.까지로만 한정하고 있는 심판대상조항은 특례의 적용을 받는 모계출생자를 효과적으로 구제하는 방법으로 불충분하다고 할 것이고, 따라서 심판대상조항은 특례의 적용을 받는 모계출생자와 개정 국적법 시행 이후 출생한 모계출생자를 합리적 이유 없이 차별하고 있어 평등원칙에 위반된다.

[11] 고엽제전우회와 월남전참전자회의 중복가입금지 위헌소원 사건

(2016. 4. 28. 2014헌바442)

◇ 사안과 쟁점

청구인('대한민국월남전참전자회')의 이사회에서 지○수를 경기도 지부장에서 해임하자 지○수는 청구인을 상대로 위 의결 무효확인의 소를 제기하면서, 그 이유로 위 의결에 참석한 회원 중 일부가 '대한민국고엽제전우회' 회원이어서 '참전유공자예우 및 단체설립에 관한 법률' 제19조 단서에 의하여 청구인의 회원이 될 수 없는 자들이고, 따라서 위 의결은 이사회 구성원으로서 자격이 없는 자들을 포함하여 부적법하게 구성된 이사회에서 이루어진 것이라고 주장하였다. 청구인이 위 소송 계속 중 위 법률 제19조 단서가 헌법에 위반된다고 주장하며 위헌법률심판제청을 신청하였으나 각하되자, 헌법소원심판을 청구한 사건이다.

쟁점은, '참전유공자예우 및 단체설립에 관한 법률' 제19조 단서에서 "대한민국고엽제전우회의 회원으로 가입한 사람은 월남전참전자회의 회원이 될 수 없다."고 규정한 것(이하 '심판대상조항')이 과잉금지원칙에 위배하여 '월남전참전자회'의 결사의 자유를 침해하거나 다른 법정 보훈단체와 달리 고엽제전우회와 월남전참전자회의 경우에 한정하여 중복가입을 금지하고 있는 것이 평등원칙에 위배되는지 여부이다(소극:적극 7:2, 2016. 4. 28. 2014헌바442; 공보 235호 738면). 7명의 다수의견은 위 조항이 과잉금지원칙 또는 평등원칙에 위배되지 않는다고 보았으나, 재판관 조용호 등 2명은 이에 반대하였다.

◇ 반대(위헌)의견

우리는 심판대상조항이 과잉금지원칙과 평등원칙을 위반하여 위헌이라고 생각하므로, 아래와 같이 의견을 밝힌다.

가. 과잉금지원칙 위반 여부

(1) 다수의견은 심판대상조항이 월남전참전자회와 고엽제전우회 사이의 마찰, 중

복지원으로 인한 예산낭비, 중복가입자의 이해상반행위를 방지하기 위한 것으로 목적의 정당성이 인정된다고 한다.

그러나 두 단체 간 회원대상의 범위가 일부 중첩되고, 설립목적이 유사하다고 하여 중복가입 허용이 곧 양 법인 사이의 마찰로 이어질 것이라고 보기는 어렵다. 양 법인은 모두 회원 상호간의 친목을 도모하고 회원의 권익을 도모하기 위하여 설립된 법인인바, 대표성이나 주도권의 경쟁이 발생할 것이라는 우려는 현실적인 근거를 가진 것이라고 보기 어렵고, 회원의 자격요건이 중복되면 중복하여 각 단체에 가입할 수 있도록 하여 그 친목을 도모하고 각 측면의 권익을 도모할 수 있도록 하는 것이 오히려 자연스럽다. 회원자격이 중복되는 법정 보훈단체가 많이 존재하지만, 그 어떤 단체의 경우에도 중복가입을 금지하지 아니한 점이 그 반증이다.

가사 대표성이나 주도권의 경쟁이 발생한다고 하더라도 이것이 회원의 중복가입을 금지한다고 하여 억제될 수 있는 문제인지 의문이다. 소속 회원의 권익을 도모하기 위한 단체는 다른 단체와 마찰을 빚는 경우가 발생할 수 있으나, 이는 그 속성상 집단의 이익을 대변하기 때문에 빚어지는 일이고 마찰을 빚는 다른 단체와 중복가입을 금지한다고 하여 해결될 수 있는 일이 아니기 때문이다. 중복가입을 허용하는 경우 두 단체 모두의 회원인 자들은 둘 중 어느 단체에게 이익이 되는 일이면 자신에게도 이로울 것이므로 오히려 중복가입 허용을 통해 충돌이나 마찰을 피할 수도 있다.

또한, 월남전참전자회와 고엽제전우회의 각 회원들의 권익향상 및 친목도모를 위해 조직이 운영되고 예산이 사용되는 것이라면 이를 두고 중복된 목적을 위해 예산이 지급·사용되는 것이라고 보기 어렵다. 보훈단체에 지급되는 보조금은 단체의 운영을 위해 지급되는 비용이고, 단체의 회원수는 보조금 지급의 주요한 고려요소가 되지 아니하는바, 회원이 각 단체에 중복되어 가입되어 있다고 하더라도 국가예산이 중복되어 사용된다고 볼 수 없다.

나아가 고엽제관련자를 위한 단체와 월남전 참전자를 위한 단체가 각각 마련되어 조직을 구성하고 각자 회원의 권익향상을 위해 노력하게 된다면 결과적으로 자격이 중복되는 회원, 즉 월남전에 참전한 고엽제관련자는 보다 두터운 보호를 받게 될 가능성이 있으므로 양 단체에 중복가입을 허용한다고 하여 이로 인해 곧 고엽제관련자에 대한 보호가 약화될 것이라고 단정할 수 없다.

따라서 양 단체 사이에 발생할 수 있는 마찰을 방지하고 예산의 중복 사용을 방지한다는 목적은 그 자체로 정당하다고 보기 어렵고, 양 단체에 중복가입을 금지하는 것이 위와 같은 목적 달성에 기여한다고 보기도 어렵다.

(2) 다만 심판대상조항의 입법목적 중 양 단체에 중복가입한 임원 등에 의해서 양 단체 상호간의 이해가 충돌하는 경우 이해상반행위 방지 문제에 있어서 어느 정도 그 목적의 정당성을 인정할 수도 있을 것이다.

그러나 양 단체에 중복하여 가입한다고 하더라도 이것이 곧 이해상반행위로 이어진다고 보기 어렵고, 설령 그렇다고 하더라도 이해상반행위를 방지하고 공정한 업무수행을 확보할 수 있는 대체수단이 없는 것도 아니다. 예컨대, 임원 등 이해상반행위를 할 수 있는 자에 대해서만 중복가입을 금지한다거나, 상대 단체에 가입되어 있는 경우 임원의 자격을 제한하는 방법도 가능하며, 또는 이해상반행위를 금지하고 그 위반에 대해서 일정한 제재를 가하는 등의 방법으로도 위와 같은 입법목적은 충분히 달성할 수 있다. 이러한 점에 비추어 고엽제전우회 회원 모두에게 월남전참전자회의 중복가입을 금지하는 것은 과도한 조치로 보이므로, 침해의 최소성을 인정하기 어렵다.

(3) 보훈단체는 유사한 성격을 지닌 보훈대상자들이 스스로 자신들의 권익을 대변하고, 추구하는 이념을 공고히 하기 위해 구성된 조직이다. 고엽제전우회 회원들의 대부분은 월남전 참전자로서의 지위도 함께 가지지만, 고엽제전우회는 고엽제 피해라는 또 다른 동질성을 기반으로 결성된 단체로서 고엽제 피해 문제에 집중할 수밖에 없으므로 고엽제 피해 이외에 월남전 참전이라는 동질성으로부터 나오는 요구들을 제대로 대변하기는 어려울 것이다. 결국 고엽제관련자라는 지위와 월남전 참전자라는 이중적 지위는 각각의 이익을 대변하는 별개의 단체를 통해 대변될 필요가 있고, 그렇다면 이중적 지위를 가지는 자들에게 일방적으로 고엽제전우회라는 한쪽의 회원자격만을 강제하여 월남전참전자회의 회원자격을 부정해서는 안 될 것이다.

(4) 한편, 18대 국회 정무위원회회의록에 기록된 바와 같이, 고엽제전우회가 월남전참전자회의 법정 보훈단체로의 인정을 강하게 반대해왔던 이력에 비추어 보면, 결국 심판대상조항은 법정 보훈단체 간 주도권 등을 둘러싼 단체의 갈등을 무마하기 위한 수단에 불과하다고 할 것인데, 이것이 후발 단체의 대상 회원을 제한할 수 있는 정당한 이유는 될 수 없다. 법정 보훈단체 간 주도권 등을 둘러싼 갈등과 같은 부작

용은 다른 방안을 마련하여 해결할 것이지, 단체의 회원자격을 다른 일방에 일방적으로 불리하게 정하여 경쟁관계에 있는 단체의 조직 구성권을 제한함으로써 해결할 문제는 아니다.

(5) 앞서 본 바와 같이, 심판대상조항은 청구인의 결사의 자유를 현저하게 침해하는 것인 반면, 이를 통해 달성하고자 하는 공익은 그 실체가 불분명하고 그 달성 여부도 불투명하여 침해되는 청구인의 기본권보다 중대하다고 볼 수 없으므로, 법익의 균형성도 갖추지 못하였다.

(6) 따라서 심판대상조항은 과잉금지원칙을 위반하는 것이다.

나. 평등원칙 위반 여부

(1) 우선 심판대상조항의 시행으로 그 시행 이전에 양 단체에 모두 가입하고 있던 회원의 경우 고엽제전우회를 탈퇴하지 않는 한 월남전참전자회의 회원이 될 수 없도록 규정하고 있는 점에 관하여 살펴본다.

고엽제전우회와 월남전참전자회는 각각 고엽제관련자 또는 월남전 참전자의 친목 도모 및 권익향상을 위하여 설립된 단체로서 국가로부터 특별한 지원과 감독을 받는다는 점에서 본질적 차이가 없다. 또한, 기존에 설립·운영되어 오던 보훈단체가 존재한다고 하더라도 그것이 일방적으로 후발 단체의 회원자격을 제한할 합리적 이유가 될 수 없다. 양 단체 모두 법정 보훈단체로 설립되기 전부터 단체로서 결사의 자유를 누려오던 점에 비추어 보면 달리 취급할 이유가 없기 때문이다. 심판대상조항으로 인해 고엽제전우회와 월남전참전자회 모두 회원자격에 제한이 발생하는데, 월남전참전자회에 한정하여 그 회원자격을 제한할 합리적 이유도 존재하지 아니한다. 오히려 심판대상조항으로 인해 월남전참전자회의 회원수가 월남전 참전자의 절반에 불과한 수준인 점에 비추어 보면 월남전참전자회의 단체 설립의 목적달성이 곤란해질 수도 있다. 이러한 점을 종합할 때, 심판대상조항이 양 법인에 모두 회원으로 가입된 경우 월남전참전자회에 한정하여 회원이 될 수 없도록 규정한 것은 그 차별에 합리적 이유가 있다고 보기 어려우므로 평등원칙을 위반한다.

(2) 다음으로 심판대상조항이 다른 법정 보훈단체와 달리 월남전참전자회와 고엽제전우회의 경우에 한정하여 중복가입을 금지하고 있는 점에 관하여 본다.

다른 법정 보훈단체의 경우 회원자격이 중복되는 사례는 매우 많이 존재한다.

대표적으로 대한민국 상이군경회와 대한민국 재향군인회, 고엽제전우회가 그러하다. 이 경우 각 단체 모두 수익사업을 할 수 있기 때문에 이해상반행위가 우려되는 경우가 존재할 수도 있고, 실제로 수익사업을 두고 충돌하는 사례도 적지 않다. 그러나 위 각 단체에의 중복가입은 금지되지 아니한다. 이처럼 회원자격이 중복되어 단체 간의 주도권 경쟁이나 이해상반행위가 염려된다는 측면에서 본질적으로 다르지 않은 다른 보훈단체의 경우에 대하여는 중복가입을 금지하지 아니하면서 오직 월남전참전자회의 경우에 한하여 고엽제전우회와의 중복가입을 금지하는 것은 그 합리적 이유를 찾아보기 어렵다.

월남전참전자회가 다른 보훈단체와 다른 취급을 받아야 할 사실상의 차이나 입법목적으로는 고엽제전우회와의 갈등으로 인해 발생할 수 있는 이해상반행위의 가능성을 차단해야 한다는 점을 상정해볼 수 있다. 그러나 이러한 갈등이나 이해상반행위는 다른 제도의 보완을 통하여 해결할 수 있는 것이고, 심판대상조항처럼 일방의 회원자격을 제한함으로써 해결할 성질의 것이 아니다. 월남전참전자회가 온전히 그 목적을 달성하기 위해서는 월남전 참전자의 의견을 전체적으로 포섭할 수 있어야 하고, 이러한 점은 다른 보훈단체와 다르지 않다. 또한, 보훈단체가 다른 단체와 마찰을 빚는 것은 그 속성상 집단의 이익을 대변하기 때문에 발생되는 일이므로, 위와 같은 이유는 월남전참전자회만을 달리 취급하는 합리적 이유라고 할 수 없다.

따라서 심판대상조항이 합리적 근거 없이 자의적으로 다른 보훈단체와 달리 월남전참전자회에 한하여 고엽제전우회와의 중복가입을 금지하는 것은 평등원칙을 위반한다.

다. 결 론

따라서 심판대상조항은 과잉금지원칙과 평등원칙을 위반하여 헌법에 위반된다.

[12] 지역가입자 보험료 산정·부과 기준에 관한 위헌소원 사건

(2016. 12. 29. 2015헌바199)

◇ 사안과 쟁점

청구인이 경영하는 공인중개사 사무소에 처와 며느리를 직원으로 고용하여 국민건강보험법상 직장가입자 자격을 취득한 것으로 보았는데, 국민건강보험공단이 처와 며느리가 비상근 근로자이기 때문에 직장가입자에 해당하지 않는다는 이유로 청구인 및 처, 며느리의 직장가입자 자격을 상실시키고 새로이 지역보험료를 부과하였다. 청구인이 지역보험료 부과처분의 취소를 구하는 행정소송을 제기하였고 항소심 계속 중 지역보험료 부과처분의 근거가 되는 국민건강보험법 제72조에 대하여 위헌법률심판 제청신청을 하였으나 기각되자, 헌법소원심판을 청구하였다. 직장가입자는 '보수'를 기준으로 보험료를 산정·부과함에 비하여, 지역가입자는 '보험료부과점수'를 기준으로 보험료를 산정·부과하고 그 보험료부과점수를 정함에 있어 소득뿐만 아니라 재산, 생활수준, 경제활동참가율을 함께 고려하는 것이 직장가입자와의 관계에서 평등원칙에 위반된다고 주장하였다.

쟁점은, 지역가입자에 대한 보험료를 산정·부과하는 기준에 관하여 규정한 국민건강보험법 제69조 제5항과 제72조 제1항(이하 '이 사건 법률조항')이 평등원칙에 위배되는지 여부이다(적극:소극 4:5, 2016. 12. 29. 2015헌바199; 공보 243호 103면). 5명의 법정(합헌)의견은 건강보험 재정통합 하에서 보험가입자 간의 소득파악율의 차이는 보험료 부담의 평등 관점에서 헌법적으로 간과할 수 없는 본질적인 차이라는 이유로, 지역가입자에 대한 보험료 산정·부과 시 소득 외에 재산 등의 요소를 추가적으로 고려하는 데에 합리적인 이유가 있다고 하여 이 사건 법률조항이 헌법상 평등원칙에 위반된다고 볼 수 없다고 하였다. 재판관 조용호는 4명의 반대(위헌)의견을 집필하였다.

◇ 반대(위헌)의견

우리는 소득파악율의 차이를 이유로 직장가입자와 달리 지역가입자에 대하여는 소득 이외에 재산, 생활수준, 경제활동참가율 등을 고려하여 보험료를 산정·부과하도록 하는 이 사건 법률조항이 평등원칙에 반한다고 생각한다. 특히 최근 우리사회의 경제력 집중과 양극화 현상이 심화되고 그에 따른 국가공동체의 통합에 대한 부정적 영향을 목도하면서, 실제 소득이 적어 사회적 배려가 필요한 저소득 지역가입자 등에 대하여 실질적인 부담능력에 따라 보험료를 조정하거나 감액할 수 있는 제도적 장치를 마련하고 있지 아니한 이 사건 법률조항이 헌법에 위반된다고 생각하므로 아래와 같이 의견을 밝힌다.

가. 사회보험은 보험의 원리에 따라 동일한 사회적 위험에 처한 개개인을 하나의 공동체로 결합하고 이들 간에 위험을 분산시켜 사회적 위험으로부터 자기보호를 조성하되, 사회국가원리로부터 파생된 사회연대의 원칙을 기반으로 하여 경제적 약자에게도 동일한 사회보험 급여를 제공하기 위하여 사회적 조정의 요소를 가미한 사회보장제도이다. 따라서 사회보험에서 보험료는 사보험에서와 같이 보험료와 보험급여 간의 보험수리적인 개인별 등가원칙에 의하여 산정되는 것이 아니라, 보험자의 전체적 재정과 관련하여 보험자의 수입이 보험급여를 포함한 전체 지출을 충당할 수 있도록 개인의 보험료를 산정하되, 소득의 과소에 따라 보험료를 차등 부과함으로써 보험가입자간의 소득재분배 효과를 거두고자 한다(헌재 2000. 6. 29. 99헌마289; 헌재 2003. 10. 30. 2000헌마801 참조).

한편 사회보험에서 보험료는 보험가입자 또는 그 사용자가 보험자의 보험급여를 위한 재정에 충당할 목적으로 법률에 근거하여 납부하는 일종의 공과금이다. 따라서 헌법상의 평등원칙에서 파생하는 부담평등의 원칙은 조세뿐만 아니라, 보험료를 부과하는 경우에도 준수되어야 한다. 조세를 비롯한 공과금의 부과에서의 평등원칙은 공과금 납부의무자가 법률에 의하여 법적 및 사실적으로 평등하게 부담을 받을 것을 요청한다. 즉 납부의무자의 균등부담의 원칙은 공과금 납부의무의 규범적 평등과 공과금의 징수를 통한 납부의 관철에 있어서의 평등이라는 두 가지 요소로 이루어진다. 만일 입법자가 규범적으로만 국민에게 균등한 부담을 부과하는 것에 그치고, 납부의무의 관철에 있어서 국민 간에 현저한 차이가 발생하도록 방치한다면, 납부의무자 간의 균등부담의 원칙, 즉 공과금부과에서의 평등은 실현될 수 없다. 따라서 납부의무를 부과하는 실체적 법률은 '사실적 결과에 있어서도 부담의 평등'을 원칙적으로 보장할 수 있는 절차적 규범이나 제도적 조치와 결합되어서 납부의무자 간의 균등부담을 보장해야 한다(헌재 2000. 6. 29. 99헌마289).

나. 사회보험에서 균등부담의 원칙은 소득에 비례하여 보험료를 부과하되, 동일한 소득에 대해서는 동일한 보험료를 부과하는 것으로 구체화된다. 다만 보험료의 형평성은 원칙적으로 동일한 보험집단에게 동일한 보험료 부과기준이 적용됨을 전제로 할 것인바, 현재의 건강보험은 전 국민이 하나의 보험집단에 속하는 단일보험체계를 이루고 있으므로, 전 국민에게 적용되는 보험료 부과기준이 단일할 때 비로소 보험료 부과의 형평성이 확보된다고 할 수 있다.

그런데 현행 건강보험법은 형식적으로는 직장가입자와 지역가입자 모두에 대하여 소득을 기준으로 보험료를 산정하도록 규정하면서도, 실질적으로는 직장가입자의 경우 실소득을 기준으로 보험료를 산정·부과하는 반면에, 지역가입자의 경우에는 소득파악이 제대로 되지 않는다는 이유로 소득 외에 재산, 생활수준, 경제활동참가율 등 다양한 기준을 적용하여 지역가입자의 소득을 추정하고, 그 추정소득에 대하여 보험료를 부과하도록 함으로써 보험료 납부의무를 관철하고 있다.

이와 관련하여 법정의견은 "건강보험 재정통합 하에서 보험가입자 간의 소득파악율의 차이는 보험료 부담의 평등의 관점에서 헌법적으로 간과할 수 없는 본질적인 차이"(헌재 2013. 7. 25. 2010헌바51)이기 때문에 지역가입자에 대한 보험료 산정의 구성요소로 소득 이외의 부분을 참작하는 것에는 합리적인 이유가 있다고 한다. 다시 말하면 원칙적으로 소득을 기준으로 보험료를 산정하고 부과하여야 하지만, 지역가입자의 경우에는 소득파악율이 낮기 때문에 부득이 소득을 추정하여서 보험료를 산정·부과할 수밖에 없다는 것이다.

그런데 소득파악율이 낮다는 것은 공단이 보유하고 있는 지역가입자에 대한 과세자료의 보유비율이 낮다는 것을 의미할 뿐, 소득미신고율이 높다거나 소득탈루비율이 높다는 것을 의미하지는 않는다. 건강보험통계에 따르면 2016. 7. 기준 건강보험적용인구 5,064만 명 중에 직장가입자는 3,669만 명으로 전체의 72.4%에 이르는 반면, 지역가입자는 1,395만 명(753만 세대)으로 전체의 27.6%에 불과하고, 그 중 76.8%가 연소득 500만 원 이하인 세대에 속한다. 과거에는 고소득 자영업자들이나 고액자산가들이 지역가입자에 속하였으나, 현재는 1인 이상의 근로자를 고용하고 있는 한 모두 직장가입자로 편입되기 때문에(국민건강보험법 제3조 제2호 및 제6조 제2항), 지역가입자에 속하는 자들은 주로 근로자가 없거나 가족근로 또는 시간제근로자만을 두고 있는 영세자영업자이거나 농어민, 월 근로시간 60시간 미만인 일용근로자나 비상근 직원, 은퇴자, 무직자, 실직자 등이다.

지역가입자 중에서도 공단이 소득자료를 보유하고 있는 세대는 소득보유세대로, 소득자료를 전혀 보유하고 있지 않은 세대는 무소득세대로 분류되는데, 공적연금생활자는 공적연금기관으로부터 100% 소득자료 파악이 가능하고, 자영업자들의 경우 조사기관별 차이가 있으나 사업등록제, 신용카드사용증가, 현금영수증제도 등으로 소득파악율이 현재 70~90% 수준으로 높아진 것으로 나타나고 있기 때문에, 주로 공적연금소득에 기반하여 살아가는 은퇴자나 사업등록을 한 자영업자들이 소득보유세대에 해당한다. 반면에 소득이 영세하여서 조세행정상 관리의 실익이 없다는 이유로 실소득이 파악되지 않거나 과세자료를 보유하기 힘든 농어민이나 일용근로자, 무직자나 실직자 등이 무소득세대에 해당한다.

법정의견이 설시한 대로 소득파악율의 차이가 '보험가입자 간 헌법적으로 간과할 수 없는 본질적이 차이'라고 한다면, 지역가입자들 사이에서도 소득보유세대와 무소득세대는 달리 취급되어야 할 것이다. 그런데 이 사건 법률조항은 소득보유세대에 대하여서도 파악된 소득자료를 기준으로 보험료를 부과하는 것이 아니라 여전히 추정소득을 통하여 보험료를 산정·부과하도록 규정하고 있어서 논리적으로 모순된다. 또한 무소득세대에 대하여서는 별도의 보험료 산정·부과기준이 필요하다고 할 것이나, 앞에서 살펴 본 바와 같이 무소득세대의 상당수가 소득자료를 보유하기 힘든 저소득 취약계층이라고 한다면, 일률적으로 최저보험료를 부과하는 등의 특별한 배려가 필요한 것이지, 세대 구성원의 수나 연령을 기준으로 인두세와 같이 사회보험료를 부과하는 것은 사회연대의 원칙이나 소득재분배의 원리에 부합하지 않는다.

설령 무소득세대 중에 소득신고를 누락하거나 소득세를 탈루한 자들이 포함되어 있다고 할지라도, 실제로 소득이 없는 경우인지 소득을 탈루한 경우인지를 구별하는 것은 정부의 노력 여하에 따라 개선될 수 있는 것으로 극복불가능한 본질적인 한계라 할 수 없다. 앞서 언급한 대로 자영업자에 대한 소득자료 보유율은 재정통합 이전보다 월등히 증가하였고, 임대소득을 비롯한 종합소득에 대한 과세기준이 개선되고 있음에도 불구하고 직장가입자에 비하여 소득자료 보유율이 낮고 소득신고방법이나 소득결정방법이 다르다는 이유로 지역가입자에게 일률적으로 추정소득에 따라 보험료를 부과하는 것은, 행정절차상의 편의를 위한 것이라고 볼 수밖에 없으며 결과적으로 소득미파악의 리스크를 지역가입자 집단 전체에게 전가하는 것에 다름 아니다. 그러한 절차적 편의성이 보험료 부담의 형평 내지는 소득이 적은 자들을 우선적으로 배려하여야 한다는 사회연대성의 원리에 위배되는 것을 감수하면서까지 실현해야 할 우월적 공익에 해당한다고 보기는 어렵다.

다. 직장가입자에 비하여 지역가입자의 소득파악율이 낮다는 현실적인 한계를 이유로 추정소득을 통하여 보험료 납부의무를 관철시키는 것이 불가피하다 하더라도, 지역가입자에 대한 소득추정이 합리적이고 신뢰할 만한 기준에 근거하고 있지 않다면 추정소득에 대한 보험료부과는 보험가입자 사이의 부담의 평등을 제대로 실현할 수 없을 것이다(헌재 2000. 6. 29. 99헌마289 참조).

그런데 현재의 보험료 산정·부과체계는 고소득 가입자에게 유리하고 저소득 가입자에게 불리한 구조로 설계되어 있다.

구체적으로 살펴보면 직장가입자의 경우 보험료는 보수에 보험료율(2016년 기준 6.12%)을 곱하여 산정하는데, 사업장과 직장가입자가 이를 절반씩 나눠서 부담하고, 근로소득 이외에 종합소득이 있더라도 연 7,200만 원을 초과하는 부분에 대하여서만 추가적으로 보험료를 부담한다(국민건강보험법 제71조 제1항 및 같은 법 시행령 제41조 제2항 참조). 한편 직장가입자의 가족은 소득이 있더라도 연간 이자소득과 배당소득의 합계액, 근로소득과 기타소득의 합계액이 각각 4천만 원 이하, 연금소득의 100분의 50에 해당하는 금액이 2천만 원 이하, 사업소득의 연간 합계액이 500만 원 이하이면 직장가입자의 피부양자로 등재되어 보험료를 면제받게 된다(국민건강보험법 제5조 제3항 및 같은 법 시행규칙 제2조 제1항 제2호 관련 별표 1의2 참조). 2016. 7. 기준 건강보험적용인구 5,064만 명 중 피부양자는 2,056만 명으로 전체 가입자의 40.6%에 이른다.

반면에 지역가입자들의 경우에는 세대를 기준으로 종합소득뿐만 아니라, 재산·자동차에 대해서도 보험료가 부과된다. 특히 지역가입자 중에서도 연소득 500만 원 이하인 세대의 경우에는 소득 대신 생활수준, 경제활동참가율을 고려하여 가상의 소득을 산출한 다음, 재산, 자동차 등의 요소를 추가적으로 고려하여 보험료를 부과하는데, 여기서 생활수준, 경제활동참가율은 지역가입자 세대원의 성, 연령, 장애 정도, 재산, 자동차 등의 요소를 참작하여 결정된다(국민건강보험법 시행령 별표 4 제1항 라목). 따라서 연소득 500만 원 이하인 세대의 경우, 실거주 주택이나 자동차에 대해 이중으로 보험료가 부과되며, 지역가입자 세대원의 성, 연령 등을 보험료 부과요소로 정하고 있어서 지역가입자의 가족은 직장가입자의 피부양자와 달리 아무런 소득이 없더라도 성·연령에 따라 보험료를 부담하게 된다. 이렇게 산정된 월 보험료를 세대별로 비교해 보면 2016. 7. 기준 직장가입자 세대는 월 평균 88,779원의 보험료를, 지역가입자 세대는 월 평균 107,834원의 보험료를 부담하고 있어서, 지역가입자 세대가 오히려 더 많은 보험료를 내고 있는 것으로 나타나고 있다.

한편 현행 보험료 부과기준은 세대구성이 동일하고 생활수준이 비슷한 보험가입자들 간에도 직역에 따라 보험료 산정결과에 현저한 차이를 가져온다. 이는 동일한 세대구성에 동일한 생활수준을 유지하고 있는 자가 퇴직을 이유로 직역을 전환하는 경우에 극명하게 나타나는데, 가령 3억 원 상당의 주택 1채와 자동차 1대를 보유한 4인 가구의 외벌이 직장가입자가 월급 200만 원을 받고 있는 경우에는 보수에 대해서만 보험료를 부담하기 때문에 월 61,200원의 보험료만 납부하면 되지만, 같은 가입자가 퇴직하여 무소득상태로 지역가입자로 전환되는 경우에는 주택과 자동차는 물론 평가소득에 보험료가 부과되어 월 209,410원의 보험료를 납부하여야 하는 불합리한 결과를 초래한다.

이러한 차이는 연소득 500만 원 이하의 지역가입자에게 적용되는 생활수준, 경제활동참가율 등의 부과기준이 실제 보험료 부담능력을 정확히 반영하지 못할 뿐만 아니라 보험료 부담능력의 변동에 따라 보험료를 감액하거나 조정할 수 있는 여지를 두고 있지 않는 데에서 비롯된다.

물론 국민건강보험법 제75조 및 보험료 경감고시는 특정 지역의 농어민, 65세 이상의 노령자, 장애인, 유공자, 휴직자 외에 소년·소녀가정세대이거나 화재·부도 등으로 사업장 운영에 막대한 지장이 있는 자영업자, 재산이 경매 중인 자, 만성질환자, 임의계속가입자 등에게 세대별 보험료액의 100분의 50의 범위 내에서 보험료를 경감할 수 있도록 규정하고 있다. 그러나 보험료 경감사유가 한정되어 있어서 단순히 퇴직이나 실직 등으로 소득이 없거나 소득이 영세하다는 점을 소명하는 것만으로는 보험료가 경감되지 아니하고, 보험료 경감범위도 100분의 50으로 제한되어 있어서 추정소득을 통한 보험료 산정·부과의 구조적 불형평성을 해소하기에는 부족하다. 또한 국민건강보험법 제84조 및 같은 법 시행령 제50조는 보험료 징수가 불가능할 때 예외적으로 결손처분이 가능하도록 규정하고 있으나, 보험가입자가 완전히 경제활동능력을 상실한 경우가 아니라면 인정되지 않기 때문에, 현재로서는 실제 부담능력에 비하여 과도한 보험료 납부의무를 부담하고 있는 지역가입자들을 위한 보험료 조정제도나 감액제도는 존재하지 않는다고 보아도 무방하다.

실소득을 파악할 수 없어서 잠정적으로 소득을 추정하여 보험료를 산정·부과할 수밖에 없다고 하더라도, 실질적인 부담능력이 소명되면 그에 따라 보험료를 조정하거나 감액할 수 있는 제도적 장치를 두는 것이 마땅함에도 그러한 보완장치를 두고 있지 않다면, 이 사건 법률조항이 정하고 있는 보험료 산정·부과기준은 지역가입자라는 이유만으로 실질적인 보험료 부담능력과 상관없이 일률적으로 추정된 소득에 따라 보험료를 납부하게 하는 것으로, 합리적이고 신뢰할 만한 기준에 근거하고 있다고 볼 수 없다.

라. 한편 지역가입자의 소득파악율이 온전히 확보되지 않은 상태에서 실소득을 중심으로 부과체계를 개선할 경우 직장가입자의 재정적 부담이 과도하게 늘어날 것이라는 지적이 있다.

그러나 보수 외에 소득을 보유한 자들은 전체 직장가입자의 18.8%에 불과하고(2016년 기준, 약 214만 명), 그 중 보수 외 소득이 연 7,200만 원(월 600만 원)을 초과하는 자들은 1.8%(약 4만 명)에 불과하므로, 보험료 부과체계를 개선한다 하더라도 그로부터 영향을 받는 자들은 일부 고소득자들에 국한된다. 소득이 많은 자들이 소득이 적은 자들보다 더 많은 보험료를 내는 것은 사회연대의 원칙에 따라 당연히 요청되는 것으로서 누구도 이의를 제기할 수 없다.

한편 보험료를 납입하지 않고 무임승차하는 피부양자의 수는 보험료를 납입하는 직장가입자 수의 1.5배 수준으로, 전체 건강보험가입자의 40%(약 2천만 명)에 이른다. 가입자 개인의 보험료는 원칙적으로 건강보험 전체의 지출을 충당할 수 있도록 산정·부과된다는 점을 고려한다면, 전체 보험가입자의 보험료 부담을 낮추기 위하여서라도 피부양자 제도의 폐지나 소득반영율의 인상은 반드시 필요하다. 게다가 인구 노령화에 따른 노인진료비 및 만성질환 의료비 증가, 보장성 확대 요구 등으로 인한 건강보험 재정 지출요인이 증가하는 상황에서, 건강보험 재정의 건전성 확보를 위한 부과기반 확대가 필요하다는 점을 감안한다면, 피부양자를 건강보험 재정에 참여시키는 것은 피할 수 없는 정책적 과제라 할 것이다.

반면에 가족의 갑작스런 사고나 질병, 퇴직이나 실직, 대출이자 납부 등으로 소득이 감소하였음에도 불구하고 보험료를 조정하지 않는다거나, 일상적으로 소득이 영세한 세대임에도 불구하고 실소득을 감안하지 않고 과도한 보험료를 부과함으로써 지역가입자들과 그 가족이 겪는 경제적 부담은 간과할 수 없는 수준에 이르고 있다. 건강보험통계에 따르면, 2014. 6. 기준, 6개월 이상 보험료를 체납한 지역가입자는 1,522,000세대이며, 그 중에서도 월 5만 원 이하의 보험료를 체납한 이른바 '생계형 체납자'가 68%(104만 세대)에 달한다. '국민기초생활보장법'에 따른 의료급여 수급자는 건강부조의 혜택을 받게 되지만, 의료급여 수급자가 아닌 이른바 '생계형 체납자'들은 건강보험의 틀 안에 있어도 실제로는 보험료 체납으로 인한 급여제한으로 건강보험의 혜택을 받지 못하여 의료보장의 사각지대에 놓이게 되므로, 이 사건 법률조항으로 인하여 초래되는 저소득 지역가입자들과 그 가족의 정신적·신체적 혹은 경제적 불이익은 매우 중대하다.

사정이 이와 같다면, 동일한 보험집단을 구성하고 있는 지역가입자와 직장가입자를 서로 달리 취급할 아무런 합리적 근거가 없음에도, 지역가입자에 대하여서만 소득 이외에 다른 요소들을 근거로 소득을 추정하여서 보험료를 산정·부과하도록 하는 이 사건 법률조항은 합리적 이유 없이 지역가입자에게 경제적 불이익을 주어 이들을 자의적으로 차별하는 것이므로, 헌법상 평등원칙에 위배된다.

[13] 소년법 제67조 위헌제청 사건

(2018. 1. 25. 2017헌가7등)

◇ 사안과 쟁점

제청신청인들은 소년 시절 징역형의 집행유예를 받은 전력이 있으나 하사관으로 임관한 후 뒤늦게 위 전과가 있음을 이유로 임용을 무효로 하는 처분을 받자 위 처분에 불복하는 소를 제기하고, 그 소송 계속 중 위 처분의 근거조항인 구 소년법(1988. 12. 31. 법률 제4057호로 전부 개정되고, 2007. 12. 31. 법률 제8722호로 개정되기 전의 것) 제67조(이하 '이 사건 구법 조항')의 위헌 여부에 관하여 위헌법률심판제청신청을 하였고 법원이 이를 받아들여 위헌제청을 한 사건이다.

쟁점은, 위 소년법 조항이 소년이었을 때 범한 죄에 대하여 형의 선고를 받은 경우에만 특례를 적용하고 집행유예를 선고받은 경우에는 특례를 적용하지 아니하여, 형의 선고를 받은 사람과 집행유예를 받은 사람을 차별하는지 여부이다(전원 적극, 2018. 1. 25. 2017헌가7등; 공보 256호 268면). 재판관 조용호는 주심으로 결정문을 집필하였다.

◇ 법정(위헌)의견

가. 평등원칙 위반 여부

이 사건 구법 조항은 실형을 선고받은 소년범의 경우 집행종료 또는 면제와 동시에 자격에 관한 법령을 적용함에 있어 장래를 향하여 형의 선고를 받지 않은 것으로 보도록 한 반면, 집행유예를 선고받은 소년범에 대해서는 그러한 규정을 두지 않고 있다. 집행유예 기간 중인 자는 집행유예 선고가 실효되거나 취소되지 않는 한 교정시설에 구금되지 않고 일상적인 사회생활을 할 수 있어 공무원 임용 등 사회활동을 할 때 형 집행이 종료 또는 면제된 자와 차이가 없고(헌재 2014. 1. 28. 2012헌마409 등 참조), 집행유예 기간을 경과한 자는 더 이상 형의 집행을 받을 여지가 없다는 점에서 형 집행이 종료 또는 면제된 자와 다르지 않다. 또한 이들은 모두 소년범으로서 장래 건전한 사회의 일원으로 살아가는 데 전과가 장애가 되지 않도록 하여야 할 필요가 있다. 그런데 이 사건 구법 조항은 실형을 선고받은 경우와 집행유예를 선고받은 경우를 자격에 관한 법령 적용에 있어 달리 취급하고 있으므로, 평등원칙 위반 여부가 문제된다.

일반적으로 평등원칙은 본질적으로 같은 것은 같게, 본질적으로 다른 것은 다르게 취급할 것을 요구하는 것으로서, 일체의 차별적 대우를 부정하는 절대적 평등을 의미하는 것이 아니라 입법과 법의 적용에 있어서 합리적인 근거가 없는 차별을 배제하는 상대적 평등을 뜻한다 할 것이므로 합리적 근거가 있는 차별은 평등원칙에 반하는 것이 아니다(헌재 2015. 7. 30. 2014헌가7 참조).

나. 판 단

소년은 성인에 비하여 개선가능성이 크고 사회의 비행으로부터 보호해야 할 필요가 있기 때문에 특별히 소년법으로 규율하고 있다. 그 중에서도 이 사건 구법 조항은 소년이었을 때 범한 죄로 인하여 소년이 자포자기에 빠지지 않도록 공직 등 사회진출에 제약을 가하지 아니하고 재기의 기회를 부여하기 위한 특례조항이다. 이는 소년이 비록 범죄를 저지른 전과가 있다 하더라도 주체적 인격과 사회적 책임을 가지고 건전한 시민으로서 살아갈 수 있도록 특별히 배려한 것이므로, 위와 같은 특별한 배려는 실형을 선고받은 소년범 뿐만 아니라 집행유예를 선고받은 소년범에게도 마찬가지로 필요하다.

더욱이 집행유예는 3년 이하의 징역 또는 금고의 형을 선고할 경우 정상에 참작할 만한 사유가 있을 때 선고하는 것으로서 실형보다 죄질이나 범정이 더 가벼운 범죄에 대하여 선고되는 것이 보통이므로, 집행유예를 선고받은 자가 실형을 선고받은 자보다 일정한 자격에서 요구되는 윤리성이나 원활한 직무수행에 지장을 초래할 우려가 높다고 볼 수 없다(헌재 2007. 7. 26. 2006헌마764 참조). 따라서 공무원 등으로 임용되는 자격 등을 제한할 때에는 위와 같은 사정도 함께 고려하여야 한다.

그런데 이 사건 구법 조항은 집행유예보다 중한 실형의 집행이 종료되거나 면제된 경우에는 자격에 제한을 두지 않고 있으면서 집행유예를 선고받은 경우에는 아무런 규정을 두지 아니하여 결과적으로 공무원 등으로 임용될 수 없도록 함으로써, 불합리한 차별을 야기하고 있다.

먼저 형법은 3년 이하의 징역 또는 금고형을 선고할 경우 1년 이상 5년 이하의 기간 형의 집행을 유예할 수 있도록 규정하고 있는바(형법 제62조 제1항), 집행유예 기간은 실형의 2배로 정해지는 것이 법원의 실무례이다. 그런데 이 기간 동안 집행유예 중이라는 이유로 공무원 임용 등 여러 가지 자격을 제한한다면, 이와 같은 자격의 제한이 범죄에 대한 책임과 비례하지 않을 가능성이 높다. 예를 들어, 징역 1년에 집행유예 2년을 선고받은 자는 징역 1년 6월의 실형을 선고받은 자보다 선고형이 가벼운데도 불구하고 더 긴 기간 동안 임용을 제한받게 되므로, 집행유예 기간 동안 임용자격을 제한하는 것은 불합리하다(헌재 2014. 1. 28. 2012헌마409등 참조).

또한 형법 제65조에 따르면 집행유예 기간을 경과한 경우 형의 선고는 효력을 잃는다고 규정되어 있고 이는 '형의 실효 등에 관한 법률'에 규정된 형의 실효와 같은 효력이 인정되는 것으로서(대법원 2010. 9. 9. 선고 2010도8021 판결; 대법원 2016. 6. 23. 선고 2016도5032 판결 등 참조), 원칙적으로 형의 선고에 의한 법적 효과가 장래를 향하여 소멸하며 향후 자격제한 등의 불이익을 받지 않는다. 그런데 이 사건 구법 조항에서 소년범이 집행유예를 받은 경우 자격제한을 완화하지 아니하여 집행유예 기간이 경과하더라도 일정 기간 동안 자격제한을 받게 된다.

물론, 공무원의 임용결격 사유와 같이 일정한 직역에 자격제한을 두는 것은 입법자의 재량 영역이므로(헌재 2010. 9. 30. 2009헌바122 참조) 법률로 일정 기간 동안 자격을 제한할 수 있으며, 이러한 입법은 소년범에 대해서도 마찬가지로 가능하다.

그러나 개선가능성이나 재사회화 가능성 등 소년의 특성을 반영하여 비록 범죄행위를 하였다 하더라도 향후 정상적인 삶을 영위할 수 있도록 소년법에서 강력한 제재보다는 보호와 교화를 목적으로 이 사건 구법 조항과 같은 자격제한의 특례를 인정하고 있는 이상, 그 적용범위를 정함에 있어서는 형평과 균형이 이루어지도록 할 필요가 있다. 그런데 이 사건 구법 조항은 소년의 건전한 성장과 정상적인 사회복귀를 위해 형의 집행이 종료되거나 면제된 이후에는 유예기간 없이 공무원 등으로 임용될 수 있도록 하면서, 그보다 가벼운 형이라 할 수 있는 집행유예의 경우에는 그 기간을 경과하였더라도 기간 종료 후 일정 기간 동안 자격이 제한되는 것을 가능하게 하고 있으므로, 이는 명백히 자의적인 차별로서 정당화되지 아니한다.

국가공무원법이나 구 군인사법 등 각종 자격을 정하는 법률에서는 형의 집행이 종료되거나 형의 집행을 받지 아니하기로 확정된 자보다 집행유예를 선고받은 자의 결격기간을 더 짧게 규정하여 실형과 집행유예 사이의 경중을 반영하고 있는바, 이는 집행유예를 더 불리하게 처우해서는 안 된다는 것을 의미한다. 그럼에도 이 사건 구법 조항에서는 유독 소년범의 자격제한을 완화함에 있어 실형선고를 받은 자에 대하여는 특례규정을 두고 있음에도 집행유예를 선고받은 자에 대하여는 아무런 규정을 두고 있지 아니하여 실제 운용에 있어서 더 불리하게 취급하는 결과를 가져오므로, 균형성과 형평성을 상실하고 있다.

한편, 집행유예는 형 집행의 변형된 형태이므로 집행유예 기간 중에 있는 자는 공무원 등으로 임용될 수 없다는 주장이 있을 수 있다. 그러나 집행유예 기간 중인 자는 실제로 구금되지 않아 정상적인 활동이 가능하고 직업 수행이나 일반 사회생활에 아무런 지장이 없으므로, 소년범에 대한 자격제한의 특례를 인정하는 이상, 집행유예 기간 중이라 하여 특별히 공무원 임용 등의 자격을 제한할 이유가 없다. 더욱이 집행유예를 선고받은 소년범이 그 집행유예 기간 중에 공무원 등 자격제한이 문제되는 직역의 채용시험에 합격하였거나 임용되었다면 그와 같은 소년범은 이미 지난 과오를 반성하고 새로이 출발하여 건전하게 성장하고 있음을 보여주는 하나의 징표일 수도 있다. 따라서 소년범의 경우 집행유예 기간 중에는 집행유예가 실효 또는 취소되지 아니할 것을 해제조건으로 하여 임용하거나 공무원 등으로 임용된 후 집행유예가 실효되거나 취소되는 경우 이를 당연퇴직사유로 하는 등 별도의 규정을 두어 규제할 수 있고, 일본의 입법례를 참조하여 집행유예 기간 중 형의 집행을 종료한 것으로 보아 자격제한의 불이익을 받지 않도록 허용하는 것도 입법론적으로 가능하다.

최근 일련의 청소년 집단 폭행 사건 등으로 인하여 일각에서는 소년법을 폐지해야 한다는 주장도 제기되고 있다. 소년법은 소년에 대한 특별한 조치를 통하여 소년이 건전하게 성장하는 것을 돕기 위하여 규정된 것인데, 오히려 그와 같은 보호가 소년의 책임 및 죄의식을 약화시켜 더 폭력적이고 잔인한 범죄를 가능하게 하고 있다는 점을 우려한 것이다. 그러나 소년법 존치가 필요한지 여부에 관한 논의와 별개로, 소년법이 유효한 법률로 제정되어 시행되고 있는 이상 이로 인하여 자의적인 차별이 발생하지 않도록 하여야 하고, 만약 그러한 차별이 발생하고 있다면 이와 같은 차별은 시정되어야 한다.

따라서 이 사건 구법 조항이 형의 집행이 종료 또는 면제된 자와 달리 집행유예를 선고받은 소년범에 대한 자격완화 특례규정을 두지 아니하여 자격제한을 함에 있어 군인사법 등 해당 법률의 적용을 받도록 한 것은 불합리한 차별이라 할 것이므로, 이 사건 구법 조항은 평등원칙에 위반된다.

다. 헌법불합치 결정

앞서 본 바와 같이 이 사건 구법 조항은 평등원칙에 위반되므로 원칙적으로 위헌결정을 하여야 할 것이지만, 이 사건 구법 조항에 대하여 단순위헌결정을 하는 경우 소년범의 자격에 관한 특례를 인정하는 근거마저 사라지게 되는 불합리한 결과가 발생하므로, 이 사건 구법 조항에 대해 단순위헌 결정을 하는 대신 헌법불합치 결정을 하기로 한다. 그리고 이 사건 구법 조항은 이미 개정되어 향후 적용될 여지가 없지만 당해사건과 관련하여서는 여전히 적용되고 있으므로, 계속적용을 명하는 경우에는 이에 대한 위헌선언의 효력이 당해사건에 미치지 못할 우려가 있다. 따라서 이 사건 구법 조항에 대하여 헌법불합치 결정을 선고하되 그 적용을 중지한다. 다만, 아래와 같은 이유로 이 사건 현행법 조항에 대하여도 계속적용을 명하는 헌법불합치 결정을 선고하는바, 당해사건에서는 이 사건 현행법 조항이 개정될 때를 기다려 개정된 신법을 적용하여야 할 것이다(헌재 2008. 7. 31. 2004헌마1010등; 헌재 2010. 7. 29.

2008헌가28; 헌재 2011. 11. 24. 2009헌바146 등 참조).

한편, 이 사건 현행법 조항은 2007. 12. 21. 법률 제8722호로 개정된 것으로서, 이 사건 구법 조항과 일부 자구상의 표현만 다를 뿐 그 실질적 내용에는 변함이 없이 현재에 이르고 있다. 따라서 현행법 하에서도 여전히 집행유예를 선고받은 소년범을 불합리하게 차별하는 평등원칙 위반의 문제가 그대로 발생하고 있어, 이 사건 구법 조항에 대하여 위헌을 선언하면서 이 사건 현행법 조항의 효력을 그대로 유지한다면 이는 위헌적인 상태를 방치하는 것과 같은 결과가 될 것이므로, 법질서의 정합성과 소송경제의 측면에서 이 사건 현행법 조항에 대해서도 위헌을 선언할 필요가 있다. 그러나 이 사건 현행법 조항에 대하여 단순위헌결정을 하여 당장 그 효력을 상실시킬 경우, 법적 공백으로 인하여 형의 집행이 종료되거나 면제된 소년범도 자격제한을 받게 되는 불합리한 결과가 발생하므로 단순위헌결정을 하는 대신 헌법불합치 결정을 선고하되, 입법자의 개선입법이 이루어질 때까지 계속적용을 명하기로 한다. 입법자는 가능한 한 빠른 시일 내에, 늦어도 2018. 12. 31.까지는 개선입법을 이행하여야 한다(개선입법을 하는 마당에 당해사건의 청구인들의 구제를 위하여 이들에 대하여 소급적용할 수 있도록 경과규정을 함께 입법할 것을 권고한다).

[14] 독립유공자예우에 관한 법률 제12조 제2항 등 위헌확인 사건

(2018. 6. 28. 2015헌마304)

◇ 사안과 쟁점

청구인은 독립유공자의 손자녀 중 나이가 많은 1명에게만 유족보상금을 지급하도록 규정한 구 '독립유공자예우에 관한 법률' 제12조 제2항, 제4항에 대하여 헌법소원심판을 청구하였고, 헌법재판소는 구법 제12조 제2항 중 '손자녀 1명에 한정하여 보상금을 지급하는 부분' 및 제4항 제1호 본문 중 '나이가 많은 손자녀를 우선하는 부분'에 대하여 헌법불합치결정을 하였다(헌재 2013. 10. 24. 2011헌마724). 이에 따라 2014. 5. 21. 개정된 '독립유공자예우에 관한 법률' 제12조 제2항 및 제4항은 손자녀의 경우 대통령령이 정하는 생활수준 등을 고려하여 보상금을 선순위자 1명에게 지급하되, 유족 간의 협의 내지 부양 기준에 의해서도 같은 순위자가 2명 이상이면 나이가 많은 사람을 우선하도록 규정하였다.

이에 청구인은 개정된 '독립유공자예우에 관한 법률' 제12조 제2항 중 '손자녀 1명에 한정하여 보상금을 지급하는 부분' 및 같은 조 제4항 제1호 중 '나이가 많은 사람을 우선하는 부분'(이하 '이 사건 법률조항들')이 청구인의 평등권을 침해한다고 주장하며, 2015. 3. 26. 위 법률조항들의 위헌확인을 구하는 이 사건 헌법소원심판을 청구하였다.

쟁점은, 2013. 10. 24. 2011헌마724 한정합헌 결정 이후 개정된 '독립유공자예우에 관한 법률' 제12조 제2항 제1호 중 '손자녀 1명에 한정하여 보상금을 지급하는 부분' 및 같은 조 제4항 제1호 중 '나이가 많은 손자녀를 우선하는 부분'이 평등권을 침해하는지 여부이다(전원 소극, 2018. 6. 28. 2015헌마304; 공보 261호 1140면). 재판관 조용호는 주심으로 법정(합헌)의견을 집필하였다.

◇ 법정(합헌)의견

이 사건 법률조항들은 독립유공자의 손자녀 중 선순위자 1명에게만 보상금을 지급하도록 하면서 같은 순위의 손자녀가 2명 이상인 경우에는 그 중 나이가 많은 자를 우선하도록 하여, 동일한 독립유공자의 손자녀간에 독립유공자법에 따른 보훈에 있어 차별 취급이 존재하는바 평등권 침해 여부가 문제된다.

국가가 독립유공자 및 그 유족에게 지급할 구체적인 보상의 내용 등에 관한 사항은 국가의 재정부담 능력과 전체적인 사회보장 수준, 독립유공자에 대한 평가기준 등에 따라 정해질 수밖에 없으므로, 법률이 정하고 있는 보상수준이 독립유공자 및 그 유족에게 인간다운 생활에 필요한 최소한의 물질적인 수요를 충족시켜 주고, 헌법상의 사회보장, 사회복지의 이념과 독립유공자에 대한 우선적 보호이념에 명백히 어긋나지 않는 한, 입법자는 이를 정함에 있어 넓은 입법재량권을 행사할 수 있다.

살피건대, 2014. 5. 21. 법률 제12668호로 개정된 독립유공자법 제12조 제2항 단서는 대통령령으로 정하는 생활수준 등을 고려하여 손자녀 1명에게 보상금을 지급하도록 하였다. 이에 따라 2014. 12. 30. 대통령령 제25914호로 신설된 독립유공자법 시행령 제5조의2 제1항은 위 독립유공자법 제12조 제2항 단서에 따라 보상금을 받을 유족 중 같은 순위인 손자녀가 2명 이상인 경우에는 '국민기초생활 보장법'에 따른 수급자, 같은 법에 따른 차상위계층, 장애인연금법에 따른 수급자, 기초연금법에 따른 기초연금 수급자의 순으로 보상금 수급자를 지정하되(다만 2015. 11. 30. 대통령령 제26683호 개정으로 '국민기초생활 보장법'에 따른 수급자의 순위가 보다 세분화되었다), 같은 호에 해당하는 사람이 2명 이상인 경우에는 위 각 호의 순위에 따라 중복적으로 해당하는 사람을 우선하도록 하였다. 또한 위와 같은 각 호에 해당하는 사람이 없거나 같은 호에 해당하는 사람 간에 순위가 결정되지 아니할 때에는 부양자 우선 및 연장자 우선을 규정한 독립유공자법 제12조 제4항 제1호에 따르도록 규정하였으며(독립유공자법 시행령 제5조의2 제1항 단서), 이러한 순위에도 불구하고 손자녀 간의 협의에 의하여 보상금 수급권자를 지정할 수 있도록 하였다(같은 조 제2항).

위와 같은 독립유공자법 및 그 시행령의 개정은 협의가 되지 않을 경우 보상금 수급권자 지정에 있어 손자녀의 생활수준이 우선적으로 고려되도록 한 것으로, 이는 유족의 생활 안정과 복지 향상을 도모하기 위하여 보상금이 가장 필요한 손자녀에게 보상금을 지급하여 보상금 수급권의 실효성을 보장하면서 아울러 국가의 재정부담 능력도 고려한 것으로 보인다.

아울러 독립유공자법은 2018. 4. 6. 법률 제15550호 개정으로 제14조의5를 신설하여 독립유공자의 손자녀 중 독립유공자법 제12조에 따른 보상금을 받지 아니하는 사람에게 기준 중위소득 등 생활수준을 고려하여 생활안정을 위한 지원금을 지급할 수 있도록 규정함으로써, 이 사건 법률조항들에 의해 후순위로 결정되어 보상금을 지급받지 못하는 손자녀들에 대한 생활보호 대책을 마련하고 독립유공자법에 따른 보훈에 있어 손자녀간의 형평성도 고려하였다.

위와 같은 사정을 종합해 볼 때, 이 사건 법률조항들에 나타난 입법자의 선택이 명백히 그 재량을 일탈한 것이라고 보기 어려우므로, 이 사건 법률조항들은 청구인의 평등권을 침해하지 아니한다.

[15] 반의사불벌죄의 처벌의사 철회 시기 위헌소원 사건

(2016. 11. 24. 2014헌바451)

◇ 사안과 쟁점

청구인과 피해자는 쌍방 '정보통신망 이용촉진 및 정보보호에 관한 법률위반(명예훼손)'으로 기소되었다. 청구인과 피해자는 합의하여 각자 재판 계속 중인 해당 법원에 처벌을 원하지 않는다는 의사를 표시하였다. 합의 당시 항소심 계속 중이던 청구인은 형사소송법 제232조 제3항에 따라 처벌희망의사표시 철회의 효력이 인정되지 않아 벌금형을 선고받았고, 합의 당시 1심 계속 중이던 피해자는 처벌희망의사표시 철회가 반영되어 공소기각결정되었다. 청구인이 상고심 계속 중 형사소송법 제232조 제1항에 대하여 위헌법률심판제청을 신청하였으나 기각되자 헌법소원심판을 청구하였다.

쟁점은, 반의사불벌죄에 있어서 처벌을 희망하는 의사를 철회할 수 있는 시기를 제1심 판결선고 전까지로 제한한 형사소송법 제232조 제3항, 제1항(이하 '심판대상조항')이 평등원칙에 위배되는지 여부이다(소극:적극 7:2, 2016. 11. 24. 2014헌바451; 공보 242호 1859면). 7명의 다수의견은 위 조항이 평등원칙에 위배되지 않는다고 하였으나, 재판관 조용호 등 2명은 이에 반대하였다.

◇ 반대(위헌)의견

우리는 심판대상조항이 평등원칙에 위배되어 헌법에 위반된다고 생각하므로 아래와 같이 반대의견을 밝힌다.

가. 친고죄의 고소취소 시한에 관한 결정의 반대의견

헌재 2011. 2. 24. 2008헌바40 사건에서는 심판대상조항이 반의사불벌죄에 준용하고 있는 형사소송법(1954. 9. 23. 법률 제341호로 제정된 것) 제232조 제1항이 헌법에 위반된다고 하는 재판관 김종대, 재판관 민형기의 반대의견이 있었고, 그 이유의 요지는 다음과 같다.

(1) 형벌의 보충성원칙

형벌은 사회생활에 불가결한 법익을 보호함에 있어 다른 수단으로는 불가능할 경우에 최후적으로 적용되어야 하는 것으로서, 범죄와 같은 사회적 갈등을 범죄자와 피해자가 자율적으로 해결할 수만 있다면 이를 우선으로 하여야 하고, 그렇지 않을 때에 비로소 국가형벌권이 행사되어야 할 것이다.

친고죄에 있어 국가형벌권의 행사를 고소권자의 의사에 무한정 맡길 수만은 없는 것이므로, 고소기간이나 고소취소기간을 제한할 필요가 있다 할 것이나, 그와 같이 한다 하더라도 범죄자와 피해자가 자율적으로 화해하여 범죄행위로 인한 사회적 갈등을 해소할 수 있는 적정기간은 마땅히 보장되어야 한다.

(2) 실무 운영상의 문제점

형사소송법 제232조 제1항(이하 '이 사건 법률조항'이라 한다)은 고소취소의 시한을 제1심 판결선고 전까지로 제한하고 있으나, 이에 대한 해석 및 실무상 운용과 관련하여 다음에서 보는 바와 같은 여러 가지 불합리한 결과가 초래되고 있다.

㈎ 먼저, 제1심에서 피고인의 행위가 비친고죄로 인정되어 유죄가 선고되었으나 항소심에서 공소장변경을 거쳐 공소사실이 친고죄로 변경된 경우 이에 대하여 고소취소를 하더라도 이 사건 법률조항이 정한 시한을 준수하지 못하여 그 효력이 인정되지 않는다(대법원 1999. 4. 15. 선고 96도1922 판결 및 대법원 2007. 3. 15. 선고 2007도210 판결 등 참조).

① 항소심에서 비친고죄가 친고죄로 변경된 경우 항소심은 실질적인 제1심에 해당함에도 불구하고 고소취소의 효력을 인정하지 아니하는 것은 피고인의 방어권 행사에 실질적인 불이익이 되고, ② 항소심에서 공소장변경을 허용하면서 고소취소의 효력은 인정하지 않는 것은 무기평등의 원칙에 반하며, ③ 결과적으로 검찰과 제1심 법원의 판단 잘못으로 인한 불이익을 피고인에게 전가시키는 것일 뿐만 아니라, ④ 피해자의 입장에서도 피고인과의 합의를 통한 피해회복의 기회가 충분히 주어지지 않게 되고, ⑤ 이 경우 고소취소의 효력을 인정하더라도 고소취소기간 제한의 취지에 배치되지 않는다 할 것이므로, 이는 정당하다고 할 수 없다.

㈏ 이 사건 법률조항이 고소취소 시한을 제1심 판결선고 전까지로 한정하고 있는 관계로, 자신의 결백을 주장하고 싶은 피고인으로서도 제1심에서 유죄로 인정될지도 모르며 그 이후엔 고소취소가 있어도 소용이 없다는 불안감 때문에 무죄의 주

장을 포기하고 서둘러 고소취소를 받기 위하여 피해자에게 과다한 금원을 지급하고 졸속으로 합의하는 등 부당한 결과가 초래될 수 있고, 특히 불구속 상태에서 재판을 받는 피고인의 경우 고소취소의 기회를 확보하기 위하여 재판기일에 불출석하는 등 고의적으로 재판진행을 지연시키는 폐해가 우려되기도 한다.

(3) 형사 항소심의 구조

더욱이, 우리의 형사 항소심은 원칙적으로 속심의 형태를 취하여 원판결을 기초로 하면서도 자체적으로 증거조사와 사실심리를 행하고 자신의 심증에 의하여 사건의 실체를 심판하는 사실심의 구조와 성격을 지니고 있으므로, 국가의 형벌권 행사에 영향을 미치는 모든 요소는 원칙적으로 항소심의 재판에 반영되어야 하는 것으로서, 일반 범죄에 있어서 범행 후 항소심 판결선고 시까지의 모든 정황이 항소심의 형벌권 행사를 위한 양형에 반영되어야 하듯이, 친고죄에 있어서 범죄자와 피해자 사이의 화해 성립을 의미하는 고소취소 역시 적어도 항소심의 판결선고 전까지는 허용되어야 하고, 이는 친고죄를 인정하는 취지에 부합하며 형벌의 보충성의 원칙을 충족하는 것이기도 하다.

(4) 평등권 침해

이와 같이, 이 사건 법률조항이 고소취소의 시한을 제1심 판결선고 전까지 한정한 것은 합리성을 결한 입법재량의 행사이고, 이로 인하여 항소심에서 고소취소를 받은 피고인은 제1심 판결선고 전에 고소취소를 받은 피고인 등에 비하여 현저하게 불리한 취급을 받게 된다.

나. 이 사건의 경우

위 결정에서 설시된 반대의견의 취지는 심판대상조항에 대해서도 그대로 타당하다. 뿐만 아니라 다음과 같은 사정까지 고려하면, 심판대상조항은 항소심 단계에 있는 피고인을 제1심 단계에 있는 피고인에 비하여 합리적 이유 없이 차별취급하고 있으므로 평등원칙에 위배된다.

(1) 재판진행 경과를 이유로 한 차별취급의 불합리성

심판대상조항이 처벌희망의사표시를 철회할 수 있는 시한을 법원의 제1심 판결선고 시점을 기준으로 정한 결과, 피고인에게 책임을 돌릴 수 없는 우연한 사정인 재판진행 경과에 따라 그에게 불이익을 가하는 문제가 생긴다.

가령 이 사건과 같이 쌍방이 명예훼손 등의 반의사불벌죄로 기소된 사건에서 각자 같은 날 서로에 대한 처벌을 원하지 아니한다는 의사를 각 법원에 표시하였다면 두 피고인은 서로에게 범한 죄에 대하여 서로 같은 날 합의에 도달한 것이다. 두 피고인이 각각 기소되어 진지한 합의를 시도한 시점은 서로 다를지 모르나 범죄를 저지른 이후 합의에 도달하기까지의 기간은 동일하므로, 반의사불벌죄의 취지상 이를 국가형벌권 행사 여부에 동일하게 반영하여야 타당할 것이다. 그럼에도 불구하고 수사 및 재판의 진행 속도의 차이에 따라 제1심 단계에 있는 자는 공소기각판결을 선고받을 수 있는 반면 항소심 단계에 있는 자는 그렇지 못하게 된다. 이는 제1심 판결선고에 투입된 사법자원이 낭비되는 것을 막는 데에만 치중한 나머지 피해자의 의사를 국가형벌권 행사에 반영함으로써 당사자들 간의 자율적인 화해를 촉진한다는 반의사불벌죄의 본래 취지와도 어긋난다. 그러한 점에서 심판대상조항은 입법재량의 한계를 넘어서 항소심 단계에 있는 피고인을 현저히 불리하게 취급하고 있다.

(2) 처벌희망의사표시 철회 시한 확대의 필요성

다수의견은 국가형벌권의 행사가 피해자의 의사에 지나치게 장기간 좌우되어서는 안 되고, 제1심 판결선고 전까지의 기간은 피해자와 합의를 시도하기에 충분하다는 이유로 심판대상조항이 평등원칙에 위배되지 않는다고 한다. 그러나 다음과 같은 상황의 변화를 고려하면 위 견해에 동의하기 어렵다.

2012. 12. 18. 형법, 아동·청소년의 성보호에 관한 법률, 성폭력범죄의 처벌 등에 관한 법률이 개정되어 성폭력범죄 분야에 존재하고 있던 친고죄 및 반의사불벌죄 규정이 모두 폐지되었다. 그에 따라 이제 반의사불벌죄로 남은 죄들은 폭행이나 협박, 명예훼손죄와 같이 개인적 법익에 대한 경미한 침해에 그치는 것이 대부분이다. 현실적으로도 이러한 죄들은 합의금의 적정한 지급이 피해자와의 화해 및 형사사건 종결에 중요한 역할을 하는 등 민사상 손해배상 사건과 유사한 양상을 띤다. 그렇다면 이러한 범죄에 대해서는 형사처벌을 관철하기보다는 반의사불벌죄로 둔 취지에 충실하게 처벌희망의사표시 철회 시한을 확대하여 범죄로 인한 갈등을 당사자 사이의 자율적인 화해로 해결할 수 있도록 보장하는 것이 타당하다.

게다가 반의사불벌죄의 처벌희망의사표시 철회 시한을 확대하는 것은 가해자와 피해자 또는 가해자와 공동체사회가 주도하여 분쟁을 해결할 수 있도록 하여 이들의 재통합을 추구하는 이른바 회복적 사법이라는 범죄해결방식과도 일맥상통한다. 전통적 형사사법에서는 범죄 해소 과정을 국가와 범죄자의 대립관계로 설정함으로써 국가가 형법규정을 위반한 범죄자에게 형벌을 부과하는 것이 정의의 요청에 충실한 것으로 보았다. 그 결과 국가가 형사사법절차를 주도하므로 피해자에 대한 배려가 경시되며, 나아가 가해자와 피해자 간의 갈등 해결이 무시되기도 하였다. 그러나 이에 대한 반성과 그 대안으로 회복적 사법이 세계적 추세로 등장하고 있고, 우리나라 역시 2010. 5. 14. 법률 제10283호로 범죄피해자 보호법을 전부개정하면서 가해자와 피해자가 형사조정에 성립할 경우 검사는 그 결과를 형사사건의 수사 및 처리에 반영할 수 있도록 하는 형사조정제도를 법률로 도입하는 등 회복적 사법을 추구하기 위해 노력하고 있다(범죄피해자 보호법 제45조 제4항 참조).

이처럼 형사조정제도를 법률로 도입하여 검사가 기소 여부를 결정함에 있어 가해자와 피해자 간의 자율적인 화해가 이루어졌는지를 고려할 수 있는 것을 보더라도, 반의사불벌죄의 처벌희망의사표시 철회 시한을 제1심 판결 선고 전까지로 제한하는 것은 합리적인 이유가 없다.

(3) 사법자원 분배의 효율성

다수의견은 항소심에서 처벌희망의사표시 철회의 효력을 인정하여 공소기각판결을 할 경우 유·무죄 판결을 선고한 제1심 판결이 쓸모없어지게 되므로 사법자원이 낭비되고, 남상소를 방지하기 위해 이를 제한하는 것이 타당하다고 보고 있다. 그러나 처벌희망의사표시 철회 시한을 제1심 판결선고 전까지로 제한하였다고 하여 불필요한 상소가 자제된다고 할 수도 없다. 오히려 제1심에서 유죄를 선고받은 자로서는 항소심에서의 처벌희망의사표시의 철회가 양형요소로라도 참작될 수 있으므로 항소를 제기할 것이다. 또한 항소심에서 처벌희망의사표시가 철회되었는데 이것이 단지 양형요소로 반영됨에 그칠 뿐 제1심 유죄판결을 뒤집지 못한다면 피고인은 그것이 적법한 상고이유가 되는지 여부와 상관없이 양형부당을 이유로 상고할 가능성이 높다. 나아가 형법상 반의사불벌죄로 남은 폭행죄, 협박죄, 명예훼손죄 등의 경우 대부분 민사상 손해배상사건으로 연계되기 마련인데, 형사사건에서 처벌희망의사표시 철회 시한을 적어도 항소심의 판결선고시까지로 확장한다면 관련 민사사건까지 보다 융통성 있게 일괄하여 해결할 수 있는 장점도 있다. 결국 사법자원 분배의 효율성 측면에서도 반의사불벌죄의 처벌희망의사표시 철회 시한을 제1심 판결선고 전까지로 제한한 데에는 합리적인 이유가 인정되지 않는다.

다. 소결론

위 사정을 종합하면 심판대상조항은 항소심 단계에서 처벌희망의사표시의 철회를 받은 피고인을 합리적 이유 없이 차별하고 있으므로, 평등원칙에 위배되어 헌법에 위반된다.

[16] 연장자 우선 유족보상금 지급 위헌제청 사건

(2018. 6. 28. 2016헌가14)

◇ 사안과 쟁점

제청신청인(처)은 장○진과 혼인하였다가 이혼하였는데 그 사이에 망인이 출생하였다. 망인은 군 복무 중 악성 림프종으로 사망하였고 보훈심사위원회에서 망인이 재해사망군경에 해당하는 것으로 의결되었다. 제청신청인(처)과 장○진은 각자 자신이 망인을 주로 부양하거나 양육하였다고 주장하였는데, 보훈심사위원회는 어느 누구도 망인을 주로 부양 또는 양육한 것을 볼 수 없다는 취지로 심의·의결하였고, 보훈청장은 나이가 더 많은 장○진을 선순위 유족으로 결정하였다. 제청신청인은 위 처분의 취소를 구하는 소를 제기하였는데 1심 패소 후 항소심 계속 중 '나이가 많은 사람을 우선하는 부분'에 대하여 위헌법률심판제청신청을 하였고, 당해 법원이 이를 받아들여 위헌제청하였다.

쟁점은, 보훈보상대상자의 부모에 대한 유족보상금 지급 시 수급권자를 1인에 한정하고 나이가 많은 자를 우선하도록 규정한 '보훈보상대상자 지원에 관한 법률'(이하 '보훈보상자법') 제11조 제1항 제2호(이하 '심판대상조항')가 나이가 적은 부모 일방을 합리적 이유 없이 차별하는지 여부이다(전원 적극, 2018. 6. 28. 2016헌가14; 공보 261호 1002면). 재판관 조용호는 주심으로 결정문을 집필하였다.

◇ 법정(헌법불합치)의견

가. 제한되는 기본권

심판대상조항은 보훈보상대상자의 부모 중 1명에 한정하여 유족보상금을 지급하도록 하면서 그 중 나이가 많은 자를 우선하도록 하고 있다. 이는 동일한 보훈보상대상자의 부모간에 유족보상금의 지급 여부를 달리하는 것이므로 평등권의 침해 여부가 문제된다. 한편, 제청법원은 유족보상금을 지급받지 못하는 부모 일방의 사회보장수급권을 침해한다고도 하나, 이는 심판대상조항이 부모에 대한 보상금 지급을 나이가 많은 1명에 한정함으로써 발생하는 차별을 다른 측면에서 지적하는 것에 불과하여 평등권 침해 여부 심사에서 판단하면 충분하므로, 별도로 판단하지 아니한다.

나. 평등권 침해 여부

(1) 심사기준

보훈(報勳)대상 중 국가의 수호·안전보장 또는 국민의 생명·재산보호와 직접 관련이 없는 보훈보상대상자의 희생에 대해서는 국가유공자와 구분되는 보훈보상을 하려는 취지로 2011. 9. 15. 법률 제11042호로 보훈보상자법이 제정되었다. 보훈보상자법은 보훈보상대상자, 그 유족 또는 가족에게 합당한 지원을 함으로써 이들의 생활안정과 복지향상에 이바지함을 목적으로 한다(보훈보상자법 제1조). 보훈보상대상자 및 그 유족 또는 가족에게 지급할 구체적인 보상의 내용 등에 관한 사항은 국가의 재정부담 능력과 전체적인 사회보장 수준, 보훈보상대상자에 대한 평가기준 등에 따라 정해질 수밖에 없다.

따라서 법률이 정하고 있는 보상수준이 보훈보상대상자 및 그 유족 또는 가족에게 인간다운 생활에 필요한 최소한의 물질적인 수요를 충족시켜 주고, 헌법상의 사회보장, 사회복지의 이념에 명백히 어긋나지 않는 한, 입법자는 이를 정함에 있어 광범위한 입법재량권을 행사할 수 있다. 그러나 국가가 보훈보상대상자와 그 유족 또는 가족에 대한 지원에 있어서 최소한의 합리적인 내용도 이행하지 않거나 현저히 자의적으로 의무를 이행한다면, 그러한 국가의 작위 또는 부작위는 헌법상 기본권을 침해하는 것이 된다.

(2) 차별취급의 존부

심판대상조항은 본질적으로 동일한 보훈보상대상자의 부모에게 보상금을 지급함에 있어서 그 중 1명에게만 보상금을 지급하도록 하면서 나이가 많은 자를 우선하도록 하여 이에 해당하지 않는 부모 일방을 유족보상금의 수급대상에서 제외하고 있다. 이러한 측면에서 심판대상조항에 의한 차별취급이 존재한다.

(3) 차별취급에 대한 합리적 이유의 존부

보훈보상자법상 유족보상금을 지급함에 있어 유족이 여러 명 있을 경우에는 국가의 재정부담 능력 등이 허락하는 한 원칙적으로 모두 수급자로 정하고, 생활정도에 따라 보상금의 액수를 달리하여 지급하는 것이 보상금 수급권이 가지는 사회보장적 성격에 비추어 볼 때 바람직하다. 만약 이와 달리 불가피하게 유족 중 1명에게 한정하여 보상금을 지급하는 경우에는 국가의 재정부담 능력, 보상금 수급권의 실효성 보장 등 그 선정기준을 정당화할 만한 별도의 합리적 이유가 요구된다. 그런데 심판대상조항은 보훈보상대상자의 부모에게 보상금을 지급함에 있어 어떠한 예외도 두지 않고 1명에게만 한정하여 보상금을 지급하도록 하고, 그 중 나이가 많은 자를 우선하도록 하고 있는바, 다음과 같은 이유에서 그 합리성을 인정하기 어렵다.

㈎ 국가가 보훈보상대상자 및 그 유족 또는 가족에게 지급할 구체적인 보상의 내용 등에 관한 사항은 국가의 재정부담 능력과 전체적인 사회보장 수준, 보훈보상대상자에 대한 평가기준 등에 따라 정해질 수밖에 없으므로, 보훈보상대상자의 유족보상금 지급에 있어 유족의 생활보호 측면 외에도 국가의 재정부담 능력이 중요한 요소로 고려되어야 하는 것은 사실이다.

그러나 국가의 재정부담 능력 등이 허락하는 한도에서 보상금 총액을 일정액으로 제한하되, 그 범위 내에서 적어도 같은 순위의 유족들에게는 생활정도에 따라 보상금을 분할해서 지급하는 방법이 가능하다. 만약 다른 유족에 비하여 특별히 경제적으로 어려운 자가 있고, 그 이외의 유족에게는 생활보호의 필요성이 인정되지 않는다는 별도의 소명이 존재한다면 그 경우에는 보상금 수급권자의 범위를 경제적으로 어려운 자에게 한정하는 방법도 가능하다. 이처럼 국가의 재정부담을 늘리지 않으면서도 보훈보상대상자 유족의 실질적인 생활보호에 충실할 수 있는 방안이 존재하는 상황에서, 부모에 대한 보상금 지급에 있어서 예외 없이 오로지 1명에 한정하여 지급해야 할 필요성이 크다고 볼 수 없다.

부모 중 1명에게만 보상금을 지급할 경우 보상금을 지급받게 되는 자의 입장에서는 경제적으로 유용하고 효과적일 수 있을지 몰라도, 소액의 보상금조차 전혀 지급받지 못하는 나머지 부모 일방의 생활보호는 미흡하게 된다. 특히 보상금의 액수가 상당한 금액에 이르는 경우에 이를 부모 중 어느 일방에게 독점시킴으로써 다른 일방의 생활보호를 외면하는 것은 보훈보상대상자 유족의 생활안정과 복지향상이라는 보훈보상자법의 입법취지에도 정면으로 배치된다. 나아가, 부모는 통상 2명 이하이므로 분할지급의 경우 보상금 액수가 지나치게 소액이 되어 그 실효성을 상실한다거나 보상금 수급권자 급증에 따른 국가재정부담의 증가가 우려된다는 이유는 타당하지 않다.

이러한 점들을 고려하면, 심판대상조항이 국가의 재정부담능력의 한계를 이유로 하여 부모 1명에 한정하여 보상금을 지급하도록 하면서 어떠한 예외도 두지 않은 것에는 수긍할 만한 합리적 이유가 있다고 보기 어렵다.

㈏ 심판대상조항 중 나이가 많은 자를 우선하도록 한 것 역시 문제된다. 나이에 따른 차별은 연장자를 연소자에 비해 우대하는 전통적인 유교사상에 기초한 것으로 보이나, 부모 중 나이가 많은 자가 나이가 적은 자를 부양한다고 일반화할 합리적인 이유가 없고, 부모 상호간에 노동능력 감소 및 부양능력에 현저히 차이가 있을 정도의 나이 차이를 인정하기 어려운 경우도 많다. 오히려 직업이나 보유재산에 따라 연장자가 경제적으로 형편이 더 나은 경우에도 그 보다 생활이 어려운 유족을 배제하면서까지 연장자라는 이유로 보상금을 지급하는 것은 보상금 수급권이 갖는 사회보장적 성격에 부합하지 아니한다.

㈐ 보훈보상자법에서는 나이를 기준으로 보상금 지급을 달리하는 것에 따른 문제점을 시정하기 위하여, 보훈보상대상자를 주로 부양하거나 양육한 사람을 우선하도록 하거나 같은 순위 유족 간의 협의에 의하여 같은 순위 유족 중 1명을 보상금을 받을 사람으로 지정한 경우에는 그 사람에게 보상금을 지급하도록 하는 일정한 예외조항을 마련해 놓고 있다(보훈보상자법 제12조 제2항 제1호 단서 및 제2호). 그러나 부모는 특별한 사정이 없는 한 보훈보상대상자를 함께 부양하거나 양육함이 일반적이고, 부모간에 협의가 되지 않을 경우 여전히 나이에 따른 차별 문제가 발생한다는 점에 비추어 보면, 위와 같은 예외조항의 실효성을 인정하기도 어렵다.

(4) 소 결

그렇다면 심판대상조항은 국가가 보훈보상대상자의 유족인 부모에게 보상금을 지급함에 있어 합리적인 이유 없이 보상금 수급권자의 수를 일률적으로 제한하고, 부모 중 나이가 많은 자와 그렇지 않은 자를 합리적인 이유 없이 차별하고 있으므로 나이가 적은 부모의 평등권을 침해하여 헌법에 위반된다.

다. 헌법불합치결정과 잠정적용 명령의 필요성

법률이 헌법에 위반되는 경우, 헌법의 규범성을 보장하기 위하여 원칙적으로 그 법률에 대한 위헌결정을 하여야 하는 것이지만, 위헌결정을 통하여 법률조항을 법질서에서 제거하는 것이 법적 공백이나 혼란을 초래할 우려가 있는 경우에는 위헌조항의 잠정적 적용을 명하는 헌법불합치결정을 할 수 있다. 심판대상조항은 나이가 적은 부모 일방의 평등권을 침해하여 헌법에 위반되나, 단순위헌결정을 하여 당장 그 효력을 상실시킬 경우에는 보훈보상대상자의 유족인 부모에 대한 보상금 지급의 근거 규정이 사라지게 되어 그 입법목적을 달성하기 어려운 법적 공백 상태가 발생할 수 있다. 나아가 심판대상조항의 위헌적 상태를 제거함에 있어서 어떠한 기준 및 요건에 의해 보상금 수급권자를 결정하고, 수급권자의 범위를 어떻게 정할 것인지 등에 관하여 헌법재판소의 결정취지의 한도 내에서 입법자에게 재량이 부여된다 할 것이다. 따라서 입법자가 합헌적인 방향으로 법률을 개선할 때까지 그 효력을 존속하게 하여 이를 적용하게 할 필요가 있다.

[17] 고용보험법 제10조 제1호 위헌확인 사건

(2018. 6. 28. 2017헌마238)

◇ 사안과 쟁점

청구인은 1942. 3. 3. 출생한 자로서, 만 68세이던 2010. 6. 17.부터 2017. 2. 28.까지 ○○금속에 고용되어 근무하다가 퇴사하였다. 청구인은 2017. 2. 28. 이직 후 근로복지공단에 실업급여를 신청하려 하였으나, 고용보험법 제10조 제1호에 따라

고용보험법상 실업급여 수급자격이 인정되지 아니하자 고용보험법 제10조 제1호가 위헌이라고 주장하면서 헌법소원심판청구를 하였다.

쟁점은, 고용보험법 제10조 제1호 중 '65세 이후에 고용된 자' 부분(이하 '심판대상조항')이 청구인의 기본권을 침해하는지 여부이다(전원 소극, 2018. 6. 28. 2017헌마238; 공보 261호 1178면). 재판관 조용호는 주심으로 법정(합헌)의견을 집필하였다.

◇ 법정(합헌)의견

가. 쟁 점

심판대상조항은 실업급여에 관한 고용보험법의 적용에 있어 '65세 이후에 새로이 고용된 자'를 그 적용대상에서 배제하고 있으므로, '65세 이후 고용되었는지 여부'를 기준으로 실직한 근로자를 달리 취급하고 있다. '65세 이후에 고용된 자' 역시 '65세 이전에 고용된 자'와 마찬가지로 임금을 목적으로 사업이나 사업장에 근로를 제공하는 자이며, 실업이라는 사회적 위험이 발생한 경우 재취업이 요구된다는 점은 다르다고 볼 수 없으므로 이 사건에서는 이들을 차별하는 것이 헌법적으로 정당화될 수 있는 것인지가 문제된다.

한편, 청구인은 심판대상조항으로 인하여 청구인의 근로의 권리와 재산권이 침해된다고 주장하고 있지만, 결국 '65세 이후 고용된 자'에게 실업급여에 관한 고용보험법의 적용을 배제하는 것이 부당하다는 취지로, 차별취급의 불합리성을 다투는 것과 다르지 않으므로 평등권의 침해 여부에 대하여 판단하는 이상, 이에 관하여는 별도로 판단하지 아니한다.

나. 평등권 침해 여부에 관한 판단

일반적으로 평등원칙은 본질적으로 같은 것은 같게, 본질적으로 다른 것은 다르게 취급할 것을 요구하는 것으로서, 일체의 차별적 대우를 부정하는 절대적 평등을 의미하는 것이 아니라 입법과 법의 적용에 있어서 합리적인 근거가 없는 차별을 배제하는 상대적 평등을 뜻하는 것이므로, 합리적 근거가 있는 차별은 평등원칙에 반하는 것이 아니다(헌재 2010. 10. 28. 2009헌마272 참조).

따라서 이하에서는 심판대상조항에 의한 차별에 합리적인 이유가 있는지 여부를 살펴보기로 한다.

실업급여제도는 고용기회의 상실이라는 사회적 위험이 발생한 경우 새로운 취업이 이루어지기까지 이러한 위험에 노출된 근로자를 보호하기 위하여 마련된 사회보험제도로서, 일시적인 소득상실을 보전하고 재취업을 지원하고자 하는 목적을 가지고 있다. 그런데 근로의 의사와 능력이 없는 자에 대하여는 실업급여를 지급하더라도 이 제도의 목적을 달성할 수 없으므로, 실업급여는 근로의 의사와 능력이 있는 자를 대상으로 지급된다. 심판대상조항은 이러한 근로의 의사와 능력의 존부에 대한 판단을 개별적·구체적으로 규정하지 아니하고 65세라는 연령을 기준으로 하고 있다.

그런데 개별적·구체적으로 근로의 의사와 능력을 따져 실업급여의 수급 여부를 판단하기는 사실상 어렵다. 실업급여를 포함한 고용보험제도는 개개인의 특수한 사정이나 선택에 의하여 보험관계가 설정되는 사보험이 아니라 보험의 내용이 모두 법률에 의하여 강제되거나 확정되는 공적보험이라는 점에서, 근로의 의사와 능력이 있는지 여부에 대하여는 일정한 연령을 기준으로 하는 것이 특별히 불합리하다고 단정할 수는 없다.

한편 우리나라는 기본적으로 연령에 기초하여 사회보장급여체계를 형성하면서, 특히 65세 이상인 경우에는 보장 정도를 강화하고 있다. 우선 노인복지법에서는 65세 이상 노인을 주된 보호대상으로 삼고 있고, 국민연금법령에서는 65세 이상이 되면 소득 있는 업무에 종사하는지 여부를 불문하고 노령연금수급대상으로 하고 있으며(국민연금법 시행규칙 제26조 제1항), 기초연금법에서는 기초연금 수급권자를 65세 이상인 사람 중 소득 하위 70%인 자로 정하고 있다(기초연금법 제3조 제1항, 제2항). 이와 같이 우리의 사회보장체계는 65세 이후에는 소득상실이라는 사회적 위험이 보편적으로 발생한다고 보고, 고용에 대한 지원이나 보장보다 노령연금이나 기초연금과 같은 사회보장급여 체계를 통하여 노후생활이 안정될 수 있도록 설계하고 있는 것이다. 그렇다면 실업급여 대상 여부를 65세라는 연령에 기초하고 있는 심판대상조항이 지나치게 자의적인 것이라고 보기는 어렵다.

나아가 고용보험법은 1993. 12. 27. 법률 제4644호로 제정되면서 '60세 이후 새로이 고용된 자'에 대해서만 고용보험법 적용을 제외하였으나, 그 이후 순차적 개정에 따라 연령과 관계된 적용제외 대상을 '60세 이후 새로이 고용된 자와 65세 이상인 자', '65세 이상인 자'로 점진적으로 좁혀오다, '65세 이후 고용된 자'로까지 개정하여, 연령으로 인한 적용제외 범위를 단계적으로 축소해 왔다. 더불어 '65세 이상인 자'는 고용안정 · 직업능력개발사업의 지원대상에 포함시켜, 실업급여를 제외한 나머지 고용지원정책에 있어서는 적극적으로 적용 대상을 확대해 왔다. 그리하여 심판대상조항에 의하면, '65세 이후 고용된 자'는 고용보험법의 적용대상에서 제외되지만, 고용안정 · 직업능력개발사업의 지원대상에는 포함된다. 이러한 점에 비추어 보면, 심판대상조항은 고용보험의 재정상태, 경제활동인구의 비율 등에 따라 고용보험의 적용대상을 단계적으로 확대하려는 규정으로 보인다. 따라서 '65세 이후 고용된 자'의 경우 고용보험법상 고용안정 · 직업능력개발사업의 지원대상에는 포함되지만, 실업급여의 지급목적, 경제활동인구의 연령별 비율, 보험재정상태 등을 고려하여 '65세 이전에 고용된 자'와 달리 이직 시 실업급여를 지급하지 않는다고 해서 이를 합리적인 이유 없는 차별이라고 단정할 수 없다.

'65세 이후 고용된 자'도 실업이라는 사회적 위험으로부터 보호되어야 할 필요성, 고령층의 경제활동인구 비율 증가 등을 고려하여 실업급여 지급대상을 확대하는 것이 바람직할 수 있으나, 보험재정이나 우리의 사회보장을 위한 전반적인 법률체계 등을 고려할 때 이를 한꺼번에 모두 해결하기는 어려우며, 단계적인 개선을 통하여 해결해 나가는 수밖에 없을 것이다.

이상에서 본 바와 같이, 심판대상조항이 '65세 이후 고용' 여부를 기준으로 실업급여 적용 여부를 달리한 것은 합리적 이유가 있다고 할 것이므로, 이로 인해 청구인의 평등권이 침해되었다고 보기 어렵다.

제 3 장

자유권적 기본권

1. 신체의 자유

일반 사건에서의 의견

◇ 위헌의견을 취한 사례

- 체포영장을 집행하는 경우 필요한 때에는 타인의 주거 등에서 피의자 수사를 할 수 있도록 한 형사소송법 제216조 제1항 제1호 중 제200조의2에 관한 부분이 헌법 제16조의 영장주의에 위반되는지 여부(전원 적극, 2018. 4. 26. 2015헌바370등; 공보 259호 687면)
- 헌법 제12조 제4항 본문에 규정된 '구속'에 행정절차상 구속도 포함되는지 여부(헌법 제12조 제4항 본문에 규정된 변호인의 조력을 받을 권리는 형사절차에서 피의자 또는 피고인의 방어권을 보장하기 위한 것으로서 출입국관리법상 보호 또는 강제퇴거의 절차에서도 적용된다고 보기 어렵다고 판시한 2010. 8. 23. 2008헌마430 결정을 변경), 인천국제공항에서 난민인정신청을 하였으나 난민인정심사불회부결정을 받은 청구인을 인천국제공항 송환대기실에 약 5개월째 수용하고 환승구역으로의 출입을 막은 것이 헌법 제12조 제4항 본문에 규정된 '구속'에 해당하는지 여부, 인천출입국·외국인청장이 변호인의 청구인 접견신청을 거부한 것이 청구인에게 보장되는 헌법 제12조 제4항 본문에 의한 변호인의 조력을 받을 권리를 침해하는지 여부(전원 적극, 다만 변호인의 조력을 받을 권리가 아니라 재판청구권을 침해한다는 2인의 별개의견이 있음, 2018. 5. 31. 2014헌마346; 공보 260호 871면)
- 검찰수사관이 피의자신문에 참여한 변호인에게 피의자 후방에 앉으라고 요구한 행위가 변호인의 변호권을 침해하는지 여부(<u>적극</u>:소극 7:1, 소극설은 후방착석 요구행위가 비권력적 사실행위로서 헌법소원의 대상이 되는 공권력의 행사에 해당하지 않는다는 견해, 적극설 중 5명은 변호인의 변호권을 헌법상 기본권으로 보는 견해, <u>2명</u>은 법률상 권리로 보는 견해, 2017. 11. 30. 2016헌마503; 공보 254호 1199면)
- 성폭력범죄를 저지른 성도착증 환자로서 재범의 위험성이 인정되는 19세 이

상의 사람에 대해 법원이 15년의 범위에서 치료명령을 선고할 수 있도록 한 '성폭력범죄자의 성충동 약물치료에 관한 법률' 규정(제4조 제1항 청구조항, 제8조 제1항 명령조항)이 치료명령 피청구인의 신체의 자유 등 기본권을 침해하는지 여부(청구조항 소극:적극 6:3, 명령조항 전원 적극, 2015. 12. 23. 2013헌가9; 공보 231호 56면)

- 금치기간 중 실외운동을 원칙적으로 제한하는 '형의 집행 및 수용자의 처우에 관한 법률' 제112조 제3항 본문 중 제108조 제13호에 관한 부분이 청구인의 신체의 자유를 침해하는지 여부(전원 적극, 2016. 5. 26. 2014헌마45; 공보 236호 931면)

◇ 합헌의견을 취한 사례

- 약식명령에 대한 정식재판청구권 회복청구 시 필요적 집행정지가 아닌 임의적 집행정지로 규정한 형사소송법 제458조 제1항 중 제348조 제1항을 준용하는 부분이 약식명령에 의한 벌금형을 납부하지 않아 노역장에 유치된 자의 신체의 자유를 침해하는지 여부(전원 소극, 2014. 5. 29. 2012헌마104; 공보 212호 999면)
- 관광진흥개발기금 관리·운용업무에 종사토록 하기 위해 문화체육관광부 장관에 의해 채용된 민간 전문가에 대해 형법상 뇌물죄의 적용에 있어서 공무원으로 의제하는 관광진흥개발기금법 제13조가 신체의 자유 등을 과도하게 제한하는지 여부(전원 소극, 2014. 7. 24. 2012헌바188; 공보 214호 1210면)
- 출입국관리법에 따라 보호된 사람을 인신보호법에 따라 구제청구를 할 수 있는 피수용자의 범위에서 제외한 인신보호법 제2조 제1항 단서 중 "「출입국관리법」에 따라 보호된 자는 제외한다." 부분이 헌법 제12조 제6항에 반하여 청구인들의 신체의 자유 및 평등권을 침해하는지 여부(전원 소극, 2014. 8. 28. 2012헌마686; 공보 215호 1409면)
- 외국에서 형의 전부 또는 일부의 집행을 받은 자에 대하여 형을 감경 또는 면제할 수 있도록 규정한 형법 제7조가 신체의 자유를 침해하는지 여부(적극:소극 6:3, 2015. 5. 28. 2013헌바129; 공보 224호 866면)
- 형사재판에 계속 중인 사람에 대하여 출국을 금지할 수 있다고 규정한 출입국

관리법 제4조 제1항 제1호가 영장주의에 위배되는지 여부, 적법절차원칙에 위배되는지 여부, 무죄추정의 원칙에 위배되는지 여부(전원 소극, 2015. 9. 24. 2012헌바302; 공보 228호 135면)

- 사회보호법 폐지 전에 이미 판결이 확정된 보호감호를 종전의 사회보호법에 따라 집행하도록 한 사회보호법 부칙 제2조가 신체의 자유 등을 침해하여 헌법에 위반되는지 여부(전원 소극, 2015. 9. 24. 2014헌바222등; 공보 228호 1428면)
- 금치기간 중 신문·도서·잡지 외 자비구매물품의 사용을 제한하는 형집행법 제112조 제3항 본문 중 제108조 제7호의 신문·도서·잡지 외 자비구매물품에 관한 부분이 청구인의 일반적 행동의 자유를 침해하는지 여부(전원 소극, 2016. 5. 26. 2014헌마45; 공보 236호 931면)
- 정신성적 장애인을 치료감호시설에 수용하는 기간은 15년을 초과할 수 없다고 규정한 구 치료감호법 제16조 제2항 제1호 중 제2조 제1항 제3호에 해당하는 자에 관한 부분이 청구인의 신체의 자유를 침해하는지 여부, 약물·알콜 중독자에 대한 치료감호기간에 비교하여 청구인의 평등권을 침해하는지 여부(전원 소극, 2017. 4. 27. 2016헌바452; 공보 247호 462면)
- 유사석유제품을 제조하여 조세를 포탈한 자를 처벌하도록 규정한 구 조세범처벌법 제5조가 진술거부권을 제한하는지 여부(전원 소극, 2017. 7. 27. 2012헌바323; 공보 250호 713면)
- 경찰서장이 최루액을 물에 혼합한 용액을 살수차를 이용하여 집회 참가자들에 대하여 살수한 행위(혼합살수행위)가 법률유보원칙에 위배되어 집회 참가자들의 신체의 자유와 집회의 자유를 침해하는지 여부(적극:<u>소극</u> 7:2, 2018. 5. 31. 2015헌마476; 공보 260호 888면)
- 1억 원 이상의 벌금형을 선고하는 경우 노역장유치기간의 하한을 정한 형법 제70조 제2항이 과잉금지원칙에 반하여 청구인들의 신체의 자유를 침해하는지 여부(전원 소극), 노역장유치조항을 시행일 이후 최초로 공소제기되는 경우부터 적용하도록 한 형법 부칙 제2조 제1항이 형벌불소급원칙에 위반되는지 여부(노역장유치가 형벌인지 여부, 적극:<u>소극</u> 6:2, 적극설은 노역장유치는 그 실질이 신체의 자유를 박탈하는 것으로서 징역형과 유사한 형벌적 성격을 가지고 있으므로 형벌불소급원칙의 적용대상이 된다고 보는 견해, 소극설은 노역장유치는 벌금 납입

의 대체수단이자 납입강제기능을 갖는 벌금형의 집행방법이며 벌금형에 대한 환형처분이라는 점에서 형벌과는 구별되고, 헌법상 소급입법금지원칙에 위반된다는 견해, 2017. 10. 26. 2015헌바239등; 공보 253호 1079면/2018. 3. 29. 2016헌바202등; 공보 258호 537면)

▸ 강제퇴거명령을 받은 사람을 즉시 대한민국 밖으로 송환할 수 없으면 송환할 수 있을 때까지 보호시설에 보호할 수 있도록 규정한 출입국관리법 제63조 제1항이 신체의 자유를 침해하거나 헌법상 적법절차원칙에 위반되는지 여부 (소극:적극 4:5, 2018. 2. 22. 2017헌가29; 공보 257호 394면)

▸ '디엔에이신원확인정보의 이용 및 보호에 관한 법률' 위헌확인 사건

① 디엔에이감식시료 채취 대상범죄에 대하여 형의 선고를 받아 확정된 사람으로부터 디엔에이감식시료를 채취할 수 있도록 한 규정(제5조 제1항 제2호, 제4호, 제6호 등, 채취조항들)이 신체의 자유를 침해하는지 여부(소극:적극 5:4), 채취대상자가 동의하는 경우에 영장 없이 디엔에이감식시료를 채취할 수 있도록 한 조항(제8조 제3항, 채취동의조항)이 영장주의와 적법절차원칙에 위배되어 신체의 자유를 침해하는지 여부(소극:적극 2:6), 디엔에이감식시료 채취 대상자가 사망할 때까지 디엔에이신원확인정보를 데이터베이스에 수록, 관리할 수 있도록 한 규정(제11조 제1항, 삭제조항)이 개인정보자기결정권을 침해하는지 여부(소극:적극 8:1), 징역이나 금고 이상의 실형을 선고받아 그 형이 확정된 전과자 중에서 이 사건 법률 시행 당시 수용 중인 사람에 대하여만 이 사건 법률을 소급적용하도록 한 부칙조항이 평등권을 침해하는지 여부(소극:적극 8:1) (2014. 8. 28. 2011헌마28등; 공보 215호 1381면)

② '디엔에이신원확인정보의 이용 및 보호에 관한 법률'의 대상범죄 중 특수주거침입죄와 경합된 죄에 대하여 형의 선고를 받아 확정된 사람으로부터 디엔에이감식시료를 채취할 수 있도록 한 규정(채취조항)이 신체의 자유를 침해하는지 여부(소극:적극 5:4), 디엔에이감식시료채취영장 발부 과정에서 채취대상자에게 자신의 의견을 밝히거나 영장 발부 후 불복할 수 있는 절차 등에 관하여 규정하지 아니한 위 법률 제8조(영장절차조항)가 재판청구권을 침해하는지 여부(적극:소극 6:3), 채취대상자가 사망할 때까지 디엔에이신원확인정보를 데이터베이스에 수록, 관리할 수 있도록 한 규정(삭제조항)이 개인정보자기결

정권을 침해하는지 여부(소극:적극 7:2)(2018. 8. 30. 2016헌마344등; 공보 263호 1528면)/강제추행죄에 대하여 형의 선고를 받고 확정된 사람으로부터 디엔에이감식시료를 채취할 수 있도록 규정한 '디엔에이신원확인정보의 이용 및 보호에 관한 법률' 조항이 신체의 자유를 침해하는지 여부(소극:적극 5:4)(2016. 3.31. 2014헌마457; 공보 234호 619면)

[18] '일제강점하 반민족행위 진상규명에 관한 특별법' 부칙 제2조 본문 위헌소원 사건

(2018. 4. 26. 2016헌바453)

◇ 사안과 쟁점

'일제강점하 반민족행위 진상규명에 관한 특별법'(이하 '반민족규명법')에 의하여 설치된 친일반민족행위진상규명위원회(이하 '반민족규명위원회')는 2009. 5. 11. 청구인의 조부인 이○승이 일제로부터 후작의 작위를 받고 1945. 8. 15.까지 작위를 유지한 행위를 구 반민족규명법 제2조 제7호의 친일반민족행위로 결정하였다(이하 '이 사건 결정'). 청구인은 이 사건 결정 등의 취소를 청구하는 소송을 서울행정법원에 제기하였는데, 1심 법원은 이○승이 일제로부터 후작의 작위를 받은 사실은 인정되나, 그 작위를 '한일합병의 공으로' 받았다고 보기 어렵다는 이유로 이 사건 결정을 취소하고, 청구인의 나머지 청구를 기각하는 판결을 선고하였다. 위 소송이 항소심에 계속 중이던 2012. 10. 22. 구 반민족규명법 제2조 제7호가 개정되었다. 구 반민족규명법 제2조 제7호는 '한일합병의 공으로 작위를 받거나 이를 계승한 행위'를 친일반민족행위로 규정하고 있었으나, 개정된 반민족규명법(이하 '현행 반민족규명법') 제2조 제7호는 '한일합병의 공으로' 부분을 삭제하고 '일제로부터 작위를 받거나 이를 계승한 행위'를 친일반민족행위로 규정하면서, 이에 해당하는 사람이라 하더라도 작위를 거부·반납하거나 후에 독립운동에 적극 참여한 사람 등으로 반민족규명위원회가 결정한 사람은 예외로 한다는 단서를 신설하는 한편, 부칙 제2조 본문은 "위원회가 종전의 제2조 제7호의 친일반민족행위로 결정한 경우에는 제2조 제7호의 개정규정의 친일반민족행위로 결정한 것으로 본다."라고 규정하였다. 이에 항소심 법원은 위 부칙 제2조 본문 및 현행 반민족규명법 제2조 제7호에 따라 이 사건 결정이 적법하다고 판단하면서, 1심 판결 중 피고 패소 부분을 취소하고 해당 부분 청구인의 청구를 기각하고, 청구인의 항소를 모두 기각하는 판결을 선고하였다. 청구인은 대법원에 상고하고, 상고심 계속 중 위 부칙 제2조 본문에 대하여 위헌법률심판 제청신청을 하였으나, 위 신청 및 상고가 모두 기각되자 위 조항에 대하여 헌법소원심판을 청구하였다.

쟁점은, 구 '반민족규명법' 제2조 제7호의 친일반민족행위로 결정한 경우에는 현행 '반민족규명법' 제2조 제7호의 친일반민족행위로 결정한 것으로 보는, 현행 반민족규명법 부칙 제2조 본문(이하 '심판대상조항')이 적법절차원칙에 위반되는지 여부이다(소극:적극 7:2, 2018. 4. 26. 2016헌바453; 공보 259호 698면). 재판관 조용호는 주심으로 법정의견을 집필하였다.

◇ 법정(합헌)의견

가. 적법절차의 원칙(due process of law)은 공권력에 의한 국민의 생명 · 자유 · 재산의 침해는 반드시 합리적이고 정당한 법률에 의거해서 정당한 절차를 밟은 경우에만 유효하다는 원리로서, 그 의미는 누구든지 합리적이고 정당한 법률의 근거가 있고 적법한 절차에 의하지 아니하고는 체포 · 구속 · 압수 · 수색을 당하지 아니함은 물론, 형사처벌 및 행정벌과 보안처분, 강제노역 등을 받지 아니한다고 이해되는바, 이는 형사절차상의 제한된 범위 내에서만 적용되는 것이 아니라 국가작용으로서 기본권 제한과 관련되든 아니든 모든 입법작용 및 행정작용에도 광범위하게 적용된다고 해석하여야 한다(헌재 1992. 12. 24. 92헌가8; 헌재 2001. 11. 29. 2001헌바41 등 참조).

나. 심판대상조항이 적용되는 경우 반민족규명위원회가 구 반민족규명법 제2조 제7호에 따라 행한 친일반민족행위결정(이하 '종전 결정'이라 한다)이 존속하나, 심판대상조항에 따라 종전 결정이 현행 반민족규명법 제2조 제7호에 의하여 이루어진 것으로 의제된다. 그 결과 실질적으로는 처분상대방의 법적 지위가 '구 반민족규명법 제2조 제7호에 의한 친일반민족행위를 한 자'에서 '현행 반민족규명법 제2조 제7호에 의한 친일반민족행위를 한 자'로 변경되고, 종전 결정의 적법 여부를 판단하는 기준이

구 반민족규명법 제2조 제7호에서 현행 반민족규명법 제2조 제7호로 변경되는 결과가 초래되므로, 심판대상조항이 위에서 본 적법절차원칙에 위반되는지 여부가 문제된다.

다. 그런데 구 반민족규명법 제2조 제7호에 의하면 종전 결정이 위법하였으나 심판대상조항에 따라 현행 반민족규명법 제2조 제7호가 적용되어 종전 결정이 적법하게 되는 경우는 당해 사건과 같이 현행 반민족규명법의 시행일 당시 종전 결정의 효력을 다투는 항고소송이 계속 중인 경우뿐인데, 이 경우 법원은 계속 중인 소송에서 심판대상조항에 따라 현행 반민족규명법 제2조 제7호를 적용하여 종전 결정의 적법 여부를 판단하여 청구기각 판결을 선고할 수 있게 되므로, 처분상대방과 유족 등 이해관계인(이하 '처분상대방 등'이라 한다)의 법적 지위가 종전보다 불이익하게 변경된다. 그러나 이러한 점만으로 곧바로 심판대상조항이 적법절차원칙에 위반된다고 보기는 어렵고, 심판대상조항의 적법절차원칙 위반 여부를 판단함에 있어서는 다음과 같은 제반 사정을 종합적으로 고려하여야 한다.

라. 입법자로서는 심판대상조항과 같이 종전 결정을 현행 반민족규명법 제2조 제7호에 의하여 이루어진 것으로 의제하는 방식을 택하는 대신, 종전 결정의 처분상대방에게 현행 반민족규명법 제2조 제7호를 적용하여 새로운 친일반민족행위결정을 하도록 하는 방식을 택할 수도 있었다.

그러나 반민족규명법은 2005. 1. 27. 법률 제7361호로 전부개정되어 시행된 때부터 반민족규명위원회가 조사대상자를 선정한 경우 그 선정사실을 당해 조사대상자, 그 배우자와 직계비속 또는 이해관계인(이하 '조사대상자 등'이라 한다)에게 통지하고, 이의신청의 기회를 부여하며(제19조), 조사 과정에서 조사대상자 등에게 의견을 진술할 기회를 부여하고(제24조), 조사보고서 또는 사료에 기재될 조사대상자의 친일반민족행위를 확정하여 그 내용을 조사대상자 등에게 통지하며, 이의신청의 기회를 부여하도록 하였으므로(제28조), 종전 결정 시 조사대상자 등의 절차적 권리가 충분히 보호되었다고 볼 수 있다. 그런데 현행 반민족규명법 제2조 제7호는 구 반민족규명법 제2조 제7호와 비교하여 보면, 본문에서 '한일합병의 공으로' 부분을 삭제하고 단서를 신설하여 친일반민족행위에 해당하지 않는 경우를 규정하고 있을 뿐이므로, 반민족규명위원회의 종전 결정 시 이루어진 조사 내용만으로도 현행 반민족규명법 제2조 제7호의 요건 충족 여부를 충분히 확인할 수 있다.

위와 같은 제반 사정을 종합적으로 고려하여 볼 때, 반민족규명위원회가 현행 반민족규명법의 시행일 이전에 활동을 종료하였고, 당해 사건과 같이 처분상대방 등이 종전 결정의 효력을 다투는 항고소송을 제기하여 그 재판절차가 계속 중인 경우가 존재하는 상황에서, 새롭게 반민족규명위원회를 조직하여 위에서 본 모든 절차를 다시 거치도록 하는 것은 국가의 인적·물적 자원의 낭비와 비효율을 초래하는 무용한 절차를 반복하고 처분상대방 등의 법적 지위를 장기간 불안정하게 만드는 것에 불과하다.

이러한 사정에 반민족규명법 자체가 일제의 식민지배에 대한 동조와 추종의 진상을 규명함으로써, 공동체를 보호하고 그 과오와 폐해를 되풀이하지 않기 위한 목적으로 제정되고 개정되어 온 것으로서, 태생적으로 과거의 행위를 역사적·법적으로 재평가하기 위한 진정소급입법에 해당하는 점, 국회의 입법자료를 살펴보면, 입법자는 '일제로부터 작위를 받거나 이를 계승한 행위'를 친일반민족행위에 포함시키기 위한 취지에서 구 반민족규명법 제2조 제7호를 규정하였으나, 그 문언 해석상 논란이 있자 불필요한 분쟁을 방지하고 당초의 입법취지를 분명하게 하기 위하여 현행 조항과 같이 반민족규명법 제2조 제7호를 개정하게 된 것으로 보이는 점 등을 덧붙여 종합하여 보면, 입법자는 위와 같은 반민족규명법의 입법목적을 관철하기 위하여 과거의 행위를 법적으로 재평가하는 매우 특수하고 이례적인 공동체적 과업을 계속해서 수행해 나가는 과정에서, 이러한 역사적 과업이 더 이상 지체되지 않도록 형식적·절차적 측면에서 법적 안정성을 다소 해하는 결과를 감수하는 불가피한 입법적 결단을 한 것으로 보인다.

마. 따라서 심판대상조항이 적법절차원칙 등에 위반된다고 볼 수는 없다.

cf. 이와 같은 쟁점으로, ① 구 '친일반민족행위자 재산의 국가귀속에 관한 특별법' 제2조 제1호에 따라 친일반민족행위자로 결정한 경우에는 친일재산귀속법 제2조 제1호에 따라 결정한 것으로 보는, 친일재산귀속법 부칙 제2항 본문이 적법절차원칙에 위반되는지 여부에 관한 위헌소원 사건(소극:적극 7:2, 2018. 4. 26. 2016헌바454; 공보 259호 702면), ② '친일재산귀속법'에 따라 그 소유권이 국가에 귀속되는 '친일재산'의 범위를 '친일반민족행위자가 국권침탈이 시작된 러·일전쟁 개전시부터 1945년 8월 15일까지 일본제국주의에 협력한 대가로 취득하거나 이를 상속받은 재산 또는 친일재산임을 알면서 유증·증여를 받은 재산'으로 규정하고 있는 친일재산귀속법 제2조 제2호 전문이 과잉금지원칙을 위반하여 재산권을 침해하는지 여부에 관한 위헌소원 사건(소극:적극 7:2, 2018. 4. 26. 2017헌바88; 공보 259호 708면)이 있다.

[19] 정신보건법 위헌제청 사건

(2016. 9. 29. 2014헌가9)

◇ 사안과 쟁점

제청신청인은 그 보호의무자인 자녀 2인의 동의와 정신건강의학과 전문의의 입원진단에 의하여 정신의료기관인 병원에 입원되었다. 제청신청인은 자신이 입원 당시 갱년기 우울증을 앓고 있었을 뿐 정신의료기관에서 치료받을 정도의 정신질환에 걸려 있지 않다는 등의 이유로 법원에 인신보호법에 따른 구제청구를 하였고, 위 구제청구 사건 계속 중 보호입원시킬 수 있도록 한 정신보건법 제24조가 신체의 자유 등을 침해한다고 주장하면서 위헌법률심판제청을 신청하였고, 당해 법원이 이를 받아들여 위헌제청을 하였다.

쟁점은, 보호의무자 2인의 동의와 정신건강의학과 전문의 1인의 진단으로 정신질환자에 대한 보호입원이 가능하도록 한 정신보건법 제24조 제1항, 제2항(이하 '심판대상조항')이 신체의 자유를 침해하는지 여부이다(전원 적극, 2016. 9. 29. 2014헌가9; 공보 240호 1457면). 재판관 조용호는 주심으로 법정의견을 집필하였다.

◇ 법정(위헌)의견

가. 제한되는 기본권

헌법 제12조 제1항 전문은 "모든 국민은 신체의 자유를 가진다."라고 규정하여 신체의 자유를 보장하고 있는데, 신체의 자유는 신체의 안전성이 외부로부터의 물리적인 힘이나 정신적인 위험으로부터 침해당하지 아니할 자유와 신체활동을 임의적이고 자율적으로 할 수 있는 자유를 말한다(헌재 1992. 12. 24. 92헌가8 참조).

심판대상조항은 정신질환자의 보호의무자 2인의 동의와 정신과전문의 1인의 진단만 있으면 정신질환자를 본인의 의사에 반하여 6개월까지 정신의료기관에 입원시킬 수 있도록 하고 있으므로, 정신질환자의 신체의 자유를 제한한다. 그런데 위와 같이 기본권을 제한하기 위해서는 헌법 제37조 제2항에 따른 과잉금지원칙을 준수하여야 하는바, 심판대상조항이 과잉금지원칙을 위반하여 정신질환자의 신체의 자유를 침해하는지 여부를 살펴본다.

제청법원이 언급한 개인의 자기결정권이나 통신의 자유에 대한 제한은 보호입원 대상자의 신체의 자유가 제한됨으로써 부수적으로 발생하는 결과이므로 이들 기본권에 대하여는 별도로 판단하지 않고, 한편 정신질환자의 수용에서 해제에 이르기까지 일련의 과정에서 요구되는 적절한 절차보장은 결국 격리수용의 필요성에 대한 판단에 공정성과 객관성을 담보하기 위한 것으로서 실체문제와 분리될 수 없으므로 과잉금지원칙 위반 여부에서 적법절차 문제를 포함하여 검토하기로 한다.

나. 과잉금지원칙 위반 여부

(1) 입법목적의 정당성 및 수단의 적절성

심판대상조항은 정신질환자를 신속·적정하게 치료하고, 정신질환자의 본인과 사회의 안전을 지키기 위한 것으로서 그 입법목적은 정당하다.

그리고 보호입원을 통해 정신질환자를 보호의무자 2인의 동의 및 정신과전문의 1인의 진단을 요건으로 정신의료기관에 입원시켜 치료를 받도록 하는 것은 위와 같은 입법목적을 달성하는 데 어느 정도 기여할 수 있을 것이므로 수단의 적절성 또한 인정된다.

(2) 침해의 최소성

보호입원은 정신질환자가 입원치료 여부를 스스로 결정할 수 없도록 하고, 정신질환자의 신체의 자유를 인신구속에 버금가는 수준으로 제한한다. 따라서 보호입원이 정신질환자 본인에 대한 치료와 사회의 안전 도모라는 측면에서 긍정적인 효과가 있다고 하더라도, 보호입원 과정에서 정신질환자의 신체의 자유 침해를 최소화하고 악용이나 남용 가능성을 방지하여야 하며, 이것이 정신질환자를 사회로부터 일방적으로 격리하거나 배제하는 수단으로 이용되지 않도록 해야 한다.

그러나 심판대상조항은 정신질환자 본인의 의사에 반하는 입원을 가능하게 함에도 다음에서 보는 바와 같이 정신질환자의 신체의 자유 침해를 최소화할 수 있는 방안을 충분히 마련하지 않고, 보호입원이 정신질환자를 사회로부터 격리시키는 수단으로 이용될 수 있는 가능성을 열어 두고 있으므로, 침해의 최소성 요건을 충족하고 있다고 볼 수 없다.

㈎ 보호입원의 대상과 그 진단의 문제

정신과전문의는 정신질환자가 ① 입원치료·요양을 받을 만한 정도의 정신질환에 걸려 있거나, ② 자신의 건강 또는 안전이나 타인의 안전을 위해 입원을 할 필요가 있는 경우에 입원의 필요성이 있다고 진단한다. 따라서 정신질환자는 입원치료·요양을 받을 만한 정도의 정신질환을 가지고 있는 경우에도 보호입원될 수 있고, 치료·요양을 위한 것이 아니라고 하더라도 자신의 건강 또는 안전이나 타인의 안전을 위해서도 보호입원될 수 있다.

그런데 정신보건법은 정신질환자를 '정신병(기질적 정신병을 포함한다)·인격장애·알코올 및 약물중독 기타 비정신병적 정신장애를 가진 자'로 광범위하게 정의하고 있을 뿐(제3조 제1호), 입원치료·요양을 받을 정도의 정신질환이 어떤 것인지에 대해서는 구체적인 기준을 제시하지 않고 있다. 이로 인하여 정신과전문의의 정신질환 소견만 있으면 누구나 보호입원될 가능성이 있다. 또한 '자신의 건강 또는 안전이나 타인의 안전'이라는 요건 또한 매우 추상적일 뿐만 아니라 이를 판단할 수 있는 구체적인 기준도 마련되어 있지 않으며, 정신보건법 상의 행정입원(제25조)이나 응급입원(제26조)이 '자신 또는 타인을 해할 위험성'을 요건으로 한 것과 비교하여 보더라도 그 대상이 지나치게 넓어 남용될 가능성이 크다.

실제로 2013년을 기준으로 정신의료기관에 입원 중인 환자 80,462명 중 보호입원된 환자의 수가 51,132명에 이른다는 점을 보더라도, 심판대상조항에 의한 보호입원이 얼마나 광범위하게 이용되고 있는지를 알 수 있다.

결국 심판대상조항이 정한 보호입원 대상은 그 요건이 매우 추상적이고 포괄적일 뿐만 아니라, 그 판단마저 신뢰성이 확보되지 않은 정신과전문의 1인에 맡기고 있어 정당성을 갖추고 있다고 보기 어렵다.

㈏ 보호의무자 2인의 동의와 정신과전문의 1인의 진단 요건의 문제

보호의무자 2인의 동의와 정신과전문의 1인의 진단만으로도 보호입원이 적정하

게 이루어질 수 있다면 본인의사를 확인하는 등의 절차는 별도로 필요하지 않다고 볼 여지도 있으나, 다음에서 보는 바와 같이 이러한 요건만으로 보호입원의 적정성이 담보되고 있다고 볼 수 없다.

1) 우선 보호의무자 2인의 동의 요건에 관하여 본다. 심판대상조항이 보호의무자 2인의 동의를 요건으로 설정한 것은 보호의무자가 정신질환자의 입원 여부를 결정함에 있어 정신질환자 본인을 위하여 최대한 이익이 되는 쪽으로 판단하리라는 선의에 기초하고 있다. 그런데 보호의무자 중에는 정신질환자의 보호를 위하여 보호입원 제도를 이용하려는 사람도 있지만, 정신질환자를 직접 돌보아야 하는 상황을 피하거나 부양의무를 면하려는 목적으로 또는 정신질환자의 재산을 탈취하거나 경제적 이익을 얻으려는 목적으로 보호입원 제도를 악용하는 사람도 있을 수 있으므로, 이러한 경우에는 그 보호의무자의 동의권은 제한되거나 부정되어야 한다.

그러나 현행 정신보건법은 보호의무자와 정신질환자 사이에 이해관계가 충돌하거나 보호의무자가 정신질환자에 대한 부양의무를 회피하려는 경우 등과 같이 정신질환자의 이익을 저해하는 보호입원을 방지할 수 있는 제도를 충분히 마련하고 있지 않다. 정신질환자의 보호입원에 동의권을 가지는 보호의무자는 부양의무자, 후견인의 순서로 정해지지만(제21조 제2항), 대부분 부양의무자가 보호의무자가 되고 그나마 보호입원에 객관성을 담보할 수 있는 후견인 제도는 거의 활용되지 않는다. 또한, 정신보건법 제21조 제1항 제3호가 당해 정신질환자를 상대로 한 소송이 계속 중인 자 또는 소송한 사실이 있었던 자는 보호의무자가 될 수 없도록 하고 있으나, 소송이 제기되지 않은 상태에서 이해충돌이나 갈등이 발생할 수 있고 이해충돌이나 갈등이 모두 소송으로 발전하는 것도 아니므로, 위와 같은 결격사유만으로는 보호의무자와 정신질환자 사이의 이해충돌을 적절히 예방하고 있다고 보기 어렵다. 심지어 보호의무자가 자격이 없는 자, 즉 동의한 자가 민법상 부양의무자나 후견인에 해당하는 자인지 여부에 대한 확인절차 없이 이루어지는 사례도 상당수 있는 것으로 보고되고 있다.

2) 정신과전문의 1인의 진단이라는 요건도 여러 가지 문제를 낳고 있다. 정신장애나 질환의 원인은 매우 다양하거나 잘 알 수 없는 데다, 유전적·환경적 요인이 복합되어 있기도 하며, 신체질환과 달리 증상이 명확히 드러나지 않아 이를 판단하는 것이 용이하지 않다는 점에서, 보호입원이 필요한지 여부에 관하여 전문가의 의견이 필요하다는 점은 부인할 수 없다. 다만 이러한 필요성을 인정하더라도 그 진단에 있

어서 남용가능성은 언제나 존재하기 때문에, 이를 차단할 수 있는 제도적 장치가 마련되어야 한다. 그러나 심판대상조항은 입원치료·요양을 받을 만한 정신질환을 앓고 있는지 또는 환자 자신의 건강·안전이나 타인의 안전을 위하여 입원이 필요한지 여부에 대한 판단권한을 정신과전문의 1인에게 전적으로 부여함으로써, 그의 자의적 판단 또는 권한의 남용 가능성을 배제하지 못하고 있다.

현재 정신과전문의가 입원의 필요성 등에 관한 진단을 하면, 정신질환자는 그 정신과전문의가 소속된 정신의료기관에 보호입원되고 있는 실정인데, 정신과전문의가 자신의 경제적 이익을 위하여 진단 권한을 남용하는 경우 현행 정신보건법상 이를 막을 방법이 없으며, 이와 관련하여 정신과전문의와 보호입원된 정신질환자(이하 '피보호입원자'라고만 한다) 사이에 이해관계가 충돌할 수 있다는 비판이 꾸준히 제기되고 있다.

3) 나아가 위와 같은 보호의무자 동의 요건의 문제점과 정신과전문의 진단 요건에 관한 문제점들이 서로 결합하는 경우 보호입원 제도가 남용될 위험성은 더욱 커진다. 보호의무자가 정신질환자의 이익이 아닌 자신의 이익을 위하여 보호입원에 동의하고, 경제적 이익을 위해 이를 방조·용인한 정신과전문의가 입원의 필요성 등이 있다고 진단하게 되면, 사실은 보호입원의 필요성이 없는 정신질환자, 심지어는 정신질환자가 아닌 사람도 정신의료기관에 입원될 수 있다. 이러한 현상은 실제로도 종종 발생하여 사회문제가 되기도 하였다. 더욱이 현행 보호입원 제도는 보호의무자 2인의 동의 아래 정신과전문의의 진단을 받는다는 명목으로 정신질환자를 정신의료기관까지 강제로 이송하는 것을 사실상 용인하고 있어, 정신질환자가 사설 응급이송단에 의하여 불법적으로 이송되거나 그 과정에서 감금이나 폭행을 당하는 일도 빈번하게 발생하고 있다.

㈐ 입원기간과 계속입원의 문제

보호입원은 입원기간도 최초부터 6개월이라는 장기로 정해져 있다(제24조 제3항 본문). 행정입원이 2주간의 진단입원을 거쳐 최대 3개월의 입원이 가능한 것(제25조)과 비교해 보았을 때에도 입원기간이 지나치게 길어, 치료의 목적보다는 격리의 목적으로 이용될 우려가 높다.

피보호입원자와 보호의무자는 언제든지 정신의료기관장에게 퇴원을 신청할 수 있고 정신의료기관장은 신청에 응해야 하는 것이 원칙이지만, 정신과전문의가 정신질환자의 위험성을 고지한 경우에는 정신의료기관장이 퇴원을 거부할 수 있으므로(제24조 제6항), 피보호입원자가 언제든지 퇴원을 신청할 수 있다는 점은 6개월이라는 장기간의 보호입원에 대한 적절한 보호책이 되기 어렵다.

이에 더하여, 정신의료기관장은 6개월이 지난 후에도 피보호입원자에 대하여 계속하여 입원치료가 필요하다는 정신과전문의의 진단 및 보호의무자 2인의 동의가 있는 때에는 6개월마다 시장·군수·구청장 소속 기초정신보건심의위원회의 계속입원심사를 통해 얼마든지 피보호입원자의 입원을 연장할 수 있다(제24조 제3항, 제30조, 제31조). 따라서 보호의무자와 의료기관 사이의 이해만 맞으면 얼마든지 정신질환자의 의사나 이익에 반하는 장기입원이 가능하다. 실제로 2013년 정신보건통계현황에 따르면 2013년을 기준으로 한 평균입원기간은 정신의료기관의 경우 176일, 정신요양시설의 경우 3,655일에 이른다.

㈑ **보호입원 대상자의 의사 확인이나 절차보조인의 관여 배제**

1) 강제입원은 기본적으로 신체의 자유를 제한 내지 박탈하는 인신구속의 성질을 가지므로 부당한 강제입원으로부터 환자의 권리를 보호할 수 있는 절차의 마련이 필요하다. 예컨대 신체의 자유를 제한당하는 당사자에 대한 사전고지, 청문 및 진술의 기회, 강제입원에 대한 불복, 부당한 강제입원에 대한 사법심사, 국가 또는 공적기관에서 제공하는 절차보조인의 조력과 같은 절차가 보장될 필요가 있다. 그런데 정신보건법은 심판대상조항과 같은 보호입원제도를 두면서 이러한 절차들을 전혀 마련하고 있지 아니하다.

정신질환자의 판단능력은 모두 다를 수 있음에도 불구하고, 심판대상조항은 입원을 결정함에 있어 정신질환자에게는 판단능력 내지 입원에 대한 동의능력이 전혀 없는 것으로 간주하여 이들의 의사를 고려하고 있지 아니하다. 또한 입원 전이나 입원 당시에 당사자에게 고지하는 제도가 없고, 입원 후에야 이를 통지하는 사후통지 제도만을 두고 있다(제24조 제5항). 공적기관에서 제공하는 절차보조인과 같이 보호입원 전반에 걸쳐 객관성을 담보할 수 있는 자의 관여도 허용하고 있지 아니하다.

2) 피보호입원자의 퇴원신청에 대한 정신의료기관장의 거부가 있는 경우 피보호입원자는 기초정신보건심의위원회에 이의를 신청할 수 있고(제24조 제6항 제3문), 정신의료기관장이 피보호입원자를 계속입원 시키기 위해서는 위 위원회의 심사를 받아야 한다. 기초정신보건심의위원회는 정신과전문의, 법조인, 정신보건전문요원,

정신질환자의 가족, 정신보건시설 운영자 등을 위원으로 하여 구성된 위원회이다(제28조 제5항). 따라서 피보호입원자로서는 위와 같이 비교적 다양하고 전문적인 인적 구성으로 이루어져 중립적이고 전문적인 제3자의 지위를 가진 기초정신보건심의위원회에서 보호입원 및 입원기간 연장의 위법·부당성을 다툴 수 있으므로, 부당한 보호입원이나 장기입원에 대한 적절한 구제책이 마련되어 있다는 의견이 있을 수 있다.

그러나 기초정신보건심의위원회에서는 피보호입원자를 직접 대면하여 그의 진술을 충분히 청취하는 절차를 거치지 않은 채 대부분 서류를 위주로 심사가 이루어지고 있는 점, 무엇보다도 피보호입원자가 이미 보호입원된 상태에서 사후적으로 입원의 필요성 등을 심사하게 되어 결국은 처음 입원의 필요성이 있다고 인정한 정신과전문의 1인의 진단에 상당히 의존할 수밖에 없는 점 등에 비추어 보면, 기초정신보건심의위원회가 보호입원 당시의 위법·부당성을 충분히 심사할 수 있을 것으로 기대하기 어렵다. 2012년, 2013년 계속입원심사청구 사건의 구제율은 각 3.5%(80,571건 중 2,847건), 3.8%(80,687건 중 3,053건), 퇴원심사청구 사건의 구제율은 각 9.5%(1,531건 중 146건), 10.9%(1,468건 중 160건)에 불과한 것을 보면, 기초정신보건심의위원회에 의한 실효적인 구제가 이루어지지 않고 있음을 알 수 있다.

더구나 피보호입원자는 정신의료기관으로부터 치료의 필요성이라는 이유로 통신의 자유, 면회의 자유 등을 제한받을 수 있고(제45조), 정신의료기관 내에서 격리되거나 결박당할 수도 있다(제46조). 피보호입원자 본인의 치료를 위하여 위와 같은 조치가 극히 예외적으로 허용될 수도 있으나, 보호의무자나 정신의료기관장이 외부와의 접촉이나 퇴원을 원하는 피보호입원자의 입원을 장기화할 목적으로 이를 악용할 경우, 피보호입원자는 인간으로서 가져야 할 최소한의 존엄성마저 침해당할 수 있다. 실제로도 피보호입원자의 이익이나 입장은 전혀 고려되지 않은 채 장기격리를 위하여 위와 같은 조치들이 이용된 사례도 상당수 존재한다.

3) 피보호입원자는 인신보호법 제3조에 따라 법원에 구제를 청구함으로써 사후적으로 위법한 보호입원에 대한 사법심사를 받을 수 있으므로, 위법한 보호입원이 있더라도 피보호입원자가 충분히 구제될 수 있다는 반론도 있을 수 있다.

그러나 인신보호법상 구제청구는 보호입원의 위법성을 심사함에 있어 심판대상조항에서 정한 보호입원 요건이 구비되었는지 여부, 즉 보호의무자 2인의 동의와 정신과전문의 1인의 진단이 있는지 여부를 심사함에 그칠 가능성이 있는 점, 인신보호법상 구제청구는 사후적인 구제수단이어서 피보호입원자의 구제청구와 보호입원 사이에는 시간적 간격이 있는 점, 피보호입원자는 정신의료기관에 격리수용되어 있어 구제청구 절차 자체를 이용하기도 쉽지 않은 점, 구제청구 절차가 진행되면 정신의료기관이 정신질환자를 퇴원시키거나 다른 정신의료기관으로 전원시키는 방법으로 그 절차를 무력화시킬 수 있는 점 등을 종합하여 보면, 인신보호법상 구제청구라는 사후적 구제수단이 마련되어 있다고 하더라도 이러한 구제수단이 피보호입원자를 위법·부당한 보호입원으로부터 충분히 보호하고 있다고 보기 어렵다.

(마) 소 결

이상과 같이 심판대상조항이 정한 보호입원 제도는 입원의 필요성에 대한 판단에 있어 객관성과 공정성을 담보할 만한 장치를 두고 있지 않고, 보호입원 대상자의 의사 확인이나 부당한 강제입원에 대한 불복제도도 충분히 갖추고 있지 아니하여, 보호입원 대상자의 신체의 자유를 과도하게 제한하고 있어, 침해의 최소성에 반한다.

(3) 법익의 균형성

심판대상조항이 정신질환자를 신속·적정하게 치료하고, 정신질환자 본인과 사회의 안전을 도모한다는 공익을 위한 것임은 인정된다. 그러나 심판대상조항은 단지 보호의무자 2인의 동의와 정신과전문의 1인의 판단만으로 정신질환자에 대한 보호입원이 가능하도록 하면서 정신질환자의 신체의 자유 침해를 최소화할 수 있는 적절한 방안을 마련하지 아니함으로써 지나치게 기본권을 제한하고 있다. 따라서 심판대상조항은 법익의 균형성 요건도 충족하지 못한다.

다. 소결론

심판대상조항은 과잉금지원칙을 위반하여 신체의 자유를 침해한다.

[20] '변호인이 되려는 자'의 피의자 접견교통 불허 위헌확인 사건

(2019. 2. 28. 2015헌마1204)

◇ 사안과 쟁점

청구인은 구속영장이 청구된 피의자 가족들의 의뢰를 받아 사건을 수사 중인 검사에게 변호인 접견신청을 하였다. 위 피의자 호송 담당 교도관은 19:10경 검사실로 피의자를 인치한 다음 검사가 청구인의 접견신청이 있었음을 알리자 '국가공무원 복무규정'상 근무시간이 경과하여 변호인 접견은 허용할 수 없다고 통보하였다. 청구인은 피의자를 접견하지 못하고 퇴실하였고, 검사는 피의자에 대한 신문을 계속하였으며, 청구인은 피의자의 변호인으로 선임되지 못하였다. 청구인은 검사와 교도관의 접견신청을 불허한 행위가 자신의 기본권을 침해한다고 주장하면서 헌법소원심판을 청구하였다.

쟁점은, '변호인이 되려는 자'의 피의자 접견교통권이 헌법상 기본권인지 여부이다(적극:소극 6:3, 2019. 2. 28. 2015헌마1204; 공보 269호 289면). 6명의 다수의견은 청구인이 '변호인이 되려는 자'의 자격으로 피의자 접견신청을 하였음에도 이를 허용하기 위한 조치를 취하지 않은 검사의 행위가 헌법상 기본권인 청구인의 접견교통권을 침해하였다고 보아 청구인의 헌법소원심판청구를 인용하였다. 재판관 조용호 등 3명의 재판관은 변호인이 되려는 자의 접견교통권은 피체포자 등의 '변호인의 조력을 받을 권리'를 기본권으로 인정한 결과 발생하는 간접적이고 부수적인 효과로서 형사소송법 등 개별 법률을 통하여 구체적으로 형성된 법률상의 권리에 불과하고, '헌법상 보장된 독자적인 기본권'으로 볼 수는 없다고 하였다. 나아가 다수의견은 '변호인이 되려는 자'의 피의자 접견신청을 허용하기 위한 조치를 취하지 않은 검사의 행위에 대하여 형사소송법 제417조에 따른 준항고 절차를 거치지 아니하고 헌법소원심판을 청구한 경우 보충성원칙의 예외를 인정하고 있으나, 재판관 조용호 등 3명의 재판관은 반대하였다.

◇ 반대(각하)의견

우리는 이 사건 검사의 접견불허행위에 대한 헌법소원심판청구 역시 부적법하여 각하되어야 한다고 보아 다음과 같이 그 견해를 밝힌다.

가. 기본권침해가능성

(1) 헌법재판소법 제68조 제1항의 헌법소원은 공권력의 행사 또는 불행사로 인하여 '헌법상 보장된 기본권'을 침해받은 자만이 청구할 수 있다. 그러므로 헌법상 보장된 기본권이 아니라 단순히 법률에만 근거를 둔 권리의 침해를 주장하는 헌법소원심판청구는 부적법하다.

(2) 헌재 2015. 7. 30. 2012헌마610 결정에서 3인의 재판관들은 다음과 같은 별개의견을 제시한 바 있다.

『변호인의 조력을 받을 권리를 보장한다는 것은 피체포자 등을 돕기 위한 변호인의 활동을 충분히 그리고 실질적으로 보장한다는 것을 의미한다. 그리하여 형사소송법에서는 변호인의 조력을 받을 권리를 실질적으로 보장하기 위한 구체적인 수단으로서 변호인의 접견교통권(제34조), 변호인의 수사 및 소송기록 열람·등사권(제35조, 제266조의3), 수사 및 공판 등 각종 절차에서 변호인의 참여권(제121조, 제163조, 제243조의2 등) 등을 인정하고 있다.

변호인에게 기록 열람·등사권이나 접견교통권 등과 같은 특별한 권리를 인정하는 이유는 모두 피체포자 등이 가지는 '변호인의 조력을 받을 권리'를 충실하게 보장하기 위한 목적에서 비롯된 것이지, 그것이 변호인 자신의 기본권을 보장하기 위하여 인정되는 권리라고 볼 수는 없다. 변호인은 자기 자신의 기본권 보호를 위해서가 아니라 피체포자 등의 조력자로서 피체포자 등을 위하여 형사소송법에서 인정한 '변호인으로서 조력할 권리'를 행사하는 것이다. 그러므로 '변호인으로서 조력할 권리'는 피체포자 등의 헌법상 보장된 기본권인 '변호인의 조력을 받을 권리'를 충실하게 보장하기 위하여 입법자가 형사소송법 등 개별 법률을 통하여 구체적으로 형성한 결과로서 인정되는 법률상의 권리라고 보아야 한다.

이러한 입장에서 일찍이 헌법재판소는 헌법상 변호인과의 접견교통권은 피의자·피고인에게만 한정되는 신체의 자유에 관한 기본권이고, 변호인 자신의 피의자·피고인과의 접견교통권은 헌법상의 권리라고 볼 수 없으며, 단지 형사소송법 제34조에 의하여 비로소 보장되는 권리에 불과하므로, 변호인이 제기한 헌법소원심판청구를 기본권침해가능성이 없다고 보아 각하한 바 있다(헌재 1991. 7. 8. 89헌마181 참조).』

위 별개의견에서 제시한 것과 같은 이유로 '변호인이 되려는 자'의 접견교통권 역시 피체포자 등의 '변호인의 조력을 받을 권리'를 기본권으로 인정한 결과 발생하는 간접적이고 부수적인 효과로서 형사소송법 등 개별 법률을 통하여 구체적으로 형성된 법률상의 권리에 불과하고, '헌법상 보장된 독자적인 기본권'으로 볼 수는 없다.

(3) 다수의견은 '피의자 등이 가지는 변호인의 조력을 받을 권리가 실질적으로 확보되기 위해서는, 피의자 등에 대한 변호인의 조력할 권리의 핵심적인 부분은 헌법상 기본권으로서 보호되어야 한다'는 헌재 2003. 3. 27. 2000헌마474 결정의 법정의견 및 헌재 2017. 11. 30. 2016헌마503 결정의 법정의견에 기초하여 '변호인이 되려는 자'의 접견교통권 역시 피의자 등을 조력하기 위한 핵심적인 권리로서 그것이 보장되지 않으면 변호인으로부터 충분한 조력을 받을 피의자 등의 권리가 유명무실하게 되므로 헌법상 기본권으로 보장되어야 한다고 보고 있다.

변호인은 접견을 통하여 구속된 피의자 등의 상태를 파악하여 그에 따른 적절한 대응책을 강구하고, 피의사실이나 공소사실의 의미를 설명해 주고 그에 관한 피의자 등의 의견을 들어 대책을 의논하며, 법적·심리적으로 불안한 상태에 있는 피의자 등은 변호인과의 접견을 통하여 위로를 받음으로써 심리적인 안정을 회복하고, 형사소송절차 내에서 효과적으로 방어권을 행사할 수 있게 된다(헌재 2009. 10. 29. 2007헌마992 참조). '변호인이 되려는 자'와 피의자 등의 접견교통을 통해서도 위와 같은 피의자 등에 대한 조언, 상담 및 위로가 어느 정도 가능한 것은 사실이다. 그러나 '변호인이 되려는 자'가 피의자 등과 접견교통하는 경우 피의자 등이 실제로 변호사를 선임하여 그 조력을 받을 것인지가 확정되지 않은 시점이므로, 그 주된 목적은 피의자 등의 조력보다는 자신의 수임 활동에 있다고 볼 수 있고, '변호인이 되려는 자'가 피의자 등을 접견하지 못함으로써 받는 불이익, 즉 형사사건 수임 실패에 따른 불이익은 간접적, 사실적, 경제적인 이해관계에 불과하다(헌재 2004. 4. 29. 2002헌마756 참조).

한편 다수의견이 밝힌 바와 같이 변호인 선임의뢰를 받았으나 아직 변호인선임신고를 하지 아니한 사람 외에 스스로 변호인으로 활동하려는 자도 '변호인이 되려는 자'에 해당한다고 보는 것이 타당하고, 대법원 역시 "변호인이 되려는 의사를 표시한 자가 객관적으로 변호인이 될 가능성이 있다고 인정되는데도, 형사소송법 제34조에서 정한 '변호인 또는 변호인이 되려는 자'가 아니라고 보아 신체구속을 당한 피고인 또는 피의자와 접견하지 못하도록 제한하여서는 아니 된다."라고 판시한 바 있다(대법원 2017. 3. 9. 선고 2013도16162 판결 참조). '변호인이 되려는 자'의 의미를 위와 같이 해석한다면 '변호인이 되려는 자'의 접견교통권은 피의자 등을 조력하기 이전 단계에서 피의자 등의 의사와는 관계없이 '변호인이 되려는 자'에게 인정되는 권리라고 보아야 한다.

위와 같은 사정을 고려해 볼 때 '변호인이 되려는 자'의 접견교통권은 피의자 등의 조력을 받을 권리와 표리의 관계에 있다고 볼 수 없고, 이를 헌법상 기본권으로 격상하여 보장하지 않는다고 해서 변호인으로부터 충분한 조력을 받을 피의자 등의 권리가 유명무실하게 된다고 단정할 수 없다. 따라서 피의자 등에 대한 변호인의 조력할 권리의 핵심적인 부분은 헌법상 기본권으로서 보호되어야 한다는 견해를 취하더라도 다수의견과 같이 '변호인이 되려는 자'의 접견교통권까지 헌법상 기본권으로 파악할 필요는 없다.

(4) 결국 청구인이 이 사건 검사의 접견불허행위로 인해 침해되었다고 주장하는 '변호인이 되려는 자'의 접견교통권은 헌법상 보장된 기본권으로 볼 수 없으므로, 위 접견불허행위에 대한 청구인의 헌법소원심판청구는 기본권침해가능성이 없어 부적법하다.

나. 보충성

(1) 형사소송법 제417조는 "검사 또는 사법경찰관의 구금, 압수 또는 압수물의 환부에 관한 처분과 제243조의2에 따른 변호인의 참여 등에 관한 처분에 대하여 불복이 있으면 그 직무집행지의 관할법원 또는 검사의 소속검찰청에 대응한 법원에 그 처분의 취소 또는 변경을 청구할 수 있다."라고 규정하고 있다.

피의자와 변호인 등의 접견을 거부한 수사기관의 행위는 형사소송법 제417조의 준항고의 대상이 되는 '구금에 관한 처분' 또는 '변호인의 참여 등에 관한 처분'에 해당하여 피의자나 변호인뿐만 아니라 '변호인이 되려는 자'도 위 조항에 따라 준항고를 제기하여 다툴 수 있다(대법원 1990. 2. 13.자 89모37 결정; 대법원 1991. 3. 28.자 91모24 결정; 대법원 2007. 1. 31.자 2006모656 결정 등 참조).

헌법소원심판청구는 다른 법률에 구제절차가 있는 경우에는 그 절차를 모두 거친 후가 아니면 청구할 수 없는데(헌법재판소법 제68조 제1항 단서), 헌법재판소는 형사소송법 제417조에 따른 준항고가 가능함에도 불구하고 그러한 절차를 거치지 아니하고 헌법소원심판을 청구한 경우 다른 법률이 정한 적법한 구제절차를 거치지 아니하여 부적법하다고 판시한 바 있다(헌재 2007. 5. 31. 2006헌마1131 참조).

(2) 이 사건 검사의 접견불허행위는 형사소송법 제417조의 준항고의 대상이 되는 '구금에 관한 처분' 또는 '변호인의 참여 등에 관한 처분'에 해당한다. 그럼에도 청구인은 준항고 절차를 통하여 이 사건 검사의 접견불허행위의 취소 또는 변경을 구하지 아니하고 이 사건 헌법소원심판을 청구하였다.

다수의견은 사건 당일 이 사건 검사의 접견불허행위가 종료되었으므로 청구인이 그 취소를 구하는 준항고를 제기한다 하더라도 법원이 실체 판단에 나아갈 것인지가 객관적으로 불확실하여 청구인으로 하여금 전심절차를 이행할 것을 기대하기 어렵다는 이유로, 위 접견불허행위에 대한 헌법소원심판청구는 보충성의 예외로서 적법하다고 보았다.

그러나 이 사건 검사의 접견불허행위 이후 청구인은 피의자 윤○현을 접견하거나 피의자신문에 참여하지 못하였고, 결국 위 피의자의 변호인으로 선임되지도 못하였다. 또한 위 피의자에 대해서는 구속영장이 발부되어 구금된 상태에서 기소되었다. 이 사건 검사의 접견불허행위에 대하여 청구인이 준항고를 제기할 경우 법원에서 법률상 이익이 결여 내지 소멸되었다고 판단할 만한 어떠한 사정도 엿보이지 않는다. 대법원은 피의자신문 중에 변호인 참여를 불허한 경우 피의자신문절차가 종료되었음에도 법률상 이익이 인정된다는 전제 하에 본안에 관하여 판단한 바 있는데(대법원 2008. 9. 12.자 2008모793 결정 참조), 피의자신문 중에 접견이 불허된 경우에도 이와 마찬가지로 보아야 한다.

따라서 이 사건 검사의 접견불허행위가 이미 종료되었다고 하더라도 청구인으로서는 형사소송법 제417조의 준항고를 제기하여 이를 다툴 수 있다 할 것이어서, 위 접견불허행위에 대한 청구인의 이 사건 헌법소원심판청구는 보충성 요건을 구비하지 못하여 부적법하다.

다. 결 론

청구인이 이 사건 검사의 접견불허행위로 인하여 침해당하였다고 주장하는 '변호인이 되려는 자'의 접견교통권은 헌법상 보장된 기본권이라고 할 수 없으므로 이 사건 검사의 접견불허행위에 대한 청구인의 심판청구는 기본권침해 가능성이 없고, 또한 청구인이 형사소송법 제417조에 따른 준항고 절차를 거치지 아니하였으므로 보충성 요건도 구비하지 못하였다.

그렇다면 이 사건 검사의 접견불허행위에 대한 헌법소원심판청구는 어느 모로 보나 부적법하므로 각하되어야 한다.

[21] 영창에 관한 전투경찰대설치법 위헌소원 사건

(2016. 3. 31. 2013헌바190)

◇ 사안과 쟁점

청구인은 전투경찰순경으로 허가없이 휴대전화를 부대로 반입하여 소지·사용하였다는 이유로 징계위원회에 회부되어 법령위반, 명령 불복종, 복무규율 위반 등을 이유로 영창 5일의 징계처분을 받았다. 청구인은 소청심사위를 거쳐 영창처분에 대한 취소소송을 제기한 다음 전투경찰대설치법 제5조의 영창조항이 헌법상 적법절차원칙, 영장주의 및 과잉금지원칙에 위배된다고 주장하였다.

쟁점은, 전투경찰순경에 대한 징계처분으로 영창을 규정하고 있는 전투경찰대설치법 제5조 제1항, 제2항(이하 '이 사건 영창조항')이 적법절차원칙, 영장주의에 위배되고 신체의 자유를 침해하는지 여부이다(소극:적극 4:5, 2016. 3. 31. 2013헌바190; 공보 234호 552면). 재판관 조용호는 4명의 법정(합헌)의견을 집필하였다.

◇ 법정(합헌)의견

가. 사안의 쟁점

헌법 제12조 제1항은 "모든 국민은 신체의 자유를 가진다."라고 규정하여 신체의 자유를 헌법상 기본권의 하나로 보장하고 있다. 신체의 자유는 신체의 안정성이 외부로부터의 물리적인 힘이나 정신적인 위험으로부터 침해당하지 아니할 자유와 신체활동을 임의적이고 자율적으로 할 수 있는 자유를 말한다(헌재 1992. 12. 24. 92헌가8). 영창처분은 전투경찰순경을 일정한 시설에 구금하는 징계벌로서 전투경찰순경의 신체활동의 자유를 직접 제한하므로, 이 사건 영창조항이 적법절차원칙이나 과잉금지원칙에 위반되어 전투경찰순경의 신체의 자유를 침해하는지가 문제된다.

청구인은 이 사건 영창조항이 헌법상 영장주의에 위배된다는 주장도 하나, 헌법 제12조 제3항에서 규정하고 있는 영장주의란 형사절차와 관련하여 체포·구속·압수·수색의 강제처분을 할 때 신분이 보장되는 법관이 발부한 영장에 의하지 않으면 안 된다는 원칙으로(헌재 2015. 9. 24. 2012헌바302), 형사절차가 아닌 징계절차에도 그대로 적용된다고 볼 수 없다. 따라서 이 사건 영창조항이 헌법상 영장주의에 위반되는지 여부는 더 나아가 판단하지 아니한다.

나. 적법절차원칙 위배 여부

(1) 헌법 제12조 제1항의 적법절차원칙

헌법 제12조 제1항은 " …… 법률과 적법한 절차에 의하지 아니하고는 처벌·보안처분 또는 강제노역을 받지 아니한다."라고 규정하여 적법절차원칙을 선언하고 있는데, 이 원칙은 형사소송절차에 국한되지 않고 모든 국가작용 전반에 대하여 적용된다고 할 것이므로(헌재 2003. 7. 24. 2001헌가25), 전투경찰순경의 인신구금을 그 내용으로 하는 영창처분에 있어서도 헌법상 적법절차원칙이 준수될 것이 요청된다.

적법절차원칙에서 도출할 수 있는 중요한 절차적 요청으로는 당사자에게 적절한 고지를 행할 것, 당사자에게 의견 및 자료 제출의 기회를 부여할 것 등을 들 수 있겠으나, 이 원칙이 구체적으로 어떠한 절차를 어느 정도로 요구하는지는 일률적으로 말하기 어렵고, 규율되는 사항의 성질, 관련 당사자의 사익(私益), 절차의 이행으로 제고될 가치, 국가작용의 효율성, 절차에 소요되는 비용, 불복의 기회 등 다양한 요소들을 형량하여 개별적으로 판단할 수밖에 없다(헌재 2006. 5. 25. 2004헌바12).

(2) 판 단

(가) 전투경찰순경에 대한 징계사유는 경찰청훈령인 '전투경찰순경 등 관리규칙'(이하 '관리규칙'이라 한다)에 구체적으로 규정되어 있다. 이에 따르면 관리규칙 제94조 각 호에 열거된 12가지 사유에 해당하는 복무규율 위반행위가 있어야 영창처분을 할 수 있으며, 경찰기관의 장이 위 조항을 근거로 징계의결을 요구하면 위원장을 포함한 3인 이상 7인 이하의 위원으로 구성된 전투경찰순경 징계위원회의 심의 절차를 거쳐야 한다(관리규칙 제94조, 제95조 제1항, 96조 제1항). 징계 심의가 이루어지려면 사전에 당해 징계 심의 대상자에게 출석통지서를 발부해 출석하도록 하고 있어(관리규칙 제96조 제6항) 당사자의 출석권을 보장하고 있으며, 징계 집행시 징계의결서 사본을 첨부한 징계처분사유 설명서를 징계대상자에게 교부하도록 함으로써(관리규칙 제97조 제1항 제3호) 징계대상자에게 적절한 고지가 이루어지도록 하고 있다.

(나) 한편, '전투경찰대 설치법'과 동법 시행령에서는 영창 결정에 불복하는 징계대상자로 하여금 소청을 제기할 수 있도록 하고 있다(법 제6조 제1항, 법 시행령 제38조 제1항). 소청 심사는 5인 이상 7인 이내의 위원으로 구성된 경찰공무원 보통징계위원회에서 이루어지며(법 시행령 제39조 제1항), 소청 심사시 소청인 또는 그 대리인에게 진술의 기회를 부여하도록 하고, 진술권을 부여하지 아니하는 결정은 무효가 되도록 함으로써(법 시행령 제42조) 당사자의 의견진술 기회를 중요한 절차적 요건의 하나로 규정하고 있다. 소청 결정은 재적위원 과반수의 합의로 하고, 친족인 위원의 관여를 금지함으로써 다수결에 따른 공정한 심의가 이루어지도록 하고 있으며, 원징계처분보다 중한 징계결정을 할 수 없도록 하여 소청 제기로 인해 처분상 불이익을 받지 않도록 하고 있다(법 시행령 제43조). 또한 소청 심사 결정 이후에는 결정서 정본을 지체없이 소청인과 피소청인에게 송부하도록 하여(법 제45조), 소청심사 결과에 대한 적절한 고지가 이루어지도록 하고 있다. 그 밖에 징계대상자는 행정소송법에 의한 징계처분 취소소송을 제기할 수 있고, 이 경우 처분의 집행으로 인해 생길 회복하기 어려운 손해를 예방하기 위하여 긴급한 필요가 있다는 점을 소명함으로써 집행정지를 신청할 수 있으므로(행정소송법 제23조), 영창처분의 대상자에게 실효성 있는 불복절차가 존재하지 않는다고 보기 어렵다.

(다) 이처럼 전투경찰순경에 대한 영창처분은 그 사유가 제한되어 있고, 징계 심

의 및 집행에 있어 징계대상자의 출석권과 진술권이 보장되며, 법률에 의한 별도의 불복절차가 마련되어 있는바, 이러한 점들을 종합하면 이 사건 영창조항이 헌법에서 요구하는 수준의 절차적 보장 기준을 충족하지 못했다고 볼 수 없다. 따라서 이 사건 영창조항은 적법절차원칙에 위배되지 아니한다.

다. 과잉금지원칙 위배 여부

(1) 목적의 정당성 및 수단의 적절성

전투경찰순경의 복무기강을 엄정히 하고 전투경찰대의 단체적 전투력과 작전수행의 원활함 및 신속함을 유지하기 위하여는 복무규율 위반자에 대한 제재수단이 필요하다. 그 중 영창은 경찰조직 내의 지휘권을 확립하고 복무규율 준수를 강제하기 위해 그 위반자에 대하여 일정기간 제한된 장소에 인신을 구금하면서 그 기간을 의무복무기간에 산입하지 아니하는 징계처분인바, 복무규율 준수에 대한 강제 및 위반에 대한 제재라는 측면에서 다른 징계에 비하여 효과가 크다. 따라서 전투경찰순경에 대한 징계처분의 한 종류로 영창을 규정하고 있는 이 사건 영창조항은 목적의 정당성 및 수단의 적절성이 인정된다.

(2) 침해의 최소성

㈎ 과잉금지원칙의 한 내용인 침해의 최소성 원칙은 입법목적의 달성에 있어 동일한 효과를 나타내는 수단 중에서 되도록 당사자의 기본권을 덜 침해하는 수단을 채택하라는 헌법적 요구로서, 설령 입법자가 택한 수단보다 국민의 기본권을 덜 침해하는 수단이 존재하더라도 그 다른 수단이 효과 측면에서 입법자가 선택한 수단과 동등하거나 유사하다고 단정할 만한 명백한 근거가 없는 이상 침해의 최소성 원칙에 위반된다고는 할 수 없다(헌재 2013. 6. 27. 2011헌바278).

㈏ 그런데 영창에 의해 전투경찰순경에 대한 인신구금과 복무기간 불산입이 이루어지는 점을 고려하면 영창은 다른 징계수단보다 더 강한 위하력을 발휘하는 징계처분이라 할 것이고, 그러한 효과를 가지지 않는 다른 징계수단이 엄중한 복무위반행위를 예방 및 제재함에 있어 영창과 동등하거나 유사한 효과가 있다고 단정할 수 없다. 비록 '전투경찰대 설치법' 자체에서는 영창처분의 사유를 명시적으로 규정하지 않고 있으나, 경찰청훈령인 관리규칙 제84조와 별표 12에서는 복무규율에 따라 주요 복무규율(17종), 일반 복무규율(17종), 기타 복무규율(17종) 위반으로 나누어 위반정도

에 따라 현지훈계나 경고, 기율교육대 입교, 징계로 나누어 조치하도록 하고 있으며, 관리규칙 제94조에서는 구체적인 징계사유를 12가지 유형으로 제한하고 있어 책임에 상응한 징계가 이루어지도록 하고 있다.

(다) 나아가 전투경찰순경의 징계에 관하여는 법과 시행령, 관리규칙에 특별히 규정된 것을 제외하고는 '경찰공무원 징계령'을, 징계양정기준에 대해서는 '경찰공무원 징계양정 등에 관한 규칙'을 각 준용하도록 하여(관리규칙 제98조), 의무위반 행위의 유형·정도, 과실의 경중, 평소의 행실, 근무성적, 공적(功績), 뉘우치는 정도 또는 그 밖의 정상을 참작하여 징계양정기준에 따라 징계의결 요구 또는 징계의결을 하도록 하고 있다('경찰공무원 징계령' 제16조, '경찰공무원 징계양정 등에 관한 규칙' 제4조 제1항). 이처럼 복무규율 위반의 정도와 책임에 상응하는 징계처분을 할 수 있는 기준이 마련되어 있어 영창처분의 남용 가능성이 크다고 볼 수도 없으므로, 이러한 점들을 고려하면 이 사건 영창조항은 침해의 최소성 원칙에 위반된다고 볼 수 없다.

(3) 법익의 균형성

대간첩작전 또는 치안유지와 같이 전투경찰대가 수행하는 국가적 기능의 중요성과 일사불란한 지휘권 체계 확립의 필요성 등을 고려했을 때, 전투경찰순경의 복무기강을 엄정히 하고 단체적 전투력과 작전수행의 원활함 및 신속함을 달성하고자 하는 공익은 영창처분으로 인하여 전투경찰순경이 받게 되는 일정기간 동안의 신체의 자유 제한 정도에 비해 결코 작다고 볼 수 없다. 따라서 이 사건 영창조항은 법익의 균형성 원칙도 충족하였다.

(4) 소 결

그러므로 이 사건 영창조항은 과잉금지원칙에 위배되어 전투경찰순경의 신체의 자유를 침해한다고 볼 수 없다.

라. 결 론

따라서 이 사건 영창조항은 적법절차원칙과 과잉금지원칙에 위배되어 전투경찰순경의 신체의 자유를 침해한다고 볼 수 없으므로, 헌법에 위반되지 아니한다.

[22] 디엔에이 감식시료 채취동의 위헌확인 사건

(2014. 8. 28. 2011헌마28등)

◇ 사안과 쟁점

청구인 서○문은 다중의 위력으로 위험한 물건을 소지한 채 피해자의 퇴거요구에 불응하고, 피해자에게 상해를 가했다는 등의 범죄사실로 폭력행위 등 처벌에 관한 법률위반(집단·흉기등퇴거불응, 집단·흉기등상해)죄 등으로 유죄판결을 선고받고 그 형이 확정되었다. 그 후 검사가 청구인에게 '디엔에이신원확인정보의 이용 및 보호에 관한 법률'에 따라 디엔에이를 채취하려고 하니 출석해달라고 요구하자 청구인은 검찰청에 출석하여 디엔에이감식시료의 채취에 동의한 후 그 채취에 응하였다. 위 청구인은 위 법률 제8조 제3항(이하 '이 사건 채취동의조항')이 청구인의 기본권을 침해한다며 헌법소원심판을 청구하였다. 위 청구인은 위 채취동의조항과 관련하여 채취에 대한 거부와 동의에 대한 안내가 전혀 없었고, 서면으로 동의를 구하는 절차도 밟지 않고 이루어져 디엔에이채취가 진정한 자발적 동의에 근거한 것이라고 볼 수 없다고 주장하였다.

쟁점은, 채취대상자가 동의하는 경우에 영장 없이 디엔에이감식시료를 채취할 수 있도록 규정한 채취동의조항이 영장주의와 적법절차원칙에 위배되어 신체의 자유를 침해하는지 여부이다(기각:각하 7:2, 2014. 8. 28. 2011헌마28등; 공보 215호 1381면).

다수의견(7명)은 본안판단에 들어가 위 채취동의조항은 영장주의와 적법절차원칙에 위배되어 신체의 자유를 침해한다고 볼 수 없다고 하여 그 심판청구를 기각하였다. 재판관 조용호 등 2명의 재판관은 위 채취동의조항에 대한 심판청구는 기본권을 침해할 가능성이 없어 부적법하므로 각하하여야 한다는 의견이었다.

◇ 반대(각하)의견

우리는, 청구인 서○문의 이 사건 채취동의조항에 대한 심판청구는 기본권을 침해할 가능성이 없어 부적법하므로 이를 각하함이 옳다고 생각한다.

이 사건 채취동의조항은 채취대상자의 동의가 있으면 영장 없이 디엔에이감식시료를 채취할 있다고 규정하면서 채취동의를 받기 전에 미리 채취대상자에게 채취를 거부할 수 있음을 고지하고, 서면으로 동의를 받아야 한다고 규정하고 있다.

이 사건 채취동의조항은 원칙적으로 영장에 의하여서만 채취대상자로부터 디엔에이감식시료를 채취할 수 있으나, 다만 채취대상자가 사전에 동의하면 영장 없이도 시료 채취를 할 수 있다는 예외를 규정한 조항일 뿐이다.

이 사건 채취동의조항에 의하더라도 채취대상자는 디엔에이감식시료 채취 동의 요청에 대하여 반드시 동의하여야 할 의무를 부담하는 것이 아니고, 얼마든지 시료 채취에 동의하지 않을 자유가 있으므로 시료 채취에 동의하지 아니하였다고 하여 곧바로 어떠한 불이익을 입게 되는 것이 아니다. 다시 말하면 채취대상자가 채취에 동의하지 아니하면 그 의사에 반하여 강제적으로 시료 채취를 할 수 없는 것이고, 단지 영장에 의하여서만 시료의 강제 채취가 가능할 뿐이다. 그러므로 이 사건 채취동의조항으로 인하여 채취대상자의 기본권이 직접 침해되거나 제한된다고 보기 어렵다.

물론 채취대상자가 시료 채취에 동의하지 않는 경우에는 검사는 지방법원 판사에게 청구하여 발급받은 영장에 의하여 강제적으로 그 시료를 채취할 수 있을 것이지만, 이는 이 사건 채취영장조항의 적용에 따른 법률효과일 뿐이지, 이 사건 채취동의조항에 의한 직접적인 기본권 침해는 아니다.

실무의 편의상 채취대상자에게 미리 시료 채취에 대한 동의 여부를 확인하여 그에 동의하면 영장 없이 시료를 채취하고, 부동의하면 영장을 발부받아 시료를 채취하는 경향이 있어 보이지만, 이 사건 채취영장조항에 따르면 검사가 시료 채취 영장을 청구하기 위한 필수적 사전절차로서 미리 채취대상자에게 시료 채취에 대한 동의 여부를 확인하여야 하는 것도 아니다. 검사는 채취대상자에게 미리 시료 채취에 대한 동의 여부를 묻는 절차를 거치지 아니하고 곧바로 시료 채취 영장을 청구할 수 있다는 점에 비추어 보더라도 이 사건 채취동의조항이 채취대상자의 기본권을 직접 침해하거나 제한하는 조항이 아님을 쉽게 알 수 있다.

결국 청구인 서○문의 이 사건 채취동의조항에 대한 심판청구는 위 청구인에 대한 기본권을 침해할 가능성이 없어 부적법하므로 각하하여야 한다.

[23] 항고심의 소년원 수용기간 불산입 위헌확인 사건

(2015. 12. 23. 2014헌마768)

◇ 사안과 쟁점

청구인은 18세 소년으로서 재물손괴 등 사건으로 장기 보호관찰을 받던 중 상해 사건으로 가정법원에서 장기 소년원 송치처분의 결정을 받고 소년원에 수용되었다. 청구인의 항고를 받아들여 가정법원은 위 두 사건을 취소하고 소년법 제32조 제1항 제9호의 단기 소년원 송치처분의 결정을 하였다. 청구인은 1심 결정일로부터 6개월이 도과한 이후에도 계속하여 수용되어 있게 되자, 1심 결정에 의한 소년원 수용기간을 항고심 결정에 의한 보호기간에 산입하는 규정을 두지 아니한 소년법 조항이 무죄추정원칙과 적법절차원칙에 위배되고, 청구인의 신체의 자유와 재판을 받을 권리, 평등권을 침해한다고 주장하면서 헌법소원심판을 청구하였다.

쟁점은, 소년보호사건에 있어 제1심 결정에 의한 소년원 수용기간을 항고심 결정에 의한 보호기간에 산입하지 아니하는 소년법 제33조(이하 '이 사건 법률조항')가 무죄추정원칙에 위배되거나 신체의 자유 및 평등권을 침해하는지 여부이다(소극:적극 5:4, 2015. 12. 23. 2014헌마768; 공보 231호 193면).

4명의 재판관은 소년보호사건에서도 항고심 결정시 보호의 필요성과 정도에 따라 1심 결정에 의한 소년원 수용기간을 항고심 결정에 의한 소년원 수용기간에 산입할 수 있도록 하여야 한다는 이유로 이 사건 법률조항이 청구인의 신체의 자유, 평등권을 침해한다고 보았으나, 재판관 조용호 등 5명의 재판관은 위 이 사건 법률조항이 청구인의 신체의 자유, 평등권을 침해하지 않는다고 보았다.

◇ 법정(합헌)의견

가. 소년보호사건 개관

(1) 의의

소년보호란 소년이 건전하게 성장하도록 돕기 위하여 반사회성이 있는 소년에 대하여 형사처벌 대신 보호처분을 행함으로써 성행을 교정하고 환경을 조정하여 소년을 교화하고 그 범죄적 위험성을 제거하여 반사회성을 예방하려는 일련의 활동을 말하고, 보호처분이란 소년보호의 이념 아래 비행소년의 환경조정 및 품행교정을 목적으로 하는 조치를 말한다. 소년에 대한 보호처분은 책임주의원칙에 입각하여 있는 형벌과는 달리 교정주의 내지 보호주의의 이념에 입각하여 있는 보안처분의 일종이다. 보호처분은 소년의 개선과 교화가 주목적이므로 책임주의보다는 소년의 환경과 개인적 특성을 고려하여 개별화된 처우를 하게 된다.

소년법상 소년보호처분으로는, 보호자 또는 보호자를 대신하여 소년을 보호할 수 있는 자에게 감호위탁, 수강명령, 사회봉사명령, 보호관찰관의 (장기, 단기) 보호관찰, 아동복지법에 따른 아동복지시설이나 그 밖의 소년보호시설에의 감호위탁, 병원, 요양소 또는 '보호소년 등의 처우에 관한 법률'에 따른 소년의료보호시설에 위탁, (장기, 단기, 1개월 이내) 소년원 송치 등의 처분이 있다(제32조 제1항 각호).

(2) 소년심판절차

(가) 소년심판절차에서 소년부 판사가 보호처분 여부와 종류를 결정함에 있어서는 비행사실과 보호의 필요성이 인정되어야 한다. 소년에게 비행사실이 인정되는 경우 소년부 판사는 보호 필요성의 유무와 그 정도에 따라 심리불개시(제19조 제1항), 불처분(제29조 제1항), 검사에의 송치(제7조 제1항, 제49조 제2항), 법원으로의 이송(제51조), 보호처분(제32조 제1항) 등 종국결정을 위한 처우선택을 하게 된다.

(나) 이러한 보호처분의 결정은 고지와 동시에 집행력이 생긴다(제32조 제5항, 제35조). 이는 반사회성이 있고 보호가 시급한 소년에 대하여 즉시 보호처분을 집행함으로써 성행을 교정하고 환경을 조정해야 할 필요가 있기 때문이다. 소년법은 적법절차의 보장과 소년의 권리보호를 위하여 보호처분의 결정에 대한 항고제도를 두고 있으나, 항고가 있더라도 보호처분결정의 집행은 정지되지 아니한다(제46조). 보호의 필요성이 시급한 소년에 대하여 보호처분결정의 집행을 정지시키는 것은 소년보호사건의 교육적·복지정책적 이념에 부합하지 않기 때문이다.

(다) 항고법원은 항고가 이유 있다고 인정한 경우에는 원칙적으로 원결정을 취소하고 사건을 원소년부에 환송하거나 다른 소년부에 이송하여야 한다. 다만 환송 또는 이송할 이유가 없이 급하거나 그 밖에 필요하다고 인정한 경우에는 원결정을 파기하고 불처분 또는 보호처분의 결정을 할 수 있다(제45조). 즉 항고심은 소년의 권리보호를 위하여 신속한 사건 처리가 필요하거나 보호처분의 효과를 높이기 위하여 항

고법원이 직접 적절한 보호처분 결정을 하는 것이 바람직한 경우 등에는 원결정을 파기하고 불처분 또는 보호처분의 결정을 할 수 있다.

소년보호사건에 있어 항고심은 원결정의 당부를 판단의 대상으로 하고 원칙적으로 자판이 인정되지 않기 때문에 통상 사후심으로 해석되나, 보호처분의 본질에 비추어 항고심 재판을 할 때를 기준으로 다시 보호의 필요성에 관하여 판단하게 된다.

나. 제한되는 기본권

이 사건 법률조항은 1심 결정에 의한 소년원 수용기간을 항고심 결정에 의한 보호기간에 산입하는 규정을 두지 아니하여 청구인의 신체의 자유를 제한하고, 판결 전 미결구금일수를 산입하는 형사사건의 피고인과 비교하여 청구인의 평등권을 제한한다.

한편 청구인은 이 사건 법률조항이 항고를 제기할 경우 수용기간이 연장될 수 있다는 부담을 줌으로써 청구인의 재판받을 권리를 침해한다고 주장하나, 이 사건 법률조항은 청구인의 항고를 제한하거나 재판의 효율성을 높이는 것을 목적으로 하는 것이 아니고, 설사 청구인이 항고를 제기함에 있어 수용기간이 연장될 수 있다는 부담을 가지게 된다고 하더라도, 이는 간접적, 사실적, 반사적 불이익에 불과하여 청구인의 재판받을 권리가 제한된다고 볼 수는 없다.

다. 신체의 자유 침해 여부

(1) 적법절차원칙 위반 여부

헌법 제12조 제1항 전문은 "모든 국민은 신체의 자유를 가진다."라고 규정하면서, 이를 구체적으로 보장하기 위하여 같은 항 후문에서 "누구든지 법률에 의하지 아니하고는 체포·구속·압수·수색 또는 심문을 받지 아니하며, 법률과 적법한 절차에 의하지 아니하고는 처벌·보안처분 또는 강제노역을 받지 아니한다."라고 규정하여 신체의 자유를 보장하기 위한 적법절차원칙을 명시하고 있다. 적법절차원칙과 관련하여 헌법재판소는, 신체의 자유를 제한하는 법률에 있어서는 그 법률이 신체의 자유의 본질적 내용을 침해하지 않아야 할 뿐만 아니라 비례의 원칙이나 과잉금지원칙에 반하지 아니하는 한도 내에서만 그 적정성과 합헌성이 인정될 수 있음을 특히 강조하고 있는 것으로 해석하여야 한다고 판시한 바 있다(헌재 1992. 12. 24. 92헌가8 참조).

1심 결정의 집행에 의한 소년원 수용기간을 항고심 결정에 의한 보호기간에 산입하는 규정을 두지 아니한 것은 이 사건 법률조항에 따른 것이므로, 이 사건 법률조항이 적법절차원칙을 위반하였는지 여부에 대해서는 비례의 원칙 내지 과잉금지원칙을 위반하였는지 여부와 함께 판단하기로 한다.

(2) 무죄추정원칙 위반 여부

헌법 제27조 제4항은 "형사피고인은 유죄의 판결이 확정될 때까지는 무죄로 추정된다."고 규정하여 이른바 무죄추정원칙을 선언하고 있다. 무죄추정원칙은 형사절차와 관련하여 아직 공소가 제기되지 아니한 피의자는 물론 비록 공소가 제기된 피고인이라 할지라도 유죄의 판결이 확정될 때까지는 원칙적으로 죄가 없는 자로 다루어져야 하고, 그 불이익은 필요최소한도에 그치도록 비례의 원칙이 존중되어야 한다는 원칙을 말한다(헌재 1997. 5. 29. 96헌가17 참조). 여기서 무죄추정원칙상 금지되는 '불이익'이란 '범죄사실의 인정 또는 유죄를 근거로 그에 대하여 사회적 비난 내지 응보적 의미로 법률적·사실적 측면에서 유형·무형의 차별취급을 가하는 유죄인정의 효과로서의 불이익'을 뜻하며, 이러한 무죄추정원칙은 비단 형사절차 내에서의 불이익뿐만 아니라 기타 일반 법생활 영역에서의 기본권 제한과 같은 경우에도 적용된다(헌재 2006. 5. 25. 2004헌바12 참조).

그런데 앞서 본 바와 같이 소년보호사건은 소년의 개선과 교화를 목적으로 하는 것으로서 통상의 형사사건과는 구별되어야 하고, 법원이 소년의 비행사실이 인정되고 보호의 필요성이 있다고 판단하여 소년원 송치처분결정을 선고함과 동시에 이를 집행하는 것은 무죄추정원칙과는 무관하다. 즉 소년보호사건에서 소년은 피고인이 아닌 피보호자이며, 원 결정에 따라 소년원 송치처분을 집행하는 것은 비행을 저지른 소년에 대한 보호의 필요성이 시급하다고 판단하였기 때문에 즉시 보호를 하기 위한 것이지, 소년이 비행을 저질렀다는 전제하에 그에게 불이익을 주거나 처벌을 하기 위한 것이 아니기 때문이다. 또한 항고심에서는 1심 결정과 그에 따른 집행을 감안하여 항고심 판단 시를 기준으로 소년에 대한 보호의 필요성과 그 정도를 판단하여 새로이 처우를 결정하는 것이다.

따라서 1심 결정의 집행에 의한 소년원 수용기간을 항고심 결정에 의한 보호기간에 산입하지 아니하더라도, 이는 무죄추정원칙과는 관련이 없으므로 이 사건 법률조항은 무죄추정원칙에 위반되지 않는다.

(3) 과잉금지원칙 위반 여부

㈎ 이 사건 법률조항이 1심 결정의 집행에 의한 소년원 수용기간을 항고심 결정에 의한 보호기간에 산입하는 규정을 두지 아니한 것은 소년보호사건의 특성상 소년의 비행의 내용과 정도, 비행반복의 위험성, 교정 가능성, 보호의 상당성 등을 신중하게 판단하여 소년의 환경과 특성에 따른 가장 필요하고도 적합한 처분을 통해 그의 품행과 환경을 조정함으로써 소년의 건전한 육성을 도모하기 위한 것으로서, 그 입법목적의 정당성과 수단의 적합성을 인정할 수 있다.

㈏ 1심 결정에 의한 소년원 수용기간을 항고심 결정에 의한 보호기간에 산입하는 것은 보호처분의 본질에 비추어 오히려 부적절한 측면이 있다. 특히 소년원은 구금시설이 아닌 소년보호기관으로서, 비행사실에 대한 응보와 처벌이 아닌 소년의 보호와 교육에 주안점을 둔 시설이다. 소년원은 학교로서 기능하며, 행정명칭은 비록 소년원이지만 전국의 모든 소년원은 '학교'를 대내외 공식 명칭으로 사용한다. 소년원학교는 초·중등교육법에 의한 정규학교로서 비행으로 인하여 학업을 중도에 포기한 보호소년에게 진로개척에 필요한 학력을 취득할 수 있는 기회를 부여하여 사회적응을 원활하게 할 수 있도록 하기 위한 것이다.

또한 소년법상 항고심은 소년에 대한 보호의 필요성이 없다고 판단되는 경우에는 불처분의 결정도 할 수 있다(제29조). 보호처분결정을 하는 경우에도 이 사건과 같이 인용하는 때에는 소년원 수용기간이 단축되고, 기각하는 때에도 1심 결정 시부터 항고심 결정 시까지의 소년원 수용기간이 전부 산입되는 셈이므로 그 불이익이 크지 않다.

그리고 법원은 소년원 수용처분에 대하여 "장기" 또는 "단기"로만 그 종류를 결정할 뿐이고, 장기의 경우에는 최장 2년, 단기의 경우에는 최장 6월을 한도로 하여 수용 중 교정성적이 양호한 소년은 보호관찰을 조건으로 임시퇴원할 수 있으며, 교정목적이 달성되었다고 인정될 경우에는 퇴원도 가능하다(보호소년 등의 처우에 관한 법률 제43조, 제44조). 실제로 최근 3년간 전체 소년원 수용인원 중 임시퇴원 인원의 비율은 42.6%에 달하고, 단기 소년원 수용자들의 평균 수용기간은 4월 29일, 장기 소년원 수용자들의 평균 수용기간은 15월 25일로 나타났다. 이와 같이 소년법은 소년의 보호와 교화의 목적을 달성하였음에도 부당하게 장기간 수용되는 일이 없도록 그 불이익을 최소화할 수 있는 제도적 장치도 마련하고 있다.

위와 같은 사정들을 종합하여 보면, 이 사건 법률조항이 침해의 최소성 원칙에 위반된다고 보기는 어렵다.

(다) 이 사건 법률조항에 의하여 1심 결정 시부터 항고심 결정 시까지의 소년원 수용기간이 항고심 결정에 의한 보호기간에 산입되지 않음으로써 청구인은 신체의 자유가 일정 기간 제한되는 불이익을 받게 되나, 이러한 불이익보다 비행사실과 보호의 필요성이 인정되는 소년에 대하여 그의 특성과 장래를 고려하여 그에게 가장 적합한 보호처분을 행함으로써 소년의 건전한 육성을 도모하고자 하는 이 사건 법률조항이 보호하려는 공익이 더 크다고 할 것이어서 법익 균형성도 충족된다.

(라) 따라서 이 사건 법률조항은 과잉금지원칙에도 위반되지 아니한다.

(4) 소 결

결국 이 사건 법률조항은 청구인의 신체의 자유를 침해하지 아니한다.

라. 평등권 침해 여부

이 사건 법률조항에 의하여 발생하는 기본권 제한은 헌법에서 특별히 평등을 요구하고 있는 경우나 차별취급으로 인하여 관련 기본권에 중대한 제한을 초래하는 경우라고 볼 수 없으므로, 이 사건 법률조항에 대하여는 완화된 심사척도인 자의금지원칙에 따라 판단하면 족하다.

소년원에의 수용은 일정 기간 신체의 자유를 박탈한다는 점에 있어서는 형사사건에 있어서의 미결수용과 동일하다고 할 수도 있다. 그럼에도 형사사건에서는 형기는 판결이 확정된 날로부터 기산하며, 판결확정 전 미결구금일수는 그 전부를 본형에 산입한다(형법 제57조 제1항). 상소제기 후의 판결선고 전 구금일수, 상소제기기간 중의 판결확정 전 구금일수, 상소법원이 원심판결을 파기한 후의 판결선고 전 구금일수도 전부 본형에 산입한다(형법 제57조 제1항, 형사소송법 제482조 제1항, 제2항, 제5항). 소년에 대한 형사사건에 있어서도 소년을 분류심사원에 위탁한 후 형벌을 선고하는 경우 형법 제57조 제1항을 준용하여 위탁기간을 전부 본형에 산입한다(소년법 제61조, 제18조 제1항 제3호).

그에 비하여 소년보호사건에서는 이 사건 법률조항이 1심 결정의 집행에 따른 소년원 수용기간을 항고심 결정에 의한 보호기간에 산입하는 규정을 두지 아니함으로써, 형사사건에 있어 미결구금일수가 본형에 산입되는 자와 소년보호절차의 대상인 청구인과의 사이에 차별취급이 존재한다.

그런데 형사사건에 있어서 판결선고 전 구금, 즉 미결구금은 도망이나 증거인멸을 방지하여 수사, 재판 또는 형의 집행을 원활하게 진행하기 위하여 무죄추정원칙에도 불구하고 불가피하게 피의자 또는 피고인을 일정 기간 일정 시설에 구금하여 그 자유를 박탈하게 하는 재판확정 전의 강제적 처분이다. 비록 국가의 형사소송적 필요에 의하여 적법하게 구금되었더라도 미결구금은 피의자 또는 피고인의 신체의 자유를 박탈하고 있다는 점에서 실질적으로 자유형의 집행과 유사하기 때문에 무죄추정원칙에 따라 그 구금기간에 대한 정당한 평가와 보상이 이루어져야 하는 것이다. 따라서 구금된 피고인이 무죄판결을 받은 경우 형사보상법 등에 의하여 미결구금일수에 따른 금전적 보상을 받을 수 있고, 유죄판결을 받은 경우에는 미결구금일수를 본형에 통산하여야 한다(헌재 2009. 6. 25. 2007헌바25 참조).

이에 반하여 소년원 수용이라는 보호처분은 소년의 도망이나 증거인멸을 방지하여 수사, 재판 또는 형의 집행을 원활하게 진행하기 위한 것이 아니라, 반사회성 있는 소년에 대하여 품행을 교정하고 환경을 조정함으로써 소년을 교화하고 범죄적 위험성을 제거하여 건전한 성장을 돕기 위한 보호처분이다.

따라서 이러한 보호처분의 특수성을 감안하면, 이 사건 법률조항에서 형사사건에 있어 미결구금일수를 본형에 산입하는 것과 달리 1심 결정의 집행에 따른 소년원 수용기간을 항고심 결정에 의한 보호기간에 산입하는 규정을 두지 아니한 데에는 그 차별취급을 정당화하는 객관적으로 합리적인 이유가 있다.

결국 이 사건 법률조항은 청구인의 평등권도 침해하지 아니한다.

[24] 포승, 수갑, 연승의 호송행위가 신체의 자유를 침해하는지 여부

(2014. 5. 29. 2013헌마280)

◇ 사안과 쟁점

청구인은 마약류관리에 관한 법률위반(향정)죄로 징역 2년의 유죄판결을 받은 사람으로, 2012. 2.경부터 2013. 7.경까지 ㅇㅇ구치소에서 수용되었는데, 피청구인

(○○구치소장)은 2013. 1.경부터 같은 해 4.경까지 10회에 걸쳐 청구인을 서울북부지방검찰청으로 호송함에 있어 상체승의 포승과 수갑을 채우고, 별도의 포승으로 다른 수용자와 함께 연결하여 연승하였다(이하 '이 사건 호송행위').

쟁점은, '이 사건 호송행위'가 청구인의 인격권과 신체의 자유를 침해하는지 여부이다(전원 소극, 2014. 5. 29. 2013헌마280; 공보 212호 1036면). 재판관 조용호는 주심으로 법정의견을 집필하였다.

◇ 법정(합헌)의견

라. 이 사건 호송행위에 대한 심판청구 부분

(1) 적법요건에 대한 판단

위에서 본 바와 같이 헌법재판소법 제68조 제1항에 의한 헌법소원의 심판은 기본권의 침해사유가 있음을 안 날부터 90일 이내에 청구하여야 한다.

이 사건 호송행위는 [별지 1] 기재 일시에 모두 10차례 이루어졌고, 청구인은 그 각각의 날에 각 기본권 침해사유가 발생하였음을 알았다고 할 것이므로, 이 부분 심판청구 중 [별지 1] 기재 연번 1 내지 4의 일시에 있었던 호송행위에 대한 심판청구는 청구기간을 도과하여 부적법하다.

그러므로 이하에서는 이 사건 호송행위 중 [별지 1] 기재 연번 5 내지 10의 일시에 있었던 호송행위(이하 '이 사건 호송행위'는 위 각 일자에 행해진 6회의 호송행위를 지칭한다)가 청구인의 기본권을 침해하였는지 여부를 살펴본다.

(2) 수형자의 법적 지위와 그 기본권 제한

수형자는 징역형·금고형 등 자유형을 선고받아 그 형이 확정된 사람과 벌금을 완납하지 아니하여 노역장 유치명령을 받은 사람으로, 형벌 등의 집행을 위하여 격리된 구금시설에서 강제적인 공동생활을 하게 되므로 헌법이 보장하는 신체활동의 자유 등 기본권이 제한될 수밖에 없다. 그러나 수형자라 하여 모든 기본권을 전면적으로 제한받는 것이 아니고, 신체의 자유, 거주이전의 자유, 통신의 자유 등 형의 집행과 도망의 방지라는 구금의 목적과 관련된 기본권에 국한하여 제한을 받게 되는 것이고, 그 역시 형벌의 집행을 위하여 필요한 한도를 벗어날 수 없다. 특히 수용시설 내의 질서 및 안전 유지를 위하여 행해지는 기본권 제한은 수형자에게 구금과는 별도로 부가적으로 가해지는 고통으로서 다른 방법으로는 그 목적을 달성할 수 없는 경우에만 예외적으로 허용되어야 할 것이다(헌재 2003. 12. 18. 2001헌마163; 헌재 2008. 5. 29. 2005헌마137 참조).

(3) 보호장비 사용의 법적 근거

모든 조직적, 집단적 생활은 일정한 질서와 규율을 필요로 하며, 특히 수형자의 경우 자발적 의사가 아닌 공권력의 강제명령에 의하여 공동생활을 하게 되므로 시설의 안전과 구금생활의 질서를 유지하기 위하여 일정한 강제조치가 불가피한 상황이 발생할 수 있다. 이에 따라 '형의 집행 및 수용자의 처우에 관한 법률'(이하 '형집행법'이라 한다)은 일정한 사유가 있는 경우 보호장비를 사용(제97조)하거나 강제력을 행사(제100조)할 수 있도록 하고, 나아가 무기의 사용(제101조)까지 허용하고 있다.

형집행법에서 인정되는 보호장비에는 수갑, 머리보호장비, 발목보호장비, 보호대, 보조의자, 보조침대, 보호복, 포승이 있다(제98조 제1항). 교도관은 이송·출정, 그 밖에 교정시설 밖의 장소로 수용자를 호송하는 때 보호장비를 사용할 수 있고(제97조 제1항), 이 때 수갑과 포승을 모두 사용할 수 있다(제98조 제2항 제1호). 고령자·환자 등 도주의 위험성이 크지 아니하다고 판단되는 수용자는 간이승을, 그 외의 경우에는 상체승을 사용한다(형집행법 시행규칙 제169조, 제179조). 또한 도주의 위험성이 크지 아니하다고 판단되는 수용자 외의 수용자, 즉 도주의 위험성이 있다고 판단되는 수용자를 2명 이상 호송하는 경우 수용자 간에 포승을 연결하여 연승을 할 수 있다(형집행법 시행규칙 제179조 제2항).

(4) 기본권 침해 여부

(가) 제한되는 기본권

보호장비는 수형자에 대한 직접강제로 작용하여, 이것이 사용되면 수용자는 팔·다리 등 신체의 움직임에 큰 지장을 받게 될 뿐만 아니라 종종 심리적 위축까지 수반하여 장시간 계속될 경우 심신에 고통을 주거나 나아가 건강에 악영향을 끼치고, 사용하는 방법에 따라서는 인간으로서의 품위에까지 손상을 줄 수도 있으므로, 이 사건 호송행위를 함에 있어 보호장비를 사용한 행위가 수형자에 대한 정당한 기본권 제한을 넘어서서 헌법 제10조에 의하여 보장되는 인격권 및 제12조에 의하여 보장되는 신체의 자유를 침해하였는지 여부가 문제된다.

⑷ 판 단

수형자를 교정시설 밖의 장소로 호송하는 경우에는 도주 등 교정사고의 우려가 높아지기 때문에 교정시설 안에서의 계호보다 높은 수준의 계호가 요구되고, 효과적인 계호를 위하여 신체의 자유로운 움직임을 부득이 제한할 필요가 발생한다. 따라서 수형자를 교정시설 밖의 장소로 호송할 때 보호장비인 수갑을 양손에 채우고 상체승을 한 후 공범관계가 아닌 다른 수용자와 연결하여 연승하는 것은, 도주 등 교정사고와 다른 사람에 대한 위해를 예방하기 위한 것으로서 그 목적이 정당하고, 적절한 수단에 해당한다.

만약 교도인력만으로 수형자를 호송하려고 한다면 많은 인력을 필요로 하고, 많은 인력이 호송 업무를 수행한다고 하더라도 그것이 보호장비를 사용하여 여러 명을 연결하여 호송하는 방법보다 교정사고 예방에 효과적이라고 할 수 없다(헌재 2012. 7. 26. 2011헌마426 참조). 즉, 보호장비의 사용 없이 또는 수형자를 서로 연승하지 않고 수형자 한 명을 한 명 이상의 교도관이 동행 계호하는 것보다 보호장비를 사용하여 수형자의 운신의 범위에 물리적인 한계를 설정하는 것이 도주를 예방하거나 실제 도주자를 저지·추적하는 데 더욱 효과적일 수 있다. 이 사건 호송행위는 청구인의 다리와 발 부분을 결박하지 아니하여 상대적으로 하체 부분에 대한 구속이 덜하다 할 것인데, 1 대 1 계호를 하는 경우 도주의 위험성을 차단하기 위하여 하체 부분을 구속하는 다른 수단을 강구할 여지도 있다는 점에서 이 사건 호송행위보다 덜 침해적인 수단이 있다고 단정하기 어렵다.

또한 호송을 위한 보호장비의 사용은 일반적으로 교정시설에서 출발할 때부터 목적지에 도착할 때까지 지속되는데, 청구인의 경우 ○○구치소부터 서울북부지방검찰청까지 약 50분이 소요되었고, 검찰청의 구치감에서 수용자들끼리 연결된 줄이 해제되었다. 비록 청구인이 보호장비를 착용한 모습이 수치심을 불러일으킬 수는 있겠지만, 보호장비가 사용된 시간은 위와 같이 교정시설에서 목적지에 다다를 때까지로 한정되고, 교도관이나 다른 수용자가 아닌 일반인에게 그러한 모습이 공개될 수 있는 시간은 청구인이 버스 등 이동수단에서 하차하여 검찰청의 내부로 이동하는 동안의 짧은 시간으로 제한된다. 최근에는 그 동선이 일반인에게의 노출을 더욱 최소화하는 구조로 설계되는 추세에 있다는 점을 감안하면, 이 사건 호송행위를 위한 보호장비의 사용은 교정시설에서 목적지로 호송될 때까지 도주 등의 교정사고를 예방하기 위한 최소한의 범위 내에서 행하여진 것이다. 나아가 호송과정에서의 질서유지와 안전확보, 도주방지 등을 통한 공익이 이 사건 호송행위로 인하여 제한되는 신체적 자유 등에 비하여 훨씬 크므로, 법익의 균형성 요건도 갖추었다.

따라서 이 사건 호송행위는 그 기본권제한의 범위 내에서 이루어진 것이므로 청구인의 인격권 내지 신체의 자유를 침해하지 아니한다.

2. 양심의 자유

[25] 이른바 '양심적 병역거부' 위헌제청 사건

(2018. 6. 28. 2011헌바379등)

◇ 사안과 쟁점

제청신청인들 또는 청구인들은 현역병 입영통지서를 받거나 공익근무요원 소집통지서를 받고도 정당한 사유 없이 입영일 또는 소집기일부터 3일이 지나도록 입영하지 아니하였거나 또는 소집에 응하지 아니하였다는 범죄사실로 기소되어 재판을 받고 있는 중이다. 당해 법원이 신청 또는 직권으로 처벌조항에 대하여 위헌법률심판을 제청하였거나, 당해법원이 위헌법률심판제청 신청을 기각하자 청구인들은 병역종류조항 및 처벌조항에 대하여 헌법소원심판을 청구하였다.

쟁점은, 병역종류를 규정하면서 양심적 병역거부자에 대한 대체복무를 규정하지 아니한 병역법 제5조 제1항(병역종류조항)과 정당한 사유 없이 입영일·소집일로부터 3일이 지나도 입영하지 않거나 소집에 응하지 않는 경우 처벌하는 병역법 제88조 제1항 본문 제1호 및 제2호(처벌조항)가 과잉금지원칙을 위반하여 양심적 병역거부자의 양심의 자유를 침해하는지 여부이다(병역종류조항에 대하여 적극:각하 6:3, 처벌조항에 대하여 소극:일부적극:각하 4:4:1, 2018. 6. 28. 2011헌바379등; 공보 261호 1017면).

법정의견은 병역종류를 규정하면서 양심적 병역거부자에 대한 대체복무를 규정하지 아니한 병역종류조항이 과잉금지원칙을 위반하여 양심적 병역거부자의 양심의 자유를 침해한다고 하여 헌법불합치 결정을 하고, 정당한 사유 없이 입영일·소집일로부터 3일이 지나도 입영하지 않거나 소집에 응하지 않는 경우 처벌하는 처벌조항은 헌법에 위반되지 아니한다고 결정하였다.

'병역종류 조항'은 위헌법률심판제청 사건이 아니라 헌법소원심판청구 사건으로서, 먼저 (1) 병역의 종류를 규정한 병역법 제5조 제1항이 양심적 병역거부자에 대한 대체복무제를 규정하고 있지 아니함을 이유로 그 위헌확인을 구하는 헌법소원심판청구가 진정입법부작위를 다투는 청구인지 여부이다. 이에 관하여, 6명의 다수의견은 국가안보의 개념이 군사적 위협뿐만 아니라 사회재난이나 테러 등으로 인한 안보 위기에 대한 대응을 포함하는 포괄적 안보개념으로 나아가고 있다고 하면서, 이러한 넓은 의미의 안보에 기여할 수 있는 것이라면 비군사적 의무 역시 광의의 병역의무에 포함될 수 있으므로, 청구인들의 주장은 병역종류조항이 비군사적 내용의 대체복무제를 규정하지 아니하여 불완전·불충분하다고 문제를 삼는 것으로 부진정입법부작위를 다투는 것이라고 한다. 그러나 재판관 조용호 등 2명의 재판관은 청구인들이 주장하는 대체복무제는 일체의 군 관련 복무를 배제하는 것이므로, 국방의무 및 병역의무의 범주에 포섭될 수 없고, 따라서 병역종류조항에 대체복무를 규정하라고 하는 것은 병역법 및 병역종류조항과 아무런 관련이 없는 조항을 신설하라는 주장으로, 헌법재판소법 제68조 제2항에 의한 헌법소원에서 위와 같은 진정입법부작위를 다투는 것은 그 자체로 허용되지 아니하므로, 병역종류조항에 대한 심판청구는 부적법하다고 하였다. 또 다른 재판관 1명은 병역종류조항에 대한 이 사건 심판청구는 재판의 전제성이 없어 부적법하므로 각하하여야 한다고 하였다. (2) 6명의 다수의견은 나아가 본안판단을 하면서 양심적 병역거부자에 대한 대체복무제를 규정하지 아니한 병역종류조항은 과잉금지원칙에 위배하여 양심적 병역거부자의 양심의 자유를 침해한다고 하였다.

다음으로 '처벌조항'은 위헌법률심판제청 사건 및 헌법소원심판청구 사건에 공통된 문제로서, 4명의 합헌의견과 4명의 일부 위헌의견, 1명의 각하의견으로 나뉜 결과, 결국 처벌조항은 과잉금지원칙에 위반하여 양심적 병역거부자의 양심의 자유를 침해하지 아니한다고 결론지었다. 합헌의견에는 병역종류조항에 대해 헌법불합치 의견을 취하면서도 양심적 병역거부자에 대한 처벌은 대체복무제를 규정하지 아니한 병역종류조항의 입법상 불비와 양심적 병역거부는 처벌조항의 '정당한 사유'에 해당하지 않는다는 법원의 해석이 결합되어 발생한 문제일 뿐 처벌조항 자체에서 비롯된 문제가 아니라는 이유로 합헌의견을 취한 2명의 재판관이 있고, 조용호 재판관 등 2명의 재판관은 처벌조항이 과잉금지원칙에 위반하여 양심적 병역거부자의 양심의 자유를 침해하지 아니한다고 하였다. 또 다른 4명의 재판관은 처벌조항 중 '양심적 병역거부자를 처벌하는 부분'이 위헌이라는 일부위헌의견을 제시하였고, 나머지 1명의 재판관은 청구인들의 주장은 법원의 처벌조항에 대한 해석·적용이나 재판결과를 다투는 것으로 부적법하고, 위헌제청은 처벌조항 중 '정당한 사유'의 포섭이나 해석·적용에 관하여 헌법재판소의 해명을 구하는 것에 불과하여 부적법하다고 하였다.

재판관 조용호는 병역종류조항 반대의견에 대한 보충의견을 개진하였다.

◇ 재판관 조용호의 병역종류조항 반대의견에 대한 보충의견

앞서 '재판관 ○○○, 재판관 조용호의 병역종류조항에 대한 반대의견 및 처벌조항에 대한 합헌의견'에서 살펴본 바와 같이, 병역종류조항에 대한 심판청구는 헌법재판소법 제68조 제2항에 의한 헌법소원에서 허용되지 아니하는 진정입법부작위를 다투는 청구로서 그 자체로 부적법하므로 각하하여야 한다.

설령 이와 달리 병역종류조항에 대한 심판청구를 적법하다고 보아 본안에 나아가 판단하더라도, 나는 양심의 자유의 법적 성격, 보호범위 및 한계와 국방의무의 헌법상 기본의무로서의 성격을 종합해 볼 때, 병역종류조항에 대체복무제를 규정하지 않았다고 하여 이른바 양심적 병역거부자의 양심의 자유를 침해하는 것은 아니라고 생각한다. 그 이유는 다음과 같다.

가. 양심의 자유의 법적 성격, 보호범위 및 한계

헌법 제19조의 양심의 자유는 자유권의 본질상 '무엇으로부터의 자유'이지 '무엇을 위한 자유'로 존재할 수 없다. 역사적으로 보아도 양심의 자유는 국가에 의한 신앙의 강제에 대하여 개인의 자유를 보호하고자 하는 방어권으로서 출발하였다. 양심의 자유는 일차적으로 국가에 대한 소극적 방어권, 즉 국가가 양심의 형성 및 실현과정에 대하여 부당한 간섭이나 강요를 '하지 말 것'을 요구하는, 소위 국가에 대한 '부작위 청구권'이다. 개인에게 자신의 사상과 결정에 따라 외부세계에 영향을 미치고 사회를 적극적으로 형성하는 광범위한 가능성을 보호하고자 하는 것은 양심의 자유의 헌법적 기능이 아니다. 인간의 존엄성 유지와 개인의 자유로운 인격발현을 최고의 가치로 삼는 우리 헌법상의 기본권체계 내에서 양심의 자유의 기능은 양심상의 이유로 국가가 강요하는 명령에 대한 방어권을 부여함으로써 개인적 인격의 정체성과 동질성을 유지하는 데 있다(헌재 2004. 8. 26. 2002헌가1 참조).

양심의 자유는 크게 양심형성의 내부영역과 이를 실현하는 외부영역으로 나누어 볼 수 있으므로, 그 구체적인 보장내용에 있어서도 내심의 자유인 '양심형성의 자유'와 양심적 결정을 외부로 표현하고 실현하는 '양심실현의 자유'로 구분된다. 양심의 자유 중 양심형성의 자유는 내심에 머무르는 한 절대적으로 보호되는 기본권인 반면, 양심적 결정을 외부로 표현하고 실현할 수 있는 권리인 양심실현의 자유는 법질서에 위배되거나 타인의 권리를 침해할 수 있기 때문에 법률에 의하여 제한될 수 있는 상대적인 자유이다(헌재 2004. 8. 26. 2002헌가1; 헌재 2011. 8. 30. 2008헌가22등).

이와 같이 양심의 자유가 개인의 내면세계에서 이루어지는 양심형성의 자유 뿐만 아니라 외부세계에서 양심을 실현할 자유를 함께 보장하므로, 양심의 자유는 법질서나 타인의 법익과 충돌할 수 있고, 이로써 필연적으로 제한을 받는다. 양심의 자유를 의도적으로 제한하는 법률이 아니라 할지라도, 국민 모두에 대하여 적용되는 법률은 국민 누군가의 양심과 충돌할 가능성을 항상 내재하고 있다. 양심의 자유는 헌법상의 기본권으로 보호되는 자유로서 실정법적 질서의 한 부분이다. 기본권적 자유는 법적 자유이며, 법적 자유는 절대적 또는 무제한적으로 보장될 수 없다. 국가의 존립과 법질서는 국가공동체의 모든 구성원이 자유를 행사하기 위한 기본적 전제조건이다. 기본권의 행사가 국가공동체 내에서의 타인과의 공동생활을 가능하게 하고 국가의 법질서를 위태롭게 하지 않는 범위 내에서 이루어져야 한다는 것은 모든 기본권의 원칙적인 한계이며, 양심의 자유도 마찬가지이다. 따라서 양심의 자유가 보장된다는 것은, 곧 개인이 양심상의 이유로 법질서에 대한 복종을 거부할 수 있는 권리를 부여받는다는 것을 의미하지는 않는다. 개인의 양심이란 지극히 주관적인 현상으로서 비이성적·비윤리적·반사회적인 양심을 포함하여 모든 내용의 양심이 양심의 자유에 의하여 보호된다는 점을 고려한다면, 모든 개인이 양심의 자유를 주장하여 합헌적인 법률에 대한 복종을 거부할 가능성이 있는데, '국가의 법질서는 개인의 양심에 반하지 않는 한 유효하다.'는 사고는 법질서의 해체, 나아가 국가공동체의 해체를 의미한다. 그러나 어떠한 기본권적 자유도 국가와 법질서를 해체하는 근거가 될 수 없고, 그러한 의미로 해석될 수 없다(헌재 2004. 8. 26. 2002헌가1).

나. 헌법상 기본의무와 기본권

우리 헌법은 1948년 제정 이래 지금까지 제2장에서 국민의 권리와 함께 의무를 규정하고 있는바, 기본권과 기본의무는 국가에 대한 개인의 헌법적 지위의 양면이다. 기본권의 주체로서 국민은 국가에 대하여 작위와 부작위 등 무엇을 요구할 수 있는 반면, 기본의무의 주체로서 국민은 국가에 대하여 무엇인가를 부담하고 수인해야 한다. 헌법상 보장된 기본권이 개인의 자유로운 생존을 위한 기본 조건에 관한 것이라면, 국민의 기본의무는 국가의 존립과 보전을 위한 기본조건에 관한 것이고, 국가의 존속과 기능이 보장되지 않고서는 개인의 자유도 있을 수 없다.

헌법이 국가공동체의 유지와 존속을 위하여 국민으로부터 특정한 기여나 희생을 요구하는 것에 기본의무의 본질이 있다. 이러한 국민의 기본의무는 자유민주국가를 조직하고 유지해야 하는 필요성에 근거를 두고 있다. 국가에 의한 개인의 자유 보장과 국가에 대한 개인의 의무는 자유민주주의가 기능하기 위한 기본 조건인 것이다. 특히, 국방의 의무는 국가공동체의 최고 법익인 인간의 존엄성과 자유를 수호하고 지지하는 것이 모든 국민의 의무라는 사고를 그 이념적 기초로 한다. 국가에 대하여 자신의 자유와 재산을 보호해 줄 것을 요청하는 국민의 권리에 필연적으로 대응하는 것이 국가공동체를 유지하고 방어해야 할 국민의 의무인 것이다. 따라서 국민은 자신의 기본권을 주장하여 기본의무의 이행 그 자체를 거부할 수 없다. 다만, 국민은 헌법상 기본의무를 구체화하는 입법자의 법률에 대하여 기본의무의 부과를 통해 실현하고자 하는 목적의 달성을 위하여 필요한 정도를 넘어 자신의 기본권을 과도하게 제한한다는 이의를 제기할 수 있고, 이러한 의미에서 입법자에 의한 기본의무의 실현은 법률유보와 과잉금지원칙의 구속을 받는다.

다. 국방의 의무와 양심의 자유

(1) 헌법상 기본의무와 입법형성권

우리 헌법은 제38조와 제39조에서 각 납세의 의무와 국방의 의무를 규정하고 있는데, 그 규정 형식을 보면 모두 '법률이 정하는 바에 의하여' 의무를 진다고 규정하고 있다. 이는 개인의 자유영역에 대한 모든 제한과 마찬가지로 국민에 대한 의무의 부과는 법률에 의해야 한다는 법치국가적 요청에 근거한 것이다. 그 결과 헌법상 기본의무의 관철과 집행을 위해서는 입법자에 의한 형성과 구체화를 필요로 한다.

그런데 입법자에 의한 의무의 부과는 필연적으로 자유권의 제한을 수반하게 되고, 헌법상 기본의무는 입법자에게 자유권을 제한할 수 있는 권한을 부여하는 규범이 된다. 이로써 국민의 기본의무는 공동체의 유지를 위하여 필수적인 국가목적·과제의 실현을 위하여 자유권에 대한 제한을 허용하고 정당화하는 헌법적 근거가 된다.

(2) 국방의 의무와 입법형성권

헌법 제5조 제2항은 '국군은 국가의 안전보장과 국토방위의 신성한 의무를 수행함을 사명으로 하며, 그 정치적 중립성은 준수된다.'라고 규정하고 있고, 제66조 제2항은 '대통령은 국가의 독립·영토의 보전·국가의 계속성과 헌법을 수호할 책무를 진다.'라고 규정하고 있다. '국가의 안전보장'은 국가의 존립과 영토의 보전, 국민의 생명·안전의 수호를 위한 불가결한 전제조건이자 모든 국민이 자유와 권리를 행사하기 위한 기본적 전제조건으로서, 헌법이 이를 명문으로 규정하는가와 관계없이 헌법상 인정되는 중대한 법익이다. 국방의 의무는 국가의 안전보장을 실현하기 위하여 헌법이 채택한 하나의 중요한 수단이다. 이러한 국가안보상의 중요정책에 관하여 결정하는 것은 원칙적으로 입법자의 과제이다. 국가의 안보상황에 대한 입법자의 판단은 존중되어야 하며, 입법자는 이러한 현실판단을 근거로 헌법상 부과된 국방의 의무를 법률로써 구체화함에 있어서 광범위한 형성의 자유를 가진다(헌재 2004. 8. 26. 2002헌가1 참조). 그리하여 헌법 제74조는 '대통령은 헌법과 법률이 정하는 바에 의하여 국군을 통수한다. 국군의 조직과 편성은 법률로 정한다.'라고 규정하고 있고, 제39조 제1항은 '모든 국민은 법률이 정하는 바에 의하여 국방의 의무를 진다.'라고 규정하고 있다.

위와 같은 헌법규정과 국방의 의무의 의의를 종합해 볼 때, 구체적인 병역의 종류를 어떻게 형성할 것인지 여부를 결정하는 문제는 이른바 '직접적인 병력형성의무'에 관련된 것으로서, 원칙적으로 국방의 의무의 내용을 법률로써 구체적으로 형성할 수 있는 입법자가 국방에 필요한 각 군의 범위결정과 적절한 복무기간의 산정 등을 비롯한 병력의 구체적 설계, 총량의 결정, 그 배분, 안보상황의 예측 및 이에 대한 시의적절한 대응 등에 있어서 매우 전문적이고 정치적인 사항을 규율해야 하는 속성상, 필연적으로 국회의 광범한 입법형성의 재량 하에 국민 모두에게 공평한 부담을 지울 수 있도록 합리적으로 결정할 사항이다.

이 사건 병역종류조항은 그 목적이 국가안보와 직결되어 있고, 그 성질상 급변하는 국내외 정세 등에 탄력적으로 대응하면서 '최적의 전투력'을 유지할 수 있도록 합목적적으로 정해야 하는 사항이기 때문에, 본질적으로 입법자의 입법형성권이 매우 광범위하게 인정되어야 하는 영역이다(헌재 2002. 11. 28. 2002헌바45; 헌재 2011. 8. 30. 2008헌가22등 참조).

(3) 병역종류조항에 대한 입법형성권과 양심의 자유

다수의견도 밝히고 있듯이, 양심의 자유가 보장하는 '양심'은 민주적 다수의 사고나 가치관과 일치하는 것이 아니라, 개인적 현상으로서 지극히 주관적인 것이다. 따라서 양심은 그 대상이나 내용 또는 동기에 의하여 판단될 수 없다. 양심상의 결정이 이성적·합리적인지, 타당한지 또는 법질서나 사회규범, 도덕률과 일치하는지 여부는 양심의 존재를 판단하는 기준이 될 수 없다.

이렇게 양심의 자유는 본질상 지극히 주관적이기 때문에 양심상의 결정과 국가법질서의 충돌로 말미암아 발생할 수 있는 양심의 자유에 대한 침해는 필연적으로 개인적이며 이로써 법규정이 한 개인의 양심의 자유를 침해하였다고 하여 다른 개인의 양심의 자유를 침해하는 일반적 효과가 발생하는 것이 아니다. 따라서 입법자에게 법률의 제정 시 이와 같이 개인적이고도 일반화할 수 없는 양심상의 갈등의 여지가 발생할 수 있는 사안에 대하여 사전에 예방적으로 양심의 자유를 고려하는 일반조항을 둘 것을 요구할 수는 없다. 이와 같이 조감할 수 없는 무수한 개별적 양심갈등 발생의 가능성에 비추어 법적 의무를 대체하는 다른 대안을 제공해야 할 입법자의 의무는 원칙적으로 부과할 수가 없다(헌재 2004. 8. 26. 2002헌가1, 재판관 이상경의 별개의견 참조). 비록 양심의 자유가 개인의 인격발현과 인간의 존엄성 실현에 있어서 매우 중요한 기본권이기는 하나, 양심의 자유의 본질이 법질서에 대한 복종을 거부할 수 있는 권리가 아니라 국가공동체가 감당할 수 있는 범위 내에서 개인의 양심상 갈등상황을 고려하여 양심을 보호해 줄 것을 국가에 대하여 요구하는 권리이자 그에 대응하는 국가의 의무라는 점을 감안한다면, 입법자가 양심의 자유를 보호할 것인지 여부 및 그 방법에 있어서 광범위한 형성권을 가진다(헌재 2004. 8. 26. 2002헌가1 참조).

양심의 자유에서 파생하는 입법자의 의무는 단지 입법과정에서 양심의 자유를 고려할 것을 요구하는 '일반적 의무'이지 구체적 내용의 대안을 제시해야 할 헌법적 입법의무가 아니다. 따라서 양심의 자유는 입법자로부터 구체적 법적 의무의 면제를 요구하거나 법적 의무를 대체하는 다른 가능성의 제공을 요구할 수 있는 주관적 권리, 즉 자신의 주관적·윤리적 상황을 다른 국민과 달리 특별히 배려해 줄 것을 요구하는 권리를 원칙적으로 부여하지 않는다.

그렇다면 우리 헌법 제19조의 양심의 자유는 입법자가 구체적으로 형성한 병역의무의 이행을 양심상의 이유로 거부하거나 법적 의무를 대신하는 대체의무의 제공을 요구할 수 있는 권리가 아니다. 따라서 양심의 자유로부터 대체복무를 요구할 권리도 도출되지 않는다. 우리 헌법은 병역의무와 관련하여 양심의 자유의 일방적인 우위를 인정하는 어떠한 규범적 표현도 하고 있지 않다. 양심상의 이유로 병역의무의 이행을 거부할 권리는 단지 헌법 스스로 이에 관하여 명문으로 규정하는 경우에 한하여 인정될 수 있다(헌재 2004. 8. 26. 2002헌가1).

다수의견은 병역종류조항에 대한 청구가 부진정입법부작위를 다투는 것으로 판단하고 재판의 전제성을 인정한 후 병역종류조항이 대체복무를 규정하지 않은 점이 양심의 자유를 침해하여 위헌이라고 한다. 그러나 위와 같은 양심의 자유의 본질과 헌법상 기본의무인 국방의 의무를 구체화하는 법률에 인정되는 입법자의 입법형성권을 종합해 볼 때, 이 사건 처벌조항과 달리 양심에 반하는 행위를 강제하는 효력이 없는 병역종류조항에 대하여 입법자가 대체복무제를 규정하지 않았음을 이유로 위헌확인을 할 수는 없다. 나아가 병역의무와 양심의 자유가 충돌하는 경우 입법자는 법익형량과정에서 국가가 감당할 수 있는 범위 내에서 가능하면 양심의 자유가 보호되도록 고려해야 할 것이나, 법익형량의 결과가 국가안보라는 공익을 위태롭게 하지 않고서는 양심의 자유를 실현할 수 없다는 판단에 이르렀기 때문에 병역의무를 대체하는 대체복무의 가능성을 제공하지 않았다면, 이러한 입법자의 결단은 국가안보라는 공익의 중대함에 비추어 정당화될 수 있는 것으로서 위헌이라고 할 수 없다.

병역종류조항에 대한 다수의견의 판단은 그 실질에 있어 헌법 제19조의 해석상 양심적 병역거부자의 기본권을 보호하기 위하여 국가의 입법의무가 발생하였음에도 불구하고 입법자가 아무런 입법조치를 취하지 않고 있으므로 위헌이라는 것인바, 이는 병역종류조항에 대하여 통상 진정입법부작위가 위헌이라고 인정되는 수준으로 판단하고 있는 것이다.

라. 소 결

이 사건 처벌조항은 형사처벌이라는 제재를 통하여 양심적 병역거부자에게 양심에 반하는 행동을 강요한다는 점에서 '국가에 의하여 양심에 반하는 행동을 강요당하지 아니할 자유', '양심에 반하는 법적 의무를 이행하지 아니할 자유'를 제한함을 전제로 이러한 제한이 과잉금지원칙에 반하여 양심의 자유를 침해하는지 여부를 심사한다. 그러나 헌법 제39조의 국방의 의무를 법률로 구체화한 규정일 뿐 양심에 반하는 행동을 강제하는 법률효과를 가지지 않는 병역종류조항에 입법자가 대체복무제를 규정하지 않은 것이 이른바 양심적 병역거부자의 양심의 자유를 침해하여 위헌이라고 하는 것은, 위와 같은 양심의 자유의 법적 성격, 보호범위와 그 한계 및 헌법상 기본의무를 구체화함에 있어 입법자에게 인정되는 광범위한 입법형성권과 조화될 수 없다. 헌법재판소의 선례가 대체복무제 도입에 대한 깊은 고민을 하면서도 병역종류조항을 심판대상으로 하지 않았던 이유도 바로 여기에 있다.

3. 언론 · 출판의 자유(표현의 자유) 관련

일반 사건에서의 의견

- 형사사건의 피의자에 대한 기소유예처분의 불기소이유 발급신청에 대하여 수수료를 부과하도록 규정한 행정안전부 고시인 민원사무처리기준표(행정안전부 고시 제2010-46호) 중 불기소이유 고지청구 수수료 규정이 과잉금지원칙에 위반하여 알 권리를 침해하는지 여부(전원 소극, 2013. 7. 25. 2012헌마167; 공보 202호 1017면)
- '국가보안법에서 금지하는 행위를 수행하는 내용의 정보'에 대하여 정보통신망을 통한 유통을 금지하는 '정보통신망 이용촉진 및 정보보호 등에 관한 법률' 제44조의7 제1항 제8호 및 방송통신위원회가 일정한 요건 하에 서비스제공자 등에게 불법정보의 취급거부 등을 명하도록 한 정보통신망법 제44조의7

제3항이 과잉금지원칙에 위반되어 언론의 자유를 침해하는지 여부(전원 소극, 2014. 9. 25. 2012헌바325; 공보 216호 1547면)

- 의료법인·의료기관 또는 의료인이 '치료효과를 보장하는 등 소비자를 현혹할 우려가 있는 내용의 광고'를 한 경우 형사처벌하도록 규정한 의료법 제89조 중 제56조 제2항 제2호 부분이 의료인 등의 표현의 자유, 직업 수행의 자유를 침해하는지 여부(전원 소극, 2014. 9. 25. 2013헌바28; 공보 216호 1551면)
- 언론보도의 피해자가 아닌 자의 시정권고 신청권을 규정하지 아니한 '언론중재 및 피해구제 등에 관한 법률' 제32조 제1항이 표현의 자유를 침해하는지 여부(전원 소극, 2015. 4. 30. 2012헌마890; 공보 223호 721면)
- 시·군·구를 보급지역으로 하는 신문사업자 및 일일 평균 이용자 수 10만 명 미만인 인터넷언론사가 선거일 전 180일부터 선거일의 투표마감시각까지 선거여론조사를 실시하려면 여론조사의 주요 사항을 사전에 관할 선거관리위원회에 신고하도록 한 공직선거법 제108조 제3항 제4호 및 제7호가 청구인들의 언론·출판의 자유를 침해하는지 여부, 청구인들의 평등권을 침해하는지 여부(전원 소극, 2015. 4. 30. 2014헌마360; 공보 223호 756면)
- 구 '아동·청소년의 성보호에 관한 법률' 제8조 제2항 및 제4항 중 아동·청소년이용음란물 가운데 "아동·청소년으로 인식될 수 있는 사람이나 표현물이 등장하여 그 밖의 성적 행위를 하는 내용을 표현하는 것"에 관한 부분이 표현의 자유를 과도하게 제한하고 책임과 형벌의 비례성을 상실하여 과잉금지원칙에 위배되는지 여부(소극:적극 5:4, 2015. 6. 25. 2013헌가17등; 공보 225호 978면)
- 인터넷언론사가 선거운동기간 중 당해 홈페이지의 게시판 등에 정당·후보자에 대한 지지·반대의 정보를 게시할 수 있도록 하는 경우 실명을 확인받도록 하는 기술적 조치를 하여야 하고 이를 위반한 때에는 과태료를 부과하는 구 공직선거법 제82조의6 제1항, 제6항, 제7항('실명확인조항'), 제261조 제1항 제1호('과태료 조항')이 게시판 이용자의 익명표현의 자유, 개인정보자기결정권 및 인터넷언론사의 언론의 자유를 침해하는지 여부(소극:적극 5:4, 2015. 7. 30. 2012헌마734등; 공보 226호 1225면)
- 대한민국 또는 헌법상 국가기관에 대하여 모욕, 비방, 사실 왜곡, 허위사실 유포 또는 기타 방법으로 대한민국의 안전, 이익 또는 위신을 해하거나 해할 우

려가 있는 표현이나 행위에 대하여 형사처벌하도록 규정한 구 형법 제104조의2(국가모독죄)가 표현의 자유를 침해하는지 여부(전원 적극, 2015. 10. 21. 2013헌가20; 공보 229호 1633면)

- 방송통신위원회가 일정한 요건 하에 서비스제공자 등에게 해당 정보의 취급거부 등을 명하도록 한 '정보통신망 이용촉진 및 정보보호 등에 관한 법률' 제44조의7 제3항이 언론의 자유를 침해하는지 여부(전원 소극, 2015. 10. 21. 2012헌바415; 공보 229호 1641면)
- 인터넷 등 전자적 방법에 의한 판결서 열람·복사의 범위를 개정법 시행 이후 확정된 사건의 판결서로 한정하고 있는 군사법원법 부칙 제2조가 청구인의 정보공개청구권을 침해하는지 여부(전원 소극, 2015. 12. 23. 2014헌마185; 공보 231호 184면)
- 비방할 목적으로 정보통신망을 이용하여 공공연하게 사실을 드러내어 다른 사람의 명예를 훼손한 자를 처벌하고 있는 구 '정보통신망 이용촉진 및 정보보호 등에 관한 법률' 제70조 제1항이 명확성원칙에 위배되거나 표현의 자유를 침해하는지 여부(소극:적극 7:2, 2016. 2. 25. 2013헌바105등; 233호 331면)
- 금치기간 중 텔레비전 시청을 제한하는 형집행법 제112조 제3항 본문 중 제108조 제6호에 관한 부분이 청구인의 알 권리를 침해하는지 여부(소극:적극 6:3, 2016. 5. 26. 2014헌마45; 공보 236호 931면)
- '정보통신망 이용촉진 및 정보보호 등에 관한 법률' 제74조 제1항 제3호 중 '제44조의7 제1항 제3호를 위반하여 공포심이나 불안감을 유발하는 문언을 반복적으로 상대방에게 도달하게 한 자' 부분 및 제44조의7 제1항 제3호 중 '공포심이나 불안감을 유발하는 문언을 반복적으로 상대방에게 도달하도록 하는 내용의 정보' 부분이 표현의 자유를 침해하는지 여부(전원 소극, 2016. 12. 29. 2014헌바434; 공보 243호 76면)
- 금융지주회사법 제48조의3 제2항 중 '금융지주회사의 임·직원이 업무상 알게 된 공개되지 아니한 정보 또는 자료를 다른 사람에게 누설'하는 것을 금지하는 부분 및 제70조 제1항 제8호 중 위 조항에 관한 부분이 표현의 자유를 침해하는지 여부(전원 소극, 2017. 8. 31. 2016헌가11; 공보 251호 861면)
- 정치인에게 직접 정치자금을 기부한 경우 해당 후원회가 기부받은 것으로 의

제하면서도, 무상대여의 방법으로 기부한 경우는 제외하도록 한 정치자금법 제10조 제3항 중 금전의 무상대여에 관한 부분 및 정치인에게 직접 정치자금을 무상대여한 경우 처벌하는 정치자금법 제45조 제1항 본문 중 이 법에 정하지 아니한 방법으로 정치자금을 기부한 자 가운데 금전의 무상대여에 관한 부분이 청구인의 정치활동 내지 정치적 의사표현의 자유를 침해하는지 여부(전원 소극, 2017. 8. 31. 2016헌바45; 공보 251호 882면)

▸ 특정 정당 또는 후보자(후보자가 되려는 사람을 포함한다)를 지지·추천하거나 반대하는 내용을 포함하여 하는 투표참여 권유행위를 금지하고 이를 형사처벌하는 공직선거법 제58조의2 단서 제3호 및 제256조 제3항 제3호 중 제58조의2 단서 제3호에 관한 부분이 과잉금지원칙에 위반되어 정치적 표현의 자유를 침해하는지 여부(전원 소극, 2018. 7. 26. 2017헌가9; 공보 262호 1221면)

▸ 공직선거법 제93조 제1항 본문 중 '누구든지 선거일 전 180일부터 선거일까지 선거에 영향을 미치게 하기 위하여 이 법의 규정에 의하지 아니하고는 후보자가 되고자 하는 자의 성명을 나타내는 명함을 배부할 수 없다' 부분 및 제255조 제2항 제5호 중 위 해당 부분이 정치적 표현의 자유를 침해하여 헌법에 위반되는지 여부(소극:적극 4:5, 2018. 7. 26. 2017헌가11; 공보 262호 1226면)

▸ '저작자 아닌 자를 저작자로 하여 실명·이명을 표시하여 저작물을 공표한 자'를 처벌하는 저작권법 제137조 제1항 제1호가 표현의 자유 또는 일반적 행동의 자유를 침해하는지 여부(전원 소극, 2018. 8. 30. 2017헌바158; 공보 263호 1439면)

[26] 의료법상 사전심의가 사전검열금지원칙에 위배되는지 여부

(2015. 12. 23. 2015헌바75)

◇ 사안과 쟁점

청구인들은 의사, 광고업자, 의료기기 판매업자인데, 사전심의를 받지 아니한 채 병원건물 앞 벽면에 "최신 요실금 수술법, IOT, 간편시술, 비용저렴, 부작용無" 등의 문구가 적힌 현수막을 설치하는 방법으로 의료광고를 하였다는 범죄사실로 약식명령을 받고 정식재판을 청구한 다음 형사재판 계속 중 헌법소원심판을 제기하였다.

쟁점은, 사전심의를 받지 아니한 의료광고를 금지하고 이를 위반한 경우 처벌하는 의료법 조항(이하 '이 사건 법률규정들')이 사전검열금지원칙에 위배되는지 여부이다(적극:소극 8:1, 2015. 12. 23. 2015헌바75; 공보 231호 158면). 다수의견은 이 사건 법률규정들이 사전검열금지원칙에 위배된다고 판단하면서 이와 저촉되는 종전의 헌재 2010. 7. 29. 2006헌바75 결정을 변경하였으나, 재판관 조용호는 이에 반대하였다.

◇ 반대(합헌)의견

나는 기본적으로 의료광고와 같은 상업적 광고는 표현의 자유에 의해 보호를 받는 대상이 되지 않는다고 생각한다. 그런데 이미 우리 재판소의 확립된 선례가 광고물, 상업적 광고표현, 텔레비전 방송광고, 건강기능식품의 기능성 표시·광고 등에 대하여 표현의 자유의 보호대상이 된다는 점을 긍정하여 왔는바, 이를 전제로 하더라도 이 사건 법률규정들이 헌법에 위반되지 아니한다고 생각하므로, 아래와 같이 반대의견을 밝힌다.

가. 사전검열금지원칙 위배 여부

(1) 의료광고에 대한 사전검열금지원칙의 적용 여부

사전검열금지원칙을 적용함에 있어서는 '사전검열행위' 자체의 범위를 헌법 제21조의 진정한 목적에 맞는 범위 내로 제한하여 적용해야 할 뿐만 아니라, '사전검열금지원칙이 적용될 대상' 역시 헌법이 언론·출판의 자유를 보장하고, 사전검열을 금지하는 목적에 맞게 한정하여 적용해야 한다. 그렇지 않으면 표현의 자유에 있어서 표현의 대상이나 내용, 표현매체나 형태 등이 어떠하건 간에 헌법 제21조 제1항의 언론·출판에 해당하기만 하면 동조 제2항에 따라 이에 대한 사전검열은 무조건 금지된다는 부당한 결론에 이르거나, 헌법이 표현의 자유를 보장하고 사전검열을 금지하는 진정한 목적에 전혀 맞지 않게 사전검열금지원칙을 운용하는 결과가 될 수 있고, 표현의 자유가 생명권, 건강권과 같은 다른 중요한 법익과 충돌하는 경우에도 일방의 기본권 주체의 표현의 자유만을 과도하게 보호하는 결과가 될 수 있기 때문이다(헌재 2010. 7. 29. 2006헌바75 법정의견 참조).

특히 의료는 고도의 전문적 지식과 기술을 요하고 국민의 건강에 직결되는 것이므로 잘못된 의료정보가 전파되는 것을 방지하여 의료소비자를 보호하기 위해서는 의료광고에 대한 합리적 규제가 필요하다. 허위·과장 광고를 사전에 예방하지 않을 경우 불특정 다수가 신체·건강상 피해를 보는 등 광범위한 해악이 초래될 수 있고, 허위·과장 광고 등에 대해 사후적인 제재를 하더라도 소비자들이 신체·건강상으로 이미 입은 피해는 그 회복이 사실상 불가능할 수 있어서 실효성이 별로 없다는 문제가 있으므로, 잘못된 의료광고 표현에 대한 사전규제는 필수적이다.

한편, 의료광고는 영리 목적의 상업광고로서 사상이나 지식에 관한 정치적·시민적 표현행위 등과 관련이 적고, 이러한 광고를 사전에 심사한다고 하여 예술활동의 독창성과 창의성 등이 침해되거나 표현의 자유 등이 크게 위축되어 집권자의 입맛에 맞는 표현만 허용되는 결과가 될 위험도 작다.

따라서 의료광고와 같이 규제의 필요성이 큰 표현에 대해, 입법자가 국민의 표현의 자유를 보장함과 동시에 국민의 보건권과 건강권을 보호하고 국민의 보건에 관한 국가의 보호의무를 이행하기 위하여, 기본권들 사이의 균형을 기하는 차원에서 사전심의절차를 법률로 규정하였다면, 이에 대해서는 사전검열금지원칙이 적용되지 않는다고 보아야 한다.

이와 같은 취지에서 우리 재판소는 건강기능식품의 기능성 표시·광고의 사전심의절차에 관하여 규정한 '건강기능식품에 관한 법률' 관련 조항에 대하여 합헌 결정을 한 바 있다(헌재 2010. 7. 29. 2006헌바75 법정의견 참조).

(2) 이 사건 의료광고 사전심의가 헌법이 금지하는 사전검열에 해당하는지 여부

가사 의료광고에 대해 사전검열금지원칙이 적용된다고 하더라도, 이 사건 의료광고 사전심의는 헌법이 금지하는 사전검열에 해당하지 않는다.

헌법재판소는 사전검열금지원칙 적용에 있어서, 일반적으로 허가를 받기 위한 표현물 제출의무의 존재, 행정권이 주체가 된 사전심사절차의 존재, 허가 받지 아니한 의사표현의 금지 및 심사절차를 관철할 수 있는 강제수단의 존재 등의 4가지 요건을 모두 갖춘 사전심사절차의 경우에만 헌법 제21조 제2항에 의해 금지되는 것이라고 판시하여 왔다.

이 사건 의료광고 심의기관인 대한의사협회, 대한치과의사협회, 대한한의사협회의 경우에는 아래와 같은 이유에서 '행정주체성'을 인정하기 곤란하므로 이 사건 의료광고 사전심의는 헌법이 금지하는 사전검열에 해당하지 않는다.

첫째, 의료법이 사전심의의 주체로 보건복지부장관을 규정하고 있다고 하더라도, 이는 의료와 관련한 전반적인 관리감독청이 보건복지부장관이라는 것일뿐, 실제로 의료광고에 대한 사전심의주체가 보건복지부장관이 되어야 한다는 의미는 아니다. 의료법 제57조 제3항은 "보건복지부장관은 제1항에 따른 심의에 관한 업무를 제28조에 따라 설립된 단체에 위탁할 수 있다."라고 하여 의료광고에 대한 위탁 근거를 마련함으로써 이를 명확히 하고 있다. 이 사건 의료광고의 심의를 위탁받은 대한의사협회, 대한치과의사협회, 대한한의사협회는 각각 의사, 치과의사, 한의사로 구성된 민간단체로서 의료광고의 사전심의업무를 처리하고 있으나, 이 업무와 관련하여 보건복지부장관의 구체적인 관리·감독을 받는 것은 아니다.

둘째, 의료광고 사전심의업무를 실제 수행하는 각 의료광고 심의위원회의 심의위원은 해당 심의기관의 회원이 아닌 다른 직역의 의료인, 해당 심의기관의 회원, 소비자단체의 장이 추천하는 자, 변호사 자격을 가진 자, 그 밖에 보건의료에 관한 학식과 경험이 풍부한 자와 같은 민간 전문가 중에서 심의기관의 장이 위촉하며(구 의료법 시행령 제28조 제4항), 심의기관의 장인 대한의사협회장, 대한치과의사협회장, 대한한의사협회장은 모두 회원들이 직선 또는 간선으로 선출하고 있다. 또한 심의위원회의 위원장은 심의기관의 장이 위촉하고, 부위원장은 심의위원회에서 호선하고 있다(의료법 시행령 제28조 제3항). 따라서 심의기구 구성에 있어 자율성이 보장되고 있으며 보건복지부장관의 관여는 완전히 배제되고 있다.

셋째, 의료법 시행령에서 정한 것 외에 심의위원회의 구성·운영 및 심의에 필요한 사항은 심의위원회의 의결을 거쳐 위원장이 정하게 되어 있는바(의료법 시행령 제28조 제7항), 실제로 각 의료광고 심의위원회는 자체적으로 심의위원회 운영규정 및 의료광고 심의기준을 제·개정하여 왔다. 각 의사협회는 심의위원회의 소집권자, 의사·의결정족수 등 심의위원회 운영에 관해 자율적으로 정하며, 심의 역시 스스로 정한 구체적인 심의기준에 따라 이루어진다. 또한 심의 결과에 이의가 있는 신청인의 재심의 요청이 있으면 심의위원회가 직접 이를 다시 심사하게 되어 있다(구 의료법 시행령 제25조 제3항, 제4항). 이처럼 심의업무 수행에 있어 독립성 및 자율성이 확보되어 있다.

넷째, 보건복지부장관 또는 시·도지사는 국민보건 향상을 위하여 필요하다고 인정될 때에는 의료인·의료기관·중앙회 또는 의료 관련 단체에 대하여 시설, 운영경비, 조사·연구 비용의 전부 또는 일부를 보조할 수 있지만(의료법 제83조 제1항), 이는 일반적인 운영 비용 등에 대한 보조일 뿐이며, 심의와 관련된 비용은 심의기관의 장이 정하여 공고하는 수수료로 충당되므로(의료법 제57조 제2항, 의료법 시행규칙 제47조 제3항, 제4항), 각 의료광고 심의위원회는 정부의 보조금이 아니라 수수료를 주된 재원으로 하여 독립적으로 운영되고 있다고 할 수 있다.

다섯째, 심의결과의 보고는 단순히 심의 및 재심의 결과에 관한 것이며, 실제 보건복지부장관은 심의 및 재심의 결과에 관한 보고를 받을 뿐 심의내용에 관해 구체적인 업무지시를 하고 있지 아니하므로, 이러한 보고의무만을 가지고 행정권의 관리·감독이 이루어진다고 할 수는 없다.

위와 같은 점들을 종합하면, 이 사건 의료광고의 심의기관인 대한의사협회, 대한치과의사협회, 대한한의사협회는 행정권으로부터 독립된 민간 자율기구로서, 그 행정주체성을 인정하기 어렵다. 따라서 이 사건 의료광고의 사전심의절차는 헌법 제21조 제2항에 의하여 금지되는 사전검열에 해당하지 아니한다.

나. 과잉금지원칙 위배 여부

다만, 의료광고도 헌법 제21조의 표현의 자유의 보호영역에 포함되므로 이에 대하여 사전심의제도를 두는 것과 같은 제한은 헌법 제37조 제2항에 따라 국가안전보장·질서유지 또는 공공복리를 위하여 필요한 경우에 한하여 법률로써만 할 수 있고, 따라서 과잉금지원칙이 적용된다. 그런데 의료에 관한 광고는 표현의 자유의 보호영역에 속하지만 사상이나 지식에 관한 정치적, 시민적 표현 행위와는 차이가 있으므로 의료에 관한 광고의 규제에 대한 과잉금지원칙 위배 여부를 심사함에 있어, 그 기준을 완화하는 것이 상당하다(헌재 2010. 7. 29. 2006헌바75 등 참조).

이 사건 법률규정들은 사전심의를 통해 유해한 의료광고를 사전에 차단하고 의료서비스에 대한 올바른 정보를 제공함으로써, 국민의 생명권과 건강권을 보호하기 위한 것으로 목적의 정당성 및 수단의 적합성이 인정된다.

의료광고는 일반적인 상품이나 용역광고와 달리 국민의 생명·건강에 직결되는 의료서비스를 그 내용으로 하는 것이므로, 소비자를 기만하거나 정당화되지 않은 의학적 기대를 초래 또는 오인하게 할 우려가 있거나 공정한 경쟁을 저해하는 의료광고에 대해서는 더욱 강력하게 규제할 필요가 있다(헌재 2014. 9. 25. 2013헌바28 참조).

잘못된 의료광고로 인해 국민들이 입을 수 있는 신체·건강상의 피해가 크다는 점, 사후 제재를 하더라도 이미 발생한 피해회복이 어렵다는 점 등을 고려하면 사후적인 제재는 실효성 있는 대안으로 보기 어려우며, 대중에 광범위하게 노출되는 매체를 이용하여 광고를 하는 경우에 한해서 사전심의를 거치도록 하는 것은 입법목적 달성을 위해 필요한 범위 내인 것으로 보인다. 더욱이 이 사건 법률규정처럼 행정권이 개입하지 않는 민간단체의 자율적 심의라면 이로 인한 기본권 침해는 최소화된다고 볼 수 있다. 따라서 이 사건 법률규정은 최소침해성원칙에도 저촉되지 않는다.

나아가 의료법상 사전심의제도에 의하여 달성하려는 공익은 유해한 의료광고를 사전에 차단하여 국민의 생명과 건강을 지키기 위한 것으로 그 중요성이 크고, 위에서 본 바와 같이 의료광고 사전심의는 민간단체에 의해 자율적으로 이루어지는 점, 심의 신청이 비교적 간단하고 수수료가 과다하지 않은 점, 사전심의결과에 이의가 있는 경우 재심의를 신청하여 다툴 수 있는 제도가 마련되어 있는 점 등을 고려하면 추구하는 공익이 제한되는 사익에 비해 작다고 할 수 없으므로 법익 균형성에 반하지 않는다.

따라서 이 사건 법률규정들은 과잉금지원칙에도 위배되지 아니한다.

다. 결 론

그러므로 이 사건 법률규정들은 헌법에 위반되지 아니한다.

cf. 이와 같은 쟁점으로, 사전심의를 받은 내용과 다른 내용의 건강기능식품 기능성광고를 금지하고 이를 위반한 경우 처벌하는 '건강기능식품에 관한 법률' 조항이 사전검열금지원칙에 위배되는지 여부가 문제된 사건이 있다. 즉, 제청신청인 또는 청구인들은 일간지 또는 TV 홈쇼핑 등에 건강기능식품을 광고하면서 심의받은 내용과 다른 내용의 표시·광고를 하였다는 이유로 기소되거나 영업정지의 행정처분을 받았다. 제청신청 또는 청구인들은 형사재판 또는 행정소송 계속 중 사전심의 받은 내용과 다른 내용으로 표시·광고하는 행위를 금지하고 이를 위반하는 경우 처벌하는 '건강기능식품에 관한 법률'이 사전검열금지원칙에 위배된다고 주장하였다.

다수의견은 이 사건 건강기능식품 기능성광고 사전심의는 그 검열이 행정권에 의하여 행하여진다고 볼 수 있고, 헌법이 금지하는 사전검열에 해당하므로 헌법에 위반된다고 판단하였으나, 재판관 조용호는 이에 반대하였다(적극:소극 8:1, 2018. 6. 28. 2016헌가8등; 공보 261호 992면).

[27] 상관모욕죄 위헌소원 사건

(2016. 2. 25. 2013헌바111)

◇ 사안과 쟁점

청구인은 특수전사령부 소속 중사로서, 2011. 12. 26.부터 2012. 4. 12.까지 총 9회에 걸쳐 ○○에 대통령을 욕하는 글을 올려 상관을 모욕하였다는 범죄사실로 2012. 11. 1. 특수전사령부 보통군사법원에서 징역 6월, 집행유예 1년의 형을 선고받았다. 청구인은 항소심 계속 중 상관모욕죄에 관한 군형법 제64조 제2항에 대하여 위헌법률심판제청신청을 하였는데 기각되자 헌법소원심판을 청구하였다.

쟁점은, 상관모욕에 관한 군형법 제64조 제2항(이하 '심판대상조항')이 명확성원칙에 위배되는지 여부(전원 소극), 군인의 표현의 자유를 침해하는지 여부이다(소극:적극 7:2)(2016. 2. 25. 2013헌바111; 공보 233호 339면). 전자에 관하여는 전원 일치 의견으로 명확성원칙에 위배되지 아니한다고 보았고, 후자에 관하여는 2명의 위헌의견이 있으나 7명의 다수(법정)의견은 합헌으로 보았다. 재판관 조용호는 주심으로 법정의견을 집필하였다.

◇ 법정(합헌)의견

가. 이 사건의 쟁점

심판대상조항은 공연한 방법으로 상관을 모욕한 사람을 3년 이하의 징역이나 금고에 처하도록 하고 있는바, 범죄구성요건으로서 '상관'의 개념이 지나치게 광범위하거나 불명확하여 명확성원칙에 위배되는지 여부가 문제되고, 상관에 대한 '모욕적 표현행위'의 처벌이 과잉금지원칙을 위반하여 표현의 자유를 침해하는지 여부도 문제된다.

청구인은 심판대상조항으로 인하여 군인의 참정권이 침해되고 있다고 주장하나, 우리 헌법은 모든 국민에게 법률이 정하는 바에 따라 국가기관을 구성하거나 직접 구성원이 될 수 있는 '선거권'(제24조)과 '공무담임권'(제25조), 그리고 국가안위에 관한 중요정책과 헌법개정에 대한 '국민투표권'(제72조, 제130조)을 참정권으로 보장하고 있는 바, 심판대상조항이 대통령에 대한 모욕적 표현행위를 금지·처벌하더라도 이로 인해 군인의 참정권에 어떠한 영향도 주지 않으므로 그 침해 여부는 문제되지 아니한다.

그리고 청구인이 침해된 기본권으로 주장하는 행복추구권은 일반조항적 또는 보충적 성격을 지닌 기본권으로 표현의 자유에 대한 침해 여부를 판단하는 이상 이에 대하여는 따로 판단하지 아니하고, 나아가 형법상 모욕죄에 비하여 군형법상 상관모욕죄의 법정형이 높아 평등원칙에 위배되는지 여부 또는 상관모욕죄의 법정형이 책임과 형벌 간의 비례원칙을 준수하였는지 여부는 표현의 자유에 대한 과잉금지원칙 심사와 상당 부분 중복될 수밖에 없으므로 이에 대하여는 표현의 자유 침해 여부를 판단하면서 함께 판단하기로 한다.

나. 명확성원칙 위반 여부

(1) 명확성원칙의 의미

㈎ 표현의 자유를 규제하는 입법에 있어서 명확성의 원칙은 특별히 중요한 의미를 지닌다. 현대 민주사회에서 표현의 자유가 국민주권주의 이념의 실현에 불가결한 것인 점에 비추어 볼 때, 불명확한 규범에 의한 표현의 자유의 규제는 헌법상 보호받는 표현에 대한 위축효과를 야기하고, 그로 인하여 다양한 의견이나 견해 등의 표출을 통해 상호 검증을 거치도록 한다는 표현의 자유의 본래적 기능을 상실케 한다. 따라서 표현의 자유를 규제하는 법률은 규제되는 표현의 개념을 세밀하고 명확하게 규정할 것이 헌법적으로 요구된다.

한편, 이러한 명확성원칙은 죄형법정주의원칙에서도 요청된다. 즉, 헌법 제12조 및 제13조를 통하여 보장되고 있는 죄형법정주의원칙은 범죄와 형벌이 법률로 정하여져야 함을 의미하며, 이러한 죄형법정주의에서 파생되는 명확성원칙은 법률에서 처벌하고자 하는 행위가 무엇이며 그에 대한 형벌이 어떠한 것인지를 누구나 예견할 수 있고, 그에 따라 자신의 행위를 결정할 수 있도록 구성요건을 명확하게 규정하여야 함을 의미한다.

그러나 모든 법규범의 문언을 순수하게 기술적 개념만으로 구성하는 것은 입법기술상 불가능하고, 다소 광범위하여 어느 정도의 범위에서는 법관의 보충적인 해석을 필요로 하는 개념을 사용하였다고 하더라도, 통상의 해석방법에 의하여 건전한 상식과 통상적인 법감정을 가진 사람이라면 당해 처벌법규의 보호법익과 금지된 행위 및 처벌의 종류와 정도를 알 수 있도록 규정하였다면 헌법이 요구하는 명확성원칙에 반한다고 할 수는 없다(헌재 2009. 5. 28. 2006헌바109등 참조).

한편, 법규범이 명확한지 여부는 그 법규범이 수범자에게 법규의 의미내용을 알 수 있도록 공정한 고지를 하여 예측가능성을 주고 있는지 여부 및 그 법규범이 법을 해석·집행하는 기관에게 충분한 의미내용을 규율하여 자의적인 법해석이나 법집행이 배제되는지 여부에 따라 이를 판단할 수 있는데, 법규범의 의미내용은 그 문언뿐만 아니라 입법목적이나 입법취지, 입법연혁, 그리고 법규범의 체계적 구조 등을 종합적으로 고려하는 해석방법에 의하여 구체화하게 되므로, 결국 법규범이 명확성원칙에 위배되는지 여부는 위와 같은 해석방법에 의하여 그 의미내용을 합리적으로 파악할 수 있는 해석기준을 얻을 수 있는지 여부에 달려 있다(헌재 2010. 11. 25. 2009헌바27).

㈏ 심판대상조항은 공연한 방법으로 상관을 모욕한 군형법의 적용대상자를 처벌하는 형벌조항일 뿐만 아니라 동시에 이들의 표현의 자유를 제한하고 있다. 따라서 심판대상조항은 죄형법정주의에서 파생되는 명확성원칙과 아울러 표현의 자유를 규제하는 입법에 있어서의 명확성원칙을 충족하여야 할 것이며, 그 정도는 엄격한 의미에서의 명확성이라 할 것이다.

(2) '상관' 개념의 명확성

㈎ 군형법 제2조 제1호에 따라 명령복종의 관계에 있는 사람 사이에서는 명령권을 가진 사람이, 명령복종의 관계가 없는 사람 사이에서는 상급자와 상서열자가 상관이 된다. 우선적으로 명령복종의 관계에 있는지를 따져 명령권을 가지면 상관이고 이러한 경우 계급 서열은 문제가 되지 아니한다. 군의 직무상 하급자가 명령권을 가질 수도 있기 때문이다. 이하에서는 상관 중 당해사건에서 재판의 전제가 되는 "명

령복종의 관계에서 명령권을 가진 사람” 부분이 명확성의 원칙에 위배되는지 여부에 대하여 살피기로 한다.

㈏ ‘명령’이란 군사적으로 상관이 부하에게 발하는 직무상의 지시를 말하고, ‘명령복종 관계’는 구체적이고 현실적인 관계일 필요까지는 없으나 법령에 의거하여 설정된 상·하의 지휘계통 관계를 말한다. 그러한 명령권을 가진 사람에는 고유한 명령권을 가진 경우뿐 아니라 직무대리나 권한의 위임에 의하여 명령권을 행사하는 사람도 포함된다.

다만, 명령복종이라는 문언 자체가 일의적으로 정의될 수 없고 따라서 법관의 보충적인 해석을 필요로 한다고 할 것이지만, 심판대상조항의 수범자가 계급구조와 상명하복 관계를 특성으로 하는 군조직의 군인 또는 군무원으로 한정되고, 상관에 대한 사회적 평가에 더하여 군기를 확립하고 군조직의 위계질서와 통수체계를 유지하려는 상관모욕죄의 입법목적이나 보호법익 등에 비추어 이를 예견할 수 없을 정도로 광범위한 정도라고 보기는 어렵다.

㈐ 그리고 우리 헌법 제74조 제1항은 “대통령은 헌법과 법률이 정하는 바에 의하여 국군을 통수한다.”라고 규정함으로써, 대통령이 국군의 최고사령관이자 최고의 지휘·명령권자임을 밝히고 있다. 국군통수권은 군령(軍令)과 군정(軍政)에 관한 권한을 포괄하고, 여기서 군령이란 국방목적을 위하여 군을 현실적으로 지휘·명령하고 통솔하는 용병작용(用兵作用)을, 군정이란 군을 조직·유지·관리하는 양병작용(養兵作用)을 말한다. 또한 헌법 제74조 제2항은 “국군의 조직과 편성은 법률로 정한다.”라고 규정하고, 이에 근거하여 국군조직법에서는 대통령은 헌법과 법률에서 정하는 바에 따라 국군을 통수하고(제6조), 국방부장관은 대통령의 명을 받아 군사에 관한 사항을 관장하며(제8조), 합동참모의장과 각군 참모총장은 국방부장관의 명을 받는다(제9조, 제10조)고 각 규정하여 대통령과 국군의 명령복종 관계를 정하고 있고, 군인사법 제47조의2의 위임에 의한 군인복무규율(2009. 9. 29. 대통령령 제21750호로 개정된 것) 제2조 제4호는 “상관이란 명령복종관계에 있는 사람 사이에서 명령권을 가진 사람으로서 국군통수권자로부터 바로 위 상급자까지를 말한다.”라고 규정함으로써 국군통수권자인 대통령이 상관임을 명시하고 있다.

(3) 소 결

그렇다면 건전한 상식과 통상적인 법감정을 가진 군인, 군무원 등 군형법의 적용대상자는 어떠한 행위가 심판대상조항에 따라 금지·처벌되는지를 충분히 파악할 수 있다고 판단되고, 심판대상조항의 입법목적이나 보호법익 그리고 상관의 개념에 관한 관계법령의 내용 등에 비추어 법을 해석 또는 집행하는 기관이 심판대상조항을 자의적으로 확대하여 해석하거나 집행할 염려도 없으므로, 심판대상조항은 명확성원칙에 반하지 않는다.

다. 표현의 자유 침해 여부

(1) 입법목적의 정당성 및 수단의 적합성

군이란 궁극적으로 무력에 의하여 국가를 수호하고 국토를 방위하여 국민의 생명과 재산을 보전함을 그 사명으로 하므로 이러한 군 본연의 사명을 다하기 위해서는 그에 상응하는 특수한 조직과 고도의 질서 및 규율을 필요로 한다. 이러한 질서와 규율은 교육과 훈련을 통해 유지, 강화되지만, 최후의 수단은 형벌이라는 실력적 제재수단을 통해 이뤄진다. 이렇듯 군형법은 군사범죄라는 특수한 범죄유형을 설정하고 그에 대하여 준엄한 형벌의 제재를 규정함으로써 군조직의 질서와 규율을 유지, 강화하기 위한 수단이며 전투력을 보존, 발휘케 하여 종국에는 전투에서 승리를 얻기 위함에 그 목적이 있다.

한편, 우리 형법에 '모욕죄'에 관한 규정(제311조)이 존재함에도 불구하고 심판대상조항에서 상관 모욕에 대한 별도의 규정을 둔 것은, 군의 존립목적과 그 임무의 특수성에서 그 이유를 찾을 수 있다. 즉, 군은 특수한 계급적 구조와 직책을 통한 공고한 조직과 군기를 바탕으로 전투력을 확보하고 이를 통해 군의 궁극적인 존립목적인 전투에서의 승리를 쟁취하게 되는바, 그와 같은 군조직의 특성상 상관을 모욕하는 행위는 상관 개인의 인격적 법익에 대한 침해를 넘어 군기를 문란케 하는 행위로서 그로 인하여 군조직의 위계질서와 통수체계가 파괴될 위험성이 크다.

이처럼 심판대상조항은 상관에 대한 사회적 평가, 즉 외부적 명예의 보호에 더하여 군조직의 질서 및 통수체계를 확립하여 군의 전투력을 유지, 강화하고 이를 통한 국가의 안전보장과 국토방위를 목적으로 하는바, 그러한 입법목적은 정당하다.

그리고 상관에 대한 모욕행위는 군의 사기를 저하시키고 근무기강을 해이하게 하며 종국에는 지휘체계를 무너뜨리는 행위로서 허용할 수 없고, 최근 사이버 공간 등에서 익명성을 보호막으로 삼아 타인의 명예 등을 침해하는 사회적 현상이 군대

내로 여과 없이 유입될 경우 군기강의 문란이나 하극상 관련 사고들이 증가할 가능성이 있으며, 이는 남북한 대치상태가 지속되는 현 안보상황에서 국토방위와 국가의 안위를 위험에 빠뜨릴 수 있다는 점에서 일반예방적 효과가 있는 형벌로써 상관에 대한 모욕행위를 금지할 필요성이 충분히 인정된다. 따라서 상관에 대한 모욕행위를 형사처벌하는 것은 위와 같은 입법목적을 달성하기 위한 적합한 수단이다.

(2) 침해 최소성

헌법 제5조 제2항에서 "국군은 국가의 안전보장과 국토방위의 신성한 의무를 수행함을 사명으로 하며, 그 정치적 중립성은 준수된다."라고 명시함으로써 군인은 국가공동체와 국민의 생명을 지키는 것을 사명으로 하고 있으며, 이를 수행하기 위해서는 필연적으로 군인의 정치적 중립성 유지가 요청된다. 군인 또한 공무원으로서 헌법 제7조 제2항에 의하여 정치적 중립의무를 지는데 더하여 헌법 제5조 제2항은 이를 다시 한 번 명시적으로 강조하는 것이다. 이는 우리의 헌정사에서 다시는 군의 정치개입을 되풀이하지 않겠다는 의지의 표현으로, 국군은 정치에 개입하거나 특정 정당을 지원하는 등 정치적 활동을 해서는 안 되며, 정치권도 국군에 영향력을 행사하려고 시도해서는 안 된다. 이처럼 정당이나 정치적 세력으로부터 영향력 배제와 중립은 효과적인 국방정책을 실현하기 위한 필수적인 요건이기도 하다. 따라서 군인 개인도 그 정치적 표현에는 제한이 따를 수밖에 없다.

대법원 2012. 12. 27. 선고 2012도1602 판결 등에 따르면 단순한 결례나 무례의 수준을 넘어 상관에 대한 사회적 평가를 저하시킬 수 있는 경멸적 표현에 해당하여야만 모욕에 해당한다고 하여 그 처벌의 범위를 엄격하게 해석하고 있으므로 남용의 우려가 적고, 국방부 통계에 의하더라도 상관모욕죄로 처벌받는 사례는 그리 많지 않은 것으로 나타난다. 결국 심판대상조항에서 금지하는 것은 상관으로서 대통령에 대한 모욕적 표현일 뿐이지 대통령의 정책이나 국정 운영에 대한 비판이나 의견표명 자체를 금지하는 것은 아니다. 굳이 모욕적 방법을 쓰지 않더라도 대통령의 정책 등에 대한 비판은 얼마든지 가능하다.

한편, 심판대상조항의 입법목적은 군의 전투력을 유지, 강화하여 국가의 안전을 보장하고 국토를 방위하는 것으로, 그 주된 보호법익은 '상관에 대한 사회적 평가'라는 개인적 법익이 아니라 '군조직의 질서 및 통수체계'라는 국가적 법익에 있으므로, 모욕의 유형이나 상대방의 피해상황 등을 구체적으로 구분하지 아니하고 모든 상관

모욕행위에 대하여 일괄적으로 3년 이하의 징역형으로 처벌하도록 규정하였다는 사유만으로 법정형을 정할 입법자의 형성권이 자의적으로 행사되었다고 단정하기 어렵고, 나아가 군인에 대한 위와 같은 차별취급은 합리성 내지 정당성을 갖는 것으로 보인다.

그리고 군인사법상 징계 규정이 있음에도 군형법상 상관모욕죄 규정을 둔 것은, 위에서 살핀 바와 같이 상관에 대한 모욕행위가 국가안보와 직결될 수 있으므로 단순한 행정상의 제재로써는 효과적으로 상관에 대한 모욕행위를 예방하고 근절하기에 미흡하다는 입법정책적 고려에 기인한 것으로 보인다. 또한 심판대상조항의 법정형은 작량감경이나 법률상 감경을 하지 않아도 집행유예의 선고가 가능할 뿐만 아니라, 구체적인 사정을 고려하여 선고유예의 판결도 가능하여 형벌 본래의 목적과 기능을 달성함에 있어 필요한 정도를 일탈하였다고 보기 어려우며, '전투경찰대 설치법'상의 상관모욕죄 규정(제10조 제4항)이나 '의무소방대설치법'상의 상관모욕죄 규정(제10조 제4항) 등과 비교하더라도 심판대상조항의 법정형이 지나치게 높게 설정되었다고 보이지 아니한다.

더욱이, 대법원은 모욕죄에 대하여 어떠한 글이 모욕적 표현을 포함하는 판단 또는 의견의 표현을 담고 있을 경우에도, 그 시대의 건전한 사회통념에 비추어 살펴보아 그 표현이 사회상규에 위배되지 않는 행위로 볼 수 있는 때에는 형법 제20조의 정당행위에 해당하여 위법성이 조각된다고 판시함으로써(대법원 2003. 11. 28. 선고 2003도3972 판결; 대법원 2010. 10. 28. 선고 2010도9511 판결; 대법원 2012. 2. 23. 선고 2010도6462 판결 등 참조), 구체적인 사건에서 표현의 자유를 통해 보장되는 이익 및 가치와 명예 보호를 통한 이익 및 가치가 적절히 조화되도록 모욕죄 규정을 적용하고 있으므로, 심판대상조항에 의한 처벌은 필요최소한의 범위 내에서 표현의 자유를 제한하고 있다.

따라서 심판대상조항은 침해 최소성의 원칙에도 반하지 아니한다.

(3) 법익균형성

만약 군인의 상관에 대한 모욕행위를 형법상의 모욕죄로 처벌한다면, 개인적인 합의로 고소가 취소되었다는 사정만으로 처벌이 불가능하게 되고, 그로 인하여 근무기강을 해이하게 할 위험이 농후할 뿐만 아니라 군의 지휘체계와 사기를 무너뜨려 국토방위와 국가의 안위를 위험에 빠뜨릴 수도 있다. 그에 비하여 심판대상조항으로 제한되는 행위는 상관에 대한 사회적 평가를 저하시킬 만한 추상적 판단이나 경멸적 감정의 표현으로 비록 그 표현에 군인 개인의 정치적 의사 표현이 포함될 수 있다고 하더라도 군조직의 특수성과 강화된 군인의 정치적 중립의무 등에 비추어 그 제한은 수인의 한도 내에 있다고 보인다. 이러한 점을 고려할 때 심판대상조항을 통하여 달성하려는 공익은 그로 말미암아 제한받는 군인의 표현의 자유라는 사익에 비해 결코 작다고 할 수 없다.

(4) 소 결

따라서 심판대상조항은 과잉금지원칙에 위배되어 군인의 표현의 자유를 침해하지 아니한다.

[28] 인터넷신문 등록요건 강화 위헌확인 사건

(2016. 10. 29. 2015헌마1206등)

◇ 사안과 쟁점

청구인들은 인터넷신문을 운영하는 개인사업자, 임원, 기자 등인데, 관할 시·도지사로부터 2015. 11. 11. 개정된 '신문 등의 진흥에 관한 법률 시행령'에 따라 2016. 11. 18.까지 취재 및 편집 인력을 5명 이상(취재 인력 3명 이상)으로 증원하고, 이를 증명할 수 있는 국민연금, 국민건강보험, 산업재해보상보험 중 1가지 이상의 가입내역 확인서를 제출하여 재등록하여야 한다는 통보를 받고, 위 법률 및 시행령 조항이 청구인들의 기본권을 침해한다고 주장하면서 헌법소원심판을 청구하였다.

쟁점은, 취재 인력 3명을 포함하여 취재 및 편집 인력 5명 이상을 상시적으로 고용하도록 한 시행령 제2조 제1항 제1호 가목('고용조항'), 이를 증명할 수 있는 국민연금, 국민건강보험, 산업재해보상보험 중 1가지 이상의 가입내역 확인서를 제출하도록 한 시행령 제4조 제2항 제3호 다목과 라목('확인조항')이 과잉금지원칙을 위반하여 언론의 자유를 침해하는지 여부 및 이미 등록한 인터넷신문사업자에 대하여도 취재 및 편집 인력 요건을 갖출 것을 요구하는 '부칙조항'이 기존의 등록요건을 갖추고 사업을 하고 있던 인터넷신문사업자의 신뢰를 침해하는지 여부이다(적극:소극 7:2,

2016. 10. 29. 2015헌마1206등; 공보 241호 1727면).

7명의 다수의견은 이를 긍정하였으나, 재판관 조용호 등 2명의 반대의견은 위 조항들에 의하여 제한을 받는 것은 언론의 자유가 아니라 직업수행의 자유로 보아야 하고, 그렇다 하더라도 과잉금지원칙에 위배하여 직업수행의 자유를 침해하는 것은 아니라고 하였다.

◇ 반대(합헌)의견

우리는 아래와 같은 이유로 고용조항, 확인조항 및 부칙조항이 헌법에 위배되지 않는다고 생각한다.

가. 고용조항 및 확인조항의 위헌 여부

(1) 제한되는 기본권

헌법이 보장하는 언론의 자유는 자유민주주의 헌법의 기본원리의 하나로, 정보의 획득에서부터 뉴스와 의견의 전파에 이르기까지 언론으로서의 신문의 기능과 본질적으로 관련되는 모든 활동을 의미하나, 신문의 기능과 본질적인 관련성을 가지지 않은 외적인 조건과 관련된 부분까지 언론의 자유의 보호대상이 된다고 볼 수 없다. 즉, 언론의 자유는 언론·출판의 본질적 표현의 방법과 내용의 자유를 보장하는 것을 말하는 것이지, 그를 객관화하는 수단으로 필요한 시설이나 언론기업의 주체인 기업인으로서의 활동에 관한 것까지 포함되는 것으로 볼 수 없다. 따라서 신문 발행에 있어 언론의 건전한 발전과 그 기능의 보장을 위하여 법률상 일정한 등록 요건을 갖추도록 하는 것은 언론의 자유의 본질적 내용에 대한 간섭과는 엄연히 구분되어야 한다.

이 사건에서 문제된 고용조항과 확인조항은 인터넷신문을 신문법상 등록하기 위한 요건으로 5인 이상의 인원을 상시 고용하도록 하면서, 이를 확인할 수 있는 일정한 서류의 첨부 의무를 규정하고 있다. 이는 언론의 표현 방법이나 내용에 대한 규제, 즉 신문의 기능과 본질적으로 관련된 부분에 대한 규제라기보다는 인터넷신문의 형태로 언론 활동을 하기 위한 외적 조건을 규제하는 것에 불과하다. 만약 그러한 요건을 갖추지 못한 경우에는 인터넷신문을 등록할 수 없게 되고, 이에 따라 자신이 선택한 직업(언론인으로서의 직업)을 자신이 결정한 방식(인터넷신문의 제호로 뉴스를 발행하는 방식)으로 수행할 수 없게 된다. 따라서 고용조항과 확인조항에 의해 청구인들은 헌법 제15조의 직업수행의 자유를 직접 제한받는다.

한편, 외적인 고용 인원 요건을 갖추지 못한 자들은 인터넷신문으로 등록할 수 없게 됨에 따라 신문법상 각종 혜택을 받지 못하는 불이익을 입게 되나, 여전히 인터넷신문이 아닌 형태로는 언론 활동을 할 수 있는데다, 1인 미디어 등 다른 형태의 인터넷 매체의 발행도 가능한 점, 인터넷신문사가 아니라는 이유로 언론의 내용이나 방향을 사전에 억제 또는 통제받지도 아니한다는 점 등을 고려할 때, 고용조항과 확인조항에 의해 언론의 자유를 직접 제한받는다고 볼 수 없다.

설령, 언론의 자유에 대한 사실적이고 간접적인 제한이 수반된다고 보더라도, 언론의 자유에 대하여는 헌법 제37조 제2항에 의하여 국가의 안전보장·질서유지 또는 공공복리를 위하여 필요한 경우에 법률로써 본질적 내용을 침해하지 않는 한 일정한 제한을 할 수 있으며, 헌법 제21조 제3항에 의하여 신문 등을 발행하는 자가 언론의 건전한 발전을 도모하고, 종사자의 근무환경, 처우 기타 복리증진과 편집 활동 등을 보호하기 위하여 법률상 일정한 시설을 갖추도록 하여 언론기업의 건전한 발전이 제도적으로 보장되도록 법률상의 등록의무 규정을 제정할 수 있다. 현대사회에서 신문 등 언론매체가 언론의 자유를 누리는 수단으로서 중요한 사회적 기능을 수행하고 있고, 그 기능의 영향력이 사회적으로 지대한 만큼 그에 따른 헌법상의 책임과 의무도 수반되는 것이다. 따라서 등록의무에 관한 규정은 헌법상 허용되는 것으로 언론·출판의 자유의 본질이라 할 수 있는 보도의 내용 검열이나 간섭과는 무관하고, 등록조항과 확인조항은 법률상 등록의 규정을 둠에 있어 외형적이고 인적인 요건에 제한을 가한 것에 불과하므로, 그로 인하여 언론의 자유의 침해의 정도가 크다거나, 언론의 자유가 사안과 가장 밀접히 관련되어 있는 기본권이라 볼 수 없다.

따라서 이 사건을 판단함에 있어 직업 수행의 자유가 아니라, 언론의 자유 침해 여부를 중심으로 접근하고 있는 법정의견에는 동조할 수 없다.

(2) 직업수행의 자유 침해 여부

(가) 입법목적의 정당성 및 수단의 적절성

고용조항은 인터넷신문의 언론으로서의 신뢰도 및 사회적 책임을 제고하기 위한 목적에서 그 등록 요건으로 5인 이상의 인원을 상시 고용하여 취재 및 편집 역량을 갖출 것을 요구하고 있다. 또한 확인조항은 위와 같은 고용조항의 입법목적을 달성하고자 상시 고용 인원을 충족하였는지 여부를 국민연금 등의 가입사실을 통하여 확인하기 위한 조항이다. 이는 종전과 같이 취재·편집 인력 담당자 명부만 제출하도록 할 경우, 실제로 해당 인원을 고용하였는지 확인할 수 있는 객관성을 담보하기 어렵다는 문제가 있어, 보다 객관적인 국민연금, 국민건강보험 또는 산업재해보상보험의 가입사실을 확인할 수 있는 서류를 제출하도록 함으로써 고용조항에 따른 상시 고용인원을 실질적으로 확인하기 위함이다.

따라서 고용조항과 확인조항은 입법목적의 정당성 및 수단의 적절성이 인정된다.

㈏ 침해의 최소성

1) 헌법 제21조 제3항은 "신문의 기능을 보장하기 위하여 필요한 사항은 법률로 정한다."라고 규정함으로써 인터넷신문을 발행하는 언론매체의 육성과 그 기능을 보장·유지·발전하도록 하기 위하여 필요한 범위 내에서 일정한 시설에 관한 법률적 규제를 할 수 있도록 하는 입법권한을 국회에 유보하고 있다. 또한 입법자는 제반 사정을 두루 감안하여 그에 관한 일부 사항을 행정부에 위임하여 이에 관하여 규정할 수 있도록 하였다(이 사건 정의조항 및 등록조항 참조).

따라서 인터넷신문의 등록 요건을 어떻게 규율할 것인가 하는 문제는 입법 당시의 기술 상황과 국민 일반의 인터넷신문 이용 실태 등을 종합적으로 고려하여 결정하여야 할 입법정책에 관한 사항으로서 입법형성의 자유가 인정되어야 할 분야이다.

2) 인터넷에서 유통되는 뉴스는 지속적으로 블로그나 SNS 등을 통하여 확대·재생산될 뿐만 아니라, 언제든지 검색이 가능하고 종이신문과 같이 지면의 한정이 없으며, 기사 작성 및 유통에 적은 비용이 투입되므로 같은 내용의 기사를 반복해서 게재하는 어뷰징(abusing) 문제도 일어난다. 즉, 형식의 다양성과 규모 및 전파성에 있어 인터넷신문은 한정된 독자들에게만 전달되는 종이신문과 근본적인 차이가 있다. 그런데 종전에는 인터넷신문을 발행하려는 경우 취재·편집 인력 3명 이상을 고용하되, 취재 및 편집 담당자 명부만 제출하면 신문법상 등록이 가능하였고, 이 같은 간이한 등록요건으로 인해 인터넷신문사의 수가 2005년 286개에서 2015년 6,605개로 폭발적으로 증가하면서 인터넷신문의 영향력이 증대되었으나, 한편으로는 취재인력이 부족한 일부 인터넷신문사가 기사를 표절하거나 반복적으로 특정기사를 게재하는 등의 부작용을 낳게 되었고, 인터넷신문 기사에 대한 언론중재위원회의 언론중재신청 건수 및 청소년에게 유해한 선정적 기사나 광고 건수도 함께 대폭 증가하였다.

또한 일부 인터넷신문사들이 광고 수입을 얻을 목적으로 기사를 빌미로 기업들을 대상으로 광고 및 협찬을 강요하는 등의 '유사언론행위'나 기사의 형식으로 업체나 상품을 소개하여 독자를 오인, 혼동시킬 우려가 있는 '기사형 광고'를 게재하기도 하고, 자극적인 기사를 양산해 내는 등의 폐단도 함께 나타나게 되었다. 그럼에도 불구하고 인터넷신문의 수적 증가에 따른 물리적 한계로 인해 언론중재위원회, 문화체육관광부 등 관할 기관의 사후적 규제가 사실상 어렵게 되자, 사전에 인터넷신문의 등록 요건을 강화하여 책임성 없는 인터넷신문의 난립을 막을 필요성이 한층 커지게 되었다.

3) 전통적인 뉴스미디어의 경우 취재기자는 뉴스 자료를 수집한 후 기사를 작성하는 업무를, 편집기자는 효과적인 뉴스 전달을 위한 편집 업무를 담당하고, 뉴스의 유통은 편집국 외부의 유통 전문 조직에서 담당하였다. 그러나 인터넷신문의 경우 외부 유통 전문 조직이 필요 없어 기자들로 하여금 뉴스 생산 업무뿐만 아니라, 뉴스 유통 업무를 수행하는 역할을 동시에 부여하였다. 이에 따라 규모가 작고 운용할 수 있는 인적 자원이 한정된 인터넷신문사의 경우에는 소수의 기자가 뉴스의 생산, 편집, 유통을 하는 과정에서 기사의 정확성이나 전문성이 떨어지는 경우가 빈번하게 발생하였고, 그에 따른 언론 피해가 발생할 가능성도 증가하게 되었다.

그런데 앞서 본 바와 같이 인터넷신문의 수적 증가에 따른 물리적 한계로 인해 사후적 규제가 쉽지 않았을 뿐만 아니라, 인터넷신문사의 언론 보도에 따른 피해가 발생할 경우 언론중재법에 의한 정정보도, 반론보도, 추후보도 등의 청구는 피해자가 언론 보도로 인한 피해사실을 인지한 후 언론중재위원회에 그 언론사를 상대로 정정보도청구 등을 한 경우에만 가능하다는 제한이 뒤따랐고, 인터넷에 이미 유통되고 있는 기사의 확대 및 재생산을 제어할 수는 없다는 한계도 존재하였다. 또한 민사상 손해배상이나 형사상 명예훼손 등에 의한 처벌은 사후적으로 피해를 회복하는 조치에 불과하여 인터넷신문의 오보로 인한 효과적인 구제절차로 기능하지 못함에 따라 사전에 인터넷신문의 등록 요건을 강화하여 신뢰도 및 사회적 책임을 제고하는 것에 비하여 그 실효성이 떨어진다.

4) 등록된 인터넷신문은 신문법에 의하여 언론사로 보호를 받게 되는데, 구체적으로 정보원에 대하여 자유로이 접근할 권리와 취재한 정보를 자유로이 공표할 자유를 가지며(신문법 제3조 제2항), 한국언론진흥재단으로부터 언론진흥기금을 지원받는

등 법령에서 정한 각종 혜택을 누릴 수 있고(신문법 제34조, 제35조), 주요 포털 사이트와 제휴를 맺음으로써 사실상 광고 수입 등을 통한 수익 창출도 용이한 측면이 있다. 반면, 인터넷신문의 편집인은 독자가 기사와 광고를 혼동하지 아니하도록 명확하게 구분하여 편집하여야 하고(신문법 제6조 제3항), 청소년보호책임자를 지정하고, 청소년유해정보를 차단·관리하는 등 청소년보호업무를 하여야 하며(신문법 제9조의2), 해당 인터넷신문에 그 명칭·등록번호·등록연월일·제호·발행인·편집인 및 발행연월일을 독자가 알아보기 쉽게 게재 또는 공표하여야 하는 등의 의무를 부담하게 된다(신문법 제21조). 또한 청탁금지법의 시행에 따라 등록된 인터넷신문의 대표자 및 임직원은 부정청탁을 받아 직무를 수행해서는 아니되고(청탁금지법 제5조, 제6조), 금품 등을 수수하여서는 아니된다는 법률상 의무를 함께 부담하게 된다(청탁금지법 제8조).

이처럼 등록된 인터넷신문의 경우 신문법에 따른 보호 및 혜택을 받음과 동시에 일정한 법률상 의무와 책임을 부담하게 되는바, 이는 등록된 인터넷신문사가 국민들에게 언론으로서 공신력을 주는 등 그 영향력이 클 수밖에 없기 때문이다. 또한 언론인으로 활동하고자 하는 자는 자발적인 선택에 따라 인터넷신문으로 등록하지 않음으로써 등록된 인터넷신문사가 누릴 수 있는 위와 같은 혜택을 포기함과 동시에 일정한 의무에서 벗어난 채 인터넷신문사가 아닌 다른 유형의 매체를 통해 언론인으로서 직업 수행을 하는 것도 얼마든지 가능하므로, 인터넷신문사의 상시 고용 인원을 종전 3인 이상에서 5인 이상으로 다소 강화한 것만으로는 과도한 제한이라고 볼 수 없다.

5) 한편, 확인조항은 상시 고용인원을 확인하기 위하여 인터넷신문의 취재 담당자 및 편집 담당자의 국민연금, 국민건강보험 또는 산업재해보상보험 가입내역 확인서를 제출하도록 하고 있다. 개정되기 전에는 취재·편집 인력 담당자 명부만 제출하면 인터넷신문의 고용인원을 갖춘 것으로 보고 등록이 가능하였으나, 담당자 명부만으로는 실제로 필요 인원을 고용하였는지 확인할 수 있는 객관적인 자료가 되지 않았기에 그 실효성을 확보하기가 어려웠다. 그에 따라 개정된 확인조항은 고용조항에 따라 5인 이상의 취재 및 편집 인원을 상시 고용하고 있다는 사실을 객관적으로 확인하기 위한 것이다.

국민연금법, 국민건강보험법, 산업재해보상보험법은 근로자를 고용하는 모든 사업주에 대하여, 국민연금, 국민건강보험, 산업재해보상보험에 가입할 의무를 부과하고, 국민연금보험료 중 부담금, 직장가입자의 건강보험료 중 50/100, 산업재해보상보험법상 보험료를 납부하도록 하고 있으며, 근로기준법은 상시 5인 이상의 근로자를 사용하는 모든 사업장에 적용된다. 따라서 확인조항을 통해 결과적으로 근로기준법의 적용을 받게 되는 인터넷신문사업자로서는 취재 및 편집 인력의 고용관계를 안정화시킬 수 있는 여건을 함께 마련함으로써 인터넷신문의 독자적인 기사 생산을 지속적으로 유지할 수 있다는 이점을 가지게 된다. 만일 법정의견과 같이 고용조항 및 확인조항이 위헌·무효로 된다면, 인터넷신문은 취재 및 편집 인력의 고용관계를 유지할 필요가 없게 되고, 그로 인하여 국민연금법, 건강보험법, 산업재해보상보험법 및 근로기준법의 적용을 회피하게 함으로써 취재 및 편집 인력의 고용관계를 불안정하게 할 수 있다. 따라서 인터넷신문의 독자적인 기사 생산을 지속적으로 유지하기 위해서는 확인조항이 무엇보다 필수적이다.

나아가 확인서를 발급하는 데에 수수료 등 과도한 금전적 부담이 뒤따르지 않고, 온라인·방문·팩스로 손쉽게 신청·발급받을 수 있는 점 등을 고려할 때, 위와 같은 서류 제출 의무가 청구인들에게 주는 부담 역시 현저히 과도하다고 보기 어렵다.

이러한 점들을 고려할 때 고용조항과 확인조항은 최소침해성 원칙에 어긋난다고 볼 수 없다.

㈐ 법익의 균형성

인터넷신문은 현대사회에서 주요한 표현 매체의 하나로 자리 잡아 국민에 대한 영향력이 확대되고 있으나, 한편으로 그 영향력이 사회적으로 지대한 만큼 공공의 이익뿐만 아니라 개인의 기본권인 사생활의 자유와 명예의 보장 등 타인의 기본권과 깊은 관련이 있을 수밖에 없으므로 그에 따른 책임과 의무도 수반되어야 한다. 따라서 무책임한 인터넷신문사의 난립을 방지함으로써 언론·출판의 공적 기능과 언론의 건전한 발전을 도모하기 위한 일정한 외적 규제는 민주사회에서 언론과 사상의 자유를 실질적으로 보호하고 확대하기 위하여도 필요하다.

고용조항 및 확인조항은 이와 같은 인터넷신문의 신뢰도 및 사회적 책임을 제고하기 위하여 일정한 외적 등록요건을 규정한 조항인바, 그로 인하여 청구인들이 입게 되는 부담은 종전보다 2명의 상시 고용 인원을 추가로 고용하고, 그 확인서류를 제출해야 하며, 만약 그러한 요건을 충족하지 못한 경우 다양한 언론 형태 중에서 인터넷신문의 형태로만 직업 수행을 할 수 없게 되는 제한을 받는 것에 불과하다. 따라서 청구인들이 제한받게 되는 사익이 고용조항과 확인조항이 달성하고자 하는 공익에 비하여 결코 크다고 볼 수 없으므로 법익의 균형성도 충족하였다.

㈑ 소 결

요컨대, 인적 요건을 갖추어 등록된 인터넷신문으로서 신문법에서 정한 각종 혜택과 함께 법령상의 규제를 받을 것인지, 아니면 인터넷신문이 아닌 수단을 통하여 언론 활동을 계속할 것인지는 어디까지나 청구인들의 자발적인 선택의 문제라 할 수 있다. 종전보다 상시 고용 인원을 2명 더 추가하였다는 점만으로 청구인들의 위와 같은 선택권이 박탈될 정도에 이르렀다고 보기 어렵고, 상시 고용인원 요건을 강화하고 이를 확인할 서류를 인터넷신문의 등록 신청시 제출하도록 한 것이 현저히 불합리하다고 볼 수 없다. 즉, 고용조항과 확인조항은 인터넷언론사의 언론으로서의 기능을 보장하는데 필요한 최소한의 것으로, 비록 종전의 등록 요건을 강화함으로써 그러한 요건에 미달하는 언론인들의 직업 수행의 자유를 다소 제한하는 측면이 있다 하더라도 이를 이유로 규범을 무효화시켜야 할 정도의 위헌적인 조항이라고 단정할 수 없다.

따라서 고용조항 및 확인조항은 과잉금지원칙을 위반하여 청구인들의 직업수행의 자유를 침해하였다고 볼 수 없다.

(3) 평등권 침해 여부

㈎ 신문법 시행령 제4조는 종이신문 등록시 인쇄사의 등록필증을 제출하도록 규정하고 있으나, 그 외에는 인터넷신문과 달리 고용조항 및 확인조항과 같이 상시 고용인원이나 그 밖의 인적·물적 시설에 관한 기준은 없으므로, 그로 인한 평등권 침해 여부가 문제될 수 있다.

㈏ 그런데 종이신문은 발행을 위하여 윤전기 등 물적인 인쇄 시설을 요하므로, 기본적으로 인터넷신문에 비하여 인적·물적 자본력이 요구되고 이를 통해서만 발행 자체가 가능하므로, 인터넷신문의 경우처럼 상시 고용 요건 및 물적 시설에 대한 요건을 별도로 강화하여야 할 필요성이 크지 않다.

또한 인터넷신문은 종이신문과 비교하여 설비투자에 소요되는 비용이 상대적으로 적고 지면의 한계가 없을 뿐만 아니라, 유통에도 큰 비용이 들지 않아 기자들이 기사를 쉽게 작성하여 발행할 수 있으며, 인터넷에 접속하고 있는 불특정 다수를 독자로 하고, 블로그, SNS 등을 통하여 기사가 확대·재생산되며, 기사가 삭제된 이후에도 SNS 등에 게시됨으로써 지속적으로 보존 및 검색될 수 있으므로, 종이신문에 비하여 그 파급력이 매우 높다.

위와 같은 인터넷신문의 특성에 비추어 보면, 인터넷신문에 대하여만 인적 기준 요건을 규정하고 있다 하더라도 이는 합리적인 이유 있는 차별이라 할 것이므로, 고용조항 및 확인조항은 청구인들의 평등권을 침해하지 아니한다.

나. 부칙조항의 위헌 여부

(1) 청구인들은 이미 등록한 인터넷신문사업자에 대하여도 취재 및 편집 인력 요건을 갖출 것을 요구하는 부칙조항이 기존의 등록요건을 신뢰하여 사업을 하고 있던 인터넷신문사업자의 종전 법적 지위를 새롭게 변경하는 결과를 가져오므로, 진정소급입법에 해당한다고 주장한다.

그러나 부칙조항은 종전의 신문법 시행령에 의하여 인터넷신문 등록을 한 청구인들에 대하여 시행령 시행 이후 1년 안에 5인 이상의 취재 및 편집 인력을 고용할 것을 요구하고 있고, 이는 기존에 등록한 인터넷신문의 법률관계에 관하여 규율하는 것이 아니므로 이미 종결된 과거의 사실 또는 법률관계를 사후적으로 적용함으로써 과거를 법적으로 새로이 평가하는 진정소급입법에 해당하지 아니한다.

(2) 다만, 종래의 법적 상태를 신뢰한 청구인들의 신뢰를 어느 정도 보호해야 하는지에 대한 문제가 발생할 수 있다. 그러나 앞서 본 바와 같이, 고용조항은 충분한 인원을 고용하여 취재 및 편집 역량을 갖춘 인터넷신문만을 신문법상 등록하도록 함으로써 인터넷신문의 신뢰도 및 사회적 책임을 제고하기 위한 것인 점, 인터넷에서 유통되는 뉴스는 일단 발행된 후로는 지속적으로 블로그나 SNS 등을 통하여 확대·재생산될 뿐만 아니라, 주요 포털 사이트를 통하여 국민들에게 그대로 전파될 가능성이 상당히 높아 파급력이 매우 큰 점, 이미 등록된 다수의 인터넷신문에 대하여 개정된 고용조항을 적용할 수 없다면 그 입법취지가 무색하게 되는 점, 등록된 인터넷신문사는 급증하고 있으나, 그에 따라 부정확한 보도 또는 선정적 보도 및 유해광고로 인한 폐해 역시 증가하고 있는 점, 언론중재법 및 신문법에 의한 구제수단들은 사후적 조치에 불과하여 파급력이 큰 인터넷신문의 오보로 인한 효과적인 구제절차가 되지 못하는 점, 부칙조항에 의하여 청구인들에게 주어진 1년의 유예기간은 시행령

개정으로 인한 상황변화에 적절하게 대처하기에 지나치게 짧은 것이라고 할 수 없는 점 등에 비추어 보면, 부칙조항이 청구인들의 신뢰를 침해하였다고 보기는 어렵다.

따라서 부칙조항이 신뢰보호원칙에 위배된다고 볼 수도 없다.

다. 소 결

그러므로 고용조항, 확인조항 및 부칙조항은 헌법에 위반되지 아니한다.

4. 집회 · 결사의 자유 관련

일반 사건에서의 의견

◇ 위헌의견을 취한 사례

▸ 일출시간 전, 일몰시간 후에는 옥외집회 또는 시위를 금지하고, 이를 위반한 경우 형사처벌하는 구 '집회 및 시위에 관한 법률'(이하 '집시법') 제20조 제3호 중 '제10조 본문'에 관한 부분이 집회의 자유를 침해하는지 여부(한정위헌: 전부위헌 6:3, 2014. 4. 24. 2011헌가29; 공보 211호 714면/2014. 3. 27. 2010헌가2등; 공보210호 557면, '일몰시간 후부터 같은 날 24시까지의 옥외집회 · 시위'에 적용되는 한 헌법에 위반된다고 보는 한정위헌 6인, 심판대상조항의 위헌적인 부분을 일정한 시간대를 기준으로 명확하게 구분하여 특정할 수 없으므로 전부 위헌 결정하여야 한다는 반대의견 3인)

▸ 재판에 영향을 미칠 염려가 있거나 미치게 하기 위한 집회 또는 시위를 금지하고 이를 위반한 자를 형사처벌하는 구 '집시법' 제3조 제1항 제2호, 제14조 제1항 본문 및 헌법의 민주적 기본질서에 위배되는 집회 또는 시위를 금지하고 이를 위반한 자를 형사처벌하는 구 집시법 제3조 제1항 제3호 및 제14조 제1항 본문이 집회의 자유를 침해하는지 여부(전원 적극, 2016. 9. 29. 2014헌가3등; 공보 240호 1449면)

- 지역농협 이사 선거의 경우 전화(문자메시지를 포함한다)·컴퓨터통신(전자우편을 포함한다)을 이용한 지지 호소의 선거운동방법을 금지하고, 이를 위반한 자를 처벌하는 농업협동조합법 제50조 제4항이 청구인들의 결사의 자유, 표현의 자유를 침해하는지 여부(전원 적극, 2016. 11. 24. 2015헌바62; 공보 242호 1866면)
- 누구든지 국회의사당의 경계지점으로부터 100미터 이내의 장소에서 옥외집회 또는 시위를 할 경우 형사처벌한다고 규정한 '집시법' 조항이 집회의 자유를 침해하는지 여부(전원 적극, 2018. 5. 31. 2013헌바322등; 공보 260호 838면)/국무총리 공관 인근에서 옥외집회·시위를 금지하고 위반시 처벌하는 집시법 조항 및 해산명령에 불응할 경우 처벌하는 집시법 조항이 집회의 자유를 침해하는지 여부(전원 적극, 20018. 6. 28. 2015헌가28등; 공보 261호 985면)/누구든지 각급 법원의 경계 지점으로부터 100미터 이내의 장소에서 옥외집회 또는 시위를 할 경우 형사처벌한다고 규정한 집시법 조항의 집회의 자유를 침해하는지 여부(전원 적극, 2018. 7. 26. 2018헌바137; 공보 262호 1259면)

◇ 합헌의견을 취한 사례

- 옥외집회·시위의 사전신고제도를 규정한 집시법 조항이 헌법 제21조 제2항의 사전허가금지에 위배되거나 집회의 자유를 침해하는지 여부(특히 '긴급집회'의 경우 소극:적극 4:5, 2014. 1. 28. 2011헌바174등; 공보 208호 293면/소극:적극 5:4, 2018. 6. 28. 2017헌바373; 공보 261호 1105면)
- 미신고 시위에 대한 해산명령에 불응하는 자를 처벌하도록 규정한 집시법 제24조 제5호가 집회의 자유를 침해하는지 여부(전원 소극, 2016. 9. 29. 2014헌바492; 공보 240호 1500면)/신고범위를 뚜렷이 벗어난 집회·시위에 대한 해산명령에 불응하는 자를 처벌하도록 규정한 집시법 제24조 제5호 중 '제20조 제2항' 가운데 '제16조 제4항 제3호에 해당하는 행위로 질서를 유지할 수 없는 집회 또는 시위'에 관한 부분이 집회의 자유를 침해하는지 여부(전원 소극, 2016. 9. 29. 2015헌바309등; 공보 240호 1526면)
- 직선제 조합장선거의 경우 후보자가 아닌 사람의 선거운동을 전면 금지하고, 이를 위반하면 형사처벌하는 구 '공공단체등 위탁선거에 관한 법률' 제24조

제1항, 제66조 제1호가 조합장선거의 후보자 및 선거인인 조합원의 결사의 자유 등 기본권을 침해하는지 여부(전원 소극, 2017. 6. 29. 2016헌가1; 공보 249호 625면)

- 직선제 조합장선거의 경우 선거운동기간을 후보자등록마감일의 다음 날부터 선거일 전일까지로 한정하면서 예비후보자 제도를 두지 아니한 구 '공공단체 등 위탁선거에 관한 법률' 제24조 제2항('기간조항') 및 법정된 선거운동방법만을 허용하면서 합동연설회 또는 공개토론회의 개최나 언론기관 및 단체가 주최하는 대담·토론회를 허용하지 아니하는 같은 조 제3항 제1호('방법조항')가 조합장선거의 후보자 및 선거인인 조합원의 결사의 자유 등을 침해하는지 여부(소극:적극 7:1, 2017. 7. 27. 2016헌바372; 공보 250호 781면)
- 지역축산업협동조합 조합원이 조합원 자격이 없는 경우 당연히 탈퇴되고, 이사회가 이를 확인하여야 한다고 규정하고 있는 농업협동조합법 제107조 제1항에 의하여 준용되는 제29조 제2항 제1호, 제29조 제3항 중 제2항 제1호에 관한 부분이 명확성원칙에 위배되는지 여부, 과잉금지원칙을 위반하여 청구인의 결사의 자유 등을 침해하는지 여부(전원 소극, 2018. 1. 25. 2016헌바315; 공보 256호 305면)
- 미신고 옥외집회·시위 또는 신고범위를 넘는 집회·시위 참가자들에 대한 촬영행위가 일반적 인격권, 개인정보자기결정권, 집회의 자유를 침해하는지 여부(소극:적극 4:5, 2018. 8. 30. 2014헌마843; 공보 263호 1475면)
- 새마을금고의 임원선거와 관련하여 법률에서 정하고 있는 방법 외의 방법으로 선거운동을 할 수 없도록 하고 이를 위반한 경우 형사처벌 하도록 정하고 있는 새마을금고법 제22조 제3항 제1호, 제2호 및 제85조 제3항 중 제22조 제3항에 관한 부분이 청구인의 결사의 자유 및 표현의 자유를 침해하는지 여부(전원 소극, 2018. 2. 22. 2016헌바364; 공보 257호 418면)

[29] 집회의 사전신고와 '긴급집회' 미규정에 대한 위헌소원 사건

(2014. 1. 28. 2011헌바174등)

◇ 사안과 쟁점

청구인들은 미신고 시위 또는 옥외집회를 개최하였다는 이유로 기소되어 재판을 받던 중 집회 및 시위에 관한 법률 제2조 제2항, 제6조 제1항 등에 대하여 위헌법률심판청구를 제청하였다가 기각되자 헌법소원심판청구를 하였다.

쟁점은, '집회' 개념이 불명확하여 '집회 및 시위에 관한 법률'(이하 '집회시위법') 제22조 제2항 중 제6조 제1항 본문에 관한 부분('심판대상조항')이 죄형법정주의 명확성원칙에 위배되는지 여부(전원 소극), 옥외집회·시위의 사전신고제도를 규정한 심판대상조항이 헌법 제21조 제2항의 사전허가금지에 위배되는지 여부(전원 소극), 심판대상조항이 과잉금지원칙에 위배되어 집회의 자유를 침해하는지 여부(소극:적극 5:4), 심판대상조항이 과잉형벌에 해당하는지 여부(소극:적극 5:4)이다(2014. 1. 28. 2011헌바174등; 공보 208호 293면). 재판관 조용호는 법정(합헌)의견을 집필하였다.

◇ 법정(합헌)의견

가. 죄형법정주의 명확성원칙 위배 여부

헌법 제12조 및 제13조를 통하여 보장되고 있는 죄형법정주의원칙은 범죄와 형벌이 법률로 정하여져야 함을 의미하며, 이러한 죄형법정주의에서 파생되는 명확성원칙은 법률에서 처벌하고자 하는 행위가 무엇이며 그에 대한 형벌이 어떠한 것인지를 누구나 예견할 수 있고, 그에 따라 자신의 행위를 결정할 수 있도록 구성요건을 명확하게 규정하는 것을 의미한다(헌재 2004. 11. 25. 2004헌바35). 그러나 처벌법규의 구성요건이 명확하여야 한다고 하더라도 입법자가 모든 구성요건을 단순한 의미의 서술적인 개념에 의하여 규정하여야 한다는 것은 아니다. 처벌법규의 구성요건이 다소 광범위하여 어떤 범위에서는 법관의 보충적인 해석을 필요로 하는 개념을 사용하였다고 하더라도 그 점만으로 헌법이 요구하는 처벌법규의 명확성원칙에 반드시 배치되는 것이라고 볼 수 없다. 즉 건전한 상식과 통상적인 법감정을 가진 사람으로 하여금 그 적용대상자가 누구이며 구체적으로 어떠한 행위가 금지되고 있는지 충분히 알 수 있도록 규정되어 있다면 죄형법정주의 명확성원칙에 위배되지 않는다고 보아야 한다(헌재 2011. 6. 30. 2009헌바199; 헌재 2004. 1. 29. 2002헌가20등; 헌재 1994. 7. 29. 93헌가4).

집회시위법에 '옥외집회'에 대한 정의규정은 있으나 '집회'에 대한 정의규정은 없다. 그러나 일반적으로 집회는, 일정한 장소를 전제로 하여 특정 목적을 가진 다수인이 일시적으로 회합하는 것을 말하는 것으로 일컬어지고 있고, 그 공동의 목적은 '내적인 유대 관계'로 족하다(헌재 2009. 5. 28. 2007헌바22). 그리고 건전한 상식과 통상적인 법감정을 가진 사람이면 누구나 집회시위법상 '집회'가 무엇을 의미하는지, 그 적용대상자가 누구이며, 구체적으로 어떠한 행위가 금지되고 있는지를 추론할 수 있을 것이다. 따라서 심판대상조항의 '집회'의 개념이 불명확하다고 볼 수 없으므로, 죄형법정주의 명확성원칙에 위배되지 아니한다.

나. 헌법 제21조 제2항 사전허가금지 위배 여부

옥외집회에 대한 사전신고제도가 헌법 제21조 제2항의 사전허가금지에 위배되는지에 관하여, 헌법재판소는 2009. 5. 28. 2007헌바22 결정에서 다음과 같이 판시하면서 헌법 제21조 제2항의 사전허가금지에 위배되지 않는다고 결정하였다.

『집회의 자유를 한층 보장하기 위하여 헌법 제21조 제2항은 '집회에 대한 허가는 인정되지 아니한다'고 규정함으로써 다른 기본권 조항과는 달리 기본권을 제한하는 특정 국가행위를 명시적으로 배제하고 있다. 그런데 집회의 자유의 행사는 다수인의 집단적인 행동을 수반하기 때문에 집단행동의 속성상 의사표현의 수단으로서 개인적인 행동의 경우보다 공공의 안녕질서나 법적 평화와 마찰을 빚을 가능성이 큰 것 또한 사실이다(헌재 1994. 4. 28. 91헌바14). 특히 옥외집회 · 시위는 일정한 옥외장소나 도로의 사용을 전제로 하므로 그러한 가능성이 더욱 높고, 이에 따라 사전에 집회의 자유와 다른 법익을 조화시킬 수 있는 제도적 장치가 요청된다. 그리하여 구 집회시위법 제6조 제1항은, 옥외집회 · 시위를 주최하려는 자는 그에 관한 신고서를 옥외집회 · 시위를 시작하기 720시간 전부터 48시간 전에 관할 경찰서장에게 제출하도록 하고 있다. 이러한 사전신고는 경찰관청 등 행정관청으로 하여금 집회의 순조로운 개최와 공공의 안전보호를 위하여 필요한 준비를 할 수 있는 시간적 여유를 주기 위한 것으로서, 협력의무로서의 신고이다. 결국 구 집회시위법 전체의 규정 체제에서 보면 법은 일정한 신고절차만 밟으면 일반적·원칙적으로 옥외집회 및 시위를 할 수 있도록 보장하고 있으므로(헌재 1994. 4. 28. 91헌바14), 집회에 대한 사전신고제도는 헌법 제21조 제2항의 사전허가금지에 위배되지 않는다.』

헌법재판소의 위와 같은 견해는 여전히 타당하고, 달리 판단할 사정의 변경이나 필요성이 인정되지 않으므로, 이 사건에서도 위 견해를 유지한다.

다. 과잉금지원칙 위배 여부

(1) 입법목적의 정당성

심판대상조항은, 당해 옥외집회·시위가 방해받지 않고 개최될 수 있도록 개최 전 단계에서 옥외집회·시위 개최자와 제3자, 일반 공중 사이의 이익을 조정하여 상호간의 이익충돌을 사전에 예방하고, 옥외집회·시위에 대한 사전신고를 통하여 행정관청과 주최자가 상호 정보를 교환하고 협력함으로써 옥외집회·시위가 평화롭게 구현되도록 하는 한편, 옥외집회와 시위로 인하여 침해될 수 있는 공공의 안녕질서를 보호하고 그 위험을 최소화하고자 하는 것으로, 입법목적의 정당성이 인정된다.

(2) 수단의 적합성

옥외집회와 시위가 사전신고 없이 무제한적으로 이루어진다면, 옥외집회·시위의 경합에 의하여 옥외집회·시위를 통하여 전달하고자 하는 의사를 제대로 표현할 수 없는 상황이 벌어지거나, 옥외집회·시위 참가자나 그 반대 입장의 제3자 사이에 충돌이 발생할 수 있으며, 옥외집회·시위로 인한 심각한 교통소통의 장애나 주거의 평온 침해 등 제3자의 법익에 대하여 중대한 위험이 발생할 가능성을 배제할 수 없으므로, 이를 예방하기 위하여 옥외집회와 시위에 대한 사전신고를 요구하는 데에는 그 수단의 적합성 또한 인정된다.

(3) 침해의 최소성

㈎ 집회의 자유가 가지는 헌법적 가치와 기능, 집회에 대한 허가 금지를 선언한 헌법정신, 신고제도의 취지 등을 종합하여 보면, 신고는 행정관청에 집회에 관한 구체적인 정보를 제공함으로써 공공질서의 유지에 협력하도록 하는 데에 그 의의가 있는 것이지 집회의 허가를 구하는 신청으로 변질되어서는 아니 되므로, 신고를 하지 아니하였다는 이유만으로 그 옥외집회 또는 시위를 헌법의 보호 범위를 벗어나 개최

가 허용되지 않는 집회 내지 시위라고 단정할 수 없다(대법원 2012. 4. 19. 선고 2010도 6388 전원합의체 판결 참조). 전혀 불필요한 것을 신고사항으로 하거나 신고불가능한 시간에 신고하도록 하여 집회의 자유를 실질적으로 제한하거나 형해화할 정도에 이른다면, 이는 최소침해성원칙에 위반될 것이다. 또한 신고를 하지 아니하고 옥외집회 또는 시위를 개최하였다는 이유만으로 처벌한다면, 이는 사실상 집회의 사전신고제를 허가제처럼 운용하는 것이나 다름없어 집회의 자유를 침해하게 되므로 부당하다. 그러나, 아래에서 살펴보는 바와 같이 심판대상조항은 집회의 자유를 실질적으로 제한하거나 형해화하지 아니한다.

(나) 집회시위법 제6조 제1항이 열거하는 신고사항 중 옥외집회·시위 장소와 시간에 관한 신고는 여러 옥외집회·시위가 경합되지 않도록 하기 위하여 꼭 필요한 사항이고, 옥외집회·시위의 목적도 관할 관청이 참가자의 규모를 예상하거나 이에 항의하는 반대시위 등을 예측하여 질서유지 등 필요한 조치를 할 수 있도록 하는 중요한 정보이다. 또한, 주최자 및 개최자에 관한 사항은 옥외집회·시위와 관련하여 관할 행정관청이 협력의 주체를 파악하고, 옥외집회·시위가 집회시위법상 금지된 집회·시위인 경우 그 금지통고를 누구에게 할 것인지를 확정하기 위해 필수적으로 알아야 하는 사항이며, 연락책임자·질서유지인의 주소·성명·직업·연락처 등도 옥외집회·시위 개최와 관련하여 관할 관청이 사전에 연락을 하여야 할 사정이 생길 경우의 상호 협조 등을 위하여 필요한 사항이다. 한편, 옥외집회·시위의 참가예정 단체 및 참가예정 인원과 시위방법 등은 미리 예측하기 어려운 사정이 있을 수 있으나, 이에 관하여 오차를 허용하지 않는 정확한 기재를 요구하는 것이 아니므로, 질서유지 및 옥외집회·시위의 경합을 방지하기 위하여 신고하도록 할 필요성이 인정된다(헌재 2009. 5. 28. 2007헌바22).

(다) 한편, 심판대상조항은 옥외집회·시위의 신고시간을 '옥외집회나 시위를 시작하기 720시간 전부터 48시간 전'으로 규정하고 있는바, 48시간이 지나치게 긴지 살펴본다. 옥외집회·시위에 대한 사전신고를 통하여 행정관청과 주최자가 상호 정보를 교환하여 협력하고, 행정관청이 집회의 순조로운 개최와 공공의 안전보호를 위해 필요한 준비를 하려면 옥외집회·시위가 개최되기 전 시간적 여유가 필요하다. 더욱이, 집회시위법상 관할 경찰서장은 옥외집회·시위 신고서의 기재사항에 미비한 점을 발견하면 접수증을 교부한 때로부터 12시간 이내에 주최자에게 24시간을 기한

으로 그 기재사항을 보완할 것을 통고할 수 있다(제7조 제1항). 또한 신고서를 접수한 관할 경찰관서장은 신고된 옥외집회 또는 시위가 금지된 집회·시위에 해당하는 등의 사유가 있는 때에는 신고서를 접수한 때부터 48시간 이내에 집회 또는 시위를 금지할 것을 주최자에게 통고할 수 있다(제8조). 집회 또는 시위의 주최자는 제8조에 따른 금지 통고를 받은 날부터 10일 이내에 해당 경찰관서의 바로 위의 상급경찰관서의 장에게 이의를 신청할 수 있고, 이의 신청을 받은 경찰관서의 장은 접수 일시를 적은 접수증을 이의 신청인에게 즉시 내주고 접수한 때부터 24시간 이내에 재결을 하여야 한다(제9조). 이와 같이 옥외집회·시위에 대한 사전신고 이후 기재사항의 보완, 금지통고 및 이의절차 등이 원활하게 진행되기 위하여 늦어도 집회가 개최되기 48시간 전까지 사전신고를 하도록 규정한 것이 지나치다고 볼 수 없다. 따라서 심판대상조항이 정한 신고시간이 신고불가능하다고 볼 수 없다.

㈑ 심판대상조항은 모든 옥외집회에 대하여 신고의무를 부과하고 있는바, 미리 계획도 되었고 주최자도 있지만 집회시위법이 요구하는 시간 내에 신고를 할 수 없는 옥외집회인 이른바 '긴급집회'를 개최한 경우에도 심판대상조항에 의하여 처벌되는지 문제될 수 있다.

집회의 자유를 규정하고 있는 헌법 제21조 제1항을 기초로 하여 심판대상조항을 보면, 긴급집회의 경우에는 신고가능성이 존재하는 즉시 신고하여야 하는 것으로 해석된다. 따라서 신고 가능한 즉시 신고한 긴급집회의 경우에까지 심판대상조항을 적용하여 처벌할 수는 없다. 그러나, 그러한 신고조차 하지 아니하는 경우에는 일응 심판대상조항의 구성요건해당성이 충족되는 것으로 보아야 한다. 다만, 이 경우에도 48시간 이내에 신고를 할 수 없는 긴급한 사정이 있고, 옥외집회나 시위가 평화롭게 진행되어 타인의 법익이나 공공의 안녕질서에 대한 직접적인 위험이 명백하게 초래된 바가 없다면, 사회상규에 위배되지 아니하는 행위로서 위법성이 조각될 수 있고, 나아가 사안에 따라서는 적법행위에 대한 기대가능성이 없어 책임이 조각되는 경우도 있을 수 있다. 그리고 이는 구체적 사안을 전제로 헌법상 보장되는 집회의 자유의 내용과 심판대상조항이 보호하고자 하는 공익을 구체적으로 비교형량하여 법원이 판단하여야 할 개별사건에서의 법률의 해석·적용에 관한 문제이다.

㈒ 따라서 심판대상조항은 집회의 자유를 실질적으로 제한하거나 형해화하지 아니하므로 최소침해성원칙에 위배되지 아니한다.

(4) 법익의 균형성

심판대상조항이 예정된 옥외집회·시위의 일정한 시간 전에 일정한 사항에 관한 사전신고를 의무화함으로써 옥외집회·시위 개최자가 겪어야 하는 불편함이나 번거로움은, 신고로 인해 보호되는 집회의 자유 보장, 공공의 안녕질서와 비교해 볼 때 결코 중대하다고 할 수 없으므로, 법익 균형성의 요건도 충족하고 있다.

(5) 소 결

따라서 심판대상조항은 집회의 자유를 침해하지 아니한다.

라. 과잉형벌 여부

어떤 행정법규 위반행위에 대하여, 이를 단지 간접적으로 행정상의 질서에 장해를 줄 위험성이 있음에 불과한 경우(단순한 의무태만 내지 의무위반)로 보아 행정질서벌인 과태료를 과할 것인가, 아니면 직접적으로 행정목적과 공익을 침해한 행위로 보아 행정형벌을 과할 것인가, 그리고 행정형벌을 과할 경우 그 법정형의 종류와 형량을 어떻게 정할 것인가는, 당해 위반행위가 위의 어느 경우에 해당하는가에 대한 법적 판단을 그르친 것이 아닌 한 그 처벌내용은 기본적으로 입법자가 제반 사정을 고려하여 결정할 입법재량에 속하는 문제이다(헌재 1994. 4. 28. 91헌바14).

심판대상조항의 옥외집회·시위에 대한 사전신고는 집회·시위가 공공질서에 주는 영향력을 예측하는 자료가 되는데, 미신고 옥외집회·시위의 경우 행정관청으로서는 해당 옥외집회·시위가 공공질서에 미치는 영향을 예측하기 어렵고, 이 경우 사전에 옥외집회·시위의 개최로 인한 관련 이익의 조정이 불가능하게 되어 신고제의 행정목적을 직접 침해하고, 공공의 안녕질서에 위험을 초래할 개연성이 높으므로, 이에 대하여 행정제재가 아닌 형사처벌을 통하여 엄정한 책임을 묻겠다는 입법자의 결단이 부당하다고 볼 수 없다(헌재 2009. 5. 28. 2007헌바22 참조).

나아가 옥외집회·시위의 사전신고의무 위반에 대한 행정형벌의 내용으로서 2년 이하의 징역이나 200만 원 이하의 벌금형에 처하도록 한 것이 위 입법재량의 한계를 벗어난 과중한 처벌이라고도 볼 수 없다(헌재 1994. 4. 28. 91헌바14 참조).

따라서 심판대상조항이 신고 없는 옥외집회·시위를 주최한 자에 대하여 과태료가 아닌 형벌을 부과하는 것은 과잉금지원칙에 위반하여 과도한 제재를 과하고 있다고 볼 수 없다.

마. 기타 주장에 대한 판단

청구인 김○철, 맹○숙(2012헌바64)은 48시간 이내에 옥외집회를 개최하려는 사람을 48시간 후에 옥외집회를 개최하려는 사람과 비교하여 합리적 이유 없이 차별하고 있다고 주장한다. 그러나 이는 심판대상조항이 신고시간을 '옥외집회나 시위를 시작하기 720시간 전부터 48시간 전'으로 규정한 결과 생겨나는 사실적이고 반사적인 효과에 불과하여 위 청구인들의 평등권을 제한한다고 보기 어렵다.

[30] 공동주택 동별 대표자 중임 제한 위헌확인 사건

(2017. 12. 28. 2016헌마311)

◇ 사안과 쟁점

청구인은 대구의 한 아파트에 거주하면서 2년 임기의 동별 대표자로 2회에 걸쳐 선출되었는데, 다시 출마하고자 하였으나 동별 대표자의 중임을 한 번으로 제한하고 있는 주택법 시행령 조항에 따라 다시 입후보하지 못하게 되자 위 조항이 청구인의 기본권을 침해한다고 주장하면서 위헌확인을 구하는 사건이다.

쟁점은, 공동주택의 동별 대표자의 중임을 한 번으로 제한하고 있는 주택법 시행령 조항(이하 '심판대상조항')이 결사의 자유(단체 가입의 자유)를 침해하는지 여부이다(전원 소극, 2017. 12. 28. 2016헌마311; 공보 255호 182면). 재판관 조용호는 주심으로 법정의견을 집필하였다.

◇ 법정(합헌)의견

가. 이 사건의 쟁점

(1) '입주자대표회의'란 공동주택의 입주자 또는 사용자(이하 '입주자등'이라 한다)를 대표하여 관리에 관한 주요사항을 결정하기 위하여 구성하는 자치 의결기구를 말한다(공동주택관리법 제2조 제1항 제8호 참조). 300세대 이상의 공동주택 등 대통령령으

로 정하는 공동주택에 대해서는 입주자대표회의를 의무적으로 구성하여야 하고(구 주택법 제43조 제1항, 제3항, 구 주택법 시행령 제48조), 입주자대표회의는 4명 이상의 동별 대표자로 구성하되, 동별 세대수에 비례하여 관리규약으로 정한 선거구에 따라 선출된 대표자인 동별 대표자로 구성한다(구 주택법 시행령 제50조 제1항). 그런데 심판대상조항은 이와 같은 동별 대표자의 중임을 1회로 제한함으로써, 사적 결사인 입주자대표회의의 구성원으로 가입할 자유를 제한하고 있으므로, 청구인의 결사의 자유(단체 가입의 자유)를 침해하는지 여부가 문제된다.

(2) 한편, 헌법 제15조가 보장하고 있는 직업의 자유의 보호대상이 되는 직업은 '생활의 기본적 수요를 충족시키기 위한 계속적 소득활동'을 의미하므로(헌재 1993. 5. 13. 92헌마80; 헌재 2003. 9. 25. 2002헌마519 참조), 이 사건 아파트의 동별 대표자의 지위가 이에 해당한다고 볼 수 없으므로 심판대상조항은 청구인의 직업선택의 자유를 제한한다고 보기 어렵다. 또한 자신이 속한 부분사회의 자치적 운영에 참여하는 것은 사회공동체의 유지, 발전을 위하여 필요한 행위로서 특정한 기본권의 보호범위에 들어가지 않는 경우에는 일반적 행동자유권의 보호대상이 될 수 있지만(헌재 2007. 3. 29. 2005헌마1144 참조), 이 사건에서는 심판대상조항의 결사의 자유 침해 여부에 대하여 판단하는 이상 청구인이 주장하는 일반적 행동자유권 침해 여부에 관하여 따로 판단하지 아니한다.

나. 결사의 자유 침해 여부

(1) 목적의 정당성 및 수단의 적합성

심판대상조항은 동별 대표자의 임기 장기화에 따라 발생할 수 있는 각종 비리 및 업무 경직 등의 부작용을 개선하기 위한 목적에서 규정된 것이다. 그리고 유능한 입주자의 동별 대표자 진출을 확대하고 새로운 동별 대표자를 선출함으로써 입주자 등으로 하여금 공동주택 관리에 보다 관심을 갖게 하며, 동별 대표자의 주기적인 교체는 후임자에 의한 평가 등을 예정하는 것이어서 임기 동안 업무를 공정하고 합리적으로 처리할 수 있게 하는 부수적인 효과도 가져온다. 동별 대표자의 임기가 2년으로 제한되어 있는데(구 주택법 시행령 제50조 제8항 전단), 심판대상조항에 의해 중임을 1회로 한정할 경우 동별 대표자의 임기는 최대 4년으로 제한된다. 따라서 심판대상조항은 위와 같은 입법목적을 달성하는 수단으로 기능할 수 있다.

따라서 심판대상조항의 입법목적의 정당성과 수단의 적합성은 인정된다.

(2) 침해의 최소성

동별 대표자가 공동주택의 관리와 관련하여 부정하게 재물 또는 재산상의 이익을 취득하거나 제공할 경우, 구 주택법상 처벌을 받도록 되어 있고(구 주택법 제97조 제13호의2), 횡령 등의 위법행위를 할 경우에는 형법에 의한 제재를 받게 된다. 또한 동별 대표자에게 문제가 있으면 선거(구 주택법 시행령 제50조 제1항) 및 해임(구 주택법 시행령 제50조 제7항) 절차를 통해 입주자등이 자율적으로 동별 대표자를 교체할 수 있다. 그러나 동별 대표자 내지 입주자대표회의 임원들이 업무 집행, 재정 등의 분야에서 위법·부당한 행위를 할 경우에 이들 업무에 관여하지 않는 입주자등이 이를 밝혀내어 고발 등을 하는 것이 현실적으로 어렵고, 위 선거 내지 해임 절차를 통한 동별 대표자의 교체는 다수의 입주자등의 동의를 얻어야 가능한 것이어서 소수의 입주자등이 기존 동별 대표자를 상대로 이러한 절차를 진행하는 것이 용이하지 않다. 그리고 임기만료로 동별 대표자를 다시 선출할 경우 동별 대표자 선거의 특성상 동별 대표자로 재임 중인 사람이 계속 당선될 가능성이 적지 않다. 따라서 위와 같은 방법만으로 심판대상조항의 입법목적을 동일하게 달성하기는 어렵다.

나아가 심판대상조항은 동별 대표자의 비리 억제라는 목적 외에도 동별 대표자의 장기 집권으로 인한 업무 경직, 관리부실, 업무 성실도·효율성 하락 등 다양한 부작용을 개선하기 위한 것으로, 이와 같은 입법목적을 동일하게 달성하면서 기본권을 보다 적게 제한하는 수단을 찾기는 어려우므로, 심판대상조항은 침해의 최소성 원칙에 어긋나지 아니한다.

(3) 법익의 균형성

㈎ 우리나라 총 가구의 절반 가까이가 아파트와 같은 공동주택에서 거주하고 있고, 이와 같은 공동주택 가운데 300세대 이상의 공동주택 등에 대해서는 동별 대표자로 구성되는 입주자대표회의를 의무적으로 구성하도록 하고 있다. 그런데 이러한 입주자대표회의는 법률상 당해 공동주택의 관리규약, 관리비, 시설의 운영에 관한 사항 등을 의결하고(구 주택법 시행령 제51조 제1항), 당해 공동주택이 자치관리를 정한 경우 관리사무소장을 선임하며, 위탁관리를 정한 경우에는 경쟁입찰의 방법으로 주택관리업자를 선정하는 등 공동주택의 관리에 있어서 중요한 권한들을 행사할 뿐만 아니라(구 주택법 제43조 제3항, 제4항), 리모델링의 시행(구 주택법 제42조 제3항), 하자보

수 청구(구 주택법 제46조 제1항 제2호) 등의 추가적인 권한도 상당하다. 또한 이러한 권한에 대응하여 입주자대표회의로 하여금 의결사항들에 대하여 의결할 때 입주자등이 아닌 자로서 해당 공동주택의 관리에 이해관계를 가진 자의 권리를 침해하지 않도록 하고(구 주택법 시행령 제51조 제3항), 주택관리업자가 공동주택을 관리하는 경우 주택관리업자의 직원인사·노무관리 등의 업무수행에 부당하게 간섭하지 않도록 하는 등 법령상 의무도 부과하고 있다(구 주택법 시행령 제51조 제5항).

또한 입주자대표회의 구성원인 동별 대표자는 입주자대표회의를 대표하고 회의의 의장 역할을 수행하는 입주자대표회의의 회장, 회장을 보좌하고 회장의 직무수행 불능 시 그 직무를 대행하는 이사, 관리비·사용료 및 장기수선충당금 등의 부과, 지출 등 회계 관리 업무와 관리업무 전반에 대하여 관리주체의 업무를 감사하는 감사와 같은 임원에도 선출될 수 있다(2016. 8. 12. 국토교통부령 제353호로 전부개정되기 전의 구 주택법 시행규칙 제21조 참조).

따라서 입주자대표회의가 사법상 단체에 해당하고 동별 대표자가 그 구성원에 불과하다 하더라도, 위와 같은 권한과 의무 등에 비추어 보면, 입주자대표회의는 공동주택 입주자등의 주거생활에게 미치는 영향의 정도, 공동주택 관리에 있어서의 그 역할의 중요성, 공정한 사업 추진 및 투명한 자금 운용 등의 필요성이 매우 크고, 이에 따라 입주자대표회의의 구성원으로서 동별 대표자가 가지는 지위와 역할에도 공공성, 공익성 및 사회적 책임성이 요구될 수밖에 없다. 공동주택에 대한 관리는 주거의 질, 나아가서 입주자등의 생명, 신체의 안전에 관계되는 사항으로, 경우에 따라서는 입주자대표회의의 역할이 공동주택 관리를 통하여 쾌적한 주거환경을 조성하는 국가의 의무를 대신하여 실현하는 측면도 존재한다. 이에 관계 법령에서는 동별 대표자의 결격사유를 규정하고(구 주택법 시행령 제50조 제4항), 동별 대표자를 법정된 선거 절차를 통해 선출하도록 하면서(구 주택법 시행령 제50조 제3항) 선거관리위원회를 구성하여 동별 대표자 선거를 진행하도록 하며(구 주택법 시행령 제50조의2), 시장·군수·구청장으로 하여금 매년 동별 대표자에 대하여 입주자대표회의의 운영에 관한 교육 및 윤리교육을 실시(구 주택법 시행령 제50조의3)하도록 하는 등 그 공공성에 부합하는 규율을 하고 있다.

(나) 그러나 일반적으로 생업과 일상에 바쁜 입주자등의 형편상, 입주자대표회의의 업무와 활동에 모든 입주자등의 관심이 계속해서 집중되기 어렵고, 이러한 무관

심을 기화로 소수 동별 대표자의 의사에 따라 공동주택 관리가 이루어지게 됨으로써 관리 부실 또는 비리 등이 발생할 여지도 없지 않다. 실례로 경찰청에서 2013년 실시한 아파트 관리 비리 특별단속 결과를 보면, 총 164건이 단속되어 입주자대표회의 회장, 동별 대표자, 관리소장 등 581명이 검거되었고 횡령 및 금품수수액도 64억 원에 달하였다(2013. 11. 18.자 경찰청 보도자료 참조). 또한 2015년 실시된 300세대 이상 공동주택 단지 총 9,009개 단지 중 8,991개 단지에 대한 외부회계감사 결과를 보면, 19.4%인 1,610개 단지가 부적합 판정을 받았는데 외부회계감사 대상인 상장기업의 회계처리부실 비율이 1% 내외라는 점을 감안하면 매우 높은 수준이고, 2015년 10월부터 12월 사이에 실시된 전국 지방자치단체 합동감사 결과에 따르면, 전국 429개 단지를 점검하여 312개 단지에서 총 1,255건의 비위 또는 부적정 사례를 적발하였고 특별히 공사·용역분야와 예산·회계분야의 부조리가 많았다고 보고되었다(2016. 3. 10. 국토교통부 보도자료 참조).

그런데 동별 대표자의 임기가 2년으로 법정되어 있는 상황에서 심판대상조항과 같은 중임제한을 두지 않을 경우 입주자등의 낮은 관심으로 인해 기존의 동별 대표자가 그 직무를 계속하여 수행할 가능성이 높고, 이로 인해 각종 비리 및 업무 경직 등의 부작용을 자연스럽게 개선하기 어려울 가능성이 크다. 특히 기존에 동별 대표자로 활동한 사람은 이미 입주자, 관리주체 등과의 관계가 형성되어 있어서 새롭고 유능한 입주자의 동별 대표자 진출 의사도 자연스럽게 억제될 우려가 있고, 더 나아가 입주자등의 동별 대표자 선출 및 공동주택 관리에 대한 전체적인 관심도 저하될 수 있다. 반면, 동별 대표자를 주기적으로 교체하는 경우 동별 대표자 임무를 수행한 경험자가 많아짐으로 인해 장기적으로 공동주택관리에 대한 투명성이 제고되고 공동주택 입주자등의 공동체 활성화에도 도움이 되며, 각 동별 대표자로 하여금 후임자에 의한 평가 등을 예상하고 임기 기간 공정하게 업무를 수행하게 하는 유인이 될 수 있고, 재임 유혹이 차단되어 선심성 행위도 줄어들 수 있다.

㈐ 한편, 심판대상조항으로 인해 동별 대표자의 계속 재임이 불가능해지면서 동별 대표자의 전문성이 약화될 여지가 있으나, 시장·군수·구청장은 매년 입주자대표회의의 운영과 관련하여 필요한 교육을 동별 대표자를 상대로 실시하도록 하는 등 이를 보완하는 제도를 두고 있다(구 주택법 시행령 제50조의3 제1항 참조).

또한 심판대상조항으로 인하여 입주자대표회의의 구성이 어렵게 되는 문제와 관련하여서는 심판대상조항에도 불구하고 500세대 미만인 공동주택으로서 2회의 선출공고에도 불구하고 동별 대표자의 후보자가 없는 경우에는 동별 대표자를 중임한 사람도 일정한 절차를 거쳐 다시 동별 대표자로 선출될 수 있도록 하는 등 이를 보완하기 위한 규정이 있을뿐더러(구 주택법 시행령 제50조 제9항 참조), 설령 500세대 이상인 공동주택 등에서 심판대상조항으로 인하여 동별 대표자의 공백 기간이 다소 발생할 여지가 있다 하더라도, 이는 입주자를 상대로 자발적인 참여를 독려하고 적극적인 홍보 등을 함으로써 보완이 가능한 부분이다.

㈑ 결국 심판대상조항은 입주자대표회의의 구성원으로서 동별 대표자가 가지는 지위와 역할의 공공성과 공익성을 고려한 것으로, 그 직무와 관련한 각종 비리 및 업무 경직 등의 부작용을 개선하며 입주자로 하여금 공동주택 관리에 보다 관심을 가지도록 하는 등 복합적인 필요성에서 기인한 것인 반면에, 동별 대표자의 임기는 2년으로 중임을 하게 될 경우 최대 4년 동안 동별 대표자의 직무를 수행할 수 있고, 심판대상조항은 이를 초과하는 부분에 한하여 그 직무를 수행하는 것을 제한하고 있는 것이며, 제한되는 사익을 보완하는 관련 규정들도 찾을 수 있으므로, 심판대상조항을 통해 달성하려는 공익이 제한되는 사익에 비하여 결코 작다고 볼 수 없다. 따라서 심판대상조항이 결사의 자유 제한에 관한 법익의 균형성 원칙에 어긋난다고 볼 수 없다.

(4) 소 결

따라서 심판대상조항은 과잉금지원칙에 위배되어 청구인의 결사의 자유를 침해하지 아니한다.

다. 평등권 침해 여부

청구인은 심판대상조항이 사업주체(구 주택법 제2조 제7호)나 주택관리업자(구 주택법 제53조)와 달리 입주자대표회의의 구성원인 동별 대표자의 임기만을 제한하여 동별 대표자를 합리적 이유 없이 차별 취급하고 있고, 동별 대표자 가운데서도 부정을 저지른 자와 그렇지 않은 자를 합리적 이유 없이 같게 취급하고 있어 평등권을 침해한다고 주장한다. 그러나 주택건설사업계획 또는 대지조성사업계획의 승인을 받아 그 사업을 시행하는 '사업주체'와 의무관리대상 공동주택의 관리를 업으로 하기 위해 시장·군수·구청장에게 등록을 하는 '주택관리업자'는 구성원 과반수의 찬성으로 관리규약, 관리비, 시설의 운영에 관한 사항 등을 의결하는 입주자대표회의 구성원이자 당해 공동주택의 입주자의 한 사람인 '동별 대표자'와 동일한 비교집단이라고 볼 수 없고, 동별 대표자 가운데서 부정을 저지른 자와 그렇지 않은 자는 모두 입주자대표회의의 구성원인 동별 대표자로서의 권한과 의무에 있어서 동일한 법적 지위에 있는바, 심판대상조항은 이들을 동일하게 취급하고 있을 뿐이므로, 청구인의 평등권 침해 주장은 이유 없다.

라. 법률유보원칙이나 포괄위임금지원칙 등 위배 여부

(1) 청구인은 심판대상조항이 법률조항의 위임 없이 기본권을 제한하는 것이거나 모법의 위임 범위를 벗어난 것이어서 법률유보원칙에 위배된다고 주장한다. 그러나 입주자대표회의는 동별 대표자를 구성원으로 하고 있고 심판대상조항은 이와 같은 동별 대표자의 중임을 1회로 제한하는 조항이므로, 심판대상조항은 입주자대표회의의 구성에 관한 사항을 규율하는 조항에 해당한다. 그런데 구 주택법 제43조 제8항 제2호는 입주자대표회의의 구성·운영 및 의결사항 등에 필요한 사항을 대통령령으로 위임하고 있으므로, 심판대상조항은 위 조항의 위임에 따른 것이다. 따라서 심판대상조항이 법률조항의 위임 없이 기본권을 제한하는 것이거나 구 주택법 제43조 제8항 제2호의 위임범위를 벗어나 법률유보원칙에 위배된다고 볼 수 없다.

(2) 또한 청구인은 구 주택법 제43조 제8항 제2호를 근거법률로 보더라도 이는 의회유보원칙 및 포괄위임금지원칙에 위배된다고 주장하나, 이미 헌법재판소는 같은 내용을 규정하고 있던 구 주택법(2009. 2. 3. 법률 제9405호로 개정되고, 2013. 12. 24. 법률 제12115호로 개정되기 전의 것) 제43조 제7항 제2호 중 '입주자대표회의의 구성' 부분이 법률유보원칙 및 포괄위임금지원칙에 위배되지 않는다고 판단한 바 있고(헌재 2016. 7. 28. 2014헌바158등 참조), 구 주택법(2013. 12. 24. 법률 제12115호로 개정되고, 2015. 8. 11. 법률 제13474호로 개정되기 전의 것) 제43조 제8항 제2호 중 '입주자대표회의의 구성' 부분에 대하여도 별다른 사정 변경이 있다고 볼 수 없으므로 청구인의 이 부분 주장도 이유 없다.

[31] 변리사회 강제가입 위헌확인 사건

(2017. 12. 28. 2015헌마1000)

◇ 사안과 쟁점

청구인은 변호사로서 변리사 등록을 하였는데, 변리사 등록을 한 자의 대한변리사회 가입의무를 규정한 변리사법 조항이 청구인의 소극적 결사의 자유를 침해한다고 주장하면서 헌법소원심판을 청구하였다.

쟁점은, 변리사의 대한변리사회 가입의무를 규정한 변리사법 제11조('이 사건 가입조항')가 청구인의 소극적 결사의 자유, 직업수행의 자유를 침해하는지 여부이다(소극:적극 4:5, 2017. 12. 28. 2015헌마1000; 공보 255호 166면). 4명의 법정의견은 가입의무를 규정한 변리사법 조항이 청구인의 소극적 결사의 자유, 직업수행의 자유를 침해하지 않는다고 보았으나, 재판관 조용호 등 5명의 다수의견은 소극적 결사의 자유, 직업수행의 자유를 침해한다고 보았다.

◇ 반대(위헌)의견

우리는 이 사건 가입조항이 청구인의 소극적 결사의 자유 및 직업수행의 자유를 침해한다고 생각하므로 아래와 같이 위헌의견을 밝힌다.

가. 결사의 자유의 침해

(1) 헌법 제21조는 "모든 국민은…결사의 자유를 가진다."고 규정하고 있는바, 여기에서 말하는 '결사의 자유'라 함은 다수의 자연인 또는 법인이 공동의 목적을 위하여 단체를 결성할 수 있는 자유를 말하고, 이에는 적극적으로 단체결성의 자유, 단체존속의 자유, 단체활동의 자유, 결사에의 가입·잔류의 자유와, 소극적으로 기존의 단체로부터 탈퇴할 자유와 결사에 가입하지 아니할 자유가 모두 포함된다. 한편, 변리사회는 공법상의 법인이라기보다는 사법상의 법인으로서, 변리사들이 공동의 목적을 위하여 결합하고 조직할 수 있는 사법상의 결사에 해당하고, 이에 따라 변리사들은 변리사회에 자유롭게 가입하고 탈퇴할 수 있는 헌법상 결사의 자유를 누릴 수 있

다 할 것인데도, 이 사건 가입조항이 변리사를 변리사회에 의무적으로 가입하도록 한 것은 결사에 가입하지 않을 '소극적 결사의 자유'를 제한하는 데 해당한다(헌재 2008. 7. 31. 2006헌마666 참조).

(2) 합헌의견은 이 사건 가입조항이 변리사의 변리사회 의무가입을 통하여 변리사회의 대표성과 법적 지위를 강화함으로써 변리사회가 무료 변리 등의 공익사업, 산업재산권 및 변리사 제도·정책에 대한 연구·조사사업, 산업재산권에 관한 국제협력 및 교류 사업(이하 '공익사업 등'이라 한다)을 원활하게 수행할 수 있도록 하고 산업재산권에 대한 민관공조체제를 강화하여 궁극적으로 산업재산권 제도 및 관련 산업의 발전을 도모한다는 입법목적을 갖는다고 보고 있다.

그러나 변리사회는 변리사들이 공동의 목적을 위하여 조직한 사법상의 법인이고, 변리사법은 산업재산권 제도의 발전을 도모하고 변리사의 품위향상 및 업무개선을 위하여 변리사회를 둔다고 규정하고 있을 뿐(제9조 제1항), 변리사회가 공익사업 등을 수행하여야 한다고 강제하고 있지 않다. 특허청이나 그 소속기관인 국제지식재산연수원, 한국지식재산보호원 등이 공익사업 등을 수행하고 있고, 변리사 개인이나 변리사회 이외의 단체도 충분히 공익사업 등을 수행할 수 있으므로, 변리사회가 반드시 공익사업 등을 수행하여야 할 현실적인 필요성이 큰 것도 아니다. 따라서 변리사회가 공익사업 등을 수행하는 것은 변리사회 의무가입의 정당한 목적이 될 수 없다.

또한 변리사회를 통하여 민관공조체제를 구축한다는 것은 변리사회가 특허청과 변리사 사이에서 산업재산권 제도 및 정책에 관한 의견과 정보를 전달하는 매개체의 역할을 수행하도록 한다는 것인데, 변리사회가 그 구성원인 변리사들의 이익을 위하여 산업재산권 제도 및 정책에 관한 의견을 표출하는 것은 변리사회의 설립목적상 당연한 활동이고, 전문자격사인 변리사들의 이익이 언제나 공익과 합치되는 것도 아니므로, 이 사건 가입조항이 변리사들에게 가입의무를 부과함으로써 변리사회의 위와 같은 활동을 제도적으로 뒷받침하여야 할 어떠한 필요성도 인정할 수 없다. 따라서 민관공조체제 강화 역시 변리사회 의무가입의 정당한 목적이 될 수 없다.

결국 이 사건 가입조항의 실질적 입법목적은 변리사회에의 의무가입을 통하여 유일한 변리사단체를 구성함으로써 변리사회의 대표성과 법적 지위를 강화하는 것에 있다고 할 것인데, 아래에서 보는 바와 같이 변리사의 헌법상 인정되는 소극적 결사의 자유를 침해하면서까지 변리사회의 대표성과 법적 지위를 강화하여야 할 정당성이 있는지 의문이다.

(3) 변리사들로 하여금 변리사회에 임의로 가입하도록 규정하더라도 산업재산권 관련 공익사업 등의 수행이나 민관공조체제 강화에 어떠한 지장이 초래된다고 볼 수 없고, 또한 단일한 변리사단체에 의하여서만 합헌의견이 내세우는 입법목적을 달성할 수 있는 것도 아니다.

합헌의견은 1999. 2. 8. 법률 제5826호로 개정된 변리사법이 변리사회 임의가입 제도를 도입한 후 변리사회의 가입률이 낮아진 것을 근거로 하여 임의가입 제도로는 공익사업 등을 수행하기 어렵다고 주장한다. 그러나 앞서 본 바와 같이 변리사회는 그 구성원의 이익을 도모하는 사법상의 법인이지 공익사업 등을 수행하기 위하여 설립된 단체가 아니고 공익사업 등의 수행은 다양한 주체가 할 수 있으므로 변리사회의 가입률 저하가 곧바로 공익사업 등 수행의 축소로 연결되는 것은 아니다.

또한, 산업재산권에 대한 민관공조체제가 강화되기 위해서는 변리사들의 산업재산권 제도 및 정책에 관한 다양한 의견이 특허청 등 국가기관에 전달되는 것이 필수적인데, 이 사건 가입조항과 같이 변리사들로 하여금 하나의 단체에 가입하도록 의무를 부과하면, 변리사회의 법적 지위 강화에 따른 소속 임원들의 대내적 위치의 공고화로 오히려 단체 내부의 자율적 정화 움직임이 차단되어 다양한 이해관계인의 자유로운 의사 표출이 억제되고 소수 세력의 목소리가 매몰될 우려가 있다.

한편, 이 사건 가입조항과 같이 변리사들로 하여금 하나의 단체에 가입하도록 의무를 부과하면, 경쟁단체의 출현이 어렵게 되어 변리사회가 독점적 지위를 누리게 되므로, 복수단체 간 자유경쟁을 통한 서비스 향상을 기대할 수 없어 변리사회가 국민 또는 구성원들을 위해서 제공하는 각종 서비스의 질이 저하될 우려가 있다. 따라서 변리사들로 하여금 변리사회에 의무적으로 가입하도록 하는 것은 변리사의 품위향상과 그 업무개선을 통하여 산업재산권 제도의 발전을 도모하고자 하는 변리사회의 설립목적을 달성하기 위한 적합한 수단이라고 볼 수도 없다.

결국 이 사건 가입조항은 변리사회의 대표성과 법적 지위를 강화하는 데는 적합할지 몰라도, 산업재산권 제도의 발전을 도모하고 변리사의 품위향상과 그 업무개선을 도모하는 설립목적이나 공익사업 등의 수행 및 민관공조체제의 강화를 위해서는 적합한 수단이라고 볼 수 없다.

(4) 이 사건 가입조항이 추구하는 입법목적을 달성하면서도 변리사들의 소극적 결사의 자유를 제한하지 않는 방법으로 변리사들이 변리사회에 임의로 가입하게 하는 대체 수단이 존재한다. 이러한 대체 수단은 산업재산권 제도의 발전을 도모하고 변리사의 품위향상과 그 업무개선을 도모하거나 공익사업 등의 수행과 민관공조체제의 강화 등의 입법목적 달성에 장애가 된다고 볼 수 없을 뿐만 아니라, 변리사회에 자유롭게 가입하고 탈퇴할 수 있는 소극적 결사의 자유도 제한하지 않는다. 따라서 이 사건 가입조항은 침해의 최소성 원칙에도 위배된다.

(5) 변리사회는 본질적으로 사법인에 불과하므로 변리사들이 자유롭게 가입하고 언제든지 탈퇴할 수 있어야 함에도 불구하고, 이 사건 가입조항이 변리사들로 하여금 변리사회에 의무적으로 가입하도록 규정하고, 이를 통하여 경쟁단체의 출현을 억제하고 있으므로, 그 결과 발생하는 소극적 결사의 자유에 대한 제한의 정도도 매우 크다.

반면에, 이 사건 가입조항을 통하여 달성하려고 하는 입법목적은 공익과는 아무런 관계도 없는 변리사회의 대표성과 법적 지위 강화에 불과하다. 또한 이 사건 가입조항으로 인하여 오히려 유일한 변리사단체로서의 집단이익을 관철하기 위해 국회·정부 등에 영향력을 행사하여 공공의 이익을 훼손할 위험성이 크고, 회원인 변리사들에게 과도한 권한과 영향력을 행사하여 그들의 자유로운 활동을 제한하거나 구성원의 이익이 아닌 단체 또는 그 임직원의 특정한 이익만을 추구할 가능성도 크다는 의구심을 지울 수 없다. 이 사건 가입조항은 법익의 균형성 원칙에도 위배된다.

(6) 그러므로 이 사건 가입조항은 과잉금지원칙에 반하여 청구인의 결사의 자유를 침해한다.

나. 직업의 자유의 침해

이 사건 가입조항이 변리사로 하여금 변리사회에 의무적으로 가입하지 않고서는 변리사로서 활동할 수 없게 하는 것은, 위 결사의 자유에 관하여 살펴 본 바와 같이 과잉금지원칙에 반하여 청구인의 직업의 자유를 침해한다.

다. 소결론

그렇다면 이 사건 가입조항이 변리사로 하여금 변리사회에 의무적으로 가입하도록 한 것은 과잉금지원칙에 반하여 청구인의 결사의 자유 및 직업의 자유를 침해한다.

5. 사생활의 비밀과 자유, 개인정보자기결정권, 통신의 자유 등 관련

일반 사건에서의 의견

◇ 위헌의견을 취한 사례

- 카메라등이용촬영죄, 그 미수죄로 유죄판결이 확정된 자는 신상정보 등록대상자가 되도록 한 '성폭력범죄의 처벌 등에 관한 특례법' 제42조 제1항 중 '제14조 제1항, 제15조'(등록조항)가 개인정보자기결정권을 침해하는지 여부(소극:적극 5:4, 적극설은 다시 '재범의 위험성을 요구하지 않고 있어 위헌이라는 2명과 카메라이용촬영행위를 일률적으로 신상정보 등록대상으로 삼고 있어 위헌이라는 2명으로 나뉜다), 등록정보를 최초 등록일부터 20년간 보존·관리하도록 규정한 위 법률 제45조 제1항이 개인정보자기결정권을 침해하는지 여부(전원 적극)(2015. 7. 30. 2014헌마340등; 공보 226호 1254면)
- 통신매체이용음란죄로 유죄판결이 확정된 자는 신상정보 등록대상자가 된다고 규정한 '성폭력범죄의 처벌 등에 관한 특례법' 제42조 제1항 중 "제13조의 범죄로 유죄판결이 확정된 자는 신상정보 등록대상자가 된다."는 부분이 청구인의 개인정보 자기결정권을 침해하는지 여부(적극:소극 6:3, 2016. 3. 31. 2015헌마688; 공보 234호 662면)
- 성적목적공공장소침입죄로 유죄판결이 확정된 자는 신상정보 등록대상자가 되도록 한 '성폭력범죄의 처벌 등에 관한 특례법' 조항이 개인정보자기결정권을 침해하는지 여부(소극:적극 4:5)(2016. 10. 27. 2014헌마709; 공보 241호 1698면, 적극설 중 3명은 성적목적공공장소침입죄는 피해자가 존재하지 않거나 피해자의 성적

자기결정권이 침해되지 않는 경우에도 성립할 수 있는 비교적 경미한 범죄인데, 등록조항은 경미한 범죄를 저지르고, 형사처벌만으로 재범을 방지할 수 있는 자들까지 등록대상자로 규정하여 불필요한 제한을 가하고 있어 침해의 최소성 원칙에 위배되고, 법익의 균형성도 인정하기 어렵다는 이유로 등록조항은 청구인의 개인정보자기결정권을 침해한다는 견해이고, 2명은 '재범의 위험성'을 전혀 요구하지 아니하여 위헌이라는 견해임)

◇ 합헌의견을 취한 사례

① 사생활의 비밀과 자유 관련

- 금융감독원의 4급 이상 직원에 대하여 재산등록의무를 부과하는 공직자윤리법 제3조 제1항 제13호 중 공직자윤리법 시행령 제3조 제4항 제15호에 관한 부분('재산등록 조항')이 청구인들의 사생활의 비밀의 자유 및 평등권을 침해하는지 여부(전원 소극, 2014. 6. 26. 2012헌마331; 공보 213호 1125면)
- 19세 미만자에 대하여 성폭력범죄를 저지른 때 전자장치 부착기간의 하한을 2배 가중하는 '특정 범죄자에 대한 보호관찰 및 전자장치 부착 등에 관한 법률' 제9조 제1항 단서 제1호 중 제5조 제1항 제4호에 관한 부분이 피부착자의 사생활의 비밀과 자유, 개인정보자기결정권, 신체의 자유, 인격권을 침해하는지 여부 및 재판을 받을 권리를 침해하는지 여부(전원 소극, 2016. 5. 26. 2014헌바68등; 공보 236호 902면)
- 형집행법 제41조 제2항 제1호, 제3호 중 '미결수용자의 접견내용의 녹음·녹화'에 관한 부분이 과잉금지원칙에 위배되어 청구인의 사생활의 비밀과 자유 등을 침해하는지 여부(전원 소극, 2016. 11. 24. 2014헌바401; 공보 242호 1851면)

② 개인정보자기결정권 관련

- 가축전염병의 발생 예방 및 확산 방지를 위해 축산관계시설 출입차량에 차량 무선인식장치를 설치하여 이동경로를 파악할 수 있도록 한 구 가축전염병예방법 제17조의3 제2항이 축산관계시설에 출입하는 청구인들의 개인정보자기결정권을 침해하는지 여부(전원 소극, 2015. 4. 30. 2013헌마81; 공보 223호 724면)
- 주민등록증 발급신청서에 열 손가락 지문을 찍도록 규정한 구 주민등록법 시

행령 제36조 제2항에 의한 별지 제30호 서식이 법률유보원칙에 위배되거나 개인정보자기결정권을 침해하는지 여부(소극:적극 6:3, 2015. 5. 28. 2011헌마731; 공보 224호 878면)

▸ 정보통신서비스 제공자가 이용자의 주민등록번호를 수집 · 이용하는 것을 원칙적으로 금지한 후, 정보통신서비스 제공자가 본인확인기관으로 지정받은 경우 예외적으로 이를 허용하는 '정보통신망 이용촉진 및 정보보호 등에 관한 법률' 제23조의2 제1항 제1호가 청구인의 개인정보자기결정권을 침해하는지 여부(전원 소극, 2015. 6. 25. 2014헌마463; 공보 225호 1053면)

▸ 아동 · 청소년 성매수죄로 유죄가 확정된 자는 신상정보 등록대상자가 되도록 한 '성폭력범죄의 처벌 등에 관한 특례법' 조항이 개인정보자기결정권을 침해하는지 여부(적극:소극 2:7, 2016. 2. 25. 2013헌마830; 공보 233호 428면)

▸ 강제추행죄로 유죄판결이 확정된 자는 신상정보 등록대상자가 되도록 규정한 '성폭력범죄의 처벌 등에 관한 특례법' 제42조 제1항 중 '제2조 제1항 제3호 가운데 형법 제298조의 범죄로 유죄판결이 확정된 자'에 관한 부분('등록조항')이 청구인의 개인정보자기결정권을 침해하는지 여부(소극:적극 7:2), 등록대상자는 성명, 주민등록번호 등을 제출하여야 하고 위 정보가 변경된 경우 그 사유와 변경내용을 제출하여야 한다고 규정한 같은 법 제43조 제1항 본문, 제43조 제3항('제출조항')이 청구인의 개인정보자기결정권을 침해하는지 여부(소극:적극 6:3), 관할경찰관서의 장은 등록기간 중 반기 1회 등록대상자와 직접 대면 등의 방법으로 등록정보의 진위 및 변경 여부를 확인하여야 한다고 규정한 같은 법 제45조 제4항('대면확인조항')이 청구인의 일반적 행동자유권, 개인정보자기결정권을 침해하는지 여부(소극:적극 6:3), 법무부장관은 등록정보를 범죄 예방 및 수사에 활용하게 하기 위하여 검사 또는 각급 경찰관서의 장에게 배포할 수 있다고 규정한 같은 법 제46조 제1항('배포조항')이 청구인의 개인정보자기결정권을 침해하는지 여부(전원 소극), 강제추행죄에 대하여 형의 선고를 받고 확정된 사람으로부터 디엔에이감식시료를 채취할 수 있도록 규정한 '디엔에이신원확인정보의 이용 및 보호에 관한 법률' 제5조 제1항 제4호 중 '형법 제298조에 해당하는 죄에 대하여 형의 선고를 받아 확정된 사람'에 관한 부분('디엔에이법 조항')이 청구인의 신체의 자유를 침해하는지 여부(소극:적

극 5:4)(2016. 3. 31. 2014헌마45; 공보 234호 619면)

- 가상의 아동·청소년이용음란물배포죄로 유죄판결이 확정된 자는 신상정보 등록대상자가 되도록 규정한 '성폭력범죄의 처벌 등에 관한 특례법' 제42조 제1항 중 구 '아동·청소년의 성보호에 관한 법률' 제8조 제4항의 아동·청소년이용음란물 가운데 "아동·청소년으로 인식될 수 있는 사람이나 표현물이 등장하는 것"에 관한 부분으로 유죄판결이 확정된 자에 관한 부분('등록조항')이 청구인의 개인정보자기결정권을 침해하는지 여부(소극:적극 4:5, 2016. 3. 31. 2014헌마785; 공보 234호 642면)
- 학교생활세부사항기록부의 '행동특성 및 종합의견'에 학교폭력예방법 제17조에 규정된 가해학생에 대한 조치사항을 입력하도록 규정한 '학교생활기록 작성 및 관리지침'(교육부훈령 제169호) 제16조 제2항('기재조항') 및 이러한 내용을 학생의 졸업과 동시에 삭제하도록 규정한 위 지침 제18조 제5항('보존조항')이 법률유보원칙 또는 과잉금지원칙에 반하여 청구인의 개인정보자기결정권을 침해하는지 여부(전원 소극, 2016. 4. 28. 2012헌마630; 공보 235호 784면)
- 신상정보 공개·고지명령을 소급적용하는 '성폭력범죄의 처벌 등에 관한 특례법' 부칙 제7조 제1항 중 '제47조, 제49조의 개정규정은 제2조 제1항 제3호, 제3조 제1항, 제8조 제1항에 해당하는 범죄를 저질러 2008년 4월 16일부터 2011년 4월 15일 사이에 유죄판결(벌금형은 제외한다)이 확정된 사람에 대하여도 적용한다.'는 부분이 과잉금지원칙에 위배되어 청구인들의 인격권 및 개인정보자기결정권을 침해하는지 여부(공개조항의 경우 소극:적극 7:2, 고지조항의 경우 소극:적극 6:3, 2016. 12. 29. 2015헌바196등; 공보 243호 89면)
- 검사의 기소유예처분 등에 관한 수사경력자료의 보존 및 그 보존기간을 정한 형의 실효 등에 관한 법률 제8조의2 제1항 제1호 및 제2항 제2호가 청구인의 개인정보자기결정권을 침해하는지 여부(전원 소극, 2016. 6. 30. 2015헌마828; 공보 237호 1123면)
- 피청구인 통계청장이 2015. 11. 1.부터 2015. 11. 15.까지 2015 인구주택총조사의 방문 면접조사를 실시하면서, 담당 조사원을 통해 청구인에게 피청구인이 작성한 2015 인구주택총조사 조사표의 조사항목들에 응답할 것을 요구한 행위가 법률유보원칙, 포괄위임금지원칙, 과잉금지원칙에 위배되어 청구인의 개

인정보자기결정권을 침해하는지 여부(전원 소극, 2017. 7. 27. 2015헌마1094; 공보 250호 800면)

- 아동·청소년이용음란물 배포 및 소지 행위로 유죄판결이 확정된 자는 신상정보 등록대상자가 된다고 규정한 구 '성폭력범죄의 처벌 등에 관한 특례법' 조항이 개인정보자기결정권을 침해하는지 여부(소극:적극 6:2, 2017. 10. 26. 2016헌마656; 공보 253호 1115면)
- 공중밀집장소추행죄로 유죄판결이 확정된 자는 신상정보 등록대상자가 되도록 규정한 구 '성폭력범죄의 처벌 등에 관한 특례법' 조항이 개인정보자기결정권을 침해하는지 여부(소극:적극 7:2, 2017. 12. 28. 2017헌마1124; 공보 255호 196면)
- 어린이집에 폐쇄회로 텔레비전(CCTV)을 원칙적으로 설치하도록 정한 영유아보육법 제15조의4 제1항 제1호 등이 어린이집 보육교사의 사생활의 비밀과 자유 등을 침해하는지 여부(전원 소극), 보호자가 자녀 또는 보호아동의 안전을 확인할 목적으로 CCTV 영상정보 열람을 할 수 있도록 정한 법 제15조의5 제1항 제1호가 어린이집 보육교사의 개인정보자기결정권 등을 침해하는지 여부(전원 소극)(2017. 12. 28. 2015헌마994; 공보 255호 148면)
- 송·수신이 완료된 전기통신에 대한 압수·수색사실을 수사대상이 된 가입자에게만 통지하도록 하고, 그 상대방에 대하여는 통지하지 않도록 한 통신비밀보호법 제9조의3 제2항 중 '통지의 대상을 수사대상이 된 가입자로만 한정한 부분'이 적법절차원칙에 위배되어 개인정보자기결정권을 침해하는지 여부(전원 소극, 2018. 4. 26. 2014헌마1178; 공보 259호 735면)
- 디엔에이감식시료 채취대상자가 사망할 때까지 디엔에이신원확인정보를 데이터베이스에 수록, 관리할 수 있도록 규정한 '디엔에이신원확인정보의 이용 및 보호에 관한 법률' 제13조 제3항 중 수형인등에 관한 부분이 청구인들의 개인정보자기결정권을 침해하는지 여부(소극:적극 7:2, 2018. 8. 30. 2016헌마344등; 공보 263호 1528면)

③ 통신의 자유 관련

- 수용자가 작성한 집필문의 외부반출을 규정한 '형의 집행 및 수용자의 처우에 관한 법률' 제49조 제3항의 "문서"에 관한 부분 중 제43조 제5항 제4호 내지 제7호에 관한 부분이 수용자의 통신의 자유를 침해하는지 여부(전원 소극, 2016. 5. 26. 2013헌바98; 공보 236호 898면)
- 금치기간 중 공동행사 참가를 정지하는 '형의 집행 및 수용자의 처우에 관한 법률' 제112조 제3항 본문 중 제108조 제4호에 관한 부분이 청구인의 통신의 자유, 종교의 자유를 침해하는지 여부(전원 소극, 2016. 5. 26. 2014헌마45; 공보 236호 931면)
- 통신비밀보호법 제5조 제2항 중 '인터넷회선을 통하여 송·수신하는 전기통신'에 관한 부분(이른바 '패킷감청')이 과잉금지원칙을 위반하여 청구인의 기본권을 침해하는지 여부(적극:소극 6:3, 2018. 8. 30. 2016헌마263; 공보 263호 1511면, 인터넷회선감청은 인터넷회선을 통하여 흐르는 전기신호 형태의 '패킷'을 중간에 확보한 다음 재조합 기술을 거쳐 그 내용을 파악하는 '패킷감청'의 방식으로 이루어지는데, 이를 통해 개인의 통신 뿐만 아니라 사생활의 비밀과 자유가 제한된다. 다수의견은 이 사건 법률조항은 인터넷회선감청의 특성을 고려하여 그 집행 단계나 집행 이후에 수사기관의 권한 남용을 통제하고 관련 기본권의 침해를 최소화하기 위한 제도적 조치가 제대로 마련되어 있지 않은 상태에서, 범죄수사 목적을 이유로 인터넷회선 감청을 통신제한조치 허가대상 중 하나로 정하고 있어 과잉금지원칙에 위반된다고 본다. 반대의견은 인터넷회선에 대한 감청은 사전절차가 엄격할 뿐만 아니라 집행단계에서도 수사기관의 권한 남용이나 관련 기본권의 침해를 객관적으로 통제할 수 있는 수단이 마련되어 있지 아니하다고 할 수 없으며, 인터넷회선 감청이 다른 송·수신 중인 통신에 대한 감청과 기술적 태양과 대상에 따른 상대적 차이가 있을 뿐 본질적 차이가 있다고 할 수도 없으므로, 과잉금지원칙에 위반된다고 볼 수 없다고 본다)

[32] 청소년이용자 본인확인의무 위헌확인 사건
(2015. 3. 26. 2013헌마354)

◇ 사안과 쟁점

청구인들은 인터넷사이트에서 음악파일과 음악영상파일을 청취, 시청하려 하였는데, 그 음악과 영상이 청소년유해매체물로 지정되어 있어 본인확인 절차를 거치지 않는 한 그 파일에 접근할 수 없었다. 이에 청구인들은 청소년유해매체물을 제공하려는 자에게 상대방의 나이 및 본인 여부를 공인인증서 등을 통하여 확인하도록 의무를 부과하고 있는 청소년보호법 조항이 알 권리와 개인정보자기결정권 등을 침해한다고 주장하였다.

쟁점은, 정보통신망을 통해 청소년유해매체물을 제공하는 사업자에게 이용자의 본인확인 의무를 부과하고 있는 청소년보호법 제6조 제1항 및 본인확인을 위해 공인인증서, 아이핀(I-PIN), 휴대전화를 통한 인증 방법 등을 정하고 있는 청소년보호법 시행령 제17조(이하 '이 사건 본인확인조항')가 청구인들의 알 권리 및 개인정보자기결정권을 침해하는지 여부이다(소극:적극 8:1, 2015. 3. 26. 2013헌마354; 공보 222호 535면).

8명의 다수의견은 본인확인 조항이 과잉금지원칙에 반하여 알 권리와 개인정보자기결정권을 침해하지 않는다고 보았으나, 재판관 조용호는 이에 반대하였다.

◇ 반대(위헌)의견

나는 청소년을 유해한 환경으로부터 차단·보호할 필요가 있다는 점에는 동의하나, 인터넷상 청소년유해매체물로부터 청소년을 보호하기 위하여 이를 이용하고자 하는 모든 사람의 연령 및 본인확인을 강제하는 이 사건 본인확인 조항이 과잉금지원칙에 반하여 성인의 알 권리 및 개인정보자기결정권을 침해한다고 생각하므로, 아래와 같이 견해를 밝힌다.

가. 기본권 침해 여부

(1) 이 사건 본인확인 조항은 정보통신망을 통해 제공되는 청소년유해매체물로

부터 청소년을 차단·보호하기 위한 것으로 입법목적 자체는 정당하다. 그리고 이를 위하여 이용자의 연령을 확인하는 것은 일응 적절한 수단이라 할 수 있다.

(2) 그러나, 다음과 같은 점에서 이 사건 본인확인 조항은 침해의 최소성 원칙에 위반된다.

㈎ 대체수단의 존재

오프라인 공간에서 청소년유해매체물 이용자의 연령 확인은 대면 접촉 및 신분증 확인 등을 통해 용이하게 이루어진다. 그러나 인터넷으로는 정보가 무차별적으로 빠르게 전파되므로 위와 같은 방법을 통해 일일이 청소년유해매체물 이용자의 연령을 확인할 수가 없다. 그리하여 정보통신망법은 인터넷을 통해 청소년유해매체물을 제공하는 자가 청소년유해매체물임을 표시하여야 하는 것 외에 기호·부호 등을 사용하여 전자적 표시를 하도록 하고 있는바(정보통신망법 제42조 및 정보통신망법 시행령 제24조), 이는 각 개인이 자신의 컴퓨터나 스마트폰에 위와 같은 전자적 표시를 인식할 수 있는 청소년유해정보 차단프로그램, 소위 '필터링 소프트웨어'를 다운받아 설치하면 인터넷상 청소년유해매체물이 자동 차단될 수 있도록 하기 위한 것이다. 방송통신심의위원회가 무료로 제공하는 유해정보차단 소프트웨어 프로그램(그린i-Net, www.greeninet.or.kr), 방송통신심의위원회와 여성가족부가 국내 통신사 등과 함께 개발한 스마트폰용 유해사이트 차단프로그램인 스마트보안관(http://ss.moiba.or.kr) 등이 이에 해당한다.

이러한 필터링 소프트웨어는 청소년 보호에 1차적 책임이 있는 개별 가정과 학교에서 얼마든지 손쉽게 설치가 가능하고 전파력이 강한 인터넷상 청소년유해매체물로부터 청소년을 효과적으로 보호할 수 있으므로, 모든 이용자로 하여금 사전에 연령 및 본인인증을 거치도록 하는 이 사건 본인확인 조항에 비하여 덜 침해적인 수단임이 분명하다. 우리 재판소도 개인정보의 입력을 통하여 이용자의 연령 및 본인 여부를 확인하는 방법에 타인의 신상정보 도용 우려, 개인정보유출 위험, 본인인증 수단의 이용률 저조 등의 문제가 있다는 점을 지적하며, 위와 같은 필터링 시스템을 이용하도록 하는 것 외에 관련자들의 기본권을 덜 제약하면서도 동일한 입법목적을 달성할 수 있는 방법이 있는지 의문을 표한 바 있다(헌재 2004. 1. 29. 2001헌마894 참조).

㈏ 자유로운 접근이 허용된 성인의 기본권 위축

현행법상 청소년유해매체물로 결정된 매체물이라 하더라도 당연히 불법적인 것은 아니며, 청소년에게 차단되어야 하는 것일 뿐 성인에게는 일반적으로 허용되는 것이다(헌재 2004. 1. 29. 2001헌마894 참조). 따라서 청소년유해매체물을 규제함에 있어서는 그에 대한 청소년의 접근을 효율적으로 통제하면서도 성인의 접근을 과도하게 통제하지 않도록 세심한 주의를 기울일 필요가 있다. 만약 본인확인을 위한 절차가 필요 이상으로 까다롭거나 이용자에게 부담을 주어 그 이용의 단념을 초래할 가능성이 있다면, 이는 청소년을 보호한다는 명목으로 성인의 알 권리를 지나치게 제한하고 위축시키는 것으로서 헌법적으로 정당화될 수 없다.

이 사건 본인확인 조항이 정한 본인인증 방법 중 대면 접촉 및 신분증 확인을 통한 인증은 사실상 이용이 불가능하고, 신용카드를 통한 인증은 거의 사용되지 않기 때문에, 공인인증서, 아이핀(I-PIN), 휴대전화를 통한 본인인증이 주로 사용된다고 볼 수 있다.

그러나 공인인증서나 아이핀을 통한 본인인증을 위해서는 공인인증서나 아이핀을 발급받은 후 이를 통해 본인인증 절차를 거쳐야 하는데, 공인인증서나 아이핀은 그 발급 절차 자체가 복잡할 뿐만 아니라, 공인인증서의 경우 발급자가, 아이핀의 경우 아이핀 인증을 이용하려는 사용자가 각각 그 비용을 부담해야 하므로, 이들 방법을 통한 본인인증은 이용률이 저조한 편이다. 결국 보급률이 높은 휴대전화를 이용한 본인인증이 현실적으로 많이 이용되는데, 휴대전화마저 사용하지 않는 성인으로서는 사실상 인터넷상 청소년유해매체물에 접근하는 것이 곤란하다.

다수의견은 공인인증서, 아이핀 등을 통한 본인인증 방법이 주민등록번호의 수집이 금지된 상황에서 정확하게 본인인증을 하면서도 개인정보를 철저하게 보호할 수 있는 방법이라고 한다. 그러나 최근 75만 건의 공공 아이핀이 부정발급된 사건에서도 확인할 수 있듯이, 본인인증 조항이 규정하고 있는 방법들은 해킹이나 정보유출로부터 결코 안전하지 않다. 공인인증서 또는 아이핀을 발급받거나 휴대전화 이용서비스에 가입하기 위해서는 공인인증기관이나 본인확인기관으로 지정된 아이핀 발급기관 또는 이동통신사에 주민등록번호 등을 포함한 개인정보를 제공하여야 하는데, 정보통신망법이나 개인정보보호법의 관련 규정에도 불구하고, 공인인증기관이나 본인확인기관에 의해 수집된 정보들은 언제나 유출, 위조, 변조의 위험에 노출되어 있으며, 빠른 속도로 진화하고 있는 정보통신기술은 이러한 위험성을 증가시킨다. 현대 사회에서 개인정보의 사회적, 재산적 가치가 커짐과 동시에 그 유출로 인한 피해가 급증하고 있음을 고려할 때, 개인정보의 수집은 필요한 최소한의 범위로 제한되어야만 하는바, 이 사건 본인확인 조항은 인터넷상 청소년유해매체물을 이용하려는 사람 모두에게 반드시 개인정보를 누군가에게 제공할 것을 강요함으로써 자신에 관한 정보를 정보주체가 스스로 결정할 수 있는 권리인 개인정보자기결정권을 필요 이상으로 제약한다.

따라서 이 사건 본인확인 조항은 원래 청소년유해매체물에의 접근이 허용된 성인조차도 복잡한 본인인증 절차 및 개인정보 제공에 대한 부담감과 개인정보의 유출 위험에 대한 우려로 인하여 그 이용을 단념하게 되는 결과를 초래할 수 있고, 이를 무릅쓰고 본인인증을 거쳐 이용을 하게 되더라도 경우에 따라서는 상당한 양의 개인정보유출 위험에 놓이게 한다.

㈐ 실효성의 측면

한편, 이 사건 본인확인 조항이 과연 실효성이 있는지도 의문이다. 먼저, 청소년유해매체물을 영리를 목적으로 제공하는 자가 아닌 경우 본인확인 의무를 이행하지 않더라도 별도의 제재수단이 없어 사실상 규제가 되지 않고, 해외에 서버 기반을 둔 웹 사이트를 통해 제공되는 경우 현실적으로 통제가 곤란하다. 예를 들어, 음원 다운로드 및 실시간 음악 스트리밍 서비스를 연속적으로 제공하는 상업 목적 사이트를 통하여 청소년유해매체물로 지정된 음원을 청취하려면 아이핀, 휴대전화 등을 통한 본인인증을 거쳐야 하지만, 이용자들이 개별적으로 음악 등을 게시하여 무료로 공유하는 블로그나 유○○와 같이 해외에 서버를 두고 있는 사이트를 통해서는 동일한 음원을 본인인증 절차를 거치지 않고 곧바로 청취할 수 있다.

또한, 공인인증서나 아이핀, 휴대전화를 통한 본인인증은 기존에 이용자의 이름과 주민등록번호를 입력하는 방법에 비하여 절차가 복잡하고 본인만 알 수 있는 정보를 요하기는 하나, 이러한 본인인증 방법 역시 타인의 개인정보 도용을 통해 부정이용이 가능하다. 공인인증서를 통한 인증의 경우, 공인인증서를 발급받은 자의 이름과 공인인증서의 비밀번호만 알면 인증서가 설치된 컴퓨터나 모바일폰을 통하여 타인 정보로 인증이 가능하고, 아이핀을 통한 인증도 아이핀을 발급받은 자의 아이핀 전용 아이디(ID)와 비밀번호를 알고 있으면 마찬가지로 도용이 가능하다. 가장 널리 사용되는 휴대전화를 통한 본인인증의 경우도 휴대전화 개설자의 이름, 생년월일 및 휴대전화번호를 입력하고 휴대전화에 전송되는 인증번호를 인증창에 입력하면 되므로 타인의 휴대폰을 소지하고 있는 한 부정 이용이 가능하다. 특히 청소년 중 상당수가 부모 명의로 휴대전화를 개설하여 사용하고 있어 쉽게 부모 명의를 통해 허위로 본인인증을 거칠 수 있으므로, 과연 이러한 인증방법을 통해 본인확인을 거치는 것이 어느 정도 실효성이 있는지 의문이 아닐 수 없다.

(라) 외국의 입법례와의 비교

외국의 입법례를 살펴보더라도, 인터넷상의 청소년유해매체물에 청소년이 접근하는 것을 차단하기 위하여 필터링 시스템을 이용하도록 하는 경우는 있으나, 이 사건 본인확인 조항과 같이 성인을 포함한 이용자 전원을 상대로 한 본인확인제를 도입하고 있는 경우는 찾아보기 어렵다. 결국 이 사건 본인확인 조항은 그 유례를 찾기 어려운 불합리한 규정임을 알 수 있다.

(마) 소 결

이와 같이 이 사건 본인확인 조항은 필터링 소프트웨어 설치와 같이 이를 대체할 만한 덜 침해적인 수단이 이미 마련되어 있음에도, 복잡하고 개인정보유출 위험이 상당한 본인인증 절차를 이용자 모두에게 강요함으로써 청소년유해매체물에 대한 성인의 자유로운 접근권을 지나치게 제약하는 측면이 있고, 그 실효성도 크지 아니하므로, 침해의 최소성을 충족하지 못한다.

(3) 이 사건 본인확인 조항으로 인하여 청구인들이 입게 되는 불이익은 결국 청소년유해매체물 이용을 단념하거나 개인정보유출의 위험을 감수해야 하는 것이어서 청구인들의 알 권리나 개인정보자기결정권에 대한 제한의 정도는 가볍지 않은 반면, 제도의 실효성을 고려할 때 이 사건 본인확인 조항을 통하여 달성하려는 청소년 보호라는 효과는 그리 크지 않다 할 것이므로, 이 사건 본인확인 조항은 법익의 균형성도 갖추지 못하였다.

나. 소 결

따라서 이 사건 본인확인조항은 과잉금지원칙에 반하여 청구인들의 기본권을 침해한다.

[33] '게임산업진흥에 관한 법률'상 게임물이용자 본인인증 위헌확인 사건

(2015. 3. 26. 2013헌마517)

◇ 사안과 쟁점

청구인 1은 청소년으로 인터넷게임을 이용하기 위해 관련 사이트에 회원가입을 시도하였으나 본인인증 절차 및 법정대리인 동의절차를 거치지 아니하고는 회원가입을 할 수 없어 이용하지 못하였고, 청구인 2는 성인으로 위 게임물을 이용하기 위해 관련 사이트에 회원가입을 시도하였으나 본인인증 절차를 거치지 아니하고는 회원가입을 할 수 없어 이를 이용하지 못하였다. 이에 청구인들은 정보통신망을 통하여 공중이 게임물을 이용할 수 있도록 서비스하는 게임물 관련사업자에게 게임물 이용자의 회원가입 시 반드시 본인인증 절차를 거칠 수 있도록 조치를 마련하고 청소년의 법정대리인으로부터 동의를 확보할 것을 요구하고 있는 게임산업법 조항, 본인인증 및 법정대리인 동의의 구체적인 방법을 정하고 있는 법 시행령 조항이 인터넷게임을 이용하고자 하는 청구인들의 표현의 자유, 사생활의 비밀과 자유, 개인정보자기결정권, 일반적 행동자유권 및 평등권을 침해한다며 헌법소원심판을 청구하였다.

쟁점은, 게임물 관련사업자에게 게임물 이용자의 회원 가입시 본인인증을 할 수 있는 절차 및 청소년의 회원 가입시 법정대리인의 동의를 확보하도록 하는 '게임산업진흥에 관한 법률' 조항('심판대상조항들')의 위헌 여부이다(소극:적극 7:2, 2015. 3. 26. 2013헌마517; 공보 222호 549면). 7명의 다수의견은 본인인증 조항 및 동의확보 조항이 청구인들의 일반적 행동자유권 및 개인정보자기결정권을 침해하지 않는다고 보았으나, 재판관 조용호 등 2명은 이에 반대하였다.

◇ 반대(위헌)의견

우리는 심판대상조항들이 과잉금지원칙에 위반하여 청구인들의 일반적 행동자유권 및 개인정보자기결정권을 침해한다고 생각하므로, 다음과 같이 그 이유를 밝힌다.

가. 판단의 전제

(1) 놀이할 자유와 인터넷게임의 본질

㈎ 놀이는 그 자체의 재미를 추구할 뿐 다른 의도나 목적이 없는 인간본성에 가까운 가장 순수하고 자유로운 행위로서, 그것은 인간이 살아가면서 느끼는 수많은 긴장과 스트레스를 이완시켜주며, 일상생활 전반에 윤활유 내지는 활력소 같은 역할을 하여 우리의 삶을 풍요롭게 한다. 인류의 문화는 태초부터 놀이의 형태로 발생하였고, 문명사회의 법과 질서, 상업과 이익, 기술과 예술, 시가(詩歌), 지혜, 과학 등은 모두 놀이라는 원초적 토양에서 자양분을 얻어 왔다.

놀이는 인간의 삶을 구속하는 모든 제약으로부터의 해방이다. 놀이는 자유로운 행위이며 자유 그 자체이므로, '놀이할 자유' 내지 '놀 자유'는 행복추구권에서 파생되는 일반적 행동자유권의 내용으로 당연히 포함된다. 따라서 인터넷게임과 같은 놀이를 즐기는 행위에 대하여 국가가 특정한 정책적 잣대를 내세워 지나치게 간섭하고 개입하는 것은 놀이의 본질을 훼손하여 인간의 자유를 억압하고 결과적으로 문화의 자율성과 다양성을 해칠 위험이 있으므로 매우 신중하여야 한다.

㈏ 인터넷게임은 성인이나 청소년의 즐길 권리, 놀이문화 등으로 대표되는 문화상품의 하나이다. 인터넷게임은 미술, 음악, 영화, 문학 등의 요소를 함께 포함하고 있는 복합적인 성격의 콘텐츠로, 다양한 현대적 문화에 의미 있는 기여를 한다. 인터넷게임 이용자들은 게임을 하는 과정에서 상호 의사소통을 하고, 동일한 놀이문화를 공유하려는 집단적 유대감을 통하여 공동체를 구성하는 등 다양한 활동을 하기도 한다.

인터넷게임은 단순한 흥미 위주의 오락적 게임, 바둑과 같이 두뇌를 활용한 승부놀이의 성격을 띠는 게임, 취미생활·관심분야의 체험에 관한 게임 등 그 게임의 내용이나 성격이 다양하다. 게임을 하는 사람들의 성향 또한 제각각이다. 게임을 장래 직업(프로게이머 등)이나 직장 선택의 수단으로 이용하는 경우도 있을 수 있고, 특정인에게는 게임이 잠재적인 능력 발휘의 도구로 기능할 수도 있다.

㈐ 따라서 인터넷게임을 하는 행위를 규제할 경우 인터넷게임 이용자의 표현의 자유 등 다른 기본권까지 함께 제한할 수 있다는 점에서, 그 규제에 더욱 신중을 기할 필요가 있다. 그런데 본인인증 조항은 인터넷게임을 이용하고자 하는 사람들이

반드시 본인인증 절차를 거칠 것을 요구하고 있고, 동의확보 조항은 청소년이 친권자 등 법정대리인의 동의를 얻어야만 인터넷게임을 즐길 수 있도록 하고 있으므로, 청구인들의 '놀이할 자유'를 제한하고 있다.

(2) 게임과몰입과 그로 인한 해악 사이의 상관관계

㈎ 다수의견이 설시하는 바와 같이 '게임과몰입 및 중독 예방'이 국가가 추구해야 할 정당한 공익으로 인정되려면 게임과몰입 및 중독이 구체적으로 어떠한 해악을 가져오는지를 면밀히 분석해 보아야 한다. 청소년보호법 제27조는 '인터넷게임 중독'을 "인터넷게임의 지나친 이용으로 인하여 인터넷게임 이용자가 일상생활에서 쉽게 회복할 수 없는 신체적·정신적·사회적 기능 손상을 입은 것"이라고 정의하고 있다. 이와 같이 현재 우리 사회에서 게임과몰입 및 중독과 관련하여 이루어지고 있는 여러 논의들은 게임에 과도하게 몰입하는 것이 일종의 병리적 현상이라는 시각을 전제하고 있다. 즉, 지나친 게임 이용으로 인하여 이용자에게 일정한 신체적·정신적 건강에 문제가 생길 수 있을 뿐만 아니라, 이용자의 가정생활 및 사회적 관계에 있어서 파탄을 가져오고, 폭력적 성향을 높여 범죄를 유발하기도 한다는 것이다. 이에 따라 인터넷게임을 알코올, 마약, 도박 등 사행행위와 같은 중독물질·행위로 파악하여 이를 강력하게 규제하는 방안들이 논의되었으며, 심판대상조항들 역시 같은 맥락에서 도입된 것이다.

그러나 정신의학적으로 '중독' 질환에 있어서의 대표적인 임상적 증상인 '내성'과 '금단'이 게임행위에 있어서도 나타나는지 여부에 대하여 아직 과학적으로 명확히 증명된 바가 없으므로, 게임을 알코올이나 마약과 동일하게 정신적 질환으로서의 중독의 대상이라고 단정하기 어렵다. 게임행위는 놀이의 일종으로서 그 자체로 자유롭게 허용되는 행위이므로, 원칙적으로 금지되거나 규제되는 행위인 도박 등 사행행위와는 다르다고 보아야 한다. 뿐만 아니라 게임의 이용행위로 인하여 신체적·정신적 건강에 문제가 발생할 수 있다는 의문은 경험칙상 가능한 추론일뿐 의학적으로 확정된 결과라고 하기 어렵다. 신체적·정신적 건강상의 문제는 여러 요인이 복합적으로 작용하여 발생하였을 수 있고, 게임의 과몰입과 그러한 문제의 발생 사이의 선후관계가 불분명한 경우도 많다. 나아가 게임으로 인하여 이용자의 폭력적 성향이 증가하고 범죄로 이어지는지 여부에 대하여도 구체적으로 밝혀진 바가 없다. 범죄가 발현하는 원인은 매우 다양하고, 행위자 개인의 여러 요인과 사회적 요인이 복합적으로 작용하여 범죄의 실행에 이르게 되는 것이므로, 게임에 과몰입된 사람이 범죄를 저질렀다고 하여 게임행위가 그 범죄의 원인이 되었다고 섣불리 단정할 수 없다. 미국 연방대법원도 폭력 비디오게임이 청소년들의 공격적 행위의 원인이 된다는 점을 기존의 심리학적 연구들이 증명하지 못한다고 지적한 바 있다{Brown v. Entertainment Merchants Association, 131 S.Ct. 2729(2011)}.

(나) 이용자가 인터넷게임에 몰입하는 것은 재미의 추구를 본질로 하는 놀이의 속성상 당연한 것이며, 게임에 몰입하는 정도는 개인마다 차이가 있을 수밖에 없다. 인터넷게임의 과몰입과 중독을 문제삼아 그 이용행위를 규제하는 것이 정당화된다면 1인 아케이드 게임 등 인터넷게임이 아닌 다른 게임들도 동일하게 규제하여야 할 것이고, 나아가 인터넷게임과 마찬가지로 '놀이'에 해당하는 영화, TV 드라마, 음악, 만화, 소설 등 다른 문화콘텐츠들도 과몰입이나 중독의 우려가 없다고 단정할 수 없으므로 이들의 이용행위에 대하여도 동일하게 규제가 가해져야 형평에 부합할 것이다. 단순히 인터넷게임이 그 몰입의 가능성이 다른 문화콘텐츠에 비하여 상대적으로 더 높을 수 있다는 사실만으로는 위 콘텐츠들과 인터넷게임 사이에 국가의 개입 내지 규제 여부를 달리할 정도로 본질적인 차이가 있다고 볼 수 없다.

(다) 심판대상조항들은 근본적으로 게임을 무가치한 것 또는 개인과 사회에 악영향을 미치는 것으로 보는 부정적 시각을 전제하고 있다. 그러나 앞서 본 것처럼 놀이는 인류의 모든 문화의 원천이 되는 행위로서 우리의 삶을 풍요롭게 한다. 게임산업법은 게임산업의 기반을 조성하고 게임산업을 진흥하기 위하여, 문화체육관광부장관의 게임산업 진흥을 위한 종합계획 수립 및 시행의무(제3조), 정부의 게임산업 활성화를 위한 지원(제4조), 게임산업에 관한 전문인력 양성에 관한 계획 수립 및 시행의무(제5조), 게임산업과 관련된 기술개발 추진(제6조), 게임물 및 게임 상품의 해외시장 진출지원(제10조) 등을 규정하고 있다. '이스포츠(전자스포츠) 진흥에 관한 법률'도 게임을 국민의 여가선용 및 국민경제 발전에 기여하는 문화활동 내지 문화산업의 하나로 다루고 있다. 따라서 게임 자체를 부정적 시각에서 바라보아 그 이용행위를 무작정 규제하려고만 하는 것은 놀이의 의미와 게임의 긍정적 측면을 제대로 이해하지 못한 데서 비롯된 조치이고, 다른 법률들과의 체계정합성에서도 문제를 드러내는 것이다.

(3) 이러한 전제 아래, 심판대상조항들이 과잉금지원칙에 위반하여 청구인들의

일반적 행동자유권과 개인정보자기결정권을 침해하는지 여부에 관하여 살펴본다.

나. 본인인증 조항에 대한 판단

(1) 입법목적의 정당성

다수의견은, 본인인증 조항이 ① 인터넷게임에 대한 연령 차별적 규제수단들을 실효적으로 보장하고, ② 게임물 관련사업자가 게임물 이용시간 등을 이용자에게 정확하게 고지할 수 있도록 하여, 게임과몰입 및 중독 예방이라는 목적을 달성하기 위한 것으로서 입법목적의 정당성이 인정된다고 한다.

그러나 인터넷게임은 자유를 그 본질로 하는 놀이 행위이므로 그에 대한 규제는 매우 신중하여야 한다. 인터넷게임의 과몰입과 그로 인한 해악으로 거론되는 현상들 사이의 인과관계가 구체적으로 밝혀진 바가 없음에도 불구하고, 인터넷게임 이용행위에 관하여 국가가 그 과몰입을 직접 나서서 규제하는 것은 명확하고 합리적인 근거 없이 국가가 개인의 자율적 영역에 지나치게 후견적으로 개입하는 것으로서 헌법적으로 정당화될 수 없다. 개인 스스로 선택한 인생관·사회관을 바탕으로 사회공동체 안에서 각자의 생활을 자신의 책임 아래 스스로 결정하고 형성하는 성숙한 민주시민이 우리 헌법이 지향하는 바람직한 인간상인바(헌재 2009. 11. 26. 2008헌바58 등 참조), 위와 같은 국가 후견주의는 우리 헌법이 지향하는 바람직한 인간상과 근본적으로 상충하는 것이다.

청소년 역시 되도록 국가의 방해를 받지 아니하고 자신의 인격을 자유롭게 발현할 수 있는 권리를 가진다. 청소년은 인격의 발전을 위하여 어느 정도 부모와 학교교사 등의 지도를 필요로 하는 아직 성숙하지 못한 인격체이지만, 부모와 국가에 의한 단순한 보호의 대상이 아닌 독자적인 인격체이며, 그의 자기결정권은 성인과 마찬가지로 인간의 존엄성 및 행복추구권을 보장하는 헌법 제10조에 의하여 보호된다(헌재 2000. 4. 27. 98헌가16등 참조). 따라서 자유를 그 본질적 요소로 하는 놀이 행위인 인터넷게임 이용행위에 관한 청소년 자신의 자율적 결정 또한 가급적 존중될 필요가 있고, 청소년을 폭력적이거나 선정적인 게임과 같이 유해한 게임으로부터 보호하는 것과 청소년의 접근이 허용된 인터넷게임의 이용행위 자체를 규제하는 것은 엄격히 구별되어야 한다. 즉, 성인에 비하여 상대적으로 사물에 대한 변별력이나 의지력이 미약한 청소년들을 특별히 보호할 필요성이 인정된다고 하더라도, 유해성이 인정되는 특정 게임물로부터의 보호가 아닌 인터넷게임의 과도한 이용 자체로부터의 보호는 인터넷게임 과몰입 및 중독과 그로 인한 해악으로 거론되는 현상들과의 인과관계가 분명한 경우에만 비로소 정당화될 수 있는 것이다.

그러므로 성년이든 청소년이든 인터넷게임 과몰입이나 중독을 예방한다는 이유로 그 게임이용자의 회원 가입 자체를 국가가 규제하는 것은 놀이의 특성이나 문화의 자율성 보장 측면에서 그 입법목적의 정당성을 인정하기 어렵다.

(2) 수단의 적절성 및 침해의 최소성

설령, 본인인증 조항이 달성하고자 하는 입법목적의 정당성을 일정 부분 인정한다고 하더라도, 본인인증 조항은 아래에서 보는 바와 같이 수단의 적절성과 침해의 최소성을 갖추지 못하였다.

(가) 본인인증 조항의 실효성(實效性)

먼저, 본인인증 조항은 연령 차별적 규제수단들을 관철하기 위한 효과적 수단이 될 수 없다. 청소년들이 인터넷게임을 가장 많이 이용하는 공간은 집일 가능성이 많고, 집에서 이용하는 컴퓨터에는 부모 등 성인들의 공인인증서가 저장되어 있을 가능성이 높아 청소년들이 충분히 부모 명의로 회원가입을 할 수 있다. 특히, 청소년 중 상당수는 부모 명의로 휴대전화를 사용하고 있어 이동통신 3사를 통한 본인인증을 통해 더욱 쉽게 부모의 명의를 도용할 수 있다.

또한, 본인인증 조항은 게임물 이용시간의 고지를 통해 과도한 인터넷게임 이용의 자제를 유도할 수 있는 적절한 수단도 아니다. 본인인증 조항이 있음에도 불구하고 인터넷게임 이용자들은 여러 게임물 관련사업자가 제공하는 사이트에 복수로 회원가입을 할 수 있고, 실제로 인터넷게임 이용자의 44.3%가 3개 이상의 인터넷게임을 이용하고 있다고 한다(2014 대한민국 게임백서, 448면 참조). 따라서 모든 사이트를 통합하여 관리하지 않는 이상 본인인증만으로 이용자들의 게임물 이용시간을 정확하게 파악하고 이를 표시하는 것은 불가능하고, 각 게임물 관련사업자가 표시하는 개개의 게임사이트별 게임물 이용시간은 단순히 인터넷게임 이용자의 경각심을 환기시키는 것 이상의 의미를 가지기 어렵다.

(나) 본인인증으로 인한 위축효과

다수의견은 인터넷게임을 이용하기 위한 회원가입 시 1회 본인인증 절차를 거치도록 하는 것이 이용자들에게 인터넷게임을 유해한 매체로 인식하게 하여 접근에 대해 죄책감을 느끼게 한다고 볼 수 없고, 게임물 이용 기록 등 정보의 보관이 인터넷게임 이용 여부 자체를 진지하게 고려하게 할 정도로 중대한 장벽으로 기능한다고 보기 어렵다고 한다. 그러나 이러한 견해는 본인인증이 갖는 의미나 그로 인한 파급효과를 지나치게 가볍게 보는 것이다.

본인인증은 단순히 "본인임을 확인받는다."는 차원에 그치는 문제가 아니다. 본인임을 확인받는다는 것은, 개인에 대하여 국가의 무한한 통제의 가능성이 열리는 것임을 의미한다. 인터넷게임 이용자의 회원가입 시 1회 본인인증 절차를 거치는 것이지만, 인터넷게임을 이용하기 위해서는 본인인증이 완료된 아이디로 로그인을 하여야 하므로, 사실상 인터넷게임을 할 때마다 본인여부에 대한 확인이 이루어지고 있고, 이에 따라 해당 이용자의 게임 이용내역, 유료 아이템 구매내역 등의 정보가 게임물 관련사업자가 관리하는 사이트에 보관될 수 있다. 게다가 게임물 관련사업자들은 이용자의 동의가 사실상 강제되는 약관에 따라 인터넷게임 이용자로부터 실명, 연령, 성별 등의 개인정보를 추가적으로 제공받는 경우가 대부분이므로, 이용자의 게임 이용내역 등의 정보가 위 사이트에 사실상 실명으로 보관되고 있다고 볼 수 있다.

위와 같이 보관된 특정 개인의 게임 이용 내역 등 정보에 대하여 누군가는 언제든지 확인할 수 있고, 행정당국이 마음만 먹으면 얼마든지 이를 감시하고 통제할 수 있다는 가능성, 즉 '감시와 통제의 가능성'은 그 자체만으로도 이미 이용자들에게 상당한 불안감과 '위축효과'를 줄 수 있는 것이다. 이에 따라 이용자가 성인인 경우에도, 혹시라도 자신의 사회적 평판에 악영향을 끼치게 될까봐 두려워 청소년 이용불가 등급을 받은 게임에의 접속을 꺼려하게 되거나, 유료 아이템의 구매 등을 망설이게 되거나, 함께 게임을 하는 다른 이용자들에게 자신의 의사를 표현하는 과정에서 표현의 내용과 수위 등에 대한 자기검열을 할 가능성이 있는데, 이는 '놀이'의 일환으로 인터넷게임을 즐기고자 하는 이용자들의 자유를 과도하게 침해하는 것이며, 이러한 파급효과는 결코 가볍게 평가되어서는 아니 된다.

본인임을 확인받아야 놀이를 할 수 있다는 것, 그리고 놀이를 할 때마다 누군가로부터 감시받고 있다는 사실을 의식하면서 놀이를 하여야 한다는 것은 이미 놀이 그 자체의 본질인 자유를 근본적으로 해치는 것이다. 특히 익명성을 기반으로 하는 인터넷게임에 대하여 본인인증을 받도록 하는 것은, 비록 함께 게임을 하는 다른 이용자들에게 자신의 실명이 알려지지 않는다고 하더라도, 잠재적 위축효과로 인하여 인터넷게임의 기반을 흔드는 중대한 문제가 될 수 있다.

㈐ 근본적인 해결책의 부재

성인과 청소년들이 인터넷게임에 과몰입·중독되는 것은 물론 인터넷게임의 오락적 요소에도 일부 그 원인이 있을 수는 있다. 그러나 그 밖에도 불안한 자기통제력 등 인터넷게임 이용자의 기질적 요인, 사회적 소외감이나 외로움 증가로 인한 심리적 요인, 핵가족 증가 및 과도한 입시위주의 학업 스트레스, 놀이문화의 부재 등의 환경적 요인 등 다양한 요인이 복합적으로 작용하여 인터넷게임에 과몰입·중독된다고 봄이 타당하다. 이와 같이 인터넷게임 과몰입·중독의 원인이 복잡, 다양함에도 이를 예방하기 위한 근본적인 처방 없이 그저 인터넷게임의 이용행위를 위한 회원가입 자체를 규제하는 것만으로는 이 문제를 해결하기란 사실상 불가능하다고 보인다. 오히려 어릴 때부터 인터넷게임 과몰입·중독 예방 교육을 강화하고, 상담 시스템의 정비와 상담 전문인력을 양성하며, 인터넷게임 과몰입·중독 예방을 위한 환경개선 및 정책개발 등에 노력을 기울이고, 성인과 청소년들이 각각 연령에 맞는 여가문화를 향유할 수 있는 분위기와 환경을 조성하는 것이 효과적이고 근본적인 해결책이다(헌재 2014. 4. 24. 2011헌마659등의 반대의견 참조).

㈑ 본인인증 방법의 문제점

게임산업법 시행령 제8조의3 제3항은 본인인증의 방법으로, ① 전자서명법 제2조 제10호에 따른 공인인증기관에 의뢰하는 방법, ② 본인확인서비스를 제공하는 제3자 또는 행정기관에 의뢰하는 방법, ③ 대면확인하는 방법을 들고 있다.

그러나 본인인증에 이용되는 범용 공인인증서는 그 발급에 비용이 소요되어 이용률이 저조하고, 휴대전화가 없는 사람의 경우에는 제3자나 행정기관이 제공하는 본인확인서비스를 이용하는 것도 쉽지 않다. 특히 청소년들은 공인인증서를 발급받기가 어렵고, 자신의 명의로 된 휴대전화를 갖고 있지 않은 경우가 많으므로 위와 같은 방법으로 본인인증을 하기가 더욱 어렵다. 나아가 대면확인하는 방법은 인터넷게임 이용자가 게임물 관련사업자의 영업장을 직접 방문하여야 하므로 각각의 게임에 대한 회원가입을 할 때마다 이용하기에는 지나치게 번거로운 방법이다. 또한, 외국에 거주하거나 체류하는 재외국민은 위 열거된 방법 중 어느 것도 수월하게 이용할 수 없으므로, 인터넷게임을 이용하는 것에 많은 제약을 받게 된다. 이와 같이 위 본인인증 방법들은 국민 누구나 보편적으로 이용할 수 있는 방법이라고 보기 어려워 경제적·사회적 이유로 인터넷게임의 이용에서 소외되는 사람들이 생겨나게 된다.

나아가, 다수의견은 공인인증서, 아이핀 등을 통한 본인인증 방법이 주민등록번호의 수집이 금지된 상황에서 정확하게 본인인증을 하면서도 개인정보를 철저하게 보호할 수 있는 방법이라고 주장하나, 최근 75만 건의 아이핀이 부정발급된 사건에서도 확인할 수 있듯이, 본인인증 조항이 규정하고 있는 방법들은 해킹이나 정보유출로부터 결코 안전하지 않다. 공인인증서 또는 아이핀을 발급받거나 휴대전화 이용서비스에 가입하기 위해서는 공인인증기관이나 본인확인기관으로 지정된 아이핀 발급기관 또는 이동통신사에 주민등록번호 등을 포함한 개인정보를 제공하여야 하는데, '정보통신망 이용촉진 및 정보보호 등에 관한 법률'이나 개인정보보호법의 관련 규정에도 불구하고, 공인인증기관이나 본인확인기관에 의해 수집된 정보들은 언제나 유출, 위조, 변조의 위험에 노출되어 있으며, 빠른 속도로 진화하고 있는 IT 기술은 이러한 위험성을 증가시킨다. 현대 사회에서 개인정보의 사회적, 재산적 가치가 커짐과 동시에 그 유출로 인한 피해가 급증하고 있음을 고려할 때, 개인정보의 수집은 필요한 최소한의 범위로 제한되어야만 하는바, 인터넷게임을 즐기기 위해 개인의 의사와 무관하게 반드시 개인정보를 누군가에게 제공할 것을 강요하는 본인인증 조항은 자신에 관한 정보가 언제 누구에게 어느 범위까지 알려지고 또 이용되도록 할 것인지를 정보주체가 스스로 결정할 수 있는 권리, 즉 개인정보자기결정권에 대한 과도한 제한이다.

(마) 게임산업의 성장 저해 가능성

2013년 국내 게임시장의 규모는 2012년 9조 7,535억 원에 비해 0.3% 정도 감소한 9조 7,198억 원으로 추산되고, 인터넷게임 시장의 규모 역시 2012년 대비 19.6%가 감소하였다고 한다(2014 대한민국 게임백서, 제73면 참조). 2008년 이후 해마다 10% 이상의 성장을 유지해왔던 국내 게임시장이 마이너스 성장세로 돌아선 것이다. 이처럼 인터넷게임 시장의 발전이 정체된 원인으로는 개발이나 마케팅 비용, 모바일게임 시장의 확대 등 여러 가지 이유가 지적되고 있으나, 일각에서는 국내에서의 게임에 관한 과도한 규제가 게임시장의 위축을 초래하였다는 지적도 제기되고 있다. 세계 게임시장의 규모가 지속적으로 성장하고 있는 상황에서, 모든 인터넷게임 이용자에게 본인인증을 요구하는 것은 개개인이 인터넷게임을 향유할 수 있는 자유에 대한 제한을 넘어 게임산업 자체를 위축시킬 수 있는 과도한 제한이다. 게다가 게임물 관련사업자들은 본인인증을 위한 시스템을 구축하여야 하고, 시스템 구축 이후에도 본인확인기관에 본인인증에 소요되는 비용을 지불하여야 하므로, 게임물 관련사업자들은 본인인증 조항으로 인하여 과도한 부담을 가지게 된다.

게임산업법의 목적이 건전한 게임문화의 확립뿐만 아니라 게임산업의 기반을 조성하여 게임산업을 진흥시키고 이를 통해 국민경제의 발전에 이바지하고자 함에도 있음을 고려할 때(게임산업법 제1조), 게임산업의 경쟁력 약화를 야기할 수 있는 본인인증 조항은 게임산업법의 입법목적과도 상충한다.

㈎ 외국의 입법례와의 비교

외국의 입법례를 살펴보더라도, 미성년자에게 유해한 매체물에 대하여 성인만이 접근할 수 있도록 하는 일정한 조치를 취할 의무를 법률이 부과하는 경우는 있으나, 우리나라의 본인인증 조항과 같이 매체물의 유해성 여부와 관계없이 성인을 포함한 모든 이용자에 대하여 일률적으로 본인인증의무를 부과하고 있는 경우는 찾아보기 어렵다. 이러한 점에 비추어 보아도 우리나라의 본인인증 조항은 그 유례를 찾기 어려운 불합리한 규정임을 알 수 있다.

(3) 법익의 균형성

앞서 본 바와 같이, 본인인증 조항은 자유롭게 인터넷게임을 즐기고자 하는 자유를 현저하게 침해하는 것인 반면, 이를 통해 달성하고자 하는 게임과몰입 및 중독 예방이라는 공익은 그 달성을 위해 국가적 개입이나 규제가 반드시 요구되는지조차 불분명한 것으로 침해되는 청구인들의 기본권보다 중대하다고 볼 수 없으므로, 법익의 균형성도 갖추지 못하였다.

다. 동의확보 조항에 대한 판단

(1) 입법목적의 정당성 및 수단의 적절성

㈎ 청소년이 어떠한 종류의 인터넷게임을 얼마나 이용할지의 문제는 학교 밖의 교육영역이므로, 부모의 교육권이 국가의 교육권에 우선하고(헌재 2009. 10. 29. 2008헌마635 참조), 부모가 자녀의 인터넷게임 접근이나 이용에 대하여 어떠한 태도를 취할 것인지는 부모의 교육철학에 기반하여 부모와 자녀 간의 대화를 통해 해결하여야 할 문제이며, 그러한 자율적인 규제와 자정 기능에 앞서 국가가 먼저 개입할 문제가 결코 아니다(헌재 2014. 4. 24. 2011헌마659 등 반대의견 참조). 그럼에도 불구하고, 동의확

보 조항에 따라 청소년이 게임물의 이용을 위하여 회원가입을 하는 경우 예외 없이 법정대리인의 동의를 받을 의무를 부과하는 것은 그 자체로 부모의 자녀교육권을 침해할 우려가 있으므로, 그 입법목적의 정당성에 의문이 있다.

(나) 나아가, 동의확보 조항은 기술적으로도 입법목적을 달성함에 있어 실효적인 수단이 될 수 없다. 동의확보 조항은 인터넷게임을 제공하는 게임물 관련사업자로 하여금 친권자 등 법정대리인의 동의를 받도록 하고 있을 뿐, 동의의 의사표시를 한 사람이 실제 법정대리인인지를 확인할 것을 요구하고 있지 않다. 이로 인해 인터넷게임을 이용하고자 하는 청소년과 일정 정도 나이 차이가 나는 성년자라면 누구나 청소년의 회원가입 시 동의를 할 수 있으며, 법정대리인의 동의를 얻지 못한 청소년들은 다른 성인으로부터 동의를 받아 충분히 회원가입을 할 수 있다. 이처럼 청소년과 동의의 의사를 표시한 법정대리인 사이의 관계를 확인하는 절차가 전제되지 않고, 가족관계증명서 등의 제출과 같이 과도한 개인정보의 제출을 요구하지 않고서는 이를 확인할 수 있는 적절한 방법을 마련할 수도 없는 이상, 동의확보 조항은 입법목적을 달성하기 위한 적절한 수단으로 기능할 수 없다.

(2) 침해의 최소성

청소년이 성인에 비하여 상대적으로 사물에 대한 변별력이나 의지력이 미약하여, 인터넷게임 이용내용이나 이용시간과 관련하여 법정대리인의 개입이 강제될 필요성이 인정된다고 하더라도, 동의확보 조항은 청소년의 일반적 행동자유권을 제한하는 과도하고 이중적인 조치로서 침해의 최소성 원칙에 위반된다.

(가) 먼저, 청소년보호법과 게임산업법은 만 16세 미만의 청소년에게 오전 0시부터 오전 6시까지 인터넷게임의 제공을 금지하고(청소년보호법 제26조 제1항), 청소년의 인터넷컴퓨터게임시설의 출입시간을 오전 9시부터 오후 10시까지로 제한하는 등(게임산업법 제28조 제7호, 게임산업법 시행령 제16조 제2호 가목), 이미 청소년들이 게임에 과몰입하거나 중독되는 것을 방지하기 위한 여러 가지 규제들을 마련하고 있다. 위와 같은 규제에 더하여 게임사이트에 회원가입하는 단계에서부터 그것이 청소년이 이용가능한 게임인지 여부를 묻지 않고 반드시 법정대리인의 동의를 얻도록 법으로 강제하여 청소년이 인터넷게임 이용 여부에 대한 결정조차 독자적으로 할 수 없도록 하는 것은, 청소년의 의지력과 판단능력을 지나치게 불신하는 이중적이고 과도한 조치이다.

(나) 동의확보 조항이 정하고 있는 동의로 나아가기 위해서는 먼저 법정대리인 본인이 연령 등의 확인을 위해 본인인증을 해야 하며, 이후 전자통신망, 서면, 전자우편, 전화 등의 방법을 통해 동의의 의사표시를 해야 한다. 이러한 절차를 위해서 법정대리인은 본인의 실명, 연령 등의 정보를 제공해야 함은 물론, 이메일주소, 휴대전화번호 등의 여러 가지 개인정보를 제공해야 한다. 그런데 최근 개인정보의 유출 및 이로 인한 피해가 증가하면서 정보통신서비스 제공자에게 개인정보를 제공하는 것 자체를 꺼리는 사람들이 많아지고 있다. 청소년의 인터넷게임 이용 자체에 대해서는 부정적인 교육관을 가지고 있지 아니한 법정대리인 역시 개인정보의 제공을 꺼려 동의를 망설이게 될 수도 있으며, 이는 결국 청소년의 놀이할 자유에 대한 제약으로 이어질 수밖에 없다.

(다) 설령, 법정대리인의 동의를 확보하도록 하는 것 자체의 정당성이 인정된다고 하더라도, 만 18세 미만이라는 연령 기준은 지나치게 엄격한 것으로 보인다. 만 16세 이상 만 18세 미만의 사람들은 대부분 고등학교에 재학 중으로, 청소년기의 중요성, 인터넷게임 과몰입이나 중독이 학교생활, 학업, 교우관계 및 부모와의 관계 등에 미치는 영향 등에 대하여 정확하게 인지하고 있으며, 본인의 의지에 따라 충분히 인터넷게임 이용시간 등을 자율적으로 통제할 수 있는 사람들이다. 그럼에도 불구하고 국가가 후견적인 관점에서 만 16세 이상 만 18세 미만의 사람들에 대해서까지 일률적으로 법정대리인의 동의를 받도록 요구하는 것은, 청소년의 연령에 따른 판단능력의 차이를 무시하고 그들의 자율적인 결정권을 과도하게 제한하는 것이다.

(3) 법익의 균형성

이처럼 청소년의 인터넷게임 과몰입이나 중독을 방지하기 위해 법정대리인의 개입을 강제하는 것의 정당성이 인정되지 않고, 법정대리인의 동의를 확보하도록 하는 것을 위와 같은 목적을 달성하기 위한 실효성 있는 수단이라고 보기도 어려워 동의확보 조항으로 인하여 달성되는 공익은 그리 크지 않은 반면, 동의확보 조항으로 인해 청소년의 자기결정권을 포함한 일반적 행동자유권이 지나치게 제한되고 더 나아가 청소년의 인터넷게임 이용에 동의하고자 하는 법정대리인의 개인정보자기결정권까지 침해될 가능성이 있음을 감안한다면, 동의확보 조항은 법익의 균형성도 갖추고 있다고 보기 어렵다.

라. 결 론

따라서 심판대상조항들은 과잉금지원칙에 위반하여 청구인들의 일반적 행동자유권 및 개인정보자기결정권을 침해하므로 헌법에 위반된다.

[34] 변호사시험성적 비공개 위헌확인 사건

(2015. 6. 25. 2011헌마769등)

◇ 사안과 쟁점

청구인들은 변호사시험에 합격하였거나 법학전문대학원에 재학 중인 사람들이다. 변호사시험 성적의 공개를 금지하고 있는 변호사시험법 조항이 청구인들의 알 권리 등을 침해한다고 주장하면서 헌법소원심판을 청구하였다.

쟁점은, 변호사시험 성적을 합격자에게 공개하지 않도록 규정한 변호사시험법 제18조 제1항 본문(이하 '심판대상조항')이 알 권리(정보공개청구권)를 침해하는지 여부이다(적극:소극 7:2, 2015. 6. 25. 2011헌마769등; 공보 225호 1020면). 2명의 재판관의 반대의견이 있으나, 조용호 재판관 등 7명의 재판관은 알 권리를 침해하는 것으로 보았다. 재판관 조용호는 다수(법정)의견 및 이에 대한 보충의견도 집필하였다.

◇ 법정(위헌)의견

가. 법학전문대학원 및 변호사시험제도의 도입 취지

사법시험 제도를 통한 기존의 법조인 양성제도는 사법시험 응시횟수에 아무런 제한이 없고, 사법시험 응시자격에도 실질적으로 제한이 없다시피 하여 법조인 선발·양성과정과 법과대학에서의 법학교육의 연계가 부족한 측면이 있었다.

그러다 보니 법학교육을 체계적으로 받았는지 여부와 상관없이 사법시험에만 합격하면 법조인이 될 수 있으므로, 법조인이 되기를 원하는 우수한 인력들이 대학에서의 법학교육을 도외시하고 고시학원으로 몰리는 현상이 나타났고, 충분한 인문

교양이나 체계적인 법학지식보다는 시험위주의 법률지식의 습득에 치중하는 경향이 강하였다.

또한 실질적으로 사법시험 응시자격과 응시횟수에 제한이 없다 보니, 많은 사법시험 준비생이 장기간 사법시험 준비와 응시에 빠져있는 폐해가 나타남과 더불어 법학 이외의 인문사회계열, 이공계열의 우수한 인재까지도 전공학과 공부보다는 사법시험에 매달리게 되어 법학뿐만 아니라 다른 분야의 대학교육에까지 파행적인 결과를 초래하여 국가인력의 극심한 낭비 및 비효율적 활용이라는 지적이 계속되어 왔다.

그리하여 위와 같은 기존의 사법시험제도를 통한 법조인 양성제도의 문제점을 해결하여 대학교육을 정상화하는 한편 국가적 인재를 적재적소에 배치하고 다양한 학문적 배경을 가진 학위 소지자를 대상으로 전문적인 법률이론 및 실무에 관한 교육을 실시함으로써 다양하고 경쟁력 있는 우수한 법조인을 양성하고자 하는 목적으로 법학전문대학원이 도입되게 되었다(헌재 2009. 2. 26. 2007헌마1262; 헌재 2009. 2. 26. 2008헌마370등 참조).

이에 따라 '법학전문대학원 설치·운영에 관한 법률'이 2007. 7. 27. 법률 제8544호로 제정되었고, 그 법률에 따라 3년 이상의 석사학위과정이 개설된 법학전문대학원이 설치되었다. 이러한 법학전문대학원제도는 무엇보다도 기존의 법조인 양성체제를 시험을 통한 선발이 아닌, 법학전문대학원에서의 교육을 통한 법조인 양성체제로 전환시킨다는 데 그 도입 취지가 있고, 이러한 법학전문대학원제도의 도입 취지를 실현시키기 위해서 법학전문대학원의 교육과정과 연계된 변호사시험제도 도입을 내용으로 하는 변호사시험법이 2009. 5. 28. 법률 제9747호로 제정되었다.

나. 변호사시험 개관

변호사시험법은 변호사시험의 목적으로서 변호사에게 필요한 직업윤리와 법률지식 등 법률사무를 수행할 수 있는 능력을 검정하기 위한 것임을 규정하면서(제1조) 변호사시험은 법학전문대학원의 교육과정과 유기적으로 연계하여 시행되어야 한다고 규정하고 있다(제2조).

시험은 법무부장관이 관장·실시하되, 매년 1회 이상 시험을 실시하여야 한다(제3조, 제4조 제1항). 변호사시험에 응시하려는 사람은 법학전문대학원의 석사학위를 취득하여야 하는데, 3개월 이내에 법학전문대학원의 석사학위를 취득할 것으로 예정된 사람도 응시자격을 갖는다(제5조 제1항, 제2항). 또한 변호사시험의 응시자격을 취득한 사람이라도 법학전문대학원의 석사학위를 취득한 달의 말일부터 5년 내 5회에 한하여 변호사시험에 응시할 수 있는데, 석사학위 취득 후 병역의무를 이행하는 경우에는 그 이행기간은 5년의 응시기간에서 제외된다(제7조).

시험의 합격은 법학전문대학원의 도입취지를 고려하여 결정되어야 하는데, 선택형 필기시험과 논술형 필기시험의 점수를 일정한 비율로 환산하여 합산한 총득점으로 결정하되, 어느 한 과목이라도 합격최저점수 이상을 취득하지 못한 경우에는 불합격으로 한다(제10조).

다. 심판대상조항의 입법취지

변호사시험법이 제정될 당시에는 변호사시험에 응시한 사람은 시험의 합격자 발표일부터 6개월 내에 법무부장관에게 본인의 성적 공개를 청구할 수 있고, 법무부장관은 채점표, 답안지, 그 밖에 공개하면 시험업무의 공정한 수행에 현저한 지장을 줄 수 있는 정보는 공개하지 아니할 수 있도록 규정하고 있었다.

그런데 변호사시험의 성적을 공개할 경우에는, 사법시험과 마찬가지로 합격자의 서열화가 이루어져 법학전문대학원의 교육이 시험준비 위주의 교육으로 변질될 우려가 있어 학교별 특성화교육 등을 통한 다양한 분야의 전문성과 경쟁력을 갖춘 우수 인재 배출이 어렵게 되고, 성적 공개로 인해 대학의 서열화 및 대학간 과다 경쟁이 발생할 우려가 있다는 문제점이 지적되자 2011. 7. 25. 법률 제10923호로 변호사시험법 제18조가 개정되어 변호사시험의 성적을 응시자를 포함하여 누구에게도 공개하지 아니하되, 불합격자의 경우에는 일정 기간 성적 공개 청구가 가능하도록 규정하였다.

라. 제한되는 기본권

(1) 정부나 공공기관이 보유하고 있는 정보에 대하여 정당한 이해관계가 있는 자가 그 공개를 요구할 수 있는 권리는 알 권리로서 이러한 알 권리는 헌법 제21조에 의하여 직접 보장된다. 어떤 문제가 있을 때 그에 관련된 정보에 대한 공개청구권은 알 권리의 당연한 내용이 된다(헌재 2009. 9. 24. 2007헌바107; 헌재 2011. 3. 31. 2010헌바291 등 참조).

심판대상조항은 변호사시험에 합격한 사람의 '성적'이라는 정보를 공개하지 않는다는 점에서 변호사시험에 합격한 청구인들의 알 권리 중 정보공개청구권을 제한하고 있다.

(2) 한편, 청구인들은 변호사시험의 성적 공개를 금지하고 있는 심판대상조항이 변호사시험 합격자들이 공정한 경쟁을 통하여 직업을 선택할 기회를 배제함으로써 직업의 자유를 침해한다고 주장한다. 그러나 심판대상조항은 변호사시험 합격자에 대하여 그 성적을 공개하지 않도록 규정하고 있을 뿐이고, 이러한 시험 성적의 비공개가 청구인들의 법조인으로서의 직역 선택이나 직업수행에 있어서 어떠한 제한을 두고 있는 것은 아니므로 심판대상조항이 청구인들의 직업선택의 자유를 제한하고 있다고 볼 수 없다.

(3) 청구인 송○욱(2012헌마536)은 심판대상조항이 일반 국민의 알 권리도 침해한다고 주장하나, 이러한 주장은 위 청구인의 기본권이 침해되었다는 주장이 아니므로 별도로 판단하지 않는다.

또한 청구인 송○욱은 심판대상조항이 변호사시험에 합격한 사람의 개인정보인 성적을 공개하지 않아 개인정보자기결정권을 침해한다고 주장한다.

개인정보자기결정권은 자신에 관한 정보가 언제 누구에게 어느 범위까지 알려지고 이용되도록 할 것인지를 그 정보주체가 스스로 결정할 수 있는 권리이다. 즉 정보주체가 개인정보의 공개와 이용에 관하여 스스로 결정할 권리로서, 이러한 개인정보자기결정권은 정보화사회로의 진입 및 현대의 정보통신기술의 발달로 인하여 개인의 정보가 정보주체의 의사와는 무관하게 이용 또는 공개되는 것을 방지함으로써 궁극적으로 개인의 결정의 자유를 보호하고, 나아가 자유민주체제의 근간이 총체적으로 훼손될 가능성을 차단하기 위하여 필요한 최소한의 헌법적 보장장치로 등장하게 되었다(헌재 2005. 5. 26. 99헌마513등 참조).

이러한 개인정보자기결정권의 한 내용인 자기정보공개청구권은 자신에 관한 정보가 부정확하거나 불완전한 상태로 보유되고 있는지 여부를 알기 위하여 정보를 보유하고 있는 자에게 자신에 관한 정보의 열람을 청구함으로써 개인정보를 보호하고, 개인정보의 수집, 보유, 이용에 관한 통제권을 실질적으로 보장하기 위하여 인정되는 것이다. 그런데 위 청구인의 변호사시험 성적 공개 요구는 개인정보의 보호나 개인정보의 수집, 보유, 이용에 관한 통제권을 실질적으로 보장해 달라는 것으로 보기 어렵고, 변호사시험 성적이 정보주체의 요구에 따라 수정되거나 삭제되는 등 정보주체의 통제권이 인정되는 성질을 가진 개인정보라고 보기도 어렵다.

따라서 심판대상조항이 개인정보자기결정권을 제한하고 있다고 보기 어렵다.

(4) 이외에도 청구인들은 심판대상조항이 인간으로서의 존엄과 가치 및 행복추구권을 침해한다고 주장하나, 헌법 제10조에서 규정한 인간의 존엄과 가치는 개별 국민이 가지는 존엄과 가치를 존중하고 확보하여야 한다는 헌법의 기본원리를 선언한 조항으로서, 자유와 권리의 보장은 1차적으로 헌법상 개별적 기본권규정을 매개로 이루어지는 것이고, 행복추구권 역시 다른 개별적 기본권이 적용되지 않는 경우에 한하여 보충적으로 적용되는 기본권이므로, 이 사건에서는 알 권리 침해 여부를 판단하는 이상, 인간으로서의 존엄과 가치 및 행복추구권 침해 여부에 대해서는 별도로 판단하지 않는다(헌재 2013. 2. 28. 2012헌마34 참조).

(5) 또한 청구인들은 사법시험, 의사국가시험 등 다른 자격시험의 경우에는 응시자의 시험성적을 공개하도록 하고 있음에도 심판대상조항은 변호사시험에 합격한 사람에 대하여 그의 성적을 공개하지 못하도록 하는 것이, 다른 자격시험에 응시하는 사람에 비하여 변호사시험에 응시하는 사람을 합리적 이유 없이 차별 취급하는 것이라고 주장한다. 그런데 다른 자격시험의 경우, 특정의 전문교육과정을 요구하지 않거나 요구하는 경우라고 하더라도 전문교육기관 간의 과다 경쟁 및 서열화 방지, 충실한 교육의 담보라는 목적과는 관련이 없는 등 다른 자격시험 응시자와 변호사시험 응시자를 본질적으로 동일한 비교집단으로 볼 수 없다. 따라서 심판대상조항이 청구인들을 다른 자격시험 응시자와 차별취급하고 있다고 볼 수 없으므로 심판대상조항에 의한 평등권 침해 문제는 발생하지 않는다.

(6) 결국 이 사건의 쟁점은 변호사시험 성적을 합격자 본인에게도 공개하지 않는 것이 청구인들의 알 권리(정보공개청구권)를 침해하는지 여부이다.

마. 알 권리(정보공개청구권) 침해 여부

(1) 과잉금지원칙 위배 여부

(가) 입법목적의 정당성

심판대상조항은 변호사시험 성적 비공개를 통하여 법학전문대학원 간의 과다경쟁 및 서열화를 방지하고, 법학전문대학원 교육과정이 충실하게 이행될 수 있도록 함으로써 새로운 법학전문대학원 체제를 조기에 정착시켜 궁극적으로 다양한 분야의 전문성을 갖춘 양질의 변호사를 양성하기 위한 것으로 그 입법목적은 정당하다.

(나) 수단의 적절성

1) 심판대상조항의 입법목적이 정당하다고 하더라도, 변호사시험 성적의 비공개가 어떻게 법학전문대학원의 서열화 및 과다경쟁을 방지할 수 있다는 것인지 이를 뒷받침할 수 있는 근거가 전혀 제시되지 않고 있을 뿐만 아니라 아래에서 보는 바와 같이 변호사시험 성적을 공개하지 아니함으로써 법학전문대학원의 서열화를 더욱 고착화하고 있는 것이 현실이다. 오히려 변호사시험 합격자에 대한 변호사시험 성적 공개가 법학전문대학원 서열화 내지 그 고착현상을 깨는데 기여할 것으로 보인다.

먼저, 법학전문대학원 간의 과다경쟁 방지라는 목적에 대하여 보건대, 변호사시험의 주무부서인 법무부에서 매년 전체 법학전문대학원 입학정원 대비 75% 이상의 합격 방침을 표방하고 이를 그대로 시행하고 있는 상황에서 법학전문대학원 간의 경쟁이 어떠한 문제를 야기하는지, 그러한 경쟁이 법학전문대학원 교육과정의 충실화와 어떻게 충돌하는지에 대하여 납득할 만한 설명이 있어야 한다. 법학전문대학원 제도의 시행 초기임을 감안하더라도 법학전문대학원 간의 과다경쟁을 우려하여 변호사시험 성적을 공개하지 않는다는 것은 이해하기 어려운 조처이고, 오히려 법학전문대학원으로 하여금 과도한 보호와 온실 속에 안주하게 하고 이에 따라 제대로 경쟁력도 갖추지 못한 변호사를 양산할 가능성만 커진다.

변호사시험 성적을 공개하지 않는 것이 학교별 특성화 교육 등을 통해 법학전문대학원 교육과정을 충실하게 이행할 수 있도록 한다는 점에 대하여 살펴보건대, 합격자에 대한 변호사시험 성적을 일체 공개하지 아니하는 결과, 변호사채용에 있어서 학교성적이 가장 비중 있는 전형요소가 되고, 이로 인하여 다수의 법학전문대학원생이 법학전문대학원에서의 학점에만 과도하게 신경을 써 학점 취득이 쉬운 과목 위주로 선택하여 수강하며, 정작 제대로 이수하여야 하는 기본 법학과목이나 중요한 실무과목을 외면하고 있음은 물론 학교별 특성화 교육조차 제대로 시행되지 않고 있는 것이 현실이다.

또한 변호사시험 성적을 공개하지 않음으로써 다양한 분야의 전문성과 경쟁력을 갖춘 변호사를 양성한다는 심판대상조항의 입법목적 역시 현실에 부합하지 않는다. 앞서 본 바와 같이 법학전문대학원이 출범한지 얼마 되지 않은 시점인데다 모든 법학전문대학원에 공통된 객관적인 평가기준이 없는 상황에서는 각 법학전문대학원의 시험성적이 객관적인 평가자료가 될 수 없고, 특성화 교육도 자리를 잡지 못한 상태에서 법학전문대학원생들의 전문화 능력은 사실상 그 측정이 불가능하다. 의료, 기업, 세무, 지식재산권 등에서 말하는 이른바 '전문성'은 학부에서의 관련 전공이나 법학전문대학원에서의 특성화 교육을 통하여 쉽게 성취하거나 획득할 수 있는 것이 아니며, 법조계 내지 법률분야 역시 다른 전문분야 못지않게 매우 전문적인 영역이라는 점에서 변호사의 전문성은 일단 변호사가 된 다음 자신이 관심 있는 분야를 상당기간 다양한 실무경험을 쌓음과 동시에 학문적·이론적으로 깊이 연구·천착함으로써 비로소 달성할 수 있는 것이다.

2) 변호사시험 성적이 공개되지 않는다면, 현재 모든 법학전문대학원에 공통된 객관적인 평가기준이 없는 상황에서 법학전문대학원 학생들은 법조인으로서의 자신의 능력과 자질을 객관적으로 입증할 수 있는 방법이 거의 없게 되고, 사회적으로도 변호사시험 합격자의 능력을 평가할 수 있는 객관적인 자료가 없는 상황이므로 결국은 법학전문대학원 인가과정과 기존의 사법시험의 합격인원 통계 등으로 형성된 대학의 서열, 이른바 명문대와 비명문대, 수도권대와 지방대라는 서열구조에 따라 변호사시험 합격자를 평가하게 되고, 그러한 서열화는 더욱 고착화 되어갈 것이다. 변호사시험 합격자들의 법학전문대학원별 취업률 현황, 법무법인이나 법률사무소의 채용현황, 지방 소재 법학전문대학원에 재학 중인 학생들이 수도권 소재 법학전문대학원에 입학하기 위하여 휴학을 하는 사례 등에 비추어보면, 이러한 우려가 단순한 기우에 지나지 않는다고 보기는 어렵다.

관련 자료에 의하면, 법학전문대학원 졸업자의 검사 임용에 있어서 ㅁㅁ대, △△대, ▽▽대, ◇◇대, ◎◎대 등 5개 법학전문대학원 출신이 차지하는 비율은 2012년 57.1%에서 2013년 64.9%, 2014년 77.1%, 2015년에는 64.1%로 과반수를 차지하고 있고, 주요 법무법인이나 법률사무소에 채용된 법학전문대학원 출신 변호사의 80% 이상이 위 법학전문대학원 출신이다. 이러한 통계 자료는 변호사시험 성적이 공개되지 않음으로써 출신 학교가 변호사채용에 있어서 주된 기준이 됨에 따라 법학전문대학원 출범 전부터 우려됐던 학교별 서열화가 현실화되고 있고, 그 쏠림 현상은 해를 거듭할수록 심해지고 있으며, 대형 법무법인일수록 더욱 뚜렷하게 나타나고 있음을 보여준다. 법학전문대학원 간의 서열화를 막기 위해서 변호사시험성적을 공개하지 않는다는 정책 때문에 오히려 그 서열화가 더욱 고착화되고 있는 것이다.

과거에는 어느 대학을 나오든 사법시험과 사법연수원 성적에 따라 판·검사로 임용되고 대형 법무법인이나 법률사무소에 채용되었다. 그러나 지금의 제도 아래에서는 어느 법학전문대학원에 입학하느냐에 따라 이미 법조인으로서의 운명이 결정되는 셈이다. 자유로운 경쟁이 보장되고 용인되어야 할 법조인 등용문에서 반전과 역전의 기회조차 봉쇄한 채 '입구'의 차이를 '출구'의 차이로까지 연장시키고 있는 것이다.

3) 법학전문대학원에서의 학업성취도를 변호사시험을 통하여 평가받음으로써 법학전문대학원 학생들은 물론 법학전문대학원 간에도 선의의 경쟁이 촉발되어야 법학전문대학원도 발전하고 그 소속 학생들도 경쟁력 있는 법조인으로서의 기초를 닦을 수 있다. 그런데 변호사시험 성적을 공개하지 않는다면 법학전문대학원에 지원하는 학생들은 자신이 관심 있는 전문 영역이나 특성화 영역에 대한 교육과정을 가진 학교를 선호하는 것이 아니라 오직 기존의 대학 서열에 따라 학교를 선택하게 되고, 그 결과 학업성취에 대한 건전한 경쟁동기조차 사라지게 된다.

법학전문대학원도 시험성적의 비공개로 인하여 변호사시험에 있어서 학생들이 어떤 과목에 상대적으로 취약한지, 어떻게 이를 보완할 것인지를 알 수 없기 때문에 전문적인 법률이론 및 실무에 관한 교육을 통해 다양하고 경쟁력 있는 우수한 법조인을 양성하려는 본래의 목적을 제대로 달성할 수 없게 된다.

4) 한편, 합격자의 시험성적을 공개하면 더 나은 성적과 석차를 얻기 위하여 변호사시험 대비에 치중하게 된다는 우려가 있다. 그러나 우리나라의 변호사시험이 자격시험과 선발시험의 성격을 모두 가지고 있는 이상, 법학전문대학원에서의 학업성취도를 향상시킴과 동시에 변호사시험에서 좋은 성적을 얻기 위해 노력하여야 함은 경쟁사회에서 당연한 현상인 것이고, 실제로 시험성적을 공개하지 아니한다고 하여 변호사시험 준비를 소홀히 하는 것도 아니다. 특별한 사정이 없는 한 변호사시험의 응시자격을 취득한 사람은 5년 내 5회 변호사시험에 응시할 수 있는데, 매년 전체 법학전문대학원 입학정원 대비 75% 이상을 합격시킨다고 하는 법무부의 방침에도 불구하고 해마다 불합격자가 누적됨에 따라 향후 지속적으로 변호사시험 합격률은 떨어지게 된다. 그 결과 변호사시험 응시자들은 변호사시험에 합격하기 위하여 변호사시험 과목 위주의 학교교육을 선호하게 되고, 일부 응시자들은 변호사시험 준비를

위한 사설학원 수업까지 수강하고 있는 상황이다. 이는 법무부에서 시험성적을 공개할 경우에 발생할 것으로 예상한 부작용, 즉 "변호사시험 과목 위주의 학교교육, 좋은 성적을 위해 사설학원으로의 회귀 현상"이 시험성적을 공개하지 않는다고 하여 방지되는 것은 아니라는 점을 나타낸다.

5) 우리나라의 변호사시험은 단순한 자격시험에 그치지 않고 선발시험의 성격도 가지고 있는 점에 비추어 볼 때, 심판대상조항과 달리 합격자의 변호사시험 성적을 공개하는 것이 법학전문대학원의 도입취지에 비추어 경쟁력이 있는 법률가의 양성을 위해서도 필요할 뿐만 아니라 다음과 같은 긍정적이고 적극적인 의미가 있다. 첫째, 변호사시험 성적은 법학전문대학원에서의 학업성과를 측정·반영한 것으로 그 우수성의 징표로 작용할 수 있고, 각종 법조직역의 진출과정에서 객관적 지표로서 기능할 수 있다. 편차가 큰 법학전문대학원의 학업성적에만 의존하는 것은 객관적이고 공정한 평가를 반영하지 못한다. 그러나 합격자의 변호사시험 성적은 개별 법학전문대학원의 학업성적보다 공신력 있는 정보이므로, 우수 인재를 확보하려는 법조시장 또는 각종 직역에 다양한 정보를 줄 수 있다. 이처럼 변호사시험 성적을 공개함으로써 이를 채용과 선발의 객관적 기준의 하나로 활용하여 공정한 사회진출을 위한 잣대로 기능할 수 있다. 현재 합격자의 변호사시험 성적이 공개되지 아니하여 객관적인 평가자료가 없기 때문에 각종 채용절차에서 법학전문대학원 출신 변호사에 한하여 별도의 필기시험을 부과하는 등 실제로 채용과정에서도 사법연수원 출신 변호사와 다른 취급을 하고 있다. 변호사시험 성적이 취업 등에 중요한 요소로 기능하게 되면 법학전문대학원에서도 변호사시험을 철저하게 준비하게 되어 경쟁력이 있는 변호사의 배출에 기여할 수 있다. 둘째, 변호사시험은 법학전문대학원의 교육과정과 유기적으로 연계하여 시행하도록 하고 있는바(변호사시험법 제2조), 변호사시험성적과 법학전문대학원 학점 간의 연관성을 파악하기 위해서도 이를 공개하는 것이 바람직하다. 그렇게 함으로써 특정 법학전문대학원 출신 또는 각 법학전문대학원의 학점에 지나치게 의존하는 평가방식에서 탈피할 수 있다.

6) 앞서 살펴본 바와 같이 원래 변호사시험법이 제정될 당시에는 합격자도 시험성적의 공개를 청구할 수 있도록 하였으나, 이를 시행하여 보기도 전에 다수의 법학전문대학원생들과 여론의 반대에도 불구하고, 변호사시험 성적을 비공개로 하되 불합격자의 경우에만 성적공개 청구가 가능하도록 심판대상조항이 개정되었다.

시험성적 공개로 인한 부작용에 관한 실증적인 연구·검토도 없이 갑자기 시험성적의 공개에서 비공개로 제도를 바꾼 배경에 대하여는 입법목적 외에 달리 아무런 설명이나 합리적인 이유 제시도 없었다.

7) 변호사시험 성적의 비공개가 당초의 입법목적은 달성하지 못한 채 기존 대학의 서열화를 고착시키고 법학전문대학원 출신 변호사에 대한 객관적 평가를 방해하는 등 여러 가지 부작용을 낳고 있으므로, 변호사시험 성적의 비공개는 심판대상조항의 입법목적을 달성하는 적절한 수단이라고 볼 수 없다.

㈐ 침해의 최소성

위에서 본 바와 같이 변호사시험 성적을 합격자 본인에게도 공개하지 못하도록 하는 것은 입법목적을 달성하는 데 있어 적절하지 않고, 오히려 심판대상조항이 추구하는 법학교육의 정상화나 교육 등을 통한 우수 인재 배출, 법학전문대학원 간의 과다경쟁 및 서열화 방지라는 입법목적은 결국 법학전문대학원 내의 충실하고 다양한 교과과정 및 엄정한 학사관리를 통하여 이루어지는 것이 정상적일 뿐만 아니라 이러한 방안이 법학전문대학원의 도입취지에도 부합한다.

외국의 경우를 보더라도 시험성적을 비공개하는 경우가 없는 것은 아니지만(비공개하는 경우는 대부분 자격시험으로 운용되고 있다), 독일이나 일본 등은 사법시험 혹은 변호사시험과 관련된 성적을 모두 공개하고 있다. 특히 일본의 경우 과거 사법시험-사법연수소 체제에서의 사법연수소 수습성적은 공개하지 않았음에도 오히려 법학전문대학원-신사법시험 체제에서는 변호사시험 성적을 석차와 함께 서면으로 통지하여 공개하고 있다.

사정이 이와 같다면, 심판대상조항의 입법목적은 법학전문대학원 내의 충실하고 다양한 교과과정의 이행이나 엄정한 학사관리 등과 같이 법학전문대학원의 도입취지에 부합하면서도 청구인들의 변호사시험 성적에 대한 알 권리를 제한하지 않는 수단을 통해서 달성할 수 있음에도, 변호사시험 성적을 합격자 본인에게도 공개하지 못하도록 하는 것은 응시자들의 알 권리를 과도하게 제한하는 것으로서 침해의 최소성 원칙에도 위배된다.

㈑ 법익의 균형성

앞서 본 바와 같이 심판대상조항이 추구하는 공익은 궁극적으로 법학전문대학원의 충실하고 다양한 교과과정 및 엄정한 학사관리를 통해서 실현되는 것이지, 변호사시험 성적을 비공개함으로써 실현되는 것이 아니고 시험 성적을 공개한다고 하여 이러한 공익의 달성이 어려워지는 것도 아니다.

이에 반하여 변호사시험 응시자들은 시험 성적의 비공개로 인하여 자신의 인격을 발현하는데 중요한 기초가 되는 정보에 대한 알 권리를 제한받게 되므로, 심판대상조항으로 인하여 제한되는 사익은 현저히 중대하다. 변호사시험 합격자로서는 많은 시간과 노력을 기울여 준비하고 합격한 시험의 성적을 알고, 이를 각종 법조직역 또는 취업시장의 진출과정에서 활용하고자 하는 것은 개인의 자아실현을 위해 매우 중요한 부분이다. 따라서 심판대상조항은 법익의 균형성 요건도 갖추지 못하였다.

(마) 소 결

심판대상조항은 과잉금지원칙에 위배되어 청구인들의 알 권리(정보공개청구권)를 침해한다.

(2) 신뢰보호원칙 위배 여부

심판대상조항이 신뢰보호원칙에 위배되는지 여부에 대하여는 앞서 심판대상조항이 과잉금지원칙에 위배되어 청구인들의 알 권리(정보공개청구권)를 침해한다고 판단한 이상 이를 별도로 판단하지 않는다.

◇ 보충의견

나는 변호사시험법의 전제가 된 '법학전문대학원 설치·운영에 관한 법률'(2007. 7. 27. 법률 제8544호)이 국민적 합의 없이 2007년 당시 열린우리당과 한나라당 사이에 사립학교법 개정과 연계하여 갑자기 통과시킨 법률임을 상기하면서, 변호사시험 합격자에 대하여도 그 시험성적을 공개하여야 한다는 법정의견에 대한 보충의견을 아래와 같이 밝힌다.

가. 사법시험-사법연수원 체제가 법학전문대학원-변호사시험 체제와 동일한 비교집단이 되는지 여부에 관한 형식논리적인 논의를 떠나, 현재의 법학전문대학원-변호사시험 체제가 종래의 사법시험-사법연수원 체제에 대한 비판으로부터 출범하였고 사회적으로 늘 비교의 대상이 되므로 양 체제의 실질적인 비교검토를 통하여 변호사시험성적 비공개의 문제점을 살펴보기로 한다.

오랜 기간 동안 법조인을 배출·양성하는 제도였던 사법시험-사법연수원 체제에서는 모두 그 성적과 석차가 공개되었다. 이때는 이른바 명문대와 비명문대, 수도권대와 지방대라는 서열구조에 관계없이 사법시험과 사법연수원 성적에 따라 희망하는 법조직역 또는 취업시장으로 진출하였고, 법원·검찰 및 주요 법무법인이나 법률사무소 등에서는 이를 기초로 하여 판·검사를 임용하고 변호사를 채용하였다. 학벌이나 집안, 배경, 인맥 등과 관계없이 그 능력(사법시험 및 사법연수원 성적)에 따라 역전의 기회가 보장되는 상황이었다.

위 체제는 우리 국민 대다수가 인정하는 계층 이동의 기회이자 공정한 경쟁의 대명사였고, 따라서 위 체제에서는 적어도 선발과정과 시험 및 평가의 객관성과 공정성이 담보되었으므로 위 제도가 시행되는 동안 어느 누구로부터도 한 점 의혹이 제기됨이 없었고 모두가 그 결과에 승복하였다.

그러나 법학전문대학원-변호사시험 체제에서는 출발부터 법학전문대학원의 간판에 의해 운명의 갈림길에 서게 됨으로써, 이 체제가 출범한지 얼마 되지도 않은 시점부터 법학전문대학원 입학전형 과정의 불투명성과 고비용 및 변호사로서의 실력 저하 등으로 인해 불합리한 제도라는 비판이 나오고, 그 결과 평가기준의 객관성 및 채용과정의 공정성에 대한 의문이 제기되고 있으며, 현대판 음서(蔭敍)제라는 비아냥까지 받기에 이르렀다.

변호사시험은 법조인으로서의 전체적인 능력과 역량을 가늠할 수 있는 유효하고도 중요한 수단 중의 하나이다. 법학전문대학원 과정을 충실히 이행하였다는 이유만으로 그것을 방증할 또 하나의 지표인 변호사시험성적을 공개하지 않아야 한다는 논리는 성립되지 않는다. 현행 시험성적 비공개 방식에 따르면 변호사로서의 능력을 측정할 객관적이고도 공정한 기준이 없어 각종 채용 과정에서 변호사로서의 능력보다는 지원자의 학벌이나 집안, 배경, 인맥 등이 중요하게 작용한다는 의혹을 불러일으키고 있다. 오늘날과 같은 자유경쟁사회에서 패자(敗者)가 실력이 아니라 학벌, 제도, 부모를 탓하는 사회구조가 되어가고 있는 것이다. 특히 법학전문대학원-변호사시험 체제는 변호사시험성적이 공개되지 아니하여 결과에 승복하지 못하는 구조로 되어가고 있는 점에서 크게 우려 된다. 이는 법학전문대학원-변호사시험 체제의 미래를 위하여도 결코 바람직하지 못하다.

변호사시험의 높은 합격률(매년 전체 법학전문대학원 입학정원 대비 75% 이상)과 시험성적 비공개는 법학전문대학원을 기득권의 안정적 세습수단으로 만든다는 비판도 있다. 이런 문제 때문에 사회적으로 사법시험 존치 또는 예비시험 제도가 논의되고 있음을 상기하여야 한다. 나아가 1971년에 로스쿨제도를 도입하였다가 1984년 이를 폐지하고 다시 사법시험제도로 회귀한 독일의 사례와 우리와 유사한 법학전문대학원-신사법시험체제가 이미 실패한 제도라는 평가가 내려지고 있는 일본의 경우를 타산지석(他山之石)으로 삼을 필요가 있다.

위와 같은 사법시험-사법연수원 체제와 법학전문대학원-변호사시험 체제의 차이는 여러 가지 요인에서 비롯되겠지만, 근본적으로는 시험성적의 공개 또는 비공개라는 결과의 공정성, 평가 기준의 객관성 등에서 차이가 있기 때문이다.

나. 나아가 심판대상조항은 국내의 다른 자격시험이나 외국의 입법례와 비교할 때에도 합당한 조치라고 보기 어렵다.

국내에는 변리사, 공인회계사, 관세사, 세무사 및 의사, 한의사, 약사 등 다양한 자격을 부여하기 위해 실시되는 시험제도가 존재하고, 과거의 외무고시 및 행정고시나 입법고시와 같은 공무원 임용시험도 있다. 현재 이들 자격시험 또는 임용시험에서는 거의 대부분 합격자를 포함한 응시자들이 자신의 성적을 알 수 있도록 공개하고 있다. 여러 중요한 자격시험 또는 임용시험 중에서 왜 유독 변호사시험에서는 시험성적을 비공개로 하여야 하는지, 왜 변호사시험에 합격한 사람들에게만 자기 성적에 관한 정보가 전적으로 차단되어야 하는지에 관하여 납득할 만한 합리적인 이유가 제시되지 않고 있다. 변호사시험성적의 비공개가 법학전문대학원의 교육과정이 충실하게 이행될 수 있도록 하기 위한 것이라는 이유만으로는 설명이 되지 않는다. 변호사시험성적의 공개 여부에 따라 법학전문대학원 교육과정의 충실성 여부가 갈린다면 법학전문대학원의 교육방법이나 운용과정에 근본적인 문제가 있음을 자인하는 것이다.

다. 반대의견에서는 변호사시험성적이 법학전문대학원에서의 학업성과를 측정·반영할 수 있는 객관적 지표로서 채용과 선발의 객관적 기준으로 활용될 수 있다고 보기 어렵다고 한다. 그러나 이는 변호사시험을 법학전문대학원의 교육과정과 유기적으로 연계하여 시행하도록 하고 있는 변호사시험법 제2조의 규정 취지를 도외시하는 것이고, 결국 변호사시험 자체의 존재의의를 부인하는 셈이 된다.

법정의견에서 변호사시험성적을 공개하여야 한다는 취지는 과거 사법시험-사법연수원 체제에서와 같이 임용이나 채용에 있어서 변호사시험성적만으로 선발하라는 것이 아니라, 그 응시자(변호사시험 합격자)의 전문적인 지식 · 경험 · 자질, 법학전문대학원에서의 교육과정이나 학점 등과 같은 여러 가지 평가요소 외에도 객관적인 평가지표가 될 수 있는 변호사시험성적도 또 하나의 요소로서 고려할 수 있는 기회를 부여하자는 취지이다. 반대의견에서 채용자가 자신이 원하는 인재를 채용하기 위하여 독자적인 평가시험을 포함한 여러 가지 다양한 요소를 참작할 수 있다는 점을 긍정하면서도, 유독 가장 객관적이고 공정한 것으로 보이는 변호사시험성적만은 반영요소로서 허용하지 않아도 된다는 논리는, 법학전문대학원 제도가 교육을 통한 법조인 양성 제도임을 감안한다고 하더라도 수긍하기 어렵다.

라. "합격 여부만을 알려주고 성적은 비밀에 부치는 시험. 불합격하지 않는 한 응시자 본인도 자기 점수를 알 수 없는 시험. 세상에 이런 시험이 있을까?"라는 어느 일간지 칼럼의 조소(嘲笑)는 오히려 변호사시험성적을 통하여 학벌을 극복하고 자신의 능력을 객관적으로 검증받고자 하는 다수의 변호사시험 합격자들의 절규(絕叫)인 것이다. 이러한 이유에서 나는 변호사시험 합격자에 대하여 시험성적의 공개를 막고 있는 심판대상조항은 헌법에 위반된다고 생각한다.

[35] 주민등록번호 변경 불허 위헌확인 사건

(2015. 12. 23. 2013헌바68등)

◇ 사안과 쟁점

청구인들은, 인터넷 포털사이트, 신용카드 회사의 개인정보 유출사고로 인하여 주민등록번호가 불법 유출되었다는 이유로 관할 지방자치단체장에게 주민등록번호를 변경해 줄 것을 신청하였으나, 주민등록법령상 주민등록번호 불법 유출을 원인으로 한 주민등록번호 변경은 허용되지 않는다는 이유로 거부되자, 헌법소원심판을 청구하였다. 주민등록법 제7조가 주민등록번호 부여제도에 대하여 입법을 하였으나 주민등록번호의 변경에 대하여는 아무런 규정을 두지 아니한 부진정 입법부작위가 위헌이라는 주장이다.

쟁점은, 개인별로 주민등록번호를 부여하면서 주민등록번호 변경에 관한 규정을 두고 있지 않은 주민등록법 제7조(이하 '심판대상조항')가 개인정보자기결정권을 침해하는지 여부이다(적극:소극 7:2, 2015. 12. 23. 2013헌바68등; 공보 231호 94면).

7명의 법정의견은 주민등록번호 유출 또는 오·남용으로 인하여 발생할 수 있는 피해 등에 대한 아무런 고려 없이 주민등록번호 변경을 일체 허용하지 않는 것은 개인정보자기결정권을 과도하게 침해한다는 의견이었으나, 재판관 조용호 등 2명은 이에 반대하였다.

◇ 반대(합헌)의견

우리는 심판대상조항(법정의견과 같이 주민등록법 제7조 전체로 보든, 재판관 ○○○의 반대의견과 같이 주민등록법 제7조 제4항만으로 보든)이 주민등록번호 변경에 관한 규정을 두고 있지 아니한 것이 개인정보자기결정권을 침해하지 않는다고 생각하므로, 아래와 같이 의견을 밝힌다.

가. 주민등록법이 주민등록번호 제도를 둔 것은 주민등록 대상자인 주민을 고유하게 구별하여 파악할 수 있도록 함으로써 국가나 지방자치단체로 하여금 국방, 치안, 조세, 교육, 사회복지 등의 행정사무를 신속하고 효율적으로 처리할 수 있도록 하기 위한 것으로, 궁극적으로는 주민생활의 편익을 증진시키기 위한 목적이라 볼 수 있다.

다수의견은 이러한 심판대상조항의 입법목적의 정당성이나 수단의 적절성은 인정하면서도 심판대상조항이 주민등록번호 변경에 관한 규정을 두고 있지 아니한 것이 침해최소성 및 법익균형성 원칙에 위반된다고 한다.

현행 주민등록번호가 공공부문과 민간부문에 걸쳐 다양한 용도로 활용되면서 개인에 대한 여러 가지 정보가 주민등록번호를 사용하여 구축되고 그 번호를 통해 또 다른 개인정보와 연결되어 개인정보를 통합하는 '연결자'로 사용되고 있으므로 그 보호의 필요성이 크다는 점에는 다수의견과 견해를 같이 하나, 그렇다고 하여 그것이 개인의 주민등록번호 변경신청권을 반드시 보장하여야 한다는 결론에 이르는 것은 아니다.

나. 우선 주민등록번호는 개인마다 하나의 고유한 번호가 부여되기 때문에 표준적·통일적 개인식별번호로서의 기능을 갖게 되는바, 그 번호가 고정되는 경우에는

위와 같은 기능을 확실하게 담보할 수 있게 되는데 반해, 주민등록번호의 개별적인 변경을 인정하는 경우에는 주민등록번호의 개인식별기능이 약화되어 주민등록번호 제도의 입법목적 달성이 어렵게 된다.

실제로 우리나라는 1968년 주민등록번호 제도를 도입한 이래 주민등록번호 변경을 허용하지 아니하고 고정된 주민등록번호만을 부여해 옴으로써 국민들의 신원을 보다 용이하게 확인할 수 있어 범죄의 예방이나 범인 검거 등에 있어 상당한 효과를 거두었음은 부인할 수 없고, 최근에는 주민들에게 신속하고 안정적인 각종 행정서비스·사회복지 등을 지속적으로 제공하는 데에도 중요한 기능을 수행하고 있다. 또한 우리나라는 분단국가로서 아직도 체제대립이 상존하고 있는 실정이므로, 그러한 사정에 있지 아니한 다른 나라들에 비하여 국가안보차원에서 국민의 정확한 신원확인의 필요성이 크다는 점도 고려하지 않을 수 없다.

그런데 만일 개별적인 주민등록번호 변경을 허용하게 되면 범죄은폐, 탈세, 채무면탈 또는 신분세탁 등의 불순한 용도로 이를 악용하는 경우까지 발생할 우려가 있고, 주민등록번호 변경에 따른 각종 기록의 정정·변경 등 막대한 사회적 비용이 발생할 뿐만 아니라, 이미 수많은 주민등록번호가 유출되어 있는 상황에서 이러한 주민등록번호의 변경을 모두 허용하게 되면 사회적 혼란이 야기될 수도 있으며, 변경을 허용한다고 하더라도 불법 유출 문제의 반복적 발생 가능성을 배제할 수 없는 상황에서 그 때마다 변경을 허용할 것인지도 문제이다.

다수의견은 주민등록번호 변경 신청시 객관성과 공정성을 갖춘 행정기관 또는 사법기관의 심사를 거치도록 한다면 불순한 용도로 변경절차를 악용하려는 경우를 차단할 수 있다고 하나, 변경의 요건을 형식적으로 구비하여 변경신청을 하는 경우 그 내심의 의사를 살펴 제도를 악용하려는 경우를 밝혀내는 것이 현실적으로 용이한 일이 아니며, 주민등록번호 변경 제도를 오·남용함으로써 주민등록번호가 갖는 개인식별기능을 유명무실하게 만들 가능성만 높아진다. 다수의견은 '개명'의 예를 들어 사회적 혼란의 우려가 없다고 한다. 그러나 성명은 개인이 선택하여 가지는 것이므로 그 변경(개명)이 가능할 것이나, 주민등록번호는 일정한 행정목적을 위하여 행정청이 부여하는 고유한 번호이므로 그 성질이 다르다(학번, 군번, 예금계좌번호, 여권번호, 운전면허번호, 의료보험번호는 물론 각종 지명, 주소 등의 경우도 마찬가지이다).

또한 주민등록번호로 인한 기본권 침해가 구체적으로 문제되는 것은 주민등록번호를 매개로 개인정보가 축적되고 그것이 유출 또는 오·남용되는 경우라 할 것인데, 이는 주민등록번호 자체의 문제라기보다는 전반적인 개인정보 보호의 문제라고도 할 수 있다.

그런데 입법자는 개인에게 주민등록번호 변경신청권을 인정하지 않는 대신, 법률에 따르지 아니하고 영리의 목적으로 다른 사람의 주민등록번호에 관한 정보를 알려주는 자 또는 다른 사람의 주민등록번호를 부정하게 사용한 자를 형사처벌하고(주민등록법 제37조 제9호, 제10호), 개인정보처리자 또는 정보통신사업 제공자 등의 주민등록번호 수집·이용을 관련 법령이 정한 사유의 경우 등에만 예외적으로 허용함으로써 주민등록번호의 수집·이용을 제한하며(개인정보보호법 제24조의2 제1항, 정보통신망법 제23조의2 제1항), 주민등록번호 수집·이용이 허용되는 경우라도 주민등록번호의 대체수단을 제공하도록 의무화하고(개인정보보호법 제24조의2 제2항, 정보통신망법 제23조의2 제2항), 이를 위반하는 경우 과태료를 부과하며(개인정보보호법 제75조 제2항 제4의2호, 제5호, 정보통신망법 제76조 제1항 제2호), 주민등록번호가 분실·도난·유출·변조·훼손된 경우 개인정보처리자에게 5억 원 이하의 과징금을 부과·징수할 수 있도록 하고(개인정보보호법 제34조의2), 개인정보 유출 등에 대한 피해구제를 강화하고자 징벌적 손해배상 및 법정 손해배상 제도를 도입하는 등(개인정보보호법 제39조, 제39조의2) 여러 입법을 통하여 주민등록번호의 유출이나 오·남용에 대한 사전적 예방과 사후적 제재 및 피해 구제 등의 조치를 강구하고 있기도 하다.

이러한 점들을 종합적으로 고려할 때, 심판대상조항이 주민등록번호 변경에 관한 규정을 두고 있지 아니한 것이 침해최소성의 원칙에 반한다고 보기는 어렵다.

다. 주민등록번호 제도가 처음 도입될 당시에는 사회복지 등의 행정서비스 차원보다는 국가의 관리나 통제를 위한 것이 주된 목적이었던 것은 틀림없으나, 현대사회에서의 행정사무는 과거와 같이 국방, 치안, 조세 등의 영역에만 머무는 것이 아니라 참정권 행사, 교육받을 권리, 의료보험, 사회보장 분야 등 국민의 기본권을 보장하기 위한 다양한 영역까지 확장하고 있는바, 이러한 행정사무를 적정하고 효율적으로 처리하는 것은 국민의 기본권을 보장하고 신장시키는 데에도 중요하다.

한편, 심판대상조항이 주민등록번호 변경을 인정하지 않고 있다는 점 자체만으로 국민에게 발생하는 현실적인 불이익이 크다고 보기는 어렵고, 청구인들이 주장하는 주민등록번호 불법 유출 등의 경우에도 그로 인한 현실적인 피해가 항상 발생하는 것은 아니며, 현실적인 피해가 발생하는 경우라도 민·형사상 절차 등을 통한 사후적 피해 구제 등의 조치가 가능하다.

따라서 심판대상조항이 국가나 지방자치단체로 하여금 국방, 치안, 조세, 사회복지 등의 행정사무를 신속하고 효율적으로 처리할 수 있도록 주민등록의 대상자인 주민에게 주민등록번호 변경을 허가하지 아니함으로써 달성할 수 있게 되는 공익이 그로 인한 정보주체의 불이익에 비하여 결코 더 작다고 보기는 어려울 것이므로, 법익균형성의 원칙에도 반하지 않는다.

라. 그러므로 심판대상조항이 주민등록번호 변경에 관한 규정을 두고 있지 않은 것이 과잉금지원칙을 위반하여 개인정보자기결정권을 침해한다고 볼 수 없다.

마. 요컨대 주민등록번호 변경 허용 여부는 위헌 판단의 문제가 아니라, 주민등록번호 제도의 취지, 목적 및 그 변경을 허용하는 경우와 허용하지 아니하는 경우에 각각 발생할 수 있는 피해, 혼란의 정도와 사회적 비용 등 다양한 현상을 종합적으로 검토하여 사회적 합의에 따라 입법정책적으로 결정해야 할 문제인 것이다.

[36] 통신비밀보호법의 위치정보 추적자료 요청조항 위헌확인 사건

(2018. 6. 28. 2012헌마191등)

◇ 사안과 쟁점

청구인들은 ㅇㅇ중공업이 근로자를 해고정리한 것에 항의하여 크레인 점거 농성 중이던 사람들을 응원하고자 희망버스 집회를 개최하여 집시법 위반 등으로 기소되었거나, 한국철도공사의 민영화를 막겠다는 명목으로 파업을 벌여 업무방해죄로 기소된 사람들이다. 해당 수사기관은 위 사건의 수사 또는 체포영장 집행을 위하여 법원의 허가를 얻어 전기통신사업자에게 청구인들의 통신사실 확인자료의 제출을 요청하여 이를 제공받았다. 청구인들은 해당 수사기관으로부터 위와 같은 확인자료 제공사실을 통지받고, 수사기관이 전기통신사업자에게 통신사실 확인자료의 열람이나 제출을 요청할 수 있다고 규정한 조항('요청조항') 및 수사기관이 위 자료를 제공받았음을 정보주체에게 통보하도록 한 조항('통지조항')이 개인정보자기결정권 등을 침해한다고 주장하면서 헌법소원심판을 청구하였다.

쟁점은, 통신비밀보호법 제13조 제1항 중 '위치정보 추적자료' 요청조항이 개인정보자기결정권과 통신의 자유를 침해하는지 여부, 통신비밀보호법 제13조의3 제1항 중 통신사실 확인자료 제공요청 집행사실 통지조항이 적법절차원칙에 위배되는지 여부이다(적극:소극 6:3, 2018. 6. 28. 2012헌마191등; 공보 261호 1108면).

6명의 다수의견은 요청조항 및 통지조항이 청구인들의 개인정보자기결정권을 침해한다고 보았으나, 재판관 조용호(주심) 등 3명은 이에 반대하였다.

◇ 반대(합헌)의견

가. 이 사건 요청조항에 대한 반대의견

우리는 다수의견과 반대로 이 사건 요청조항은 과잉금지원칙을 위반하여 청구인들의 개인정보자기결정권 및 통신의 자유를 침해한다고 생각하지 아니하므로, 다음과 같이 그 이유를 밝힌다.

(1) 입법목적의 정당성 및 수단의 적정성

이 사건 요청조항의 입법목적의 정당성과 수단의 적정성이 인정된다는 점은 다수의견과 같다.

(2) 침해의 최소성

㈎ 침해의 최소성은 입법목적을 달성하기 위해 사용될 수 있는 여러 가지의 수단들 중에서 가장 덜 침해적인 수단을 사용해야 한다는 요청이다. 범죄의 수사는 합목적적 판단에 따라 행하는 것으로 신속성 및 효율성의 확보는 물론 밀행성의 원칙이 요구된다. 범죄의 수사를 위해 피의자 등을 특정하거나 그 소재를 파악함에 있어서는, 이 사건 요청조항에서 정하는 통신사실 확인자료를 제공받아 활용하는 대신에, 폐쇄회로 텔레비전(CCTV)의 활용이나 수사기관에 의한 탐문수사 등을 통하여 피의자 등의 활동을 감시하거나 그 소재를 추적할 수도 있다. 그러나 이들 방법은 시간과 비용에 비해 효율성이 떨어지고, 특히 체포·구속영장 발부 이후 도주하는 경우에는 피의자 등 또는 그 친인척이나 지인의 주거지 등에 대한 탐문수사나 감시만으로는 그 소재를 파악하는 것이 어려울 뿐만 아니라, 그러한 방법으로 인한 피의자 등의 인권 침해의 정도가 통신사실 확인자료의 제공보다 덜하다고 보기도 어렵다.

범죄에 대한 초기 대응 및 피의자 등에 대한 신속한 신병 확보 등의 중요성과 필요성은 꾸준히 지적되어 왔다. 위치정보는 시간의 경과와 함께 계속 변화하는 동적 정보로서 개인이 특정한 시간에 존재하거나 존재하였던 장소에 관한 정보를 모두 포함하고 있다(위치정보의 보호 및 이용 등에 관한 법률 제2조 제1호 참조). 따라서 통신사실 확인자료는 주로 범죄의 수사를 시작하는 초동 수사단계에서 활용되어 비교적 용이하게 피의자 등의 행적을 추적하거나 그 신병을 확보할 수 있는 매우 효과적인 수단인 점 등에 비추어 보면, 범죄예방과 사건의 조기해결을 위하여 수사기관으로 하여금 피의자 등에 대한 통신사실 확인자료를 제공요청할 수 있도록 할 필요성이 크고, 이는 입법형성권의 범위 내에서 규정된 것이다.

통신사실 확인자료는 기계적으로 전송되는 장소에 관한 정보를 기록한 '비내용적 정보'라는 점에서 구체적인 통신내용을 대상으로 하는 '통신제한조치'(통신비밀보호법 제5조 이하)와 달리 기본권 제한의 정도가 그리 심각하지 아니하다. 즉, 통화의 직접적인 내용이나 사생활의 본질적인 내용이 수사기관에 알려지는 통신제한조치인 감청의 경우와 달리, 통신사실 확인자료 중 발신기지국 위치추적자료(통신비밀보호법 제2조 제11호 바목)는 통신기기와 통신기지국 사이의 교신사실을 확인하는 것에 불과하고, 또한 현실적으로 기지국만으로는 구체적인 위치가 특정되지 않고 최소 수백 미터 내지 최대 수천 미터의 반경이 확인되는 정도에 불과하여 그 정확한 위치를 파악하기 어려우므로 그 기본권 제한의 정도가 통신제한조치에 비하여 상대적으로 약하다.

(나) 다수의견은, 실시간 위치정보 추적자료를 제공받거나 불특정 다수에 대한 위치정보 추적자료를 제공받는 경우 또는 통신비밀보호법 제5조 제1항에 규정된 통신제한조치가 가능한 범죄 이외의 범죄에 대해서만 보충성 요건을 추가하는 방법을 입법대안으로 제시하고 있다.

그러나 위치추적은 기본적으로 장래 또는 실시간 위치추적을 포함하는 것이고, 통신사실 확인자료 요청의 실무상 불특정 다수에 대한 위치추적은 이른바 기지국수사의 경우 외에는 일반적으로 가능하지도 않다.

한편, 통신사실 확인자료 제공요청에서 보충성 요건이 반드시 필요한 범죄와 그렇지 아니한 범죄를 나누는 기준도 모호할 뿐만 아니라, 통신제한조치는 통신의 비밀에 대한 직접적이고 강력한 제한이기 때문에 보충성이 요구되고 통신비밀보호법 제5조 제1항에서도 보충성을 규정하고 있음에 반하여, 통신사실 확인자료 제공요청은 간접적이고 완화된 제한이어서 통신비밀보호법에서 보충성을 규정하고 있지 않은 것이다. 통신제한조치의 경우와 통신사실 확인자료 제공요청의 경우는 범죄수사를 위한 허용 대상범죄, 그 정보의 성질과 내용 및 그 사용되는 용도 등에 있어 차이가 있으므로 이를 동일 선상에서 논의할 것은 아니다. 수사실무상 통신사실 확인자료 제공의 요청은 거주지 등에 대한 탐문수사나 감시활동 등으로 소재 파악이 어려울 때 비로소 이용되고 있는 점에서 이미 보충성을 고려하고 있다. 다수의견과 같이 보충성 요건을 추가로 요구하는 경우, 전기통신사업자의 통신사실 확인자료 보관기간이 발신기지국의 위치추적자료의 경우에는 12개월, 접속지의 추적자료의 경우에는 3개월로 단기라는 점에서(통신비밀보호법 시행령 제41조 제2항 참조), 통신사실 확인자료를 수사에 활용하기 어렵게 될 수 있다.

통신사실 확인자료를 이용하면 사건의 조기해결이 가능한 사안임이 명백한 경우에도 예외 없이 포괄적으로 보충성을 요구한다면 수사에 난항이 예상되고, 과거의 통신사실 확인자료만을 제공요청하도록 하는 경우에는 피의자의 소재나 이동경로 등을 파악하기 어려워 수사지연으로 이어지게 되며 이는 또 다른 추가범죄로 연결되고, 결국 국민의 재산이나 생명·신체의 안전에 상당한 위험을 초래할 수 있다. 특히 유괴범이나 테러범 등과 같이 시각을 다투는 급박한 사건들의 경우에 보충성을 요구하는 것은 보충성 원리의 본질에도 부합하지 않는다.

㈐ 강제처분에 해당하는 통신사실 확인자료 제공요청은 필요한 최소한도의 범위에서 하여야 한다(형사소송법 제199조 제1항 단서). 그리하여 ① 통신비밀보호법 제13조 제1, 2항은 통신사실 확인자료 제공요청을 위한 절차로, 수사기관이 범죄수사를 위하여 필요한 경우 통신사실 확인자료 제공을 요청할 때에는 '요청사유, 해당 가입자와의 연관성, 필요한 자료의 범위'를 기재한 서면(허가요청서)을 작성하여 청구하도록 규정하고 있고, ② 법원실무는 영장청구사건을 담당하는 판사가 통신사실 확인자료 제공요청 허가업무를 담당하도록 하면서[통신제한조치 등 허가규칙(대법원규칙 제2113호) 제3조], 그 허가요청서에는 통신비밀보호법 제13조 제2항의 기재사항 외에 해당 가입자의 인적 사항, 통신사실 확인자료 제공을 요청할 전기통신사업자를 기재하도록 하고, 통신비밀보호법 제13조 제2항의 '필요한 자료의 범위'에는 같은 법 제2조 제11호에 규정된 통신사실 확인자료 중 필요로 하는 자료의 종류, 필요로 하는 기간 등을 기재하도록 하고 있다(통신제한조치 등 허가규칙 제10조의3 제1항, 제2항 참조).

③ 나아가 통신비밀보호법 제13조 제9항에 따라 준용되는 같은 법 제6조 제6항은 법원이 통신사실 확인자료 제공요청 허가서에 통신사실 확인자료의 '종류, 그 목적, 대상, 범위, 기간 및 집행장소와 방법'을 특정하여 기재하도록 요구하고 있다. 한편, 통신사실 확인자료의 사용제한에 관하여 통신비밀보호법 제12조 제1호를 준용하도록 한 같은 법 제13조의5에 의하면, 통신사실 확인자료 제공요청에 의하여 취득한 통신사실 확인자료를 범죄의 수사를 위하여 사용하는 경우 그 대상범죄는 통신사실 확인자료 제공요청의 목적이 된 범죄나 이와 관련된 범죄에 한정된다(대법원 2014. 10. 27. 선고 2014도2121 판결 참조).

이와 같이 통신사실 확인자료 제공요청과 관련된 규정 및 법원실무에서는 범죄혐의사실의 구체성 및 중대성, 필요로 하는 자료의 종류 및 기간, 당해 위치정보 추적으로 인한 피의자나 전기통신사업자의 법익침해 가능성, 다른 증거수집방법의 존부 등을 종합적으로 고려하여, 통신사실 확인자료 제공요청의 허가범위를 조절하거나 불허하는 방법으로 수사기관의 남용 가능성을 최소화하고 있다. 특히 요청서 및 허가서에 단순히 필요한 자료에 대한 추상적·포괄적 요청 또는 허가가 아니라 필요한 자료의 종류와 '필요로 하는 기간'을 특정하도록 요구하고 있는바, 이는 과도한 기간으로 인한 폐해를 통제하기 위한 것이라는 점에서 기본권 제한과 관련하여 매우 중요한 의미를 갖는다. 다수의견이 들고 있는 통신제한조치 허가신청에 대한 법원의 기각률과 통신사실 확인자료 제공요청 허가신청에 대한 법원의 기각률의 차이는 통신비밀보호법상의 실체적 요건 자체의 본질적인 차이에서 비롯되는 것이거나 각각의 허가신청에 대한 소명의 정도, 법원의 허가기준 등의 차이에 따른 것으로 이를 단순 비교할 것이 아니고, 오히려 압수·수색·검증영장에 대한 법원의 기각률에 비해서는 통신사실 확인자료 제공요청 허가신청에 대한 법원의 기각률이 높다는 점에 비추어 보면 통신사실 확인자료 제공요청에 대한 법원 통제의 적정성을 의심할 것도 아니다.

㈑ 그 밖에 통신비밀보호법은 범죄수사를 위한 통신사실 확인자료 제공에 대한 사후통지 의무(제13조의3), 통신사실 확인자료 제공에 관여한 통신기관의 직원 등의 통신사실 확인자료 제공 사항에 대한 비밀준수의무(제13조의5, 제11조), 통신사실 확인자료 제공요청서 등 관련 자료의 비치·보존의무(제13조 제5항 내지 제7항), 비밀준수의무 위반 및 관련 자료의 비치의무 위반 시 형사처벌(제16조, 제17조), 제공받은 위치추

적자료의 사용목적에 대한 엄격한 제한(제13조의5, 제12조) 등과 같이 통신사실 확인자료 제공요청의 남용을 방지할 수 있는 여러 방안을 마련하고 있어 정보주체의 기본권 제한을 최소화하고 있다.

(마) 사정이 이러하다면 이 사건 요청조항이 침해의 최소성에 반한다고 보기 어렵다.

(3) 법익의 균형성

이 사건 요청조항으로 달성하려는 공익은 범죄에 대한 신속한 수사를 통해 범인을 검거하고 추가적인 피해 발생을 방지함으로써 실체적 진실을 발견하고 국가형벌권의 적정한 행사에 기여하기 위한 것인 반면, 이 사건 요청조항에 의해 제한되는 사익은 비내용적 정보에 해당하는 피의자 등 정보주체의 통신사실 확인자료가 수사기관에 제공된다는 것이다. 통신비밀보호법이 통신제한조치의 경우에는 대상범죄를 한정하면서도(제5조 참조) 통신사실 확인자료 제공의 경우에는 대상범죄를 제한하고 있지 않는 것(제13조 참조)은, 감청 등의 통신제한조치에 비해 통신사실 확인자료의 제공이 기본권 침해가 덜하다는 점이 고려된 것이고, 범죄수사 내지 피의자 등의 소재파악을 통해 달성하려는 공익이 통신사실 확인자료의 제공에 의해 침해되는 사익보다 크다고 인정되기 때문이다. 앞에서 본 바와 같은 수사실무 및 법원의 통신사실 확인자료 제공요청시의 허가기준 등을 고려할 때, 이 사건 요청조항의 오·남용에 의한 기본권 침해의 위험은 매우 제한적인 것으로 보인다. 따라서 이 사건 요청조항으로 인해 제한되는 사익이 달성하려는 공익보다 더 크다고 할 수 없다.

이 사건 요청조항은 법익의 균형성도 충족하고 있다.

(4) 소 결

법률규정이 과도하게 추상적·포괄적이고 이와 결부되어 법원의 실무가 수사기관에 의한 과도한 기본권 침해를 제대로 통제할 수 없는 경우에는 헌법재판소가 이를 위헌으로 판단하여야 한다. 통신사실 확인자료의 제공에 관한 규정들의 보완 필요성과 방향에 대하여 다양한 의견이 있을 수 있고, 입법적으로 일부 개선의 여지가 있다는 점은 우리도 동의한다. 그러나 현재의 법적 상태가 보다 이상적인 것으로 개선되어야 할 여지가 있다는 것이 곧 위헌을 의미하지는 않는다. 다수의견이 제시하는 방안은 입법자에게 입법개선을 권고하는 것으로 충분하다(헌재 2018. 4. 26. 2014헌마1178 참조).

따라서 이 사건 요청조항은 과잉금지원칙을 위반하여 청구인들의 개인정보자기결정권 및 통신의 자유를 침해하지 아니한다.

나. 이 사건 통지조항에 대한 반대의견

우리는 다수의견과 반대로 이 사건 통지조항 역시 적법절차원칙을 위반하여 청구인들의 개인정보자기결정권을 침해한다고 생각하지 아니하므로, 다음과 같이 그 이유를 밝힌다.

적법절차원칙에서 도출할 수 있는 가장 중요한 절차적 요청 중의 하나로, 당사자에게 적절한 고지를 행할 것, 당사자에게 의견 및 자료 제출의 기회를 부여할 것을 들 수 있으나, 이 원칙이 구체적으로 어떠한 절차를 어느 정도로 요구하는지는 일률적으로 말하기 어렵고, 규율되는 사항의 성질, 관련 당사자의 사익, 절차의 이행으로 제고될 가치, 국가작용의 효율성, 절차에 소요되는 비용, 불복의 기회, 우리 사회의 법현실 등 다양한 요소들을 형량하여 개별적으로 판단할 수밖에 없다(헌재 2003. 7. 24. 2001헌가25; 헌재 2007. 10. 4. 2006헌바91 참조).

이 사건 요청조항 및 허가조항이 수사기관으로 하여금 법원의 허가를 얻어 전기통신사업자에게 해당 가입자의 통신사실 확인자료의 제공을 요청할 수 있도록 하는 것은 범죄수사를 위한 수사활동 보장에 그 목적이 있으므로 성질상 기밀성·밀행성을 요한다. 그런데 통신사실 확인자료 제공요청 집행사실을 정보주체에게 미리 알려주거나 수사 진행 중에 알려주도록 한다면, 피의자 및 그와 관계있는 자들이 이동전화나 인터넷의 이용을 중단함은 물론 이들이 도주하거나 증거를 인멸할 가능성을 배제할 수 없고, 그로 인하여 피의자의 신상이나 소재를 파악하기 어렵게 되어 범죄수사에 지장을 초래하거나 추가 범행을 억제하기 곤란해질 것이므로, 실체적 진실발견은 물론 국가형벌권의 행사가 현저히 방해받게 되고, 통신사실 확인자료 제공요청 제도의 실효성 또한 약화될 수밖에 없다. 반면, 그 집행사실을 미리 통지하지 아니함으로써 정보주체가 입게 되는 불이익은 통신사실 확인자료를 제공받은 사건에 관하여 공소제기 또는 불기소처분 이후에야 그 집행사실을 통지받게 된다는 것이고, 통신사실 확인자료가 기계적으로 전송되는 장소에 관한 정보를 기록한 비내용적 정보에 불과하다는 점을 고려할 때, 이 사건 통지조항으로 제한되는 정보주체의 사익이 크다고 보기 어렵다.

또한 형사소송법상 압수·수색의 경우에는 물건을 대상으로 한다는 점에서 그에 대한 통지가 수사의 기밀성에 미치는 영향은 상대적으로 적은 반면, 통신사실 확인자료 제공요청은 시간의 경과와 함께 계속 변화하는 동적 정보를 그 대상으로 한다는 점에서 그에 대한 통지가 수사의 기밀성에 미치는 영향은 매우 클 수밖에 없다. 이 사건 통지조항은 이러한 점을 고려하여, 형사소송법상 압수·수색과 달리, 사후통지 의무를 규정하고 있다.

다수의견은 사후통지의 내용에 '제공요청의 사유'를 명시하지 않고 있음을 탓하고 있다. 그러나 사후통지의 의의 내지 기능은 통신사실 확인자료 제공요청의 근거가 되는 국가작용을 설명하고 그 정당성을 납득시키려고 하는 것이 아니다. 사후통지는 최소한의 내용을 간단하게 통지하고, 필요시 당사자가 보다 구체적인 상황을 수사기관에 확인할 수 있는 기회를 제공하는 것으로 충분하다. 이 사건 통지조항은 공소를 제기하거나, 공소의 제기 또는 입건을 하지 아니하는 처분을 한 이후에 정보주체에게 그 집행사실을 통지하도록 하고 있다.

한편, 집행사실 통지의 대상자인 정보주체는 주로 피의자나 그와 혈연적 또는 사회적으로 관계있는 사람이 되기 쉽다. 만약 정보주체가 피의자인 경우에는 처분결과를 통지받거나 공소장 부본을 송달받음으로써 범죄혐의 사실을 알 수 있거나(형사소송법 제258조, 제266조) 불기소결정 이유 등에 대한 열람·등사를 통하여 사후에 통신사실 확인자료 '제공요청의 사유'에 대하여도 충분히 알 수 있게 된다. 정보주체가 피의자가 아닌 경우에는 피의자의 명예와 사생활 보호 등의 요청이 크기 때문에 피의자의 범죄혐의 사실과 밀접한 관련 있는 통신사실 확인자료 제공요청 사유를 통지사항으로 하지 않는 것이 바람직할 수 있다. 피의자가 불기소처분을 받은 경우는 물론이거니와 공소가 제기된 경우라도 헌법상 무죄추정의 원칙에 따라 유죄의 판결이 확정될 때까지는 피의자는 무죄로 추정되기 때문이다.

그 밖에 이 사건 요청조항 및 허가조항을 위반하여 취득한 통신사실 확인자료에 대하여는 형사재판절차에서 위법수집증거 배제법칙을 주장하여 해당 자료의 증거능력을 부정할 수 있고, 해당 수사관 및 국가에 대하여 민사상 불법행위 책임을 물어 손해배상을 청구할 수도 있는 등 정보주체의 사후적인 권리구제수단도 마련되어 있다.

우리 헌법은 통신사실 확인자료 제공과 관련하여 통지절차 등을 따로 규정하고 있지 않으므로 통신사실 확인자료 제공의 사후통지와 관련하여 다수의견이 제시하는 의문과 해결방안은 국민의 기본권을 보장하고 헌법상 적법절차원칙의 실현을 위한 구체적 방법의 하나일 뿐 헌법상 명문으로 규정된 권리는 아니다. 그러므로 통신사실 확인자료 제공에 관한 통지의 내용과 절차의 형성은 입법자가 통신비밀보호법 규범체계 전체와의 조화와 통신사실 확인자료 제공에 의하여 침해되는 기본권의 중요성 및 그러한 절차에 의하여 수사의 목적이 제한되는 정도, 수사관행, 우리 사회의 법현실 등 제반사정을 고려하여 정할 수 있는 입법재량이 있는 것이므로(헌재 1994. 4. 28. 93헌바26 참조), 그러한 절차적 권리에 관한 법률이 합리성과 정당성을 상실하여 적법절차원칙 등 헌법상 포기할 수 없는 원리를 무시하거나, 헌법 제37조 제2항이 정하는 과잉금지원칙에 위배되는 내용의 절차를 형성하는 것이 아닌 한 헌법에 위반되는 것이라고 할 수 없다(헌재 2012. 12. 27. 2011헌바225 참조). 위에서 본 바와 같이 통신비밀보호법은 이 사건 통지조항 등을 통하여 해당 정보주체의 절차적 참여를 기본적으로 보장해 주고 있는 것으로 평가된다. 따라서 이 사건 통지조항이 통신사실 확인자료 제공요청 사유를 통지사항으로 정하지 아니하였다거나 통신사실 확인자료에 대한 파기절차 및 통지의무 위반에 대한 제재조항 등을 마련하지 아니하였다고 하여 헌법상 적법절차원칙에 위배된다고 보기 어렵다. 더욱이 통신사실 확인자료의 파기나 통지의무 위반에 대한 제재 등은 이 사건 통지조항의 위헌 여부와는 무관한 그 후속절차에 관한 문제에 불과하다. 다수의견이 제시하고 있는 수사상 기밀 유지와 정보주체의 기본권보장을 조화시킬 수 있는 방안은 입법자에게 입법개선을 권고하는 것으로 충분하다.

따라서 이 사건 통지조항은 청구인들의 기본권을 침해하지 아니한다.

[37] 통신비밀보호법의 기지국 수사 요청조항 위헌확인 사건

(2018. 6. 28. 2012헌마538)

◇ 사안과 쟁점

검사가 법원의 허가를 얻어 특정한 날의 17:00부터 17:10 사이 서울교육문화회관을 관할하는 기지국을 이용하여 착·발신한 전화번호, 착·발신 시간, 통화시간, 수·발신 번호 등의 통신사실 확인자료 제공을 요청하고, 위 전기통신사업자들로부터 청구인을 포함한 총 659명의 통신사실 확인자료를 제공받았다. 이에 청구인은 위 통신사실 확인자료를 제공받은 행위('이 사건 기지국수사')와 그 법령상 근거인 통신비밀보호법의 '요청조항'과 '허가조항'이 청구인의 개인정보자기결정권과 통신의 자유를 침해한다고 주장하며 헌법소원심판을 청구하였다.

쟁점은, 통신비밀보호법 제13조 제1항 중 통신사실 확인자료의 열람이나 제출을 요청할 수 있다는 부분(요청조항)이 개인정보자기결정권과 통신의 자유를 침해하는지 여부이다(적극:소극 6:3, 2018. 6. 28. 2012헌마538; 공보 261호 1123면).

'이 사건 기지국수사'는 이미 종료되었음을 이유로 심판청구이익을 부정하여 각하하고, 수사기관이 전기통신사업자에게 통신사실 확인자료 제공을 요청함에 있어 관할 법원의 허가를 받도록 한 통신비밀법 조항(허가조항)은 헌법상 영장주의에 위배되지 않는다고 하여 기각하는 데에 전원 일치 의견이었다. 다만, '검사 또는 사법경찰관은 수사를 위하여 필요한 경우 전기통신사업자에게 통신사실 확인자료의 열람이나 제출을 요청할 수 있다'는 부분(요청조항)에 대하여 6명의 다수의견은 과잉금지원칙에 위반되어 청구인의 개인정보자기결정권과 통신의 자유를 침해한다고 보았으나, 재판관 조용호(주심) 등 3명은 이에 반대하였다.

◇ 반대(합헌)의견

우리는 다수의견과 달리 이 사건 요청조항이 과잉금지원칙을 위반하여 청구인의 개인정보자기결정권 및 통신의 자유를 침해한다고 생각하지 아니하므로, 다음과 같이 그 이유를 밝힌다.

가. 입법목적의 정당성 및 수단의 적정성

이 사건 요청조항은 범죄수사를 위하여 필요한 경우 수사기관이 법원의 허가를 얻어 전기통신사업자에게 해당 가입자의 전기통신일시, 통화시간, 상대방의 가입자번호, 사용도수 등 통신사실 확인자료를 제공요청할 수 있도록 하고 있으므로, 그 입법목적의 정당성과 수단의 적정성이 인정된다.

나. 침해의 최소성

(1) 기지국 수사는 혐의자를 특정하기 위한 경우와 피의자가 특정된 상태에서 그 위치정보를 확인하기 위한 경우가 있다. 기지국 수사는 주로 범죄의 수사를 시작하는 초동수사 단계에서 특정시간대 특정 기지국에서 발신된 모든 통신번호 등을 제공받는 수사방식으로 활용되는 통신사실 확인자료이고, 특히 혐의자를 특정할 수 없는 연쇄범죄가 발생하거나 동일 사건 단서가 여러 지역에서 시차를 두고 발견된 경우에 사건발생지역 기지국에서 발신된 전화번호들을 추적하여 혐의자를 좁혀나가는 수사기법으로 활용되고 있으며, 실체적 진실발견과 국가형벌권의 적정한 행사를 위하여 수사기관으로 하여금 법원의 허가를 얻어 기지국 수사를 허용할 필요가 있고, 종래 범죄에 대한 초기 대응의 중요성과 필요성이 꾸준히 지적되어 온 점 등에 비추어 보면, 범죄예방과 사건의 조기해결을 위하여 수사기관으로 하여금 특정 시간대 특정 기지국에 있었던 불특정 다수인의 통신사실 확인자료까지도 그 제공을 요청할 수 있도록 허용할 필요성이 크고, 이는 입법형성권의 범위 내에서 규정된 것이다.

한편, 통신사실 확인자료는 통신을 하기 위하여 필연적으로 발생하는 통신이용의 전반적 상황에 관한 정보로서 전자적으로 저장되는 '비내용적 정보'라는 점에서 구체적인 통신내용을 대상으로 하는 '범죄수사를 위한 통신제한조치'(통신비밀보호법 제5조 이하)와 달리 기본권 제한의 정도가 그리 심각하지 아니하다.

(2) 다수의견은 침해최소성과 관련하여 그 대안으로, ① 대상범죄를 한정하는 방안, ② 보충성을 요건으로 추가하는 방안, ③ 1건의 허가서로 불특정 다수인에 대한 기지국 수사를 못하도록 하는 방안을 제시하고 있다.

다수의견의 ①방안에 대하여 본다.

기지국 수사를 허용할 범죄와 그렇지 아니한 범죄를 나누는 기준도 모호하거니와, 급속한 정보통신기술(IT)의 변화·발전에 따른 새로운 유형의 범죄방식과 새로운 기술적 접근 가능성에 대하여 법률에서 일괄적으로 규정하기 어려운 현실적인 문제를 고려하지 않고 있다. 익명에 의한 사이버명예훼손의 경우와 같이 범죄 발생 자체는 분명하지만 혐의자 자체를 특정하기 어려운 경우, 범죄 자체는 통신제한조치(감청)대상범죄에 해당하지 않지만 피해자가 다수이고 광범위한 지역에 걸쳐 발생하는 경우, 혐의자가 이른바 대포폰을 이용하고 있는 경우 등, 인터넷 규약(IP)주소 추적이나 기지국 수사를 통해 혐의자 내지 피의자를 신속하게 특정 내지 검거함으로써 피해자를 보호하고 피해의 확산을 막을 필요성이 인정되고, 위 수사방법 이외에 덜 침익적이면서도 동일한 목적을 달성할 수 있는 다른 수단을 찾아보기 어렵다. 기지국 수사를 이용하면 사건의 조기해결이 가능한 사안임이 명백한 경우에도 중요범죄가 아니라는 이유로 이를 전혀 활용할 수 없게 되면 수사에 난항이 예상되고, 이는 또 다른 추가범죄로 연결되어 결국 국민의 재산이나 생명·신체의 안전에 상당한 위험을 초래할 수 있다.

다수의견의 ②방안에 대하여 본다.

통신제한조치는 통신의 비밀에 대한 직접적이고 강력한 제한이기 때문에 보충성이 요구되고 통신비밀보호법 제5조 제1항에서도 보충성을 규정하고 있음에 반하여, 기지국 수사를 포함한 통신사실 확인자료 제공요청은 간접적이고 완화된 제한이어서 통신비밀보호법에서 보충성을 규정하고 있지 아니하며, 이러한 입법자의 결단이 특별히 불합리하다고 보이지도 아니한다. 통신제한조치의 경우와 기지국 수사의 경우는 범죄수사를 위한 허용 대상범죄, 그 정보의 성질과 내용 및 그 사용되는 용도 등에 있어 차이가 있으므로 이를 동일 선상에서 논의할 것은 아니다. 수사실무상 통신사실 확인자료 제공의 요청은 거주지 등에 대한 탐문수사나 감시활동 등으로 소재파악이 어려울 때 비로소 이용되고 있는 점에서 이미 보충성을 고려하고 있다. 기지국 수사에 보충성 요건을 추가로 요구하는 경우, 전기통신사업자의 통신사실 확인자료 보관기간이 발신기지국의 위치추적자료의 경우에는 12개월, 접속지의 추적자료의 경우에는 3개월로 단기라는 점에서(통신비밀보호법 시행령 제41조 제2항 참조), 통신사실 확인자료를 수사에 활용하기 어렵게 될 수 있다.

다수의견 ③방안에 대하여 본다.

수사실무상 기지국 수사의 허가서가 발부되면 허가서에 기재된 사용기간 동안 통화가 발생하지 않더라도 매 10분 또는 30분 간격으로 자동으로 단말기의 위치를 확인하고, 기지국의 위치정보를 담당 수사관의 휴대폰 단문 메시지(SMS)로 발송하며, 전기통신사업자는 위치추적정보 데이터는 저장하지 않고 즉시 삭제하고 있다고 하므로, 발신기지국의 실시간 위치추적으로 인하여 그 목적과 무관하거나 추가적인 기본권 침해는 발생하지 아니한다. 기지국 단위로 제공받은 통신번호들 중 수사에 의미있게 활용될 수 있는 1-2개의 통신번호만을 추출하여 활용할 뿐 당해 수사와 관련 없는 제3자의 정보통신기기의 위치정보를 가공하거나 제3자에 관한 개인정보를 추적하지도 아니하고 이를 별도로 보관·저장하지 않고 삭제하고 있는 점에 비추어 보면, 인적 정보와 결합되지 아니한 대다수의 통신번호는 그 정보주체를 특정할 수조차 없다는 점에서 기본권 침해가 문제될 소지는 거의 없다.

따라서 1개의 허가서 당 수천 여개의 통신번호가 집계된다거나 범죄와 아무런 관련이 없는 사람들의 정보를 대량으로 제공받는다는 등의 다수의견의 우려와 과장은 기지국 수사의 본질에 맞지 않거나 공연한 기우에 불과하다. 다수의견과 같은 견해를 취한다면 일부 혐의자를 확인하기 위하여 군중집회의 사진을 찍고 그 중에서 혐의자를 확인하는 작업이나, 폐쇄회로 텔레비전(CCTV)을 통해 수많은 행인 등의 정보를 검색하는 과정, 혐의자의 인상착의 등을 기초로 사진대조작업을 하는 등의 수사활동도 모두 과도한 기본권의 제한으로서 금지되어야 한다는 결론에 이른다.

(3) 강제처분에 해당하는 통신사실 확인자료 제공요청은 필요한 최소한도의 범위에서 하여야 하는 점(형사소송법 제199조 제1항 단서), 통신비밀보호법 제13조 제2항은 제1항의 규정에 의한 통신사실 확인자료 제공을 요청하는 경우에는 요청사유, 해당 가입자와의 연관성 및 필요한 자료의 범위를 기록한 서면으로 하도록 하고 있어 그 범위가 매우 제한적인 점, 통신사실 확인자료의 사용제한에 관하여 통신비밀보호법 제12조 제1호를 준용하도록 한 같은 법 제13조의5에 의하면, 통신사실 확인자료 제공요청에 의하여 취득한 통신사실 확인자료를 범죄의 수사를 위하여 사용하는 경우 그 대상범죄는 통신사실 확인자료 제공요청의 목적이 된 범죄나 이와 관련된 범죄에 한정되는 점(대법원 2014. 10. 27. 선고 2014도2121 판결 참조), 수사기관은 기지국 수사를 통하여 특정 일시·장소에서의 전기통신개시·종료시간, 통화 상대방의 전화번호 등 제한적인 정보만을 취득할 수 있는 점 등에 비추어 보면, 이 사건 요청조항은 수사의 목적을 달성할 수 있는 필요한 최소한도의 범위 안에서 기지국 수사를 허용하고 있어 그 요건이 지나치게 완화되어 있다고 보기 어렵다.

수사실무상으로도 다른 방법으로는 용의자를 특정할 수 없는 경우와 같이 예외적인 경우에만 기지국 수사를 위하여 통신사실 확인자료 제공요청 허가신청을 하고 있고, 법원실무 또한 영장청구사건을 담당하는 판사가 통신사실 확인자료 제공요청 허가를 담당하도록 하고 있어[통신제한조치 등 허가규칙(대법원규칙 제2113호) 제3조], 범죄 혐의사실의 구체성 및 중대성, 필요로 하는 자료의 종류 및 기간, 당해 위치정보 추적으로 인한 피의자나 전기통신사업자의 법익침해 가능성, 다른 증거수집방법의 존부 등을 종합적으로 고려하여, 통신사실 확인자료 제공요청의 허가범위를 조절하거나 불허하는 방법으로 수사기관의 남용 가능성을 최소화하고 있다. 특히 요청서 및 허가서에 단순히 필요한 자료에 대한 추상적·포괄적 요청 또는 허가가 아니라 필요한 자료의 종류와 '필요로 하는 기간'을 특정하도록 요구하고 있고, 더욱이 이 사건에서는 17:00부터 17:10까지 10분 동안으로 한정하여 허가하고 있는바, 이는 과도한 기간으로 인한 폐해를 통제하기 위한 것이라는 점에서 기본권 제한과 관련하여 매우 중요한 의미를 갖는다. 다수의견이 들고 있는 범죄수사를 위한 통신제한조치 허가신청에 대한 법원의 기각률과 통신사실 확인자료 제공요청 허가신청에 대한 법원 기각률의 차이는 통신비밀보호법상의 실체적 요건 자체의 본질적인 차이에서 비롯되는 것이거나 각각의 허가신청에 대한 소명의 정도, 법원의 허가기준 등의 차이에 따른 것으로 이를 단순 비교할 것이 아니고, 오히려 압수·수색·검증영장에 대한 법원의 기각률에 비해서는 통신사실 확인자료 제공요청 허가신청에 대한 법원의 기각률이 높다는 점에 비추어 보면 통신사실 확인자료 제공요청에 대한 법원 통제의 적정성을 의심할 것도 아니다.

(4) 그 밖에 통신비밀보호법은 범죄수사를 위한 통신사실 확인자료 제공요청에 대한 사후통지의무(제13조의3), 통신사실 확인자료 제공에 관여한 통신기관의 직원 등의 통신사실 확인자료 제공 사항에 대한 비밀준수의무(제13조의5, 제11조), 통신사실 확인자료 제공요청서 등 관련 자료의 비치·보존의무(제13조 제5항 내지 제7항), 비밀준수의무 위반 및 관련 자료의 비치의무 위반 시 형사처벌(제16조, 제17조) 등과 같이 위치정보 추적자료를 포함한 통신사실 확인자료 제공요청의 남용을 방지할 수 있는 여러 조치를 마련하고 있어 정보주체의 기본권 제한을 최소화하고 있다.

(5) 사정이 이러하다면 이 사건 요청조항이 침해의 최소성에 반한다고 보기 어렵다.

다. 법익의 균형성

이 사건 요청조항으로 달성하려는 공익은 범죄에 대한 신속한 수사를 통해 범인을 검거하고 추가적인 피해 발생을 방지함으로써 실체적 진실을 발견하고 국가형벌권을 적절하게 행사함과 동시에 궁극적으로는 피해자의 인권을 보호하기 위한 것인 반면, 이 사건 요청조항에 의해 제한되는 사익은 특정 장소, 특정 시간대에 있었던 정보주체의 비내용적 정보에 해당하는 통신사실 확인자료가 수사기관에 제공되는 것으로서, 그로 인해 제한되는 사익이 달성하려고 하는 공익보다 더 크다고 할 수 없다.

통신비밀보호법이 통신제한조치의 경우에는 대상범죄를 한정하면서도(제5조 참조) 통신사실 확인자료 제공의 경우에는 그 대상범죄를 제한하고 있지 않는 것(제13조 참조)은, 감청 등의 통신제한조치에 비해 통신사실 확인자료의 제공이 기본권 침해가 덜하다는 점이 고려된 것이고, 범죄수사 내지 피의자 등의 소재파악을 통해 달성하려는 공익이 통신사실 확인자료의 제공에 의해 침해되는 사익보다 크다고 인정되기 때문이다. 특히 기지국 수사의 경우, 앞에서 본 바와 같이, 수사기관은 수집한 정보를 가공하지 않고, 이를 토대로 해당 정보통신기기의 가입자가 누구인지 등을 추가로 확인하지도 않는다. 또한 수집된 해당 정보통신기기의 위치정보는 전기통신사업자에 의해 저장되지 않고 즉시 삭제되거나, 수사기관에 의해 별도로 보관·저장되지 않고 수사의 필요성이 종료됨과 동시에 삭제되고 있다. 따라서 기지국 수사를 통해 달성하려는 공익인 수사의 필요성에 비해 제3자의 개인정보자기결정권의 침해 정도는 매우 미약한 것으로 보인다. 이와 같은 수사실무 및 법원의 통신사실 확인자료 제공요청시의 허가기준 등을 고려할 때, 이 사건 요청조항의 오·남용에 의한 기본권 침해의 위험은 매우 제한적인 것으로 보인다.

그러므로 이 사건 요청조항은 법익의 균형성도 인정된다.

라. 소 결

법률규정이 과도하게 추상적·포괄적이고 이와 결부되어 법원의 실무가 수사기관에 의한 과도한 기본권 침해를 제대로 통제할 수 없는 경우에는 헌법재판소가 이를 위헌으로 판단하여야 한다. 기지국 수사를 포함한 통신사실 확인자료의 제공에 관한 규정들의 보완 필요성과 방향에 대하여 다양한 의견이 있을 수 있고, 입법적으로 일부 개선의 여지가 있다는 점은 우리도 동의한다. 그러나 현재의 법적 상태가 보다 이상적인 것으로 개선되어야 할 여지가 있다는 것이 곧 위헌을 의미하지는 않는다. 다수의견이 제시하는 방안은 입법자에게 입법개선을 권고하는 것으로 충분하다(헌재 2018. 4. 26. 2014헌마1178 참조).

따라서 이 사건 요청조항은 과잉금지원칙을 위반하여 청구인의 개인정보자기결정권 및 통신의 자유를 침해하지 아니한다.

[38] 요양급여내역 제공행위 위헌확인 사건

(2018. 8. 30. 2014헌마368)

◇ 사안과 쟁점

용산경찰서장은 전국철도노동조합이 한국철도공사의 여객·화물 수송 업무를 방해하였다는 업무방해 혐의로 수사를 하던 중, 국민건강보험공단에게 위 노조 지도부를 검거하고자 한다는 사유를 밝히고 청구인 2명에 대한 1년 또는 3년 간의 상병명, 요양기관명, 요양기관주소, 전화번호 또는 병원 내방 기록의 제공을 요청하였고('사실조회행위'), 이에 위 공단은 위 2명에 대한 급여일자, 요양기관명을 포함한 44회 또는 38회의 요양급여내역을 경찰서장에게 제공하였다('정보제공행위'). 청구인들은 경찰서장의 병원 내방 기록의 제공을 요청한 사실조회행위 및 위 공단의 정보제공행위와 그 근거조항('사실조회조항 및 정보제공조항')이 청구인들의 기본권을 침해한다고 주장하였다.

쟁점은, 국민건강보험공단이 경찰서장의 요청에 따라 특정인의 요양급여내역을 경찰서장에게 제공한 행위가 특정인의 개인정보자기결정권을 침해하는지 여부이다(적극:소극 7:2, 2018. 8. 30. 2014헌마368; 공보 263호 1455면).

사실조회행위는 공권력 행사성이 인정되지 않고, 그 근거인 사실조회조항은 기본권침해의 가능성이 인정되지 않으며, 정보제공조항은 직접성이 인정되지 않는다는 데에 전원 일치 의견이었다. 그러나 정보제공행위에 대하여는, 7명의 다수의견은 과잉금지원칙에 위배되어 청구인들의 개인정보자기결정권을 침해한다고 보았으나, 재판관 조용호 등 2명은 이에 반대하였다.

◇ 반대(합헌)의견

우리는 이 사건 정보제공행위가 과잉금지원칙에 위배되어 청구인들의 개인정보자기결정권을 침해하지 않는다고 생각하므로, 다음과 같이 그 이유를 밝힌다.

가. 목적의 정당성 및 수단의 적합성

법정의견이 밝힌 바와 같이, 이 사건 정보제공행위는 청구인들이 언제 어느 요양기관을 방문하였는지에 관한 정보를 서울용산경찰서장에게 제공함으로써, 서울용산경찰서장이 체포영장이 발부된 피의자인 청구인들의 소재를 신속하게 파악하여 적시에 청구인들을 검거할 수 있도록 하고 이를 통하여 국가형벌권의 적정한 수행에 기여하기 위한 것이므로, 그 목적의 정당성과 수단의 적합성이 인정된다.

나. 침해의 최소성

(1) 먼저 이 사건 정보제공행위가 '청구인들의 민감정보를 제공받는 것이 범죄의 수사를 위하여 불가피할 것'이라는 요건을 갖추었는지 여부를 살펴본다.

㈎ 이 사건 기록에 의하면, 청구인들은 철도노조의 간부들로서 조합원들의 불법파업을 주동하고 있다는 업무방해 혐의의 피의자들이었고, 법원은 2013. 12. 16. 청구인들이 업무방해죄를 범하였다고 의심할 만한 상당한 이유가 있고 도주 및 증거인멸의 우려가 인정된다는 이유로 청구인들에 대하여 체포영장을 발부하였다. 따라서 이 사건 정보제공행위 당시 청구인들에 대하여 상당히 구체적인 혐의가 인정되는 상황이었다.

한편, 수사기관으로서는 체포영장의 유효기간 내에 청구인들의 소재를 파악하여 영장을 집행하여야 하고, 도주 중인 청구인들의 소재는 수시로 언제든지 변할 수 있는 것이므로, 다양한 방법 또는 경로를 통하여 신속하게 청구인들의 소재 또는 예상 이동 경로를 파악하는 데 도움이 될 수 있는 모든 정보를 수집하여 종합적으로 살펴볼 필요가 있었다.

서울용산경찰서장은 통신비밀보호법 제13조 제1항, 제2항에 따라 전기통신사업자에게 청구인들의 명의로 된 휴대폰의 위치를 확인할 수 있는 발신기지국의 위치추적자료를 제출할 것을 요청하고, 국민건강보험공단에도 청구인들의 요양급여내역을 요청하는 등으로 수사를 진행하였다. 그런데 청구인들의 명의로 된 휴대폰의 위치를 확인할 수 있는 발신기지국의 위치추적자료가 청구인들의 소재를 파악하기 위해 가장 유용한 정보이기는 하나, 청구인들이 그 명의의 휴대폰을 소지하고 있지 않을 가능성도 있고, 소지하고 있다고 하더라도 언제든지 전원을 끄고 위치를 이동할 수 있는 것이므로, 위치추적자료가 있다고 하여 다른 정보를 수집할 필요성이 없다고 단정하기 어렵다. 특히 청구인 박○만의 경우 그 명의로 확인된 휴대폰의 전원이 꺼져 있어 전기통신사업자로부터 위치추적자료를 제공받지 못하였고 달리 청구인 박○만의 소재를 확인할 수 있는 정보가 없었으므로, 청구인 박○만이 언제 어느 요양기관을 방문하였는지에 관한 정보를 파악할 필요성이 더욱 컸다.

법정의견은 서울용산경찰서장이 청구인들의 휴대폰 위치를 확인할 수 있는 발신기지국의 위치추적자료를 제공받았거나 이에 대한 수사를 계속하고 있는 사정을 들어 이 사건 요양급여정보를 제공받는 것이 불가피한 경우가 아니었다고 하나, 요양급여정보제공이 최후의 보충적인 수사방법으로 기능하여야 한다는 법적 근거가 없을 뿐만 아니라, 우리 헌법재판소가 법정의견으로 통신사실 확인자료 및 기지국 수사에 관한 통신비밀보호법상 관련 조항이 헌법에 합치되지 아니한다고 선언한 이상(헌재 2018. 6. 28. 2012헌마191등; 헌재 2018. 6. 28. 2012헌마538등 참조), 헌법에 합치되지 아니하는 기지국수사가 진행되고 있음을 이유로 이 사건 정보제공행위의 불가피성 여부를 판단할 것은 아니다.

따라서 이 사건 정보제공행위 당시 서울용산경찰서장이 체포영장이 발부된 청구인들을 검거하기 위해서 청구인들이 언제 어느 요양기관을 방문하였는지에 관한 정보를 제공받는 것이 불가피한 상황이었다고 볼 수 있다. 또한 국민건강보험공단은 서울용산경찰서장으로부터 철도노조 간부들로서 코레일 불법파업을 주동하였다는 업무방해 등 혐의의 피의자들인 청구인들을 검거하고자 한다는 내용의 요양급여정보 제공의 필요성을 명시한 공문을 받았으므로, 청구인들이 피의자들로서 상당한 혐의가 인정되어 검거의 대상이라는 사정을 충분히 알 수 있었던 것으로 보이고, 서울용산경찰서장에게 제공된 청구인들의 요양급여 관련 정보는 청구인들의 소재지 파악을 위하여서만 사용된 것으로 보인다.

(나) 한편, 실무상 국민건강보험공단은 '외부기관 개인정보자료 제공지침'이 정한 엄격한 절차에 따라 불특정대상자에 대한 개인정보나 정보주체의 기본권을 침해할

우려가 큰 특수상병에 관한 개인정보 등은 압수·수색 영장에 의한 경우에만 제공하고 있고, 그 밖의 개인정보의 경우에도 사건번호 및 구체적인 수사목적을 밝힌 경우에만 목적에 필요한 최소한의 범위로 한정하여 제공하고 있는바, 이 사건에 있어서도 국민건강보험공단은 서울용산경찰서장이 '상병명, 요양기관명, 병원 내방 기록'의 제공을 요청하였음에도, 위와 같은 검거 목적에 필요한 최소한의 정보에 해당하는 '급여일자와 요양기관명'만을 제공하였으므로, 청구인들의 개인정보자기결정권에 대한 침해를 최소화하였다고 볼 수 있다.

또한 국민건강보험공단은 서울용산경찰서장이 요청한 대로 요청일로부터 소급하여 '약 2~3년 동안'의 요양급여정보를 제공하였는데, 법정의견은 위 기간이 상당한 기간을 넘어선다고 지적한다. 그러나 수사기관으로서는 위와 같은 정보를 토대로 청구인들이 주로 다녀간 병원의 위치를 분석하여 실제 생활근거지를 파악하거나 다시 방문할 가능성이 있는 병원을 미리 예측할 수 있고, 일반적으로 통상의 사람들에게 병원 내방이 자주 있는 일은 아닐 뿐만 아니라, 요양급여정보 요청일 또는 제공일에 근접한 시기의 요양기관은 수사기관이 주목할 곳이어서 오히려 청구인들이 그 이용을 기피할 가능성이 높으므로, 청구인들의 병원 내방 유무를 파악하기 위해 약 2~3년 동안의 요양급여정보를 제공한 것이 불필요하다거나 과도하다고 보기 어렵다.

㈐ 법정의견은 국민건강보험공단이 서울용산경찰서장에게 제공을 요청하는 요양급여정보의 구체적인 항목과 필요성, 다른 방법으로 청구인들의 소재를 파악할 수 없어 각 요양급여정보를 이용하는 것이 불가피한 사유 등을 추가로 밝힐 것을 요구하지 아니하였음을 탓하고 있다. 그러나 청구인들의 소재 파악을 위한 방법은 수사기관이 판단할 문제이지 국민건강보험공단에서 판단할 문제는 아니고, 요양급여정보 제공요청이 보충적 수사방법도 아니며, 더욱이 국민건강보험관리공단이 청구인들의 요양급여 관련 정보 중 수사에 필요한 정보만을 구분하여 제공할 것을 기대하기는 사실상 곤란할 뿐만 아니라 수사기관의 사실조회행위의 필요성 내지 적정성 등에 대하여 실질적인 심사권이 있는 것도 아니므로, 수긍하기 어렵다.

㈑ 결국 서울용산경찰서장은 체포영장이 발부된 청구인들을 검거하기 위해서 청구인들이 언제 어느 요양기관을 방문하였는지에 관한 정보를 제공받는 것이 불가피한 상황이었고, 국민건강보험공단은 청구인들의 소재를 파악하기 위해서 필요한 최소한의 정보를 제공한 것으로 볼 수 있으므로, 이 사건 정보제공행위는 '청구인들의 민

감정보를 제공받는 것이 범죄의 수사를 위하여 불가피할 것'이라는 요건을 갖춘 것으로 보인다.

(2) 다음으로, 이 사건 정보제공행위가 '정보주체 또는 제3자의 이익을 부당하게 침해할 우려가 없을 것'이라는 요건을 갖추었는지 살펴본다.

국민건강보험공단이 서울용산경찰서장에게 제공한 급여일자와 요양기관명은 청구인들의 건강에 관한 정보이기는 하나, 청구인들의 건강 상태에 관한 막연한 추측을 할 수 있을 정도의 추상적인 정보에 불과하므로 그 자체로 개인의 정신이나 신체에 관한 단점을 나타내는 상병명이나 구체적인 진료내역과 같은 정도로 보호의 필요성이 높다고 보기는 어렵다. 또한 이 사건 정보제공행위가 청구인들 외에 제3자의 이익을 침해할 가능성이 있다는 사정도 발견할 수 없다.

한편 '개인정보 보호법'은 개인정보처리자로부터 개인정보를 제공받은 자가 개인정보를 제공받은 목적 외의 용도로 이용하거나 다시 제3자에게 제공하는 것을 금지하고 있고(제19조), 개인정보를 처리하거나 처리하였던 자가 업무상 알게 된 개인정보를 누설하거나 권한 없이 다른 사람이 이용하도록 제공하는 행위를 금지·처벌하고 있다(제59조 제2호, 제71조 제5호). 또한 형사소송법은 검사·사법경찰관리와 그 밖의 직무상 수사에 관계있는 자는 피의자 또는 다른 사람의 인권을 존중하고 수사과정에서 취득한 비밀을 엄수하여야 한다고 규정하고 있다(제198조 제2항). 따라서 이 사건 정보제공행위에 의하여 제공된 요양급여정보가 수사에 필요한 범위 내에서만 사용되고 유출·남용되는 것을 방지하기 위한 제도적 장치도 마련되어 있다.

이와 같은 사정에 더하여 서울용산경찰서장이 체포영장이 발부된 피의자인 청구인들의 소재를 신속하게 파악하여 적시에 청구인들을 검거할 수 있도록 하고 이를 통하여 국가형벌권의 적정한 수행에 기여하고자 하는 공익은 매우 중대한 점을 고려할 때, 이 사건 정보제공행위가 정보주체 또는 제3자의 이익을 부당하게 침해할 우려가 있는 경우에 해당한다고 보기 어렵다.

(3) 그렇다면 이 사건 정보제공행위는 이 사건 정보제공조항 등이 정한 요건에 부합하는 적법한 행위로서 청구인들의 개인정보자기결정권에 대한 침해를 최소화한 것으로 볼 수 있으므로, 침해의 최소성에 위배되지 않는다.

다. 법익의 균형성

이 사건 정보제공행위에 의하여 청구인들은 그들의 동의 없이 언제 어느 요양기관을 방문하였는지에 관한 정보가 수사기관에 제공되는 불이익을 받았으나, 체포영장이 발부된 청구인들을 검거하여 국가형벌권의 적정한 수행에 기여하고자 하는 공익은 이와 같은 청구인들의 사익의 제한보다 훨씬 크고 중요한 것이므로 이 사건 정보제공행위는 법익의 균형성도 갖추었다.

라. 소 결

이 사건 정보제공행위는 과잉금지원칙에 위배되어 청구인들의 개인정보자기결정권을 침해하였다고 볼 수 없다.

cf. 헌법재판소는 2018. 8. 30. 2016헌마483 결정에서, 김포경찰서장이 김포시장에게 활동보조인과 수급자의 인적사항, 휴대전화번호 등을 확인할 수 있는 자료를 요청한 행위('사실조회행위')의 공권력 행사성이 인정되지 않고, 그 근거인 형사소송법 제199조 제2항, '경찰관 직무집행법' 제8조 제1항의 기본권침해의 가능성이 인정되지 않으며, '개인정보 보호법' 제18조 제2항 제7호('정보제공조항')는 기본권침해의 직접성이 인정되지 않는다는 데에 전원 일치 의견이었다. 다만, 김포시장이 김포경찰서장에게 청구인들의 이름, 생년월일, 전화번호, 주소를 제공한 행위('정보제공행위')가 과잉금지원칙에 위배되어 청구인들의 개인정보자기결정권을 침해하는지 여부에 대하여는 위 헌재 2018. 8. 30. 2014헌마368 결정과는 달리 전원 일치 의견으로 이를 부인하였다.

6. 주거의 자유, 거주이전의 자유 관련

- 대한민국 국민이 자진하여 외국 국적을 취득한 경우 대한민국 국적을 상실하도록 한 국적법 제15조 제1항이 과잉금지원칙에 위배되어 청구인의 거주·이전의 자유 및 행복추구권을 침해하는지 여부(전원 소극, 2014. 6. 26. 2011헌마502; 공보 213호 1113면)
- 법인이 과밀억제권역 내에 본점의 사업용 부동산으로 건축물을 신축하여 이를 취득하는 경우 취득세를 중과하는 구 지방세법 제112조 제3항 본문이 거주·이전의 자유 및 영업의 자유를 침해하는지 여부(소극:적극 7:2, 2014. 7. 24. 2012헌바408; 공보 214호 1235면)
- 법무부장관으로 하여금 거짓이나 그 밖의 부정한 방법으로 귀화허가를 받은 자에 대하여 그 허가를 취소할 수 있도록 규정하면서도 그 취소권의 행사기간을 따로 정하고 있지 아니한 국적법 제21조 중 '귀화허가취소에 관한 부분'이 과잉금지원칙에 위배되어 거주·이전의 자유 및 행복추구권을 침해하는지 여부(전원 소극, 2015. 9. 24. 2015헌바26; 공보 228호 1440면)
- 형사재판에 계속 중인 사람에 대하여 출국을 금지할 수 있다고 규정한 출입국관리법 제4조 제1항 제1호가 영장주의, 적법절차, 무죄추정의 원칙에 위배되거나 출국의 자유, 공정한 재판을 받을 권리를 침해하는지 여부(소극:적극 7:2, 2015. 10. 20. 2012헌바302; 공보 228호 1395면)
- 북한이탈주민이 '거짓이나 그 밖의 부정한 방법으로' 보호 및 지원을 받아 재물이나 재산상 이익을 받은 경우 이를 필요적으로 몰수·추징하도록 규정하고 있는 '북한이탈주민의 보호 및 정착지원에 관한 법률' 조항의 위헌 여부(소극:적극 4:5, 2017. 7. 27. 2015헌가22; 공보 251호 849면)
- 복수국적자에 대하여 제1국민역에 편입된 날부터 3개월 이내에 대한민국 국적을 이탈하지 않으면 병역의무를 해소한 후에야 이를 가능하도록 한 국적법 조항이 국적이탈의 자유를 침해하는지 여부(적극:소극 4:5, 2015. 11. 26. 2013헌마805등; 공보 230호 1836)

▸ 체포영장을 집행하는 경우 필요한 때에는 타인의 주거 등에서 피의자 수사를 할 수 있도록 한 형사소송법 제216조 제1항 제1호 중 제200조의2에 관한 부분이 헌법 제16조의 영장주의에 위반되는지 여부(전원 적극, 2018. 4. 26. 2015헌바370등; 공보 259호 687면): 헌법 제12조 제3항과 헌법 제16조의 관계, 주거 공간에 대한 긴급한 압수·수색의 필요성, 주거의 자유와 관련하여 영장주의를 선언하고 있는 헌법 제16조의 취지 등을 종합하면, 헌법 제16조의 영장주의에 대해서도 그 예외를 인정하되, 이는 ① 그 장소에 범죄혐의 등을 입증할 자료나 피의자가 존재할 개연성이 소명되고, ② 사전에 영장을 발부받기 어려운 긴급한 사정이 있는 경우에만 제한적으로 허용될 수 있다. 심판대상조항의 위헌성은 체포영장이 발부된 피의자를 체포하기 위하여 타인의 주거 등을 수색하는 경우에 피의자가 그 장소에 소재할 개연성만 소명되면 수색영장을 발부받기 어려운 긴급한 사정이 있는지 여부와 무관하게 영장주의의 예외를 인정하고 있다는 점에 있다.

[39] 27세까지만 단기 국외여행을 허용하는 규정의 위헌확인 사건

(2013. 6. 27. 2011헌마475)

◇ 사안과 쟁점

청구인은 병역법상 제1국민역으로 현역병 입영대상자이다. 병역법 제70조 제4항, 같은 법 시행령 제146조 제2항, '병역의무자 국외여행 업무처리 규정'(병무청 훈령) 제6조 제1항 별표 1에 의하면 제1국민역의 경우 원칙적으로 27세까지만 병무청장의 허가를 받아 단기 국외여행을 할 수 있다. 단기 국외여행을 하고자 하는 청구인은 위 훈령조항, 시행령조항으로 인하여 청구인의 거주·이전의 자유, 평등권 등이 침해되었다고 주장하면서 그 위헌확인을 구하는 헌법소원심판을 청구하였다. 시행령조항은 청구인의 기본권침해에 대한 직접관련성이 없어 부적법하다.

쟁점은, 제1국민역의 경우 특별한 사정이 없는 한 27세까지만 단기 국외여행을 허용하는 '병역의무자 국외여행 업무처리 규정'(병무청 훈령 제944호) 제6조 제1항 별

표 1('이 사건 훈령조항')이 거주·이전의 자유를 침해하는지 여부이다(전원 소극, 2013. 6. 27. 2011헌마475; 공보 201호 847면). 재판관 조용호는 주심으로 법정의견을 집필하였다

◇ 법정(합헌)의견

나. 이 사건 훈령조항에 대한 판단

(1) 거주 · 이전의 자유 침해 여부

㈎ 헌법 제14조 제1항은 "모든 국민은 거주·이전의 자유를 가진다."고 규정하고 있다. 거주·이전의 자유는 국내에서 체류지와 거주지를 자유롭게 정할 수 있는 자유영역뿐 아니라 국외에서 체류지와 거주지를 자유롭게 정할 수 있는 해외여행 및 해외이주의 자유를 포함한다. 구체적으로 해외여행 및 해외이주의 자유는 외국에서 체류 또는 거주하기 위해서 대한민국을 떠날 수 있는 '출국의 자유'와 외국체류 또는 거주를 중단하고 다시 대한민국으로 돌아올 수 있는 '입국의 자유'를 포함한다(헌재 2004. 10. 28. 2003헌가18; 헌재 2008. 6. 26. 2007헌마1366).

이 사건 훈령조항은 제1국민역의 경우 단기 국외여행 허가기간을 27세까지로 제한함으로써 청구인의 해외여행의 자유를 제한하고 있는바, 이러한 제한이 헌법상 과잉금지원칙에 위배되는지 여부에 대하여 살펴본다.

㈏ 이 사건 훈령조항은 국외여행을 통한 병역의무의 회피를 막아 국민이 병역의무를 성실히 수행하도록 하여 원활한 병역자원의 수급을 도모하기 위한 것으로 그 입법목적이 정당하고, 제1국민역의 국외여행에 대한 허가제와 허가기간 제한은 위와 같은 목적을 달성하는 데에 효과 있는 수단으로 판단된다.

질병·심신장애·재난 등의 사유로 입영의무를 연기하지 않는 한 일부 특수한 경우를 제외하고는 일반적으로 27세 이하의 범위 내에서만 입영의무의 연기가 가능하다(병역법 제61조 제1항, 같은 법 시행령 제124조, 제124조의2 등 참조). 그렇다면 28세가 되어 이 사건 훈령조항에 의하여 국외여행허가를 받을 수 없는 자는 대부분 더 이상 입영의무를 연기할 사유가 없어 곧 징·소집의무를 이행하여야 할 경우에 해당하므로, 만약 이들에게까지 단기 국외여행을 자유롭게 허용한다면 이는 엄격한 요건 하에서 입영의무의 연기를 허가하고 부분적으로 해외여행을 허가하여 병역의무의 회피

를 방지하려는 병역 관계법령의 취지를 몰각하는 결과를 초래하게 되고 병무행정의 안정을 해할 수 있다. 한편 '병역의무자 국외여행 업무처리 규정'은 단기 국외여행허가 외에도 기타 부득이한 사유가 있는 사람으로서 병역의무부과에 지장이 없다고 인정되는 사람에 대하여 특별한 연령제한 없이 허가를 받을 수 있도록 하는 규정(위 업무처리 규정 별표 1 연번 13)을 둠으로써 국민의 거주·이전의 자유에 대한 제한을 최소화하고 있다.

나아가 청구인이 이 사건 훈령조항으로 인하여 일정한 기간 동안 자유로이 출국할 수 없게 됨에 따른 기본권의 제한 정도보다는 병역의무의 회피를 막아 병무행정을 충실히 하려는 공익이 더 크다.

결국 이 사건 훈령조항이 과잉금지원칙에 위배하여 청구인의 거주·이전의 자유를 침해한다고 볼 수 없다.

(2) 기타 주장에 관하여

(가) 이 사건 훈령조항은 사실상 27세를 기준으로 단기 국외여행의 허가 여부를 정하고 있는데 위에서 언급한 바와 같이 현행 병역법상 대부분의 경우 27세 이하의 범위 내에서만 입영의무의 연기가 가능하다는 점 등을 고려할 때 이와 같은 기준 설정을 자의적인 차별이라고 볼 수는 없으므로, 이 사건 훈령조항이 청구인의 평등권을 침해한다는 청구인의 주장은 이유 없다.

(나) 청구인은 이 사건 훈령조항으로 인하여 청구인의 행복추구권도 침해된다고 주장하나, 이 사건에서는 거주·이전의 자유라는 우선적으로 적용되는 기본권이 존재하여 그 침해 여부를 판단하는 이상 보충적 성격을 지닌 행복추구권의 침해 여부에 대하여는 따로 판단하지 않는다(헌재 2009. 3. 26. 2006헌마240).

(다) 병역법 시행령 제146조 제2항은 국외여행허가에 관한 사항을 병무청장이 정하도록 하고 있는바, 국외여행허가를 받아야 할 사람으로 30세 이하인 제1국민역을 규정하고 있는 병역법 시행규칙 제110조 제1호는 국외여행허가의 기본상한연령을 설정한 것이고, 이 사건 훈령조항을 포함하고 있는 '병역의무자 국외여행 업무처리 규정' 별표 1은 구체적으로 '국외여행 목적별'로 허가대상 및 기간에 대한 세부기준을 정한 것이므로, 양 규정은 규율의 의미 내지 그 차원을 달리한다. 따라서 이 사건 훈령조항이 위 시행규칙 조항을 위반하였다는 청구인의 주장은 이유 없다.

7. 직업의 자유, 자격취득 관련

일반 사건에서의 의견

◇ 위헌의견을 취한 사례

- 농협·축협 조합장이 금고 이상의 형을 선고받고 그 형이 확정되지 아니한 경우에도 이사가 그 직무를 대행하도록 규정한 농업협동조합법 제46조 제4항 제3호 중 '조합장'에 관한 부분 및 제107조 제1항 중 제46조 제4항 제3호의 '조합장'에 관한 부분이 과잉금지원칙에 반하여 조합장인 청구인들의 직업수행의 자유를 침해하는지 여부(전원 적극, 2013. 8. 29. 2010헌마562; 공보 203호 1171면)
- 선거범죄로 인하여 100만 원 이상의 벌금형이 선고되면 임원의 결격사유가 됨에도, 새마을금고법 제21조가 선거범죄와 다른 죄가 병합되어 경합범으로 재판하게 되는 경우 선거범죄를 분리 심리하여 따로 선고하는 규정('분리 선고 규정')을 두지 않은 것이 과잉금지원칙에 반하여 새마을금고 임원이나 임원이 되고자 하는 사람의 직업선택의 자유를 침해하는지 여부(전원 적극, 2014. 9. 25. 2013헌바208; 공보 216호 1564면)
- 법인의 임원이 '학원의 설립·운영 및 과외교습에 관한 법률'('학원법')을 위반하여 벌금형을 선고받은 경우, 법인의 학원설립·운영 등록이 효력을 잃도록 규정하고 있는 학원법 제9조 제2항 본문 중 제9조 제1항 제7호 가운데 제9조 제1항 제4호에 관한 부분('등록실효조항')이 과잉금지원칙에 위배되어 직업수행의 자유를 침해하는지 여부(소극:<u>적극</u> 2:6, 2015. 5. 28. 2012헌마653; 공보 224호 888면)
- 수상레저안전법상 조종면허를 받은 사람이 동력수상레저기구를 이용하여 범죄행위를 하는 경우에 조종면허를 필요적으로 취소하도록 규정한 구 수상레저안전법 제13조 제1항 제3호가 직업의 자유 내지 일반적 행동의 자유를 침해하는지 여부(전원 적극, 2015. 7. 30. 2014헌가13; 공보 226호 1116면)
- 치과전문의 자격 인정 요건으로 '외국의 의료기관에서 치과의사 전문의 과정

을 이수한 사람'을 포함하지 아니한 '치과의사전문의의 수련 및 자격 인정 등에 관한 규정'(대통령령 제22075호) 제18조 제1항이 청구인들의 직업수행의 자유를 침해하는지 여부(적극:소극 6:3, 2015. 9. 24. 2013헌마197; 공보 228호 1459면)

▸ '마약류 관리에 관한 법률'을 위반하여 금고 이상의 실형을 선고받고 그 집행이 끝나거나 면제된 날부터 20년이 지나지 아니한 것을 택시운송사업의 운전업무 종사자격의 결격사유 및 취소사유로 정한 여객자동차 운수사업법 조항이 직업선택의 자유를 침해하는지 여부(적극:소극 7:2, 2015. 12. 23. 2013헌마575등; 공보 231호 139면)

▸ '성인대상 성범죄로 형을 선고받아 확정된 자'로 하여금 그 형의 집행을 종료한 날부터 10년 동안 의료기관을 개설하거나 의료기관에 취업할 수 없도록 한 구 '아동·청소년의 성보호에 관한 법률' 조항이 직업선택의 자유를 침해하는지 여부(전원 적극, 2016. 3. 31. 2013헌마585등; 공보 234호 602면)/아동·청소년대상 성범죄로 형 또는 치료감호를 선고받아 확정된 자에 대하여 그 형 또는 치료감호의 전부 또는 일부의 집행을 종료하거나 집행이 유예·면제된 날부터 10년간 아동·청소년 관련기관 등을 운영하거나 사실상 노무를 제공할 수 없도록 한 '아동·청소년의 성보호에 관한 법률' 조항이 청구인의 직업선택의 자유를 침해하는지 여부(전원 적극, 2016. 4. 28. 2015헌마98; 공보 235호 793면)/성인대상 성범죄로 형을 선고받아 확정된 자는 그 형의 집행을 종료한 날부터 10년 동안 아동·청소년 관련 교육기관 등을 운영하거나 위 기관에 취업할 수 없도록 한 구 '아동·청소년의 성보호에 관한 법률' 제44조 제1항이 청구인의 직업선택의 자유를 침해하는지 여부(전원 적극, 2016. 7. 28. 2013헌마436; 공보 238호 1246면)/아동학대관련범죄로 형을 선고받아 확정된 자로 하여금 그 형이 확정된 때부터 형의 집행이 종료되거나 집행을 받지 아니하기로 확정된 후 10년 동안 체육시설 및 '초·중등교육법' 상의 학교를 운영하거나 이에 취업 또는 사실상 노무를 제공할 수 없도록 한 아동복지법 조항이 직업선택의 자유를 침해하는지 여부(전원 적극, 2018. 6. 28. 2017헌마130등; 공보 261호 1169면)/성적목적공공장소침입죄로 형을 선고받아 확정된 자로 하여금 그 형의 집행을 종료한 날부터 10년 동안 의료기관을 제외한 아동·청소년 관련기관 등을 개설하거나 그에 취업할 수 없도록 한 '아동·청소년의 성보호에 관한 법률' 조

항이 청구인의 직업선택의 자유를 침해하는지 여부(전원 적극, 2016. 10. 27. 2014헌마709; 공보 241호 1698면)

- 전파법 중 방송통신기자재등을 제조·판매·수입하려는 자에 대하여 해당 기자재의 적합성평가를 받도록 한 조항 및 적합성평가를 받지 않고 방송통신기자재등을 판매하거나 판매할 목적으로 제조·수입한 사람을 처벌하도록 한 조항이 직업수행의 자유를 침해하는지 여부(소극:적극 6:3, 2017. 7. 27. 2015헌바278등; 공보 250호 730면)
- 청원경찰이 금고 이상의 형의 선고유예를 받은 경우 당연퇴직하도록 한 청원경찰법 조항이 과잉금지원칙에 반하여 직업의 자유를 침해하는지 여부(전원 적극, 2018. 1. 25. 2017헌가26; 공보 256호 273면)
- 세무사 자격 보유 변호사로 하여금 세무사로서 세무사의 업무를 할 수 없도록 규정한 세무사법 조항이 과잉금지원칙에 위반하여 세무사 자격 보유 변호사의 직업선택의 자유를 침해하는지 여부(적극:소극 6:3, 2018. 4. 26. 2015헌가19; 공보 259호 671면)/세무사 자격 보유 변호사로 하여금 세무조정업무를 할 수 없도록 규정한 법인세법 및 소득세법 조항이 과잉금지원칙에 위반하여 세무사 자격 보유 변호사의 직업선택의 자유를 침해하는지 여부(적극:소극 6:3, 2018. 4. 26. 2016헌마116; 공보 259호 750면)

◇ 합헌의견을 취한 사례

① 변호사 관련

- 변호인선임서 등을 공공기관에 제출할 때 소속 지방변호사회를 경유하도록 하는 변호사법 제29조가 변호사의 직업수행의 자유를 침해하는지 여부(전원 소극, 2013. 5. 30. 2011헌마131; 공보 200호 676면)
- 금고 이상의 형의 집행유예를 선고받고 그 유예기간이 지난 후 2년이 지나지 아니한 사람에 대하여 변호사시험에 응시할 수 없도록 규정한 변호사시험법 제6조 제3호('응시 결격조항')가 청구인의 직업선택의 자유, 평등권을 침해하는지 여부(전원 소극), 법학전문대학원의 석사학위 취득 후 5년 이내로 변호사시험 응시기간을 제한하고, 병역의무를 이행한 기간만을 위 응시기간에 포함하

지 아니한다고 규정한 변호사시험법 제7조 제2항('응시기간산입 예외조항')이 청구인의 직업선택의 자유를 침해하는지 여부(소극:적극 6:3)(2013. 9. 26. 2012헌마365; 공보 204호 1408면)

- 법학전문대학원 출신 변호사들에게 6개월간의 법률사무 종사 또는 연수 의무를 부과한 변호사법 제31조의2 제1항이 직업수행의 자유를 침해하는지 여부 및 법률사무종사기관의 취업자와 미취업자, 또는 사법연수생과 법학전문대학원 출신 변호사를 차별하여 평등권을 침해하는지 여부(전원 소극, 2013. 10. 24. 2012헌마480; 공보 205호 1551면)
- 타인의 권리를 양수하여 소송·조정 또는 그 밖의 방법으로 그 권리를 실행함을 업으로 한 자를 형벌에 처하도록 규정한 변호사법 제112조 제1호 중 '타인의 권리를 양수하여 소송·조정 또는 그 밖의 방법으로 그 권리를 실행함을 업으로 한 자' 부분이 직업선택의 자유를 침해하는지 여부(전원 소극, 2013. 12. 26. 2012헌바35; 공보 207호 110면)
- 변호사가 공소제기되어 그 재판의 결과 등록취소에 이르게 될 가능성이 매우 크고, 그대로 두면 장차 의뢰인이나 공공의 이익을 해칠 구체적인 위험성이 있는 경우 법무부변호사징계위원회의 결정을 거쳐 법무부장관이 업무정지를 명할 수 있도록 한 변호사법 제102조 제1항 본문 및 제2항 중 각 '공소제기된 변호사'에 관한 부분이 직업수행의 자유를 침해하는지 여부(전원 소극, 2014. 4. 24. 2012헌바45; 공보 211호 774면)
- 법학전문대학원 출신 변호사시험 합격자들로 하여금 6개월 이상 법률사무종사기관에서의 종사 또는 대한변호사협회에서의 연수를 받지 아니하면 단독으로 법률사무소를 개설하거나 단독 또는 공동으로 수임할 수 없도록 하는 내용의 변호사법 제21조의2 제1항, 제31조의2 제1항이 청구인들의 직업수행의 자유와 평등권을 침해하는지 여부(전원 소극, 2014. 6. 26. 2013헌마424; 공보 216호 1613면)
- 법학전문대학원에 입학할 수 있는 자는 학사학위를 가지고 있거나 법령에 따라 이와 동등 이상의 학력이 있다고 인정된 자로 한다고 규정한 '법학전문대학원 설치·운영에 관한 법률' 제22조가 학사학위가 없는 자의 직업선택의 자유를 침해하는지 여부(전원 소극, 2016. 3. 31. 2014헌마1046; 공보 234호 658면)

▸ 변호사시험의 응시기간과 응시횟수를 법학전문대학원의 석사학위를 취득한 달의 말일 또는 취득예정기간 내 시행된 시험일부터 5년 내에 5회로 제한한 변호사시험법 조항이 변호사시험에 5회 모두 불합격한 청구인의 직업선택의 자유를 침해하는지 여부(전원 소극, 2016. 7. 29. 2016헌마47등; 공보 240호 1578면)

▸ 변호사가 비변호사로서 유상으로 법률사무를 처리하려는 자에게 자기의 명의를 이용하게 하는 것을 금지하고, 이를 위반한 경우 형사처벌하도록 규정한 변호사법 제34조 제3항이 변호사의 직업수행의 자유를 침해하는지 여부(전원 소극, 2018. 5. 31. 2017헌바204등; 공보 260호 865면)

▸ 변호사가 법률사건 등의 수임에 관하여 소개·알선 또는 유인의 대가로 금품 등의 이익을 제공하거나 제공하기로 약속하는 행위를 금지하고 이를 위반한 경우 처벌하는 변호사법 제34조 2항 및 제109조 제2호 가운데 제34조 제2항 중 '변호사'에 관한 부분('금품제공금지 조항')이 변호사의 직업수행의 자유를 침해하는지 여부, 변호사가 변호사법 제109조 제1호에 규정된 자로부터 법률사건 등의 수임을 알선받는 행위를 금지하고 이를 위반한 경우 처벌하는 '변호사법' 제34조 제3항 및 제109조 제2호 가운데 제34조 제3항 중 '변호사가 제109조 제1호에 규정된 자로부터 법률사건이나 법률사무의 수임을 알선받아서는 아니 된다'는 부분('알선수임금지 조항')이 변호사의 직업수행의 자유를 침해하는지 여부(전원 소극, 2018. 7. 26. 2018헌바112; 공보 262호 1253면)

② 의료, 약사, 보건 관련

▸ 보건복지가족부 고시(제2007-3호) 중 인조테이프를 이용한 요실금수술을 하는 경우 요류역학검사를 실시하도록 하는 부분이 의사인 청구인들의 직업수행의 자유를 침해하는지 여부(소극:적극 7:2, 2013. 9. 26. 2010헌마204; 공보 204호 1368면)

▸ 의료기관 또는 의료인이 아닌 자가 의료에 관한 광고를 할 경우에 이를 형사처벌하도록 규정한 의료법 제89조 중 제56조 제1항에 관한 부분이 의료인이 아닌 자의 표현의 자유 및 직업수행의 자유를 침해하는지 여부(전원 소극, 2014. 3. 27. 2012헌바293; 공보 210호 621면)

- 의약품 도매상 허가를 받기 위해 필요한 창고면적의 최소기준을 규정하고 있는 약사법 제45조 제2항 제2호 중 창고면적과 관련된 '264제곱미터' 부분과, 기존의 허가를 받은 의약품 도매상의 경우 법 시행일부터 2년 이내에 해당시설을 갖추도록 규정하고 있는 약사법 부칙 제5조가 청구인의 직업수행의 자유를 침해하는지 여부(전원 소극, 2014. 4. 24. 2012헌마811; 공보 211호 870면)
- 의료법에 따라 개설된 의료기관이 당연히 국민건강보험 요양기관이 되도록 규정한 국민건강보험법 제42조 제1항 전문 중 제1호에 관한 부분('요양기관 강제지정제')이 청구인들의 의료기관 개설자로서의 직업수행의 자유를 침해하는지 여부(전원 소극, 2014. 4. 24. 2012헌마865; 공보 211호 875면)
- 의사 또는 치과의사에 대해서만 물리치료사 지도권한을 인정하고 한의사에게는 이를 배제하고 있는 구 '의료기사 등에 관한 법률' 제1조 중 "의사 또는 치과의사의 지도하에 진료 또는 의화학적 검사에 종사하는 자" 중 물리치료사에 관한 부분이 한의사가 물리치료사의 조력을 통해 환자들에게 한방물리치료를 하는 것을 제한함으로써 한의사의 직업수행의 자유를 침해하는지 여부(전원 소극, 2014. 5. 29. 2011헌마552; 공보 212호 993면)
- 품목별로 제조허가를 받지 아니하거나 제조신고를 하지 아니한 의료기기를 수여 또는 사용하거나 사용 등의 목적으로 제조하는 행위를 처벌하도록 규정한 구 의료기기법 제43조 제1항이 의료기 제조업자 등의 직업수행의 자유를 침해하는지 여부(전원 소극, 2014. 9. 25. 2013헌바162; 공보 216호 1556면)
- 의료인에게 3년마다 실태와 취업상황 등에 대한 신고의무를 부과하고 있는 의료법 제25조 제1항이 직업수행의 자유를 침해하는지 여부(전원 소극, 2014. 6. 26. 2012헌마660; 공보 213호 1141면)
- 이른바 샘플 화장품 판매 금지와 그 위반자에 대한 형사처벌을 규정한 화장품법 제16조 제1항 제3호 중 '판매 금지에 관한 부분' 및 제37조 제1항 중 제16조 제1항 제3호 가운데 '판매 금지에 관한 부분'이 직업수행의 자유를 침해하고, 책임과 형벌 간 비례원칙에 위배되는지 여부(전원 소극, 2017. 5. 25. 2016헌바408; 공보 248호 539면)
- 허가받은 지역 밖에서의 이송업의 영업을 금지하고 처벌하는 '응급의료에 관한 법률' 제51조 제1항 후문이 직업수행의 자유를 침해하는지 여부(전원 소극,

2018. 2. 22. 2016헌바100; 공보 257호 414면)

- 의료기관의 시설 또는 부지의 일부를 분할·변경 또는 개수(改修)하여 약국을 개설하는 경우 약국의 개설등록을 받지 않도록 규정한 약사법 제20조 제5항 제3호가 과잉금지원칙에 위배되어 직업수행의 자유를 침해하는 여부(전원 소극, 2018. 2. 22. 2016헌바401; 공보 257호 437면)
- 건강기능식품판매업을 하려는 자에게 신고의무를 부과한 '건강기능식품에 관한 법률' 제6조 제2항 본문('신고조항'), 신고의무를 위반하여 영업을 한 경우 처벌하는 같은 법 제44조 제1호('처벌조항')가 직업수행의 자유를 침해하는지 여부(신고조항에 대하여는 전원 소극, 처벌조항에 대하여는 소극:적극 6:3, 2018. 8. 30. 2017헌바368; 공보 263호 1451면)

③ 건설, 제조, 산업 관련

- 도시 및 주거환경정비법을 위반하여 벌금 100만 원 이상의 형을 선고받고 5년이 지나지 아니한 자를 조합임원의 결격사유로 규정한 도시 및 주거환경정비법 제23조 제1항 제5호 중 주택재개발정비사업조합에 관한 부분이 직업선택의 자유를 침해하는지 여부(전원 소극, 2013. 7. 25. 2012헌마72; 공보 202호 1013면)
- 신고를 하지 아니하고 재활용중간처리시설을 설치한 자를 처벌하는 구 폐기물관리법 제66조 제11호 중 '재활용을 위한 폐기물의 중간처리시설을 설치한 자' 부분이 직업수행의 자유를 침해하는지 여부(전원 소극, 2014. 7. 24. 2012헌바437; 공보 214호 1241면)
- 국토교통부장관으로부터 표준지공시지가의 조사·평가 등 업무 위탁을 받을 수 있는 감정평가법인을 50인 이상 감정평가사를 둔 법인으로 제한하고 있는 '부동산 가격공시 및 감정평가에 관한 법률 시행령' 제81조 제1항 중 '제81조 제2항 제1호의 표준지 평가 업무 위탁' 부분이 법률유보원칙 또는 과잉금지원칙에 위배되어 직업수행의 자유를 침해하는지 여부(전원 소극, 2015. 7. 30. 2013헌마536; 공보 226호 1245면)
- 주유소인 석유판매업자의 거래상황기록부 보고기한을 매월 1회에서 매주 1회로 단축한 '석유 및 석유대체연료 사업법' 시행규칙 제45조 제1항 별표 8 제3

호 나목 중 '매주 화요일' 부분이 석유판매업자인 청구인들의 직업수행의 자유를 침해하는지 여부(전원 소극, 2015. 7. 30. 2014헌마13; 공보 226호 1250면)

- 직접생산 확인을 받은 제품을 하청생산하는 경우 그 중소기업자가 확인받은 모든 제품에 대하여 필요적으로 직접생산 확인을 취소하도록 규정한 '중소기업제품 구매촉진 및 판로지원에 관한 법률' 제11조 제3항 중 제2항 제3호에 관한 부분이 직업수행의 자유를 침해하는지 여부(전원 소극, 2015. 9. 24. 2013헌바393; 공보 228호 1411면/전원 소극, 2018. 11. 29. 2016헌바353; 공보 266호 1655면)
- '국가유공자 등 단체설립에 관한 법률'에 따라 설립된 단체 중 상이를 입은 자들로 구성된 단체('상이단체')가 수익사업을 운영하면서 하청생산 납품 등 부당한 방법으로 직접 생산하지 아니한 제품을 납품한 경우에 상이단체가 받은 직접생산 확인을 전부 취소하도록 정하고 있는 구 '중소기업제품 구매촉진 및 판로지원에 관한 법률' 제33조 제1항 제2호 중 제11조 제3항 가운데 제11조 제2항 제3호에 관한 부분이 직업수행의 자유를 침해하는지 여부(전원 소극, 2017. 7. 27. 2016헌가9; 공보 250호 703면)
- 안전성조사 결과 제품의 위해성이 확인된 경우 해당 제품의 사업자에 대하여 수거 등을 명령하도록 한 제품안전기본법 제11조 제1항 제1호 중 '수거 등을 명령하고' 부분이 과잉금지원칙에 위배되어 청구인의 직업의 자유 및 재산권을 침해하는지 여부(전원 소극, 2016. 3. 31. 2015헌바227; 공보 234호 592면)
- 국가기술자격증을 다른 자로부터 빌려 건설업의 등록기준을 충족시킨 경우 그 건설업 등록을 필요적으로 말소하도록 한 건설산업기본법 제83조 단서 중 제6호 부분이 건설업자의 직업의 자유를 침해하는지 여부(전원 소극, 2016. 12. 29. 2015헌바429; 공보 243호 155면)
- 제조업의 직접생산공정업무를 근로자파견의 대상 업무에서 제외하는 '파견근로자보호 등에 관한 법률' 제5조 제1항, 제조업의 직접생산공정업무에 관하여 근로자파견의 역무를 제공받는 것을 금지하고, 위반 시 처벌하는 같은 법 제5조 제5항, 제43조 제1의2호가 제조업의 직접생산공정업무에 관하여 근로자파견의 역무를 제공받고자 하는 사업주의 직업수행의 자유를 침해하는지 여부(전원 소극, 2017. 12. 28. 2016헌바346; 공보 255호 119면)

- 담배제조업 허가요건으로 자본금 및 시설기준의 하한을 규정한 담배사업법 시행령 제4조 제1항 제1호 및 제2호가 청구인의 직업선택의 자유를 침해하는지 여부(전원 소극, 2018. 2. 22. 2017헌마438; 공보 257호 470면)

④ 식품, 접객업 관련

- 일반음식점영업소를 금연구역으로 지정하여 운영하도록 한 국민건강증진법 제9조 제4항 전문 제24호가 법률유보원칙, 위임입법의 한계, 과잉금지원칙을 위반하여 청구인의 직업수행의 자유를 침해하는지 여부(전원 소극, 2016. 6. 30. 2015헌마813; 공보 237호 1119면)
- 수중형 체험활동 운영자에게 연안체험활동 안전관리 계획서를 작성하여 신고하도록 하는 '연안사고 예방에 관한 법률' 제12조 제1항 본문의 '신고의무조항'이 청구인의 직업수행의 자유를 침해하는지 여부(전원 소극, 2016. 7. 28. 2015헌마923; 공보 238호 1289면)
- 성매매 영업알선행위를 처벌하는 '성매매알선 등 행위의 처벌에 관한 법률' 제19조 제2항 제1호 중 제2조 제1항 제2호 가목의 '알선' 부분이 과잉금지원칙에 위배되어 직업선택의 자유를 침해하는지 여부(전원 소극, 2016. 9. 29. 2015헌바65; 공보 240호 1512면)
- 숙박업을 운영하고자 하는 자에게 신고의무를 부과하는 공중위생법 제3조 제1항 전단('신고의무조항') 및 이를 위반한 자를 형사처벌하는 같은 법 제20조 제1항 제1호('처벌조항')가 직업선택의 자유를 침해하는지 여부(전원 소극, 2016. 9. 29. 2015헌바121등; 공보 240호 1516면)
- 국산 미곡등과 같은 종류의 수입 미곡등, 생산연도가 다른 미곡등을 혼합하여 유통하거나 판매하는 행위를 금지하는 양곡관리법 제20조의4 제2항 중 양곡매매업자에 관한 부분이 청구인의 직업수행의 자유를 침해하는지 여부(전원 소극, 2017. 5. 25. 2015헌마869; 공보 248호 549면)
- 생산자·수입자 또는 판매자로 하여금 산양삼 유통·판매 또는 통관을 하는 경우 품질표시를 하도록 하고, 이를 위반하면 형사처벌하는 '임업 및 산촌 진흥촉진에 관한 법률' 제18조의6 제2항이 산양삼 생산자·수입자 또는 판매자의 직업수행의 자유를 침해하는지 여부(전원 소극, 2017. 7. 27. 2017헌가8; 공보

250호 710면)

- 건강기능식품판매업을 하려는 자에게 신고의무를 부과하고 이를 위반하여 영업을 한 경우 처벌하는 '건강기능식품에 관한 법률' 조항이 직업수행의 자유를 침해하는지 여부(소극:적극 6:3, 2018. 8. 30. 2017헌바368; 공보 263호 1451면)
- 주방에서 발생하는 음식물 찌꺼기 등을 분쇄하여 오수와 함께 배출하는 주방용오물분쇄기의 판매와 사용을 금지하는 '주방용오물분쇄기의 판매·사용금지'(환경부고시 제2013-179호) 제1조가 주방용오물분쇄기를 사용하거나 판매하려는 청구인들의 일반적 행동자유권 또는 직업의 자유를 침해하는지 여부(전원 소극, 2018. 6. 28. 2016헌마1151; 공보 261호 1160면)

⑤ 지적소유권, 저작권, 게임물, IT 관련

- 불사용 취소심판에 의하여 소멸된 상표와 동일하거나 유사한 상표의 재출원을 3년 간 금지하는 구 상표법 제7조 제5항 제3호 중 제73조 제1항 제3호에 관한 부분이 직업수행의 자유, 평등권을 침해하는지 여부(전원 소극, 2013. 11. 28. 2012헌바6; 공보 206호 1661면)
- 과거에 소멸한 저작인접권을 회복시키는 저작권법 부칙 제4조 제2항이 헌법 제13조 제2항이 금지하는 소급입법에 의한 재산권 박탈에 해당하는지 여부, 음반 제작자의 직업 수행의 자유를 침해하는지 여부(전원 소극, 2013. 11. 28. 2012헌마770; 공보 206호 1757면)
- 성인 아케이드 게임장을 운영하는 일반게임제공업자에게 게임점수의 기록·보관을 금지하도록 한 '게임산업진흥에 관한 법률 시행령' 제17조 별표2의 제7호가 일반게임제공업자인 청구인들의 직업수행의 자유 및 평등권을 침해하는지 여부(전원 소극, 2014. 9. 25. 2012헌마1029; 공보 216호 1595면)
- 게임물을 이용하여 도박 그 밖의 사행행위를 하게 하거나 이를 하도록 방치한 게임물 관련사업자가 소유 또는 점유하는 게임물을 필요적으로 몰수하도록 정하고 있는 '게임산업진흥에 관한 법률' 조항이 과잉금지원칙에 위배하여 게임물 관련사업자의 재산권 및 직업수행의 자유를 침해하는지 여부(소극:적극 8:1, 2019. 2. 28. 2017헌바401; 공보 269호 270면)
- 온라인서비스제공자가 자신이 관리하는 정보통신망에서 아동·청소년이용음

란물을 발견하기 위하여 대통령령으로 정하는 조치('발견의무')를 취하지 아니하거나 발견된 아동·청소년이용음란물을 즉시 삭제하고, 전송을 방지 또는 중단하는 기술적인 조치('삭제 및 전송방지 조치')를 취하지 아니한 경우 처벌하는 '아동·청소년의 성보호에 관한 법률' 제17조 제1항 중 발견의무에 관한 부분이 포괄위임금지원칙에 위배되는지 여부, 삭제 및 전송방지 조치에 관한 부분이 죄형법정주의의 명확성원칙에 위배되는지 여부, 위 조항들이 과잉금지원칙에 위배되어 온라인서비스제공자의 영업수행의 자유, 서비스이용자의 통신의 비밀과 표현의 자유를 침해하는지 여부(전원 소극, 2018. 6. 28. 2016헌가15; 공보 261호 1007면)

⑥ 금융, 신용, 조세 관련

- 부가가치세법에 의한 과세기간별로 세금계산서 교부의무위반 등의 금액이 총매출액의 100분의 10 이상인 때 주류판매업면허를 취소하도록 규정한 구 주세법 제15조 제2항 제4호가 직업선택의 자유를 침해하는지 여부(전원 소극, 2014. 3. 27. 2012헌바178등; 공보 210호 615면)
- 신용카드가맹점에 대하여 신용카드로 거래한다는 이유로 신용카드 결제를 거절하거나 신용카드회원을 불리하게 대우하는 것을 금지하는 여신전문금융업법 제19조 제1항이 직업수행의 자유를 침해하는지 여부(전원 소극, 2014. 3. 27. 2011헌마744; 공보 210호 642면)
- 금융감독원의 4급 이상 직원에 대하여 퇴직일로부터 2년간 사기업체등에의 취업을 제한하는 구 공직자윤리법 제17조 제1항 중 공직자윤리법 시행령 제31조에 의하여 적용되는 제3조 제4항 제15호에 관한 부분('취업제한 조항')이 청구인들의 직업의 자유 및 평등권을 침해하는지 여부(전원 소극, 2014. 6. 26. 2012헌마331; 공보 213호 1125면)
- 현금영수증 의무발행업종 사업자로 하여금 거래건당 30만 원 이상인 재화 또는 용역을 공급하고 그 대금을 현금으로 받은 경우 상대방이 현금영수증 발급을 요청하지 아니하더라도 그 발급을 의무화하고, 미발급 시 현금영수증 미발급액의 50%에 상당하는 과태료를 부과하는 조세범 처벌법 제15조 제1항 본문, 구 소득세법 제162조의3 제4항, 구 법인세법 제117조의2 제4항이 직업수

행의 자유를 침해하는지 여부(소극:적극 6:3, 2015. 7. 30. 2013헌바56등; 공보 226호 1133면)

▸ 다단계판매업자에 대하여 등록의무를 부과하고, 그 의무를 불이행한 자를 처벌하는 이 사건 정의조항, 구 방문판매등에 관한 법률 제13조 제1항('등록조항'), 제51조 제1항 제1호('처벌조항')가 직업선택의 자유를 침해하는지 여부(전원 소극, 2015. 7. 30. 2013헌바275; 공보 226호 1156면)

▸ 특정인의 사생활 등을 조사하는 일을 업으로 하는 행위를 금지한 '신용정보의 이용 및 보호에 관한 법률' 제40조 후단 제4호 본문('사생활 등 조사업 금지조항')이 직업선택의 자유를 침해하는지 여부, 탐정 유사 명칭의 사용 금지를 규정한 같은 법 제40조 후단 제5호('탐정 등 명칭사용 금지조항')가 직업수행의 자유를 침해하는지 여부(전원 소극, 2018. 6. 28. 2016헌마473; 공보 261호 1155면)

⑦ 운송, 유통 관련

▸ 개인택시운송사업자의 운전면허가 취소된 경우 개인택시운송사업면허를 취소할 수 있도록 규정한 '여객자동차 운수사업법' 제85조 제1항 제37호 전단이 직업의 자유와 재산권을 침해하는지 여부(전원 소극, 2015. 5. 28. 2013헌바29; 공보 224호 840면)

▸ 선박급유업을 항만별로 지방해양항만청장에게 등록하도록 하고, 등록한 사항을 위반하여 선박급유업을 한 자를 처벌하도록 하는 구 항만운송사업법 제26조의3 제1항 본문의 '선박급유업'에 관한 부분이 선박급유업자의 직업수행의 자유를 침해하는지 여부(전원 소극, 2017. 8. 31. 2016헌바386; 공보 251호 892면)

▸ 구역 여객자동차운송사업 중 대통령령으로 정하는 여객자동차운송사업의 운전자격을 취득한 자가 도주차량죄를 범한 경우 그 운전자격을 취소하도록 규정한 '여객자동차 운수사업법' 제87조 제1항 단서 제3호가 청구인의 직업선택의 자유를 침해하는지 여부(전원 소극, 2017. 9. 28. 2016헌바339; 공보 252호 1002면)

▸ 택시운전자격을 취득한 사람이 강제추행 등 성범죄를 범하여 금고 이상의 형의 집행유예를 선고받은 경우 그 자격을 필요적으로 취소하도록 규정한 '여객자동차 운수사업법'(2014. 1. 28. 법률 제12377호로 개정된 것) 제87조 제1항 단서 제3호가 과잉금지원칙에 위배되어 직업의 자유를 침해하는지 여부(소극:적극

7:1, 2018. 5. 31. 2016헌바14등; 공보 260호 851면)

- 택시운송사업자가 운송비용을 택시운수종사자에게 전가할 수 없도록 정한 '택시운송사업의 발전에 관한 법률' 제12조 제1항이 과잉금지원칙에 위반하여 청구인의 직업수행의 자유를 침해하는지 여부(전원 소극, 2018. 6. 28. 2016헌마1153; 공보 261호 1165면)

⑧ 학원법 관련

- '학원의 설립·운영 및 과외교습에 관한 법률'('학원법')을 위반하여 벌금형을 선고받은 후 1년이 지나지 아니한 자는 학원설립·운영의 등록을 할 수 없도록 규정한 학원법 제9조 제1항 제4호('등록결격조항')가 과잉금지원칙에 위배되어 직업선택의 자유를 침해하는지 여부(전원 소극, 2015. 5. 28. 2012헌마653; 공보 224호 888면)
- 개인과외교습자에게 신고의무를 부여한 '학원법' 제14조의2 제1항 중 본문 부분('신고의무조항') 및 신고의무위반에 대한 처벌조항인 같은 법 제22조 제1항 제4호 중 '제14조의2 제1항에 따른 신고를 하지 않고 과외교습을 한 자' 부분('처벌조항', 위 두 조항을 합하여 '심판대상조항')이 과잉금지원칙에 위배되어 직업수행의 자유를 침해하는지 여부(신고의무 조항은 전원 소극/처벌조항은 소극:적극 6:3), 심판대상조항이 학습지교사나 대학생, 대학원생과 달리 개인과외교습자에 대하여만 신고의무를 부과하는 것이 평등원칙에 위배되는지 여부(전원 소극)(2015. 12. 23. 2014헌바294; 공보 231호 133면)
- 보호자가 어린이집의 운영실태를 확인하기 위하여 어린이집 참관을 요구하는 경우 어린이집 원장은 특별한 사유가 없으면 이에 따라야 한다고 규정한 영유아보육법 제25조의3이 어린이집 원장의 직업수행의 자유를 침해하는지 여부(전원 소극, 2017. 12. 28. 2015헌마994; 공보 255호 148면)

⑨ 자격, 시험 관련

- 금고 이상의 실형을 선고받고 그 집행이 끝나거나 집행이 면제된 날로부터 3년이 지나지 아니한 사람은 행정사가 될 수 없다고 한 행정사법 규정이 직업선택의 자유를 침해하는지 여부(전원 소극, 2015. 3. 26. 2013헌마131; 공보 222호 530면)

- 취업지원 실시기관 채용시험의 가점 적용대상에서 보국수훈자의 자녀를 제외하는 법 개정을 하면서, 가까운 장래에 보국수훈자의 자녀가 되어 채용시험의 가점을 받게 될 것이라는 신뢰를 장기간 형성해 온 사람에 대하여 경과조치를 두지 않은 '국가유공자 등 예우 및 지원에 관한 법률' 부칙 제16조가 신뢰보호원칙에 위배되어 청구인의 직업선택의 자유, 공무담임권을 침해하는지 여부(전원 소극, 2015. 2. 26. 2012헌마400; 공보 221호 432면)
- 공인중개사가 '공인중개사의 업무 및 부동산 거래신고에 관한 법률'('공인중개사법') 위반으로 벌금형을 선고받으면, 등록관청으로 하여금 중개사무소 개설등록을 필요적으로 취소하도록 하는 구 공인중개사법 제38조 제1항 제3호 본문 중 '제10조 제1항 제11호' 부분이 직업선택의 자유, 평등권을 침해하는지 여부(전원 소극, 2015. 5. 28. 2013헌가7; 공보 224호 836면)
- 금고 이상의 실형을 선고받고 그 집행이 종료된 날부터 3년이 경과되지 않은 경우 중개사무소 개설등록을 취소하도록 하는 공인중개사법 제38조 제1항 제3호 본문 중 '제10조 제1항 제4호'에 관한 부분이 직업선택의 자유를 침해하여 위헌인지 여부(전원 소극, 2019. 2. 28. 2016헌바467; 공보 269호 240면)
- 입찰담합행위를 한 사업자에게 시정을 위한 필요한 조치를 명할 수 있도록 규정한 '독점규제 및 공정거래에 관한 법률' 제21조가 사업자의 직업의 자유 및 일반적 행동자유권을 침해하는지 여부(전원 소극, 2016. 4. 28. 2014헌바60; 공보 235호 731면)
- 각 중앙관서의 장이 경쟁의 공정한 집행 또는 계약의 적정한 이행을 해칠 염려가 있는 자 등에 대하여 2년 이내의 범위에서 대통령령이 정하는 바에 따라 입찰참가자격을 제한하도록 한 구 '국가를 당사자로 하는 계약에 관한 법률' 제27조 제1항이 법률유보원칙 및 포괄위임금지원칙에 위배되는지 여부, 과잉금지원칙을 위반하여 직업의 자유를 침해하는지 여부(전원 소극, 2016. 6. 30. 2015헌바125; 공보 237호 1091면)
- 문화재수리 등에 관한 법률 위반으로 형의 집행유예를 선고받은 문화재수리기술자의 자격을 필요적으로 취소하는 '문화재수리 등에 관한 법률' 제47조 제1항 제6호 중 제9조 제4호에 관한 부분이 직업선택의 자유를 침해하는지 여부, 평등원칙에 위배되는지 여부(전원 소극, 2017. 5. 25. 2015헌바373등; 공보

248호 525면)

- 공기업·준정부기관으로 하여금 '공정한 경쟁이나 계약의 적정한 이행을 해칠 것이 명백하다고 판단'되는 사람·법인 또는 단체에 대하여 2년의 범위 내에서 일정기간 입찰참가자격을 제한할 수 있도록 하고 있는 '공공기관의 운영에 관한 법률' 제39조 제2항이 과잉금지원칙에 위배되어 직업수행의 자유를 침해하는지 여부(전원 소극, 2017. 8. 31. 2015헌바388; 공보 251호 876면)

⑩ 기 타

- 사회복지사업 또는 그 직무와 관련하여 횡령죄 등을 저질러 집행유예의 형이 확정된 후 7년이 경과하지 아니한 사람은 사회복지시설의 종사자가 될 수 없도록 규정한 사회복지사업법 제35조의2 제2항 제1호 중 제7조 제3항 제7호 나목 부분이 과잉금지원칙 및 신뢰보호원칙에 위배되어 직업선택의 자유를 침해하는지 여부(전원 소극, 2015. 7. 30. 2012헌마1030; 공보 226호 1239면)
- 동물검역기관의 장의 승인을 받지 않고 지정검역물의 관리에 필요한 비용을 화주로부터 징수한 경우 보관관리인 지정을 필요적으로 취소하도록 한 가축전염병 예방법 제43조 제3항 제3호 중 '보관관리인'에 관한 부분이 직업선택의 자유를 침해하는지 여부(전원 소극, 2017. 4. 27. 2014헌바405; 공보 247호 452면)
- 총포소지허가의 결격사유를 정한 '총포·도검·화약류 등의 안전관리에 관한 법률' 제13조 제1항 제6호의3 중 '음주운전으로 벌금 이상의 형을 선고받은 날부터 5년 이내에 다시 음주운전으로 벌금 이상의 형을 선고받고 그 집행이 종료(집행이 종료된 것으로 보는 경우를 포함한다)되거나 면제된 날부터 5년이 지나지 아니한 사람' 부분이 과잉금지원칙에 반하여 직업의 자유 및 일반적 행동의 자유를 침해하는지 여부(전원 소극, 2018. 4. 26. 2017헌바341; 공보 259호 716면)
- 유사군복의 판매 목적 소지를 금지하는 '군복 및 군용장구의 단속에 관한 법률' 제8조 제2항 중 '판매목적 소지'에 관한 부분, 이를 위반한 경우 1년 이하의 징역 또는 1천만 원 이하의 벌금으로 형사처벌하는 제13조 제1항 제2호가 유사군복을 판매 목적으로 소지하여 직업을 영위하는 자의 직업의 자유 및 일회적·단발적으로 판매하고자 유사군복을 소지하는 자의 일반적 행동의 자유를 침해하는지 여부(소극:적극 6:3, 2019. 4. 11. 2018헌가14; 공보 271호 401면)

[40] 국제결혼중개업의 등록요건 강화 위헌확인 사건

(2014. 3. 27. 2012헌마745)

◇ 사안과 쟁점

청구인은 '○○다문화사업'이란 상호로 사업자등록을 한 후 국제결혼중개업을 등록하여 국제결혼중개사무소를 운영하여 오고 있다. 그 당시 시행 중이던 '결혼중개업의 관리에 관한 법률'('결혼중개업법')은 소정의 교육, 보증보험의 가입, 중개사무소의 확보를 국제결혼중개업의 등록요건으로 규정하되, 일정한 자본금 제한은 두지 아니하였다. 그런데 2012. 2. 1. 개정된 결혼중개업법은 1억 원 이상의 자본금을 보유할 것을 국제결혼중개업의 등록요건으로 규정하였고, 개정법의 시행일인 2012. 8. 2. 당시 종전의 규정에 따라 등록된 국제결혼중개업자는 이 법에 따라 등록된 것으로 보되 2013. 8. 1.까지 위 개정 법률에 따른 자본금 요건을 갖추어야 하는 것으로 규정하였다(부칙 제1조, 제2조). 이에 청구인은 국제결혼중개업의 등록요건으로 1억 원 이상의 자본금을 요구하는 결혼중개업법 제24조의3(이하 '심판대상조항')이 직업선택의 자유 및 평등권을 침해한다고 주장하며 헌법소원심판을 청구하였다.

쟁점은, 국제결혼중개업 등록요건으로 1억 원 이상의 자본금을 보유할 것을 요구함으로써 그 자본금을 보유하기 어려운 청구인의 직업선택의 자유를 침해하는지 여부이다(전원 소극, 2014. 3. 27. 2012헌마745; 공보 210호 660면). 재판관 조용호는 주심으로 법정의견을 집필하였다.

◇ 법정(합헌)의견

다. 직업선택의 자유 침해 여부

(1) 헌법 제15조는 "모든 국민은 직업선택의 자유를 가진다."고 규정하여, 개인이 원하는 직업을 자유롭게 선택하는 '좁은 의미의 직업선택의 자유'와 그가 선택한 직업을 자기가 원하는 방식으로 자유롭게 수행할 수 있는 '직업수행의 자유'를 보장하고 있지만, 이러한 직업의 자유도 헌법 제37조 제2항에 따라 국가안전보장, 질서유지 또는 공공복리 등 정당하고 중요한 공공의 목적을 달성하기 위하여 필요한 경우에

는 그 본질적 내용을 침해하지 않는 범위 내에서 제한될 수 있다.

(2) 국제결혼은 지리적으로 분리되어 있고 결혼제도와 문화적 배경이 서로 다르며 언어적으로 소통이 어려운 두 남녀가 만나 하나의 가정을 이루는 과정이고, 국제결혼중개업자를 이용하는 소비자로서는 중개업자에게 자신의 신상정보를 제공하고 그로부터 확인받은 상대방의 신상정보를 믿을 수밖에 없으며, 상대방과의 맞선 시 필요한 통역과 번역도 모두 중개업자에게 의존하고 혼인 관련 현지 법률 및 행정절차도 전적으로 중개업자에게 의존할 수밖에 없으므로, 국제결혼중개업자에게는 '전문성'이 요구된다. 또한 상대방의 취업목적 위장결혼, 기혼사실 은폐, 정신병력 및 범죄경력 불고지 등으로 인한 피해사례는 결혼 당사자인 한국남성 또는 외국여성의 노력만으로는 방지하기 어려운 것이 현실이고, 현지사정을 잘 알고 통역이 가능한 국제결혼중개업자만이 이를 미연에 방지할 수 있는 위치에 있으므로, 국제결혼중개업자에게는 '책임성'이 요구된다.

헌법 제36조 제1항은 "혼인과 가족생활은 개인의 존엄과 양성의 평등을 기초로 성립되고 유지되어야 하며, 국가는 이를 보장한다."고 규정하고 있는바, 전문성과 책임성이 요구되는 국제결혼중개업은 증가하는 다문화가정의 혼인과 가족생활의 보장에 관한 것으로서 국가의 규제와 관리가 필요한 영역이다. 따라서 심판대상조항의 자본금 요건은 영세한 중개업체의 난립을 방지하여 전문성과 책임성을 가진 국제결혼중개업자를 보호·육성함으로써 궁극적으로는 이를 이용하는 소비자 및 다문화가정의 피해를 최소화하기 위한 것으로서, 그 입법목적의 정당성이 인정된다. 그리고 심판대상조항의 자본금 요건은 국제결혼중개업자의 업무 계속성과 진지성을 담보함으로써 전문성과 책임성을 갖춘 국제결혼중개업자를 양성하기 위한 적절한 수단이 될 수 있다.

(3) 결혼중개업법은 영세하고 비전문적인 결혼중개업자의 난립으로 인한 소비자 피해를 해결하기 위하여, 국제결혼중개업자에게 결혼중개계약서 서면 작성(제10조), 이용자 및 상대방에게 신상정보 서면 제공(제10조의2), 이용자 및 상대방에게 통역·번역서비스 제공(제10조의3), 부정한 방법으로 국제결혼대상자 모집·알선 및 부당한 금품 징수 금지(제10조의5), 현지법령 준수(제11조), 거짓·과장 광고 및 이용자에게 거짓 정보 제공 금지(제12조), 개인정보 유출 금지(제13조) 등의 의무를 부과하고 있고, 이를 위반할 경우 등록취소 또는 1년 이내의 기간을 정한 영업정지를 명할 수 있

도록 규정하고 있으며(제18조), 나아가 이러한 의무 중 일부(제10조의2, 제10조의5, 제12조 등)를 위반한 경우에는 3년 이하의 징역 또는 2천만 원 이하의 벌금에 처하도록 규정하고 있다(제26조 제2항). 그러나 이러한 수단들은 모두 개별적이고 사후적인 조치에 불과하여 사전에 국제결혼중개업자의 전문성과 책임성을 높이는 데에는 부족하다. 특히 한번 혼인이 이루어지면 사후적인 행정처분 또는 형사처벌만으로는 그로 인한 피해를 제대로 회복하기 곤란하다는 점을 고려할 때 결혼중개업자의 역할과 책임이 중요하며, 특히 국제결혼중개업자에 대해서는 그 책임성과 전문성을 담보하기 위한 사전적 · 일반적 조치로서 자본금 요건의 필요성이 인정되는 것이다.

또한 다른 국제사업자의 등록요건에 관한 법령에 의하면, 국외여행업자는 6천만 원 이상의 자본금(개인인 경우에는 자산평가액)을 갖추어야 하고(관광진흥법 제4조 제3항, 같은법 시행령 제5조, 별표 1), 해외이주알선업자는 1억 원 이상의 자본금(비영리법인의 경우에는 기본재산액)을 갖추어야 하며(해외이주법 제10조 제1항, 같은법 시행령 제16조 제1항), 국제물류주선업자는 3억 원 이상의 자본금(법인이 아닌 경우에는 6억 원 이상의 자산평가액)을 갖추도록 규정되어 있다(물류정책기본법 제43조 제3항). 그런데 2010년 여성가족부 조사결과 소비자들이 국제결혼중개업자에게 지불하는 금액은 평균 1,030만원으로 상당히 고액이므로 소비자들의 피해를 방지하기 위한 자본금 요건은 필요하다고 할 것인바, 해외를 상대로 하는 유사한 영업형태를 지닌 국외여행업 · 해외이주알선업 · 국제물류주선업에 관한 각 자본금 요건이 위와 같음을 고려할 때, 심판대상조항이 국제결혼중개업의 자본금 요건으로 1억 원을 정한 것을 과도하다고 보기 어렵다.

나아가 심판대상조항이 정하는 '1억 원 이상의 자본금(법인이 아닌 경우에는 자산평가액)'은 반드시 현금 자산일 것을 요하지 않는다. 결혼중개업법 시행규칙 제4조 제1항 제6호에 따른 [별지 제6호의2서식]에 의하면 위 자본금(자산평가액)은 '업무용 부동산, 업무용 동산, 업무용 차량, 현금 및 예치금, 기타'의 합계로 구성되어 있으므로, 국제결혼중개업에 직접 소요되는 자산의 가액이 모두 자본금 요건에 포함될 수 있도록 하고 있다. 그리고 이들 자산의 가액은 원칙적으로 '취득가액'을 기준으로 하되 만약 현재의 재산가액이 더 높은 경우에는 '현재가액'을 기준으로 평가할 수 있도록 함으로써, 자산가치의 자연적 하락으로 인한 등록취소를 방지하고 중개업자에게 유리한 가액을 기준으로 그 요건을 충족할 수 있도록 하고 있다. 또한 입법자는 2012.

2. 1. 심판대상조항의 자본금 요건을 신설하면서 새로운 자본금 요건으로 인한 충격과 혼란을 방지하기 위하여 그로부터 6개월이 지난 2012. 8. 2.부터 시행되도록 유예하였고(부칙 제1조), 특히 종전의 규정에 따라 등록된 국제결혼중개업자의 경우에는 개정법에 따라 등록된 것으로 보되 다시 그 시행일로부터 1년 이내에 자본금 요건을 갖추도록 경과조치를 둠으로써(부칙 제2조), 자본금 요건의 신설로 인한 기존 국제결혼중개업자의 부담을 점진적으로 조정하였다.

이러한 점을 고려할 때, 심판대상조항의 자본금 요건이 입법목적 달성을 위하여 필요한 범위를 넘어선 것이라고 보기 어렵다.

(4) 이처럼 심판대상조항의 자본금 요건으로 인한 국제결혼중개업자의 기본권침해는 크지 않은 반면, 그로 인하여 달성하려는 공익은 영세한 중개업체의 난립을 방지하여 전문성과 책임성이 있는 중개업자를 보호·육성함으로써 국제결혼중개업자에 대한 신뢰를 회복하고 이를 이용하는 소비자 및 다문화가정의 피해를 최소화하기 위한 것으로서 중대하므로, 심판대상조항은 법익의 균형성에 반하지 아니한다.

(5) 따라서 심판대상조항은 청구인의 직업선택의 자유를 침해한다고 볼 수 없다.

[41] 임원의 형 선고와 법인의 건설업등록말소

(2014. 4. 24. 2013헌바25)

◇ 사안과 쟁점

청구인은 건설업을 영위하는 유한회사인데, 그 대표이사인 김○철이 재직 중 도로교통법위반죄(무면허운전)로 징역 4월에 집행유예 2년을 선고받고 그 무렵 판결이 확정되었다. ○○도지사는 위 김○철이 금고 이상의 형의 선고를 받아 청구인이 건설업 등록의 결격사유에 해당하게 되었다는 사유로 청구인의 건설업 등록을 말소하였다. 청구인은 ○○도지사를 상대로 위 말소처분의 취소를 구하는 소를 제기하였고, 소송 계속 중 청구인은 구 건설산업기본법 제13조 제1항 제4호, 제83조 제3호에 대하여 위헌법률심판제청을 신청하였으나 기각되자 헌법소원심판을 청구하였다.

쟁점은, 임원이 금고 이상의 형을 선고받은 경우 법인의 건설업 등록을 필요적으로 말소하도록 한 건설산업기본법 조항(이하 '심판대상조항')이 청구인의 직업수행의 자유를 침해하는지 여부이다(전원 적극, 2014. 4. 24. 2013헌바25; 공보 211호 789면). 이와 견해를 달리 한 헌재 2010. 4. 29. 2008헌가8 결정을 변경하였다.

◇ 법정(위헌)의견

㈎ 건설업 등록제도는 적정한 시공을 담보할 수 있는 최소한의 요건을 갖춘 건설업자로 하여금 공사를 하게 함으로써 부실공사를 방지하고 국민의 생명과 재산을 보호하고자 하는 데에 있는바(헌재 2007. 5. 31. 2007헌바3 참조), 심판대상조항은 범죄행위로 인하여 형사처벌을 받아 준법의식에 문제가 있다고 판단되는 자를 건설업자에서 배제하여 건설업자의 자질을 일정 수준으로 담보함으로써 부실공사를 방지하고 국민의 생명과 재산을 보호하고자 하는 것으로(헌재 2010. 4. 29. 2008헌가8 참조), 그 입법목적은 정당하다.

㈏ 건설업은 일반 공중의 생활과 밀접한 관련을 가지므로 건축물의 안정성에 관련된 법규를 비롯하여 관련 법규범을 준수하는 것이 중요하다고 할 것인데, 건설업과 관련된 범죄행위로 인하여 형사처벌을 받은 자를 일정기간 건설업자에서 배제하는 것은 건설업자로 하여금 건설관련 법규범 등을 잘 준수하도록 사전에 경고하는 효과가 있으며, 건설업 관련 규범을 위반하여 형사처벌을 받은 자와 같이 건설업을 수행하기에 부적합한 자를 배제하면 건설업자의 자질을 담보할 수 있으므로 이러한 한도 내에서는 수단의 적합성이 인정된다.

그러나 심판대상조항은 건설업을 영위하는 법인의 임원이 저지른 범죄의 종류가 건설업과 관련이 있는지 여부를 가리지 않고, 금고 이상의 형을 선고받은 경우 법인의 건설업 등록을 말소하도록 하고 있다. '건설업 등록 말소'라는 제재의 위하(威嚇)효과를 통하여 법인 및 그 임원으로 하여금 건설업에 관련된 규범을 준수하도록 하려면, 건설업에 관련된 죄로 형을 선고받은 경우에 건설업의 등록을 말소하는 것으로도 충분한데, 건설업과 관련 없는 죄로 형을 선고받은 자가 임원으로 있다는 이유로 법인이 건설업을 영위할 수 없도록 하는 것이 부실시공을 방지하고자 하는 심판대상조항의 입법목적을 달성하기에 적합한 수단으로는 보이지 아니한다.

심판대상조항과 같이 모든 범죄를 대상으로 금고 이상의 형을 선고받은 자를 건설업에서 배제하도록 한 구 건설산업기본법은 2002. 7. 27.부터 2010. 6. 29. 까지 시행되었고, 그 이후에는 건설산업기본법과 주택법, 그리고 형법 제129조부터 제133조까지의 죄를 범하여 금고 이상의 형을 선고받은 경우에 한하여 건설업등록을 필요적으로 말소하도록 하고 있다. 그러나 심판대상조항이 시행된 시기에 금고 이상의 형을 선고받은 자를 예외 없이 건설업에서 배제하여야 할 특별한 사정이 있었다고는 보이지 아니하므로, 심판대상조항과 같이 모든 범죄를 등록 말소의 대상이 되는 범죄로 규정할 합리적인 이유를 인정하기 어렵다.

따라서 심판대상조항은 수단의 적합성이 인정되지 않는다.

㈐ 심판대상조항은 법인의 업무와 전혀 관련이 없어 법인에 그 책임을 귀속시킬 수 없는 행위로 임원이 형벌을 받은 경우에도 법인의 건설업 등록을 말소하도록 하고 있다. 법인은 해당 임원을 3월 이내에 바꾸어 선임함으로써 등록 말소를 면할 수 있으나, 해당 임원이 법인의 대표자인 경우에는 그가 사유를 안 때부터 기간이 기산되므로 다른 임원 등이 그 사실을 모르는 경우에도 기간이 진행할 수 있어, 법인으로서는 대표자인 임원의 형사처벌 여부를 항시 감독하여야만 등록 말소를 면할 수 있다. 이렇게 임원이 법인의 업무와 관련 없이 저지른 범죄까지 법인이 관리·감독하도록 하는 것은 건설업을 영위하는 법인에게 지나치게 과중한 부담을 지우는 것이라고 하지 않을 수 없다.

법인의 임원에 구 건설산업기본법 제13조 제1항 제4호에 해당하는 사유가 발생한 경우 건설업자인 법인의 등록을 말소하도록 한 것은, 법인의 행위는 임원의 의사결정에 따른 행위로 실현되므로 준법의식에 문제가 있다고 판단되는 임원이 법인의 의사결정에 관여하는 것을 배제하여 건설업자가 법인인 경우에도 관련 법률의 준수 등 건설업자의 자질을 담보하기 위한 것이다. 그런데 이러한 목적은 건설업자인 법인으로부터 그와 같은 사유가 발생한 임원을 배제하는 것으로 충분하고, 이를 위해서는 그 임원을 당연 퇴직시키거나 퇴직을 명하고, 이에 따르지 않을 경우 당해 임원 및 건설업자에게 형벌 또는 등록말소 이외의 행정상 제재를 가하는 방법도 충분히 효과적일 것인데도, 심판대상조항은 가장 강력한 수단인 필요적 등록말소라는 제재를 가하는 방법을 선택하고 있다.

어떤 법률의 입법목적이 정당하고 그 목적을 달성하기 위해 선택한 수단이 어느 정도 적합하다 하더라도 입법자가 임의적 규정으로 입법목적을 실현할 수 있음에도 불구하고 구체적 사안의 개별성과 특수성을 고려할 수 있는 가능성을 일체 배제한 채 필요적 규정으로 그 목적을 실현하려 한다면 이는 최소침해성 원칙에 위배된다 할 것인데(헌재 2000. 6. 1. 99헌가11등), 심판대상조항은 범죄의 종류, 죄질을 불문하고 일정한 형벌 이상의 선고를 받았다는 이유로 그 정황에 따라 제재의 정도를 달리할 수 있는 여지없이 모든 경우에 건설업 등록을 말소하도록 한 것은 지나친 제재라 아니할 수 없다(헌재 2010. 4. 29. 2008헌가8 중 반대의견 참조).

따라서 심판대상조항은 침해의 최소성도 인정되지 아니한다.

㈑ 건설업 등록이 말소되면 법인은 등록말소처분을 받기 전에 도급계약을 체결하거나 관계법령에 의하여 허가나 인가 등을 받아 착공한 건설공사 외에는 건설업을 할 수 없다(구 건설산업기본법 제14조 제1항). 위와 같이 예외적으로 건설업 영위가 허용되는 경우라도 건설공사의 발주자는 특별한 사유가 있는 경우를 제외하고는 건설업자의 등록이 말소된 것을 이유로 도급계약을 해지할 수 있으므로(같은 조 제4항), 건설업자는 건설업 등록이 말소되면 중대한 피해를 입을 가능성이 있다.

심판대상조항이 추구하는 공익은 건설업자의 자질을 유지하고, 건설업자가 건설업 관련 규범을 준수하도록 하는 것이다. 그런데 법인의 임원이 건설업과 관련이 없는 범죄로 금고 이상의 형을 선고받은 경우에도 법인의 건설업 등록을 필요적으로 말소하도록 하는 것이 심판대상조항이 추구하는 공익 달성에 얼마나 기여할 수 있을지 의문스럽다.

이와 같이 심판대상조항에 의하여 침해되는 사익은 직접적이고 피해의 정도도 중대한 반면, 심판대상조항에 의하여 달성하고자 하는 공익은 크지 않고 간접적인 것에 불과하므로 심판대상조항은 법익균형성 원칙에 위배된다.

㈒ 따라서 심판대상조항은 과잉금지원칙에 위배하여 청구인의 직업수행의 자유를 침해한다.

[42] 의료법 제25조 등 위헌확인 사건
(2014. 6. 26. 2012헌마660)

◇ 사안과 쟁점

청구인은 의사면허를 취득한 후 남양주시에 '○○의원'을 개설하여 의료업을 하고 있는데, 면허를 받은 날부터 3년마다 그 실태와 취업상황 등을 보건복지부장관에게 신고하도록 하고 그 위반시 면허를 정지할 수 있도록 규정한 의료법 제25조 제1항 및 제66조 제4항이 청구인의 직업선택의 자유 등을 침해한다고 주장하면서 헌법소원심판을 청구하였다. 의료법 제66조 제4항(면허정지조항)은 기본권 침해의 직접성 요건을 갖추지 못하였다.

쟁점은, 의료법 제25조 제1항('이 사건 신고조항')이 직업수행의 자유를 침해하는지 여부이다(전원 소극, 2014. 6. 26. 2012헌마660; 공보 213호 1141면). 재판관 조용호는 주심으로 법정의견을 집필하였다.

◇ 법정(합헌)의견

가. 이 사건 신고조항에 대한 개관

(1) 입법취지 및 도입배경

의료인은 고도의 전문지식과 기술을 바탕으로 질병에 대한 예방 및 치료를 제공하여 국민보건의 향상을 이루고 국민의 건강한 생활확보에 이바지하는 공공성이 강한 업무를 행하는 자이므로, 2011. 4. 28. 법률 제10609호로 개정된 의료법에서는 이러한 의료인의 전문성과 공공성을 담보하고 의료 인력에 대한 체계적이고 효율적인 관리를 위하여 의료인에게 그 실태와 취업상황, 보수교육 이수 여부 등을 3년마다 신고하도록 하는 내용의 의료인 신고제도(이하 '면허신고제도'라 한다)를 도입하였다.

의료인에 대한 면허신고제도는 의료법이 1962. 3. 20. 법률 제1035호로 전부개정되면서 처음 도입되었는데, 도입될 당시에는 의료인에게 인적사항, 취업상황, 병역 등에 관한 사항을 보건사회부장관에게 '매년' 신고하도록 하였고(제17조 제5항), 의료인이 정당한 사유 없이 신고하지 않은 경우에는 필요적 면허취소를 받도록 하였다

(제19조 제1항 제4호).

그러나 의료법이 1973. 2. 16. 법률 제2533호로 전부개정되면서 제재규정은 필요적 면허취소에서 3회 이상 신고의무를 불이행한 자에 대한 임의적 면허정지로 변경되었고(제53조 제1항 제2호), 1973. 10. 17. 보건사회부령 제426호로 전부개정된 의료법 시행규칙에서는 병역의무에 관한 사항을 신고대상에서 제외하였다(제19조 제1항).

1981. 12. 31. 법률 제3504호로 개정된 의료법에서는 '매년'이라는 면허신고의 주기를 삭제하여 "의료인은 대통령령이 정하는 바에 의하여 그 실태와 취업상황 등을 보건사회부장관에게 신고하여야 한다."고 규정하였는데(제23조 제1항), 1982. 7. 23. 대통령령 제10873호로 개정된 의료법 시행령에서 면허신고의 실시를 보건사회부장관이 필요하다고 인정하여 공고한 경우에만 행하도록 규정하면서 주기적인 면허신고의 법적 근거가 상실되었고(제11조), 실제 면허신고를 위한 공고도 행하여지지 않아 그 실효성이 약화되었다. 이후 1994. 1. 7. 법률 제4732호로 개정된 의료법에서는 면허신고 불이행자에 대한 면허정지의 제재규정마저 삭제되어 사실상 의료법에서 면허신고제도는 형해화되었다.

면허신고제도는 1994. 8. 3. 대통령령 제14354호로 개정된 의료법 시행령에서 면허신고의 공고 주체를 보건사회부장관에서 각 의료인 단체의 장으로 변경한 것 외에 실질적인 변화 없이 위와 같은 내용이 그대로 유지되었고, 2007. 4. 11. 법률 제8366호로 전부개정된 의료법에서도 동일하게 유지되었다.

이처럼 의료인의 현황과 실태를 파악할 수 있는 면허신고제도가 형해화되면서 의료 인력관리에 허점이 드러나게 되었는데, 특히 의료인의 보수교육에 대한 부실한 관리가 문제되었다. 의료인은 의료기술의 발달에 따라 의료인으로서의 전문성을 유지하고 자질을 향상시키기 위하여 의료인 단체에서 실시하는 보수교육을 받아야 하는데(의료법 제30조 제2항, 제3항), 보수교육을 이수하지 아니한 의료인의 인적사항, 취업현황 등 그 실태를 제대로 파악하지 못하여 미이수자에 대해 제대로 제재를 하지 못하는 문제가 있었고, 이로 인하여 의료인의 낮은 보수교육 참여와 보수교육에 대한 도덕적 해이가 발생하게 되었다.

이에 따라 의료 인력의 효율적인 관리와 충실한 보수교육의 이행확보를 위하여 의료인에 대한 현황과 실태를 파악할 수 있는 제도가 필요하다는 논의가 대두되었고, 2011. 4. 28. 법률 제10609호로 개정된 의료법에서는 전체 의료인의 현황과 실태를 파악하기 위한 제도로서 유명무실화되어 있던 의료인 면허신고제도를 대폭 수정·보완하게 된 것이다.

개정된 의료법에서는 그동안 신고의무 주기를 명시적으로 규정하지 않았던 면허신고조항을 개정하여 '3년'으로 명시하였고(의료법 제25조 제1항), 면허신고와 별개로 운영되던 의료인 보수교육을 면허신고제도와 결합하여 보수교육을 이수하지 않은 자의 면허신고를 반려할 수 있도록 하였으며(의료법 제25조 제2항), 면허신고를 하지 않는 기간 동안 면허의 효력을 정지할 수 있는 제재규정도 마련하였다(의료법 제66조 제4항).

(2) 내 용

위와 같은 '이 사건 신고조항'의 입법취지 및 도입배경과 의료법 제25조 제1, 2, 3항, 제30조 제2, 3항, 의료법시행령 제11조, 의료법시행규칙 제17조, 제20조, 제21조, 제22조의 각 규정을 체계적, 유기적으로 종합하여 살펴본다.

이 사건 신고조항에 따라 모든 의료인은 최초 면허를 발급받은 후부터 3년마다 그 실태와 취업상황, 보수교육 등에 관한 사항을 보건복지부장관에게 신고하여야 한다(의료법 제25조 제1항, 의료법 시행규칙 제17조 제1항). 신고사항을 살펴보면, 기본적인 인적사항(성명, 면허번호, 직종, 면허발급 연월일, 이메일, 주소, 연락처), 취업상황(의료기관 근무 등 활동 여부에 대한 사항, 의료기관 근무자의 경우 근무기관의 구분·명칭·주소, 비의료기관 근무자의 경우 근무기관의 구분·주소), 보수교육 및 신고 관련사항(최근 신고연도, 보수교육 이수상황)을 신고하도록 하여(의료법 시행규칙 제17조 제1항 서식10 '의료인의 실태 등 신고서'), 의료인별로 실태와 현황 및 보수교육 이수상황에 대한 정보를 주기적으로 파악하고 관리할 수 있도록 되어 있다. 또한, 의료 인력 관리에 있어 보수교육의 중요성을 감안하여 개정된 의료법에서는 면허신고의 대상에 보수교육에 관한 사항을 포함시키고 있으며(의료법 시행규칙 제17조 제1항), 보수교육을 이수하지 아니한 의료인에 대하여는 면허신고를 반려할 수 있도록 규정하고 있다(의료법 제25조 제2항).

개정된 의료법은 2012. 4. 28. 의료법 시행일 이전에 의료인 면허를 취득한 자에 대하여 경과규정을 두어 2012. 4. 29.부터 2013. 4. 28.까지 사이에 일괄하여 신고하도록 하였고(의료법 부칙 제2조 제1항), 의료법 시행령에서는 의료인에 대한 면허신고 업무를 각 의료인 단체에 위임하여 보수교육을 관장하는 의료인 단체가 의료인의 현황을 파악할 수 있도록 하였으며(의료법 시행령 제11조 제2항), 각 의료인 단체의 장에게 면허신고의 내용을 반기별로 보건복지부장관에게 보고하도록 하였다(의료법 시행규칙 제17조 제3항).

나. 직업수행의 자유 침해 여부

청구인은 이 사건 신고조항에 의하여 '직업선택의 자유'를 침해받았다고 주장하나, 이 사건 신고조항은 의료인에게 그 업을 수행함에 있어 실태와 취업현황 등에 대한 신고의무를 부과하고 있으므로, 직업선택의 자유가 아닌 '직업수행의 자유'를 제한하고 있다. 따라서 이 사건 신고조항이 직업수행의 자유를 지나치게 침해하고 있는지 여부를 살펴보기로 한다.

(1) 심사기준

직업수행의 자유를 제한하는 것은 직업선택의 자유를 제한하는 것에 비해 상대적으로 인격발현에 대한 침해의 효과가 작다고 할 수 있으므로, 이에 대하여는 공공복리 등 공익상의 이유로 비교적 넓은 법률상의 규제가 가능하다(헌재 2002. 7. 18. 99헌마574; 헌재 2003. 6. 26. 2002헌바3 등 참조). 그러나 이처럼 직업수행의 자유를 제한할 때에도 헌법 제37조 제2항에서 정하고 있는 기본권제한의 한계인 과잉금지원칙이 지켜져야 함은 물론이다(헌재 2009. 4. 30. 2007헌마103 참조).

(2) 과잉금지원칙 위배 여부

㈎ 입법목적의 정당성

의료인은 고도의 전문지식과 기술을 바탕으로 질병에 대한 예방 및 치료 등의 의료행위를 하는 전문인으로서, 전문적인 교육과정과 엄격한 자격심사로 인한 장기간의 양성과정을 거치기 때문에 공급에 있어 비탄력적이고, 의료서비스는 공급자와 수요자 등 시장참여자 사이의 정보비대칭, 수요의 불확실, 치료의 불확실, 의료인의 의료행위 독점 등으로 인하여 일반 서비스와 다른 특성이 있으므로, 수요와 공급을 시장에 전적으로 맡겨 두는 경우 시장의 실패 또는 사회적 후생감소를 초래할 가능성이 있다(헌재 2005. 3. 31. 2001헌바87 참조).

또한 경제성장, 고령화 사회의 도래, 정보화·지구촌화·지식기반산업의 급속한 진전 등 사회·경제적 변화와 질병구조의 다양화, 건강 위해 요인의 증가, 의료서비스 소비형태의 변화, 공급체계의 효율과 의료시장 개방 등 급변하는 의료환경의 변화는 의료자원에 대한 국가의 종합적이고 체계적인 관리를 요구하고 있다.

따라서 국가 및 지방자치단체는 보건의료에 관한 인력·시설·물자·지식 및 기술 등 보건의료자원을 개발·확보하기 위하여 종합적이고 체계적인 시책을 강구할 의무가 있으며, 보건의료자원의 장·단기 수요를 예측하여 공급이 적정화되도록 보건의료자원을 관리하고(보건의료기본법 제24조), 우수한 보건의료 인력의 양성 및 자질 향상을 위하여 교육 등 필요한 시책을 강구하여야 한다(보건의료기본법 제25조).

이 사건 신고조항은 이러한 보건의료자원의 종합적이고 체계적인 관리 및 정책 수립을 통하여 적정한 의료서비스의 수준을 담보하고 국민의 생명 및 건강을 보호·증진하고자 의료인에게 현황 및 실태에 대한 신고의무를 부과하고 있는 것이므로, 입법목적의 정당성이 인정된다.

㈏ 수단의 적합성

이 사건 신고조항은 의료인의 현황과 실태에 대한 정보를 주기적으로 수집·갱신하도록 하여 의료인에 대한 정확한 현황을 파악할 수 있도록 함으로써 보수교육과 같이 적정한 의료서비스의 수준을 담보하고 의료인력을 종합적이고 체계적으로 관리하는데 기여하고 있으므로, 수단의 적합성도 인정된다.

㈐ 침해의 최소성

의료인에 대한 현황을 정확하게 파악하기 위해서는 의료인의 인적사항, 의료업 종사 여부, 소속 의료기관 및 활동 지역 등에 대한 정보가 주기적으로 수집·갱신되어야 하는데, 이 사건 신고조항은 이러한 목적을 달성하기 위하여 필요한 범위 내에서 의료인에게 신고의무를 부과하고 있다.

우선, 신고대상이 되는 정보를 살펴보면, 의료인의 인적사항, 취업실태, 보수교육에 관한 사항 등 의료 인력의 효율적인 관리를 위하여 필요한 범위 내의 정보로 국한되어 있고, 신고의 주기(3년) 또한 면허신고제도가 처음 도입되었던 1962. 3. 20. 법률 제1035호로 개정된 의료법에서 '매년' 신고의무를 부과한 것과 비교할 때 오늘날의 급변하는 의료 환경의 현실을 고려한 것으로 의료인의 신고의무 부담을 최소화하기 위한 적정한 주기로 보인다.

또한, 의료법은 이 사건 신고조항을 전면적으로 시행함에 있어 1년의 유예기간을 두고 충분한 준비기간을 제공하였으며(의료법 부칙 제1조), 신고를 하지 않더라도 의료인 면허 자체를 박탈하는 것이 아니라 신고를 하지 않는 기간 동안 면허가 정지될 뿐이어서 의료인의 성실한 면허신고를 유도하고 의료인의 현황 파악에 공백이 발생하지 아니하는 한도 내에서만 제재를 가하고 있다(의료법 제66조 제4항).

이에 대하여 청구인은 기존의 의료기관 개설신고나 요양기관 현황신고만으로 충분히 의료인의 현황을 파악할 수 있음에도 이 사건 신고조항이 의료인에게 불필요한 신고의무를 부담시킨다고 주장한다.

의료인은 의료업을 하기 위해서 반드시 의료기관을 개설해야 하고(의료법 제33조 제1항), 의료기관의 종류에 따라 의원급 의료기관은 시장·군수·구청장에게 개설신고를 하고, 병원급 의료기관은 시·도지사의 허가를 받아야 한다(의료법 제33조). 이미 신고하거나 허가를 받은 사항에 대하여 변경이 발생하거나 폐업·휴업을 하려는 경우에는 의료기관 변경신고나 허가, 폐업 또는 휴업신고를 하여야 한다(의료법 제33조 제5항, 제40조 제1항). 그리고 의료법에 따라 개설된 의료기관은 국민건강보험법상 요양기관이 되는데, 요양기관이 요양급여비용을 최초로 청구하는 때에는 요양기관의 시설, 장비 및 인력 등에 대한 현황을 건강보험심사평가원에 신고하여야 한다(국민건강보험법 제42조 제1항 제1호, 제43조 제1항). 그런데 의료기관 개설신고나 허가에서는 개설자인 의료인의 성명, 주소, 면허종류 및 번호에 대한 사항만을 알 수 있으며(의료법 시행규칙 제25조 제1항, 제27조 제1항), 요양기관 현황신고를 통하여는 개설자인 의료인의 성명, 주민등록번호, 자격사항, 주소 등에 대하여 비교적 상세한 정보를 얻을 수 있으나(국민건강보험법 시행규칙 제12조 제1항), 개설자가 아닌 소속 의료인에 대하여는 의료인 숫자, 면허종류, 성명, 주민등록번호, 입사일, 근무형태 등 개설자보다 제한된 정보만을 얻을 수 있다.

이와 같이 의료기관 개설신고(허가)나 변경신고(허가), 폐업·휴업 신고 및 국민건강보험법상의 요양기관 현황신고는 모두 '의료기관'을 중심으로 의료기관을 관리하거나 요양급여를 지급하는 데 필요한 정보를 수집·관리하는 것으로, 이를 통하여 의료기관 개설자나 소속 의료인에 대한 정보를 얻을 수 있다고 하더라도 의료기관 중심의 제한된 정보만을 얻을 수 있을 뿐이며, 의료기관에 소속되지 않은 의료인이나 진료업무에 종사하지 않는 의료인에 대한 현황을 파악하는 데에는 한계가 있다.

따라서 의료인 개인에게 신고의무를 부과하는 이 사건 신고조항이 기존의 의료기관 개설신고(허가)나 요양기관 현황신고와 중복되는 불필요한 신고의무를 부과하고 있다고 보기 어렵다.

그러므로 이 사건 신고조항은 침해의 최소성 원칙에 위배되지 않는다.

㈑ 법익의 균형성

의료인의 의료행위가 국민의 건강과 보건에 미치는 영향과 의료인의 현황 파악을 통한 체계적인 의료 인력 관리의 필요성, 그로 인한 의료서비스의 질적 향상과 의료인에 대한 국민들의 신뢰 향상이라는 공익은 이 사건 신고조항에 의하여 제약받는 의료인의 사익에 비하여 더 크다고 할 것이므로, 법익의 균형성 요건도 갖추고 있다.

(3) 소 결

이 사건 신고조항은 직업수행의 자유를 침해하지 않는다.

다. 평등권 침해 여부

청구인은 협회나 기관에 등록만 하면 되는 변호사, 변리사, 세무사와 비교하여 의료인의 경우 이 사건 신고조항에 의하여 합리적인 이유 없이 3중의 신고의무를 부담하므로 평등권을 침해받는다고 주장한다.

그런데 의료인은 국민의 건강을 보호하고 증진시키기 위하여 의료와 보건지도 등의 의료행위를 하는 자인바, 소송에 관한 행위 및 행정처분의 청구에 관한 대리행위와 일반 법률 사무를 직무로 하는 변호사(변호사법 제3조)나, 특허청 또는 법원에 대하여 특허, 실용신안, 디자인 또는 상표에 관한 사항을 대리하고 그 사항에 관한 감정과 그 밖의 사무를 수행하는 것을 업으로 하는 변리사(변리사법 제2조), 납세자의 위임을 받아 세무대리를 행하는 세무사(세무사법 제2조)와는 종사하는 업무의 성격과 특성이 전혀 다르므로, 본질적으로 동일한 집단으로 보기 어렵다. 따라서 이들 전문직과 달리 의료인에 대하여 추가적인 신고의무를 부과하였다고 하여 이 사건 신고조항이 차별취급을 한다고 보기 어려우므로, 평등권 침해의 문제는 발생하지 않는다.

[43] '석유 및 석유대체연료 사업법' 제11조의2 위헌확인 사건

(2015. 3. 26. 2013헌마461)

◇ 사안과 쟁점

청구인은 경기 양주시 ○○면 소재 ○○주유소 건물 및 제반시설(이하 '이 사건 주유소')의 소유자로서, 2012. 10. 16. 이 사건 주유소에 대하여 한○용과 임대차계약을 체결하고 석유판매업자의 지위를 승계하여 주었다. 그런데 한○용은 이 사건 주유소에서 가짜석유제품을 제조 및 판매하다가 관계기관의 단속에 적발되었고, 양주시장은 2013. 4. 25. 한○용의 석유판매업 등록을 취소하였다. 청구인은 '석유 및 석유대체연료 사업법' 제11조의2가 가짜석유제품을 제조·판매한 이유로 석유판매업 등록이 취소된 경우 그 사유가 있은 후 2년이 지나기 전에는 그 영업에 사용하였던 시설을 이용하여 석유판매업 등록을 할 수 없다고 규정함으로써 청구인의 직업수행의 자유, 재산권을 침해한다고 주장하며, 헌법소원심판을 청구하였다.

쟁점은, 가짜석유제품 제조 및 판매를 이유로 석유판매업 등록이 취소된 경우 2년 동안 같은 시설을 이용하여 석유판매업 등록을 할 수 없도록 규정한 구 '석유 및 석유대체연료 사업법' 규정('심판대상조항')이 청구인의 재산권, 직업수행의 자유를 침해하는지 여부이다(소극:적극 7:2, 2015. 3. 26. 2013헌마461; 공보 222호 542면). 재판관 조용호는 주심으로 법정(합헌)의견을 집필하였다.

◇ 법정(합헌)의견

가. 심판대상조항의 입법연혁 및 취지

2010. 6. 8. 법률 제10353호로 개정된 법은 가짜석유제품 판매·보관 등의 행위로 등록이 취소되거나 영업장이 폐쇄된 경우 그 사유가 있은 후 6개월이 지나기 전에는 그 영업에 사용하였던 시설을 이용하여 석유판매업의 등록 또는 신고를 할 수 없도록 규정하였다.

이는 사업자가 등록취소 등의 명령을 받은 경우 6개월 동안 같은 장소에서 동일한 저장시설 등을 이용하여 영업을 할 수 없도록 하여, 등록취소 처분 등을 받은 후

명의를 변경하는 방법 등으로 영업을 계속하는 것을 방지함으로써 석유시장의 건전한 유통질서를 확립하고, 석유제품의 품질 유지로 국민생활의 향상을 기하기 위한 것이다.

이후, 심판대상조항이 2012. 1. 26. 법률 제11234호로 개정되면서 가짜석유제품 판매에 이용된 주유소 시설을 석유판매업에 이용할 수 없는 기간이 2년으로 연장되었다. 이는 행정기관의 지속적인 단속에도 불구하고 가짜석유제품의 판매가 기승을 부리고, 일부 주유소에서는 지하 가짜석유제품 비밀탱크에서 발생한 가스가 폭발함으로써 인명피해까지 초래하는 대형 사고가 발생하는 등 국민의 불안이 증대하여, 비밀탱크 설치, 영업시설 개조 등 지능화된 가짜석유제품 관련 불법행위를 근절하기 위하여 이용제한 기간을 연장한 것이다. 또한, 가짜석유제품취급 등으로 인해 사업자가 취하는 막대한 불법이득에 비하여 6개월 간의 사업 제한은 실질적으로 영업정지와 같은 효과에 불과하여 불법을 근절하기 위한 효율적인 제재수단으로 미약한 점이 있고, 법 제10조에서 등록이 취소되거나 영업장이 폐쇄된 사업자의 경우 2년 동안 등록·신고를 제한하고 있으므로, 가짜석유제품 판매라는 불법행위에 제공된 시설에 대한 이용제한 기한도 2년으로 하여 인적 등록결격 사유와 균형을 맞추어 2년으로 통일하는 것이 체계상 바람직하다는 고려도 반영된 것이다.

나. 직업수행의 자유 및 재산권의 침해 여부

(1) 제한되는 기본권

심판대상조항은 가짜석유제품 제조·판매 등을 이유로 석유판매업 등록이 취소된 경우 2년 동안 석유판매업등록을 할 수 없도록 규정하고 있는바, 석유판매업 등록을 할 수 없는 기간 중에는 석유판매업이나 주유소 시설 임대를 할 수 없으므로 청구인의 직업수행의 자유를 제한한다. 또한, 심판대상조항은 2년 동안 이 사건 주유소 시설을 본래적 용도인 석유판매업에 이용할 수 없게 하여, 이 사건 주유소에 대한 청구인의 사용·수익·처분에 관한 권리, 즉 재산권도 제한하고 있다. 청구인의 평등권 침해 주장은 가짜석유제품 제조 및 판매에 귀책사유가 없는 임대인을 귀책사유가 있는 임대인과 같게 취급하는 것이 부당하다는 것으로, 이는 결국 직업수행의 자유 또는 재산권 침해 여부에 관한 판단에 포섭된다 할 것이므로 따로 판단하지 아니한다.

따라서 심판대상조항이 헌법 제37조 제2항의 과잉금지원칙을 위반하여 청구인의 직업수행의 자유 및 재산권을 침해하였는지 살펴본다.

(2) 과잉금지원칙 위반 여부

㈎ 목적의 정당성 및 수단의 적절성

심판대상조항은 가짜석유제품 제조·판매 등을 이유로 석유판매업 등록이 취소된 경우 명의를 변경하는 방법 등으로 영업을 계속하는 것을 방지함으로써, 가짜석유제품 관련 불법행위를 근절하고, 석유시장의 건전한 유통질서를 확립하며, 석유제품의 품질을 유지하여 국민생활의 향상을 기하기 위한 것으로 입법목적의 정당성이 인정된다. 그리고 가짜석유제품 제조·판매 등에 사용하였던 시설을 재이용한 석유판매업 등록을 일정기간 제한하는 것은 이러한 입법목적 달성을 위한 적절한 수단이다.

㈏ 침해의 최소성

가짜석유제품 제조·판매 등은 사회적·경제적으로 세수 탈루 및 엔진계통 부품 부식에 따른 차량사고의 위험 증가, 유해가스 배출로 인한 환경오염 유발 등 심각한 문제를 일으키므로 이를 근절할 필요가 있다. 그런데, 가짜석유제품 제조·판매 등 행위로 단속된 이후에도 명의만을 변경하고 가짜석유판매에 이용된 영업시설을 그대로 이용하여 판매행위를 계속하는 경우 가짜석유제품 제조·판매 등 행위를 단속한 효과가 없어지므로 이러한 편법적 시설이용을 방지하고, 비밀탱크 설치, 영업시설 개조 등 지능화된 가짜석유제품 관련 불법행위를 근절하기 위해서는 가짜석유제품 판매행위를 한 사람에 대한 등록취소, 형사처벌 등의 제재 외에 가짜석유제품 판매에 제공된 시설을 석유판매시설로 이용하는 것을 제한해야 할 필요성이 크다.

심판대상조항은 가짜석유제품 제조·판매 등에 이용된 시설에 대하여 석유판매업 등록을 전면적으로 금지하는 것이 아니라 2년이라는 기간을 설정하여 석유판매업 등록을 제한하고 있다. 가짜석유제품 관련 불법행위 근절이라는 입법목적 달성을 위해 어느 정도의 제한기간을 설정할 것인지에 관하여는 입법자에게 입법재량이 인정되는데, 심판대상조항은 가짜석유제품 제조·판매 등에 이용된 시설을 이용한 석유판매업 등록제한 기간을 종전의 6개월에서 2년으로 연장하였는바, 이는 가짜석유제품 취급 등으로 인해 사업자가 취하는 막대한 이득에 비하여 6개월 간의 사업 제한만으로는 가짜석유제품 제조·판매 등을 근절하기에 부족하기 때문에 이를 연장한 것으로서 2년이라는 등록제한 기간이 입법목적 달성을 위해 지나치게 길다고 볼 수 없다.

청구인은 심판대상조항이 가짜석유제품 제조·판매 등에 대한 임대인의 귀책사유나 선의, 악의를 불문하고 예외없이 2년 동안 석유판매업 등록을 제한하는 것이 과도한 제한이라고 주장한다. 석유판매업자가 가짜석유제품 판매금지의무를 위반함으로써 받게 되는 등록취소 등의 제재처분은 사업자 개인의 자격에 대한 제재가 아니라 사업의 전부나 일부에 대한 것으로서 대물적 처분의 성격을 가지고 있으므로 (대법원 2003. 10. 23. 선고 2003두8005 판결 참조) 임대인의 귀책사유 유무에 따라 그 처분의 경중을 달리 할 것은 아니고, 오히려 귀책사유 유무에 따라 그 처분을 달리하면 임대인의 귀책사유 입증문제 등으로 규제의 실효성이 떨어질 우려가 있어 심판대상조항의 입법목적을 달성하기 어렵다.

그러므로 심판대상조항은 침해의 최소성원칙에 반하지 않는다.

㈐ 법익의 균형성

심판대상조항으로 달성하고자 하는 공익은 가짜석유제품 제조·판매 등을 근절하여 건전한 석유유통질서를 확립하고 국민생활의 향상에 기여하고자 하는 것으로서, 가짜석유제품 유통으로 인한 사회적·경제적 문제의 심각성에 비추어 볼 때 매우 중대한 법익인 점을 고려하면, 심판대상조항으로 인하여 가짜석유제품 제조·판매 등에 이용되었던 시설을 이용한 석유판매업 등록이 2년 동안 제한된다고 하더라도 이를 두고 침해되는 사익이 더 중대하다고 할 수는 없다. 따라서 심판대상조항은 법익의 균형성원칙에도 위배되지 아니한다.

㈑ 소 결

그러므로 심판대상조항은 청구인의 직업수행의 자유 및 재산권을 침해하지 아니한다.

다. 그 밖의 주장에 대한 판단

(1) 무죄추정원칙 위반 주장에 대한 판단

청구인은 청구인과 같이 가짜석유제품 판매와 관련이 없는 임대인에게도 심판대상조항을 적용하여 2년 동안 가짜석유제품 판매에 제공된 시설을 이용하여 석유판매업 등록을 하지 못하도록 한 것은, 법 제6조 인적결격사유 중 제4호 “이 법을 위반하여 징역형의 실형을 선고받고 그 집행이 끝나거나 집행이 면제된 날로부터 2년이 지나지 아니한 자"에 해당하는 가짜석유판매업자와 청구인을 동일하게 취급하는 것으로 무죄추정원칙에 위반된다고 주장한다.

헌법 제27조 제4항에서 규정하고 있는 무죄추정원칙은, 피고인이나 피의자를 유죄의 판결이 확정되기 전에 죄 있는 자에 준하여 취급함으로써 법률적, 사실적 측면에서 유형, 무형의 불이익을 주어서는 아니 된다는 것을 뜻하고, 여기서 불이익이란 유죄를 근거로 그에 대하여 사회적 비난 내지 기타 응보적 의미의 차별 취급을 가하는 유죄 인정의 효과로서의 불이익을 뜻한다(헌재 2006. 5. 25. 2004헌바12 참조). 그런데 심판대상조항이 가짜석유제품 판매 등에 제공된 시설을 이용하여 2년 동안 석유판매업 등록을 하지 못하도록 하는 것은 가짜석유제품 판매 등에 제공된 시설 자체에 대한 이용제한일 뿐, 가짜석유제품 판매와 무관한 임대인에 대하여 범죄사실의 인정 또는 유죄판결을 전제로 불이익을 가하는 것이 아니므로 무죄추정원칙과 관련된 문제는 발생하지 아니한다(헌재 2014. 1. 28. 2012헌바298 참조).

(2) 행정처분의 효력에 부합하지 않는 과도한 집행력, 기속력을 낳아 부당하다는 주장에 대한 판단

청구인은 등록취소의 본질이 대인적 처분이므로 이를 등록제한의 요건사실로 적용하면 당해 행정처분의 상대방, 즉 가짜석유판매업자(임차인)만으로 한정하여 등록제한을 해야 함에도 제3자, 즉 선량한 임대인까지 확장하여 등록제한을 하는 것은 대인적 처분의 본질에 부합하지 않고, 이는 행정처분단계에서 대인적 처분에 불과하였으나 집행력 내지 기속력을 발휘하는 단계(등록제한 사유로 적용되는 단계)에서 사실상 대물적 처분의 효력(실질적으로 영업장 폐쇄와 동일한 집행력, 기속력 발생)이 발생할 것을 예정한 것이어서 체계상 균형에 맞지 않다고 주장하나, 앞서 본 바와 같이 석유판매업의 등록취소는 대물적 처분의 성격을 가지므로 이와 다른 전제에서 제기하는 청구인의 주장은 이유없다.

[44] 사법시험 폐지 위헌확인 사건

(2016. 9. 29. 2012헌마1002등)

◇ 사안과 쟁점

청구인들은 법과대학에 재학 중이거나 사법시험을 준비하는 수험생인데, 사법시험을 폐지하는 변호사시험법 부칙 조항(이하 '심판대상조항')이 헌법에 위배된다고 주장하면서 헌법소원심판을 청구하였다.

쟁점은, 사법시험법을 폐지하도록 한 심판대상조항이 청구인들의 직업선택의 자유를 침해하는지 여부이다(소극:적극 5:4, 2016. 9. 29. 2012헌마1002등; 공보 240호 1544면). 5명의 다수(법정)의견은 심판대상조항이 청구인들의 직업선택의 자유를 침해하지 않는다고 보았고, 4명의 반대의견 중 3명은 직업선택의 자유 및 평등권을 침해한다고 보았으며, 재판관 조용호는 직업선택의 자유 및 평등권은 물론 공무담임권까지 침해한다고 보았다.

◇ 반대(위헌)의견

나는 심판대상조항이 청구인들의 직업선택의 자유와 공무담임권 및 평등권을 침해하여 헌법에 위반된다고 생각하므로, 다음과 같이 그 이유를 밝힌다.

가. 직업선택의 자유 침해 여부

국민은 누구나 자유롭게 자신이 종사할 직업을 선택하고, 그 직업에 종사하며, 이를 변경할 수 있다(헌법 제15조 참조). 직업선택의 자유는 삶의 보람이요 생활의 터전인 직업을 개인의 창의와 자유로운 의사에 따라 선택하게 함으로써 다양한 인격의 발현과 행복추구에 이바지하고, 우리 헌법이 지향하는 자유주의적 경제·사회질서의 본질적 요소가 된다. 따라서 직업의 자유를 최대한 보장하는 것이야말로 우리 헌법을 관류하는 기본정신이다. 이러한 헌법정신에 비추어 볼 때 직업선택의 자유를 제한하는 경우라도 반드시 법률로써 하여야 하고 국가안전보장, 질서유지 또는 공공복리 등 정당하고 중요한 공공의 목적을 달성하기 위하여 필요하고 적정한 수단·방법에 의하여서만 가능한 것이다(헌재 2002. 4. 25. 2001헌마614 참조).

우리나라는 법학전문대학원에 진학하지 않고도 법조인이 될 수 있는 길을 열어주는 제도를 도입하고 있지 않다. 그 결과 사법시험제도가 폐지될 경우 고액의 등록금 등에 대한 부담 때문에 법학전문대학원에 진학하지 못하는 사람들은 변호사시험에 응시조차 할 수 없어 법조인이 될 수 있는 길이 원천적으로 봉쇄된다. 심판대상조항은 개인의 능력이나 자격과 상관없는 '경제적 능력'이라는 사유에 의하여 직업선택의 자유를 제한하고 있는바, 이는 직업의 자유에 대한 제한 중에서도 가장 심각한 제약이 아닐 수 없다. 따라서 이러한 제한은 월등하게 중요한 공익을 위하여 명백하고 확실한 위험을 방지하기 위한 경우에만 정당화될 수 있다고 보아야 한다. 따라서 헌법재판소가 이 사건을 심사함에 있어서는 헌법 제37조 제2항이 요구하는 과잉금지원칙에 따라 엄격한 심사를 하여야 한다.

그리고 사법시험의 폐지는 법학전문대학원제도와 연계되는 것이므로, 심판대상조항의 위헌성을 판단함에 있어서는 사법시험=사법연수원 체제와 법학전문대학원=변호사시험 체제를 비교하지 않을 수 없다.

(1) 입법목적의 정당성

다수의견은 '대학(법학)교육의 정상화, 전문성과 국제 경쟁력을 갖춘 법조인의 양성' 그리고 '시험을 통한 선발'에서 '교육을 통한 양성'으로 법조인 양성의 기본 틀을 전환하는 것을 심판대상조항의 입법목적으로 들고 있다.

그러나 국민은 누구든지 자신이 원하는 직업을 선택할 자유가 있다. 따라서 법학 이외의 분야를 전공한 사람들이 자신의 전공 분야에 관련된 직역으로 진출할 것인지 법조 직역으로 진출할 것인지는 그들의 선택과 판단에 맡겨야 할 사항이다. 법학 이외의 분야를 전공한 사람들이 사법시험에 응시하는 현상과 대학(법학)교육의 부실화는 관계가 없다. 또한, 학부에서의 전공만으로 전문성과 국제 경쟁력이 갖춰지는 것도 아니고, 사법시험 출신의 법조인들이 전문성과 국제경쟁력을 갖추지 못한 것도 아니다.

'교육을 통한 법조인 양성'은 법조인을 배출하는 방법 중 하나에 불과하고 그 자체가 국민의 기본권 제한을 정당화할 수 있는 공익은 아니며, '교육을 통한 법조인 양성'은 오히려 사법시험=사법연수원 체제 아래에서 충실하게 실현되었다. 사법시험=사법연수원 체제 아래에서 대법원은 이미 1996년에 사법연수원 과정을 전면 개편하면서 미국식 '로스쿨'제도의 장점을 받아들여 1997년부터 시행하여 왔다. 사법시험은 사법연수원 2년의 교육과정과 불가분적으로 연계되어 있고, 사법연수원 교육과정을 마치지 않으면 변호사 자격을 얻을 수 없다. 사법연수원 교육과정 자체가 대학원의 운영방식을 채택하고 있고, 사법연수원에서는 이론과 실무를 겸비한 최고 수준의 교육이 이루어지고 있으므로, 사법시험제도 역시 사법연수원과 연계하여 '교육을 통한 법조인 양성'이라는 목적에 적합한 제도이다. 결국 사법시험=사법연수원 체제는 '시험을 통해 선발'한 후에 '교육에 의한 양성'과정을 거치는 방식이고, 법학전문대학원=변호사시험 체제는 '교육에 의한 양성'과정을 거친 후에 '시험을 통해 선발'하는 방식이다. 선발이 먼저냐 교육이 먼저냐의 차이만 있을 뿐 교육과 선발이 모두 요구된다는 점에서 양자는 본질적인 차이가 없고, 교육과 실무 수습의 질적 수준의 차이가 있을 뿐이다. 따라서 사법시험이 대학에서의 법학교육과 제도적으로 충분히 연계되어 있지 않다는 전제 아래 사법시험의 폐지의 정당성을 주장하는 다수의견에는 동의할 수 없다.

결국 심판대상조항의 입법목적이라는 것은 사법시험 폐지 또는 법학전문대학원 도입을 위한 피상적인 명분에 지나지 않는다.

(2) 수단의 적절성

법조인이 되고자 하는 사람이 증가하는 것은 양질의 다양한 일자리 부족으로 인해 발생하는 사회구조적 문제이다. 사법시험제도를 폐지하고 법학전문대학원제도를 통해서만 법조인 자격을 부여한다고 하더라도 사회구조적 문제가 해결되지 않는 한 다수의 사람이 장기간 법학전문대학원 입학과 변호사시험에 매달리는 현상이 사라질 것이라 보기 어렵다. 심판대상조항의 입법목적을 달성함에 있어서도 법학전문대학원제도가 사법시험제도보다 효과적이라고 할 수 없다. 법학전문대학원제도를 통해 양성되는 법조인이 사법시험제도를 통해 선발된 법조인보다 경쟁력 있고 우수하다고 볼 아무런 근거가 없다. 법조인 구성의 다양성 측면에서 보더라도, 사법시험제도 아래에서도 법학 이외의 전공을 가진 합격자의 비율이 낮지 않았던 점을 고려할 때, 전공의 다양성과 관련하여 법학전문대학원제도가 사법시험제도에 대하여 가지는 비교우위의 정도는 높지 않은 반면, 출신 계층 또는 가치관의 다양성 등과 관련해서는 법학전문대학원제도가 사법시험제도를 따라오지 못한다.

결국 심판대상조항에 의한 사법시험 폐지는 다수의견이 말하는 '교육을 통한 법조인 양성'이라는 입법목적을 달성하기 위한 효과적인 수단이라고 보기 어려우므로, 수단의 적절성을 인정하기 어렵다.

(3) 침해의 최소성

㈎ 법학전문대학원제도의 문제점

1) 법학전문대학원의 고비용 구조와 이로 인한 경제적 진입 장벽

법학전문대학원은 전문적인 법률적 지식과 소양을 가진 법조인을 교육·양성하기 위하여 엄격한 기준에 의한 인적·물적 시설 등을 갖추어야 하고 이를 위해서는 많은 경제적 투자가 필요하다. 그 결과 법학전문대학원은 필연적으로 고액의 등록금 등 고비용 구조를 가질 수밖에 없다. 현재 국·공립 법학전문대학원의 연간 등록금은 1,000만 원 내외, 사립 법학전문대학원의 연간 등록금은 2,000만 원 내외에 이른다. 법학전문대학원의 입학에서 졸업에 이르기까지 소요되는 비용(등록금, 교재비, 생활비 등)을 감당할 수 있는 경제적 능력이 없는 사람은 아무리 우수한 자질과 능력을 갖고 있더라도 진학을 포기할 수밖에 없고, 그 결과 변호사시험을 응시할 수 있는 자격조차도 얻을 수 없어 법조인이 될 수 있는 길이 원천적으로 봉쇄된다.

다수의견은 법학전문대학원이 사회·경제적 약자를 배려하는 차원에서 특별전형제도를 운용하고 있고 장학금제도도 운용하고 있어 문제 없다고 한다. 그러나 특별전형의 실시가 의무적인 것은 아니고, 그 기준이나 비율 역시 법률상 강제되는 내용이 없으며, 실제로도 특별전형의 대상이 되는 사람은 극히 소수에 불과하다. 특별전형의 대상이 되지도 않고 고액의 등록금 등을 감당할 경제적 능력이 없는 다수의 사람들은 진학을 포기할 수밖에 없다. 장학금제도가 있기는 하나 그 재원 마련에 한계가 있고, 경제적 능력이 부족한 사람에 대한 진입장벽을 해소할 수 있을 정도로 충분하지도 못하며, 장학금 지급비율도 법학전문대학원의 재정난으로 인하여 전반적으로 감소하고 있는 추세이다. 법학전문대학원의 장학금이란 지원자들을 꼬드기기 위한 '허상'이라는 비판이 있다. 법학전문대학원이 겪고 있는 재정적 어려움에 비추어 볼 때 향후 경제적 능력이 부족한 사람도 진학할 수 있을 정도로 등록금이 인하되리라고 기대하기는 어렵다. 사법시험제도가 폐지되고 법학전문대학원제도로 법조인 양성제도가 일원화될 경우 현재와 같은 수준의 특별전형제도와 장학금제도조차 유지될지 의문이다. 그리고 자비로 법학전문대학원에 재학 중인 학생들조차 점점 학자금 대출에 의존하고 있는바, 이는 장학금 제도만으로는 고액의 등록금을 해결하기에 근

본적으로 한계가 있음을 나타낸다.

사법시험제도가 낮은 합격률 등으로 인하여 법학전문대학원제도와 비교해도 적지 않은 비용이 든다는 주장이 있다. 그러나 사법시험을 준비하는 데 소요되는 비용은 수험생의 노력과 능력, 선택에 따라 변할 수 있는 가변적인 것이어서, 그 비용에 대한 부담이 수험생으로 하여금 법조인이 되고자 하는 시도조차 못하게 하지는 않는다. 반면 법학전문대학원의 경우 고액 등록금 등을 감당할 형편이 되지 않는 사람으로 하여금 법조인이 되고자 하는 시도조차 할 수 없게 하는 것이어서 사법시험제도와는 근본적으로 다르다.

2) 입학전형의 불공정, 학사관리의 부실, 사회적 불신

사법시험제도는 시험성적이라는 객관적인 기준에 의해 법조인을 선발하기 때문에 그 공정성을 의심받는 경우가 없었지만, 법학전문대학원 입학전형의 공정성에 대하여는 의심을 갖고 있는 사람들이 적지 않다. 법학전문대학원은 입학과정에서 객관적 기준(LEET + 학부 성적 + 외국어능력)보다 자기소개서와 면접 등 주관적 요소가 중요한 변수로 작용한다. 즉, 개인의 집안 배경과 학벌 및 경력 등과 같은 사회적 스펙이 합격을 결정하는 중요한 요소로 작용한다는 의혹을 사고 있다. 사실 여부를 떠나 국민이 그 공정성에 대하여 의심을 갖고 있는 법조인 양성제도는, 그러한 제도를 통해 법조인이 된 사람이 한 직무 수행의 정당성, 공정성 등에 대한 신뢰의 상실이라는 심각한 문제를 야기한다. 법조인이 되지 못한 것이 실력 때문이 아니라 집안 배경, 학벌, 사회·경제적 지위 때문이라고 믿는 사람이 많아진다면 계층 간의 반목과 불신이 심화될 수밖에 없다.

나아가, 감사원 감사 결과에 의하면 일부 법학전문대학원의 경우 학사관리의 부실도 심각한 문제로 지적되고 있고, 사법시험에서는 필수과목으로 채택된 과목들(행정법, 상법, 민·형사소송법 등)조차 법학전문대학원에 따라서는 선택과목으로 되어 있어 기존의 법과대학 수준에도 미치지 못하고 있으며, 법학전문대학원의 목표 중 하나인 '특성화 교육'이라는 것도 변호사시험 과목과 맞물려 사실상 포기 상태인 것이 현실이다. 게다가 변호사시험 합격 후 6개월의 실무교육조차 파행적으로 이루어지고 있는 실정이다.

3) 사법시험제도의 문제점 해결 미흡

사법시험제도의 문제점 시정 및 '교육을 통한 법조인 양성'이라는 명분을 내걸

고 출범한 법학전문대학원제도는 사법시험제도의 문제점을 해결하기는커녕 오히려 새로운 여러 가지 문제점만 노출하고 있다.

사법시험과 사법연수원으로 대표되는 법조인의 특권의식과 구조는 일부 유명 법학전문대학원 출신 법조인들의 특권의식과 구조로 전환될 뿐이고, 이른바 '사시낭인'의 문제도 '로스쿨낭인' 또는 '변시낭인'의 문제로 전환될 뿐이어서, 법학전문대학원체제가 사법시험체제가 가진 문제점을 근원적으로 해결해주지 못한다. 오히려 우수한 인적 자원이 법학전문대학원으로만 몰려서 일반 법과대학이나 대학원을 학문적으로 고사시키고, 그 결과 순수 법학의 위축을 초래한다.

또한, 법학전문대학원은 3년의 교육 기간 내에 이론과 실무를 갖춘 경쟁력 있는 우수한 법조인을 양성하는 데 목표를 두고 있으나, 이론과 실무를 겸비한 법조인을 양성하는 데 3년 동안의 교육과정은 턱없이 부족하고, 무엇보다 법학전문대학원의 교육을 담당하는 교원의 질적 수준이 과거 법과대학에 비하여 크게 달라진 것이 없다. 오히려 실무교육 수준은 사법연수원에 비하여 크게 떨어지고, 입학정원 대비 75%의 높은 합격률(하다못해 운전면허시험도 합격률이 50% 정도에 불과하다)을 보장하는 쉬운 변호사시험으로 인하여 사법시험=사법연수원 체제에 비하여 경쟁력 있는 우수한 법조인을 양성해 내지 못하고 있는 현실이다.

법학전문대학원제도 내에서 그 문제점을 해결하는 것은 현실적인 한계가 있고, 법학전문대학원을 통한 법조인 양성·배출이라는 일원적 체제가 고착되면 문제가 더욱 심각해질 가능성이 높다. 다수의견은 법학전문대학원제도의 시행 초기이므로 그 존속·발전을 위해 모두 힘을 모으는 것이 중요하다고 한다. 그러나 사법시험제도는 과(過)보다는 공(功)이 월등히 큰 제도였음에도 불구하고, 진지하고 충분한 사회적 논의나 국민적 합의 없이 참여정부시절 사학법 개정과 연계하여 정치권의 야합으로 하루아침에 사법시험제도를 폐지하고 법학전문대학원제도를 도입한 것임은 주지의 사실이다. 60여 년 동안 아무런 문제없이 시행되어온 제도조차 하루아침에 폐지하는 마당에, 많은 문제점을 노정하고 있음에도 불구하고 이제 갓 출범한 제도라고 하여 마냥 그 존속을 보장하여야 할 이유는 없다. 법학전문대학원제도가 운영과정에서 문제가 많고 부실하며 우리 법체계에 맞지 않는 것이라면, 더 부실화되고 고착화되기 전에 이를 폐지 또는 정리하는 것이 국가와 사회 및 국민의 손실을 줄이는 방법이다.

우리의 모형인 로스쿨제도를 운영하고 있는 미국에서도 최근 로스쿨의 과다한 등록금 때문에 중산층 및 저소득층 학생들은 법조인이 되는 꿈을 접어야 된다는 비판이 있다. 법과대학원(로스쿨)제도와 기존의 법과대학제도를 병행하고 있는 일본에서도 경제적 여력이 되지 않는 학생들은 대출을 받아 로스쿨을 다녀야 하고, 신사법시험(로스쿨 졸업생이 응시) 합격률이 20%대에 불과해 74개 로스쿨 중 28개는 더 이상 신입생을 뽑지 않거나 폐교하기에 이르렀다. "귤이 회수를 건너면 탱자가 된다(橘化爲枳)."라는 중국 속담처럼, 이들 사례는 우리에게 시사하는 바가 크다.

(나) **사법시험제도 폐지 주장의 부당성**

1) 사법시험제도는 그동안 누구에게나 열려있는 개방적인 법조인 선발제도로서 능력에 따른 공정한 선발제도로 인정받아 왔다. 응시자격에 거의 제한을 두지 않은 사법시험제도의 개방성은 매우 다양한 성장환경과 경험, 전공, 가치관을 가진 사람이 법조 직역에 진출할 수 있는 기회를 부여하였다. 또한, 사법시험제도는 법조인 선발과정에 있어서도 응시자의 사회·경제적 지위와 무관하게 오로지 실력에 의한 선발이 이루어진다는 국민의 신뢰를 얻음으로써 선발 절차의 투명성과 공정성에 대한 의심을 받지 않았다.

물론, 사법시험제도에 대하여 그동안 ① 법조인이 되려는 사람들이 사법시험 과목에만 매달리고 암기식 학습에만 매몰되어 법학 교육과 학문이 파행으로 치닫게 하고, ② 다수의 사람이 장기간 사법시험을 준비함에 따라 국가인력의 낭비를 초래하며, ③ 다양한 분야의 전문적인 법률실무가를 양성하지 못하는 등의 문제점이 있다는 지적이 있었다. 이것이 법학전문대학원제도 도입의 빌미가 된 것은 사실이다.

2) 그러나 법조인이 되고자 하는 사람들이 시험을 준비하기 위하여 대학에서 개설된 강의를 수강할 것인지 고시학원의 강좌를 수강할 것인지는 그들의 자율에 맡겨야 할 사항이다. 선호도가 높은 직업에 대하여 많은 지원자가 몰려 경쟁이 치열해지는 것은 자연스러운 현상이고, 자신이 원하는 직업을 얻기 위하여 얼마만큼의 시간을 투입할 것인지 역시 국민이 자율적으로 결정해야 할 문제이다. 위와 같은 비판은 결국 국민의 자율성이 보장되어야 하는 영역에 공권력이 지나치게 후견적으로 개입하여야 한다는 것으로 부당하다. 법조인이 되고자 하는 사람들이 사법시험 과목에 속한 법학 과목에 대해서조차 법과대학에서의 수강을 소홀히 하고 고시학원에 의존한다면, 이는 법과대학이 법조인이 되고자 하는 학생들의 수요를 충족시킬 수 있는 양질의 교육서비스를 제공하지 못하였기 때문이지 사법시험제도의 탓은 아니다.

법학 이외의 전공을 가진 사람들이 자신의 전공 분야에 관련된 직역으로 진출하지 않고 법조인이 되고자 하는 것도 그들의 전공을 살릴 수 있는 양질의 일자리가 부족하기 때문이지, 사법시험제도의 문제라고 할 수는 없다. 다양한 전공을 가진 사람들이 사법시험에 응시하여 법조인이 되는 것은 법조인 인적 구성의 다양성 측면에서 볼 때 부정적으로 볼 것만은 아니다. 이는 오히려 법학전문대학원제도가 추구하는 것이기도 하다. 동일한 현상을 두고 왜 사법시험제도에서는 비판의 대상이 되고 법학전문대학원제도에서는 미덕이 되는지 알 수가 없다.

대학교육 파행의 근본원인은 우리나라의 경제성장률이 낮아지고 실업률이 높아지면서 전공을 살릴 수 있는 양질의 다양한 일자리가 부족하고, 대학이 다양한 직업 수요를 가진 학생들의 요구를 충족시키는 교육서비스를 제공하지 못한 데 있다. 설령 대학교육의 파행에 대하여 사법시험제도가 일정 부분 책임이 있다고 하더라도, 일정 수 이상의 학점을 일정 수준 이상의 성적으로 취득한 대학 졸업자에 대하여만 사법시험 응시자격을 인정하는 등 사법시험제도를 폐지하지 않고도 위와 같은 문제를 해결할 수 있는 완화된 수단이 존재한다. 대학교육의 파행이 곧 사법시험제도를 폐지해야 하는 이유가 될 수는 없다.

장시간의 시험 준비로 인한 국가인력 낭비의 문제보다, 뛰어난 능력을 가진 사람이 경제적 진입 장벽으로 인하여 자신이 원하는 직역에 진출하지 못함으로써 발생하는 국가인력의 비효율적 활용의 문제가 더욱 심각하고 중대하다. 설령 장기간의 사법시험 준비로 인한 국가인력의 낭비가 사법시험제도 자체의 문제점이라고 하더라도 사법시험의 응시횟수를 제한하거나 합격률을 높이는 등 사법시험을 폐지하지 않고도 이러한 문제점을 해소할 수 있는 완화된 수단이 존재한다. 법학전문대학원제도의 경우에도 학부 전공 4년, 대학원 과정 3년, 변호사시험 응시 가능 기간 5년을 합하면 최대 12년이 걸리기 때문에 장기간의 시험 준비로 인한 비판을 피할 수 없다.

사법시험의 낮은 합격률(3%)을 문제 삼아 사법시험을 폐지하여야 한다는 주장도 있다. 그러나 어떤 시험이든지 지원자가 많아져 경쟁률이 높아지면 합격률은 낮아질 수밖에 없는 것이므로 이를 시험제도의 탓으로 돌리는 것은 온당하지 못하다. 일부 공무원시험은 사법시험보다 합격률이 더 낮다(2015년도 서울시 공무원시험 합격률 1.7%; 2015년도 국가공무원 7급 공채시험 합격률 1.2%). 낮은 합격률을 이유로 공무원시험의 폐지를 주장할 수 없듯이 낮은 합격률을 근거로 사법시험제도의 폐지를 주장하는 것도 부당하다. 합격률을 높이기 위해서는 합격자 수를 늘리거나 지원자 수를 줄여야 할 것인데, 그렇다고 하여 경제적 능력이 없는 사람의 응시를 제한하는 방법을 허용할 수는 없다. 문제는 오히려 제도의 존속을 위하여 응시자가 충분한 실력을 갖추었는지와 무관하게 일률적으로 입학정원 대비 75%의 합격률을 보장하는 법학전문대학원=변호사시험 체제에 있는 것이다.

사법시험제도의 유지가 법학전문대학원제도의 존립을 위태롭게 하므로 폐지하여야 한다는 주장도 있다. 그러나 법학전문대학원제도의 성패는 사법시험의 존치 여부에 달린 것이 아니라 그 제도를 통해 우수한 법률가를 양성할 수 있는지 여부에 달린 것이다. 근본적으로 법학전문대학원제도의 존립 그 자체는 헌법 제37조 제2항이 기본권제한의 정당화 사유로 규정하고 있는 국가안전보장·질서유지·공공복리 중 어디에도 해당되지 않으므로 직업선택의 자유를 제한할 수 있는 공익에 해당한다고 할 수 없다.

모든 제도는 장단점이 있기 마련이다. 사법시험제도가 가진 장점에는 눈을 감고 그 단점만 부각시켜 폐지하려고 하는 것은 지나치다. 사법시험제도에 대한 비판은 문제의 근본원인을 잘못 파악한 데서 비롯된 경우가 많고, 일부 문제점은 사법시험제도를 유지하면서도 충분히 개선할 수 있는 것이다.

㈐ 사법시험 존치의 필요성

사법시험제도의 존치는 누구든지 사회·경제적 지위와 무관하게 노력과 능력에 따라 자신이 원하는 직업을 가질 수 있는 길을 열어 둠으로써 계층의 고착화를 방지하고, 경제력의 차이로 인한 계층 간 갈등을 완화하며, 국가적으로도 인적 자원의 효율적 활용을 가능하게 한다.

사법시험제도가 가진 문제점이 법학전문대학원제도가 가진 문제점보다 중대하다고 할 수 없고, 그 제도상 문제점은 사법시험제도를 유지하면서도 개선할 수 있는 것이다. 법학전문대학원제도의 근간을 훼손하지 않는 범위 내에서 사법시험제도를 유지하여 법조인 자격 취득을 위한 다양한 통로를 열어 두는 것이 법학전문대학원의 법조인 양성에 관한 독점적 지위에 따른 부작용을 효과적으로 해결하는 길이다. 사법시험 출신 법조인과 법학전문대학원 출신 법조인이 서로 선의의 경쟁을 함으로써 법률서비스의 질을 높이는 것이 법률소비자인 국민의 입장에서도 바람직하다.

이와 관련하여 로스쿨제도를 운용 중인 미국의 경우 많은 주에서는 변호사예비시험(baby bar)을 통해 변호사자격시험을 칠 수 있도록 배려하고 있고, 로스쿨제도를 채택한 일본도 별도의 변호사예비시험을 두어서 법학전문대학원에 진학하지 않아도 법조인이 될 수 있는 우회적 통로를 마련하고 있다.

최근 한 여론조사에 의하면 국민의 대다수(75%)가 사법시험의 존치를 원하는 것으로 나타났고, 본인이나 자녀가 법조인이 되고자 할 때 법학전문대학원보다 사법시험을 더 선호한다고 한다. 이러한 현상은 국민들이 정의와 공정한 사회에 목말라 있으며, 법학전문대학원 제도와 달리 집안의 배경이나 재력이 없어도 본인의 노력으로 땀 흘린 만큼 결실을 거둘 수 있는 사법시험제도에 열렬한 지지를 보내고 있음을 보여주고 있다.

사법시험제도를 통해서 경쟁력 있는 우수한 법조인을 선발·배출해온 우리의 역사적 경험과 법조인 구성의 다양성 측면, 즉 전공 분야 외에 성장 환경, 사회·경제적 계층 등을 종합하여 볼 때, 우리 법체계에 맞지 않는 법학전문대학원제도의 유지를 위해 사법시험제도가 희생되어야 할 아무런 이유가 없다.

(4) 법익의 균형성

사법시험제도가 폐지되면 법학전문대학원에 진학할 경제적 능력이 없는 다수의 국민들은 자신의 능력이나 의지, 노력과 무관하게 법조인이 될 수 있는 기회조차 얻지 못하는 중대한 불이익을 받는다. 사법시험제도의 폐지는 단순히 법조인이 되고자 하는 사람의 직업선택의 자유를 침해하는 데 그치는 것이 아니라, 계층 간의 불신과 반목을 심화시키고 사회통합을 저해하는 등 공익도 중대하게 침해한다. 심판대상조항을 통해 추구하는 공익에 비하여 그로 인하여 훼손되는 사익과 공익이 훨씬 중대하므로 법익의 균형성도 인정되지 않는다.

(5) 소 결

심판대상조항은 법학전문대학원제도의 문제점을 해결하기 위한 아무런 대안이 없는 상태에서 그 문제를 완화하는 역할을 하는 사법시험제도를 폐지하도록 함으로써 법학전문대학원에 입학할 수 있는 경제적 능력이 없는 사람이 법조인이 될 수 있는 길을 원천적으로 봉쇄한다. 따라서 심판대상조항은 과잉금지원칙에 위배하여 청구인들의 직업선택의 자유를 침해한다.

나. 공무담임권 침해 여부

헌법 제25조는 “모든 국민은 법률이 정하는 바에 의하여 공무담임권을 가진다.”라고 규정하고 있는데, 공무담임권이란 입법부, 행정부, 사법부는 물론 지방자치단체 등 국가, 공공단체의 구성원으로서 그 직무를 담당할 수 있는 권리를 말한다. 여기서 직무를 담당한다는 것은 모든 국민이 현실적으로 그 직무를 담당할 수 있다고 하는 의미가 아니라, 국민이 공무담임에 관해서 자의적이지 않고 평등한 기회를 보장받음을 의미한다(헌재 2002. 8. 29. 2001헌마788등). 결국 헌법 제25조의 공무담임권 조항은 ‘모든 국민이 누구나 그 능력과 적성에 따라 공직에 취임할 수 있는 균등한 기회를 보장함’을 내용으로 한다(헌재 1999. 12. 23. 98헌바33 등 참조).

비록 변호사가 사적 영역에서의 직업이라고 하여도 그 업무와 역할이 공공적 성격을 가진다는 점에서 다른 직업과는 차이가 있다. 법원조직법과 검찰청법에 의하면 변호사 자격이 없는 사람은 판사나 검사로 임용될 수 없으므로(법원조직법 제42조 및 검찰청법 제29조 참조), 법학전문대학원에 진학할 경제적 능력이 없는 사람은 변호사 자격을 얻을 수 없고, 그 결과 자신의 능력이나 적성과 무관하게 판사, 검사로 임용될 수 있는 기회 또한 상실하게 되므로 공무담임권도 침해받는다.

다. 평등권 침해 여부

심판대상조항으로 인하여 법학전문대학원에 진학할 수 있는 경제적 능력이 없는 사람은 그러한 능력을 가진 사람에 비하여 법조 직역 진출에 있어 차별을 받는다.

다수의견은 “심판대상조항은 사법시험을 폐지한다는 내용일 뿐 그 조항 자체가 경제력에 따른 차별을 포함하고 있는 것은 아니므로, 심판대상조항이 직접 평등권을 침해한다고 볼 수 없다.”고 한다. 그러나 규범을 헌법 현실과 분리하여 고찰하는 것은 무의미하다. 규범이 그 자체로 차별적 요소를 갖고 있더라도 현실에서 불평등의 문제를 야기하지 않거나 오히려 실질적 평등에 기여하는 경우가 있는 반면, 규범이 그 자체로 차별적 요소를 갖고 있지 않더라도 현실에서 그로 인한 불평등의 문제를 야기하는 경우도 있다. 후자의 경우 그 규범의 위헌성에 대하여는 마땅히 헌법적 심사를 받아야 한다. 헌법재판소도 제대군인 가산점제에 관한 규범이 그 자체로 남녀 차별적인 요소를 갖고 있지 않음에도 현실적으로 전체여성 중 극히 일부분만이 제대군인에 해당될 수 있는 반면, 남자의 대부분은 제대군인에 해당하므로 실질적으로 성별에 의한 차별이 존재한다고 보고 평등권 침해 여부를 판단한 바 있다(헌재 1999. 12. 23. 98헌마363 참조).

법조인 양성제도가 법학전문대학원제도로 일원화되면 국민 중 70%는 경제적 이유로 인하여 법조 직역 진출을 포기할 가능성이 높다는 연구보고가 있다. 따라서 사법시험제도를 폐지하고 법조인 양성제도를 법학전문대학원제도로 일원화하고자 하는 심판대상조항에 의하여 법조 직역 진입에 경제적 능력에 따른 차별이 현실적으로 발생할 뿐만 아니라, 그러한 차별이 헌법적 관점에서 용인될 수 없는 이상 심판대상 조항의 위헌성에 대한 헌법적 심사가 요구된다.

일반적인 평등원칙 내지 평등권의 침해 여부에 대한 위헌심사기준은 합리적인 근거가 없는 자의적 차별인지 여부이지만, 만일 입법자가 설정한 차별이 기본권의 행사에 있어서의 차별을 가져온다면 그러한 차별에 대해서는 목적과 수단 간의 엄격한 비례성이 준수되었는지가 심사되어야 하며, 그 경우 불평등대우가 기본권으로 보호된 자유의 행사에 불리한 영향을 미칠수록 입법자의 형성의 여지에 대해서는 그만큼 더 좁은 한계가 설정되어 보다 엄격한 심사척도가 적용된다(헌재 2003. 9. 25. 2003헌마30; 헌재 2006. 2. 23. 2004헌마675등 참조).

심판대상조항은 직업선택의 자유에 대한 중대한 제한을 가져오므로 엄격한 심사기준에 따라 차별취급의 목적과 수단 사이에 엄격한 비례원칙이 적용되어야 한다.

그런데 심판대상조항은 앞서 본 바와 같이 그 입법목적과 수단 사이에 비례성을 갖추지 못하였으므로, 법학전문대학원에 진학할 경제적 능력이 없는 청구인들의 평등권을 침해한다.

라. 결 론

심판대상조항은 청구인들의 직업선택의 자유, 공무담임권 및 평등권을 침해하므로 헌법에 위반된다.

[45] 문화재수리 등에 관한 법률 제25조 제1항 위헌소원 사건

(2017. 11. 30. 2015헌바377)

◇ 사안과 쟁점

청구인 회사는 '보존과학업'을 업종으로 전문문화재수리업자로 등록을 한 법인이고, 청구인 한○일은 청구인 회사의 대표이사이다. 청구인들은 2011. 4.경 대전광역시로부터 보물 제1623호 성수침필적의 보존처리와 복제품제작 공사를 낙찰받은 다음 경주시에 있는 'ㅁㅁ'에게 하도급하여 위 업체로 하여금 위 일시경부터 2011. 11.경까지 보존처리 및 복제품 제작을 하도록 하였다. 문화재수리를 도급받은 문화재수리업자는 그 문화재수리를 직접 수행하여야 하고 전문문화재수리업자는 다른 업체에 문화재수리를 하도급할 수 없음에도 불구하고, 청구인 한○일은 위와 같이 도급받은 문화재수리를 직접 수행하지 않고 다른 업체에 하도급하여 '문화재수리 등에 관한 법률'(이하 '문화재수리법') 제25조 제1항, 제59조 제5호(이하 '심판대상조항')를 위반하였다는 이유로, 청구인 회사는 같은 법 제61조의 양벌규정에 따라 2015. 3.경 약식명령이 고지되자 정식재판을 청구하였다. 청구인들은 위 재판 계속 중 처벌의 근거가 되는 '문화재수리 등에 관한 법률' 제25조 제1항에 대하여 위헌법률심판제청신청을 하였으나 기각되자, 위 법률조항으로 인하여 직업의 자유 등이 침해된다고 주장하면서 헌법소원심판을 청구하였다.

쟁점은, 심판대상조항은 전문문화재수리업자가 다른 문화재수리업자와 하도급계약을 체결하는 방법으로 문화재수리업을 수행하는 것을 금지하고 이에 위반하는 경우 형사처벌하도록 하고 있는데, 이것이 과잉금지원칙에 위반하여 전문문화재수리업자의 직업수행의 자유를 침해하는지 여부이다(전원 소극, 2017. 11. 30. 2015헌바377; 공보 254호 1169면). 재판관 조용호는 주심으로 법정(합헌)의견을 집필하였다.

◇ 법정(합헌)의견

가. 문화재수리업에 대한 법적 규율

헌법 제9조는 "국가는 전통문화의 계승·발전과 민족문화의 창달에 노력하여야 한다."고 규정함으로써 문화국가의 이념을 천명함과 동시에 국가에 전통문화의 계승·발전 및 민족문화의 창달을 위한 노력의무를 부과하고 있다. 이러한 헌법적 요청에 따라 국가는 문화재를 보호할 의무가 있는데 이를 구체화한 것이 '문화재보호법'이고, 특히 문화재수리의 전문성을 확보하고 그 품질을 높이기 위하여 별도로 문화재수리에 관한 사항에 대하여 문화재수리법이 제정되었다.

문화재수리란 지정문화재 등의 보수·복원·정비 및 손상 방지를 위한 조치를 말한다(문화재수리법 제2조 제1호). 문화재수리법은 문화재의 원형보존에 가장 적합한 방법과 기술을 사용할 것을 문화재수리의 기본원칙으로 규정하고(제3조), 문화재수리가 전문성을 갖춘 인력에 의해 위 기본원칙에 따라 실행될 수 있도록 문화재수리기술자 등 자격제도를 두어 관리·규제하는 한편(제8조 내지 제13조), 문화재수리업등의 영업질서의 투명성·공정성을 높이기 위하여 문화재수리업자 등의 등록제도를 도입하였고(제14조 내지 제23조, 같은 법 시행령 제12조), 문화재수리업의 업무 영역을 종합문화재수리업과 전문문화재수리업으로 구분하여 문화재수리의 분야별 전문성을 높이도록 하고 있다(제16조, 같은 법 시행령 제12조).

나. 쟁점의 정리

심판대상조항은 전문문화재수리업자가 다른 문화재수리업자와 하도급계약을 체결하는 방법으로 문화재수리업을 수행하는 것을 금지하고 이에 위반하는 경우 형사처벌하도록 하고 있는데, 이는 전문문화재수리업자의 업무영역을 일부 제한함으로써 그 직업수행의 자유를 제한하고 있다.

청구인들의 계약체결의 자유 침해 주장은 직업수행의 자유가 제한됨으로써 발생한 부수적 결과이지 심판대상조항이 직접 계약체결의 자유를 제한하는 것은 아니므로 결국 직업수행의 자유를 침해하는지 여부에 관한 판단 문제로 포섭된다.

다음으로 평등권 침해 주장에 관하여 보건대, 문화재수리법 제16조에 따라 종합문화재수리업은 종합적인 계획·관리 및 조정 하에 두 종류 이상의 공종(工種)이 복합된 문화재수리를 하는 것이고, 전문문화재수리업은 문화재의 일부 또는 전문 분야에 관한 문화재수리를 하는 것으로 양자는 구분될 뿐 아니라, 구체적인 업종, 업무의 범위 등도 달라 종합문화재수리업자는 전문문화재수리업자와 본질적으로 동일하다고 보기 어려워 평등원칙의 침해를 논할 두 개의 비교집단이 될 수 없다.

다. 직업수행의 자유 침해 여부

(1) 심사기준

헌법 제15조는 "모든 국민은 직업선택의 자유를 가진다."고 규정함으로써 직업선택의 자유를 보장하고 있으며, 직업선택의 자유는 직업결정의 자유, 직업수행의 자유 등을 포괄하는 직업의 자유를 의미한다(헌재 2000. 7. 20. 99헌마452 참조).

직업수행의 자유는 직업결정의 자유에 비하여 상대적으로 그 침해의 정도가 작다고 할 것이어서, 이에 대하여는 공공복리 등 공익상의 이유로 비교적 넓은 법률상의 규제가 가능하나(헌재 2003. 10. 30. 2001헌마700등 참조), 직업수행의 자유를 제한할 때에도 헌법 제37조 제2항에 의거한 비례의 원칙에 위배되어서는 안 된다(헌재 2003. 6. 26. 2002헌바3 참조).

(2) 입법목적의 정당성 및 수단의 적합성

문화재는 국가적·민족적 유산으로서 역사적·예술적·학술적·경관적 가치가 크므로 이를 안전하게 보존하고 원형보존에 적합한 방법으로 수리하여 후세에 전승하는 것이 중요하다.

그런데 전문문화재수리업자의 하도급을 전면적으로 허용하는 경우 시공능력 없는 부실업체가 난립하고 하도급을 위한 수주만을 전문으로 하는 회사가 생겨나거나 하도급 과정에서 이윤 획득에만 치중한 나머지 최종단계의 수리업자는 부족한 도급금액으로 시공하게 되고, 이는 부실시공으로 이어져 문화재가 훼손될 위험이 있다.

이처럼 심판대상조항은 전문문화재수리업자가 신의와 성실로써 직접 책임 하에 그 수리를 시공하도록 하여 문화재수리의 품질향상과 문화재수리업의 건전한 발전을 도모함으로써 문화재의 원형보존을 통한 전통문화의 계승을 실현하고자 하는 것으로서 그 입법목적은 정당하다.

나아가 심판대상조항은 전문문화재수리업자의 경우 하도급을 금지하고 이를 위반하는 경우 형벌을 부과하도록 규정하고 있는바, 이는 위와 같은 입법목적을 달성하기 위하여 효과적이고 적절한 수단이다.

(3) 침해의 최소성

문화재수리는 기존의 문화재가 완전히 훼손되지 않도록 부분적으로 보수하는 것이 대부분이기 때문에 수리금액이 소액이고 사업규모가 매우 영세하여 수리업자의 전문성과 시공능력이 확보되지 아니하면 수리품질이 저하될 우려가 있으므로 문화재수리업자가 직접 수행하게 함으로써 그 수리품질을 담보하고 책임소재를 분명히 할 필요가 있다.

문화재수리는 대량생산으로 인해 분업화가 필요한 제조, 건설 분야와 달리 복잡하고 다양한 공정을 예정하고 있지 않고 원형보존이 목적이므로 하도급의 필요성이 크지 않으며, 더욱이 보존과학업과 같은 전문문화재수리업은 단일공종에 해당하므로 문화재수리기술자 또는 기능자를 직접 고용하는 방식으로 기술능력을 갖추는 것이 어렵지 않다.

설령 단일한 전문문화재수리업 안에 둘 이상의 기술능력이 필요하다고 하더라도 이를 분리하는 것이 기술상 용이하다고 보이지도 않으며 문화재수리의 사업규모가 매우 영세하므로 전문문화재수리업자에게 하도급을 허용하고 그 허용 범위와 방식을 규제하는 것이 현실적인 대안이 된다고 보기도 어렵다.

한편 전문문화재수리업자의 하도급을 금지하는 수단으로 형벌 외에 과태료나 이행강제금 등의 제재수단이 있으므로 하도급금지의무를 위반한 경우 형벌을 부과하는 것이 형벌의 보충성 원칙에 반하는 것은 아닌가 하는 의문이 있을 수 있다. 그러나 문화재수리업자의 구체적인 사정이나 하도급계약의 내용에 따라서는 오로지 금전적인 부담만을 부과하는 과태료나 이행강제금을 납부하고서라도 위법한 하도급계약을 유지할 동기도 있을 수 있다는 점 등을 고려하면, 과태료나 이행강제금 등의 단순한 행정상의 제재수단으로는 위법한 하도급계약의 체결을 방지하여 문화재수리의 품질향상과 문화재수리업의 건전한 발전을 도모하려는 심판대상조항의 입법목적을 달성하기에 충분하다고 단정하기 어렵다. 따라서 문화재수리업의 하도급금지의 강제수단으로 형사적인 제재를 부과할 필요성이 인정되고, 징역형 외에 벌금형을 선택적으로 규정하면서 그 법정형을 1년 이하의 징역형 또는 1천만 원 이하의 벌금형으로 규정하여 법관의 양형재량권을 폭넓게 인정하고 있으므로, 형벌이 과다하다고 보기도 어렵다.

(4) 법익균형성

무분별한 하도급으로 인한 부실시공을 방지하여 문화재수리의 품질향상과 문화재수리업의 건전한 발전을 도모하고자 하는 공익은 매우 중요한 반면, 전문문화재수리업자인 청구인들이 받게 되는 불이익은 문화재수리를 직접 수행하지 않고 다른 문화재수리업자에게 하도급함에 따른 직무수행상의 편의나 이윤을 취득하지 못하는 것이므로 상대적으로 경미하다. 따라서 심판대상조항은 법익의 균형성 요건도 충족한다.

라. 소결론

그러므로 심판대상조항은 과잉금지원칙에 위반되지 아니하므로 청구인들의 직업수행의 자유를 침해하지 아니한다.

[46] 임원의 형사처벌에 따른 학원등록 효력상실 위헌확인 사건

(2015. 5. 28. 2012헌마653)

◇ 사안과 쟁점

청구인은 주식회사 ㅇㅇ닷컴의 사내이사이다. 교습소 설립·운영의 신고를 하지 아니하고 10여 일간 초등학교 학생들을 대상으로 영어캠프를 운영하여 '학원의 설립·운영에 관한 법률'(이하 '학원법') 제22조 제1항 제3호를 위반하였다는 이유로 벌금 50만 원의 약식명령을 받고 정식재판을 청구하여 형사재판을 받고 있다.

쟁점은, 법인의 임원이 학원법을 위반하여 벌금형을 선고받은 경우 법인의 등록이 효력을 잃도록 규정한 학원법 제9조 제1항 제4호('이 사건 등록실효조항')가 과잉금지원칙에 위배되어 직업수행의 자유를 침해하는지 여부이다(적극:소극 7:2, 2015. 5. 28. 2012헌마653; 공보 224호 888면). 재판관 조용호(주심) 등 7명의 다수의견은 이를 긍정하였으나, 2명의 반대의견이 있다.

◇ 법정(위헌)의견

나. 이 사건 등록실효조항이 청구인 법인의 직업수행의 자유를 침해하는지 여부

(1) 이 사건 등록실효조항은 학원을 설립·운영하는 법인의 임원이 학원법을 위반하여 벌금형을 선고받을 경우 그 법인의 등록이 효력을 잃도록 규정하고 있다. 청구인 법인은 이미 학원설립·운영 등록을 마치고 학원을 운영하고 있었고, 이 사건 등록실효조항의 적용을 받는 경우에도 학원법 제9조 제2항 단서에 의하여 3개월 이내에 해당 임원을 바꾸어 선임하기만 하면 등록이 실효되지 않는다는 점에서, 직업의 자유 중에서도 직업수행의 자유를 제한받고 있다.

(2) 이 사건 등록실효조항은 학원법 위반으로 처벌받은 자들이 임원으로서 학원설립·운영 법인의 의사결정에 계속해서 관여함으로써 학원교육에 대한 국가의 규제·감독이 형해화되는 폐단을 방지하고, 학원교육이 최소한의 공적 기능을 수행하도록 함으로써 양질의 교육서비스를 확보하고 교육소비자를 보호하며, 국가 전체적으로 평생교육을 성공적으로 실현하고자 하는 것으로서 그 입법목적은 정당하다. 법인의 임원이 학원법을 위반하여 벌금형을 선고받을 경우 법인의 학원설립·운영 등록이 당연히 실효되도록 한 것은 이와 같은 입법목적을 달성하기 위한 유효·적절한 수단이 될 수 있다.

(3) 그런데 벌금형은 형법 제41조가 정하는 9가지의 형벌 중에서 4번째로 가벼운 것으로 부가형인 몰수를 빼고 나면 그보다 가벼운 형벌은 구류, 과료밖에 없어 벌금형이 중한 형벌이라거나, 사회통념상 벌금형을 선고받은 피고인의 불법 및 책임의 정도가 중하고 그에 대한 사회적 비난가능성이 높다고 보기도 어렵다. 그렇다면 입법자로서는 등록실효사유로서 벌금형 판결을 받은 학원법 위반범죄를 포괄하여 규정할 것이 아니라, 입법목적을 달성함에 반드시 필요한 범죄의 유형, 내용 등으로 그 범위를 가급적 한정하여 규정해야 할 것이다. 그럼에도 이 사건 등록실효조항은 임원이 학원법을 위반하여 벌금형이 확정되기만 하면 일률적으로 법인의 등록이 효력을 잃게 하고 있어 지나친 제재라 하지 않을 수 없다(헌재 2014. 1. 28. 2011헌바252 참조).

물론 법인의 경우, 학원법 제9조 제2항 단서에 따라 3개월 이내에 임원을 개임

함으로써 등록의 실효를 면할 수 있으나, 위 기간은 법인이 임원 개인의 형사처벌 사실을 알았는지와 상관없이 벌금형이 확정되면 곧바로 기산되고, 등록말소처분이 이루어지는 경우와 달리 등록의 실효에 관하여 아무런 통지도 이루어지지 아니하므로, 법인으로서는 대표자인 임원이건 그렇지 아니한 임원이건 모든 임원 개개인의 학원법 위반범죄와 형사처벌 여부를 항시 감독하여야만 등록의 실효를 면할 수 있다. 임원 개인의 미신고 교습소 설립·운영이나 미신고 과외교습행위와 같이 임원이 소속된 법인과 무관한 학원법위반 범죄까지 법인이 일일이 관리·감독하도록 요구하는 것은 학원을 설립하고 운영하는 법인에게 지나치게 과중한 부담을 지우는 것이다(헌재 2014. 4. 24. 2013헌바25 참조).

또한, 법인의 등록을 실효시킴에 있어 법인의 절차적 권리가 제대로 보장되지 못할 경우 자칫 임원 개인에 대한 벌금형 선고 이후 법인의 등록 실효로 제재가 끝나지 않고, 등록의 실효를 간과한 법인의 미등록 학원운영과 이에 대한 형사처벌, 그로 인한 등록의 금지 등 반복된 제재로 이어질 수 있다. 그런데 이 사건 등록실효조항은 앞서 살펴본 바와 같이 등록의 실효에 관하여 아무런 통지가 이루어지지 않을 뿐 아니라, 아래에서 보는 바와 같이 학원설립·운영자인 법인의 절차적 권리를 지나치게 제한하고 있다.

이 사건 등록실효조항에 의한 등록의 실효는 학원설립·운영 법인에 형벌을 부과하거나 법인의 자격을 박탈하기 위한 제도가 아니라, 벌금형을 선고받은 임원 개인이 학원운영에 관여하는 것을 방지하려는 행정상의 목적에 따라 법률로 규정된 불이익이다. 따라서 학원법 위반에 대한 형사재판을 담당하여 피고인의 유·무죄를 가리고 죄책의 정도에 따라 형을 부과하는 법관이 피고인에게 벌금형을 선고하면서 법인 등록의 실효라는 결과를 충분히 감안했다고 보기도 어렵고 그럴 의무도 없으며, 벌금형을 선고하기에 앞서 등록의 실효에 관한 소명의 기회를 줄 리도 없다. 특히 학원법 위반에 대한 형사재판은 그 법정형에 비추어 청구인 오○환의 경우와 마찬가지로 약식절차에 따라 진행되는 경우가 대부분일 것인데, 약식절차가 서면심리만으로 이루어지고 약식기소에 대한 사전 동의나 고지 없이 일방적으로 진행되며, 약식명령의 송달에 관하여 민사소송법상 보충송달에 관한 규정이 준용되어 피고인 이외의 '수령대리인'이 수령하는 등으로 약식명령 발령 사실 자체를 모르는 경우가 있는 현실을 감안할 때, 학원법 위반에 대한 형사재판이 약식절차에 의하여 진행되는 경우에는 등록의 실효에 관한 소명의 기회는 사실상 차단된다 할 것이다(헌재 2014. 1. 28. 2011헌바252 참조).

그리고 법인의 임원이 학원법을 위반하여 벌금형을 선고받은 경우, 해당 임원을 당연 퇴직시키거나 퇴직을 명하고, 이에 따르지 않을 경우 그 임원 및 학원법인에게 형벌 또는 행정상 제재를 가하는 방법으로도 해당 임원을 학원법인의 의사결정에서 배제하고자 하는 입법목적을 충분히 달성할 수 있음에도, 이 사건 등록실효조항은 범죄의 종류, 죄질을 불문하고 벌금형을 선고받기만 하면 그 정황에 따라 제재의 정도를 달리할 수 있는 여지없이 모든 경우에 법인의 학원설립·운영 등록이 실효되도록 규정하고 있다는 점에서도 지나친 제재라 아니할 수 없다(헌재 2014. 4. 24. 2013헌바25).

따라서 이 사건 등록실효조항은 침해최소성 요건을 갖추지 못하였다.

(4) 일단 학원을 운영하는 법인의 임원이 학원법 위반으로 기소되면 경미한 학원법 위반행위에 대하여도 벌금형의 선고를 피하기는 어렵고, 학원을 운영하는 법인의 등록이 효력을 잃게 되면, 장래 학원을 운영하지 못하게 될 뿐 아니라 이미 개설된 강좌도 폐지하고 학습자로부터 받은 수강료 등을 모두 반환하여야 한다(학원법 제18조). 이로 인해 해당 임원이 더 이상 임원직을 수행할 수 없게 될 뿐 아니라, 학원법인 소속 근로자는 모두 직장을 잃게 되어 생계의 위협을 받을 수 있으며, 갑작스러운 수업의 중단으로 학습자 역시 불측의 피해를 입을 수밖에 없다. 반면 이 사건 등록실효조항에 의해 실제 달성되는 공익은 학원법 위반자가 학원을 운영하는 법인의 의사결정에서 조금 더 일찍 배제될 수 있다는 정도에 불과하여 그러한 공익이 침해되는 사익보다 더 크다고 보기 어렵다.

따라서 이 사건 등록실효조항은 법익균형성 요건도 갖추지 못하였다.

(5) 그렇다면 이 사건 등록실효조항은 과잉금지원칙에 위배하여 청구인 법인의 직업수행의 자유를 침해하여, 헌법에 위반된다.

[47] 전기통신사업법 제22조의3 제1항 등 위헌확인 사건
(2018. 6. 28. 2015헌마545)

◇ 사안과 쟁점

청구인들은 전기통신사업법 제2조 제13호 가목에 따른 '특수한 유형의 부가통신역무'를 제공하는 전기통신사업자들이다. 위 법률조항에 따른 '특수한 유형의 부가통신역무'는, 일정한 용량의 데이터 저장공간(storage)을 확보하여, 이용자가 인터넷을 기반으로 자신의 컴퓨터 파일을 위 저장공간에 올려 이를 보관·이용하거나 추후 내려받을 수 있도록 하고, 또한 다른 이용자와 파일을 공유할 수 있도록 하는 등의 편의를 제공하는 것을 말한다(이하 위와 같은 저장공간을 '웹하드', 역무를 '웹하드서비스'라 하고, 웹하드서비스를 제공하는 전기통신사업자를 '웹하드사업자'라 한다). 2014. 10. 15. 법률 제12761호로 개정된 전기통신사업법은 웹하드사업자에게 ① '정보통신망 이용촉진 및 정보보호 등에 관한 법률' 제44조의7 제1항 제1호에 따른 불법정보의 유통 방지를 위하여 대통령령으로 정하는 기술적 조치를 할 의무(제22조의3 제1항), ② 위와 같은 기술적 조치의 운영·관리 실태를 시스템에 자동으로 기록되도록 하고 이를 대통령령으로 정하는 기간 동안 보관할 의무(제3항)를 각 부과하는 한편, ③ 방송통신위원회에 소속 공무원으로 하여금 위와 같은 기술적 조치의 운영·관리 실태를 점검하게 하거나 웹하드사업자에게 보관하는 기록 등 필요한 자료의 제출을 명할 수 있는 권한(제4항)을 부여하였다. 그리고 이에 대한 제재로, 일정한 경우 등록의 전부 또는 일부 취소, 1년 이내의 기간 동안 사업의 전부 또는 일부 정지를 명할 수 있고(제27조), 과태료도 부과하도록 하였다(제104조 제3항 제1호 및 제5항 제2호의2).

청구인들은 개정된 전기통신사업법 및 2015. 4. 14. 개정된 같은 법 시행령이 부과하는 의무와 제재로 인하여, 청구인들의 직업수행의 자유가 침해되고 이와 같은 규정을 적용받지 않는 다른 유형의 부가통신사업자와의 사이에서 청구인들의 평등권이 침해된다고 주장하면서 헌법소원심판을 청구하였다.

쟁점은, 구 전기통신사업법 제22조의3 제1항, 같은 법 시행령 제30조의3 제1항(이하 '기술적 조치 조항') 및 전기통신사업법 제22조의3 제3항, 같은 법 시행령 제30조의3 제2항(이하 '기록보관 조항')이 과잉금지원칙에 위배하여 청구인들의 직업수행의 자유를 침해하는지 여부, 다른 부가통신사업자와 달리 기술적 조치 조항과 기록보관 조항에 따른 의무를 부담하여 청구인들의 평등권을 침해하는지 여부이다(전원 소극, 2018. 6. 28. 2015헌마545; 공보 261호 1144면). 재판관 조용호는 주심으로 법정(합헌)의견을 집필하였다.

◇ 법정(합헌)의견

가. 기술적 조치 조항의 내용

기술적 조치 조항에 따르면, 웹하드사업자는 다음과 같은 의무를 부담한다.

첫째, 정보의 제목·특징 등을 비교하여 해당 정보가 '음란한 부호·문언·음향·화상 또는 영상을 배포·판매·임대하거나 공공연하게 전시하는 내용의 정보'(이하 '불법음란정보'라 한다)임을 인식할 수 있는 조치를 하여야 한다(기술적 조치 조항 중 구 전기통신사업법 시행령 제30조의3 제1항 제1호). 둘째, 이에 따라 인식한 불법음란정보를 웹하드서비스 이용자가 검색하거나 전송하는 것을 제한하는 조치를 하여야 한다(제2호). 셋째, 웹하드사업자가 위와 같이 불법음란정보 인식 조치를 하였으나 이에 따라 인식되지 않은 불법음란정보가 유통되는 것을 발견한 경우, 웹하드서비스 이용자가 검색하거나 전송하는 것을 제한하는 조치를 하여야 한다(제3호). 넷째, 웹하드서비스 이용자가 불법음란정보를 전송하는 경우 유통 금지 등 경고문구를 발송하는 조치를 하여야 한다(제4호).

이를 위하여, 일반적으로 웹하드사업자는 불법음란정보를 인식하고 그 전송을 제한하는 전문 기술을 갖춘 다른 사업자와 계약을 체결하여 용역을 제공받는 한편, 이용자의 불법음란정보 검색을 제한하기 위하여 스스로 웹하드서비스에서 검색할 수 없는 단어 또는 문구(소위 '금칙어')를 설정하고 인식·발견한 불법음란정보의 전송을 차단하며, 불법음란정보를 전송하는 이용자에게 경고를 발송하는 시스템을 구축하고 있다. 또한, 웹하드사업자는 불법음란정보의 유통을 모니터링하는 전담직원을 둘 의무가 있는데(전기통신사업법 제22조 제2항, 동법 시행령 별표 3 중 1. 나. 부분 참조), 위 전담직원이 기술적 조치로 인식되지 않은 불법음란정보의 유통을 모니터링 작업을 통해 보완, 차단하고 있다.

나. 기록보관 조항의 내용

기록보관 조항에 따르면, 웹하드사업자는 기술적 조치 조항에 따른 기술적 조치의 운영·관리 실태를 시스템에 자동으로 기록되도록 하고, 이를 2년간 보관하여야 한다. 구체적으로 웹하드사업자는 불법음란정보가 자동적으로 차단되는 기술적 조치[소위 필터링(filtering)]가 정상적으로 작동하고 있음을 확인할 수 있는 사용내역 기록정보[로그(log) 정보]를 2년간 보관하여야 하며, 로그 정보에는 차단된 자료의 파일명, 차단일, 필터링 작동 여부 등을 확인할 수 있는 내용이 포함되어야 한다.

이를 위하여, 일반적으로 웹하드사업자는 필터링 전문 기술을 갖춘 다른 사업자와 계약을 체결하여 용역을 제공받는 과정에서 그러한 기술적 조치의 운영·관리 실태에 대한 기록보관도 함께 요구하고 있다.

다. 제한되는 기본권

기술적 조치 조항과 기록보관 조항에 따라 웹하드사업자는 불법음란정보의 검색·전송을 차단하는 기술적 조치를 하고 그러한 조치의 운영·관리 실태를 기록·보관하여야 하므로, 위 조항들은 청구인들의 직업수행의 자유를 제한한다. 또한, 청구인들과 같은 웹하드사업자들은 다른 부가통신사업자와 달리 기술적 조치 조항과 기록보관 조항에 따른 의무를 부담하므로 청구인들의 평등권이 제한된다.

한편 청구인들은 행복추구권이 침해되었다는 주장도 하고 있으나, 기술적 조치 조항 및 기록보관 조항과 가장 밀접한 관계에 있는 직업수행의 자유 침해 여부를 판단하는 이상 이를 별도로 판단하지 아니한다.

라. 청구인들의 직업수행의 자유를 침해하는지 여부

(1) 목적의 정당성

불법음란정보는 노골적이고 적나라한 성표현을 통하여 그 자체로 인간 존엄을 훼손할 뿐 아니라, 이를 열람하는 사람이 성에 대한 왜곡된 인식을 가지게 하며, 잘못된 성적 흥미를 추구하게 함으로써 성범죄를 유발하는 측면이 있다(헌재 2015. 6. 25. 2013헌가17등; 헌재 2016. 3. 31. 2014헌마785 참조).

전기통신사업법은 전기통신사업의 적절한 운영과 전기통신의 효율적 관리를 통하여 전기통신사업의 건전한 발전과 이용자의 편의를 도모함으로써 공공복리의 증진에 이바지하는 것을 목적으로 하는 법률이며(제1조 참조), 기술적 조치 조항은 불법음란정보의 유통·확산을 사전적으로 방지·억제하려는 취지에서, 기록보관 조항은 웹하드사업자가 실질적으로 위 기술적 조치를 적용하고 있는지 판단할 수 있는 자료를 확보함으로써 관할 행정청의 사후 점검이 가능하도록 하여 기술적 조치 조항의 실효성을 확보하려는 취지에서 각 규정된 것이다. 즉, 기술적 조치 조항 및 기록보관 조항은 웹하드서비스 내에서 불법음란정보의 유통·확산을 사전에 차단함으로써 인간 존엄성 훼손을 방지하고 사회 구성원들이 건전한 성 인식을 하도록 하며 이를 바탕으로 성범죄 발생을 억제하려는 목적을 가지고 있는바, 그 입법목적은 정당하다.

(2) 수단의 적합성

㈎ 수단의 적합성은 입법자가 선택한 방법이 목적 달성에 최적의 것이 아니라 하더라도 그 수단이 입법목적 달성에 유효한 수단이라면 인정된다(헌재 2006. 6. 29. 2002헌바80등 참조). 따라서 설사 웹하드서비스 이용자가 불법음란정보의 검색·전송 차단을 위한 기술적 조치를 우회하여 불법음란정보에 접근하는 것이 가능하더라도, 그러한 접근이 부분적으로 차단되거나 손쉽게 되지 않음으로써 불법음란정보 유통·확산이 어느 정도 억제될 수 있다면 입법목적 달성에 유효한 수단이라 할 수 있다.

㈏ 청구인들은 불법음란정보의 유통을 차단하는 데 있어 기술적 조치가 전혀 실효적이지 않다고 주장하고 있다. 그러나 가장 기초 단계의 기술적 조치라고 할 수 있는, 검색어를 기반으로 음란정보의 검색·전송을 차단하는 조치, 소위 '필터링'만 하더라도, 불법음란정보임을 표상하는 단어·문구의 목록과 웹하드서비스를 통해 유통되는 자료의 파일명 등에 사용된 단어·문구를 대조하여 전부 또는 일부가 일치되는 경우 해당 웹하드서비스 내에서 검색·전송이 제한되므로, 불법음란정보 유통에 부분적 억제·차단 효과가 있다.

또한, 이미 불법음란정보를 담고 있는 것으로 판정된 자료의 데이터를 일정한 함수에 따라 짧은 길이의 데이터로 변환한 해시값(hash)이나 데이터의 고유 특성을 추출한 특징값(DNA) 목록과 대조하여 일치되는 자료를 차단하는 기술의 경우에도, 비록 차단을 회피하기 위한 자료의 의도적 변형에 다소 취약하기는 하지만, 불법음란자료의 검색·전송을 부분적으로 억제·차단할 수 있는 것은 분명하다. 그리고 이러한 기술적 조치의 성능이 꾸준히 개선되어 앞으로 더 효과적으로 불법음란정보를 차단할 수 있을 것이라는 전망도 가능하다.

기술적 조치 조항을 통하여 웹하드사업자를 규제하더라도, 웹하드서비스 외 다른 자료 검색·전송 수단을 통하여 불법음란정보가 유통될 수 있는 것은 사실이나, 기술적 조치 조항 및 기록보관 조항이 적어도 불법음란정보 유통·확산의 주요 경로 중 하나인 웹하드서비스 영역 내에서 불법음란정보 유통을 차단하는 데에는 효과가 있다. 기술적 조치 조항 및 기록보관 조항은 명시적으로 웹하드서비스 외 다른 자료 검색·전송 수단에 의한 불법음란정보 유통 문제를 규율대상으로 하고 있지 않고, 이는 별도의 대책을 찾아 해결할 문제이다.

이처럼 기술적 조치 조항이 불법음란정보 유통·확산을 차단하는 데에 일부 미흡한 점이 있다고 하더라도, 웹하드사업자가 이에 따를 경우 웹하드서비스를 통한 불법음란정보 검색·전송이 어느 정도 억제·차단되는 것은 분명하므로 그 제한의 실효성이 다소 의심된다는 이유만으로 수단의 적합성을 부정할 수 없다(헌재 2010. 2. 25. 2008헌마324등 참조).

㈐ 또한, 기록보관 조항에 따라 웹하드사업자들의 기술적 조치 적용·관리 실태를 시스템에 자동 기록하고 이를 2년간 보관하도록 할 경우, 관할 행정청이 기술적 조치의 실질적 운영 여부를 사후 점검하는 데 유용하고, 결국 기술적 조치 조항의 실효성이 강화되므로, 기록보관 조항은 입법목적 달성에 유효한 수단이다.

㈑ 따라서 기술적 조치 조항 및 기록보관 조항의 수단의 적합성은 인정된다.

(3) 침해의 최소성

㈎ 기술적 조치 조항 및 기록보관 조항은 웹하드사업자만을 수범자로 하고 있는바, 청구인들이 운영하고 있는 웹하드서비스는 불특정 다수를 상대로 자료를 대량 전송하기 용이한 특성이 있어 불법음란정보를 빠른 속도로 광범위하게 유통할 수 있으며, 여러 조사결과를 종합하면 실제 불법음란정보를 검색·전송하는 주요 경로 중 하나로 나타난다. 웹하드사업자는 이용자가 자료를 전송할 때마다 일정한 대가를 받아 이윤을 창출하고 있으며, 이는 전송되는 자료가 불법음란정보인 경우에도 마찬가지이므로, 불법음란정보의 유통 억제를 웹하드사업자의 자율에 맡기는 데는 한계가 있고, 실효적이지도 않다.

저작권법 제104조 제1항은 '권리자의 요청이 있는 경우'에만 특수한 유형의 온라인서비스제공자에게 저작물의 불법 유통을 차단하기 위한 기술적 조치를 할 의무를 부과한다. 이와 달리, 기술적 조치 조항은 권리자나 불법음란정보의 유통·확산을 원하지 않는 자의 요청이 없는 경우에도 웹하드사업자에게 불법음란정보의 유통을 일반적으로 차단할 의무를 부과한다. 이는 기술적 조치 조항의 입법목적이 개인의 권리를 보호하려는 데 있다기보다는 사회 일반의 이익 또는 가치를 보호하려는 데 있고, 불법음란정보의 경우 그 제작자가 분명하지 않은 경우가 많아 제작자의 요청이 있는 경우에만 기술적 조치를 하도록 하는 것은 불법음란정보 유통을 차단하는 데 미흡하기 때문이다.

또한, 이미 불법음란정보가 광범위하게 유통되고 난 후 통보나 신고가 있을 때에 하는 웹하드서비스 내 자료 삭제와 같은 사후적 조치나 과태료·형벌 부과 등 사후적 제재 수단으로는 심판대상조항과 같은 효과를 거둘 수 없다.

이와 같이, 불법음란정보의 유통 억제·차단이라는 목적을 같은 정도로 달성하면서 기술적 조치 조항과 같이 웹하드사업자에게 일반적·포괄적 의무를 부과하는 것보다 덜 침해적인 수단을 찾기 어렵다.

(나) 청구인들은 현재의 기술 수준에서는 웹하드서비스 내에서 불법음란정보의 유통을 완전히 차단하기는 어려움에도 불구하고, 기술적 조치 조항이 과도한 의무를 부과하고 있다는 취지로 주장한다.

기술적 조치 조항 중 구 전기통신사업법 시행령 제30조의3 제1항 제1호는 '정보의 제목, 특징 등을 비교하여 해당 정보가 음란정보임을 인식할 수 있는 조치'를, 제2호는 '이와 같이 인식한 음란정보의 검색, 전송을 제한하도록 하는 조치'를 하도록 하면서도, 제3호는 '사업자가 제1호의 조치에도 불구하고 불법음란정보를 인식하지 못하여 해당 정보가 유통되는 것을 발견하는 경우' 취하여야 하는 조치에 대하여 규정하고 있는바, 이 점에서 기술적 조치 조항은 현재의 불법음란정보 '인식' 기술에는 불완전한 점이 있다는 점을 예상하고 웹하드사업자에게 그 한계를 넘는 조치까지 요구하지 않는 것으로 이해된다. 또한, 현재 기술 수준에서도 불법음란정보를 '인식'하는 것에 기술적 한계가 있는 것이지, 특정 자료가 일단 불법음란정보로 인식되었다면 웹하드사업자가 그 자료의 검색·전송을 차단하는 데는 기술적 어려움이 없는 것으로 보인다.

실무상으로도 관할 행정청은 웹하드사업자가 스스로 또는 차단 업무를 전문적으로 수행하는 다른 사업자에게 의뢰하여, 업계에 통용되는 수준의 기술적 조치를 적용하면 그것으로 충분하다고 보고 있고, 현재의 일반적 기술 수준을 초과하여 음란물의 유통을 완벽하게 차단할 것을 요구하지 않는다. 관할 행정청은 기술적 조치를 적용하는 데 있어 기준이 되는 불법음란정보의 목록을 웹하드사업자들에게 제공하고 있고, 웹하드사업자 또는 차단 업무를 전문적으로 수행하는 사업자들은 이를 기초로 불법음란정보 검색·전송 차단 목록을 구축하고 있으며, 이러한 목록에 기재된 자료의 검색·전송만 차단되어도 법집행 실무상 기술적 조치 조항에 따른 의무이행을 위한 충분한 조치를 한 것으로 받아들여지고 있다. 따라서 청구인들이 주장하는 것과 같이 기술적 조치 조항에 따라 웹하드사업자들이 스스로 불법음란정보를 완전히 차단할 수 있는 조치를 하여야 하는 의무를 부담하는 것은 아니다.

그러므로 저작권법 제102조나 '아동·청소년의 성보호에 관한 법률' 제17조 제1항 단서의 규정과 달리, 기술적 조치 조항과 관련하여 웹하드사업자에 대하여 일정한 면책 조항이 존재하지 않더라도, 기술적 조치 조항과 실무례를 종합적으로 보면, 웹하드사업자에게 기술적으로 불가능한 조치까지 요구하는 것은 아니다.

(다) 한편, 기록보관 조항은 웹하드사업자에게 기술적 조치의 운영·관리 실태를 2년 동안 보관하도록 하는바, 앞서 언급한 것과 같이 기술적 조치 조항에 따른 기술적 조치는 웹하드사업자의 이윤 추구 기회를 일부 박탈하는 결과를 초래하므로 웹하드사업자가 이를 엄격히 적용하지 않을 가능성이 있고, 따라서 기술적 조치 조항이 실질적으로 적용되고 있는지를 검증하는 절차는 반드시 필요하다.

그런데 웹하드사업자가 기술적 조치를 실질적으로 운영·관리하였는지를 검증하려면 당해 웹하드서비스 이용자들이 실제로 어떤 자료를 전송하였는지 확인하여야 하는데, 기록보관 조항에 따라 웹하드사업자가 보관하여야 할 자료, 즉 정보의 목록(전송자 식별 정보 포함), 수량, 일시, 대가 등은 그 확인을 위하여 필요한 최소한의 것이다. 여기에 관할 행정청이 시행할 수 있는 웹하드사업자에 대한 감독·점검의 빈도 등을 고려하면, 위 자료들을 최소 2년 이상 보관하도록 하는 것은 불가피한 조치이다. 웹하드사업자가 이를 장기간 보관하는 과정에서 웹하드서비스 이용자의 개인정보 유출 위험이 증가할 수 있으나, 이는 개인정보의 보관·취급 문제를 규율하는 별도의 규정으로 대처할 문제이다.

이와 같이, 기록보관 조항과 같은 효과를 거두면서 이에 비하여 덜 침해적인 수단을 찾기 어렵다.

(라) 이러한 점을 종합하면, 기술적 조치 조항 및 기록보관 조항은 침해의 최소성 원칙에 위배되지 아니한다.

(4) 법익의 균형성

기술적 조치 조항 및 기록보관 조항으로 인하여 웹하드사업자들이 기술적 조치를 적용하고 이에 관한 기록을 보관하는 부담을 갖게 되고, 또한 이에 따른 비용을 부담하여야 하는 사적 불이익이 초래되지만, 불법음란정보의 광범위한 유통·확산을 사전에 차단하고 이를 통해 불법음란정보가 초래하는 폐해를 억제하는 공익이 달성될 수 있으므로, 위 조항들은 법익의 균형성 원칙에 위배되지 아니한다.

(5) 소결론

기술적 조치 조항 및 기록보관 조항은 과잉금지원칙에 위배되지 아니하여 청구인들의 직업수행의 자유를 침해하지 아니한다.

마. 평등권 침해 여부

(1) 청구인들은 다른 부가통신사업자들과 비교하여 웹하드사업자들에게만 기술적 조치 조항과 기록보관 조항에 따른 의무를 부과하는 것이 청구인들의 평등권을 침해하는 것이라 주장한다.

(2) 전기통신사업은 기간통신사업, 별정통신사업, 부가통신사업으로 구별되는데, 전기통신사업법상 '부가통신역무'는 '기간통신역무 외의 전기통신역무'라고만 규정되어 있다(제2조 제12호). 일반적으로 부가통신서비스(Value Added Service)란 '전송이라는 기본적인 통신서비스에 컴퓨터의 기능을 결합하여 회신교환, 부호변환, 통신속도변환, 정보의 축적·전송, 매체변환, 계산처리, 데이터베이스 제공 등 향상된 부가가치의 통신서비스를 제공하는 것'을 말하며, 인터넷 포탈(portal) 서비스, 사회관계망서비스(SNS), 인터넷 방송 플랫폼(platform) 서비스 등 다양한 형태의 통신서비스가 포함된다.

웹하드서비스 역시 일정한 용량의 데이터 저장공간을 확보하여, 이용자들에게 앞서 본 바와 같은 일정한 편의를 제공한다는 점에서 부가통신서비스의 한 유형에 속한다고 할 수 있다. 그러나 웹하드서비스는 다른 유형의 부가통신서비스와 달리, 문서, 사진, 동영상, 음성 등의 '이용자 간 대량 전송'을 주된 목적으로 하는 서비스라는 점에서 차이가 있다(헌재 2011. 2. 24. 2009헌바13등 참조). 다른 부가통신서비스를 통해서도 위와 같이 자료를 첨부하여 게시하는 것이 가능하고, 경우에 따라서는 이용자 간 자료 전송도 가능하지만 이를 주된 목적으로 하지는 않으며, 실제 이용상 제약도 많다.

입법자도 이러한 점을 고려하여, '특수한 유형의 부가통신역무', 그중에서도 웹하드서비스를 따로 정의하여(전기통신사업법 제2조 제13호 가목), 이에 대해서는 별도의 규율을 하고 있다. 이러한 점을 종합하면, 웹하드사업자와 다른 부가통신사업자는 '본질적으로 동일한 비교집단'이라 할 수 없다.

(3) 설사 다른 부가통신사업자를 본질적으로 동일한 비교집단으로 본다고 하더라도, 웹하드서비스는 장기간·대용량의 자료 전송에 적합한 수단으로서 불법음란정보의 유통에 이용될 경우 불법음란정보가 광범위하게 확산될 가능성이 있으므로, 다른 부가통신사업자와 달리 웹하드사업자들에게만 불법음란정보 유통을 차단하기 위한 기술적 조치 등을 취하도록 하고 이에 관한 자료를 2년간 보관하도록 한 것에는 차별 취급에 대한 합리적 이유가 있다.

(4) 따라서 기술적 조치 조항 및 기록보관 조항은 청구인들의 평등권을 침해하지 않는다.

8. 재산권 및 조세제도 관련

일반 사건에서의 의견

◇ 위헌의견을 취한 사례

▸ 부당환급받은 세액을 징수하는 근거규정인 개정조항을 개정된 법 시행 후 최초로 환급세액을 징수하는 분부터 적용하도록 규정한 법인세법 부칙(2008. 12. 26. 법률 제9267호) 제9조가 진정소급입법으로서 재산권을 침해하는지 여부(전원 적극, 2014. 7. 24. 2012헌바105; 공보 214호 1206면): 심판대상조항은 개정조항

이 시행되기 전 환급세액을 수령한 부분까지 사후적으로 소급하여 개정된 징수조항을 적용하는 것으로서 헌법 제13조 제2항에 따라 원칙적으로 금지되는 이미 완성된 사실·법률관계를 규율하는 진정소급입법에 해당한다.

- 장기미집행 도시계획시설에 대한 실효제도를 도입하면서 경과규정을 두어 도시계획시설 중 2000. 7. 1. 이전에 결정된 시설에 대해서는 그 기산일을 2000. 7. 1.로 정한 국토의 계획 및 이용에 관한 법률 부칙 제16조 제1항 제1호가 청구인의 재산권을 침해하고 평등원칙에 위배되는지 여부(소극:적극 4:5, 2014. 7. 24. 2013헌바387; 공보 1268면/소극:적극 5:4, 2018. 4. 26. 2017헌가5; 공보 259호 679면): 적극설의 요지는, 입법자가 경과규정을 마련하면서 기존의 도시계획시설결정 중 2000. 7. 1. 당시 이미 20년이 도과한 것과 20년이 도과하지 않은 것을 구분하여 실효기간의 편차를 두는 등의 단계적 규율을 하는 것이 현실적으로 어렵다거나 심판대상조항이 달성하려는 공익에 방해된다고 보기 어렵고, 도시계획시설결정으로 인하여 토지재산권을 장기간 제한받는 불이익이 심판대상조항으로 달성할 공익보다 결코 작다고 할 수 없으므로, 심판대상조항은 토지소유자의 재산권을 과도하게 침해하고 평등원칙에 위반된다.
- 행정기관이 개발촉진지구 지역개발사업으로 실시계획을 승인하고 이를 승인하기만 하면 고급골프장 사업자와 같이 공익성이 낮은 사업에 대해서까지도 시행자인 민간개발자에게 수용권한을 부여하는 구 '지역균형개발 및 지방중소기업 육성에 관한 법률' 제19조 제1항의 '시행자' 부분 중 '제16조 제1항 제4호' 부분이 헌법 제23조 제3항에 위배되는지 여부(적극:소극 6:3, 2014. 10. 30. 2011헌마129등; 공보 217호 1712면)
- 별거나 가출 등으로 실질적인 혼인관계가 존재하지 아니하여 연금 형성에 기여가 없는 이혼배우자에 대해서까지 법률혼 기간을 기준으로 분할연금 수급권을 인정하는 국민연금법 제64조 제1항이 재산권을 침해하는지 여부(전원 적극, 2016. 12. 29. 2015헌바182; 공보 243호 83면)
- 지역구국회의원선거 예비후보자의 기탁금 반환 사유로 예비후보자가 당의 공천심사에서 탈락하고 후보자등록을 하지 않았을 경우를 규정하지 않은 공직선거법 제57조 제1항 제1호 다목 중 지역구국회의원선거와 관련된 부분이 청구인의 재산권을 침해하는지 여부(전원 적극, 2018. 1. 25. 2016헌마541; 공보 256호

343면, 예비후보자 기탁금제도를 규정하고 있는 기탁금납입조항 자체가 헌법에 위반되므로, 이를 전제로 예비후보자의 기탁금 반환 사유를 규정하고 있는 심판대상조항도 헌법에 위반된다고 보아야 한다는 3명의 별개의견 있음)

◇ 합헌의견을 취한 사례

① 민사법 관련

- 학교법인 설립자의 유가족 또는 학교법인의 초대 감사로 재직하다가 퇴임한 청구인들에게 관할청의 이사 선임처분에 대해 재심을 요청할 권리를 부여하지 아니한 것이 재산권을 제한하는지 여부(전원 소극, 2013. 5. 30. 2010헌바292; 공보 200호 614면)
- 구 임대주택법 제21조 제1항(임차인신청권 조항) 및 제21조 제8항(매도청구권 조항)이 임대사업자의 일반 채권자의 재산권을 제한 또는 침해하는지 여부(전원 소극, 2013. 5. 30. 2011헌바74; 공보 200호 618면)
- 집합건물에서 전 소유자가 체납한 관리비 중 공용부분에 관한 부분에 대해서 그 특별승계인에게 청구할 수 있도록 한 구 '집합건물의 소유 및 관리에 관한 법률' 제18조가 재산권을 침해하는지 여부(전원 소극, 2013. 5. 30. 2011헌바201; 공보200호 628면)
- 권리남용금지를 규정한 민법 제2조 제2항이 토지소유자의 재산권을 침해하는지 여부(전원 소극, 2013. 5. 30. 2012헌바335; 공보 200호 654면)
- 농업 경영에 이용하지 않는 경우에 농지소유를 원칙적으로 금지하고 있는 농지법 제6조 제1항에도 불구하고, 예외적인 경우에는 농지소유를 허용하면서, 그러한 예외에 종중은 포함하지 않고 있는 구 농지법 제6조 제2항이 종중의 재산권을 침해하는지 여부(전원 소극, 2013. 6. 27. 2011헌바278; 공보 201호 801면)
- 우편물의 지연배달 기준 및 손해배상금액을 규정하고 있는 구 우편법 시행규칙 제135조의2 제4항 별표 3 중 '통상우편물 중 다음날 배달되는 국내특급우편'에 관한 부분이 청구인의 재산권을 침해하는지 여부(전원 소극, 2013. 6. 27. 2012헌마426; 공보 201호 850면)
- 재산이 국가에 귀속되는 대상이 되는 친일반민족행위자 가운데 '한일합병의

공으로 작위를 받거나 계승한 자'를 '일제로부터 작위를 받거나 계승한 자'로 개정한 '친일반민족행위자 재산의 국가귀속에 관한 특별법' 제2조 제1호 나목이 과잉금지원칙에 위반하여 재산권을 침해하는지 여부(전원 소극, 2013. 7. 25. 2012헌가1; 공보 202호 898면)

- 구 상가건물 임대차보호법 제10조 제1항 단서 제7호 중 '재건축' 부분이 임대인이 갱신거절권을 행사할 수 있는 사유를 재건축에 정당한 사유가 있는 경우로 한정하지 아니하고, 재건축사업 진행단계에 상관없이 갱신거절권을 행사할 수 있도록 함으로써, 상가임차인의 재산권을 침해하는지 여부(전원 소극, 2014. 8. 28. 2013헌바76; 공보 215호 1367면)
- 우편법상의 손해배상을 청구할 수 있는 자를 발송인의 승인을 받은 수취인으로 규정한 우편법 제42조 중 '그 승인을 받은 수취인' 부분이 수취인의 재산권을 침해하는지 여부(전원 소극, 2015. 4. 30. 2013헌바383; 공보 223호 681면)
- 채무자인 회사 자본의 10분의 1 이상에 해당하는 채권을 갖는 채권자가 회생절차개시신청을 할 수 있도록 하는 '채무자 회생 및 파산에 관한 법률' 제34조 제2항 제1호 가목이 회사 주주의 재산권을 침해하는지 여부(전원 소극, 2015. 12. 23. 2014헌바149; 공보 231호 130면)
- 파산선고 전에 행하여진 강제집행은 파산선고에 의해 효력을 잃는다고 규정하면서 파산폐지결정으로 인해 실효되었던 강제집행이 부활하는지 여부에 대해서는 명시적으로 규정하고 있지 아니한 '채무자 회생 및 파산에 관한 법률' 제348조 제1항 본문이 명확성원칙 및 과잉금지원칙에 위배되어 청구인들의 재산권을 침해하는지 여부(전원 소극, 2016. 4. 28. 2015헌바25; 공보 235호 747면)
- '공익사업을 위한 토지 등의 취득 및 보상에 관한 법률' 제91조 제4항 중 '토지의 가격이 취득일 당시에 비하여 현저히 상승한 경우 환매금액에 대한 협의가 성립하지 아니한 때에는 사업시행자로 하여금 환매금액의 증액을 청구할 수 있도록 한 부분'('증액청구조항')이 환매권자의 재산권을 침해하는지 여부(전원 소극, 2016. 9. 29. 2014헌바400; 공보 240호 1488면)
- 법무법인에 관하여 합명회사 사원의 무한책임을 정하고, 신입사원에게 동일한 책임을 부과하며, 퇴사한 사원에게 퇴사등기 후 2년 내에 동일한 책임을 부과

하는 상법 규정들을 준용하는 변호사법 제58조 제1항이 청구인들의 재산권을 침해하는지 여부(전원 소극, 2016. 11. 24. 2014헌바203등; 공보 242호 1846면)

- 2002. 1. 1. 이후 민사집행법에 의한 경매절차에 따라 토양오염관리대상시설을 인수한 자를 오염원인자로 간주하여 토양정화책임을 부과하고 이를 위반한 경우 형사처벌하도록 규정한 구 토양환경보전법 제10조의3 제3항 제4호, 제15조 제3항 제3호 및 제29조 제3호 중 각 '2002. 1. 1. 이후 민사집행법에 의한 경매절차에 따라 토양오염관리대상시설을 인수한 자'에 관한 부분이 재산권을 침해하는지 여부(전원 소극, 2016. 11. 24. 2013헌가19; 공보 242호 1813면)
- 회계감사인이 중요한 사항에 관하여 감사보고서에 기재하지 아니하거나 허위의 기재를 함으로써 이를 믿고 이용한 선의의 투자자에게 손해를 발생하게 한 경우, 선의의 투자자에 대한 회계감사인의 손해배상책임은 그 청구권자가 해당 사실을 안 날부터 1년 이내 또는 감사보고서를 제출한 날부터 3년 이내에 청구권을 행사하지 아니하면 소멸한다고 규정한 증권거래법 제197조, '주식회사의 외부감사에 관한 법률' 제17조 제7항 등이 선의의 투자자인 청구인들의 재산권을 침해하는지 여부(전원 소극, 2017. 6. 29. 2015헌바376등; 공보 249호 639면)
- 국가에 대한 금전채권의 소멸시효기간을 5년으로 정하고 있는 국가재정법 제96조 제2항이 과잉금지원칙에 위배하여 채권자의 재산권을 침해하는지 여부(전원 소극, 2018. 2. 22. 2016헌바470; 공보 257호 445면)

② 조세법 관련

- 대도시 내에서의 법인의 설립 또는 대도시 내로의 본점 등의 전입 '이후의' 부동산등기에 대한 등록세를 통상 세율의 3배로 중과하는 구 지방세법 제138조 제1항 제3호 중 '그 설립·전입 이후의 부동산등기' 부분이 그 적용대상이 불명확하여 조세법률주의에 위배되는지 여부, 조세평등주의에 위배되는지 여부(전원 소극, 2013. 5. 30. 2011헌바171등; 공보 200호 623면)
- 사업자가 교부받은 세금계산서에 재화 등을 공급하는 사업자의 등록번호와 성명 또는 명칭이 사실과 다르게 기재된 경우 당해 세금계산서상 매입세액을

공제하지 아니하는 구 부가가치세법 제17조 제2항 제1호의2 본문 중 '교부받은 세금계산서에 제16조 제1항 제1호에 따른 기재사항이 사실과 다르게 기재된 경우' 부분이 과세요건명확주의, 자기책임의 원칙에 위배되고, 재산권을 침해하는지 여부(전원 소극, 2013. 5. 30. 2012헌바195; 공보 200호 649면)

- 종합소득세의 납부의무 위반에 대하여 미납기간을 고려하지 않고 일률적으로 미납세액의 100분의 10에 해당하는 가산세를 부과하도록 한 구 소득세법 제81조 제3항이 비례원칙에 반하여 납세의무자의 재산권을 침해하고, 평등원칙에 위배되는지 여부(전원 소극, 2013. 8. 29. 2011헌가27; 공보 203호 1115면)
- 소득세법상 기타소득 등을 지급하는 자가 지급조서를 제출하지 아니한 경우 그 제출하지 아니한 분의 지급금액의 100분의 2에 상당하는 가산세를 부과하는 구 소득세법 제81조 제5항 본문 중 '제164조의 규정에 의하여 지급조서를 제출하여야 할 자'에 관한 부분이 재산권을 침해하는지 여부(전원 소극, 2014. 5. 29. 2012헌바28; 공보 212호 953면)
- 시가표준액을 기준으로 토지와 건축물에 대한 재산세의 과세표준을 산정하면서, 보충적으로 시가를 기준으로 하는 규정을 두지 아니한 구 지방세법 제187조 제1항 제1호가 재산권을 침해하는지 여부(전원 소극, 2014. 5. 29. 2012헌바432; 공보 212호 966면)
- 특수관계에 있는 자 외의 자로부터 거래의 관행상 정당한 사유없이 시가보다 현저히 낮은 가액으로 재산을 양수한 경우 양수인에게 증여세를 부과하도록 규정한 구 상속세 및 증여세법제35조 제1항 제1호 및 제2항이 과잉금지원칙에 위배되어 청구인의 재산권을 침해하는지 여부(전원 소극, 2014. 7. 24. 2012헌바370; 공보 214호 1231면)
- '업종의 분류'를 통계청장이 고시하는 '한국표준산업분류'(행정규칙)에 의하도록 한 구 조세특례제한법 제2조 제3항이 조세법률주의 및 포괄위임금지원칙에 위배되는지 여부(<u>소극</u>:적극 6:3, 2014. 7. 24. 2013헌바183등; 공보 214호 1262면)
- 양도소득세를 미납한 경우 그 미납세액의 일정한 비율에 따른 납부불성실가산세를 부과하도록 하는 구 소득세법 제115조 제2항 및 구 국세기본법 제47조의5 제1항 본문이 과잉금지원칙에 위배하여 재산권을 침해하는지 여부(전원

소극, 2015. 2. 26. 2012헌바355; 공보 221호 370면)

- 외국 법원의 확정판결에 기초하여 이루어진 가압류의 피보전채무를 상속재산의 가액에서 차감되는 채무에 포함시키지 아니한 구 '상속세 및 증여세법' 제14조 제2항이 과잉금지원칙에 위배하여 청구인들의 재산권을 침해하는지 여부(전원 소극, 2015. 4. 30. 2011헌바177; 공보 223호 626면)
- 농지대토의 양도소득세 감면요건으로 직접 경작을 요구하는 구 조세특례제한법 제70조 제1항 중 '직접 경작' 부분이 국방의무 이행에 대한 예외규정을 두지 아니하여 조세평등주의에 위배되는지 여부 및 병역의무 이행으로 인한 불이익 처우로서 헌법 제39조 제2항에 위반되는지 여부(소극:적극 8:1, 2015. 5. 28. 2014헌바261등; 공보 224호 873면)
- 보유기간이 1년 이상 2년 미만인 자산이 공용수용으로 양도된 경우에도 중과세하는 구 소득세법 제104조 제1항 제2호가 청구인들의 재산권을 침해하는지 여부(전원 소극, 2015. 6. 25. 2014헌바256; 공보 225호 1008면)
- 현금영수증 의무발행업종 사업자로 하여금 거래건당 30만 원 이상인 재화 또는 용역을 공급하고 그 대금을 현금으로 받은 경우 상대방이 현금영수증 발급을 요청하지 아니하더라도 그 발급을 의무화하고, 미발급 시 현금연수증 미발급액의 50%에 상당하는 과태료를 부과하는 각종 조세법 규정이 직업수행의 자유를 침해하는지 여부(적극:소극 3:6, 2015. 7. 30. 2013헌바56등; 공보 226호 1133면)
- 도시지역 안의 농지를 비사업용 토지로 규정하여 양도소득세 중과세율이 적용되도록 한 구 소득세법 제104조의3 제1항 제1호 나목 본문이 재산권을 침해하는지 여부(전원 소극, 2015. 7. 30. 2013헌바207; 공보 226호 1152면)
- 구 '상속세 및 증여세법' 중, 최대주주 등이 그의 친족 등 특수관계인에게 당해 법인의 주식 등을 증여한 후 특수관계인이 얻은 상장에 따른 이익에 대하여 과세하는 제41조의3 제1항('증여재산가액 조항'), 증여재산가액의 기준시점을 정한 제41조의3 제2항 전문 중 "제1항의 규정에 의한 이익은 당해 주식등의 상장일부터 3월이 되는 날을 기준으로 계산한다" 부분('기준시점 조항'), 유상증자에 의하여 인수·배정받은 신주를 주식 등의 취득에 포함시키는 제41조의3 제6항의 "인수·배정받은 신주" 중 "유상증자에 의하여 인수·배정받은 신주"

부분('유상신주 적용 조항')이 특수관계인의 재산권을 침해하는지 여부(전원 소극, 2015. 9. 24. 2012헌가5등; 공보 228호 1355면)

- 재화 또는 용역을 공급받은 사업자가 발급받은 세금계산서에 작성연월일이 사실과 다르게 기재된 경우, 당해 매입세액을 매출세액에서 공제하지 않도록 규정한 구 부가가치세법 제17조 제2항 제2호 본문 중 '발급받은 세금계산서에 제16조 제1항 제4호에 따른 기재사항이 사실과 다르게 적힌 경우' 부분이 재산권을 침해하는지 여부(전원 소극, 2015. 11. 26. 2014헌바267; 공보 230호 1781면)
- 증여계약의 합의해제에 따라 신고기한 이내에 증여받은 재산을 반환하는 경우 처음부터 증여가 없었던 것으로 보는 대상에서 금전을 제외한 구 상속세 및 증여세법 제31조 제4항이 수증자의 계약의 자유 및 재산권을 침해하거나 평등의 원칙에 위배되는지 여부(전원 소극, 2015. 12. 23. 2013헌바117; 공보 231호 103면)
- 코스닥상장법인의 주식을 평가기준일 이전·이후 각 2월간에 공표된 매일의 한국증권선물거래소 최종시세가액의 평균액에 따라 평가하도록 규정한 구 '상속세 및 증여세법' 제63조 제1항 제1호 나목이 재산권을 침해하는지 여부(전원 소극, 2016. 2. 25. 2014헌바363등; 공보 233호 377면)
- 신탁재산에 대한 재산세 납세의무자를 위탁자에서 수탁자로 변경한 지방세법 제107조 제1항 제3호가 과잉금지원칙에 위배되어 재산권을 침해하는지 여부(전원 소극, 2016. 2. 25. 2015헌바127; 공보 233호 394면)
- 최대주주등이 주식 등을 특수관계인에게 증여하거나 취득하게 한 후 일정한 기간 내에 상장법인과 합병을 실시하여 상장이익이 발생한 경우, 그 합병상장이익에 증여세를 과세하도록 규정한 구 상속세 및 증여세법 제41조의5 제1항이 재산권을 침해하는지 여부(전원 소극, 2016. 3. 31. 2013헌바372; 공보 234호 562면)
- 기존 보유주식을 현물출자하여 지주회사를 설립한 후 지주회사 주식을 취득한 사람이 지주회사 주식을 증여한 경우에 과세를 이연받았던 양도소득세를 납부하도록 정하고 있는 구 조세특례제한법 제38조의2 제3항 전문 제2호가 청구인의 재산권을 침해하는지 여부(전원 소극, 2016. 5. 26. 2015헌바176; 공보 236호 915면)

- 법인의 증자에 따른 이익의 증여에 대하여 증여세를 부과하는 구 상속세 및 증여세법 제39조 제1항 제1호 가목 및 다목('증자이익 과세조항') 및 증자이익을 계산함에 있어서 소액주주가 2인 이상인 경우에 소액주주 1인이 이익을 증여한 것으로 보는 구 상속세 및 증여세법 제39조 제2항('증자이익 계산조항')이 청구인의 재산권을 침해하는지 여부(전원 소극, 2016. 6. 30. 2014헌바468; 공보 237호 1075면)
- 국세환급금을 체납된 국세 등에 충당하도록 한 국세기본법 제51조 제2항 제2호가 재산권을 침해하는지 여부(전원 소극, 2017. 7. 27. 2015헌바286; 공보 250호 736면)
- 부동산매매업자가 1세대 3주택 또는 비사업용 토지를 양도한 경우 사업자로서의 종합소득산출세액과 양도소득세율을 적용한 산출세액을 비교하여 그 중 많은 것을 종합소득산출세액으로 계산하는 구 소득세법 조항이 청구인의 재산권을 침해하는지 여부(소극:적극 7:1, 2017. 7. 27. 2015헌바339; 공보 251호 865면)
- 체납처분의 목적물인 재산의 추산가액이 체납처분비와 우선채권금액에 충당하고 남을 여지가 없더라도, 다른 과세관청의 교부청구가 있는 경우에는 체납처분을 중지하지 아니할 수 있도록 한 국세징수법 제85조 제2항 단서 중 '제56조에 따른 교부청구'에 관한 부분이 청구인의 재산권을 침해하는지 여부(전원 소극, 2017. 12. 28. 2016헌바160; 공보 255호 88면)
- 이른바 '일감 몰아주기'로 수혜법인의 지배주주 등에게 발생한 이익에 대하여 증여세를 부과하는 구 상속세 및 증여세법 제45조의3 제1항, 제2항, 제3항이 수혜법인의 지배주주 등의 재산권을 침해하는지 여부(전원 소극, 2018. 6. 28. 2016헌바347; 공보 261호 1093면)

③ 국토이용, 도시계획 등 관련

- 구 '공익사업을 위한 토지 등의 취득 및 보상에 관한 법률' 제78조 제6항이 공익사업의 시행으로 인하여 농업 등을 계속할 수 없게 된 농민 등에 대한 생활대책 수립의무를 규정하지 아니한 것이 청구인의 재산권을 침해하는지 여부(전원 소극, 2013. 7. 25. 2012헌바71; 공보 202호 963면)
- 정비사업의 시행으로 인하여 용도가 폐지되는 국가 또는 지방자치단체 소유

의 정비기반시설을 사업시행자가 새로이 설치한 정비기반시설의 설치비용에 상당하는 범위 안에서 사업시행자에게 무상으로 양도되도록 한 '도시 및 주거환경정비법' 제65조 제2항 후단이 사업시행자의 재산권을 침해하는지 여부(전원 소극, 2013. 10. 24. 2011헌바355; 공보 205호 1498면)

- 도로부지 소유자의 토지인도 청구 등 사권의 행사를 제한한 도로법 제3조 본문이 청구인의 재산권을 침해하는지 여부(전원 소극, 2013. 10. 24. 2012헌바376; 공보 205호 1515면)
- 공익사업을 위한 토지수용의 경우 '부동산 가격공시 및 감정평가에 관한 법률'이 정한 공시지가를 기준으로 보상하도록 하는 구 '공익사업을 위한 토지 등의 취득 및 보상에 관한 법률'이 정당보상의 원칙에 위배되는지 여부(전원 소극, 2013. 12. 26. 2011헌바162; 공보 207호 100면)
- 도로 등 영조물 주변 일정 범위에서 광업권자의 채굴행위를 제한하는 구 광업법 제44조 제1항 제1호 중 '도로'에 관한 부분이 광업권자의 재산권을 침해하는지 여부(전원 소극, 2014. 2. 27. 2010헌바483; 공보 209호 447면)
- 토지분할을 함에 있어 사전에 행정청의 허가를 받도록 하는 구 국토의 계획 및 이용에 관한 법률 제56조 제1항 제4호가 재산권을 침해하는지 여부(전원 소극, 2014. 2. 27. 2012헌바184; 공보 209호 452면)
- 전국 고속국도를 하나의 도로로 간주하여 통행료를 부과하도록 한 구 유료도로법 제18조 중 '고속국도'에 관한 부분이 경인고속국도를 통행하는 청구인들의 재산권을 침해하는지 여부(전원 소극, 2014. 7. 24. 2012헌바104; 공보 214호 1200면)
- 민간기업이 도시계획시설사업의 시행을 위하여 수용권을 행사할 수 있도록 한 구 '국토의 계획 및 이용에 관한 법률' 제95조 제1항의 "도시계획시설사업의 시행자" 중 "제86조 제7항"의 적용을 받는 부분('수용조항')이 헌법 제23조 제3항에 위반되거나 과잉금지원칙을 위반하여 재산권을 침해하는지 여부(전원 소극), '사업의 공공필요성'과 '사업시행자가 공익사업을 수행할 의사와 능력'을 토지수용위원회의 재결 사항으로 규정하지 않은 '공익사업을 위한 토지 등의 취득 및 보상에 관한 법률' 제50조 제1항('재결조항')이 과잉금지원칙을 위반하여 재산권을 침해하는지 여부(전원 소극)(2014. 7. 24. 2012헌바294; 공보 214

호 1222면)

- 행정청이 아닌 사업주체가 새로이 설치한 공공시설이 그 시설을 관리할 관리청에 무상으로 귀속되도록 구 주택건설촉진법 제33조 제8항 중 '공공시설의 귀속에 관하여 국토의 계획 및 이용에 관한 법률 제65조 제2항 전단 및 제99조 중 제65조 제2항 전단에 관한 부분'을 준용하는 부분이 과잉금지원칙에 위배하여 청구인의 재산권을 침해하는지 여부(전원 소극, 2015. 2. 26. 2014헌바177; 공보 221호 424면)
- 국유림 내 산림청장과 광업권자의 석재매매계약이 해제되는 경우 해당 산지 안의 매각된 석재는 국가에 귀속한다고 규정한 구 산지관리법 제36조 제2항 본문이 청구인의 재산권을 침해하는지 여부(전원 소극, 2015. 7. 30. 2014헌바151; 공보 226호 1188면)
- 습지보호지역 등에서 광업권을 소유한 사람이 광업권을 매도하려는 경우 환경부장관이나 해양수산부장관이 임의로 매수할 수 있도록 한 구 습지보전법 제20조의2 제1항 중 '광업권'에 관한 부분이 광업권자의 재산권을 침해하는지 여부(전원 소극, 2015. 10. 21. 2014헌바170; 공보 229호 1661면)
- 관리처분계획의 인가고시가 있으면 별도의 행정처분 없이 정비구역 내 소유자의 사용·수익을 정지하는 '도시 및 주거환경정비법' 제49조 제6항 중 '주거용 건축물의 소유자' 부분이 주거용 건축물 소유자의 재산권을 침해하는지 여부(전원 소극, 2015. 11. 26. 2013헌바415; 공보 230호 1770면)
- 일정한 면적 및 수량 이상의 죽목 벌채의 경우 관할청의 허가를 받도록 하는 구 '개발제한구역의 지정 및 관리에 관한 특별조치법' 제12조 제1항 본문 중 '죽목의 벌채'에 관한 부분 및 단서 제5호가 토지소유자 등의 재산권을 침해하는지 여부(전원 소극, 2015. 11. 26. 2014헌바359; 공보 230호 1792면)
- 개발부담금을 개발부담금 납부 고지일 후에 저당권 등으로 담보된 채권에 우선하여 징수할 수 있도록 한 '개발이익환수에 관한 법률' 제22조 제2항이 담보권자의 재산권을 침해하는지 여부(소극:적극 7:2, 2016. 6. 30. 2013헌바191등; 공보 237호 1029면)
- 공익사업의 시행으로 인해 철거된 건축물을 취락지구가 아닌 지역으로 이축하는 경우 개발제한구역보전부담금을 100분의 100 비율로 부과하는 '개발

제한구역의 지정 및 관리에 관한 특별조치법' 제24조 제2항 [별표] 제7호 다목 중 제12조 제1항 단서 제3의2호에 관한 부분이 재산권을 침해하는지 여부, 평등원칙에 위배되는지 여부(전원 소극, 2017. 9. 28. 2016헌바76; 공보 252호 978면)

- 재건축 조합 설립에 부동의한 토지등소유자를 매도청구의 상대방으로 규정한 '도시 및 주거환경정비법' 제39조 전문 제1호 중 제16조 제3항에 관한 부분('부동의자 매도청구조항'), 재건축 조합원의 자격을 토지등소유자로 제한하고 토지만 소유한 자를 매도청구의 상대방으로 규정한 '도시 및 주거환경정비법' 제19조 제1항 본문 중 '토지등소유자' 부분('조합원 자격조항') 및 제39조 전문 제2호 중 '토지만 소유한 자' 부분('토지소유자 매도청구조항')이 재산권을 침해하는지 여부(전원 소극, 2017. 10. 26. 2016헌바301; 공보 253호 1095면)
- 수용 또는 사용에 관한 협의가 성립되지 않거나 협의를 할 수 없는 경우 '공익사업을 위한 토지 등의 취득 및 보상에 관한 법률' 제28조 제1항에서는 '사업인정고시가 된 날부터 1년 이내에' 재결을 신청할 수 있도록 한 데 대하여, '조성사업 시행기간'에 재결을 신청할 수 있도록 한 관광진흥법 제61조 제2항이 청구인의 재산권을 침해하는지 여부, 평등원칙에 위배되는지 여부(전원 소극, 2018. 12. 27. 2017헌바220; 공보 267호 88면)

④ 고용, 연금, 복지, 보험 관련

- 사용자가 보수를 지급받지 아니하거나, 다른 사업장에서 이미 건강보험료를 납부하고 있는 경우에 직장가입자에서 제외되는 자로 규정하고 있지 아니한 구 국민건강보험법 제6조 제2항 단서('직장가입자조항')가 청구인의 계약의 자유 및 재산권을 침해하는지 여부(전원 소극, 2014. 5. 29. 2011헌바384; 공보 212호 947면)
- 가입기간이 10년 미만이거나, 사망, 국적 상실, 국외 이주의 경우를 제외하고는 반환일시금을 지급할 수 없도록 하고 있는 국민연금법 제77조 제1항이 청구인의 재산권을 침해하는지 여부(전원 소극, 2014. 5. 29. 2012헌마248; 공보 212호 1003면)
- 유족일시금을 받을 유족이 없는 경우 유족 아닌 직계존비속에게 유족일시금

의 2분의 1 상당액을 지급하도록 한 공무원연금법 제30조 제1항 전단 및 구 공무원연금법 시행령 제24조 제1항 전단 제4호 중 각 유족일시금에 관한 부분이 유족 아닌 직계비속인 청구인의 재산권을 침해하는지 여부(전원 소극, 2014. 5. 29. 2012헌마515; 공보 212호 1006면)

- 공무원이 유족 없이 사망하였을 경우, 연금수급자의 범위를 직계존비속으로만 한정하고 있는 공무원연금법 제30조 제1항이 공무원의 형제자매 등 다른 상속권자들의 재산권(상속권)을 침해하는지 여부(전원 소극, 2014. 5. 29. 2012헌마555; 공보 212호 1011면)
- 산업재해보상보험법 제36조 제7항 중 '최고보상기준금액'에 관한 부분이 2000. 7. 1. 최고보상제도가 최초 시행되기 전에 업무상 재해를 입고 최고보상기준금액이 아닌 종전에 자신의 평균임금을 기준으로 보상연금을 지급받아 온 산재근로자들인 청구인들에게 적용됨으로써 신뢰보호원칙에 반하여 청구인들의 재산권을 침해하는지 여부(전원 소극, 2014. 6. 26. 2012헌바382등; 공보 213호 1090면)
- 소속 공무원이 지급받은 성과상여금을 다시 배분하는 행위를 하는 등 거짓이나 부정한 방법으로 성과상여금을 받은 때에는 그 지급받은 성과상여금을 환수하고 1년의 범위에서 성과상여금을 지급하지 아니하도록 한 '지방공무원 수당 등에 관한 규정' 제6조의2 제7항이 과잉금지원칙에 위배되어 청구인들의 재산권 및 일반적 행동자유권을 침해하는지 여부(전원 소극, 2016. 11. 24. 2015헌마1191등; 공보 242호 1924면)
- 사업주의 훈련비용 부정수급이 있는 경우 고용노동부장관이 그 제재조치로서 사업주에게 부정수급액 상당의 추가징수를 명할 수 있도록 규정한 근로자직업능력개발법 제56조 제3항 제2호 중 '제55조에 따라 지원·융자가 제한되는 사업주' 가운데 '제20조 제1항 제1호에 따라 비용을 지원받은 사업주'에 관한 부분이 청구인의 재산권을 침해하는지 여부(전원 소극, 2016. 12. 29. 2015헌바198; 공보 243호 98면)
- 공무원연금법상 퇴직연금수급자가 지방의회의원에 취임한 경우 그 재직기간 중 퇴직연금 전부의 지급을 정지하도록 규정한 공무원연금법 제47조 제1항 제2호 중 '지방의회의원'에 관한 부분 및 공무원연금법 부칙 제12조 제1항 단

서 중 '제47조 제1항 제2호의 지방의회의원'에 관한 부분이 과잉금지원칙, 신뢰보호원칙에 반하여 청구인들의 재산권을 침해하는지 여부(소극:적극 6:2, 2017. 7. 27. 2015헌마1052; 공보 250호 792면)

- 연금인 급여를 전국소비자물가변동률에 따라 매년 증액 또는 감액하도록 하는 공무원연금법 제43조의2를 2016. 1. 1.부터 2020. 12. 31.까지 적용하지 않도록 한 공무원연금법 부칙 제5조('연금동결조항')가 신뢰보호원칙에 반하여 청구인들의 재산권을 침해하는지 여부(전원 소극, 2017. 11. 30. 2016헌마101등; 공보 254호 1186면)
- 장기급여에 대한 권리를 5년간 행사하지 아니하면 시효로 소멸한다고 규정한 '사립학교교직원 연금법' 제54조 제1항 중 '장기급여에 관한 부분'이 청구인의 재산권, 사회보장수급권을 침해하는지 여부(소극:각하 7:2, 2017. 12. 28. 2016헌바341; 공보 255호 113면)
- 공무원과 이혼한 배우자에 대한 분할연금액은 공무원의 퇴직연금액 또는 조기퇴직연금액 중 혼인기간에 해당하는 연금액을 균등하게 나눈 금액으로 한다는 공무원연금법 제46조의3 제2항에도 불구하고, 민법상 재산분할청구에 따라 연금분할이 별도로 결정된 경우에는 그에 따르도록 한 공무원연금법 제46조의4가 분할연금 수급권자의 사회보장수급권 및 재산권을 침해하는지 여부(전원 소극, 2018. 4. 26. 2016헌마54; 공보 259호 745면)
- 공무원연금법상 급여를 받을 권리(수급권)의 압류를 금지하는 공무원연금법 제32조 제1항 본문 중 "양도 · 압류"에 관한 부분 및 수급권자에게 지급된 급여(지급액) 중 민사집행법 제195조 제3호에서 정하는 금액 이하의 압류를 금지한 공무원연금법 제32조 제2항(제32조 제1항 본문 중 "양도 · 압류"에 관한 부분을 '압류금지조항', 제32조 제2항을 '압류제한조항')이 청구인의 재산권을 침해하는지 여부(압류제한조항은 전원 소극, 압류금지조항은 소극:적극 4:5, 2018. 7. 26. 2016헌마260; 공보 262호 1274면)
- 국민연금법 제80조 제2항('사망일시금 한도 조항')이 청구인들의 재산권을 침해하는지 여부(전원 소극, 2019. 2. 28. 2017헌마432; 공보 269호 318면): 국민연금법상 연금수급권 내지 연금수급기대권이 재산권의 보호대상인 사회보장적 급여라고 한다면 사망일시금은 사회보험의 원리에서 다소 벗어난 장제부조

적·보상적 성격을 갖는 급여로 사망일시금은 헌법상 재산권에 해당하지 아니한다.

⑤ 기 타

- PC방 전체를 금연구역으로 지정하도록 한 국민건강증진법 제9조 제4항 제23호 중 인터넷컴퓨터게임시설제공업소 부분('금연구역조항')이 청구인의 재산권을 침해하는지 여부(전원 소극, 2013. 6. 27. 2011헌마315; 공보 201호 841면)
- 주민등록표를 열람하거나 그 등·초본을 교부받는 경우 소정의 수수료를 부과하도록 하고 있는 구 주민등록법 제29조 제1항 및 주민등록법 시행규칙 제17조 제1항 본문이 개인정보자기결정권 및 재산권을 침해하는지 여부(전원 소극, 2013. 7. 25. 2011헌마364; 공보 202호 1002면)
- 수입·반입된 국제적멸종위기종으로부터 증식된 종에 대하여 원칙적으로 수입·반입 목적 외 다른 용도의 사용을 금지한 구 야생동·식물보호법 제16조 제3항 본문 중 같은 조 제5항의 '국제적멸종위기종으로부터 증식된 종'에 적용되는 부분이 재산권 및 직업의 자유를 침해하는지 여부(전원 소극, 2013. 10. 24. 2012헌바431; 공보 205호 1524면)
- 지방교육자치에 관한 법률 제49조 제1항 전문 중 반환받은 기탁금 전액을 다시 반환하도록 하는 공직선거법 제265조의2 제1항의 비용반환조항을 준용하는 부분이 청구인의 재산권을 침해하는지 여부(소극:적극 7:2, 2015. 2. 26. 2012헌마581; 공보 221호 436면)
- '여객자동차 운수사업법' 및 '화물자동차 운수사업법'에 따라 면허 등이 실효, 취소된 후 이러한 사유가 발생한 자동차의 소유자가 자동차 말소등록을 신청하지 않으면 시·도지사가 직권으로 말소등록을 할 수 있도록 정한 자동차관리법 제13조 제3항 제1호 중 제1항 제4호에 관한 부분이 자동차 저당권자의 재산권을 침해하는지 여부(전원 소극, 2015. 9. 24. 2012헌가20; 공보 228호 1366면)
- '가축전염병예방법'상 가축전염병의 확산을 막기 위한 방역조치로서 도축장 사용정지·제한명령과 그 명령을 받은 도축장 소유자에 대한 보상금의 법적 성격: 도축장 사용정지·제한명령은 공익목적을 위하여 이미 형성된 구체적 재산권을 박탈하거나 제한하는 헌법 제23조 제3항의 수용·사용 또는 제한에

해당하는 것이 아니라, 도축장 소유자들이 수인하여야 할 사회적 제약으로서 헌법 제23조 제1항의 재산권의 내용과 한계에 해당하고, 그 명령을 받은 도축장 소유자에 대한 보상금은 시혜적 급부에 해당한다(2015. 10. 21. 2012헌바367; 공보 229호 1636면)

- 입찰담합 또는 공급제한 행위를 한 사업자에게 매출액의 100분의 10을 곱한 금액을 초과하지 않는 범위 안에서 과징금을 부과할 수 있도록 규정한 '독점규제 및 공정거래에 관한 법률' 제22조 본문 중 '제19조 제1항 제3호' 및 '제19조 제1항 제8호'에 관한 부분이 사업자의 재산권을 침해하는지 여부, 법률유보원칙 및 포괄위임금지원칙에 위배되는지 여부, 적법절차원칙에 위배되는지 여부(전원 소극, 2016. 4. 28. 2014헌바60; 공보 235호 731면)
- 개정된 해운법에 의하여 구 해운법상의 한정면허제도가 폐지됨에 따라, 그 면허의 근거가 상실되는 기존 한정면허를 받은 사업자에 대하여 개정법에 따른 일반면허를 받은 것으로 의제하는 내용의 경과조치를 규정한 해운법 부칙 제3조가 구법에 따라 일반면허를 취득하여 해상여객운송사업을 운영해온 청구인의 재산권을 침해하는지 여부(전원 소극, 2018. 2. 22. 2015헌마552; 공보 257호 452면)
- 게임물을 이용하여 도박 그 밖의 사행행위를 하게 하거나 이를 하도록 방치한 게임물 관련사업자가 소유 또는 점유하는 게임물을 필요적으로 몰수하도록 정하고 있는 '게임산업진흥에 관한 법률' 제44조 제2항 중 '몰수'에 관한 부분이 과잉금지원칙에 위배하여 게임물 관련사업자의 재산권 및 직업수행의 자유를 침해하는지 여부(소극:적극 8:1, 2019. 2. 28. 2017헌바401; 공보 269호 270면)

[48] 국외강제동원자지원법상 미수금 지원금에 관한 위헌소원 사건

(2015. 12. 23. 2009헌바317등)

◇ 사안과 쟁점

청구인의 부친인 망 이○섭은 일제에 의하여 군무원으로 강제동원되어 그 노무제공의 대가를 지급받지 못한 미수금피해자이다. 청구인은 '태평양전쟁 전후 국외 강제동원희생자 등 지원에 관한 법률'(이하 '국외강제동원자지원법')에 따라서 '태평양전쟁 전후 국외 강제동원희생자 지원위원회'(이하 '위원회')로부터 망 이○섭 사망 당시의 미수금 5,828엔에 대하여 1엔당 2,000원으로 환산한 11,656,000원의 지급결정을 받았다. 이에 청구인은 위 미수금에 대한 지원금 지급결정이 현재 가치를 반영한 정당한 보상이 되지 못한다는 이유로 '위원회'에 재심의를 신청하는 한편, 위 지급결정의 취소를 구하는 소송을 제기하였다. 그러던 중 '위원회'로부터 위 재심의 신청이 기각되자 위 소송의 청구취지를 위 재심의기각결정의 취소로 변경한 후, 그 소송 계속 중 대일 민간청구권을 제한하고 위와 같이 1엔당 2,000원으로 환산한 미수금 지원금을 지급하도록 하는 등의 내용을 규정한 '대한민국과 일본국 간의 재산 및 청구권에 관한 문제의 해결과 경제협력에 관한 협정' 제2조 제1항, 제3항 및 '국외강제동원자지원법' 제5조 제1항 등에 대하여 위헌법률심판제청신청을 하였으나 각하되자, 이 사건 헌법소원심판을 청구하였다.

제청신청인의 배우자인 김○준은 일제에 의하여 중국 지역에 군인으로 강제동원되었다가 귀환한 후 사망하였다. '위원회'는 '국외강제동원자지원법'에 따라 김○준이 일본국으로부터 지급받을 수 있었던 급료 등 미수금을 270엔으로 결정하고, 위 미수금에 대하여 제청신청인과 김○준의 아들인 김○식을 유족으로 인정하여 각 27만 원씩의 미수금 지원금을 지급하기로 결정하였다. 제청신청인은 위 처분의 취소를 구하는 소송을 제기하는 한편, 위 법률 제5조 제1항 등에 대하여 위헌법률심판제청신청을 하였고, 위 법원은 이 사건 위헌법률심판제청을 하였다.

쟁점은, 일제에 의하여 군무원으로 강제동원되어 그 노무 제공의 대가를 지급받지 못한 미수금 피해자에게 국외강제동원자지원법 제5조 제1항에 따라 지급되는 미수금 지원금의 법적 성격, 미수금 지원금 산정방식이 헌법에 위반되는지 여부이다. 미수금 지원금의 법적 성격이 인도적 차원의 시혜적인 금전 급부에 해당한다는 점에 관하여는 전원 일치 의견이었으나, 미수금 지원금을 산정할 때 당시의 일본국 통화 1엔에 대하여 대한민국 통화 2천 원으로 환산하도록 한 조항이 입법재량을 벗어나 위헌인지 여부에 대하여는 견해가 나뉘었다(소극:적극 6:3, 2015. 12. 23. 2009헌바317등; 공보 231호 74면). 재판관 조용호는 주심으로 법정의견을 집필하였다.

◇ 법정(합헌)의견

가. 이 사건 미수금 지원금의 법적 성격

헌법재판소는 국외강제동원자지원법에 규정된 위로금 등의 각종 지원이 태평양 전쟁이라는 특수한 상황에서 일제에 의한 강제동원 희생자와 그 유족이 입은 고통을 치유하기 위한 시혜적 조치라고 판단한 바 있다(헌재 2011. 2. 24. 2009헌마94; 헌재 2011. 12. 29. 2009헌마182등; 헌재 2012. 7. 26. 2011헌바352 참조).

국외강제동원자지원법은 강제동원희생자와 그 유족 등에게 인도적 차원에서 위로금 등을 지원함으로써 이들의 고통을 치유하고 국민화합에 기여함을 목적으로 한다고 명시적으로 밝히고 있으며(법 제1조), 이 사건 미수금 지원금을 받게 될 '유족'의 범위를 민법상의 재산상속인으로 하지 않고 강제동원으로 인한 고통과 슬픔을 함께 한 '친족'으로 한정하고 있다(법 제3조). 이러한 점들을 고려한다면 이 사건 미수금 지원금은 피해자나 유족들이 받은 손해를 보상 내지 배상하는 것이라기보다는 인도적 차원의 시혜적인 금전 급부에 해당한다.

나. 위헌 여부

이와 같은 인도적 차원의 시혜적 급부를 받을 권리는 헌법 제23조에 의하여 보장된 재산권이라고 할 수 없으므로, 이 사건 미수금 지원금의 액수가 너무 적다고 해서 재산권 침해 문제가 발생하지는 않는다.

그런데 이 사건 미수금 지원금이 시혜적 급부로서 사회보장적인 성격을 가진다고 하더라도, 이 지원금이 한일청구권협정으로 말미암아 대일민간청구권의 행사에 상당한 어려움을 안게 된 강제동원피해자들을 국가적 차원에서 지원하고자 하는 의도로 지급되게 되었다는 점을 고려한다면, 이 지원금의 산정방식은 입법자가 자의적으로 결정해서는 안 되고 위 입법취지에 따라 미수금의 가치를 합리적으로 반영하는 것이어야 한다는 입법적 한계를 가진다고 볼 여지도 있다. 그러나 이 점과 관련하여 판단할 때에도 아래와 같은 이유에서 입법자가 이 사건 법률조항에서 설정한 지원금 산정방식이 합리성을 결여하였다거나 부당한 것이라고 단정하기 어렵다.

이 사건 법률조항은 피징용자의 미수금을 1945년 당시 1엔당 2,000원으로 환산하여 지급하도록 하고 있는데, 1엔당 2,000원을 기준으로 한 것은 한일청구권협정

체결 후 '청구권 자금의 운용 및 관리에 관한 법률'(1966. 2. 19. 법률 제1741호로 제정된 것), '대일 민간청구권 신고에 관한 법률'(1971. 1. 19. 법률 제2287호로 제정된 것), '대일 민간청구권 보상에 관한 법률'(1974. 12. 21. 법률 제2685호로 제정된 것)과 같은 일련의 대일 민간청구권 보상에 관한 법률이 제정되어 그에 따른 보상이 일부분 이루어졌음에도 미수금피해자의 경우에는 보상대상에서 제외되어 보상을 받지 못한 점을 참작한 것이다. 즉, 1엔당 2,000원의 환산법은 위의 보상이 시작된 해인 1975년을 기준으로 하여, 1945년부터 1975년까지의 일본국 소비자물가상승률인 149.8배에 1975년 당시의 엔화 환율인 1엔당 1.63원을 곱하고, 그 수치에 다시 1975년부터 2005년까지의 우리나라 소비자물가상승률인 7.8배를 곱한 수치인 1,904원(약 2,000원)을 근거로 하여 산출된 것으로 보이는 까닭이다. 그렇다면 소비자물가상승률과 환율을 참작한 이 사건 법률조항의 산정방식은 그 나름의 합리적 기준으로 화폐가치를 반영하고 있다고 보인다.

요컨대 앞서 언급한 바와 같이 이 사건 미수금 지원금이 보상금이 아니라 인도적 차원의 시혜적인 금원이라는 점을 감안해서 본다면, 지원금의 불충분함을 이유로 곧바로 이 사건 법률조항이 헌법에 위반된다고 할 수 없고, 또한 이 사건 법률조항의 지원금 산정방식이 자의적이라거나 미수금의 가치를 합리적으로 반영하지 못한 것이라고 단언할 수 없으므로, 이 사건 미수금 지원금을 1엔당 2,000원으로 환산하여 지급하도록 한 것이 입법 재량을 벗어나 헌법에 위반된다고 볼 수 없다.

제 4 장

참정권, 공무담임권

일반 사건에서의 의견

◇ 위헌의견을 취한 사례

- 예비후보자의 배우자가 함께 다니는 사람 중에서 지정한 자도 선거운동을 위하여 명함교부 및 지지호소를 할 수 있도록 한 공직선법 제60조의3 제2항 제3호 중 '배우자' 관련 부분이 배우자가 없는 청구인의 평등권을 침해하는지 여부(소극:적극 2:7, 2013. 11. 28. 2011헌마267; 공보 206호 1700면)/후보자의 배우자가 그와 함께 다니는 사람 중에서 지정한 1명도 명함교부를 할 수 있도록 한 공직선거법 제93조 제1항 제1호 중 제60조의3 제2항 제3호 가운데 '후보자의 배우자가 그와 함께 다니는 사람 중에서 지정한 1명' 부분이 평등권을 침해하는지 여부(소극:적극 2:7, 2016. 9. 29. 2016헌마287; 공보 240호 1584면)
- 집행유예기간 중인 자와 수형자의 선거권을 제한하고 있는 공직선법 제18조 제1항 제2호가 헌법 제37조 제2항에 위반하여 청구인들의 선거권을 침해하고, 헌법 제41조 제1항 및 제67조 제1항이 규정한 보통선거원칙에 위반하여 평등원칙에도 어긋나는지 여부(전원 적극, 2014. 1. 28. 2012헌마409등; 공보 208호 337면/2014. 1. 28. 2013헌마105; 공보 208호 358면)
- 국회의원선거에 참여하여 의석을 얻지 못하고 유효투표총수의 100분의 2 이상을 득표하지 못한 정당에 대해 그 등록을 취소하도록 한 정당법 제44조 제1항 제3호가 정당설립의 자유를 침해하는지 여부(전원 적극), 정당등록취소조항에 의하여 등록취소된 정당의 명칭과 같은 명칭을 등록취소된 날부터 최초로 실시하는 임기만료에 의한 국회의원선거의 선거일까지 정당의 명칭으로 사용할 수 없도록 한 정당법 제41조 제4항이 정당설립의 자유를 침해하는지 여부(전원 적극)(2014. 1. 28. 2012헌마431등; 공보 208호 345면)
- 공무원의 지위를 이용하여 선거에 영향을 미치는 행위에 대하여 1년 이상 10년 이하의 징역 또는 1천만 원 이상 5천만 원 이하의 벌금에 처하도록 한 공직선거법 조항이 형벌체계상의 균형에 어긋나는지 여부(전원 적극, 2016. 7. 28. 2015헌바6; 공보 238호 1235면)

- 지역농협 이사 선거의 경우 전화, 컴퓨터통신을 이용한 지지 호소의 선거운동 방법을 금지하고, 이를 위반한 자를 처벌하는 구 농업협동조합법 조항이 결사의 자유, 표현의 자유를 침해하는지 여부(전원 적극, 2016. 11. 24. 2015헌바62; 공보 242호 1866면)
- 지역구국회의원선거 예비후보자의 기탁금반환 사유로 예비후보자가 당의 공천심사에서 탈락하고 후보자등록을 하지 않았을 경우를 규정하지 않은 공직선거법 조항이 청구인의 재산권을 침해하는지 여부(전원 적극, 2018. 1. 25. 2016헌마541; 공보 256호 343면)
- 선거기사심의위원회가 불공정한 선거기사를 보도하였다고 인정한 언론사에 대하여 언론중재위원회를 통하여 사과문을 게재할 것을 명하도록 하고, 해당 언론사가 사과문 게재 명령을 지체 없이 이행하지 않을 경우 형사처벌하는 구 공직선거법 조항이 언론사의 인격권을 침해하는지 여부(적극:소극 8:1, 2015. 7. 30. 2013헌가8; 공보 226호 1100면)
- 총장후보자에 지원하려는 사람에게 접수시 1,000만 원의 기탁금을 납부하도록 하고, 지원서 접수시 기탁금 납입 영수증을 제출하도록 한 '전북대학교 총장임용후보자 선정에 관한 규정'(훈령 제1768호) 제15조 제3항이 청구인의 공무담임권을 침해하는지 여부(전원 적극, 2018. 4. 26. 2014헌마274; 공보 259호 724면)

◇ 합헌의견을 취한 사례

① 공무담임권

- 10년 미만의 법조경력을 가진 사람의 판사임용을 위한 최소 법조경력요건을 단계적으로 2013년부터 2017년까지는 3년, 2018년부터 2021년까지는 5년, 2022년부터 2025년까지는 7년으로 정한 법원조직법 부칙 제2조가 청구인들의 공무담임권을 침해하는지 여부(전원 소극, 2016. 5. 26. 2014헌마427; 공보 236호 954면)
- 수뢰죄를 범하여 금고 이상의 형의 선고유예를 받은 국가공무원은 당연퇴직하도록 한 국가공무원법 제69조 단서 중 '형법 제129조 제1항'에 관한 부분이 과잉금지원칙에 반하여 청구인의 공무담임권을 침해하는지 여부(전원 소극,

2013. 7. 25. 2012헌바409; 공보 202호 989면)

- 공무담임권에 공무수행의 자유까지 포함되는지 여부(전원 소극, 2014. 1. 28. 2011헌마239; 공보 208호 327면): 헌법 제25조의 공무담임권의 보호영역에는 일반적으로 공직취임의 기회보장, 신분박탈, 직무의 정지에 관련된 사항이 포함되지만, 특별한 사정도 없이 공무원이 특정의 장소에서 근무하는 것이나 특정의 보직을 받아 근무하는 것을 포함하는 일종의 '공무수행의 자유'까지 포함된다고 보기 어렵다. 단과대학장이라는 특정의 보직을 받아 근무할 것을 요구할 권리는 공무담임권의 보호영역에 포함되지 않는 공무수행의 자유에 불과하므로, 이 사건 심판대상조항에 의해 청구인들의 공무담임권이 침해될 가능성이 인정되지 아니한다.
- 군인사법 제15조 제1항 중 부사관으로 최초로 임용되는 사람의 최고연령을 27세로 정한 부분이 청구인들의 공무담임권을 침해하는지 여부(소극:적극 6:3, 2014. 9. 25. 2011헌마414; 공보 216호 1572면)
- 지방공무원 중 사무직렬 기능직공무원의 정원 감축에 따라 증원되는 일반직 공무원에 사무직렬 기능직공무원을 임용할 수 있도록 규정한 지방공무원 임용령(대통령령 제23093호) 부칙 제4조 제1항 및 제2항이 조무직렬 기능직공무원인 청구인들의 공무담임권을 제한하거나 평등권을 침해하는지 여부(전원 소극, 2013. 11. 28. 2011헌마565; 공보 206호 1737면)
- 지방공무원이 국회의원재선거에 출마하는 경우 후보자등록신청 전까지 그 직에서 사퇴하도록 규정한 공직선거법 제53조 제2항 제2호 중 '지방공무원이 국회의원재선거에 입후보하는 경우'에 관한 부분이 과잉금지원칙에 위배되어 지방공무원인 청구인의 공무담임권을 침해하는지 여부(전원 소극, 2014. 3. 27. 2013헌마185; 공보 210호 664면)
- 정당이 공직선거 후보자를 추천하기 위하여 당내경선을 실시할 수 있다고 규정한 공직선거법 제57조의2 제1항이 당내경선에 참여하고자 하는 청구인의 공무담임권과 평등권을 침해할 가능성이 있는지 여부(전원 소극, 2014. 11. 27. 2013헌마814; 공보 218호 1780면)
- 지방교육자치에 관한 법률 제49조 제1항 전문 중 「공직선거법(2010. 1. 25. 법률 제9974호로 개정된 것) 제264조 중 '당선인이 당해 선거에 있어 공직선거법위

반죄를 범함으로 인하여 징역형의 선고를 받은 때에는 그 당선을 무효로 하는 부분'」을 준용하는 부분('당선무효조항')이 청구인의 공무담임권을 침해하는지 여부(전원 소극, 2015. 2. 26. 2012헌마581; 공보 221호 436면)

▸ 공통과학을 선발예정교과에서 제외한 '2013학년도 공립 중등학교교사 임용후보자 선정경쟁시험 시행 사전예고'가 공통과학으로 임용시험을 준비해 온 청구인의 공무담임권을 침해하는지 여부(전원 소극, 2015. 4. 30. 2012헌마620; 공보 223호 715면)

▸ 사립대학 교원이 국회의원으로 당선된 경우 임기개시일 전까지 그 직을 사직하도록 규정한 국회법 제29조 제2항 단서 제3호 중 사립대학 교원에 관한 부분이 청구인의 공무담임권과 직업선택의 자유를 침해하는지 여부, 청구인의 평등권을 침해하는지 여부(전원 소극, 2015. 4. 30. 2014헌마621; 공보 223호 764면))

▸ 대통령선거의 예비후보자등록을 신청하는 사람에게 대통령선거 기탁금의 100분의 20에 해당하는 금액인 6,000만 원을 기탁금으로 납부하도록 한 공직선거법 조항이 공무담임권을 침해하는지 여부(소극:적극 6:3, 2015. 7. 30. 2012헌마402; 공보 226호 1212면)

▸ 공무원이 금고 이상의 형의 집행유예 판결을 받은 경우 당연퇴직하도록 규정한 구 지방공무원법 제61조 제1호 본문 중 제31조 제4호에 관한 부분이 과잉금지원칙에 위배되어 공무담임권을 침해하는지 여부(전원 소극, 2015. 10. 21. 2015헌바215; 공보 229호 1677면)/금고 이상의 형의 선고유예를 받고 그 기간 중에 있는 자를 임용결격사유로 삼고, 위 사유에 해당하는 자가 임용되더라도 이를 당연무효로 하는 구 국가공무원법 제33조 제1항 제5호가 공무담임권을 침해하는지 여부(전원 소극, 2016. 7. 28. 2014헌바437; 공보 238호 1232면)

▸ 후보자의 배우자가 기부행위를 한 죄로 징역형 또는 300만 원 이상의 벌금형의 선고를 받은 경우 후보자의 당선을 무효로 하는 공직선거법 조항이 자기책임원칙 또는 연좌제금지에 위배되는지 여부 및 과잉금지원칙에 위배되어 공무담임권을 침해하는지 여부(소극:적극 7:2), 당선이 무효로 된 후보자에게 반환받은 기탁금 및 보전받은 선거비용을 반환하도록 하는 공직선거법 조항이 과잉금지원칙에 위배되어 청구인의 재산권을 침해하는지 여부(소극:적극 7:2)(2016. 9. 29. 2015헌마548; 공보 240호 1568면)

- 공직선거법 중 지역구 기탁금조항 및 지역구 기탁금반환조항이 공무담임권 등을 침해하는지 여부(전원 소극), 비례대표 기탁금조항이 정당활동의 자유 등을 침해하는지 여부(전원 적극), 비례대표국회의원후보자의 연설·대담을 금지하는 조항이 선거운동의 자유 등을 침해하는지 여부(소극:적극 4:5), 공직선거법에서 허용된 방법 이외의 선거운동을 위한 문서·인쇄물의 배부·게시행위를 금지하는 조항이 선거운동의 자유 등을 침해하는지 여부(소극:적극 6:3), 호별방문금지조항이 선거운동의 자유 등을 침해하는지 여부(소극:적극 7:2)(2016. 12. 29. 2015헌마509등; 공보 243호 208면)/공직선거법 중 지역구국회의원의 기탁금을 1,500만 원으로 정한 조항 및 '유효투표 총수의 100분의 15 이상을 득표한 경우'에 관한 기탁금반환조항이 공무담임권이나 평등권을 침해하는지 여부(전원 소극), 지역구국회의원 예비후보자에게 지역구 국회의원이 납부할 기탁금의 100분의 20에 해당하는 금액을 기탁금으로 납부하도록 정한 조항이 공무담임권을 침해하는지 여부(소극:적극 5:3)(2017. 10. 26. 2016헌마623; 공보 253호 1108면)
- 공무원으로 임용되기 전에 병역의무를 이행한 기간을 공무원 경력평정에 60퍼센트 반영하는 지방공무원 임용령 제31조의6 제2항 본문 [별표 3] 경력합산율표 1. 공무원 경력 중, 다. 병경력 제3)의 환산율 60퍼센트 부분('경력환산조항')이 공무원으로 임용된 다음 병역의무를 이행한 기간을 공무원 경력평정에 전부 반영하는 것과 비교하여 공무담임권을 침해하는지 여부(전원 소극, 2018. 7. 26. 2017헌마1183; 공보 262호 1313면)

② 선거권

- 선거권 행사연령을 19세 이상으로 정하고 있는 공직선거법 조항이 19세 미만인 사람의 선거권 및 평등권을 침해하는지 여부(소극:적극 6:3, 2013. 7. 25. 2012헌마174; 공보 202호 1021면/2014. 4. 24. 2012헌마287; 공보 211호 851면)
- 투표소를 선거일 오후 6시에 닫도록 한 공직선거법 제155조 제1항 중 '오후 6시에' 부분이 과잉금지원칙에 반하여 선거권을 침해하는지 여부(전원 소극, 2013. 7. 25. 2012헌마815등; 공보 202호 1029면)

- 국회의원 선거 및 지방의회의원 선거에 있어서 피선거권 행사연령을 25세 이상으로 정한 공직선거법 조항이 25세 미만인 사람의 공무담임권 및 평등권을 침해하는지 여부(전원 소극, 2013. 8. 29. 2012헌마288; 공보 203호 1200면/2014. 4. 24. 2012헌마287; 공보 211호 851면/2017. 10. 26. 2016헌마623; 공보 253호 1108면)/ 국회의원 및 지방의회의원, 지방자치단체의 장의 피선거권 연령을 25세 이상으로 정한 것이 선거일 현재 25세 미만인 국민의 공무담임권을 침해하는지 여부(전원 소극, 2018. 6. 28. 2017헌마1362등; 공보 261호 1180면)
- 동시계표 투표함 수를 제한하지 아니하는 개표절차에 관한 공직선거법 제178조 제1항이 개표참관인들의 실질적 개표참관을 불가능하게 하고 선거의 공정성을 현저히 해함으로써 청구인들의 선거권을 침해하는지 여부(전원 소극, 2013. 8. 29. 2012헌마326; 공보 203호 1203면)
- 재외선거인 등록신청 시 여권을 제시하도록 한 구 공직선거법 조항이 과잉금지원칙을 위반하여 청구인의 선거권을 침해하는지 여부(소극:적극 5:4, 2014. 4. 24. 2011헌마567; 공보 211호 814면)
- 후보자가 시각장애인선거인을 위한 점자형 선거공보 1종을 책자형 선거공보 면수 이내에서 임의로 작성할 수 있도록 한 공직선거법 조항이 청구인의 선거권과 평등권을 침해하는지 여부(소극:적극 5:4, 2014. 5. 29. 2012헌마913; 공보 212호 1016면)
- 공직선거법 조항 중 주민등록이 되어 있지 않고 국내거소신고도 하지 않은 재외선거인에게 임기만료지역구국회의원선거권을 인정하지 않은 부분 및 '임기만료에 따른 비례대표국회의원선거를 실시하는 때마다 재외선거인 등록신청을 하여야 한다'는 부분이 재외선거인의 선거권을 침해하거나 보통선거원칙에 위배되는지 여부(소극:적극 7:2), 인터넷투표방법이나 우편투표방법을 채택하지 아니하고 원칙적으로 공관에 설치된 재외투표소에 직접 방문하여 투표하는 방법을 채택한 공직선거법 조항이 재외선거인의 선거권을 침해하는지 여부(소극:적극 6:3), 재외선거인의 국민투표권을 제한한 국민투표법 조항이 재외선거인의 국민투표권을 침해하는지 여부(적극:소극 6:3)(2014. 7. 24. 2009헌마256등; 공보 214호 1272면)

- 공직선거의 개표를 보조하기 위하여 기계장치 등을 이용할 수 있도록 규정한 공직선거법이 청구인들의 선거권을 침해하는지 여부(전원 소극, 2016. 3. 31. 2015헌마1056; 공보 234호 669면)
- 지역구국회의원선거에 있어서 선거구선거관리위원회가 당해 국회의원지역구에서 유효투표의 다수를 얻은 자를 당선인으로 결정하도록 한 공직선거법 제188조 제1항 본문이 청구인의 평등권과 선거권을 침해하는지 여부(전원 소극, 2016. 5. 26. 2012헌마374; 공보 236호 926면)
- 지방자치단체의 장 선거권이 헌법상 보장되는 기본권인지 여부(전원 적극, 2016. 10. 27. 2014헌마797; 공보 241호 1711면)
- 대통령선거 · 국회의원선거 및 지방자치단체의 장선거에서, 점자형 선거공보를 책자형 선거공보의 면수 이내에서 의무적으로 작성하도록 하면서, 책자형 선거공보에 내용이 음성으로 출력되는 전자적 표시가 있는 경우에는 점자형 선거공보의 작성을 생략할 수 있도록 규정한 공직선거법 조항이 입법재량의 한계를 벗어나 시각장애선거인의 선거권을 침해하는지 여부(소극, 과잉금지원칙에 의한 심사를 하여야 한다는 4인의 별개의견 있음, 2016. 12. 29. 2016헌마548; 공보 243호 234면)
- 1년 이상의 징역의 형의 선고를 받고 그 집행이 종료되지 아니한 사람의 선거권을 제한하는 공직선거법 조항이 청구인들의 선거권을 침해하는지 여부(소극:적극 7:1, 2017. 5. 25. 2016헌마292등; 공보 248호 558면)
- '선거범으로서 100만 원 이상의 벌금형의 선고를 받고 그 형이 확정된 후 5년을 경과하지 아니한 자 또는 형의 집행유예의 선고를 받고 그 형이 확정된 후 10년을 경과하지 아니한 자'에 관한 선거권제한조항, 피선거권제한조항 및 선거운동을 제한하는 공직선거법 조항이 청구인들의 선거권, 공무담임권 및 선거운동의 자유를 침해하는지 여부(소극:적극 4:5), '당선되지 아니한 사람으로서 제264조에 규정된 자신의 죄로 당선무효에 해당하는 형이 확정된 사람'이 반환받은 기탁금과 보전받은 선거비용을 반환하도록 하는 공직선거법 조항의 위헌 여부(소극:적극 5:4)(2018. 1. 25. 2015헌마821등; 공보 256호 315면)

③ 선거운동의 자유

- 공직선거법 제251조(후보자비방죄) 중 '후보자가 되고자 하는 자'에 관한 부분이 과잉금지원칙에 위배되어 선거운동의 자유나 정치적 표현의 자유를 침해하는지 여부(소극:적극 4:5, 2013. 6. 27. 2011헌바75; 공보201호 789면)
- 선거운동기간을 규정한 구 공직선거법 제59조 본문과 선거운동기간 위배행위를 처벌하는 공직선거법 제254조 제2항 중 '선거운동' 부분이 죄형법정주의의 명확성원칙에 위배되는지 여부, 정치적 표현의 자유 및 선거운동의 자유를 침해하는지 여부(전원 소극, 2013. 12. 26. 2011헌바153; 공보 207호 95면)
- 공직선거법 제79조 제1항 및 제101조 중 선거운동기간 중 공개장소에서 비례대표국회의원후보자의 연설·대담을 금지하는 부분이 과잉금지원칙에 반하여 비례대표국회의원후보자인 청구인의 선거운동의 자유 및 정당활동의 자유, 평등권을 침해하는지 여부(전원 소극, 2013. 10. 24. 2012헌마311; 공보 205호 1544면)
- 탈법방법에 의한 문서, 인쇄물의 배부·게시를 금지하고 처벌하는 공직선거법 조항이 명확성원칙에 위배되거나 선거운동의 자유 내지 정치적 표현의 자유를 침해하는지 여부(소극:적극 6:3, 2014. 4. 24. 2011헌바17등; 공보 211호 737면)
- 단체와 관련된 자금으로 정치자금을 수수하는 것을 금지 및 처벌하는 정치자금법 조항 중 '단체관련자금 기부금지조항'이 명확성원칙에 위반되는지 여부(소극:적극 6:3), 단체관련자금 기부금지조항이 과잉금지원칙을 위반하여 정치활동의 자유 내지 정치적 의사표현의 자유를 침해하는지 여부(전원 소극) 및 공무원이 담당·처리하는 사무에 관하여 청탁하는 일과 관련하여 정치자금을 수수하는 것을 금지 및 처벌하는 정치자금법 조항 중 '청탁관련 기부금지조항'이 명확성원칙에 위반되는지 여부(소극:적극 7:2)(2014. 4. 24. 2011헌바254; 공보 211호 767면)
- 19세 미만의 미성년자는 선거운동을 할 수 없도록 규정하고 있는 공직선거법 조항이 19세 미만인 사람의 선거운동의 자유를 침해하는지 여부, 국회의원 선거권이 있는 자만 정당의 발기인 및 당원이 될 수 있도록 규정하고 있는 정당

법 조항이 19세 미만인 사람의 정당의 자유를 침해하는지 여부(소극:적극 6:3, 2014. 4. 24. 2012헌마287; 공보 211호 851면)

- 공직선거법 상 선거운동을 위한 서명·날인운동을 제한한 조항, 인쇄물배부금지조항, 시설물설치금지조항이 죄형법정주의의 명확성원칙에 위배되거나 정치적 표현의 자유 등을 침해하는지 여부(소극:적극 6:3, 2015. 4. 30. 2011헌바163; 공보 223호 616면)
- 탈법 방법에 의한 광고의 배부를 금지하고 이를 위반한 경우 처벌하는 공직선거법 조항이 유권자인 청구인의 선거운동의 자유 내지 정치적 표현의 자유를 침해하는지 여부(소극:적극 6:3, 2016. 3. 31. 2013헌바26; 공보 234호 547면)
- 공직선거법 제59조 본문, 제254조 제2항 중 '선거운동기간 전에 이 법에 규정된 방법을 제외하고 각종 인쇄물로 선거운동을 한 자'에 관한 부분('사전선거운동금지조항')이 명확성원칙에 위배되는지 여부(전원 소극), 공직선거법 제93조 제1항 본문 중 '누구든지 선거일 전 180일부터 선거일까지 선거에 영향을 미치게 하기 위하여 이 법의 규정에 의하지 아니하고는 후보자의 성명을 나타내는 문서·도화, 인쇄물을 배부할 수 없다' 부분 및 제255조 제2항 제5호 중 '제93조 제1항의 규정에 위반하여 문서·도화 등을 배부한 자'에 관한 부분('인쇄물배부금지조항')이 정치적 표현의 자유를 침해하는지 여부(소극:적극 6:3)(2016. 6. 30. 2014헌바253; 공보 237호 1049면)/공직선거법 제93조 제1항 본문 중 '누구든지 선거일 전 180일부터 선거일까지 선거에 영향을 미치게 하기 위하여 이 법의 규정에 의하지 아니하고는 후보자가 되고자 하는 자의 성명을 나타내는 명함을 배부할 수 없다' 부분 및 제255조 제2항 제5호 중 위 해당 부분이 정치적 표현의 자유를 침해하여 헌법에 위반되는지 여부(소극:적극 4:5, 2018. 7. 26. 2017헌가11; 공보 262호 1226면)
- 후보자의 선거운동에서 독자적으로 후보자의 명함을 교부할 수 있는 주체를 후보자의 배우자와 직계존비속으로 제한한 공직선거법 제93조 제1항 제1호 중 제60조의3 제2항 제1호에 관한 부분이 선거운동의 자유, 평등권을 침해하는지 여부(소극:적극 8:1, 2016. 9. 29. 2016헌마287; 공보 240호 1584면)
- 사회복무요원이 선거운동을 할 경우 경고처분 및 연장복무를 하게 하는 병역법 조항이 사회복무요원의 선거운동의 자유를 침해하는지 여부(소극:적극 6:3,

2016. 10. 27. 2016헌마252; 공보 241호 1742면)

- 공직선거법 제250조 제1항과 제64조 제1항 중 "중퇴한 경우에는 그 수학기간을 함께 기재하여야 한다"는 부분('중퇴학력 표시규정')이 죄형법정주의의 명확성원칙에 위배되는지 여부, 과잉금지원칙에 위배되어 청구인의 선거운동의 자유를 침해하는지 여부, 평등원칙에 위배되는지 여부(전원 소극, 2017. 12. 28. 2015헌바232; 공보 255호 83면)
- 당해 선거구안에 있는 자에 대하여 후보자 등이 아닌 제삼자가 기부행위를 한 경우 징역 또는 벌금형에 처하도록 정한 공직선거법 제115조 중 제112조 제1항의 '당해 선거구안에 있는 자'에 대한 기부행위 부분 및 제257조 제1항 제1호 중 위 해당 부분이, 후보자 등이 아닌 기부행위자의 선거운동의 자유나 일반적 행동자유권을 침해하는지 여부(전원 소극, 2018. 3. 29. 2017헌바266; 공보 258호 570면)
- 병역의무를 이행하는 병에 대하여 정치적 중립 의무를 부과하면서 선거운동을 할 수 없도록 하는 국가공무원법 제65조 제2항, 공직선거법 제60조 제1항 제4호, 군형법 제94조 제1항 제4호, 제5호 가운데 제4호에 관한 부분, '군인의 지위 및 복무에 관한 기본법' 제33조 제2항 중 각 병(兵)에 관한 부분이 청구인의 선거운동의 자유를 침해하는지 여부(전원 소극, 2018. 4. 26. 2016헌마611; 공보 259호 759면)
- 예비후보자의 선거비용을 보전대상에서 제외하고 있는 공직선거법 제122조의2 제2항 제1호 중 '지역구국회의원선거의 후보자'에 관한 부분('선거비용 보전제한조항')이 청구인들의 선거운동의 자유를 침해하는지 여부(전원 소극, 2018. 7. 26. 2016헌마524등; 공보 262호 1286면)
- 확성장치를 사용한 지지호소행위가 금지되는 것을 비롯하여 당내경선에서 허용되는 경선운동방법을 한정하고, 이를 위반하여 경선운동을 한 자를 처벌하는 공직선거법 제57조의3 제1항, 제255조 제2항 제3호가 정치적 표현의 자유를 침해하는지 여부(전원 소극, 2019. 4. 11. 2016헌바458등; 공보 271호 472면)

④ 기 타

▸ 지역농협 임원 선거와 관련하여 거짓의 사실을 공표하거나 공연히 사실을 적시하여 후보자를 비방하기만 하면 범죄가 성립되도록 규정하고 있는 구 농업협동조합법 조항이 사실적시에 의한 후보자비방행위와 허위사실공표에 대해 동일하게 500만 원 이상 3천만 원 이하의 벌금에 처하도록 한 것이 책임원칙 내지 평등원칙에 위배되는지 여부(소극:적극 5:4, 2013. 7. 25. 2012헌바112; 공보 202호 970면)

▸ 예비후보자의 기탁금 반환 사유를 예비후보자의 사망, 당내경선 탈락으로 한정하고 질병을 이유로 한 경우에는 기탁금 반환을 허용하지 않고 있는 공직선거법 제57조 제1항 제1호 다목 중 지역구국회의원선거와 관련된 부분이 청구인의 재산권, 평등권을 침해하는지 여부(전원 소극, 2013. 11. 28. 2012헌마568; 공보 206호 1748면)

▸ '연고가 있는 자', '후보자가 되고자 하는 자', '기부행위' 개념이 불명확하여 공직선거법 제257조 제1항 제1호의 '제113조 제1항' 중 '후보자가 되고자 하는 자' 부분이 죄형법정주의의 명확성원칙에 위반되는지 여부, 기부행위 제한의 적용을 받는 자에 '후보자가 되고자 하는 자'까지 포함하면서 기부행위의 제한기간을 폐지하여 상시 제한하도록 한 위 조항이 일반적 행동자유권을 침해하는지 여부(소극:적극 7:2, 2014. 2. 27. 2013헌바106; 공보 209호 474면)

▸ 국가공무원에 대한 정당법 및 국가공무원법의 '정당 가입 금지조항'(정당법 제53조, 국가공무원법 제84조)이 국·공립 초·중등학교 교원인 청구인들의 정당가입의 자유를 침해하고, 정당가입이 허용되는 대학교원과 비교할 때 평등원칙에 어긋나는지 여부(소극:적극 5:4, 2014. 3. 27. 2011헌바42; 공보 210호 579면)

▸ 인터넷언론사가 선거운동기간 중 당해 홈페이지의 게시판 등에 정당·후보자에 대한 지지·반대의 정보를 게시할 수 있도록 하는 경우 실명을 확인받도록 하는 기술적 조치를 하여야 하고, 이를 위반한 때에는 과태료를 부과하는 공직선거법 조항이 과잉금지원칙에 위배되어 익명표현의 자유 등 기본권을 침해하는지 여부(소극:적극 5:4, 2015. 7. 30. 2012헌마734등; 공보 226호 1225면)

▸ 정당의 시·도당 하부조직의 운영을 위하여 당원협의회 등 사무소를 두는 것

을 금지한 정당법 제37조 제3항 단서가 정당활동의 자유를 침해하는지 여부 (소극:적극 7:2, 2016. 3. 31. 2013헌가22; 공보 234호 528면)

- 공무원의 지위를 이용하여 선거에 영향을 미치는 행위를 금지하는 조항이 죄형법정주의의 명확성원칙에 위배되는지 여부(전원 소극), 공무원의 지위를 이용하여 선거에 영향을 미치는 행위에 대하여 1년 이상 10년 이하의 징역 또는 1천만 원 이상 5천만 원 이하의 벌금에 처하도록 규정한 공직선거법 제255조 제5항 중 제85조 제1항의 “공무원이 지위를 이용하여 선거에 영향을 미치는 행위” 부분이 형벌체계상의 균형에 어긋나는지 여부(전원 적극, 2016. 7. 28. 2015헌바6; 공보 238호 1235면)
- 기초단체장선거의 예비후보자를 후원회지정권자에서 제외하여 후원회를 통한 정치자금의 모금을 할 수 없도록 하고, 이를 위반하면 형사처벌하는 정치자금법 조항이 대통령선거 및 지역구국회의원선거의 예비후보자와 차별취급하여 평등권을 침해하는지 여부(전원 소극, 2016. 9. 29. 2015헌바228; 공보 240호 1522면)
- 이 법에 정하지 아니한 방법으로 정치자금을 기부받은 자를 처벌하고 있는 정치자금법 조항이 죄형법정주의의 명확성원칙 및 책임주의원칙에 위배되는지 여부(전원 소극, 2016. 11. 24. 2014헌바252; 공보 242호 1849면)
- 구 공직선거법 제250조 제1항의 ‘경력등’ 중 같은 법 제64조 제5항의 ‘경력’ 부분이 죄형법정주의의 명확성원칙에 위배되는지 여부(전원 소극, 2017. 7. 27. 2015헌바219; 공보 250호 721면)
- 새마을금고의 임원선거와 관련하여 법률에서 정하고 있는 방법 외의 방법으로 선거운동을 할 수 없도록 하고 이를 위반한 경우 형사처벌하도록 정하고 있는 새마을금고법 조항이 결사의 자유 및 표현의 자유를 침해하는지 여부(전원 소극, 2018. 2. 22. 2016헌바364; 공보 257호 418면)/농업협동조합 조합장의 재임 중 기부행위를 금지하고, 이를 위반하면 형사처벌하는 농업협동조합법 조항이 조합장의 일반적 행동자유권을 침해하거나 평등원칙에 위배되는지 여부(전원 소극, 2018. 2. 22. 2016헌바370; 공보 257호 424면)
- 직선제 조합장선거의 경우 선거운동기간을 후보자등록마감일의 다음 날부터 선거일 전일까지로 한정하면서 예비후보자 제도를 두지 아니하고, 법정된 선거운동방법만을 허용하면서 합동연설회 또는 공개토론회의 개최나 언론기관

및 단체가 주최하는 대담·토론회를 허용하지 아니하는 '공공단체 등 위탁선거에 관한 법률' 조항이 조합장선거의 후보자 및 선거인인 조합원의 결사의 자유 등을 침해하는지 여부(소극:적극 7:1, 2017. 7. 27. 2016헌바372; 공보 250호 781면)

▸ 현직 국회의원인지 여부를 불문하고 예비후보자가 선거사무소를 설치하고 그 선거사무소에 간판·현판 또는 현수막을 설치·게시할 수 있도록 한 공직선거법 제60조의3 제1항 제1호 중 '지역구국회의원선거의 예비후보자'에 관한 부분이 청구인의 평등권을 침해할 가능성이 있는지 여부(전원 소극, 2017. 6. 29. 2016헌마110; 공보 249호 661면)

[49] 정당에 대한 후원금지 조항 위헌소원 사건

(2015. 12. 23. 2013헌바168)

◇ 사안과 쟁점

청구인들은 ○○당의 사무총장, 회계업무 담당자, 개별노동조합 위원장들로서, 정당 후원회 제도가 폐지되어 정당이 개인으로부터 직접 후원금을 기부받을 수 없게 되자 당원으로서의 권리, 의무가 없는 '후원당원' 제도를 이용하여 불법으로 정치자금을 수수하여 정치자금법에 정하지 아니한 방법으로 정치자금을 주고 받은 사실로 기소되었고, 재판 계속 중 위헌법률심판제청을 신청하였으나 기각되자 헌법소원심판을 청구하였다.

쟁점은, 정당에 대한 재정적 후원을 금지하고 위반시 형사처벌하는 정치자금법 조항(이하 '이 사건 법률조항')이 정당의 정당활동의 자유와 국민의 정치적 표현의 자유를 침해하는지 여부이다(적극:소극 8:1, 2015. 12. 23. 2013헌바168; 공보 231호 108면). 다수의견은 정당에 대한 재정적 후원을 금지하고 위반시 형사처벌하는 정치자금법 조항이 정당의 정당활동의 자유와 국민의 정치적 표현의 자유를 침해한다고 보았으나, 재판관 조용호는 반대하였다.

◇ 반대(합헌)의견

나는 이 사건 법률조항이 국민의 정치적 의사표현의 자유를 제한하거나 정당활동의 자유를 제한하여 헌법에 위반된다고 생각하지 아니하므로, 아래와 같이 의견을 밝힌다.

가. 이 사건 법률조항은 다수의견도 밝히고 있듯이, 불법 정치자금 수수의 통로인 정당 후원회를 금지함으로써 불법 정치자금 수수로 인한 정경유착을 막고 정치자금 조달의 투명성을 확보하여 정당 운영의 투명성과 도덕성을 제고하기 위한 것이다. 정당과 기업의 유착은 필연적으로 민의를 왜곡시키고 정치적 부패를 야기함으로써 헌법이 지향하고 있는 정당제 민주주의를 훼손시킬 우려가 크기 때문에 이를 방지할 필요가 있다는 점에서, 이 사건 법률조항의 목적의 정당성과 수단의 적합성이 인정된다.

다수의견은 불법 정치자금 수수로 인한 정경유착의 문제는 일부 재벌기업과 부패한 정치세력에 국한된 것이고 대다수 유권자들과는 직접적인 관련이 없으므로 일반국민의 정당에 대한 정치자금 기부를 원천적으로 봉쇄할 필요는 없다고 한다. 그러나 우리의 정치현실에서 불법 정치자금 수수의 문제가 오로지 일부 재벌기업에 국한되는 것이 아니라 중소기업은 물론 일반 유권자들에게까지 널리 관련되어 있음은 역사적 경험으로 알고 있는 바이다. 즉, 이권과 특혜를 노리는 기업 또는 국민과 돈이 필요한 정치권은 유착의 유혹에 항상 노출되어 왔고, 이들의 유착은 매우 은밀하고 대범하게 불법 정치자금의 수수로 이루어졌으며, 정치자금법을 통해 기부액과 모금액에 한도를 두고 불법 정치자금 수수를 처벌하는 등의 수단으로는 이를 근절하기 어려웠던 것이 우리의 정치현실이자 경험이었다. 따라서 이를 막기 위해서 정당 후원회 제도 자체를 전면적으로 금지하는 것이 입법자의 불가피한 결단이었다고 할 수 있다.

이 사건 법률조항은 정당 후원회를 통한 정치자금의 기부를 금지할 뿐이고, 일반 국민들은 자신의 정치적 선호에 따라 지지하는 정당에 속한 정치인 개인 후원회에 정치자금을 기부함으로써 간접적으로 특정 정당에 대한 자신의 정치적 지지를 표명할 수 있는 길이 열려 있다. 뿐만 아니라 특정 정당에 가입하여 당원으로 당비를 납부할 수도 있고, 정당에 가입하지 않더라도 중앙선거관리위원회에 정치자금을 기탁하는 등의 방법으로 얼마든지 정당에 대한 재정적 후원을 할 수 있는 길이 열려 있으므로, 이 사건 법률조항이 국민의 정치적 표현의 자유를 과도하게 침해하였다고 단정하기 어렵다(도대체 정당 후원회를 통한 재정적 후원 또는 기부를 하지 못하여 자신의 정치적 표현의 자유가 침해받고 있다고 느낄 국민이 얼마나 될 것인지조차 의문이다).

다수의견은 현행 국고보조금 및 기탁금 제도가 거대정당 내지 원내 교섭단체가 구성된 기득정당에 비하여 군소정당 내지 신생정당에게 불리하게 운영되고 있는 현실에서, 이 사건 법률조항이 정당으로 하여금 일반 국민들로부터 정치자금을 조달하는 것마저 금지함으로써 군소정당이나 신생정당에게 지나치게 가혹하고 정당정치 발전을 가로막게 될 우려가 있다고 한다. 위와 같은 다수의견은 일면 일리가 있는 주장이다. 그러나 현행 국고보조금 및 기탁금 제도가 거대정당 내지 원내 교섭단체가 구성된 기득정당에 비하여 군소정당 내지 신생정당에게 불리하게 운영되고 있는 현실 역시 주권자인 국민의 선택의 결과에 따른 입법자의 결단인 것이고, 만일 군소정당 내지 신생정당의 이익을 위하여 일반 국민들의 정당에 대한 후원을 부활할 경우 그로 인한 이익은 군소정당 내지 신생정당보다는 오히려 거대정당 내지 기득정당이 더 큰 망외(望外)의 이익을 보리라는 것은 불을 보듯 명확하다.

다수의견도 정당 후원회를 허용하게 될 경우 야기될 여러 가지 부작용과 폐단을 염려하여 몇 가지 제도 개선을 병행할 것을 주문하고 있다. 그 중 하나인 '익명 기부 금지와 모든 기부내역(기부자의 상세한 신원과 자금 출처 등)에 대한 상시 공개'는 우리의 정치풍토와 정치문화 또는 일반 국민의 현실인식을 도외시한 제도로서 오히려 일반 국민의 정당에 대한 후원에 장애물로 작용할 뿐이다. 정당 후원회가 허용될 경우 국고보조금과 기탁금의 배분·지급 구조도 함께 개선할 것을 주문하고 있는바, 앞의 '입법연혁'에서 살펴보았듯이 정당 후원회 제도의 폐지는 그 자체의 문제점 뿐만 아니라 지구당(시·도당) 운영에 따른 폐해와도 맞물려 있던 것이었고, 그에 대한 보완대책의 하나로 개인 후원회 제도와 국고보조금 제도의 확대에 이르게 되었다. 따라서 정당 후원회 제도의 부활은 단순히 정당 후원회 제도 하나만의 문제가 아니라 지구당 제도의 부활 내지 당원협의회 사무소의 설치 허용 여부, 국고보조금 및 기탁금 제도의 개선 등과 전체적으로 연동하여 함께 정치권(입법자)에서 입법정책적으로 결단할 문제인 것이다. 우리 재판소는 일찍부터 '개인후원회'를 둘 것인지 여부 및 그에 관한 규제의 정도나 내용은 원칙적으로 입법정책의 문제로서 입법형성의 자유에 속하는 사항이라고 판시하여 왔는바(헌재 1997. 5. 29. 96헌마85; 헌재 2000. 6. 1. 99헌마576; 헌재 2001. 10. 25. 2000헌바5 참조), 정당 후원회의 경우도 개인후원회와 달리 판단할 이유가 없다.

필요하다면 언제라도 정당 후원회 제도의 부활을 입법적으로 도입할 수 있는 정치권에서조차 아직 그 필요성을 느끼지 못하고 있는 상황에서 헌법재판소가 위헌심사라는 명분으로 선불리 연동된 여러 가지 제도 중에서 정당 후원회 제도만을 먼저 부활시키려 한다면 이는 헌법재판의 기능적 한계에도 반한다.

나아가 법익균형성의 점에서 보더라도, 이 사건 법률조항의 정당 후원 금지로 인해 잃게 될 일반 국민들의 정치적 표현의 자유에 대한 제한보다 그로 인하여 얻게 될 정당 운영의 투명성 확보 내지 정치적 부패방지라는 공익적 효과가 훨씬 크다고 할 것이다.

따라서 이 사건 법률조항이 과잉금지원칙에 위배하여 청구인들의 정치적 표현의 자유를 침해하는 것이라고 할 수 없다.

나. 한편, 정당은 책임있는 정치적 주장과 정책을 통하여 국민의 동의와 지지를 바탕으로 국민의 정치적 의사를 형성하고 국가의 중요한 결정에 영향력을 행사함으로써 국민과 국가를 연결하는 중간매체로서의 기능을 하는 정치적 결사체이다. 따라서 국민의 의사를 집약·선별하고 선거운동을 하는 등 정당의 기능에 필수적인 활동과는 달리, 재정 충당을 위한 모금 활동 자체는 정당의 헌법적 과제 수행에 필수적이고 본질적인 활동은 아니며, 공익적 요청이 있는 경우에는 정당의 모금활동도 일정한 범위에서 제한될 수 있다. 즉, 입법자는 정당의 헌법적 기능에 비추어 정당에 대해 부적절한 영향력이 행사될 가능성이 있는 모금활동을 제한할 수 있고, 정당 운영에 필요한 자금을 국가가 보조할 수 있도록 입법을 형성할 수 있다. 우리 헌법이 제8조 제3항에서 "…… 국가는 법률이 정하는 바에 의하여 정당운영에 필요한 자금을 보조할 수 있다."고 규정하고, 제116조 제2항에서 "선거에 관한 경비는 법률이 정하는 경우를 제외하고는 정당 또는 후보자에게 부담시킬 수 없다."고 규정하여 정당 운영비용에 대한 국고보조의 가능성과 선거공영제를 입법자의 형성에 맡긴 것도 이와 같은 취지이다.

거액의 정치헌금을 통한 기업과 정당 간의 유착은 정치적 부패를 야기하여 정당제 민주주의를 파괴할 위험이 있기 때문에 이를 방지해야 할 공익적 필요성이 크다.

물론 정당에 대한 정치자금 기부를 허용하면서도 기부나 모금의 법정한도를 두거나 기부내역을 공개하는 등의 정치자금 조달의 투명성을 확보하는 방법으로도 정경유착의 위험을 어느 정도 방지하는 효과를 기대할 수는 있다. 그러나 위와 같은 수단을 통한 입법자의 시도는 대체로 실패했고, 결국 우리 현대정치사는 정경유착의 폐해로 얼룩졌다. 이러한 사정을 감안하여 정치권(입법자) 스스로 자신들의 가장 중요한 정치자금의 통로를 차단하면서까지 정경유착의 위험을 제거하고자 한 것은 충분히 이해할 수 있으며, 정당 후원회가 금지되더라도 정당으로서는 당비, 소속 정치인 개인에 대한 후원, 국고보조금 및 기탁금 등을 통해 정당 본연의 활동에 필요한 비용을 조달할 수 있다. 뿐만 아니라 2004년 정치자금법의 개정으로 불법 정치자금 수수의 온상이 되었던 지구당 제도가 폐지되고 유급 사무직원이 감축됨에 따라 기존 정당 후원회 제도를 유지해야 할 필요성도 상당 부분 감소되었다고 볼 수 있다. 따라서 이 사건 법률조항이 정당 후원회를 금지하였다는 이유만으로 정당활동의 자유를 과도하게 침해하고 있다고 보기는 어렵다.

다. 결론적으로, 정당에 대한 후원회를 금지한 이 사건 법률조항이 국민의 정치적 표현의 자유와 정당활동의 자유에 관한 입법자가 가진 입법재량의 한계를 벗어나 이를 과도하게 침해하여 헌법에 위반된다고 볼 수 없다.

[50] 언론인 선거운동금지 조항 위헌제청 사건

(2016. 6. 30. 2013헌가1)

◇ 사안과 쟁점

제청신청인들은 인터넷신문의 발행인 또는 일간신문의 사회팀장으로서 공모하거나 단독으로 수차례에 걸쳐 제19대 국회의원 선거에 출마한 특정인이 당선되게 하기 위하여 선거운동을 하였다는 이유로 기소되었다. 제청신청인들은 언론인의 선거운동을 금지하는 공직선거법 조항에 대하여 위헌법률심판제청을 하였고, 제청법원이 이를 받아들였다.

쟁점은, 언론인의 선거운동을 금지하고 처벌하는 공직선거법 조항(이하 '심판대상조항들')이 포괄위임금지원칙에 위배되고 선거운동의 자유를 침해하는지 여부이다(적극: 소극 7:2, 2016. 6. 30. 2013헌가1; 공보 237호 1011면). 7명의 다수의견은 심판대상조항들이 선거운동의 자유를 침해한다고 하였으나, 재판관 조용호 등 2명은 이에 반대하였다.

◇ 반대(합헌)의견

우리는 심판대상조항들이 포괄위임금지원칙에 위반되지 아니하고, 청구인들의 선거운동의 자유를 침해하지 아니하여 헌법에 위반되지 아니한다고 생각하므로, 다음과 같이 그 이유를 밝힌다.

가. 포괄위임금지원칙 위반 여부(금지조항 부분)

(1) 위임의 필요성

언론인이 소속되어 있는 언론기관(또는 언론매체)을 보면 전통적인 신문과 잡지 등 정기간행물, 방송의 근거 법률이 각기 다르고, 세부적으로 신문, 정기간행물, 방송의 종류도 다양하다. 특히 방송 및 방송사업의 경우 전문적·기술적 특성이 강하게 나타난다. 게다가 언론기관 내지 언론산업은 인터넷과 기술의 발전에 따라 그 영역이 점차 확장되고 있으며, 그곳에 종사하는 인적 범위 역시 복잡 다양하다는 점을 감안할 때 언론인의 범위를 미리 법률에서 구체적·서술적으로 열거하는 것은 입법기술상 곤란하며, 전문적인 영역으로 탄력적 입법이 요청된다. 위와 같은 사정에 비추어 보면, 언론인의 구체적 범위에 대해서는 하위 법령에 위임할 필요성이 인정된다.

(2) 예측가능성

처벌법규에 대한 예측가능성의 유무는 당해 특정조항 하나만으로 판단할 것이 아니라, 관련 법 조항 전체를 유기적·체계적으로 종합하여 판단하여야 하고, 그것도 각 대상법률의 성질에 따라 구체적·개별적으로 검토하여야 하며, 일반적이거나 불확정한 개념이 사용된 경우에는 당해 법률의 입법목적과 당해 법률의 다른 규정들을 원용하거나 다른 규정과의 상호관계를 고려하여 합리적으로 해석할 수 있는지 여부에 따라 가려야 한다(헌재 2016. 3. 31. 2014헌바397).

금지조항은 처벌법규의 구성요건 조항이라는 점에서 국민의 기본권을 직접적으로 제한하거나 침해할 소지가 있으므로 구체성·명확성의 요구가 강화되나, 한편으로 위임의 필요성에서 살펴본 바와 같이 언론기관에 종사하는 인적 범위가 복잡 다양하고 그 영역이 전문적인 점 등을 고려하면 위임의 구체성·명확성의 요건을 완화할 필요성도 인정된다. 아울러 금지조항의 수범자가 일반 국민이 아닌 공직선거법 제8조에 따라 공정보도의무를 부과 받는 언론기관에 소속된 언론인이라는 점을 고려한다면 금지조항에서 요구되는 위임의 구체성·명확성의 정도는 일반 국민을 대상으로 하는 처벌법규에 비하여 완화된다.

법상 관련조항에서 언론기관(언론매체, 언론사 등)의 범위 및 언론기관에 종사하는 인적 범위(업무범위)를 어떻게 설정하고 있는지는 다수의견이 설시하고 있는 그대로이다.

결국 법상 언론기관(언론매체, 언론사 등)의 구체적 대상으로서 개별 매체의 정의조항은 없으나, '방송·신문·통신 또는 잡지 기타의 간행물 등'을 정하고 있고, 그곳에서 종사하는 인적 범위(업무 범위)로서 '경영·관리·편집·취재·집필·보도'를 나열하고 있는 점, 법이 선거의 공정성을 확보하고 선거 관련 부정을 방지함으로써 민주정치의 발전에 기여함을 목적으로 하고 있는 점(제1조 참조), 금지조항은 언론기관의 발행·경영자나 그 종사자 등 언론인이 선거의 공정성과 형평성을 유지·보호하기보다 직접 정치적 의사를 표명하고 나아가 선거에 적극적으로 개입함으로써 여론형성에 영향을 미치고자 할 경우에 발생할 수 있는 부작용과 폐해를 방지하기 위한 목적으로 규정된 점 등을 종합하면, 금지조항의 위임을 받아 대통령령에 규정될 언론인은 위에서 언급한 언론기관이나 이와 유사한 매체에서 경영·관리·편집·집필·보도 등 선거 내지 민주정치의 여론 형성과 관련 있는 업무에 종사하는지 여부가 일응의 기준이 되어 그 범위가 구체화될 것임을 충분히 예측할 수 있다.

(3) 소 결

따라서 금지조항은 위임의 필요성과 예측가능성이 모두 인정되므로 포괄위임금지원칙에 위반되지 아니한다.

나. 선거운동의 자유 침해 여부

(1) 입법목적의 정당성 및 수단의 적합성

다수의견이 밝힌 것처럼, 심판대상조항들의 언론인이 공정성과 객관성을 유지하지 않고, 특정 계층이나 집단과 결합하여 그 의사를 대변한다면 선거의 실질적 자유와 공정성을 확보하기는 대단히 어려워진다.

언론이 사회의 공기(公器)로서 사회적 책임과 의무를 다하기 위해서는 언론을 구성하는 언론인 개인들이 국가권력이나 정치적 세력을 감시하고 견제해야 한다. 언론인이 정치적 현실의 전달자 내지 해설자의 역할을 넘어서 자기가 직접 정치적 투쟁을 수행하는 역할을 한다면, 언론인 개인뿐 아니라 언론 자체에 대한 국민의 신뢰를 확보하는 것이 불가능하다.

결국 심판대상조항들은 언론이 공직선거에 미치는 영향력, 언론기관에 종사하는 언론인이 가져야 할 고도의 공익성과 사회적 책임성에 근거한 것으로, 언론인의 선거개입 내지 편향된 영향력 행사를 금지하여 궁극적으로 선거의 공정성·형평성을 확보하기 위한 것이다. 따라서 심판대상조항들의 입법목적은 정당하다.

나아가 언론인의 선거운동을 허용한다면, 사회의 여론 형성에 막중한 역할을 담당하는 언론인이 지위와 권한을 선거운동에 남용할 위험이 있고, 직무를 통하여 얻은 다양한 정보를 선거기사 등의 편집·취재·집필 등에 있어 부당한 방법으로 활용하여 짧은 선거기간 동안 여론의 방향을 조작할 가능성도 있다. 언론의 특정 정당 내지 후보자에 대한 지지가 허용되지 않는 우리나라에서, 언론인 개인의 선거운동은 자칫 그 언론인이 종사하는 언론기관의 공정성에 대한 불신으로 이어져 그로 인한 부작용과 폐해가 선거결과에 지대한 영향을 미치게 될 위험이 있다. 따라서 선거에의 개입을 허용할 경우 예상되는 부작용과 폐해를 우려하여 일정 범위의 언론인에 대하여 일괄적으로 선거운동을 금지하는 것은 위와 같은 목적 달성에 적합한 수단으로 인정된다.

(2) 침해의 최소성

㈎ 법이 과거 우리나라 선거 역사를 얼룩지게 한 관권, 금권, 폭력 등에 의한 불법·타락선거로부터 선거의 공정성을 지키기 위하여 제정된 경위에 비추어 볼 때 선거운동의 주체·방법·태양·기간을 어떻게 규율할 것인지는 선거전문가들의 집단이라고 볼 수 있는 입법부의 재량에 맡겨야 하고, 그것이 명백히 재량권의 한계를 벗어난 자의적인 입법이 아닌 한 입법형성의 자유를 존중하여야 한다(헌재 2004. 4. 29. 2002헌마467 참조).

㈏ 심판대상조항들은 선거운동이 금지되는 언론인의 범위에 있어 필요최소한의 기준을 설정하고 있다. 이에 따라 언론인이 소속되어 있는 언론기관은 정치에 관한

보도·논평, 여론형성의 목적 없이 발행하는 신문 등을 제외하고, 방송채널사용사업 중에서도 보도전문채널에 한정하고 있다. 인적 범위에 있어서도 신문, 인터넷신문 및 정기간행물을 발행·경영하는 자와 편집·취재 또는 집필의 업무에 종사하는 자, 방송사업을 경영하는 자와 편집·제작·취재·집필 또는 보도의 업무에 종사하는 자로 한정하여 언론사에 근무하지만 국민여론형성에 직접 영향을 미친다고 볼 수 없는 업무에 종사하는 자를 제외하고, 시민기자 등의 기본권 제한을 피하기 위해 '상시 고용'되어 업무에 종사하는 자로 한정하고 있다.

㈐ 법은 인터넷신문을 포함하는 인터넷언론사에게 기성언론에 준하는 특권을 인정하는 한편 그에 준하는 법적 책임을 부과하는 체제를 도입하였다. 인터넷언론사는 후보자 등에 대한 대담 및 토론회를 개최하고 이를 보도할 수 있고(법 제82조 제1항), 중앙과 각급 선거방송토론위원회가 개최하는 대담·토론회를 편집없이 중계방송할 수 있으며(법 제82조의2 제13항), 그 홈페이지를 통해 선거운동을 위한 광고에 이용될 수 있다(법 제82조의7 제1항).

반면 인터넷언론사는 공정보도의무를 부담하며(법 제8조), 인터넷선거보도심의위원회의 심의대상이 되어 필요한 경우 정정보도, 반론보도의 의무를 진다(법 제8조의5, 제8조의6). 또한, 선거운동기간 중 게시판·대화방 등의 실명확인을 위한 기술적 조치를 하여야 하고(법 제82조의6), 여론조사 결과공표 금지의무 위반죄(법 제108조 제1항, 제2항, 제256조 제3항 제1호 파목)의 대상이 된다. 인터넷신문은 신문, 잡지 등과 함께 언론진흥기금의 지원 대상에도 포함된다(신문 등의 진흥에 관한 법률 제34조 제1항, 제35조 제1항).

위와 같은 인터넷신문의 법적 지위와 책임을 감안할 때 인터넷신문에 종사하는 언론인이라고 하여 신문이나 방송 등에 종사하는 언론인보다 공익성 내지 사회적 책임성이 반드시 덜하다고는 볼 수 없다.

㈑ 한편, 법은 언론인이 언론매체를 통하여 선거의 공정성에 위해를 가하는 행위를 금지하는 조항들을 일정 부분 두고 있으나, 언론기관의 공정보도의무(법 제8조)에 관하여는 선거방송심의위원회 등의 심의 및 조치대상이 될 뿐 위반 행위 자체를 처벌하는 조항이 존재하지 아니하고(법 제256조 제2항에서 조치 의무 위반이 처벌될 뿐이다), 법은 방송시설을 이용한 선거운동을 금지하고 있을 뿐이므로(법 제98조), 언론인의 방송을 제외한 언론매체를 통한 선거운동이, 탈법방법에 의한 문서·도화의 배부

· 게시 등 금지에 관한 법 제93조 제1항, 방송 · 신문 등에 의한 광고 금지에 관한 법 제94조 위반 등에 해당하지 아니하면 별도의 형사책임을 물을 수 없다. 특히 위 법 제93조 제1항은 헌재 2011. 12. 29. 2007헌마1001등 결정에 따라 인터넷을 이용한 행위에는 적용되지 아니하는바, 심판대상조항들에 대한 위헌결정은 인터넷신문 등 인터넷 언론매체를 이용한 언론인의 선거운동을 처벌할 수 없게 하는 결과를 낳는다. 휴대 전화와 컴퓨터를 이용한 인터넷 접속이 급증하고 인터넷신문 외에도 각종 홈페이지 게시판, 블로그, 소셜네트워크서비스(SNS), 팟캐스트 등 다양한 종류의 서비스가 제공되는 인터넷을 통한 선거운동이 선거에 미치는 영향력도 갈수록 증가하는 점, 불공정 보도로 인터넷선거보도심의위원회의 조치를 받은 인터넷언론사의 사례가 일반 신문, 방송의 경우보다 높게 나타나는 점, 인터넷을 통한 선거운동이 보다 자유롭게 보장되는 만큼 그 공정성을 확보할 필요성도 더 크게 요구되는 점, 인터넷 선거보도심의위원회의 조치만으로 인터넷 언론매체를 통한 선거운동을 억제할 수 있는 충분한 위하력이 있다고 보기 어려운 점 등을 감안하면, 언론인의 인터넷신문 등 인터넷 언론매체를 통한 선거운동 및 이를 목적으로 한 보도 · 논평 등을 형사적으로 규제하지 아니하는 것은 선거의 공정성과 형평성에 위해가 될 우려가 크다.

또한 언론매체를 통하지 아니하더라도 언론인 개인이 자유롭게 선거운동을 할 수 있도록 전면 허용한다면 자연인으로서의 언론인뿐 아니라 그 언론인이 편집 · 취재 · 집필 · 보도한 기사나 방송 자체의 객관성과 공정성은 의심을 받을 수밖에 없고 짧은 선거기간 동안 억측이 난무하여 선거의 공정성에 대한 심각한 위협이 될 수 있다.

㈒ 다수의견은 언론인의 선거운동을 금지하는 목적과 공무원 및 공적 기관의 구성원에 대하여 선거운동을 금지하는 목적은 명백히 구별되므로 차별취급을 논할 비교집단이 되지 않는다는 입장이나, 두 집단에 대한 선거운동을 금지하는 목적은 결국 그 지위와 권한을 남용하여 선거의 형평성과 공정성을 해치는 행위를 막기 위한 것이다(헌재 2008. 4. 24. 2004헌바47 참조). 비록 언론인은 그 지위나 신분 등 일반적인 관점에서 공무원 등과 서로 구별될 수 있겠으나, 현대민주국가에서 선거는 여론의 실체인 국민의 의사가 반영되는 절차이고 이러한 여론 형성에 미치는 영향력의 관점에서 보면, 언론기관 내지 언론인이 차지하는 비중과 중요성 및 그 편파적인 행위로 인한 부작용과 폐해가 공무원이나 이에 준하는 공공단체의 구성원의 그것과 반드시 구별된다고 볼 수 없다.

우리 헌법이 제21조 제3항에서 통신·방송의 시설기준 법정주의와 신문기능 법정주의를 정하고 같은 조 제4항에서 언론·출판이 가지는 사회적 의무와 책임에 관하여 규정한 것은 언론기관이 누리는 자유에 상응하는 공적 기능과 책임을 강조한 것으로서, 신문·방송의 공적 기능과 책임을 위하여 필요한 입법적 규율은 허용된다(헌재 2006. 6. 29. 2005헌마165; 헌재 2012. 8. 23. 2009헌가27 참조). 그런데 우리 재판소는 일정한 공익적 업무를 담당하고 있는 공무원, 교육공무원, 국민건강보험공단 상근직원의 선거운동금지가 문제된 사안에서 각각 그 제한이 헌법에 위반되지 않는다고 판단하였는바(헌재 2004. 4. 29. 2002헌마467; 헌재 2008. 4. 24. 2004헌바47; 헌재 2012. 7. 26. 2009헌바298 참조), 이 사건 역시 언론인이 수행하는 그 업무의 공익적 중요성에 따른 선거운동금지가 문제되는 사안으로서 위 판례들과 같은 맥락에 서 있다.

특히 우리나라의 경우는 과거 여러 차례 실시된 각종 선거에서 관권, 금권 등의 개입에 의한 부패 및 탈법과 그에 따른 민의의 왜곡을 반복적으로 경험한 바 있으므로 이를 시정하여 선거의 공정성을 확보하고자 하는 국민적 열망은 다른 나라에 비할 바가 아니므로(헌재 2004. 4. 29. 2002헌마467 참조), 심판대상조항들은 다른 나라의 입법례나 어느 하나의 제도만을 가지고 비교되어서는 아니 되고 우리나라의 정치 문화와 공직선거법의 전체 맥락에서 파악되어야 한다. 헌법재판소는 선거에 영향을 미치기 위하여 법의 규정에 의하지 아니하고 정당 또는 후보자를 지지·추천하거나 반대하는 내용이 포함되어 있거나 정당의 명칭 또는 후보자의 성명을 나타내는 문서·도화 등을 배부·게시 등을 금지하고 처벌하는 법 제93조 제1항에 대하여도 합헌으로 판단하였는바(헌재 2001. 8. 30. 99헌바92등; 헌재 2006. 5. 25. 2005헌바15; 헌재 2014. 4. 24. 2011헌바17등 참조), 심판대상조항들은 그보다 높은 수위의 행위인 특정 언론인의 선거운동을 금지하고 처벌하고 있을 뿐이므로 그 기본권제한의 정도가 지나치다고 보기 어렵다. 또한 공직선거법 제60조 제1항은 공무원이 아닌 농업협동조합법·수산업협동조합법·산림조합법·엽연초생산협동조합법에 의하여 설립된 조합의 상근 임원과 이들 조합의 중앙회장, 사립학교교원, 읍·면·동주민자치센터에 설치된 주민자치위원회 위원 등의 경우에도 그 공적 역할 및 선거에 미치는 영향력을 감안하여 공무원과 같이 일체의 선거운동을 금지하고 있다. 그런데 이들과 언론인의 경우를 비교하여 볼 때 언론인의 공적 기능과 책임 및 여론에 미치는 파급력이 결코 적지 아니하다는 점에 있어서도 언론인의 선거운동 금지를 과도한 제한이라고 볼 수 없다.

㈓ 심판대상조항들은 선거와 관련한 모든 행위 태양을 금지하는 것이 아니라 정치적 의사표현 중 정치적 의미가 크고 선거와 직접 관련성이 있는 선거운동만을 금지하고 있다. 즉, 심판대상조항들은 선거운동에 직접 개입할 경우 중대한 폐해가 우려된다고 인정되는 언론인에 대하여 선거와 관련된 활동의 부분적인 금지의 범위를 설정한 데 불과한바, 심판대상조항들에 의하여 선거운동이 금지된다고 하더라도 선거에 관한 의견개진, 그밖에 통상적인 정당활동을 비롯하여 선거운동 이외의 방법으로 특정 후보자를 위한 지원활동의 가능성이 여전히 남겨져 있는 이상 언론인으로서는 선거와 관련하여 일정 범위 내에서 자유롭게 자신의 정치적인 의사를 표현할 자유를 누리고 있다고 할 것이므로, 이로써 선거운동의 자유가 전혀 무의미해진다고 보기는 어렵다.

(3) 법익의 균형성

심판대상조항들은 과거 우리나라에 있었던 정치 또는 권력과 언론의 유착, 언론인이 선거에 개입할 경우 발생할 부작용과 폐해를 방지하고, 선거의 공정성, 형평성 확보라는 공익을 달성하기 위한 것으로 이는 공정한 선거에 대한 국민적 열망을 담고 있어 특히 높은 가치를 지니고 있으므로, 심판대상조항들이 달성하고자 하는 공익과 이로써 제한되는 기본권 사이에 현저한 불균형이 있다고 볼 수도 없다.

(4) 소 결

심판대상조항들은 과잉금지원칙에 위반되어 언론인인 청구인들의 선거운동의 자유를 침해하지 아니한다.

다. 결 론

따라서 심판대상조항들은 헌법에 위반되지 아니한다.

[51] 지방자치단체장 선거 무투표 당선 위헌확인 사건

(2016. 10. 29. 2014헌마797)

◇ 사안과 쟁점

청구인은 대구광역시 남구에 거주하는 주민이다. 2014. 6. 4. 실시된 제6회 전국동시지방선거 중 대구 남구청장 선거에서 후보자등록 마감시간까지 후보자 1인만이 등록함에 따라 투표를 실시하지 않고 선거일에 그 후보자가 당선인으로 결정되었다. 청구인은 지방자치단체의 장 선거에서 무투표 당선을 규정한 공직선거법 조항이 청구인의 선거권을 침해한다고 주장하면서 헌법소원심판을 청구하였다.

쟁점은, 지방자치단체의 장 선거에서 후보자 등록 마감시간까지 후보자 1인만이 등록한 경우 투표를 실시하지 않고 그 후보자를 당선인으로 결정하도록 하는 공직선거법 조항(이하 '심판대상조항')이 청구인의 선거권을 침해하는지 여부이다(소극:적극 8:1, 2016. 10. 29. 2014헌마797; 공보 241호 1711면). 8명의 다수의견은 심판대상조항은 청구인의 선거권을 침해하지 않는다고 판단하였으나, 재판관 조용호는 반대하였다.

◇ 반대(위헌)의견

나는 다수의견과는 달리 심판대상조항이 청구인의 선거권을 침해한다고 생각하므로 아래와 같이 반대의견을 밝힌다.

(1) 다수의견은 후보자가 1인일 경우 해당 후보를 당선자로 결정하도록 하는 것은 선거비용을 절감하고 절차의 간소화를 위한 입법목적을 달성하기 위하여 가장 효율적인 선택이 될 수 있다고 한다. 그러나 그와 같은 입법목적을 달성하기 위하여 무투표 당선 제도를 통해 유권자의 선거권을 전면적으로 박탈하는 것이 정당화 될 수 있는지, 또한 무투표 당선 제도가 그러한 입법목적을 달성하는 데 반드시 필요한 수단인지는 의문이다.

심판대상조항은 후보자가 1인일 경우 투표 자체를 실시하지 않도록 하여 유권자의 의사표시를 원천적으로 차단하고 있는바, 사실상 선거권에 대해 전면적이고 근본적인 제한을 가하고 있다. 유권자로 하여금 투표할 기회 자체를 박탈하는 것은 선거권 제한에 있어서 가장 강력한 형태라고 할 것인데, 이러한 입법이 예외적으로 정당화되는 것은 오직 중대한 공익을 위해 불가피하게 요청되는 개별적, 구체적 사유가 존재함이 명백할 경우에만 가능할 뿐이다. 막연하고 추상적인 위험이나 국가의 노력에 의해 극복될 수 있는 기술상의 어려움이나 실무상의 장애 등의 사유는 선거권 행사를 전면적으로 배제할 합당한 이유가 될 수 없다(헌재 2007. 6. 28. 2004헌마644 등 참조). 그런데 심판대상조항이 추구하는 선거비용 절감과 절차 간소화를 통한 선거제도 효율성 제고라는 것은 선거를 행함에 있어서 행정편의적인 것에 불과한 것이며, 이는 국가의 노력에 의해 극복될 수 있는 실무상의 문제일 뿐이다. 이러한 행정적 편의의 도모 또는 피상적이고 형식적인 선거비용의 절감이라는 이유만으로 민주국가에서 가장 근본적이고도 중요한 국민의 선거권 행사를 전면적으로 제한하는 것은 그 입법의 정당성을 인정하기 어렵다.

(2) 지방자치제도는 일정한 지역을 단위로 일정한 지역의 주민이 그 책임 아래 자신들이 선출한 기관을 통하여 직접 처리하게 함으로써 지방자치행정의 민주성과 능률성을 제고하고 지방의 균형 있는 발전과 아울러 국가의 민주적 발전을 도모하는 제도로서, 지방자치 제도의 성공 여부는 주민들의 의사가 제대로 정치의사결정에 반영되는 여부에 달려 있다. 따라서 지방자치 제도의 한 축을 담당하고 있는 지방자치단체의 장을 선출하는 선거제도는 주민의 의사를 굴절 없이 정확하게 반영하고, 주민의 자유로운 선택을 보장하여야 한다(헌재 2009. 3. 26. 2006헌마240 등 참조). 선거는 당락을 결정하여 당선자를 가리기 위한 제도만은 아니다. 선거와 관련된 모든 과정을 통하여 국민의 다양한 정치적 의사가 표출될 수 있으며, 선거를 통해 표출된 결과는 국민의 정치적 의사를 형성하고 이를 전달하는 데 기여한다.

그런데 심판대상조항은 후보자가 1인일 경우 이미 당락이 결정된 것으로 보아 투표절차를 생략하고 당선자를 결정하고 있으므로, 주민으로서는 선거권의 행사를 통하여 해당 후보자에 대한 자신의 정치적 의사를 표시할 방법이 없게 된다. 후보자가 1인일 경우 유권자들은 해당 후보자가 지방자치단체의 장으로 적합한 인물이 아니라는 이유로 당선인으로 선출하지 않을 수도 있는 것이고, 그 역시 유권자의 의사인 것이다.

심판대상조항에 따르면, 가령 1인의 후보자가 과거에 강력범죄, 뇌물수수 또는 횡령 등 범죄의 전력이 있어 유권자가 자신들의 대표로 선출하고 싶지 않는 경우에도 그러한 의사와 상관 없이 무조건 당선되므로 유권자들의 의사를 왜곡할 가능성이 있다. 또한 무투표 당선 제도로 인하여, 상대 후보자로 출마가 예상되는 사람을 매수하여 사퇴하도록 하는 등의 부작용이 생길 가능성도 있다. 심판대상조항과 직접 관련된 것은 아니지만, 공직선거법이 후보자 등록 마감 후에 사퇴·사망 등으로 후보자가 1인이 된 경우에 무투표 당선이 되도록 규정함에 따라 과거에 상대 후보자를 매수하여 사퇴하도록 시도하는 사례가 종종 있었음은 주지의 사실이다. 이와 같이 무투표 당선의 경우 당해 후보자에 대한 주민의 선호도를 정확히 반영할 수 없고, 유권자들의 정치적 의사표명의 기회가 완전히 차단되므로 주민의 진정한 의사가 왜곡될 위험성이 존재한다.

한편, 선거과정에서 주권자가 행하는 의사결정은 지방자치단체의 장에게 민주적 정당성을 부여하는 중요한 근거가 되므로, 무투표 당선을 통하여 주민의 의견을 충분히 반영하지 않은 채 선출된 지방자치단체의 장이 가지는 대표성은 대단히 취약하게 되어 지방자치 제도의 본질과 정당성까지 훼손할 위험이 있다. 헌법이 선거권을 기본권으로 보장하는 취지와 대의제 민주주의 질서에서 선거가 가지는 의미와 기능을 고려해 볼 때, 심판대상조항이 당선인 결정방식을 무투표 당선으로 규정한 것은 유권자의 자유로운 정치적 의사표현을 제한하고 당선자의 민주적 정당성을 약화시키는 것으로 사실상 선거권이 형해화될 정도로 중대한 제한을 가하는 것이라 할 수 있다.

(3) 후보자가 1인일 경우 심판대상조항과 같이 투표할 기회 자체를 박탈하는 방법 외에도 청구인의 기본권을 덜 제약하는 방법은 얼마든지 있다. 즉, 입법자는 후보자가 1인일 경우에도 투표를 실시하고 일정비율 이상의 득표를 할 경우에만 당선자로 인정하는 방법이나 찬반투표의 실시 등 청구인의 선거권 제한을 최소화하면서도 입법목적을 보다 효율적으로 달성할 수 있는 합리적인 방안을 마련할 수 있다.

실제로 심판대상조항이 2010년 개정되기 전까지 공직선거법은 1994년 제정 이래로 줄곧 지방자치단체의 장 선거의 후보자가 1인일 경우에도 투표를 실시하도록 규정하였으며, 그 구체적인 요건으로 득표수가 투표자총수(혹은 유효투표총수)의 3분의 1 이상에 달한 경우에만 당선자로 정한다고 규정한 바 있었다. 그런데 심판대상조항의 개정 연혁이나 개정 관련 국회회의록을 살펴보아도, 후보자가 1인일 경우에 투표를 실시하지 않고 당선을 결정하는 것이 지방선거에 있어서 행정적 절차를 간소하게 한다거나 선거비용을 절감하는데 반드시 필요한 것이라는 것을 실증적으로 뒷받침할 만한 증거를 찾을 수 없고, 이러한 개정에 대한 필요성이나 효과에 대한 특정한 근거를 찾기 어렵다. 더욱이 지방선거의 경우 임기만료일이 같은 지방의회의원, 지방자치단체의 장 및 교육감 선거를 임기만료에 따른 선거일에 동시에 실시하고 있으므로, 후보자가 1인인 지방자치단체의 장의 경우에도 선거를 실시한다고 해서 별도로 선거의 수행을 위한 인력이나 장소, 장비, 행정적 절차 등이 필요하지 않을 것으로 보인다. 따라서 이로 인해 개별적인 선거 비용이 증가하여 국고와 지방재정에 부담을 끼치게 된다고는 볼 수 없다.

(4) 다수의견은 후보자가 1인일 경우에도 투표를 실시하여 일정비율 이상의 득표를 할 경우에만 당선자로 인정하게 되면, 해당 비율의 득표를 달성하지 못할 경우에는 당선자가 없게 되어 재선거를 실시해야 하고, 이에 따라 행정공백이 생길 가능성에 대해 지적하고 있다.

그러나 후보자 1인일 경우에도 투표를 실시하여 당선자를 결정하는 방법을 택할 경우 해당 후보는 선거운동을 하게 되므로 이러한 관련 비용이 소요될 것을 예상할 수 있으나, 현재 공직선거법상 1인 후보자가 되어 투표를 실시하지 않을 경우에는 투표를 실시하지 않는다는 사실만을 공고할 뿐 후보자의 이름을 비롯하여 후보자와 관련된 어떠한 정보도 공개되지 않는다는 점을 고려해 보면, 선거운동을 통해 후보자의 정보가 선거권자에게 전달되고 선거권자는 이를 바탕으로 정확한 정치적 의사를 표현할 수 있다는 점에서 그 자체로 오히려 선거권을 더욱 공고하게 보장하는 방법이 될 수 있다.

또한 과거 지방선거에서 지방자치단체의 장 선거에 1인이 출마한 경우에도 투표가 이루어졌던 사례에서 1인 후보가 투표자총수의 3분의 1 이상을 득표하지 못한 경우는 한 건도 없었다는 점을 고려해보면, 후보자가 1인일 경우 투표를 실시한다고 해서 당선자가 없어 재투표를 실시해야 할 가능성이 커지거나, 이로 인한 행정적 공백이나 기타 문제 등이 생길 가능성은 크지 않을 것으로 보인다. 나아가 과거에 1인 후보자에 대한 투표 결과 득표율이 높았다는 것은, 심판대상조항을 개정하여 1인 후보자에 대한 투표제도를 부활하더라도 별다른 현실적인 문제가 없을 것임을 반증하는 것으로도 볼 수 있다. 설령, 행정공백이 생길 우려가 있다고 하더라도 이는 권한대행 등 적절한 절차에 따라 해결이 가능한 문제이다. 오히려 행정공백의 우려보다는 유권자의 지지가 확인되지 않은 인물이 지방자치단체의 장으로 재직하게 됨에 따라 발생할 수 있는 대표성 결여에 대한 우려가 훨씬 더 중대한 문제라고 볼 수 있다.

(5) 헌법이 선거권을 기본권으로 보장하는 취지와 대의제 민주주의 질서에서 선거가 가지는 의미와 기능을 고려해 볼 때, 심판대상조항이 당선인 결정방식을 무투표 당선으로 규정한 것은 유권자의 자유로운 정치적 의사표현의 기회를 막아 사실상 선거권을 형해화하는 것일 뿐만 아니라 당선자의 민주적 정당성을 약화시켜 지방자치 제도의 본질과 정당성마저 훼손될 수도 있는 매우 중대한 제한이다. 반면에 심판대상조항이 추구하는 것은 주로 행정적 편의를 도모하거나 선거 기술상의 어려움 또는 선거비용 부담을 줄이기 위한 것인바, 이를 들어 선거권의 박탈을 정당화할 만한 중대한 공익이라고 보기 어렵다. 심판대상조항은 기본권제한에 있어서 준수되어야 할 법익의 균형성 역시 충족하지 못하였다.

(6) 결국 심판대상조항은 과잉금지원칙에 위배되어 청구인의 선거권을 침해한다.

[52] 공기업 상근직원 선거운동 금지조항 사건

(2018. 2. 22. 2015헌바124)

◇ 사안과 쟁점

한국철도공사의 5급 상근직원이면서 한국철도공사 노조 수석부위원장이던 청구인이 특정 정당과 그 정당의 후보자에 대한 지지를 호소하는 내용의 메일을 한국철도공사 서울·경기지부 소속 노조원에게 발송하였다는 이유로 기소되었다. 소송 계속 중 공직선거법 제60조 제1항 제5호에 대하여 위헌법률심판제청신청을 하였으나 기각되자 헌법소원심판을 청구하였다.

쟁점은, 한국철도공사의 상근직원에 대하여 선거운동을 금지하고 이를 위반한 경우 처벌하도록 규정한 공직선거법 조항(이하 '심판대상조항')이 선거운동의 자유를 침해하는지 여부이다(적극:소극 7:2, 2018. 2. 22. 2015헌바124; 공보 257호 406면). 7명의 다수의견과 달리 재판관 조용호 등 2명은 합헌의견이었다.

◇ 반대(합헌)의견

우리는 심판대상조항이 청구인의 선거운동의 자유를 침해하지 아니하여 헌법에 위반되지 아니한다고 생각하므로, 다음과 같이 그 이유를 밝힌다.

가. 심사기준

선거운동의 자유도 무제한의 자유는 아니고 헌법 제37조 제2항에 의하여 국가안전보장, 질서유지, 공공복리를 위하여 필요한 경우에 한하여 법률로써 제한할 수 있는바, 그 경우에도 제한의 방법이 합리적이어야 함은 물론 기본권제한의 한계원리인 과잉금지원칙에 위배되어서는 아니된다. 심판대상조항이 청구인에 대하여 선거운동을 금지하는 것은 선거의 공정성·형평성과 중립성이라는 공공복리를 위하여 선거운동의 자유, 즉 정치적 표현의 자유와 선거권을 제한하는 것이라고 볼 수 있다.

심판대상조항을 포함한 공직선거법 제60조 제1항은 선거운동의 제한에 관한 개별적 제한·금지방식을 전제로 예외적으로 일정한 신분 또는 지위를 가지고 있는 사람들에 대하여 일체의 선거운동을 금지하고 있는바, 선거운동이 허용되거나 금지되는 사람의 인적 범위는 입법자가 그 재량의 범위 내에서 규율대상자의 직무의 성질과 내용을 살펴 정치적 중립성과 직무전념성이 어느 정도 요구되는지, 선거에 개입할 경우 선거의 공정성과 형평성을 해칠 우려가 어느 정도인지 등의 제반 사정을 종합적으로 검토하여 정할 사항이므로, 과잉금지의 원칙의 적용에 있어 보다 탄력적인 심사가 요망된다(헌재 2004. 4. 29. 2002헌마467 참조).

나. 입법목적의 정당성 및 수단의 적합성

다수의견이 밝힌 것처럼, 한국철도공사는 사실상 정부의 지배 하에서 독점적·공익적 성격을 갖는 사업을 운영하여 국가정책과 국민생활에 중대한 영향을 미치는 공적 기관이다. 심판대상조항은 한국철도공사 상근직원이 선거에 직·간접적으로 영향력을 행사하여 선거의 공정성·형평성과 중립성을 해하는 것을 방지하기 위한 것으로서 그 입법목적의 정당성을 인정할 수 있다. 한편, 한국철도공사 상근직원의 선거운동을 금지하고 이를 위반한 경우 처벌하는 것은 입법목적의 달성에 적합한 수단으로 인정된다.

다. 침해의 최소성

(1) 가) 다수의견은 한국철도공사 상근직원은 기관의 경영에 관여하거나 실질적인 영향력을 미칠 수 있는 권한은 가지고 있지 아니하여, 선거운동의 부작용과 폐해가 일반 사기업의 직원보다 크다고 보기 어렵다고 한다. 그러나 한국철도공사는 자본금의 전부를 정부가 출자하여 철도 운영의 전문성과 효율성을 높임으로써 철도산업과 국민경제의 발전에 이바지함을 목적으로 설립되고, 사장과 상임감사위원을 대통령이 임명하며, 업무 전반에 걸쳐 정부의 관리감독을 받는다. 따라서 한국철도공사는 사실상 정부의 지배 하에서 독점적·공익적 성격을 갖는 사업을 운영하는 공공기관인바, 그러한 기관의 구성원으로서 한국철도공사 상근직원이 그 직을 그대로 유지한 채 선거운동을 할 경우 그 조직, 규모, 기능 등에 비추어 볼 때 특정 집단의 이익만을 도모하는 방향으로 업무를 수행하거나 관련 업무의 집행에 부당한 영향력을 행사할 가능성이 있는 등 선거의 공정성·형평성과 중립성에 미칠 수 있는 영향력이 일반 사기업 직원보다 크지 않다고 단정하기 어렵다. 공익목적성이 강한 한국철도공사의 상근직원이 선거에서 특정 후보자를 위한 당선 내지 낙선운동을 하게 되면 이미 그 직원의 개별적·구체적 업무의 성격을 넘어서 한국철도공사 나아가 정부투자기관 전체에 큰 영향을 미치는 수준에 이르게 될 것이어서 선거의 공정성·형평성과 중립성을 해치게 될 것이 틀림없다.

나) 또한 다수의견은 한국철도공사 상근직원의 선거운동을 제한하더라도 직급에 따른 업무의 내용과 수행하는 개별적·구체적 직무의 성격에 따라 선거의 공정성·중립성에 미칠 수 있는 영향을 살펴볼 필요가 있다고 한다. 그러나 한국철도공사가 수행하는 직무는 다양하여, 직급이 높고 집행간부의 지위에 있다고 하여 선거에 미치는 영향력이 크고 반대로 직급이 낮다고 하여 선거에 미치는 영향력이 낮다고 단정할 수 없다. 과거에는 집행간부가 부하직원을 동원하는 등의 부정선거 형태가 통상의 모습이었으나, 오늘날에는 당해사건 청구인의 범죄사실에서 보듯이 오히려 하위 직급을 중심으로 한 노동조합의 강력한 조직을 동원하여 문자메시지, 메일 등을 통한 선거 개입이 일반화되고 있는 현상에 비추어 보면, 위와 같은 다수의견은 현실과 너무나 괴리되어 있다.

다) 한편, 다수의견은 그 직을 유지한 채 공직선거에 입후보할 수 없는 한국철

도공사 상근임원과 달리(공직선거법 제53조 제1항 제4호 참조), 그 상근직원은 그 직을 유지한 채 공직선거에 입후보 하여 자신을 위한 선거운동이 허용됨에도 타인을 위한 선거운동이 전면적으로 금지되는 것은 과도한 제한이라고 한다. 그러나 그와 같은 공직 입후보가 가능하다는 점이 선거운동 금지와 모순된다거나 양립불가능하다고 할 수는 없다. 이는 특히 한국철도공사 상근직원 가운데 실제로 입후보하는 사람은 극히 소수일 것으로 예상되므로 그 폐해, 즉 선거의 공정성에 대한 훼손의 위험이 매우 적을 것일 뿐만 아니라 공무담임권의 일환인 공직선거에의 입후보라는 법익은 단순히 선거운동을 할 자유에 비하여 법익의 성질과 크기가 달라 그 둘을 동일 평면상에서 단순비교할 수는 없다는 점에서도 그러하다. 결국 한국철도공사 상근직원에 대하여 선거운동을 전면적으로 금지하는 것은 앞서 본 입법목적과 현실을 종합적으로 고려하여 나온 입법정책적 결단으로서 거기에 나름대로 합리적 이유가 있다. 따라서 비록 현재로서는 한국철도공사 상근직원에 대하여 선거운동이 전면 금지되어 있지만, 앞으로 선거문화가 향상되고 선거의 공정성에 대한 보편적 가치기준이 확립되는 등 상황이 변화되면 그와 같은 금지의 여부 또는 금지범위에 관한 규율내용 역시 상황변화에 맞게 개선될 것으로 기대되므로, 현재의 상태를 과도한 제한이라고 볼 수는 없다(헌재 2004. 4. 29. 2002헌마467 참조).

(2) 심판대상조항은 한국철도공사 상근직원에 대하여 선거운동의 기간과 방법, 태양을 불문하고 일체의 선거운동을 금지하고 있는바, 이러한 전면적인 금지가 입법목적 달성을 위하여 필요한 최소한도의 것이라고 볼 수 있는지 문제된다.

한국철도공사 상근직원의 선거운동을 제한하는 방법으로 우선 '선거운동의 방법이나 태양'을 특정하여 제한하는 것을 생각해볼 수 있다. 그러나 실제로 선거운동은 매우 다양하고 복잡한 형태로 행하여질 것이어서 그 가운데 어느 것을 한국철도공사 상근직원이라는 신분과 관련하여 금지될 필요가 있는 방법이나 태양으로 구분, 특정할 것인지는 실로 모호한 일이 아닐 수 없고, 따라서 한국철도공사 상근직원에 한하여 금지의 대상이 되는 선거운동의 방법 또는 태양을 일일이 법령에 규정하는 것은 사실상 불가능하거나 극히 비효율적이다(헌재 2004. 4. 29. 2002헌마467 참조).

다른 한편으로는 한국철도공사 상근직원에 대하여 그 '지위를 이용한 선거운동'만을 금지하는 방법을 상정할 수 있다. 그러나 공직선거법은 공무원에 한하여 지위를 이용한 선거운동이 금지됨을 강조하고 있을뿐(제60조 제1항 제4호, 제85조 제1항 참조), 한국철도공사 상근직원을 비롯하여 선거운동이 금지되는 사람들에 대하여 지위를 이용한 선거운동만을 금지하는 규정을 두고 있지는 아니하다. 만일 그와 같은 제한요건을 부가할 경우 어느 것이 '지위를 이용한' 선거운동이고 어느 것이 그렇지 않은 선거운동인지의 경계 획정이 매우 곤란하여, 금지되는 선거운동의 범위가 일의적으로 특정되기 어려울 것이기 때문에 실제 법적용에 있어 선거관련기관의 유권해석이나 법원의 판단을 구해야 되는 등 번잡한 절차를 필요로 하게 되는 등으로 인하여, 금지조항으로서의 실효성 또는 규범력이 약화될 우려가 있음을 고려한 입법조치이다. 이는 곧 일정한 신분과 지위를 가진 사람들에 대하여 일체의 선거운동을 금지함으로써 불법선거의 시비를 사전에 차단하고 선거의 공정성과 중립성을 확보하고자 하는 입법자의 결단이라고 볼 수 있다. 공직선거법이 과거 우리나라 선거 역사를 얼룩지게 한 관권, 금권, 폭력 등에 의한 불법·타락선거로부터 선거의 공정성을 지키기 위하여 제정된 경위에 비추어 볼 때 선거운동의 주체·방법·태양·기간을 어떻게 규율할 것인지는 선거전문가들의 집단이라고 볼 수 있는 입법부의 재량에 맡겨야 하고, 그것이 명백히 재량권의 한계를 벗어난 자의적인 입법이 아닌 한 입법형성의 자유를 존중하여야 한다(헌재 2004. 4. 29. 2002헌마467 참조).

(3) 공직선거법은 제85조 제3항에서 직업적인 기관·단체 등의 조직 내에서 직무상 행위를 이용하여 선거운동을 하거나 하게 하는 것을 금지하고, 제86조 제1항에서 공무원 및 공공기관 등의 상근 임·직원이 선거에 영향을 미칠 수 있는 전형적인 유형의 행위들을 특정하여 금지하고 이에 위반한 경우 처벌하고 있기는 하나, 그러한 규정만으로 심판대상조항이 추구하는 선거의 공정성·중립성·형평성을 충분히 확보할 수 있는지는 불분명하다.

나아가, 심판대상조항은 선거와 관련된 모든 행위태양을 금지하는 것이 아니라 정치적 의사표현 중 선거와 직접 관련성이 있는 선거운동만을 금지하고 있다. 즉, 한국철도공사 상근직원은 선거에 관한 단순한 의견개진 및 의사표시, 입후보와 선거운동을 위한 준비행위, 정당의 후보자 추천에 관한 단순한 지지·반대의 의견개진 및 의사표시, 통상적인 정당활동, 설날·추석 등 명절 및 석가탄신일·기독탄신일 등에 하는 의례적인 인사말을 문자메시지로 전송하는 행위 등을 할 수 있다(공직선거법 제58조 제1항 참조). 이렇게 선거운동 이외의 방법으로 특정 후보자나 정당을 위한 지원활동의 가능성이 여전히 남아 있는 이상 한국철도공사 상근직원으로서는 선거와 관련하여 일정 범위 내에서는 자유롭게 자신의 정치적인 의사를 표현할 자유를 누리고 있다고 할 것이므로, 이로써 선거운동의 자유 내지 이를 위한 정치적 표현의 자유가 전혀 무의미해지거나 선거권 또는 선거의 자유의 실질적 의미가 상실된다고 보기 어렵다(헌재 2004. 4. 29. 2002헌마467 참조).

(4) 결국 심판대상조항은 공익적 업무 담당자인 한국철도공사 상근직원에 대하여 정치적 활동을 전면적으로 금지하는 것이 아니라 당선 또는 낙선을 위한 직접적인 활동만을 금지하고 있으므로, 선거운동의 범위를 구체적으로 한정하고 이러한 틀 안에서 한국철도공사 상근직원에 대하여 선거운동의 금지를 규정한 것이 선거의 공정성 확보라는 입법목적을 위해 필요한 상당성의 범위를 넘었다고 보기 어려우며, 선거운동에 참여함으로써 발생할 중대한 폐해를 방지하기 위하여 필요 최소한의 정도를 넘는다고 보이지도 않는다. 따라서 심판대상조항은 침해의 최소성 원칙에 위배된다고 볼 수 없다.

라. 법익의 균형성

선거운동의 주체에 대하여 어느 범위에서 이를 허용하고 금지할 것인가는 각 나라가 처한 정치·사회·경제적 사정, 선거문화의 수준, 민주시민의식의 성숙 정도 등 제반 사정에 따라 달라질 수밖에 없다(헌재 1999. 11. 25. 98헌마141 참조). 더구나 우리나라의 경우는 과거 여러 차례 실시된 각종 선거에서 관권, 금권 등의 개입에 의한 부패 및 탈법과 그에 따른 민의의 왜곡을 반복적으로 경험한 바 있고, 특히 한국철도공사를 비롯하여 정부가 일정 비율 이상의 지분을 출자한 기관에서 근무하는 직원의 선거운동을 금지하는 것은 공기업 임·직원의 선거 동원이라는 우리나라의 과거 잘못된 정치 풍토를 근절하고자 도입된 것으로서, 선거의 공정성과 중립성을 확보하고자 하는 국민적 열망은 다른 나라에 비할 바가 아니다.

따라서 심판대상조항에 의하여 보호되는 선거의 실질적 자유와 공정의 확보라는 공공의 이익은 위와 같은 국민적 열망을 담고 있는 것으로서 특히 높은 가치를 지니는 것이고, 한국철도공사는 사실상 정부의 지배 하에서 독점적·공익적 성격을 갖는 사업을 운영하여 국가정책과 국민생활에 중대한 영향을 미치는 공적 기관이므로 거기에서 근무하는 상근직원은 공무원에 준하는 정치적 중립성이 요청된다.

그러므로 심판대상조항에 의하여 보호되는 선거의 실질적 자유와 공정의 확보라는 공공의 이익과 한국철도공사 상근직원의 제한되는 기본권 사이에 현저한 불균형이 있다고 볼 수 없어 충돌하는 법익 상호간의 균형성도 구비하고 있는 것이다.

마. 결 론

따라서 심판대상조항은 헌법에 위반되지 아니한다.

[53] 자치구·시·군의회의원 선거구획정에서의 인구편차 기준

(2018. 6. 28. 2014헌마166)

◇ 사안과 쟁점

청구인들은 성남시 사선거구에 주소를 두고 2014. 6. 4. 실시될 예정이었던 제6회 전국동시지방선거 중 성남시의회의원선거에서 선거권을 행사하려던 사람들이다. 그런데 '경기도 시군의회 의원정수와 지역구 시군의원 선거구에 관한 조례'는 이 사건 선거구획정안 중 야당 선호도가 높은 성남시 사선거구와 아선거구를 하나의 선거구로 통합하고, 반대로 여당 선호도가 높은 성남시 파선거구를 2개의 선거구로 분할하였다. 이로 인하여 청구인들이 지지하는 여당 후보의 당선 가능성이 낮아졌으므로, 위 조례는 합리적 이유 없이 자의적으로 선거구를 획정하여 청구인들의 선거권을 침해하고, 또한 위 조례에 따라 청구인들의 투표가치가 하락하여 성남시 파선거구 선거권자들의 투표가치의 1.58분의 1에 불과하게 되었으므로, 위 조례는 위 성남시 파선거구의 선거권자들을 차별 취급하는 것으로 청구인들의 평등권을 침해한다고 주장하면서 헌법소원심판을 청구하였다.

쟁점은, 자치구·시·군의회의원 선거구획정과 관련하여 헌법이 허용하는 인구편차기준을 인구편차 상하 60%에서 인구편차 상하 50%(인구비례 3:1)로 변경할 것인지 여부이다(전원 일치, 2018. 6. 28. 2014헌마166; 공보 261호 1132면).

9명의 재판관 전원 일치 의견으로 자치구·시·군의회의원 선거구획정과 관련하여 헌법이 허용하는 인구편차기준을 인구편차 상하 50%(인구비례 3:1) 변경하여야 한다고 하면서, 다만 이 사건의 경우 선거구 획정이 헌법상 허용되는 인구편차의 허용

한계를 일탈하였거나 자의적인 선거구 획정에 해당하지 아니한다고 하여 청구인들의 청구를 기각하였다. 재판관 조용호는 주심으로 법정의견을 집필하였다.

◇ 법정의견

가. 이 사건 조례의 개정 경위

경기도선거구획정위원회는 제6회 전국동시 지방선거를 앞둔 2014. 2. 13. 이 사건 선거구획정안을 경기도지사에게 제출하였고, 경기도지사는 2014. 2. 19. 위 선거구획정안과 동일한 내용으로 '경기도 시군의회 의원정수와 지역구 시군의원 선거구에 관한 조례 전부개정조례안'을 경기도의회에 제출하였다.

경기도의회 행정자치위원회는 2014. 2. 21. 위 조례안의 성남시 사선거구(의원정수 2명)와 아선거구(의원정수 2명)를 의원정수 3명인 사선거구로 통합하고, 위 조례안의 파선거구(의원정수 3명)를 각 의원정수 2명인 타선거구와 파선거구로 분할하는 내용의 수정안을 의결하여 경기도의회에 제출하였다. 경기도의회는 2014. 2. 25. 성남시 의회의원 선거구에 대하여 위 수정안대로 의결하여 '경기도 시군의회 의원정수와 지역구 시군의원 선거구에 관한 조례'를 전부개정하였고, 위 개정 조례는 2014. 2. 28. 경기도 조례 제4707호로 공포 및 시행되었다.

나. 선거구 간 인구편차의 헌법상 허용한계를 벗어났는지 여부

(1) 선 례

헌법재판소는 2009. 3. 26. 2006헌마14 결정에서 자치구·시·군 의회의원(이하 '자치구·시·군의원'이라 한다) 선거구 획정에서 요구되는 인구편차의 헌법상 허용한계에 대하여 판단하였다.

당시 법정의견은 자치구·시·군의원 선거구를 획정할 때 투표가치의 평등으로서 가장 중요한 요소인 인구비례의 원칙 이외에 자치구·시·군의원의 지역대표성 및 인구의 도시집중으로 인한 도시와 농어촌 간의 극심한 인구편차와 각 분야에 있어서의 개발불균형 등 우리나라의 특수한 사정을 합리적으로 참작하여야 하므로, 인구편차 상하 60%(인구비례 4:1)의 기준을 자치구·시·군의원 선거구 획정에서 헌법상 허용되는 인구편차 기준으로 삼는 것이 가장 적절하다고 보았다.

(2) 인구편차의 헌법상 허용한계

㈎ 인구편차 비교집단

우선 비교집단 설정에 있어서 해당 자치구·시·군 내의 선거구들만을 비교할 것인지, 아니면 해당 자치구·시·군이 속한 특별시, 광역시, 도 내의 모든 선거구를 비교할 것인지, 아니면 전국의 자치구·시·군의원 선거구 모두를 비교할 것인지가 문제된다. 우리 재판소는 이미 자치구·시·군의원 선거구와 관련하여 해당 자치구·시·군 내의 선거구들만을 비교집단으로 설정하여 인구편차를 비교하였으므로(헌재 2009. 3. 26. 2006헌마14 참조), 이 사건에서도 성남시 내의 선거구들만을 비교하여 판단하기로 한다.

㈏ 인구편차 비교방식 및 비교기준

다음으로 인구편차의 비교방식 및 비교기준에 관하여 본다. 공직선거법은 자치구·시·군의원 선거에 관하여 하나의 선거구에서 2인 이상 4인 이하의 의원을 선출하는 중선거구제를 채택하였으므로(제26조 제2항), 서로 다른 자치구·시·군의원 선거구의 인구편차를 비교하기 위해서는 각 선거구의 의원 1인당 인구수(해당 선거구의 인구수: 의원수)를 산출하여 비교하여야 한다.

인구편차의 비교기준에 관하여, 최소선거구의 의원 1인당 인구수를 기준으로 할 것인가 아니면 해당 선거구가 속한 자치구·시·군의 의원 1인당 평균인구수(자치구·시·군의 인구수: 의원수)를 기준으로 할 것인가가 문제된다. 우리 재판소는 이미 자치구·시·군의원 선거구와 관련하여 해당 선거구가 속한 자치구·시·군의 의원 1인당 평균인구수를 기준으로 하여 인구편차의 허용기준을 제시하였으므로(헌재 2009. 3. 26. 2006헌마14 참조), 이 사건에서도 성남시의 의원 1인당 평균인구수를 기준으로 하여 인구편차의 허용한계를 검토하기로 한다.

㈐ 인구편차 허용한계

구체적으로 선거구 획정에 있어 입법재량의 한계, 즉 헌법상 용인되는 각 자치구·시·군의원 선거구 사이의 인구편차의 한계를 어디까지 용인할 것인가는 인구비례의 원칙 이외에 참작하여야 할 2차적 요소들을 얼마나 고려하여 선거구 사이의 인구비례에 의한 투표가치 평등의 원칙을 완화할 것이냐의 문제이다(헌재 2009. 3. 26. 2006헌마14 참조).

1) 선거구 획정에 있어서 인구비례의 원칙에 의한 투표가치의 평등은 헌법적 요

청으로서 다른 요소에 비하여 기본적이고 일차적인 기준이므로, 입법자로서는 인구편차의 허용한계를 최대한 엄격하게 설정함으로써 투표가치의 평등을 관철하기 위한 최대한의 노력을 기울여야 한다(헌재 2009. 3. 26. 2006헌마14; 헌재 2014. 10. 30. 2012헌마192등 참조).

그런데 위 2006헌마14 결정에서 인구편차의 허용기준으로 삼은 인구편차 상하 60%의 기준을 적용하게 되면 1인의 투표가치가 다른 1인의 투표가치에 비하여 네 배의 가치를 가지는 경우도 발생하게 되어 투표가치의 불평등이 지나치다. 위 기준을 채택한 지 9년이 지났고, 이 사건 결정에서 제시하는 기준은 2022년에 실시되는 자치구·시·군의원선거에 적용될 선거구구역표의 개정지침이 될 것이다. 나아가 자치구·시·군의원 선거는 중선거구제로서 선거구 간 인구편차의 조정이 상대적으로 용이한 점 등을 고려하면, 현시점에서 인구편차의 허용한계를 보다 엄격하게 설정할 필요가 있다.

따라서 현시점에서 선택 가능한 방안으로 인구편차 상하 $33\frac{1}{3}$%(인구비례 2:1)를 기준으로 하는 방안 또는 인구편차 상하 50%(인구비례 3:1)를 기준으로 하는 방안이 고려될 수 있다.

2) 자치구·시·군의원은 지방 주민 전체의 대표이기는 하나, 지방자치단체의 구역에 관한 사무, 주민의 복지증진에 관한 사무, 지역개발과 주민의 생활환경시설의 설치·관리에 관한 사무 등 주로 지역적 사안을 다루는 지방의회의 특성상 지역대표성도 겸하고 있다(헌법 제117조 제1항, 지방자치법 제9조 제2항 참조). 뿐만 아니라 우리나라는 급격한 산업화·도시화의 과정에서 인구의 도시집중으로 인하여 도시와 농어촌 간의 인구격차가 크고 각 분야에 있어서의 개발불균형이 현저하다는 특수한 사정이 존재한다. 따라서 자치구·시·군의원 선거구 획정에 있어서는 행정구역 내지 지역대표성 등 2차적 요소도 인구비례의 원칙에 못지않게 함께 고려해야 할 필요성이 크다(헌재 2009. 3. 26. 2006헌마14 참조).

위 두 가지 기준 중 인구편차 상하 $33\frac{1}{3}$%의 기준이 선거권 평등의 이상에 보다 접근하는 안이지만, 위 기준을 적용할 경우 자치구·시·군의원의 지역대표성과 도시와 농어촌 간의 인구격차를 비롯한 각 분야에 있어서의 지역 간 불균형 등 2차적 요소를 충분히 고려하기 어렵다. 반면 인구편차 상하 50%를 기준으로 하는 방안은 최대선거구와 최소선거구의 투표가치의 비율이 1차적 고려사항인 인구비례를 기준으로 볼 때의 등가의 한계인 2:1의 비율에 그 50%를 가산한 3:1 미만이 되어야 한다는 것으로서, 인구편차 상하 $33\frac{1}{3}$%를 기준으로 하는 방안보다 2차적 요소를 폭넓게 고려할 수 있다(헌재 2007. 3. 29. 2005헌마985등 참조).

또한 인구편차의 허용기준을 엄격히 하면 기존에 존재하던 선거구를 분할하거나 다른 선거구와 통합하거나 자치구·시·군의원의 의원정수를 증가시키는 등의 방법으로 자치구·시·군의원 선거구를 조정하여야 한다. 이를 위해서는 선거구의 조정이 여러 분야에 미치게 될 영향에 대하여 면밀히 검토한 후 부정적인 영향에 대한 대책을 마련하고, 어떠한 조정안을 선택할 것인지에 관하여 사회적 합의를 형성할 필요가 있으므로, 인구편차 상하 60%의 기준에서 곧바로 인구편차 상하 $33\frac{1}{3}$%의 기준을 채택하는 경우 예기치 않은 어려움에 봉착할 가능성이 큰 점도 고려되어야 한다.

3) 그렇다면 현재의 시점에서 자치구·시·군의원 선거구 획정과 관련하여 헌법이 허용하는 인구편차의 기준을 인구편차 상하 50%(인구비례 3:1)로 변경하는 것이 타당하다.

(3) 이 사건 선거구란의 기본권 침해 여부

이 사건 선거구란을 획정함에 있어 경기도선거구획정위원회가 고려한 성남시 의회의원 1인당 평균인구수는 32,800명이다. "성남시 사선거구"의 의원 1인당 인구수는 38,463명으로, 위 성남시의회의원 1인당 평균인구수로부터 +17.26%의 인구편차를 보이고 있다. 따라서 이 사건 선거구란에 의한 선거구 획정이 헌법상 허용되는 인구편차의 허용한계를 일탈하여 청구인들의 선거권 및 평등권을 침해한다고 볼 수 없다.

다. 자의적인 선거구 획정에 해당하는지 여부

청구인들은, 이 사건 조례와 같이 이 사건 선거구획정안 중 야당 선호도가 높은 두 선거구를 하나의 선거구로 통합하여 의원정수를 축소하고 반대로 여당 선호도가 높은 하나의 선거구를 두 개로 분할하여 의원정수를 증원하는 경우, 당선될 수 있는 여당후보의 수는 줄어들고 야당후보의 수는 늘어날 가능성이 매우 높으므로, 이 사건 조례에 따른 선거구 획정은 여당 및 그 지지자에 대한 실질적인 차별효과가 명백히 드러난 것으로서 합리적 이유 없는 자의적인 선거구 획정이라고 주장한다.

이 사건 선거구란은 선거권자의 후보자 선택을 제한하거나 특정 정당 후보자의 당선기회를 봉쇄하는 것이 아니며, 단지 하나의 선거구에서 선출할 의원정수와 선거구역을 정하고 있을 뿐이다. 가사 그로 의해 일부 정당의 정치참여 기회에 현실적인 영향을 미칠 수 있다고 하더라도, 이는 사실적, 간접적 효과에 불과하므로 그러한 이유만으로 이 사건 선거구란이 자의적인 선거구 획정으로서 청구인들의 선거권 등 기본권을 침해한다고 볼 수는 없다(헌재 2009. 3. 26. 2006헌마14; 헌재 2012. 2. 23. 2010헌마282 참조).

라. 청구인들의 그 밖의 주장에 대한 판단

청구인들은 이 사건 조례가 이 사건 선거구획정안의 내용을 일부 수정한 것이 상위법령인 공직선거법을 위반한 것으로서 법률우위의 원칙에 위배된다고 주장한다.

공직선거법 제26조 제2항은 "자치구 · 시 · 군의원지역구의 명칭 · 구역 및 의원정수는 시 · 도 조례로 정한다."고 규정하고 있고, 구 공직선거법 제24조 제10항은 "시 · 도의회가 자치구 · 시 · 군의원 지역구에 관한 조례를 개정하는 때에는 선거구획정위원회의 선거구획정안을 존중하여야 한다."고 규정하고 있으나, 이는 선거구획정위원회의 선거구획정안을 참고하여야 한다는 의미이지 선거구획정안을 반드시 따라야 한다는 의무를 규정한 것은 아니다(헌재 2012. 2. 23. 2010헌마282 참조).

따라서 이 사건 선거구란이 경기도선거구획정위원회의 선거구획정안을 그대로 따르지 아니하고 그 내용을 일부 수정하였다는 사실만으로 법률우위의 원칙에 위배된다고 할 수 없다. 청구인들은 선거구획정안의 수정 내용이 청구인들의 선거권, 평등권을 침해하므로 경기도선거구획정위원회의 의도를 훼손한 것이라는 취지로도 주장하나, 앞서 살펴보았듯이 이 사건 선거구란은 청구인들의 선거권 및 평등권을 침해하지 아니하므로, 위 주장에 대하여는 더 나아가 판단하지 아니한다.

그렇다면 청구인들의 심판청구는 이유 없으므로 이를 기각하기로 하여 관여 재판관 전원의 일치된 의견으로 주문과 같이 결정한다.

- **국회의원 지역구선거구** 획정과 관련하여 헌법이 허용하는 인구편차의 기준을 인구편차 상하33$\frac{1}{3}$%를 넘어서지 않는 것으로 보아야 한다(적극:소극 6:3, 종전처럼 인구편차 상하 50%를 기준으로 하여야 한다는 3인의 반대의견 있음, 2014. 10. 30.

2012헌마190등; 공보 217호 1725면).

- **시·도의회의원 지역구** 획정에서 허용되는 인구편차 기준을 종전의 인구편차 상하 60%의 기준을 인구편차 상하 50%(인구비례 3:1) 변경하여야 한다(전원 일치, 2018. 6. 28. 2014헌마189; 공보 261호 1137면/2019. 2. 28. 2018헌마415등; 공보 269호 327면).

제 5 장

청구권적 기본권

일반 사건에서의 의견

① 민사소송 관련

- 소송비용을 패소한 당사자가 부담하도록 규정한 민사소송법 제98조가 소송당사자의 재판청구권을 침해하는지 여부(전원 소극, 2013. 5. 30. 2012헌바335; 공보 200호 654면)
- 재판업무의 수행상 필요가 있는 경우 고등법원 부로 하여금 그 관할구역 안의 지방법원 소재지에서 사무를 처리할 수 있도록 한 법원조직법 제27조 제4항, 고등법원 원외재판부의 재판사무 범위를 정한 고등법원 부의 지방법원 소재지에서의 사무처리에 관한 규칙(대법원규칙 제2310호) 제4조 제1항 제1호 및 제2호가 청구인들의 재판받을 권리를 침해하는지 여부(전원 소극, 2013. 6. 27. 2012헌마1015; 공보 201호 853면)
- 민법상 비영리법인의 청산인을 해임하는 재판에 대하여 불복신청을 할 수 없도록 규정한 구 비송사건절차법 제36조 중 제119조 전문의 청산인 해임 재판에 관한 부분을 준용하는 부분이 청산인 해임 재판에 의하여 해임된 청구인의 재판을 받을 권리를 침해하는지 여부(전원 소극, 2013. 9. 26. 2012헌마1005; 공보 204호 1419면)
- 부동산 매각허가결정에 대한 즉시항고가 기각된 경우 항고인이 공탁한 항고보증금 중 반환하지 아니하는 금액의 이율을 상한의 제한 없이 대법원규칙에 위임한 민사집행법 제130조 제7항이 항고권 남용 방지 목적에 비해 과도하게 많은 금액을 반환하지 아니하여 재판청구권을 침해하는지 여부(전원 소극, 2014. 10. 30. 2013헌바368; 공보 217호 1720면)
- 국가배상청구권의 성립요건으로서 공무원의 고의 또는 과실을 규정함으로써 무과실책임을 인정하지 않은 국가배상법 조항이 헌법상 국가배상청구권을 침해하는지 여부(전원 소극, 2015. 4. 30. 2013헌바395; 공보 223호 684면)
- 자백간주로 인한 피고 패소판결을 항소의 대상에서 제외하는 규정을 두지 않은 민사소송법 제390조 제1항이 신속한 재판을 받을 권리를 침해하는지 여부

(전원 소극, 2015. 7. 30. 2013헌바120; 공보 226호 1143면)

- 법원 직권으로 원고에게 소송비용에 대한 담보 제공을 명할 수 있도록 한 민사소송법 제117조 제2항 중 제1항의 '소장 · 준비서면, 그 밖의 소송기록에 의하여 청구가 이유 없음이 명백한 때 등 소송비용에 대한 담보제공이 필요하다고 판단되는 경우'에 관한 부분 및 원고가 담보를 제공하지 않을 경우 변론 없이 판결로 소를 각하할 수 있다고 규정한 민사소송법 제124조 본문이 재판청구권을 침해하는지 여부(전원 소극, 2016. 2. 25. 2014헌바366; 공보 233호 384면)
- 소송을 대리한 변호사에게 당사자가 지급하였거나 지급할 보수는 대법원규칙이 정하는 금액의 범위 안에서 소송비용으로 인정한다고 규정한 민사소송법 제109조 제1항 중 '당사자가 지급하였거나 지급할 보수' 부분이 재판청구권을 침해하는지 여부(전원 소극, 2016. 6. 30. 2013헌바370; 공보 237호 1036면)
- '판결에 영향을 미칠 중요한 사항에 관하여 판단을 누락한 때'를 재심사유로 규정한 민사소송법 제451조 제1항 제9호가 재판청구권을 침해하는지 여부(전원 소극, 2016. 12. 29. 2016헌바43; 공보 243호 161면)
- 개인회생절차에서 면책취소신청 기각결정에 대한 즉시항고의 근거규정을 두고 있지 아니한 '채무자 회생 및 파산에 관한 법률' 제627조가 개인회생채권자의 재판청구권을 침해하는지 여부(전원 소극, 2017. 7. 27. 2016헌바212; 공보 250호 767면)
- 군인의 국가 등에 대한 손해배상청구권을 제한하고 있는 국가배상법 제2조 제1항 단서가 헌법에 위반되는지 여부(전원 소극, 2018. 5. 31. 2013헌바22등; 공보 260호 835면)

② 형사소송 관련

- 재정신청사건의 심리 중 그 기록의 열람 또는 등사를 금지하고 있는 형사소송법 제262조의2 본문이 청구인의 재판청구권을 침해하는지 여부(전원 소극, 2013. 9. 26. 2012헌바34; 공보 204호 1331면)
- 전투용에 공하는 시설'을 손괴한 군인 또는 군무원이 아닌 국민이 군사법원에서 재판받도록 하는, 구 군사법원법 제2조 제1항 제1호 중 '구 군형법 제1조 제4항 제4호' 가운데 '구 군형법 제69조 중 전투용에 공하는 시설의 손괴죄를

범한 내국인에 대하여 적용되는 부분'이 헌법과 법률이 정한 법관에 의한 재판을 받을 권리를 침해하는지 여부(전원 적극, 2013. 11. 28. 2012헌가10; 공보 206호 1629면)

- 비용보상청구권의 제척기간을 무죄판결이 확정된 날부터 6개월로 규정한 구 형사소송법 제194조의3 제2항이 재판청구권 및 재산권을 침해하는지 여부(소극:적극 4:5, 2015. 4. 30. 2014헌바408등; 공보 223호 698면)
- 국민참여재판으로 진행하는 것이 적절하지 아니하다고 인정되는 경우 법원이 국민참여재판 배제 결정을 할 수 있도록 한 구 '국민의 형사재판 참여에 관한 법률' 제9조 제1항 제3호가 피고인의 재판청구권을 침해하는지 여부(전원 소극, 2014. 1. 28. 2012헌바298; 공보 208호 322면)/국민참여재판법이 정하는 국민참여재판을 받을 권리가 헌법상 재판을 받을 권리로서 보장되는지 여부(전원 소극, 2015. 7. 30. 2014헌바447; 공보 226호 1209면)
- 재정신청권자를 '고발을 한 후보자와 정당(중앙당에 한함) 및 해당 선거관리위원회'로 제한하고, 재정신청 대상범죄에 공직선거법 제243조 위반죄를 포함하지 아니한 구 공직선거법 제273조 제1항이 청구인의 재판청구권을 침해하는지 여부(전원 소극), 선거범죄에 대한 재정신청절차에서 사전에 검찰청법상의 항고를 거치도록 한 공직선거법 제273조 제2항 중 형사소송법 제260조 제2항 부분이 신속한 재판을 받을 권리를 침해하는지 여부(전원 소극)(2015. 2. 26. 2014헌바181; 공보 221호 429면)
- 항소심에서 심판대상이 된 사항에 한하여 법령위반의 상고이유로 삼을 수 있도록 상고를 제한하는 형사소송법 제383조 제1호가 재판청구권을 침해하는지 여부(전원 소극, 2015. 9. 24. 2012헌마798; 공보 228호 1451면)
- 법원의 수사서류 열람·등사 허용 결정에도 불구하고 검사가 해당 수사서류의 등사를 거부한 경우 위와 같은 검사의 '등사 거부행위'가 청구인들의 신속하고 공정한 재판을 받을 권리 및 변호인의 조력을 받을 권리를 침해하는지 여부(전원 적극, 2017. 12. 28. 2015헌마632; 공보 255호 139면)
- 디엔에이감식시료채취영장 발부 과정에서 채취대상자에게 자신의 의견을 밝히거나 영장 발부 후 불복할 수 있는 절차 등에 관하여 규정하지 아니한 '디엔에이신원확인정보의 이용 및 보호에 관한 법률' 제8조(영장절차조항)가 재판

청구권을 침해하는지 여부(적극:소극 6:3, 2018. 8. 30. 2016헌마344등; 공보 263호 1528면)

③ 행정 · 조세소송 관련

- 지방공무원이 면직처분에 대해 불복할 경우 행정소송 제기에 앞서 반드시 소청심사를 거치도록 한 지방공무원법 제20조의2 중 '제67조에 따른 처분'에 관한 부분('필요적 전치조항')이 재판청구권을 침해하거나 평등원칙에 위반되는지 여부(전원 소극), 지방공무원이 면직처분에 대해 불복할 경우 소청심사청구기간을 처분사유 설명서 교부일부터 30일 이내로 정한 구 소방공무원법 제21조 중 청구기간에 관한 부분('청구기간 조항')이 재판청구권을 침해하거나 평등원칙에 위반되는지 여부(전원 소극)(2015. 3. 26. 2013헌바186; 공보 222호 517면)
- 주세법에 따른 의제주류판매업면허의 취소처분에 대한 행정소송에 관하여 필요적 행정심판전치주의를 규정한 국세기본법 제56조 제2항 중 '주세법 제8조 제4항 제1호에 따른 의제주류판매업면허의 취소처분'에 관한 부분이 청구인들의 재판청구권을 침해하는지 여부(전원 소극, 2016. 12. 29. 2015헌바229; 공보 243호 131면)
- 국세정보통신망에 저장하는 방법에 의한 전자송달의 효력발생시점을 송달할 서류가 국세정보통신망에 저장된 때로 정한 국세기본법 제12조 제1항 단서 중 '(국세정보통신망에 저장하는 경우에는 저장된 때)' 부분이 재판청구권을 침해하고 적법절차원칙에 위반되는지 여부(전원 소극, 2017. 10. 26. 2016헌가19; 공보 253호 1073면)
- 지방세기본법 시행 이후 납세의무가 성립한 지방세부터 경정청구를 허용한 지방세기본법 부칙 제3조 중 같은 법 제51조 제2항 제1호에 관한 부분으로 인하여, 지방세기본법 시행 이전에 납세의무가 성립하고 지방세기본법 시행 이후 비로소 후발적 경정청구 사유가 발생한 경우에는 경정청구의 방법으로 과다납부된 세액을 다툴 수 없게 된 것이 청구인의 재판청구권을 침해하는지 여부(전원 소극, 2018. 3. 29. 2016헌바219; 공보 258호 546면)
- 피수용자인 구제청구자의 즉시항고 제기기간을 '3일'로 정한 인신보호법 제15조가 피수용자의 재판청구권을 침해하는지 여부(전원 적극, 2015. 9. 24. 2013헌

가21; 공보 228호 1372면)

- 토지수용위원회의 수용재결서를 받은 날로부터 60일 이내에 보상금증감청구소송을 제기하도록 한 '공익사업을 위한 토지 등의 취득 및 보상에 관한 법률' 규정이 보상금증감청구소송을 제기하려는 토지소유자의 재판청구권을 침해하는지 여부(전원 소극, 2016. 7. 28. 2014헌바206; 공보 238호 1206면)
- 경정청구기간을 법정신고기한이 지난 후 3년 이내로 정하고 있는 구 국세기본법 제45조의2 제1항 본문이 재판청구권을 침해하는지 여부(전원 소극, 2016. 10. 27. 2015헌바195등; 공보 241호 1635면)
- '처분 등이 있음을 안 날'을 기산점으로 정하여 취소소송의 제소기간에 제한을 둔 행정소송법 제20조 제1항이 재판청구권을 침해하는지 여부(전원 소극, 2018. 6. 28. 2017헌바66; 공보 261호 1103면)

④ 헌법소송 관련

- 동일한 사건에 대하여 2명 이상의 재판관을 기피할 수 없도록 규정한 헌법재판소법 제24조 제4항이 청구인의 공정한 헌법재판을 받을 권리를 침해하는지 여부(전원 소극, 2016. 11. 24. 2015헌마902; 공보 242호 1921면)

⑤ 기 타

- 학교법인 설립자의 유가족 또는 학교법인의 초대 감사로 재직하다가 퇴임한 청구인들에게 관할청의 이사 선임처분에 대해 재심을 요청할 권리를 부여하지 아니한 것이 재판청구권을 제한하는지 여부(전원 소극, 2013. 5. 30. 2010헌바292; 공보 200호 614면)
- 구 택지개발촉진법 제12조 제4항 중 확인된 협의의 성립이나 내용을 다툴 수 없도록 규정한 공익사업법 제29조 제4항을 준용하는 부분이 청구인의 재판청구권을 침해하는지 여부(전원 소극, 2013. 7. 25. 2011헌바274; 공보 202호 929면)
- 학교안전사고에 대한 공제급여결정에 대하여 학교안전공제중앙회('공제중앙회') 소속의 학교안전공제보상재심사위원회('재심위원회')가 재결을 행한 경우 재심사청구인이 공제급여와 관련된 소를 제기하지 아니하거나 소를 취하한 경우에는 학교안전공제회('공제회')와 재심사청구인 간에 당해 재결 내용과 동일한

합의가 성립된 것으로 간주하는 '학교안전사고 예방 및 보상에 관한 법률' 제64조('합의간주조항')가 공제회의 재판청구권을 침해하는지 여부(전원 적극, 2015. 7. 30. 2014헌가7; 공보 226호 1107면)

- '4 · 16세월호참사 배상 및 보상 심의위원회'의 배상금 등 지급결정에 신청인이 동의한 때에는 국가와 신청인 사이에 민사소송법에 따른 재판상 화해가 성립된 것으로 보는 세월호피해지원법 제16조가 과잉금지원칙을 위반하여 청구인들의 재판청구권을 침해하는지 여부(전원 소극, 2017. 6. 29. 2015헌마654; 공보 249호 652면)
- 특허무효심결에 대한 소는 심결의 등본을 송달받은 날부터 30일 이내에 제기하도록 한 특허법 제186조 제3항이 재판청구권을 침해하는지 여부(전원 소극, 2018. 8. 30. 2017헌바258; 공보 263호 1448면)

[54] 공익사업법 제85조 제2항 위헌확인 사건

(2013. 9. 26. 2012헌바23)

◇ 사안과 쟁점

청구인은 김포 양촌지구 3차 택지개발사업 구역 내 토지소유자이다. 중앙토지수용위원회는 위 구역 내 청구인 소유의 토지를 수용하는 재결을 하였는데, 청구인의 이의로 중앙토지수용위원회는 손실보상금을 일부 증액하는 이의재결을 하였다. 그러나 청구인은 이의재결에 불복하여 위 택지개발사업의 사업시행자인 한국토지주택공사를 상대로 손실보상금의 증액을 구하는 소를 제기하였고, 제1심법원은 청구를 일부 인용하였다. 청구인과 한국토지주택공사는 모두 항소하였고, 청구인은 항소심 계속 중 '공익사업을 위한 토지 등의 취득 및 보상에 관한 법률'('공익사업법') 제85조 제2항 중 '당해 소송을 제기하는 자가 토지소유자 또는 관계인인 때에는 사업시행자를 피고로 한다'는 부분에 대하여 위헌법률심판제청을 신청하였다. 그러나 항소심 법원이 1심 판결 중 한국토지주택공사 패소 부분을 취소하고 청구인의 청구를 일부 인용하는 판결을 선고하면서 위헌법률심판제청신청을 기각하자, 헌법소원심판을 청구하였다.

쟁점은, 공익사업법 제85조 제2항 중 '제1항의 규정에 따라 제기하고자 하는 행정소송이 보상금의 증감에 관한 소송인 경우 당해 소송을 제기하는 자가 토지소유자인 때에는 사업시행자를 피고로 한다'는 부분(이하 '이 사건 법률조항')이 청구인의 재산권을 침해하고, 공정한 재판을 받을 권리를 침해하는지 여부이다(전원 소극, 2013. 9. 26. 2012헌바23; 공보 204호 1328면). 재판관 조용호는 주심으로 법정의견을 집필하였다.

◇ 법정(합헌)의견

가. 이 사건의 쟁점

청구인은 이 사건 법률조항에 따라 보상금증감의 소를 제기할 경우 정당한 손실보상금에 관한 증명책임이 원고인 청구인에게 있으므로, 이 사건 법률조항이 정당한 보상을 받을 청구인의 재산권을 침해한다고 주장한다.

그러나 이 사건 법률조항은 보상금증감의 소에서 당사자적격을 규정하고 있을 뿐이고, 재산권과 관련하여 규정하고 있는 것은 아니다. 헌법 제23조 제3항이 보장하는 정당한 보상을 받을 권리는 보상금 산정의 기준, 보상의 방법, 보상 시기 등을 법률로 규정할 것을 요구할 뿐이고, 보상금증감소송에서 증명책임의 분배는 재산권의 보호범위에 해당하지 않는다. 즉, 정당한 보상을 받을 권리를 실현하기 위하여 여러 방법 중 소를 제기하는 경우, 소송의 형태 및 증명책임의 문제는 재판청구권의 문제가 될 뿐이고, 그 소송의 형태 및 정당한 보상금에 대한 증명책임의 소재는 정당한 보상을 받을 권리와 관련은 있지만, 이러한 재판을 매개로 한 단순히 간접적인 관련성만을 가질 뿐이다.

따라서 이 사건 법률조항이 청구인의 공정한 재판을 받을 권리를 침해하여 위헌인지 여부가 문제된다.

나. 공정한 재판을 받을 권리 침해 여부

(1) 공정한 재판을 받을 권리의 보호영역

헌법은 제27조 제1항에서 "모든 국민은 헌법과 법률이 정한 법관에 의하여 법률에 의한 재판을 받을 권리를 가진다."라고 규정하고 있다. 또한, 헌법에 '공정한 재판'에 관한 명문의 규정이 없지만, 재판청구권이 국민에게 효율적인 권리보호를 제공하기 위해서는 법원에 의한 재판이 공정하여야 할 것은 당연하므로, '공정한 재판을 받을 권리'는 헌법 제27조의 재판청구권에 의하여 함께 보장된다고 보아야 하고, 우리 재판소도 헌법 제27조 제1항의 내용을 '공정한 재판을 받을 권리'로 해석하고 있다(헌재 2002. 7. 18. 2001헌바53).

공정한 재판을 받을 권리는 원칙적으로 당사자주의와 구두변론주의가 보장되어 소송의 당사자에게 공격·방어권을 충분히 행사할 기회를 부여하는 것을 주된 내용으로 한다. 공정한 재판을 받을 권리는 변론 과정에서뿐만 아니라, 증거의 판단, 법률의 적용 등 소송 전 과정에서 적용된다. 어떠한 요증사실의 존부가 확정되지 않았을 때 그 사실이 존재하지 않는 것으로 취급되어 법률판단을 받게 되는 불이익인 증명책임의 분배 문제도 공정한 재판을 받을 권리의 보호범위에 해당한다.

이 사건 법률조항은 보상금증감소송에서 행정청이 아닌 사업시행자를 피고로 하도록 정하고 있는바, 소송의 형태를 행정소송상 항고소송으로 구성하지 아니하여 원고인 피수용자가 정당한 보상금에 대한 증명책임을 부담하게 될 가능성이 있어 정당한 보상금에 대해 증명을 하지 못하는 한 피수용자는 패소할 수밖에 없는 위험을 부담하게 된다.

(2) 심사 기준

그런데 재판청구권은 원칙적으로 제도적으로 보장되는 성격이 강하므로, 그에 관하여는 상대적으로 폭넓은 입법형성권이 인정된다(헌재 2012. 12. 27. 2011헌바155). 특히 토지수용사건에서 보상금증감에 관한 다툼이 발생한 경우 이를 항고소송으로 할지, 다른 별도의 행정소송 형태로 정할지 여부, 그리고 다른 행정소송 형태로 정할 때 누구를 당사자로 할지 등을 정하는 것은 원칙적으로 입법자가 행정소송법의 체계, 소송 대상물의 성격, 분쟁의 일회적 해결 가능성 등을 고려하여 형성할 정책적 문제라고 할 것이므로, 이 사건 법률조항이 청구인의 공정한 재판을 받을 권리를 침해하는지는 그러한 입법형성이 재판의 공정성을 훼손할 정도로 현저히 불합리한 입법형성을 함으로써 그 한계를 벗어났는지 여부에 의하여 결정된다.

(3) 입법형성의 한계를 벗어났는지 여부

(가) 앞서 본 바와 같이 보상금증감소송에서 실질적인 이해관계인은 피수용자와 사업시행자일 뿐 재결청은 이해관계가 없으므로, 이 사건 법률조항은 실질적인 당사

자들 사이에서만 소송이 이루어지도록 합리적으로 조정하고, 절차의 반복 없이 분쟁을 신속하게 종결하여 소송경제를 도모하며, 항고소송의 형태를 취할 경우 발생할 수 있는 수용처분의 취소로 인한 공익사업절차의 중단을 최소화하기 위하여, 소송당사자에서 재결청을 제외하고 사업시행자만을 상대로 다투도록 피고적격을 규정한 것이다.

(나) 통상 수용과 관련된 서류들은 사업시행자를 포함한 재결청에서 보관하고 있으므로, 보상금증감소송에서는 증거의 구조적인 편재(偏在)현상이 나타난다. 그럼에도 이 사건 법률조항이 재결청을 피고에서 제외한 것은 증거의 구조적 편재를 해소하기 위한 보완수단이 있기 때문이다. 특히 민사소송법상 문서의 제출명령(제344조), '공공기관의 정보공개에 관한 법률'에 따른 정보공개청구나 문서송부 촉탁 등을 통하여 감정과 관련된 증거를 확보할 수 있고, 새로운 감정을 신청하여 정당한 보상금을 산정하도록 할 수도 있다. 또한, 법원을 통하여 사실조회를 하는 방법도 사용할 수 있다.

(다) 이처럼 이 사건 법률조항은 분쟁의 일회적 해결을 위하여 분쟁의 실질적 당사자인 피수용자와 사업시행자만을 보상금증감소송의 주체로 정하고 있고, 비록 증거의 구조적 편재가 발생할 수 있다고 하더라도 이를 보완할 수 있는 수단을 마련하고 있는 이상, 이 사건 법률조항은 입법형성의 한계를 벗어나지 않았다고 할 것이므로 청구인의 공정한 재판을 받을 권리는 침해되지 아니한다.

[55] 변호인으로서 피체포자를 조력할 권리에 관한 위헌확인 사건

(2015. 7. 30. 2012헌마610)

◇ 사안과 쟁점

청구인 1은 범민련 남측본부 임시의장으로 평양으로 밀입북한 후 이적활동을 하였다는 혐의로 체포되어 경찰서에 유치되었고, 청구인 2,3은 청구인 1의 변호인으로서 접견을 한 다음 수사 담당 사법경찰관에게 체포영장의 열람·등사를 요청하였다. 담당 수사관은 검사의 지휘를 받아 열람은 허용하였으나 등사는 거부하였다. 청구인들은 체포영장 열람·등사신청 거부처분으로 자신들의 기본권이 침해되었다고 주장하며 그 위헌확인을 구하는 헌법소원심판을 청구하였다. 청구인들은 이 사건 거부처분 때문에 청구인 1이 어떠한 사유로 체포되었는지 파악하지 못하여 체포적부심사에 대비할 준비를 충분히 할 수 없었고, 이는 청구인 1의 변호인의 조력을 받을 권리 및 청구인 2,3이 변호인으로서 피체포자를 조력할 권리를 침해한다고 주장하였다.

쟁점은, 변호인으로서 조력할 권리가 헌법상 기본권인지 또는 피체포자의 변호인의 조력을 받을 권리를 보장하기 위하여 개별 법률에 따라 인정된 법률상의 권리에 불과한지 여부이다(2015. 7. 30. 2012헌마610; 공보 226호 1218면).

다수의견(5명)은 청구인들에 관한 형사절차 및 손해배상청구소송이 모두 종료한 시점에서 이 사건 헌법소원심판청구는 권리보호이익은 물론 심판의 이익도 없다는 이유로 각하하였다. 재판관 조용호 등 3명의 재판관은 각하 주문에는 의견을 같이 하되, 특히 청구인 2,3의 경우 변호인으로서 조력할 권리는 피체포자의 변호인의 조력을 받을 권리를 보장하기 위하여 개별 법률에 따라 인정된 법률상의 권리에 불과하므로, 이들의 심판청구 부분은 기본권침해가능성이 없다는 이유로 각하하여야 한다는 별개의견을 제시하였다. 재판관 4명은 본안 판단에 들어가서 변호인의 조력할 권리가 헌법상의 기본권임을 전제로 이 사건 거부처분이 청구인들의 기본권을 침해하여 헌법에 위반된다는 의견을 제시하였다.

◇ 별개의견

우리는 청구인 천○봉, 조○선의 심판청구는 권리보호이익이 없다는 이유로 각하할 것이 아니라, 위 청구인들이 침해되었다고 주장하는 '변호인으로서 조력할 권리'는 '헌법상 보장된 기본권'이 아니라는 이유로 각하함이 타당하고 생각한다.

헌법재판소법 제68조 제1항의 헌법소원은 공권력의 행사 또는 불행사로 인하여 '헌법상 보장된 기본권'을 침해받은 자만이 청구할 수 있다. 그러므로 헌법상 보장된 기본권이 아니라 단순히 법률에만 근거를 둔 권리의 침해를 주장하는 헌법소원심판 청구는 부적법하다.

청구인 천○봉, 조○선은 이 사건 거부처분이 '변호인으로서 피체포자(청구인 노

○희)를 조력할 권리'를 침해하므로 헌법에 위반된다고 주장한다. 그러나 위 청구인들이 주장하는 권리는 단지 피체포자의 '변호인의 조력을 받을 권리'를 실질적으로 보장하기 위하여 형사소송법 등 개별 법률에 의하여 비로소 인정된 법률상의 권리일 뿐이지 '헌법상 보장된 기본권'에 해당하지 않는다고 보아야 한다.

형사절차에서 체포 또는 구속된 자는 헌법상 보장된 기본권으로서 변호인의 조력을 받을 권리를 가지고(헌법 제12조 제4항), 불구속 피의자나 피고인의 경우에도 헌법상 법치국가의 원리, 적법절차의 원리에 의하여 당연히 변호인의 조력을 받을 권리가 인정된다(헌재 2004. 9. 23. 2000헌마138 참조). 변호인의 조력을 받을 권리는 국가의 일방적인 형벌권 행사에 대항하여 피체포자나 피의자·피고인(이하 편의상 '피체포자 등'이라고 한다)이 실체적인 기본권(신체의 자유) 및 공정한 재판을 받을 권리(재판청구권)을 실질적으로 보장받기 위하여 반드시 필요한 헌법상의 기본권이다. 변호인의 조력을 받을 권리를 보장한다는 것은 피체포자 등을 돕기 위한 변호인의 활동을 충분히 그리고 실질적으로 보장한다는 것을 의미한다. 그리하여 형사소송법에서는 변호인의 조력을 받을 권리를 실질적으로 보장하기 위한 구체적인 수단으로서 변호인의 접견교통권(제34조), 변호인의 수사 및 소송기록 열람·등사권(제35조, 제266조의3), 수사 및 공판 등 각종 절차에서 변호인의 참여권(제121조, 제161조 제3항, 제243조의2 등) 등을 인정하고 있다.

변호인에게 기록 열람·등사권이나 접견교통권 등과 같은 특별한 권리를 인정하는 이유는 모두 피체포자 등이 가지는 '변호인의 조력을 받을 권리'를 충실하게 보장하기 위한 목적에서 비롯된 것이지, 그것이 변호인 자신의 기본권을 보장하기 위하여 인정되는 권리라고 볼 수는 없다. 변호인은 자기 자신의 기본권 보호를 위해서가 아니라 피체포자 등의 조력자로서 피체포자 등을 위하여 형사소송법에서 인정한 '변호인으로서 조력할 권리'를 행사하는 것이다. 그러므로 '변호인으로서 조력할 권리'는 피체포자 등의 헌법상 보장된 기본권인 '변호인의 조력을 받을 권리'를 충실하게 보장하기 위하여 입법자가 형사소송법 등 개별 법률을 통하여 구체적으로 형성한 결과로서 인정되는 법률상의 권리라고 보아야 한다.

이러한 입장에서 일찍이 헌법재판소는 헌법상 변호인과의 접견교통권은 피의자·피고인에게만 한정되는 신체의 자유에 관한 기본권이고, 변호인 자신의 피의자·피고인과의 접견교통권은 헌법상의 권리라고 볼 수 없으며, 단지 형사소송법 제34조에 의하여 비로소 보장되는 권리에 불과하므로, 변호인이 제기한 헌법소원심판청구를 기본권침해가능성이 없다고 보아 각하한 바 있다(헌재 1991. 7. 8. 89헌마181 참조).

이 사건의 경우, 체포영장의 등사를 제한한 이 사건 거부처분으로 인하여 신체의 자유나 재판청구권을 침해받았다고 한다면 변호인이 아니라 직접 기본권 침해받은 피체포자 본인(청구인 노○희)이 헌법소원심판청구를 하여 권리구제를 받아야 하는 것이고, 또 그것만으로도 그 권리구제의 목적을 충분히 달성할 수 있으므로, 피체포자의 조력자에 불과한 변호인에게 이와 관련하여 별도로 기본권을 보장하여야 할 필요성도 없다.

결국, 청구인 천○봉, 조○선이 주장하는 '변호인으로서 조력할 권리'는 헌법상 보장된 기본권이라고 할 수 없고, 그러므로 이들의 이 사건 심판청구는 기본권침해 가능성이 없어서 부적법하다는 이유로 각하하여야 한다.

[56] 행정소송법 제23조 제1항 등 위헌소원 사건

(2018. 1. 25. 2016헌바208)

◇ 사안과 쟁점

청구인은 공유재산인 서울 강북구 ○○동 ○○ 대 130㎡를 무단으로 점유하고 있다는 이유로 서울특별시 강북구청장으로부터 점유기간 1989. 6. 1.부터 2014. 12. 31.까지에 해당하는 여러 건의 변상금부과처분을 받았다. 청구인은 서울행정법원에 위 각 부과처분 및 각 부과처분에 따른 체납처분을 다투는 소송을 진행하던 중, 서울특별시 강북구청장이 2016. 7. 22.에 한 변상금부과처분의 효력정지를 신청하였으나 기각되었고, 항고하였으나 기각되었다. 청구인은 재항고를 제기하는 한편 재항고심 계속 중 집행부정지의 원칙을 규정하고 있는 행정소송법 제23조 제1항 및 집행정지의 요건을 규정하고 있는 같은 조 제2항에 대하여 위헌법률심판 제청신청을 하였으나 기각되자, 헌법소원심판을 청구하였다.

쟁점은, 취소소송 등의 제기 시 집행정지의 요건을 규정한 행정소송법 제23조 제2항('집행정지 요건 조항')이 명확성원칙에 위배되는지 여부, 취소소송 등의 제기 시

집행부정지원칙을 취하고, "처분등이나 그 집행 또는 절차의 속행으로 인하여 생길 회복하기 어려운 손해를 예방하기 위하여 긴급한 필요가 있다고 인정할 때" 집행정지를 결정할 수 있도록 규정한 행정소송법 제23조 제1항('집행부정지 조항'이라 한다) 및 이 사건 집행정지 요건 조항(위 조항들을 합하여 '심판대상조항')이 재판청구권을 침해하는지 여부(전원 소극, 2018. 1. 25. 2016헌바208; 공보 256호 294면)이다. 재판관 조용호는 주심으로 법정의견을 집필하였다.

◇ 법정(합헌)의견

가. 집행정지제도의 의의 및 입법취지와 집행부정지원칙

행정소송상 가구제(假救濟)란 본안 소송 확정 전에 계쟁 행정처분 및 공법상 권리관계의 효력이나 절차의 속행 때문에 원상회복할 수 없는 결과에 이르는 것을 방지하고자 권리를 잠정구제하는 것을 말한다. 행정법관계에서는 법령 및 성질상 특수한 효력인 공정력, 구속력, 자력집행력 등이 인정되는데, 쟁송이 진행되고 있음에도 그러한 효력의 관철을 허용할 경우 현상의 변경 등으로 당사자가 현저한 손해를 입거나 소송목적을 달성할 수 없게 되는 경우가 생길 수 있다. 따라서 본안판결의 실효성을 확보하고 국민의 권리를 효과적으로 보호하기 위하여 임시구제의 길을 열어줄 필요가 있다.

행정소송법은 1951. 8. 24. 법률 제213호로 제정될 당시부터 현재까지 가구제의 수단으로 집행정지만을 인정하고 있다. 심판대상조항은 1984. 12. 15. 법률 제3754호로 행정소송법이 전면 개정되면서 현재의 형태를 갖추게 되었지만 회복하기 어려운 손해 예방의 필요성이나 공공복리에 중대한 영향을 미치지 않아야 한다는 실체적 요건은 제정 당시나 지금이나 대동소이하다.

행정소송법은 제23조 제1항에서 "취소소송의 제기는 처분등의 효력이나 그 집행 또는 절차의 속행에 영향을 주지 아니한다."고 하는 이른바 집행부정지원칙을 규정하고 있다. 이와 같이 처분에 대한 항고소송의 제기 자체에 집행정지의 효력을 인정할지 아니면 별도의 집행정지결정을 거치도록 할 것인지, 어떠한 소송유형에 대하여 어느 정도 범위에서 집행정지를 인정할지 등은 기본적으로 입법정책의 문제이다. 외국의 입법례를 살펴보더라도 집행정지 이외의 가구제 수단을 인정하고 있는 대륙

법계 국가들은 민사소송을 준용하여 가구제의 폭을 넓히기보다는 별도로 개별 규정을 두어 행정소송상 가처분 및 가명령 등을 제도화하고 있다.

나. 쟁점의 정리

(1) 청구인은 이 사건 집행정지 요건 조항이 가구제제도의 본질적인 사항임에도 불구하고 이를 국회가 법률로써 구체적으로 정하지 아니하고 법원의 해석에 위임한 것은 포괄위임금지원칙 또는 명확성원칙에 위반된다고 주장한다. 그러나 포괄위임금지의 원칙이 적용되기 위해서는 법률이 일정한 사항을 하위법령에 위임하였을 것이 논리적 전제로서 요구된다. 그런데 이 사건 집행정지 요건 조항은 집행정지의 요건에 관하여 하위법령에 위임을 하였다고 볼 수 없다. 따라서 이 사건 집행정지 요건 조항이 명확성원칙에 위반되는지는 별론으로 하고, 포괄위임금지의 원칙 또는 위임입법금지의 한계에 관한 원칙이 적용될 여지가 없다. 이하에서는 이 사건 집행정지 요건 조항이 명확성원칙에 위배되는지 여부만을 살펴보기로 한다.

(2) 청구인은 이 사건 집행부정지 조항과 관련하여 행정소송을 제기하는 경우 집행부정지원칙을 채택한 것이 재판청구권, 재산권, 행복추구권, 인간다운 생활을 할 권리, 사생활의 비밀과 자유를 침해하고 평등원칙에 위배되며 국가의 사회보장·사회복지 증진 노력의무를 위반한 것이라고 주장한다.

그런데 현행 행정소송법은 집행부정지 '원칙'을 취하고, 일정한 요건이 충족되는 경우 당사자의 신청에 의하여 또는 법원이 직권으로 집행정지결정을 내리고 있고 관련된 기본권의 제한은 이 사건 집행부정지 조항과 이 사건 집행정지 요건 조항이 함께 작용함으로써 발생하는 것이므로 위 두 조항을 결합하여 기본권 침해 여부를 살피기로 한다.

집행부정지원칙을 관철하는 경우 행정소송에서 승소하더라도 이미 그 집행이 종결되면 회복할 수 없는 손해를 입게 되어 권리구제의 실효를 거둘 수 없게 되거나, 소 제기 단계에서 소의 이익이 부정되어 재판청구권의 효율적 보장에 역행하는 결과가 되므로 행정소송법에서 집행부정지원칙을 채택하고 일정한 요건을 갖춘 경우에만 집행정지를 할 수 있도록 한 것은 재판청구권의 제한에 해당한다.

이와 같이 심판대상조항이 가장 직접적으로 제한하는 기본권은 재판청구권이고, 청구인이 주장하는 그 밖의 사정은 재판청구권에 대한 제한에 부수하여 발생하는 것에 불과하다. 따라서 재판청구권을 중심으로 해서 심판대상조항이 그 헌법적 한계를 지키고 있는지를 검토하기로 한다.

다. 이 사건 집행정지 요건 조항이 명확성원칙에 위배되는지 여부

(1) 명확성원칙은 법치국가원리의 한 표현으로서 기본권을 제한하는 법규범의 내용은 명확하여야 한다는 헌법상의 원칙이다. 명확성의 정도는 모든 법률에 있어서 동일한 정도로 요구되는 것은 아니고, 개개의 법률이나 법조항의 성격에 따라 요구되는 정도에 차이가 있을 수 있다. 어떠한 규정이 부담적 성격을 가지는 경우에는 수익적 성격을 가지는 경우에 비하여 명확성의 원칙이 더욱 엄격하게 요구되고, 죄형법정주의가 지배하는 형사관련 법률에서는 명확성의 정도가 강화되어 더 엄격한 기준이 적용되지만, 일반적인 법률에서는 명확성의 정도가 그리 강하게 요구되지 않기 때문에 상대적으로 완화된 기준이 적용된다(헌재 2000. 2. 24. 98헌바37; 2002. 7. 18. 2000헌바57 등 참조).

또한 통상적으로 법률규정은 일반성, 추상성을 가지는 것으로서 입법기술상 어느 정도의 보편적 내지 일반적 개념의 용어사용은 부득이하므로, 당해 법률이 제정된 목적과 다른 규범과의 연관성을 고려하여 합리적인 해석이 가능한지의 여부에 따라 명확성의 구비 여부가 가려지고, 당해 법률조항의 입법취지와 전체적 체계 및 내용 등에 비추어 법관의 법 보충작용으로서의 해석을 통하여 그 의미가 분명해질 수 있다면 이 경우까지 명확성을 결여하였다고 할 수 없다(헌재 2014. 8. 28. 2013헌바172 등; 헌재 2015. 3. 26. 2014헌바156 등 참조).

(2) 이 사건 집행정지 요건 조항은 확정판결이 있기 전에 사실관계의 완성 내지 변경을 방지함으로써 재판청구권을 실효적으로 보장하기 위한 것으로, 대법원은 "'회복하기 어려운 손해'라 함은 특별한 사정이 없는 한 금전으로 보상할 수 없는 손해로서 이는 금전보상이 불능인 경우 내지는 금전보상으로는 사회관념상 행정처분을 받은 당사자가 참고 견딜 수 없거나 또는 참고 견디기가 현저히 곤란한 경우의 유형, 무형의 손해를 일컫는다."고 판시하고 있다(대법원 2003. 10. 9.자 2003무23 결정 참조).

'긴급한 필요'라 함은 손해의 발생이 시간상 임박하여 손해를 방지하기 위해서 본안판결까지 기다릴 여유가 없는 경우를 의미하는 것으로, 이는 집행정지가 본안판결의 확정시까지 존속하는 임시적 권리구제제도로서 잠정성, 긴급성, 본안소송에의 부종성의 특징을 지니는 것이라는 점에서 그 의미를 쉽게 예측할 수 있다.

이와 같이 이 사건 집행정지 요건 조항은 '회복하기 어려운 손해'와 '긴급한 필요'라는 다소 추상적이고 광범위한 의미를 가진 것으로 보이는 용어를 사용하고 있더라도, 이 사건 집행정지 요건 조항의 입법목적 및 다른 규정들과의 상호관계 등에 비추어 법관의 법 보충작용을 통한 판례에 의하여 합리적으로 해석할 수 있고, 달리 자의적인 법해석의 위험이 있다고 보기도 어려우므로 명확성원칙에 위배된다고 볼 수 없다.

라. 심판대상조항의 재판청구권 침해 여부

(1) 심사기준

헌법 제27조 제1항이 규정하는 재판청구권을 보장하기 위해서는 입법자에 의한 재판청구권의 구체적 형성이 불가피하므로 입법자의 재량이 인정되고(헌재 1996. 8. 29. 93헌바57; 헌재 2009. 2. 26. 2007헌바8등 참조), 일반적으로 행정소송에 관한 절차를 어떻게 구성할 것인가는 기본적으로 입법형성권을 가진 입법권자가 결정할 사항이므로(헌재 1996. 8. 29. 93헌바63등 참조), 심판대상조항에 의한 재판청구권 제한이 과잉금지원칙에 위반되는지 여부는 위와 같은 입법 재량을 고려하여 판단하여야 한다.

(2) 입법목적의 정당성 및 수단의 적합성

심판대상조항은 남소를 억제하여 행정의 원활한 운영을 확보하고 행정 목적을 실효적으로 달성하기 위한 것이므로 목적의 정당성과 수단의 적합성이 인정된다.

(3) 침해의 최소성 및 법익균형성

㈎ 행정소송법은 당사자의 신청이 없더라도 집행정지의 필요성이 있는 때에는 법원이 직권으로 집행정지의 결정을 할 수 있도록 하고 있고, 당사자의 신청에 의한 경우에도 집행정지의 요건에 관하여 증명이 아닌 소명으로 족하도록 하여 입증책임을 완화하고 있으며, 집행정지의 기각결정에 대하여 즉시항고할 수 있도록 하여 불복의 기회를 부여하는 등 기본권침해를 최소화하기 위한 제도적 장치를 마련하고 있다.

외국의 입법례에 대하여 살펴보면, 독일은 집행정지의 원칙을, 일본과 프랑스는 집행부정지의 원칙을 택하고 있다. 그러나 독일은 행정소송법 제80조 제2항 각 호에서 성질상 집행정지가 부적절하거나 즉시 집행에 대한 공익이 개인의 이익보다 우월하다고 판단되는 경우 법률에 따른 집행정지의 예외를 규정하고 있고, 이 경우 관청이 직권으로 집행을 정지하거나(동조 제4항), 당사자의 신청에 의하여 집행을 정지하도록 길을 마련하고 있다(동조 제5항). 앞서 본 바와 같이 집행정지제도를 어떻게 운영할 것인가는 행정행위의 성질에서 논리필연적으로 도출되는 결과라기보다는 나라마다 다른 행정영역의 자율성 정도와 사법심사의 범위 등을 고려하여 결정할 입법정책의 문제인 이상 집행부정지를 원칙으로 하면서 일정한 요건을 갖춘 경우 집행정지를 할 수 있도록 한 심판대상조항보다 덜 침해적인 수단이 있다고 단정하기 어렵고, 집행정지사건의 인용률, 심사기준, 적용례를 살펴볼 때 실무상으로도 집행정지제도가 권리구제의 실효성이 보장되는 방향으로 운영되고 있는 것으로 보인다.

(나) 심판대상조항으로 인하여 달성하려는 공익은 행정작용의 안정적이고 계속적인 수행과 행정의 원활한 운영을 통한 공공복리이고, 행정소송을 제기한 사람이 입게 되는 불이익은 행정소송 제기시와 본안판결 승소시까지 사이에 행정소송이 진행되고 있음에도 행정행위의 효력인 공정력, 자력집행력 등이 그대로 관철됨에 따라 처분의 집행이나 절차의 속행이 이루어짐에 따른 손해이다.

집행정지신청이 인용된 이후 본안소송에서 승소한 경우나 집행정지신청이 기각된 이후 본안소송에서 패소한 경우에는 법익 균형성에 있어 특별한 문제가 없다. 문제되는 것은 집행정지신청이 인용된 이후 본안소송에서 패소한 경우와 집행정지신청이 기각된 이후 본안소송에서 승소한 경우라 할 것인데, 이 때 어느 쪽을 우선할지는 결국 공익과 사익의 비교형량의 문제인 동시에 집행정지여부의 결론과 본안의 결론이 달라지는 경우 그 위험부담을 누구에게 귀속시킬 것인가의 문제이다. 그런데 2016년 기준으로 행정소송의 본안 인용률(일부승소 포함)이 14.2%임에 비추어 보면, 집행정지원칙을 취하거나 집행정지 요건을 완화할 경우, 대부분의 사건에서 집행정지가 되어 궁극적으로 행정의 비용이 증가하고 신속한 행정목적의 달성이 불가능하게 되어 행정 비효율이 발생한다. 또한 집행정지를 원칙으로 할 경우 집행정지 신청단계에서 본안 판단의 선취가 이루어져 행정행위의 상대방에게 오히려 불이익이 발생할 우려도 있다.

이에 비하여 심판대상조항으로 인하여 사익이 침해되는 경우는 집행정지신청이 기각된 이후 본안소송에서 승소한 경우가 대표적인 예인데, 행정행위에 공정력을 부여하는 취지와 우리의 소송문화 등을 감안할 때 원칙과 예외를 바꿔야 할 정도로 공익에 비하여 침해되는 사익이 크다고는 보기 어렵다.

(4) 소결론

따라서 심판대상조항은 과잉금지원칙에 위반되지 아니하므로 청구인의 재판청구권을 침해하지 아니한다.

[57] 민주화보상법상 재판상 화해 간주조항 사건

(2018. 8. 30. 2014헌바180등)

◇ 사안과 쟁점

제청신청인들은 대통령의 긴급조치 제1호, 제4호, 제9호를 위반하였다는 범죄사실로 1974년 내지 1979년경 징역형을 선고받아 그 판결이 확정된 사람들 본인 또는 그 유족이다. 민주화보상법에 따라 구성된 '민주화운동 관련자 명예회복 및 보상 심의위원회'(이하 '민주화보상위원회')는 위와 같은 사실을 인정하여 제청신청인 본인 또는 그 피상속인을 민주화운동 관련자로 심의·결정한 후 2004년 내지 2008년경 보상금 등을 지급하는 결정을 하였고, 제청신청인들은 그 무렵 위 지급결정에 동의한 다음 보상금 등을 지급받았다. 헌법재판소는 긴급조치 제1호, 제2호, 제9호를 위헌으로 결정하였고, 대법원은 긴급조치 제1호, 제4호, 제9호를 위헌으로 판단하였다. 그 결과 긴급조치 위반을 이유로 한 기존 유죄판결은 재심절차에서 취소되고 무죄판결이 선고되었다. 제청신청인들은 대한민국을 상대로 불법 체포·구금·고문 등의 가혹행위, 출소 이후에도 계속된 감시, 위헌·무효인 긴급조치에 근거한 유죄판결의 선고 등으로 인해 발생한 정신적 손해 등의 배상을 청구하는 소송을 법원에 제기하였고, 그 소송 계속 중 구 '민주화운동 관련자 명예회복 및 보상 등에 관한 법률'(이하 '민주화보상법') 제18조 제2항에 대한 위헌법률심판제청을 신청하였다. 이에 당해 사건 법원은 그 신청을 받아들여 이 사건 위헌법률심판을 제청하였다.

청구인들은 노동조합에서 활동하거나 언론탄압에 맞서 시위에 참여하였다는 등의 이유로 1975년 내지 1982년경 국가기관의 지시에 따라 해고·강제사직되거나 재취업이 어렵게 된 사람들의 본인 또는 그 유족, 대통령의 긴급조치 제1호, 제4호, 제9호를 위반하였다는 범죄사실로 1974년 내지 1979년경 징역형 등을 선고받아 그 판결이 확정되거나 1980년경 본인의 사망 또는 긴급조치의 해제 등으로 공소기각결정 내지 면소판결을 선고받아 확정된 사람들의 본인 또는 그 유족, 구 계엄법 등 법률을 위반하였다는 범죄사실로 1981년경 내지 1982년경 징역형 등을 선고받아 그 판결이 확정된 사람들의 본인 또는 그 유족이다. 위 민주화보상위원회는 위와 같은 사실을 인정하여 청구인 본인 또는 그 피상속인을 민주화운동 관련자로 심의·결정한 후 2002년 내지 2012년경 보상금 등을 지급하는 결정을 하였고(청구인 김○숙 제외), 청구인들은 그 무렵 위 지급결정에 동의한 다음 보상금 등을 지급받았다(청구인 조○순, 김○철 제외). 헌법재판소는 긴급조치 제1호, 제2호, 제9호를 위헌으로 결정하였고, 대법원은 긴급조치 제1호, 제4호, 제9호를 위헌으로 판단하였다. 이후 긴급조치 위반을 이유로 한 기존 유죄판결 및 구 계엄법 등 법률위반을 이유로 한 기존 유죄판결은 재심절차에서 취소되어 무죄 또는 면소판결이 선고되었다. 청구인들은 대한민국을 상대로 노동조합활동 방해, 강제 해고, 블랙리스트 작성·배포에 의한 취업방해, 불법 체포·구금·고문 등의 가혹행위, 출소 이후에도 계속된 감시, 위헌·무효인 긴급조치 등에 근거한 유죄판결의 선고 등으로 인해 발생한 정신적 손해 등의 배상을 청구하는 소송을 법원에 제기하였고, 그 소송 계속 중 법원에 민주화보상법 제18조 제2항에 대한 위헌법률심판제청신청을 하였으나 기각되자(청구인 방○석, 정○순 제외), 헌법소원심판을 청구하였다.

민주화보상위원회의 보상금 등 지급결정에 동의한 경우 '민주화운동과 관련하여 입은 피해'에 대해 재판상 화해가 성립된 것으로 간주하는 구 '민주화보상법' 제18조 제2항(이하 '심판대상조항')의 의미 내용이 불분명하여 명확성원칙에 위반되는지 여부 및 위원회의 보상금 등 지급결정에 동의한 때 재판상 화해의 성립을 간주함으로써 법관에 의하여 법률에 의한 재판을 받을 권리를 제한하는 심판대상조항이 재판청구권을 침해하는지 여부에 대하여는 재판관 전원이 소극적인 입장이었다.

쟁점은, 민주화보상위원회의 보상금 등의 지급결정에 동의한 때 '민주화운동과 관련하여 입은 피해'에 대해 재판상 화해의 성립을 간주하는 조항이 정신적 손해에 대한 국가배상청구권을 침해하는지 여부이다(적극:소극 7:2, 2018. 8. 30. 2014헌바180등; 공보 263호 1405면). 법정의견 7명은 침해한다고 보았으나, 재판관 조용호 등 2명은 이에 반대하였다.

◇ 반대(합헌)의견

우리는 법정의견과 달리 심판대상조항이 과잉금지원칙을 위반하여 재판청구권을 침해하는지 여부만을 판단하면 되고, 설령 법정의견과 같이 국가배상청구권을 침해하는지 여부에 관하여 나아가 판단하더라도 심판대상조항이 과잉금지원칙을 위반하여 국가배상청구권을 침해하는 것은 아니라고 생각하므로, 다음과 같이 그 이유를 밝힌다.

가. 심판대상조항에 대한 위헌성 판단의 대전제

(1) 민주화보상법의 성격

민주화보상법의 입법경위는 법정의견이 위에서 설시한 바와 같다. 민주화보상법은 과거 민주화운동 과정에서 국가에 의하여 자행된 위법한 공권력의 행사로 인한 부당한 피해를 염두에 두고, 그에 대한 명예회복 및 보상을 통하여 민주화운동으로 희생된 관련자 등의 피해와 관련된 문제를 일괄 해결하기 위해 제정된 것이다. 민주화보상법은 그 법률이 제정될 무렵에는 관련자 등이 민주화운동과 관련하여 입은 손해에 대한 국가배상청구권이 이미 모두 소멸시효가 완성되었다는 전제에서, 그 시효완성 여부에 상관없이 민주화운동과 관련하여 입은 피해를 보상금·의료지원금·생활지원금 항목으로 보상·지원해주는 대신, 관련자 등의 동의 절차와 그에 따르는 재판상 화해 성립 간주를 통해 불행한 과거사를 청산하고 국민화합에 기여함에 그 입법취지가 있다.

민주화보상법에 따라 지급되는 보상금 등(제7조 내지 제9조)은 손실보상뿐만 아니라 손해배상의 성격도 포함되어 있고 관련자 등의 생활안정을 도모한다는 사회보장적 성격도 가미되어 있는바, 민주화보상법은 입법 당시 상정 가능한 모든 채권을 그 대상으로 한 것으로 보인다.

민주화보상법에 따라 지급되는 보상금 등의 수급권은 전통적 의미의 국가배상청구권과는 달리 위 법률에 의하여 비로소 인정된 권리로서 그 수급권에 관한 구체적인 사항을 정하는 것은 입법자의 광범위한 입법형성의 영역에 속한다. 따라서 위와 같이 전통적인 손해배상법 이론을 뛰어넘는 특별법으로 제정된 민주화보상법은 국가배상법과는 별도로 민주화운동 과정에서 국가에 의하여 자행된 위법한 공권력의 행사로 인한 부당한 피해를 입은 관련자 등을 구제하고자 입법정책적인 차원에서 제정된 것으로, 일응 헌법상 국가배상제도의 정신에 부합하게 새로운 국가배상청구권 등을 형성하고 있는 것으로 보인다.

(2) 심판대상조항의 입법취지 및 그 적용범위

심판대상조항은 관련자 등이 보상금 등 지급결정에 동의하여 적절한 보상을 받은 경우에는 재판상 화해와 같은 효력, 특히 기판력을 부여함으로써 소송에 앞서 보상심의위원회의 보상금 등 지급결정절차를 신속하게 종결·이행시켜 이들을 신속히 구제하고 보상금 등 지급결정에 안정성을 부여하기 위한 것이다(대법원 2015. 1. 22. 선고 2012다204365 전원합의체 판결 참조). 또한 보상금을 지급하기로 한 입법 당시 관련자 등의 손해배상청구권은 모두 시효 소멸되었다는 전제에서 재판상 화해 간주 조항을 함께 규정하여, 이러한 보상금의 지급이 국가의 소멸시효 항변 포기 등으로 취급되지 않도록 함으로써 불행한 과거사를 청산하고 미래로 나아가겠다는 목적도 있다.

심판대상조항의 '보상금 등'은 민주화보상법 제7조의 보상금, 제8조의 의료지원금, 제9조의 생활지원금을 모두 포함하는 것으로, 관련자가 위 세 가지 중 어느 하나라도 그 지급결정에 동의하고 이를 수령한 경우에는 민주화운동과 관련하여 입은 피해에 대하여 재판상 화해가 성립된 것으로 본다. 위원회는 신청인에 대하여 명예회복결정이나 보상금 등 지급결정을 하면서, 결정이유에 신청인을 관련자로 인정하게 된 사유를 기재하여야 하는데, 기재된 사유로 인하여 발생한 피해, 그 내용과 연장선상에 있거나 연결되어 있다고 볼 수 있는 일체의 피해에 대해서 재판상 화해의 효력이 미친다(대법원 2014. 3. 13. 선고 2012다45603 판결 참조). 민주화운동을 이유로 유죄판결을 선고받았다는 사유로 관련자로 인정된 사람이 보상금 등 지급결정에 동의한 이후에, 관련자 인정의 근거가 되었던 유죄판결에 대한 재심절차가 진행되어 무죄판결이 확정된 경우에도, 재판상 화해의 효력이 미치는 범위가 제한되거나 달라지지 아니한다(대법원 2015. 1. 22. 선고 2012다204365 전원합의체 판결).

심판대상조항에 따른 재판상 화해의 효력이 미치는 구체적인 범위와 관련하여 견해의 다툼이 있으나, 앞에서 본 바와 같은 민주화보상법의 입법경위와 입법취지, 이미 시효소멸된 국가배상청구권을 부활시켜 그 손해를 배상하는 외에 손실보상 또는 사회보장적 성격까지 가미하여 특별법의 형식으로 보상금 등의 지급결정절차를 마련한 민주화보상법의 체계, '민주화운동과 관련하여 입은 피해'라고 하여 민주화운동과 관련하여 입은 손실 · 손해 등 그 피해의 범위를 제한하지 아니한 심판대상조항의 문언(이 점에서도 민주화보상법은 전통적인 손해배상법 체계에서의 손해 3분설에 따라 손해의 개념을 상정한 것은 아니다), 민주화운동과 관련된 보상절차를 신속하게 종결 · 이행시키고 위원회의 보상금 등 지급결정에 안정성을 부여하고자 하는 심판대상조항의 입법목적 등을 종합하여 보면, 심판대상조항의 '민주화운동과 관련하여 입은 피해'는 공무원의 직무상 불법행위로 인한 정신적 손해를 포함하여 그가 보상금 등을 지급받은 '민주화운동과 관련하여 입은 피해 일체'를 의미한다(대법원 2014. 3. 13. 선고 2012다45603 판결; 2015. 1. 22. 선고 2012다204365 전원합의체 판결). 이 점은 법정의견도 견해를 같이 하고 있다.

나. 국가배상청구권 침해 여부

(1) 관련 선례 및 재판청구권 침해 여부

헌법재판소는 심판대상조항과 같은 '재판상 화해 간주 조항'의 위헌성 여부를 판단함에 있어 그 피침해기본권을 모두 '재판청구권'으로 보아 왔다. 즉, 구 국가배상법 제16조의 재판상 화해조항(헌재 1995. 5. 25. 91헌가7), '특수임무수행자 보상에 관한 법률' 제17조의2의 재판상 화해조항(헌재 2009. 4. 30. 2006헌마1322; 헌재 2011. 2. 24. 2010헌바199), '4 · 16 세월호참사 피해구제 및 지원 등을 위한 특별법' 제16조의 재판상 화해조항(헌재 2017. 6. 29. 2015헌마654) 등의 경우가 그것이다.

따라서 심판대상조항이 신청인의 법관에 의하여 재판을 받을 권리를 제한하지만, 민주화보상법이 위원회의 중립성 · 독립성을 보장하고 있고, 심의절차에 전문성 · 공정성을 제고하고 있으며, 신청인에게 지급결정 동의의 법적 효과를 안내하면서 검토할 시간을 보장하여 이를 통해 그 동의 여부를 자유롭게 선택하도록 하고 있는 점 등에 비추어 볼 때, 심판대상조항이 입법형성권의 한계를 일탈하여 재판청구권을 침해한다고 볼 수 없다고 하는 점은 법정의견과 견해를 같이 한다.

(2) 국가배상청구권 침해 여부

법정의견은, 심판대상조항이 신청인이 위원회의 보상금 등 지급결정에 동의한 때 민주화운동과 관련하여 입은 피해 일체에 대해 재판상 화해가 성립된 것으로 간주함으로써, 향후 민주화운동과 관련된 모든 손해에 관한 국가배상청구권 행사를 제한한다고 보고, 나아가 심판대상조항이 과잉금지원칙을 준수하고 있는지 여부에 대하여 판단하고 있다.

그러나 심판대상조항은 보상금 등 지급결정에 동의한 때에는 민주화운동과 관련하여 입은 피해에 대하여 민사소송법에 따른 재판상 화해가 성립된 것으로 본다고 규정하고 있을 뿐, 심판대상조항에서 관련자나 유족들이 국가배상청구를 할 수 있는 기회 자체를 박탈하는 것은 아니며, 가사 위원회의 보상금 등 지급결정에 동의한 후에 국가를 상대로 손해배상을 청구하면 그 권리보호이익이 부정되어 각하된다고 할지라도, 이는 심판대상조항으로 인하여 당사자 사이에 기판력이 발생함으로 인해 나타난 사실상의 결과이지, 심판대상조항이 국가배상청구권을 직접 제한하는 것은 아니다. 나아가 재판청구권은 공권력이나 사인에 의해서 기본권이 침해당하거나 침해당할 위험에 처해 있을 경우 그에 대한 구제 또는 예방을 요청할 수 있는 권리라는 점에서 다른 기본권을 보장하기 위한 기본권으로서의 성격을 가지고 있는데(헌재 2011. 6. 30. 2009헌바430), 심판대상조항에 의하여 국가배상청구권이 제한되는 것처럼 보인다고 하더라도 이는 재판청구권의 행사를 통하여 달성하고자 하는 권리에 대한 간접적인 제한에 불과한 것으로, 재판청구권 침해 주장과 내용상 동일하거나 재판청구권 침해 여부를 판단함에 있어 충분히 고려된다고 할 것인바, 국가배상청구권 제한 여부를 따로 판단할 실익도 없다.

우리 재판소의 선례 역시 이와 같은 입장에서, 재판상 화해조항의 목적이 분명하게 국가배상청구권의 재판상 행사를 제한하고 있는 구 국가배상법 제16조의 위헌 여부를 판단함에 있어서도 재판청구권 침해 여부만을 판단하였고(헌재 1995. 5. 25. 91헌가7 참조), 특히 '4 · 16 세월호참사 피해구제 및 지원 등을 위한 특별법' 제16조의 재판상 화해조항으로 인하여 국가배상청구권도 침해된다는 청구인들의 주장에 대하여, 이는 위 조항에 의하여 재판상 화해가 성립된 것으로 간주됨으로써 배상금 등 지급결정을 더 이상 다툴 수 없는 것에 대한 위헌 주장으로 재판청구권 침해 주장과 내용상 동일하다는 이유에서 재판관 전원의 일치된 의견으로 국가배상청구권 침해 여부에 대하여는 나아가 판단하지 아니한 바 있음(헌재 2017. 6. 29. 2015헌마654 참조)에도 불구하고, 이 사건에서는 법정의견이 왜 종전의 선례와 다르게 국가배상청구권을 침해하는지 여부에 대하여 나아가 판단하는지 특별한 설명이 없어 납득하기 어렵다.

만약 심판대상조항에 의한 국가배상청구권의 내용 형성 자체를 문제삼는다면, 이는 이미 존속하는 국가배상청구권의 실현을 위한 재판청구권의 침해 여부와 별개로 판단할 여지가 있으며, 이때 심사기준은 헌법상 국가배상제도의 정신에 부합하게 국가배상청구권을 형성하였는지, 즉 입법형성권의 자의적 행사로서 국가배상청구권을 침해하는지 여부가 될 것이다. 그러나 법정의견은, 위와 같은 국가배상청구권의 내용 형성으로 인한 기본권 침해 여부가 쟁점이 아니라 국가배상청구권의 행사의 제한으로 인한 기본권 침해 여부가 쟁점임을 명시하고 있으며, 심판대상조항으로 인하여 국가배상청구권의 행사·실현을 보장하기 위한 기본권인 재판청구권은 침해되지 않지만, 국가배상청구권의 행사·실현에 대한 제한이 과도하여 국가배상청구권은 침해된다는 이해하기 어려운 결론에 이르고 있다.

다. 예비적 판단

백보를 양보하여 심판대상조항이 국가배상청구권을 제한한다고 하더라도, 우리는 법정의견과 달리 심판대상조항이 과잉금지 원칙을 위반하여 국가배상청구권을 침해한다고 생각하지 아니한다. 그 이유는 다음과 같다.

(1) 입법목적의 정당성 및 수단의 적정성

심판대상조항의 입법목적의 정당성과 수단의 적정성이 인정된다는 점은 법정의견과 같다.

(2) 침해의 최소성

㈎ 심판대상조항에 따라 재판상 화해로 간주되면 지급결정에 동의한 관련자 등은 더 이상 민주화운동과 관련하여 입은 피해에 대해 국가를 상대로 손해배상을 청구할 수 없게 되므로, 심판대상조항으로 인해 국가배상청구권이 제한되는 측면이 있다.

그런데 민주화보상법은, 관련자 등이 위원회에 보상금 등의 지급을 신청하도록 하고(제10조), 위원회는 그 지급신청을 받은 날부터 90일 이내에 그 지급 여부와 금액을 결정하여 이를 30일 이내에 신청인에게 송달하도록 하며(제11조, 제12조), 신청인이 위원회의 결정에 이의가 있는 경우 그 송달일로부터 30일 이내에 위원회에 재심의를 신청할 수 있고(제13조), 일정한 경우 민주화보상법에 따른 보상금 등의 지급에 관해 소송을 제기할 수 있도록 정하고 있다(제17조).

한편, 이러한 과정에서 위원회가 결정한 보상금 등을 지급받고자 하는 경우 신청인은 그 결정에 대한 동의서를 첨부하여 위원회에 보상금 등의 지급을 청구해야 하는데(제14조), 그 과정에서 신청인은 보상결정에 동의하고 보상금 등의 지급을 청구한다는 취지가 기재되어 있는 '동의 및 청구서'에 인감증명서 등을 첨부하여 위원회에 제출해야 하며(시행령 제20조), 그 '동의 및 청구서'에는 "보상금 등을 받은 때에는 그 사건에 대하여 화해계약을 하는 것이며, 그 사건에 관하여 어떠한 방법으로도 다시 청구하지 않을 것임을 서약합니다."라고 기재되어 있어 신청인은 이를 확인한 후 자신의 이름을 기명한 후 서명 또는 날인하도록 되어 있다(시행령 별지 제10호 서식).

이와 같은 절차를 통하여, 민주화보상법은 보상금 등 지급결정에 동의하여 이를 지급받을 것인지 또는 이의를 제기하여 재심의를 신청하거나 소송을 제기할 것인지 여부를 전적으로 관련자 등의 선택에 맡기고 있으며, 위원회의 보상금 등 지급결정에 동의하여 이를 지급받을 경우 향후 민주화운동과 관련하여 입은 피해에 대해 어떠한 방법으로도 추가적인 청구를 할 수 없음을 고지하여 심판대상조항의 의미내용을 명확히 인식할 수 있도록 함으로써, 관련자 등이 민주화보상법상 보상금 등을 지급받는 과정에서 발생할 수 있는 불측의 피해를 최소화하기 위해 노력하고 있다. 법정의견도 명확성원칙 위반 여부와 관련하여 심판대상조항이 수범자의 예측가능성을 저해한다고 볼 수 없음을 명시하고 있다. 또한 관련자 등으로 하여금 오직 민주화보상법상 보상금 등 지급신청 절차를 통해서만 구제받을 것을 강제하고 있지 않으므로, 관련자 등은 보상금 등 지급신청 절차 없이 민주화운동과 관련하여 입은 손해에 대해 바로 국가배상을 청구하는 방법도 가능하다.

따라서 심판대상조항으로 인한 국가배상청구권의 제한이 관련자 등에게 지나치게 가혹하거나 불합리한 결과를 초래한다고 보기 어렵다.

(나) 제청법원 및 청구인들은, 생활지원금을 지급받은 경우에도 민주화운동과 관련하여 입은 피해 일체에 대해 재판상 화해가 성립된다고 보는 것은 국가배상청구권의 과도한 제한이고, 또한 민주화보상법상 보상금 등 지급결정에 동의한 경우 민주화운동과 관련된 모든 손해에 대한 배상을 금지하는 것은 보상과 배상의 차이를 간과한 것이라고 주장한다.

생활지원금이 경제적으로 어려운 관련자 등의 생활을 보조하기 위한 성격을 가지는 것은 사실이나, 생활지원금 역시 구금일수·해직기간 등 민주화운동과 관련하여 피해가 발생한 시점의 사실관계에 근거하여 지급액수가 결정되고(민주화보상법 제9조, 같은법 시행령 제12조의2), 이러한 산정방식은 일실이익을 계산하는 방법과 크게 다르지 아니하므로, 생활지원금 역시 일정 부분 민주화운동과 관련된 과거의 손해를 배상해주는 측면이 있다. 따라서 생활지원금을 지급받은 경우에도 재판상 화해의 성립을 의제하는 것이 국가배상청구권의 과도한 제한으로 보기 어렵다.

민주화보상법은 '민주화운동 관련자'를 민주화운동과 관련하여 사망·행방불명·상이·유죄판결·해직·학사징계 등을 받은 사람 중 위원회에서 심의·결정된 사람으로 정의하되(제2조 제2호), 보상금 등 산정과정에서 그와 같은 피해가 국가의 적법한 행위에 의한 것인지 또는 국가의 불법한 행위에 의한 것인지 구분하거나 그에 따라 보상금 등의 구체적 지급액을 달리 정할 수 있도록 정하고 있지 않다(제7조 내지 제9조, 시행령 제9조 내지 제12조). 민주화보상법은 '보상금 등'이란 용어를 사용하고 있으나, 그 '보상금 등'에는 손실보상뿐만 아니라 손해배상의 성격도 포함되어 있고, 관련자 등의 생활안정을 도모한다는 사회보장적 성격도 가미되어 있음은 법정의견도 동의하고 있다. 이에 심판대상조항은 민주화운동과 관련하여 입은 '손실' 또는 '손해'라 표현하지 아니하고 '피해'라 표현하고 있는 것이다. 따라서 심판대상조항이 보상금 등의 지급에 동의한 경우 재판상 화해의 성립으로 간주함으로써 국가배상청구권을 제한하는 것이 보상과 배상의 차이를 간과한 것이라고 보기 어렵다.

㈐ 민주화보상법 및 같은 법 시행령에서는 보상금 등의 종류에 따른 구체적인 지급액 산정방식을 정하고 있는데, 이에 따라 보상금 등을 지급받는 것이 소송을 통해 손해배상을 받는 것에 비해 불리하다고 단언하기 어렵다.

예컨대, 민주화운동을 이유로 해직된 사람에 대한 생활지원금을 산정함에 있어 해직기간은 해당 직장에서 해직된 날부터 정년까지 근무하였을 것을 기본적으로 가정하고 있고(시행령 제12조의2 제2항), 민주화운동을 이유로 30일 이상 구금된 사람 및 민주화운동을 이유로 해직된 사람으로서 재직기간이 1년 이상인 사람의 요건에 모두 해당되는 경우에는 지급대상자에게 유리한 금액을 선택하여 지급하도록 정하고 있다(시행령 제12조의2 제5항). 또한 심판대상조항으로 인한 재판상 화해의 효력은 지급결정에 동의한 관련자 본인의 인적 피해에만 미치고 다른 가족들의 고유한 손해배상청구권에는 미치지 아니하므로, 보상금 등 지급결정에 동의한 관련자 본인의 손해배상청구는 재판상 화해 성립 간주로 인해 각하되더라도, 그 가족들의 고유한 정신적 피해로 인한 손해배상청구는 소멸시효가 완성되지 않는 한 인용될 수 있다. 나아가 민주화운동을 이유로 유죄판결을 받아 구금된 이유로 생활지원금을 지급받았다 하더라도, 재심을 통해 무죄판결이 확정된 경우에는 '형사보상 및 명예회복에 관한 법률'에 따른 형사보상금을 청구할 수 있으므로, 구금으로 인하여 발생한 피해에 대하여 일정 부분 보상받을 수 있다. 그 밖에 손해배상을 청구하였을 경우에 따르는 상당한 시간·비용의 소요와 소송결과의 불확실성 등을 종합적으로 고려할 때, 비교적 간이·신속한 위원회의 지급결정에 따른 보상금 등 지급절차가 손해배상청구 소송에 비해 반드시 불리한 것은 아니다.

㈑ 민주화보상법은 관련자 등에 대한 피해 보상 문제를 일괄하여 신속하고 종국적으로 해결하는 것을 목적으로 한다. 따라서 입법자가 보상금 등을 지급한 후에 또다시 별도의 손해배상청구를 당할 수 있다는 점을 상정하였는지 의문이고, 설령 보상금 등의 액수가 실제 손해에 비하여 다소 적더라도 보상 문제의 일괄·신속한 처리를 위하여 관련자 등으로서도 이를 감수할 수 밖에 없다는 것에 바탕을 두고 있다고 보아야 한다.

한편, 심판대상조항이 민주화운동과 관련하여 입은 피해를 구체적으로 세분하여 그 일부에 대해서만 재판상 화해의 성립으로 간주하지 아니하고, 피해 일체에 대해 재판상 화해의 성립으로 간주하여 그 효력의 범위를 넓게 규정하고 있는 것은, 민주화보상법이 민주화운동으로 희생된 관련자 등의 피해와 관련된 문제를 일괄 해결하기 위해 제정된 특별법이고, 민주화보상법이 입법 당시 상정 가능한 모든 채권을 대상으로 한 것으로 보이는 점 등을 고려하여 보면, 심판대상조항의 입법목적을 달성하기 위해 불가피한 측면이 있다.

민주화운동과 관련하여 겪은 정신적 고통에 대한 손해배상청구를 재판상 화해의 효력 범위에서 제외하면, 보상금 등 지급결정에 동의하여 이를 지급받은 사람들의 위자료 지급을 구하는 소송 제기가 허용되게 된다. 그런데 이는 동일한 사실관계를 바탕으로 적극적 손해와 소극적 손해에 관해서는 위원회에 보상금 등 지급신청을 하고 정신적 손해에 관해서는 법원에 배상청구를 하는 것을 허용하는 것으로서, 민주화운동과 관련하여 입은 피해의 구제절차를 이원화할 우려가 있고, 결과적으로는 민주화운동과 관련된 보상 문제를 일괄적으로 처리함으로써 관련 분쟁을 신속하게 종결시키고자 하는 심판대상조항의 입법목적에 정면으로 배치될 수 있다. 그리고 '보상금 등'에 포함되어 있는 생활지원금은 전통적인 손해배상법상 '손해'의 개념에는 포섭되지 않는 것으로서, 단순히 소극적 손해 내지 손실에 상응하는 배·보상 내지 사회보장적 목적으로 지급되는 금원이라고 단정하기 어렵다. 오히려 여러 유형의 손해와 손실을 포괄하는 '민주화운동과 관련하여 입은 피해'에 상응하는 사회보장적 성격의 금전적 구제로서 민주화보상법이 새로이 형성한 개념이라고 봄이 상당하다.

이에 비추어 볼 때, 관련자 등이 국가를 상대로 손해배상을 청구하는 절차를 선택하는 대신 민주화보상법에 따라 위원회에 보상금 등 지급을 신청하는 절차를 선택함으로써, 결과적으로 손해배상보다 적은 액수의 보상금 등을 지급받게 되었다 하더라도, 그것이 현저히 부당하다고 단정하기는 어렵다.

결국 법정의견은 민주화보상법의 입법경위 및 입법취지, 새로운 국가배상청구권을 형성한 특별법으로서의 성격, 심판대상조항의 입법목적 등을 도외시한 채, 신청인의 권리구제라는 명분에만 착목하여, 심판대상조항의 '피해'를 적법한 행위로 발생한 손실과 위법한 행위로 발생한 손해를 모두 포함하는 포괄적인 개념으로 보면서도, 새삼 전통적인 손해 3분설에 따라 피해를 적극적 · 소극적 손해와 정신적 손해로 나눈 다음 보상금과 생활지원금은 소극적 손해에, 의료지원금은 적극적 손해에 상응함을 전제로 전자는 침해의 최소성에 위반되지 않지만 후자는 침해의 최소성에 위반된다고 판단하고 있는바, 이는 민주화보상법이 예정하지 아니한 채권을 대상으로 하고 있고, 명확성원칙 위반 주장에 대한 판단과도 다를 뿐만 아니라, 거듭된 의제를 통한 판단이어서 적절하다고 볼 수 없다.

(마) 사정이 이러하다면, 심판대상조항이 침해의 최소성에 반한다고 보기 어렵다.

(3) 법익의 균형성

심판대상조항으로 달성하려는 공익은 관련자 등이 위원회의 지급결정에 동의하여 적절한 보상을 받은 경우 보상금 등 지급절차를 신속하게 이행 · 종결시킴으로써 이들을 신속히 구제하고 보상금 등 지급결정에 안정성을 부여하기 위한 것인 반면, 심판대상조항에 의해 제한되는 사익은 보상금 등 지급결정에 동의한 관련자 등이 추가적인 손해배상(특히 정신적 손해)을 청구할 수 없다는 것이다. 그런데 앞서 살펴본 바와 같이, 관련자 등이 서명 · 날인하여 제출하는 '동의 및 청구서'에는 "보상금 등을 받은 때에는 화해계약을 하는 것이며 그 사건에 관하여 어떠한 방법으로도 다시 청구하지 않을 것임을 서약한다"는 내용이 기재되어 있고, 보상금 등 지급결정에 대한 동의 여부를 관련자 등이 자유롭게 선택할 수 있으며, 이에 따라 관련자 등과 국가 사이에 민주화운동과 관련하여 입은 피해에 대해 보상이 이루어져 더 이상 이를 청구하지 않기로 하는 명확한 합의가 존재하고 있음을 고려할 때, 심판대상조항으로 인한 사익 제한은 매우 제한적이다. 따라서 심판대상조항으로 인해 제한되는 사익이 달성하려는 공익보다 더 크다고 할 수 없으므로, 법익의 균형성도 인정된다.

(4) 소 결

심판대상조항은 과잉금지원칙을 위반하여 제청신청인들 및 청구인들의 국가배상청구권을 침해하지 아니한다.

[58] 형사소송법상 즉시항고 제기기간 위헌소원 사건

(2018. 12. 27. 2015헌바77등)

◇ 사안과 쟁점

청구인 1은 명예훼손 등의 공소사실로 기소되어 재판을 받던 중 재판장 기피신청을 하였으나 기각되었고 금요일인 2014. 9. 26. 그 결정문을 송달받은 다음 화요일인 9. 30. 즉시항고를 하였으나 형사소송법 제405조에 규정된 3일의 즉시항고 기간이 경과하여 항고권이 소멸되었음을 이유로 즉시항고가 기각되었다. 이에 청구인 1은 대법원에 재항고를 하고 재항고심 계속 중 위헌법률심판제청신청을 하였으나 기각되자 헌법소원심판을 청구하였다.

청구인 2는 자신이 고소한 사건에 관하여 검사가 불기소처분을 하자 재정신청을 하였으나 기각되었고 금요일인 2015. 7. 17. 그 결정문을 송달받았는데, 대법원에 즉시항고를 하고자 하였으나 결정문을 송달받은 직후가 주말이어서 관련 공공기관 및 법률사무소 등이 휴무였고, 월요일에는 개인적 사정으로 법률상담을 받을 수 없어 즉시항고 제기기간 3일을 지킬 수 없게 되었으므로 형사소송법 제405조(이하 '심판대상조항')가 자신의 재판청구권을 침해한다고 주장하면 헌법소원심판을 청구하였다.

쟁점은, 즉시항고 제기기간을 3일로 제한하고 있는 심판대상조항이 재판청구권을 침해하는지 여부에 있다(적극:소극 7:2, 2018. 12. 27. 2015헌바77등; 공보 267호 57면). 주심인 재판관 조용호 등 7명의 다수는 위헌의견이었고, 합헌으로 본 종전의 결정(헌재 2011. 5. 26. 2010헌마499 등)을 유지하자는 2명의 반대의견이 있었다.

◇ 법정(위헌)의견

가. 형사소송법상 즉시항고제도의 의의

법원의 재판 중 결정에 대한 상소제도인 항고는 불복기간의 제한이 있는지 여부에 따라 보통항고와 즉시항고로 구분된다. 그 중 불복기간의 제한이 있는 즉시항고는 당사자의 중대한 이익에 관련된 사항이나 소송절차의 원활한 진행을 위하여 신속한 결론을 얻는 것이 필요한 사항 등을 그 대상으로 하는 것으로, 법률에서 이를 개별적으로 허용하는 경우에 한하여 일정한 기간 내에 제기하여야 한다. 형사소송에 있어 즉시항고는 3일의 제기기간을 준수하여야 하고(형사소송법 제405조), 제기기간은 결정을 고지한 날로부터 기산한다(제343조 제2항). 즉시항고를 제기하기 위해서는 항고장을 원심법원에 제출하여야 하는데(제406조) 항고장의 기재사항에 관해서는 별도의 규정이 없다. 즉시항고는 보통항고와 달리 그 제기기간 내에 제기가 있는 때에는 원칙적으로 재판의 집행이 정지된다(제410조). 이는 즉시항고의 대상이 되는 결정이 당사자에게 중대한 영향을 미치는 경우가 많은 점을 고려하여, 즉시항고에도 불구하고 집행이 이루어져 항고인에게 회복할 수 없는 손해가 발생하는 것을 방지하기 위한 것이다.

나. 이 사건의 쟁점

심판대상조항은 형사소송법상 즉시항고의 제기기간을 정하고 있는 규정인바, 3일이라는 제기기간이 지나치게 짧아 재판청구권을 침해하는지가 문제된다. 한편, 형사소송법상 즉시항고 제기기간은 다른 법률들의 즉시항고 제기기간과 비교하여 짧게 규정되어 있으나 개별 법률들 사이의 차이에 관한 문제는 재판청구권 침해 여부 판단에서 논의될 수 있으므로 평등권 침해 여부에 대해서는 별도로 판단하지 아니한다.

다. 재판청구권 침해 여부

(1) 재판청구권에 대한 입법형성권의 한계

재판청구권은 실체적 권리의 구제를 위해 국가로부터 적극적인 행위, 즉 권리구제절차의 제공을 요구하는 청구권적 기본권으로서, 입법자에 의한 구체적인 제도 형성을 필요로 한다. 특히 재판을 청구할 수 있는 기간을 정하는 것은 원칙적으로 입법자가 그 입법재량에 기초한 정책적 판단에 따라 결정할 문제이므로 그 재량의 한계를 일탈하지 아니하는 한 위헌이라고 판단하기는 어렵다(헌재 2011. 6. 30. 2009헌바430 참조).

그러나 재판청구권은 기본권이 침해당하거나 침해당할 위험에 처해 있을 때 그에 대한 구제 또는 예방을 요청할 수 있는 권리라는 점에서 다른 기본권의 보장을 위한 기본권이라는 성격을 가지고 있으므로, 재판청구권에 관한 입법재량에도 한계가 있을 수밖에 없다. 단지 법원에 제소할 수 있는 형식적인 권리나 이론적인 가능성만 제공할 뿐 권리구제의 실효성이 보장되지 않는다면 이는 헌법상 재판청구권을 공허하게 만드는 것이므로 입법재량의 한계를 일탈한 것으로 보아야 한다(헌재 2015. 9. 24. 2013헌가21 참조).

(2) 입법형성권의 한계 일탈 여부

(가) 즉시항고는 당사자의 중대한 이익에 관련된 사항이나 소송절차의 원활한 진행을 위해 신속한 결론이 필요한 사항을 대상으로 하는 것으로, 한정된 사항에 대하여 간이하고 신속한 판단을 하기 위한 절차라는 점에서 그 제기기간을 단기로 정할 필요성이 인정된다. 그러나 즉시항고의 대상이 되는 형사재판에는 정식재판청구 기각결정, 상소권회복청구 허부결정, 집행유예 취소결정, 선고유예한 형을 선고하는 결정, 항소기각결정, 재심청구기각결정, 증인에게 과태료를 명하는 결정 등과 같이 당사자의 법적 지위에 중대한 영향을 주는 것들이 많이 있다. 따라서 형사절차에서 즉시항고와 같은 불복권도 그 방어권 행사에 지장이 없도록 충분히 보장되어야 하고 소홀히 취급되어서는 안 된다. 즉, 항고권자의 재판청구권 보장 측면에서 항고를 위한 숙려 및 준비를 위한 실효적인 불복기간의 보장이 요청된다. 만약 즉시항고 제기기간이 지나치게 짧아 헌법상 재판청구권을 공허하게 만들 정도에 이른 것으로 평가된다면 이는 입법재량의 한계를 넘은 것으로 판단할 수밖에 없다.

(나) 심판대상조항은 1954년 제정된 이래 단 한차례의 개정도 없이 즉시항고의 제기기간을 3일로 제한하고 있다. 그런데 형사재판 중 결정절차에서는 그 결정 일자가 미리 당사자에게 고지되는 것이 아니기 때문에 갑자기 불리한 결정을 송달받은 당사자에게는 그 결정에 대한 불복 여부를 결정하고 즉시항고 절차를 준비하는데 있어 상당한 기간을 부여할 필요가 있다. 특히 심판대상조항의 제정 당시와 비교할 때, 오늘날의 형사사건은 그 내용이 더욱 복잡해져 즉시항고 여부를 결정함에 있어서도

과거에 비하여 많은 시간이 소요될 수 있다. 더욱이 근로기준법의 개정으로 주 40시간 근무가 확대, 정착되어 많은 사업장들이 토요일, 일요일 양일간 근로를 하지 않게 됨에 따라, 금요일 오후에 결정문을 송달받을 경우 주말동안 공공기관이나 변호사로부터 법률적 도움을 구하는 것도 쉽지 않고, 우편 접수를 통해 즉시항고를 한다고 하더라도 서류 제출에 관한 도달주의 원칙과 우편물을 발송하고 도달하는 데 소요되는 통상의 시간 등을 고려할 때 사실상 월요일 하루 안에 발송 및 도달을 완료해야 하며, 특급우편도 일반적으로 발송 다음날 우편이 도달하는 점을 감안하면 경우에 따라서는 우편 발송 자체가 불가능할 수 있다. 그럼에도 불구하고 심판대상조항은 변화된 사회 현실을 제대로 반영하지 못하여, 당사자가 어느 한 순간이라도 지체할 경우 즉시항고권 자체를 행사할 수 없게 하는 부당한 결과를 초래하고 있다.

형사재판절차의 모든 경우에 당사자가 구속되어 있는 것은 아니므로 법원에 직접 항고장을 제출하는 것에 큰 어려움이 없는 경우도 있을 수 있다. 그러나 그러한 경우라 하더라도 직접 또는 다른 사람의 도움을 받아 인편으로 법원에 즉시항고장을 제출하기 어려운 상황은 얼마든지 발생할 수 있다. 교도소 또는 구치소에 있는 피고인의 경우에는 도달주의 원칙에 대한 예외로서 형사소송법 제344조의 재소자 특칙 규정이 적용될 수 있다고는 하나, 개별적으로 위 특칙을 준용하는 규정이 있는 경우에만 재소자 특칙 규정의 적용을 받게 되므로(대법원 2015. 7. 16.자 2013모2347 전원합의체 결정 참조), 명문의 준용규정이 없는 경우라면 즉시항고 제기기간의 계산에 있어 동일한 기준이 적용된다. 비록 형사소송법상의 법정기간이 소송행위를 할 자의 주거 또는 사무소의 소재지와 법원과의 거리, 교통통신의 불편 정도 등에 따라 연장될 수 있고(형사소송법 제67조, 형사소송규칙 제44조), 상소권자 또는 대리인이 책임질 수 없는 사유로 상소제기기간을 준수하지 못한 경우에는 상소권회복청구를 할 수 있다 하더라도(형사소송법 제345조), 이러한 조항들만으로는 3일이라는 지나치게 짧은 즉시항고 제기기간의 도과를 보완하기에는 미흡하다.

(다) 심판대상조항이 정하고 있는 3일이라는 즉시항고 제기기간은 민사소송(민사소송법 제444조), 민사집행(민사집행법 제15조 제2항), 행정소송(행정소송법 제8조 제2항), 형사보상절차(형사보상 및 명예회복에 관한 법률 제20조 제1항) 등의 즉시항고기간 1주와 비교하더라도 지나치게 짧다. 외국의 입법례를 보더라도 즉시항고제기기간을 3일로 두고 있는 일본을 제외하고 미국, 독일 등에서는 7일 내지 14일의 기간을 두고 있고, 프

랑스에서는 청구권자 또는 불복대상에 따라 5일 내지 10일까지의 기간을 두고 있다.

형사재판의 특수성을 고려할 때 신속하게 법률관계를 확정할 필요성이 인정되지만, 동시에 형사재판에 대한 당사자의 불복권을 실질적으로 보장하여 방어권 행사에 지장이 없도록 하는 것도 중요하므로, 형사재판이라는 이유만으로 민사소송 등의 절반에도 못 미치는 즉시항고 제기기간을 둔 것이 형사절차의 특수성을 제대로 반영한 것인지에 대하여도 의문이 든다. 즉시항고 제기기간을 늘리면 당해 재판의 집행이 정지되는 기간이 늘어날 수는 있으나, 즉시항고 자체가 형사소송법상 명문의 규정이 있는 경우에만 허용되므로 기간 연장으로 인한 폐해가 크다고 볼 수도 없다.

(3) 소 결

결국 심판대상조항은 즉시항고 제기기간을 지나치게 짧게 정함으로써 실질적으로 즉시항고 제기를 어렵게 하고, 즉시항고 제도를 단지 형식적이고 이론적인 권리로서만 기능하게 함으로써 헌법상 재판청구권을 공허하게 하므로 입법재량의 한계를 일탈하여 재판청구권을 침해하는 규정이다.

[59] 친생자관계 존부 확인 판결에 대한 재심제기기간 위헌소원 사건

(2018. 12. 27. 2017헌바472)

◇ 사안과 쟁점

청구인은 망 1과 망 2의 자로 등재되어 있었는데, 청구인의 백모인 망 3이 청구인과 망 1,2 사이에 친생자관계가 존재하지 아니한다는 소를 제기하여 인용되었다(재심대상판결). 청구인은 그 후, 청구인이 사실 망 1,2의 친생자임에도 미국에 거주하던 망 3을 따라 이민을 갈 목적으로 재심대상판결을 받은 것이고, 망 3의 딸 청구외인이 재심대상판결에 증인으로 출석하여 위증을 한 것이라고 주장하면서 재심대상판결에 대한 재심을 청구하였으나 민사소송법 제456조 제1항, 제3항에서 정한 제소기간이 모두 도과되었다는 이유로 소가 각하되었다. 청구인은 당해 사건 소송 계속중 '구 인사소송법에서 준용하는 구 민사소송법이 친생자관계 존부 확인의 소에도 효력이 미친다고 해석하는 한 위헌이다'라는 취지로 주장하면서 위헌법률심판제청 신청을 하였고, 기각되자 헌법소원심판을 청구하였다.

쟁점은, 친생자관계 존부 확인의 소의 확정판결에 대한 재심을 민사소송법에서 정한 재심제기 기간 안에 제기하도록 한 가사소송법 조항이 재판청구권을 침해하는지 여부이다(전원 소극, 2018. 12. 27. 2017헌바472; 공보 267호 108면).

그런데 청구인은 구 인사소송법과 구 민사소송법의 규정을 다투고 있으나, 재심의 소송절차에는 재심 당시 시행되고 있는 법률조항이 적용되는 것이고 친생자관계 존부 확인에 대한 심리와 재판은 가사소송에 해당하므로 2017. 2. 23. 제기된 가사소송인 당해 사건에는 1990. 12. 31. 폐지된 구 인사소송법이 아닌 가사소송법이 적용된다. 직권으로 심판대상을 가사소송법 제12조 본문으로 변경하여 그에 의하여 준용되는 구 민사소송법 제426조 제1항, 제3항에 따르도록 한 부분 가운데 친생자관계 존부 확인의 소에 관한 부분(이하 '심판대상조항')이 헌법에 위반되는지 여부이다. 재판관 조용호는 주심으로 법정(합헌)의견을 집필하였다.

◇ 법정(합헌)의견

가. 제한되는 기본권

심판대상조항에 따라 친생자관계 존부 확인의 소의 확정판결에 대한 재심절차를 민사소송법에 의하는 경우, 재심제기 기간 안에 재심을 청구하여야 하고 그 기간이 지나 재심을 청구하면 부적법하게 되는바, 심판대상조항은 청구인이 재심을 청구할 수 있는 권리를 제한함으로써 재판청구권을 제한한다.

한편 청구인은 심판대상조항이 인간으로서의 존엄과 가치, 행복추구권, 인간다운 생활을 할 권리, 혼인과 가족생활을 보호받을 권리를 침해하고 국가의 기본적 인권 보장 의무, 평등원칙, 과잉금지의 원칙에도 위배된다고 주장하나, 청구인의 위 주장은 재심을 청구할 권리가 침해된다는 주장에 다름 아니거나 재심을 청구하지 못하게 됨으로써 친생자관계 존재 확인을 다시 구하지 못하게 된 결과로 인해 발생한 침해에 대한 주장이라고 할 것이므로, 재판청구권 이외의 다른 기본권의 침해 주장에 대해서는 판단하지 아니한다.

나. 재판청구권 침해 여부

(1) 다른 법령을 준용하는 입법방식은 불완전한 법률을 보완하기 위한 보조수단으로서 다른 법령에 규정된 동일한 내용을 반복적으로 규정하는 것을 피할 수 있는 유용한 입법기술이다. 한편 가사사건의 재판에 있어 가사소송법이나 가사소송규칙에 재판절차에 관한 규정이 없어 재판 진행에 차질이 빚어질 경우 재판의 기능에 장애가 초래될 수 있다. 이에 심판대상조항은 가사소송 절차에 관하여 가사소송법에 특별한 규정이 있는 경우를 제외하고는 다른 법령을 준용하도록 하여 불충분한 절차진행 규정을 보완하고 원활한 재판절차진행을 도모함으로써 신속하고 적정한 재판실현을 가능하게 하여 재판청구권을 보장하는 기능을 하고 있다. 심판대상조항은 가사소송에 관하여 다양한 절차법 중에서도 민사소송에 관한 법령을 준용할 수 있도록 규정하고 있다. 민사소송에 관한 법령은 민사소송뿐만 아니라 형사소송과 행정소송 등 소송절차 일반에 널리 준용되는 일반 절차법으로서의 성격을 가지므로(형사소송법 제65조, 제477조, 행정소송법 제8조 제2항 등), 특별한 절차진행규정이 존재하지 않는 상황에서 다른 법령에 비해 더 광범위하게 절차 규정 미비를 보완할 수 있다. 또한 심판대상조항은 민사사건과 다른 가사사건의 특성을 고려하여 가사소송법에 가사사건의 심리절차의 특칙을 두고 민사소송법에 우선하여 적용되도록 하고 있고, 성질상 순수한 민사소송에 속하는 다류 가사소송사건을 제외한 가류 및 나류 소송사건에 관하여는 직권탐지주의가 적용되도록 변론주의에 관한 민사소송법의 일부 규정을 적용하지 않도록 하고 있는 등(가사소송법 제12조 단서) 사인 간 신분관계에 관한 분쟁을 대상으로 하는 가사소송의 특성을 손상하지 않으면서 특별민사소송으로서 기능할 수 있도록 하고 있다.

(2) 나아가 재심에 있어 제소기간을 둘 것인지 여부 및 어떠한 종류의 소에 대한 확정판결의 재심에 제소기간을 둘 것인지 여부는 입법자가 확정판결에 대한 법적 안정성, 재판의 신속·적정성, 법원의 업무부담 등을 고려하여 결정하여야 할 입법정책의 문제이다.

그런데 재심은 확정된 종국판결에 재심사유에 해당하는 중대한 하자가 있는 경우 그 판결의 취소와 이미 종결되었던 사건의 재심판을 구하는 비상의 불복신청방법으로서 그와 같은 중대한 하자가 있는 예외적인 경우에 한하여 법적 안정성을 후퇴시키고 구체적 정의를 실현하기 위하여 마련된 것이므로, 판결에 대한 불복방법의 하나인 점에서는 상소와 마찬가지라고 할 수 있지만, 상소와는 달리 재심은 확정판결에 대한 불복방법이고 확정판결에 대한 법적 안정성의 요청은 미확정판결에 대한 그것보다 훨씬 크기 때문에 상소보다 더 예외적으로 인정되어야 한다(헌재 2004. 12. 16. 2003헌바105 참조).

재심제기의 기간을 두는 것은 당사자 사이에 일어나는 법적 불안상태를 막기 위한 것이고, 친생자관계 존부 확인의 소는 특별민사소송절차인 가사소송의 한 종류로서 다른 민사소송 및 가사소송과 달리 친생자관계 존부 확인의 소에 대하여만 특별히 친생자관계를 기초로 하여 형성된 법적 불안상태를 막을 필요성이 없거나 적다고 볼 수 없다. 디엔에이 검사로 친생자관계를 정확히 확인할 수 있다는 등의 사정을 들어 확정판결에 기초한 친생자관계의 존부를 판결이 확정된 후 상당한 시간이 경과하였음에도 재심제기 기간의 제한을 두지 아니한 채 불안정하게 두게 되는 경우, 친생자관계 존부 확정판결에 기초하여 형성된 복잡·다양한 사법적 관계들도 항시 불확정한 상태로 유지될 수밖에 없게 되므로 법적 안정성이 훼손되게 된다. 더욱이 당사자가 모두 생존해 있는 동안에는 제소기간의 제한이 없이 친생자관계 존부 확인의 소를 제기할 수 있고, 다만 이미 친생자 관계 존부 확인의 소를 제기하여 판결이 확정된 경우에만 그 확정판결에 대한 재심의 제기기간이 제한될 뿐이다. 나아가 대리권의 흠이 있거나 재심을 제기할 판결이 전에 선고한 확정판결에 어긋난다는 이유로 제기하는 재심의 소에는 재심제기의 기간이 적용되지 않고(구 민사소송법 제427조), 재심사유를 안 날부터 30일의 재심제기 기간은 불변기간이므로 당사자가 책임질 수 없는 사유로 기간을 도과하였을 경우에는 추완하여 재심을 제기할 수 있으며, 재심사유가 판결확정 후에 생긴 때에는 그 사유가 발생한 때부터 5년의 기간 내에 재심의 소를 제기할 수 있다(구 민사소송법 제426조 제4항).

(3) 그렇다면 심판대상조항에 의하여 친생자관계 존부 확인의 소의 확정판결에 대한 재심을 재심제기 기간 안에 제기하도록 하더라도, 이는 입법자에게 주어진 합리적 재량의 범위 내의 것으로 보이고, 달리 입법자가 그 재량을 행사함에 있어서 헌법재판소가 개입하여야 할 정도로 현저히 불합리하게 또는 자의적으로 행사함으로써 불완전하거나 불충분한 입법에 이른 것으로 볼 만한 사정을 찾아볼 수 없다.

따라서 심판대상조항은 청구인의 재판청구권을 침해한다고 볼 수 없다.

제 6 장

사회적 기본권

1. 교육을 받을 권리, 교육제도 관련

일반 사건에서의 의견

◇ 위헌의견을 취한 사례

- 교육부장관이 ○○대학교 법학전문대학원의 2015학년도 및 2016학년도 신입생 각 1명의 모집을 정지하도록 한 행위가 과잉금지원칙에 반하여 대학의 자율권을 침해하는지 여부(전원 적극, 2015. 12. 23. 2014헌마1149; 공보 231호 200면)
- 초·중등학교에서 한자교육을 선택적으로 받도록 한 '초·중등학교 교육과정'(교육과학기술부 고시 제2012-3호의 'Ⅱ학교 급별 교육과정 편성과 운영' 중에서 한자교육 및 한문 관련 부분)이 학생의 자유로운 인격발현권 및 학부모의 자녀교육권을 침해하는지 여부(소극:적극 5:4, 2016. 11. 24. 2012헌마854; 공보 242호 1900면)
- 검정고시로 고등학교 졸업학력을 취득한 사람들의 수시모집 지원을 제한하는 내용의 국립교육대학교 등의 '2017학년도 신입생 수시모집 입시요강'이 균등하게 교육받을 권리를 침해하는지 여부(전원 적극, 2017. 12. 28. 2016헌마649; 공보 255호 187면)

◇ 합헌의견을 취한 사례

- 국립대학 교원의 성과연봉 지급에 대하여 규정한 공무원보수규정(대통령령 제22617호) 제39조의2 제1항, 제3항, 제4항이 교원지위 법정주의 또는 과잉금지원칙에 반하여 청구인들의 학문의 자유를 침해하는지 여부(전원 소극, 2013. 11. 28. 2011헌마282등; 공보 206호 1711면)
- 개인과외교습자에게 신고의무를 부여하고 위반시 처벌하는 '학원의 설립·운영 및 과외교습에 관한 법률'조항이 직업수행의 자유를 침해하는지 여부(소극:적극 6:3, 2015. 12. 23. 2014헌바294; 공보 231호 133면)
- 대학의 장이 단과대학장을 보할 때 그 대상자의 추천을 받거나 선출의 절차를

거치지 아니하고, 해당 단과대학 소속 교수 또는 부교수 중에서 직접 지명하도록 하고 있는 교육공무원 임용령(대통령령 제22655호) 제9조의4가 대학의 자율성을 침해할 가능성이 인정되는지 여부(전원 소극, 2014. 1. 28. 2011헌마239; 공보 208호 327면)

- 교원 재임용의 심사요소로 학생교육 · 학문연구 · 학생지도를 언급하되 이를 모두 필수요소로 강제하지 않는 사립학교법 제53조의2 제7항 전문이 교원지위법정주의에 위반되는지 여부(전원 소극, 2014. 4. 24. 2012헌바336; 공보 211호 780면)
- 사학분쟁조정위원회의 설치 · 기능 및 구성에 관하여 규정한 사립학교법 제24조의2('설치 · 기능 조항'), 제24조의3 제1항('구성 조항')이 권력분립의 원칙에 위배되는지 여부, 설치 · 기능 조항 및 학교법인의 정상화에 관한 제25조의3 제1항('정상화 조항')이 학교구성원에게 조정위원회의 심의 결과나 과정 중 절차상의 하자에 대한 이의제기 절차를 두지 않은 것이 학교구성원의 대학의 자율성을 침해하는지 여부(전원 소극, 2015. 11. 26. 2012헌바300; 공보 230호 1749면)
- 사립대학 회계의 예 · 결산 절차에 등록금심의위원회의 심사 · 의결을 거치도록 한 사립학교법 조항이 명확성원칙에 위배되거나, 사학운영의 자유 및 평등권을 침해하는지 여부, 사립대학 결산 시 독립한 공인회계사의 감사증명서 등을 첨부하도록 한 사립학교법 제31조 제4항 후문('외부감사 조항')이 사학 운영의 자유를 침해하는지 여부(전원 소극, 2016. 2. 25. 2013헌마692; 공보 233호 419면)
- 2012년도 대학교육역량강화사업 기본계획 중 총장직선제 개선을 국공립대 선진화 지표로 규정한 부분, 2013년도 대학교육역량강화사업 기본계획 중 총장직선제 개선 규정을 유지하지 않는 경우 지원금 전액을 삭감 또는 환수하도록 규정한 부분이 헌법소원의 대상이 되는 공권력 행사에 해당하는지 여부(소극: 적극 7:2, 2016. 10. 27. 2013헌마576; 공보 241호 1681면)
- 학교폭력과 관련하여 가해학생에 대한 조치 중 전학과 퇴학을 제외한 나머지 조치에 대해 재심을 제한하는 학교폭력예방법 제17조의2 제2항('재심규정')이 가해학생 보호자의 자녀교육권을 침해하는지 여부, 재심규정의 재심 제한이

가해학생과 그 보호자의 평등권을 침해하는지 여부(소극:적극 6:3, 2013. 10. 24. 2012헌마832; 공보 205호 1559면)

▸ 구 '학교폭력예방 및 대책에 관한 법률' 제17조 제1항이 가해학생에 대하여 수개의 조치를 병과할 수 있도록 하고 출석정지조치를 취함에 있어 기간의 상한을 두고 있지 아니한 것이 가해학생의 자유롭게 교육을 받을 권리, 즉 학습의 자유를 침해하는지 여부(소극:적극 7:2, 2019. 4. 11. 2017헌바140등; 공보 271호 504면)

[60] 학교법인 정상화를 위한 사학분쟁조정위원회 심의 사건

(2013. 11. 28. 2009헌바206등)

◇ 사안과 쟁점

학교법인 A학원은 망 김○형이 설립하여 중·고등학교 등을 설치·경영하고 있었고, 청구인 1은 그 처, 청구인 2는 그 아들로서 A학원의 이사장, 이사로 선임되어 있었다. 서울시 교육감은 청구인들을 포함한 A학원 이사들에 대한 취임승인을 취소한 후 임시이사들을 선임하였고, 이후 8차례에 걸쳐 임시이사가 선임되어 임시이사 체제로 운영되었다. 위 교육감은 사학분쟁조정위원회의 심의를 거쳐 2008. 12. 23. '갑' 등 5인을 A학원의 정식이사로 선임하였고, 2008. 12. 26. 이사회에서 '갑'을 이사장으로, '을'을 상임이사로 선임하는 결의를 하였다.

청구인들은 '갑' 등 5인이 A학원 이사의 지위에 있지 아니하다는 확인 및 2008. 12. 26.자 결의무효확인을 구하는 소를 제기하였고, 그 소송계속 중 사립학교법 제24조의2 제2항 제3호 등에 대한 위헌법률심판제청을 신청하였으나 각하, 기각되자 헌법소원심판청구를 하였다(2009헌바206). 청구인들은 또 주위적으로 2008. 12. 23.자 처분의 무효확인을 구하고, 예비적으로 그 처분의 취소를 구하는 소를 제기하였고, 위 소송 계속 중 사립학교법 제24조의2 제2항 제3호 등에 대한 위헌법률심판제청을 신청하였으나 기각되자 헌법소원심판청구를 하였다(2010헌바101).

청구인들은 위 사립학교법 조항 등은 임시이사에게 학교법인의 정상화에 관하여, 사전에 설립자 또는 임시이사 체제로 전환되기 직전의 이사장과 협의하는 절차를 거치지 않고도 정식이사를 선임할 수 있게 함으로써 설립자의 학교법인 설립목적 및 취지가 변질되게 하여 설립자와 학교법인이 가지는 교육의 자주성, 전문성, 학교운영의 자율성 등을 본질적으로 침해한다고 주장하였다.

쟁점은, 임시이사가 선임된 학교법인의 정상화를 위한 이사 선임에 관하여 사학분쟁조정위원회의 심의를 거치도록 한 사립학교법 제24조의2 제2항 제3호 등(이하 '이 사건 법률조항들')이 학교법인과 종전이사 등의 사학의 자유를 침해하는지 여부이다(소극:적극 5:4, 2013. 11. 28. 2009헌바206등; 공보 206호 1637면).

5명의 다수의견은 사립학교법 조항이 사학의 자유나 평등원칙, 신뢰보호원칙에 위배되지 않는다고 보았으나, 재판관 조용호 등 4명은 사학의 자유의 본질적 내용을 침해한다고 보았다.

◇ 반대(위헌)의견

우리는 이 사건 법률조항들이 과잉금지원칙에 반하여 학교법인과 종전이사 등의 사학의 자유를 본질적인 내용까지 침해하여 헌법에 위반된다고 판단하므로, 다음과 같이 그 이유를 밝힌다.

가. 심사기준

위기사태에 빠진 학교법인이 임시이사 체제를 거쳐 정상화되는 단계에서 누가 어떤 방법으로 정식이사를 선임할 것인가 하는 문제는, 학교법인의 지배구조와 관련된 핵심적 부분이므로, 이에 대한 제한은 사학의 자유 가운데서도 보다 본질적인 영역에 대한 제한을 의미한다. 따라서 이러한 영역에 대한 기본권 제한의 과잉 여부를 심사함에 있어서는 엄격한 비례의 원칙이 그 심사척도가 되어야 한다.

나. 목적의 정당성 및 수단의 적절성

이 사건 법률조항들은 임시이사가 선임된 학교법인을 정상화함에 있어서 가장 중요한 절차라 할 수 있는 정식이사 선임을 행정청의 일방적 판단에 맡기는 대신 제

3의 기관인 조정위원회에 실질적인 선임권을 부여하고 있는바, 이는 정식이사 선임 문제를 공정하게 처리하고자 하는 데 주된 입법목적이 있다고 할 것이므로, 그 정당성을 인정할 수 있다.

또한, 학교법인의 운영상 심각한 장애가 발생하여 임시이사가 선임되었다가 임시이사 선임사유가 해소되고 학교법인을 정상화하기 위하여 정식이사를 선임하는 단계에서는 학교법인, 학교구성원, 종전이사 등의 다양한 이해관계가 대립될 수 있으므로 더욱 그 절차 및 방법의 공정성이 요구된다 할 것인데, 조정위원회는 일응 공정성이나 전문성이 담보된 기구로 볼 수 있으므로 조정위원회에 정상화 절차의 주도권을 부여한 것이 위와 같은 입법목적의 달성에 유효한 수단이 될 수 있음은 부인할 수 없다.

다. 피해의 최소성

(1) 학교법인은 사립학교를 설치·경영하기 위한 목적으로 설립된 재단법인의 일종으로서 그 운영시 설립 당시의 설립자의 의사, 즉 설립 목적을 존중함이 마땅하고, 이러한 학교법인의 설립 목적은 그 의사결정기관이자 집행기관인 이사회를 구성하는 자연인인 이사들에 의하여 실현되는 것이므로, 설립자가 최초의 이사들을, 그 다음에는 그 이사들이 후임이사들을 순차적으로 선임함으로써 학교법인의 설립 목적이 영속성 있게 실현되도록 하는 것이 학교법인의 이사제도의 본질이라 할 수 있다(대법원 2007. 5. 17. 선고 2006다19054 전원합의체 판결 참조).

한편, 사립학교법상 임시이사제도는, 위기사태에 빠진 학교법인에 임시이사를 파견하여 학교법인을 조속히 정상화함으로써 그 설립 목적을 달성할 수 있도록 하려는 데에 그 제도적 취지가 있는 것이지, 위기사태를 가져온 구 이사들에 대한 제재의 일환으로 그들로부터 학교법인 경영권을 박탈하거나 학교법인의 지배구조를 변경하는 것을 허용하는 제도가 아니다.

임시이사의 선임에 의하여 설립자로부터 연유하는 학교법인의 정체성은 종전이사에까지 승계된 후 정지된 상태로 있게 되는데, 임시이사 체제에서 정식이사 체제로 된다는 것은 학교법인과 학교의 운영상 위기상태를 극복함으로써 임시이사 선임사유가 해소되어 통상적인 학교법인 체제로 복귀하는 것, 즉 학교법인의 정상화를 의미하는 것으로 이때 정식이사를 선임하는 행위는 정지된 상태로 남아 있던 학교법인의 정체성을 대변할 지위를 승계할 자를 정하는 행위이다.

임시이사는 그 선임사유가 해소될 때까지만 존속한다는 점에서 임시이사가 선임되는 단계에서는 학교법인의 사학의 자유가 한시적·잠정적으로 제한되는 것으로 볼 수 있음에 반하여, 임시이사 선임사유가 해소되어 정상화 절차로서의 정식이사를 선임하는 단계에서 건학이념이나 종전이사 등의 이해관계가 반영되지 않을 경우 임시이사가 선임됨으로써 한시적·잠정적으로 제한되었던 사학 운영의 자유가 영구적·확정적으로 제한되는 것을 의미하므로 그 제한의 정도가 훨씬 크다.

따라서 이 단계에서는 앞서 본 학교법인 이사제도의 본질 즉, 학교법인 설립 목적의 영속성이 인적으로 보장될 수 있도록 하기 위한 최소한의 장치가 마련되어야 하고, 그럼으로써 임시이사 선임에 의하여 강제적으로 정지되어 있던 학교법인의 정체성과 사학의 자유가 회복될 수 있는 것이다.

그렇지 않고, 학교법인의 정체성을 고려하지 아니한 채 정식이사 선임이 이루어진다면 이로써 학교법인의 정체성이 단절되고, 학교법인이나 종전이사 등의 사학의 자유가 영구적으로 박탈되는 결과를 초래한다.

(2) 그런데 이 사건 법률조항들은 임시이사 체제에서 정식이사 체제로 전환되는 단계에서 모든 정식이사의 선임권한을 사실상 조정위원회에 부여하고 있을 뿐만 아니라, 사립학교법이 2007. 7. 27. 개정되기 전에 두고 있던 제25조의3 제2항과 같은 조항 즉, 상당한 재산을 출연하거나 학교발전에 기여한 자 등의 의견을 들어 이사를 선임하도록 한 규정조차 삭제함으로써 정식이사 선임에 있어 종전이사 등의 의사가 반영될 여지를 적어도 법률의 차원에서는 전혀 보장하지 않고 있다.

비록 사립학교법 시행령과 조정위원회 운영규정에서 이들의 의견을 들을 수 있도록 하는 조항을 두고는 있으나, 위 시행령 조항이나 조정위원회 규정은 그 내용이 임의규정으로 되어 있을 뿐이다.

이러한 점은 임시이사가 선임되었다가 정상화되는 단계에서 정식이사 전원이 학교법인의 인적 연속성이나 설립 목적의 영속성을 담보할 수 없는 인사들로 채워질 수도 있다는 점에서 사학의 자유에 대한 제한의 심각성이 크다고 할 것이다.

사립학교법은 임시이사의 선임사유 자체를 상당히 포괄적으로 규정하고 있어서 (사립학교법 제25조 제1항) 임시이사 선임단계에서 이미 조정위원회나 관할청의 자의적 판단이 개입할 여지가 적지 아니한데, 나아가 임시이사 선임사유의 해소 여부를 판단하거나 정식이사를 선임하는 단계에서도 학교법인의 설립 목적이나 정체성을 대변할 위치에 있는 인사들의 참여가 법적으로 보장되어 있지 않다.

그 결과 설립자로부터 연원하여 순차 이어지던 이사회의 인적 구성에 본질적인 변화가 생기면 이로써 설립자가 정초(定礎)한 학교법인의 설립 목적 역시 그 영속성을 보장받을 수 없게 되고, 이는 학교법인의 정상화를 넘어서 실질적으로는 학교법인의 경영주체가 교체되는 것을 의미하므로, 학교법인과 종전이사 등의 사학의 자유를 심대하게 침해하는 것이라 하지 않을 수 없다.

(3) 또한, 정상화 과정에서 종전이사 등을 배제하는 것은 국가가 사학의 설립자에게 부여한 신뢰에 반하는 것이고, 이는 궁극적으로 사학설립에 뜻을 둔 국민에게 필연적으로 위축효과를 초래할 것이라는 점에서도 헌법상 정당화될 수 없다.

우리나라의 공교육체계에서 사립학교가 차지하는 비중이 유례없이 높은 것은, 국가가 공교육을 표방하면서도 궁핍한 재정 탓에 국민의 교육열에 상응하는 공교육 주관자로서의 책임을 온전히 수행하지 못하였고, 그 공백을 사학이 감당해 왔기 때문이다. 국가가 사립학교의 설립을 권장하고 이에 부응한 설립자가 사유재산을 출연하여 학교법인을 설립한 것이라면, 그 과정에서 국가는 자발적으로 공교육의 책임을 떠맡은 사학의 설립자에게 사학의 자유를 보장하고 학교법인의 설립 목적에 따른 독립적인 경영을 보장한다는 신뢰를 부여한 것으로 보아야 할 것이므로, 설립자나 그에 의하여 순차적으로 선임된 학교법인의 이사들이 가지는 이러한 신뢰를 보호할 의무가 있다.

임시이사 체제를 거쳐 학교법인이 정상화되는 경우, 학교법인 설립 목적의 영속성이 인적으로 보장될 수 있도록 제도를 설정하는 것이 위와 같은 신뢰를 보호하는 최소한의 장치라 할 것이다.

종전이사 등이 정식이사 선임권을 전유하는 것이 반드시 바람직한 것은 아닐 것이므로 학교법인의 설립 목적이나 정체성의 유지·계승을 보장하기 위한 장치를 어느 수준에서 마련할지의 문제는 원칙적으로 입법자가 정책적으로 결정할 영역에 속한다고 할 것이다.

그러나 이 사건 법률조항들과 같이 정식이사 체제로 전환하는 단계에서 설립자나 종전이사 등의 참여를 법률 차원에서 보장하지 않는 것은 이들과 학교법인의 사학의 자유를 심대하게 침해하는 것일 뿐 아니라, 나아가 교육사업에 뜻을 두고 사립학교를 설립하려는 국민을 위축시키고, 궁극적으로는 다양한 교육을 제공함으로써 국민의 교육을 받을 권리를 실질적으로 보장하는 기능을 하는 사립학교의 존재의의를 유명무실하게 만들 것이다.

(4) 다수의견은 학교법인 설립 목적의 영속성은 설립자로부터 이어지는 이사의 인적 연속성에 있는 것이 아니라 위임관계의 본지, 즉 정관에 의하여 보장된다고 한다. 그러나 정관변경의 요건에 대하여 규정하고 있는 사립학교법 제45조는 2012. 1. 26. 법률 제11216호로 개정되면서 사립학교 운영의 자율성을 확대한다는 취지 하에 사전인가제로 운영되고 있던 정관변경 절차를 사후보고제로 전환하여 이사 정수의 3분의 2 이상의 찬성으로 이사회 의결을 거치면 정관을 변경할 수 있도록 하고 있다. 이러한 정관변경 절차를 통해 정관에 기재된 설립자의 설립 목적, 출연자의 출연의사 등 위임관계의 본지가 변경될 가능성이 없다고 볼 수 있는지 의문이다. 정관변경에 의해 설립 목적 등 위임의 본지가 변경될 가능성을 배제할 수 없다면, 설립 목적이 정관에 화체되어 있다 하더라도 그 자체로 완전한 보장책이 되지 못하는 한계는 여전히 남는다.

라. 법익의 균형성

나아가 이 사건 법률조항들을 통하여 달성하고자 하는 공익, 즉 제3의 기관이 정식이사를 선임하도록 하여 사학운영의 민주성·투명성을 제고할 필요성이 있다는 점을 고려하더라도 이러한 공익과 종전이사 등의 참여가 보장되지 않아 학교법인의 인적 연속성이 단절됨으로써 침해되는 사학의 자유 사이에는 법익의 균형이 적절하게 유지되고 있다고 볼 수 없다.

마. 소 결

결국 이 사건 법률조항들은 과잉금지원칙에 반하여 학교법인과 종전이사 등의 사학의 자유를 본질적인 내용까지 침해하는 규정이라 할 것이므로, 헌법에 위반된다.

cf. 이 부분 반대의견은 2013. 11. 28. 2007헌마1189등(공보 206호 1666면), 2015. 11. 26. 2012헌바300(공보 230호 1749면)에서도 계속된다.

[61] 개방이사제, 초·중등학교장 임기 제한 사건

(2013. 11. 28. 2007헌마1189등)

◇ 사안과 쟁점

청구인 학교법인 A학원은 대학교, 고등학교를, 청구인 B학원은 초·중·고등학교를 설치·경영하고 있고, 청구인 1은 A학원의 이사장, 청구인 2는 B학원의 이사장, 청구인 3, 4는 A대학 총장, 공과대 학장, 청구인 5는 학교법인 C학원의 설립자이자 임시이사가 선임되기 전까지 이사장으로 재직하였고, 청구인 6은 D학원의 설립자로서 그 학원에서 설치·경영하는 중학교의 교장이었다. 청구인 7은 학교법인 E학원의 임시이사 선임 직전의 이사 및 이사장, 청구인 8은 학교법인 F학원의 임시이사 선임 직전 이사장 및 그 설치·경영하는 대학교의 직전 총장 등이었다. '개방이사제' 등의 도입을 골자로 하는 사립학교법 중 개정법률안이 2005년 공포, 시행되었으나, 사회적 갈등이 격화되는 양상을 보이자 국회는 개방이사의 추천 절차와 방식을 변경하고 사학분쟁조정위원회를 설치하여 임시이사의 선임·해임 및 학교법인의 정상화와 관련하여 기속력 있는 심의권한을 부여하는 것을 주요 내용으로 하는 개정법률안을 의결하여, 그 법률안이 2007년 공포, 시행되었다. 청구인들은 2005년 개정법 및 2007년 개정법의 주요 조항들이 청구인들의 기본권을 침해한다고 주장하며 헌법소원심판을 청구하였다.

쟁점은, 개방이사제에 관한 사립학교법 제14조 제3항, 제4항이 학교법인의 사학의 자유를 침해하는지 여부(소극:<u>적극</u> 8:1), 개방감사제에 관한 사립학교법 제21조 제5항이 학교법인의 사학의 자유를 침해하는지 여부(전원 소극), 임시이사의 임기에 관한 사립학교법 제25조 제3항이 학교법인과 종전이사 등의 사학의 자유를 침해하는지 여부, 임시이사가 선임된 학교법인의 정상화를 위한 이사 선임에 관하여 사학분쟁조정위원회의 심의를 거치도록 한 사립학교법 제25조의3 제1항(소극:<u>적극</u> 5:4), 대학평의원회에 관한 사립학교법 제26조의2 제1항이 학교법인의 사학의 자유를 침해하는지 여부(전원 소극), 초·중등학교장의 중임회수를 1회로 제한한 사립학교법 제53조 제3항 단서가 학교법인의 사학의 자유나 초·중등학교장의 직업의 자유를 침해하는지 여부(소극:<u>적극</u> 5:4)이다(2013. 11. 28. 2007헌마1189등; 공보 206호 1666면).

재판관 조용호는 개방이사제의 위헌의견 및 사립학교법(이하 '법') 25조의3 제1항, 제53조 제3항 단서의 위헌의견을 집필하였다.

◇ 개방이사제 위헌의견

나는 개방이사제도에 관하여 규정하고 있는 법 제14조 제3항, 제4항이 위헌이라고 판단하므로, 다음과 같이 반대의견을 밝힌다.

가. 사립학교의 지위와 학교법인의 이사 제도

(1) 사립학교의 역사성과 현재의 위치

교육부가 간행한 '2013년 교육통계연보'에 의하면 사립학교의 비율은, 학교 수를 기준으로 할 때 초등학교의 경우 1.3%에 불과하지만 중학교는 20.3%, 고등학교는 40.8%, 전문대학은 93.6%, 대학교는 82.4%에 이르고, 학생 수를 기준으로 할 때 초등학교는 1.5%, 중학교는 17.7%, 고등학교는 43.6%, 전문대학은 97.9%, 대학교는 77.8%를 차지한다. 우리나라에서 특히 고등교육기관의 사립학교 비중이 높은 것은 국가의 공교육에 대한 투자를 대신하여 개인이 사립학교를 세워 교육 공백을 메우고 국가가 지원하는 방식을 취해왔기 때문이다. 이렇게 상당한 비중을 차지하는 사학은 국가 발전에 크게 기여하여왔다.

역사적으로 우리나라의 사립학교는 고구려의 경당, 신라의 화랑도, 고려의 사학 12도와 조선의 서당·서원 등이 있었다. 우리 민족과 더불어 연면히 이어져 내려온 사학은, 조선 말엽에는 신문화를 도입하면서 학생들에게 새로운 학문과 지식을 가르쳤고, 일제침략기에는 민족개화운동·구국항일운동의 산실이 되었으며, 해방 후에는 교육의 대중화를 통하여 경제발전과 민주화 진전에 큰 역할을 하였다. 획일적인 관립(국·공립)학교 체제가 아니라 제각기 다른 사학들의 건학정신에 따라 자유로운 교육 분위기가 주어졌을 때 우리의 교육은 풍성한 열매를 맺을 수 있었던 것이다.

(2) 사립학교의 기능과 법 현실

사립학교는 공교육의 질적 제고와 다양성을 보장하고, 다채로운 교육적 구상과 세계관을 펼칠 수 있으며, 학교의 개별화와 특성화를 통하여 학생과 학부모에게 폭넓은 선택의 기회를 주고, 사립학교 간의 경쟁을 통하여 창의적이고 자유로운 교육적 상상력을 실현함은 물론 제도의 발전과 교육혁신을 가져올 수 있다. 헌법 제31조는 교육을 받을 권리(제1항)와 교육의 자주성·전문성·정치적 중립성 및 대학의 자율성(제4항)을 보장하고 있음에도 불구하고, 그 구체화법의 하나인 사립학교법은 사립학교의 자주성·특수성 및 창의성을 육성·보호하는 규정은 거의 두지 않고, 설립에서 운영·해산에 이르기까지 온갖 까다로운 규제와 간섭을 하기 때문에 위와 같은 사립학교의 기능을 실현하기가 매우 어렵다. 사립학교에 대하여는 국·공립학교에 대하여 가해지는 규제가 그대로 적용됨은 물론 사립학교법에 의한 규제가 추가되어 국·공립학교보다 오히려 더 많은 규제를 받고 있는 실정이다.

사립학교법은 사립학교의 자주성과 공공성의 조화를 그 입법목적으로 내세우고 있다(제1조 참조). 사학의 자주성은 특성 있는 건학이념과 교육목적에 근거한 자율적인 학교 운영 및 교육활동을 의미하고, 사학의 공공성은 비록 사립학교에서의 교육활동이라도 사회 공공의 복리를 위한 것이며 국가·사회 공동체의 교육목적에 기여하여야 한다는 것을 의미한다. 따라서 사립학교가 공교육 제도의 체계에 철저히 편입되어 있는 우리나라의 교육제도라 하더라도, 사학의 자주성과 공공성은 배치되는 것이 아니라 상호보완적인 관계라야 한다. 우리 헌법재판소도 이미 사학의 특수성을 설립자의 특별한 설립이념 구현, 독자적인 교육방침에 의한 개성 있는 교육의 실시, 공익적 성격의 재산출연을 통한 공교육의 재정적 한계 보완 등으로 설명하여 왔다(헌재 1991. 7. 22. 89헌가106; 헌재 1999. 3. 25. 97헌마130 참조).

(3) 학교법인에 있어서 이사 제도의 의미

학교법인은 사립학교의 설립자이며 학교경영의 주체이다. 사립학교의 설립 및 운영의 자유는 학교법인이 자신의 정체성을 외부의 간섭 없이 자율적으로 결정할 자유를 포함한다. 학교법인의 정체성은 학교법인의 설립목적(정관)에서 나타나고, 그 설립목적을 실현하는 것은 학교법인의 최고 의사결정기관인 이사회이다. 이사회는 학교법인의 핵심 기관으로 학교법인의 권리를 실질적으로 행사하기 때문에 이사회의 조직과 기능 여하는 사학의 자주성과 자율성에 막대한 영향을 준다. 따라서 이사회를 조직, 구성하는 이사는 설립자 또는 학교법인의 교육이념과 건학정신을 이해하고 그 뜻을 같이 하여야 하며, 이사 상호간의 의사소통이 원활하여야 한다. 학교법인에게 인정되는 헌법상 사학의 자유는 순차적으로 선임되는 관계에 있다는 점에서 연결선상에 있는 이사들에 의하여 실질적으로 구현되는 것이고, 이사는 학교법인의 자주성과 정체성을 확보하는 임무가 있으며, 이를 대변할 지위에 있다. 그러므로 학교법인의 설립목적을 구현하기 위한 목적에 적절한 이사를 선임하는 것이야말로 학교법인의 설립목적을 가장 잘 실현할 수 있는 것이고, 설립자에 의하여 선임된 이사 및 그 이사에 의하여 선임된 후임이사에 의하여 학교법인의 설립목적이 인적으로 보장되어 영속성 있게 실현되도록 하는 것이 바로 학교법인 이사 제도의 본질인 것이다 (대법원 2007. 5. 17. 선고 2006다19054 전원합의체 판결 참조). 이와 같이 학교법인의 이사는 학교법인이 사립학교 운영의 자유를 구현하는 데 있어서 중추적 역할을 하는 실질적 주체이므로 학교법인의 이사선임권은 학교법인의 자주성과 자율성의 핵심 요소이자 기본권 주체로서의 학교법인에 부여된 모든 기본권 행사의 전제가 되는 것이다.

나. 개방이사제도의 위헌성

위와 같은 사립학교의 지위와 학교법인에 있어서 이사 제도의 본질에 대한 인식 아래 개방이사제도의 위헌성에 대하여 구체적으로 검토하여 본다.

(1) 심사기준

사립학교 교육에 대한 국가의 간섭은 사립학교가 담당하는 공교육, 즉 학력인정에 필요한 교육의 충실을 확보하기 위하여 필요한 한도에 그쳐야 한다. 헌법 제31조 제6항이 사립학교를 포함한 교육제도의 내용 형성을 입법권에 위임하였다고 하더라도, 사립학교에 관한 법률이 학교법인이나 사립학교의 자율적 운영을 제한하기 위해서는 헌법 제37조 제2항의 요건을 갖추어야 하고, 헌법 제31조 제1항이 보장하고 있는 교육받을 권리와 교육선택권을 충실하게 보장하기 위하여 필요한 경우에 최소한도의 제한에 그쳐야 한다.

개방이사제도는 학교법인의 기본조직의 구성, 즉 지배구조와 관련된 핵심적 부분에 대한 제한을 가하는 것으로서, 이는 사립학교 설립·운영의 자유 가운데서도 보다 본질적인 영역에 대한 제한을 의미한다. 따라서 이러한 영역에 대한 기본권 제한의 경우 엄격한 비례의 원칙이 그 심사척도가 되어야 한다.

(2) 목적의 정당성

법 제14조 제3항, 제4항은 법정의견이 밝힌 바와 같이 학교법인과는 독립적이고 객관적인 인사를 이사로 선임하여 사립학교 운영의 공공성과 투명성을 강화하고, 다양한 학교구성원에게 학교운영에 참여할 기회를 부여함으로써 학교운영의 자율성을 제고하고자 하는 데 취지가 있는 것으로서 그 목적의 정당성은 일단 수긍할 수 있다.

(3) 수단의 적절성

법 제14조 제4항은 추천위원회 위원의 2분의 1에 대한 추천권을 대학평의원회나 학교운영위원회에 부여하고 있는데, 그 중 학교운영위원회는 그 구성과 성격의 한계상 위와 같은 입법목적 달성에 적절한 역할을 한다고 볼 수 있는지에 관하여 강한 의문이 제기된다. 사립학교의 학교운영위원회는 교원위원, 학부모위원, 지역위원으로 구성되고(초·중등교육법 제31조, 같은 법 시행령 제63조), 국·공립학교와 달리 학교장의 자문기관이다(초·중등교육법 제32조 제2항). 그런데 단순한 자문기관에 불과한 학교운영위원회가 학교법인의 의사결정기관인 이사선임에 관여하는 것은 자문기관으로서의 성격에 부합하지 않을 뿐 아니라, 실제 그 위원들 사이에서 어떻게 확정적인 의사를 정할 것인지 알 수 없고, 특히 학부모위원은 어떻게 의사를 수렴할 것인지, 회의체로서의 모습을 갖추고 있는지도 의문이며, 지역위원은 그 선정기준 자체가 모호하다.

법 제14조 제3항, 제4항이 추구하는 사립학교 운영의 공공성과 투명성 제고라는 입법목적은 일단 수긍한다 하더라도, 자문기관에 불과하고 그 구성의 대표성과 정당성에 의문이 있는 외부기구가 학교법인 의사결정기관 구성원의 선임에 개입하는 것이 이러한 입법목적을 달성하는 데 적합한 수단인지는 선뜻 수긍이 가지 않고, 특히 '학교운영의 자율성 제고'는 학교법인이 의사결정기관인 이사회를 구성하고, 그 이사회에서 이사를 선임하는 것 자체가 자율적 운영일진대, 학교법인의 의사결정기관과 관계없는 외부기구가 일정 수의 이사선임에 개입하도록 하는 것은 입법목적과 그 수단 사이에 합리적 연관성이 있다고 볼 수 없을 뿐 아니라, 오히려 이러한 입법취지를 몰각시킬 우려마저 있다.

(4) 피해의 최소성

㈎ 학교법인의 이사는 학교법인이 사립학교 운영의 자유를 구현하는 데 있어서 중추적 역할을 하는 실질적 주체이므로 학교법인의 임원선임권은 학교법인의 자주성과 자율성의 핵심 요소이자 기본권 주체로서의 학교법인에 부여된 모든 기본권 행사의 전제가 되는 것이다. 그런데, 학교법인 스스로가 최고의사결정기관인 이사회의 구성원으로, 교원 중에서 학교발전에 공로가 큰 사람, 학부모 중 학교설립 취지에 공감

하여 적극적으로 후원하는 사람을 이사로 영입함은 모르되, 법으로 의사결정기관 구성원의 일부, 그것도 4분의 1을 학교법인의 의사와 관계없이 일률적으로 외부 인사 중에서 선임하도록 강제하는 것은 학교법인의 설립·운영의 자유에 대한 심대한 제한을 초래한다.

(나) 학교법인은 사립학교의 설립·운영의 주체로서 대내외적으로 법적·재정적 책임을 지고, 이사회는 학교법인 자체뿐만 아니라 사립학교 운영과 관련된 전반적이고 중요한 사항들을 심의·의결하는 최고의사결정기관이다. 따라서 사립학교의 학사, 인사, 재정, 조직 등 모든 분야에서 학교법인의 사학 설립·운영권의 본질적인 부분들이 기능적으로 유지될 수 있도록 하는 것이 절대적으로 필요하다. 그러나 개방이사제도는 학교법인과는 '직접적 관련성'을 갖지 못하는 인사들도 그 구성원이 되는 기구로 하여금 이사 정수의 4분의 1에 대한 추천권을 주도하도록 하고 있는바, 이는 사학운영에 대하여 법적·재정적 책임을 지지 않는 기구가 이사 추천권한만을 행사함으로써 권한과 책임이 분리되는 불합리한 결과를 초래한다.

이와 같은 것은 외국의 입법례 어디에도 그 유래를 찾아볼 수 없는 것이고, 비영리재단법인 나아가 공익법인의 경우에도 이사회 외부에서 추천한 인사를 이사로 선임하도록 강제하고 있는 예는 보이지 아니하는바, 사립학교 운영의 공공성과 투명성 확보를 위한 예방적 조치라는 명분으로 이사회가 아닌 외부에서 이사회의 관여 없이 추천하는 자를 선임하도록 강제하는 것은 학교법인의 의사결정 체계와 본질에 어긋나 학교법인 설립·운영의 자유의 본질적인 내용을 침해하는 것이다.

(다) 나아가, 비록 법 제14조 제3항이 추천위원회에서 2배수 추천하는 인사 가운데 선임하는 방식을 취하고 있어 형식적으로는 학교법인의 이사선임권 자체를 박탈하는 것은 아니라고 볼 여지도 있지만, 실질적으로는 학교법인의 의도와는 전혀 다른 인사라도 이사로 선임할 수밖에 없는 제한을 받게 됨으로써 사실상 이사 정수의 4분의 1에 관한 한 학교법인의 이사선임권 자체가 형해화(形骸化)되는 결과를 초래할 수 있다. 또한, 학교구성원들로 하여금 학교운영에 참여할 수 있도록 하는 것이 헌법상 허용된다 하더라도, 이들이 참여할 수 있는 영역은 학교의 학사, 교무, 인사 등 특정영역에 한하여 제한된 범위에서 고려될 수 있을 뿐이고, 참여를 허용하는 정도에 있어서도 사립 초·중등학교와 사립대학은 차이를 둠이 마땅하다.

그런데 개방이사는 학교법인의 최고의사결정기관인 이사회의 구성원이 되어 이

사회의 모든 관장사항의 심의에 참여하고 의결권을 행사할 수 있는바, 이는 학교구성원에게 허용될 수 있는 학교운영 참여의 범위를 넘어서는 것으로 학교법인의 내부기관구성권에 대한 과도한 제한이라 할 것이다. 이러한 점에서 개방이사의 비율이 이사 정수의 4분의 1로서 의결정족수에 미치지 않는다는 점만으로는 피해의 최소성을 충족한다고 보기 어렵다.

㈑ 기본적으로 개방이사제도는 일부 사학의 비리라는 특수한 현상을 일반화한 잘못된 전제에서 출발한 것이다. 비리와 부정이 있는 일부 사학에 대하여는 사후적인 규제와 감독권 행사의 일환으로 그 정상화 과정에서 개방이사제도를 도입, 시행할 수 있음은 별론으로 하더라도, 아무런 문제도 없는 절대다수의 사학까지 범죄집단시하여 사전적·예방적인 수단으로 전체 사학에 대하여 예외 없이 개방이사제도를 도입, 강제하는 것은 도저히 수긍할 수 없고, 그 피해의 최소성에도 반한다. 현실적으로 학교법인 또는 사학이 국가로부터 보조금을 받는다든지 관할청으로부터 일정한 지휘·감독을 받는다고 하더라도 이를 빌미로 하여 전체 사학에 대하여 개방이사제도를 도입, 강제하는 것은 학교법인의 이사제도의 본질을 침해하는 것이다.

(5) 법익의 균형성

개방이사제도를 통하여 달성하고자 하는 공익은 학교구성원이 학교운영에 참여하는 것을 보장함으로써 궁극적으로는 사학운영의 공정성, 투명성, 민주성을 높이는 데 있다 할 것이나, 이는 일부 사학의 비리라는 특수한 현상을 일반화한 잘못된 전제에서 출발한 것이어서 그 추구하는 입법목적과 개방이사제도라는 수단 사이의 연관성이 긴밀하지 않을 뿐만 아니라, 학교법인으로서는 개방이사제도로 인하여 사립학교 운영의 자유의 본질적인 부분을 침해받게 되므로, 위 법률조항은 보호하려는 공익과 기본권제한 사이에 현저한 불균형을 초래하여 법익의 균형성을 갖추고 있다고 볼 수 없다.

다. 소 결

위에서 본 바와 같은 우리나라 교육에서 사학이 차지하는 중요성과 역사성, 사학의 기능과 자주성 보장의 필요, 학교법인 이사 제도의 본질, 개방이사제도의 문제점 등 여러 가지 사정에 비추어 보면, 법 제14조 제3항, 제4항은 청구인 학교법인들의 사학의 자유를 침해하는 것으로서 헌법에 위반된다. 나아가 국가와 민족의 미래를 위해서도 사학을 이런 식으로 대우해서는 안된다.

◇ 학교법인의 정상화에 관한 규정의 위헌의견

이 부분 설시는 앞의 2013. 11. 28. 2009헌바206등 사건[60]의 해당 부분 설시와 동일하므로 생략한다.

◇ 초·중등학교장의 중임 제한 규정의 위헌의견

우리는 법 제53조 제3항 단서 부분이 초·중등 사립학교장의 직업의 자유와 학교법인의 사학의 자유를 침해하여 헌법에 위반된다고 판단하므로, 다음과 같이 그 이유를 밝힌다.

가. 목적의 정당성 및 수단의 적절성

(1) 다수의견은 위 조항의 입법목적으로, 먼저 학교장의 장기 재임에 따른 학교법인과의 유착을 방지하여 학교운영의 투명성을 제고하는 것을 들고 있다.

그러나 가족경영이나 학교법인과의 유착의 문제는 법인경영과 학교운영을 인적으로 분리하는 규정을 정당화하는 사유로 될 수 있을 뿐, 학교장의 중임을 제한하는 것과는 직접적인 관련성을 가진다고 보기 어렵다.

친족관계에 기반한 인적 유착은 이미 이사장의 학교장 겸직금지 조항(법 제23조 제1항 본문), 이사장의 배우자 등의 학교장 임명제한 조항(법 제54조의3 제3항)을 통하여 관철되고 있다. 이러한 유형의 인적 유착 외에도 장기 재임으로 인한 자연발생적 유착이 생길 가능성을 부정할 수는 없겠으나, 이러한 자연발생적 유착은 친족관계에 바탕한 인적 유착과 달리 당해 학교장과 학교법인의 개인적·구체적 특성과 상호관계에 따라 좌우되는 것이기 때문에 중임제한이라는 규제를 통하여 예방하기에 적합하지 않다.

학교장은 행정과 교육활동을 통하여 학생의 발달 및 성장에 직·간접적으로 영향을 미치므로, 수요자 중심의 교육을 실현한다는 차원에서도 유능한 교장은 학교법인이나 학교의 구성원이 원할 경우 그 직무를 장기간 계속해서 수행할 수 있도록 보장하는 것이 필요하다.

학교법인이 장기에 걸친 교육목표나 학교발전계획을 설정하고 유능한 학교장을 통하여 이를 추진하고자 하는 경우에도 위 조항으로 인하여 그러한 교육사업을 추진하는 데 제한을 받게 되고, 이러한 특별한 경우가 아니더라도 재임기간 동안의 업무수행과정에서 능력과 덕성이 검증된 학교장을 최장 8년 동안 재직하였다는 이유만으로 그 직에서 물러나게 할 특별한 공익은 생각하기 어렵다.

(2) 다수의견은 또한 국·공립학교장의 경우와 공통된 입법목적으로 교장의 노령화·관료화 방지 및 인사순환을 통한 교단의 활성화를 들고 있다.

그러나 교원인사가 전체 교단 차원에서 이루어지는 국·공립학교 교원의 경우에는 국·공립학교장의 연임을 제한함으로써 승진을 위한 과열경쟁을 막고 승진기회 축소에 따른 교원의 사기저하를 방지하는 효과를 가져올 수 있을 것이나, 국·공립학교와 달리 학교법인별·학교별로 교원인사가 이루어지는 데 그치는 사립학교의 경우에는 학교장의 중임 횟수 제한만으로 교단의 활성화에 어느 정도나 효과가 있을지 의문이다.

또한, 교육공무원의 정년을 규정하고 있는 교육공무원법(제47조 제1항)과 달리 사립학교법은 사립학교교원의 정년을 별도로 규정하고 있지 않은데, 정년조항은 두지 않으면서 학교장의 중임 횟수만 제한하여 노령화를 방지하겠다는 것은 체계적으로 합리적인 수단이라 할 수 없다.

세대교체를 통한 교단의 활성화라는 명분 역시 참신성보다는 경륜과 원숙한 지혜가 더 필요한 학교장이라는 직책의 특성에 대한 고려가 결여되어 있다는 점에서 선뜻 수긍하기 어렵다.

나. 피해의 최소성 및 법익의 균형성

위 법률조항은 초·중등학교의 장의 임기를 원칙적으로 학교법인의 정관으로 정하도록 하면서도 4년을 초과할 수 없고, 1회에 한하여 중임할 수 있다고 규정함으로써, 어떠한 경우에도 동일인이 8년을 초과해서 같은 학교의 장에 재직할 수 없도록 하였다. 이는 연임의 제한에 그치는 것이 아니라 한번 학교장에 취임하면 연속해서 임명되든, 그렇지 않든 합산하여 8년을 초과하여 학교장에 재임할 수 없게 하는 것으로서 학교장의 임기를 정관에서 자유롭게 정할 수 있도록 맡겨둔 취지와 맞지 않을 뿐만 아니라, 그 제한으로 인한 피해의 정도가 심각하다고 할 것이다.

또한, 사립학교 학교장의 중임을 제한할 경우 국·공립학교장의 경우와 달리 오히려 일반 교원이나 직원에 대한 교무장악력이 약화되어 공교육을 실현하는 데 부정적인 영향을 미칠 소지도 있으므로, 이와 같이 중임 횟수를 제한하는 것이 반드시 공익에 기여할 것으로 보기도 어렵다는 점에서 법익의 균형을 갖추고 있다고 볼 수도 없다.

다. 소 결

따라서 법 제53조 제3항 단서 부분은 초·중등사립학교의 장의 직업의 자유와 초·중등 사립학교를 운영하는 학교법인의 사학의 자유를 침해하여 헌법에 위반된다.

[62] 사학분쟁조정위원회의 설치 등에 관한 위헌소원 사건

(2015. 11. 26. 2012헌바300)

◇ 사안과 쟁점

학교법인 A학원은 ○○대학교 등을 설치·경영하는 학원이다. ○○대학교의 학내 분규가 장기화되고 A학원의 이사로 재직 중이던 B가 구속되자 교육부장관은 1993. 6. 경 A학원 이사 9명 전원에 대한 이사취임승인을 취소하고 임시이사를 선임하였다. 이후 임시이사들에 의하여 운영되던 중 교과부장관은 사학분쟁조정위원회의 심의를 거쳐 2010년 정식이사 7인과 임시이사 1인을 선임하였고 2011년 정식이사 1인을 추가로 선임하였다. 이에 청구인들(○○대학교 교수협의회, ○○대학교 총학생회 등)은 교과부장관을 상대로 이사선임처분의 취소를 구하는 행정소송을 제기하였고, 항소심 계속 중 사립학교법 제24조의2, 제24조의3 제1항, 제25조의3 제1항 등에 대하여 위헌제청신청을 하였는데 기각되자 헌법소원심판을 청구하였다.

쟁점은, ① 사학분쟁조정위원회의 설치·기능 및 구성에 관하여 규정한 사립학교법 제24조의2(설치·기능조항), 제24조의3 제1항(구성조항)이 권력분립의 원칙에 위배되는지 여부, ② 설치·기능조항 및 학교법인의 정상화에 관한 제25조의3 제1항(정상화조항)이 학교구성원에게 조정위원회의 심의 결과나 과정 중 절차상의 하자에 대한 이의제기 절차를 두지 않은 것이 학교구성원의 대학의 자율성을 침해하는지 여부(적극:소극 4:5), ③ 임시이사 선임사유 해소와 정식이사 선임기준에 관하여 구체적으로 규정하지 아니한 정상화조항이 교육제도 법정주의에 위배되는지 여부이다(2015. 11. 26. 2012헌바300; 공보 230호 1749면).

①, ③에 관하여는 전원 일치로 설치·기능 및 구성조항이 권력분립의 원칙에 위배되지 않는다거나 정상화조항이 교육제도 법정주의에 위배되지 않는다는 의견이었으나, ②에 관하여는 위헌:합헌이 4:5로 나뉘었다. 재판관 조용호는 위헌의견을 집필하였다.

◇ 반대(위헌)의견

우리는 이 사건 심판대상조항들이 권력분립의 원칙, 교육제도 법정주의에 위반되지 않고 교수나 학생 등과 같은 대학구성원의 대학의 자율성을 침해하지 않는다는 법정의견에 찬성하나, 이 사건 심판대상조항들 중 정상화 과정에서 설립자나 종전이사 등 학교법인의 설립 목적이나 정체성을 대변할 위치에 있는 인사(이하 '종전이사 등'이라 한다)를 배제하고 있는 사립학교법 제24조의2 제2항 제3호, 제4항, 제25조의3 제1항(위 조항들은 설치·기능 조항 중 정상화 절차와 관련 있는 조항 및 정상화 조항이다. 이하 위 조항들을 '정상화 관련 조항'이라 한다)은 2007헌마1189등 결정 등에서 개진한 반대의견과 같은 이유로 학교법인과 종전이사 등의 사학의 자유를 본질적인 내용까지 침해하여 헌법에 위반된다고 보며, 그 이유의 요지는 다음과 같다.

가. 정상화 과정에서 정식이사 선임에 관한 문제는 학교법인의 지배구조와 관련된 핵심적 부분이므로, 엄격한 비례의 원칙이 그 심사척도가 되어야 한다. 정상화 관련 조항은 조정위원회에 실질적인 정식이사 선임권을 부여하고 있는바, 이는 정상화 과정에서 정식이사 선임 문제를 공정하게 처리하기 위한 것으로서, 입법목적의 정당성 및 수단의 적절성은 인정할 수 있다.

나. 그러나 임시이사 선임사유가 해소되어 정상화 절차로서의 정식이사를 선임하는 단계에서 학교법인 이사제도의 본질 즉, 학교법인 설립 목적의 영속성이 인적으로 보장될 수 있도록 하기 위한 최소한의 장치가 마련되어야 함에도 불구하고, 정

상화 관련 조항은 정식이사 선임에 있어 종전이사 등의 의사가 반영될 여지를 법률의 차원에서는 전혀 보장하지 않고 있다. 그 결과 설립자로부터 연원하여 순차 이어지던 이사회의 인적 구성에 본질적인 변화가 생기면, 학교법인의 설립 목적 역시 그 영속성을 보장받을 수 없게 된다. 이는 학교법인의 정상화를 넘어서 실질적으로는 학교법인의 경영주체가 교체되는 것을 의미하므로, 학교법인과 종전이사 등의 사학의 자유를 심대하게 침해하는 것이다. 한편 변경가능성이 있는 정관 그 자체로는 학교법인 설립 목적의 영속성에 대한 완전한 보장책이 되지 못하는 한계가 있다. 따라서 정상화 관련 조항은 피해 최소성의 원칙에 반하며, 정상화 관련 조항을 통하여 달성하고자 하는 공익과 종전이사 등의 참여가 보장되지 않아 학교법인의 인적 연속성이 단절됨으로써 침해되는 사학의 자유 사이에는 법익의 균형이 적절하게 유지되고 있다고 볼 수도 없다.

다. 결국 정상화 관련 조항은 과잉금지원칙에 반하여 학교법인과 종전이사 등의 사학의 자유를 본질적인 내용까지 침해하는 규정이라 할 것이므로, 헌법에 위반된다.

[63] 사립유치원을 매도하고 그 등기원인을 증여로 기재한 행위의 적법 여부

(2016. 12. 29. 2014헌마296)

◇ 사안과 쟁점

청구인 최○훈은, “2012. 4. 5.경 거짓이나 그 밖의 부정한 방법으로 광주 동구에 있는 ○○유치원의 변경인가를 받았다”는 유아교육법위반 혐의로 기소유예처분을 받았다.

청구인 김○선은, ㅁㅁ유치원 원장으로 근무하는 사람으로, “2010. 12. 8.경 및 2012. 1. 25.경 거짓이나 그 밖의 부정한 방법으로 광주 광산구에 있는 △△유치원과 ▽▽유치원의 설립자변경인가를 받았다”는 유아교육법 위반 혐의와, “학교교육에 직접 사용되는 재산 중 교지, 교사, 체육장 등은 매도하거나 담보에 제공할 수 없음에도 불구하고, 2010. 10. 29.경 위 △△유치원의 토지, 건물을 권○효에게 6억 원에 매도하고, 2012. 11. 9.경 위 ▽▽유치원의 토지를 염○열에게 15억 2천만 원에 매도하였다"는 사립학교법 위반 혐의로 기소유예처분을 받았다.

쟁점은, 사립유치원의 운영권과 그 유치원 교육에 직접 사용되는 토지 및 건물을 일체로 매도한 행위가 사립학교법 제28조 제2항(이하 '이 사건 사립학교법 조항')에서 금지하는 '매도'에 해당하는지 여부(소극:적극 7:2), 위 매도행위를 통하여 설립자변경인가를 받음에 있어 소유권이전등기의 등기원인을 '증여'로 기재한 것이 유아교육법 소정의 '거짓 그 밖의 부정한 방법'에 해당하는지 여부(소극:적극 7:2)이다(2016. 12. 29. 2014헌마296; 공보 243호 244면).

다수의견(7명)은 사립학교법상 매도가 금지되어 있는 유치원의 토지 및 건물을 일체로 매도한 행위가 사립학교법에서 금지하는 '매도'에 해당하지 않고, 위 매도행위를 통하여 유치원 설립자변경인가를 받음에 있어 소유권이전등기의 등기원인을 '증여'로 기재한 것이 유아교육법 소정의 '거짓 그 밖의 부정한 방법'에 해당하지 않는다고 보아, 기소유예처분을 취소하였다. 재판관 조용호 등 2명은 이에 반대하였다.

◇ 반대(기각)의견

우리는 법정의견과 달리 이 사건 기소유예처분을 자의적인 검찰권의 행사라고 볼 수 없어 청구인들의 이 사건 심판청구를 모두 기각하여야 한다고 판단하므로 아래와 같이 의견을 밝힌다.

가. 청구인 김○선의 사립학교법위반 부분에 대한 판단

(1) 사립학교의 기능 및 그에 대한 공적 규제와 지원

사립학교는 그 설립자의 특별한 설립이념을 구현하거나 독자적인 교육방침에 따라 개성 있는 교육을 실시할 수 있고, 공공의 이익을 위한 재산출연을 통하여 정부의 공교육 실시를 위한 재정적 투자능력의 한계를 자발적으로 보완해 주는 역할을 담당하므로, 사립학교 설립의 자유와 운영의 독자성을 보장할 필요가 있다. 그러나 다른 한편, 학교교육은 가장 기초적인 국가융성의 자양분이며 사회발전의 원동력으로 국가·사회적으로 지대한 관심과 영향을 미치고 사립학교도 국·공립학교와 설립주체가 다를 뿐 교직원, 교과과정 등에 있어 동일하여 공교육의 일익을 담당한다는 점에서 국·공립학교와 본질적인 차이가 없으므로, 공적인 학교제도를 보장하여야 할 책무를 진 국가는 일정한 범위 안에서 사립학교의 운영을 감독·통제할 권한과 책임을 지게 된다(헌재 2012. 2. 23. 2011헌바14 참조).

즉, 우리나라의 사립학교는 대한민국 수립 이후에 부족한 공교육을 대체하는 것으로 출발하였고, 그동안 공교육체계와 본질적으로 유사한 기능을 담당하여 왔다. 사립학교가 설립되면 헌법 제31조 제6항 및 교육기본법, 유아교육법 등의 규정에 따라 공교육제도에 편입되어 그 운영, 교육재정 및 교원의 지위에 관한 기본적인 사항이 법률에 의하여 규율된다. 그리고 사립학교의 공공성이란 사립학교에 대한 국가의 감독·통제권한과 책임의 근거가 되기도 하지만, 교육내용의 사회적 합의 도출을 통한 교육의 보편성을 실현하는 전제가 되기도 하므로, 사립학교는 국·공립학교와 마찬가지로 공교육의 책임 있는 주체가 되는 것이다. 이에 따라 사립학교는 재산의 출연주체가 사인임에도 불구하고 그 설립절차 내지 사인의 재산권 행사 등에 있어 상당한 공적 규제를 받음과 동시에 국가 및 지방자치단체로부터 폭넓은 보조와 재정적 지원을 받고 있다. 현재 사립·공립을 불문하고 유아교육에 대하여 국가 및 지방자치단체의 지원 아래 원칙적으로 무상교육이 시행되고 있으며(유아교육법 제24조), 사립유치원의 경우에도 그 설립과 유치원교사의 인건비 등 운영에 드는 경비나 방과 후 과정 운영 등에 관하여 초과되는 비용도 국가 및 지방자치단체로부터 보조를 받고 있다(유아교육법 제26조 제2항, 제27조).

한편, 사립학교 중 유일하게 유치원만이 학교법인 이외에 일반 사인도 설립할 수 있는 학교인데, 학교법인이 해산할 경우 그 잔여 재산 중 정관으로 지정된 자에게 귀속되지 아니한 재산은 지방자치단체에 귀속되고(사립학교법 제35조 제2항), 그렇게 귀속된 재산은 사립학교 교육의 지원을 위하여 다른 학교법인에 대하여 양여·무상대부 또는 보조금으로 지급하거나 기타 교육사업에 사용함으로써(같은 조 제3항) 공공재로서의 성격을 유지하게 된다. 반면, 사인이 설립한 사립유치원이 폐원되면 그 잔여재산이 다시 경영자에게로 귀속되므로 기본재산이 공공재로서의 성격을 유지할 수 없다는 차이가 존재한다. 또한 사립학교경영자가 사인인 경우에는 학교의 기본재산을 매도·증여·교환 등을 할 때 관할청의 허가를 받아야 한다는 사립학교법 제28조 제1항을 준용하지 않고, 학교교육에 직접 사용되는 학교법인의 재산 중 대통령령이 정하는 것에 대해서만 이를 매도하거나 담보에 제공할 수 없도록 하고 있다(사립학교법 제51조, 제28조 제2항).

위와 같은 교육기관으로서의 공공적 성격과 관련 규정의 체계 등에 비추어 볼 때, 적어도 학교교육에 직접 사용되는 교지 · 교사의 경우에는 설립자 개인의 소유라 하더라도 국가의 감독·통제 책임 및 권한에 의하여 사립유치원이 상업적 용도로 이용되는 것을 방지할 필요가 있다는 입법적 결단이 있었던 것으로 해석할 수 있다. 이는 유아의 건전한 교육을 도모하기 위해서도 불가피한 제한에 해당한다.

(2) 이 사건 사립학교법 조항의 해석

이 사건 사립학교법 조항은 사립학교의 재산을 보호하고 교육의 공공성 및 연속성을 확보하기 위한 공적 규제의 일환으로 사인의 재산권 행사를 제한하고 있는 조항에 해당한다.

첫째, 이 사건 사립학교법 조항을 문언 그대로 해석하면, 사립학교경영자는 학교교육에 직접 사용되는 재산 중 대통령령으로 정하는 교지 · 교사 등을 어떠한 명목으로든 매도하여서는 아니 된다는 일의적 해석이 도출된다. 이 사건 사립학교법 조항은 그 처분주체와 목적물, 금지되는 행위를 규정하고 있을 뿐 그 매도행위의 태양이나 매수인의 범위를 제한하고 있지 아니하므로 이를 축소해석할 근거가 없다. 교육부도 이러한 문리적 해석에 입각하여 사립유치원의 매도를 통한 설립자변경인가신청은 받아들이지 않고 있고, 이러한 경우 기존의 유치원을 폐쇄한 후 신규 설립하려는 자가 토지 및 건물의 소유권을 이전받아 유치원설립인가 절차를 거치도록 안내하고 있으며, 이에 위반하는 경우 고발조치하고 있다.

둘째, 앞서 살펴본 사립학교의 특성과 공적 기능 등에 비추어 사립학교에 있어 교육사업 수행을 위한 기본재산의 확보는 필수적이며 그 물적 기반이 부실하여 학교의 존립이 위태롭게 되는 경우 수많은 학생, 학부모들이 입게 될 직접적인 피해뿐만 아니라 그로 인한 국가 · 사회적 부작용을 감안할 때 일정한 범위 내에서 사립학교의 재산관리에 국가가 관여하는 것은 불가피하다. 이러한 점을 고려하여 사립학교법은 학교법인을 설치 · 운영하는 학교법인의 재정적 기초가 되는 기본재산을 유지 · 보전하기 위하여 이 사건 사립학교법 조항을 통해 학교교육에 직접 사용되는 일정한 범위의 재산을 매도할 수 없도록 규정하고 있다. 입법연혁 측면에서도 이 사건 사립학교법 조항은 사립학교법이 1963. 6. 26. 법률 제1362호로 제정된 이래 사립학교법이 1964. 11. 10. 법률 제1664호로 개정되면서 '각령'이 '대통령령'으로 변경된 것을 제외하고는 그 내용이 현재까지 변함없이 유지되어 왔다. 이는 거래의 안전이나 사인의 재산권 행사보다도 교육의 공공성과 연속성을 중시하고자 한 입법자의 결단 및 이를 지지하는 국민의 의사가 확고하게 표출되는 것이라 할 수 있다.

셋째, 법정의견은 위와 같이 사인이 사인에게 사립유치원운영권과 일체로 사립유치원의 토지 및 건물을 매도하는 것을 허용하고 그 과정에서 설립자변경신청을 할 수 있도록 하는 것이 사립학교경영자의 재산권 보장의 측면뿐만 아니라 유아와 학부모의 입장에서도 교육의 연속성을 확보하는 데 기여하므로 그러한 해석이 이 사건 사립학교법 조항의 입법취지에 보다 부합한다고 보고 있다.

그러나 2015년 10월 기준으로 전체 4,187개의 사립유치원 중 사인이 설립한 유치원은 3,297개로 약 78.7%를 차지하고 있는 현실에서 사립유치원의 운영권과 교지·교사의 매도를 통한 설립자변경을 허용하는 것은 유아교육의 건전성 및 공공성에 미치는 부정적 효과가 매우 클 것으로 우려되므로 신중할 필요가 있다. 우선 사립유치원의 매도를 통한 설립자변경을 허용하게 되면, 사립유치원의 설립 내지 설립자변경 이후 동일 설립자에 의한 최소한의 설치·경영의 연한에 관한 규정이 없고, 사인이 설립한 사립유치원의 매도에 대하여 사립학교법 제28조 제1항과 같은 사전 허가제도 등의 규제 장치가 전혀 마련되지 아니한 현 상황에서는 잦은 설립자변경과 그에 따른 교육방침이나 교육정책 등의 변화로 인하여 유아들의 안정적인 수업권이 담보되지 못하게 될 위험성이 크다. 또한 학교교육에 직접 사용되는 재산에 대한 매매를 허용하게 되면 학교교육에 필수불가결한 재산이 처분됨으로써 재산이 산일되거나 그 학교의 존립 자체가 위태롭게 되고, 나아가 사립유치원의 거래가 활성화되어 투기적 거래가 발생함으로써 교육의 본질을 훼손할 우려가 있다. 법정의견과 같이 무용한 행정절차를 피한다는 명분으로 관련 법령이 규정하고 있는 절차를 지키지 않아도 된다면, 유치원의 교지·교사를 자유롭게 처분하는 것을 허용하게 되고, 그 결과 일정한 자본을 들여 유치원을 개설한 다음 원아들을 모집하고 이에 상당한 이윤을 붙여 매매하는 상업적 행위를 조장하게 된다. 원칙적으로 교육적 기능에 충실해야 하는 사립유치원이 상업적 용도로도 활용될 수 있게 됨에 따라 매매가격이 상승하게 될 것이고, 그 상승분을 매수인인 신규 설립자가 조기에 회수하려고 하는 경우 결국 유아교육에 투자되어야 할 교육비의 비중이 축소되거나 학부모의 수업료 부담이 가중될 것이므로, 이는 많은 부작용을 내재하고 있다.

한편, 유치원에 대한 폐쇄인가신청을 할 경우에도 설립자가 해당 유치원에 다니던 유아들이 안정적으로 교육을 받을 수 있도록 졸업이나 다른 교육시설로의 전원(轉院) 여부 등에 관한 '유아 지원 및 설비처리 계획서'를 함께 제출하도록 함으로써 대안을 모색하고 있고(유아교육법 시행령 제9조 제2항), 유치원을 폐쇄하는 시기도 가급적 방학기간 동안을 활용하도록 하는 등 유아와 학부모에게 미치는 영향 및 그로 인한 불편을 최소한으로 줄이기 위하여 노력하고 있다. 아울러 설립인가 절차에 소요되는 기간을 시·도 교육규칙으로 정하는 바에 따라 조정할 수 있는 예외 규정도 마련되어 있으므로('고등학교 이하 각급 학교 설립·운영 규정 시행규칙' 제11조), 이 사건 사립학교법 조항이 일체의 매도행위를 금지하고 있다고 해석한다 하더라도 교육의 연속성이나 유아의 발달을 심각하게 저해할 정도에 이른다고 보기는 어렵다.

넷째, 이 사건 사립학교법 조항은 사립유치원이 존속하고 있는 동안 교육용 재산의 이탈을 방지하기 위하여 매도를 금지하고 있음에 불과하므로, 기존 유치원의 폐쇄 및 신규 유치원의 설립 절차를 거치도록 한다고 하더라도 사인의 재산권에 근본적이거나 중대한 제약을 가하는 것이라고 볼 수 없다. 이는 오히려 사립유치원을 설립하려는 자에게 신중을 기하도록 하여 교육의 공공적 성격을 구현하도록 할 수 있다. 한편, 법정의견이 제시한, 이 사건 사립학교법 조항에 의하여 금지되는 행위에 학교교육에 직접 사용되는 기본재산을 학교의 운영권과 함께 처분함으로써 그 재산이 계속 학교교육에 사용되는 경우까지 포함되는 것은 아니라는 취지의 대법원 판결은 증여가 문제되었거나 사인이 아닌 학교법인에 관한 사안이었고, 앞서 본 바와 같이 사인의 경우 학교법인과 달리 규율되는 부분이 많다고 할 것이므로, 이 사건과 같이 사인의 매도행위가 문제된 사안에서 이 사건 사립학교법 조항을 적용함에 있어 대법원의 입장이 분명하다고 하기도 어렵다.

(3) 이 사건에서의 판단

이 사건 사립학교법 조항은 학교교육에 직접 사용되는 교지·교사 등의 매도를 절대적으로 금지하고 있으므로, 청구인 김○선의 권○효 및 염○열에 대한 각 유치원 매도행위는 사립학교법의 강행규정을 잠탈할 목적으로 증여 및 설립자변경이라는 편법을 동원한 것으로서 사립학교법위반에 해당한다.

나. 청구인들의 유아교육법위반 부분에 대한 판단

(1) 현재 사립유치원의 설립자를 변경하는 방법으로는 사립유치원을 폐쇄한 다

음 새로이 신설하는 방법과 설립자변경절차에 의한 방법 등 두 가지가 있다. 특히 후자의 경우, 유치원의 변경인가를 신청하려는 사립유치원경영자는 '고등학교 이하 각급 학교 설립·운영 규정' 및 '고등학교 이하 각급 학교 설립·운영 규정 시행규칙'에서 정하는 시설·설비 등의 기준과 인가신청 절차에 따라(유아교육법 시행규칙 제2조의3), 그 변경사유, 변경사항 및 변경 연월일을 기재한 학교변경 인가신청서에 변경사항에 따른 관련 서류를 첨부하여 교육감에게 신청하여야 한다(유아교육법 시행령 제9조 제4항). 사립유치원을 폐쇄한 다음 새로이 신설하는 방법과는 달리 학교설립계획서를 제출하지 않아도 된다는 점에서 기간과 절차상 단축되는 효과가 있다.

(2) 그러나 앞서 본 바와 같이 이 사건에서 문제된 정○희의 청구인 최○훈에 대한 매도행위 및 청구인 김○선의 권○효, 염○열에 대한 각 매도행위가 사립학교법 제28조 제2항에서 금지되는 매도행위에 해당하는 이상 설립자변경인가절차를 진행 중인 매수인으로서는 매매를 통해 합법적으로 소유권이전을 받을 수 있는 길은 없는 것이고, 결국 청구인들은 이와 같은 사정을 잘 알면서 똑같이 매도인의 '건강상의 이유'를 설립자변경원인으로 하여 이 사건 유치원설립자변경인가를 받게 된 것이며, 교지·교사에 대한 소유권이전등기 역시 그 등기원인을 매매가 아니라 증여로 허위 기재한 데에 따른 것이다. 이러한 일련의 과정들은 적극적으로 속임수를 사용한 것이거나 올바르지 않은 행위를 동원한 것으로서 구 유아교육법 제34조 제2항 제3호에서 말하는 "거짓이나 그 밖의 부정한 방법"을 통해 변경인가를 받은 경우에 해당한다. 그 소유권이전등기가 사법상 실체에 부합하는 유효한 등기인지 여부와는 상관이 없는 문제이다.

따라서 청구인들이 이 사건 각 사립유치원에 대하여 설립자변경인가를 받은 행위는 유아교육법위반에 해당한다.

다. 탈법행위 내지 법률회피행위에 대한 엄중한 대처의 필요성

우리 사회는 법을 교묘하게 이용하고 회피하는 탈법행위 내지 법률회피행위가 만연하고 있다. 이는 법이 잘못되었거나 법의 불완전·불충분 등 그 흠결 내지 공백을 악용하기 때문에 일어나는 사회적 병리현상이다. 이러한 현상은 사회적 갈등을 조장하고 법에 대한 불신을 야기할 뿐만 아니라, 특히 법률회피행위의 경우는 법치의 근간을 무너뜨릴 수 있으므로 엄격하게 규제되어야 하고 그에 따른 응분의 법적 책임이 뒤따라야 한다.

이 사건의 경우, 청구인들은 우선 사립학교법을 위반하여 유치원의 교지·교사를 매수하거나(청구인 최○훈) 매도한(청구인 김○선) 이후에 종전 경영자인 매도인의 '건강상의 이유'를 들어 설립자 변경인가를 신청하였고, 또한 설립자 변경을 위해서는 폐원인가와 새로운 설립인가의 절차를 거쳐야 함에도 이를 회피하기 위하여 '매매'를 '증여'로 가장하여 소유권이전등기를 경료함으로써 설립자 변경인가를 받은 것이므로, 거짓이나 그 밖의 부정한 방법을 통해 변경인가를 받은 경우에 해당한다.

법정의견과 같이 "이 사건 사립학교법 조항에서 절대적으로 금지되는 매도의 범위에서 이 사건처럼 사인인 사립유치원경영자가 사립유치원의 기본재산을 유치원의 운영권과 함께 일체로 처분하는 경우는 제외된다."고 해석하여 청구인 김○선을 구제하고자 한다면, 한 걸음 더 나아가 헌법재판소법 제75조 제5항의 규정에 따른 부수적 규범통제로서 이 사건 사립학교법 조항이 헌법에 위반된다고 선고하는 것이 솔직한 자세일 것이다. 법을 적용함에 있어 관용이 미덕이라고는 하지만, 사안이 이와 같이 엄중함에도 불구하고 탈법행위 내지 법률회피행위로 실정법을 조롱하는 청구인들에 대하여 무리한 해석으로써 면죄부를 부여하는 법정의견은 도저히 수긍할 수 없다. 피청구인은 법정의견이 고려하는 바와 같은 여러 가지 사정을 모두 참작하여 이 사건 기소유예처분을 한 것이다.

라. 결 론

이상을 종합하면, 헌법재판소에서 이 사건 사립학교법 조항에 대하여 어떠한 판단을 하지도 아니한 상태에서 위 조항의 문리적 해석에 따라 그 혐의를 인정한 피청구인의 기소유예처분이 헌법재판소가 관여하여 취소할 만큼 법리오해에 기초하여 이루어진 자의적인 처분이라 보기 어려울 뿐 아니라, 청구인들이 실제로는 매매를 하였음에도 설립자변경인가를 받기 위하여 증여로 가장한 사실도 인정되므로 피청구인이 현저히 형평에 반하는 수사를 하였거나, 헌법의 해석, 법률의 적용 또는 증거판단에 있어 이 사건 기소유예처분에 영향을 미친 중대한 잘못이 있었다고 보이지 아니한다.

그렇다면 피청구인의 이 사건 기소유예처분으로 인하여 청구인들이 주장하는 기본권이 침해되었다고 볼 수 없으므로 이 사건 심판청구는 모두 기각하여야 한다.

[64] 자율형 사립고등학교 사건

(2019. 4. 11. 2018헌마221)

◇ 사안과 쟁점

청구인들은 자율형 사립고등학교(이하 '자사고')를 운영하는 학교법인이거나, 평준화지역의 중학생 및 그 학부모들이다. 2018학년도까지의 고등학교 입시 일정에서는 자사고가 전기학교에 포함되어 학생들이 전기에 자사고를 지원하고 불합격할 경우 후기학교를 지원하는 것이 가능하였다(초·중등교육법 시행령 제85조 제2항). 그러나 2017. 12. 29. 위 시행령이 개정되면서 제80조 제1항에서 제5호를 삭제하여 자사고를 일반고와 동일하게 후기학교로 정하고('동시선발조항'), 제81조 제5항 중 괄호 안에 '제91조의3에 따른 자율형 사립고등학교는 제외한다' 부분을 삽입하여 자사고를 지원한 학생에게는 위 시행령 제90조 제1항 제6호에 해당하는 특목고(외국어고·국제고) 및 자사고를 제외한 평준화지역의 후기학교에 중복지원하는 것을 금지하였다('중복지원금지조항').

이에 청구인들은 위 개정으로 인하여 학생과 학부모는 자사고 지원이 어려워지고 자사고는 학생선발에 어려움을 겪게 되었으므로, 개정 시행령이 학생과 학부모의 학교선택권, 학교법인의 사립학교 운영의 자유로서의 학생선발권, 평등권을 침해하고 신뢰보호의 원칙 등을 위반한다고 주장하면서 헌법소원심판을 청구하였다.

쟁점은, ① 자사고 등 특목고의 설치 근거를 대통령령으로만 규정하고 있는 것이 교육제도 법정주의에 위반하는지 여부(소극:적극 8:1), ② 자사고를 전기학교로 정하고 있던 시행령을 삭제하여 신입생을 일반고와 동시에 선발하도록 한 초·중등교육법 시행령 조항(동시선발 조항)이 과잉금지원칙에 위반하여 학교법인의 사학운영의 자유를 침해하는지 여부 또는 신뢰보호원칙을 위반하여 학교법인의 사학운영의 자유를 침해하는지 여부(소극:적극 4:5), ③ 자사고를 지원한 학생에게 평준화지역 후기학교에 중복지원하는 것을 금지한 위 시행령 조항(중복지원금지조항)이 학생 및 학부모의 평등권을 침해하는지 여부이다(2019. 4. 11. 2018헌마221; 공보 271호 558면).

쟁점 ①에 관하여는 8명의 다수의견이 합헌의견이었으나, 재판관 조용호는 교육제도 법정주의에 위반된다고 보았고, 쟁점 ②에 관하여는 위헌과 합헌이 5:4로 나뉘었으며, 쟁점 ③에 관하여는 중복지원금지조항이 학생 및 학부모의 평등권을 침해하여 위헌이라는 데에 전원 일치 의견이었다.

◇ 교육제도 법정주의 위반 의견

나는 자사고 등 고등학교의 종류 및 입학전형제도를 법률에서 직접 규정하지 않고 법률의 위임근거도 없이 시행령에서 비로소 규정한 결과 심판대상조항 역시 교육제도 법정주의에 위반된다고 생각하므로 그 이유를 밝힌다.

넓은 의미의 교육제도 법정주의는 국가의 백년대계인 교육이 일시적인 특정 정치세력에 의하여 영향을 받거나 집권자의 통치상의 의도에 따라 수시로 변경되는 것을 예방하고 장래를 전망한 일관성이 있는 교육체계를 유지·발전시키기 위한 것이며, 그러한 관점에서 국민의 대표기관인 국회의 통제 하에 두는 것이 가장 온당하다는 의회민주주의 내지 법치주의 이념에서 비롯된 것이다. 이는 헌법이 한편으로는 교육을 받을 권리를 국민의 기본권으로서 보장하고 다른 한편으로 이를 실현하는 의무와 책임을 국가가 부담하게 하는 교육체계를 교육제도의 근간으로 하고 있음을 나타내는 것이라고 할 수 있다(헌재 1992. 11. 12. 89헌마88; 헌재 2000. 3. 30. 99헌바14; 헌재 2001. 2. 22. 99헌바93 등 참조). 헌법 제31조 제6항의 교육제도 법정주의는 교육에 관한 기본정책 또는 기본방침 등 교육에 관한 기본적 사항을 법률로 규정하게 함으로써 국민의 교육을 받을 권리가 행정기관에 의하여 자의적으로 무시되거나 침해당하지 않도록 하고, 교육의 자주성과 중립성을 유지하고자 하는 데에 그 의의가 있다(헌재 2013. 11. 28. 2011헌마282등 참조).

'교육기본법'은 제9조에서 "유아교육·초등교육·중등교육 및 고등교육을 하기 위하여 학교를 둔다(제1항). 학교의 종류와 학교의 설립·경영 등 학교교육에 관한 기본적인 사항은 따로 법률로 정한다(제4항)."고 규정하고 있고, 이에 따라 유아교육법, 초·중등교육법, 고등교육법이 따로 제정되어 있다. 그런데 고등교육법 제2조에서는 학교의 종류로 대학, 산업대학, 교육대학, 전문대학, 방송대학·통신대학·방송통신대학 및 사이버대학, 기술대학, 각종학교를 두어 대학의 종류를 세분화하여 명시하고 있다. 이에 반하여 초·중등교육법 제2조는 학교의 종류로 초등학교·공민학교, 중학교·고등공민학교, 고등학교·고등기술학교, 특수학교, 각종학교를 두고 있을 뿐, 고등학교의 종류나 구분·유형 등에 관하여는 아무런 규정을 두고 있지 아니하고 달리 시행령에 위임하는 규정을 두고 있지도 않다. 그럼에도 시행령은 제76조의3[고등학교의 구분]에서 고등학교를 일반고등학교, 특수목적고등학교, 특성화고등학교, 자율고등학교로 구분하면서, 제4호에서 '자율고등학교(제91조의3에 따른 자율형 사립고등학교 및 제91조의4에 따른 자율형 공립고등학교를 말한다)'라고 규정하여 비로소 자사고에 관한 근거규정을 두고 있다. 특히 자사고에 관한 제76조의3 제4호의 규정은 2010. 6. 29. 신설된 조항이다(신설 당시 제76조의2 제4호).

고등학교의 제도, 종류 및 운영에 관한 기본적인 사항은 국가와 사회질서에 미치는 영향과 파급효과가 매우 크고, 고등학교 입학전형제도는 학생 및 학부모의 학교선택권, 학교의 학생선발권, 교육당국의 정책, 사립학교의 자율성 등 이해관계가 다양하게 얽혀 있다. 이같이 상충되는 이해관계를 조정한 고등학교의 종류와 입학전형제도의 설계는 국민의 대표기관인 국회가 직접 공청회 등을 통해 다양한 의견을 수렴하고 조정을 거쳐 법률로 결정하여야 하는 것이지 백지식으로 행정입법에 위임하거나 그러한 위임조차 없이 행정입법에서 비로소 규정해서는 안 될 사항이다(헌재 2009. 4. 30. 2005헌마514 반대의견; 헌재 2012. 11. 29. 2011헌마827 반대의견 참조).

다수의견은 법 제61조를 자사고의 운영 근거규정 중 하나로 보고 있다. 그러나 법 제61조는 1997. 12. 13. 법률 제5438호로 법이 제정될 당시부터 존재하였던 규정으로, '대통령령으로 정하는 바에 따라 초·중등교육법 일부 조항을 한시적으로 적용하지 아니하는 학교 또는 교육과정을 운영할 수 있다'고 규정하고 있는데, 이때 적용이 제외되는 조항은 교장·교감의 자격(제21조 제1항), 3월 1일부터 이듬해 2월 말일까지로 정한 학년도(제24조 제1항), 학년제(제26조 제1항), 교과용 도서(제29조 제1항), 학교운영위원회(제31조), 초등학교·중학교·고등학교의 각 수업연한(제39조, 제42조, 제46조)이다. 이처럼 법 제61조는 교장·교감의 자격, 수업연한, 학년제 등에 관한 조항만 적용을 제외하고 있을 뿐, 자사고에 대하여는 전혀 규정하고 있지 아니하다. 시행령 제91조의3은 비록 '법 제61조에 따라 학교 또는 교육과정을 자유롭게 운영할 수 있는 고등학교'라고 규정하고 있지만, 막상 자사고가 법 제61조에서 예외를 규정한 조항에 대하여 자율성을 행사한다고 보기는 어렵고, 실제 법 제61조는 자사고 운영과는 거의 관련도 없다.

그리고 다수의견은 법 제47조 제2항을 심판대상조항의 모법으로 보고 있으나, 법 제47조 제2항이 시행령에 위임한 것은 '고등학교의 입학방법과 절차 등'에 관한 것일 뿐 '고등학교의 종류'에 관한 것이 아니므로, 이 역시 심판대상조항은 물론 자사고의 본질적 규정인 시행령 제91조의3에 대한 위임규정도 아니다. 결국 지금의 자사고는 법률상의 근거 없이 만들어진 후 뒤늦게 시행령에서 근거규정을 두어 운영되고 있는 셈이다. 이는 과학고 등 특수목적고등학교의 경우도 마찬가지이다.

한편, 자사고에 관한 본질적인 규정인 시행령 제91조의3은 자사고 지정·고시의 요건, 절차(제1항, 제6항), 건학이념 및 학교운영에 관한 계획, 교육과정 운영에 관한 계획, 입학전형실시에 관한 계획 등 자사고 지정 신청서 제출시 포함시킬 사항(제2항), 입학정원의 20퍼센트 이상을 기초생활 수급자나 차상위 계층 등에서 선발하도록 하는 사회통합형 전형 실시 의무(제3항), 자사고 지정 취소의 요건 및 절차(제4, 5, 6항), 지정 취소 후의 후속절차(제7항), 기타 필요한 사항은 교육부령으로 정하도록(제8항) 규정하고 있다. 특히 제1항은 자사고로 지정되기 위해서는, 국가 또는 지방자치단체로부터 교직원 인건비 및 학교·교육과정운영비를 지급받지 아니할 것(제1호), 교육부령으로 정하는 법인전입금 및 교육과정운영기준을 충족할 것(제2호)이라는 2가지 요건을 모두 갖출 것을 요구하고 있다. 이와 같은 자사고의 지정 요건(제1항), 사회통합형 전형 실시 의무(제3항), 자사고 지정 취소 및 그 후속절차에 관한 규정(제4항 내지 제7항) 등은 자사고의 운영 주체에 대하여 경제적 부담 등 의무를 부과하거나 사회통합형 전형방법을 강제함은 물론 지정 취소의 경우 자사고로서의 법적 지위를 소멸시킨다. 이는 국민의 권리의무에 관한 규정으로서 전형적으로 법률에서 규정하여야 할 법률사항인 것이다.

결국 자사고에 관한 시행령의 위 규정들(제76조의3 제4호, 제91조의3)은 모두 법률사항을 법률, 즉 초·중등교육법에서 직접 규정하지 않고 위임근거도 없이 시행령에서 규정하여 교육제도 법정주의에 위반된다. 따라서 자사고에 관한 본질적 사항인 시행령의 위 규정들이 위헌인 이상 이를 전제로 한 심판대상조항 역시 교육제도 법정주의에 위반된다고 보아야 한다.

◇ 동시선발조항에 관한 위헌 의견

(1) 사학운영의 자유로서 학생선발권

사립학교는 그 설립자의 특별한 설립이념을 구현하거나 독자적인 교육방침에 따라 개성 있는 교육을 실시할 수 있을 뿐만 아니라, 공공의 이익을 위한 재산출연을 통하여 정부의 공교육 실시를 위한 재정적 투자능력의 한계를 자발적으로 보완해 주는 역할을 담당한다. 헌법재판소는 사립학교에 대한 위와 같은 인식을 바탕으로, 비록 헌법에 명문의 규정은 없지만 학교법인을 설립하고 이를 통하여 사립학교를 설립·경영하는 것을 내용으로 하는 사학의 자유가 헌법 제10조, 제31조 제1항, 제4항에서 도출되는 기본권임을 확인하는 한편, 학교 교육이 개인·사회·국가에 지대한 영향을 미친다는 점에서 사립학교도 국·공립학교와 본질적으로 다를 바 없음을 밝힌 바 있다(헌재 2001. 1. 18. 99헌바63; 헌재 2013. 11. 28. 2007헌마1189등 참조).

자사고는 부분적이나마 사립학교 본래의 모습, 즉 '사학의 정형(定型)'을 회복시키기 위해 도입되었다. 해방 이후 우리나라의 사립학교는 공교육 체제의 한 구성요소로서 기능해왔기 때문에 독자적인 건학이념을 실현하는데 상당한 제약이 있었다. 이에 자사고의 교육과정 및 학교 운영 전반에 상당한 자율성을 보장해 줌으로써, 고유한 건학이념에 따라 사학 본래의 모습으로 발전할 수 있는 계기를 마련해주고자 한 것이다. 사학운영의 자유는 국가가 형성적으로 만들어준 것이 아니라 금지된 자유의 일부 회복일 뿐이므로 최대한 보장되어야 한다. 사학운영의 자유 중 학생선발권은 그 핵심적 내용이고, 학생선발권을 실행함에 있어 선발시기는 가장 중요한 결정사항 중 하나이다. 따라서 삭제되기 전의 시행령 제80조 제1항 제5호는 자사고의 전기모집을 보장하였다. 그런데 이 사건 동시선발 조항으로 인하여 자사고는 더 이상 전기에 입학전형을 실시할 수 없게 됨으로써 청구인 학교법인은 사학운영의 자유 중 학생선발권(특히 학생선발의 시기)을 제한받는다.

(2) 과잉금지원칙 위반 여부

(가) 심사기준

학교법인은 설립자가 정한 설립취지에 따라 사립학교를 설립하여 자주적·자율적으로 운영할 수 있는 자유를 가지며, 이는 헌법상의 기본권으로 보장된다(헌재 2001. 1. 18. 99헌바63 참조). 학교법인과 사립학교는 설립자의 특별한 의지와 재산에 의하여 독자적인 교육목적을 구현하기 위하여 설립되는 것이므로 사립학교 교육의 자율성과 독자성을 보장하는 것은 사립학교제도의 본질적 요체이다. 사립학교의 자주성과 자율성은 교육의 자주성과 전문성을 살리기 위하여 보장되어야 하지만, 교육의 다양성을 구체적으로 실현하기 위해서도 보장되어야 한다. 사립학교 교육에 대한 국가의 간섭은 사립학교가 담당하는 공교육, 즉 학력인정에 필요한 교육의 충실을 확보하기 위하여 필요한 한도에 그쳐야 한다. 헌법 제31조 제6항이 사립학교를 포함한 교육제도의 내용 형성을 입법권에 위임하였다고 하더라도, 사립학교에 관한 법령이 학교법인이나 사립학교의 자율적 운영을 제한하기 위해서는 헌법 제37조 제2항의 요건을 갖추어야 하고, 헌법 제31조 제1항이 보장하고 있는 교육받을 권리와 교육선택권을 충실하게 보장하기 위하여 필요한 경우에 최소한도의 제한에 그쳐야 한다(헌재 2009. 4. 30. 2005헌바101 반대의견 참조).

㈏ **판 단**

1) 입법목적의 정당성 및 수단의 적합성

교육당국에 의하면, 이 사건 동시선발 조항, 즉 자사고의 전기모집을 삭제한 개정 시행령의 입법목적은 '동등하고 공정한 입학전형의 운영'을 통해, '우수학생 선점 해소 및 고교서열화를 완화'하고 '고등학교 입시경쟁을 완화'한다는 것이다.

학생들의 학구열, 자사고의 훌륭한 시설과 교과선택의 자율성·교육의 다양성 등 우수한 교육환경과 교원의 전문성·진로 및 인성지도 등 양질의 교육서비스 제공이 어우러져 이른바 명문대 입시에서 자사고가 일반고보다 다수의 합격자를 배출하게 되었음은 사실이다. 교육당국은 자사고 진학을 희망하는 학생들이 일반고 진학을 희망하는 학생들보다 사교육비를 많이 지출한다는 조사결과 등을 들어 자사고가 입시과열을 부추긴다고 보고 있다(2017년 이 사건 시행령 개정안 관련 교육부 보도자료 참조). 그런데 자사고 입학전형은 추첨 또는 추첨과 면접을 결합하는 방법(서울), 학교생활기록부의 기록과 면접 등(서울 이외)에 의하고, 필기시험이나 교과지식 측정을 목적으로 한 입학전형이 금지되므로(시행규칙 제72조 제2항, 제3항), 고교 입시경쟁을 유발하는 측면은 크다고 볼 수 없다. '우수학생 선점'이라는 부분은 공교육의 수준을 끌어올려 양질의 교육을 제공할 책임이 있는 교육당국이 그러한 책임은 포기한 채 단지 우수학생의 자사고 진학을 막겠다는 의지 표현에 불과하다. 대학입시가 고등학교 교육의 대전제로 된 우리 교육 현실에서 자사고를 포함한 각 고등학교 간의 경쟁은 불가피하다. '고교서열화'라는 것도 법령상 아무런 근거가 없는 주관적·사실적 개념으로 오히려 사회나 교육당국에서 이른바 명문대 합격자 수만을 가지고 평가한 것에 불과하다. '동등하고 공정한 입학전형의 운영'이라는 것은 결국 공교육, 즉 고등학교 평준화에 대한 불신이 자사고 선호로 이어진 것이지 자사고가 공교육을 망가뜨린 것이 아니라는 점을 간과한 명분론일 뿐이다.

그런데 현 정부는 일반고와 자사고 간의 학력격차가 학교의 교육효과보다는 우수학생 선발효과 때문이라는 판단 아래 자사고의 전기모집을 보장하는 시행령 규정을 삭제하였다. 그 진정한 의도는 평준화 정책의 확대를 위해 자사고를 우회적으로 폐지하고자 하는 것으로 보인다. 정권이 바뀌었다고 해서 과거 여러 정부에서 추진해온 자사고의 전기모집에 관한 교육정책을 국민적 합의나 사회적 공론화 없이 하루아침에 변경하는 것은 교육을 정치의 도구로 전락시키는 결과를 가져온다. 결국 이 사건 동시선발 조항은 사실상 자사고를 고사시키려는 것으로서 그 수단의 적합성도 결여하였다.

다만, 기본적으로 자사고에 대한 논쟁은 사학의 자율성과 공공성, 교육의 수월성(秀越性)과 형평성 중 무엇을 우선적으로 강조할 것인가라는 교육철학의 문제로 귀결되고, 현 정부의 교육철학이 아래에서 보는 바와 같이 과거 김영삼 정부로부터 박근혜 정부에 이르기까지의 그것과 달리 하기 때문이라는 점을 고려한다면 위와 같은 입법목적 자체는 일단 수긍할 수 있고, 이 사건 동시선발 조항은 그 목적달성에 기여하는 적합한 수단이라 볼 수 있다.

2) 침해의 최소성

이 사건 동시선발 조항은 다음과 같이 청구인 학교법인의 사학운영의 자유를 과도하게 제한하고 있다.

① 자사고가 건학이념에 따른 특성화·다양화된 교육을 실시하기 위해서는 그에 적합한 적성·소질·능력을 갖춘 학생들을 우선 선발할 수 있어야 하는데, 이 사건 동시선발 조항은 자사고 운영에 있어 핵심적 요소인 전기모집을 삭제함으로써 자사고 운영의 근간을 흔들고 있다.

자사고는 국가나 지방자치단체로부터 재정적으로 독립되어 있다. 일반 사립고등학교는 정부로부터 보조금을 지원받을 수 있는데 반하여, 자사고는 시행령 제91조의3 제1항 제1호에 따라 '국가 또는 지방자치단체로부터 교원의 명예퇴직 수당을 제외한 교직원 인건비 및 학교·교육과정 운영비를 지급받지 아니할 것'을 조건으로 하여 지정된다. 나아가 학교법인에게는 시행규칙 제77조 소정의 법인전입금 기준을 충족하여야 할 의무가 부과되어, 정부로부터 재정적 독립을 유지하여야 하는 것은 물론이고 법인전입금을 고정적으로 납부하여야 하는 부담까지 지게 된다. 그렇다면 자사고는 국가 및 지방자치단체로부터 재정적으로 독립하는 대신 일반 사립고등학교에 비하여 더 폭넓은 자율권을 향유하고, 학생선발권에 대한 규제도 되도록 받지 않는다고 보아야 한다(헌재 2015. 11. 26. 2014헌마145 참조).

또한 자사고 학생들은 일반고에 비하여 평균 3배 정도의 등록금을 납부하고, 특히 청구인 학교법인의 경우 전국단위모집 자사고로서 전국에서 모인 학생들을 위해 기숙사를 운영하고 있다. 자사고는 대학입학 준비기관으로서의 일반적인 고교교육을 실시하면서도 각 학교마다 건학이념에 따른 다양화·특성화 교육도 함께 추구하고 있다. 이러한 점을 고려한다면 자사고는 일반고 모집에 앞서 학생을 선발할 수밖에 없고, 전기모집은 자사고 운영에 있어서 핵심적 요소이다.

② 반면, 이 사건 동시선발 조항이 입법목적 달성에 기여하는 정도는 미미하거나 불확실하다. 교육당국은 자사고와 일반고 간의 학력격차의 원인을 단순히 우수학생 선점 효과로 지목하고 있을 뿐, 자사고와 일반고 간 교육과정 차이로 인한 효과는 외면하고 있다. 우수학생 선점과 고교서열화 문제를 해결하기 위해서는 궁극적으로 일반고의 경쟁력을 강화시켜야 한다. 그런데 이 사건 동시선발 조항은 일반고의 학력저하의 책임을 자사고에 돌려 그 입법목적 달성이라는 명분 아래 자사고에 대한 손쉬운 규제를 택한 것이다.

③ 나아가 이 사건 동시선발 조항은 뒤에서 보는 바와 같이 이 사건 중복지원 금지 조항과 결합하여 자사고의 존폐 여부에까지 영향을 미칠 수 있다.

평준화지역 일반고에 진학하려는 학생들은 중학교 학교생활기록부를 기준으로 시·도별 전체 평준화지역 후기학교 정원 내에 들면 고등학교 배정 대상자로 선발되고 고등학교 배정이 보장된다. 그런데 이 사건 동시선발 조항 및 이 사건 중복지원 금지 조항으로 인하여 자사고는 일반고와 같은 후기학교가 되고, 후기학교 중 자사고를 지원하였다가 불합격하는 경우 뒤에서 살펴보는 바와 같이 평준화지역 일반고에 지원할 기회가 없고 교육감의 정책에 따라서는 학교군 내의 일반고에 배정·추가배정되지 못하여 통학이 힘든 먼 거리의 비평준화지역으로 진학하거나 그조차 곤란한 경우 재수를 하여야 한다. 자사고의 입학전형은 앞서 본 바와 같이 추첨과 면접 등(서울) 또는 학생생활기록부의 기록과 면접 등(서울 이외)에 의하여 실시된다. 해당 학교의 경쟁률이나 합격 여부를 예측할 수 없는 상태에서 학생과 학부모들이 자사고 불합격시 입게 되는 불이익이 너무 크기 때문에 자사고 지원을 포기하거나 기피하게 될 것이고, 그 결과 자사고는 학생선발에서 상당한 제한을 받고 정원 미달사태를 맞게 되거나 학교 재정의 악화로 운영난을 겪게 됨으로써 자사고의 형태를 유지하는 것조차 불가능한 상황에 처할 가능성도 있고, 결국 자연스럽게 일반고로 전환할 수밖에 없다.

④ 자사고가 거짓이나 그 밖의 부정한 방법으로 회계를 집행한 경우, 부정한 방법으로 학생을 선발한 경우, 교육과정을 부당하게 운영하는 등 지정 목적을 위반한 중대한 사유가 발생한 경우, 교육감이 5년마다 해당 학교 운영 성과 등을 평가하여 지정 목적의 달성이 불가능하다고 인정되는 경우(시행령 제91조의3 제4항 참조)에는 교육감이 자사고의 지정을 취소할 수 있다. 이와 같이 개별적인 규제와 심사를 통해서 덜 제약적인 방식으로 입법목적을 달성할 수 있음에도, 이 사건 동시선발 조항은 일률적으로 자사고의 일반고 전환을 유도하고 있어 부당하다(이 부분 설시는 작금의 전국 24개 자사고 재지정과 관련하여 교육부 및 10개 시·도교육청이 평가지표를 대폭 바꾸거나 강화한 조치의 정당성 여부 및 그에 따른 재지정 심사가 정당한지 여부와는 별개의 문제이다).

한편, '공교육의 정상화와 자사고의 바람직한 운영'이라는 공익은 자사고의 지정 또는 자사고의 전기모집을 유지한 채로 그 운영방식을 개선하는 방법으로도 충분히 달성할 수 있다. 즉, 자사고를 일반고로 전환하면 그에 따라 정부의 재정지원이 뒤따라야 하는데, 차라리 자사고의 전기모집을 그대로 유지하면서 일반고 전환에 따른 재정지원 부분을 다른 일반고에 투입하여 공교육을 살리는 덜 침해적인 방법이 있다. 굳이 자사고를 억제하려면 위 시행령 제91조의3 제4항 소정의 지정 취소 사유가 있는 자사고에 대하여 지정취소를 하거나 신규 자사고 지정을 자제하는 정책을 펴는 수준이어야 하는 것이다.

⑤ 위와 같은 점을 종합하여 보면, 이 사건 동시선발 조항은 침해의 최소성 원칙에 위배된다.

3) 법익의 균형성

이 사건 동시선발 조항의 입법목적에 따른 공익을 인정한다 하더라도, 위에서 본 바와 같이 이 사건 동시선발 조항은 청구인 학교법인의 학생선발권을 중대하게 제한하고 있으며, 나아가 자사고의 안정적 운영 또는 존립 그 자체를 위협하고 있다. 어느 나라에서도 우수학생 선점을 해소하고 고교서열화 및 고등학교 입시경쟁을 완화한다는 명목으로 명문 사립고등학교를 폐지하거나 폐지를 유도하는 경우는 없다.

이 사건 동시선발 조항은 그 달성하고자 하는 공익보다 청구인 학교법인이 침해받는 사익이 훨씬 크다고 할 것이므로 법익의 균형성도 인정하기 어렵다.

㈐ 소 결

세계는 4차 산업혁명이라는 문명사적 대전환기에 있다. 나라와 민족의 명운이 걸린 이런 중차대한 시기에 우리가 세계사를 선도하기 위해서는 주요 선진국의 경우와 같이 고등학교에서도 자기주도학습, 창조적 문제해결, 소통기반 협력 등의 역량을 키워주는 교육혁명이 필요하다. 그런데 이 사건 동시선발 조항은 고교 평준화에 매몰되어 '사학의 자율성과 교육의 수월성' 보장을 통한 4차 산업혁명을 거부하거나 외면하고 있다. 이 사건 동시선발조항은 과잉금지원칙을 위반하여 청구인 학교법인의 사학운영의 자유를 침해한다.

(3) 신뢰보호원칙 위반 여부

청구인들은 이 사건 동시선발 조항이 전기학교였던 자사고를 후기학교로 변경하여 청구인 학교법인이 자사고의 전기모집에 대하여 가지고 있던 신뢰를 침해하였다고 주장하고 있다. 따라서 청구인 학교법인이 자사고의 전기모집에 대하여 가지고 있던 신뢰가 헌법상 보호가치가 있는 것인지, 교육당국이 입법목적으로 내세우는 공익과 비교형량할 때 우위에 있는 것인지 여부, 즉 이 사건 동시선발 조항이 신뢰보호원칙에 반하여 청구인 학교법인의 사학운영의 자유를 침해하는지 살펴본다.

㈎ 신뢰이익의 존재 및 보호가치

개인의 신뢰이익에 대한 보호가치는 ① 법령에 따른 개인의 행위가 국가에 의하여 일정방향으로 유인된 신뢰의 행사인지, ② 아니면 단지 법령이 부여한 기회를 활용한 것으로서 원칙적으로 사적 위험부담의 범위에 속하는 것인지 여부에 따라 달라진다. 만일 법령에 따른 개인의 행위가 단지 법령이 반사적으로 부여하는 기회의 활용을 넘어서 국가에 의하여 일정 방향으로 유인된 것이라면 특별히 보호가치가 있는 신뢰이익이 인정될 수 있고, 원칙적으로 개인의 신뢰보호가 국가의 법령개정이익에 우선된다고 볼 여지가 있다(헌재 2002. 11. 28. 2002헌바45; 헌재 2007. 4. 26. 2003헌마947등 참조).

1974년에 도입된 고교평준화 체제가 교육의 획일화와 학력저하를 불러왔고 학교의 무책임성을 조장했다는 문제의식에서, 정권의 변화에도 불구하고 학교체제의 다양성과 자율성의 토대 위에 교육의 수월성과 책임성을 추구해야 한다는 주장이 지속되어 왔다. 그리하여 학교 자율화 및 다양화의 정책기조는 김영삼 정부의 1995년 '5. 31. 교육개혁' 이후 교육정책의 기본 방향으로 자리잡아 왔다. 그 결과 김대중 정부는 2002년부터 자립형 사립고의 시범운영을 실시하면서 운영 상태가 우수한 학교들을 대상으로 자립형 사립고로의 전환을 적극적으로 유도·권장하였고, 노무현 정부는 시범운영의 성과를 분석한 결과 긍정적 효과가 나타났다고 보아 그 시범운영기간을 연장하였으며, 이명박 정부는 '고교다양화300' 프로젝트의 하나로 자사고를 도입하면서 자립형 사립고를 통합·확대하였는데, 사립고등학교의 자사고 설치에 대한 호응도가 낮자 법인전입금 등 조건을 완화하여 주면서까지 자사고 도입을 권장하였고, 이러한 정책기조는 박근혜 정부에서도 이어져 왔다. 그 결과 현재 전국적으로 40여개의 자사고가 있다. 이처럼 자사고는 평준화 정책을 유지하면서 사학의 자율성, 고교 교육의 다양성·특수성 추구, 교육경쟁력 강화, 학생·학부모의 학교선택권 확대, 조기 해외유학에 대한 대안, 사립학교 지원예산 절감 및 공립학교 투자확대 등을 위해 마련된 제도적 보완책이다.

특히 청구인 학교법인이 운영하는 학교들은 2002년경 자사고의 전신인 '자립형 사립고' 시범운영학교로 지정되어 자립형 사립고로 운영되어 오다가 2009. 3. 27. 시행령 개정으로 제105조의3에 자사고 제도가 도입되자 자사고로 전환하여 현재에 이르고 있다. 자립형 사립고 시범운영학교로 지정될 당시 교육당국은 시범학교 선정·운영방안을 발표하면서 학생선발에 있어 '전기학교로 선발'할 것을 명시하여 자립형 사립고 시범학교로 지정 신청할 것을 안내하였고, 이에 따라 청구인 학교법인은 자립형 사립고 시범학교 지정을 신청하였다.

자립형 사립고에서 자사고 전환 추진 당시 강원도 교육청이 청구인 학교법인 ○○학원에게 보낸 '2010년 자율형 사립고등학교 전환신청서 제출' 공문을 보면 2010년 시범운영 기간이 종료되어 '자율형 사립고'로 전환을 추진하니 전환신청서를 제출하여 달라는 내용이고, '자율형 사립고 전환 운영 기준'이 첨부되어 있다. 위 기준에는 입학전형(전국단위 모집), 교육과정(공통 기본 교과의 50%까지 자율), 재정운영(재정결함보조금 미지급, 법인전입금 기준, 수업료는 일반고의 3배 이내일 것) 등에 대하여 기재되어 있고, 기타 사항으로 '자립형 사립고 시범운영 지침 준수'가 기재되어 있었다. '자립형 사립고 시범운영 지침'에는 전기모집 방침이 포함되어 있었으므로 청구인 학교법인은 자사고 전환 이후에도 전기학교로 유지될 것임을 신뢰하였으며, 위 기준에

정권의 변동에 따라 자사고의 전기모집이 폐기될 수도 있다는 등의 부대조건은 없었다. 청구인 학교법인 ㅁㅁ학원과 학교법인 ▽▽학원이 각 전북 교육청, 울산광역시 교육청으로 받은 공문에는 그러한 기재가 없으나, 실질적으로 위와 같은 내용의 '운영 기준'에 따라 자사고로 전환되었다. 실제 2009. 3. 27. 시행령 개정으로 자사고가 법제화되면서 전기학교에 자사고가 명시되었다(제80조 제1항 제5호). 따라서 청구인 학교법인은 자사고의 경우에도 자립형 사립고 시범운영 지침상의 '전기학교 선발'이 그대로 유지된다고 믿었고, 그에 따라 자사고로 전환을 선택하였다. 청구인 학교법인은 자립형 사립고 시범운영 당시부터 자사고로 전환되어 현재에 이르기까지 약 15년간 '전기 입학전형'을 포함한 학생선발권이 계속 유지될 것이라고 믿고 높은 법인전입금 비율을 유지하면서 국가나 지방자치단체의 보조금을 포기하고 일반고에서는 필요 없는 기숙사를 설치하는 등 자사고 운영에 많은 투자를 하여 왔다.

그렇다면 청구인 학교법인의 자사고의 설립·운영은 단지 학교법인의 사익을 위한 것이 아니라, 국가가 고교 교육의 다양성과 자율성, 수월성과 책임성이라는 또다른 공익을 실현하고자 일정한 방향으로 유인·권장하고, 더 나아가 '대통령령'으로 '전기학교 선발'(삭제되기 전 시행령 제80조 제1항 제5호) 내지 '학생들의 자유로운 자사고 지원'을 보장함으로써 청구인 학교법인이 이에 호응하여 이루어진 것이고, 청구인 학교법인의 이러한 신뢰는 헌법상 특별히 보호가치가 있는 신뢰인 것이다.

㈏ **신뢰이익과 공익의 비교형량**

2005년 교육인적자원부에서 실시한 자립형 사립고 시범운영에 대한 평가 결과, 자립형 사립고는 지정조건을 대체로 준수하면서, 나름대로 건학이념을 제시하였고, 학교구성원들은 비교적 건학이념을 잘 이해하고 공유하고 있으며, 학교행정과 운영의 자율성이 신장되었고 이를 바탕으로 수업의 질 개선, 다양화·특성화 교육 확대, 고교 선택기회 확대, 수월성 제고, 사학 운영 모형을 제시하는 등 긍정적 효과가 나타났다고 한다[한국교육개발원, 자립형 사립고등학교 시범운영 평가보고서(2005), 104면 참조].

그런데 이 사건 동시선발 조항은 그 입법목적 달성에 기여하는 정도가 미미하거나 불확실한 정도에 그치지만, 이 사건 동시선발 조항 및 이 사건 중복지원금지 조항으로 인하여 청구인 학교법인은 막대한 피해를 입게 된다. 청구인 학교법인의 경우 심판대상 조항으로 인하여 학생들의 자사고 기피현상이 발생하여 학교 운영에 큰 어려움을 겪게 될 것은 분명하다. 즉, 자사고는 국가나 지방자치단체로부터 재정보조금을 받지 않고 법인전입금과 학생의 수업료 등으로 운영이 되기 때문에 학생 수 감소는 학교 운영에 큰 타격이 되고, 다른 사립학교에 비하여 법인전입금을 높은 수준으로 유지하고 있어 그 손실은 더욱 커질 것이다. 청구인 학교법인이 더 이상 손실을 감당하기 힘든 수준이 되면 결국 자사고 운영을 포기하고 일반고로 전환할 수밖에 없게 된다. 이 경우 상황에 따라서는 엄청난 재원을 투입한 기숙사 등 교육시설 및 교육시스템을 무용지물로 만들 수도 있으며, 청구인 학교법인이 운영하는 자사고가 일반고로 전환하는 것으로는 막대한 손해·손실·불이익을 해결할 수 없다.

한편, 자사고는 헌법 제31조 제6항에 따라 법률로 정하고 있는 학교교육제도에 관한 사항 중 일부가 적용되지 않는 학교이고, 자사고 제도의 운영은 국가의 교육정책과도 긴밀하게 관련되며, 자사고의 입학전형 시기는 그 운영주체인 학교법인은 물론 해당 학교에 입학하고자 하는 학생들에게 미치는 영향도 크다. 따라서 자사고의 입학전형 시기는 국가의 교육정책과 해당 지역의 실정 등을 고려하여 신중하게 이루어져야 할 필요가 있다. 특히 새로운 교육제도는 충분한 검토와 의견수렴을 거쳐 신중하게 시행되어야 하고, 그러한 과정을 거쳐 시행되고 있는 교육제도를 다시 변경하는 것은 관련된 다수의 이해관계인들뿐만 아니라 국가의 교육시책에 대한 일반 국민의 신뢰에도 큰 영향을 미칠 수 있는 만큼 더욱 조심스럽게 이루어져야 한다(대법원 2018. 7. 12. 선고 2014추33 판결 참조). 교육제도의 이러한 특성에 비추어 볼 때 청구인 학교법인은 자사고 입시가 전기학교에서 후기학교로 변경될 것이라는 점을 쉽게 예측하기 어려웠을 것이고, 정부가 자사고의 입학전형 시기를 전기학교에서 후기학교로 변경하면서도 사전에 충분한 검토와 의견수렴을 거쳤다는 흔적은 찾아보기 어렵다. 더욱이 자사고의 전기모집 근거인 구 시행령 제80조 제1항 제5호를 2017. 12. 29. 전격 삭제하고 아무런 경과규정이나 경과조치도 없이 2019학년도부터 바로 시행에 들어갔다. 이러한 조처는 국가의 교육시책에 대한 이해관계인들은 물론 일반 국민의 신뢰에도 크게 악영향을 미치는 것이다.

그렇다면 시행령 개정 전 자사고의 전기모집 조항에 대한 청구인 학교법인의 신뢰와 그로 인하여 입게 되는 불이익은 결코 작다고 보기 어려울 뿐만 아니라, 자사고를 후기학교로 변경함으로써 달성하려고 하는 공익은 그 효과가 불확실하거나 미미한 것으로 보이고, 오히려 자사고를 통하여 실현하고자 하는 고교 교육의 다양성과 자율성, 수월성과 책임성이라는 또 다른 공익의 희생이 더욱 크고 확실해 보인다.

(다) 이 사건 동시선발 조항은 국가정책의 계속성을 부인함으로써 신뢰보호원칙에 위배하여 청구인 학교법인의 사학운영의 자유를 침해하고 있다.

(4) 소 결

위에서 본 바와 같이 이 사건 동시선발 조항은 과잉금지원칙 및 신뢰보호원칙에 위반하여 청구인 학교법인의 사학운영의 자유를 침해한다. 이 사건 동시선발 조항이 사학운영의 자유를 침해한다고 판단한 이상 평등권을 침해한다고 하는 청구인 학교법인의 주장에 대하여는 더 나아가 판단하지 아니한다.

◇ 중복지원금지 조항에 관한 법정(위헌)의견

가. 쟁점 및 심사기준

(1) 시행령 제81조 제5항은 평준화지역 후기학교 주간부에 입학하고자 하는 자는 교육감이 정하는 방법 및 절차에 따라 2 이상의 학교를 선택하여 지원할 수 있도록 규정하고 있다. 그런데 이 사건 중복지원금지 조항은 후기학교 중 자사고의 경우 중복지원을 금지하고 있는바, 이 사건 중복지원금지 조항이 자사고에 진학하고자 하는 청구인 학생의 평등권을 침해하는지 여부가 문제된다. 한편 학부모는 비록 헌법에 명문으로 규정되어 있지는 않지만 혼인과 가족생활을 보장하는 헌법 제36조 제1항, 행복추구권을 보장하는 헌법 제10조 및 열거되지 않은 기본권에 관한 헌법 제37조 제1항으로부터 나오는 자녀교육권을 가지므로 마찬가지로 청구인 학부모의 평등권 침해 여부도 함께 살펴본다.

(2) 일반적으로 차별이 정당한지 여부에 대해서는 자의성 여부를 심사하지만, 헌법에서 특별히 평등을 요구하고 있는 경우나 차별적 취급으로 인하여 관련 기본권에 대한 중대한 제한을 초래하게 된다면 입법형성권은 축소되어 보다 엄격한 심사척도가 적용된다(헌재 2000. 8. 31. 97헌가12; 헌재 2011. 2. 24. 2008헌바56 참조).

자의심사의 경우에는 차별을 정당화하는 합리적인 이유가 있는지 여부만을 심사하기 때문에 그에 해당하는 비교대상 간의 사실상의 차이나 입법목적(차별목적)을 발견·확인하는 데 그치는 반면, 비례심사의 경우에는 단순히 합리적인 이유의 존부 문제가 아니라 차별을 정당화하는 이유와 차별 간의 상관관계에 대한 심사, 즉 비교대상 간의 사실상의 차이의 성질과 비중 또는 입법목적(차별목적)의 비중과 차별의 정도에 적정한 균형관계가 이루어져 있는가를 심사하게 된다(헌재 2001. 2. 22. 2000헌마25; 헌재 2011. 2. 24. 2008헌바56 참조).

(3) 이 사건의 경우 뒤에서 보는 바와 같이 고등학교 진학 기회에 있어서의 평등이 문제된다. 헌법은 제31조 제1항에서 "능력에 따라 균등하게"라고 하여 교육영역에서 평등원칙을 구체화하고 있다. 헌법 제31조 제1항은 헌법 제11조의 일반적 평등조항에 대한 특별규정으로서 교육의 영역에서 평등원칙을 실현하고자 하는 것이다. 평등권으로서 교육을 받을 권리는 '취학 · 진학의 기회균등', 즉 각자의 능력에 상응하는 교육을 받을 수 있도록 학교 입학에 있어서 자의적 차별이 금지되어야 한다는 차별금지원칙을 의미한다. 헌법 제31조 제1항은 취학 · 진학의 기회에 있어서 고려될 수 있는 차별기준으로 '능력'을 제시함으로써, 능력 이외의 다른 요소에 의한 차별을 원칙적으로 제한하고 있다. 여기서 '능력'이란 '수학능력'을 의미하고 교육제도에서 수학능력은 개인의 인격발현과 밀접한 관계에 있는 인격적 요소이며, 학교 입학에 있어서 고려될 수 있는 합리적인 차별기준을 의미한다(헌재 2017. 12. 28. 2016헌마649 참조).

또한 교육시설 중 '고등학교'의 진학이 문제되는바, 교육부의 2018년 교육기본통계에 의하면 2018년도 우리나라 전체 중학교 졸업자의 약 99.7%가 고등학교 과정에 진학하였다. 비록 고등학교 교육이 의무교육은 아니지만 매우 보편화된 일반교육임을 알 수 있다. 따라서 고등학교 진학 기회의 제한은 대학 등 고등교육기관에 비하여 당사자에게 미치는 제한의 효과가 더욱 크므로 보다 더 엄격히 심사하여야 한다. 따라서 이 사건 중복지원금지 조항의 차별 목적과 차별의 정도가 비례원칙을 준수하는지 살펴본다.

나. 판 단

(1) 이 사건 중복지원금지 조항은 앞서 본 이 사건 동시선발 조항과 마찬가지로 '우수학생 선점 해소 및 고교서열화를 완화'하고 '고등학교 입시경쟁을 완화'하기 위하여 신설된 것이다. 자사고 지원자들에게 일반고 지원을 금지시킴으로써 보다 더 철저히 자사고의 우선선발 가능성을 차단하기 위한 것으로서 이 사건 중복지원 금지 조항은 그 목적달성에 어느 정도 기여하는 수단이라 볼 수 있다.

(2) 자사고를 지원하는 학생과 일반고를 지원하는 학생은 모두 후기학교 지원자

라는 점에서 동일하다. 이 학생들은 모두 전기학교에 지원하지 않았거나, 전기학교에 지원하였다가 불합격한 학생들로서 고등학교에 진학하기 위해서는 후기 입학전형 1번의 기회만 남아있다는 점에서 같다.

시·도별로 차이는 있을 수 있으나 대체로 평준화지역 후기학교의 입학전형은 중학교의 학교생활기록부를 기준으로 매긴 순위가 평준화지역 후기학교의 총 정원 내에 드는 학생들을 합격자(배정대상자)로 선발하는 방식이다. 이른바 내신성적을 기준으로 평준화지역 후기학교 총 정원 내에 드는 학생들은 평준화지역 후기학교 배정이 보장되는 것이다.

반면 자사고에 지원하였다가 불합격한 평준화지역 소재 학생들은 이 사건 중복지원금지 조항으로 인하여 원칙적으로 평준화지역 일반고에 지원할 기회가 없다. 교육감은 학생배치계획상 추가 선발·배정이 필요한 경우 평준화지역 후기학교의 신입생을 추가로 선발·배정할 수 있고(시행령 제86조 제1항), 학교의 장이 입학전형을 실시하는 고등학교에 정원미달이 발생하면 해당 학교의 장이 신입생을 추가로 선발할 수 있다(시행령 제86조 제2항). 그러나 '학생배치계획상 추가 선발·배정이 필요'하거나 '학교의 장이 입학전형을 실시하는 고등학교에 정원미달이 발생'할 것인지 여부는 매우 불확실하고, 그러한 사유가 발생하였다고 하더라도 신입생을 추가로 선발할 것인지 여부는 전적으로 교육감 및 학교의 장의 재량에 따라 결정된다.

이에 따라 일부 지역의 경우 평준화지역 자사고 불합격자들에 대하여 일반고 배정 절차를 마련하지 아니하여 자사고에 지원하였다가 불합격한 학생들은 일반고의 후기 입학전형은 물론 추가 선발·배정을 통하여 자신의 학교군에서 일반고에 진학할 수 없는 상황에 처하기도 하였다. 이와 같이 자사고에 지원한 학생들은 학교생활기록부에 따른 순위가 평준화지역 후기학교 총 정원 내에 들더라도 사실상 고등학교 진학이 어려워지는 경우도 발생하였다.

(3) 고등학교는 중학교에서 받은 교육의 기초 위에 중등교육 및 기초적인 전문교육을 하는 것을 목적으로 한다(법 제45조). 고등학교 교육은 의무교육인 중학교 교육의 기초 위에 일반적인 교양을 높이고 기초적인 전문지식을 익힘으로써 대학 입학준비 또는 취업준비를 하는 과정이다. 현재 우리나라에서 고등학교 교육은 비록 의무교육은 아니나 의무교육인 초등학교 및 중학교 취학률·진학률에 버금가는 진학률을 보여주듯이 대부분의 학생이 중학교 졸업 직후 고등학교에 진학하고 있다. 이는

고등학교 교육의 중요성에 대하여 우리 사회가 보편적으로 인정하고 있음을 보여주는 것이다.

그런데 자사고에 불합격한 학생들은 자신이 재학 중인 중학교의 소재지 또는 거주지의 시·도별 교육감의 정책에 따라 평준화지역 일반고에 배정되지 못하고 통학이 힘든 먼 거리의 비평준화지역의 학교에 진학하거나 학교의 장이 입학전형을 실시하는 고등학교에 정원미달이 발생할 경우 해당 학교의 장이 실시하는 추가선발에 지원하여야 하고 그조차 곤란한 경우 고등학교 재수를 하여야 한다. 자사고에 지원하였다가 불합격한 어린 학생들에게 단지 자사고에 지원하였었다는 이유만으로 위와 같은 불이익을 주는 것이 과연 적절한 조치인지 의문이 아닐 수 없다.

(4) 대다수의 학생이 일반고에 진학하고 있음은 앞서본 바와 같고, 평준화지역 일반고를 추첨에 의해 배정하면서도 학생들에게 복수의 학교를 지원할 수 있도록 하는 것은 단순히 근거리 기준 배정이 아닌 학생들의 선호를 반영하기 위한 것이다. 평준화지역 일반고 내에서도 교풍(校風), 통학의 편의성, 사립학교의 경우 특정 종교를 기반으로 한 학교인지 여부 등을 고려하여 학생 개인별 선호하는 학교는 다양할 수 있다. 이를 고려하여 서울과 같은 지역의 경우는 학생들에게 거주지 인근 학교군 뿐만 아니라 서울 전 지역을 대상으로 하는 전체 단일학군에서 학교를 선택할 수 있는 기회까지 부여하고 있다. 그런데 자사고를 지원하는 학생들은 이 사건 중복지원금지 조항으로 인하여 고등학교 진학 자체가 불투명하게 되었다.

(5) 자사고와 평준화지역 후기학교의 입학전형 실시권자가 달라 자사고 불합격자에 대한 평준화지역 후기학교 배정에 어려움이 있다면, 단순히 입학전형 실시시기만 후기로 정할 것이 아니라 이를 해결할 다른 제도를 마련하였어야 한다. 그런데 이 사건 중복지원금지 조항은 중복지원금지 원칙만을 규정하고 자사고 불합격자에 대하여 아무런 고등학교 진학 대책을 마련하지 않았다. 따라서 자사고 불합격자는 고등학교에 진학할 수 있는지 여부가 시·도별 교육감의 재량에 의해 좌우되는 매우 불안정한 상태에 처하게 되었다. 실제로 일부 지역에서는 교육감이 평준화지역 후기학교 배정을 거부하는 상황도 발생하고 있다.

(6) 결국 이 사건 중복지원금지 조항은 고등학교 진학 기회에 있어서 자사고 지원자들에 대한 차별을 정당화할 수 있을 정도로 차별 목적과 차별의 정도 간에 비례성을 갖춘 것이라고 볼 수 없다.

다. 소 결

따라서 이 사건 중복지원금지 조항은 청구인 학생 및 학부모의 평등권을 침해하여 헌법에 위반된다. 이 사건 중복지원금지 조항이 평등권을 침해하여 위헌임을 확인한 이상 이 사건 중복지원금지 조항에 대한 청구인들의 그 밖의 주장에 대해서는 판단하지 아니한다.

2. 근로의 권리, 노동조합 관련

일반 사건에서의 의견

◇ 위헌의견을 취한 사례

- 월급근로자로서 6개월이 되지 못한 자를 해고예고제도의 적용예외 사유로 규정한 근로기준법 제35조 제3호가 근무기간이 6개월 미만인 월급근로자의 근로의 권리를 침해하고, 평등의 원칙에 위배되는지 여부(전원 적극, 2015. 12. 23. 2014헌바3; 공보 231호 127면)
- 청원경찰의 복무에 관하여 국가공무원법 제66조 제1항을 준용함으로써 모든 청원경찰의 근로3권을 전면 제한하고 있는 청원경찰법 조항이 국가기관이나 지방자치단체 이외의 곳에서 근무하는 청원경찰인 청구인들의 근로3권을 침해하는지 여부(전원 적극, 2017. 9. 28. 2015헌마653; 공보 252호 1012면): 헌재 2008. 7. 31. 2004헌바9 변경
- 국가비상사태 하에서 근로자의 단체교섭권 및 단체행동권을 제한한 구 '국가보위에 관한 특별조치법' 규정이 초헌법적 국가긴급권으로서 국가긴급권의 실체적 발동요건, 사후통제 절차, 시간적 한계에 위반되어 위헌인지 여부, 위 조항이 근로3권의 본질적인 내용을 침해하는지 여부(전원 적극, 2015. 3. 26. 2014헌가5; 공보 222호 498면)

▸ 법인의 대리인·사용인 기타의 종업원이 그 법인의 업무에 관하여 근로자가 노동조합을 조직 또는 운영하는 것을 지배하거나 이에 개입하는 행위를 한 때에는 그 법인에 대하여도 벌금형을 과하도록 한 '노동조합 및 노동관계조정법' 제94조 중 '법인의 대리인·사용인 기타의 종업원이 그 법인의 업무에 관하여 제90조의 위반행위를 한 때에는 그 법인에 대하여도 해당 조의 벌금형을 과한다' 부분 가운데 제81조 제4호 본문 전단에 관한 부분이 책임주의 원칙에 위반되는지 여부(전원 적극, 2019. 4. 11. 2017헌가30; 공보 271호 391면)

◇ 합헌의견을 취한 사례

▸ 노동조합으로 하여금 행정관청이 요구하는 경우 결산결과와 운영상황을 보고하도록 하고 그 위반시 과태료에 처하도록 하고 있는 노동조합 및 노동관계조정법 제96조 제1항 제2호 중 '제27조의 규정에 의한 보고를 하지 아니한 자'에 관한 부분이 과잉금지원칙에 반하여 노동조합의 단결권을 침해하는지 여부(전원 소극, 2013. 7. 25. 2012헌바116; 공보 202호 977면)

▸ 계속근로기간 1년 이상인 근로자가 근로연도 중도에 퇴직한 경우 중도퇴직 전 1년 미만의 근로에 대하여 유급휴가를 보장하지 않는 근로기준법 제60조 제2항의 '계속하여 근로한 기간이 1년 미만인 근로자' 부분이 청구인의 근로의 권리 및 평등권을 침해하는지 여부(소극:적극 5:4, 2015. 5. 28. 2013헌마619; 공보 224호 897면)

▸ 외국인에게 근로의 권리에 관한 기본권 주체성이 인정되는지 여부(전원 적극), 고용허가를 받아 국내에 입국한 외국인근로자의 출국만기보험금을 출국 후 14일 이내에 지급하도록 정한 '외국인근로자의 고용 등에 관한 법률' 조항이 외국인근로자의 근로의 권리, 평등권을 침해하는지 여부(소극:적극 6:3)(2016. 3. 31. 2014헌마367; 공보 234호 610면)

▸ 사업주와의 관계에서 사용종속관계가 인정되지 않는 노무제공자 중 이른바 '특수형태근로종사자'에 대하여 근로기준법상 근로자와 동일한 보호가 이루어져야 한다고 주장하는 내용의 헌법소원심판청구가 진정입법부작위를 다투는 것에 해당한다고 한 사례(1인의 반대의견 있음, 2016. 11. 24. 2015헌바413등; 공보

242호 1890면)

- 국가기관 등의 취업지원 실시기관이 시행하는 공무원 채용시험의 가점 대상이 되는 공무원의 범위에서 지도직 공무원을 배제하도록 규정한 구 '국가유공자 등 예우 및 지원에 관한 법률 시행령' 제48조 [별표 8] 제1. 가. 1)항 중 "지도직 공무원은 제외한다" 부분이 국가유공자 등에게 우선적으로 근로의 기회를 제공할 국가의 의무를 규정한 헌법 제32조 제6항을 위반하는지 여부(전원 소극, 2016. 10. 27. 2014헌마254등; 공보 241호 1685면)
- 일용근로자로서 3개월을 계속 근무하지 아니한 자를 해고예고제도의 적용제외사유로 규정하고 있는 근로기준법 제35조 제1호가 청구인의 근로의 권리를 침해하는지 여부(전원 소극, 2017. 5. 25. 2016헌마640; 공보 248호 570면)

[65] '기간제 및 단시간근로자 보호 등에 관한 법률' 위헌확인 사건

(2013. 10. 24. 2010헌마219등)

◇ 사안과 쟁점

청구인들은 비정규직 사원들로서 2년 또는 9년 이상을 같은 직장에서 근무하여 왔다. 사용자가 기간제근로자를 사용하는 경우 최장 2년까지만 사용할 수 있도록 규정하고 있는 '기간제 및 단시간근로자 보호 등에 관한 법률'(이하 '기간제법') 제4조가 청구인들의 기본권을 침해한다고 주장하면서 헌법소원심판을 청구하였다.

쟁점은, 기간제법 제4조 제1항 본문('심판대상조항')이 사용자로 하여금 2년을 초과하여 기간제근로자를 사용할 수 없도록 함으로써, 정규직이 아니더라도 기존 직장에서 계속 근무하기를 원하는 기간제근로자들마저 2년을 초과하여 계속적으로 근무할 수 없게 함으로써 헌법 제10조에서 파생되어 나오는 계약의 자유를 제한하고 있는지 여부이다(적극:소극 2:7, 2013. 10. 24. 2010헌마219등; 공보 20호 1529). 재판관 조용호 등 2명은 다수의견과 달리 위헌의견을 취하였다.

◇ 반대(위헌)의견

우리는 법정의견과 달리 심판대상조항이 청구인들의 계약의 자유를 중대하게 침해한다고 생각하므로 아래와 같이 반대의견을 밝힌다.

(1) 심판대상조항의 입법목적에 관한 법정의견에 대하여는 우리도 일단 수긍을 한다. 그러나 "지옥으로 가는 길은 선의(善意)로 포장되어 있다."(The road to hell is paved with good intentions)는 서양속담처럼, 법정의견이 제시하는 심판대상조항의 선의(입법목적)에도 불구하고 심판대상조항의 입법 이후가 그 이전보다 기간제근로자의 근로계약의 체결과 관련하여 더 나은 지위를 보장하기는커녕 오히려 더 열악한 지위(지옥)로 떨어뜨리고 있다는 점에서 그 위헌성을 지적하지 않을 수 없다.

심판대상조항은 사용자가 2년을 초과하여서는 기간제근로계약을 체결할 수 없도록 하고 있고, 이에 따라 기간제근로자들은 2년이 지난 후 무기계약직으로 전환되거나 다른 일자리를 찾는데 실패한다면 실업상태에 놓이게 된다. 그런데 고용잠재력이 충분하지 않은 현재와 같은 상황에서 2년을 근무한 기간제근로자를 모두 무기계약직으로 전환시킨다는 것은 현실적으로 불가능할 것이므로, 사용자는 그러한 부담에서 벗어나기 위해 계약기간 2년 종료와 함께 해당 근로자를 해고하고 다른 기간제근로자로 대체하거나 기간제근로자의 일자리를 파견근로자로 대체하거나 또는 기간제근로자가 담당하던 업무 자체를 통째로 외주화(外注化)하는 방법을 선택할 가능성이 높다(노동부가 2009. 8. 발간한 홍보책자 '비정규직법 바로 알기' 참조). 따라서 심판대상조항의 입법목적의 선의(고용안정과 근로조건 개선)에도 불구하고 오히려 심판대상조항으로 인해 2년간 기간제근로자로 채용된 이후에는 무기계약직으로 전환되지 않는 한 일자리를 잃게 하여 고용불안을 심화시킴으로써 기간제근로자의 지위를 더욱 열악한 상황으로 몰아넣고 있는 것이다.

(2) 기간제근로자는 언제나 해고의 불안에 시달리고 근로조건도 열악하므로 이들의 지위를 개선하기 위한 실효성 있는 제도·방안의 마련이 필요하다. ① 예컨대, 기간제근로자들을 한꺼번에 무기계약직으로 강제 전환시키는 것이 현실적으로 불가능한 상태에서는 기간제 근로계약기간을 원칙적으로 2년으로 하면서 다만 반복 갱신의 횟수를 제한하지 아니하되, 기간제근로자를 무기계약직으로 전환시키는 사용자에게는 사회보험료나 세금의 일부를 감액하는 등의 인센티브를 부여하여 점진적으로

무기계약직에 편입될 수 있도록 하는 방안이 있을 수 있다. 이 경우 계약의 반복적 갱신이 일상화된다는 폐단이 있을 수 있지만, 근로자들이 실업보다는 기간제근로계약을 택하는 경우 적어도 고용안정이라는 입법목적은 달성할 수 있다. ② 기간제근로자의 퇴직은 고용보험법상의 실업급여 지급의 원인이 되므로 그 원인 제공자인 사용자에 대해 부담금을 증액하는 방안도 생각해 볼 수 있으며, 무기계약직 전환 의무 비율을 도입하거나, 2년 경과 후 무기계약직으로 전환시키지 않을 경우 그 해고 수당을 상당한 정도로 부담시키는 등 해고비용을 포함한 기간제근로자 사용비용을 정규직근로자 사용비용보다 높게 하여 무기계약직 전환을 간접강제하는 방안도 생각해 볼 수 있다. ③ 나아가 현실을 반영하여 기간제근로자 사용을 현재와 같이 제한하면서도 다만 그 최대 기간을 지금보다 늘려 기간제근로자들이 동일한 일에서 보다 숙련된 기술을 습득할 수 있도록 하는 방안도 있다(실제 제18대 국회에서 정부는 기간제근로자 사용기간을 최대 4년으로 하는 개정안을 제출한 바 있다). 이 경우 근로자는 업무경험과 기술을 축적할 수 있고, 이것이 바탕이 되어 안정적인 직장을 구할 수 있을 것이며, 사용자 또한 고용의 탄력성을 유지하면서 업무에 능숙한 근로자들을 무기계약직으로 전환할 가능성이 높아질 것이다. ④ 한편, 상시적 업무의 경우에는 처음부터 기간제근로자를 사용할 수 없도록 하는 방안도 생각해 볼 수 있는데, 그 실효성 담보를 위해 상시적 업무에 기간제근로계약을 체결하는 경우 이를 무기근로계약으로 의제하면 고용안정과 근로조건 개선이라는 두 가지 목적을 달성할 수 있을 것이다.

이상에서 본 바와 같이 기간제근로자의 고용안정이나 근로조건 개선을 담보할 수 있는 여러 가지 제도·방안이 있음에도 불구하고, 심판대상조항은 이러한 제도·방안들을 강구하지 아니한 채 2년을 근무한 기간제근로자들을 해고의 위험에 몰아넣음으로써 기간제근로자의 근로계약 체결의 자유를 지나치게 침해하고 있는 것이다.

(3) 기간제근로자는 심판대상조항이 시행되기 전에는 그 근로계약기간이 만료할 때 무기계약직으로 전환되든지 또는 다니고 있던 직장에서 기간제근로계약으로나마 계속 일을 하든지 또는 다른 일자리를 찾아 떠나든지 하는 세 가지 선택지(選擇肢)가 있었으나, 심판대상조항의 시행으로 말미암아 두 번째 선택지는 노사 양쪽의 의사에도 반하여 사라지게 되었다. 결국 심판대상조항은 노사 당사자들의 개별적인 사정이나 사적 자치를 고려하지 아니하고 일률적으로 근로기간 2년이 지나고 나면 사용자의 일방적인 의사에 의해서 무기계약직으로 전환되든지, 아니면 그 직장을 떠나라는

양자택일만을 강요받고 있는 것이다. 그 결과 기간제로나마 계속 근로계약관계를 유지하고자 하는 많은 근로자들(변론에 나타난 자료에 의하면, 비정규직이라도 계속 근무하고 싶다는 근로자들이 한국노총 조사에서는 64%, 민주노총 조사에서는 46%로 나타나고 있다)로 하여금 그 선택사항마저 제한받은 채 실업이나 해고로 내몰리게 함으로써 그들과 그들의 가족의 생존을 위협하고 있다. 심판대상조항으로 정부가 노동시장에 직접 개입한 결과 노동시장의 경직화를 초래하였고, 이로 인해 무기계약직으로 전환된 일부 근로자들은 강력한 보호를 받지만 대부분의 기간제근로자들은 일자리를 박탈당하는 부당한 결과를 초래하게 되었다.

(4) 심판대상조항은 기간제근로자가 2년을 초과하는 기간제근로계약을 체결할 수 있는 권리를 완전히 박탈함으로써, 이로 인한 기간제근로자의 기본권 제한의 효과는 매우 중대하다. 반면에 심판대상조항이 목적으로 하는 고용불안의 해소나 근로조건 개선에는 별 효과가 없거나 있다고 하더라도 미미하다. 법정의견이 제시하는 기간제법 시행 이후의 일부 고용안정 현상이나 비정규직 고용동향분석에 관한 통계라는 것도 현실을 제대로 반영하고 있지 못하거나 일시적인 착시(錯視)현상에 불과한 것으로 보인다. 무기계약직으로의 전환은 일부 공기업, 공공부문이나 금융기관 등의 직역에서 이루어지고 있을 뿐, 청구인들이 근무하는 직장을 포함한 대부분의 중소기업에서는 상황이 전혀 다르다는 것이 변론에서 나타나고 있다(고용노동부에 따르면, 2009년 7월의 조사 결과 무기계약직으로 전환된 근로자가 36%, 기간이 종료되어 실직한 근로자가 37%인데, 2011년 1월의 조사 결과 오히려 무기계약직으로 전환된 근로자가 32%, 기간이 종료되어 실직한 근로자가 48%로 나타나고 있다). 결국 심판대상조항은 그 입법목적과는 달리 기간제근로자의 근로계약체결의 자유를 수인할 수 없을 정도로 지나치게 제한하고 있고, 이로 인해 달성하는 공익은 그다지 크지도 않다.

(5) 따라서 심판대상조항은 기간제근로자들의 근로계약의 자유를 침해한다. 고용노동부에서도 처음에는 우리가 지적한 바와 같은 취지에서 심판대상조항이 위헌의 소지가 있다는 의견을 제시하였던 것은 시사하는 바가 크다고 할 것이다.

[66] 노조전임자 급여금지, 근로시간 면제 등 위헌확인 사건

(2014. 5. 29. 2010헌마606)

◇ 사안과 쟁점

청구인 ○○노동조합총연맹은 전국 단위 노동조합 총연맹이고, 청구인 김○훈은 '노동조합 및 노동관계조정법'(이하 '노조법')상 노동조합의 업무에만 종사하는 근로자(이하 '노조전임자')로서 위 연맹의 위원장이다. 청구인 ○○산업노동조합은 ○○산업분야에 종사하는 근로자들로 구성된 전국 단위 산업별 노동조합이고, 청구인 나○자는 노조전임자로서 위 조합의 위원장이다. 청구인 ○○노동조합은 전국 지점에 산재된 ○○중앙회 소속 근로자들로 구성된 기업 단위 노동조합이고, 청구인 이○초는 노조전임자로서 위 조합의 위원장이다. 청구인 강○철, 박○수는 ○○노동조합총연맹의 추천으로 노동계를 대표하여 근로시간면제심의위원회(이하 '근심위')의 위원으로 활동하였고, 청구인 이○배는 ○○자동차 노동조합의 노조전임자이다.

2010. 1. 1. 법률 제9930호로 개정된 노조법은 노조전임자가 사용자로부터 급여를 지급받는 것을 금지하는 한편, 일부 노동조합 업무에 대하여 일정한 한도 내에서 유급처리가 가능하도록 근로시간 면제를 인정하는 이른바 '근로시간 면제 제도'를 도입하였다. 이에 따라 고용노동부 산하의 근심위는 2010. 5. 1. 근로시간 면제 한도의 구체적 내용을 심의·의결하였고, 고용노동부장관은 2010. 5. 14. 이를 고시하였다.

이에 청구인들은 노조법 관련조항들 및 근로시간 면제 한도에 관한 같은 법 시행령 조항, 근심위의 심의·의결 및 고용노동부장관의 근로시간 면제 한도 고시가 청구인들의 근로3권을 침해한다는 이유로 그 위헌확인을 구하는 헌법소원심판을 청구하였다.

노조법 제24조 제5항 및 제92조 제1호('처벌조항'), 이 사건 노조법 시행령 조항, 이 사건 근심위 의결 및 이 사건 고시에 대한 심판청구는 모두 부적법하여 각하하였다.

쟁점은, '노조법' 제24조 제4항의 '근로시간 면제 한도'를 '근심위'에서 심의·의결하여 고용노동부장관 고시로 정하도록 한 것이 죄형법정주의에 위배되는지 여부, 노조전임자 급여 금지에 관한 노조법 제24조 제2항, '근로시간 면제 제도'에 관한 노조법 제24조 제4항, 노동조합이 이를 위반하여 급여 지급을 요구하고 이를 관철할 목적의 쟁의행위를 하는 것을 금지하는 노조법 제24조 제5항(이하 '이 사건 노조법 조항들')이 청구인들의 단체교섭권 및 단체행동권을 침해하는지 여부, 이 사건 노조법 조항들이 헌법 제6조 제1항의 국제법 존중주의에 위배되는지 여부이다(전원 소극, 2014. 5. 29. 2010헌마606; 공보 212호 976면). 재판관 조용호는 주심으로 법정(합헌)의견을 집필하였다.

◇ 법정(합헌)의견

가. 노조전임자 급여 금지 및 근로시간 면제 제도 개관

(1) 제도의 도입 경위 및 입법취지

노조전임자란 사용자에게 근로계약상의 근로를 제공하지 아니하고 노동조합의 업무만 담당하는 근로자를 말한다. 기업별 노동조합이 주를 이루어온 우리나라의 노동환경에서, 사용자의 입장에서는 근로자 중에서 사용자의 노무관리업무 중 일부를 대행할 사람이 필요하고, 근로자의 입장에서는 사용자와 대립적인 입장에서 조합원을 대표하여 노동조합의 업무만을 책임지고 담당할 사람이 필요하기 때문에, 기업 내에 노조전임자를 두고 이들의 급여를 사용자가 부담하는 노조전임자 제도가 안정된 노사관계의 형성 및 유지를 위한 노사 관행의 일부로 존재해 왔다.

그러나 노조전임자의 수가 증가하고 이들에 대한 급여 지급 요구가 노사분규로 이어지는 등 노사갈등의 원인이 되기도 하고, 복수노조의 허용 필요성, 산업별·직종별 노동조합 형태의 증가 등 기존의 노동환경이 변화함에 따라, 노조전임자의 급여를 사용자가 부담하는 관행에 일부 불합리한 측면이 발생하였다. 이러한 관행을 시정하고자 1997. 3. 13. 노조법 제정(법률 제5310호) 시 2001. 12. 31.까지 그 적용을 유예하는 것을 전제로 하여, 단체협약으로 정하거나 사용자의 동의가 있는 경우 노조전임자를 둘 수 있지만 노조전임자가 사용자로부터 어떠한 급여도 지급받을 수 없도록 하는 내용의 입법이 마련되었다. 그러나 이후 제도의 시행을 앞두고 기업별 노동조합의 영세성으로 인하여 노조전임자에 대한 급여를 갑자기 중단할 경우 전반적인 노동조합의 활동 자체가 위축될 수 있다는 우려가 지적되어, 노조전임자 제도는 사업장 단위에서의 복수노조 인정문제와 함께 몇 차례 더 유예되어 오다가, 처음 도입된 때로부터 약 13년이 지난 2010. 1. 1. 노조법 개정(법률 제9930호) 시 노조전임자의 급여 금지에 대한 절충안으로 유럽식 제도인 '근로시간 면제 제도'(타임오프제, time off제)를 도입하였다. 즉, 2010. 7. 1.부터 노조전임자에 대한 사용자의 급여 지급을 원칙적으로 금지하는 한편, 일정한 한도 내에서 임금의 손실 없이 근로자의 노동조합 활동을 보장해주는 근로시간 면제 제도가 함께 시행되었다.

노동조합의 업무만 담당하는 노조전임자가 사용자로부터 급여를 지급받는 것은 노동조합의 자주성이라는 측면에서 불합리한 노사관행으로 그 시정의 필요성이 있었으나, 한편, 사용자의 노무관리업무를 담당함으로써 안정된 노사관계 형성에 기여한다는 노조전임자 제도의 순기능적 측면을 고려하여, 노동조합 활동을 일정 수준 계속 보호·지원해야 할 필요성에서 위와 같은 '노조전임자 급여의 원칙적 금지, 예외적 근로시간 면제 한도 허용'이라는 구조를 수용한 것이다.

(2) 제도의 내용 및 특징

㈎ 노조전임자 제도

노조법은 노조전임자의 인정 근거로 '단체협약' 또는 '사용자의 동의'를 요함으로써 노조전임자를 사용자의 노조에 대한 편의제공의 하나로 보는 입장을 취하고 있다. 그러나 이와 같이 노조전임자를 두는 것 자체는 인정하더라도, 노조전임자는 사용자에게 근로계약상의 근로의무를 제공하지 않기 때문에 원칙적으로 사용자로부터 급여를 지급받을 수 없고, 사용자가 노조전임자에게 급여를 지원하는 행위는 부당노동행위에 해당한다(제24조 제2항 및 제81조 제4호 본문 후단). 노동조합은 이를 위반하여 노조전임자에 대한 급여 지급을 요구하고 이를 관철할 목적으로 쟁의행위를 할 수 없으며, 그 위반 시 형사처벌의 대상이 된다(제24조 제5항 및 제92조 제1호).

㈏ 근로시간 면제 제도

노조법은 노조전임자가 사용자로부터 급여를 지급받는 것을 원칙적으로 금지하면서, 다만 단체협약으로 정하거나 사용자의 동의가 있는 경우에는 사업 또는 사업장별로 조합원 수 등을 고려하여 근로시간 면제 한도를 초과하지 아니하는 범위에서 근로자는 임금의 손실 없이 사용자와의 협의·교섭, 고충처리, 산업안전 활동 등의 업무와 건전한 노사관계 발전을 위한 노동조합의 유지·관리업무를 할 수 있도록 하고 있다(제24조 제4항). 이는 기존의 노조전임자와는 별도로 또는 기존의 노조전임자의 노동조합 활동에 대하여 일부 유급 처리가 가능하도록 하는 근로시간 면제 제도를 정한 것으로, 그동안 노조전임자의 급여를 사용자가 전적으로 부담하는 관행을 시정함과 동시에 기업별 노사관계의 전통이 강한 우리나라에서 개별 사업장을 위한 노동조합 활동은 일정 한도 내에서 계속 보장하기 위한 것이다.

한편, 노조법은 구체적인 근로시간 면제 한도를 근심위가 심의·의결한 바에 따라 고용노동부장관이 최종 고시하도록 하고 있고, 유급 처리가 가능한 근로시간 면제의 허용 한도를 총량으로 사전에 제한하는 방식을 채택하여, 그 한도 내에서 노사가 자유로이 근로시간 면제의 범위를 정할 수 있지만, 노동조합이 근로시간 면제 한도를 초과하는 요구를 하고 이를 관철할 목적으로 쟁의행위를 하는 것은 금지되고, 그 위반 시 형사처벌의 대상이 된다(제24조 제4항, 제5항 및 제92조 제1호).

나. 죄형법정주의원칙 위반 여부

(1) 쟁 점

노조법은 제24조 제4항에서 근로시간 면제 한도 내에서 근로자가 임금의 손실 없이 노동조합의 활동을 할 수 있도록 보장하고 있으나, 제24조 제5항에서는 근로시간 면제 한도를 초과하는 요구를 하고 이를 관철하기 위한 쟁의행위를 금지하므로 청구인들의 단체교섭권 및 단체행동권을 제한하고, 또한 이를 위반하는 행위는 '1천만 원 이하의 벌금'의 형사처벌 대상이 된다(제92조 제1호).

따라서 '근로시간 면제 한도'는 처벌조항의 구성요건에 해당하는데, 노조법 제24조 제4항은 근로시간 면제 한도를 '사업 또는 사업장별로 조합원 수 등을 고려하여 제24조의2에 따라 결정'하도록 하고, 노조법 제24조의2는 근로시간 면제 한도를 고용노동부 산하에 있는 근심위에서 심의·의결하고 이를 고용노동부장관이 고시하도록 정하고 있다.

그러므로 노조법 제24조 제4항의 '근로시간 면제 한도'의 의미가 명확한지, 그리고 근로시간 면제 한도의 구체적 내용을 법에서 정하지 않고 고용노동부장관의 고시에 의하여 결정되도록 한 것이 죄형법정주의원칙에 위반되는지 여부가 문제된다.

(2) 죄형법정주의원칙

헌법 제12조 제1항이 규정하고 있는 죄형법정주의원칙은 범죄와 형벌을 입법부가 제정한 형식적 의미의 법률로 규정하는 것을 그 핵심적 내용으로 하고, 나아가 형식적 의미의 법률로 규정하더라도 그 법률조항이 처벌하고자 하는 행위가 무엇이며 그에 대한 형벌이 어떠한 것인지를 누구나 예견할 수 있고 그에 따라 자신의 행위를 결정할 수 있도록 구성요건을 명확하게 규정할 것을 요구한다(헌재 2011. 12. 29. 2010헌바368 참조). 여기서 법률이 행정부에 대한 수권을 내용으로 하는 것이라면 수권의 목적, 내용 및 범위를 명확하게 규정함으로써 행정청의 자의적인 법적용을 배제할 수 있는 객관적인 기준을 제시하고, 국민으로 하여금 행정청의 행위를 어느 정도 예견할 수 있도록 하여야 하고, 그 예측가능성의 유무를 판단함에 있어서는 당해 특정조항 하나만을 가지고 판단할 것이 아니고 관련 법조항 전체를 유기적·체계적으로 종합판단하여야 하며, 각 대상법률의 성질에 따라 구체적·개별적으로 검토하여야 한다(헌재 1998. 2. 27. 97헌마64; 헌재 2004. 7. 15. 2002헌바47 참조).

(3) 판 단

㈎ 노조법 제24조 제4항은 '근로시간 면제 한도'를 '사업 및 사업장별로 조합원 수 등'을 고려하여 정하도록 하고 있는바, 이는 개별 노사관계에 적용될 구체적인 근로시간 면제 한도는 사업 및 사업장별 조합원 수 등에 따라 달리 정해져야 함을 고려한 것이다.

그런데 이와 같이 사용자와 개별 사업 내지 사업장의 노동조합을 규율하게 될 구체적인 근로시간 면제 한도는 단순히 조합원 수뿐만 아니라, 산업현장에서 노동조합 활동의 구체적 실태 및 노사관계의 현실과 관행을 고려하여 현행 노동관계법에 명시된 업무와 기타 노동조합의 활동을 수행하는 데 소요되는 시간과 사용인원 등의 한도를 파악하는 등 전문가들의 전문적 지식을 활용할 필요성이 큰 행정 분야이다. 따라서 이러한 규율사항을 법에서 직접 정하기보다는, 경제적·사회적 상황에 따라 변동하는 노사현실을 제대로 반영하고 노사의 이해관계를 조정하여 탄력적이고 전문적인 해결이 가능하도록 할 필요성이 인정된다.

또한 근로시간 면제 제도가 도입된 경위 등을 고려할 때 근로시간 면제 한도의 설정은 노사 간의 이해관계가 첨예하게 대립되는 분야이므로 그 이해관계의 원만한 조정이 특히 요청되는 분야이기도 하다. 그런데 구체적인 근로시간 면제 한도를 심의·의결하는 근심위는 노동계, 경영계, 정부에서 추천하는 각 5인의 위원으로 구성된 기관으로서 각계의 입장을 대변하는 대의기관적 성격과 전문가 집단적 성격을 지니고 있다. 이와 같이 이해관계집단 및 전문가집단이 함께 참여하여 결정하는 경우, 노사 양측의 이해관계 및 전문가적 입장이 실질적으로 반영될 수 있으므로 입법과정에서 노정되는 국회의 전문성 부족을 메울 수 있다. 한편, 고용노동부장관은 구체적인 근로시간 면제 한도의 결정에 직접 관여하지 않고 근심위에서 심의·의결한 사항을 형식적으로 고시하므로, 자의적인 행정입법을 방지할 수 있다.

따라서 근로시간 면제 한도의 구체적 내용을 근심위의 심의·의결을 거쳐 고용노동부 고시로 정하도록 한 입법자의 판단에는 합리적 이유가 인정된다.

(나) '근로시간 면제 한도'에 관하여, 노조법 제24조 제4항은 '사업 및 사업장별로 조합원 수 등'을 고려하여 정하도록 하고 있다. 그런데 과연 이것만으로 고용노동부장관이 고시할 근로시간 면제 한도의 객관적 기준을 제시하고 있다고 볼 수 있는지, 나아가 고용노동부 고시로 정해질 근로시간 면제 한도가 어떠한 것일지를 예견할 수 있는지 여부를 보기로 한다.

노조법 제24조 제4항은 근로시간 면제의 대상이 되는 업무로서 '사용자와의 협의·교섭, 고충처리, 산업안전 활동 등 노조법 또는 다른 법률에서 정하는 업무와 건전한 노사관계 발전을 위한 노조의 유지·관리업무' 등 기본적으로 노사공동의 이해관계에 속하는 노동조합의 활동을 개괄적으로 제시하고 있다. 근로시간 면제 대상이 될 수 있는 업무를 열거하는 방식이 아니라 이와 같이 포괄적으로 규정한 이유는, 근로시간 면제 한도의 결정이 노사관계의 구체적 실태와 관행 등을 고려하고 노사의 이해관계 조정이 필요한 분야임을 고려하여, 각 근로자 및 노동조합이 업무의 성격에 크게 구애받음이 없이 필요한 노동조합의 활동에 면제 시간을 적절히 사용할 수 있도록 그 자율성을 존중하기 위한 것으로 보인다.

따라서 이를 통해 근로시간 면제 한도의 구체적 내용에서 어떠한 종류의 노동조합 업무가 면제 대상이 될 것인지 여부는 달리 제한되지 않을 것임을 알 수 있고, 다만 각 사업 및 사업장별 조합원 수 등을 기준으로 나눈 구간마다 그 한도 시간이 각기 다르게 정해질 것이라는 점을 예상할 수 있다.

한편, 근로시간 면제 제도의 합리적 이용 및 관리를 위해서는 모든 근로자에게 면제 제도의 사용을 허용하는 것보다는 그 중에서 사업 및 사업장 내 노동조합의 업무를 주로 담당하는 자를 정하고 이들로 하여금 근로시간 면제를 받도록 하는 것이 사용자나 노동조합 모두에게 편리할 것이므로, 면제 '시간' 외에 '적절한 사용인원'도 미리 정해 놓을 필요가 있다고 보인다.

그렇다면 결국 고용노동부장관 고시로 정해질 근로시간 면제 한도의 구체적 내용은 각 사업 및 사업장별 조합원수 등을 기준으로 하여 각종 노동조합의 업무를 처리함에 있어 통상적으로 필요한 ‘시간’ 및 각 사업장의 특성과 조합원수에 적정한 사용인원 정도가 될 것임을 충분히 예상할 수 있다.

㈐ 그러므로 노조법 제24조 제4항 중 ‘근로시간 면제 한도’ 부분은 죄형법정주의 원칙에 위반되지 않는다.

다. 근로3권 침해 여부

(1) 쟁 점

근로3권의 헌법적 의의는, 근로자단체라는 사용자에 반대되는 세력의 창출을 가능하게 함으로써 노사관계의 형성에 있어서 사회적 균형을 이루어 근로조건에 관한 협상에 있어 노사 간의 실질적 자치를 보장하려는 데 있다(헌재 1998. 2. 27. 94헌바13 등; 헌재 2008. 7. 31. 2004헌바9 참조). 근로3권은 다른 기본권과 달리 자기 목적적이지 않고 내재적으로 ‘근로조건의 유지 · 개선과 근로자의 경제적 · 사회적 지위의 향상’을 목적으로 하는 기본권으로, 이러한 집단적 자치영역에 대한 국가의 부당한 침해를 배제하는 것을 목적으로 한다(헌재 2009. 10. 29. 2007헌마1359 참조).

노조전임자 및 근로시간 면제 제도는 특정 근로자의 개인적 근로조건에 관한 문제가 아니라 전체 조합원들의 이해와 관련된 집단적 노사관계에 관한 사항으로, 근로3권의 행사목적인 ‘근로조건의 유지 · 개선과 근로자의 경제적 · 사회적 지위의 향상’에 관한 사항에 해당하므로, 결국 노조전임자에 대한 급여 지급 요구나 근로시간 면제 한도를 초과하는 요구를 하고 이를 관철하기 위한 쟁의행위를 금지하는 이 사건 노조법 조항들은 헌법상 보장된 청구인들의 단체교섭권 및 단체행동권을 제한한다. 다만, 노사합의에 따라 노조전임자를 두는 것 자체에는 아무런 제한이 없고(노조법 제24조 제1항), 이 사건 노조법 조항들이 근로자가 노동조합을 결성하거나 노동조합에 가입할 권리 내지 가입하지 아니할 권리인 단결권을 직접적으로 제한하고 있지는 아니하므로, 단결권의 침해 여부는 별도로 판단하지 아니한다.

따라서 이 사건 노조법 조항들이 노조전임자에 대한 급여 지급 및 근로시간 면제 제도에 관하여 노사가 자율적으로 결정하여 집단적 자치를 실현할 수 있는 자유를 과도하게 제한함으로써 헌법 제37조 제2항의 과잉금지원칙에 반하여 청구인들의 단체교섭권 및 단체행동권을 침해하는지 여부를 살펴보기로 한다.

(2) 과잉금지원칙 위반 여부

(가) 목적의 정당성 및 수단의 적절성

이 사건 노조법 조항들은 사용자에 대한 근로제공 없이 노동조합의 업무만 담당하는 근로자에 대한 비용을 원칙적으로 노동조합 스스로 부담하도록 함으로써 노동조합의 자주성 및 독립성 확보에 기여하는 한편, 사업장 내에서의 노동조합 활동을 일정 수준 계속 보호·지원함으로써 합리적이고 안정적인 노사관계를 구축하고 나아가 경영의 효율성을 제고하고자 함에 목적이 있고, 이러한 입법적 조치를 통해 관련 노사 분쟁을 미리 예방·해결하여 산업평화의 유지에도 이바지할 수 있으므로 그 입법목적이 정당하다.

그리고 이러한 입법목적의 달성을 위하여 관련 문제의 해결을 전적으로 노사자치에 맡기지 않고, 노조전임자가 사용자로부터 급여를 수령하는 것을 원칙적으로 전면 금지하는 한편, 근로시간 면제 제도를 통해 근로자가 임금의 손실 없이 노동조합 활동을 할 수 있도록 보장하되, 이를 위반하는 요구를 하고 그 요구를 관철할 목적의 쟁의행위를 금지하는 것은 적절한 수단이다.

(나) 침해의 최소성

이 사건 노조법 조항들은 노조전임자가 사용자로부터 어떠한 급여도 지급받지 못하도록 하고, 근로시간 면제 제도를 정함에 있어 그 한도를 최소한으로 정하고 이를 초과하는 부분에 대하여 노사자율에 맡기는 방식이 아니라, 그 한도를 최대한으로 정해놓고 이를 초과하는 요구를 하고 그 요구를 관철하기 위한 쟁의행위를 금지하는 방식을 택하고 있다. 따라서 이러한 입법적 조치가 앞서 본 입법목적을 달성하기 위한 기본권 제한의 방법으로서 필요 최소한의 수단인지 살펴볼 필요가 있다.

1) 과거 기업별 노동조합이 주를 이루던 노동환경에서 90년대 이후 초기업적 노동조합 형태인 산업별·직종별 노동조합이 증가하고 하나의 사업장 내에 복수노조의 허용이 요청되는 등 노동환경이 변화함에 따라, 기왕에 사용자의 편의제공 차원에서 이루어진 노조전임자에 대한 급여 지급 관행은 시정될 필요가 있었고, 이에 1997. 3. 13. 노조법 제정(법률 제5310호)으로 노조전임자에 대한 사용자의 급여 지급을 금지하는 제도가 마련되었으나, 그 시행을 앞두고 잘못된 노사관행을 입법을 통해 시정해야 한다는 사용자 측의 의견과 기존의 관행을 유지하려는 노동계 측의 의견 대립이 좁혀지지 않아, 결국 노조전임자의 급여를 사용자가 부담하는 관행을 법적으로 제한

하려는 시도가 최초 도입 이후 무려 13년 동안이나 유예된 바 있음은 앞서 본 바와 같다. 이에 2010. 1. 1. 노조법 개정(법률 제9930호)으로 노조전임자에 대한 급여 지급을 전면 금지하는 데 따른 노동조합 활동의 위축을 방지하고, 사용자의 노무관리업무를 일부 담당하는 노조전임자 제도의 순기능을 살리고자 그 완충 장치로서 근로시간 면제 제도를 도입하게 되었다.

따라서 기존의 노조전임자는 새로 도입된 근로시간 면제 제도를 통하여 풀타임(full time) 근로시간 면제자 또는 파트타임(part time) 근로시간 면제자로서 신분을 전환하여 과거 담당하던 노동조합 활동을 일정 수준 계속 보장받을 수 있으므로, 이러한 근로시간 면제 제도의 활용을 통해 노조전임자에 대한 전면적 급여 금지로 인한 피해는 최소화할 수 있다.

2) 한편, 노조법 제24조 제4항 및 제5항은 미리 정해놓은 근로시간 면제의 한도를 초과하지 아니하는 범위에서만 근로시간 면제를 인정하고, 이를 초과하는 요구를 하고 그 요구를 관철할 목적의 쟁의행위를 금지하고 있는바, 근로시간 면제를 어느 범위에서 인정할 것인가는 노사가 자유로이 협의하여 정하도록 법에서는 그 최소한을 보장하고 이를 초과하는 범위에 대해서는 노사자치에 맡기는 것이 일응 바람직한 방안일 수 있다.

그러나 산업별 노동조합 형태가 주를 이루고 노동조합의 재정 자립도가 높아 초기업형 노동조합의 간부 등의 급여는 노동조합의 재정으로 부담하고, 기업 내 근로자대표의 경우 노사협의에 따라 사용자의 노무관리와 밀접한 업무에 한해 근로시간 면제를 인정하는 관행이 합리적으로 자리잡은 유럽 국가들과 달리, 우리나라의 경우 기업별 노동조합이 주를 이루어와 노동조합의 재정 자립도가 아직 높지 않고 노조전임자의 급여를 사용자가 부담해온 오랜 관행을 시정하기 위한 절충안으로 근로시간 면제 제도를 도입하게 된 역사적 배경을 고려하면, 근로시간 면제의 한도를 사전에 정해놓지 않고 노사 자율에만 맡기는 것은 결국 관련 문제를 둘러싼 노사 간 갈등 및 이해관계의 대립을 다시 유발하여 이 사건 노조법 조항들의 입법취지를 무색케 하는 결과를 초래할 우려가 있다.

또한 근로시간 면제 한도를 최소한으로 정하고 근로자가 유급 처리되는 시간을 면제대상 업무에 적절히 사용하였는지에 대하여 사후에 법원 등으로 하여금 판단하도록 하는 방법이 용이하지도 않을 뿐만 아니라 이는 새로운 노사갈등의 원인이 될 수도 있으므로, 근로시간 면제의 최소한만을 규율하고 나머지는 노사자율에 맡기는 방식이 면제한도를 최대한으로 규정하는 방식에 비해 반드시 덜 침해적인 방법이라고 보기도 어렵다.

3) 따라서 이 사건 노조법 조항들은 입법목적 달성을 위해 필요한 최소한의 조치라 할 것이므로 침해의 최소성원칙에 반하지 않는다.

㈐ 법익의 균형성

이 사건 노조법 조항들에 의하여 청구인들은 근로시간 면제 제도를 통한 혜택을 받으면서, 원칙적으로 사용자의 편의제공 차원에서 관행으로 지급되어 온 노조전임자에 대한 급여 및 근로시간 면제 한도를 초과하는 노동조합의 활동에 대한 유급 처리에 한해서만 단체교섭권 및 단체행동권의 행사가 제한되는 것에 불과한 반면, 노조전임자 급여 지급을 둘러싼 기존의 일부 불합리한 관행을 시정함과 동시에 근로시간 면제 한도 내에서 노동조합의 활동을 계속 보장함으로써 달성할 수 있는 노조의 자주성 확보, 안정적인 노사관계의 유지와 산업 평화라는 공익은 상당히 중대하므로, 법익의 균형성도 유지하고 있다.

(3) 소 결

따라서 이 사건 노조법 조항들이 과잉금지원칙에 위반하여 노사자치의 원칙 또는 청구인들의 단체교섭권 및 단체행동권을 침해한다고 볼 수 없다.

라. 헌법 제6조 제1항의 국제법 존중주의 위배 여부

(1) 청구인들의 주장

청구인들은 이 사건 노조법 조항들이 "노조전임자 급여 지급 금지는 입법적 간섭의 대상이 되어서는 아니 된다."는 취지의 국제노동기구 산하 '결사의 자유위원회'의 권고 및 우리나라가 2001. 12. 비준한 국제노동기구(ILO)의 협약 제135호 제2조 제1항 "적절한 경우에는 근로자 대표가 그 직무를 신속하고 능률적으로 수행할 수 있도록 기업으로부터 적절한 편의가 제공되어야 한다."는 내용에 배치되어 헌법 제6조 제1항의 국제법 존중주의에 위배된다고 주장한다.

(2) 판 단

우리 헌법은 헌법에 의하여 체결·공포된 조약과 일반적으로 승인된 국제법규를 국내법과 마찬가지로 준수하고 성실히 이행함으로써 국제질서를 존중하여 항구적 세계평화와 인류공영에 이바지함을 기본이념의 하나로 하고 있으므로(헌법 전문 및 제6조 제1항 참조), 국제적 협력의 정신을 존중하여 될 수 있는 한 국제법규의 취지를 살릴 수 있도록 노력할 것이 요청됨은 당연하다.

먼저, 국제노동기구협약 제135호 '기업의 근로자대표에게 제공되는 보호 및 편의에 관한 협약'은 1971년 국제노동기구에서 채택된 것으로 2002. 12. 27. 우리나라도 비준하여 발효되었으므로 국내법과 마찬가지로 이를 준수할 의무가 있다.

살피건대, 위 협약 제2조 제1항은 "근로자대표에 대하여 그 지위나 활동을 이유로 불리한 조치를 할 수 없고, 근로자대표가 직무를 신속·능률적으로 수행할 수 있도록 기업으로부터 적절할 편의가 제공되어야 한다."고 규정하고 있다. 그런데 위 협약 제2조 제2항은 "이 경우 국내의 노사관계제도의 특성이나 당해 기업의 필요·규모 및 능력이 고려되어야 한다.", 제3항은 "그러한 편의의 제공은 당해 기업의 능률적인 운영을 방해하는 것이어서는 아니된다."고 규정하고 있어, 노조전임자에 대한 급여 지급 금지에 대한 절충안으로 근로시간 면제 제도가 도입된 이상 이 사건 노조법 조항들이 위 협약에 배치된다고 보기 어렵다. 나아가 위 협약을 해석하는 데 참고가 되는 국제노동권고 제143호 '기업의 근로자대표에게 제공되는 보호 및 편의에 관한 권고' 제10조를 보더라도 위 제135호 협약에서 말하는 '적절한 편의'에는 '근로시간 면제(the necessary time off from work)'가 포함됨을 알 수 있는데, 위 권고 제10조 제3항은 이에 대해 "합리적인 제한(reasonable limits)을 가할 수 있다."고 규정하고 있으므로, 근로시간 면제의 최대한을 사전에 입법으로 총량으로 설정하여 규율하는 이 사건 노조법 조항들이 위 협약 및 권고와 충돌된다고 보기 어렵다.

또한 국제노동기구 산하 '결사의 자유위원회'의 권고는 국내법과 같은 효력이 있거나 일반적으로 승인된 국제법규라고 볼 수 없고, 앞서 검토한 바와 같이 이 사건 노조법 조항들이 국제노동기구의 관련 협약 및 권고와 충돌하지 않는 이유와 마찬가지로 개정 노조법에서 노조전임자가 사용자로부터 급여를 지급받는 것을 금지함과 동시에 그 절충안으로 근로시간 면제 제도를 도입한 이상 이 사건 노조법 조항들이 결사의 자유위원회의 권고 내용과 배치된다고 보기도 어렵다.

그러므로 이 사건 노조법 조항들은 헌법상 국제법 존중주의원칙에 위배되지 않는다.

마. 청구인들의 기타 주장에 대한 판단

(1) 포괄위임입법금지원칙 위반 주장

청구인들은 노조법 제24조 제4항이 포괄위임입법금지원칙에 반한다는 주장을 하나, 이 사건 고시를 통해 확정될 '근로시간 면제 한도'는 별도의 집행행위가 필요 없이 노동조합과 사용자의 관계에 직접 구체적으로 적용될 성질의 것이므로, 노조법 제24조 제4항은 고용노동부장관에게 근로시간 면제 한도의 구체적 내용을 확정하여 고시하도록 권한을 부여하는 규정으로 봄이 타당하고, 이와 달리 고용노동부장관으로 하여금 '고시'라는 입법형식을 통하여 근로시간 면제 한도의 기준 등을 정립하도록 위임하는 것으로 볼 수 없으므로, 노조법 제24조 제4항이 포괄위임입법금지원칙에 위배되는지 여부는 더 나아가 살펴볼 필요가 없다.

(2) 근로의 권리 및 직업의 자유 침해 주장

청구인들은 노조전임자가 사용자의 노무관리업무 대행이라는 근로제공에 대하여 당연히 대가를 수령할 권리가 있음에도 이 사건 노조법 조항들에 의하여 근로에 대한 적정한 대가를 받지 못함으로써 근로의 권리, 직업의 자유를 침해당한다고 주장한다.

그러나 노조전임자는 노사 간 자유로운 합의에 기한 단체협약이나 사용자의 동의를 얻어 일정한 기간 동안 사용자에 대한 근로제공의무를 면하고 노동조합의 업무만을 담당하는 자로서 휴직 상태에 있는 근로자와 유사하고, 전임 기간이 종료하면 사용자와의 기본적 노사관계에 따라 사용자에게 근로제공을 하고 급여를 지급받을 수 있으므로, 이 사건 노조법 조항들로 인하여 노조전임자의 근로의 권리가 제한된다고 볼 수 없고, 나아가 노조전임자 자체를 하나의 직업 유형으로 볼 수는 없으므로 직업의 자유가 제한된다고 보기도 어렵다.

(3) 평등권 침해 주장

청구인들은 근로시간 면제자와 비교할 때 노조전임자는 사용자로부터 아무런 급여를 지급받지 못하므로 불합리한 차별에 해당하고, 사용자와 비교할 때 사용자가 근로시간 면제 한도를 하회하는 급여 지급을 주장하는 경우에 대하여는 아무런 제한을 두지 않으면서, 노동조합이 근로시간 면제 한도를 초과하는 요구를 하는 것은 금지하고 있으므로 평등권을 침해한다고 주장한다.

살피건대, 노조법은 무급의 노조전임자 제도와 유급의 근로시간 면제 제도를 별도로 구분하고 있으나, 개별적인 노사합의에 따라 노조전임자의 신분이 풀타임 근로시간면제자로 전환될 수도 있고 경우에 따라 노조전임자인 청구인들에게도 근로시간 면제 처리가 가능할 수도 있는 등, 이는 양 제도를 각 사업 또는 사업장에서 어떠한 방식으로 운용하는지에 따라 달라질 수 있는 문제이기 때문에, 노조전임자와 근로시간 면제자가 엄격히 구분됨을 전제로 하여 평등권 침해를 논하기 어렵다.

그리고 근로시간 면제 한도 내에서 어느 정도 범위까지 근로시간 면제를 인정할 것인지는 개별 노사주체가 자유롭게 협의하여 결정할 수 있고, 사용자가 이에 불응할 경우 단체교섭권이나 단체행동권의 행사도 가능하다고 할 것이므로, 근로시간 면제 한도보다 하회하는 수준의 근로시간 면제를 인정하는 사용자를 처벌하는 조항이 없다는 이유로 청구인들의 평등권이 침해된다고 볼 수 없다.

(4) 소 결

따라서 노조법 제24조 제4항이 포괄위임입법금지원칙에 위반된다거나 이 사건 노조법 조항들에 의해 근로의 권리, 직업의 자유 및 평등권이 침해된다는 청구인들의 주장은 모두 이유 없다.

[67] 공무원의 집단행위, 교원노조의 정치활동 금지에 관한 위헌소원 사건

(2014. 8. 28. 2011헌바32등)

◇ 사안과 쟁점

청구인 및 제청신청인은 국·공립 초·중·고등학교에 재직하고 있는 교사들로 전교조의 조합원이자 간부들이다. 2009년 6월, 7월 관할 교육감이 국가공무원법 및 '교원의 노동조합 설립 및 운영 등에 관한 법률'(이하 '교원노조법')을 위반하였다는 이유로 징계를 하자 징계처분 취소소송을 제기하고 소송 계속 중, 위헌법률심판제청신청을 하였다가 기각되자 헌법소원심판을 청구하거나 막바로 헌법소원심판청구를 하였다.

쟁점은, 공무원의 집단행위를 금지하고 있는 국가공무원법상의 '공무 외의 일을 위한 집단 행위' 부분(이하 '이 사건 국가공무원법 규정')이 명확성원칙, 과잉금지원칙에 위배되는지 여부(소극:적극:각하 4:2:3), 교원노조의 정치활동을 금지하고 있는 교원노조법 제3조 중 '일체의 정치활동' 부분(이하 '이 사건 교원노조법 규정')이 명확성원칙, 과잉금지원칙, 평등원칙에 위배되는지 여부(소극:적극 7:2)이다(2014. 8. 28. 2011헌바32등; 공보 215호 1338면). 재판관 조용호는 주심으로 법정(합헌)의견을 집필하였다.

cf. 공무원의 집단행위를 금지하고 있는 지방공무원법상의 '공무 외의 일을 위한 집단 행위' 부분이 명확성원칙, 과잉금지원칙에 위배되는지 여부(소극:적극 7:2, 2014. 8. 28. 2011헌바50등; 공보 215호 1352면)

◇ 법정(합헌)의견

가. 이 사건 국가공무원법 규정의 위헌 여부

(1) 쟁 점

이 사건 국가공무원법 규정은 공무원의 '공무 외의 일을 위한 집단 행위'를 금지하여 정치적 표현행위를 포함한 공무원의 집단적인 표현행위를 제한하고 있다. 따라서 문제되는 기본권은 표현의 자유이다.

한편, 청구인들은 이 사건 국가공무원법 규정이 직업선택의 자유와 행복추구권을 침해한다고 주장하는데, 위 규정이 직업선택과 직접 관련된다고 보기 어렵고, 행복추구권은 다른 구체적인 기본권에 대한 보충적 기본권이므로(헌재 2004. 2. 26. 2001헌마718; 헌재 2014. 6. 26. 2011헌마150 등 참조), 이 사건에서 따로 판단하지 않는다.

그 밖에 청구인들은 공무원 등에 대한 집단적인 정치적 표현행위의 제한이 신분을 이유로 한 불합리한 차별이라고 주장하는데, 이러한 제한의 내용에는 이미 공무원들을 일반 국민과 달리 취급하는 문제가 내포되어 있으므로 평등 문제에 대해서는 별도로 살피지 않는다.

이하에서는 이 사건 국가공무원법 규정이 표현의 자유를 제한함에 있어 명확성원칙과 과잉금지원칙을 준수하고 있는지 여부에 관하여 본다.

(2) 명확성원칙 위반 여부

(가) 법치국가원리의 한 표현인 명확성원칙은 기본적으로 모든 기본권 제한 입법

에 대하여 요구된다. 규범의 의미내용으로부터 무엇이 금지되는 행위이고 무엇이 허용되는 행위인지를 수범자가 알 수 없다면 법적 안정성과 예측가능성은 확보될 수 없게 될 것이고, 법집행 당국에 의한 자의적 집행을 가능하게 할 것이기 때문이다. 그러나 명확성원칙은 모든 법률에 있어서 동일한 정도로 요구되는 것은 아니고, 개개의 법률이나 법조항의 성격에 따라 요구되는 정도에 차이가 있을 수 있으며, 각각의 구성요건의 특수성과 그러한 법률이 제정되게 된 배경이나 상황에 따라 달라질 수 있다(헌재 2011. 10. 25. 2010헌바272; 헌재 2012. 2. 23. 2008헌마500 등 참조).

법규범이 명확한지 여부는 그 법규범이 수범자로 하여금 법규의 의미 내용을 알 수 있도록 공정한 고지를 하여 예측가능성을 주고 있는지 여부 및 법을 해석·집행하는 기관으로 하여금 자의적인 법해석이나 법집행을 배제할 수 있도록 충분한 의미내용을 규율하고 있는지 여부 등으로 판단할 수 있는데, 법규범의 의미 내용은 그 문언뿐만 아니라 입법목적이나 입법취지, 입법연혁, 그리고 법규범의 체계적 구조 등을 종합적으로 고려하는 해석방법에 의하여 구체화된다. 따라서 법규범이 명확성원칙에 위반되는지 여부는 위와 같은 해석방법에 의하여 그 의미 내용을 합리적으로 파악할 수 있는 해석기준을 얻을 수 있는지 여부에 달려 있다(헌재 2005. 6. 30. 2002헌바83; 헌재 2010. 11. 25. 2009헌바27 등).

(나) 그런데 헌법재판소는, 『법원도 '공무 외의 일을 위한 집단 행위'는 공무에 속하지 아니하는 어떤 일을 위하여 공무원들이 하는 모든 집단적 행위를 의미하는 것이 아니라 언론의 자유를 보장하고 있는 헌법 제21조 제1항과 국가공무원법의 입법취지, 국가공무원법상의 성실의무와 직무전념의무 등을 종합적으로 고려하여 '공익에 반하는 목적을 위하여 직무전념의무를 해태하는 등의 영향을 가져오는 집단적 행위'라고 한정하여 해석하고 있는 터이므로(대법원 1992. 2. 14. 선고 90도2310 판결; 대법원 1992. 3. 27. 선고 91누9145 판결; 대법원 2004. 10. 15. 선고 2004도5035 판결) 헌법재판소도 그 명확성을 판단함에 있어서는 이러한 사정을 되도록 존중하여야 할 것인바, 위 규정이 명확성원칙에 위반된다고 볼 수 없다(헌재 2007. 8. 30. 2003헌바51등)』고 판단한 바 있고, 이러한 판단은 이 사건에서도 그대로 타당하다.

(다) 다만 위 선례는 '공무 외의 일을 위한'이 무엇인지를 중심으로 판단하고 있고, '집단 행위'가 무엇인지에 대해서는 구체적으로 판단하고 있지 아니하다.

그런데 '집단 행위'라는 문자적 의미는 보통 2인 이상 복수의 자가 단체행위를 하는 것을 의미할 것이나, 국가공무원법이 공무원의 집단 행위를 금지하는 취지에 비추어 보면, 구체적으로 몇 명을 의미하는 개념이라기보다 어떠한 단체의 구성이나 활동이 그 목적과 행위의 내용에 비추어 공무원의 직무전념성을 해치거나 공무에 대한 국민의 신뢰에 손상을 가져올 수 있는 다수의 결집된 행위로 봄이 상당하다.

이러한 집단 행위에 해당하는 유형에는, 여럿이 단체를 만들어 한 장소에 모여 의사표현을 하는 경우(모임의 형태)와 실제 여럿이 모이는 형태로 의사표현을 하는 것은 아니지만 발표문에 서명날인을 하는 등의 수단으로 여럿이 가담한 행위임을 표명하는 경우(연명의 방식) 등이 있다. 물론 정부활동의 능률을 저해하기 위한 집단적 태업 행위, 예컨대 일제휴가나 집단퇴장행위, 초과근무거부도 여기에 포함될 수 있다.

따라서 여기에서의 '집단 행위'의 의미가 불명확하다고 볼 수 없다

㈑ 한편, 이 사건 국가공무원법 규정의 해석을 통해 나온 '공익'이라는 용어에 대해 그 의미를 객관적으로 확정지을 수 없다는 주장이 있다.

'공익'이란 법질서가 추구하고 보호하며 조장해야 할 객관적인 공공의 이익인바, 대한민국에서 공동으로 사회생활을 영위하는 국민 전체 내지 대다수 국민과 그들의 구성체인 국가 사회의 이익이라는 의미로 해석된다. 이와 같은 개념 자체만을 놓고 보면, 그 개념의 표지가 해석자에 따라 달라질 수 있어 예측가능성이라는 측면에서 명확성원칙 위반의 의심을 불러올 수 있다.

그러나 이 사건 국가공무원법 규정의 수범자는 일반 국민이 아니라 국민 전체를 위해 봉사하여야 할 지위에 있는 공무원 집단이고, 공무원의 업무는 그 자체가 공익적이어야 한다는 점에서 일반 국민을 대상으로 공익에 반하는 행위를 금지하는 경우와는 달리 '공익'이라는 개념 자체의 추상성이나 다의성만을 가지고 명확성원칙 위반 여부를 판단해서는 안 된다. 공무원이라는 집단의 특성, 집단 행위를 금지하는 취지, 공무원에게 부여된 업무 등을 종합적으로 살펴 금지되는 행위의 유형을 어느 정도 파악할 수 있다면 명확성원칙에 위반된다고 볼 수 없다.

이 사건 국가공무원법 규정이 '공무 외의 일을 위한 집단 행위'를 금지하는 이유는 국민 전체를 위해 봉사해야 할 공무원이 자신들의 이익을 위해 집단 행위를 하는 것을 금지하여 국민 전체에 대한 봉사자라는 본연의 임무에 충실하도록 하기 위함이고, 그렇다면 여기서의 공익은 개인 또는 특정 단체나 집단의 이익이 아니라 일반 다수 국민의 이익 내지는 사회공동의 이익을 의미한다 할 것이며, 이로써 어느 정도 금

지되는 행위의 의미를 파악할 수 있을 것이다.

물론 이 사건 국가공무원법 규정과 같은 포괄적인 의미의 구성요건에 대한 구체화 과정에서 다시 '공익'과 같은 추상적인 개념을 사용하게 되면 규율 내용의 불명확성을 완전하게 해소하지 못할 가능성이 있다. 그러나 이러한 정도의 불명확성은 법률에서 구체적으로 행위 유형을 특정함으로써가 아니라 개별 사건에서 법원이 표현의 자유를 보장하고 있는 헌법 제21조 제1항과 이 사건 국가공무원법 규정의 입법취지, 국가공무원의 각종 의무 등을 고려한 통상적인 법해석 또는 법보충 작용을 통해 보완하는 것이 바람직하고, 다소간의 불명확성을 해소하고자 규율대상을 지나치게 구체적으로 정형화한다면, 그 경직성으로 인해 오히려 필요한 규율을 할 수 없는 사태를 불러올 수도 있을 것이다.

㈒ 이상과 같이 이 사건 국가공무원법 규정은 명확성원칙에 위반된다고 볼 수 없다.

(3) 과잉금지원칙 위반 여부

㈎ 심사기준

헌법 제21조 제1항은 "모든 국민은 언론·출판의 자유와 집회·결사의 자유를 가진다."고 규정하고 있는바, 표현의 자유는 개인이 자기의 인격을 형성하는 개인적 가치인 자기실현의 수단임과 동시에 정치적 의사결정에 참여하는 사회적 가치인 자기통치를 실현하는 수단이라는 점에서(헌재 1999. 6. 24. 97헌마265 참조) 이러한 자유는 공무원에게도 원칙적으로 보장되어야 하고, 제한을 하더라도 헌법 제37조 제2항에서 도출되는 과잉금지원칙을 준수하여야 한다. 더욱이 오늘날 정치적 표현의 자유는 자유민주적 기본질서의 구성요소로서 다른 기본권에 비하여 우월한 효력을 가지므로(헌재 2004. 3. 25. 2001헌마710) 함부로 그 제한을 정당화해서는 안된다. 다만, 우리 헌법은 공무원이 국민 전체에 대한 봉사자라는 지위에 있음을 확인하면서 공무원에 대해 정치적 중립성을 지킬 것을 요구하고 있으므로, 공무원의 경우 그 신분과 지위의 특수성에 비추어 경우에 따라서는 일반 국민에 비하여 표현의 자유가 더 제한될 수 있다.

㈏ 판 단

1) 헌법재판소는 2007. 8. 30. 선고된 2003헌바51등 사건에서, 『이 사건 국가공무원법 규정이 '공무원의 공무 외의 일을 위한 집단 행위'를 금지하고 있는 것은 공

무원의 집단행동이 공무원 집단의 이익을 대변함으로써 국민 전체의 이익추구에 장애가 될 소지가 있기 때문이고, 그것은 공무원이라는 특수한 신분에서 나오는 의무의 하나를 규정한 것으로 이해되는바, '공무 외의 일을 위한 집단 행위'라고 함은 '공익에 반하는 목적을 위하여 직무전념의무를 해태하는 등의 영향을 가져오는 집단적 행위'라고 한정 해석할 수 있으므로 이것이 언론·출판의 자유와 집회·결사의 자유의 본질적인 내용을 과도하게 침해한다고 볼 수 없다』고 하였고, 이러한 판단은 이 사건에서도 그대로 타당하다.

2) 한편, 청구인들은 이 사건 국가공무원법 규정이 강한 보호가 필요한 정치적 표현행위까지 금지하는 것은 과잉금지원칙 위반이라고 주장한다.

이 사건 국가공무원법 규정에서 공무원의 정치적 의사표현이 집단적으로 이루어지는 것을 금지하는 것은 이러한 의사 표출이 공직사회에 대한 국민의 신뢰에 영향을 줄 우려가 있기 때문이다. 헌법이 집회의 자유 등을 통해 집단적인 정치적 의사표현을 보장하는 것은 이것이 민주정치 실현에 불가결한 기본권으로서 국민의 정치적·사회적 의사형성 과정에 효과적인 역할을 하는 것에 기인하는 것이지만, 다수의 집단행동은 그 행위의 속성상 의사표현 수단으로서의 개인행동보다 공공의 안녕질서나 법적 평화와 마찰을 빚을 가능성이 크고, 특히 공무원이 집단적으로 정치적 의사표현을 하는 경우에는 이것이 공무원이라는 집단의 이익을 대변하기 위한 것으로 비춰질 수 있으며, 정치적 중립성의 훼손으로 공무의 공정성과 객관성에 대한 신뢰를 저하시킬 수 있다. 따라서 이 사건 국가공무원법 규정이 정치적 표현행위를 포함하여 공무원의 집단 행위를 제한하더라도 이것이 표현의 자유에 대한 과도한 제한이라고 볼 수 없다.

3) 나아가 이 사건 국가공무원법 규정은 공무원의 정치적 표현이 '공익'을 표방하는 경우에도 이를 금지하고 있다. 이 역시 공무원의 정치적 중립의무에서 기인한다.

정치적 중립이란 대립하는 편이 있음을 전제로 어느 편에도 속하지 않거나 모든 편을 동등하게 대우하는 것으로서, 정치적 중립을 지켜야 할 주체에게 소극적으로는 어느 편에도 치우치지 아니하는 태도나 자세를 요구하고, 적극적으로는 공정하게 처신할 것을 요청하는 것이 그 본질이며, 이것이 요구되는 분야가 정치와 관련된다는 것을 의미한다. 그런데 공익이란 법질서가 추구하고 보호하며 조장해야 할 객관적인 공공의 이익인바, 헌법재판소는 "공무원의 정치적 중립의 확보가 헌법상 정당한 공익이라는 점에서는 의문의 여지가 없고, 이러한 공익은 매우 중요한 것이며, 이를 실현해야 할 현실적인 필요성 또한 과거의 경험에 비추어 부정하기 어렵다."(헌재 1999. 12. 23. 99헌마135 참조)고 판단한 바 있다. 우리나라의 정치 현실에서는 집단적으로 이루어지는 정부 정책에 대한 비판이나 반대가 특정 정당이나 정파 또는 특정 정치인을 지목하여 찬성 또는 반대하는 형태의 의사표시로 나타나지 않더라도 그러한 주장 자체로 현실정치에 개입하려 한다거나, 정파적 또는 당파적인 것으로 오해 받을 소지가 커서 그러한 행위가 국가와 사회의 발전을 위한 목적으로 이루어지더라도 그로부터 정치적 편향성에 대한 의심을 제거하기가 어려운 것이 사실이다. 이처럼 공무원의 정치적 중립에 대한 요청은 중요한 '공익'에 해당하므로, 공무원의 집단적인 정치적 표현행위가 공익을 표방한다고 하여도 공무원의 정치적 중립에 대한 요청을 충족시키지 못하는 한, 이 사건 국가공무원법 규정의 적용이 배제되는 '공익'을 위한 행위에 포함된다고 볼 수는 없다.

4) 결국, 이 사건 국가공무원법 규정은 과잉금지원칙에 위반된다고 볼 수 없다.

나. 이 사건 교원노조법 규정의 위헌 여부

(1) 쟁 점

이 사건 교원노조법 규정은 교원노조의 일체의 정치활동을 금지함으로써 교원노조 및 그 조합원인 교원의 정치적 표현의 자유를 제한하고 있다. 청구인들은 이 사건 교원노조법 규정이 직업선택의 자유와 행복추구권을 침해한다고 주장하는데, 위 규정이 직업선택과 직접 관련된다고 보기 어렵고, 행복추구권은 다른 구체적인 기본권에 대한 보충적 기본권이므로, 여기에서 따로 판단하지 않는다.

따라서 이 부분 쟁점은 이 사건 교원노조법 규정에서 금지하는 행위가 지나치게 포괄적이고 광범위하여 명확성원칙에 위반되는지 여부, 과잉금지원칙에 위반하여 교원노조 및 그 조합원인 교원의 정치적 표현의 자유를 과도하게 침해하는지 여부, 다른 노동조합에 비하여 교원노조를 불합리하게 차별하는지 여부이다.

(2) 명확성원칙 위반 여부

㈎ 이 사건 교원노조법 규정은 '일체의'라는 용어를 사용하여 교원노조의 경우는 모든 정치활동이 금지되는 것처럼 규정하고 있다. 이러한 규정 형식은 제한의 영역이 지나치게 포괄적이고 광범위하다는 의심을 불러온다.

그런데 위에서 본 바와 같이 특정 법률이 해당 규정을 통해 규율하려는 내용이 어느 범위까지인지를 파악함에 있어서는 해당 법령의 문언 내용뿐만 아니라 해당 규정의 입법목적, 입법연혁, 그리고 다른 유사 법규범의 체계적 구조 등을 종합적으로 고려하여 판단하여야 한다. 특히 오늘날에는 국가와 사회의 상호작용이 활발하여 기존에 정치 영역으로 취급되던 것뿐만이 아니라 사회·경제·문화와 같은 사회 전반의 모든 문제들이 언제든지 정치 문제로 전환될 가능성이 있는바, 이 사건 교원노조법 규정에서 금지하는 정치활동을 해석함에 있어 단순히 문언 자체에만 얽매일 경우 그 의미 내용을 제대로 파악할 수 없게 된다. 결국 교육의 정치적 중립성을 선언한 헌법과 교육기본법의 규정 및 교원노조법의 입법목적, 교원노조의 인정취지, 그리고 관련 규범들과의 관계 등을 모두 고려하여 체계적이고 모순 없는 해석을 통해 그 규범 내용을 한정적으로 파악하는 것이 가능하다면 해당 규정의 문언이 다소 폭넓게 규율 영역을 정하고 있다는 사정만으로 지나치게 포괄적인 입법이라고 단언할 수 없다.

(나) 헌법 제31조 제4항은 교육의 정치적 중립성을 선언하고 있고, 이에 따라 교육기본법은 교육이 정치적·파당적 편견을 전파하기 위한 방편으로 이용되는 것을 금지하고 있는데(제6조 제1항, 제14조 제4항 참조), 교원노조법은 그 목적이 교원의 노동조합 설립에 관한 사항을 정하고, 교원에 적용될 '노동조합 및 노동관계조정법'에 대한 특례로서 제정된 법률임을 명시하면서(제1조), 교원노조에게 교원의 임금과 같은 경제적·사회적 지위 향상을 위한 단체교섭권과 단체협약체결권을 주고 있는 점(제6조), 교원노조를 인정한 취지가 기본적으로 교원의 노동기본권 신장에 있고, 이 사건 교원노조법 규정의 입법취지가 교육의 정치적 중립성 확보와 국민의 학습권 보호에 있는 점, 현대국가에서 표현되는 모든 의견이나 활동은 그 정치성의 강약에 차이가 있을 뿐 일정 부분 정치적 주장이 될 수밖에 없으므로 '정치활동'의 범위를 한정하지 않는다면 이 사건 교원노조법 규정에 의해 금지되는 행위는 무한정 확장될 가능성이 있는 점 등을 고려할 때, 이 사건 교원노조법 규정이 비록 '일체의' 정치활동을 금지하는 것으로 규정하고 있더라도, 교원의 임금·근무조건·후생복지 등 경제적·사회적 지위 향상을 위한 활동은 노조활동의 일환으로서 교원노조에게도 당연히 허용된다고 보아야 하고, 또한 교원노조는 초·중등교육을 직접 담당하는 교원으로 구성된 교육 전문가 집단이라는 점에서 초·중등교육 교육정책과 관련된 정치적 의견표명 역시 그것이 정치적 중립성을 훼손하지 않고 학생들의 학습권을 침해하지 않을 정

도의 범위 내라면 허용된다고 보아야 한다. 그러나, 교원노조가 교육문제와 연관이 없는 사안에 관하여 교원이라는 신분과 그 조직력을 이용하여 정부의 정책결정이나 집행과정에 영향력을 행사할 목적으로 하는 행위는 교육의 정치적 중립성 내지 이에 대한 국민의 신뢰를 훼손할 수 있으므로 금지되는 정치활동에 해당한다고 볼 가능성이 크다.

(다) 이상과 같이 이 사건 교원노조법 규정의 의미 내용을 축소 한정하여 해석하는 것이 가능한 이상, 위 규정이 지나치게 포괄적이고 광범위하여 명확성원칙에 위반된다고 볼 수는 없다.

(3) 과잉금지원칙 위반 여부

(가) 심사기준

위에서 본 바와 같이 정치적 표현의 자유는 자유민주적 기본질서의 구성요소로서 다른 기본권에 비하여 우월한 효력을 가지므로 초·중등교원이라 하더라도 이러한 자유는 될 수 있는 한 보장되도록 하여야 하고, 제한을 하는 경우에도 헌법 제37조 제2항에서 도출되는 과잉금지원칙을 준수하여야 한다(헌재 2008. 1. 17. 2007헌마700 등 참조). 다만, 헌법 제31조 제4항은 교육의 정치적 중립성을 선언하고 있으므로 교육의 담당자인 교원의 표현의 자유는 정치적 영역에서 일반 국민에 비하여 더 제한될 수 있다.

(나) 판 단

1) 교육의 정치적 중립성은 교육이 국가권력이나 정치적 세력으로부터 부당한 간섭을 받지 아니할 뿐만 아니라(정치의 교육적 중립), 교육이 그 본연의 기능을 벗어나 정치영역에 개입하지 않아야 한다는 것(교육의 정치적 중립)을 의미한다. 교육은 국가 백년대계의 기초인 만큼 국가의 안정적인 성장·발전을 위해 교육방법이나 교육내용이 당파적 편향성에 의하여 부당하게 침해 또는 간섭당하지 않아야 한다(헌재 1992. 11. 12. 89헌마88; 헌재 2014. 3. 27. 2011헌바42 등 참조). 미성숙한 초·중등학생들이 사회 공동체 내에서 책임감 있고 독립적인 선량한 인격체로 성장하도록 하기 위해서는 교육 분야에 당파적인 정치적 관념이나 이해관계가 그대로 적용되도록 해서는 곤란하다. 이에 따라 초·중등학교 교원을 대상으로 하는 이 사건 교원노조법 규정은 교원집단의 정치적 중립성 확보와 교원집단의 정치적 편향성이 판단능력이 미성숙한 학생들의 인격이나 가치관 형성에 부정적인 영향을 미치는 것을 차단하기 위

해 교원노조의 정치활동을 금지하고 있다. 이러한 이 사건 교원노조법 규정의 입법목적은 정당하고, 교원노조의 정치활동을 금지하는 것은 위와 같은 입법목적을 달성하기 위한 효과적이고 적절한 수단이 된다.

2) 교원이 교원노조 활동으로 하는 행위가 아닌 개인적인 견해 표명의 경우에는 국가공무원법 등에 의해 금지되는 행위가 아닌 한 허용된다고 할 것이므로, 이 사건 교원노조법 규정이 교원노조 및 그 조합원의 정치적 표현의 자유를 과도하게 제한하는 것은 아니다.

그리고 교육을 통해 건전한 인격체로 성장해 가는 과정에 있는 미성숙한 학생들에게 교원의 영향력은 매우 큰 것이어서 교원의 활동이 이 사건 시국선언처럼 교육현장 이외에서의 정치적 표현행위라 하더라도 학생들의 인격 형성에는 지대한 영향을 미칠 수 있는 점, 특히 교원의 정치적 표현행위가 교원노조와 같은 단체의 이름으로 교원의 지위를 전면에 드러낸 채 대규모로 행해지는 경우 그것이 교육현장 및 사회에 미치는 파급력을 고려하지 않을 수 없고, 다양한 가치관을 조화롭게 소화하여 건전한 세계관·인생관을 형성할 능력이 미숙한 학생들에게 오히려 편향된 가치관을 갖게 할 우려가 있는 점, 결국 정치적 표현의 자유에 대한 최대한 보장이라는 명목으로 교원노조에게 일반적인 정치활동을 허용할 경우 교육을 통해 책임감 있고 건전한 인격체로 성장해가야 할 학생들의 교육을 받을 권리는 중대한 침해를 받을 수 있을 뿐만 아니라, 경우에 따라서는 교원 개인의 진정한 의사형성을 왜곡하거나 방해할 우려도 있는 점 등에 비추어 보면, 앞서 본 바와 같은 의미로 축소해석된 '정치활동'(즉, 근무조건과 같은 교원의 경제적·사회적 지위 향상을 위한 정치적 의사표현이나 교육 전문가 집단으로서 교육정책과 관련된 정치적 의견표명 이외의 정치활동)을 교원노조라는 집단성을 이용하여 행하는 것을 금지하는 것이 입법목적 달성에 필요한 정도를 넘은 과도한 제한이라고 보기 어렵다.

3) 한편, 교육의 정치적 중립성에 대한 헌법적 요청과 교원의 학생에 대한 영향 등에 비추어 볼 때, 이 사건 교원노조법 규정에 의해 교원노조의 정치활동이 일부 제한된다 하더라도 그것이 교육의 정치적 중립성 확보, 학생들의 학습권 보장이라는 공익보다 크다고 할 수 없다.

4) 결국, 이 사건 교원노조법 규정은 과잉금지원칙에 위반되지 않는다.

(4) 평등원칙 위반 여부

(가) 헌법 제11조 제1항의 평등의 원칙은 일체의 차별적 대우를 부정하는 절대적 평등을 의미하는 것이 아니라, 입법과 법의 적용에 있어서 합리적 근거 없는 차별을 하여서는 아니 된다는 상대적 평등을 뜻하고, 따라서 합리적 근거 있는 차별 내지 불평등은 평등의 원칙에 반하는 것이 아니다(헌재 1994. 2. 24. 92헌바43).

(나) 청구인들은 일반 노조의 경우 정치활동을 제한받지 않음에 비해, 교원노조만 정치활동을 제한받는 것은 불합리한 차별이라고 주장한다. 그런데 일반 노조는 그 행하는 업무나 활동과 관련하여 특별히 정치적 중립을 요구받을 만한 지위에 있지 아니한바, 교육의 정치적 중립성 요청으로 그 업무와 활동에 있어서 강하게 정치적 중립을 요구받는 교원노조와 다르므로 교원노조법이 교원노조의 정치활동을 제한하는 것은 불합리한 차별이라고 볼 수 없다.

(다) 한편, '공무원의 노동조합 설립 및 운영 등에 관한 법률'(이하 '공무원노조법'이라 한다)도 교원노조법처럼 노조의 정치활동을 금지하고 있기는 하나 '일체의'라는 표현을 사용하지 않아 근로조건의 개선을 위한 정치적 의사표현을 할 수 있도록 한 반면, 교원노조법의 경우는 '일체의' 정치활동을 금지하는 것으로 규정하여 교원의 근로조건 개선을 위한 정치활동도 금지되는 것처럼 규정하고 있다. 그러나 위에서 보았듯이 교원노조의 설립을 허용하는 취지나 노조의 본질에 비추어 교원노조에게도 교원의 근로조건 향상을 위한 활동 등은 허용된다고 할 것이므로 법문언에서 공무원노조법과 달리 '일체의'라는 용어를 사용하고 있다고 하여 이것이 불합리한 차별을 야기하고 있다고 보기는 어렵다.

(라) 나아가 청구인들은 대학교원단체는 정치활동이 제한되지 않음에 반해, 초·중등교원단체의 경우에는 정치활동이 제한되는 것은 불합리한 차별이라고 주장한다. 그런데 초·중등학교의 교육은 일반적으로 승인된 기초적인 지식의 전달에 중점이 있는 데 비하여, 대학 교육은 학문의 연구·활동과 교수기능을 유기적으로 결합하여 학문의 발전과 피교육자인 대학생들에 대한 교육의 질을 높이는 데 중점이 있고(헌재 2004. 3. 25. 2001헌마710; 헌재 2014. 3. 27. 2011헌바42 참조), 초·중등교육의 경우에는 교원의 영향력이 절대적인 성장과정의 초·중·고등학생이 그 교육대상인 반면, 대학 교육의 대상은 어느 정도 판단능력을 갖추고 자신의 행동에 대해 스스로 책임질 수 있는 대학생이라는 점에서 양자 사이에는 차이가 있다. 이와 같은 교육의 내용과 대

상의 상이성에 연유하여 교원의 정치적 경향성에 별다른 영향을 받지 아니하는 이들을 교육하는 대학교원단체에게는 정치활동을 제한하지 않고, 교원의 정치적 경향성에 민감하게 영향을 받는 이들을 교육하는 초·중등학교 교원노조에 대해서만 정치활동을 금지하는 것은 불합리한 차별이라고 볼 수 없다.

(마) 따라서 이 사건 교원노조법 규정은 평등원칙에 위반되지 않는다.

[68] 교원노조법상 교원의 범위에 관한 위헌확인 사건

(2015. 5. 28. 2013헌마671등)

◇ 사안과 쟁점

청구인 '전국교직원노동조합'(이하 '전교조')은 '교원의 노동조합 설립 및 운영 등에 관한 법률'(이하 '교원노조법')에 따라 1999. 7. 1. 설립된 전국 단위 교원의 노동조합이다. 청구인들은 전교조 소속 조합원들로서 소속 학교로부터 당연퇴직 등을 이유로 해고된 교원들이다. 고용노동부장관은 청구인 전교조에 대하여, 해고된 교원도 전교조의 조합원 자격을 유지한다고 정한 전교조 규약 부칙 조항을 교원노조법 제2조에 맞게 시정하고 교직에서 해고된 청구인 등의 전교조 가입·활동을 금지하도록 하면서 30일 안에 이에 응하지 아니하는 경우 청구인 전교조를 위 법률에 의한 노동조합으로 보지 아니함을 통보할 예정이라는 내용의 통보를 하였다. 이에 청구인들은 교원노조법 제2조(이하 '이 사건 법률조항'), 시행령 제9조 제1항('법외노조통보 조항') 및 위 장관의 2013. 9. 23.자 시정요구가 청구인들의 단결권 등 헌법상 기본권을 침해한다고 주장하면서 헌법소원심판을 청구하였다. 한편, 고용노동부장관은 2013. 10. 24. 전교조에 대하여 법외노조통보를 하였고, 전교조는 위 통보의 취소소송을 제기하였으나 기각된 뒤 항소심에서 위헌법률심판제청을 신청하였고, 당해 법원이 이를 받아들여 위헌법률심판을 제청하였다.

법외노조통보 조항 부분은 기본권침해의 직접성을 인정할 수 없고, 시정요구에 대한 헌법소원은 보충성 요건을 결여하였다는 이유로 각하되었다.

쟁점은, 교원노조법을 적용받는 교원의 범위를 초·중등학교에 재직 중인 교원으로 한정하고 있는 교원노조법 제2조가 전교조 및 해직 교원들의 단결권을 침해하는지 여부이다(소극:적극 8:1, 2015. 5. 28. 2013헌마671등; 공보 224호 903면). 이를 긍정하는 1명의 반대의견이 있으나, 8명의 다수의견은 교원노조법 제2조가 청구인들의 단결권을 침해하지 아니한다고 하였다. 재판관 조용호는 다수의견을 집필하였다.

◇ 법정(합헌)의견

가. 교원노조법 입법연혁 및 주요 내용

1999년 교원노조법이 제정되기 전까지는 사실상 노무에 종사하는 공무원을 제외하고는 공무원의 노동운동을 금지하는 국가공무원법 제66조 및 이를 준용하는 사립학교법 조항에 따라 교원노조는 합법적인 노동조합으로 인정받지 못하였다. 헌법재판소는 국민의 교육받을 권리를 효과적으로 보장하기 위하여 교원의 지위에 관한 사항을 법률로 정하도록 한 헌법 제31조 제6항이 근로기본권에 관한 헌법 제33조 제1항에 우선하여 적용된다고 보고, 사립학교 교원의 근로3권을 제한 또는 금지하고 있던 당시의 사립학교법 규정이 교원 지위의 특수성과 역사적 현실을 종합하여 교육제도의 본질을 지키기 위하여 입법자가 결정한 것으로 헌법에 위반되지 아니한다고 판단하였다(헌재 1991. 7. 22. 89헌가106). 그런데 1991년에 국제노동기구(ILO)에 가입하고 1996년에 경제협력개발기구(OECD)에 가입한 이후 이들 기구로부터 교원의 단결권 인정에 관하여 수차례 입법 권고를 받게 되자, 1999. 1. 29. 교원노조법이 제정되었다.

교원노조법은 국·공립학교 교원과 사립학교 교원을 구분하여 규율하지 않으며, 시·도 단위 또는 전국 단위로만 교원노조를 설립할 수 있도록 하고 있다. 교원노조법에 따라 설립신고를 마친 교원노조의 대표자는 공·사립학교를 불문하고 조합원인 교원의 임금, 근무 조건, 후생복지 등 근로조건의 유지·향상을 위하여 사용자인 '교육부장관, 시·도 교육감 또는 사립학교 설립·경영자'(다음부터 '정부 등'이라 한다)와 교섭하고 단체협약을 체결할 권한을 가진다. 이때 정부 등이 단체교섭을 거부하면 교원노조는 노동위원회에 부당노동행위의 구제신청을 할 수 있고, 단체교섭이 결렬될 경우 노동쟁의 조정신청도 할 수 있다. 교원노조가 정부 등과 체결한 단체협약이 교원의 반수 이상에게 적용되게 되면 다른 교원에 대하여도 당해 단체협약이 적용되는 일반적 구속력의 효과가 인정되므로, 이러한 경우 교원노조에 가입하지 않은 교원에게도 단체협약의 효력이 미칠 수 있다.

나. 이 사건 법률조항의 의미 및 제한되는 기본권

(1) 이 사건 법률조항의 의미

교원노조법은 국가공무원법 제66조 제1항 및 사립학교법 제55조에도 불구하고 교원의 근로3권 보장을 위하여 제정된 법으로, 구체적으로 교원노조의 설립과 교원 및 교원노조의 단체교섭권, 단체행동권 등에 관해 노동조합법에서 정하고 있는 사항과 달리 정할 사항을 정하고 있다. 이 사건 법률조항은 교원노조의 설립 주체인 교원의 범위를 초·중등학교에 재직 중인 교원으로 한정하여, 교육공무원법에 따라 교사 자격을 취득하였으나 아직 임용 전이거나 구직 중에 있는 사람은 교원의 범위에서 제외된다. 한편, 이 사건 법률조항 단서에서는 교직에서 해고되는 경우에도 부당노동행위를 이유로 구제신청을 하고 중앙노동위원회의 재심판정이 있는 때까지의 교원에 한하여는 교원노조법상의 교원 지위를 인정하고 있다. 이에 따라 '교원지위향상을 위한 특별법'(다음부터 '교원지위법'이라 한다)에 따른 교원소청심사청구 절차나 행정소송으로 부당해고를 다투는 경우에는 교원노조법상의 교원에서 배제된다.

(2) 제한되는 기본권

근로3권 중 단결권에는 개별 근로자가 노동조합 등 근로자단체를 조직하거나 그에 가입하여 활동할 수 있는 개별적 단결권뿐만 아니라 근로자단체가 존립하고 활동할 수 있는 집단적 단결권도 포함된다(헌재 1999. 11. 25. 95헌마154 참조). 이 사건 법률조항은 교원의 근로조건에 관하여 정부 등을 상대로 단체교섭 및 단체협약을 체결할 권한을 가진 교원노조를 설립하거나 그에 가입하여 활동할 수 있는 자격을 초·중등학교에 재직 중인 교원으로 한정하고 있으므로, 해직 교원이나 실업·구직 중에 있는 교원 및 이들을 조합원으로 하여 교원노조를 조직·구성하려고 하는 교원노조의 단결권을 제한한다.

청구인들은 이 사건 법률조항에 따라 초·중등학교에서 정식 교원으로 채용되어 근무하는 사람들과 비교하여 평등권이 침해된다고 주장한다. 그런데 이 문제는 이 사건 법률조항에서 구직 중인 교원이나 해직 교원의 교원노조 가입 자격을 제한하고 있는 데 기인하는 것이므로, 단결권 침해 여부에 대해 판단하는 이상 평등권 침해 여부를 별도로 판단하지 않는다.

한편, 국제노동기구(ILO)의 '결사의 자유위원회', 경제협력개발기구(OECD)의 '노동조합자문위원회' 등이 우리나라에 대하여 재직 중인 교사들만이 노동조합에 참여할 수 있도록 허용하는 것은 결사의 자유를 침해하는 것이므로 이를 국제기준에 맞추어 개선하도록 권고한 바 있다. 하지만 이러한 국제기구의 권고를 위헌심사의 척도로 삼을 수는 없고, 국제기구의 권고를 따르지 않았다는 이유만으로 이 사건 법률조항이 헌법에 위반된다고 볼 수 없다.

다. 이 사건 법률조항의 위헌 여부

(1) 심사기준

헌법 제33조 제1항은 "근로자는 근로조건의 향상을 위하여 자주적인 단결권·단체교섭권 및 단체행동권을 가진다."고 하여 근로자의 근로3권을 보호하고 있다. 교원도 학생들에 대한 지도·교육이라는 노무에 종사하고 그 대가로 받는 임금·급료 그 밖에 이에 준하는 수입으로 생활하는 사람이므로 근로자에 해당한다. 따라서 교원의 단결권을 제한하는 법률이 헌법에 위배되지 않기 위해서는 헌법 제37조 제2항에서 정하고 있는 기본권제한 입법의 한계인 과잉금지원칙을 준수하여야 한다(헌재 2003. 5. 15. 2001헌가31; 헌재 2012. 3. 29. 2011헌바53 참조).

다만, 오늘날 교육은 조직화·제도화된 학교교육이 중심을 이루고 있고 학교교육을 수행하는 사람이 교원이라는 점에서, 교원은 사용자에 고용되어 근로를 제공하고 임금 등 반대급부를 받는 일반근로자와 다른 특성이 있다(헌재 1991. 7. 22. 89헌가106 참조). 이에 교육기본법, 교육공무원법, 교원지위법 및 이를 준용하는 사립학교법 등 교육관계법령에서는 공·사립학교를 불문하고 교원에게 보수, 연수, 신분보장 등 모든 면에서 통상적인 근로자에 비하여 특별한 대우 및 특혜를 부여하고 있다. 또한, 교원의 보수 수준 등 근로조건 향상을 위한 재정적 부담은 실질적으로 국민 전체가 지게 되므로, 이 사건 법률조항이 청구인들의 단결권을 침해하는지 여부를 판단함에 있어서는 이러한 교원의 직무 및 근로관계의 특수성을 고려할 필요가 있다.

한편, 이 사건 법률조항에 따라 단결권을 제한받는 사람들은 해고된 교원 또는 교사자격증을 가지고 있으나 정식으로 임용되지 않은 단계에 있는 사람들로 국·공립학교나 사립학교 중 어느 한 곳에 소속된 교원이 아니다. 또 교원노조법도 국·공립학교 교원과 사립학교 교원의 노동조합 구성 및 활동을 분리하여 규율하고 있지 않으므로, 이 사건 법률조항이 헌법에 위반되는지 여부를 판단함에 있어서 국·공립학교 교원과 사립학교 교원의 경우를 나누어 판단하지 아니한다.

(2) 목적의 정당성 및 수단의 적절성

헌법 제33조 제1항이 근로자에게 근로3권을 기본권으로 보장하는 뜻은 근로자가 사용자와 대등한 지위에서 단체교섭을 통하여 자율적으로 임금 등 근로조건에 관한 단체협약을 체결할 수 있도록 하기 위한 것이다(헌재 1998. 2. 27. 94헌바13등 참조). 이러한 노사 간 실질적 자치라는 목적을 달성하기 위해서는 무엇보다도 노동조합의 자주성이라는 전제가 필요하다. 노동조합은 근로자들이 스스로 '근로조건의 유지·개선 기타 근로자의 경제적·사회적 지위 향상'을 위하여 국가와 사용자에 대항하여 자주적으로 단결한 조직이므로, 노동조합은 국가나 사용자 등으로부터 자주성을 확보해야 한다(헌재 2012. 3. 29. 2011헌바53 참조).

이 사건 법률조항은 교원의 근로조건 향상을 위하여 정부 등을 상대로 단체교섭권 등을 행사하는 교원노조를 설립하거나 그 활동의 주된 주체를 원칙적으로 초·중등학교에 재직 중인 교원으로 한정함으로써, 대내외적으로 교원노조의 자주성과 주체성을 확보하여 교원의 실질적 근로조건 향상에 기여한다는 데 그 입법목적이 있다. 이는 교원의 직무와 근로관계의 특수성을 고려할 때 국민 전체의 공공 이익에도 기여할 것이므로 그 입법목적의 정당성이 인정된다. 그리고 교원노조의 조합원을 재직 중인 교원으로 한정하면 교원노조의 자주성과 주체성을 확보하는 데 기여할 수 있다는 점에서 입법목적 달성에 적절한 수단이라 할 수 있다.

(3) 침해의 최소성

(가) 과거 교원의 노조활동은 허용되지 않았으나, 1999. 1. 29. 교원노조법이 제정된 이후부터 교원의 노조활동이 원칙적으로 보장되고 있다. 교원노조는 단순히 교육부장관 등과 교원의 처우 개선이나 근무조건 등에 관하여 협의할 수 있는 교원단체와 달리(교육기본법 제15조, 교원지위법 제12조), 교원의 임금 등 근로조건 향상을 위하여 조합원인 교원을 대표하여 단체교섭권을 행사하고, 노동쟁의 조정신청권·부당노동행위 구제신청권·조세 면제 등 각종 법적 보호 또는 혜택을 받으며, 교원들의 개별적인 수권이나 동의 없이도 교원의 근로조건을 변경하는 단체협약을 체결할 수 있는 등 교원의 근로조건에 직접적이고 중대한 영향력을 행사한다.

아직 교원으로 임용되지 않은 교사자격 소지자나 해고된 교원에게 교원노조를 설립하거나 그에 가입하여 활동할 수 있도록 하는 것은 교원이 아닌 사람들이 교원노조의 의사결정 과정에 개입하여 현직 교원의 근로조건에 영향을 미치는 결과를 초래할 수 있다. 또 교원노조법상 혜택을 누릴 수 없는 사람들에게까지 이를 부여하는 결과를 야기하게 될 수 있어 오히려 교원의 근로조건 향상을 위하여 활동하여야 하는 교원노조의 자주성을 해할 우려도 있다. 따라서 교원노조의 활동과 직접적이고 실질적인 이해관계를 가지는 재직 중인 교원에게만 교원노조의 조합원이 될 수 있는 지위를 부여하는 것은 교원노조의 역할이나 기능에 비추어 부득이한 측면이 있다.

(나) 교원의 임금 기타 근로조건은 기본적으로 법령·조례 및 예산에 따라 결정되고, 사립학교 교원의 경우도 자격·복무 등에 있어서 국·공립학교 교원에 관한 규정을 거의 대부분 준용하고 있다. 따라서 교원의 근로조건은 학교법인별로 크게 다르지 아니하므로 공사립을 불문하고 교원의 근로조건에 대해서 개개 학교별로 단체교섭을 한다는 것은 큰 의미가 없다. 즉, 교원의 근로조건은 개별 학교 단위의 교섭이 아니라 통일적으로 조직되어 정부 등을 상대로 이루어져야 할 필요가 있기 때문에 교원노조가 산업별 또는 지역별 노조의 형태로 결성될 수밖에 없고, 이는 우리나라 교원의 근로관계 특수성에 기인하는 것이라 할 수 있다(헌재 2006. 12. 28. 2004헌바67 참조).

교원노조의 경우 전국 단위 또는 시·도 단위 노조로밖에 결성될 수 없으므로, 재직 중인 교원으로 그 조합원의 범위를 한정하는 것은 일반 산업별·지역별 노조와 비교해 보면 지나친 단결권 제한이라고 볼 여지가 있다. 그러나 교원지위법정주의에 따라 교원과 관련한 근로조건의 대부분은 법령이나 조례 등으로 정해지고, 이러한 규정들을 실질적이고 직접적으로 적용받는 사람은 재직 중인 교원들이므로, 그 관련성이 없는 교원이 아닌 사람을 교원노조의 조합원 자격에서 배제하는 것이 단결권의 지나친 제한이라고 볼 수는 없다. 또한, 교원노조의 경우 단체협약의 내용 중 법령·조례 및 예산에 따라 규정되는 내용과 법령 또는 조례에 따라 위임을 받아 규정되는 내용에 대하여는 단체협약으로서의 효력이 인정되지 아니하므로, 교원이 아닌 사람들이 교원노조를 통해 정부 등을 상대로 교원의 임용 문제나 지위에 관한 사항에 관하여 단체교섭을 할 수 있도록 할 실익이 거의 없다.

한편, 노동조합법 제2조 제1호 및 제4호 라목 본문에서 말하는 '근로자'에는 일시적으로 실업 상태에 있는 사람이나 구직 중인 사람도 근로3권을 보장할 필요성이 있는 한 그 범위에 포함된다(대법원 2004. 2. 27. 선고 2001두8568 판결 참조). 따라서 이 사건 법률조항이 정한 교원에 해당되지 않으나 앞으로 교원으로 취업하기를 희망하는 사람들이 노동조합법에 따라 노동조합을 설립하거나 그에 가입하는 데에는 아무런 제한이 없다. 이 점에서도 이 사건 법률조항이 교원노조의 단결권에 심각한 제한을 초래한다고 보기는 어렵다.

그러므로 이 사건 법률조항이 산업별 또는 지역별 노조만 허용하면서도 해고 등으로 일시적 실업 상태에 있거나 구직 중인 교사자격취득자를 교원의 범위에 포함시키지 않는다고 하여 이들 또는 이들을 조합원으로 조직하려는 교원노조의 단결권을 부당하게 제한한다고 볼 수 없다.

㈐ 부당노동행위는 근로자 등의 노동조합 활동과 관련된 행위를 사용자가 방해하는 행위로서 노동조합법 제81조가 그 행위 유형을 특정하고 있고, 구제 신청의 기한도 부당노동행위가 있은 날부터 3월 이내로 한정하고 있어 이를 빌미로 조합원으로서의 지위를 남용할 우려가 거의 없다. 따라서 중앙노동위원회의 재심판정이 있을 때까지 조합원의 지위를 인정하더라도 교원노조의 자주성 측면에서 큰 문제가 없다. 이 사건 법률조항은 교원의 노조활동이 임면권자에 의하여 부당하게 제한되는 것을 방지함으로써 교원의 노조활동을 보호하기 위하여 부당노동행위 구제신청을 통하여 해고의 효력을 다투는 사람에게 예외적으로 조합원 자격을 인정하고 있다.

그런데 일반적으로 해직 교원에게 교원노조의 조합원 자격을 계속 유지할 수 있도록 하면, 해고의 효력을 다투는 데 기한의 제한이 없는 우리 법체계상 정당한 해고임에도 불구하고 조합원 자격을 유지하기 위한 수단으로 쟁송을 남용하거나, 개인적 해고의 부당성을 다투는 데 교원노조 활동을 이용할 우려가 있다. 그러므로 해고된 사람의 교원노조 조합원 자격을 이 사건 법률조항과 같이 제한하는 데는 합리적 이유가 인정된다.

한편, 해고된 교원은 교원지위법에 따라 그 처분이 있었던 것을 안 날부터 30일 이내에 교원소청심사위원회에 소청심사를 청구할 수도 있다. 이 경우 심사위원회는 원칙적으로 소청심사청구를 접수한 날부터 60일 이내에 이에 대한 결정을 하여야 한다(교원지위법 제9조, 제10조, 교원노조법 제13조). 따라서 소청심사 결정에 불복하여 행정소송까지 나아가지 않는 한, 부당해고인지 여부를 다투는 데 오랜 시간이 걸리지 않는다. 또한 본인의 의사에 반하여 파면 · 해임 · 면직처분을 하였을 때에는 그 처분에 대한 심사위원회의 최종 결정이 있을 때까지 후임자를 발령하지 못한다(교원지위법 제9조 제2항). 그러므로 심사위원회의 최종 결정으로 부당해고임이 판명된 경우 원직에 복직하여 다시 교원노조의 조합원으로 활동할 수 있는 가능성이 얼마든지 열려 있다. 이러한 사정에 비추어 보더라도 이 사건 법률조항 단서가 부당노동행위 구제신청을 한 사람에게만 예외적으로 조합원 자격을 인정하고 있다고 하여 교직에서 해고된 사람들의 단결권을 지나치게 제한하거나 박탈한다고 볼 수 없다.

㈑ 청구인들 및 제청법원은 교직에서 해고된 사람이 조합원에 일부 포함되어 있다는 이유로 전교조에 대하여 법외노조통보가 내려진 것이 이 사건 법률조항에서 교원노조법상 "교원"의 범위를 지나치게 제한하고 있기 때문이라고 한다. 물론 전교조가 법외노조통보를 받게 된 것이 교원노조법상 교원을 초·중등학교의 재직 중 교원으로 한정하고 있는 이 사건 법률조항을 적용한 결과이고, 이 사건 법률조항이 위헌으로 선언되어 교원노조의 조합원이 될 수 있는 교원의 범위를 재직 중이 아닌 교원까지 확대하면 청구인들이나 제청신청인이 구제될 가능성이 있다.

그런데 이 사건 법률조항이 교원노조를 설립하거나 그 활동의 주된 주체가 되는 조합원 자격을 초·중등학교의 재직 중 교원으로 제한하는 것에 합리적 이유가 있다고 하여, 이를 이유로 이미 설립신고를 마치고 정당하게 활동 중인 교원노조의 법상 지위를 박탈한 것이 항상 적법한 것은 아니다. 설립 당시 정당하게 교원노조에 가입한 교원도 교직에서 해고되거나 사직하는 일이 발생할 수 있는데, 이러한 교원이 그 해고 등의 부당성이나 위법성을 다투고 있다면 그 분쟁의 와중에 스스로 교원노조에서 탈퇴하는 것을 기대하기는 힘들다. 그렇다고 교원노조가 조합원의 교원으로서의 지위 상실 여부를 수시로 확인하여 곧바로 조치를 취하는 것 역시 기대하기 어렵다. 이와 같이 교원노조에는 일시적으로 그 자격을 갖추지 못한 조합원이 포함되어 있을 가능성이 언제나 존재하는 만큼, 이를 합법적인 노조로 인정할 것인지에 관해서는 이러한 사정을 고려한 운영이 필요하다. 그리하여 조합원 자격이 상실된 조합원이 포함되어 있음을 이유로 법외노조화하기 위해서는 일정한 절차를 거치게 할 필요가 있는데, 법외노조통보 조항에서 이러한 절차를 정하고 있다. 전교조가 이 사건에서 법외노조통보를 받게 된 것도 직접적으로는 이 조항 때문이다.

즉, 고용노동부장관은 전교조에 대해 해고된 교원의 전교조 조합원 자격을 인정한 전교조 규약 부칙 조항을 시정할 것과 교직에서 해고된 청구인 송○재 외 8인의 전교조 가입·활동을 금지할 것을 요구하면서 30일 이내에 이에 응하지 아니할 경우 청구인 전교조를 법외노조로 통보할 예정이라는 내용의 시정요구를 하였고, 이에 대해 전교조가 아무런 조치를 취하지 않자 2013. 10. 24. 이 사건 법외노조통보를 하였다. 그런데 전교조는 교원노조법이 설립된 이후 10년 이상 합법적인 노조로 활동해 왔고, 이전에도 해직된 교원이 조합원에 포함되어 있었지만 법외노조통보는 2013. 10. 24.에서야 이루어졌다. 이러한 사정에 비추어 보더라도 교원이 아닌 사람이 교원노조에 일부 포함되어 있다고 하더라도 이를 이유로 법외노조로 할 것인지 여부는 행정당국의 재량적 판단에 달려 있음을 확인할 수 있다. 그리고 조합원 자격을 상실한 사람이 일부 포함되어 있는 노조를 상대로 법외노조통보를 한 재량적 판단에 대해서는 교원노조에서 활동하는 자격 없는 조합원의 수, 그러한 조합원들이 교원노조 활동에 미치는 영향, 자격 없는 조합원의 노조활동을 금지 또는 제한하기 위한 행정당국의 적절한 조치 여부, 해당 노동조합이 이를 시정할 가능성이 있는지 여부 등을 종합하여 적법한 재량의 범위 안에 있는 것인지 법원이 충분히 판단할 수 있다.

(마) 이와 같은 사정을 종합하여 보면, 이 사건 법률조항은 아직 임용되지 않은 교사자격취득자 또는 해고된 교원의 단결권 및 이들을 조합원으로 가입·유지하려는 교원노조의 단결권을 지나치게 제한한다고 볼 수 없다. 또 이미 설립신고를 마친 교원노조의 법상 지위를 박탈할 것인지 여부는 이 사건 법외노조통보 조항의 해석 내지 법 집행의 운용에 달린 문제라 할 것이다. 따라서 이 사건 법률조항은 교원노조 및 구직 중인 교원 등의 단결권을 제한함에 있어 침해의 최소성에 위반되지 않는다.

(4) 법익의 균형성

이 사건 법률조항으로 인하여 교원노조 및 구직 중인 교사자격취득자나 해고된 교원이 입게 되는 불이익은 이들을 조합원으로 하여 교원노조법에 의한 교원노조를 설립하거나 가입할 수 없는 것일 뿐, 이들의 단결권 자체가 박탈된다고 할 수 없으므로 그 제한의 정도가 크지 않다. 반면에 현실적으로 초·중등 교육기관에서 교원으로 근무하지 않는 사람들이 교원노조를 설립하거나 교원노조에 가입하여 교원노조법상 단체교섭권 등 각종 권한을 행사할 경우 발생할 교원노조의 자주성에 대한 침해는 중대하다. 양자의 법익을 비교해 볼 때 이 사건 법률조항은 법익의 균형성도 갖추었다.

(5) 소 결

이 사건 법률조항은 과잉금지원칙에 어긋나지 아니한다.

[69] 대학교원의 단결권을 인정하지 않는 교원노조법에 대한 위헌제청 사건

(2018. 8. 30. 2015헌가38)

◇ 사안과 쟁점

제청신청인 '전국교수노동조합'은 대학교에 근무하는 교원들을 조합원으로 하는 전국 단위의 노동조합으로서, 고용노동부장관에게 노동조합설립신고서를 제출하였다. 고용노동부장관은 위 설립신고를 반려하면서, 그 이유로 '노동조합 및 노동관계조정법'(이하 '노동조합법') 제5조 단서, '교원의 노동조합 설립 및 운영 등에 관한 법률'(이하 '교원노조법') 제2조 본문이 노동조합의 가입범위를 초·중등교육법 제19조 제1항의 교원으로 제한하고 있으므로 고등교육법상의 교원을 조직대상으로 하는 노동조합은 현행법상 설립이 허용되지 않기 때문이라고 하였다. 제청신청인은 위 반려처분의 취소소송을 제기하고 그 소송계속 중 노동조합법 제5조 단서, 교원노조법 제2조에 대하여 위헌법률심판제청을 신청하였고, 제청법원이 이를 받아들였다.

쟁점은, 대학 교원들의 단결권을 인정하지 않는 교원노조법 제2조 본문(이하 '심판대상조항')이 헌법에 위반되는지 여부이다(적극:소극 7:2, 2018. 8. 30. 2015헌가38; 공보 263호 1380면). 재판관 조용호는 합헌의견을 집필하였다.

◇ 반대(합헌)의견

우리는 심판대상조항이 대학 교원의 단결권을 침해하여 위헌이라는 다수의견에 반대한다. 그 이유는 다음과 같다.

가. 쟁 점

제청법원이 심판대상으로 삼은 것은 노동조합법 제5조 단서 및 교원노조법 제2조 본문이다. 그런데 노동조합법은 헌법에 의한 근로자의 단결권·단체교섭권 및 단체행동권을 보장하기 위하여 제정된 법으로서(제1조), 제5조 본문에서 "근로자는 자유로이 노동조합을 조직하거나 이에 가입할 수 있다."고 규정하면서도, 그 단서에서

“공무원과 교원에 대하여는 따로 법률로 정한다.”고 규정하고 있다. 이러한 노동조합법 제5조 단서에 따라 교원의 노동조합 설립에 관한 사항을 정하고 교원에 적용할 노동조합법에 대한 특례를 규정함을 목적으로 제정된 것이 바로 교원노조법이다[교원노조법 제1조, 공무원의 노동조합 설립 및 운영 등에 관한 법률(이하 ‘공무원노조법’이라 한다) 제2조 참조]. 따라서 대학 교원을 조직대상으로 하는 노동조합의 설립 가부가 문제된 당해사건에 직접 적용되는 것은 교원노조법이다.

심판대상조항은 교원노조법이 적용되는 ‘교원’을 초·중등교육법상의 교원에 한정함으로써 대학 교원의 경우 노조 설립 또는 가입을 할 수 없도록 하고 있는바, 대학 교원의 단결권 제한은 심판대상조항에 의한 구분과 차별취급의 결과에 해당한다고 할 것이므로, 이 사건의 주된 쟁점은 심판대상조항에 의한 차별취급이 평등원칙에 위반되는지 여부이다.

다수의견은 오히려 심판대상조항에 의한 차별취급의 결과에 해당하는 대학 교원의 단결권 침해 여부를 주된 쟁점으로 보고, 공무원 아닌 대학 교원과 교육공무원인 대학 교원으로 나누어 각각 다른 심사기준을 적용해 위헌 여부를 판단하고 있다.

그러나 헌법은 국민의 수학권(제31조 제1항)의 차질 없는 실현을 위하여 교육제도와 교육재정 및 교원제도 등 기본적인 사항이 법률에 의하여 시행되어야 할 것을 규정하고 있고(제31조 제6항), 여기서 말하는 ‘교원의 지위’란 교원 직무의 중요성 및 그 직무수행능력에 대한 인식의 정도에 따라서 그들에게 주어지는 사회적 대우 또는 존경과 교원의 근무조건·보수 및 그 밖의 물적 급부 등을 모두 포함하는 의미로서, 위 규정은 단순히 교원의 권익을 보장하기 위한 규정이라거나 교원의 지위를 행정권력에 의한 부당한 침해로부터 보호하는 것만을 목적으로 한 것이 아니라, 국민의 교육을 받을 기본권을 실효성 있게 보장하기 위한 것까지 포함하여 교원의 지위를 법률로 정하도록 한 것이다(헌재 2014. 4. 24. 2012헌바336). 이때 국가가 교원의 지위를 어떤 수준으로 보장할 것인지의 문제는 교육의 본질을 침해하지 아니하는 한 궁극적으로는 입법권자의 입법형성의 자유에 속한다(헌재 1998. 7. 16. 95헌바19등). 이에 따라 교육기본법, 교육공무원법, 고등교육법 및 이를 준용하는 사립학교법 등 교육관계 법령에서는 공·사립학교를 불문하고 교원에게 보수, 연수, 신분보장 등 모든 면에서 통상적인 근로자에 비하여 근로관계의 특수성을 인정(헌재 2015. 5. 28. 2013헌마671등 참조)하는 한편, 공무원인 교원과 그렇지 않은 교원의 지위를 균등하게 규율하고 있고, 심판대상조항 역시 마찬가지이다. 이러한 점을 고려하면, 다수의견과 같이 공무원 아닌 대학 교원과 교육공무원인 대학 교원의 단결권의 보호범위나 가능한 제한의 정도가 구분되어야 한다는 전제에서의 심사는 입법자의 규율 의도나 목적을 왜곡할 우려가 크다.

한편 헌법재판소는, 헌법 제31조 제6항은 국민의 교육을 받을 기본적인 권리를 보다 효과적으로 보장하기 위하여 교원의 보수 및 근무조건 등을 포함하는 개념인 '교원의 지위'에 관한 기본적인 사항을 법률로써 정하도록 한 것이므로 교원의 지위에 관련된 사항에 관한 한 위 헌법조항이 헌법 제33조 제1항에 우선하여 적용된다고 본 바 있고(헌재 1991. 7. 22. 89헌가106), 이에 따르면 공무원이 아닌 대학 교원과 교육공무원인 대학 교원의 경우를 분리하여 단결권 침해 여부를 심사하는 것은 불필요하다. 설령 헌법 제31조 제6항과 제33조 제1항 사이의 관계에 관하여 선례와 다른 입장을 취한다고 하더라도, 헌법 제31조 제6항에 따라 교원의 지위를 보장할 입법자의 형성의 자유는 여전히 존중되어야 할 것이므로, 단결권 침해 여부의 심사에 있어 다수의견과 같이 공무원이 아닌 대학 교원과 교육공무원인 대학 교원 사이에 서로 다른 심사기준이 적용되어야 한다고 보기 어렵다.

결국 심판대상조항의 단결권 침해 여부를 쟁점으로 삼는다고 하더라도, 공무원이 아닌 대학 교원과 교육공무원인 대학 교원의 경우를 구분하지 않고 입법자의 형성 재량 일탈 여부를 심사함이 타당하고, 그 내용은 심판대상조항의 평등원칙 위배 여부와 실질적으로 동일하다.

나. 평등원칙 위배 여부

(1) 심사기준

일반적으로 평등원칙은 본질적으로 같은 것은 같게, 본질적으로 다른 것은 다르게 취급할 것을 요구하는 것으로서 일체의 차별적 대우를 부정하는 절대적 평등을 의미하는 것이 아니라 입법과 법의 적용에 있어서 합리적인 근거가 없는 차별을 배제하는 상대적 평등을 뜻한다 할 것이므로 합리적 근거가 있는 차별은 평등의 원칙에 반하는 것이 아니다(헌재 2015. 7. 30. 2014헌가7).

이하에서는 대학 교원을 초·중등교원과 다르게 취급할 합리적 이유가 있는지를 살펴본다.

(2) 대학 교원의 근로관계의 특수성

㈎ 헌법 제33조 제1항이 근로자에게 근로3권을 기본권으로 보장하는 뜻은 근로자가 사용자와 대등한 지위에서 단체교섭을 통하여 자율적으로 임금 등 근로조건에 관한 단체협약을 체결할 수 있도록 하기 위한 것이다(헌재 1998. 2. 27. 94헌바13등 참조). 그런데 국가가 특수한 일에 종사하는 근로자에 대하여 헌법이 허용하는 범위 안에서 입법에 의하여 특별한 제도적 장치를 강구하여 그들의 근로조건을 유지·개선하도록 함으로써 그들의 생활을 직접 보장하고 있다면, 이로써 실질적으로 근로기본권의 보장에 의하여 이룩하고자 하는 목적이 달성될 수 있다. 이러한 특정근로자는 비록 일반근로자에게 부여된 근로기본권의 일부가 제한된다고 하더라도 실질적으로 그들에게 아무런 불이익을 입히지 아니하는 결과에 이를 수도 있다(헌재 1991. 7. 22. 89헌가106 참조).

대학 교원의 근로관계는 다음과 같은 특수성이 있다.

㈏ 대학 교원에 대하여는 그 헌법적 기능과 사회적 역할을 고려하여 헌법 및 법률로써 신분보장 등의 혜택이 있으며, 임금 등 근로조건이 법률에 의하여 결정된다.

1) 현행 교육법령은 초·중등교원과 대학 교원의 직무를 달리 규정하고 있다(헌재 2004. 3. 25. 2001헌마710). 즉, 초·중등교원은 법령에서 정하는 바에 따라 학생을 교육하고(교육기본법 제9조, 초·중등교육법 제20조 제4항), 그 지위의 특수성과 직무의 중요성·전문성 및 교육제도의 구조적 특성으로 인하여 이른바 공교육을 담당하는 교원으로서 일반 국민에 대한 봉사자이므로(헌재 2006. 12. 28. 2004헌바67), 초·중등교육법에 따라 교원의 집단적 표준성, 의무교육성, 동일성이 요구된다. 이에 비하여 대학 교원, 즉 교수·부교수·조교수와 전임강사는 학생을 교육·지도하고 학문을 연구하되, 학문연구만을 전담할 수 있다(고등교육법 제15조 제2항). 대학 교원도 학생을 교육하기는 하나 그 주된 직무는 연구기능이다. 이 점에서 매일 매일 학생과 함께 호흡하며 수업을 하고 학생을 지도해야 하는 초·중등교원에 비하여 상대적으로 많은 학문연구와 사회활동의 자유가 인정된다(헌재 1993. 7. 29. 91헌마69).

2) 대학 교원의 신분에 대하여 국·공립대학 교원의 경우에는 교육공무원법이, 사립대학 교원의 경우에는 사립학교법의 해당 조항이 적용된다. 초·중등교원의 정년이 62세임에 비하여, 대학 교원의 정년은 65세이고(교육공무원법 제47조 제1항, 사립학교법 제52조), 공무원인 대학 교원은 공무원계급표상 3년 이상 정교수는 2급, 3년

이하 정교수는 3급, 부교수는 4급, 조교수는 5급, 전임강사는 6급 공무원에 준하는 지위를 가지고 있으며(교육공무원임용령 제5조의2 제1항 제2호, 공무원보수 등의 업무지침 별표 2 호봉획정을 위한 공무원경력의 상당계급 기준표 참조), 사립대학 교원도 국·공립대학 교원의 보수 및 대우 수준을 보장받는다(교원지위법 제3조 제2항). 그 밖에도 헌법 제31조 제4항의 대학의 자치 규정 및 헌법 제31조 제6항의 교원지위 법정주의에 근거한 하위 법령들이 대학 교원의 근로조건의 불확실성을 없애고 교육과 연구에 정진할 수 있도록 개별적 근로조건 및 집단적 근로조건과 관련한 사항을 정하고 있다.

3) 한편, 제청법원은 이른바 비정년트랙 교원의 문제를 들고 있으나, 비정년트랙 교원의 도입 경위, 비정년트랙 교원의 비율, 비정년트랙 교원의 단결권 보장에 관한 사회적 합의 정도 등을 종합하여 볼 때, 비정년트랙 교원의 지위 개선을 이유로 모든 대학 교원에게 단결권을 부여할 필요가 있는지 의문이다.

㈐ 대학 교원은 학문의 자유의 제도적 보장과 대학자치 보장을 통하여 일반근로자 및 초·중등교원과 구별되는 독자성과 자율성을 보장받고 있다.

1) 헌법 제31조 제4항은 대학의 자율성은 법률이 정하는 바에 의하여 보장된다고 규정하고, 대학의 자율성은 헌법 제22조 제1항이 보장하고 있는 학문의 자유의 확실한 보장수단으로서 꼭 필요한 것인바(헌재 2006. 4. 27. 2005헌마1119), 대학 교원은 학문의 자유를 실현하는 주체이다. 대학 교원은 교수내용이나 교수방법에 관한 한 누구의 지시나 감독에 따르지 아니하고 독자적으로 결정하며, 강의실에서는 학문적 견해를 자유로이 표명할 수 있는 '교수의 자유'도 보장된다(헌재 1998. 7. 16. 96헌바33 참조). 뿐만 아니라 대학 교원의 주된 직무인 연구의 결과는 그대로 교원의 성과물로서 대학 교원의 지적재산권의 대상이 된다. 또한 교수는 일반근로자 및 초·중등교원과 비교할 때 상대적으로 노동시간에 대한 규제가 유연하며, 주어진 강의와 사전에 정해진 연구실적만 제출하면 기타 시간의 활용에는 특별한 제약이 없다.

이러한 대학 교원의 폭넓은 자율성과 독립성의 보장은 사용자의 지휘·감독을 전제로 하는 일반적인 근로관계와 근본적인 차이가 있으며, 학문의 자유 및 대학의 자치의 보장을 받지 아니하는 초·중등교원에 비하여도 사용·종속관계가 약하다고 볼 수밖에 없다.

2) 교수와 교수회는 대학의 장에 의한 학문의 자유 침해, 국가에 의한 대학의 자율성 침해 등의 경우에 있어 대학의 자치의 주체가 된다(헌재 2006. 4. 27. 2005헌마

1047등). 즉, 대학 교원은 대학의 자치의 주체로서 대학의 인사 및 행정, 학사 등 중요사항에 참여할 권리를 보장받고, 총장선출에 관여할 수 있으며, 보직교수 활동 및 대학평의원회 및 교수회(교수협의회, 교수평의회) 활동을 통하여 학칙 제·개정, 대학행정 및 학사 등에 관한 정책형성과 평가 과정에 참여하고 있다. 이와 같이 대학 교원은 학사 운영 전반에 걸쳐 의사결정과정에 참여하는 경영자적 성격을 가지고 있으므로, 사용자와 근로자의 중간적 성격을 가진다.

㈑ 대학 교원에 대해서는 초·중등교원과 달리 정당가입과 선거운동 등의 정치활동의 자유가 보장된다.

즉, 국가공무원법 제65조와 지방공무원법 제57조는 공무원의 정당가입이나 정치단체 결성 등 정치활동을 금지하고, 사립학교법 제55조는 국·공립학교 교원에 관한 규정을 준용하도록 하고 있어 초·중등교원의 경우 정치활동이 금지되는 데 반하여, 대학 교원은 정당법 제22조 제1항 제1호 단서, 제2호, 공직선거법 제60조 제1항 제4호 단서에 따라 정당가입과 선거운동 등의 정치활동이 가능하다[헌법재판소는 대학 교원과 달리 초·중등교원의 정당가입을 금지하고 있는 정당법 조항의 위헌 여부가 문제된 사건에서, 초·중등교원과 직무의 본질이나 내용 그리고 근무태양이 다른 점을 고려할 때 합리적인 차별이라고 판시한 바 있다(헌재 2004. 3. 25. 2001헌마710 참조)]. 이에 따라 대학 교원은 장·차관, 각종 위원회, 정부기관 연구활동 등을 통하여 사회적 영향력을 발휘할 수 있음은 물론 국가정책을 형성·시행함으로써 노동조합이 아니더라도 그들의 요구를 국가정책에 반영시킬 수 있다.

그러므로 대학 교원의 권익 옹호는 전문가단체나 동업조합(교수회) 등을 통하여 이루어질 수 있고, 사회적·경제적 지위의 향상을 도모함을 목적으로 하는 노조 형태의 단결체가 아니더라도 교섭력을 확보할 수 있다는 점에서 초·중등교원과 구별된다.

(3) 대학 교원의 단결 필요성 유무

㈎ 일반 노동조합의 경우 사용자의 범위에 '근로자에 관한 사항에 대하여 사업주를 위하여 행동하는 자'를 포함시켜 노조 가입 대상에서 제외하고 있고(노동조합법 제2조 제2호), 교원노조의 경우에도 '교원에 관한 사항에 대하여 교육부장관, 시·도 교육감, 사립학교의 설립·경영자를 위하여 행동하는 사람'은 교원노조에 가입할 수 없으며(교원노조법 제14조 제1항), 공무원은 6급 이하의 일반직 공무원만 노조 가입 대상일 뿐 아니라, 6급 이하의 공무원 중에서도 다른 공무원에 대하여 지휘·감독권을

행사하거나 노동조합과의 관계에서 행정기관의 입장에서 업무를 수행하는 공무원은 노조에 가입할 수 없도록 하고 있는 점(공무원노조법 제6조 제1항 제1호, 제2항 제1호) 및 대학 교원 노조를 허용할 경우 교수는 5급 이상의 직에 해당되고 정치활동은 일반적으로 허용되는데, 교원노조나 공무원노조 및 그 조합원인 공무원은 정치활동을 할 수 없는 것(공무원노조법 제4조, 교원노조법 제3조)과 비교할 때 또 다른 형평의 문제가 발생할 수 있는 점 등에 비추어 보더라도, 심판대상조항이 노조 설립과 관련하여 대학 교원을 초·중등교원과 달리 취급하는 것은 충분히 수긍할 수 있다.

(나) 교수는 개인이 독립적인 의사결정권을 가지고 있고, 개인의 전문성에 근거한 성과와 실적으로 평가받기 때문에 임금을 받는 경우라도 초·중등교원과는 성격이 본질적으로 다르며, 그 사회적 지위도 높다. 대학 교원에 대해서는 정당 가입과 선거활동 등의 정치활동의 자유가 보장되므로 정치활동을 통하여 사회 정책 및 제도 형성에 폭넓게 참여할 수 있으며, 각종 위원회 및 정부기관 연구 활동 등을 통하여 사회적 영향력을 발휘하고 있다는 점도 간과해서는 안 된다. 이와 같이 대학 교원의 권익 옹호는 전문가단체나 동업조합(교수회) 등을 통하여 이루어질 수 있고, 사회적·경제적 지위의 향상을 도모함을 목적으로 하는 노조형태의 단결체가 아니더라도 교섭력을 확보할 수 있다는 점에서 초·중등교원과는 다르다.

(다) 고등교육기관의 경우 이른바 '공교육 체계' 안에 속한다고 보기 어려운 점이 있으나, 교육기본법 제9조에서는 고등교육기관을 포함하여 학교는 공공성을 가지며, 학생의 교육 외에 학술 및 문화적 전통의 유지·발전과 주민의 평생교육을 위하여 노력하여야 하고(제2항), 학생의 창의력 계발 및 인성(人性) 함양을 포함한 전인적(全人的) 교육을 중시하여 이루어져야 한다고 규정하고 있다(제3항). 국가와 지방자치단체는 학교가 그 목적을 달성하는 데 필요한 재원을 지원하거나 보조할 수 있으며(교육기본법 제7조), 교육부를 통하여 사립대학을 포함한 대학에 각종 규제 및 지원을 하고 있다. 이런 점을 감안하여 사립대학 교원의 연금기여금의 약 30% 정도를 국가가 부담하고 있으며(사립학교교직원 연금법 제46조 제1항 제1호), 사립대학 역시 국고보조금을 통한 재정지원을 받고 있다. 이러한 정부의 국고보조금 지원 이외에도 한국사학진흥재단법에 따라 사립학교를 포함한 사학기관의 교육환경 개선을 지원하기 위하여 설립된 한국사학진흥재단을 통한 지원이 있다.

(라) 대학 교원이 제공하는 근로의 내용도 본질적으로 교육이고 그 수혜자는 학

생이다. 그런데 대학 교원을 가입대상으로 하는 노동조합이 허용되면 대학 교원들의 고용안정 등 교수집단의 이익을 위한 활동으로 인하여 학생의 수업권이 방해될 우려가 있는 등 대학생들의 교육에 미치는 영향이 크고, 특히 국내 대학의 재정 구조상 학생 등록금에 대한 의존도가 높은 사립대학에서 교수노조가 조합원의 근로조건 개선을 위한 투쟁을 전개한다면 제한된 재원의 범위 내에서 인건비 비중이 높아지면서 등록금의 지속적인 인상에도 불구하고 시설지원 및 학생 교육비용은 상대적으로 축소될 수밖에 없다.

(4) 소 결

심판대상조항이 초·중등교원과 대학 교원을 다르게 취급하는 것은 대학 교원이 초·중등교원과 비교하여 보장받는 기본권의 내용과 범위, 사회적 지위·기능 및 단결권 보장의 필요성이 다른 점을 고려한 것으로서 합리적 이유가 있다.

다. 결 론

따라서 심판대상조항은 평등원칙에 위배되지 아니한다.

[70] 사용자의 노동조합 운영비 원조행위 금지 조항에 대한 위헌소원 사건

(2018. 4. 26. 2012헌바90)

◇ 사안과 쟁점

청구인 전국금속노동조합은 2010. 6. 18.부터 30.까지 사이에 7개 회사와 단체협약을 체결하였는데, 위 단체협약에는 노조전임자 및 비전임자를 지원하는 조항('전임자 등 처우 조항')과 '회사는 조합사무실과 집기, 비품을 제공하며 조합사무실 관리유지비(전기료, 수도료, 냉난방비, 영선비) 기타 일체를 부담한다', '회사는 노동조합에 차량을 제공한다'(주유비, 각종 세금 및 수리비용을 지급한다)는 등의 노동조합에 시설·편의를 제공하는 조항('시설·편의제공 조항')이 포함되어 있었다. 대전지방고용노동청 천안지청장은 위 단체협약 중 전임자 등 처우 조항과 시설·편의제공 조항이 '노동조합 및 노동관계조정법'(이하 '노동조합법')을 위반하였다는 이유로 시정명령을 내렸다. 청구인은 위 시정명령 취소소송을 제기하고 소송 계속 중 노동조합법 관련 조항에 대한 위헌법률심판제청을 신청하였고, 당해법원이 이를 기각, 각하하자 헌법소원심판 청구를 하였다.

쟁점은, 사용자가 노동조합의 운영비를 원조하는 행위를 부당노동행위로 금지하는 노동조합법 조항이 노동조합의 단체교섭권을 침해하는지 여부이다(적극:소극 7:2, 2018. 4. 26. 2012헌바90; 공보 260호 825면). 7명의 다수의견은 운영비원조금지조항이 노동조합의 단체교섭권을 침해한다고 보아 헌법불합치 결정을 하였으나, 재판관 조용호 등 2명은 합헌으로 보았다.

◇ 반대(합헌)의견

우리는 운영비원조금지조항이 청구인의 단체교섭권을 침해하지 아니하여 헌법에 위반되지 않는다고 생각한다. 그 이유는 다음과 같다.

가. 2010. 1. 1. 노동조합법 개정과 운영비원조금지조항의 해석

(1) 2010. 1. 1. 법률 제9930호 노동조합법 개정으로 노동조합의 전임자에 대한 사용자의 급여 지급이 금지되고, 다만 법령이 정한 한도 내에서 근로자의 노동조합 활동에 대한 유급 처리가 가능하도록 근로시간 면제 제도가 도입되었다(제24조 제2항, 5항). 이러한 사항의 결정을 노사자율에 맡기지 않고 법에서 규율하게 된 이유는, 과거 기업별 노동조합이 주를 이루던 노동환경에서 사용자가 노동조합에 제공해 온 편의제공이 오히려 노사갈등의 원인이 되고, 산업별·직종별 노동조합의 증가, 복수노조의 허용 등 노동환경의 변화로 인해 기존에 기업별 단일 노동조합 형태에서 이루어져 온 전임자에 대한 급여 지급 관행이 오히려 노동조합의 자주성을 저해할 우려가 있어 이를 시정할 필요가 있었기 때문이다(헌재 2014. 5. 29. 2010헌마606 참조).

(2) 노동조합법 제81조 제4호는 전임자급여 지원 행위를 사용자의 노동조합 지배·개입 행위 및 운영비 원조 행위와 함께 부당노동행위로 금지하고 있는데, 2010. 1. 1. 개정으로 전임자급여 지원 행위에 관한 부분은 근로시간 면제 제도의 활용 범위 내에서만 예외가 허용되는 것으로 내용이 변경되었다. 반면 같은 조항 중 운영비

원조 행위에 관한 부분은 구 노동조합법 제39조 제4호부터 현재까지 변화 없이 그대로 유지되고 있다. 이와 관련하여, 운영비원조 행위에 관한 부분도 전임자급여 지원 행위에 관한 부분과 마찬가지로, 노동조합의 자주성을 저해할 우려가 있는지를 불문하고, 같은 조항 단서에서 예외적으로 허용하는 행위를 제외한 일체의 운영비 원조 행위를 금지하는 것으로 보아야 하는지에 대해, 다수의견은 운영비 원조 행위와 전임자급여 지원 행위가 모두 노동조합법 제81조 제4호에서 부당노동행위로 금지되고 있으나, 그 금지의 취지와 규정의 내용, 예외의 인정 범위, 별도로 명시적인 금지나 제한 규정이 있는지 여부 등이 다르므로, 운영비원조금지조항은 전임자급여 지원 금지 부분과 달리 '노동조합의 자주성을 저해하거나 저해할 현저한 위험이 있는지 여부'를 추가로 고려하지 않는 한 헌법에 위반된다고 한다.

그러나 전임자급여 지원 행위도 사용자의 대표적인 노동조합 운영 지원 행위의 하나에 해당하므로, 복수노조 허용으로 인한 노사환경의 변화 등 앞서 본 2010. 1. 1. 노동조합법 개정 배경 및 그 취지는 운영비원조금지조항의 해석에 있어서도 그대로 고려되어야 하고, 이는 노동조합법 제81조 제4호에서 양자를 병렬적으로 나열하여 같은 조항 단서에서 예외로 인정한 범위를 제외하고 모두 부당노동행위로 규율하는 체계를 취하고 있는 점을 보더라도 알 수 있다. 따라서 사용자의 운영비 원조 행위는 노동조합법 제81조 제4호 단서에서 정한 예외사유에 해당하지 않는 한 노동조합의 자주성을 잃게 할 위험성을 지닌 것으로서 부당노동행위로 금지된다고 봄이 타당하다.

(3) 대법원도 2010. 1. 1. 법률 제9930호로 노동조합법이 개정된 이후에는 사용자의 노동조합 운영비 원조 행위에 관하여 '사회통념상 통상적으로 제81조 제4호 단서에서 정한 경우에 포함되는 행위나 그와 동일시할 수 있는 성질의 것이라고 평가될 수 있는 행위를 벗어나는 운영비 원조 행위는 전임자급여 지원 행위와 마찬가지로 노동조합의 자주성을 잃게 할 위험성을 지닌 것으로서 제81조 제4호 본문에서 금지하는 부당노동행위라고 해석되고, 비록 그 운영비 원조가 노동조합의 적극적인 요구 내지 투쟁으로 얻어진 결과라 하더라도 이러한 사정만을 가지고 달리 볼 것은 아니다.'라고 판시함으로써(대법원 2016. 1. 28. 선고 2012두12457 판결; 대법원 2016. 3. 10. 2013두3160 판결; 대법원 2017. 1. 12. 선고 2011두13392 판결 등 참조), 전임자급여 지원 행위와 마찬가지로, 사용자의 운영비 원조 행위도 노동조합법 제81조 제4호 단서에

서 정한 예외사유에 해당하지 않는 한 부당노동행위에 해당하는 것으로 보고 있다.

나. 운영비원조금지조항이 과잉금지원칙에 반하여 노동조합의 단체교섭권을 침해하는지 여부

(1) 운영비원조금지조항이 노동조합의 자주성이 저해되거나 저해될 위험이 있는지 여부를 추가적으로 고려함이 없이, 근로자의 후생자금 또는 경제상의 불행 기타 재액의 방지와 구제 등을 위한 기금의 기부와 최소한의 규모의 노동조합사무소의 제공을 제외한 일체의 운영비 원조 행위를 금지함으로써 노동조합의 단체교섭권을 과도하게 제한하는지 본다.

(2) 헌법 제33조 제1항이 근로자에게 근로3권을 기본권으로 보장하는 의미는 근로자가 사용자와 대등한 지위에서 단체교섭을 통하여 자율적으로 임금 등 근로조건에 관한 단체협약을 체결할 수 있도록 하기 위한 것이고, 이러한 노사 간 실질적 자치라는 목적을 달성하기 위해서는 무엇보다도 노동조합의 자주성이라는 전제가 필요하다(헌재 2012. 3. 29. 2011헌바53; 헌재 2015. 5. 28. 2013헌마671등 참조).

노동조합이 운영에 필요한 경비를 어떻게 마련할 것인지는 노동조합이 스스로 결정할 문제이나, 단체교섭의 장에서 대립관계에 있는 노동조합이 사용자로부터 경비원조를 받는 것은 대립단체로서의 노동조합의 자주성을 퇴색시켜 근로3권의 실질적 행사에 방해가 될 수 있다. 이에 노동조합법은 사용자의 운영비 원조 행위를 사용자의 지배·개입 행위 및 전임자급여 지원 행위와 함께 부당노동행위로 규제하고 있는 것이다.

특히 복수노조가 허용됨에 따라 특정 노동조합에 대한 사용자의 물적 지원은 그 자체로 노동조합의 자주성과 독립성을 저해할 우려가 높아졌고, 이는 교섭창구 단일화 절차나 교섭대표노동조합의 단체교섭 절차에서의 불공정성 내지 차별로 이어질 수 있기 때문에, 사전에 이를 차단하거나 신속한 구제방법의 마련이 요청된다. 그런데 부당노동행위 제도는 사용자의 반조합적 행위를 배제하고 그 재발을 방지하는 원상회복적 행정 구제를 그 특질로 하므로(노동조합법 제82조~제86조 참조), 교섭창구 단일화 절차에서 사용자에게 차별 금지 의무를 부과하거나(노동조합법 제29조의4), 단체협약의 내용 중 시설·편의제공에 관한 사항을 위반한 사용자를 형사처벌하도록 정한 것만으로는(노동조합법 제92조 제2호 마목) 부당노동행위로 규율하는 경우와 동일한 효과를 달성하기에 충분치 않다.

(3) 노동조합법은 운영비 원조 행위를 부당노동행위로 규제하면서 예외적으로 '근로자의 후생자금 또는 경제상의 불행 기타 재액의 방지와 구제 등을 위한 기금의 기부와 최소한의 규모의 노동조합사무소의 제공'을 허용하고 있는데, 이는 노동조합이 자주성을 잃지 않으면서도 노동조합의 활동을 보장받을 수 있도록 입법자가 적절한 균형점을 찾아 마련한 범위로 보인다.

만약 다수의견과 같이 사용자의 운영비 원조 행위가 부당노동행위에 해당하는지 여부 판단에 있어 노동조합의 자주성 저해 우려를 추가적으로 고려해야 한다고 보면, 개별 사건에서 사용자의 운영비 원조 행위가 노동조합의 자주성을 저해할 우려가 있는 행위인지 여부를 판단하는 것이 용이하지 않을 뿐만 아니라, 운영비 원조 범위를 법에서 명확히 하지 않을 경우 노동조합의 지원 요구의 당부나 부당노동행위 해당 여부 판단의 당부를 둘러싸고 노사 간뿐만 아니라 노동조합과 노동조합 사이에 갈등이 초래될 우려도 크다.

(4) 따라서 운영비원조금지조항이 노동조합의 자주성이 저해되거나 저해될 위험이 있는지 여부를 고려함이 없이 사용자의 운영비 원조 행위를 부당노동행위로 금지하고 있다 하더라도 침해의 최소성에 반하지 아니하고, 앞서 본 바와 같이 사용자의 운영비 원조 행위를 부당노동행위로 규제함으로써 달성될 수 있는 노동조합의 자주성 확보나 교섭절차에서의 공정성 확보 등의 공익은 매우 중대한 반면, 운영비원조금지조항으로 인하여 노동조합의 활동이 위축되거나 청구인의 단체교섭권 행사가 제한되는 정도는 불분명하므로, 운영비원조금지조항은 법익의 균형성도 충족한다.

(5) 그러므로 운영비원조금지조항은 과잉금지원칙에 반하여 청구인의 단체교섭권을 침해한다고 볼 수 없다.

다. 결 론

운영비원조금지조항은 헌법에 위반되지 아니한다.

[71] 근로기준법 적용 조항 위헌소원 사건
(2019. 4. 11. 2013헌바112)

◇ 사안과 쟁점

청구인은 근로자 4명 이하의 사업장인 변호사 사무실의 사무장으로 채용된 지 일주일 후 변호사로부터 고용계약 해지를 통고받았고, 그와 동시에 100만 원을 지급받았다. 청구인은 미지급임금 및 부당해고로 인한 위자료 지급 청구 소송을 제기하였다. 그 후 청구인은 사용자가 근로기준법 제23조 제1항을 위반하여 부당해고를 하였다고 주장하며 해고무효확인의 소를 제기하였다가, 청구취지를 변경하여 1년간의 근로계약에 따른 임금 상당의 손해배상금 및 위자료 지급을 청구하였다. 기각 판결을 받고 항소심을 거쳐 상고심 계속 중 근로기준법 제11조 제2항에 대하여 위헌법률심판제청신청을 하였으나 기각되자 헌법소원심판을 청구하였다.

쟁점은, 상시 4명 이하의 근로자를 사용하는 사업 또는 사업장에 대하여 대통령령으로 정하는 바에 따라 근로기준법의 일부 규정을 적용할 수 있도록 위임한 근로기준법 제11조 제2항(이하 '심판대상조항')이 법률유보원칙, 포괄위임금지원칙에 위배되는지 여부이다(소극:적극 7:2, 2019. 4. 11. 2013헌바112; 공보 271호 456면). 재판관 조용호(주심)는 합헌의견을 집필하였다.

◇ 법정(합헌)의견

가. 심판대상조항의 입법목적 및 입법연혁

근로기준법 자체의 목적은 근로조건의 기준을 정함으로써 근로자의 기본적 생활을 보장, 향상시키며 균형 있는 국민경제의 발전을 꾀하는 것이다(제1조). 상시 4명 이하의 근로자를 사용하는 사업장이 대체로 영세사업장이어서 근로기준법에서 요구하는 모든 사항을 한결같이 준수할만한 여건과 능력을 갖추고 있지 못한 것이 현실이어서, 이러한 현실을 무시하고 근로기준법상의 근로기준을 이들 사업장에까지 전면 적용한다면 근로자보호라는 소기의 목적을 달성하지도 못한 채 오히려 영세사업장이 감당하기 어려운 경제적·행정적 부담만을 가중시키는 부작용을 초래할 우려가 있다(헌재 1999. 9. 16. 98헌마310).

근로기준법 제11조 제1항이 근로자 5명 이상 사용 사업장(이하 '5인 이상 사업장')에 대해서만 근로기준법을 전부 적용하도록 하고, 심판대상조항은 근로기준법 중 근로자 4명 이하 사용 사업장(이하 '4인 이하 사업장')에는 일부적용되는 법률조항이 무엇인지 대통령령으로 정할 수 있도록 규정한 것은 위와 같은 사정을 고려했기 때문이라고 보인다.

근로기준법은 1953. 5. 10. 법률 제286호로 제정되었을 때에는 대통령령으로 정하는 범위의 사업장에 대하여 근로기준법 적용을 제외한다고 규정하였으므로, 근로기준법이 적용되는 사업장의 구체적인 범위는 근로기준법 시행령의 개정을 통하여 근로자 수 15명 이하 사업장 전부 제외부터 4명 이하 사업장 전부 제외까지로 확대되어 왔다. 그 후 1989. 3. 29. 법률 제4099호로 개정된 근로기준법이 최초로 5인 이상 사업장에 근로기준법을 전부 적용하고, 4인 이하 사업장에는 대통령령이 정하는 바에 따라 법의 일부규정을 적용할 수 있다고 법률에 그 적용기준을 직접 규정하였다. 그 다음에는 조문의 위치만 2007. 4. 11. 법률 제8372호로 전부개정된 현행 근로기준법에서 제11조로 이동되었을 뿐, 적용기준의 내용은 지금까지 동일하게 유지되어 왔다.

나. 쟁 점

(1) 심판대상조항이 4인 이하 사업장에 대하여 근로기준법이 적용되는 조항이 무엇인지를 법률로 직접 정하지 않고 대통령령으로 정하도록 위임한 것이, 기본권의 제한은 법률로써 할 것을 규정한 헌법 제37조 제2항의 법률유보원칙, 헌법 제75조의 포괄위임금지원칙에 위배되는지 문제된다.

(2) 청구인은 심판대상조항이 시행령에 4인 이하 사업장에 적용될 근로기준법 조항이 무엇인지에 대하여 구체적인 위임기준 없이 백지위임하여 그 결과 시행령에서 사업장의 사용 근로자 수와 같이 우연한 요소에 따라 근로기준법 제23조 제1항의 적용을 달리하게 하는 차별취급을 하여 헌법 제11조 제1항의 평등원칙에 위배되고, 백지위임된 결과 시행령에서 근로계약의 유효한 존속을 좌우하는 본질적인 조건인 근로기준법 제23조 제1항을 포함시키지 아니하여 근로조건의 기준은 인간의 존엄성을 보장하도록 법률로 정할 것을 규정한 헌법 제32조 제3항을 위반한다고 주장한다.

위 주장은 결국 심판대상조항이 구체적인 위임기준을 정하지 않은 채 하위규범인 대통령령에 백지위임함으로써 결과적으로 근로기준법 시행령 제7조 [별표 1]에서 근로기준법 제23조 제1항을 나열하지 않은 등 하위규범의 입법이 불충분하게 이루어졌음을 지적하는 것이다. 청구인도 심판청구서를 통하여 근로기준법 시행령이 법 제23조 제1항을 누락한 점의 위헌을 다투는 것이 아니라 심판대상조항의 위헌을 다투는 점임을 명시하고 있고, 대통령령인 위 시행령 조항에 위헌성이 있더라도 그로 인하여 수권법률 조항인 심판대상조항이 당연히 위헌으로 되는 것은 아니다(헌재 2015. 7. 30. 2013헌바416 참조). 따라서 심판대상조항에 대하여 법률유보원칙과 포괄위임금지원칙 위배 여부로 판단하는 이상 위와 같은 헌법 제11조 제1항의 평등원칙, 근로조건의 기준은 인간의 존엄성을 보장하도록 법률로 정할 것을 규정한 헌법 제32조 제3항 위반 주장은 별도로 판단하지 아니한다.

다. 헌법 제37조 제2항의 법률유보원칙 위배 여부

(1) 헌법 제37조 제2항에서 규정하는 기본권제한에 관한 법률유보원칙은 법률에 근거한 규율을 요청하는 것이므로, 그 형식이 반드시 법률일 필요는 없다 하더라도 법률상의 근거는 있어야 한다(헌재 2009. 4. 30. 2005헌마514 참조). 그런데 오늘날의 법률유보원칙은 단순히 행정작용이 법률에 근거를 두기만 하면 충분한 것이 아니라, 국가공동체와 그 구성원에게 기본적이고도 중요한 의미를 갖는 영역, 특히 국민의 기본권 실현에 관련된 영역에 있어서는 행정에 맡길 것이 아니라 국민의 대표자인 입법자 스스로 그 본질적 사항에 대하여 결정하여야 한다는 요구, 즉 의회유보원칙까지 내포하는 것으로 이해되고 있다. 따라서 적어도 헌법상 보장된 국민의 자유나 권리를 제한할 때에는 그 제한의 본질적인 사항에 관한 한 입법자가 형식적인 의미의 법률로써 스스로 규율하여야 할 것이다(헌재 1999. 5. 27. 98헌바70; 헌재 2008. 2. 28. 2006헌바70; 헌재 2009. 2. 26. 2008헌마370등).

(2) 심판대상조항은 4인 이하 사업장에 대하여 근로기준법 중 어느 조항이 적용될지는 대통령령으로 정하도록 하고 있다. 근로기준법 제11조 제1항에서 근로기준법을 전부적용하는 범위를 근로자 5인 이상 사업장으로 한정하였고, 4인 이하 사업장에 근로기준법을 일부만 적용할 수 있도록 한 것이 심판대상조항에 의하여 법률로 명시적으로 규정되어 있는 이상, 구체적인 개별 근로기준법 조항의 적용 여부까지

입법자가 반드시 법률로써 규율하여야 하는 사항이라고 볼 수 없다.

따라서 심판대상조항이 일부적용 대상 사업장에 대해 적용될 구체적인 근로기준법 조항을 결정하는 문제를 대통령령으로 규율하도록 위임한 것이 헌법 제75조에서 금지하는 포괄위임의 한계를 준수하는 한, 법률유보원칙에 위배되지는 아니한다.

라. 포괄위임금지원칙 위배 여부

(1) 헌법 제75조는 "대통령은 법률에서 구체적으로 범위를 정하여 위임받은 사항에 관하여 대통령령을 발할 수 있다."고 규정하여 위임입법의 근거 및 그 범위와 한계를 제시하고 있다. 여기에서 '법률에서 구체적으로 범위를 정하여'라 함은 법률에 이미 대통령령 등 하위법규에 규정될 내용 및 범위의 기본사항이 구체적이고 명확하게 규정되어 있어 누구라도 그 자체로부터 대통령령 등에 규정될 내용의 대강을 예측할 수 있어야 함을 의미한다(헌재 2011. 12. 29. 2010헌바385등 참조). 그 예측가능성의 유무를 판단함에 있어서는 당해 특정조항 하나만 가지고 판단할 것이 아니고 관련 법조항 전체를 유기적·체계적으로 종합·판단하여야 하며, 대상법률의 성질에 따라 구체적이고 개별적으로 검토하여야 한다(헌재 2015. 1. 29. 2013헌바173 참조).

(2) 위임의 필요성

근로조건의 기준을 정하는 것은 경제상황의 변화나 새로운 고용형태의 등장과 같은 현실의 변화에 따라 신속하고 탄력적인 대응이 필요한 분야이고, 어느 정도의 근로기준이 인간의 존엄성에 상응하는지에 관한 판단도 절대불변의 것이 아니라 사회·경제적 상황에 따라 변화하므로 시대상황에 부합하게 구체화될 필요가 있다. 따라서 4인 이하 사업장에 어느 근로기준법 조항을 적용할지의 문제를 대통령령에 위임할 필요성은 인정된다.

특히 근로기준법과 근로기준법 시행령의 입법연혁에 비추어 볼 때 근로기준법의 적용 사업장의 범위 확대는 늘 시행령을 통하여 이루어져 왔고, 특히 4인 이하 사업장에 적용될 근로기준법 조항이 무엇인가를 결정하는 문제는 근로기준법에서 4인 이하 사업장에도 근로기준법이 일부 적용된다고 규정한 1989년부터 약 9년여 동안 시행령에 관련 규정을 두지 아니하였다가 1996년 설치된 대통령 직속 자문기구인 노사관계 개혁위원회에서 노사 대표와 여러 정부부처, 학계의 의견을 수렴한 합의안이 돌파구가 되어 1998년 시행령 마련을 통해 단계적 확대가 추진되어 왔다는 현실적,

역사적 맥락 역시 고려되어야 한다.

(3) 예측가능성

위임의 구체성·명확성의 요구 정도에 대해서는 그 규율대상의 종류와 성격에 따라 달라질 것인바, 수익적 행정의 경우에는 위임의 구체성·명확성의 요구가 완화되어 그 위임의 요건과 범위가 덜 엄격하게 규정될 수 있다(헌재 1998. 2. 27. 95헌바59; 헌재 2006. 12. 28. 2005헌바59). 심판대상조항은 제11조 제1항에 의하여 그 적용이 제외되어 있던 4인 이하 사업장에 적용할 근로기준법 조항을 형성하는 규정이므로, 위임의 구체성·명확성이라는 요구가 상당 부분 완화된다(헌재 2016. 2. 25. 2015헌바191).

종전에는 근로기준법 일부적용 대상이 되는 사업장의 범위를 근로자 수 몇 명 이하로 할 것인지도 법률로 정하지 않고 시행령에서 규정하여 온 것에 비하여, 1989. 3. 29. 개정된 근로기준법부터는 '사용 근로자 수 5명 이상'은 전부적용, '사용 근로자 수 4명 이하'는 일부적용이라고 규정함으로써 근로기준법의 일부적용대상 사업장이 어떠한 기준으로 나뉘는지를 법률에서 직접 정하고 있다.

비록 심판대상조항이 근로기준법의 어떤 규정을 4인 이하 사업장에 적용할지에 관한 기준을 명시적으로 두고 있지 않은 것은 사실이나, 근로기준법이 제정된 이래로 근로기준법의 법규범성을 실질적으로 관철하기 위하여 5인 이상 사업장까지 근로기준법 전부 적용 사업장의 범위를 확대하고, 종전에는 근로기준법을 전혀 적용하지 않던 4인 이하 사업장에 대하여 근로기준법을 일부나마 적용하는 것으로 범위를 점차 확대해 나간 근로기준법 시행령의 연혁 및 심판대상조항의 입법취지와, 근로기준법 조항의 적용 여부를 둘러싼 근로자보호의 필요성과 사용자의 법 준수능력 간의 조화 등을 종합적으로 고려하면, 심판대상조항은 사용자의 부담이 그다지 문제되지 않으면서 동시에 근로자의 보호필요성의 측면에서 우선적으로 적용될 수 있는 근로기준법의 범위를 선별하여 적용할 것을 대통령령에 위임한 것으로 볼 수 있고, 그러한 근로기준법 조항들이 일부적용 대상 사업장에 적용되리라 예측할 수 있다.

(4) 따라서 심판대상조항은 포괄위임금지원칙을 위반하지 아니한다.

[72] 근로기준법 적용 조항 위헌확인 사건

(2019. 4. 11. 2017헌마820)

◇ 사안과 쟁점

청구인은 상시근로자 2명이 근무하는 숙박업소에 입사하여 야간 카운터 관리업무를 담당하다가 5일 후에 해고당하였다. 청구인은 위 해고가 부당해고에 해당한다고 주장하며 서울지방노동위원회에 구제신청을 하였으나, 위 사업장의 상시근로자 수가 5명 미만에 해당하여 부당해고 제한 및 부당해고 구제명령 신청에 관한 근로기준법 규정들이 적용되지 않는다는 이유로 각하 판정을 받았다. 청구인은 근로기준법 적용범위를 규정한 시행령 제7조 [별표1](이하 '심판대상조항')이 청구인의 평등권 등을 침해한다고 주장하며 헌법소원심판을 청구하였다.

쟁점은, 근로자 4명 이하 사용 사업장에 적용될 근로기준법 조항을 정하고 있는 시행령이 부당해고제한조항, 노동위원회 구제절차에 관한 조항을 나열하지 아니한 것이, 청구인을 5명 이상 사용 사업장에 종사하는 근로자에 비하여 합리적인 이유 없이 차별하는지 여부, 청구인의 근로의 권리를 침해하는지 여부이다(소극:적극 7:2, 2019. 4. 11. 2017헌마820; 공보 271호 546면). 재판관 조용호는 주심으로 법정(합헌)의견을 집필하였다.

◇ 법정(합헌)의견

가. 근로기준법 적용범위의 규율 목적 및 입법연혁

(1) 입법목적

근로기준법은 근로조건의 기준을 정함으로써 근로자의 기본적 생활을 보장, 향상시키며 균형 있는 국민경제의 발전을 도모하기 위한 법이다(제1조). 상시 4인 이하의 근로자를 사용하는 사업장은 대체로 영세사업장이어서 근로기준법에서 요구하는 모든 사항을 한결같이 준수할만한 여건과 능력을 갖추고 있지 못한 것이 현실인데, 이러한 현실을 무시하고 근로기준법상의 근로기준을 이들 사업장에까지 전면 적용한다면 근로자 보호라는 소기의 목적을 달성하지도 못한 채 오히려 영세사업장이 감당하기 어려운 경제적·행정적 부담만을 가중시키는 부작용을 초래할 우려가 있다(헌재 1999. 9. 16. 98헌마310).

근로기준법 제11조 제1항이 5인 이상 사업장에 대해서만 근로기준법을 전부 적용하도록 하고, 근로기준법 제11조 제2항은 근로기준법 중 4인 이하 사업장에는 일부적용되는 법률조항이 무엇인지 대통령령으로 정할 수 있도록 규정한 것은 위와 같은 사정을 고려했기 때문이라고 보인다. 근로기준법 제11조 제2항의 위임을 받은 심판대상조항은 그에 따라 근로기준법 일부적용 사업장에 적용될 법률조항들을 열거하고 있다.

(2) 입법연혁

㈎ 근로기준법은 1953. 5. 10. 법률 제286호로 제정되었을 때에는 대통령령으로 정하는 범위의 사업장에 대하여 근로기준법 적용을 제외한다고 규정하였으므로, 근로기준법이 전부적용되는 사업장의 구체적인 범위는 근로기준법 시행령을 통하여 규율되어 왔고, 시행령의 개정으로 근로자 수 16인 이상 사업장에서 5인 이상 사업장까지로 점차 확대되어 왔다. 1989. 3. 29. 법률 제4099호로 개정된 근로기준법이 최초로 5인 이상 사업장에 근로기준법을 전부 적용하고, 4인 이하 사업장에는 대통령령이 정하는 바에 따라 법의 일부규정을 적용할 수 있다고 하여 법률에 그 적용기준을 직접 규정하였다. 그 다음에는 조문의 위치만 2007. 4. 11. 법률 제8372호로 전부개정된 현행 근로기준법에서 제11조로 이동되었을 뿐, 근로기준법의 전부적용·일부적용 기준이 되는 사업장의 사용 근로자 수는 지금까지 동일하게 유지되어 왔다.

㈏ 근로기준법 제23조 제1항(그 중 해고에 관한 부분을 이하 '부당해고제한조항'이라 한다)은 대체로 근로기준법이 일부 적용되는 사업장에서 적용되어 왔으므로 근로기준법 일부적용 사업장이 근로자 수 '16명 이상 30명 미만'에서 '5명 이상 16명 미만', '5명 이상 10명 미만'으로 점차 확대될수록 그 적용도 확대되어 왔다. 즉, 근로기준법 시행령은 1962. 9. 25. 개정되어 16명 이상 30명 미만 사용 사업장에서 부당해고제한조항을 적용하였고, 1975. 4. 28. 개정되어 5명 이상 16명 미만 사용 사업장에도 부당해고제한조항을 적용하였으며, 1987. 12. 31. 개정되어 5명 이상 10명 미만 사용 사업장에 부당해고제한조항을 적용하였다.

그러나 근로기준법이 1989. 3. 29. 법률 제4099호로 개정되어 5인 이상 사업장은 근로기준법을 전부 적용하고, 4인 이하 사업장은 근로기준법을 일부 적용하기로 하였을 때부터 부당해고제한조항은 근로기준법 일부적용 사업장에서 적용 제외되었다. 즉, 개정된 근로기준법에 맞추어 근로기준법 시행령에서 4인 이하 사업장에 적용될 근로기준법 조항들이 무엇인지 규정하였어야 함에도 불구하고 근로기준법 시행령에는 종전과 같이 4인 이하 사업장에는 근로기준법을 전부 제외한다는 규정 외에는 다른 관련 규정이 존재하지 않아서, 결과적으로 4인 이하 사업장에는 부당해고제한조항이나 노동위원회 구제절차를 포함한 어떠한 근로기준법 조항도 적용되지 않았다. 약 9년 후 1998. 2. 24. 개정된 근로기준법 시행령은 4인 이하 사업장에 적용될 근로기준법 조항들을 [별표 1]로 규정하였으나, 여기에서 부당해고제한조항이 제외되었고, 2001. 10. 31. 개정된 근로기준법 시행령 역시 유해한 업종에의 사용금지 및 야간·휴일근로(제63조, 제68조, 제70조)에 관한 임산부의 보호 부분을 4인 이하 사업장에 적용되는 것으로 확대하였을 뿐 여전히 부당해고제한조항을 제외하였다.

㈐ 한편 근로기준법 제28조 소정의 노동위원회에 의한 부당해고등 구제절차(이하 '노동위원회 구제절차'라 한다)는 1989. 3. 29. 법률 제4099호로 개정된 근로기준법에서 최초로 도입되었으며, 그 후 지금까지 근로기준법 전부 적용 사업장에서만 적용되어 왔으므로, 근로기준법 일부적용 사업장인 4인 이하 사업장에는 적용된 적이 없다.

㈑ 이를 표로 정리하면 다음과 같다(편의상 사업장의 사용 근로자 수와, 근로기준법 시행령이 개정된 년도만을 표기하고, 일부 적용되는 조항이 구체적으로 무엇인지는 생략한다).

〈표〉 근로기준법 적용범위에 관한 근로기준법 시행령

연도	내용
1954년	15명 이하 근로기준법 적용 전부 제외(이하 '전부 제외')
1962년	15명 이하 전부 제외, 16명 이상 30명 미만 일부 조항 제외(부당해고제한조항 포함)
1975년	4명 이하 전부 제외, 5명 이상 16명 미만 일부 조항 제외(부당해고제한조항 포함)
1987년	4명 이하 전부 제외, 5명 이상 10명 미만 일부 조항 제외(부당해고제한조항 포함)
1989년	법률은 4명 이하 일부 적용으로 개정되었으나, 시행령 규정의 부존재로 실제로는 4명 이하 전부 제외, 5명 이상 전부 적용
1998년	4명 이하 일부 적용(부당해고제한조항 제외)
2001년	4명 이하 일부 적용, 적용되는 조항 확대(부당해고제한조항 제외)

나. 쟁 점

(1) 심판대상조항이 근로기준법상 부당해고제한조항과 노동위원회 구제절차를 4인 이하 사업장에 적용되는 조항으로 나열하지 않은 결과, 청구인을 5인 이상 사업장 근로자에 비하여 합리적인 이유 없이 차별함으로써 평등권을 침해하였는지 여부와, 청구인의 근로의 권리를 침해하는지 여부가 문제된다.

(2) 청구인은 그 외에도 노동위원회의 구제절차가 4인 이하 사업장에 적용되지 아니하여 신속한 권리구제를 받을 기회를 제한당하였다고 주장하나, 이는 결국 4인 이하 사업장에도 5인 이상 사업장과 같이 노동위원회의 구제절차가 적용되어야 한다는 취지의 주장이므로, 심판대상조항이 4인 이하 사업장에 노동위원회의 구제절차를 적용되는 규정으로 나열하지 않은 점에 대하여 평등권을 침해하는지와 근로의 권리 내지 근로조건의 기준에 관한 헌법 제32조 제3항을 위반하는지 여부로 판단하는 이상 청구인의 위 주장에 대하여는 별도로 판단하지 아니한다.

다. 심판대상조항의 평등권 침해 여부

(1) 심사기준

심판대상조항은 4인 이하 사업장에 근로기준법의 부당해고제한조항(제23조 제1항 중 해고에 관한 부분), 노동위원회 구제절차(제28조 제1항)를 적용되는 조항으로 나열하고 있지 아니하여 4인 이하 사업장을 5인 이상 사업장과 차별하고 있다.

부당해고제한조항과 노동위원회 구제절차를 4인 이하 사업장에도 적용할지 여부는 우리나라의 경제발전과 영세사업장의 경제적 실태, 산업구조, 노동시장의 유연성, 노사 간의 균형 등을 종합적으로 고려할 문제이며, 부당해고를 제한할 경우 경제성장이나 고용에 미치는 전반적인 영향에 대한 장래예측도 수반되는 전문적인 경제·노동정책 문제이므로 입법자와 그로부터 위임을 받은 행정입법에는 폭넓은 입법재량이 있다(헌재 1999. 9. 16. 98헌마310; 헌재 2003. 7. 24. 2002헌바51 참조). 따라서 심판대상조항의 평등권 침해 여부는 완화된 심사기준인 자의금지원칙에 따라 차별에 합리적인 이유가 있는지 여부로 판단한다.

(2) 이 사건의 경우

㈎ 4인 이하 사업장은 2014년도 기준으로 전체 사업체의 69.8퍼센트(1,882,923개

중 1,313,892개)를 차지하고, 위 사업장에 종사하는 근로자는 2014년도 기준으로 전체 근로자의 19.2퍼센트(18,743천명 중 3,596천명)에 해당한다(2016년 고용노동부 발간 「4인 이하 사업장 실태조사」 참조).

일반적으로 4인 이하 사업장은 5명 이상 사업장에 비하여 매출규모나 영업이익 면에서 영세하여 재정능력과 관리능력이 상대적으로 미약한 경우가 많다. 근로자도 5인 이상 사업장보다 낮은 임금수준과 여건 때문에 자발적으로 이직하는 경우가 많은 등 고용계속에 대한 신뢰가 5인 이상 사업장에 비하여 높다고 보기 어렵다. 4인 이하 사업장은 업종 면에서 도·소매업과 숙박·음식업, 개인택시나 택배업과 같은 운수업 등 자영업 비중이 높고, 부당해고제한규정을 적용하여 해고 사유와 절차를 엄격하게 할 경우 소규모 자영업자들이 다수 포함된 4인 이하 사업장은 인력을 자유롭게 조절하기가 어려워 경기침체 등 기업여건 악화에 대응하기 어려울 수 있다.

더욱이 해고를 당한 근로자가 부당해고임을 다투는 경우에는 사용자가 노동위원회의 구제절차나 법원의 해고무효확인 소송절차에 대응하여 해고사유가 정당하였음을 입증하여야 하는데, 4인 이하 사업장에서는 인사관리자가 없는 경우가 빈번하여 사용자가 나서서 그에 직접 대응하여야 하므로, 사용자로서는 사업장 운영에 전념하기 어렵다.

(나) 다음으로, 특정한 경우 해고의 시기를 제한한 근로기준법 조항과 개별 근로관계법률 상의 특별 부당해고제한조항은 4인 이하 사업장에도 적용되므로 부당해고금지의 일반조항인 근로기준법 제23조 제1항이 적용되지 않는 부분을 일부 보완하고 있다. 현행법상 특별히 개별적으로 금지되고 있는 해고 유형에 해당하는 것으로는, '부상·질병·요양기간, 산전 및 산후기간 중의 해고'(근로기준법 제23조 제2항), '연령, 장애를 이유로 한 해고'(고용상 연령차별금지 및 고령자고용촉진에 관한 법률 제4조의4, 장애인차별금지 및 권리구제 등에 관한 법률 제10조 제1항), '해고에 있어 남녀를 차별하거나 여성 근로자의 혼인, 임신, 출산, 육아휴직 등을 이유로 한 해고'(남녀고용평등과 일·가정 양립 지원에 관한 법률 제11조, 제19조 제3항, 제19조의2 제5항 등), '노조가입이나 정당한 단체활동 등을 이유로 한 해고'(노동조합 및 노동관계조정법 제81조) 등이 있고, 이들 조항은 4인 이하 사업장에도 적용된다.

(다) 4인 이하 사업장에도 노동위원회 구제절차를 적용하면 근로자의 구제명령신청에 법적으로 대응하는 데 필요한 관리비용이 증가한다. 게다가 일단 노동위원회의

구제명령이 내려지면 사용자는 근로자를 복직하게 하거나 금전으로 보상하여야 하고, 그에 따르지 않으면 최대 2천만 원의 이행강제금 지급의무를 부담하게 되는 등 노동위원회의 구제절차는 경우에 따라 영세한 4인 이하 사업장에 과도한 부담을 가할 수 있다.

㈑ 상시 4인 이하의 근로자를 사용하는 사업장은 대체로 영세사업장이어서 근로기준법에서 요구하는 모든 사항을 한결같이 준수할만한 여건과 능력을 갖추고 있지 못한 것이 현실이다. 이러한 현실을 무시하고 근로기준법상의 부당해고제한조항과 노동위원회 구제절차를 이들 사업장에까지 전면 적용한다면 근로자보호라는 소기의 목적을 달성하지도 못한 채 오히려 영세사업장이 감당하기 어려운 경제적·행정적 부담만을 가중시키는 부작용을 초래할 우려가 있다. 물론 근로기준법은 근로조건의 기준을 정한 법률이므로 모든 근로자에게 적용되는 것이 바람직하나 국가는 합리적인 기준에 따라 능력이 허용하는 범위 내에서 법적 가치의 상향적 구현을 위한 제도의 단계적 개선을 추진할 수 있다(헌재 1999. 9. 16. 98헌마310). 실제로도 '남녀고용평등과 일·가정 양립 지원에 관한 법률', '고용상 연령차별금지 및 고령자고용촉진에 관한 법률', '장애인차별금지 및 권리구제 등에 관한 법률', '노동조합 및 노동관계조정법'과 같은 개별 근로관계법의 입법 및 적용범위 확대 등 해고와 관련하여 4인 이하 사업장의 근로자를 보호하기 위한 지속적인 입법개선 노력이 있어왔다.

㈒ 따라서 심판대상조항이 부당해고제한조항과 노동위원회 구제절차를 4인 이하 사업장에 적용되는 근로기준법 조항으로 나열하지 않음으로써 4인 이하 사업장을 5인 이상 사업장에 비해 차별취급한 것은, 근로기준법의 확대적용을 위한 지속적인 노력을 기울이는 과정에서 한편으로 일부 영세사업장의 열악한 현실을 고려하고, 근로기준법의 법규범성을 실질적으로 관철하기 위한 입법정책적 결정으로서 거기에는 나름대로의 합리적 이유가 있다.

(3) 소 결

심판대상조항은 청구인의 평등권을 침해하지 아니한다.

라. 심판대상조항의 근로의 권리 침해 여부

(1) 심사기준

근로의 권리에는 '일할 자리에 관한 권리'뿐만 아니라 '일할 환경에 관한 권리'도 포함되고, 일할 환경에 관한 권리는 인간의 존엄성에 대한 침해를 막기 위한 권리로서 건강한 작업환경, 정당한 보수, 합리적 근로조건의 보장 등을 요구할 수 있는 권리까지를 포함하는 것이다(헌재 2017. 5. 25. 2016헌마640). 근로기준법 제23조 제1항의 부당해고제한은 근로관계의 존속을 좌우하는 해고에 있어서 정당한 이유를 요구함으로써 사용자에 의한 일방적인 부당해고를 예방하는 역할을 하므로 근로조건을 이루는 중요한 사항에 해당하며, 근로의 권리의 내용에 포함된다.

그런데 근로조건의 결정은 사용자와 근로자의 계약에 의하여 또는 실질적으로 사용자의 의사에 의하여 결정되는 것이고, 근로조건의 최소 보장이나 개선은 근로조건 개선을 위한 법제의 정비, 자금 지원 등 국가의 적극적인 급부와 배려를 통하여 비로소 이루어진다(헌재 2017. 5. 25. 2016헌마640 참조).

부당해고를 제한하는 것이 근로의 권리의 내용에 포함된다 하더라도, 그 구체적 내용인 적용대상 사업장의 범위를 어떻게 정할 것인지, 또 부당해고임이 인정된 경우의 구제절차는 행정기구인 노동위원회를 거칠 수 있게 할 것인지 등에 대해서는 입법자에게 입법형성의 재량이 주어져 있다. 다만, 근로조건의 기준을 정함에 있어 인간의 존엄성을 보장하도록 한 헌법 제32조 제3항에 위반되어서는 안 된다.

그렇다면 입법자는 헌법 제32조 제3항에 의하여 인간의 존엄성에 부합하는 근로조건의 기준을 정하여야 하나, 심판대상조항이 근로의 권리를 침해하는지 여부는, 부당해고제한제도를 형성함에 있어 해고로부터 근로자를 보호할 의무를 전혀 이행하지 아니하거나 그 내용이 현저히 불합리하여 헌법상 용인될 수 있는 재량의 범위를 벗어난 것인지 여부에 달려 있다고 보아야 한다(헌재 2015. 12. 23. 2014헌바3; 헌재 2017. 5. 25. 2016헌마640 참조).

(2) 부당해고제한조항과 노동위원회의 구제절차 적용의 의의

㈎ 근로기준법상 정당한 이유 없는 해고를 제한하는 제23조 제1항이 적용되는 경우, 근로자는 사용자의 해고가 정당한 이유를 갖추었는지 여부에 대하여 사법기관에 불복할 수 있고, 법원에 의하여 부당해고로 인정되는 경우에는 사법(私法)상 효력이 부인됨으로써 직장을 회복하거나, 그에 상응하는 금전보상을 받을 수 있게 된다. 결국 근로자는 그 경우 일정한 실체적, 절차적 요건을 갖추지 않은 부당한 근로관계의 종료(직장상실)로부터 보호되고, 이를 위하여 노동위원회 또는 법원이라는 구제절차의 도움을 받게 된다.

반면 부당해고제한조항의 적용을 받지 않는 경우에는 사용자는 민법 제660조 제1항에 의하여 고용기간의 약정이 없는 때에는 근로자를 사유를 불문하고 언제든지 해고할 수 있는 것이 원칙이다(대법원 2008. 3. 14. 선고 2007다1418 판결).

(나) 노동위원회에 의한 구제절차는 사용자의 부당해고로부터 근로자가 신속·간이하게 권리를 구제받도록 하기 위해 도입되었으며 법원의 소송보다 소요되는 기간이 짧고, 소송비용 부담이 적은 행정구제절차로 일반 사법절차를 보완하는 성격이다.

사용자로부터 부당해고를 당한 근로자는 부당해고 등이 있었던 날로부터 3개월 이내에 노동위원회에 사용자를 피신청인으로 하여 구제를 신청할 수 있다(근로기준법 제28조). 구제신청을 받은 노동위원회는 지체 없이 증인심문 등 필요한 조사를 하거나 관계 당사자를 심문하여야 하고(근로기준법 제29조), 노동위원회는 조사결과에 따라 사용자에게 원직복직 또는 임금상당액 이상의 지급을 명하는 구제명령을 내리거나, 근로자의 구제신청을 기각하여야 한다(근로기준법 제30조 제1항 및 제3항). 노동위원회는 구제명령을 이행기한까지 이행하지 아니한 사용자에게 2천만 원 이하의 이행강제금을 매년 2회의 범위에서 최대 2년까지 부과할 수 있다(근로기준법 제33조 제1항, 제5항).

한편, 노동위원회의 사용자에 대한 구제명령은 사용자에게 이에 복종하여야 할 공법상의 의무를 부담시킬 뿐 직접 노사 간의 사법상의 법률관계를 발생 또는 변경시키는 것이 아니다. 따라서 근로자는 위 구제명령신청과는 별도로 민사소송인 해고무효확인의 소 등을 제기하여 구제를 받을 수도 있다(헌재 2012. 2. 23. 2011헌마233).

(3) 이 사건의 경우

(가) 심판대상조항이 4인 이하 사업장에 부당해고제한조항 및 노동위원회 구제절차를 적용되는 조항으로 나열하지 않은 결과 민법이 적용되므로, 고용기간의 약정이 없는 때에는 원칙적으로 사용자는 근로자를 자유로이 해고할 수 있다. 단, 민법 제660조 제1항은 임의규정이므로 개별 사업장에서 해고사유를 열거한 해고제한의 특약을 한 경우에는 해고의 자유가 제한된다. 가령, 4인 이하 사업장의 사용자가 근로자와 해고사유를 열거한 해고제한의 특약을 하였다면, 그와 같은 제한을 위반한 해고는 무효이다(대법원 2008. 3. 14. 선고 2007다1418 판결).

그리고 앞서 살펴보았듯이 개별 근로관계법에서 정하는 특별형태의 부당해고는 4인 이하 사업장에도 금지되고 있어 부당해고 금지의 일반조항인 근로기준법 제23

조 제1항이 적용되지 않는 부분을 일부 보완하고 있다. 또한 4인 이하 사업장에도 근로기준법 제35조의 해고예고제도가 적용되므로, 해고예고를 받은 날부터 30일분의 임금청구가 가능한 것을 감안하면 4인 이하 사업장에 대한 최소한의 근로자 보호는 이루어지고 있다.

(나) 노동위원회 구제절차는 국가가 일반 사법절차를 보완하기 위해 제공하는 부가적인 불복절차이고, 부당해고제한조항의 실효성을 담보할 수 있는 장치 중 하나라는 점에서 국가가 근로관계의 존속을 보호하기 위하여 노사관계에 관한 법체계 전반에서 최소한의 보호조치를 취하였는지 여부를 판단할 때에 고려할 내용이 될 수 있다(헌재 2002. 11. 28. 2001헌바50 참조).

그런데 노동위원회 구제절차는 부당해고제한조항의 적용을 전제로 하여서만 그 실익이 있고, 구제절차는 그 자체로 4인 이하 사업장에게 법적으로 대응하는 데 필요한 관리비용 증가를 수반하며, 구제명령으로 부과되는 금전보상이나 이행강제금 등은 사업장에게 경제적 부담으로 돌아갈 수 있는 조치들이다. 따라서 4인 이하 사업장이 대체로 영세하여 노동위원회의 구제절차를 준수하라고 강제할 만한 여건이 조성되어 있지 않다는 행정입법 제·개정자의 판단이 명백히 불합리하다고 볼 사정이 없다.

(다) 이러한 사정을 고려하면, 심판대상조항이 근로기준법 제11조 제2항의 위임에 따라 4인 이하 사업장에 적용될 근로기준법 조항을 정하면서, 4인 이하 사업장에 부당해고제한조항이나 노동위원회 구제절차를 적용되는 조항으로 나열하지 않았다 하여 근로자에 대한 보호의무에서 요구되는 최소한의 절차적 규율마저 하지 아니하였다거나, 그 내용이 현저히 불합리하여 헌법상 용인될 수 있는 재량의 범위를 벗어난 것이라고 볼 수 없다.

(4) 소 결

심판대상조항은 청구인의 근로의 권리를 침해하지 아니한다.

3. 의료, 약사, 식품 관련

일반 사건에서의 의견

- 의약품의 판매를 위한 품목허가 신청 시에 임상시험을 거쳐 안전성·유효성에 관한 시험성적서를 제출하도록 한 구 약사법 제31조 제8항, 구 약사법 시행규칙 제24조 제1항 제1호, 제29조 제1항 제6호가 자가유래 줄기세포치료제 등 의약품의 제조·판매업자인 청구인 회사의 직업수행의 자유를 침해하는지 여부(전원 소극, 2013. 5. 30. 2010헌마136; 공보 200호 668면)
- 의료인이 아닌 자의 의료행위를 금지하고 처벌하는 의료법 및 보건범죄단속에 관한 특별조치법 관련 조항이 비의료인의 직업선택의 자유를 침해하는지 여부(소극:적극 7:2, 2013. 6. 27. 2010헌마658; 공보 201호 85면)
- 보건복지부령이 정하는 바에 따른 의약품등의 유통체계 확립과 판매질서 유지에 필요한 사항을 위반한 약국개설자 등을 형사처벌하는 구 약사법 규정이 죄형법정주의나 포괄위임금지원칙에 위배되는지 여부(소극:적극 4:5, 2013. 8. 29. 2011헌가19등; 공보 203호 1107면)
- 보건복지가족부 고시(제2007-3호) 중 인조테이프를 이용한 요실금수술을 하는 경우 요류역학검사를 반드시 실시하도록 하는 부분이 과잉금지원칙을 위반하여 의사의 직업수행의 자유를 침해하고, 요실금 환자의 인간다운 생활을 할 권리 및 보건권을 침해하는지 여부(소극:적극 7:2, 2013. 9. 26. 2010헌마204등; 공보 204호 1368면)
- 의료인이 의약품 제조자 등으로부터 판매촉진을 목적으로 제공되는 금전 등 경제적 이익을 받는 행위(의약품 리베이트 행위)를 처벌하는 의료법 조항이 과잉금지원칙에 위배되어 의료인의 직업 자유를 침해하고, 평등원칙에 위배되는지 여부(전원 소극, 2015. 2. 26. 2013헌바374; 공보 221호 408면)
- 입원환자에 대하여 의약분업의 예외를 인정하면서도 의사로 하여금 조제를 직접 담당하도록 하는 약사법 제23조 제4항 제4호 중 '자신이 직접' 부분이 죄형법정주의의 명확성원칙에 위배되는지 여부, 직업수행의 자유를 침해하는지

여부, 의사를 약사와 차별하는 것인지 여부, 체계정당성의 원리에 위배되는지 여부(전원 소극, 2015. 7. 30. 2013헌바422; 공보 226호 1169면)

- 품목허가를 받지 아니한 의료기기를 수리·판매·임대·수여 또는 사용의 목적으로 수입하는 것을 금지하는 구 의료기기법 제24조 제1항('금지조항') 및 품목허가를 받지 아니한 의료기기를 수리·판매·임대·수여 또는 사용의 목적으로 수입한 자를 처벌하는 구 의료기기법 제43조 제1항 중 이 사건 금지조항에 관한 부분이 의료기기 수입업자의 직업수행의 자유를 침해하는지 여부(전원 소극, 2015. 7. 30. 2014헌바6; 공보 226호 1182면)
- 리베이트를 수수한 의료인을 처벌하도록 한 의료법 조항 중 비급여 대상인 의료기기와 관련된 의료인에 대하여 징역형에 처하는 부분이 과잉금지원칙에 위배되어 직업의 자유를 침해하고, 평등원칙에 위배되는지 여부(전원 소극, 2015. 11. 26. 2014헌바299; 공보 230호 1786면)
- 약사에 대한 이른바 '의약품 리베이트 수수 쌍벌제'를 규정한 구 약사법 조항이 명확성원칙 및 포괄위임금지원칙, 평등원칙에 위배되거나 직업의 자유를 침해하는지 여부(전원 소극, 2016. 2. 25. 2014헌바393; 공보 233호 387면)
- 의료인 등으로 하여금 거짓이나 과장된 내용의 의료광고를 하지 못하도록 하고 이를 위반한 경우 형사처벌하는 의료법 조항이 명확성원칙에 위배되거나 의료인의 표현의 자유, 직업수행의 자유, 평등권을 침해하는지 여부(전원 소극, 2015. 12. 23. 2012헌마685; 공보 231호 169면)
- 비의료인의 의료에 관한 광고를 금지하고 처벌하는 의료법 제56조 제1항, 제89조 중 제56조 제1항에 관한 부분이 안마사로서 비의료인인 청구인의 표현의 자유, 직업수행의 자유를 침해하는지 여부(전원 소극, 2016. 9. 29. 2015헌바325; 공보 240호 1531면)
- 의료인이나 의료기관이 본인부담금 할인방식의 환자유인행위를 하는 경우 이를 형사처벌하는 의료법 제27조 제3항 본문, 제88조 중 '본인부담금을 할인하여 유인하는 행위'에 관한 부분이 죄형법정주의의 명확성원칙에 위반되는지 여부, 과잉금지원칙에 위배되는지 여부(전원 소극, 2017. 12. 28. 2016헌바311; 공보 255호 108면)

▸ 의료기기 수입업자가 의료기관 개설자에게 리베이트를 제공하는 경우를 처벌하는 구 의료기기법 제14조 제5항 중 제12조 제3항 가운데 '의료기관 개설자'에 관한 내용을 준용하는 부분('의료기기법 금지조항'), 제44조의2 중 제14조 제5항이 준용하는 경우의 제12조 제3항 가운데 '의료기관 개설자'에 관한 부분('의료기기법 처벌조항'), 의료인이 의료기기업자로부터 리베이트를 수수하는 경우를 처벌하는 구 의료법 제23조의2 제2항 중 '의료인'에 관한 부분, 제23조의2 제2항 중 '의료인'에 관한 부분('의료법 금지조항'), 제88조의2 가운데 제23조의2 제2항 중 '의료인'에 관한 부분('의료법 처벌조항')이 의료기기 수입업자 또는 의료인의 직업의 자유를 침해하는지 여부, 법인인 의료기기업자의 대표자 등이 법인의 업무에 관하여 리베이트를 제공한 경우 법인에게도 벌금형을 과하도록 한 구 의료기기법 제46조 중 제44조의2에 관하여 '법인'을 처벌하는 부분('의료기기법 양벌조항')이 자기책임원칙이나 무죄추정원칙에 위배되는지 여부, 의료기기법 양벌조항이 합리적 이유 없이 의료인에 비해 의료기기업자를 엄격하게 처벌하여 평등원칙에 위배되는지 여부(전원 소극, 2018. 1. 25. 2016헌바201등; 공보 256호 286면)

[73] 안마사, 안마시술소 사건

(2013. 6. 27. 2011헌가39등)

◇ 사안과 쟁점

제청신청인들은 안마시술소를 운영하면서 안마사 자격이 없는 사람들을 고용하여 안마를 하게 하였다거나 한의원을 운영하면서 안마사 자격이 없는 사람들을 고용하여 안마를 하게 하였다는 범죄사실로 약식명령을 받고 정식재판을 청구하여, 소송계속 중 의료법 제82조 제1항 중 "장애인복지법에 따른 시각장애인 중" 부분이 시각장애인이 아닌 자의 직업선택의 자유 또는 평등권 등을 침해한다며 위헌법률심판제청신청을 하였고, 제청법원이 이를 제청하였다.

청구인들은 비시각장애인으로서 안마사 자격인정을 받지 아니한 채 안마시술소를 개설하여 운영하거나 안마시술소에 종업원으로 근무하면서 안마업무를 하는 사람들로서, 장애인복지법에 따른 시각장애인만이 안마사 자격을 받을 수 있다고 규정한 의료법 제82조 제1항 부분('자격조항')과 시·도지사로부터 안마사 자격인정을 받지 아니한 자가 안마시술소 또는 안마원을 개설할 수 없도록 한 의료법 제82조 제3항 부분('개설조항')이 청구인들의 직업선택의 자유 등을 침해한다고 주장하면서 헌법소원심판을 청구하였다.

쟁점은, 시각장애인에 한하여 안마사 자격인정을 받을 수 있도록 하고, 안마시술소·안마원 개설 독점권을 준 의료법 조항이 직업선택의 자유 및 평등권을 침해하는지 여부이다(전원 소극, 2013. 6. 27. 2011헌가39등; 공보 201호 770면).

안마사, 안마시술소 사건은 헌법재판소 구성에 변동이 있을 때마다 제기되는 사건이다. 헌법재판소는 자격조항에 대하여 이미 두 차례에 걸쳐 합헌결정을 한 바 있고(헌재 2008. 10. 30. 2006헌마1098등; 헌재 2010. 7. 29. 2008헌마664등), 이 사건 이후에도 합헌결정을 하였다(헌재 2017. 12. 28. 2017헌가15; 공보 255호 73면).

여기에서는 개설조항에 대하여만 본다. 전원 일치 합헌의견이었다.

◇ 개설조항에 대한 법정(합헌)의견

(1) 제한되는 기본권과 심사의 방법

(가) 이 사건 개설조항은 안마사 자격인정을 받은 자만이 안마시술소 또는 안마원을 개설할 수 있다고 규정하고 있으며, 위 조항에 위반하여 안마사 자격인정을 받지 아니한 자가 안마시술소 등을 개설할 경우, 의료법 제87조 제1항 제2호에 의하여 5년 이하의 징역이나 2천만 원 이하의 벌금형을 선고받게 된다.

결국 비시각장애인은 직접 영리 목적의 안마행위를 할 수 없을 뿐만 아니라, 안마시술소 등을 직접 개설하여 운영할 수도 없으므로, 이 사건 개설조항은 안마시술소 등을 개설하고자 하는 비시각장애인의 직업선택의 자유를 제한함과 동시에 비시각장애인을 시각장애인과 달리 취급함으로써 비시각장애인의 평등권 침해의 문제를 야기하고 있다.

다만 이 사건 자격조항이 헌법에 위반되지 아니함은 앞서 살핀 바와 같으므로 이하에서는 이 사건 개설조항 자체의 고유의 위헌성, 즉 비시각장애인이 직접 안마사 자격인정을 받아 안마를 하는 것을 금지하는 것은 수인하더라도, 안마시술소 등을 개설조차 할 수 없도록 하는 것이 직업선택의 자유 및 평등권을 침해하는지 여부에 대하여 살핀다.

(나) 헌법 제34조 제2항은 "국가는 사회보장·사회복지의 증진에 노력할 의무를 진다."고 규정하여 국민의 생존권 보장의무를 부과하고, 제5항에서는 "신체장애자 및 질병·노령 기타의 사유로 생활능력이 없는 국민은 법률이 정하는 바에 의하여 국가의 보호를 받는다."고 규정함으로써 특히 신체장애자를 비롯한 자립능력이 부족한 국민에 대한 국가의 보호의무를 천명하고 있는바, 이 사건 개설조항의 경우에도 이 사건 자격조항과 마찬가지로 헌법 제34조 제5항에 따른 헌법적 요청과 일반국민의 직업선택의 자유 등 기본권이 충돌하는 상황이 문제될 수 있는 것이므로 그 위헌심사 과정에서 이러한 상황을 충분히 고려하여야 할 것이다(헌재 2008. 10. 30. 2006헌마1098등). 즉, 헌법 제37조 제2항에 의한 기본권제한입법의 한계를 벗어난 것인지 여부를 심사함에 있어 위와 같은 헌법적 요청뿐만 아니라, 안마시술소 등을 개설하고자 하는 비시각장애인에 대한 기본권 제약의 정도, 안마시술소 등의 개설 독점이 시각장애인 안마사의 생계유지 및 자아실현에 미치는 영향, 독점 이외의 다른 대안의 가능성을 종합적으로 형량하여 그 위헌성을 판단할 필요가 있다.

(2) 이 사건 개설조항의 위헌 여부

(가) 이 사건 개설조항은 일정한 교육을 거쳐 시·도지사로부터 자격인정을 받은 자만이 안마시술소 등을 개설할 수 있도록 함으로써 국민에게 제공되는 안마서비스의 적정성을 기하고, 무자격자가 안마시술소 등을 개설할 경우 발생할지도 모르는 국민의 건강상 위험을 미리 방지하며(헌재 2005. 3. 31. 2001헌바87), 시각장애인의 생계보호 및 자아실현의 기회부여라는 시각장애인 안마사 제도의 목적을 보다 효과적으로 실현하고자 하는 것으로서, 그 입법목적이 정당하다.

(나) 또한 현행 의료법에 의하면 비시각장애인들은 안마사가 되기 위한 정식교육과정을 거쳐 안마사 자격인정을 받을 수 없는데, 엄격한 교육과정을 거치지 아니한 자가 안마시술소 등을 개설할 경우, 안마시술소 등에서 제공되는 안마의 질을 관리하기가 어려워지고 더 나아가 국민들의 건강에 위해를 끼칠 우려가 있다. 또한 비시각장애인도 안마시술소 등을 개설할 수 있도록 하여 안마시술소 등이 난립하게 될 경우, 시각장애로 말미암아 안마시술소 등을 개설·운영함에 있어 비시각장애인보다

어려움을 겪을 가능성이 높은 시각장애인들이 경쟁에서 도태되어 생계에 어려움을 겪게 될 가능성이 크다.

따라서 시·도지사로부터 자격인정을 받은 안마사에게만 안마시술소 등을 개설할 수 있도록 하는 것은, 안마시술소 등의 영업에 있어 비시각장애인과 시각장애인의 무한 경쟁을 방지함으로써 시각장애인의 생계를 보장하고 인간다운 생활을 실현하며, 국민의 건강권을 보호하기 위한 적합한 수단이다.

(다) 뿐만 아니라, 비시각장애인에게 안마시술소 등을 개설하여 운영하는 것을 허용할 경우 안마시술소 등에서 비시각장애인 고용주와 시각장애인 종업원의 구조가 고착화되어, 상대적으로 약자의 입장에 있는 시각장애인 안마사들이 열악한 환경에서 노동 제공을 강요당하거나 저임금에 시달리게 되는 등, 복지의 사각지대에 놓이게 될 가능성도 배제할 수 없다. 그리고 일단 비시각장애인에게 안마시술소 등을 개설할 수 있도록 허용한 이후에는, 행정비용이나 단속인력의 한계로 인해 열악한 환경에 방치된 시각장애인 안마사를 보호하거나 이들의 최저한의 근무환경을 보장함에 있어 여러 가지 어려움이 있을 수밖에 없다.

나아가 시각장애인만이 안마사 자격인정을 받을 수 있도록 하는 시각장애인 안마사 제도의 입법목적이 단순히 시각장애인의 생계를 보호하는 데에서 더 나아가 이들이 자아실현의 기회를 가질 수 있도록 함에 있음을 고려할 때, 단순히 안마시술소 등에 고용되어 임금을 받고 안마를 하는 것을 넘어 시각장애인 스스로 안마시술소 등을 개설하여 운영할 수 있는 가능성까지 가능한 한 넓게 보장해 주는 것이 바람직하다. 즉, 시각장애인 안마사제도를 통하여 시각장애인의 생계보호 및 이를 넘어선 자아실현의 기회 제공이라는 입법목적을 보다 더 잘 실현하기 위해서는 안마시술소 등의 개설 및 운영에 있어서도 독점적 지위를 보장함으로써, 보다 많은 시각장애인들이 안마사 자격인정 단계에서부터 더 큰 목표를 가지고 직업활동을 영위해 나갈 수 있는 기회를 최대한 보장해 주는 것이 필요하며, 안마시술소 등의 개설에 관한 독점권을 시각장애인에게 인정하는 것 이외에 이를 위한 덜 침익적인 수단을 발견하기 어렵다.

안마시술소 등의 개설이 허용되지 않는 비시각장애인들이 시각장애인 안마사로부터 명의를 빌려 안마시술소 등을 개설하고, 명의자가 본인이 아님을 기화로 성매매 등 여러 가지 불법적인 영업을 하는 문제는, 안마사협회가 안마시술소 등의 개설을 위한 신고서에 투입된 자본이 시각장애인의 자본인지에 대한 의견을 기재함에 있어(안마사에 관한 규칙 제10조), 허위로 의견서를 작성할 경우 관련자를 처벌하는 규정을 신설하거나, 불법적인 안마시술소의 개설 및 운영에 대한 단속을 철저히 함으로써 해결해야 할 것이지, 시각장애인에게 안마시술소 등을 개설할 수 있는 독점적 지위를 인정하고 있는 이 사건 개설조항을 폐지함으로써 해결할 것은 아니다.

따라서 이 사건 개설조항은 침해의 최소성 요건 역시 충족한다.

㈑ 한편 시각장애인에 대한 복지정책이 미흡한 현실에서 시각장애인 안마사제도가 헌법 제10조 및 제34조 제5항에 의한 요청에 따라 시각장애인에게 가해진 유·무형의 사회적 차별을 보상해주고 실질적인 평등을 이룰 수 있는 수단으로서 채택된 것인 점, 만약 비시각장애인에게도 안마시술소 등을 개설하는 것이 허용될 경우 앞서 살핀 바와 같이 시각장애인에게만 안마사자격을 독점적으로 부여하는 취지가 몰각될 수 있는 점 등에 비추어 보면, 이 사건 개설조항 역시 비시각장애인을 부당하게 차별한다고 할 수는 없다.

㈒ 이와 같이 이 사건 개설조항은 안마사 자격인정을 받은 자만이 안마시술소 등을 개설할 수 있도록 함으로써 일반 국민에게 제공되는 안마의 질을 담보하고, 시각장애인들이 목표를 가지고 자아를 실현할 수 있도록 보다 적극적인 기회를 제공하며, 시각장애인 안마사들이 열악한 환경에서 노동력을 착취당하는 것을 방지한다는 공익 달성에 기여하는 반면, 이 사건 개설조항으로 인하여 비시각장애인들이 안마시술소 등을 개설할 수 없게 된다고 할지라도, 이들에게는 다양한 다른 직업을 선택할 수 있는 가능성이 존재하므로, 이로 인해 제한되는 비시각장애인의 사익이 공익에 비하여 크다고 볼 수도 없으므로, 이 사건 개설조항은 법익의 균형성도 갖추고 있다.

㈓ 따라서 이 사건 개설조항은 과잉금지원칙에 위배하여 안마시술소 등을 개설하여 운영하고자 하는 비시각장애인의 직업선택의 자유 및 평등권을 침해하지 아니한다.

㈔ 그 밖에 이 사건 개설조항이 비시각장애인의 행복추구권이나, 근로의 자유를 침해하는지 여부를 별도로 판단할 필요가 없고, 이 사건 개설조항으로 인하여 일반 소비자의 행복추구권이 제한된다고 볼 수 없음은 앞서 이 사건 자격조항과 관련하여 살핀 바와 같다.

[74] 한의사의 안압측정기 등 사용행위가 의료법 위반인지 여부

(2013. 12. 26. 2012헌마551등)

◇ 사안과 쟁점

청구인들은 한의사로서 의료기기인 안압측정기, 청력검사기, 안굴절검사기, 세극등현미경, 자동시야측정장비 등을 이용하여 시력 및 안질환, 청력검사를 한 후 그 결과를 토대로 한약처방을 하는 등 면허된 것 이외의 의료행위를 하였다는 피의사실로 기소유예처분을 받고, 그 취소를 구하는 헌법소원심판을 청구하였다.

쟁점은, 한의사가 안압측정기 등 의료기기를 사용하여 진료행위를 한 것이 의료법 위반인지 여부이다(전원 소극, 2013. 12. 26. 2012헌마551등; 공보 207호 175면). 전원일치로 의료법 위반이 아니라고 보아 청구인들에 대한 기소유예처분을 취소하였다.

◇ 법정(인용)의견

가. 쟁 점

청구인들이 이 사건 기기들을 진료에 사용한 행위가 한의사에게 '면허된 것 이외의 의료행위'에 해당하는지 여부가 이 사건의 쟁점이다.

나. '의료행위' 및 한의사에게 '면허된 것 이외의 의료행위'의 의미

(1) 의료법 및 의료관계 법령에서는 '의료행위'에 관하여 적극적인 정의규정을 두지 않고 있으나, 의료법의 목적 등에 비추어 볼 때, 의료법 제27조 제1항 본문 전단의 '의료행위'는 의학적 전문지식을 기초로 하는 경험과 기능으로 진찰, 검안, 처방, 투약 또는 외과적 시술을 시행하여 하는 질병의 예방 또는 치료행위 및 그 밖에 의료인이 행하지 아니하면 보건위생상 위해가 생길 우려가 있는 행위를 의미한다(대법원 2005. 8. 19. 선고 2005도4102 판결; 대법원 2004. 10. 28. 선고 2004도3405 판결 참조).

(2) 의료법 제27조 제1항 본문 후단 부분의 '의료인의 면허된 것 이외의 의료행위'에 대하여, 헌법재판소는 "의료법 제27조 제1항 본문 전단의 '의료인이 아닌 자의 의료행위'이든, 후단의 '의료인의 면허된 것 이외의 의료행위'이든 모두 면허되지 않

은 의료행위를 금지하는 것이라는 점에서는 차이가 없으므로 '의료인의 면허된 것 이외의 의료행위'에서의 의료행위 역시 의학적 전문지식을 기초로 하는 경험과 기능으로 진찰, 검안, 처방, 투약 또는 외과적 시술을 시행하여 하는 질병의 예방 또는 치료행위와 그 밖에 의료인이 행하지 아니하면 보건위생상 위해가 생길 우려가 있는 행위를 의미한다."고 판시하였다(헌재 2013. 2. 28. 2011헌바398).

그렇다면 한의사에게 있어 '면허된 것 이외의 의료행위'의 의미가 문제될 것인데, 이에 대하여 헌법재판소는 "한의학과 서양의학은 그 학문적 기초가 서로 달라 학습과 임상이 전혀 다른 체계에 기초하고 있으므로 자신이 익힌 분야에 한하여 의료행위를 하도록 하는 것이 필요하며, 훈련되지 않은 분야에서의 의료행위는 면허를 가진 자가 행하는 것이라 하더라도 이를 무면허 의료행위와 달리 평가할 이유가 없다. 따라서 한의사에게 허용되는 한방의료행위는 우리의 옛 선조들로부터 전통적으로 내려오는 한의학을 기초로 한 질병의 예방이나 치료행위를 하는 것을 의미한다."고 판시하여 한의사가 한방의료행위에 해당하지 않는 의료행위를 하는 경우 의료법 제27조 본문 후단의 면허된 것 이외의 의료행위로 파악하고 있다(헌재 2013. 2. 28. 2011헌바398; 헌재 2010. 7. 29. 2008헌가19등).

(3) 한의사의 '면허된 것 이외의 의료행위'에 해당하는지 여부의 판단은 구체적인 의료행위의 태양 및 목적, 그 행위의 학문적 기초가 되는 전문지식이 양·한방 중 어디에 기초하고 있는지, 해당 의료행위에 관련된 규정, 그에 대한 한의사의 교육 및 숙련의 정도 등을 종합적으로 고려하여 사회통념에 비추어 합리적으로 판단하여야 한다(헌재 2012. 2. 23. 2009헌마623 참조).

그런데 의료공학의 발달로 종래 의사가 사용하는 것으로 인식되던 의료기기를 한방의료행위에 사용할 수 있는 것인지에 대한 논란이 계속되고 있는 한편, 한방에서 활용되던 의료기법을 의사가 활용하려는 시도 또한 계속되고 있고, 이러한 행위들이 의료법 제27조 제1항 본문 후단의 면허된 것 이외의 의료행위에 해당하는지 여부가 의사와 한의사의 직역 간 갈등으로 비화되어 행정조치 요청이나 형사고발 등을 통하여 다투어지고 있는 실정이다. 의료법은 '국민의 건강을 보호하고 증진'하는 것을 목적(제1조)으로 하고 있는바, 의료법 제27조 제1항 본문 후단의 해석 또한 국민의 건강을 보호하고 증진하는 데 중점을 두어 해석되어야 할 것이다. 따라서 과학기술의 발전으로 의료기기의 성능이 대폭 향상되어 보건위생상 위해의 우려없이 진단이 이루어질 수 있다면 자격이 있는 의료인에게 그 사용권한을 부여하는 방향으로 해석되어야 한다. 또한 의료법 제27조 제1항 본문 후단의 위반행위는 결국 형사처벌의 대상이라는 점에서 죄형법정주의원칙이 적용되므로 그 의미와 적용범위가 수범자인 의료인(이 사건 심판청구에서는 청구인들인 한의사)의 입장에서 명확하여야 하고, 엄격하게 해석되어야 한다.

다. 피청구인의 법리오해 여부

(1) 인정되는 사실관계

이 사건의 각 기록에 의하면 다음과 같은 사실을 인정할 수 있다.

㈎ 청구인 하○경은 1990년 한의사 면허를 취득한 후, 2009. 11. 20. ○○ 한의원을 개설하여 그때부터 2011. 9. 28.까지 청력검사기를, 2010. 11.경부터 2011. 9. 28.까지 안압측정기, 자동안굴절검사기를 사용하여 자신이 개설한 한의원에 내원한 환자들을 상대로 안압, 안굴절도 검사를 하거나, 청력측정을 한 뒤 이를 토대로 한방약물치료, 침치료, 교정치료 그리고 물리치료 등을 하여 왔다.

㈏ 청구인 박○신은 1992. 3. 한의사 면허를 취득한 후, 2005. 3. 10. □□ 한의원을 개설하여 2010.경부터 2012. 1. 16.경까지 자신이 개설한 한의원에 내원한 환자들을 상대로 시야검사장비, 세극등현미경, 안압측정기, 자동안굴절검사기를 이용하여 안압이나 시야, 안굴절도등을 검사한 후 이를 토대로 한방약물치료, 침치료, 교정치료 그리고 물리치료 등을 하여 왔다.

㈐ 청구인들이 사용한 이 사건 기기들의 개요

1) 안압측정기는 피검자의 턱과 이마를 기계에 밀착시키면 기계에서 바람이 자동으로 나가면서 안압을 측정하고, 측정결과가 자동으로 추출되는 기기로서 측정시간이 짧고 간편하며 점안마취가 필요없어 신체에 위해가 발생하지 않는다. 그 안압측정원리는 눈을 가상의 구로 생각하고 그 가상의 구의 일정면적을 편평하게 하는데 필요한 압력을 측정하는 데 있다. 안압이 높을 경우 동일한 면적을 편평하게 하는데 더 높은 압력이 필요하고 낮을 경우에는 적은 힘으로도 같은 면적을 편평하게 할 수 있다. 이때 측정된 압력을 계산하여 안압을 간접적으로 측정하게 된다.

2) 자동안굴절검사기는 피검자가 그의 턱이 기계의 턱받이에 맞도록 착석한 뒤 검사자가 조정기를 이용하여 피검자의 동공에 초점을 맞춘 후 스위치를 눌러 눈의

굴절치를 자동으로 추출하는 기기로서, 작동방법이 간단하고 인체에 무해한 적외선을 사용하는데 안경점에서도 널리 사용되고 있다. 굴절은 빛이 한 매체에서 다른 매체로 통과하면서 생기는 빛의 방향 변화를 일컫는 말로, 정상적인 눈의 경우에는 각막 및 수정체에서 굴절된 빛이 망막에 정확한 상을 맺게 하나, 원시, 근시, 난시의 경우에는 눈의 조절능력이 떨어지는 것이다. 굴절도는 초점이 가장 잘 맺는 눈 앞의 거리를 미터로 환산한 수치의 역수를 취한 값이다.

3) 세극등현미경은 검안을 위한 현미경으로, 피검자의 눈에 가는 빛을 투사하고 그 빛이 반사되어 돌아오면 이를 검출하는 방법으로 눈의 내부구조 및 이상 여부를 조사하는 기기로서, 피검자의 턱과 이마를 기계에 밀착한 뒤 빛의 투사와 반사를 통해 관측을 하는 절차를 거치게 된다. 특수한 조명장치와 현미경으로 이루어져 약 40배까지 확대하여 관찰할 수 있으며 세극광선을 안구에 비추게 되면 각막, 홍채, 수정체 등이 세극광선에 의해 횡단되어 그 단면을 현미경을 통해 관찰할 수 있다.

4) 자동시야측정장비는 돔 안에 작은 불빛을 다양한 위치에 표시하였을 때 피검자가 그 불빛을 인식하여 반응용 버튼을 누르면 그 정보를 수집하여 피검자의 시야범위를 측정하는 기기로서, 피검자에게 검사방법을 설명한 후 테스트를 거쳐 측정한 결과가 자동으로 추출되는 기기이다.

5) 청력검사기는 피검자를 청력검사 부스에 앉아 헤드폰을 끼게 한 후 소리가 나면 버튼을 누르게 하는 방식으로 청력을 테스트하는 것으로, 프로그램에 따라 검사실행 아이콘을 클릭하면 주파수대로 소리가 자동으로 나가 검사결과가 자동으로 추출되는 기기이다.

(2) 청구인들의 행위가 '의료행위'에 해당하는지 여부

청구인들이 이 사건 기기들을 사용하여 환자들의 근시, 원시, 녹내장, 청력이상 등의 진단을 하거나, 나아가 이를 토대로 한약처방을 한 것은 의학적 전문지식을 기초로 하는 경험과 기능으로 환자의 용태를 관찰하여 병상과 병명을 규명·판단하는 작용으로서, '진찰 내지 진단행위'에 해당하고, 이러한 진단을 토대로 한약처방을 한 행위는 모두 의료법상 '의료행위'에 해당한다. 보건복지부에서는 이 사건 의료기기들의 사용이 의료행위에 해당하지 않는다고 질의회신하였으나, 이는 일반인이 자가검진 등의 용도로 사용하였을 경우에 보건위생상 위해를 가할 우려가 없다는 취지일 뿐, 한의사가 질환치료행위의 일환으로 행한 검사행위를 의료행위가 아니라고 볼 수

는 없다.

(3) 청구인들의 행위가 한의사의 '면허된 것 이외의 의료행위'에 해당하는지 여부

㈎ 앞서 본 바와 같이 안질환 관련 검사기기들은 안압, 안굴절도, 안질환을 위한 현미경 사용, 시야측정기로서 위 기기들의 사용 자체로 신체에 어떤 위해를 가할 우려는 없는 것으로 보인다. 청력검사기기 또한 마찬가지이다.

그렇다면 위 검사기기의 측정결과를 토대로 환자의 질환을 진단하거나 그 치료경과를 판단하는 것이 한방의 전통적 진단방법 및 진찰로 볼 수 있는지, 이를 제대로 판독하고 해석할 수 있는 능력과 경험을 필요로 하는지 검토가 필요하다. 이때 판독해석의 능력과 경험을 필요로 함에도 한의사의 면허범위 내의 교육이 이를 충족시키지 못하는 경우 '보건위생상의 위해를 가져올 우려'가 있다고 볼 수 있다.

㈏ 청구인들은 '허준'이 저술한 동의보감 중 외형편 제1권에서 안압과 관련된 질환인 녹내장, 수정체의 질환과 관련된 백내장, 안굴절 및 시야 등과 관련된 질환인 근시, 난시, 원시에 관하여, 귀가 먹거나 소리가 중복하여 들리는 귀질환에 대하여 상세히 서술하고 있다고 주장한다.

살피건대, 동의보감에는 눈의 구조를 흰 자위와 검은 자위, 아래위 눈두덩, 내자(內眥)와 외자(外眥), 눈동자의 5가지 부분으로 나누어 각각의 이상에 따른 병의 원인 및 치료방법을 설명하고 있고, 녹내장에 해당하는 눈질환을 녹풍(綠風)이라 하여 "처음에는 머리가 핑핑 돌다가 이마의 양 모서리가 서로 맞당기며 눈동자에서 콧속까지 다 아프고 혹 눈앞에 벌거면서 흰 꽃 같은 것이 나타나는 것이다. 간이 열을 받으면 먼저 왼쪽 눈에 병이 생기고, 폐가 열을 받으면 먼저 오른쪽 눈에 병이 생기며, 간과 폐가 동시에 병들면 양쪽 눈을 동시에 잃는다. 이런 데는 먼저 영양각산이나 영양각환을 먹은 다음 환정산을 먹어야 한다."고 설명하고 있다. 백내장에 대하여는 원예(圓瞖)라고 하여 "검은 자위에 동그란 점이 하나 생겨서 햇빛에서 보면 좀 작은 것 같고 그늘에서 보면 큰 것 같으며 물건이 똑똑히 보이지 않고 눈 앞에 검은 꽃 같은 것이 나타나는 것을 말한다. 이것은 간과 신이 다 허하여 생긴 것이다. 이런 데는 보간산이나 보신원을 쓰는 것이 좋다."고 설명하는 외에 여러 가지 눈의 질환에 대하여 상세히 설명하고 있다. 원시와 근시에 대하여는, 멀리 보지 못하는 것과 가까이 보지 못하는 것(不能遠視不能近視)이라고 하여 음양과 기혈의 원리로 그 원인을 밝히고 처방전을 제시하고 있다. 또한 귀울이나 귀가 먹는 것의 다양한 원인에 대하여 설명하

면서 증상에 따른 처방전을 제시하고 있다.

(다) 이 사건 기기들의 사용과 한방의료행위의 일환으로 행해지는 진단과의 관계에 대해서 본다.

안압상승이 주된 원인이라 거론되는 녹내장에 대해서 동의보감은 안압상승으로 인해 두통, 충혈 등이 발생한다고 녹내장(녹풍)의 증상을 포착하고 있고, 한의사는 이에 대해 의사와 같이 안압하강제 등을 투여하여 치료하는 것이 아니라 간과 폐를 보하는 방식으로 처방한다. 이러한 녹풍(녹내장)의 진단을 명확히 하기 위해 안압측정기를 사용하더라도 결과의 해독이 필요 없고 자동으로 추출된 결과만으로 안압의 정상 여부를 판단하는 점에서 보건위생상 아무런 위해가 없다. 종래 한의학에서는 집게손가락으로 안구를 살짝 압박하여 그 저항의 정도 등을 가지고 안압을 측정하기도 하였으므로 안압측정기의 사용은 이러한 절진(切診)의 현대화된 방법으로 볼 수도 있다.

시야계측기나 자동안굴절검사기는 의료인이 아닌 안경사도 사용할 수 있는 기기(의료기사 등에 관한 법률 시행령 제2조 제1항 제8호)로서 사용 자체는 보건위생상 아무런 위해가 없고, 결과의 해독에 전문적인 식견이 필요한 것이 아니어서 동의보감에 기술되어 있는 근시와 원시의 정도 등을 기기를 통해 바로 파악할 수 있으며, 기기를 이용한 망진(望診)이나 문진(問診)의 일종으로 볼 수 있다.

세극등현미경은 동의보감에서 언급한 여러 가지 눈병, 특히 백내장에 해당하는 원예의 확인을 위해 실시하는 망진의 일종(검은 자위에 조그만한 점이 증상으로 표시되어 있다)으로서, 과학기기를 통해 확대하여 '수정체의 혼탁정도'를 보다 정밀하게 보는 것이고, 보건위생상 아무런 위해가 없고, 결과의 해독에 전문적인 식견이 필요한 것이 아니며, 초음파로 수정체의 내용물을 제거하고 인공수정체를 삽입하는 의사의 치료방식과는 처방을 전혀 달리한다.

청력측정기는 일반적으로 보청기를 판매하는 곳에서도 사용되고 보건위생상 아무런 위해를 발생시킬 우려가 없으며 그 측정결과의 해독에 전문적 식견을 필요로 하는 것이 아니고, 청력측정기의 사용 역시 문진(聞診)에 해당한다고 할 수 있다.

이처럼 이 사건 기기들을 사용한 진료행위는 한방의료행위의 범위에 포함될 수 있는 것으로 판단된다.

㈑ 의료관계 법령의 규정 및 관련 교육의 정도

의료관계 법령에서는 '의료기사 등에 관한 법률'과 같은 법 시행령에서 안경사가 자동굴절검사기를 사용할 수 있다는 규정을 둔 이외에 달리 이 사건 기기들에 대한 제한 규정을 두고 있지 않다. 이는 이 사건 기기들이 그 사용이나 결과 추출 및 해독에 있어 전문적 식견을 필요로 하지 않아 규제를 통해 그 사용을 제한할 위험성을 가지고 있지 않기 때문인 것으로 보인다.

한의대에서 교재로 사용되는 안이비인후과학의 안과학 총론에서는 안압계, 세극등현미경 등을 이용한 진단방법을 소개하고 있고, 한방안이비인후피부과 전문수련의 진료편람과 대한한의학회에서 마련한 '한국한의표준의료행위 분류 행위정의'에서도 안압측정, 세극등 검사, 시야검사 등을 기본적인 진료의 내용으로 기재하고 있으며, 한의과대학에서는 해부학, 생리학 강의 및 실습, 한방진단학 강의와 실습, 한방외관과학(안과, 이비인후과, 피부과)의 강의 및 실습을 전공필수로 각 이수하도록 하고 있다. 한의대의 안이비인후과 및 해부학 수업계획서를 보면, 한의학적인 눈의 이해 및 안질환에 대한 강의 및 안구의 해부학적 구조에 대한 강의가 이루어지고 있음을 알 수 있다.

라. 소 결

의료법은 한의사와 의사의 업무영역과 면허범위를 구별하는 이원적인 체계를 취하고 있지만, 이 사건 기기들을 이용한 검사는 자동화된 기기를 통한 안압, 굴절도, 시야, 수정체 혼탁, 청력 등에 관한 기초적인 결과를 제공하는 것으로서 보건위생상 위해를 가할 우려가 없고, 위 기기들의 작동이나 결과 판독에 의사의 전문적인 식견을 필요로 한다고 보이지 않는 점, 한의대의 경우에도 한방진단학, 한방외관과학 등의 교육을 통해 전통적으로 내려오던 한의학을 토대로 한 기본적인 안질환이나 귀질환에 대한 교육이 이루어지고 있고, 이에 대한 한의학적 해석을 바탕으로 침술이나 한약처방 등 한방의료행위 방식으로 치료가 이루어지고 있어, 이 사건 기기들의 사용이 의사만의 전문적인 영역이라고 보기는 어려운 점에 비추어 보면, 청구인들이 이 사건 기기들을 사용하여 한 진료행위는 한의사의 면허된 것 이외의 의료행위라고 보기는 어렵다.

[75] 전문과목 표시 치과의원의 치료범위에 관한 위헌확인 사건
(2015. 5. 28. 2013헌마799)

◇ 사안과 쟁점

청구인들은 치과의사전문의로서 치과의원을 운영하거나, 치과병원에서 전임의 또는 봉직의로서 근무하거나, 공중보건의사로 근무하거나, 치과의사전공의로서 치과전문의 자격시험의 응시를 준비하는 사람들이다. 청구인들은 의료법 제77조 제3항이 전문과목을 표시한 치과의원으로 하여금 그 표시한 전문과목에 해당하는 환자만을 진료하도록 함으로써, 치과의원을 개설·운영하고 있거나 개설·운영하고자 하는 청구인들의 직업의 자유와 평등권 등을 침해한다고 주장하면서 헌법소원심판을 청구하였다.

쟁점은, 전문과목을 표시한 치과의원은 그 표시한 전문과목에 해당하는 환자만을 진료하여야 한다고 규정한 의료법 제77조 제3항(이하 '심판대상조항')이 과잉금지원칙에 위배되어 직업수행의 자유 및 평등권을 침해하는지 여부이다(전원 적극, 2015. 5. 28. 2013헌마799; 공보 224호 915면). 전원 일치 위헌의견이었다.

◇ 법정(위헌)의견

가. 치과전문의 제도의 변천경위 및 치과전문의 배출현황

1951. 9. 25. 법률 제221호로 제정된 국민의료법은 제41조에서 "의료업자는 명령으로 정한 바에 의하여 주무부장관의 허가없이 그 전문과목을 표방할 수 없다."고 하여 이른바 '전문과목표방 허가제'를 규정하였다. 위 법은 1962. 3. 20. 법률 제1035호('의료법'으로 명칭변경) 및 1973. 2. 16. 법률 제2533호로 각 전부개정 되었다가 1975. 12. 31. 법률 제2862호로 개정되었는바, 동 개정법 제55조는 치과의사로서 전문의가 되고자 하는 자는 보건사회부장관의 자격인정을 받아야 하고, 그 자격인정을 받은 자가 아니면 전문과목을 표시하지 못하도록 하면서, 치과전문의의 전문과목을 구강외과, 보철과, 교정과, 소아치과 및 치주위병과 등 5개 과목으로 규정하였다. 위 규정이 전문의의 수련기관·수련방법 기타 자격의 인정과 자격증의 교부 및 전문과

목의 표시 등에 관하여 필요한 사항을 대통령령으로 정하도록 규정함에 따라, 1976. 4. 15. 대통령령 제8088호로 '전문의의 수련 및 자격 인정 등에 관한 규정'(이하 '전문의규정'이라 한다)이 제정되었고, 1979. 3. 2.에는 보건사회부령 제622호로 '전문의의 수련 및 자격 인정 등에 관한 규정 시행규칙'(이하 '시행규칙'이라 한다)이 제정되었다.

그 후 1981. 12. 31. 법률 제3504호로 개정된 의료법 제55조는 치과의사로서 전문의가 되고자 하는 자는 대통령령이 정하는 수련을 거쳐 보건사회부장관의 자격인정을 받아야 한다고 규정하고, 그 자격인정을 받은 자가 아니면 전문과목을 표시하지 못한다고 하면서, 전문의의 자격인정 및 전문과목에 관하여 필요한 사항은 대통령령으로 정하도록 규정하였다. 이에 1982. 7. 23. 대통령령 제10874호로 개정된 전문의규정이 앞서 본 바와 같은 5개의 전문과목을 두자(동 규정 제2조의2 제2호), 보건복지부장관은 치과전문의의 수련 및 자격인정 등을 위하여 1989. 12. 30. 시행규칙 개정안을 마련하여 관련기관에 의견을 조회하였으나, 치과의료계(주로 개업의)의 반대로 시행규칙 개정작업의 추진이 보류되었다. 한편, 전문의규정은 1995. 1. 28. 대통령령 제14516호로 다시 개정되어 치과 전문과목을 5개에서 10개(구강악안면외과, 치과보철과, 치과교정과, 소아치과, 치주과, 치과보존과, 구강내과, 구강악안면방사선과, 구강병리과 및 예방치과)로 세분화하였고(동 규정 제2조의2 제2호), 이에 따라 보건복지부장관은 1996. 1. 13. 시행규칙 개정안을 입법예고하였으나 역시 치과의료계가 반대한다는 이유로 추진을 보류하였다.

그 후 헌법재판소가 1998. 7. 16. 보건복지부장관이 의료법과 전문의규정의 위임에 따라 치과전문의자격시험제도를 실시할 수 있는 절차를 마련하지 아니하는 입법부작위가 위헌이라는 결정을 선고함에 따라(96헌마246), 2003. 6. 30. 대통령령 제18040호로 '치과의사전문의의 수련 및 자격 인정 등에 관한 규정'이, 2003. 9. 18. 보건복지부령 제258호로 '치과의사전문의의 수련 및 자격 인정 등에 관한 규정 시행규칙'이 각각 제정되었고, 위 시행규칙에 따라 2008년 처음으로 치과전문의 자격시험이 실시되었다.

2008년 220명의 치과전문의가 처음 배출된 이래, 2013년까지 총 1,571명의 치과전문의가 배출되어 2013년 말 현재 전체 치과의사 27,398명 중 약 5.73%의 비율을 차지하고 있다. 매년 배출되는 신규 치과의사 중에서 치과전문의는 대략 35% 내외의 비중을 차지하고 있다.

나. 심판대상조항의 입법연혁

2002. 3. 30. 법률 제6686호로 개정된 의료법은 제55조 제2항 단서를 신설하여, 치과전문의에 대하여는 종합병원·치과병원 중 보건복지부령이 정하는 의료기관에 한하여 전문과목을 표시하도록 할 수 있다고 규정하였다. 그 결과 치과의원은 전문과목을 표시하는 것이 금지되었는데, 다만 위 규정의 유효기간은 2008. 12. 31.까지로 규정되어 있었다(동법 부칙 제2조). 2009. 1. 30. 법률 제9386호로 개정된 의료법에서는 위 규정과 거의 동일한 내용으로 조문의 위치만 옮겨서 규정된 의료법 제77조 제2항의 유효기간을 2013. 12. 31.까지로 연장하였다(동법 부칙 제2조). 그 후로는 위 규정의 유효기간이 연장된 바 없으므로, 2014. 1. 1.부터는 치과의원에서도 전문과목을 표시할 수 있게 되었다.

그런데 2011. 4. 28. 법률 제10609호로 개정된 의료법에서는 심판대상조항을 신설하여, 치과의원에서 전문과목을 표시하는 경우에는 표시한 전문과목에 해당하는 환자만을 진료하여야 한다고 규정하고, 같은 법 부칙 제1조에서 그 시행일을 2014. 1. 1.로 하였다. 그 결과 2014. 1. 1.부터 치과의원은 전문과목을 표시할 수는 있되, 전문과목을 표시하는 경우 그 표시한 전문과목에 해당하는 환자만을 진료할 수 있게 되었다.

다. 제한되는 기본권

(1) 심판대상조항에 따라 치과의원이 전문과목을 표시하는 경우에는 그 표시한 전문과목에 해당하는 환자만을 진료하여야 하므로, 심판대상조항은 치과의원을 개설·운영하거나 치과의원에 고용된 치과전문의(이하 '치과의원의 치과전문의'라 한다)의 직업수행의 자유를 제한하는 것이다.

(2) 심판대상조항은 전문과목을 표시하더라도 진료범위에 대하여 제한을 받지 않는 의과의 전문의(이하 '의사전문의'라 한다)나 한의사전문의에 비하여 치과전문의를 달리 취급하고 있고, 진료범위의 제한 없이 진료행위를 할 수 있는, 치과병원을 개설·운영하거나 치과병원에 고용된 치과전문의(이하 '치과병원의 치과전문의'라 한다)나 치과일반의에 비하여 치과의원의 치과전문의를 달리 취급하고 있으므로, 평등권의 침해 여부도 문제된다.

(3) 청구인들은 심판대상조항이 환자의 자기결정권을 침해한다고 주장한다. 청구인들이 의료인(치과전문의)의 지위와 의료소비자(환자)의 지위를 동시에 갖고 있기는 하나, 이 사건에서는 심판대상조항이 치과전문의의 직업수행의 자유 및 평등권을 침해하는지 여부가 주된 쟁점이고, 의료소비자의 선택권이 제한되는 것은 치과전문의의 진료영역을 제한함에 따라 발생하는 효과이므로, 치과전문의의 직업수행의 자유 및 평등권의 침해 여부를 판단하는 과정에서 이를 함께 고려하는 것으로 충분하다. 따라서 환자의 자기결정권 침해 여부는 별도로 판단하지 아니한다.

(4) 따라서 심판대상조항이 청구인들의 직업수행의 자유 및 평등권을 침해하는지 여부에 대하여 본다.

라. 직업수행의 자유 침해 여부

(1) 신뢰보호원칙 위반 여부

청구인들은 심판대상조항이 신뢰보호원칙에 위반된다고 주장한다. 신뢰보호원칙은 헌법상 법치국가의 원칙으로부터 도출되는데, 그 내용은 법률의 제정이나 개정 시 구법질서에 대한 당사자의 신뢰가 합리적이고도 정당하며 법률의 제정이나 개정으로 야기되는 당사자의 손해가 극심하여 새로운 입법으로 달성하고자 하는 공익적 목적이 그러한 당사자의 신뢰의 파괴를 정당화할 수 없다면, 그러한 새로운 입법은 신뢰보호원칙상 허용될 수 없다는 것이다. 이러한 신뢰보호원칙의 위반 여부를 판단하기 위해서는, 한편으로는 침해받은 신뢰이익의 보호가치, 침해의 중한 정도, 신뢰가 손상된 정도, 신뢰침해의 방법 등과 다른 한편으로는 새로운 입법을 통해 실현하고자 하는 공익적 목적을 종합적으로 비교·형량하여 판단하여야 한다(헌재 2002. 11. 28. 2002헌바45 참조).

청구인들이 침해당하였다고 주장하는 신뢰는 2014. 1. 1.부터 치과의원에서 전문과목을 표시할 수 있게 되면 모든 전문과목의 진료를 할 수 있을 것이라는 신뢰이다. 그런데 국민들이 국가의 공권력행사에 관하여 가지는 모든 기대 내지 신뢰가 절대적인 권리로서 보호되는 것은 아니며, 헌법적 신뢰보호는 개개의 국민이 어떠한 경우에도 '실망'을 하지 않도록 하여 주는 데까지 미칠 수는 없다(헌재 2003. 3. 27. 2002헌바35). 그동안 구 의료법 제55조 제2항 단서 및 의료법 제77조 제2항에 따라 치과의원의 전문과목 표시 자체가 금지되어 왔으므로, 청구인들이 주장하는 신뢰는 장래에 위 의료법 제77조 제2항의 유효기간이 종료되어 치과의원의 전문과목 표시가 가능하게 되는 경우의 법적 상황을 청구인들이 미리 일정한 방향으로(즉, 전문과목을 표시한 치과의원이 모든 전문과목의 진료를 할 수 있을 것으로) 예측 내지 기대한 것에 불과하다. 나아가 심판대상조항이 2011. 4. 28. 신설되어 그 시행까지 2년 6개월이 넘는 유예기간을 두었던 점 등을 고려할 때, 청구인들의 신뢰이익에 대한 침해 정도가 그다지 중하다고 볼 수도 없다. 따라서 심판대상조항은 신뢰보호원칙에 위반하여 청구인들의 직업수행의 자유를 침해한다고 볼 수 없다.

(2) 명확성원칙 위반 여부

법치국가원리의 한 표현인 명확성원칙은 기본적으로 모든 기본권제한 입법에 대하여 요구된다. 규범의 의미내용으로부터 무엇이 금지되는 행위이고 무엇이 허용되는 행위인지를 수범자가 알 수 없다면 법적 안정성과 예측가능성은 확보될 수 없게 될 것이고, 또한 법집행 당국에 의한 자의적 집행이 가능하게 될 것이기 때문이다(헌재 2002. 1. 31. 2000헌가8 참조).

청구인들은 심판대상조항이 치과 전문과목의 개념 및 전문과목 간 진료영역의 경계, 치과에서의 응급환자를 명확하게 정하고 있지 않아서 명확성원칙에 위반된다고 주장한다. 의료법 제77조 제4항은 전문과목에 관한 사항은 대통령령으로 정한다고 규정하고 있고, 그 위임을 받은 '치과의사전문의의 수련 및 자격 인정 등에 관한 규정' 제3조는 치과전문의의 전문과목을 구강악안면외과, 치과보철과, 치과교정과, 소아치과, 치주과, 치과보존과, 구강내과, 구강악안면방사선과, 구강병리과 및 예방치과의 10과목으로 규정하고 있다. 위 규정을 비롯하여 의료법 및 관련 법령에서 각 전문과목의 진료내용을 규정하고 있지는 않으나, 치과전문의가 되기 위해서는 치과의사 면허를 받은 자가 치과전공의 수련과정을 거쳐 각 전문과목별 필기시험(1차 시험) 및 실기시험 또는 구술시험(2차 시험)으로 이루어진 치과전문의 자격시험에 합격해야 하므로(치과의사전문의의 수련 및 자격 인정 등에 관한 규정 제4조 제1항, 제5조 제1항, 제18조 제1항, 치과의사전문의의 수련 및 자격 인정 등에 관한 규정 시행규칙 제13조 제1항, 제2항), 심판대상조항의 수범자인 치과전문의는 각 전문과목의 진료내용과 진료영역 및 전문과목 간의 차이점 등을 알 수 있다.

심판대상조항의 단서에 따라 진료범위 제한의 예외에 해당하는 '응급환자'의 경우에도, '응급의료에 관한 법률' 제2조 제1호는 '응급환자'를 '질병, 분만, 각종 사고 및 재해로 인한 부상이나 그 밖의 위급한 상태로 인하여 즉시 필요한 응급처치를 받지 아니하면 생명을 보존할 수 없거나 심신에 중대한 위해(危害)가 발생할 가능성이 있는 환자 또는 이에 준하는 사람으로서 보건복지부령으로 정하는 사람'이라고 정의하고 있고, 동법 시행규칙 제2조 및 별표 1에서 응급환자를 구체적으로 규정하고 있는바, 수범자인 치과전문의는 위 규정들의 내용을 그대로 적용하거나 치과의 특성에 맞게 유추 적용하여 치과에서의 응급환자를 판단할 수 있다.

따라서 심판대상조항은 명확성원칙에 위반하여 청구인들의 직업수행의 자유를 침해한다고 볼 수 없다.

(3) 과잉금지원칙 위반 여부

일반적으로 직업수행의 자유에 대하여는 직업선택의 자유와는 달리 공익목적을 위하여 상대적으로 폭넓은 입법적 규제가 가능한 것이지만, 그렇다고 하더라도 그 수단은 목적달성에 적절한 것이어야 하고 또한 필요한 정도를 넘는 지나친 것이어서는 아니 된다(헌재 2009. 3. 26. 2007헌마988등).

㈎ 목적의 정당성

심판대상조항은 치과의원이 전문과목을 표시하는 경우 그 진료범위를 제한함으로써, 치과전문의가 자신의 전문과목을 표시하면서 치과의원을 개설·운영하거나 치과의원에 고용되어 근무할 유인을 감소시키고 있다. 이를 통하여 심판대상조항은 치과전문의가 1차 의료기관인 치과의원에서 진료하는 것을 가급적 억제하고 그들이 2차 의료기관인 치과병원이나 종합병원에서 진료하는 것을 유도함으로써, 치과일반의가 할 수 있는 간단하고 일반적인 진료는 1차 의료기관에서 담당하고, 치과전문의의 진료를 필요로 하는 복잡하고 전문적인 진료는 2차 의료기관에서 담당하도록 하여 적정한 치과 의료전달체계를 정립하고자 하는 것이다. 또한 심판대상조항은 소위 인기 전문과목을 표시한 치과의원으로 환자가 몰리고 그로 인하여 특정 전문과목에만 치과전문의가 편중되는 현상을 방지함으로써 치과 전문과목 간의 균형 있는 발전을 도모하고자 하는 목적도 갖고 있다. 이와 같은 심판대상조항의 입법목적은 정당하다.

㈏ 수단의 적절성 및 침해의 최소성

1) 치과전문의 제도는 치과의료의 분야별 전문화를 통한 치의학의 발전이 이루어지도록 하는 한편, 치과의 질병별 진료영역을 특화함으로써 의료서비스의 질적 향상을 도모하고 국민의 치과의료 이용의 편익을 증진시키는 것을 그 목적으로 한다. 이

를 위하여 치과의사 면허를 받은 자 중에서 치과전공의의 수련과정을 마치고 치과전문의 자격시험에 합격한 자에게 치과전문의 자격을 부여하여, 자신의 전문과목에 있어서 일반의와는 차별화된 전문성을 가지고 환자를 진료할 수 있도록 하는 것이다.

위와 같이 전문가의 자격을 갖춘 치과전문의에게는 그러한 전문 자격이 있다는 사실을 대외적으로 '표시'할 수 있다는 점이 매우 중요하다. 왜냐하면 그러한 표시를 통하여 치과일반의와 구별되는 자신의 차별성과 희소성을 의료소비자들에게 널리 알려 높은 부가가치를 창출함으로써, 그 전문 자격을 얻기 위하여 투자한 많은 시간과 노력, 비용에 대한 보상을 받을 수 있기 때문이다. 그런데 심판대상조항은 치과의원의 치과전문의가 자신의 전문과목을 표시하는 경우 그 진료범위를 제한하여 커다란 영업적 불이익을 가함으로써 현실적으로 전문과목의 표시를 매우 어렵게 하고 있는바, 이는 치과전문의 자격 자체의 의미를 현저히 감소시켜 치과전문의 제도를 유명무실하게 만들 위험이 있다.

또한 심판대상조항으로 인하여 치과의원의 치과전문의들이 대부분 전문과목을 표시하지 않음에 따라, 환자들은 어느 치과의원에 어떠한 전문과목의 치과전문의가 있는지 알기가 매우 어려워, 치과전문의 제도가 시행되었음에도 환자들이 자신에게 필요한 치과전문의의 전문적 진료를 제대로 받기 어려운 기형적인 상황이 이어지고 있다. 나아가 심판대상조항으로 인하여 치과전문의들이 자신의 전문과목을 표시하고 해당 전문과목에서의 자신의 진료실적과 의료기술 등의 장점을 내세워 다른 치과전문의들과 자유롭게 경쟁할 수도 없게 되는 결과, 치과 의료기술의 발전이 저해되고 의료서비스의 질적 향상을 기대하기 어렵게 되어 치과전문의 제도의 도입취지를 퇴색시킬 우려가 있다.

2) 치과전문의는 치과의사 면허를 취득한 후 오랜기간의 수련과정을 추가로 이수하고 치과전문의 자격시험까지 합격하였으므로, 치과일반의가 할 수 있는 모든 진료는 치과전문의도 당연히 할 수 있다. 그럼에도 불구하고, 심판대상조항에 따라 치과의원의 치과전문의는 표시한 전문과목 이외의 다른 모든 전문과목(전체 전문과목 10과목 중 자신의 전문과목을 제외한 9과목)에 해당하는 환자를 진료할 수 없게 된다. 이는 전문가인 치과전문의에게 치과일반의도 할 수 있는 진료행위를 대부분 금지하는 것으로서 기본권 제한의 정도가 매우 클 뿐만 아니라, 치과전문의의 치과 진료에 관한 지식과 경험을 대부분의 진료 영역에서 사장시키는 것으로서, 사회 전체적인 효용의

관점에서 보더라도 결코 바람직하다고 보기 어렵다.

치과전문의가 치과의원에서 전문과목을 표시하지 않은 채 모든 전문과목을 진료하는 방안을 선택할 수도 있다는 사실이 위와 같은 기본권 침해를 완화시킨다고 볼 수 없다. 앞서 보았듯이 치과전문의가 전문과목을 표시할 수 없다면 치과일반의와 다를 바가 없으므로 구태여 많은 시간과 노력, 비용을 들여 치과전문의 자격을 취득할 이유가 없을 것이기 때문이다. 한편 치과전문의가 치과병원을 설립·운영하거나 치과병원에 고용되어 근무하는 경우에는 전문과목을 표시하더라도 모든 전문과목을 진료할 수 있기는 하나, 치과병원은 치과의원에 비하여 그 수가 매우 적고 설립요건과 근무형태 등에서 많은 차이가 있으며, 의료인인 치과전문의는 치과의원에 근무할지 아니면 치과병원에 근무할지 여부, 의료기관을 자신이 직접 설립·운영할지 아니면 의료기관에 고용되어 근무할지 여부 등을 자유롭게 선택할 수 있어야 하므로, 치과전문의가 치과병원에서 진료범위의 제한 없이 전문과목을 표시하여 진료할 수 있다고 하더라도 앞서 살펴본 기본권침해의 정도가 완화된다고 볼 수 없다.

3) 심판대상조항은 적정한 치과 의료전달체계를 정립하고자 하는 것인바, 이를 위해서는 치과 일반진료와 전문진료의 진료영역을 합리적으로 설정하고, 이를 토대로 1차 의료기관과 2차 의료기관, 치과일반의와 치과전문의 간의 역할 분담과 상호 협력을 적절하게 구축할 수 있는 근본적인 제도적 해결책을 마련하는 것이 필요하며, 심판대상조항과 같이 1차 의료기관의 전문과목 표시에 대한 불이익을 주어 치과전문의들의 2차 의료기관 종사를 억지로 유도하는 것은 바람직한 해결방안이 될 수 없다.

또한 심판대상조항은 치과전문의가 특정 전문과목에 편중되는 현상을 방지하려는 목적도 가지고 있다. 그러나 심판대상조항에 따라 자신의 전문과목의 환자만 진료해도 충분한 수익을 보장받을 수 있는 치과교정과 등 일부 인기 전문과목의 치과전문의들만 치과의원에서 전문과목을 표시하게 될 것이므로, 심판대상조항은 오히려 인기 전문과목에의 편중 현상을 더 악화시킬 수도 있다. 실제로 2015. 5. 13. 현재 전문과목을 표시한 치과의원 총 32개소 가운데 치과교정과를 전문과목으로 표시한 치과의원이 27개소(84.4%)로서 압도적 다수를 차지하고 있다. 비인기 전문과목들의 경우 해당 전문과목에 해당하는 환자만을 진료하여서는 치과의원을 정상적으로 유지하기가 매우 어려우므로, 이들 전문과목의 치과전문의들은 사실상 치과병원에서만 근무하거나, 아니면 전문과목을 표시하지 않고 치과의원을 개설·운영하는 방법을 택할 수밖에 없고, 이에 따라 해당 전문과목들에 대한 지원자가 갈수록 줄어들어 결국 그 전문과목들의 고사(枯死)를 가져올 수 있다. 치과 전문과목 중 특정과목에의 편중을 막기 위해서는, 각 전문과목별로 치과전문의에 대한 수요를 정확하게 파악하여 이를 토대로 치과전공의 정원을 책정하고, 인기과목과 비인기과목을 적절히 조정하여 치과 전문과목을 재분류하는 등 보다 근본적인 대책이 필요하다.

따라서 심판대상조항은 적정한 치과 의료전달체계를 정립하고 특정 전문과목에 대한 치과전문의 편중 현상을 막고자 하는 입법목적의 달성을 위한 적절한 수단이라고 볼 수 없다.

4) 주로 장기(臟器)별로 진료를 하는 의과의 경우에는 증세에 따라 환자 자신이 쉽게 전문의를 찾아 진료를 받을 수 있으나, 치과의 경우에는 전문의의 전문과목이 주로 진료행위별로 분류되어 있어, 환자의 입장에서는 위 개별 전문과목의 진료영역이나 각 전문과목 간의 차이를 정확히 알기 어렵다. 따라서 전문과목을 표시한 치과의원이 그 표시한 전문과목에 해당하는 환자만을 진료할 경우, 환자가 자신의 질환을 진료할 수 있는 치과의원을 정확히 찾지 못하여 여러 군데의 치과의원을 헤매는 상황이 발생할 수 있다. 또한 환자의 거주지와 가까운 곳에 있는 치과의원이 진료범위 제한으로 인하여 해당 환자의 질환을 진료하지 못하는 경우 환자가 먼 곳에 있는 치과의원을 찾아가야 하는 불편함도 발생하게 된다.

뿐만 아니라 치과진료의 특성상 초기 일반진료와 전문영역의 진료가 일괄적으로 혹은 연속하여 이루어지는 것이 통상적이고, 여러 전문과목의 진료가 복합적으로 이루어져야 하는 경우도 상당수 있는바, 심판대상조항에 따르면 그러한 경우에도 치과전문의가 자신의 전문과목 이외의 다른 전문과목의 진료를 행할 수 없으므로 환자는 수 개의 치과의원을 전전하여야 하고 그에 따라 진료비용도 증가하게 된다. 이는 치과전문의의 진료를 받기 원하는 의료소비자들에게 커다란 불편을 초래하는 것이고, 치과 진료의 효율성의 측면에서도 바람직하다고 볼 수 없다.

5) 치과의원이 전문과목을 병원 간판 등에 직접 표시하지 않더라도, 치과의원 건물 로비 등에 치과전문의 면허증을 게시하거나 치과전문의 경력을 게시하는 등의 방식으로 치과전문의가 환자들에게 자신의 전문과목을 간접적으로 알리는 것까지 차단하는 것은 어려운바, 위와 같은 경우에는 치과전문의가 사실상 자신의 전문과목을

표시하는 것과 유사한 효과를 거두면서도 심판대상조항의 적용을 피하여 모든 전문과목을 진료할 수 있게 되므로, 심판대상조항이 현실적으로 얼마나 실효성이 있는지도 의문이다.

6) 따라서 심판대상조항은 수단의 적절성 요건과 침해의 최소성 요건을 갖추지 못하였다.

㈐ **법익의 균형성**

심판대상조항이 달성하고자 하는 적정한 치과 의료전달체계의 정립 및 치과전문의의 특정 전문과목에의 편중 방지라는 공익은 중요하나, 앞서 보았듯이 전문과목을 표시한 치과의원의 진료범위를 제한하는 것으로 그러한 공익이 얼마나 달성될 수 있을 것인지 의문이다. 반면 치과의원의 치과전문의가 표시한 전문과목 이외의 영역에서 치과일반의로서의 진료도 전혀 하지 못하는 데서 오는 사적인 불이익은 매우 크므로, 심판대상조항은 법익의 균형성 요건도 충족하지 못하였다.

㈑ **소 결**

따라서 심판대상조항은 과잉금지원칙에 위배되어 청구인들의 직업수행의 자유를 침해한다.

마. 평등권 침해 여부

심판대상조항은 전문과목을 표시하더라도 진료범위에 대하여 제한을 받지 않는 의사전문의나 한의사전문의에 비하여 치과전문의를 차별취급하고 있다. 또한 심판대상조항은 진료범위의 제한 없이 진료행위를 할 수 있는 치과병원의 치과전문의, 치과일반의에 비하여 치과의원의 치과전문의를 차별취급하고 있다. 한편, 청구인들은 전문과목을 표시하지 않은 치과의원의 치과전문의와 전문과목을 표시한 치과의원의 치과전문의 간의 차별도 주장하나, 이는 동일한 집단(치과의원의 치과전문의)을 전문과목을 표시하였는지 여부에 따라 달리 본 것에 불과하여 비교의 대상으로 삼기에 적절하지 않으므로, 위 주장에 대하여는 별도로 판단하지 아니한다.

우선 의사, 한의사, 치과의사는 모두 의료법이 정하는 의료인이며(동법 제2조 제1항), 의료법 제77조는 전문의 제도의 기본적인 사항에 관하여 의사전문의, 한의사전문의, 치과전문의를 함께 규율하고 있다. 적정한 의료전달체계의 수립이나 특정 전문과목에 대한 전문의의 편중 방지라는 심판대상조항의 입법목적은 의사전문의나 한의

사전문의의 경우에도 마찬가지로 요구되는 것이다. 따라서 1차 의료기관에 종사하는 전문의의 전문과목 표시와 관련하여 의사전문의, 한의사전문의와 치과전문의 사이에 본질적인 차이가 있다고 볼 수 없으므로, 의사전문의, 한의사전문의와 달리 치과전문의의 경우에만 전문과목의 표시를 이유로 진료범위를 제한하는 것은 합리적인 근거를 찾기 어렵다.

또한 전문과목을 표시한 치과병원의 경우에는 진료범위에 아무런 제한을 두지 않으면서 전문과목을 표시한 치과의원의 경우에만 진료범위의 제한을 두는 것은, 전문적인 진료가 요구되는 2차 의료기관에 대해서는 모든 전문과목의 진료를 허용하면서 오히려 일반적인 진료가 요구되는 1차 의료기관인 치과의원에 대해서는 표시한 전문과목에 대한 진료만을 하도록 강제하는 것으로서 그 차별취급의 합리성을 인정하기 어렵다.

나아가 심판대상조항에 따라 치과일반의는 전문과목을 불문하고 모든 치과 환자를 진료할 수 있음에 반하여, 치과일반의보다 더 오랜기간의 수련과정을 거치고 치과전문의 자격시험까지 추가로 합격한 치과전문의는 치과의원에서 전문과목을 표시하였다는 이유로 자신의 전문과목 이외의 다른 모든 전문과목의 환자를 진료할 수 없게 되는바, 이는 보다 상위의 자격을 갖춘 치과의사에게 오히려 훨씬 더 좁은 범위의 진료행위만을 허용하는 것으로서 합리적인 이유를 찾기 어렵다.

따라서 심판대상조항은 치과전문의를 의사전문의와 한의사전문의에 비하여 합리적 이유 없이 차별하고, 치과의원의 치과전문의를 치과병원의 치과전문의 및 치과일반의에 비하여 합리적 이유 없이 차별함으로써 평등권을 침해한다.

4. 연금 등 복지 관련

일반 사건에서의 의견

◇ 위헌의견을 취한 사례

- ‘농어촌등 보건의료를 위한 특별조치법’이 시행되기 이전에 공중보건의사로 복무한 사람이 사립학교 교직원으로 임용된 경우 공중보건의사로 복무한 기간을 사립학교 교직원 재직기간에 산입하도록 규정하지 않은 ‘사립학교교직원 연금법’ 제31조 제2항이 평등원칙에 위배되는지 여부(전원 적극, 2016. 2. 25. 2015헌가15; 공보 233호 326면)
- 국가 또는 지방자치단체 외의 자가 양로시설을 설치하고자 하는 경우 신고하도록 규정하고 이를 위반하는 경우 처벌하는 노인복지법 조항이 과잉금지원칙에 위배되어 종교의 자유를 침해하는지 여부(소극:적극 5:4, 2016. 6. 30. 2015헌바46; 공보 237호 1083면)
- 별거나 가출 등으로 실질적인 혼인관계가 존재하지 아니하여 연금 형성에 기여가 없는 이혼배우자에 대해서까지 법률혼 기간을 기준으로 분할연금 수급권을 인정하는 국민연금법 제64조 제1항이 재산권을 침해하는지 여부(전원 적극, 2016. 12. 29. 2015헌바182; 공보 243호 83면)
- 구 공무원연금법상 급여를 받을 권리의 압류를 금지하는 조항(압류금지조항) 및 수급권자에게 지급된 급여 중 민사집행법 제195조 제3호에서 정하는 금액 이하의 압류를 금지한 조항(압류제한조항) 중 집행채권이 양육비채권인 경우에 관한 부분이 청구인의 자녀양육권과 재산권을 침해하여 헌법에 위반되는지 여부(압류제한조항은 전원 소극, 압류금지조항은 소극:적극 4:5, 2018. 7. 26. 2016헌마260; 공보 262호 1274면)

◇ 합헌의견을 취한 사례

- 공무원이 '직무와 관련 없는 과실로 인한 경우' 및 '소속상관의 정당한 직무상의 명령에 따르다가 과실로 인한 경우'를 제외하고 재직 중의 사유로 금고 이상의 형을 받은 경우, 퇴직급여 등을 감액하도록 규정한 공무원연금법 조항이 재산권, 인간다운 생활을 할 권리를 침해하고 평등원칙에 위배되는지 여부(소극:적극 7:2, 2013. 8. 29. 2010헌바354등; 공보 203호 1121면/소극:적극 7:2, 2016. 6. 30. 2014헌바365; 공보 237호 1057면/소극:적극 8:1, 2019. 2. 28. 2017헌마403등; 공보 269호 310면)
- 사립학교 교원이 '직무와 관련 없는 과실로 인한 경우' 및 '소속상관의 정당한 직무상의 명령에 따르다가 과실로 인한 경우'를 제외하고 재직 중의 사유로 금고 이상의 형을 받은 경우, 퇴직급여 등을 감액하도록 규정한 사립학교교직원연금법 제42조 제1항 전문 중 공무원연금법 제64조 제1항 제1호 준용 부분이 재산권을 침해하고 평등원칙에 위배되는지 여부(소극:적극 7:2, 2013. 9. 26. 2010헌가89등; 공보 204호 1274면)
- 군인이 '직무와 관련 없는 과실로 인한 경우' 및 '소속상관의 정당한 직무상의 명령에 따르다가 과실로 인한 경우'를 제외하고 복무 중의 사유로 금고 이상의 형을 받은 경우, 퇴직급여 등을 감액하도록 규정한 군인연금법 조항이 재산권, 인간다운 생활을 할 권리를 침해하고 평등원칙에 위배되는지 여부(소극:적극 7:2, 2013. 9. 26. 2011헌바100; 공보 204호 1308면)
- 다른 법령에 의하여 같은 종류의 급여를 받는 경우 공무원연금법상 급여에서 그 상당 금액을 공제하여 지급하도록 규정한 구 공무원연금법 제33조 제1항 중 '장해급여'에 관한 부분이 청구인의 사회보장수급권 및 재산권을 침해하는지 여부, 평등원칙에 위배되는지 여부(전원 소극, 2013. 9. 26. 2011헌바272; 공보 204호 1317면)
- 부모가 고엽제후유증환자인지 여부에 따라 척추이분증을 얻은 고엽제 2세를 달리 취급하는 '고엽제후유의증 등 환자지원 및 단체설립에 관한 법률' 조항이 평등원칙에 위배되는지 여부(소극:적극 4:5, 2014. 4. 24. 2011헌바228; 공보 211호 763면)

- 유족급여를 받을 유족이 되는 자녀의 범위에서 18세 이상인 자녀를 제외한 구 공무원연금법 제3조 제2항 본문의 유족범위 조항이 18세 이상인 자녀의 평등권을 침해하는지 여부(전원 소극, 2014. 5. 29. 2012헌마515; 공보 212호 1006면)
- 공무원이 유족 없이 사망하였을 경우, 연금수급자의 범위를 직계존비속으로만 한정하고 있는 공무원연금법 제30조 제1항이 공무원의 형제자매 등 다른 상속권자들의 재산권(상속권)을 침해하는지 여부(전원 소극, 2014. 5. 29. 2012헌마555; 공보 212호 1011면)
- 지방자치단체장을 공무원연금법 상 급여 중 퇴직수당이나 공무상 재해보상의 적용대상에서 제외한 조항이 평등권을 침해하는지 여부(소극:적극 6:3, 2014. 6. 26. 2012헌마459; 공보 213호 1134면)
- '국민연금과 직역연금의 연계에 관한 법률'(이하 '연금연계법') 공포일 이전에 공무원연금 등 직역연금에서 국민연금으로 이동한 경우를 소급적인 연계신청의 허용대상에 포함시키지 않은 연금연계법 부칙 제12조 제2항 제2호가 연금연계법 공포일 전에 직역연금에서 국민연금으로 이동한 사람의 평등권, 인간다운 생활을 할 권리를 침해하는지 여부(전원 소극, 2015. 2. 26. 2013헌바419; 공보 221호 416면)
- 업무상 질병으로 인한 업무상 재해에 있어 업무와 재해 사이의 상당인과관계에 대한 입증책임을 이를 주장하는 근로자나 유족에게 부담시키는 산업재해보상보험법 제37조 제1항 제2호가 사회보장수급권을 침해하는지 여부(전원 소극, 2015. 6. 25. 2014헌바269; 공보 225호 1013면)
- 군인연금법상 퇴역연금 수급권자가 군인연금법·공무원연금법 및 사립학교교직원 연금법의 적용을 받는 군인·공무원 또는 사립학교교직원으로 임용된 경우 그 재직기간 중 해당 연금 전부의 지급을 정지하도록 하고 있는 군인연금법 제21조의2 제1항이 퇴역연금 수급권자의 재산권을 침해하는지 여부(전원 소극, 2015. 7. 30. 2014헌바371; 공보 226호 1206면)
- 공무원의 퇴직연금 지급개시연령을 제한한 구 공무원연금법 제46조 제1항 제1호 및 공무원연금법 부칙 제10조 제2항 제6호가 소급입법에 해당되거나 신뢰보호원칙에 위배되어 재산권을 침해하는지 여부, 평등원칙에 위배되는지 여

부, 직업선택의 자유를 침해하는지 여부(전원 소극, 2015. 12. 23. 2013헌바259; 공보 231호 122면)

- 의지 · 보조기 제조업자로 하여금 의지 · 보조기 기사를 1명 이상 두도록 하고, 이를 위반한 경우 형사처벌하고 있는 장애인복지법 제69조 제2항, 제86조 제8호가 과잉금지원칙에 위배되어 청구인의 직업수행의 자유를 침해하는지 여부(전원 소극, 2016. 2. 25. 2013헌바260; 공보 233호 356면)
- 재직기간 합산제도를 규정한 공무원연금법 제23조 제2항이 명확성원칙에 위배되는지 여부, 청구인의 공무원연금수급권 및 평등권을 침해하는지 여부(전원 소극, 2016. 3. 31. 2015헌바18; 공보 234호 583면)
- 공무원연금법상 퇴직연금수급권자가 지방의회의원에 취임한 경우 그 재직기간 중 퇴직연금 전부의 지급을 정지하도록 한 공무원연금법 조항이 과잉금지원칙에 반하여 청구인들의 재산권을 침해하는지 여부(소극:적극 7:2, 2017. 7. 27. 2015헌마1052; 공보 250호 792면)
- 장기급여에 대한 권리를 5년간 행사하지 아니하면 시효로 소멸한다고 규정한 '사립학교교직원 연금법' 조항이 청구인의 재산권, 사회보장수급권을 침해하는지 여부(소극:각하 7:2, 2017. 12. 28. 2016헌바341; 공보 255호 113면)
- 실업급여에 관한 고용보험법의 적용에 있어 '65세 이후에 새로이 고용된 자'를 그 적용대상에서 배제한 고용보험법 조항이 65세 이후 고용된 사람의 평등권을 침해하는지 여부(전원 소극, 2018. 6. 28. 2017헌마238; 공보 261호 1178면)
- 범죄의 종류와 그 형의 경중을 가리지 않고 일률적으로 재직 중의 사유로 금고 이상의 형이 있으면 퇴직급여 및 퇴직수당의 일부를 감액하도록 규정하고 있는 공무원연금법 제64조 제1항 제1호가 재산권, 인간다운 생활을 할 권리를 침해하지 아니하고, 평등원칙에 위배되는지 여부(소극:적극 8:1, 2019. 2. 28. 2017헌마403등; 공보 269호 310면)
- 사망한 가입자 등에 의하여 생계를 유지하고 있지 않은 자녀 또는 25세 이상인 자녀를 유족연금을 받을 수 있는 자녀의 범위에 포함시키지 아니한 국민연금법 제73조 제1항 전문 제2호가 청구인들의 평등권을 침해하는지 여부(전원 소극, 2019. 2. 28. 2017헌마432; 공보 269호 318면)

[76] 통상의 출·퇴근 재해를 업무상 재해로 인정하지 아니한 사건

(2013. 9. 26. 2012헌가16)

◇ 사안과 쟁점

제청신청인은 ○○주식회사 기술국장으로 근무하고 있었는데 2011. 7. 27. 수일간의 집중호우로 위 회사 건물의 일부가 침수되자 비상소집에 응하여 8:25경 자신의 승용차를 운전하여 회사로 출근하던 중 우면산 일대의 산사태로 인하여 토사에 매몰되는 사고를 당하여 부상을 입었다. 제청신청인은 위 사고로 인한 부상이 업무상 재해에 해당한다고 주장하며 근로복지공단에 산업재해보상보험법상의 요양급여신청을 하였으나, 위 공단은 업무상 재해에 해당하지 않는다는 이유로 요양불승인처분을 하였다. 제청신청인은 근로복지공단을 상대로 요양불승인처분의 취소를 구하는 소송을 제기하고 소송 계속 중 사업주의 지배관리 하에서 출퇴근 중 발생한 사고로 부상·질병 또는 장해가 발생하거나 사망한 경우를 업무상 재해로 인정하는 산업재해보상보험법 제37조 제1항 제1호 다목('심판대상조항')에 대하여 위헌법률심판제청을 신청하였고, 법원이 받아들여 위헌법률심판제청을 하였다.

쟁점은, 심판대상조항이 사업주가 제공하거나 그에 준하는 교통수단을 이용하여 출퇴근을 하는 산재보험 가입 근로자(혜택근로자)와 그 이외의 방법으로 출퇴근을 하는 산재보험 가입 근로자(비혜택 근로자)를 불합리하게 차별취급하여 평등원칙에 위배되는지 여부, 심판대상조항이 공무원과는 달리 산재보험에 가입한 근로자에 대하여 통상적인 경로와 방법으로 출퇴근을 하던 중 발생한 재해를 업무상 재해로 인정하지 아니하는 것이 평등원칙에 위배되는지 여부이다(적극:소극 4:5, 2013. 9. 26. 2012헌가16; 공보204호 1294면). 재판관 조용호는 합헌의견을 집필하였다.

cf. 이후 헌재 2016. 9. 29. 2014헌바254에서 위 쟁점에 관하여, 적극:소극 6:3으로 결론이 바뀌었다(공보 240호 1474면).

◇ 법정(합헌)의견

가. 산업재해보상보험제도와 업무상 재해

(1) 산업재해보상보험제도의 의의

산업화 이후 산업재해가 빈번하게 발생하고 그 재해의 정도가 심각해지면서 산업재해는 근로자의 생명·신체는 물론 가족 전체의 생존권까지 위협하는 전형적인 위험으로 부상하였다. 이에 근로자에게는 업무상의 재해를 신속·공정하게 보상하여 당해 근로자와 그 가족의 생활을 보장하고, 사업자에게는 산재로 인한 불시의 부담을 분산·경감시켜 주기 위하여 산업재해보상보험제도(다음부터 '산재보험제도'라 한다)가 도입되었다. 산재보험제도는 피재근로자와 그 가족의 생활을 보장하기 위하여 국가가 책임을 지는 의무보험으로, 원래 사용자의 근로기준법상 재해보상책임을 보장하기 위하여 국가가 사업주로부터 소정의 보험료를 징수하여 그 기금(재원)으로 사업주를 대신하여 피재근로자에게 보상을 해주는 제도이다(헌재 2009. 5. 28. 2005헌바20등).

(2) 업무상 재해의 개념

산업재해보상보험법(다음부터 '산재보험법'이라 한다)에 따라 보상을 받는 업무상 재해란 업무상의 사유에 따른 근로자의 부상·질병·장해 또는 사망을 말하고(법 제5조 제1호), 구체적으로는 근로자와 사업주의 근로계약에 터잡아 사업주의 지배관리하에서 당해 근로업무의 수행 또는 그에 수반되는 통상적인 활동을 하는 과정에서 이러한 업무에 기인하여 발생한 재해를 말한다(대법원 2007. 9. 28. 선고 2005두12572 판결 참조). 한편, 산재보험법 제37조는 제1항 제1호에 따른 업무상 사고나 제2호에 따른 업무상 질병에 해당하는 사유로 부상·질병 또는 장해가 발생하거나 사망하고, 아울러 업무와 재해 사이에 상당인과관계가 인정되면 업무상 재해로 인정하고 있다.

나. 심판대상조항의 입법 연혁

(1) 출·퇴근 재해는 근로자가 출·퇴근 도중에 또는 출·퇴근에 기인하여 발생한 부상·질병·장해 또는 사망을 말한다. 산재보험의 실무에서는 업무의 전 단계로서 업무와 밀접한 관계가 있지만 업무 그 자체로는 볼 수 없는 근로자의 출·퇴근 행위 중 발생한 재해를 업무상 재해로 인정할 것인지 여부가 문제되었는데, 심판대상조항이 2007년 산재보험법의 전부 개정으로 입법화되기 이전에는 산재보험법 제4조

제1호에서 업무상 재해의 정의를 규정하고 있었을 뿐, 출·퇴근 재해에 관한 별도의 법률 조항은 없었다. 따라서 출·퇴근 재해를 업무상 재해로 인정할 것인지 여부는 대법원의 해석에 달려 있었다.

대법원은 근로자가 사업주의 지배관리하에 있다고 볼 수 없는 통상적인 방법과 경로에 의하여 출·퇴근하는 도중에 발생하는 재해를 업무상 재해로 인정하지 않으면서, 예외적으로 사업주가 제공한 교통수단을 근로자가 이용하거나 또는 사업주가 이에 준하는 교통수단을 이용하도록 하는 등 근로자의 출·퇴근 과정이 사업주의 지배관리하에 있다고 볼 수 있는 출·퇴근 재해의 경우에만 업무상 재해로 인정하였다(대법원 2007. 10. 26. 선고 2007두6991 판결 등).

(2) 이후 산재보험법이 2007. 12. 14. 법률 제8694호로 전부 개정되면서 업무상 재해의 범위를 '업무상 사고'와 '업무상 질병'으로 구체화한 산재보험법 제37조가 도입되었다. 그 중 출·퇴근 재해의 경우 심판대상조항에서 사업주가 제공한 교통수단이나 그에 준하는 교통수단을 이용하는 등 사업주의 지배관리하에서 출·퇴근 중 발생한 사고로 부상·질병 혹은 장해를 입거나 사망한 경우에 한하여 업무상 재해로 규정하고 있고, 산재보험법 시행령(2008. 6. 25. 대통령령 제20875호로 개정된 것) 제29조에서는 업무상 재해로 인정되는 출·퇴근 재해의 구체적 인정기준으로 (i) 사업주가 출·퇴근용으로 제공한 교통수단이나 사업주가 제공하였다고 볼 수 있는 교통수단을 이용하던 중에 사고가 발생하였을 것과 (ii) 출·퇴근용으로 이용한 교통수단의 관리 또는 이용권이 근로자측의 전속적 권한에 속하지 아니하였을 것을 규정하고 있다.

다. 심판대상조항과 특수직역종사자의 출·퇴근 재해와의 비교

심판대상조항과는 달리, 공무원이나 사립학교교직원의 경우 통상적인 경로와 방법으로 출·퇴근하거나 근무지에 부임(赴任) 또는 귀임(歸任)하는 중 발생한 교통사고·추락사고 또는 그 밖의 사고로 부상을 입거나 사망한 경우에 이를 '공무(직무)상 부상 또는 사망'으로 인정하여 보상을 해 주고 있다(공무원연금법 제25조 및 공무원연금법 시행규칙 제14조, 사립학교교직원연금법 제33조 및 제42조 참조). 군인도 출·퇴근 중 발생한 사고 및 재해로 발생한 사망 또는 상이자에 대하여 순직 또는 공상자로 인정하여 보상을 해 주고 있다(군인연금법 제23조, 제30조의5, 전공사상자처리 훈령 제3조 [별표 1] 「전공사상자 분류기준표」 참조).

라. 심판대상조항의 평등원칙 위반 여부

(1) 쟁점 정리

심판대상조항은 사업주가 제공한 교통수단 또는 그에 준하는 교통수단을 이용하여 출·퇴근을 하는 등 사업주의 지배관리하에서 출·퇴근 중 발생한 사고를 업무상 재해로 인정하고 있다. 따라서 이 사건에서 문제되는 것은 심판대상조항이 사업주의 지배관리하에 있다고 볼 수 없는 통상적인 경로와 방법으로 출·퇴근하던 중에 발생한 재해(다음부터 '통상의 출·퇴근 재해'라 한다)를 업무상 재해로 인정하지 아니하는 것이 평등원칙에 위반되는지 여부이다.

또한, 앞서 본 바와 같이, 통상의 출·퇴근 재해에 대하여 보상받는 특수직역종사자로서 공무원 이외에 사립학교교직원과 군인 등이 있으나, 평등원칙 위반 여부에 관한 논의의 편의와 집중을 위하여 가장 대표적으로 통상의 출·퇴근 재해를 공무상 재해로 인정해 주는 공무원과 그렇지 못한 산재보험 가입 근로자와의 차별 문제로 다루기로 한다.

(2) 차별취급의 존재 여부

심판대상조항으로 인하여 사업주가 제공하거나 그에 준하는 교통수단을 이용하여 출·퇴근을 하는 산재보험 가입 근로자(다음부터 '혜택 근로자'라 한다)와 사업주로부터 그러한 편익을 지원받지 못하여 도보나 본인 소유의 교통수단 또는 대중교통수단 등을 이용하여 통상의 출·퇴근을 하는 산재보험 가입 근로자(다음부터 '비혜택 근로자'라 한다)는 동일한 근로자임에도 후자는 통상의 출·퇴근 재해에 대하여 업무상 재해로 인정받지 못한다는 점에서 이들 사이에 차별취급이 존재한다.

그리고 공무원과 산재보험에 가입한 근로자 역시 모두 공무상 혹은 업무상 사유로 인한 질병·부상·장해 또는 사망에 대하여 보상을 받고 있음에도, 심판대상조항이 공무원과는 달리 산재보험에 가입한 근로자에 대하여는 통상의 출·퇴근 재해를 업무상 재해로 인정하지 아니하므로 차별취급이 존재한다.

(3) 차별취급의 합리성

산재보험수급권은 이른바 '사회보장수급권'의 하나로서 국가에 대하여 적극적으로 급부를 요구하는 것이지만 국가가 재정부담능력과 전체적인 사회보장 수준 등을 고려하여 그 내용과 범위를 정하는 것이므로 광범위한 입법형성의 자유가 인정된다

(헌재 2009. 5. 28. 2005헌바20등). 따라서 이 사건의 평등원칙 위반 여부를 판단함에 있어서 자의금지의 원칙에 따라 차별을 정당화하는 합리적인 이유가 있는지 여부를 심사의 기준으로 삼는 것이 타당하다(헌재 2005. 7. 21. 2004헌바2).

(가) 혜택 근로자와 비혜택 근로자 사이의 차별취급이 평등원칙에 위반되는지 여부

① 산재보험제도는 원칙적으로 사업주와 근로자를 보험가입자로 하는 책임보상보험으로서 사업주가 보험료를 전액 부담하고 보험원리를 통하여 근로자의 업무상 재해에 대한 사업주의 무과실손해배상책임을 전보하기 위한 제도이다. 이에 따라 산재보험법 제37조 제1항에서는 업무 수행 중 발생한 것으로서 상당인과관계가 인정되는 사고나 질병을 업무상 재해로 규정하고 있다. 따라서 심판대상조항이 '사업주가 제공한 교통수단이나 그에 준하는 교통수단을 이용하는 등 사업주의 지배관리하에서 출·퇴근 중 발생한 사고'만을 업무상 재해로 인정하고, 사업주의 지배관리가 미치지 않고 업무 그 자체로도 볼 수 없는 통상의 출·퇴근 중 발생한 재해를 업무상 재해의 범위에서 제외한 것은 산재보험의 목적 및 성격, 그리고 업무상 재해의 법리에 비추어 볼 때 당연하다.

그렇다면 비혜택 근로자가 혜택 근로자와는 달리 출·퇴근 재해에 대하여 산재보험법상의 혜택을 받지 못하는 불이익이 발생한다고 하더라도 그러한 불이익은 개별 사업장의 근로조건 및 복지수준 등의 차이에서 오는 불가피한 결과일 뿐이고, 심판대상조항 자체의 위헌적인 요소 때문이라고 보기는 어렵다.

② 산재보험법상의 산재보험수급권은 법률에 의하여 구체적으로 형성되는 권리로서 국가가 전체적인 사회보장 수준과 경제수준 등을 고려하여 그 내용과 범위를 정하는 광범위한 입법형성권이 인정되고, 나아가 헌법상의 평등원칙은 국가가 언제 어디서 어떤 계층을 대상으로 하여 기본권에 관한 상황이나 제도의 개선을 시작할 것인지를 선택하는 것을 방해하는 것은 아니고, 국가는 합리적인 기준에 따라 능력이 허용하는 범위 내에서 법적 가치의 상향적인 구현을 위한 단계적 개선을 추진할 수 있는 길을 선택할 수 있다(헌재 1998. 12. 24. 98헌가1; 헌재 2001. 6. 28. 99헌바32).

대법원도 최근에 외형상으로는 출·퇴근의 방법과 그 경로의 선택이 근로자에게 맡겨진 것처럼 보이나 출·퇴근 도중에 업무를 행하였다거나 통상적인 출·퇴근시간 이전 혹은 이후의 업무와 관련한 긴급한 사무처리나 그 밖에 업무의 특성이나 근무지의 특수성 등으로 출·퇴근의 방법 등에 선택의 여지가 없어 실제로는 그것이 근로자에게 유보된 것이라고 볼 수 없고 사회통념상 아주 긴밀한 정도로 업무와 밀접·불가분한 관계에 있다고 판단되는 출·퇴근 중 발생한 재해의 경우에는 업무상 재해로 인정해 줌으로써, 구체적 사정에 따라 업무상 재해로 인정되는 출·퇴근 재해의 범위를 탄력적으로 해석하여 당사자의 권리를 구제하고 있는 점(대법원 2010. 4. 29. 선고 2010두184 판결; 대법원 2009. 5. 28. 선고 2007두2784 판결 등 참조)을 고려할 때, 비혜택 근로자의 보호를 위하여 통상의 출·퇴근 재해를 업무상 재해에 포함시키는 것이 바람직하다고 하더라도 이것은 국가가 앞으로 산재보험의 재정상황, 사업주와 근로자의 사회적 합의, 전체적인 사회보장의 수준 등을 고려하여 단계적으로 입법을 통하여 해결하는 것이 합리적이고 타당한 방안이다.

③ 출·퇴근행위의 경우 출·퇴근 방법과 경로 선택이 근로자에게 유보되어 있기 때문에 사업주의 지배·관리하에 있다고 보기 어려운 반면, 출장의 경우는 사업주의 구체적인 지시·명령에 따라 이루어지는 것이므로 업무관련성을 인정하는 데 무리가 없고, 출장의 경우에도 사업주의 지시위반, 사적 행위, 정상경로 이탈 등의 사유가 있으면 업무상 재해로 인정되지 않는 것이므로, 양자를 구별하여 보상하는 것은 타당하다.

한편, 헌법불합치 의견에서는 그 논거의 하나로 출·퇴근 재해를 인정하고 있는 외국의 입법례를 들고 있으나, 산재보험료 납입 주체(재원 마련 방법)와 관련하여 업무재해의 경우 사용자가 보험료를 전액 부담하고 출·퇴근 재해의 경우 보험료 일부를 근로자가 부담하는 국가(일본), 사용자와 근로자가 보험료를 공동으로 부담하는 국가(영국), 사용자가 대부분을 부담하나 일부 주에서는 보험료의 일부를 근로자가 부담하는 국가(미국)도 있음을 간과하고 있다.

(나) 공무원과 근로자 사이의 차별취급이 평등원칙에 위반되는지 여부

① 산재보험제도의 법적 성질

앞서 본 바와 같이, 산재보험제도는 보험원리를 도입하여 근로자의 업무상 재해에 대한 사업주의 책임을 전보하기 위한 제도이므로 심판대상조항이 사업주의 지배관리하에 있는 출·퇴근 재해만을 업무상 재해로 인정하는 것은 산재보험의 법리에 비추어 볼 때 정당하다.

② 공무원과 근로자의 차이

그런데 공무원은 국민 전체의 봉사자로서 정치적 중립의무를 지고 신분이 보장

되는 등 그 지위·권한·책임 등이 헌법과 법률에 정해져 있고, 고도의 공공적 업무를 수행하는 반면에, 근로자는 근로계약이나 단체협약 또는 취업규칙 등에 따라서 근로조건이 정해지고, 사업주의 이익을 위하여 자신의 근로를 제공하는 점에서 차이가 있다. 따라서 공무원의 공무로 인한 재해와 근로자의 업무상 재해를 보호하는 정도가 서로 다르다고 하더라도 그것만으로 현저히 불합리하다고 볼 수 없다.

③ 공무원연금제도와 산재보험제도의 차이

공무원연금제도는 국가가 공무원의 퇴직·사망·공무로 인한 부상 및 폐질 등과 같은 사회적 위험으로부터 공무원과 그 유족의 생활을 보호하기 위하여 만든 종합적 사회보장제도인 반면, 산재보험제도는 업무상 재해에 대한 근로자 보호와 사업주의 책임을 전보하기 위한 사회보험제도로서, 양자는 각 제도의 목적과 성격 등이 서로 다르다. 또한, 공무원연금의 재원은 공무원이 납부하는 기여금과 국가의 부담금으로 이루어지지만, 산재보험의 경우에는 그 재원이 사업주가 납부하는 보험료로 이루어진다. 그리고 공무원연금법상의 급여는 장해급여 이외에도 기업의 퇴직금에 해당하는 각종 퇴직급여 및 퇴직수당과 유족급여 등으로 구성되어 있는 반면에, 산재보험법상의 급여는 업무상 재해와 관련하여 요양급여, 휴업급여, 장해급여, 유족급여, 직업재활급여 등으로 구성되어 있어 각 제도상의 급여의 종류와 내용이 서로 다르다. 아울러 업무상 사유로 발생한 재해의 경우로 한정하여도 보상금의 종류와 내용이 다르고, 특히 휴업급여, 직업재활급여 등 산재보험법상의 전체 급여의 종류와 내용이 공무원연금법상의 공무상 재해보상급여보다 더 다양하고 풍부하다.

④ 이익의 형량

통상의 출·퇴근 재해를 업무상 재해로 인정하게 되면 산재보험의 재정지출의 증가에 따른 보험재정의 위기, 보험료율 인상에 따른 사업주의 반발, 산재보험대상자의 증가로 인한 행정관리비용 및 소송비용의 증가가 예상되는 등 국가적·사회적으로 상당한 혼란을 불러일으킬 우려가 있어서 심판대상조항에 의하여 달성되는 공익이 매우 중대한 반면에, 비록 산재보험에 가입된 근로자가 출·퇴근을 하는 도중에 사고를 당한 경우 산재보험법상의 혜택을 받을 수 없다고 하여도, 예컨대 자동차손해배상보장법에 의한 자동차보험 등에 의하여 가해자인 상대방으로부터 보상을 받을 수 있는 길이 있기 때문에 근로자의 보호가 반드시 미흡하다고 볼 수 없어 침해되는 사익이 상대적으로 크다고 볼 수 없다.

⑤ 광범위한 입법형성권

출·퇴근 재해를 업무상 재해에 포함시킬 것인지 여부를 결정하는 것은 입법자가 산재보험의 재정상황, 사업주와 근로자의 사회적 합의, 전체적인 사회보장의 수준 등을 고려하여 점진적으로 결정할 문제로서 광범위한 입법형성권의 범위 내에 있고, 따라서 비록 심판대상조항이 공무원과는 달리 근로자에게 통상의 출·퇴근 재해를 업무상 재해로 인정하지 않고 있다고 하더라도 이를 합리적인 이유 없는 차별이라고 할 수 없다.

㈐ 소 결

심판대상조항이 혜택 근로자와는 달리 비혜택 근로자의 출·퇴근 재해를 업무상 재해로 인정하지 아니한다고 하여 이것이 불합리하고 자의적으로 차별취급하여 평등원칙에 위반된다고 볼 수 없다. 나아가 위와 같이 공무원과 근로자의 신분 및 지위 등의 차이, 공무원을 위한 연금제도와 산재보험제도의 근거법령, 목적 및 성격 그리고 급여의 종류·내용 등의 차이(특히 산재보험법상의 급여의 종류와 내용이 더 다양하고 풍부한 점), 재원 형성 주체의 차이, 산재보험의 재정상황 및 산재보험에 관한 광범위한 입법형성권 등을 고려하면, 공무원에 대해서는 통상의 출·퇴근 재해를 공무상 재해로 인정하여 주는 것과는 달리, 심판대상조항이 산재보험에 가입한 근로자의 통상의 출·퇴근 재해를 업무상 재해로 인정하고 있지 아니하더라도 그것이 현저히 불합리하여 입법자의 입법형성의 한계를 벗어난 자의적인 차별이라고 볼 수 없다.

그러므로 심판대상조항은 헌법에 위반되지 아니한다.

[77] 입양기관이 '기본생활지원을 위한 미혼모자가족복지시설'을 함께 운영할 수 없도록 한 한부모가족지원법에 대한 위헌확인 사건

(2014. 5. 29. 2011헌마363)

◇ 사안과 쟁점

청구인들은 사회복지법인들로서 아동복지시설, 장애인복지시설 등의 운영 및 각종 후원사업을 영위하는 한편, 입양특례법에 따라 입양기관을 운영하면서 미혼모와 그 자녀들의 '기본생활지원을 위한 미혼모자가족복지시설'을 전국적으로 운영하고 있다. 그런데 한부모가족지원법이 개정되면서 기존에 12개로 분류되어 있던 한부모가족복지시설이 5개(모자가족복지시설, 부자가족복지시설, 미혼모자가족복지시설, 일시지원복지시설, 한부모가족복지상담소)로 재분류되었고, 이 중 미혼모자가족복지시설은 미혼 여성의 임신·출산 시 안전 분만 및 심신의 건강 회복과 출산 후의 아동의 양육지원을 위하여 일정 기간 동안 주거와 생계를 지원하는 '기본생활지원을 위한 미혼모자가족복지시설'과 출산 후 해당 아동을 양육하지 아니하는 미혼모 또는 미혼모와 그 출산 아동으로 구성된 미혼모자가족에게 일정 기간 동안 공동생활을 통하여 자립을 준비할 수 있도록 주거 등을 지원하는 '공동생활지원을 위한 미혼모자가족복지시설'로 분류되었다(제19조 제1항 제3호). 그리고 입양기관을 운영하는 자는 '기본생활지원을 위한 미혼모자가족복지시설'을 더 이상 설치·운영할 수 없게 되었고(제20조 제4항), 위 개정규정 시행 당시 이미 입양기관을 운영하면서 '기본생활지원을 위한 미혼모자가족복지시설'을 운영하는 자는 2015. 6. 30.까지 해당 시설을 다른 한부모가족복지시설로 변경하거나 폐지하게 되었다(부칙 제2조 제3항). 이에 청구인들은, 위 한부모가족지원법 제20조 제4항 및 부칙 제2조 제3항이 입양기관의 운영자로 하여금 '기본생활지원을 위한 미혼모자가족복지시설'을 설치·운영할 수 없게 하고, 그동안 위 시설을 운영했던 자들에 대하여는 다른 한부모가족복지시설로 변경하거나 폐지하게 함으로써 직업의 자유 및 평등권 등을 침해한다고 주장하면서 헌법소원심판을 청구하였다.

쟁점은, 입양기관이 '기본생활지원을 위한 미혼모자가족 복지시설'을 함께 운영할 수 없도록 한 한부모가족지원법 제20조 제4항 및 부칙 제2조 제3항(이하 '이 사건 법률조항들')이 사회복지법인인 청구인들의 운영의 자유 등을 침해하여 위헌인지 여부이다(소극:적극 5:4, 2014. 5. 29. 2011헌마363; 공보 212호 986면). 재판관 조용호는 주심으로 위헌의견을 집필하였다.

◇ 반대(위헌)의견

우리는 다수의견과 달리 이 사건 법률조항들이 사회복지법인 운영의 자유 및 평등권을 침해한다고 판단하므로, 아래와 같이 반대의견을 밝힌다.

가. 판단의 전제

(1) 2013년 기준으로 보건복지부장관의 허가를 받은 '국내·국외 입양기관'은 청구인들을 포함한 4곳(청구인들과 ○○봉사회)으로, 특히 국외입양은 이들 4곳의 입양기관에서 이루어지고 있다. 국내입양은 위 4곳의 입양기관 외에 시·도지사의 허가를 받은 '국내 입양기관'에서도 이루어지고 있으나, 2010년 기준 총 1,462건의 국내입양 중 1,323건(90.4%)이 청구인들의 실적이다. 과거 10년간 통계자료를 살펴보아도 국내입양의 약 80% 이상을 청구인들이 성사시키고 있어, 국외입양뿐만 아니라 국내입양에 있어서도 청구인들이 중요한 역할을 하고 있다.

한편, 2012년 기준으로 전국에 33개소의 '기본생활지원을 위한 미혼모자가족복지시설'이 운영되고 있는데, 그 중 절반에 가까운 16개소를 청구인들이 운영하고 있고(○○복지회 5개소, □□복지회 7개소, △△복지회 4개소), 청구인들이 운영하는 16개소의 '기본생활지원을 위한 미혼모자가족복지시설'에 입소한 사람은 2009년 1,574명에서, 2010년 1,850명으로 증가하고 있다. 이러한 점을 보면, 출산을 전후한 미혼모와 그 자녀들의 지원에 있어서도 청구인들이 커다란 역할을 하고 있음을 알 수 있다.

(2) 통계청의 인구센서스 자료에 의하면, 미혼모자 가구는 1995년에 90,986세대, 2000년 117,764세대, 2005년 133,234세대로서 매년 상당한 숫자의 미혼모자 가정이 늘어나고 있고, 청구인들 산하 16개 미혼모자시설에 입소한 사람은 2009년 1,641명에서 2010년 1,925명으로 증가하였는바, 이처럼 혼전 성관계에 의한 미혼모는 증가 추세에 있음에도 종래 미혼모에 대한 사회적 편견이 심하고 양육을 위한 지원책이 부족하였기 때문에 많은 수의 미혼모가 자녀의 양육을 포기하고 그 대안으로 입양을 선택하기에 이르렀다. 그 결과 국내·국외 입양을 포함한 전체 입양에서 미혼모가 차지하는 비율이 90%를 상회하고 있고, 특히 우리 사회의 입양에 대한 부정적인 정서로 인해 국외입양이 주류를 이루어오다가 2007년 '국내입양 우선추진 쿼터제'의 실시로 점차 국내입양 비율이 높아지게 되면서 2010년 국내입양비율이 59.1%에 이르게 되었다.

(3) 국회 입법자료에 의하면, 이 사건 법률조항들의 입법취지는 "입양기관이 미혼모자가족복지시설을 함께 운영할 경우의 입양률이 그렇지 않은 경우에 비해 3배 이상 높아 이것이 특히 과도한 국외입양의 통로가 되고 있다는 점을 고려하여, 입양

기관이 기본생활지원을 위한 미혼모자가족복지시설을 운영하지 못하게 함으로써 미혼모가 신중하게 직접 양육 여부를 선택할 수 있도록 하기 위함"이라고 한다. 그리고 이러한 입법취지의 전제가 되는 자료는 2009년 보건복지부가 국회에 제출한 국정감사 자료에 의한 것으로 보인다. 위 자료는, ㉠ 2008년 △△복지회에서 운영하는 미혼모시설에 입소하여 출산한 미혼모 중 77.5%(276명 중 214명), ○○복지회에서 운영하는 미혼모시설에 입소하여 출산한 미혼모 중 71.9%(665명 중 471명), ㅁㅁ복지회에서 운영하는 미혼모시설에 입소하여 출산한 미혼모 중 68.7%(214명 중 147명)가 입양을 선택한 반면, ㉡ 입양기관이 운영하지 않는 미혼모시설인 '○○원'에 입소하여 출산한 미혼모 중 28.9%(76명 중 22명)만 입양을 선택했다는 내용이다.

그런데 위 자료는 입양기관이 운영하지 않는 미혼모시설을 '○○원' 한 곳으로 한정하여 조사한 것일 뿐만 아니라, 그 수치도 2008년 전체 입양건수(2,556건)에 비해서 매우 작은 것(22건)인바, 모(母)집단이 매우 한정되고 입양 건수도 비교할 수 없는 정도의 수치에 기초한 것이어서 그 조사결과를 바로 입양기관과 비입양기관에서 출산한 미혼모의 입양률 일반으로 비교하는 것은 무리가 있다. 특히 2010년 전국에서 운영되고 있는 총 32개의 미혼모자시설에 입소해 출산한 미혼모에 대한 조사 결과, '입양기관이 운영하는 미혼모자시설에서 출산한 미혼모의 평균 입양률'은 70.5%임에 반하여 '비입양기관이 운영하는 미혼모자시설에서 출산한 미혼모의 평균 입양률'은 58%로 조사되었음을 고려할 때, 그 차이가 3배에 이른다는 이 사건 법률조항들의 입법취지의 전제(2009년 보건복지부가 국회에 제출한 국정감사 자료) 자체가 상당히 과장되어 있음을 알 수 있다.

한편, 이 사건 법률조항들을 입법하게 된 중요한 동기의 하나는, 국외입양이 우리나라의 이미지에 좋지 않은 영향을 미치므로 국가의 수치이고, 과거 국외입양 비율이 높았던 것이 미혼모에 대한 입양기관의 적극적인 국외입양 권유에 의해 이루어졌다는 인식에 기초하고 있다. 그러나 그보다 더 중요한 것은 국외입양을 보낸다는 그 자체보다 국가의 체면 때문에 아동의 복지가 무시된다는 것이고, 국가의 체면을 내세우는 사고는 우리 사회의 입양정서를 전혀 도외시한 것이다. 특히 국내에서는 장애아동에 대한 사회적 편견과 복지서비스의 부족으로 장애아동이 거의 입양되지 못하고 있는 실정이다. 2004년 통계에 의하면, 국내입양 아동 중 장애아동은 7명(0.4%)에 불과한 반면, 국외입양아동 중 장애아동은 705명(31.2%)이나 된다.

(4) 청구인들은 1954년, 1972년, 1960년에 각각 설립되어 오랜 기간 아동 및 가정 복지사업을 운영하여 오면서 입양 및 미혼모자가족보호에 있어서 전문적인 인프라와 노하우를 축적하여 왔다. 그런데 이 사건 법률조항들로 인하여 입양기관과 '기본생활지원을 위한 미혼모자가족복지시설'을 함께 운영할 수 없게 된다면 이러한 전문적인 인프라와 노하우가 사장(死藏)되어 버린다. 특히 국외입양의 대부분과 국내입양의 80% 이상을 청구인들이 성사시키고 있는 상황에서 이를 금지한다면 오히려 많은 요보호 아동들이 입양조차되지 못하고 그보다 상황이 더 나쁜 '버려진 아이'(棄兒)로 남겨질 위험성이 높고, 전국 33개소의 '기본생활지원을 위한 미혼모자가족복지시설' 중 절반에 가까운 16개소를 청구인들이 운영하고 있는 상황에서 이를 금지한다면 출산 전후의 미혼모를 수용할 시설이 상당히 부족해질 가능성이 크다.

(5) 위와 같은 실증적인 인식과 전제 아래 살펴보면, 이 사건 법률조항들은 청구인들의 사회복지법인 운영의 자유 및 평등권을 침해한다고 생각하므로, 아래와 같이 그 의견을 밝힌다.

나. 사회복지법인 운영의 자유 침해 여부

(1) 다수의견이 제시하고 있듯이, 이 사건 법률조항들이 미혼모의 자녀 양육권을 실질적으로 보장하고, 입양 특히 국외입양을 최소화하기 위한 것이라는 입법목적은 일단 수긍할 수 있다. 그러나 위에서 본 바와 같이 이 사건 법률조항들은 입양 특히 국외입양에 대한 편견에서 비롯된 것으로 보이고, 그 입법 동기조차 입법을 위한 기초자료로 삼기 어려운 통계를 바탕으로 한 것이어서 한계가 있을 뿐만 아니라, 국외입양이 대부분 미혼모에 대한 입양기관의 적극적인 권유 또는 유도에 의해 이루어진다는 일부 부정적인 시각에 기초한다는 점에서 문제가 있다.

나아가 입양을 줄이고 미혼모의 양육을 유도하는 것은 미혼모가 스스로 자녀를 양육할 수 있는 사회적 환경을 조성하고 자활능력을 배양할 수 있는 여건을 형성함으로써 해결할 문제이지, 입양기관으로 하여금 '기본생활지원을 위한 미혼모자가족복지시설'을 운영하지 못하도록 함으로써 해결할 것은 아니어서 그 수단의 적절성도 인정되지 않는다.

(2) 이 사건 법률조항들은 미혼모의 자녀 양육권 보장 및 국외입양 최소화라는 입법목적을 위하여 입양기관을 운영하는 자가 '기본생활지원을 위한 미혼모자가족복

지시설'을 함께 운영하는 것을 전면적으로 금지하고 있다. 그런데 국외입양 아동의 대부분은 미혼모의 자녀이고, 이처럼 많은 미혼모가 자녀를 국외입양시키는 이유는 '사회적 편견 및 경제적 지원의 부족'으로 조사되고 있음을 고려할 때, 미혼모의 자녀 양육권을 보장하고 국외입양을 최소화하기 위해서는 국외입양에 대한 규제에 앞서 미혼모에 대한 사회적 편견을 불식시키거나 완화하도록 하는 국가적·사회적 노력과 함께 미혼모자 가족에 대한 다양한 경제적 지원이 필요한 것이다.

관련 법령에서는 다양한 규제와 지원을 하고 있다. 우선 '입양특례법'(2011. 8. 4. 법률 제11007호로 전부 개정된 것)은, 건전한 입양문화의 정착을 위하여 5월11일을 '입양의 날'로 지정하여 국가와 지방자치단체로 하여금 그 취지에 적합한 행사 등 사업을 실시하도록 하고 있고(제5조), 국내입양의 활성화를 위하여 입양 의뢰된 아이에 대해서는 국내입양을 우선적으로 추진하되 국내입양이 실패한 경우에 한하여 국외입양을 추진하도록 하고 있다(제7조). 또한 친생부모의 자유의사에 의한 입양 동의를 보장하기 위하여, 입양에 대한 친생부모의 동의는 아동의 출생일부터 1주일이 지난 후에야 이루어질 수 있도록 제한하고, 입양 동의의 대가로 금전 또는 재산상 이익 등의 반대급부를 주고받거나 약속하는 것을 금지하며, 친생부모가 아동을 직접 양육할 경우 지원받을 수 있는 사항 및 입양의 법률적 효력 등에 관하여 입양 동의 전에 충분히 상담을 받도록 하고 있다(제13조). 나아가 국외입양의 경우에도 가정법원의 입양허가를 받도록 하여 국외입양에 대한 국가의 관리감독을 강화하고 있다(제18조, 제19조).

한편, '한부모가족지원법'(2011. 4. 12. 법률 제10582호로 개정된 것)은 국가와 지방자치단체로 하여금 한부모가족의 복지를 증진할 책임을 지고 한부모가족복지단체를 지원하도록 하고 있다(제2조, 제9조). 또한 지원대상자인 한부모가족(모자가족 또는 부자가족)에 대하여 생계비·아동교육지원비·아동양육비를 복지급여로 지급하되, 특히 미혼모나 미혼부가 5세 이하의 아동을 양육하는 경우에는 예산의 범위에서 추가적인 아동양육비를 지급하도록 하고 있다(제12조). 나아가 한부모가족에 대하여는 복지자금의 대여(제13조), 직업알선 등 고용의 촉진(제14조), 공공시설 우선이용(제16조), 가사·교육 등 가족지원서비스 제공(제17조), 국민주택 분양 및 임대(제18조) 등을 지원하고 있다.

이처럼 미혼모의 자녀 양육권을 보장하고 국외입양을 최소화하기 위한 다양한 규제와 지원 제도가 마련되어 있으므로, 우선 입양기관으로 하여금 종전과 같이 '기본생활지원을 위한 미혼모자가족복지시설'을 함께 운영할 수 있도록 허용하면서 사후 관리·감독을 철저히 하는 방안을 고려할 수 있다. 또한 입양기관이 '기본생활지원을 위한 미혼모자가족복지시설'을 함께 운영하면서 미혼모에게 입양 특히 국외입양을 부당하게 권유하거나 유도하는 행위를 금지하고, 이를 위반하는 경우에는 보조금을 감액하거나 과태료를 부과하고 또는 별도의 벌칙조항을 두어 이를 제재하는 방안을 생각해볼 수 있다. 나아가 그 위반 회수와 정도 등이 중대할 경우에는 사안의 경중에 따라 입양기관 또는 사회복지법인의 영업(업무)정지 또는 그 설립허가를 취소하는 등 강력한 행정제재를 통하여 목적을 달성할 수도 있다. 이처럼 침해를 최소화하는 다양한 방안이 가능함에도 불구하고, 다수의견과 같이 사후 관리·감독의 현실적인 어려움이 있다는 이유만으로, 아예 입양기관으로 하여금 '기본생활지원을 위한 미혼모자가족복지시설'을 운영할 수 없도록 금지하는 것은 교각살우(矯角殺牛)의 잘못을 범할 우려가 있다.

따라서 이 사건 법률조항들이 과거 수십년간 입양기관과 '기본생활지원을 위한 미혼모자가족복지시설'을 함께 운영하여 오던 청구인들로 하여금 2015. 7. 1.부터 전면적으로 이를 금지하는 것은, 입양기관을 운영하는 자의 사회복지법인 운영의 자유를 그 제한의 필요성을 넘어 과도하게 제한하는 것으로서 피해의 최소성에 위반된다.

(3) 이 사건 법률조항들은 입양기관을 운영하는 자가 '기본생활지원을 위한 미혼모자가족복지시설'을 함께 운영하는 것을 2015. 7. 1.부터 전면적으로 금지하므로 청구인들이 받게 되는 사회복지법인 운영의 자유 제한은 구체적이고 직접적인 반면, 관련규정에서 이미 국외입양을 규제하고 모자가족을 지원하고 있음에 비추어볼 때 이 사건 법률조항들이 미혼모의 자녀 양육권 보장 및 국외입양의 최소화라는 공익의 달성에 기여하는 실익은 크지 않다. 특히 최근 국내·국외입양에 관한 통계자료를 살펴보면, 2001년 이후 국외입양은 지속적으로 감소하여 2007년부터는 국내입양보다 적어지게 되었고, 그 결과 2001년에 2,436명이었던 국외입양이 2011년에는 916명의 수준으로 급감하였다는 점에서, 입양기관을 운영하는 자로 하여금 '기본생활지원을 위한 미혼모자가족복지시설'을 함께 운영하는 것을 2015. 7. 1.부터 전면적으로 금지할 필요성이 있는지도 의문이다.

나아가 다수의견은 입양기관을 운영하는 자로 하여금 '기본생활지원을 위한 미혼모자가족복지시설'을 함께 운영할 수 없게 함으로써 미혼모가 스스로 자녀를 양육할 수 있도록 한다는 효과(공익)를 기대하고 있으나, 입양기관을 운영하는 자로 하여금 '기본생활지원을 위한 미혼모자가족복지시설'을 함께 운영할 수 없게 하는 것만으로 그와 같은 기대효과가 가능하리라는 논리필연적 관계 또는 실증적 근거가 있음을 찾아보기 어렵고, 오히려 위 '판단의 전제'에서 지적한 바와 같이 요보호 아동들이 국내든 국외든 입양조차 되지 못하고 그보다 더 상황이 나쁜 '버려진 아이'(기아)로 남겨질 위험성이 높아지는 풍선효과만 커지게 될 것으로 보인다(실제 국내입양 우선추진 쿼터제의 실시와 입양특례법 규정의 비현실성·경직성 등으로 인하여 '베이비 박스'에 버려지는 아이들이 증가하고 있는 현상을 직시할 필요가 있다).

그렇다면 이 사건 법률조항들은 청구인들의 사회복지법인 운영의 자유를 구체적이고 직접적으로 제한함에 반하여, 그로 인하여 국외입양의 최소화에 기여하는 실익과 필요성은 크지 않다고 할 것이므로, 법익의 균형성도 상실하였다.

(4) 따라서 이 사건 법률조항들은 헌법상 과잉금지원칙에 위반하여 청구인들의 사회복지법인 운영의 자유를 침해한다.

다. 평등권 침해 여부

앞서 살펴본 바와 같이, 미혼모의 자녀 양육을 유도하고 국외입양을 줄이는 것은 미혼모가 스스로 자녀를 양육할 수 있는 사회적 환경의 조성과 자활능력을 배양할 수 있는 여건을 형성함으로써 해결해야 할 문제이지, 입양기관으로 하여금 기본생활지원을 위한 미혼모자가족복지시설을 전면적으로 운영할 수 없게 함으로써 해결할 것은 아니다. 따라서 이 사건 법률조항들이 입양기관을 운영하고 있지 않은 다른 사회복지법인과 달리 입양기관을 운영하고 있는 사회복지법인으로 하여금 '기본생활지원을 위한 미혼모자가족복지시설'을 운영할 수 없게 하는 것은 합리적 이유 없는 차별이므로 청구인들의 평등권을 침해한다.

라. 소 결

이 사건 법률조항들은 청구인들의 사회복지법인 운영의 자유 및 평등권을 침해하므로 헌법에 위반된다.

5. 인간다운 생활을 할 권리, 보건권 등

- 보건복지가족부 고시(제2007-3호) 중 인조테이프를 이용한 요실금수술을 하는 경우 요류역학검사를 실시하도록 하는 부분이 환자인 청구인들의 인간다운 생활을 할 권리, 보건권을 침해하는지 여부(소극:적극 7:2, 2013. 9. 26. 2010헌마204; 공보 204호 1368면)
- 진폐근로자의 유족에게 지급되는 진폐유족연금을 진폐보상연금과 같은 금액으로 하고, 종전의 유족보상연금을 초과할 수 없도록 한 산업재해보상보험법 제91조의4 제2항이 진폐근로자 유족의 인간다운 생활을 할 권리를 침해하는지 여부(전원 소극, 2014. 2. 27. 2012헌바469; 공보 209호 463면)/진폐근로자의 유족에 대하여 유족급여를 지급하지 않고, 진폐유족연금을 지급하도록 한 산업재해보상보험법 제36조 제1항 단서가 진폐근로자 유족의 인간다운 생활을 할 권리를 침해하는지 여부(전원 소극, 2014. 2. 27. 2013헌바12등; 공보 209호 468면)
- 마약거래범죄자인 북한이탈주민을 보호대상자로 결정하지 않을 수 있도록 규정한 '북한이탈주민의 보호 및 정착지원에 관한 법률' 제9조 제1항 제1호 중 '마약거래'에 관한 부분이 마약거래범죄자인 북한이탈주민의 인간다운 생활을 할 권리를 침해하는지 여부(전원 소극, 2014. 3. 27. 2012헌바192; 공보 210호 619면)
- 후보자가 시각장애선거인을 위한 점자형 선거공보 1종을 책자형 선거공보 면수 이내에서 임의로 작성할 수 있도록 한 공직선거법 제65조 제4항 중 대통령선거에 관한 부분이 헌법 제34조 제5항에 위반되는지 여부(전원 소극, 2014. 5. 29. 2012헌마913; 공보 212호 1016면)
- '국민연금과 직역연금의 연계에 관한 법률' 공포일 전에 공무원연금 등 직역연금에서 국민연금으로 이동한 경우를 소급적인 연계신청의 허용대상에 포함시키지 않은 연금연계법 부칙 제2조 제2항 제2호가 연금연계법 공포일 전에 직역연금에서 국민연금으로 이동한 사람의 평등권 및 인간다운 생활을 할 권리를 침해하는지 여부(전원 소극, 2015. 2. 26. 2013헌바419; 공보 221호 416면)
- 상이연금 지급대상을 1급부터 7급까지로 정하고 있는 구 군인연금법 제23조 제1항이 청구인의 인간다운 생활을 할 권리를 침해하는지 여부, 공무원연금법

상 장해연금제도와 비교할 때 청구인의 평등권을 침해하는지 여부(전원 소극, 2015. 4. 30. 2013헌마435; 공보 223호 733면)

- ‘소득평가액’과 ‘재산의 소득환산액’을 산정하는 ‘소득’ 및 ‘재산’의 범위는 대통령령으로 정하고, ‘소득평가액’과 ‘재산의 소득환산액’의 구체적인 산정방법은 보건복지부령으로 정하도록 한 기초연금법 제2조 제4호(‘소득인정액 조항’)과 기초연금법 제3조 제1항 중 “기초연금을 소득인정액이 보건복지부장관이 정하여 고시하는 금액 이하인 사람에게 지급하도록 한 부분”(‘선정기준액 조항’)이 인간다운 생활을 할 권리를 침해하는지 여부(전원 소극, 2016. 2. 25. 2015헌바191; 공보 233호 398면)
- 일정 범위의 사업을 산업재해보상보험법의 적용 대상에서 제외하면서 그 적용제외사업을 대통령령으로 정하도록 규정한 산업재해보상보험법 제6조 단서가 인간다운 생활을 할 권리 등을 규정한 헌법 제34조에 위배되는지 여부(전원 소극, 2018. 1. 25. 2016헌바466; 공보 256호 312면)
- 공무원연금법에 따른 퇴직연금일시금을 지급받은 사람 및 그 배우자를 기초연금 수급권자의 범위에서 제외하고 있는 기초연금법 제3조 제3항 제1호 중 관련 부분이 인간다운 생활을 할 권리를 침해하는지 여부(전원 소극, 2018. 8. 30. 2017헌바197등; 공보 263호 1442면)
- 요양급여를 받은 자가 치유 후 요양의 대상이 되었던 업무상의 부상 또는 질병이 재발하거나 치유 당시보다 상태가 악화되어 이를 치유하기 위한 적극적인 치료가 필요하다는 의학적 소견이 있으면 재요양을 받을 수 있다고 규정하고 있는 산업재해보상보험법 제51조 제1항(‘재요양 요건조항’)이 인간다운 생활을 할 권리를 침해하는지 여부(전원 소극, 2018. 12. 27. 2017헌바231; 공보 267호 91면)

◇ 국민의 의무 관련

- 농지대토의 양도소득세 감면요건으로 직접 경작을 요구하는 구 조세특례제한법 제70조 제1항 중 “직접 경작” 부분이 국방의 의무 이행에 대한 예외규정을 두지 아니하여 조세평등주의에 위배되는지 여부 및 병역의무 이행으로 인한

불이익 처우로서 헌법 제39조 제2항에 위반되는지 여부(소극:적극 8:1, 2015. 5. 28. 2014헌바261등; 공보 224호 873면)

- 공무원으로 임용되기 전에 병역의무를 이행한 기간을 공무원 경력평정에 60퍼센트 반영하는 지방공무원 임용령(2013. 11. 20. 대통령령 제24853호로 개정된 것) 제31조의6 제2항 본문 [별표 3] 경력합산율표 1. 공무원 경력 중, 다. 병경력 제3)의 환산율 60퍼센트 부분('경력환산조항')이 공무원으로 임용된 다음 병역의무를 이행한 기간을 공무원 경력평정에 전부 반영하는 것과 비교하여 헌법 제39조 제2항의 병역의무의 이행으로 인한 불이익처우 금지원칙을 위반하는지 여부(전원 소극, 2018. 7. 26. 2017헌마1183; 공보 262호 1313면)

제 7 장

형사법 관련

1. 형법 관련

일반 사건에서의 의견

- 자유형 형기의 '연월'을 역수에 따라 계산하도록 하면서 윤달이 있는 해에 형 집행 대상이 되는 경우에 관하여 형기를 감하여 주는 보완규정을 두지 않은 형법 제83조가 과잉금지원칙에 위반하여 신체의 자유를 침해하는지 여부(전원 소극, 2013. 5. 30. 2011헌마861; 공보 200호 695면)
- 형법 제160조 분묘의 발굴죄의 법정형에 벌금형이 없는 것이 책임과 형벌 간의 비례원칙 및 형벌체계의 균형성을 상실하여 평등원칙에 위배되는지 여부(전원 소극, 2019. 2. 28. 2017헌가33; 공보 269호 229면)
- 위험한 물건을 휴대하여 폭행의 죄를 범하여 사람을 상해에 이르게 한 때에는 1년 이상 10년 이하의 징역에 처한다고 규정한 형법 제262조 중 '제261조 가운데 위험한 물건을 휴대하여 제260조 제1항의 죄를 범하여 사람을 상해에 이르게 한 때에는 제258조의2 제1항의 예에 의한다.'는 부분이 책임과 형벌 간의 비례원칙에 위배되는지 여부(전원 소극, 2018. 7. 26. 2018헌바5; 공보 262호 1250면)
- 모욕죄를 규정하고 있는 형법 제311조가 표현의 자유를 침해하는지 여부(소극:적극 6:3, 2013. 6. 27. 2012헌바37; 공보 201호 813면)
- 보호관찰이나 사회봉사 또는 수강을 명한 집행유예를 선고받은 자가 준수사항이나 명령을 위반하고 그 정도가 무거운 때에 집행유예의 선고를 취소할 수 있도록 한 형법 제64조 제2항이 이중처벌금지원칙에 위반되는지 여부 및 과잉금지원칙에 위반되어 신체의 자유를 침해하는지 여부(전원 소극, 2013. 6. 27. 2012헌바345; 공보 201호 825면)
- 자기의 직계존속을 살해한 자를 일반살인죄를 저지른 자에 비하여 가중처벌하는 형법 제250조 제2항 중 '자기의 직계존속을 살해한 자' 부분이 평등원칙에 위배되는지 여부(소극:적극 7:2, 2013. 7. 25. 2011헌바267; 공보 202호 925면)
- 형법 243조 중 '음란한 물건을 판매한 자'에 관한 부분 및 제244조 중 '판매할

목적으로 음란한 물건을 소지한 자' 부분이 성기구 판매자의 직업수행의 자유 및 소비자의 사생활의 비밀과 자유를 침해하는지 여부(전원 소극, 2013. 8. 29. 2011헌바176; 공보 203호 1135면)

- 형법 제62조 제1항 단서(집행유예 결격조항)가 평등원칙, 책임주의원칙에 위배되는지 여부(전원 소극, 2013. 9. 26. 2012헌바275; 공보 204호 1350면/2019. 2. 28. 2018헌바8; 공보 269호 282면)
- 형법 제214조 제2항의 '위조'에 관한 부분 및 제217조의 '위조한 유가증권의 행사'에 관한 부분이 형벌체계상의 균형성을 상실하여 평등원칙에 위배되는지 여부(전원 소극, 2013. 9. 26. 2012헌바275; 공보 204호 1350면)
- 누범을 가중처벌하도록 규정한 형법 제35조가 일사부재리원칙, 평등원칙, 책임과 형벌간의 비례원칙에 위배되는지 여부(전원 소극, 2013. 9. 26. 2012헌바262 등; 공보 204호 1345면/2019. 2. 28. 2018헌바8; 공보 269호 282면)
- 자수를 필요적 형감면사유로 규정한 형법 각칙이나 특별법과 달리 임의적 형감면사유로 규정한 형법 제52조 제1항이 평등원칙에 위반되는지 여부(전원 소극, 2013. 10. 24. 202헌바278; 공보 205호 1507면)
- 형법 제125조 중 '경찰에 관한 직무를 행하는 자 또는 이를 보조하는 자가 그 직무를 행함에 당하여 형사피의자 또는 기타 사람에 대하여 폭행을 가한 때'와 관련된 부분이 죄형법정주의의 명확성원칙에 위반되는지 여부, 책임과 형벌의 비례원칙에 위반되는지 여부, 평등원칙에 위반되는지 여부(전원 소극, 2015. 3. 26. 2013헌바140; 공보 222호 514면)
- 외국에서 형의 전부 또는 일부의 집행을 받은 자에 대하여 형을 감경 또는 면제할 수 있도록 규정한 형법 제7조가 헌법 제13조 제1항의 이중처벌금지원칙에 위배되는지 여부(전원 소극), 위 조항이 과잉금지원칙에 위배되어 신체의 자유를 침해하는지 여부(소극:적극 3:6, 2015. 5. 28. 2013헌바129; 공보 224호 866면)
- 사무처리를 그르치게 할 목적으로 공무원 또는 공무소의 전자기록등 특수매체기록을 위작한 자를 10년 이하의 징역에 처하도록 정한 형법 제227조의2(공전자기록등위작죄) 중 "위작"에 관한 부분이 책임과 형벌 간 비례원칙에 위반되는지 여부, 형벌체계상의 균형성을 상실하여 평등원칙에 위반되는지 여부(전원 소극, 2017. 8. 31. 2015헌가30; 공보 251호 855면)

- 폭행 또는 협박으로 사람에 대하여 추행을 한 자를 10년 이하의 징역 또는 1천500만 원 이하의 벌금에 처하도록 규정한 형법 제298조('강제추행죄')가 죄형법정주의의 명확성원칙에 위배되는지 여부, 책임과 형벌의 비례원칙에 위배되는지 여부, 평등원칙에 위배되는지 여부(전원 소극, 2017. 11. 30. 2015헌바300; 공보 254호 1161면)
- 강도상해죄의 법정형의 하한을 '7년 이상의 징역'으로 정하고 있는 형법 제337조가 형벌체계상의 정당성과 균형성을 상실하였는지 여부(소극:적극 7:2, 2016. 9. 29. 2014헌바183; 공보 240호 1469면)
- 상습으로 절도죄를 범한 자를 가중처벌하는 형법 제332조 중 제329조에 관한 부분이 죄형법정주의의 명확성원칙 또는 책임과 형벌의 비례원칙에 위배되는지 여부(전원 소극, 2016. 10. 27. 2016헌바31; 공보 241호 1663면)
- 형법 제342조 중 제331조 제2항 가운데 '2인 이상이 합동하여' 부분('특수절도미수조항')이 책임주의원칙, 비례원칙 등에 위배되는지 여부(전원 소극, 2019. 2. 28. 2018헌바8; 공보 269호 282면)

[78] 가석방 요건 강화규정의 적용에 관한 형법 부칙 제2항 위헌확인 사건

(2013. 8. 29. 2011헌마408)

◇ 사안과 쟁점

청구인은 무기징역형이 확정되어 그 집행 중에 있는 자로서 2010. 10. 16. 현재 13년 이상 복역 중이었다. 형법 제72조 제1항은 무기징역의 집행 중에 있는 자의 가석방 요건을 종전의 '10년 이상'에서 '20년 이상' 형의 집행을 경과할 것으로 강화하였고, 개정 형법 부칙 제2항은 이를 법 시행 당시에 이미 수용 중인 사람에 대하여도 적용하도록 규정하였다. 청구인은 위 형법 부칙 제2항이 이미 수용 중인 사람에 대하여도 개정된 형법 제72조 제1항을 적용하는 것은 신뢰보호의 원칙에 위반하여 신체의 자유, 평등권, 행복추구권을 침해한다고 주장하면서, 이 사건 헌법소원심판을 청구하였다.

쟁점은, 무기징역의 집행 중에 있는 자의 가석방 요건을 종전의 '10년 이상'에서 '20년 이상' 형집행 경과로 강화한 개정 형법 제72조 제1항을, 형법 개정 당시에 이미 수용 중인 사람에게도 적용하는 형법 부칙 제2항(이하 '이 사건 부칙조항')이 신뢰원칙에 위배되어 신체의 자유를 침해하는지 여부이다(소극:적극 7:2, 2013. 8. 29. 2011헌마408; 공보 203호 1195면). 재판관 조용호는 주심으로 법정의견을 집필하였다.

◇ 법정(합헌)의견

가. 신체의 자유 침해 여부

(1) 이 사건 부칙조항이 무기징역형을 20년 이상 집행받아야 가석방 적격심사 대상자가 되는 개정 형법 제72조 제1항을 청구인에게도 적용함으로써, 구 형법 제72조 제1항이 정한 가석방 기회에 관한 청구인의 신뢰를 박탈하여 신체의 자유를 제한하는지 여부가 문제된다.

(2) 법률의 개정 시 구법질서에 대한 당사자의 신뢰가 합리적이고 정당하며 법률의 개정으로 인한 당사자의 손해가 극심하여, 새로운 입법으로 달성하려는 공익적 목적이 당사자의 신뢰 파괴를 정당화할 수 없다면, 새로운 입법은 신뢰보호의 원칙상 허용될 수 없다. 그러나 국민이 가지는 모든 기대 내지 신뢰가 헌법상 권리로서 보호되는 것은 아니고, 신뢰의 근거 및 종류, 상실된 이익의 중요성, 침해의 방법 등을 종합하여 볼 때, 법규·제도의 존속에 대한 개인의 신뢰가 합리적이어서 권리로서 보호할 필요성이 인정되어야 한다(헌재 1995. 6. 29. 94헌바39; 헌재 2004. 6. 24. 2002헌바15). 이러한 신뢰보호원칙의 위배 여부를 판단하기 위해서는, 침해받은 이익의 보호가치, 침해의 경중, 신뢰가 손상된 정도, 신뢰침해의 방법, 새 입법을 통하여 실현하고자 하는 공익적 목적을 종합적으로 형량하여야 한다(헌재 1998. 11. 26. 97헌바58; 헌재 2004. 6. 24. 2002헌바15).

(3) 청구인의 신뢰는 구 형법 제72조 제1항이 정한 가석방 기회에 관한 것이다.

그런데 가석방이란 수형자의 사회복귀를 촉진하기 위하여 형집행 중에 있는 자 가운데 행장이 양호하고 개전의 정이 현저한 자를 그 형의 집행종료 전에 석방함으로써, 수형자에 대한 무용한 구금의 연장을 피하고 수형자의 윤리적 자기형성을 촉진하기 위한 형사정책적 행정처분이다. 형법 제72조 제1항에 규정된 '형집행기간의 경과'라는 요건을 갖추었다고 하더라도 그것만으로 수형자가 교정당국에 대하여 가석방을 요구할 권리를 취득하거나 교정당국이 가석방을 할 법률상 의무를 부담하는 것이 아니다(헌재 1995. 3. 23. 93헌마12; 헌재 2007. 7. 26. 2006헌마298; 헌재 2010. 12. 28. 2009헌마70).

그러한 점에서 무기징역형을 10년 이상 집행받으면 가석방 적격심사 대상자가 될 수 있었던 구 형법 제72조 제1항에 대한 청구인의 신뢰를 헌법상 권리로 보호할 필요성이 있다고 보기 어렵다.

(4) 반면, 구 형법 제72조 제1항에 대해서는, 악질적이고 반인륜적 범죄에 대한 용납하기 힘든 책임에 따른 무기징역형의 선고에도 불구하고 수형자의 행장이 양호하고 개전의 정이 현저하기만 하면 10년 뒤 가석방될 수 있다는 것이 국민의 법감정에 부합하지 않으며, 1953년 형법 제정시에 비하여 늘어난 평균연령에 비추어 볼 때 가석방 요건으로서의 10년의 형집행기간은 무기징역이라는 선고형에 비하여 너무 짧다는 비판이 있었다.

이러한 비판과 강력범죄에 대한 엄정한 대응의 필요성을 반영하여, 입법자는 개정 형법 제42조에서 유기형의 상한을 30년(형을 가중하는 경우에는 50년)으로 늘렸다. 이에 따라 유기징역형의 상한을 선고받은 수형자의 경우에는 그 형기의 3분의 1인 10년(형을 가중하는 경우에는 16년 8개월)을 경과하여야 가석방 적격심사 대상자가 될 수 있으므로, 입법자는 형집행의 균형을 위하여 개정 형법 제72조 제1항에서 무기징역형의 집행 중에 있는 자의 가석방에 필요한 형집행기간을 20년으로 늘렸다.

만약 이 사건 부칙조항과 달리, 가석방의 요건을 강화한 개정 형법 제72조 제1항을 청구인과 같이 개정 형법 시행 당시 수용 중인 사람에 대하여 적용하지 아니한다면, 죄질이 더 무거운 무기징역형을 개정 형법 시행 전에 선고받은 수형자를 가석방할 수 있는 형집행기간이 개정 형법 시행 후에 유기징역형을 선고받은 수형자의 경우와 같거나 오히려 더 짧게 되는 불합리한 결과가 발생하게 된다.

즉 이 사건 부칙조항이 실현하려는 공익은, 무기징역형을 선고받은 수형자의 가석방을 위한 최단 형집행기간이 유기징역형을 선고받은 수형자보다 더 짧게 되는 불합리한 결과를 방지하고, 구체적 정의에 부합하는 형집행을 통해 강력범죄에 엄정하게 대응하고 사회를 방위하는 것으로, 그 합리성과 타당성이 인정된다.

(5) 또한, 가석방의 요건 중 형집행기간을 어떻게 규정할 것인지, 그 기간이 변경된 경우 경과규정을 어떻게 형성할 것인지는, 무기수형자의 형사책임에 상응하여 필요한 처벌과 교정교화의 정도, 교정처우의 실태와 계획, 강력범죄 발생의 추이, 강력범죄 억제를 위한 형사정책적 판단, 무기수형자의 가석방 후 재범발생의 추이와 사회 내 처우를 통한 교화의 실태 등 여러 사정을 입법자가 종합적으로 살펴 광범위한 재량을 가지고 정할 사항이다(헌재 2009. 10. 29. 2008헌마230).

10년 이상 무기징역형을 집행받은 청구인이 가석방 적격심사 대상자가 될 수 있다고 신뢰하였다고 하더라도, 입법자는 여러 사정을 고려하여 가석방제도에 대한 새로운 규율을 할 수 있으므로, 이 사건 부칙조항이 청구인의 신뢰를 전혀 예상하지 못한 방법으로 침해한 것이라고 볼 수 없다.

(6) 개정 형법 시행 전 가석방 심사의 실제 운용에 있어서도, 구 형법 제72조 제1항이 정한 최단 형집행기간보다 장기간의 형집행 이후에 가석방을 해 왔고, 무기징역형을 선고받은 수형자에 대하여 가석방을 한 예가 많지 않으며, 2002년 이후에는 무기징역형을 선고받은 수형자 중 20년 미만 집행받은 자가 가석방된 사례가 없다. 그렇다면 무기징역형을 집행받는 자가 10년간 수용되어 있으면 가석방 적격심사 대상자가 될 수 있었던 구 형법 제72조 제1항에 대한 청구인의 신뢰가 손상된 정도 또한 크지 아니하다.

(7) 이 사건 부칙조항으로 인해 이미 수용 중인 수형자가 가석방 적격심사 대상자가 되기 위한 형집행기간이 연장되었다고 하더라도, 청구인의 신체의 자유가 추가로 제한되는 정도는 크지 아니하다. 가석방은 행형당국의 판단에 따라 수형자가 받는 사실상의 이익이며 은전일 뿐이어서, 가석방의 혜택을 받을 수 없게 된 수형자의 법적 지위가 새삼 불안해지거나 법적 상태가 악화되지 아니하며, 원래의 형기대로 복역하는 수형생활에 아무런 변화가 없기 때문이다(헌재 2002. 4. 25. 98헌마425등).

(8) 그렇다면 이 사건 부칙조항이 신뢰보호원칙에 위배되어 청구인의 신체의 자유를 침해한다고 볼 수 없다.

나. 평등권 침해 여부

(1) 무기징역형을 집행 중인 자 중 개정 형법 시행 이후에 수용된 자의 가석방 요건은 개정 형법 제72조 제1항이 직접 적용될 뿐이고 이 사건 부칙조항은 적용되지

아니한다. 그렇다면 이 사건 부칙조항이 무기징역형을 집행 중인 자의 가석방에 있어서 개정 형법 시행 당시 수용 중인 사람과 개정 형법 시행 이후에 수용된 자를 차별취급하고 있다고 볼 수 없다.

(2) 나아가 이 사건 부칙조항은 이미 형이 확정된 수용자의 '형집행'에서 가석방 요건에 관한 개정 법률의 적용을 규율하는 것이지 '행위의 가벌성'에 관한 개정 법률의 적용을 규율하는 것이 아니므로, 형벌불소급 원칙의 적용을 받지 아니한다. 앞에서 살핀 바와 같이, 수형자가 형법 제72조 제1항에 규정된 요건을 갖추었다고 하여 교정당국에 대하여 가석방을 요구할 권리를 취득하거나 교정당국이 가석방을 할 법률상 의무가 발생하는 것이 아니므로, 개정 형법 시행 당시 이미 10년 이상 20년 이하 무기징역형을 집행받은 청구인에 대하여 이 사건 부칙조항의 적용을 제한할 필요성이 요청된다고 볼 수도 없다.

따라서 이 사건 부칙조항이 형법 개정 시 '행위자'에게 유리한 법을 적용하기 위한 경과규정으로서 마련되었던 형법의 다른 부칙 조항들과의 관계에서 모순되거나 합리적 이유 없는 차별취급을 하고 있다고 보기도 어렵다.

(3) 그렇다면 이 사건 부칙조항은 청구인의 평등권을 침해하지 아니한다.

다. 행복추구권 침해 여부

행복추구권은 국민이 행복을 추구하기 위한 활동을 국가권력의 간섭 없이 자유롭게 할 수 있다는 포괄적인 의미의 자유권으로, 다른 자유권적 기본권에 대한 보충적 기본권이라는 성격을 가진다. 따라서 이 사건 부칙조항이 청구인의 신체의 자유를 침해하지 않는다고 판단한 이상, 청구인의 행복추구권이 별도로 침해되었다고 할 수 없다(헌재 2008. 10. 30. 2006헌바35; 헌재 2008. 11. 27. 2005헌마161등).

[79] 상해죄 동시범의 특례 조항에 관한 위헌제청 사건

(2018. 3. 29. 2017헌가10)

◇ 사안과 쟁점

당해사건의 피고인들은 '2016. 4. 9. 08:30경 부산 수영구 ○○로 ○○ 앞 노상에서 피해자와 시비를 벌이던 중, 피고인 김○재는 주먹으로 피해자의 얼굴을 2회 때리고, 피고인 서○원은 주먹으로 피해자의 얼굴을 1회 때림으로써 공동하여 피해자를 폭행하였다'라는 취지의 공소사실로 기소되었다. 피고인들은 변론 과정에서 '피고인 서○원이 피해자의 얼굴을 때리고 현장을 벗어난 뒤 피고인 김○재가 다시 피해자와 시비를 벌이다가 피해자의 얼굴을 때렸다'라는 취지로 주장하며 '피고인들은 공동하여' 피해자를 폭행한 것이 아니라고 변소하였고, 피해자는 기소 후 피고인들에 대한 처벌불원의사를 표시하였다. 검사는 그 후 '피고인들은 2016. 4. 9. 08:30경 부산 수영구 ○○로 ○○ 앞 노상에서 피해자와 시비를 벌이던 중 피고인 서○원은 주먹으로 피해자의 얼굴을 2회 때리고, 피고인 서○원이 현장을 벗어난 이후 피고인 김○재가 다시 피해자와 시비를 벌이다가 주먹으로 피해자의 얼굴을 1회 때렸다. 위와 같은 피고인들의 폭행이 경합하여 피해자에게 치료일수를 알 수 없는 입술 및 코 부위의 찰과상을 가하였다'라는 내용의 공소사실을 예비적으로 추가하는 취지의 공소장변경허가신청을 하였고, 당해사건의 법원은 이를 허가하였다. 당해사건의 법원은 형법 제263조에 대하여 직권으로 위헌법률심판을 제청하였다.

쟁점은, 독립행위가 경합하여 상해의 결과를 발생하게 한 경우 원인된 행위가 판명되지 아니한 때에는 공동정범의 예에 의하도록 규정한 형법 제263조(이하 '심판대상조항')가 책임주의원칙에 위반되는지 여부이다(소극:적극 4:5, 2018. 3. 29. 2017헌가10; 공보 258호 529면). 재판관 조용호는 위헌의견을 집필하였다.

◇ 반대(위헌)의견

(1) 피고인은 유죄의 판결이 확정될 때까지 무죄로 추정되기 때문에 형사소송에 있어서는 검사가 피고인이 유죄라는 점을 입증하여야 하고, 합리적인 이유 없이 입증

책임을 피고인에게 전가하는 것은 '의심스러울 때에는 피고인의 이익으로(in dubio pro reo)'라는 형사소송법상의 법리에 어긋난다. 그런데 심판대상조항은 독립한 가해행위가 경합하여 상해의 결과가 발생하였으나 그 원인행위가 판명되지 아니한 때에는 공동정범의 예에 의하여 각 행위자를 기수범으로 처벌하도록 규정하고 있다. 이는 독립행위가 경합하여 상해의 결과가 발생한 경우에는 원인행위가 밝혀지지 아니한 불이익을 피고인이 부담하도록 함으로써 인과관계에 관한 입증책임을 피고인에게 전가하는 것인바, 이와 같이 입증책임을 전환하는 데에 합리적인 이유가 있는지 본다.

(2) '의심스러울 때에는 피고인의 이익으로'라는 형사소송법상의 법리에 따라 독립행위가 경합하여 상해의 결과가 발생한 경우에도 독립한 가해행위와 상해의 결과 사이의 인과관계는 원칙적으로 검사가 입증하여야 한다. 그럼에도 불구하고 심판대상조항에서 수사권을 가진 검사도 이를 입증할 수 없는 상황에서 수사권도 없는 피고인이 이를 입증하여 상해의 결과에 대한 책임에서 벗어나라고 하는 것은 사실상 불가능한 것을 요구하는 것으로서 매우 불공평하고 부당할 뿐만 아니라 검사가 이에 대한 수사를 소홀히 할 위험성마저 초래한다.

그리고 독립행위가 경합한 경우, 결과 발생의 원인이 된 행위를 판명하기 어려운 것은 독립한 가해행위가 경합하여 상해의 결과가 발생한 경우만의 문제는 아니다. 다른 범죄의 경우에도 이러한 상황은 얼마든지 발생할 수 있고, 이를 대비하여 형법은 제19조에서 '독립행위의 경합'이라는 제목으로 결과발생의 원인된 행위가 판명되지 아니한 때에는 각 행위를 미수범으로 처벌하도록 규정하고 있다. 이는 피고인에게 행위 이상의 책임을 물어서는 안 된다는 형사처벌의 기본원칙인 책임주의원칙과 '의심스러울 때에는 피고인의 이익으로'라는 형사소송법상의 법리에 기인한 것이다. 미수로 처벌하는 경우 행위에 상응하는 책임을 묻지 못하는 경우가 발생한다는 우려가 있을 수 있으나, 미수범으로의 처벌은 형에 대한 감경 가능성에 불과할 뿐이어서 행위에 상응하는 처벌이 불가능하지 않다. 따라서 결과를 야기한 원인행위의 판명이 어렵다는 사정만으로 상해의 결과가 발생한 경우에만 다른 범죄와 달리 심판대상조항과 같은 특례를 두어 기수범으로 처벌하도록 하는 것은 형사법 체계에서는 도저히 납득하기 어렵다.

물론 다른 독립행위의 경합과는 달리 상해의 결과를 야기하는 독립한 가해행위의 경합은 상대적으로 그 결과 발생의 위험성이 높고, 원인행위에 대한 판명이 매우 어려울 뿐만 아니라 발생 빈도도 높아 다른 독립행위가 경합하는 경우처럼 미수로 처벌하여서는 법익 보호를 제대로 할 수 없다는 우려가 있을 수 있다. 그러나 상해의 결과를 발생시키는 독립행위의 경합에 위와 같은 특성이 있다고 하더라도, 심판대상조항처럼 독립행위 모두를 일률적으로 기수로 처벌하도록 하는 것은 엄격한 책임주의가 적용되어야 할 형사법 체계에서는 용납되기 어렵다. 다른 독립행위의 경합과 달리 처벌하여야 할 이유가 있다면, 이러한 행위 유형을 독일 형법 제231조의 '싸움에 참가한 죄'처럼 별도의 독립범죄로 규정하여 행위에 상응하는 처벌이 가능하도록 하면 될 것이다.

(3) 이상에서 본 바와 같이 심판대상조항에서 독립한 가해행위와 상해의 결과 사이의 인과관계에 관한 입증책임을 전환하는 것은 피고인에게 사실상 불가능한 것을 요구하는 것으로서 그 합리적 이유를 인정하기 어렵다. 그 결과 독립행위가 경합하여 상해의 결과가 발생하기만 하면 누구의 행위로 상해의 결과가 발생한 것인지를 불문하고 가해행위자는 상해의 결과에 대하여 책임을 부담하게 될 위험이 있게 된다. 이는 독립한 가해행위가 경합하여 상해의 결과가 발생한 경우에는 상해의 결과에 대해 책임이 없는 사람도 원인행위가 판명되지 않는다는 이유로 자신의 행위에 대한 책임 이상의 처벌을 받게 되는 것을 의미한다. 상해미수죄로 처벌받을 것을 상해기수죄로 처벌받고, 단순 폭행죄로 처벌받을 것을 폭행치상죄로 처벌받게 될 뿐만 아니라, 상해의 결과가 사망으로 이어지게 될 경우 치사의 책임까지 부담하게 될 위험이 있는 것이다.

그렇다면 심판대상조항은 형벌에 관한 헌법상 원칙, 즉 법치주의와 헌법 제10조의 취지로부터 도출되는 책임주의원칙에 정면으로 반하는 것이므로 헌법에 위반된다.

[80] 자복의 차별에 관한 위헌소원 사건

(2018. 3. 29. 2016헌바270)

◇ 사안과 쟁점

청구인은 1심 법원에서 사기죄로 징역 6월을 선고받은 다음 양형부당을 이유로 항소하였으나, 항소심 법원은 항소를 기각하였고, 이에 청구인은 상고하였다. 청구인은 상고심 계속 중 자신은 범행 후 피해자를 찾아가 자기의 사기 범행사실을 알렸고, 이에 피해자가 고소하여 수사가 개시되었음에도 형법 제52조 제2항이 피해자의 의사에 반하여 처벌할 수 없는 죄에 있어서 피해자에게 자복한 경우에만 형을 감면할 수 있도록 규정하고 있어 위 조항은 평등원칙에 위반된다고 주장하며 위헌법률심판 제청신청을 하였으나 기각되자 헌법소원심판을 청구하였다.

쟁점은, 피해자의 의사에 반하여 처벌할 수 없는 죄(반의사불벌죄)에 있어서 피해자에게 자복한 때에는 그 형을 감경 또는 면제할 수 있도록 정한 형법 제52조 제2항(이하 '이 사건 법률조항')이 통상의 자복에 관하여 자수와 동일한 법적 효과를 부여하지 아니한 것이 평등원칙에 위반되는지 여부이다(전원 소극, 2018. 3. 29. 2016헌바270; 공보 258호 550면). 재판관 조용호는 주심으로 법정의견을 집필하였다.

◇ 법정(합헌)의견

가. 차별취급의 존재 및 심사기준

(1) 이 사건 법률조항이 스스로 자기의 범죄를 고백하였다는 점에서는 아무런 차이가 없음에도 자수의 경우와는 달리 자복 감면이 되는 범죄의 유형을 반의사불벌죄로 한정한 것은 범죄 고백의 상대방이 수사기관인지 또는 피해자인지에 따라 차별하는 것으로서 평등원칙 위반 여부가 문제된다.

(2) 이 사건 법률조항으로 인하여 발생하는 차별은 형의 임의적 감면사유로서 자수와 자복을 달리 취급하는 것인바, 이는 헌법에서 특별히 평등을 요구하거나 차별적 취급으로 인하여 관련 기본권에 대한 중대한 제한을 초래하는 경우라고 할 수 없다. 따라서 이 사건 법률조항의 평등원칙 위반 여부는 자의금지원칙에 따라 심사하기로 한다(헌재 2013. 9. 26. 2012헌바186; 헌재 2015. 7. 30. 2014헌바447 등 참조).

나. 평등원칙 위반 여부

(1) 입법자가 형의 임의적 감면사유를 정함에 있어 어떠한 요건 아래 어느 정도의 혜택을 줄 것인지는, 우리의 역사와 문화, 시대적 상황, 국민 일반의 법감정, 국가형벌권의 적정한 행사를 위한 형사정책의 측면 등 여러 요소를 종합적으로 고려하여

정할 수 있는 입법정책의 문제이다. 따라서 범죄를 범하고 스스로 고백하는 경우 이를 형의 감면사유로 할 것인지, 한다면 어떠한 요건 하에 어떤 효과를 부여할 것인지에 관하여는 광범위한 입법재량이 인정된다.

(2) 입법자가 자수 감면 제도를 두고 있는 것은, 범죄자가 형사법절차 속으로 스스로 들어왔다는 것에서 비난가능성 내지 양형책임이 감소된다는 점과 오판을 방지하고 국가형벌권을 적정하게 행사하기 위한 것이다(헌재 2013. 10. 24. 2012헌바278 참조). 그런데 피해자에게 자기의 범죄를 고백하는 행위인 자복의 경우, 그 자체로는 국가형벌권이 발동되는 것은 아니다. 따라서 통상의 경우 피해자에 대한 자복이 있었다는 것만으로는, 임의적 감면의 혜택을 부여할 만큼 범죄자가 형사법절차 속으로 스스로 들어왔다거나 국가형벌권의 적정한 행사에 기여하였다고 단정하기 어려우므로, 이 사건 법률조항에서 자수와 동일한 법적 효과를 부여하지 않았다고 하여 자의적이라 볼 수는 없다.

(3) 반의사불벌죄는 피해자의 명시한 의사에 반하여 공소를 제기할 수 없는 범죄 유형으로서, 피해자의 처벌불원 의사표시는 형사소추의 해제조건이 된다. 그로 인하여 반의사불벌죄를 범한 자가 피해자에게 자복하는 것은, 형사소추권의 행사 여부를 좌우할 수 있는 자에게 자신의 범죄를 알리는 행위란 점에서, 범죄자가 스스로 수사책임이 있는 관서에 자기의 범행을 신고하여 그 처분을 구하는 의사표시인 자수와 그 구조 및 성격이 유사하다. 입법자가 반의사불벌죄의 경우에만 자복에 대하여 자수와 동일한 효과를 부여하였다 하더라도, 이는 피해자의 의사가 형사소추 여부에 아무런 영향을 주지 않는 통상의 범죄와는 그 법적 성격이 상이한 데에서 기인하는 것이다. 따라서 이 사건 법률조항이 청구인과 같이 반의사불벌죄 이외의 죄를 범하고 피해자에게 자복한 사람에 대하여 반의사불벌죄를 범하고 피해자에게 자복한 사람과 달리 임의적 감면의 혜택을 부여하지 않고 있다 하더라도, 자의적인 차별이라고 보기 어렵다.

(4) 이 사건 법률조항은 평등원칙에 위반되지 아니한다.

2. 형사특별법 관련

◇ 국가보안법 사건

- 국가보안법 제8조 제1항(반국가단체 구성원과 회합·통신 기타의 방법으로 연락한 자를 처벌하는 규정) 및 제9조 제2항 본문 중 제4조와 관련한 부분(국가보안법 제4조의 죄를 범하거나 범하려는 자에게 편의를 제공한 자를 처벌하는 규정)이 죄형법정주의의 명확성원칙에 위배되는지 여부(전원 소극, 2014. 9. 25. 2011헌바358; 공보 216호 1538면)
- 이적행위 조항 중 '동조' 부분이 죄형법정주의의 명확성원칙에 위배되는지 여부, 과잉금지원칙에 반하여 표현의 자유 및 양심의 자유를 침해하는지 여부(소극:적극 8:1), 이적표현물 조항 중 '소지·취득한 자' 부분이 과잉금지원칙에 반하여 표현의 자유 및 양심의 자유를 침해하는지 여부(소극:적극 6:3)(2015. 4. 30. 2012헌바95등; 공보 223호 637면)/이적표현물 조항 중 '소지' 부분이 과도한 규제에 해당하여 표현의 자유와 양심의 자유를 침해하는지 여부(소극:적극 4:5), 이적행위 조항 중 '동조' 부분이 과잉금지원칙에 반하여 표현의 자유 및 양심의 자유를 침해하는지 여부(소극:적극 8:1)(2018. 3. 29. 2016헌바361; 공보 258호 552면)

◇ 특가법, 특경가법 사건

- 재화 또는 용역을 공급하거나 공급받지 아니하고 '영리의 목적'으로 일정한 '공급가액 등 합계액' 이상의 세금계산서를 발급하거나 발급받은 행위 등을 처벌하는 구 '특정범죄 가중처벌 등에 관한 법률'(이하 '특가법') 제8조의2 제1항 중 구 조세범처벌법 제11조의2 제4항에 관한 부분('처벌조항') 및 위 처벌조항 위반의 경우 공급가액 등 합계액에 부가가치세율을 적용하여 계산한 세액의 2배 이상 5배 이하의 벌금을 필요적으로 병과하도록 하는 특가법 제8조의2 제2항('벌금병과조항')이 책임과 형벌 간의 비례원칙에 위배되는지 여부(전원

소극, 2013. 12. 26. 2012헌바217등; 공보 207호 115면)

- 금융기관 임 · 직원의 직무와 관련된 수재행위에 대하여 수재액이 1억 원 이상인 때에는 무기 또는 10년 이상의 징역으로 처벌하도록 규정한 '특정경제범죄 가중처벌 등에 관한 법률'(이하 '특경가법') 제5조 제4항 제1호가 책임과 형벌간의 비례원칙에 위배되거나 형벌체계의 균형성에 위배되는지 여부(소극:적극 5:4, 2013. 7. 25. 2011헌바397등; 공보 202호 92면/2015. 5. 28. 2013헌바35등; 공보 224호 845면/소극:적극 5:4, 2017. 12. 28. 2016헌바281; 공보 255호 104면)
- 특정강력범죄로 형을 받아 그 집행을 종료하거나 면제받은 후 3년 이내에 다시 특가법 제5조의4 제3항의 상습특수강도죄를 범한 때에는 그 죄에 정한 형의 장기 및 단기의 2배까지 가중하도록 한 구 특가법 제3조 중 "특정강력범죄로 형을 선고받고 그 집행이 끝나거나 면제된 후 3년 이내에 다시 특정강력범죄인 '특가법' 제5조의4 제3항의 상습특수강도죄를 범한 경우"에 관한 부분이 책임원칙이나 평등원칙에 위배되는지 여부(전원 소극, 2015. 4. 30. 2013헌바103; 공보 223호 672면)
- 금융기관 임 · 직원이 수재죄를 범한 경우 수수액 2배 이상 5배 이하 벌금을 필요적으로 병과하는 특경가법 제5조 제5항 중 제4항 제1호에 관한 부분이 헌법에 위반되는지 여부(소극:적극 8:1, 2015. 5. 28. 2013헌바35등; 공보 224호 845면)
- 수뢰액이 5천만 원 이상 1억 원 미만인 경우에는 7년 이상의 유기징역에 처하도록 한 특가법 제2조 제1항 제2호 중 형법 제129조 제1항에 관한 부분이 책임과 형벌간의 비례원칙이나 평등원칙에 위배되는지 여부(전원 소극, 2017. 7. 27. 2015헌바301; 공보 250호 742면)
- 형법 제129조 제1항의 수뢰죄를 범한 사람에게 수뢰액의 2배 이상 5배 이하의 벌금을 병과하도록 규정한 특가법 제2조 제2항 중 '형법 제129조 제1항에 관한 부분'이 책임과 형벌의 비례원칙에 위배되는지 여부(전원 소극, 2017. 7. 27. 2016헌바42; 공보 250호 761면)
- 수수액이 5천만 원 이상인 때에는 7년 이상의 징역으로 처벌하도록 규정한 특경법 제5조 제4항 제2호가 책임과 형벌 간의 비례원칙 및 형벌체계의 균형성에 반하여 평등원칙에 위배되는지 여부(소극:적극 6:3, 2017. 12. 28. 2017헌바193; 공보 255호 134면)

- 형법상 뇌물죄를 수뢰액에 따라 가중처벌하는 특가법 제2조 제1항 제1호 중 형법 제129조 제1항의 '수수'에 관한 부분이 과잉금지원칙이나 평등원칙에 위배되는지 여부(소극:적극 8:1, 2014. 7. 24. 2012헌바188; 공보 214호 1210면)
- 형법 제207조 제1항 및 제4항과 똑같은 구성요건을 규정하면서 법정형의 상한에 '사형'을 추가하고 하한을 2년에서 5년으로 올린 특가법 제10조 중 형법 제207조 제1항 및 제4항에 관한 부분이 형법과의 관계에서 형벌체계상의 균형을 잃어 평등원칙에 위배되는지 여부(전원 적극, 2014. 11. 27. 2014헌바224등; 공보 218호 1778면)
- 형법상의 범죄와 똑같은 구성요건을 규정하면서 법정형만 상향 조정한 특가법 제5조의4 제1항 중 형법 제329조에 관한 부분, 특가법 제5조의4 제4항 중 형법 제363조 가운데 형법 제362조 제1항의 '취득'에 관한 부분이 헌법에 위배되는지 여부(전원 적극, 2015. 2. 26. 2014헌가16등; 공보 221호 346면)
- 업무상 배임행위를 처벌하는 구 특경가법 제3조 제1항 중 형법 제356조 가운데 제355조 제2항에 관한 부분이 책임과 형벌 사이에 비례원칙에 위배되는지 여부(소극:적극 8:1, 2015. 2. 26. 2014헌바99등; 공보 221호 420면)
- 사기죄를 범한 사람에 대하여 이득액이 5억 원 이상인 때에는 그 이득액의 범위에 따라 가중처벌하고 있는 구 특경가법 제3조 제1항 중 형법 제347조에 관한 부분이 책임과 형벌 간의 비례원칙에 위배되는지 여부(소극:적극 8:1, 2015. 3. 26. 2012헌바297; 공보 222호 501면)
- 운행 중인 자동차 운전자를 폭행하여 상해에 이르게 한 경우 3년 이상의 유기징역에 처하도록 한 특가법 제5조의10 제1항 가운데 '운행 중' 부분이 죄형법정주의의 명확성원칙에 위배되는지 여부(전원 소극), 제5조의10 제2항 중 상해에 관한 부분이 형벌체계상의 균형을 상실하여 평등원칙에 위배되는지 여부(전원 소극)(2017. 11. 30. 2015헌바336; 공보 254호 1165면)
- 영리를 목적으로 재화 또는 용역의 공급 없이 부가가치세법에 따른 세금계산서를 발급·수취하고 매출·매입처별 세금계산서합계표를 거짓으로 기재하여 정부에 제출한 경우 그 공급가액의 합계액에 부가가치세의 세율을 적용하여 계산한 세액의 2배 이상 5배 이하의 벌금을 병과하도록 한 특가법 조항이 책임과 형벌의 비례원칙에 위배되는지 여부(소극:적극 8:1, 2019. 4. 11. 2017헌가32;

공보 271호 393면)

▸ 밀수입 예비행위를 본죄에 준하여 처벌하도록 하고 있는 특가법 제6조 제7항 중 관세법 제271조 제3항 가운데 제269조 제2항에 관한 부분이 책임과 형벌 사이의 비례성의 원칙에 위배되거나 형벌체계의 균형성에 반하여 헌법에 위반되는지 여부(전원 적극, 2019. 2. 28. 2016헌가13; 공보 269호 223면)

▸ 수입신고를 하지 아니하고 밀수입한 물품의 원가가 2억 원 이상인 경우, 물품원가의 2배의 벌금형을 필요적으로 병과하도록 규정한 특가법 제6조 제6항 제2호가 책임과 형벌의 비례원칙에 위배되는지 여부(소극:적극 8:1, 2019. 4. 11. 2018헌바156; 공보 271호 517면)

▸ 법인의 대표자 등이 법인의 재산을 국외로 도피한 경우 행위자를 벌하는 외에 그 법인에도 도피액의 2배 이상 10배 이하에 상당하는 벌금형을 과하는 특경법 제4조 제4항 본문 중 '법인에 대한 처벌'에 관한 부분이 책임주의에 위반되어 위헌인지 여부(전원 소극, 2019. 4. 11. 2015헌바443; 공보 271호 462면)

◇ 성폭력처벌법, 아청법 사건

① 성폭력범죄의 처벌 등에 관한 특례법

▸ 주거침입강제추행죄의 법정형을 주거침입강간죄와 동일하게 규정한 구 '성폭력범죄의 처벌 등에 관한 특례법'(이하 '성폭력처벌법') 조항이 책임과 형벌 간의 비례원칙에 위배되거나 형벌체계상 균형성을 상실하여 평등원칙에 위반되는지 여부(소극:적극 4:5, 2013. 7. 25. 2012헌바320; 공보 202호 981면/소극:적극 5:4, 2018. 4. 26. 2017헌바498; 공보 259호 720면)

▸ '성폭력처벌법'이 형법상 주거침입의 죄를 범한 사람이 강제추행치상의 죄를 범한 경우(주거침입강제추행치상죄) 무기징역 또는 10년 이상의 징역에 처하도록 한 부분이 책임과 형벌 간의 비례원칙에 위배되거나 평등의 원칙에 위배되는지 여부(소극:한정적극 4:5, 2015. 11. 26. 2014헌바436; 공보 230호 1802면)

▸ 형법상 강제추행죄로 유죄판결이 확정된 자는 신상정보등록대상자가 되도록 규정한 구 '성폭력처벌법' 조항이 청구인들의 개인정보 자기결정권을 침해하는지 여부(소극:적극 7:2, 2014. 7. 24. 2013헌마423등; 공보 214호 1296면)

- 사실상의 관계를 포함하여 4촌 이내의 인척 관계에 있는 사람에 의한 강간을 가중처벌하는 '성폭력처벌법' 제5조 제1항, 제4항 중 '4촌 이내의 인척' 부분 및 제5항이 책임과 형벌 간의 비례원칙에 위배되는지 여부(소극, 2015. 9. 24. 2014헌바453; 공보 228호 1437면)
- 가상의 아동·청소년이용음란물배포죄로 유죄판결이 확정된 자는 신상정보 등록대상자가 되도록 규정한 '성폭력처벌법' 조항이 개인정보자기결정권을 침해하는지 여부(소극:적극 4:5, 2016. 3. 31. 2014헌마785; 공보 234호 642면)
- 아동·청소년 성매수죄로 유죄가 확정된 자는 신상정보 등록대상자가 되도록 규정한 '성폭력처벌법' 제42조 제1항이 청구인의 개인정보자기결정권을 침해하는지 여부(소극:적극 7:2, 2016. 2. 25. 2013헌마830; 공보 233호 428면)
- 통신매체를 이용한 음란행위를 처벌하는 '성폭력처벌법' 제13조가 사생활의 비밀과 자유 및 표현의 자유를 침해하는지 여부(전원 소극, 2016. 3. 31. 2014헌바397; 공보 234호 642면)
- 아동·청소년이용음란물 배포 및 소지 행위로 유죄판결이 확정된 자는 신상정보 등록대상자가 된다고 규정한 구 '성폭력처벌법' 제42조 제1항이 청구인의 개인정보자기결정권을 침해하는지 여부(소극:적극 6:2, 2017. 10. 26. 2016헌마656; 공보 253호 1115면)
- '성폭력처벌법' 제6조 제4항 중 '정신적인 장애로 항거불능 또는 항거곤란 상태에 있음을 이용하여 사람을 간음한 사람을 무기징역 또는 7년 이상의 징역에 처하도록 규정한 부분'이 정신적 장애인의 성적 자기결정권을 침해하거나 평등원칙에 위배되는지 여부, '이용하여' 부분이 명확성원칙에 위배되는지 여부, 법정형이 과중하여 책임과 형벌의 비례원칙에 위배되는지 여부(전원 소극, 2016. 11. 24. 2015헌바136; 공보 242호 1873면)
- 성인 대상 성폭력범죄자에 신상정보 공개 및 고지명령에 관한 '성폭력처벌법' 조항이 인격권 및 개인정보자기결정권을 침해하는지 여부(공개조항에 대하여 소극:적극 7:2, 고지조항에 대하여 소극:적극 6:3, 2016. 12. 29. 2015헌바196등; 공보 243호 89면)
- 카메라 등을 이용하여 성적 욕망 또는 수치심을 유발할 수 있는 다른 사람의 신체를 촬영한 촬영물을 그 의사에 반하여 반포한 경우 등을 처벌하는 성폭력

처벌법 제14조 제2항이 죄형법정주의의 명확성원칙에 위배되는지 여부(소극: 적극 7:2, 2016. 12. 29. 2016헌바153; 공보 243호 165면)

- 강간, 주거침입강간상해의 범죄로 유죄판결이 확정된 자는 신상정보 등록대상자가 된다고 규정한 구 '성폭력처벌법' 조항(등록조항)이 개인정보자기결정권을 침해하는지 여부(소극:적극 6:2), 등록대상자는 신상정보를 자신의 주소지를 관할하는 경찰관서의 장에게 제출하여야 한다고 규정한 조항(제출조항)이 개인정보자기결정권을 침해하는지 여부(소극:적극 5:3) (2017. 9. 28. 2016헌마964; 공보 252호 1026면)
- 특수강도의 죄를 범한 자가 강제추행의 죄를 범한 자는 사형 · 무기 또는 10년 이상의 징역에 처한다는 구 '성폭력처벌 및 피해자보호 등에 관한 법률' 조항이 책임과 형벌 간의 비례원칙 및 평등원칙에 위반되는지 여부(소극:한정적극 4:5, 2016. 12. 29. 2016헌바258; 공보 243호 175면)
- '성폭력처벌법' 제8조 제1항 중 "제4조 제1항[위험한 물건을 지닌 채 형법 제297조(강간)의 죄를 범한 경우]의 미수범이 다른 사람을 상해한 때에는 무기징역 또는 10년 이상의 징역에 처한다."는 부분이 책임과 형벌 간의 비례원칙에 위배되는지 여부, 평등원칙에 위배되는지 여부(전원 소극, 2018. 1. 25. 2016헌바379; 공보 256호 309면)
- 13세 미만의 사람에 대하여 형법 제298조(강제추행)의 죄를 범한 사람은 5년 이상의 유기징역 또는 3천만 원 이상 5천만 원 이하의 벌금에 처하도록 규정한 '성폭력처벌법' 제7조 제3항이 죄형법정주의의 명확성원칙에 위반되는지 여부, 책임과 형벌 간의 비례원칙에 위반되는지 여부, 미성년자의제강제추행죄 등과 비교하여 평등원칙에 위반되는지 여부(전원 소극, 2017. 12. 28. 2016헌바368; 공보 255호 124면)
- 위력으로써 13세 미만의 사람을 추행한 경우 강제추행한 것에 준하여 처벌하도록 규정한 '성폭력처벌법' 제7조 제5항이 평등원칙에 위반되는지 여부(전원 소극, 2018. 1. 25. 2016헌바272; 공보 256호 302면)
- 신상정보 등록대상자의 등록기간을 정한 '성폭력처벌법' 제45조 제1항 본문 제3호 중 '제14조 제1항의 카메라나 그 밖에 이와 유사한 기능을 갖춘 기계장치를 이용하여 성적 욕망 또는 수치심을 유발할 수 있는 다른 사람의 신체를 그

의사에 반하여 촬영한 범죄로 3년 이하의 징역형을 선고받은 사람' 부분이 청구인의 개인정보자기결정권을 침해하는지 여부(소극:적극 5:4, 2018. 3. 29. 2017헌마396; 공보 258호 583면)

② 아동 · 청소년의 성보호에 관한 법률

- 아동·청소년 대상 성폭력범죄자의 신상정보를 고지하는 구 '아동·청소년의 성보호에 관한 법률'(이하 '아청법') 조항이 청구인들의 인격권, 개인정보 자기결정권을 침해하는지 여부(소극:적극 6:3, 2016. 5. 26. 2014헌바68등; 공보 236호 902면)
- 위력으로써 여자 아동·청소년을 간음한 자를 여자 아동·청소년을 강간한 자에 준하여 처벌하도록 한 구 '아청법' 제7조 제5항이 과잉금지원칙, 평등원칙에 위배되는지 여부(소극:적극 6:3, 2015. 2. 26. 2013헌바107; 공보 221호 394면)
- 아동·청소년 대상 성폭력 범죄를 저지른 사람에 대하여 신상정보를 공개하도록 한 구 '아청법' 조항이 청구인들의 인격권 및 개인정보 자기결정권을 침해하는지 여부(소극:적극 7:2), 위 규정이 평등원칙에 반하는지 여부, 적법절차원칙 및 이중처벌금지원칙에 반하거나 청구인들의 재판받을 권리를 침해하는지 여부(전원 소극)(2013. 10. 24. 2011헌바106등; 공보 205호 1486면/2016. 5. 26. 2014헌바68등; 공보 236호 902면)
- 성적목적공공장소침입죄로 형을 선고받아 확정된 자로 하여금 그 형의 집행을 종료한 날부터 10년 동안 의료기관을 제외한 아동·청소년 관련기관 등을 개설하거나 그에 취업할 수 없도록 한 '아청법' 제56조 제1항 제1호 내지 제11호, 제13호 내지 제17호 중 각 '성인대상 성범죄 중 성폭력처벌법 제12조의 범죄로 형을 선고받아 확정된 자'에 관한 부분('취업제한조항')이 청구인의 직업선택의 자유를 침해하는지 여부(전원 적극, 2016. 10. 28. 2014헌마709; 공보 241호 1698면)
- 온라인서비스제공자가 자신이 관리하는 정보통신망에서 아동·청소년이용음란물을 발견하기 위하여 대통령령으로 정하는 조치('발견의무')를 취하지 아니하거나 발견된 아동·청소년이용음란물을 즉시 삭제하고, 전송을 방지 또는 중단하는 기술적인 조치('삭제 및 전송방지 조치')를 취하지 아니한 경우 처벌하는 '아청법' 제17조 제1항 중 발견의무에 관한 부분이 포괄위임금지원칙에 위배되는지 여부, 삭제 및 전송방지 조치에 관한 부분이 죄형법정주의의 명확성

원칙에 위배되는지 여부, 위 조항들이 과잉금지원칙에 위배되어 온라인서비스 제공자의 영업수행의 자유, 서비스이용자의 통신의 비밀과 표현의 자유를 침해하는지 여부(전원 소극, 2018. 6. 28. 2016헌가15; 공보 261호 1007면)

◇ 기타 형사특별법 사건

- 단체나 다중의 위력으로써 형법상 상해죄를 범한 사람을 가중 처벌하는 구 '폭력행위 등 처벌에 관한 법률'(이하 '폭처법') 제3조 제1항 중 "단체나 다중의 위력으로써 형법 제257조 제1항(상해)의 죄를 범한 자" 부분이 책임과 형벌의 비례원칙에 위반되는지 여부(소극:적극 7:1, 2017. 7. 27. 2015헌바450; 공보 250호 751면)
- 흉기 기타 위험한 물건을 휴대하여 형법상 상해죄를 범한 사람을 가중처벌하는 구 '폭처법' 제3조 제1항 중 "흉기 기타 위험한 물건을 휴대하여 형법 제257조 제1항(상해)의 죄를 범한 자"에 관한 부분('폭처법상 상해죄 조항')이 책임과 형벌의 비례원칙에 위배되는지 여부(소극:적극 8:1, 2015. 9. 24. 2014헌가1등; 공보 228호 1376면)
- 흉기 기타 위험한 물건을 휴대하여 형법상 폭행죄를 범한 사람을 가중처벌하는 '폭처법' 제3조 제1항 중 "흉기 기타 위험한 물건을 휴대하여 형법 제260조 제1항(폭행)의 죄를 범한 자"에 관한 부분('폭처법상 폭행죄 조항')이 형벌체계상의 균형을 상실하여 평등원칙에 위배되는지 여부(전원 적극, 2015. 9. 24. 2015헌가17; 공보 228호 1383면)
- 구 '폭처법' 제3조 제1항 중 "흉기 기타 위험한 물건을 휴대하여 폭행, 협박, 재물손괴 등의 죄를 범한 자"에 관한 부분이 형벌체계상의 균형을 상실하여 평등원칙에 위배되는지 여부(전원 적극, 2015. 9. 24. 2014헌바154등; 공보 228호 1415면)
- 정당한 이유 없이 이 법에 규정된 범죄에 공용(供用)될 우려가 있는 흉기나 그 밖의 위험한 물건을 휴대한 사람을 처벌하도록 규정한 '폭처법' 제7조 중 '휴대'에 관한 부분이 죄형법정주의의 명확성원칙에 위배되는지 여부, 과잉금지원칙에 위배되는지 여부(전원 소극, 2018. 5. 31. 2016헌바250; 공보 260호 859면)
- 구 '보건범죄 단속에 관한 특별조치법' 제2조 제2항 중 '축산물가공업의 영업허가 없이 소매가격으로 연간 5천만 원 이상의 축산물을 가공한 경우'에 관한

부분(벌금병과조항)이 책임과 형벌간 비례원칙에 위배되는지 여부(소극:적극 6:3, 2018. 8. 30. 2016헌바369; 공보 263호 1425면)

- ‘마약류 관리에 관한 법률’ 제2조 제3호 가목의 향정신성의약품을 교부한 행위를 무기 또는 5년 이상의 징역에 처하는 위 법률 제58조 제1항 제3호 가운데 ‘매매’ 중 ‘매수’ 부분이 책임과 형벌 간의 비례원칙에 위반되는지 여부, 형벌체계상의 균형성을 상실하여 평등원칙에 위반되는지 여부(소극:적극 6:3, 2019. 2. 28. 2016헌바382; 공보 269호 233면)
- ‘마약류 관리에 관한 법률’ 제2조 제3호 가목의 향정신성의약품을 교부한 행위를 무기 또는 5년 이상의 징역에 처하는 위 법률 제58조 제1항 제3호 가운데 ‘수수’ 중 ‘교부’ 부분이 책임과 형벌 간의 비례원칙에 위반되는지 여부, 형벌체계상의 균형성을 상실하여 평등원칙에 위반되는지 여부(소극:적극 8:1, 2019. 2. 28. 2017헌바229; 공보 269호 251면)
- 상관을 폭행한 사람을 5년 이하의 징역으로 처벌하도록 한 군형법 제48조 제2호 중 ‘폭행’에 관한 부분이 책임과 형벌 간의 비례원칙에 위배되는지 여부, 위 법률 조항이 형법상의 폭행죄 및 존속폭행죄, 폭력행위등처벌에관한법률위반(공동폭행, 공동존속폭행)죄와 달리 벌금형을 법정형으로 규정하지 않은 것이 형벌체계상의 균형성을 상실하여 평등원칙에 위배되는지 여부(소극:적극 5:4, 2016. 6. 30. 2015헌바132; 공보 237호 1100면)
- 학교폭력과 관련하여 가해학생에 대한 조치 중 전학과 퇴학을 제외한 나머지 조치에 대해 재심을 제한하는 학교폭력예방법 제17조의2 제2항(재심규정)이 가해학생 보호자의 자녀교육권을 침해하는지 여부(소극:적극 6:3, 2013. 10. 24. 2012헌마832; 공보 205호 1559면)
- 폭행·협박으로 철도종사자의 직무집행을 방해한 자를 5년 이하의 징역 또는 5천만 원 이하의 벌금으로 처벌하도록 규정한 구 철도안전법 제49조 제2항, 제78조 제1항이 책임과 형벌 간의 비례원칙, 형벌체계의 균형성 및 평등원칙에 위반되는지 여부(전원 소극, 2017. 7. 27. 2015헌바417; 공보 250호 746면)
- ‘성매매알선 등 행위의 처벌에 관한 법률’ 제19조 제1항 제1호 중 ‘성매매를 권유하는 행위’에 관한 부분이 죄형법정주의의 명확성원칙에 위반되는지 여부, 그 법정형이 성매매를 한 사람에 대한 교사범으로서 성매매처벌법 제21조

제1항 및 형법 제31조를 적용받는 경우와 비교하여 형벌체계상 균형을 상실하여 평등원칙에 위반되는지 여부(전원 소극, 2017. 9. 28. 2016헌바376; 공보 252호 1005면)

- 구 군사기밀 보호법 제13조의2 제1항 중 "제11조에 따른 죄를 범한 자가 금품이나 이익을 공여한 경우 그 죄에 해당하는 형의 2분의 1까지 가중처벌한다." 부분('불법거래 가중처벌 조항')이 책임과 형벌 간의 비례원칙에 위배되는지 여부(전원 소극), 같은 법 제15조 중 "외국인을 위하여 제12조 제1항에 규정된 죄를 범한 경우에는 그 죄에 해당하는 형의 2분의 1까지 가중처벌한다." 부분('외국인 가중처벌 조항')이 죄형법정주의의 명확성원칙 내지는 책임과 형벌 간의 비례원칙에 위배되는지 여부(전원 소극)(2018. 1. 25. 2015헌바367; 공보 256호 281면)
- '보건범죄 단속에 관한 특별조치법' 제2조 제1항, 제2항에서 축산물가공업 영업허가 없이 소매가격 기준으로 연간 5천만 원 이상의 축산물을 가공한 행위를 형사처벌조항과 벌금병과조항으로 처벌하는 것이 책임과 형벌간 비례원칙에 위배되는지 여부(소극:적극 6:3, 2018. 8. 30. 2016헌바369; 공보 263호 1425면)
- 법정형으로 징역형만을 규정한 군형법 제92조의3 및 제92조의4 중 '항거불능 상태를 이용한 추행'에 관한 부분이 책임과 형벌 간의 비례원칙에 위배되는지 여부, 형법상 강제추행·준강제추행죄 등과 달리 선택형으로 벌금형을 규정하지 아니하여 형벌체계의 균형성을 상실하여 평등원칙에 위배되는지 여부(전원 소극, 2018. 12. 27. 2017헌바195등; 공보 267호 77면)
- 법인이 고용한 종업원 등의 일정한 범죄행위에 대하여 곧바로 법인을 종업원 등과 같이 처벌하도록 규정한 구 도로교통법 조항이 책임주의원칙에 반하여 헌법에 위반되는지 여부(전원 적극, 2014. 11. 27. 2014헌가14; 공보 218호 1776면)
- 운전면허를 받은 사람이 자동차등을 이용하여 살인 또는 강간 등 행정안전부령이 정하는 범죄행위를 한 때 운전면허를 취소하도록 하는 구 도로교통법 제93조 제1항 제11호가 직업의 자유 및 일반적 행동의 자유를 침해하는지 여부(적극:소극 8:1, 2015. 5. 28. 2013헌가6; 공보 224호 828면)

3. 형사절차법 관련

- 범인이 형사처분을 면할 목적으로 국외에 있는 경우 그 기간 동안 공소시효가 정지되도록 정한 형사소송법 제253조 제3항이 범인이 국내에 있는 경우와 국외에 있는 경우를 차별 취급하여 평등원칙에 위반되는지 여부(전원 소극, 2017. 11. 30. 2016헌바157; 공보 254호 1179면)
- "결정은 구두변론에 의거하지 아니할 수 있다."고 규정하고 있는 형사소송법 제37조 제2항 중 '재정신청에 대한 결정' 부분이 청구인의 재판절차진술권과 재판청구권을 침해하는지 여부(전원 소극, 2018. 4. 26. 2016헌마1043; 공보 259호 767면)
- 공판조서의 절대적 증명력을 인정하는 형사소송법 제56조가 청구인의 재판을 받을 권리를 침해하거나 평등원칙에 위반되는지 여부(전원 소극), 증거신청의 채택 등에 대하여 법원의 재량을 인정하고 있는 형사소송법 제295조 및 제296조 제2항이 청구인의 공정한 재판을 받을 권리를 침해하는지 여부(전원 소극)(2013. 8. 29. 2011헌바253등; 공보 203호 1140면)
- 무죄판결이 확정된 형사피고인에게 국선변호인의 보수에 준하여 변호사 보수를 보상하여 주도록 규정한 형사소송법 제194조의4 제1항 후문의 '변호인이 었던 자에 대하여는 국선변호인에 관한 규정을 준용한다.'는 부분 중 보수에 관한 부분이 재판청구권을 침해하는지 여부(전원 소극, 2013. 8. 29. 2012헌바168; 공보 203호 1164면)
- 체포영장을 집행하는 경우 필요한 때에는 타인의 주거 등에서 피의자 수사를 할 수 있도록 한 형사소송법 제216조 제1항 제1호 중 제200조의2에 관한 부분이 헌법 제16조의 영장주의에 위반되는지 여부(전원 적극, 2018. 4. 26. 2015헌바370등; 공보 259호 687면): 심판대상조항의 위헌성은 체포영장이 발부된 피의자를 체포하기 위하여 타인의 주거 등을 수색하는 경우에 피의자가 그 장소에 소재할 개연성만 소명되면 수색영장을 발부받기 어려운 긴급한 사정이 있는지 여부와 무관하게 영장주의의 예외를 인정하고 있다는 점에 있다.

- '기타 특히 신용할 만한 정황에 의하여 작성된 문서'를 당연히 증거능력 있는 서류로 규정하고 있는 형사소송법 제315조 제3호('이 사건 법률조항')가 명확성 원칙에 위배되는지 여부, 이 사건 법률조항이 규정한 문서에 공범이 다른 사건에서 피고인으로서 한 진술을 기재한 공판조서가 포함된다고 보는 것이 피고인의 공정한 재판을 받을 권리를 침해하는지 여부(전원 소극, 2013. 10. 24. 2011헌바79; 공보 205호 1479면)
- 사실오인 또는 양형부당을 이유로 원심판결에 대한 상고를 할 수 있는 경우를 "사형, 무기 또는 10년 이상의 징역이나 금고가 선고된 사건"의 경우로만 제한한 형사소송법 제383조 제4호가 재판청구권을 침해하는지 여부(전원 소극, 2018. 1. 25. 2016헌바272; 공보 256호 302면)
- 정식재판청구기간을 '약식명령의 고지를 받은 날로부터 7일 이내'로 정하고 있는 형사소송법 제453조 제1항 중 피고인에 관한 부분이 약식명령 피고인의 재판청구권을 침해하는지 여부(적극:<u>소극</u> 4:5, 2013. 10. 24. 2012헌바428; 공보 205호 1518면)
- 동석한 신뢰관계인의 성립인정의 진술만으로 성폭력 피해아동의 진술이 수록된 영상녹화물의 증거능력을 인정할 수 있도록 규정한 구 '아동·청소년의 성보호에 관한 법률' 조항이 적법한 절차에 따라 공정한 재판을 받을 권리를 침해하는지 여부(<u>소극</u>:적극 6:3, 2013. 12. 26. 2011헌바108; 공보 207호 86면)
- 형사소송법 제165조의2 제3호 중 '피고인 등'에 대하여 차폐시설을 설치하고 증인신문할 수 있도록 한 부분이 청구인의 공정한 재판을 받을 권리 및 변호인의 조력을 받을 권리를 침해하는지 여부(전원 소극, 2016. 12. 29. 2015헌바221; 공보 243호 120면)
- 재정신청을 할 수 있는 고소·고발인은 불기소처분에 대한 항고기각처분에 대하여 재항고를 제기할 수 없도록 규정한 검찰청법 제10조 제3항 전문 중 "형사소송법 제260조에 따라 재정신청(裁定申請)을 할 수 있는 자는 제외한다."는 부분이 공무원의 직무에 관한 죄의 피해자인 청구인의 평등권을 침해하는지 여부(전원 소극, 2014. 2. 27. 2012헌마983; 공보 209호 488면)
- 형사소송법 제420조 제5호 중 "명백한 증거가 새로 발견된 때" 부분이 명확성 원칙에 위배되는지 여부(전원 소극, 2014. 7. 24. 2012헌바277; 공보 214호 1216면)

- 비용보상청구권의 제척기간을 무죄판결이 확정된 날부터 6개월로 규정한 구 형사소송법 제194조의3 제2항이 재판청구권 및 재산권을 침해하는지 여부, 평등원칙에 위배되는지 여부(소극:적극 4:5, 2015. 4. 30. 2014헌바408; 공보 223호 698면)
- 항소이유서 제출기간 내에 항소이유서를 제출하지 아니한 경우 항소기각결정을 받은 청구인이, 항소이유서 제출기간 내에 항소이유서를 제출하지 아니한 경우 항소기각결정을 하도록 규정한 형사소송법 제361조의4 제1항 본문에 대하여 위헌확인을 청구한 사건에서, 위 조항에 대한 심판청구가 기본권 침해의 직접성이 없음을 이유로 각하할 것인지(5명), 권리보호이익이 없음을 이유로 각하할 것인지(4명) 여부(2016. 9. 29. 2015헌마165; 공보 240호 1563면)

[81] 검사의 출석요구행위의 성질(통합진보당 당원 소환통지 취소 사건)

(2014. 8. 28. 2012헌마776)

◇ 사안과 쟁점

청구인 통합진보당은 2012. 3. 14.부터 18.까지 제19대 국회의원 선거의 비례대표후보자를 당원 4만 1천여 명이 참여하여 직접 투표로 선출하였다. 그러나 위 비례대표후보자 선출 과정에서 대리투표 등의 부정 선거 의혹이 제기되자, 검찰은 이에 대해서 업무방해 혐의를 두고 수사에 착수하였다. 검찰은 통합진보당의 서버를 압수·분석하여 대리투표 등이 있었다는 것을 확인하고, 이러한 행위를 한 것으로 보이는 통합진보당의 일부 당원들(청구인)에 대해서 출석을 요구하였다. 이에 청구인들, 즉 통합진보당 당원인 청구인 김○형, 윤○진, 김○욱, 이○희에 대한 각 검사의 출석요구행위가 청구인들의 정당활동의 자유와 평등권을 침해한다고 주장하면서 위 출석요구행위의 취소를 구하는 헌법소원심판을 청구하였다.

청구인 통합진보당의 청구는 자기관련성이 인정되지 아니하여 각하하는 데 이견이 없었다.

쟁점은, 출석하여 조사를 받았거나 이미 출석요구일이 지나버린 당원인 청구인들의 경우 검사의 출석요구행위를 다툴 수 있는지 여부이다(각하:기각 5:4, 2014. 8. 28. 2012헌마776; 공보 215호 1414면). 이에 대하여는 부적법 각하하여야 한다는 견해와 본안 판단을 하여야 한다는 견해가 5:4로 나뉘었고, 부적법 각하하여야 한다는 법정의견도 권리보호이익의 상실을 이유로 한 견해(3명)와 공권력행사성을 부인하는 견해(2명)로 나뉘었다. 재판관 조용호는 부적법 각하설 중 공권력행사성을 부인하는 별개의견을 취하였다.

◇ 각하(별개)의견

우리는 청구인들의 이 사건 심판청구를 모두 각하하여야 한다는 결론에는 동의하지만, 특히 청구인 김○형 등에 대하여는 권리보호이익을 부인할 것이 아니라 그 전 단계에서 이 사건 출석요구행위가 '공권력의 행사'로 볼 수 없다는 이유로 각하되어야 한다고 생각하므로(이 점에서 반대의견에 대한 반론을 겸하고자 한다), 아래와 같이 견해를 밝힌다.

(1) 헌법재판소법 제68조 제1항에 의한 헌법소원은 공권력의 행사 또는 불행사로 인하여 헌법상 보장된 기본권을 침해받은 자가 제기하는 권리구제수단이므로, 공권력의 행사를 대상으로 하는 헌법소원에 있어서는 적어도 기본권 침해의 원인이 되는 행위가 공권력의 행사에 해당하여야 한다. 여기에서 '공권력'이란 입법권·행정권·사법권을 행사하는 모든 국가기관·공공단체 등의 고권적 작용을 말하고, 그 행사 또는 불행사로 국민의 권리와 의무에 대하여 직접적인 법률효과를 발생시켜 청구인의 법률관계 내지 법적 지위를 불리하게 변화시키는 것이어야 한다(헌재 2012. 2. 23. 2008헌마500). 따라서 공권력의 행사로 인하여 헌법소원을 청구하고자 하는 사람의 법적 지위에 아무런 영향을 미치지 않는다면 애당초 기본권 침해의 가능성이나 위험성이 없으므로 그 공권력의 행사를 대상으로 헌법소원을 청구하는 것은 허용되지 아니 한다(헌재 1999. 5. 27. 97헌마368; 헌재 1999. 6. 24. 97헌마315 참조).

검사 또는 사법경찰관 등 수사기관의 피의자나 피내사자에 대한 출석요구가 고권적 작용임은 부정할 수 없다. 그러나 그 출석요구로 국민의 권리와 의무에 대하여 직접적인 법률효과를 발생시켜 국민의 법률관계 내지 법적 지위를 불리하게 변화시키는 것인지는 의문이다.

형사소송법 제200조에 근거한 검사의 출석요구는 주로 피의자의 진술을 청취하기 위하여 행하여지며, 범죄 혐의의 유무를 명백히 밝혀 공소를 제기·유지할 것인가의 여부를 결정하기 위하여 범인을 발견·확보하고 증거를 수집·보전하는 수사단계에서 이루어진다. 형사소송법은 "수사에 관하여는 그 목적을 달성하기 위하여 필요한 조사를 할 수 있다. 다만, 강제처분은 이 법률에 특별한 규정이 있는 경우에 한하며, 필요한 최소한도의 범위안에서만 하여야 한다."(법 제199조 제1항)고 규정함으로써 임의수사의 원칙과 강제처분법정주의를 천명하고 있다.

피의자신문은 검사 또는 사법경찰관이 수사에 필요한 때에 피의자에게 출석을 요구하여 피의자로부터 진술을 듣는 것으로서, 수사기관이 피의자의 진술을 통하여 직접 증거를 수집하는 절차일 뿐만 아니라, 피의자가 자신에게 유리한 사실을 주장할 기회를 제공하는 의미도 가진다. 이러한 피의자신문은 당사자의 협조가 있어야만 이루어질 수 있는 임의수사의 방식이고, 피의자신문 절차의 출발인 검사의 출석요구 역시 상대방의 임의적인 동의나 승낙을 기대하여 행하는 것이므로 강제력이 개입되지 아니한다. 검사의 출석요구를 받은 상대방은 출석의무가 없어 출석을 거부할 수 있고, 출석 시기 등을 조율하여 출석할 수 있으며, 출석한 이후에도 언제든지 퇴거할 수 있다.

또한 검사의 출석요구는 피의자신문의 전단계에 불과하여 독자적인 의미가 있다고 볼 수 없다. 즉, 출석요구는 진술청취 등을 행하기 위한 준비단계에 불과하고, 종국적인 처분으로서의 성격도 없으므로 검사의 출석요구를 독립하여 헌법소원의 청구대상으로 인정할 실익도 없다.

헌법재판소는 '현재 수사 중인 사건'에 대하여는 특단의 사정이 없는 한 헌법소원 심판의 대상으로서 구체적인 공권력의 행사 또는 불행사가 있다고 볼 수 없으므로 이에 대한 헌법소원심판청구는 부적법하다고 하였고(헌재 1989. 9. 11. 89헌마169), 검사의 '공소제기'가 청구인(피고인)의 기본권을 침해하는지의 여부는 당해 형사절차에 의하여 권리구제가 가능하므로 형사재판을 위한 사전준비행위로서의 기소처분은 독립하여 헌법소원심판의 청구대상이 될 수 없다고 하였다(헌재 1992. 12. 24. 90헌마158). 하물며 공소제기 전의 수사 중 또는 내사 단계인 이 사건에서의 청구인 김○형 등에 대한 '출석요구행위'의 경우에 있어서랴!

따라서 피청구인들이 청구인 김○형 등에게 출석을 요구하였다고 하더라도 그로 인하여 청구인 김○형 등에게 출석의무와 같은 직접적인 법률효과를 발생시키지 않고, 상대방이 이에 대하여 심리적인 부담을 가진다는 점만으로 출석이 강제된다거나 어떠한 법률상 불이익이 발생하였다고 볼 수 없으며, 피청구인들은 청구인 김○형 등이 출석에 불응한다는 이유만으로 구인하거나 제재 등 불이익조치를 취할 수도 없다.

이에 대하여 청구인들은 검사의 출석요구에 불응하면 검사가 체포영장을 발부받아 피의자를 체포할 수 있으므로 공권력의 행사라는 취지로 주장한다. 그러나 체포영장이 발부되기 위해서는 수사기관의 출석요구에 정당한 이유 없이 응하지 아니한 것만으로는 부족하고 범죄 혐의나 체포의 필요성 등에 대한 소명이 있어야 하며 판사의 사법적 심사를 통한 발부행위가 별도로 필요하므로, 무분별한 체포에 대한 견제장치가 마련되어 있다. 더욱이 체포된 피의자 등은 형사소송법 제214조의2에 규정되어 있는 '체포적부심사'를 통하여 다툴 수 있다.

한편, 이 사건에서 청구인 김○형 등이 침해되었다고 주장하는 기본권은 검사가 그들에 대한 수사를 개시함으로써 발생하는 것이지 검사의 출석요구로 발생하였다고 보기 어렵고, 검사의 출석요구의 위헌성 여부를 심사하는 기준 또한 수사의 적법 여부를 가르는 기준과 별반 다를 바가 없으므로, 헌법재판소에서 검사의 출석요구의 위헌성 여부를 심사한다는 것은 결국 개개의 출석요구행위의 적법 여부를 심사한다는 것이 되어 형사소송법 제200조에서 규정한 '피의자의 출석요구'라는 수사방법에 대한 어떠한 헌법적 정당성 여부의 해명을 하지 못하고, 오히려 수사기관으로 하여금 수사의 개시 여부 내지 출석요구행위의 당부를 일일이 헌법재판소의 결정을 통하여 허락받으라는 것이 되어 바람직하지 않다.

(2) 그동안 헌법재판소는, ① 강제력이 개입되지 아니한 임의수사에 해당하는 경우에는 헌법재판소법 제68조 제1항에 의한 헌법소원의 대상이 되는 공권력의 행사에 해당하지 아니한다고 하였고(헌재 2012. 8. 23. 2010헌마439), ② 같은 맥락에서 고소·고발인에 대한 경찰의 출석요구(헌재 2012. 1. 17. 2011헌마853; 헌재 2014. 3. 25. 2014헌마207), 근로감독관의 진정인에 대한 출석요구(헌재 2013. 5. 28. 2013헌마300) 등 사건에서, 고소·고발·진정인 등 참고인이 수사관서로부터 출석요구를 받더라도 반드시 응하여야 할 의무가 있다고 볼 수 없고, 출석요구로 인하여 참고인의 법적 지위나 권리의무에 불이익이 발생한다고 보기 어려우므로, 수사기관의 참고인에 대한 출

석요구는 헌법소원의 대상이 되는 공권력의 행사에 해당하지 아니한다고 하였으며, ③ 나아가 특별사법경찰관인 수원출입국관리사무소장의 출석요구로 피내사자의 기본권이 침해될 가능성이 없으므로 위 출석요구는 공권력 행사에 해당한다고 볼 수 없다고 하였다(헌재 2011. 9. 29. 2009헌마358).

이와 같은 수사기관의 고소·고발·진정인 등 참고인에 대한 출석요구와 피의자에 대한 출석요구는 모두 강제력이 개입되지 아니한 임의수사의 방식으로서 단지 심리적 부담의 강약 정도의 차이만 있을 뿐 공권력 행사성의 개념적 징표를 포함하지 않는다는 점에서는 차이가 없다. 반대의견은, 참고인은 피의자나 피내사자의 경우와 달리 불출석하더라도 체포영장 발부와 같은 불이익이 초래될 염려가 없기 때문에 심리적 강제 효과가 없다는 점을 논거로 삼고 있으나, 앞에서 살펴본 바와 같이 체포영장의 발부는 별도의 절차이어서 출석요구 단계에서 차이점이 될 수 없을 뿐만 아니라 심리적 부담이나 압박은 어떠한 법률적 강제라고 보기도 어렵다. 더욱이 검사는 형사소송법 제221조의2 제1항에 근거하여 범죄의 수사에 없어서는 아니될 사실을 안다고 명백히 인정되는 자가 형사소송법 제221조에 의한 출석 또는 진술을 거부하는 경우에는 제1회 공판기일 전에 한하여 증인신문을 청구할 수 있고, 위와 같은 제1회 공판기일 전의 증인신문절차에서는 참고인에게 출석의무가 발생할 뿐만 아니라 참고인이 출석을 거부할 경우에는 구인되거나 과태료가 부과될 수도 있으므로, 참고인에게 피의자나 피내사자의 경우와 달리 불출석하더라도 불이익이 초래될 염려가 없다고 볼 수 없다. 따라서 체포영장이 발부될 수 있다는 점이, 수사기관의 참고인에 대한 출석요구에 대하여는 공권력 행사성을 부인하면서 피의자에 대한 출석요구에 대하여는 공권력 행사성을 인정하는 기준이 될 수 없다. 헌법재판소는 수사기관이 '체포영장 발부를 청구하는 행위'는 독립적으로 헌법소원심판의 대상이 될 수 없다고 판시한 바도 있다(헌재 2005. 7. 19. 2005헌마637 참조).

(3) 그렇다면 이 사건 출석요구행위가 청구인 김○형 등의 권리와 의무에 대하여 직접적인 법률효과를 발생시켰다거나 청구인 김○형 등의 법률관계 내지 법적 지위를 불리하게 변화시켰다고 볼 수 없어 헌법재판소법 제68조 제1항에서 말하는 '공권력의 행사'에 해당하지 아니하므로, 청구인 김○형 등의 이 사건 심판청구는 모두 부적법하다.

4. 형집행법, 수형자 관련

◇ 위헌의견을 취한 사례

▸ 수형자인 청구인이 헌법소원 사건의 국선대리인인 변호사를 접견함에 있어서 그 접견내용을 녹음, 기록한 피청구인(○○교도소장)의 행위가 청구인의 재판을 받을 권리를 침해하는지 여부(적극:소극 7:2, 2013. 9. 26. 2011헌마398; 공보 204호 1379면)

▸ 피청구인(○○구치소장)이 미결수용자의 신분으로 ○○구치소에 수용되었던 기간 중 청구인의 조사수용 내지 징벌(금치)집행 중이었던 기간을 제외한 기간 및 미지정 수형자(추가 사건이 진행 중인 자 등)의 신분으로 수용되어 있던 기간 동안, 교정시설 안에서 매주 화요일에 실시하는 종교집회 참석을 제한한 행위가 청구인의 종교의 자유를 침해하였는지 여부(전원 적극, 2014. 6. 26. 2102헌마782; 공보 213호 1152면)

▸ 수형자와 소송대리인인 변호사의 접견을 일반 접견에 포함시켜 시간은 30분 이내로, 횟수는 월 4회로 제한한 구 '형의 집행 및 수용자의 처우에 관한 법률('형집행법') 시행령' 규정이 청구인의 재판청구권을 침해하는지 여부(적극:소극 8:1, 2015. 11. 26. 2012헌마858; 공보 230호 1819면)

▸ 금치기간 중 실외운동을 원칙적으로 제한하는 형집행법 제112조 제3항 본문 중 제108조 제13호에 관한 부분이 청구인의 신체의 자유를 침해하는지 여부(전원 적극, 2016. 5. 26. 2014헌마45: 공보 236호 931면)

◇ 합헌의견을 취한 사례

▸ 변호사와 접견하는 경우에도 수용자의 접견은 원칙적으로 접촉차단시설이 설치된 장소에서 하도록 규정하고 있는 '형집행법 시행령' 제58조 제4항이 과잉금지원칙에 위배하여 재판청구권을 침해하는지 여부(적극:소극 7:2, 2013. 8. 29. 2011헌마122; 공보 203호 1179면)

- 피청구인(○○교도소장)이 교도소 독거실 내 화장실 창문과 철격자 사이에 안전 철망을 설치한 행위가 청구인의 환경권, 인격권 등 기본권을 침해하는지 여부(전원 소극, 2014. 6. 26. 2011헌마150; 공보 213호 1108면)
- 금치기간 중 집필을 금지하도록 한 형집행법 제112조 제3항 본문 중 미결수용자에게 적용되는 제108조 제10호에 관한 부분('집필제한조항')이 청구인의 표현의 자유를 침해하는지 여부(소극:적극 5:4), 금치기간 중 서신수수를 금지하도록 한 형집행법 제112조 제3항 본문 중 미결수용자에게 적용되는 제108조 제11호에 관한 부분('서신수수제한조항')이 청구인의 통신의 자유를 침해하는지 여부(전원 소극)(2014. 8. 28. 2012헌마623; 공보215호 1402면)
- ○○교도소장이 징벌혐의의 조사를 위하여 14일간 청구인을 조사실에 분리수용하고 공동행사참가 등 처우를 제한한 행위('분리수용 및 처우제한')가 적법절차원칙에 위반되는지 여부, 과잉금지원칙에 위반되어 청구인의 신체의 자유 등 기본권을 침해하는지 여부, 징벌혐의의 조사를 받고 있는 청구인이 변호인 아닌 자와 접견할 당시 교도관이 참여하여 대화내용을 기록하게 한 행위가 청구인의 사생활의 비밀과 자유를 침해하는지 여부, 청구인이 제출한 소송서류의 발송일자 등을 소송서류 접수 및 전달부에 등재한 행위가 청구인의 개인정보자기결정권을 침해하는지 여부(전원 소극, 2014. 9. 25. 2012헌마523; 공보 216호 1583면)
- 피청구인 ○○구치소장이 2012. 12. 21.부터 2013. 4. 5.까지 ○○구치소 내 미결수용자를 대상으로 한 개신교 종교행사를 4주에 1회, 일요일이 아닌 요일에 실시한 행위가 청구인의 종교의 자유를 침해하는지 여부(전원 소극, 2015. 4. 30. 2013헌마190; 공보 223호 729면)
- 미결수용자가 교정시설 내에서 규율위반행위 등을 이유로 금치처분을 받은 경우 금치기간 중 서신수수, 접견, 전화통화를 제한하는 형집행법 규정이 청구인의 통신의 자유를 침해하는지 여부(전원 소극), 금치처분을 받은 미결수용자에게 금치기간 중 집필을 제한하는 형집행법 규정이 청구인의 표현의 자유를 침해하는지 여부(소극:적극 5:4), 금치처분을 받은 미결수용자에게 금치기간 중 신문 및 자비구매도서 열람제한을 함께 부과하는 형집행법 규정이 청구인의 알 권리를 침해하는지 여부(신문열람제한에 관하여 소극:적극 6:3), ○○구치소

장이 CCTV를 이용하여 계호한 행위가 청구인의 사생활의 비밀과 자유를 침해하는지 여부(전원 소극), 교도소장 또는 구치소장이 청구인에 대한 규율위반사유와 징벌처분의 내용 등을 양형참고자료로 관할 법원에 통지한 행위가 청구인의 개인정보자기결정권을 침해하는지 여부(법률상 근거 없다는 이유로 인용: 개인정보보호법에서 통보행위의 근거를 찾을 수 있다는 이유로 기각: 통보행위는 국가기관 상호간의 내부적인 사실행위에 불과하여 공권력 행사성을 인정할 수 없다는 이유로 각하 5:2:2)(2016. 4. 28. 2012헌마549등; 공보 235호 766면)

- 구치소장이 변호인접견실에 CCTV를 설치하여 미결수용자와 변호인 간의 접견을 관찰한 행위가 법률유보원칙에 위배되거나 변호인의 조력을 받을 권리를 침해하는지 여부(전원 소극), 교도관이 미결수용자와 변호인 간에 주고받는 서류를 확인하고, 소송관계서류처리부에 그 제목을 기재하여 등재한 행위가 법률유보원칙에 위배되거나 변호인의 조력을 받을 권리, 개인정보자기결정권을 침해하는지 여부(전원 소극)(2016. 4. 28. 2015헌마243; 공보 235호 799면)
- 수용자가 작성한 집필문의 외부반출을 금지하는 형집행 조항이 수용자의 통신의 자유를 침해하는지 여부(전원 소극, 2016. 5. 26. 2013헌바98; 공보 236호 898면)
- 금치기간 중 공동행사 참가를 정지하는 형집행법 제112조 제3항 본문 중 제108조 제4호에 관한 부분이 청구인의 통신의 자유, 종교의 자유를 침해하는지 여부(전원 소극), 금치기간 중 텔레비전 시청을 제한하는 형집행법 제112조 제3항 본문 중 제108조 제6호에 관한 부분이 청구인의 알 권리를 침해하는지 여부(소극:적극 6:3), 금치기간 중 신문·도서·잡지 외 자비구매물품의 사용을 제한하는 형집행법 제112조 제3항 본문 중 제108조 제7호에 관한 부분이 청구인의 일반적 행동의 자유를 침해하는지 여부(전원 소극)(2016. 5. 26. 2014헌마45: 공보 236호 931면)
- ㅇㅇ교도소 수용자의 동절기 취침시간을 21:00으로 정한 피청구인 교도소장의 행위가 청구인의 일반적 행동자유권을 침해하는지 여부(전원 소극, 2016. 6. 30. 2015헌마36; 공보 237호 1117면)
- 미결수용자가 자비로 구매한 흰색 러닝셔츠 1장을 허가 없이 다른 색으로 물들여 소지하고 있던 것을 형집행법 제92조 소정의 금지물품에 해당한다고 보아 같은 법 제93조 제5항에 따라 폐기한 행위에 대한 헌법소원심판청구가 예

외적으로 심판청구의 이익이 인정되는지 여부(소극:적극 6:3, 2016. 10. 27. 2014헌마626; 공보 241호 1689면)

- 형집행법 제41조 제2항 제1호, 제3호 중 '미결수용자의 접견내용의 녹음·녹화'에 관한 부분이 과잉금지원칙에 위배되어 청구인의 사생활의 비밀 및 통신의 자유를 침해하는지 여부(전원 소극, 2016. 11. 24. 2014헌바401; 공보 242호 1851면)
- 교도소 수용거실에 조명을 켜 둔 행위가 청구인의 인간으로서의 존엄과 가치 등 기본권을 침해하는지 여부(전원 소극, 2018. 8. 30. 2017헌마440; 공보 263호 1556면)

[82] 재판의 형태와 사복착용의 허부에 관한 위헌확인 사건

(2015. 12. 23. 2013헌마712)

◇ 사안과 쟁점

청구인은 무고 등의 죄로 대법원에서 징역 3년의 유죄판결이 확정되었다. ○○구치소에 수용되어 있을 당시 자신이 피고인인 별건 형사재판(수원지방법원)과 원고인 민사재판(서울동부지방법원)과 관련하여, 위 대법원 판결이 확정되기 전까지는 '형의 집행 및 수용자의 처우에 관한 법률'(이하 '형집행법') 제82조에 의하여 사복을 착용하고 법정에 출석할 수 있었으나, 판결이 확정된 이후에는 미결수용자가 아니라는 이유로 사복착용이 불허되었다. 이에 청구인은 주위적으로 위 법률조항의 위헌확인을 구하고, 예비적으로 위 사복착용 불허행위의 위헌확인을 구하는 헌법소원심판을 청구하였다.

쟁점은, 형사재판의 피고인으로 출석하는 수형자에 대하여 사복착용을 허용하는 형집행법 제82조를 준용하지 아니한 것이 위헌인지 여부, 민사재판의 당사자로 출석하는 수형자에 대하여 사복착용을 허용하는 형집행법 제82조를 준용하지 아니한 것이 위헌인지 여부이다(2015. 12. 23. 2013헌마712; 공보 231호 179면). 전자에 대하여는 전원 일치 위헌의견이고, 후자에 대하여는 합헌:위헌이 6:3으로 갈렸다. 재판관 조용호는 주심으로 전자에 대한 법정의견과 후자에 대한 합헌의견을 집필하였다.

◇ 형사: 법정(위헌)의견/민사: 법정(합헌)의견

가. 문제되는 기본권

심판대상조항이 형사재판의 피고인 및 민사재판의 당사자로 출석하는 수형자에 대하여 형집행법 제82조를 준용하지 아니함으로써 청구인은 재소자용 의류를 입고 일반에게 공개된 재판에 출석하여야 하는데, 이로 인하여 청구인의 공정한 재판을 받을 권리, 인격권 및 행복추구권이 침해되는지 여부가 문제된다.

한편 청구인은 심판대상조항이 미결수용자가 재판 출석 시 사복을 착용할 수 있는 것과 비교하여 청구인을 자의적으로 차별취급한다고 주장하나, 이에 대해서는 공정한 재판을 받을 권리 등에 관한 과잉금지원칙 위반 여부를 판단하면서 함께 논의될 수 있는 성질의 것이므로, 위 주장에 대해서는 별도로 판단하지 아니한다.

나. 형사재판에 피고인으로 출석하는 수형자에 대하여 사복착용을 불허하는 것의 기본권 침해 여부

(1) 목적의 정당성 및 수단의 적합성

수형자가 재소자용 의류가 아닌 사복을 입고 법정에 출석하게 되면 일반 방청객들과 구별이 어려워 도주할 우려가 있고, 실제 도주를 하면 일반인과 구별이 어려워 이를 제지하거나 체포하는 데에도 어려움이 있다. 수형자가 형사재판의 피고인으로 출석할 경우 재소자용 의류를 입게 하는 것은 이와 같은 도주예방과 교정사고 방지에 필요하고도 유용한 수단이므로, 그 목적의 정당성과 수단의 적합성은 인정된다.

(2) 침해의 최소성

국가형벌권은 국가권력 중에서 가장 강력하고 그 대상자에게 가혹한 강제력을 수반하며, 형사재판은 이러한 형벌권의 적정한 실현을 목적으로 하는 절차로서 대등한 주체 사이의 민사적 분쟁해결을 목적으로 하는 민사소송 등 다른 소송절차와는 그 목적과 수단 등에 있어 본질적인 차이가 있다(헌재 2013. 2. 28. 2010헌바450등). 이러한 형사재판에서 피고인의 불리한 지위를 감안하여 우리 헌법은 제12조에서 죄형법정주의의 원칙(제1항), 진술거부권(제2항), 변호인의 조력을 받을 권리(제4항) 등을 규정하여 피고인의 방어권 행사와 관련하여 특별한 보호를 하고 있고, 헌법 제27조 제4항은 "형사피고인은 유죄의 판결이 확정될 때까지 무죄로 추정된다."라고 하여 무죄추정의 원칙을 선언하고 있는바, 이는 언제나 불리한 처지에 놓여 인권이 유린되기 쉬운 피고인의 지위를 옹호하여 형사절차에서 그들의 불이익을 필요한 최소한에 그치게 하자는 것으로서 인간의 존엄성 존중을 궁극의 목표로 하는 헌법이념에서 나온 것이다(헌재 1992. 1. 28. 91헌마111; 헌재 2010. 9. 2. 2010헌마418 참조).

비록 수형자라 하더라도 확정되지 않은 별도의 형사재판에서만큼은 미결수용자와 같은 지위에 있는 것이므로, 그를 죄 있는 자에 준하여 취급함으로써 법률적·사실적 측면에서 유형·무형의 불이익을 주어서는 아니 된다. 그런데 이러한 수형자로 하여금 형사재판 출석 시 아무런 예외 없이 사복착용을 금지하고 재소자용 의류를 입도록 하여 인격적인 모욕감과 수치심 속에서 재판을 받도록 하는 것은, 그 재판과 관련하여 미결수용자의 지위임에도 이미 유죄의 확정판결을 받은 수형자와 같은 외관을 형성하게 함으로써 재판부나 검사 등 소송관계자들에게 유죄의 선입견을 줄 수 있는 등 무죄추정의 원칙에 위배될 소지가 크다.

한편, 무죄추정의 원칙으로 인하여 불구속재판이 원칙이고, 예외적으로 피고인이 도망할 우려가 있거나 증거를 인멸할 우려가 있는 때에 한하여 구속재판이 허용될 따름이다. 구속된 피고인, 즉 미결수용자는 그것만으로도 불안, 공포, 절망 등 불안정한 상태에 빠지게 되고, 수입상실, 사회활동의 억제, 명예의 추락 등 많은 불이익을 입게 되는데, 형사재판에 피고인으로 출석하는 수형자의 경우에는 별건 형사재판이 유죄로 확정되었다는 사정에 의해 구속 사유의 유무에 관계없이 위와 같은 미결수용자보다 더 열악한 지위에 처하게 된다. 따라서 수형자로 하여금 별건 형사재판에서 미결수용자와 달리 사복을 입지 못하도록 하는 것은, 이미 수형자의 지위로 인해 크게 위축된 피고인으로 하여금 인격적 모욕감과 수치심 속에서 형사재판을 받도록 하는 것으로써 피고인의 방어권을 필요 이상으로 제약하므로 실체적 진실의 발견을 저해할 우려가 크고, 공정한 재판을 받을 권리, 인격권 및 행복추구권을 지나치게 제한하게 된다.

수형자의 경우에도 기본권 제한은 형의 집행과 도주의 방지라는 구금의 목적과 관련한 신체의 자유와 거주이전의 자유 등 일부 기본권에 한정되어야 하며, 그 역시 필요한 범위를 벗어날 수 없다(헌재 2004. 12. 16. 2002헌마478). 수형자도 미결인 형사재판과 관련해서는 변호인과의 자유로운 접견 및 서신수수를 할 수 있고, 징벌대상자로서 조사를 받거나 징벌 집행 중에도 소송서류의 작성, 변호인과의 접견·서신수수, 그 밖의 수사 및 재판 과정에서의 권리행사를 할 수 있는 것처럼(형집행법 제88조, 제84조, 제85조), 미결인 형사재판에 출석한 상황에서만큼은 어디까지나 미결수용자와 동일한 지위에 있으므로, 도주 및 교정사고의 방지를 위해 불가피하지 않는 한 미결수용자와 같이 사복을 착용할 수 있도록 하는 것이 형사소송에서 당사자 대등주의에도 부합하고 공정한 재판을 받을 권리를 보다 충실히 보장하는 길이다.

그런데 헌법재판소가 1999. 5. 27. 미결수용자의 재판 출석 시 사복착용금지가 위헌임을 확인한 이후(97헌마137등), 미결수용자는 형사재판에 참석할 때 사복을 착용할 수 있게 되었는바(형집행법 제82조), 형사재판에 피고인으로 출석하는 수형자의 사복착용을 추가로 허용함으로써 통상의 미결수용자와 구별되는 별도의 계호상의 문제점이 발생된다고 보기 어렵다. 설령 사복착용의 허용으로 계호상의 부담이 증가한다 하더라도, 이동 중에는 재소자용 의류를 입고 형사재판 출석을 위하여 구치감에서 대기할 때 사복으로 갈아입도록 하는 등 다른 수단도 충분히 가능하다.

나아가 형집행법 제82조 단서와 같이 도주우려가 크거나 특히 부적당한 사유가 있는 경우에는 사복착용을 제한함으로써 도주 및 교정사고의 위험을 줄일 수 있으므로 형사재판과 같이 피고인의 방어권 보장이 절실한 경우조차 아무런 예외 없이 일률적으로 사복착용을 금지하는 것은 침해의 최소성 원칙에 위배된다.

(3) 법익의 균형성

심판대상조항을 통한 도주예방 및 교정사고 방지라는 공익보다는 수형자가 열악한 지위에서 형사재판을 받으면서 재소자용 의류를 착용함으로써 입는 인격적 모욕감과 수치심은 매우 크다고 할 것이고, 이를 통해 방어권 행사를 제대로 할 수 없고 무기대등의 원칙이 훼손될 위험도 있으므로 심판대상조항은 법익의 균형성 원칙에도 위배된다.

(4) 소 결

따라서 심판대상조항이 형사재판의 피고인으로 출석하는 수형자에 대하여 형집행법 제82조를 준용하지 아니한 것은 과잉금지원칙에 위반되어 청구인의 공정한 재판을 받을 권리, 인격권, 행복추구권을 침해한다.

다. 민사재판에 당사자로 출석하는 수형자에 대하여 사복착용을 불허하는 것의 기본권 침해 여부

(1) 공정한 재판을 받을 권리 침해 여부

무죄추정의 원칙이나 방어권은 원칙적으로 형사재판에서 문제되는 기본권인데, 여기서 문제되는 것은 형사재판이 아니라 청구인이 자신의 민사상 분쟁을 해결하기 위하여 당사자로 출석하는 민사재판이다.

그런데 민사재판에서 법관이 당사자의 복장, 즉 사복이 아니라 재소자용 의류를 입었다는 이유로 불리한 심증을 갖거나 불공정한 재판진행을 하게 될 우려가 있다고 볼 수는 없으므로, 심판대상조항이 민사재판의 당사자로 출석하는 수형자에 대하여 사복착용을 불허하는 것(이하 '심판대상조항의 민사재판 출석 시 사복착용 불허'라 한다)으로 인하여 공정한 재판을 받을 권리가 침해되는 것은 아니다.

(2) 인격권과 행복추구권 침해 여부

심판대상조항의 민사재판 출석 시 사복착용 불허는 시설 바깥으로의 외출이라는 기회를 이용한 도주를 예방하기 위한 것으로서 그 목적이 정당하고, 사복착용의 불허는 위와 같은 목적을 달성하기 위한 적합한 수단이 된다.

그런데 수형자가 민사법정에 출석하기까지 도주 및 교정사고의 방지를 위해 교도관이 반드시 동행하여야 하므로 수용자의 신분은 의복의 종류에 관계없이 드러나게 되어 있어 재소자용 의류를 입었다는 이유로 인격권과 행복추구권이 제한되는 정도는 제한적이다. 또한 수형자가 재판에 참석하기 위하여 수용 시설 외부로 나가는 경우에는 시설 내에 수용되어 있을 때에 비하여 도주의 우려가 높아진다. 시설 내에 있을 때와는 달리 동행 교도관이나 교정설비의 한계로 인하여 구금기능이 취약해질 수밖에 없는 상황에서, 사복은 도주의 의지를 불러일으킬 수 있고 도주를 용이하게 하거나 도주를 감행했을 때 체포도 상대적으로 어렵게 만들 수 있는데, 특히 형사법정 이외의 법정 출입 방식은 미결수용자와 교도관 전용 통로 및 시설이 존재하는 형사재판과 다르고, 계호의 방식과 정도도 확연히 다르다. 도주를 예방하기 위해 계구를 사용하는 것도 아니므로, 심판대상조항의 민사재판 출석 시 사복착용 불허는 침해의 최소성 및 법익균형의 원칙에도 위반되지 아니한다.

비교법적으로 보더라도, 독일과 일본의 행형에 관한 법령에 따르면 수용자가 외출할 때 사복착용을 허가할지 여부는 교도소장의 재량사항으로 규정되어 있으며, 미국에서는 연방규칙에 법정 출석 등 임시외출의 허가 여부가 교도소장의 재량사항으로 규정되어 있을 뿐이다(헌재 2011. 2. 24. 2009헌마209 참조).

따라서 심판대상조항의 민사재판 출석 시 사복착용 불허는 과잉금지원칙에 위배되어 청구인의 인격권과 행복추구권을 침해한다고 볼 수 없다.

제 8 장

민사법, 가사법 관련

일반 사건에서의 의견

◇ 위헌의견을 취한 사례

▸ 임대차 존속기간을 20년으로 제한한 민법 제651조 제1항이 계약의 자유를 침해하는지 여부(적극:소극 6:3, 2013. 12. 26. 2011헌바234; 공보 207호 104면)

▸ 혼인 종료 후 300일 이내에 출생한 자를 전남편의 친생자로 추정하는 민법 제844조 제2항이 모가 가정생활과 신분관계에서 누려야 할 인격권, 혼인과 가족생활에 관한 기본권을 침해하는지 여부(적극:소극 6:3, 2015. 4. 30. 2013헌마623; 공보 223호 745면)

◇ 합헌의견을 취한 사례

① 민 법

▸ 권리남용금지를 규정한 민법 제2조 제2항이 추상적이고 광범위한 의미를 가지는 용어를 사용하여 헌법상 명확성원칙에 위배되는지 여부, 토지소유자의 재산권을 침해하는지 여부(전원 소극, 2013. 5. 30. 2012헌바335; 공보 200호 654면)

▸ 총사원 4분의 3 이상의 동의가 있으면 사단법인을 해산할 수 있도록 규정한 민법 제78조 전문이 결사의 자유를 침해하는지 여부(전원 소극, 2017. 5. 25. 2015헌바260; 공보 248호 520면)

▸ 민법 제166조 제1항, 제766조, 국가재정법 제96조 제2항, 구 예산회계법 제96조 제2항이 일반적인 공무원의 직무상 불법행위로 손해를 받은 국민의 손해배상청구에 관한 소멸시효 기산점과 시효기간을 정하고 있는 것이 국가배상청구권을 침해하여 위헌인지 여부(전원 소극), 민법 제166조 제1항, 제766조 제2항 중 '진실·화해를 위한 과거사정리 기본법' 제2조 제1항 제3호의 '민간인 집단 희생사건', 제4호의 '중대한 인권침해사건·조작의혹사건'에 적용되는 부분이 국가배상청구권을 침해하여 위헌인지 여부(적극:소극 6:3)(2018. 8. 30. 2014헌바148등; 공보 263호 1394면): 적극설은 민법 제166조 제1항, 제766조 제2

항의 객관적 기산점을 과거사정리법 제2조 제1항 제3, 4호의 민간인 집단희생사건, 중대한 인권침해·조작의혹사건에 적용하도록 규정하는 것은, 소멸시효제도를 통한 법적 안정성과 가해자 보호만을 지나치게 중시한 나머지 합리적 이유 없이 위 사건 유형에 관한 국가배상청구권 보장 필요성을 외면한 것으로서 입법형성의 한계를 일탈하여 청구인들의 국가배상청구권을 침해한다는 것이고, 소극설은 당해사건 재판의 기초가 되는 사실관계의 인정이나 평가 또는 개별적·구체적 사건에서의 법률조항의 단순한 포섭·적용에 관한 법원의 해석·적용이나 재판결과를 다투는 것에 불과하므로, 재판소원을 금지하는 헌법재판소법 제68조 제1항의 취지에 비추어 부적법하다는 것이다.

- 20년간 소유의 의사로 평온, 공연하게 부동산을 점유하는 자는 등기함으로써 그 소유권을 취득하는 내용의 민법 제245조 제1항이 재산권 보장에 관한 헌법 제23조 제1항에 위반되는지 여부(전원 소극, 2013. 5. 30. 2012헌바387; 공보 200호 659면)
- 국가를 부동산 점유취득시효의 주체에서 제외하지 않은 민법 제245조 제1항이 부동산 소유자의 재산권을 침해하는지 여부 및 위 규정이 부동산 소유자의 평등권을 침해하는지 여부(전원 소극, 2015. 6. 25. 2014헌바404; 공보 225호 1018면)
- 등기부취득시효를 규정한 민법 제245조 제2항이 청구인의 재산권을 침해하는지 여부(전원 소극, 2016. 2. 25. 2015헌바257; 공보 233호 406면)
- 법정이율을 연 5분으로 정한 민법 제379조가 채무자의 재산권을 침해하는지 여부(전원 소극, 2017. 5. 25. 2015헌바421; 공보 248호 531면)
- 보증인과 물상보증인 간의 변제자대위비율을 인원수에 비례하도록 정한 민법 제482조 제2항 제5호 제1문('변제자대위비율조항')이 합리적인 이유 없이 보증인과 물상보증인을 차별취급하여 평등원칙에 위배되는지 여부(전원 소극, 2015. 6. 25. 2013헌바201; 공보 225호 998면)
- 계약의 이행으로 받은 금전을 계약 해제에 따른 원상회복으로서 반환하는 경우 그 받은 날로부터 이자를 지급하도록 한 민법 제548조 제2항이 원상회복의무자의 재산권을 침해하는지 여부(전원 소극, 2017. 5. 25. 2015헌바421; 공보 248호 531면)

- 임차인의 파산관재인이 임대차계약을 해지한 경우 임대인의 손해배상청구를 제한하고 있는 민법 제637조 제2항 중 '파산관재인이 계약해지의 통고를 한 경우에 임대인의 손해배상청구'에 관한 부분이 청구인의 재산권을 침해하는지 여부, 위 조항이 임차인에 대한 회생절차가 개시된 경우와 달리 파산절차가 개시된 경우에만 임대인의 손해배상청구를 제한하는 것이 평등원칙에 위배되는지 여부(전원 소극, 2016. 9. 29. 2014헌바292; 공보 240호 1482면)
- 유류분산정의 기초재산에 증여가액을 가산하도록 규정한 민법 제1113조 제1항 중 '증여재산의 가액을 가산하고' 부분('가산조항')이 재산권을 침해하는지 여부, 민법 제1118조 중 '제1008조의 규정은 유류분에 이를 준용한다' 부분('준용조항')이 재산권 및 평등권을 침해하는지 여부(전원 소극, 2013. 12. 26. 2012헌바467; 공보 207호 126면)
- 제3자가 친생자관계의 생존 당사자 일방만을 상대로 하여 친생자관계 존재 확인의 소를 제기할 수 있도록 하는, 민법 제865조 제1항 중 제862조에 의하여 소를 제기할 수 있는 "이해관계인"이 친생자관계 존재 확인의 소를 제기할 수 있다고 한 부분 및 가사소송법 제28조 중 친생자관계 존부 확인의 소에 같은 법 제24조 제2항 중 "어느 한쪽이 사망한 경우에는 그 생존자를 상대방으로 한다."를 준용하는 부분이 청구인의 재판청구권을 침해하는지 여부(전원 소극, 2014. 2. 27. 2013헌바178; 공보 209호 481면)
- 중혼을 혼인취소의 사유로 정하면서 그 취소청구권의 제척기간 또는 소멸사유를 규정하지 않은 민법 제816조 제1호 중 "제810조의 규정에 위반한 때" 부분이 입법재량의 한계를 일탈하여 후혼배우자의 인격권 및 행복추구권을 침해하는지 여부(전원 소극, 2014. 7. 24. 2011헌바275; 공보 214호 1197면)
- 친생자관계 존부의 당사자가 사망한 경우 이해관계인이 그 사망을 안 날로부터 2년 내에 검사를 상대로 친생자관계부존재확인의 소를 제기할 수 있도록 한 민법 제865조 제2항 중 이해관계인이 검사를 상대로 친생자관계부존재확인의 소를 제기하는 경우에 관한 부분이 청구인의 행복추구권, 재판청구권 등을 침해하는지 여부(전원 소극, 2014. 3. 27. 2010헌바397; 공보 210호 577면)
- 친생부인의 소의 제척기간을 규정한 민법 제847조 제1항 중 "부(夫)가 그 사유가 있음을 안 날부터 2년내" 부분이 헌법에 위반되는지 여부(전원 소극,

2015. 3. 26. 2012헌바357; 공보 222호 504면)

- 민법 제1000조 제1항 제4호가 피상속인의 4촌 이내의 방계혈족을 최후순위 법정상속인으로 규정함으로써 피상속인의 특별연고자로서 상속재산분여청구로 나아갈 수 있는 자의 재산권을 침해하는지 여부(전원 소극, 2018. 5. 31. 2015헌바78; 공보 260호 848면)
- 공동상속인 중 피상속인으로부터 재산의 증여 또는 유증을 받은 자가 있는 경우에 그 수증재산이 자기의 상속분에 달하지 못한 때에는 그 부족한 부분의 한도에서 상속분이 있다고 규정하면서 특별수익자가 배우자인 경우 특별수익 산정에 관한 예외를 두지 아니한 민법 제1008조('특별수익자 조항')가 배우자인 상속인의 재산권을 침해하는지 여부, 상속재산분할에 관한 사건을 가사비송사건으로 분류하고 있는 가사소송법 제2조 제1항 제2호 나목 10)('가사비송 조항')이 상속재산분할에 관한 사건을 제기하고자 하는 자의 공정한 재판을 받을 권리를 침해하는지 여부(전원 소극, 2017. 4. 27. 2015헌바24; 공보 247호 456면)
- 실종기간이 구법 시행기간 중에 만료되는 때('실종기간 만료 시')에도 그 실종이 개정민법 시행일 후에 선고된 때('실종 선고 시')에는 상속에 관하여 개정민법의 규정을 적용하도록 한 민법 부칙 제12조 제2항이 신뢰보호원에 위배되어 재산권을 침해하는지 여부 및 평등원칙에 위배되는지 여부(전원 소극, 2016. 10. 27. 2015헌바203등; 공보 241호 1644면)

② 상법, 민사특별법

- 임차주택의 양수인이 임대인의 지위를 승계하도록 규정한 구 주택임대차보호법 제3조 제3항이 과잉금지원칙에 위반되는지 여부(전원 소극, 2017. 8. 31. 2016헌바146; 공보 251호 888면)
- 주식회사 이사의 회사에 대한 손해배상책임을 과실책임으로 규정하고, 고의 또는 과실의 입증책임을 이사의 책임을 주장하는 자에게 부담시키는 형식으로 규정된 상법 제399조 제1항이 입법형성권의 한계를 일탈하여 이사의 재산권을 침해하는지 여부(전원 소극, 2015. 3. 26. 2014헌바202; 공보 222호 527면)
- 주식의 포괄적 교환제도를 규정하고 있는 상법 제360조의2, 제360조의3 제1항 내지 제5항이 소수주주의 재산권, 평등권을 침해하는지 여부(전원 소극,

2015. 5. 28. 2013헌바82; 공보 224호 850면): '주식의 포괄적 교환'이라 함은, 회사(완전모회사가 되는 회사, '취득회사')가 다른 회사(완전자회사가 되는 회사, '대상회사')의 주주에 대하여 취득회사의 주식을 교부하고 그 대신 대상회사의 주식 전부를 취득회사에 이전시킴으로써 대상회사의 완전모회사가 되는 행위를 의미한다.

③ 민사소송법, 민사집행법

- 소송비용을 패소한 당사자가 부담하도록 규정한 민사소송법 제98조가 소송당사자의 재판청구권을 침해하는지 여부(전원 소극, 2018. 3. 29. 2017헌바56; 공보 258호 566면)
- 소취하간주의 경우 소송비용을 원칙적으로 원고가 부담하도록 한 민사소송법 제114조 제2항 중 제98조를 준용하는 부분 가운데 '소취하간주'에 관한 부분이 재판청구권을 침해하는지 여부, 소취하간주의 경우에도 변호사보수를 소송비용에 산입하도록 한 민사소송법 제109조 제1항 중 '소취하간주'에 관한 부분이 재판청구권을 침해하는지 여부(전원 소극, 2017. 7. 27. 2015헌바1; 공보 250호 717면)
- 민사소송법 제117조 제1항 제1문 중 "소장 · 준비서면, 그 밖의 소송기록에 의하여 청구가 이유 없음이 명백한 때 등 소송비용에 대한 담보제공이 필요하다고 판단되는 경우"에 관한 부분 및 제120조 제2항이 재판청구권을 침해하는지 여부(전원 소극, 2019. 4. 11. 2018헌바431; 공보 271호 521면)
- 소송구조의 요건을 규정한 민사소송법 제128조 제1항이 소송구조 신청인의 재판청구권을 침해하는지 여부(전원 소극, 2016. 7. 28. 2014헌바242등; 공보 238호 1209면)/소송구조에 대한 재판을 소송기록을 보관하고 있는 법원이 하도록 한 민사소송법 제128조 제3항이 소송구조 신청인의 공정한 재판을 받을 권리, 평등권을 침해하는지 여부(전원 소극, 2016. 7. 28. 2015헌마105등; 공보 238호 1249면)
- 송달받을 사람의 동거인이 정당한 사유 없이 송달받기를 거부하는 경우 유치송달을 할 수 있다고 규정한 민사소송법 제186조 제3항 중 '동거인'에 관한 부분에서 '정당한 사유' 부분이 명확성원칙에 위반되는지 여부, 위 '동거인'에 관한 부분이 당사자의 공정한 재판을 받을 권리를 침해하는지 여부(전원 소극,

2018. 7. 26. 2016헌바159; 공보 262호 1245면)

- 가집행선고부 판결이 실효되는 경우 가집행채권자에게 원상회복 및 손해배상 책임을 지게 하는 민사소송법 제215조 제2항이 자기책임원리에 위반되는지 여부(전원 소극, 2017. 5. 25. 2014헌바360; 공보 248호 512면)
- 항소심 기일에 2회 불출석한 경우 항소취하 간주를 규정한 민사소송법 제268조 제4항 중 같은 조 제2항을 준용하는 부분이 청구인의 재판청구권을 침해하는지 여부(전원 소극, 2013. 7. 25. 2012헌마656; 공보 202호 1027면)
- 매각허가결정에 대한 즉시항고 시 보증으로 매각대금의 10분의 1에 해당하는 금전 또는 유가증권을 공탁하도록 하고, 이를 증명하는 서류를 제출하지 않은 경우 결정으로 각하하도록 한 민사집행법 제130조 제3항, 제4항이 재판청구권을 침해하는지 여부(전원 소극, 2018. 1. 25. 2016헌바220; 공보 256호 298면/2018. 8. 30. 2017헌바87; 공보 263호 1433면)
- 채권자가 가압류법원이 정한 제소기간 이내에 본안의 소를 제기하였음을 증명하는 서류를 제출하지 아니한 경우 가압류를 취소하도록 규정한 민사집행법 제287조 제3항이 재산권을 침해하거나 적법절차원칙에 위반되는지 여부(전원 소극, 2014. 6. 26. 2013헌바74; 공보 213호 1102면)
- 민사집행법상 재산명시의무를 위반한 채무자에 대하여 법원이 결정으로 20일 이내의 감치에 처하도록 규정한 민사집행법 제68조 제1항이 청구인의 신체의 자유를 침해하는지 여부, 헌법상 명확성원칙에 위반되는지 여부, 적법절차원칙에 위반되는지 여부, 청구인의 양심의 자유, 진술거부권을 침해하는지 여부(전원 소극, 2014. 9. 25. 2013헌마11; 공보 216호 1602면)

④ 기 타

- 민사소송절차의 소장에 일률적으로 인지를 첩부하도록 하면서 인지액의 상한을 규정하지 아니한 '민사소송 등 인지법' 제1조 본문이 재판청구권을 침해하는지 여부(소극:적극 7:2, 2015. 6. 25. 2014헌바61; 공보 225호 1004면)
- 항소심에서 본소와 목적이 같은 반소장의 경우에 인지의 액수를 줄여주도록 규정한 '민사소송 등 인지법' 제4조 제2항 제2호가 평등원칙에 위반되는지 여부(전원 소극, 2018. 3. 29. 2017헌바56; 공보 258호 566면)

- 항소심 확정판결에 대한 재심소장에 붙일 인지액을 항소장에 붙일 인지액과 같게 정한 '민사소송 등 인지법' 조항이 재판청구권을 침해하는지 여부(소극:적극 5:3, 2017. 8. 31. 2016헌바447; 공보 251호 896면)
- 부마민주항쟁을 이유로 30일 미만 구금된 자를 보상금 또는 생활지원금의 지급대상에서 제외하는 '부마민주항쟁 관련자의 명예회복 및 보상 등에 관한 법률' 제21조 제1항('보상금 조항')과 제22조 제1항('생활지원금 조항')이 청구인의 평등권을 침해하는지 여부(소극:적극 7:2, 2019. 4. 11. 2016헌마418; 공보 271호 524면)

[83] 독신자의 친양자입양 불허 조항에 관한 위헌제청 사건

(2013. 9. 26. 2011헌가42)

◇ 사안과 쟁점

미혼 여성으로 의사인 제청신청인은 가족처럼 가깝게 지내던 박○식이 사망하자, 그의 처와 자녀 1,2에게 생활비를 지급하는 등 그 자녀들의 양육에 적극적으로 참여하며 가족 같은 관계를 유지하였다. 제청신청인은 위 유족들과 상의하여 자녀들의 복리를 위해서 제청신청인이 자녀들을 양육하는 것이 바람직하다고 결정하고 그 자녀들에 대하여 친양자 입양 청구를 하였는데, 가정법원은 제청신청인이 미혼이라는 이유로 그 청구를 각하하였다. 제청신청인은 다시 자녀 2에 대하여 친양자 입양 청구를 하고, 그 사건 계속 중 구 민법 제908조의2 제1항 제1호가 독신자는 친양자 입양을 할 수 없도록 규정하여 독신자의 평등권 및 행복추구권을 침해한다고 주장하면서 위헌법률심판제청신청을 하였고, 제청법원은 이를 받아들여 위헌법률심판을 제청하였다.

쟁점은, 원칙적으로 3년 이상 혼인 중인 부부만이 친양자 입양을 할 수 있도록 규정하여 독신자는 친양자 입양을 할 수 없도록 한 민법 제908조의2 제1항 제1호(이하 '심판대상조항')가 독신자의 평등권 및 가족생활의 자유를 침해하는지 여부이다(적극:소극 5:4, 2013. 9. 26. 2011헌가42; 공보 204호 1285면). 재판관 조용호는 주심으로 위헌의견을 집필하였다.

◇ 반대(위헌)의견

우리는 심판대상조항이 독신자의 평등권 및 가족생활의 자유를 침해하여 헌법에 위반된다고 보므로 다음과 같이 반대의견을 밝힌다.

(1) 평등권 침해 여부

(가) 심사기준과 입법목적의 정당성

평등권 침해 여부를 심사함에 있어 엄격한 심사척도에 의할 것인지, 완화된 심사척도에 의할 것인지는 입법자에게 인정되는 입법형성권의 정도에 따라 달라지는 바, 헌법에서 특별히 평등을 요구하고 있는 경우나 차별적 취급으로 인하여 관련 기본권에 대한 중대한 제한을 초래하게 되는 경우에는 입법형성권은 축소되고 보다 엄격한 심사척도가 적용되어야 한다(헌재 1999. 12. 23. 98헌마363).

현대 양자제도의 최고이념은 자녀의 복리실현이고, 양자제도의 목적은 무엇보다도 친생부모로부터 양육과 감호를 제공받을 수 없는 아이들을 위하여 영속적으로 안정된 가정을 제공하는 것이어야 한다. 친양자제도 또한 양자에게 친생자와 같은 양육환경을 만들어 주는 데 근본적인 목적이 있다(헌재 2012. 5. 31. 2010헌바87). 심판대상조항이 기혼자만 친양자 입양을 할 수 있도록 한 것은 친양자가 안정된 양육환경을 제공할 수 있는 가정에 입양되도록 하여 양자의 복리를 증진하기 위한 것이므로 그 목적의 정당성을 일단 수긍할 수 있다. 그러나 아래에서 보는 바와 같이 심판대상조항이 편친가정에 대한 사회적 편견에 기초한 것이라면 그 입법목적의 정당성조차 긍정할 수 없다.

(나) 차별취급의 적합성

1) 독신자에는 미혼자, 이혼한 사람, 배우자와 사별한 사람 등 다양한 유형의 배우자 없는 사람들이 포함된다. 독신자 중에서도 양육경험이 있는 사람, 양육경험은 없지만 경제적·사회적·정서적으로 안정된 사람 등은 양자에게 훌륭한 양육환경을 제공해 주는 것이 가능하다. 비록 독신자 가정은 양육을 담당하는 부모의 수가 적을 수밖에 없고, 기혼자 가정에 비하여 양육에 도움을 줄 수 있는 친족의 수도 적을 가능성이 높다. 그러나 양육자 및 그 보조자의 단순한 숫자보다는 양육에 적극적인 부

모나 친족이 얼마나 되는지가 양자의 복리에 더 중요할 수 있으며, 경제적·사회적 능력을 바탕으로 친족이 아닌 제3자로부터 양육에 필요한 도움을 받는 것 또한 가능하므로, 단순히 양친 및 친족의 수가 적다고 하여 양육환경 또한 불리하다고 단정할 수 없다. 한편, 독신자에게 친양자 입양되는 사람은 편친가정에 입양되는 것이며 사실상 혼인외의 자가 된다고 할 수 있다. 그러나 편친가정에 대한 사회적 편견은 타파되어야 할 대상인바, 이를 이유로 독신자의 친양자 입양을 봉쇄하는 것은 오히려 이러한 사회적 편견을 강화시키는 것이어서 타당하지 않다. 심판대상조항은 기혼자 가정의 경우 양육환경이 안정되어 양자의 복리 증진에 보다 유리할 것이라는 점을 전제로 한다. 그러나 친양자 입양 당시 기혼자라 하더라도 친양자 입양을 한 후 이혼하거나 사별하게 될 수 있고, 이러한 경우 혼인관계에 바탕을 둔 안정된 양육환경을 계속하여 제공할 수 없게 된다. 결국 친양자 입양 당시 기혼이라는 사실이 양자의 복리증진에 적합한 양육환경을 절대적으로 담보해 주는 것은 아니다. 오히려 독신자 양친의 경우, 입양 결정을 혼자했기 때문에 양자의 양육과정에 문제가 생겼을 때 입양 결정에 대해 부부간에 서로 책망할 일이 없고, 양육방식과 관련하여 부부간의 의견충돌로 인한 갈등이 없으며, 혼자서 입양 결정을 했기 때문에 양자에 대한 책임감이 더 높을 수도 있다.

2) 입양특례법에 의하면 독신자라도 25세 이상이고 양자될 사람과의 연령차이가 60세 미만이면 요보호아동을 입양할 수 있다. 입양특례법상의 입양과 민법상의 친양자 입양이 내용과 절차 면에서 다소 다른 점이 있기는 하지만, 가정법원이 양친이 될 사람의 입양 동기와 양육능력, 그 밖의 사정을 고려하여 입양이 적당한지 판단한 후 허가 여부를 결정하고, 양자의 복리 실현을 최우선 목표로 한다는 점에서는 동일하다. 따라서 민법상의 친양자 입양에서만 독신자를 양친에서 제외하여야 할 만큼 입양특례법과 민법 사이에 본질적인 차이가 있다고 할 수 없다. 한편, 우리 법체계가 독신자에 대하여 입양특례법에 의한 입양을 허용하고 있는 것은 이미 독신자에게 입양을 허용하더라도 입양되는 요보호아동의 권익을 보호하고 복리를 도모하는 데 부족하지 않음을 전제로 하고 있는 것이다. 만일 독신자의 친양자 입양이 아동의 복리에 반한다고 한다면, 요보호아동에 대한 독신자의 입양을 허용하는 입양특례법 조항은 국가가 부모 또는 보호자가 없는 요보호아동에 대하여 그 복리에 반하는 입양을 허용하는 것이 되어 부당하다. 나아가 요호보아동에 대하여는 독신자 입양을 허용하

면서 일반 아동에 대하여는 독신자의 친양자 입양을 불허한다면, 결국 아동의 출생 배경과 성장 환경에 따라 요보호아동은 편친가정을 허용하면서 일반 아동은 기혼자 양친만의 보호를 받도록 함으로써 이들을 차별 대우하는 불합리한 결과를 가져온다.

3) 친양자 입양 허가 여부를 결정함에 있어 중요한 것은, 양자의 복리를 고려할 때 친양자 입양이 적당한지 여부이지 단순히 양친이 혼인을 하였는지 여부가 아니다. 기혼자 중 친양자의 양친에 적합하지 아니한 사람이 있을 수 있듯이, 독신자 중에서도 양자의 복리에 도움을 주는 양육환경을 제공할 수 있는 사람이 있을 수 있다. 법원은 해당 독신자의 경제적·사회적 능력, 정서적 안정성, 양육경험, 양친의 부재 또는 비상상황 시 양육을 대신할 사람의 존재 여부, 양자에게 맺어 줄 수 있는 친족관계의 범위 등 여러 가지 사정을 고려하여 친양자 입양 허가 여부를 결정한다. 이처럼 법원의 개입을 통하여 아동의 복리를 확보할 수 있는 제도적 장치가 완비되어 있음에도 불구하고, 친양자 입양을 하려는 사람이 단지 독신자라는 이유만으로 친양자 입양을 원천적으로 봉쇄하는 것이 양자 복리의 측면에서 적절한 것인지 의심스럽다. 당해 사건과 같이 양친이 될 사람과 양자가 될 사람 사이에 견고한 신뢰관계가 형성된 경우에도 양친이 될 사람이 독신자라는 이유만으로 친양자 청구를 각하한다면, 당사자들은 입양을 포기하거나 일반입양 또는 제3자와의 친양자 입양을 시도하게 될 것인데, 이들 중 어느 것도 강한 신뢰관계가 형성된 양친이 친양자 입양하는 것보다 양자의 복리실현에 적합하다고 할 수 없고, 친양자 될 사람의 가족생활의 자유 보장(헌재 2012. 5. 31. 2010헌바87)에도 적합하다고 할 수 없다.

4) 법정의견은 독신자에게 친양자 입양을 허용하면 그 친양자는 아버지 또는 어머니가 없는 자녀로 가족관계등록부에 공시되므로, 가족관계등록부의 친생자 공시기능은 그 의미를 상실하게 된다는 점을 심판대상조항의 합헌 근거로 삼고 있다. 그러나 가족관계등록법상의 가족관계등록부 및 각종 증명서는 국민의 출생·혼인·사망 등 가족관계의 발생 및 변동사항에 관한 등록과 그 증명에 관한 '도구개념'에 불과할 뿐이다. 따라서 가족관계등록법상의 가족관계증명서나 입양관계증명서 또는 친양자 입양관계증명서 등에 입양 사실이 바로 드러나게 된다는 이유로, 오히려 그 본질적인 개념인 친양자제도에 있어 독신자를 양친에서 배제할 근거는 되지 못한다. 법정의견에서 지적하는 바와 같이 독신자에게 친양자 입양을 허용함으로써 현행의 가족관계 공시제도상 나타날 수 있는 문제점은, 새롭게 위 가족관계등록법상의 각종 증

명서의 서식이나 등록사항 등을 검토하여 제도적으로 개선, 보완하면 되는 것이다. 실제로, 독신 여성이 혼인외의 자에 대하여 출생신고를 하는 경우 가족관계등록부의 부(父)란에 부의 성명이 기록되지 않으므로(가족관계의 등록 등에 관한 규칙 제56조) 친생자의 가족관계증명서에는 모(母)만 표시된다. 부가 혼인외의 자에 대하여 모를 성명불상으로 하여 출생신고하는 것이 1987년경부터(호적선례 제2-77호, 제2-78호, 제2-80호) 2011년경까지(가족관계등록선례 제201106-2호) 약 20년 넘게 허용되었고, 종전 호적의 내용은 가족관계등록부에 이기되었으므로[가족관계의 등록 등에 관한 법률(2007. 5. 17. 법률 제8435호) 부칙 제3조, 가족관계의 등록 등에 관한 규칙(2007. 11. 28. 대법원규칙 제2119호) 부칙 제4조)], 이미 부에 의해 모 불상자로 출생신고된 자의 가족관계증명서에는 모가 표시되지 않는다. 이처럼 가족관계를 나타내는 증명서에 부 또는 모만을 표시하는 것은 친생자 관계를 공시하는 방법으로 사용되어 왔고, 현행 가족관계증명서에도 이러한 공시방법이 현출되고 있으므로, 가족관계증명서상에 부 또는 모만이 표시된다고 해서 이를 두고 바로 입양 사실이 외부에 드러난다고 보는 것은 부적절하다. 나아가 독신자가 친양자 입양을 하더라도 가족관계증명서와 입양관계증명서상에 입양 사실이 드러나지 않는다. 독신자에게 친양자 입양된 사람은 외부에 양자라는 사실이 공시되지 않으며, 양친의 친생자라고 공시될 뿐이다. 따라서 법정의견이 들고 있는 위와 같은 근거는 독신자를 친양자의 양친에서 배제하는 것을 정당화하는 적절한 근거라고 볼 수 없다.

㈐ 차별취급의 비례성

1) 독신자는 일반입양을 할 수 있지만, 일반입양의 경우 입양 전 부모 등과의 친족관계가 존속한다는 점에서 친양자 입양과 큰 차이가 있다. 친양자 입양은 양자의 친생부모 및 그 혈족과의 친족관계를 소멸시키고 양자를 양친의 친생자로 기재함으로써 양자가 양친의 친생자와 같이 입양가족의 구성원으로 완전히 편입, 동화되게 한다. 일반입양된 양자는 친생부모와의 법률관계가 그대로 남아 있어서 심리적·정서적으로 불안하고, 양친도 친생부모의 존재로 인하여 양자에 대한 불안감을 갖게 될 수 있다. 양친만을 양자의 법률상 부모로 하면 친생부모 측으로부터의 부당한 간섭의 여지를 없애고 양부모와의 사이에 친부모와 같은 강고하고 안정된 친자관계를 발생시킬 수 있다. 따라서 일반입양을 할 수 있다는 사실이 친양자 관계 형성의 필요성을 해소해 주는 것은 아니다. 한편, 친양자 입양과 달리 일반입양을 하는 경우 양

자는 기존의 성과 본을 그대로 사용해야 하므로, 양친과 성·본이 다른 경우 성·본만으로도 입양사실이 외부에 드러난다. 비록 민법 제781조 제6항에 따라 법원의 허가를 얻어 자의 성과 본을 변경하는 것이 가능하기는 하지만, 경우에 따라서는 양자의 성과 본의 변경이 이루어지지 않을 수도 있다. 가사 양자의 성과 본을 양친의 것과 동일하게 변경할 수 있고, 가족관계증명서에 입양사실이 드러나지 않는다 하더라도, 여전히 일반양자는 친양자에 비해 입양사실이 외부에 드러날 가능성이 크다. 친양자는 가족관계증명서에 양친의 친생자로 기재될 뿐만 아니라 입양관계증명서에도 양자라는 사실이 나타나지 않으므로 외부에 양자라는 사실이 공시되지 않는다. 친양자 입양사실은 친양자입양관계증명서를 통해서만 알 수 있으나, 친양자입양관계증명서의 교부를 청구할 수 있는 경우는 친양자가 성년이 되어 신청하는 경우, 혼인당사자가 민법 제809조의 친족관계를 파악하고자 하는 경우, 법원의 사실조회촉탁이 있거나 수사기관이 수사상 필요에 따라 문서로 신청하는 경우 등으로 매우 제한되어 있다(가족관계등록법 제14조 제2항). 반면에 일반양자의 입양사실은 입양관계증명서를 통해서 알 수 있는데, 입양관계증명서의 교부 청구는 가족관계증명서와 동일하게 본인, 배우자, 직계혈족, 형제자매 등이 할 수 있다(가족관계등록법 제14조 제1항). 이와 같이 친양자입양관계증명서보다 입양관계증명서의 교부청구의 주체 및 사유가 훨씬 넓으므로, 일반입양의 경우 친양자 입양에 비해 가족관계등록법상의 증명서를 통하여 입양 사실이 외부에 알려질 가능성이 더 높다. 사정이 이와 같다면, 가족구성원으로서의 동질감과 소속감을 느끼고 입양가정에 완전히 동화되어 양친과 양자 사이에 친부모, 자녀 사이와 다름 없는 관계가 형성, 발전될 수 있는 최상의 양육환경을 양자에게 만들어 주고자 하는 독신자에게, 일반입양이 친양자 입양을 대신할 수 있다고 할 수 없다.

2) 독신자에게 친양자 입양청구를 허용한다고 하더라도 독신자가 친양자 입양을 하려면 법원의 허가를 받아야 하므로, 여전히 양자의 복리를 확보할 수 있다. 심판대상조항이 목적으로 하고 있는 양자의 복리 증진이라는 공익이 과연 독신자를 친양자의 양친에서 제외하는 차별취급으로써 달성되는 것인지 그 인과관계가 모호하고, 오히려 경제적, 사회적, 정서적으로 양부모가 될 만한 충분한 자격과 의지를 갖춘 독신자까지도 양친에서 제외시킴으로써, 적절한 부양 및 보호를 받지 못하는 사람들이 친양자 입양을 통하여 더 나은 가정환경에서 양육될 기회를 제한하므로 이는

결국 양자의 복리 증진에 오히려 방해가 된다고 할 수 있다.

㈑ 소 결

따라서 심판대상조항에 의한 독신자의 차별취급은 입법목적 달성을 위한 적합한 수단이라고 할 수 없고, 차별취급의 비례성도 상실하였으므로 독신자의 평등권을 침해한다.

(2) 가족생활의 자유 침해 여부

헌법 제36조 제1항은 "혼인과 가족생활은 개인의 존엄과 양성의 평등을 기초로 성립되고 유지되어야 하며, 국가는 이를 보장한다."라고 규정함으로써, 혼인 및 가족생활에서의 '개인의 존엄'을 특별히 보호하고 있다. 여기서 혼인 및 가족생활이 개인의 존엄에 기초해야 한다는 것은 혼인 및 가족생활의 형성에 관한 자기결정권이 보장되어야 한다는 것을 의미한다(헌재 2005. 2. 3. 2001헌가9등). 친양자 입양을 하려는 독신자의 경우도 친양자 입양 여부에 대한 의사결정의 주체이자 친양자 입양으로 새롭게 형성될 가족의 구성원이므로, 그의 의사에 의해 친양자 입양을 할 수 있을지 여부를 결정할 수 있는 자유를 갖고, 양자의 양육에 보다 적합한 가정환경에서 양자를 양육할 것을 선택할 권리를 가지며, 이는 헌법 제36조 제1항에 의하여 기본권으로 보장된다.

그런데 심판대상조항은 독신자의 친양자 입양을 봉쇄함으로써 헌법 제36조 제1항에 의해 특별히 보호되는 독신자의 가족생활의 형성에 관한 자기결정권, 즉 가족생활의 자유를 행사할 수 없게 한다. 심판대상조항에 의한 독신자의 가족생활의 자유 제한은 위 평등권 침해 여부의 판단 부분에서 본 바와 같은 이유로 그 수단의 적절성을 인정하기 어렵고 그 정도 또한 현저히 지나치다. 나아가 일반입양과 친양자 입양은 근본적인 제도상의 차이가 있는바, 심판대상조항이 결과적으로 독신자의 경우 일반입양으로만 가족을 구성하라고 강제하는 것은 독신자의 가족생활의 자유를 지나치게 제한하여 그 침해의 최소성 요건을 충족하지 못할 뿐만 아니라, 친양자 입양을 원하는 독신자, 친양자 및 그 가족들의 가족형성의 자유와 독신자에 의해서 증진될 수 있는 양자의 복리 역시 심판대상조항이 추구하는 공익 이상으로 사회적으로 의미있는 공익에 해당하므로 심판대상조항은 법익균형성의 요건도 충족하지 못한다.

따라서 심판대상조항은 과잉금지원칙에 위반하여 독신자의 가족생활의 자유를 침해한다.

(3) 기 타

(가) 일반입양과 친양자 입양을 병존하여 운영하고 있는 우리나라와 달리, 많은 국가들이 입양의 성립방식에 관하여 계약형 입양을 인정하지 않는 대신 법원이 입양을 결정하는 허가(선고)형 양자제도를 채택하고, 그 효과에서도 친생부모와의 관계를 단절시키고 양친과의 관계만을 인정하는 친양자(완전양자, full adoption) 입양만을 허용하고 있다. 현대 양자제도에 관하여 가장 대표적인 협약으로 인정되고 있는 "아동의 입양에 관한 유럽협약"(European Convention on the Adoption of Children)은 독신자의 입양, 즉 단독입양(by one person)을 인정하고 있는바, 이 협약에는 영국, 프랑스, 스위스, 덴마크, 이탈리아 등 주요 유럽 각국이 비준하고 있으며, 이미 프랑스, 독일, 미국의 각 주에서도 독신자의 친양자 입양을 허용하고 있다. 이러한 외국의 사례는 우리에게 시사하는 바가 크다.

(나) 우리나라의 경우 비록 친양자제도의 도입이 일천하기는 하나, 오히려 새로운 제도가 고착화되기 전에 미흡한 점을 제도적으로 보완하여 시행함으로써 아동의 복리를 위하여 도입한 친양자제도가 보다 더 활성화 될 수 있도록 하여야 한다. 가족형태가 다양화함에 따라 독신자 가정 비중이 증가하고 있는 현상을 고려하고 국내입양을 활성화하기 위해서도, 독신자도 일정한 요건을 갖추면 친양자제도의 양친이 될 수 있게 하여야 한다. 나아가 우리나라의 입양제도는 민법상의 일반입양과 친양자 입양, 입양특례법상의 입양 등 세 가지 입양제도가 있고, 각 제도의 입법목적, 요건, 절차, 효과 등에서 많은 차이를 보이고 있는바, 입법론적으로는 단일제도로 통일하여 불필요한 혼란을 방지할 필요가 있다는 점을 지적하여 두고자 한다.

[84] 민법 제1003조 제1항에 관한 위헌소원 사건

(2014. 8. 28. 2013헌바119)

◇ 사안과 쟁점

청구인은 2007. 8.경부터 이○경과 사실혼관계를 맺었고, 사실혼관계가 지속되던 중 2011. 3. 21. 이○경이 사망하였다. 망 이○경('망인')의 모 김○옥은 2011. 4.

11. 이 사건 부동산 중 망인 소유의 1/2 지분에 관하여 상속을 원인으로 한 소유권이전등기를 경료하였다. 청구인은 위 김○옥을 상대로 주위적으로 재산분할, 예비적으로 상속회복을 원인으로 하는 소유권이전등기절차이행을 청구하는 소를 제기하였다. 청구인은 위 심판 계속중 사실혼 배우자를 상속권자로 인정하지 아니하는 민법 제1003조 제1항이 헌법에 위반된다는 취지의 위헌법률심판 제청신청을 하였으나, 위 법원은 위 제청신청을 각하하였고, 청구인은 위 법률조항에 대하여 헌법소원심판을 청구하였다.

쟁점은, 사실혼 배우자에게 상속권을 인정하지 않는 민법 제1003조 제1항 중 '배우자' 부분('이 사건 법률조항')이 청구인의 상속권, 평등권을 침해하거나 헌법 제36조 제1항에 위반되는지 여부이다(전원 소극, 2014. 8. 28. 2013헌바119; 공보 215호 1370면). 전원 일치 합헌의견이었다. 재판관 조용호는 보충의견을 제시하였다.

◇ 보충의견

나는 이 사건 법률조항이 헌법에 위반된다고 판단하지는 않지만, 사실혼관계에 있는 배우자에 대하여도 일정한 경우 상속에 관한 권리를 인정하는 것으로 입법을 개선할 필요가 있다고 생각하므로, 아래와 같이 견해를 밝힌다.

(1) 혼인은 혼인적령기에 이른 남녀가 자유롭고 진지한 의사결정에 따라 정신적·육체적으로 결합하여 하나의 공동체를 이루는 것으로서, 부부 중 일방이 사망하거나 이혼 등의 사유로 인하여 혼인이 해소되기까지는 계속하여 유지된다. 우리나라에서는 원래 관습적으로 의식혼주의와 사실혼주의가 병행되어 왔기 때문에 법률혼에 상대되는 사실혼문제는 발생할 여지가 없었다. 그러나 일제 강점기에 법률혼주의가 채용되고, 건국 후 제정된 민법이 또한 법률혼주의를 채용함으로써 남녀가 혼례의식을 거행하고 동거하며 사실상 혼인생활에 들어가도 혼인신고를 하지 않으면 법적으로는 혼인으로 인정받지 못하게 되는 문제가 발생하였다.

사실혼은 나라마다 개념이 다르고 사회적 환경의 변화나 시대에 따라 개념이 변하고 있으며, 그 발생원인도 법률의 부지 또는 법률상 장애 등으로 인한 무의식적, 비자발적 유형부터 당사자의 의사에 기한 의도적, 자발적 유형까지 다양하여, 이를 일률적으로 다루는 데는 어려움이 있다.

우리나라에서 사실혼은 혼인의사와 실질적인 부부 공동생활의 실체가 존재함에도 혼인신고라는 법규상의 형식적 요건을 충족하지 않아서 법적인 부부관계로 인정받지 못하는 남녀의 결합이라고 보는 것이 지금의 통설적 견해인 것으로 보이고, 판례도 "사실혼이란 당사자 사이에 혼인의 의사가 있고, 객관적으로 사회관념상으로 가족질서적인 면에서 부부공동생활을 인정할 만한 혼인생활의 실체가 있는 경우"라고 정의하고 있다{대법원 1995. 3. 10. 선고 94므1379, 1386(반소) 판결}. 이와 같은 개념을 바탕으로 사실혼은 법률상의 혼인관계는 아니지만 사회적으로는 부부로 인정되기 때문에 법률혼에 준하는 보호를 해 온 것이 현재의 학설과 판례의 입장이다.

최근 학계에서는, 혼인 외의 생활공동체(nichtehelicher Lebensgemeinschaft) 내지 혼외동거(cohabitation, concubinage) 등 이혼율의 증가에 따른 혼인에 대한 부담감, 가족관념의 변화와 함께 경제적 자립의 기반을 갖춘 사람이 자신의 선택에 따라 법률혼의 속박을 꺼려 혼인신고를 거부하고 자유롭게 가정을 형성하는 동거관계에 대하여 법적인 보호방향을 설정하는 문제가 활발하게 논의되고 있다. 이처럼 사회가 변화하고 젊은 층의 인식이 달라지면서 남녀관계가 다양해지고 있는 것이 세계적인 추세이고, 우리나라도 정도의 문제는 있겠지만 거기에 대응하는 법이론의 구성이 필요한 때가 도래하였다. 다만, 그와 같은 동거관계가 지금의 통설과 판례에 따른 사실혼의 개념에 포섭될 수 있을지 의문이 있으므로, 이 사건에서는 기존의 준혼(準婚)관계로 보아 법률상 보호하고 있는 사실혼관계를 중심으로 사실혼 부부의 일방이 사망한 경우 생존한 배우자의 보호방안이 된다.

(2) 판례에 의하면, 사실혼관계가 생전에 해소된 경우 사실혼 부부의 실질적인 공동재산은 재산분할제도에 의해서 적절히 청산, 분배될 수 있으나, 사실혼관계가 일방의 사망으로 해소될 때에는 이러한 청산과 분배는 극히 제한적이다. 사실혼 배우자는 상속재산 취득에 대가를 부담하였다는 점을 입증하면 그 범위 내에서 공유재산분할 등을 받을 수 있으나, 그 입증이 쉽지 않을 뿐만 아니라 가사, 육아 등에 전념한 사실혼 배우자는 위 법리에 따른 보호를 받을 수 없고, 유언에 의한 상속이 극히 드문 현실에서 유언제도에 의하여 보호되는 범위도 매우 협소하다. 이와 같은 현실을 고려할 때, 사실혼 배우자에게 상속권을 인정하지 아니하면 생존 사실혼 배우자는 자신의 기여로 형성된 재산에 대하여도 아무런 권리를 가지지 못하게 될 가능성이 크고, 가사와 육아 등을 위하여 자신의 직업능력을 발휘하거나 별도의 수입을 얻

는 데 지장을 받게 된 경우에는 배우자의 사망 후 생계유지가 어렵게 될 가능성이 크다. 이는 형평에 어긋날 뿐만 아니라 부당한 결과를 초래할 수밖에 없다. 최근 사실혼의 부(夫)가 의식불명 상태에 빠지고, 사실혼의 처와는 혈연관계가 없는 그의 아들에 의하여 사실혼의 부가 다른 병원으로 옮겨지자, 사실혼의 처가 사실혼관계의 해소와 재산분할심판청구를 하고 그 후 얼마 되지 않아 사실혼의 부가 사망한 사건에서 법원은 사망한 부의 상속인인 직계비속에 대하여 소송수계를 인정하는 결정을 하였는바(대법원 2009. 2. 9.자 2008스105 결정), 이는 결코 의도한 것은 아니라고 할지라도, 결과적으로 사실혼 배우자의 생명이 위독한 상황에서 다른 일방 배우자에게 사실혼관계를 해소하고 재산분할심판청구를 하도록 강요하는 것이 되었으므로, 현재의 법상태가 갖는 문제점을 잘 보여주는 사례이다.

그리고 민사특별법인 주택임대차보호법에서는 사실혼 배우자에게 임차권의 승계를 인정하여 주거권을 보장하고 있음에도, 사실혼관계에 있는 피상속인이 주택을 소유하거나 주택임대차보호법의 보호대상이 아닌 주택에 거주한 경우에는 생존한 사실혼 배우자에게 주거권의 승계를 인정하지 않는 이유를 합리적으로 설명할 방법이 없고, 민법상 특별연고자에 대한 상속재산분여의 규정(민법 제1057조의 2)에 의하여 사실혼 배우자도 실질적인 상속을 받을 수 있지만, 이는 상속인이 존재하지 않는 경우에 적용되는 조항으로서 피상속인에게 4촌 이내의 혈족이 존재하는 경우에는 자신이 공동으로 노력하여 형성한 상속재산에 대하여 전혀 상속을 받을 수 없는 현실을 수긍하기 어려울 것이다.

(3) 한편, 상속제도의 존재의의에 비추어 보아도 사실혼 배우자에게 상속권을 인정하는 것이 타당하다. 상속이 개시되면 피상속인의 배우자와 직계존비속 등의 근친이 상속인으로서 상속재산을 승계하게 되는데, 이와 같은 사람들을 법정상속인으로 규정하여 상속을 인정하는 이유는 피상속인 사후에 유족의 부양을 보장하고 상속재산의 형성에 따른 기여를 청산할 필요가 있기 때문이다.

유족의 생활보장은 전통적으로 상속제도의 가장 중요한 기능이다. 사실혼 부부 사이에 부양의무를 인정하는 학설과 판례의 태도는 입법에도 반영되어 각종 연금(보험)관계법령에서 사실혼 배우자가 법률혼 배우자와 같이 취급되어 유족연금의 제1순위 수급권자로 규정되어 있는 것이 그 대표적인 예이다. 이러한 법률규정은 사실혼 부부 사이에 부양의무가 있음을 전제로 하여, 사실혼 부부의 일방이 사망한 경우 생존한 배우자의 생활을 보장하려는 취지에서 마련된 것이다. 여기서 알 수 있는 점은 유족의 사후 부양이라는 관점에서 볼 때 사실혼 배우자와 법률혼 배우자 사이에는 본질적으로 차이가 없다는 것이다.

또한, 피상속인 명의의 재산일지라도 이러한 재산에는 생존 배우자의 지분이 잠재되어 있으므로 혼인관계 해소 시 이를 청산해서 생존 배우자에 귀속시켜야 한다. 즉, 혼인 중에 부부가 공동의 노력으로 취득한 실질적인 공동재산은 혼인관계가 해소되는 경우에 부부 각자의 기여도에 따라 청산, 분배되는 것은 당연하다. 사실혼 부부도 생활공동체를 형성하여 서로 동거, 부양, 협조하면서 공동의 노력으로 재산을 형성한다는 점에 있어서는 법률혼 부부와 다를 것이 없으므로, 상속을 통하여 이러한 부부의 실질적인 공동재산의 청산, 분배에 참여하는 것이 합리적이다.

이러한 이유 등으로 사실혼 부부에게 해석상 민법상의 상속권을 인정하자는 견해도 나름의 설득력이 있고 그 현실적 필요성도 있음을 부인할 수 없으나, 상속이란 피상속인의 재산에 대한 권리·의무의 포괄적 승계이어서 법적 안정성이 무엇보다 고려되어야 할 요소인데, 사실혼관계에 있다는 것만으로는 가족관계등록부의 기재와 같은 객관적·획일적인 공시방법이 되지 않아 현행 민법하에서는 사실혼 부부에게 민법상의 상속권을 인정하기는 어려워 보이고 이는 입법을 통하여 해결함이 타당하다.

(4) 그러나 현재의 법 상태에서 제도적 보완을 거치지 않고 단순히 사실혼 배우자의 상속권을 인정하는 내용으로만 입법을 한다면, 상속채권자 등 이해관계인의 이익이 침해되고, 상속으로 인한 법률관계가 불안정하게 되는 부작용을 막을 수 없다. 따라서 입법을 통하여 사실혼 관계에 있는 배우자에 대하여도 일정한 경우 상속권을 인정하되, 상속인인지 여부를 대외적으로 명확히 하기 위해서 재판을 통하여 사실혼 관계가 인정된 경우에만 상속권을 취득하도록 하고, 판결의 확정 전에 다른 공동상속인들이 행한 상속재산의 분할, 처분, 변제, 변제의 수령 등을 모두 유효한 것으로 보며, 다른 공동상속인들에 의하여 위와 같은 행위가 이루어진 경우 사실혼 배우자는 다른 공동상속인들에게 가액반환청구만을 할 수 있도록 하는 방안을 고려해 볼 수 있다.

위와 같이 규정할 경우 다른 공동상속인들의 행위를 모두 유효한 것으로 보게 되므로, 사실혼 배우자에게 상속권을 인정하지 않는 것과 마찬가지로 거래의 안전을 도모할 수 있다.

또한, 위와 같이 공동상속인 외의 이해관계인들에게 영향을 미치지 않도록 하면, 사실혼 배우자가 검사를 상대로 사실상혼인관계존부확인의 소를 제기하거나 다른 공동상속인들을 상대로 가액반환청구를 하면서 그 전제 문제로 사실혼관계의 존부를 확정하는 것 외에는 사실혼 배우자에게 상속권을 인정함으로 인하여 추가로 발생하는 분쟁이 없을 것이므로, 상속을 둘러싼 분쟁이 확대되는 것을 방지할 수 있다. 나아가 사실혼 배우자가 사실혼관계를 인정받기 위하여 소를 제기할 수 있는 기간에 제한을 두고, 가액반환청구권을 행사할 수 있는 기간도 제한하게 되면, 상속으로 인한 법률관계가 장기간 불안정한 상태에 놓이게 되는 것을 막을 수 있다.

(5) 오늘날에는 혼인신고를 의도적으로 기피하여 법적보호나 규율을 의식적으로 거부하고 사실상의 부부공동생활을 하는 관계가 증가하고 있지만, 여전히 무의식적, 비자발적 유형의 사실혼이 존재하고, 당사자의 의사와 관계없이 경제적 약자의 지위에 있는 사실혼 배우자를 보호할 필요성 역시 부인하기 어렵다. 또한, 사람들이 법률혼을 선택할 수 없었던 사정은 매우 다양하므로, 사실혼관계를 맺은 것이 반드시 상속권을 포기하는 의사를 포함하고 있다고 보기 어렵다. 오히려 상속을 원하지 아니하는 사실혼 배우자는 상속을 포기하거나 상속을 받기 위한 신청을 포기함으로써 자신의 의사를 실현할 수 있다. 외국의 입법례를 보더라도 사실혼 배우자에게 상속권을 인정하거나 다른 방법으로 재산관계의 청산이나 부양의무를 인정함으로써 일방의 사망으로 인한 사실혼관계의 해소가 생존한 다른 일방에게 가혹한 결과가 되지 않도록 배려하고 있음을 알 수 있다. 우리의 경우에는 사실혼관계가 사망으로 해소되면 생존 배우자에게 상속권은 물론 재산분할청구나 부양료청구를 인정하지 않음으로써 외국의 경우와 대조적인 태도를 보이고 있다.

(6) 헌법 제36조 제1항은 "혼인과 가족생활은 개인의 존엄과 양성의 평등을 기초로 성립되고 유지되어야 하며, 국가는 이를 보장한다."고 규정함으로써, 혼인과 가족생활을 스스로 결정하고 형성할 수 있는 자유를 기본권으로 보장함과 동시에, 혼인과 가족에 대한 제도를 보장하고 있다. 여기에서의 혼인은 물론 법적으로 승인된 혼인의 경우를 의미한다. 그러나 입법적으로 사실혼관계에 있는 배우자에 대하여 일정한 경우 상속에 관한 권리를 인정한다고 하여 그것이 헌법 제36조 제1항에 위반되는 것도 아니다.

(7) 그렇다면 배우자가 사망한 경우 생존한 사실혼 배우자의 상속에 관한 권리를 전면적으로 부정하는 것은, 생전에 사실혼관계가 해소된 경우 재산분할청구권을 인정하는 것과 비교하여 간과할 수 없는 불균형이 발생하고, 주택임대차보호법이나 각종 연금(보험)관계법령에서 사실혼 배우자를 보호하는 취지와도 배치되며, 사실혼 배우자의 재산권이나 복리를 침해하는 결과가 초래될 소지 또한 충분하므로, 입법을 개선하여 이를 조속히 조정하는 것이 필요하다.

[85] 구 관습법의 헌법소원심판 대상성 여부

(2016. 4. 28. 2013헌바396등)

◇ 사안과 쟁점

청구인의 어머니인 이○정은 이○재와 박○숙의 유일한 자녀로 1940. 2. 12.경 혼인하여 이○재의 호적에서 제적되었다. 이○재는 1948. 3. 28. 사망하여 박○숙이 여호주가 되었는데, 박○숙도 민법 시행 이전인 1954. 3. 3. 사망하였다. 박○숙 사망 당시 호적부에는 이○재의 이복동생 이□재와 이□재의 처 민○옥, 이□재의 자녀들이 가족으로 남아 있었다. 이□재는 1963. 6. 26. 일가창립신고를 하였고, 이○재의 가는 1969. 7. 8. 호적이 말소되었다. 이○정은 이○재 소유의 천안시 전 1,203㎡ 외 7필지를 최○영 등이 허위의 보증서 및 확인서를 이용하여 소유권이전등기를 마쳤다고 주장하면서 2011. 5. 31. 최○영 등을 상대로 서울중앙지방법원에 소유권이전등기말소 청구 소송을 제기하였다. 그런데 2011. 7. 20. 이○정이 사망하여 그 자녀인 청구인이 소송을 수계하였다. 법원은 민법 시행 전의 구 관습법상 여호주가 사망하고 호주상속인이 없어 절가(絕家)되는 경우 그 유산은 절가된 가(家)의 가족이 출가녀에 우선하여 승계하므로 이○정에게 위 토지가 귀속었음을 전제로 하는 주장은 받아들일 수 없다는 이유로 위 청구를 기각하였다. 청구인은 항소심에서 위 관습법에 대한 위헌심판제청신청을 하였으나 관습법은 위헌법률심판의 대상이 아니라는 이유로 각하되자 헌법소원심판을 청구하였다. 청구인은 2012. 8. 20. 절가된 이○재가의 유산이 청구인의 어머니 이○정에게 귀속되었음을 전제로 대한민국을 상대로 서울중앙지방법원에 파주시 전 4,264㎡의 소유권 확인을 구하는 소를 제기하였으나 패소하였다. 청구인은 항소심에서 여호주가 사망하고 호주상속인이 없어 절가되는 경우 그 유산은 절가된 가의 가족이 출가녀에 우선하여 승계한다는 구 관습법에 대하여 위헌심판제청신청을 하였으나 각하되자 헌법소원심판을 청구하였다.

쟁점은, "여호주가 사망하거나 출가하여 호주상속이 없이 절가(絕家)된 경우, 유산은 그 절가된 가(家)의 가족이 승계하고 가족이 없을 때는 출가녀(出家女)가 승계한다."는 구 관습법이 헌법소원심판의 대상이 되는지 여부, 위 관습법이 평등원칙에 위배되는지 여부이다(2016. 4. 28. 2013헌바396등; 공보 235호 725면). 전자에 관하여는 적극설:소극설(각하)이 6:3으로 나뉘고, 다시 적극설은 합헌(기각):위헌(인용)이 4:2로 나뉘었으며, 재판관 조용호는 소극설(각하) 및 이에 대한 보충의견을 집필하였다.

◇ 각하의견 및 보충의견

나. 우리는 이 사건 관습법이 헌법소원심판의 대상이 되지 않아 이 사건 헌법소원청구를 모두 각하하여야 한다고 생각하므로 다음과 같은 각하의견을 밝힌다.

(1) 법원의 제청에 의한 위헌법률심판 또는 헌법재판소법 제68조 제2항에 따른 헌법소원심판의 대상이 되는 '법률'이 국회의 의결을 거친 이른바 형식적 의미의 법률을 의미하는 것에는 아무런 의문이 있을 수 없다(헌재 1995. 12. 28. 95헌바3 참조). 그 밖에 형식적 의미의 법률은 아니나 국회의 동의를 얻어 체결되고 법률과 같은 효력을 가지는 조약 등 '형식적 의미의 법률과 동일한 효력'을 갖는 규범들도 여기에 포함된다(헌재 1999. 4. 29. 97헌가14; 헌재 2001. 9. 27. 2000헌바20; 헌재 2013. 3. 21. 2010헌바70등 참조). 이때 '형식적 의미의 법률과 동일한 효력'이 있느냐 여부는 그 규범의 명칭이나 형식에 구애받지 않고 법률적 효력의 유무에 따라 판단하여야 한다(헌재 2013. 3. 21. 2010헌바70등).

관습법은 사회의 거듭된 관행으로 생성한 사회생활규범이 사회의 법적 확신과 인식에 의하여 법적 규범으로 승인되고 강행되기에 이른 것을 말하는데, 그러한 관습법은 법원(法源)으로서 법령에 저촉되지 아니하는 한 법칙으로서의 효력이 있는 것이다(대법원 1983. 6. 14. 선고 80다3231 판결 참조). 즉 성문법은 관습법을 폐지할 수 있지만 관습법은 성문법을 폐지할 수 없고, 민사에 관한 관습법은 법원(法院)에 의하여 발견되며 성문의 법률에 반하지 아니하는 경우에 한하여 보충적인 법원(法源)이 되는 것에 불과하다(민법 제1조).

따라서 관습법은 형식적 의미의 법률과 동일한 효력이 없으므로 헌법재판소의 위헌법률심판이나 헌법재판소법 제68조 제2항에 따른 헌법소원심판의 대상이 될 수 없는 것이다.

(2) 다수의견은 헌법을 최고규범으로 하는 법질서의 통일성과 법적 안정성을 확보하기 위하여 관습법을 헌법재판소의 심판대상에 포함시킨다고 하나, 관습법이 존재하는지 여부 즉 사회의 거듭된 관행과 그것이 법적 구속력을 가진다는 사회의 법적 확신이 있는지 여부에 관하여는 사실인정과 매우 밀접한 관련이 있기 때문에 법원이 판단하지 않을 수 없다. 뿐만 아니라 원래 관습법이란 고정된 것이 아니고, 계속 진화하고 변화하는 것이어서 사실인정의 최종심인 법원이 관습법의 존재는 물론 관습법의 변화를 파악하여 관습법을 발전시킬 수 있다.

법원이 사회의 거듭된 관행으로 생성된 어떤 사회생활규범이 법적 규범인 관습법으로 승인되기에 이르렀다고 선언하기 위하여는, 헌법을 최상위 규범으로 하는 전체 법질서에 반하지 아니하는 것으로서 정당성과 합리성이 있다고 인정될 수 있는 것이어야 한다(대법원 2003. 7. 24. 선고 2001다48781 전원합의체 판결 등 참조). 나아가 사회생활규범이 관습법으로 승인되었다고 하더라도 사회 구성원들이 그러한 관행의 법적 구속력에 대하여 확신을 갖지 않게 되었다거나, 사회를 지배하는 기본적 이념이나 사회질서의 변화로 인하여 그러한 관습법을 적용하여야 할 시점에 있어서의 전체 법질서에 부합하지 않게 되었다면, 법원은 그러한 관습법에 대하여는 법적 규범으로서의 효력을 부정할 수밖에 없다(대법원 2005. 7. 21. 선고 2002다1178 전원합의체 판결 등 참조).

이와 같이 관습법의 승인, 소멸은 그것에 관한 사실인정이 전제되어야 하고, 법원(法院)이 관습법을 발견하고 법적 규범으로 승인되었는지 여부를 결정할 뿐 아니라 이미 승인된 관습법의 위헌, 위법 여부는 물론 그 소멸 여부에 대하여도 판단하고 있으므로 관습법에 대한 위헌심사는 법원이 담당하는 것이 타당하다. 그렇기 때문에 재판소원이 인정되는 독일에서조차도 법원이 관습법의 위헌 여부 판단에 관하여는 헌법재판소에 결정을 구할 수 없다.

(3) 더구나 이 사건에서 적용된 구 관습법은 민법의 시행으로 인하여 이미 폐지된 것으로서 청구인은 구 관습법의 위헌성을 다투는 형식을 취하고 있으나, 실제로

는 폐지된 구 관습법에 의하여 이미 정리된 재산분배의 사실관계를 다투는 것에 불과하여, 만약 헌법재판소가 이 사건에서 이미 폐지된 구 관습법을 위헌이라고 선언한다면 그것은 실제로는 헌법재판소법 제68조 제1항에 의하여 금지된 재판소원을 인용하는 것과 다를 것이 없다.

(4) 따라서 이 사건 관습법은 헌법소원심판의 대상이 되지 않아 이 사건 헌법소원청구는 모두 각하하여야 한다.

다. 보충의견

나는 이 사건 관습법이 헌법소원심판의 대상이 되지 않는다는 각하의견에 동의하면서, 아래와 같은 의견을 통하여 이를 보충하기로 한다.

(1) 관습법은 헌법상 근거를 가진 것이 아닐 뿐만 아니라 국회가 관여한 바도 없기 때문에 관습법에 대한 위헌심사는 헌법이 예정하고 있는 것이 아니다. 관습법을 헌법재판소의 위헌심사의 대상으로 한다면, 나아가 관습법에 대하여 보충적인 '법의 일반 원칙'인 조리(條理)도 위헌심사의 대상이 된다고 보아야 할 것인데, 이러한 결과가 우리 헌법이 예정한 헌법재판소의 규범통제기능에 속하지 아니함은 분명하다.

(2) 다수의견은 관습법이 법률과 같은 효력을 갖는다고 한다. 그러나 "민사에 관하여 법률에 규정이 없으면 관습법에 의하고 관습법이 없으면 조리에 의한다."고 규정한 민법 제1조는 민사관계를 규율하는 기준·원칙과 그 순서를 정하고 있는 것이지, 관습법에 대하여 법률과 같은 효력을 인정하는 취지가 아니다. 민사관계를 규율하고 재판을 통하여 분쟁을 해결할 때 그 재판의 준거(準據) 내지 심판의 기준으로서 성문법(법률, 명령, 조약, 자치법규 등)이 없으면 관습법을 보충적으로 적용하여 규율·판단하라는 것이다. 법의 존재형식 내지 인식근거로서 법원(法源)은 민법에서 정할 수 있는 것이 아니고, 헌법에서 선언되어야 한다. 그러나 우리 헌법은 관습법에 관하여 아무런 언급도 하고 있지 않다.

[86] 협의이혼의사확인신청서 공동제출 조항에 관한 위헌확인 사건

(2016. 6. 30. 2015헌마894)

◇ 사안과 쟁점

청구인 노○태는 협의이혼을 하기 위하여 변호사 이○교를 대리인으로 선임하고 협의이혼의사확인신청서 접수를 위임하였다. 변호사 이○교의 법률사무소에서 근무하는 청구인 이○의는 법원에 청구인 노○태와 그 배우자의 협의이혼의사확인신청서를 제출하였다. 그러나 법원 담당 공무원은, 협의상 이혼을 하고자 하는 사람은 부부가 함께 관할 가정법원에 출석하여 협의이혼의사확인신청서를 제출하여야 한다고 규정한 '가족관계의 등록 등에 관한 규칙' 제73조 제1항 등을 근거로 협의이혼의사확인신청서를 반려하였다('이 사건 반려행위'). 청구인들은, 협의이혼의사확인신청서를 부부가 직접 관할 가정법원에 출석하여 제출하도록 규정한 '가족관계의 등록 등에 관한 규칙' 제73조 등('이 사건 규칙조항')이 청구인들의 기본권을 침해한다고 주장하며 헌법소원심판을 청구하였다.

변호사 사무실 직원인 청구인 이○의의 심판청구는 기본권 침해의 자기관련성 요건을 갖추지 못하여 각하되었다.

쟁점은, 변호사 사무실 직원을 통한 협의이혼의사확인신청서의 대리제출을 담당공무원이 반려한 행위에 대하여 한 협의이혼 당사자의 헌법소원심판청구가 부적법한 사유(헌법소원 대상성 부인설: <u>보충성 불비설</u> 6:3), 협의상 이혼을 하고자 하는 사람은 부부가 함께 가정법원에 출석하여 협의이혼의사확인신청서를 제출하여야 한다고 규정한 '이 사건 규칙조항'이 일반적 행동자유권을 침해하는지 여부(소극:<u>적극</u> 5:4, 2016. 6.30. 2015헌마894; 공보 237호 1126면)

법정의견(6명)은 이 사건 반려행위가 헌법소원의 대상이 되는 공권력의 행사에 해당하지 않는다는 이유로 부적법 각하하였으나, 재판관 조용호 등 3명은 보충성 요건을 갖추지 못하였음을 이유로 각하하여야 한다는 별개의견을 제시하였다. 이 사건 규칙조항에 대하여는 과잉금지원칙에 반하여 청구인 노○태의 일반적 행동자유권을 침해한다고 볼 수 없다는 5명의 다수의견과 4명의 반대의견이 있었다. 재판관 조용호는 이 사건 반려행위에 대한 별개의견 및 이 사건 규칙조항에 대한 반대의견을 집필하였다.

◇ 반려행위 부분에 대한 별개의견

우리는 청구인 노○태의 청구 중 이 사건 반려행위에 대한 부분이 부적법하므로 각하하여야 한다는 다수의견의 결론에는 찬성하지만, 그 이론 구성을 달리하여야 한다고 생각하므로 아래와 같이 별개의견의 이유를 밝힌다.

협의이혼의사확인사건은 이혼신고를 하기 위해 거쳐야 하는 부수적 절차로서 가족관계등록법에 따라 처리되는 '가족관계등록비송사건'이다. 따라서 협의이혼의사확인사건에도 가족관계등록법에 정함이 없는 한 비송사건절차법이 적용된다(비송사건절차법 제1조 참조).

민사소송법상 법원사무관등의 이른바 접수사무는 공무원의 수리행위의 성질을 갖는 것으로서, 소와 신청 및 그 밖의 진술(제161조 제1항)을 유효한 행위로 판단하여 받아들이는 수동적 행위이다. 따라서 접수거절행위(반려행위)는, 단순한 사무집행으로서 사법행정상 사실행위에 불과한 것이 아니라, 수리하지 않는다는 의사표시로서 소극적 처분이기 때문에 그에 대하여는 수리를 거부한 법원사무관등의 소속법원에 이의를 신청하여 불복할 수 있다(제223조).

그런데 가족관계등록법은 등록사건에 관하여 시·읍·면장의 처분에 대하여는 관할 가정법원에 불복의 신청을 할 수 있도록 불복방법을 규정하고 있으나(제109조 제1항), 이를 위한 부수적 절차인 협의이혼의사확인사건에서 법원사무관등의 처분에 대하여는 불복방법을 따로 규정하고 있지 않다. 결국 이에 대하여는 비송사건절차법이 적용될 것인데, 비송사건절차법 제8조는 신청 및 진술에 관하여 민사소송법 제161조를 준용하도록 규정하고 있으므로, 협의이혼의사확인신청에도 민사소송법상 신청 및 그에 대한 법원사무관의 접수사무에 관한 조항이 준용된다. 따라서 협의이혼의사확인신청에 대한 법원사무관등의 접수거절에 대하여는 민사소송법 제223조에 따라 수리를 거부한 법원사무관등의 소속 법원에 이의를 신청할 수 있다.

그런데 청구인 노○태는 이 사건 반려행위를 한 법원사무관등의 소속 법원에 이의를 신청한 바가 없으므로 보충성 요건을 충족하지 못하여 이 부분 심판청구는 부적법하다.

◇ 규칙조항에 대한 반대의견

우리는 이 사건 규칙조항이 협의상 이혼을 하려는 자로 하여금 대리인이나 당사자 일방에 의한 신청서 접수를 금하고 부부가 함께 법원에 직접 출석하여 협의이혼의사확인신청서를 제출하도록 강제하는 것은 협의상 이혼을 하려는 자의 일반적 행동의 자유를 침해하여 헌법에 위반된다고 생각하므로 아래와 같이 견해를 밝힌다.

가. 입법목적의 정당성 및 수단의 적합성에 대하여

이 사건 규칙조항의 입법목적이 '일시적인 감정'에 의한 이혼을 방지하기 위한 것에 있다는 점에 관하여는 다수의견과 견해를 같이 한다. 그러나 이 사건 규칙조항의 입법목적이 '강압'에 의한 이혼을 방지하기 위한 것이기도 하다는 점에 관하여는 의문이 있다. 아래에서 자세히 보는 바와 같이 현행법상 접수 담당 공무원은 신청서 작성 및 제출에 있어 형식적인 요건을 갖추었는지 여부만 확인할 권한이 있고, 이혼의사의 유무 등에 관한 실체적 요건에 관하여는 확인할 권한이 없다. 따라서 이 사건 규칙조항으로 강압에 의한 이혼을 방지할 수 있는지는 의문이다.

한편, 혼인해소에 관한 진지성은 이혼을 둘러싼 문제에 대한 인식, 이혼에 따른 법적 효과 및 권리·의무관계를 제대로 인식할 때 담보될 수 있는 것이지 외부적·타율적 절차로 이끌어낼 수 있다고 볼 수 없다. 이미 혼인이 파탄되어 협의이혼을 하려는 부부로 하여금 굳이 함께 출석하여 제출하여야 하는지 그 수단의 적합성 측면에서도 의문이 있다.

나. 침해의 최소성에 대하여

(1) 부부가 협의상 이혼을 하기 위하여는 가정법원의 확인을 받아야 하고(민법 제836조 제1항), 이 때 가정법원의 담당판사는 부부 양쪽을 출석시켜 그 진술을 듣고 이혼의사의 유무 및 미성년 자녀 유무, 미성년 자녀에 대한 양육과 친권자결정에 관한 협의서 또는 가정법원의 심판정본 및 확정증명서 등을 확인하여야 한다(민법 제836조 제4항, 가족관계등록규칙 제74조 제1항). 협의상 이혼을 하기 위하여는 부부 양쪽이 가정법원에 직접 출석하여 담당판사로부터 협의이혼의사확인을 받아야 하는 것이다. 그런데 이 사건 규칙조항에서 규정하는 '신청서 제출 절차'는 담당판사로부터의 확인

절차도 아니고 단순히 접수 담당 공무원에게 신청서를 제출하는 절차에 불과하여 굳이 부부가 함께 출석하여야 할 이유가 없다.

접수 담당 공무원은 이혼의사의 유무나 경솔·강박 등에 의한 의사 여부 등을 확인할 권한이 없고, 단순히 신청서 작성 및 제출에 있어 형식적인 요건을 갖추었는지 여부에 대한 확인 권한만 있을 뿐이다. 즉, 특정 서식의 협의이혼의사확인신청서를 작성하였는지, 법령에 정하여진 기재사항을 모두 기재하고 부부가 공동으로 서명 또는 기명날인하였는지, 가족관계증명서와 혼인관계증명서 등 첨부서류를 모두 갖추었는지, 송달료를 예납하였는지 등만 확인할 수 있을 뿐이다(가족관계등록규칙 제73조 제3항, 제4항). 이러한 사항들은 반드시 부부가 함께 출석하여 제출하여야만 확인할 수 있는 사항이 아니다. 부부 양쪽이 각자 본인의 진지하고 신중한 의사에 의한 협의이혼인지 여부는 확인기일에 담당판사가 확인할 사항이고, 그 때 확인하는 것으로도 충분하다.

다수의견이 침해의 최소성에서 언급하거나 우려하고 있는 논점 및 입법례 등은 대체로 협의상 이혼의 일반적인 문제들이거나 법관의 협의이혼의사 확인과정에서 논의하고 해결하면 될 문제들일뿐, 이 사건 규칙조항 자체에 관한 문제점이 아니어서 적절하지 않다는 점만을 지적하고 이에 대한 구체적인 비판은 따로 하지 아니 한다.

(2) 이 사건 규칙조항 외에도 우리 법제상 이혼의 신중성을 제고하는 여러 가지 제도적 장치가 마련되어 있다.

가정법원의 후견적 기능이 강화됨에 따라 법원이 협의이혼에 직권으로 개입하는 여러 제도가 민법에 도입되었는바(제836조의2, 2007. 12. 21. 법률 제8720호로 개정된 것), 그 주된 내용은 이혼에 관한 안내제도, 협의이혼 전 숙려기간제도, 미성년 자녀의 양육사항에 대한 협의서 제출, 상담권고제도의 도입 등이다.

한편, 재판상 이혼과 조정이혼은 판결이나 조정의 확정으로 이혼의 효력이 즉시 발생하지만, 협의이혼은 가정법원의 이혼의사확인을 받고 부부 중 한쪽이 이혼의사확인서등본을 교부 또는 송달받은 날로부터 3개월 이내에 하여야 하고, 그 기간이 경과한 때에는 그 가정법원의 확인은 효력을 상실한다(가족관계등록법 제75조, 가족관계등록규칙 제79조). 또한 가족관계등록규칙 제80조는 이혼의사의 확인을 받은 당사자가 이혼의사를 철회하고자 하는 경우에는 이혼신고가 접수되기 전에 이혼의사철회서를 제출할 수 있도록 규정하고 있다. 따라서 이혼의사 확인서가 곧 이혼의 종료를 의미하는 것은 아니며, 이혼의사 확인 후 신고를 하여야 하는 제도상의 절차는 이혼의사를 재고할 수 있도록 한다.

나아가 자유롭고 진지한 이혼 결정은 이혼 여부에 관한 것만이 아니고, 이혼으로 인한 법적 효과에 대한 합리적인 의사결정을 포함한다. 이에 관하여 민법은 협의이혼을 신청하는 부부는 자녀의 양육에 관한 사항(양육자의 결정, 양육비용의 부담, 면접교섭권의 행사 여부 및 그 방법)을 협의에 의하여 정하고, 미성년 자녀가 있는 경우 자녀의 양육과 친권자 결정에 관한 협의가 자녀의 복리에 반하는 경우에는 담당 판사는 그 자녀의 의사·연령과 부모의 재산상황, 그 밖의 사정을 참작하여 보정을 명할 수 있도록 규정하고 있다(민법 제837조 참조). 실무상 당사자가 보정에 응하지 않는 경우 '불확인'처리를 하고 있다.

(3) 가족관계등록법 제23조 제2항은, 혼인(민법 제812조), 협의상 이혼(민법 제836조 제1항), 입양(민법 제878조), 협의상 파양(민법 제904조, 제878조) 등 '신고로 인하여 효력이 발생하는 등록사건'에 관하여, 본인이 출석하지 아니하여도 신고할 수 있도록 규정하고 있고, 다만 본인의 의사에 의한 신고인지 확인할 수 있는 장치로 신분증 내지 본인의 인감증명서를 첨부하도록 요구하고 있다. 따라서 협의이혼의 출발점에 불과한 협의이혼의사확인신청서 제출에 있어서도 이러한 방식을 준용할 수 있을 것이다.

이 사건 규칙조항은 '이혼에 관한 안내'를 위하여 부부가 함께 출석하여 협의이혼의사확인신청서를 제출하도록 하고 있으나, 법원의 접수 실무상 위 신청서 제출시 리플렛 내지 안내문 형태로 자료를 교부하여 이혼에 관한 안내에 갈음한다고 한다. 따라서 위와 같은 방식의 이혼에 관한 안내라면 굳이 법원에 부부가 함께 직접 출석하여 제출하지 않더라도 불출석한 당사자 또는 그 대리인에게 안내문 등을 송달하거나 교부하는 방식으로도 할 수 있을 것이다.

(4) 파탄된 부부관계가 회복될 가능성은 법원에 이혼신청을 하기 전에는 기대할 수 있으나, 이미 이혼을 신청하였다면 이혼에 대한 확실한 의사가 있음을 의미한다. 개인의 자기결정권이 존중되는 것은 현대 사회의 흐름이고, 우리 사회 또한 양성평등의식의 확산 등으로 형식적 합의에 의한 축출(逐出)이혼이 거의 소멸되어 가고 있는 점 등에 비추어 보면, 이혼법에서 해결해야 할 것은 이혼의 자유에 따른 책임의 문제와 사회적 약자에 대한 보호, 특히 자녀양육에 관하여 합리적인 의사결정을 할

수 있도록 도와주고 이혼 후 예상되는 여러 문제에 대비할 수 있도록 하여야 하는 것이지, 이 사건 규칙조항과 같은 불필요한 절차를 강요할 것이 아니다.

(5) 협의상 이혼의 절차가 번거로우면 오히려 이를 피하기 위하여 재판상 이혼을 청구하거나 법원에 조정을 신청하여 이혼을 하려고 할 가능성이 높다. 실제로 유명인의 경우 법원에 출석하지 않기 위해 변호사를 대리인으로 선임한 후 법원에 조정을 신청하여 이혼하는 경우(대리인들 사이에 사실상 조정안을 준비하여 오기 때문에 실질적으로 협의이혼과 차이가 없다)가 흔히 있음은 잘 알려진 사실이다.

다. 법익균형성에 대하여

이 사건 규칙조항으로 인해 침해되는 사익은, 이미 어떠한 과정을 거쳐 이혼협의에 도달한 당사자로 하여금 부부가 함께 출석하여 협의이혼의사확인신청서를 제출하도록 함으로써 그로 인한 고통을 가중시키고 장기화하며, 그 결과 부부의 이혼의 자유를 이중으로 제한하고 당사자뿐만 아니라 자녀의 복리에도 좋지 않은 영향을 끼친다는 점이다. 또한 이혼과정이 번잡하고 장기화될수록 상대방에 대한 분노·비난·원망이 깊어질 수 있음은 충분히 예상할 수 있다. 반면에 이 사건 규칙조항을 통해 달성할 수 있는 공익이 무엇인지 모호할 뿐만 아니라, 위 신청서 제출 절차를 번잡스럽게 하는 등의 방법으로 국가가 관여하는 것 자체가 공익으로 평가될 수도 없다.

이와 같이 이 사건 규칙조항이 달성하고자 하는 공익 자체가 불분명하고, 침해되는 사익에 비추어 우월한 공익으로 보기도 어렵다.

라. 결 론

그럼에도 이 사건 규칙조항은 협의이혼의사확인신청서를 제출할 때에도 부부 쌍방이 함께 출석하도록 하고 있는바, 이는 과잉금지원칙에 반하여 청구인 노○태의 일반적 행동자유권을 침해하는 것이다.

[87] 형제자매의 가족관계등록부 교부청구권 부여 조항에 관한 위헌확인 사건

(2016. 6. 30. 2015헌마924)

◇ 사안과 쟁점

청구인은 2013. 9.경 정보공개청구절차를 통해 이부(異父)형제자매인 안○옥이 2013. 1.경 청구인의 가족관계증명서와 혼인관계증명서를 발급받았음을 알게 되었다. 이에 청구인은 가족관계등록부 등의 기록사항에 관한 증명서 교부청구권자를 규정한 '가족관계의 등록 등에 관한 법률' 제14조 제1항 본문 중 '형제자매'에 이부(異父) 또는 이복(異腹) 형제자매가 포함되는 것으로 해석하는 한 헌법에 위반된다고 주장하며 헌법소원심판을 청구하였다.

쟁점은, 형제자매에게 가족관계등록부 등의 기록사항에 관한 증명서 교부청구권을 부여하는 가족관계등록법 조항(이하 '이 사건 법률조항')이 개인정보자기결정권을 침해하는지 여부이다(적극:소극 6:3, 2016. 6. 30. 2015헌마924; 공보 237호 1133면). 재판관 조용호는 합헌의견을 집필하였다.

◇ 반대(합헌)의견

우리는 이 사건 법률조항이 청구인의 개인정보자기결정권을 침해하지 않는다고 생각하므로 아래와 같이 견해를 밝힌다.

가. 목적의 정당성과 수단의 적합성에 대하여

이 사건 법률조항은 형제자매에게 가족관계등록법상의 각종 증명서에 대한 교부청구권을 부여하여 본인과 형제자매의 편익을 증진하기 위한 것으로서 그 목적의 정당성 및 수단의 적합성이 인정됨은 다수의견과 같다.

나. 침해의 최소성에 대하여

(1) 이 사건 법률조항의 규정취지와 연혁

민법 제779조는 배우자, 직계혈족 및 형제자매, 그리고 생계를 같이하는 직계혈족의 배우자, 배우자의 직계혈족 및 배우자의 형제자매를 '가족'으로 규정하고 있다. 이 사건 법률조항이 형제자매에게 각종 증명서에 대한 교부청구권을 부여하는 것은 가족 구성원 사이에는 강한 유대감과 신뢰가 존재한다는 인식을 전제로 한다.

개인정보가 정보주체의 의사와 무관하게 공개되는 경우 오남용 또는 유출 가능성이 크므로 원칙적으로 타인이 이러한 정보가 현출된 증명서를 함부로 발급받을 수 있도록 해서는 안 된다. 그러나 배우자, 직계혈족, 형제자매는 가족의 구성원으로서 친밀함을 바탕으로 강한 유대와 신뢰를 형성하고 있으므로 이들 사이에서는 개인정보의 오남용 또는 유출의 우려가 적어, 가족 사이의 편익 증진을 위해 각종 증명서에 대한 교부청구권을 부여하는 것이 문제된다고 보기는 어렵다.

연혁적으로 살펴보면, 폐지된 구 호적법 제12조 제1항은 호적의 등·초본의 교부를 청구할 수 있는 자를 제한하고 있지 아니하여 제3자가 호적의 등·초본을 발급받는 것이 가능하였다. 이에 가족관계등록법은 원칙적으로 각종 증명서의 교부청구권자를 본인, 배우자, 직계혈족, 형제자매로 한정하여 구 호적법보다 개인정보보호를 강화한 것이다. 다만 아무리 형제자매 사이라 하더라도 개인정보의 오남용이나 유출의 가능성을 배제할 수 없으므로 이에 대한 안전장치는 필요하다. 가족관계등록법 및 가족관계등록규칙은 뒤에서 보는 바와 같이 본인의 개인정보보호를 위한 여러 가지 안전장치를 두고 있다.

(2) 본인의 이익보호의 필요성

다수의견은 이 사건 법률조항에 따른 교부청구권을 인정하지 않더라도 형제자매가 가족관계등록법 제14조 제1항 단서 각호에 해당함을 소명하는 자료를 제출하여 각종 증명서의 교부를 신청할 수 있으므로 본인과 형제자매의 편익을 달성하기 위한 충분한 수단을 갖추고 있다고 한다.

그런데 우리 민법 및 가사소송법은 다수의 이해관계인에게 당해 신분관계를 다툴 당사자적격을 인정하는 경우가 많다. 특히 '가류' 가사소송사건의 경우에는 당사자 및 법정대리인뿐만 아니라 4촌 이내의 친족에게 널리 원고적격을 인정한다(가사소송법 제23조, 제28조, 제31조 등). 이때 친족은 당해 신분관계를 다툴만한 법적·경제적 이해관계가 전혀 없는 경우라도 "그와 같은 신분을 가졌다는 사실만으로써 당연히" 소를 제기할 소송상 이익이 있는 것으로 간주된다(대법원 1983. 3. 8. 선고 81므77 판결 등 참조). '나류' 가사소송사건 역시, 제소권자가 당사자 및 법정대리인으로 한정되어 있는 경우도 적지 않지만 4촌 이내 방계혈족이나 이해관계인 등에게까지 제소권자의 범위가 확대되어 있는 경우도 있다(민법 제817조, 제862조 등). 따라서 형제자매는 자신이 청구권자에 해당하는 경우 그 각 소송과 관련하여 독자적으로 본인의 각종 증명서를 발급받을 필요가 있다. 이는 '라류' 가사비송사건 중 실무에서 최근 증가하고 있는 성년후견제도, 미성년후견제도(이른바 '최진실법', '친권 자동부활 금지제')에 있어서도 마찬가지이다.

이와 같이 형제자매는 본인의 위임을 받거나 본인의 대리인으로서의 지위가 아닌 독자적인 지위에서 민법상 본인을 위하여 소송·비송 등의 청구권자로서 절차를 개시할 수 있는 지위에 있을 뿐만 아니라, 가족관계등록법 제14조 제1항 단서의 각 호가 예정하지 않은 경우도 발생할 수 있으므로, 본인의 권리보호의 공백이 발생하지 않도록 일반조항으로 형제자매를 교부청구권자로 규정할 필요가 있다.

한편, 가족관계등록규칙 제19조 제3항 제2호에서 소송·비송·민사집행의 각 절차에서 필요한 경우에는 법원의 보정명령서, 재판서, 촉탁서 등 이를 소명하는 자료를 갖추어 각종 증명서의 교부신청을 할 수 있도록 하고 있으나, 어차피 소송절차 등에서 발급받을 수 있다면 소송경제상 이를 처음부터 허용하여 소 제기시 제출할 수 있도록 하는 것이 바람직하다. 또한 미성년후견의 경우 '그 사실을 안 날부터 1개월, 그 사유가 발생한 날부터 6개월 내에 청구'하도록 규정되어 있어(민법 제909조의2), 경우에 따라서는 친권의 공백이 발생하여 미성년자의 복리를 저해할 우려가 있다. 그 외의 소송에서도 신분관계를 조속히 확정할 필요가 있으므로 소 제기 이전에 교부신청이 가능하도록 하는 것이 소송경제 및 본인의 이익 보호를 도모할 수 있다.

또한 본인이 사망하거나 행방불명인 경우, 의식불명이거나 질병 또는 장애를 갖고 있는 경우, 부모나 자녀가 없을 수도 있고 때로는 연로한 부모나 미성년인 자녀들보다 형제자매가 사회적·경제적으로 도움이 될 수 있다. 등록사항별 증명서는 법률상의 권리·의무와 관련하여 제출이 요구될 뿐만 아니라 일상생활에서 취학이나 취업, 보험, 여권발급 등의 경우에도 제출을 요구받기 때문에 권리보호를 확대하는 측면에서도 이 사건 법률조항은 필요하다.

우리나라 정서상 소송을 선호하지 않고 가족 간에 협의를 우선시하며 법원이 개입하는 것은 최소한으로 하는 것이 바람직하다는 관점에서 보더라도, 소 제기 이전에 가족관계증명서에 나타난 가족들 사이에 자율적으로 결정하는 것이 더 좋은 합의점을 도출할 수도 있다. 소 제기를 전제로 각종 증명서 등을 발급받을 수 있도록 하는 것은 사실상 소 제기를 강제함으로써 가족 간의 분쟁과 파탄을 조장 내지 확대시키는 결과가 될 수 있다.

(3) 형제자매의 이익보호의 필요성

다수의견은 형제자매가 언제나 같은 이해관계를 갖는 것은 아니고, 때로는 대립되는 이해관계에 있으며, 특히 이부 또는 이복 형제자매의 경우 가족으로서의 의식이 덜하거나 경우에 따라 적대관계에 있기도 하다는 점을 근거로 내세우고 있다. 그러나 이러한 사유만으로 등록사항별 증명서에 대한 발급을 제한할 근거가 될 수는 없다. 즉, 다수의견은 혼인과 혈연으로 맺어진 부부와 자녀가 동거하는 가족형태만을 가족으로 인식하고 있으나, 사회의 변화에 따라 혈연의 중요성보다는 서로에 대한 애정과 관심, 믿음과 배려로 형성된 사람들의 집단 또한 가족으로 인정될 필요성이 있으며, 법에서도 다양한 가족형태를 존중하고자 하는 최소한의 노력이 반영되어야 한다.

가족의 일반적 의미는 '혼인이나 혈연·입양을 중심으로 맺어진 생활공동체'이다. 혼인이나 혈연과 같은 유대의 성격도 중요하지만 그보다는 단일한 가계를 이루는 공동체의 성격이 강조된다. 이혼 및 재혼가정이 증가함에 따라 재혼가정의 경우 재혼자녀와 전혼관계 자녀 사이(즉, 이 사건과 같이 '이복·이부 형제자매'의 경우)에도 얼마든지 유대관계가 두터울 수 있다. 형제자매가 때로 본인과 대립되는 이해관계를 갖고 있다는 것이 형제자매의 증명서 등 교부청구권을 제한하는 근거가 될 수는 없다. 때로 본인과 대립되는 이해관계를 갖고 있다는 사정은 형제자매뿐만 아니라 배우자, 직계혈족(부모 또는 자녀 등)도 마찬가지이다.

이 사건 법률조항은 형제자매가 본인을 위하여 본인을 대신하여 등록사항별 증명서를 발급받을 수 있도록 하는 것뿐만 아니라, 자신의 정당한 이익을 위하여 자신의 가족법상의 권리를 행사하기 위하여 간편하게 등록사항별 증명서를 발급받을 수 있도록 하는 것까지 포함한다. 즉, 이 사건 법률조항은 형제자매가 본인과의 신뢰관계, 유대관계가 두텁다는 측면에서만 증명서 등의 교부청구권을 인정한 것이 아니라, 형제자매의 법률적 지위(재산의 공동상속권자, 산업재해보상보험법 제63조에 따른 유족보상연금수급자격자 등)를 고려하여 그의 정당한 이익을 보호하기 위하여도 인정한 것으로 보아야 한다.

본인과의 이해관계 충돌 때문에 본인의 동의를 얻기 어려운 상황에 놓인 형제자매가 친족·상속 등과 관련된 권리의 행사를 위해 각종 증명서를 신속히 발급받아야 할 경우도 있는데, 이 사건 법률조항 외에 효과적인 대안을 찾기도 어렵다. 만약 증명서 교부청구와 정당한 이해관계 있음을 형제자매에게 일일이 소명하게 한다면, 가족 구성원 사이의 신뢰를 바탕으로 본인과 형제자매의 편익을 증진하고자 하는 이 사건 법률조항의 입법목적 달성은 어렵다.

(4) 개인정보의 오남용 또는 유출의 가능성 문제

가족관계등록법 및 가족관계등록규칙은 '등록사항별 증명서'를 발급하는 절차 등에 관하여 필요한 사항을 대법원예규로 정하도록 하고 있고(법 제14조, 규칙 제19조), 이에 따른 "등록사항별 증명서의 발급 등에 관한 사무처리지침"(2015. 1. 8. 개정 가족관계등록예규 제450호)은 제10조에서 주민등록번호의 공시를 제한하는 규정을 두는 한편, 제11조에서 일정한 경우 예외적으로 신청대상자의 주민등록번호를 공시하도록 규정하고 있다. 즉, 형제자매의 경우 통상 본인의 등록기준지·성명·성별·본·출생연월일은 굳이 등록사항별 증명서를 교부받지 않더라도 알 수 있으므로, 주민등록번호 뒷부분 6자리를 발급받는 경우를 엄격히 제한하고 있다.

가족관계등록법 및 가족관계등록규칙은 또한, 시·읍·면의 장으로 하여금 각종 증명서의 교부청구가 등록부에 기록된 사람에 대한 사생활의 비밀을 침해하는 등 부당한 목적에 의한 것이 분명하다고 인정되는 때에는 증명서의 교부를 거부할 수 있게 하고(법 제14조 제4항), 각종 증명서의 교부신청을 하려는 사람은 신청서에 그 사유를 기재하여 제출하도록 하며(규칙 제19조 제1항), 형제자매가 가족관계증명서를 교부받고자 하는 경우에는 가족관계증명서가 필요한 이유를 별도로 밝히도록 하는(규칙 제22조 제3항) 한편, 형제자매는 인터넷 또는 무인증명서발급기를 통해서는 증명서를 발급받을 수 없도록 하고 있다(법 제14조의2 제2항, 제14조의3 제2항).

따라서 이 사건 법률조항으로 인하여 형제자매가 무분별하게 본인의 등록사항별 증명서를 발급받음으로써 개인정보의 오남용 및 유출의 가능성은 현저히 낮다.

다. 법익의 균형성에 대하여

이 사건 법률조항에 따라 형제자매에게 증명서 교부청구권이 부여된다고 하여 그 자체로 본인의 개인정보가 오남용 또는 유출되는 것은 아니라는 점과 가족관계등록법 등에서 개인정보보호를 위한 여러 안전장치를 두고 있다는 점을 고려하면, 이 사건 법률조항으로 인하여 침해되는 사익은 크다고 볼 수 없다. 반면, 이 사건 법률조항을 통하여 달성되는 공익은 본인과 형제자매의 편익 증진으로서 중대하다.

결국 극히 예외적인 상황을 상정하여 개인정보의 오남용 또는 유출의 위험성을 방지하고자 하는 사익보다는, 통상의 경우에서 본인 및 형제자매로 하여금 불편을 초래하고 절차를 복잡하게 하는 불합리한 결과를 미리 방지함으로써 본인과 형제자매의 편익을 증진하고자 하는 공익이 훨씬 중대한 것으로 보인다.

라. 소 결

그렇다면 이 사건 법률조항은 청구인의 개인정보자기결정권을 침해하지 않는다.

[88] 민법 1004조에 대한 위헌소원 사건

(2018. 2. 22. 2017헌바59)

◇ 사안과 쟁점

청구인은 1981년 이○섭과 혼인하여 딸 이○진을 출산하였다. 청구인은 1985년 이○섭과 이혼하였고, 이후 이○진을 혼자서 양육하였다. 이○진은 2011년 교통사고를 당하여 혼인하지 아니한 상태에서 사망하였다. 이○진은 사망할 당시 국민은행 등 금융기관에 합계 800여 만 원의 예금채권을 가지고 있었고, 생전에 △△보험회사, □□ 새마을금고와 사이에 자신을 피보험자로 하고, 피보험자 사망 시 보험수익자를 법정상속인으로 하는 내용의 보험계약을 체결하였는바, 이○진의 사망으로 인하여 그 법정상속인에게 보험금 2억 3천만 원에 대한 수령권이 발생하였다. 청구인은 교통사고의 가해차량에 관하여 자동차종합보험계약을 체결한 ××보험회사를 상대로 손해배상청구를 하여, 2013년 위 보험회사는 청구인에게 1억 5,400만 원 및 이에 대한 지연손해금을 지급하라는 판결을 선고받았고, 확정되었다. 한편, 청구인은 이○섭을 상대로 이○진에 대한 과거 양육비의 지급을 구하면서, 이○진의 예금채권

합계 800여만 원, △△보험회사 등에 대한 보험금채권 2억 3천만 원, 이○진의 ×× 보험회사에 대한 손해배상금채권 2억 8,400만 원이 상속재산임을 전제로, 그에 대하여 자신의 기여분을 90%로 정하고 기여분을 제외한 나머지 상속재산에 대한 분할을 청구하는 심판을 제기하였다. 법원은 2013. 7. 5. 청구인의 기여분결정 청구와 상속재산분할 청구를 기각하면서, 이○섭은 청구인에게 과거 양육비 93,200,000원 및 이에 대한 지연손해금을 지급하라고 결정하였다. 청구인이 위 결정에 대하여 항고하였으나, 항고심 법원은 2013. 12. 10. 과거 양육비를 102,000,000원으로 증액하고 청구인의 나머지 항고를 기각하였다. 이에 다시 청구인이 재항고하였으나 기각되었다. 그 후 청구인은 이○섭이 아버지로서 이○진에 대한 부양의무를 다하지 아니하였으므로 상속결격자로 보아야 한다며 이○섭을 상대로 상속받은 금액의 반환을 구하는 소송을 제기하였으나 2016. 8. 12. 청구기각 판결을 선고받았다. 이에 청구인이 항소하여 그 소송 계속 중이던 2016. 11. 9. 부양의무를 전혀 이행하지 않은 직계존속에게도 상속권을 인정하는 민법 제1000조 제1항 제2호가 청구인의 기본권을 침해한다고 주장하며 위헌법률심판제청신청을 하였으나 각하되자, 헌법소원심판을 청구하였다.

쟁점은, 피상속인에 대한 부양의무를 이행하지 아니한 직계존속을 상속결격사유로 규정하지 않은 민법 제1004조(이하 '심판대상조항')가 청구인의 재산권을 침해하는지 여부이다(전원 소극, 2018. 2. 22. 2017헌바59; 공보 257호 449면). 재판관 조용호는 주심으로 법정의견을 집필하였다.

◇ 법정(합헌)의견

가. 쟁점의 정리

심판대상조항이 상속결격사유를 규정하면서, 피상속인에 대한 부양의무를 이행하지 않은 직계존속의 경우를 상속결격사유로 규정하지 않은 것이 부양의무를 이행한 다른 상속인의 재산권을 침해하는지 여부가 문제된다.

청구인은 피상속인에 대한 부양의무를 이행하지 않은 직계존속에게 상속권을 인정하는 것은 헌법 제36조 제1항에 위배된다고 주장한다. 그러나 피상속인에 대한 부양의무를 이행하지 않은 직계존속이 상속권을 갖는지 여부는 피상속인 사후 혈족들의 재산권과 관련될 뿐이고, 그 자체로 가족생활의 자율적인 형성을 방해하거나 이에 영향을 미친다고 보기 어려우므로, 헌법 제36조 제1항에 위배되는지 여부는 문제되지 않는다.

한편, 청구인은 피상속인에 대한 부양의무를 이행하지 않은 직계존속에게도 상속권을 인정하는 것은 부양의무를 충실하게 이행한 직계존속과 그렇지 않은 직계존속을 차별하는 것이 되어 평등원칙에 위배된다고 주장한다. 그러나 위 주장은 재산권 침해 주장과 실질적으로 동일하여 재산권 침해 여부에 대한 판단에 포함될 내용이므로 별도로 판단하지 않는다.

나. 심판대상조항에 대한 판단

(1) 심사기준

우리 재판소는 이미 상속권을 재산권의 일종으로 보고, 상속제도나 상속권의 내용은 입법자가 입법정책적으로 결정하여야 할 사항으로서 원칙적으로 입법자의 입법형성의 자유에 속한다고 할 것이지만, 입법자가 상속제도와 상속권의 내용을 정함에 있어서 입법형성권을 자의적으로 행사하여 헌법 제37조 제2항이 규정하는 기본권제한의 입법한계를 일탈하는 경우에는 그 법률조항은 헌법에 위반된다고 판시한 바 있다(헌재 2008. 2. 28. 2005헌바7; 헌재 2014. 8. 28. 2013헌바119). 심판대상조항은 상속결격사유에 관한 규정으로 상속권의 내용과 한계를 구체적으로 형성하므로, 심판대상조항이 부양의무를 이행한 상속인의 재산권을 침해하는지 여부도 위와 같은 심사기준을 적용하여 판단하여야 한다. 즉, 이하에서는 심판대상조항이 피상속인에 대한 부양의무를 전혀 이행하지 않은 직계존속의 경우를 상속결격사유로 규정하지 않은 것이 입법형성권의 한계를 일탈하였는지 여부를 그 위헌심사기준으로 하여 검토하기로 한다.

(2) 판 단

㈎ 심판대상조항의 1, 2호가 피상속인 등 일정한 자에 대한 살인·살인미수 또는 상해치사의 범죄행위를 한 자의 상속자격을 박탈하도록 한 것은, 상속인과 피상속인을 연결하는 윤리적·경제적 협동관계를 파괴한 자에 대하여 제재를 가하여 그와 같은 상속인의 파괴행위로부터 피상속인과 가족공동체를 보호하기 위함이다. 심판대상조항의 3, 4, 5호는 사기 또는 강박으로 피상속인의 상속에 관한 유언을 하게 하거나 방해한 자 등 피상속인의 유언의 자유를 침해하는 부정(不正)행위를 한 자의

상속자격을 박탈하도록 하여 피상속인의 유언의 자유를 보호하고 있다. 즉, 심판대상조항은 일정한 형사상의 범죄행위와 유언의 자유를 침해하는 부정행위 등 5가지를 상속결격사유로 한정적으로 열거하고 있다. 이는 상속인이 일정한 형사상의 범죄행위 또는 유언의 자유를 침해하는 부정행위를 저지른 극히 예외적인 경우를 제외하고는 상속인의 상속권을 보호함과 동시에 상속결격여부를 둘러싼 분쟁을 방지하고, 상속으로 인한 법률관계를 조속히 확정시키기 위함이다.

(나) 민법은 법정상속제도로서 혈족상속의 원칙(제1000조 제1항 참조)을 채택하는 한편, 심판대상조항에서 상속결격사유를 제한적으로 규정하고, 가족으로서 피상속인에 대한 부양의무를 이행하지 아니하였다는 점은 상속결격사유로 삼고 있지 않다. 이처럼 부양의무의 이행과 상속은 서로 대응하는 개념이 아니다. 법정상속인이 피상속인에 대한 부양의무를 이행하지 않았다고 하여 상속인의 지위를 박탈당하는 것도 아니고, 반대로 법정상속인이 아닌 사람이 피상속인을 부양하였다고 하여 상속인이 되는 것도 아니다.

따라서 직계존속이 피상속인에 대한 부양의무를 이행하지 않았다고 하더라도, 이것이 부양의무를 해태한 것으로 평가되어 향후 직계존속 일방으로부터 양육비지급청구 등 민사상 금전지급청구의 대상이 될 수 있음은 별론으로 하고, 그것이 피상속인에 대한 살인·살인미수 또는 상해치사 등과 동일한 수준으로 상속인과 피상속인을 연결하는 윤리적·경제적 협동관계를 파괴하는 중대한 범법행위 또는 유언의 자유를 침해하는 부정행위라고 보기는 어렵다. 또한 개별 가족의 생활 형태나 경제적 여건 등에 따라 부양의무 이행의 방법과 정도는 다양하게 나타나기 때문에 '부양의무 이행'의 개념은 상대적일 수밖에 없다. 그럼에도 직계존속이 피상속인에 대한 부양의무를 이행하지 않은 경우를 상속결격사유로 본다면, 과연 어느 경우에 상속결격인지 여부를 명확하게 판단하기 어려워 이에 관한 다툼으로 상속을 둘러싼 법적 분쟁이 빈번하게 발생할 가능성이 높고, 그로 인하여 상속관계에 관한 법적 안정성이 심각하게 저해된다.

(다) 나아가 민법은 유언의 자유를 인정하고 있으므로, 피상속인은 생전증여나 유증을 통하여 자신의 의사에 따라 자신에게 부양의무를 다한 직계존속에게 더 많은 비율의 재산을 상속하게 할 수 있다. 또한 특정 상속인이 상당한 기간 동거, 간호 그 밖의 방법으로 피상속인을 특별히 부양하거나 피상속인의 재산의 유지 또는 증가에

관하여 특별히 기여하였을 경우에는 민법의 기여분 제도(제1008조의2 제1항)를 통하여 상속분 산정 시 해당 부분을 기여분으로 인정받는 것도 가능하고, 부양의무를 이행한 직계존속은 부양의무를 이행하지 않은 다른 직계존속을 상대로 양육비를 청구할 수도 있다.

㈑ 위와 같이 피상속인의 의사나 피상속인에 대한 부양의무 이행 여부 등을 구체적인 상속분 산정에서 고려할 수 있는 장치를 이미 마련하고 있는 점들을 고려하면, 심판대상조항이 피상속인에 대한 부양의무를 이행하지 않은 직계존속의 경우를 상속결격사유로 규정하지 않았다고 하더라도 이것이 입법형성권의 한계를 일탈하여 다른 상속인의 재산권을 침해한다고 보기 어렵다.

(3) 소 결

따라서 심판대상조항이 청구인의 재산권을 침해한다고 볼 수 없다.

[89] 민사집행법 제68조 위헌확인 사건

(2014. 9. 25. 2013헌마11)

◇ 사안과 쟁점

청구인은 채권자인 대부업자와의 사이에 금전채무 보증계약을 체결하였는데, 주채무자가 위 금전채무를 모두 변제하지 못하자 채권자가 보증채무자인 청구인에 대하여 재산명시신청을 하였고, 법원은 2012. 9.경 청구인에게 재산명시결정을 하고 위 결정과 재산명시기일출석요구서를 송달하였으나, 청구인은 위 법원이 실시한 재산명시기일에 출석하지 않았다. 법원은 같은 날 감치재판개시결정을 하고, 2012. 12. 17. 15:00 감치재판기일을 열어 청구인이 재산명시기일에 출석요구를 받고도 출석하지 않았다는 이유로 민사집행법 제68조 제1항에 의하여 청구인을 7일간 감치에 처하는 결정을 하였다. 이에 청구인은 2013. 1.경 민사집행법 제68조 제1항(이하 '심판대상조항')이 과잉금지원칙을 위배하여 청구인의 신체의 자유 등을 침해한다며 그 위헌확인을 구하는 헌법소원심판을 청구하였다.

쟁점은, 심판대상조항이 과잉금지원칙에 반하여 청구인의 신체의 자유를 침해하는지 여부, 실체적·절차적 적법절차를 위반한 것인지 여부, 심판대상조항이 감치의 제재를 통해 채무자에게 재산을 공개하도록 강제하는 것이 채무자의 양심의 자유와 진술거부권을 침해하는지 여부이다(2014. 9. 25. 2013헌마11; 공보 216호 1602면). 전원 일치 합헌의견이었고, 재판관 조용호는 주심으로 법정의견을 집필하였다.

◇ 법정(합헌)의견

가. 재산명시의무 위반자에 대한 감치제도의 도입 배경 및 취지

구 민사소송법(2002. 1. 26. 법률 제6626호로 개정되기 전의 것, 이하 같다) 제524조의8 제1항은 재산명시명령을 송달받은 채무자가 정당한 사유 없이 명시기일에 불출석하거나, 재산목록의 제출을 거부하거나, 선서를 거부하는 경우 및 채무자가 허위의 재산목록을 제출한 경우에 채무자를 3년 이하의 징역 또는 500만 원 이하의 벌금에 처한다고 규정하고 있었는데, 위 규정은 2002년 제정된 민사집행법에서 채무자가 거짓의 재산목록을 낸 때에만 형사처벌을 하고(민사집행법 제68조 제9항), 나머지 경우에는 채무자를 감치에 처하는 것으로 내용이 바뀌었다.

위와 같이 제도가 바뀐 이유는, 구 민사소송법이 재산명시의무 위반에 대한 제재를 검사의 기소가 필요한 형벌에 의존함으로써, ① 재산명시절차의 민사적 성격을 감소시키고, ② 절차 지연과 처벌의 예측 곤란 등으로 인하여 채무자에 대한 압박수단으로서의 효과를 약화시키며, ③ 채무자가 채무의 변제 여부와 관계없이 처벌을 받게 되어 간접강제적 의미도 약화되는 등의 문제가 있었기 때문이다.

이에 민사집행법(이하 민사집행법은 '법', 민사집행규칙은 '규칙', 법정 등의 질서유지를 위한 재판에 관한 규칙은 '법정질서규칙'이라 약칭한다)은 채무자가 거짓의 재산목록을 낸 경우에만 형사처벌을 하고(제68조 제9항), 나머지 위반행위에 대하여는 채무자를 20일 이내의 감치에 처하되, 감치의 집행 중이라도 채무자가 재산목록의 제출 및 선서를 하거나 그 채무를 변제하면 즉시 석방하도록 함으로써(제68조 제6항), 감치제도의 간접강제 수단으로서의 기능을 강화하고 채무변제와 석방을 연계하여 강제집행의 실효성도 높이는 한편, 민사집행절차상의 의무 위반이 바로 형사절차로 이행되는 것을 원칙적으로 부정함으로써 제재수단이 갖는 민사적 성격을 분명히 하였다.

나. 심판대상조항의 위헌 여부

(1) 신체의 자유의 침해 여부

채무자에 대한 감치는 구금을 통하여 신체의 자유를 제한하는 것이므로, 심판대상조항이 청구인의 신체의 자유를 침해하여 위헌인지 여부가 문제된다.

㈎ 입법목적의 정당성 및 수단의 적합성

민사소송의 목적인 분쟁해결 또는 권리보호는 집행권원이 있는 채권자가 집행을 통하여 종국적인 만족을 얻음으로써 달성할 수 있는 것인데, 채권자에게 금전지급청구권에 기초한 집행권원을 부여한 국가로서는 이를 효과적으로 집행할 수 있도록 하기 위하여 채무자에게 책임재산의 목록을 명시하는 절차를 마련하여 이를 강제하여야 할 필요가 있다. 재산명시의무의 위반행위에 대한 감치의 제재를 규정하고 있는 심판대상조항은, 이러한 재산명시의무의 간접강제 수단으로서의 기능을 강화하고 채무자의 책임재산을 쉽게 파악할 수 있도록 하여 강제집행의 실효성을 높이도록 한 것으로, 그 입법목적의 정당성과 수단의 적합성이 인정된다.

㈏ 침해의 최소성

구 민사소송법에서 모든 재산명시의무 위반행위에 대해 형벌을 부과했던 것과는 달리, 심판대상조항은 명시기일 불출석, 재산목록의 제출 거부 및 선서 거부의 경우에는 사후적인 형사절차 대신 재산명시에 연계된 절차 내에서(규칙 제30조 제1항) 신속하고 유연한 간접강제로서 감치의 제재를 하고 있다.

또한, 심판대상조항에 의한 감치는 담보권 실행 등을 위한 경매의 경우에는 인정되지 않고, 채무자의 책임재산 탐색과 직접 관련이 있는 금전의 지급을 목적으로 하는 집행권원에 기초한 경우에만 인정되며(법 제61조 제1항), 채무자로서는 재산명시기일에 출석하여 재산목록을 제출하고 그 재산목록이 진실하다는 선서를 하기만 하면 감치의 제재를 받지 않게 되는데, 집행채무자라는 지위상 그러한 의무가 과도한 부담이라고는 보기 어렵다.

한편, 감치재판개시결정은 감치사유가 발생한 날부터 20일이 지난 때에는 할 수 없고(규칙 제30조 제2항 후문), 감치재판절차를 개시한 후라도 감치결정이 있기 전에 채무자가 재산목록을 제출하거나, 고령·질병 또는 집행채무의 액수나 변제능력·변제전망 등의 사정을 고려하여 감치에 처하는 것이 상당하지 아니하다고 인정되는 때에는 법원은 불처벌결정을 할 수 있고(규칙 제30조 제3항), 감치를 명하더라도 그 기간은 최대 20일을 초과할 수 없으며(법 제68조 제1항), 감치의 집행 중이라도 채무자가 재산목록의 제출 및 선서를 하거나 그 채무를 변제하면 감치결정은 취소되어 채무자는 즉시 석방된다(법 제68조 제6항).

나아가 금전지급청구권에 기초한 강제집행의 경우 재산명시의무를 위반한 채무자에게 과태료 등의 금전적 제재를 가하는 것은 큰 실효성이 없을 것이므로, 채무자의 의무이행이 있으면 즉시 석방하도록 하는 조건부 구금의 성격을 갖는 감치제도 외에 현실적으로 덜 침해적인 간접강제 수단을 찾아보기도 어렵다.

따라서 심판대상조항은 침해의 최소성 원칙에 위배되지 아니한다.

㈐ **법익의 균형성**

심판대상조항으로 인하여 청구인이 입게 되는 불이익은 감치의 제재를 통해 달성하려는 강제집행의 실효성 확보라는 공익에 비하여 결코 크다고 할 수 없으므로, 심판대상조항은 법익의 균형성도 갖추었다.

㈑ **소 결**

따라서 심판대상조항은 과잉금지원칙에 반하여 청구인의 신체의 자유를 침해하지 아니한다.

(2) 명확성원칙의 위반 여부

심판대상조항의 '정당한 사유'의 의미내용이 불확실하여 명확성원칙에 위배되는지 문제된다.

명확성원칙은 기본권을 제한하는 법규범의 내용은 명확하여야 한다는 헌법상의 원칙인바, 법규범에게 이러한 원칙을 충족할 것을 요구하는 이유는 만일 법규범의 의미내용이 불확실하다면 법적 안정성과 예측가능성을 확보할 수 없고 법집행 당국의 자의적인 법해석과 집행을 가능하게 할 것이기 때문이다. 다만 법규범의 문언은 어느 정도 일반적·규범적 개념을 사용하지 않을 수 없기 때문에 기본적으로 최대한이 아닌 최소한의 명확성을 요구하는 것으로서, 법문언이 법관의 보충적인 가치판단을 통해서 그 의미내용을 확인할 수 있고, 그러한 보충적 해석이 해석자의 개인적인 취향에 따라 좌우될 가능성이 없다면 명확성원칙에 반한다고 할 수 없다(헌재 2011. 11. 24. 2010헌바254 참조).

심판대상조항의 입법목적 내지 입법취지, 입법연혁과 법규범의 종합적 체계에 비추어 볼 때, 여기서의 '정당한 사유'란 ① 당사자가 일반적인 주의를 다하였음에도 불구하고 스스로 책임질 수 없는 사유로 인하여 재산명시명령 또는 재산명시기일을 알지 못한 경우나, ② 재산명시명령 또는 재산명시기일을 알고 있었지만 갑작스러운 질병·사고나 교통기관의 두절, 천재지변 등으로 명시기일에 출석하지 못한 경우에 인정될 것으로 해석되고, 달리 법관에 의한 자의적인 해석의 위험성이 있다고 보기 어렵다. 또한 건전한 상식과 통상적인 법감정을 가진 사람이라면 위와 같은 '정당한 사유'의 의미내용을 별다른 어려움 없이 구체적으로 파악할 수 있을 것으로 보이므로, 심판대상조항의 '정당한 사유'라는 표현은 명확성원칙에 위반되지 아니한다.

(3) 적법절차원칙의 위반 여부

심판대상조항은 법원이 감치결정을 함에 있어서 채무자에게 변명 등 방어의 기회를 제공하지 아니하여 적법절차원칙에 위반되는지가 문제된다.

헌법 제12조 제1항은 "… 법률과 적법한 절차에 의하지 아니하고는 처벌·보안처분 또는 강제노역을 받지 아니한다."라고 하여 적법절차원칙을 규정하고 있는데, 헌법재판소는 이 원칙이 형사소송절차에 국한되지 않고 모든 국가작용 전반에 대하여 적용된다고 밝힌 바 있으므로(헌재 1992. 12. 24. 92헌가8; 헌재 1998. 5. 28. 96헌바4 참조), 재산명시의무를 위반한 채무자에 대한 감치재판절차에 있어서도 적법절차원칙이 준수되어야 한다. 적법절차원칙에서 도출할 수 있는 가장 중요한 절차적 요청 중의 하나로, 당사자에게 적절한 고지를 할 것, 당사자에게 의견 및 자료 제출의 기회를 부여할 것을 들 수 있으나, 이 원칙이 구체적으로 어떠한 절차를 어느 정도로 요구하는지는 일률적으로 말하기 어렵고, 규율되는 사항의 성질, 관련 당사자의 사익(私益), 절차의 이행으로 제고될 가치, 국가작용의 효율성, 절차에 소요되는 비용, 불복의 기회 등 다양한 요소들을 형량하여 개별적으로 판단할 수밖에 없다(헌재 2003. 7. 24. 2001헌가25 참조).

심판대상조항에 의한 감치재판절차는 재산명시명령을 한 법원의 감치재판개시결정에 따라 개시되는데, 우선 위 재산명시명령의 채무자에 대한 송달은 민사소송법 제187조(등기우편) 및 제194조(공시송달)에 의한 방법으로는 할 수 없으므로(법 제62조 제5항) 교부송달에 의하여야 하고, 결정에 따르지 아니할 경우 법 제68조에 규정된 감치 및 벌칙의 제재를 받을 수 있다는 점을 함께 고지하여야 한다(법 제62조 제4항). 감치재판개시결정을 한 경우 법원은 감치재판기일을 열고 채무자를 소환하여 재산명시의무를 이행하지 아니한 데에 정당한 사유가 있는지 여부를 심리하여야 하므로, 재산명시기일에 출석한 채무자에게 감치재판개시결정을 하고 이를 고지하는 경우에는 감치재판기일을 지정하여 말로 고지하면 될 것이지만, 그렇지 않은 경우에는 채무자에게 감치재판기일통지서를 송달하여 고지하여야 한다. 감치재판기일은 원칙적으로 채무자의 출석 없이는 열 수 없지만, 채무자가 정당한 이유 없이 출석하지 않거나(가사소송에서의 의무불이행자에 대한 감치와 달리 구인 규정이 없으므로 채무자를 구인할 수 없다), 재판장의 허가 없이 퇴정하거나 퇴정명령을 받은 때에는 채무자의 출석 없이도 기일을 열 수 있다(규칙 제30조 제8항, 법정질서규칙 제6조 제1항). 감치재판기일에는 법원은 채무자의 출석 없이 재판을 여는 경우를 제외하고는 채무자에게 감치사유를 고지하고 변명할 기회를 주어야 한다(규칙 제30조 제8항, 법정질서규칙 제6조 제2항). 채무자가 출석하지 아니한 상태에서 감치재판을 선고한 때에는 지체없이 재판서 또는 재판의 내용을 기재한 조서의 등본을 채무자에게 송달하여야 한다(규칙 제30조 제8항, 법정질서규칙 제10조 제2항). 채무자는 감치결정을 고지받은 날부터 1주 이내에 즉시항고를 할 수 있다(법 제68조 제4항, 제15조 제2항).

위와 같이 채무자에 대한 재산명시명령의 송달은 불이행시 감치의 제재를 받을 수 있다는 고지와 함께 교부송달로 하도록 하고 있고, 감치재판절차가 개시된 경우 그 결정과 감치재판기일을 다시 통지함으로써 채무자를 소환하여 감치사유를 고지하고 변명할 기회를 제공하고 있으며, 감치결정에 대한 불복의 절차도 마련되어 있는바, 그 절차의 내용이 합리성과 정당성을 갖추었다. 나아가 채무자가 현실적으로 감치재판절차에서 변명할 기회를 갖지 못하는 것은 스스로 정당한 이유 없이 재판기일에 출석하지 않거나 재판장의 허가 없이 퇴정하거나 퇴정명령을 받아 출석 없이 기일이 진행되는 경우 뿐인데, 이는 심판대상조항이 채무자에게 적절한 고지와 변명의 기회를 마련하고 있지 않기 때문이 아니라 채무자 스스로 변명의 기회를 제공받을 수 있는 절차를 거부하여 그 불이익을 감수하게 되는 것에 불과하다.

따라서 심판대상조항에 의한 감치재판절차가 적법절차원칙에 위반된다고 볼 수 없다.

(4) 양심의 자유의 침해 여부

청구인은 심판대상조항이 채무자에게 재산을 공개하도록 함으로써 채무자의 양심의 자유를 부당하게 침해한다고 주장한다.

그런데 헌법 제19조에서 말하는 '양심'은 옳고 그른 것에 대한 판단을 추구하는 가치적·도덕적 마음가짐으로, 개인의 소신에 따른 다양성이 보장되어야 하고 그 형성과 변경에 외부적 개입과 억압에 의한 강요가 있어서는 아니되는 인간의 윤리적 내심영역이다. 보호되어야 할 양심에는 세계관·인생관·주의·신조 등은 물론, 이에 이르지 아니하여도 보다 널리 개인의 인격형성에 관계되는 내심에 있어서의 가치적·윤리적 판단도 포함될 수 있으나, 단순한 사실관계의 확인과 같이 가치적·윤리적 판단이 개입될 여지가 없는 경우는 그 보호대상이 아니다(헌재 2002. 1. 31. 2001헌바43 참조).

이 사건에서 채무자가 부담하는 행위의무는 강제집행의 대상이 되는 재산관계를 명시한 재산목록을 제출하고 그 재산목록의 진실함을 법관 앞에서 선서하는 것으로서, 개인의 인격형성에 관계되는 내심의 가치적·윤리적 판단이 개입될 여지가 없는 단순한 사실관계의 확인에 불과한 것이므로, 헌법 제19조에 의하여 보장되는 양심의 영역에 포함되지 않는다.

따라서 심판대상조항은 청구인의 양심의 자유를 침해하지 아니한다.

(5) 진술거부권의 침해 여부

(가) 청구인은 심판대상조항은 채무자에게 형사상 불이익이 될 수 있는 진술을 강요하는 것이라고 주장한다.

(나) 진술거부권의 의미

헌법 제12조 제2항은 "모든 국민은 고문을 받지 아니하며, 형사상 자기에게 불리한 진술을 강요당하지 아니한다."고 규정하여 형사책임에 관하여 자신에게 불이익한 진술을 강요당하지 아니할 것을 국민의 기본권으로 보장하고 있다. 진술거부권은 형사절차뿐만 아니라 행정절차나 국회에서의 조사절차 등에서도 보장되며, 현재 피의자나 피고인으로서 수사 또는 공판절차에 계속중인 사람 뿐만 아니라 장차 피의자나 피고인이 될 사람에게도 보장된다. 또한 진술거부권은 고문 등 폭행에 의한 강요는 물론 법률로써도 진술을 강요당하지 아니함을 의미한다(헌재 1997. 3. 27. 96헌가11 참조).

(다) '진술'에 포함되는지 여부

헌법상 진술거부권의 보호대상이 되는 '진술'이라 함은 언어적 표출 즉, 개인의 생각이나 지식, 경험사실을 정신작용의 일환인 언어를 통하여 표출하는 것을 의미한다(헌재 1997. 3. 27. 96헌가11 참조). 채무자가 재산명시기일에 제출하는 재산목록에는 강제집행의 대상이 되는 재산과 일정한 범위 내의 유상양도 및 무상처분 등의 거래 사항을 명시해야 하는바(법 제64조 제2항), 이는 채무자의 경험사실을 문자로 기재하도록 한 것이므로 '진술'의 범위에 포함된다.

㈑ '형사상 불이익한 진술'에 해당하는지 여부

진술거부권에 있어서의 진술이란 형사상 자신에게 불이익이 될 수 있는 진술이므로 범죄의 성립과 양형에서의 불리한 사실 등을 말하는 것이고, 그 진술내용이 자기의 형사책임에 관련되는 것일 것을 전제로 한다.

그런데 심판대상조항에 의한 감치는 형사적 제재가 아니라 재산명시의무를 간접강제하기 위한 민사적 성격의 제재이다. 즉, 채무자가 재산목록의 작성·제출이라는 형태의 진술을 거부하였을 때 그에게 가해지는 제재는 형사상 책임이 아니라 민사적 구금제도로서의 감치이다.

물론 채무자가 거짓의 재산목록을 낸 때에는 3년 이하의 징역 또는 500만 원 이하의 벌금에 처해질 수 있으나(법 제68조 제9항), 심판대상조항이 채무자로 하여금 재산명시기일에 출석하여 재산목록을 제출하고 선서를 하도록 강제한다고 하여, 그것이 법 제68조 제9항의 처벌대상이 되는 행위와 관련하여 채무자에게 불이익한 진술을 강요하는 것이라고는 할 수 없다. 법 제68조 제9항의 요건사실은 "채무자가 거짓의 재산목록을 내는 것"인데, 심판대상조항이 채무자에게 자신이 제출한 재산목록의 내용이 거짓인지 여부를 밝히도록 강제하는 것은 아니며, 민사집행법 제68조 제9항이 재산목록이 거짓인 사실을 밝히지 않은 것을 이유로 형벌을 부과하는 것도 아니기 때문이다.

그렇다면 채무자의 재산명시기일에서의 재산목록 작성·제출행위는 형사상 불이익한 진술에 해당한다고 볼 수 없다.

㈒ 소 결

따라서 감치의 제재를 통해 채무자에게 재산목록을 제출하도록 강제하는 것이 형사상 불이익한 진술을 강요하는 것이라고 할 수 없으므로, 심판대상조항은 청구인의 진술거부권을 침해하지 아니한다.

(6) 죄형법정주의 위반 여부에 대한 심사

청구인은 심판대상조항에 의한 감치제도는 형법 규정에 존재하지 않는 형벌을 규정한 것으로서 죄형법정주의에 위반된다는 주장도 하고 있으나, 감치는 형벌에 해당하지 않아 죄형법정주의의 영역에 포섭될 수 없을 뿐만 아니라, 청구인의 주장은 결국 형법상의 형벌이 아닌 감치를 통하여 채무자를 구금하는 것이 채무자의 신체의 자유를 침해한다는 것이므로, 이 부분 주장에 대하여는 별도로 판단하지 아니한다.

제 9 장

경제질서 관련

[90] **대형마트의 영업시간 제한, 의무휴업을 명할 수 있는 유통산업발전법 조항에 관한 위헌소원 사건**

(2018. 6. 28. 2016헌바77등)

◇ 사안과 쟁점

청구인들은 인천광역시 중구, 부천시, 청주시에서 대형마트 등을 운영하는 법인이다. 관할 시장, 구청장은 각 유통산업발전법 제12조의2 및 관련 지방자치단체 조례에 따라 청구인들이 운영하는 대형마트 등에 대하여 매월 둘째 주와 넷째 주 일요일을 의무휴업일로 지정하고, 영업제한시간을 오전 0시부터 오전 8시까지 또는 오전 0시부터 오전 10시까지로 정하는 이 사건 각 처분을 하였다. 청구인들은 이 사건 각 처분에 대하여 취소소송을 제기하고, 그 소송계속 중에 유통산업발전법 제12조의2에 대하여 위헌법률심판제청신청을 하였으나 기각되자, 헌법소원심판을 청구하였다.

쟁점은, 대형마트 등에 대하여 영업시간 제한을 명하거나 의무휴업을 명할 수 있도록 한 유통산업발전법 조항(이하 '심판대상조항')이 직업수행의 자유를 침해하는지 여부이다(소극:적극 8:1, 2018. 6. 28. 2016헌바77등; 공보 261호 1076면). 재판관 조용호는 유일하게 위헌 입장이었다.

◇ 반대(위헌)의견

나는 심판대상조항이 청구인들의 직업수행의 자유를 침해하여 헌법에 위반된다고 생각하므로, 다음과 같이 그 이유를 밝힌다.

가. 헌법상의 경제질서와 유통시장에 대한 규제·조정의 한계

(1) 우리 헌법상의 경제질서는 사유재산제를 바탕으로 하고 자유경쟁을 존중하는 시장경제질서를 기본으로 한다. 헌법재판소도 "헌법 제119조 제1항에서 대한민국의 경제질서는 시장경제의 원리에 입각한 경제체제임을 천명하였는바, 이는 기업의 생성·발전·소멸은 어디까지나 기업의 자율에 맡긴다는 기업자유의 표현이며 국가의 공권력은 특단의 사정이 없는 한 이에 대한 불개입을 원칙으로 한다는 뜻이다."라고

판시한 바 있다(헌재 1993. 7. 29. 89헌마31 참조).

한편, 직업의 자유는 영업의 자유와 기업의 자유를 포함하고, 이러한 영업 및 기업의 자유를 근거로 원칙적으로 누구나가 자유롭게 경쟁에 참가할 수 있다. 경쟁의 자유는 기본권의 주체가 직업의 자유를 실제로 행사하는 데에서 나오는 결과이므로 당연히 직업의 자유에 의하여 보장되고, 다른 기업과의 경쟁에서 국가의 간섭이나 방해를 받지 않고 기업 활동을 할 수 있는 자유를 의미한다(헌재 1996. 12. 26. 96헌가18 참조).

(2) 우리나라는 단기간 내에 고도의 경제발전을 이루면서 국민들의 경제적 생활수준이 급격히 향상되고, 핵가족화와 맞벌이가족의 증가로 대변되는 전통적인 가족형태의 변화로 인하여 일상생활에 필요한 용역·재화의 범위와 그에 대한 수요가 확대되는 등 시민들의 소비형태 및 소비수준과 그에 상응한 유통시장의 모습이 빠르게 변화되어 왔으며, 이러한 상황에서 대형마트 등이 출현한 이후 소비자들이 선호하는 구매환경과 조건을 제공함으로써 그 시장점유를 확대하여 왔다. 그 과정에서 경쟁력이 약한 전통시장이나 골목상권 등 지역 중소유통업자들(이하 '전통시장 등'이라고만 한다)이 위축되어 유통시장에서 퇴출되는 상황에 이르고 있으므로 이를 보호하여야 한다는 여론이 대두되었고, 이에 건전한 유통질서의 확립, 중소유통업과의 상생이라는 목적을 위하여 심판대상조항에 의한 영업규제가 도입되었다.

(3) 헌법 제119조 제2항은 경제주체간의 조화를 통한 경제의 민주화를 위하여 경제에 관한 규제와 조정을 할 수 있다고 규정하여 국가가 필요한 범위 내에서 경제에 개입하는 것을 허용하고 있다. 그러나 국가의 개입도 어디까지나 국민의 경제활동을 보장하고 시장의 기능을 정상적으로 유지하며 공동체를 보호하기 위하여 필요한 범위 내에서 인정되는 것이다. 이러한 국가의 개입, 즉 각종 규제와 관련된 국회입법이나 행정입법에도 보충성의 원리, 신뢰보호의 원칙, 과잉금지의 원칙 등 헌법적 원리에 의한 통제를 받게 된다. 여기에 시장경제질서에서 인정되는 국가개입의 한계가 있다. 따라서 국가의 개입은 시장경제의 본질적 요소를 침해할 수 없으며, 국가의 개입은 시장의 불공정성을 제거하는데 그쳐야 하고 경쟁 자체를 제한해서는 안된다. 헌법재판소도 "헌법 제119조 제2항 이하의 경제질서에 관한 조항은 개인의 자유와 창의를 보완하는 범위 내에서 이루어지는 내재적 한계를 가지고 있다."(헌재 2001. 9. 27. 2000헌마238 참조)고 하여 경제규제에 있어 국가 개입의 보충성을 인정하고 있다.

(4) 다수의견은 직업수행의 자유 침해 여부를 심사함에 있어 입법자의 경제정책 판단과 선택은 그것이 현저히 합리성을 결여한 것이라고 볼 수 없는 한 존중되어야 한다고 한다. 그러나 헌법 제119조 제2항을 이유로 경제영역에서 행사되는 정치권력의 헌법적 한계가 그와 같이 별도로 그어질 수는 없으며, 국가권력의 기본권 기속과 과잉금지원칙 등 법치국가원리에 따른 한계는 여전히 유효하다. 헌법 제119조 제2항은 국가가 경제정책을 통해 달성할 '공익', 즉 헌법 제37조 제2항의 '공공복리'를 구체화한 것이므로, 이것이 기본권 침해 여부의 심사밀도를 현저히 완화할 이유가 된다고 볼 수 없다.

(5) 결국 유통시장에 대한 규제와 조정을 함에 있어서 간과하지 말아야 할 것은, 바로 우리 헌법이 추구하는 경제질서는 개인과 기업의 경제상의 자유와 창의를 존중함을 기본으로 한다는 것이므로, 유통시장에 대한 규제에 있어서도 헌법이 보장하는 기업의 경제상의 자유와 조화를 이루는 한도 내에서 이루어져야 한다는 점이다.

나. 직업수행의 자유 침해

(1) 입법목적의 정당성

심판대상조항의 입법목적은 건전한 유통질서 확립, 근로자의 건강권, 대형마트 등과 중소유통업의 상생발전에 있는바, 그 입법목적의 정당성 자체는 일단 수긍하면서도 아래와 같은 의문은 여전히 남는다.

'건전한 유통질서'가 무엇을 의미하는지 불분명하여 이것만으로 대형마트 등의 영업시간 제한과 의무휴업이라는 심판대상조항의 직접 목적으로 삼기에는 부족하다. 다수의견은 내심 전통시장의 가치에 착안하여 심판대상조항의 입법목적의 정당성을 부여하고 있는 것으로 보인다. 전통시장 등이 우리의 삶과 역사가 함축되고, 서민들의 애환과 희망이 어우러지는 곳이며, 우리 사회의 고용 안전망 역할을 함은 물론 지역경제의 활성화에도 기여하고 있으므로, 우리가 지키고 보존해야 할 소중한 가치가 있음은 부인할 수 없는 사실이다. 그러나 전통시장 등의 그러한 가치에 대하여는 이미 '전통시장 및 상점가 육성을 위한 특별법'을 통하여 보존·실현하고 있고, 이것이 심판대상조항의 입법목적이 될 수는 없다.

'근로자의 건강권'은 대형마트 등에 국한된 문제가 아니라 수많은 유통 업종과 업태에 보편적으로 적용되어야 할 문제이고, 특히 전통시장 등의 근로환경이 더 열악하다는 점에서 대형마트 등의 근로자만을 고려한 영업시간 제한 및 의무휴업일 규제는 그 설득력이 떨어지고 비교형량도 잘못되었다.

대형마트 등과 전통시장 등의 '상생발전'을 도모함에 있어서도 유통산업발전법 및 그 시행령 어디에도 상생(相生)의 구체적인 의미·내용이 규정되어 있지 않고, 설령 '대·중소기업 상생협력 촉진에 관한 법률' 제2조 제3호에 규정된 '상생협력'이라는 정의에서 그 의미를 유추하거나 '둘 이상이 서로 북돋우며 다 같이 잘 살아감'이라는 상생의 사전적 의미에 비추어볼 때, 대형마트 등과 전통시장 등 사이에 서로의 이익을 증진하여 상생하여야 하는 것임에도 어느 일방, 즉 대형마트 등의 희생만을 강제하는 심판대상조항의 입법목적에 상생발전이 포함될 수 있는 것인지 의문이다.

(2) 수단의 적합성

심판대상조항이 그 입법목적을 달성하기 위한 수단으로 대형마트 등의 영업을 일부 제한하는 방법을 취하고 있고, 그러한 방법이 유효한 수단임은 다수의견이 인정하는 바와 같다. 그러나 "국가의 규제는 좋은 의도로 하지만 그 결과는 항상 나쁘다."는 경제학계의 경구에서 보듯이, 경제문제는 기본적으로 시장기능을 통하여 해결하도록 하고 국가의 개입은 예외적·보충적으로 이루어져야 한다는 점에 비추어 보면 그 수단의 적합성에 의문이 있다.

자유시장경제에 있어서 국가의 개입은 경쟁을 아예 배제하는 규제가 아니라 경쟁을 활성화하기 위하여 각 주체들의 경쟁력을 강화시키는 역할로 바뀌어야 한다. 그러나 심판대상조항은 '경쟁'의 촉진이 아닌 '경쟁자'를 보호하기 위한 경제적 규제로서, 경쟁을 촉진하여 소비자후생을 증대하는 것을 목적으로 하는 경쟁법의 기본원리에도 맞지 않는 수단이다. 따라서 불공정거래행위 등 실정법 위반행위가 있기도 전에 대형마트 등의 영업시간을 제한하고 의무휴업을 강제하는 심판대상조항은 그 자체로서 자유롭고 공정한 경쟁을 불가능하게 하고, 이는 자유시장 경제질서의 근간을 흔드는 것이어서 적합한 수단이라고 볼 수 없다. 국가의 개입은 공정거래가 이루어지도록 조정하는 정도에 그쳐야 한다. 이러한 취지에서 대규모유통업에서의 특정한 불공정거래행위 유형을 규제하기 위하여 이미 '대규모유통업에서의 거래 공정화에 관한 법률'이 제정, 시행되고 있다.

(3) 침해의 최소성

심판대상조항의 입법목적을 달성하기 위하여는 덜 침해적이면서 훨씬 효과적인 다양한 방법이 존재한다.

① 대형마트 등과 전통시장 등의 격차를 해소하고 동반성장을 하도록 하는 방안으로는, 좋은 성과를 내는 부분을 규제하는 방식이 아니라 낮은 성과를 내는 부분이 더 나은 수익성과 생산성을 내도록 지원하는 것이다. 사실 대형마트 등이 시장점유를 확대하고 전통시장 등이 위축되는 현상의 주된 원인은, 대형마트 등은 강한 자본력과 납품업체에 대한 우월적 지위에서 가지는 구매자 협상력(buyer power) 등에 의하여 소비자들이 선호하는 구매환경과 조건을 제공할 수 있는 반면, 전통시장 등은 상대적으로 그러하지 못한 경쟁력의 차이에 있다. 즉, 전통시장 등이 대부분 인구가 줄어드는 구도심에 있는 데 비하여 대형마트 등은 신시가지나 역세권으로 진출하고 있고, 특히 전통시장 등에 대한 소비자의 불만은 주로 주차장 시설미비, 상품의 다양성 부족과 낮은 품질, 현금거래 선호에 따른 카드결제의 어려움, 포인트 내지 마일리지 제도의 부재 및 서비스의 질 등에 있다.

따라서 대형마트 등에 대한 영업시간제한과 의무휴업을 명하지 않더라도 전통시장 등의 경쟁력 회복과 자생력 제고를 위하여 이미 국가는 '전통시장 및 상점가 육성을 위한 특별법'을 통하여 전통시장 시설 현대화를 위한 공적 예산 투입, 전통시장에서의 소비에 대한 세제혜택, 각종 전통시장 및 지역전용 상품권의 발행 등 전통시장과 중소유통업자의 경쟁력 강화를 위한 지원과 전통시장 등에서의 소비를 유도하는 정책을 시행하고 있다. 이러한 방안 외에도 지역과 전통을 반영한 특성화·차별화 정책을 추진하거나 전통시장 및 중소유통업자 간 조직화·협업화를 꾀하여 공동구매·상품개발·판매촉진 등을 통한 가격경쟁력을 확보할 수 있다.

그밖에도 대형마트 등의 영업을 제한하는 대신에, 대형마트 등에 대한 영업제한에 따른 전통시장 등으로의 매출이전분(증가액)에서 발생하는 순이익만큼 국가예산으로 전통시장 등에 지원금을 지원하는 방안 또는 대형마트 등의 수익금 중 일부를 기금으로 조성하여 그 기금에서 위 금액만큼 지원하는 방안, 정부가 소비자들에게 위 매출증가액에 해당하는 전통시장 및 지역 전용 상품권을 지원하는 방안 등이 있다. 대형마트 등에 대한 영업제한은 생산자와 소비자의 후생을 크게 감소시키고 소득재분배 효과도 기대하기 어려운 점에 비추어 볼 때 위 방안들과 비교하여 매우 비효율적이다. 위 방안들은 비록 재정지출이 필요하기는 하나 대형마트 등에 대한 영업규제에 따른 국가 전체의 경제적 손실에 비하여는 극히 적은 금액이라는 연구보고도 있다.

② 대형마트 등의 출점규제나 입지제한 등의 방법을 통하여, 대형마트 등이 들어선 이후의 영업제한으로 인한 문제를 사전에 차단할 수 있다. 우리 법제가 대형마트 등의 등록제를 채택하여 사전에 아무런 출점규제나 입지제한 없이 영업할 수 있게 해놓고 뒤늦게 영업시간 제한과 의무휴업이라는 규제를 하는 것은 본말이 전도된 방안이다. 대형마트 등에 대한 규제의 직접목적이 전통시장 등의 보호에 있는 우리나라의 경우와는 달리, 다른 주요국가의 경우 중소유통업자를 보호하기 위한 목적으로 영업시간 제한 및 의무휴업을 강제적으로 운영하는 나라는 없고, 대체로 지역환경 보호 차원에서의 출점규제나 입지제한, 노동법 또는 종교적 이유 및 근로자 휴식권 보장 차원에서 일요일 휴무로서 모든 종류의 업종이 모두 휴무하게 하고 있다.

③ 근로자의 건강권을 위해서는 교대근무제나 근로시간 중 일정한 휴식의 보장 및 개별적인 정기휴가를 부여하는 등 근로기준법과 다른 근로 관계 법령의 강화 또는 보다 근본적인 복지정책을 통하여 그 목적을 달성할 수 있다.

④ 심판대상조항은 전통시장 등을 보호하기 위하여 일시적인 매출이전이라는 의도 아래 대형마트 등의 영업시간 및 영업일수를 제한하는 것인바, 이는 전통시장 등에 대한 다른 지원정책의 효과를 기다릴 시간적 여유가 없는 경우에 한하여 그 정당성이 인정된다. 전통시장 등의 경쟁력을 회복하기 위한 지원정책들이 그 효과를 나타내기 전까지 대형마트 등과의 경쟁으로부터 보호할 필요가 있고 이에 대형마트 등의 영업을 직접 규제하더라도, 그러한 수단은 전통시장 등에 대한 적극적인 지원정책으로 인한 효과가 발생하는데 필요하다고 인정되는 제한된 범위와 기간 내에만 허용되어야 한다. 그럼에도 불구하고 심판대상조항은 이와 같은 규제의 일몰제 내지 영업제한의 종기(終期)에 관하여는 아무런 규정을 두고 있지 않다. 상당한 범위와 기간을 넘어서까지 대형마트 등에 대한 영업규제를 하는 것은 경쟁력을 가지지 못한 전통시장 등을 계속 보호하는 것에 불과하므로 우리 헌법이 추구하는 경제질서에 부합하지 않는다.

⑤ 대형마트 등과 전통시장 등은 상품의 다양성이나 가격경쟁력, 구매편리성 등에 있어 대체적(代替的) 관계에 있지 않다. 따라서 심판대상조항에 따른 규제가 실시되면서 소비자들은 전통시장 등을 찾는 것이 아니라 백화점이나 온라인쇼핑몰, 편의점, 중대형슈퍼마켓 등을 주로 이용하고 있다.

그럼에도 심판대상조항은 대형마트 등의 출현으로 인한 다양하고 복합적·유기적인 경제적·사회적 효과에 대한 분석·고려는 외면한 채 전통시장 등과의 단순한 대립구도만을 전제로 하여, 전통시장 등의 경쟁력 회복을 위한 지원정책을 취하는 것에 그치지 않고 오히려 임시적·보완적 조치로 그쳐야 할 직접적인 영업규제를 함으로써, 그 결과 아래에서 보는 바와 같이 심각한 유통시장의 왜곡현상을 초래하고 있다.

⑥ 결국 심판대상조항에 따른 대형마트 등에 대한 영업규제는 입법목적 달성에 필요한 범위를 넘어서는 것으로서 침해의 최소성을 충족하지 못한다.

(4) 법익의 균형성

㈎ 대형마트 등에 대한 영업규제의 전제

심판대상조항이 대형마트 등의 영업을 규제하는 것은, 그로 인하여 감소되는 대형마트 등의 매출이 전통시장 등의 매출로 이전되는 연관효과가 있다는 것을 기본 전제로 한다. 그러나 이는 현대 소비자들의 구매성향 및 구매형태를 고려하지 않고 장래의 불확실한 규제효과에 대한 예측판단을 기초로 하여 전체 유통산업 발전의 관점에서가 아니라 전통시장 등의 보호와 같은 경제의 민주화라는 관점에서 나온 규제입법인 점에 문제가 있다.

㈏ 대형마트 등에 대한 영업규제의 공과(功過)

1) 대형마트 등의 기여도

대형마트 등은 현대 소비자들이 선호하는 구매환경과 새로운 쇼핑문화를 제공하고 대량구매에 따른 유통과정을 개선하여 공급단가를 낮추는 등 소비의 진작과 소비자의 후생 증진은 물론 삶의 질을 향상시키고 유통산업의 선진화에 공헌하고 있다. 아울러 대형마트 등에 입점하거나 그 인근에 개업하여 대형마트 등의 소비자를 주요 고객으로 하는 소상공인이 늘어남과 동시에 대형마트 또한 근로자를 고용하는 등 경기활성화와 고용창출의 효과를 가져오고 매출액에 따른 세수(稅收) 증가를 가져옴으로써 궁극적으로 국가 경쟁력 제고에 크게 기여한다.

2) 전통시장 등으로의 매출이전 효과 여부

대형마트 등에 대한 영업규제로 인하여 대형마트 등의 영업손실이 막대함은 그 추정액의 다과에 대한 각종 조사연구보고(대립되는 경제효과 분석자료 또는 그 경제적 효과 분석상의 수치자료만으로 규제수단의 실효성 여부를 최종적으로 판단하기는 어렵다. 대법원

2015. 11. 19. 선고 2015두295 전원합의체 판결 참조)를 인용할 것도 없이 명백한 사실이다. 그러나 대형마트 등에 대한 영업규제가 도입된 지 5년 이상이 경과하였고, 위 기간 동안 대형마트 등에 대한 영업규제 외에도 전통시장 등의 지원을 위한 각종 정책들이 시행되었다. 그러나 그로 인하여 전통시장 등으로의 매출이전 효과가 있음을 나타내는 유의미한 실증적인 조사결과는 보이지 않는다. 오히려 산업통상자원부의 '2016년 주요 유통업체 매출동향'(2017. 1. 31.)에 따르면, 2016년 유통분야에서 대형마트와 기업형슈퍼마켓(SSM)은 모두 매출액이 하락한 반면, 대형마트 등에 대한 영업규제에 적응한 소비형태의 변화로 대기업 계열사이거나 외국계 기업인 편의점(C&U, 세븐일레븐 등), 전문점(이케아, 다이소 등)과 온라인 유통업체들(오픈마켓: 이베이코리아/소셜커머스: 쿠팡, 티몬, 위메프 등)은 업종 전반에 걸쳐 매출이 신장하였다. 결국 대형마트 등에 대한 규제의 이득을 전통시장 등이 보는 것이 아니라 입법자의 의도와는 달리 편의점·복합쇼핑몰·온라인쇼핑 등이 이득을 보고 있는 등 시장구조의 심각한 왜곡현상을 초래하고 있을 뿐인 점을 고려할 때, 심판대상조항으로 전통시장 등의 경영에 도움을 줄 것이라는 예측은 비합리적인 것으로 귀결되었다. 한편, 대형마트 등을 옥죈 결과 전통시장도 위축되고 있다거나 지역에 따라서는 대형마트 영업일에 오히려 전통시장 및 그 주변의 상권이 활성화되고 있다는 연구보고도 있다.

3) 영업규제에 따른 제3자적 효과

대형마트 등에 대한 영업제한 규제는 대형마트 등은 물론 소비자 등 제3자의 이익을 침해하는 제3자적 규제의 성격도 갖는다. 위 규제로 말미암아 대형마트 등에 납품하는 농어민·축산인 및 중소협력업체의 매출감소, 비정규직의 고용감소, 소비자의 후생감소, 소비위축 등의 현상이 나타난다.

① 대형마트 등에서 판매되는 품목(생활용품, 가공식품, 신선식품, 의류잡화, 가전제품 등) 중 의무휴업일을 견뎌내기 어려운 것이 신선식품이고, 이는 대부분 농수축산 분야의 영세업자들에 의하여 생산되는바, 결국 상대적으로 경제적 약자인 농수축산 분야 생산자들이 규제로 인한 피해를 더 많이 보고 있다.

② 대형마트 등에 대한 영업규제는 대형마트 등의 매출감소 외에도 납품업체, 입점업체, 인근상점의 연쇄적인 매출감소로 이어진다. 대형마트 등에 입점한 업체들은 다양하지만, 적어도 그 중에는 전통시장이나 골목상권과 같은 중소협력업체도 많다. 동일한 중소영업자임에도 영업장소가 대형마트 내인지 전통시장 또는 골목상권

인지에 따라 영업의 자유에 있어서 차별 대우를 받아야 할 아무런 이유가 없다.

③ 대형마트 등의 판촉사원, 단기 아르바이트, 주말 파트 타이머, 주부 사원 등 근로자에 따라서는 생활패턴과 경제적 동기 등에 따라 심야시간의 근무나 휴일근무를 원하는 경우도 없지 않을 터인데, 심판대상조항은 오히려 이들 비정규직 근로자의 소득활동을 할 수 없게 하여 지역 고용사정을 악화시킨다. 실제 심판대상조항으로 인하여 3대 대형마트에서 일자리 3,000개가 사라졌다는 연구보고도 있다.

④ 특히 소비자가 상품이나 시장을 선택할 수 있는 권리인 소비자의 권리는 헌법 제10조의 행복추구권 내지 행복추구권의 한 내용으로서의 일반적 행동의 자유에서 도출된다. 따라서 소비자가 자신의 의사에 따라 자유롭게 상품이나 시장을 선택하는 것을 제약하는 것은 결국 소비자의 행복추구권에서 파생되는 '자기결정권'도 제한하는 것이다(헌재 1996. 12. 26. 96헌가18 참조). '소비자기본법' 제4조 제3호는 소비자는 "물품 등을 사용함에 있어서 거래상대방 · 구입장소 · 가격 및 거래조건 등을 자유로이 선택할 권리"를 가진다고 규정하고 있다. 한편, 자유시장경제에서는 상품의 종류 · 수량과 시장에서의 승패, 판매시장의 진퇴 · 성쇠(盛衰)는 국가가 아니라 소비자가 결정하는 것이다(소비자주권). 따라서 상품의 유통이라는 일련의 흐름에서 전통시장 등을 보호한다는 명목으로 소비자인 국민에게서 원하는 상품을 쉽고 편리하게 이용할 권리를 차단하는 것은 소비자의 선택권 내지 소비자의 편익을 침해하는 것이다.

현대의 대형마트 등은 쇼핑환경 뿐만 아니라 문화, 레저생활 등을 동시에 즐길 수 있는 복합공간으로 진화되고 있다. 소비자는 심판대상조항으로 인하여 대형마트 등을 이용하려면 영업이 제한되지 않는 시간이나 일자에 방문하여야 하고, 생활여건상 대형마트 등의 영업제한 시간에 소비를 할 수밖에 없는 경우에는 인터넷쇼핑 등 다른 유통업체를 이용하여야 한다. 이는 결과적으로 법에서 소비자가 구매할 시간이나 장소 · 방법을 강제하는 것에 다름 아니고, 그로 인하여 소비자는 상품 · 시장의 선택권과 다양한 삶의 편익은 물론 문화혜택을 포기하여야 한다.

결국 심판대상조항은 전통시장 등으로의 매출이전이라는 입법목적 달성에는 기여하지 못한 채 헌법상 보장된 소비자의 편익과 권리, 특히 자기결정권을 부당하게 제한하고 있다. 다수의견은 소비자의 자기결정권의 침해 문제를 심판대상조항의 부수효과에 불과하다는 정도로 가볍게 보고 있으나, 상품과 시장 및 유통산업의 성쇠는 소비자의 취향과 선택에 좌우되는 것이므로 소비자의 자기결정권의 침해 문제를 그렇게 가볍게 볼 것은 아니다. 유통산업발전법 제1조가 그 입법목적의 하나로 '소비자 보호'를 천명하고 있음에 유의하여야 한다.

(다) 법익 형량

이와 같은 상황에서 심판대상조항에 의한 영업규제는 대형마트 등 운영자의 직업수행의 자유를 상당 부분 제한하여 그들의 매출액 감소를 초래하고 국내 유통업의 대외적 경쟁력을 약화시키며, 관련 납품 중소유통업체와 농어민·축산인, 입점상인은 물론 그들과 대형마트 등의 소비자들을 대상으로 하는 인근 소상공인의 손실 및 일자리 감소로 인한 피해가 막대할 뿐만 아니라, 대형마트 등의 운영효율성 저하에 따른 비용 증가를 제품 판매가에 반영됨으로써 결국 소비자 물가를 상승시키고, 대형마트 등을 선호하는 소비자의 선택권에 중대한 영향을 미치며 소비의 감소에 따른 세수의 감소까지 초래한다. 위와 같은 침해이익은 단순한 사익이 아니라 또 다른 차원의 중대한 공익이다. 따라서 심판대상조항은 공익 대 사익의 비교가 아니라 공익 대 공익의 비교 문제이다.

심판대상조항으로 달성할 수 있는 공익, 즉 전통시장 등의 보호효과는 거의 없거나 있다고 하더라도 미미한 데 비하여, 심판대상조항으로 인하여 제한·침해되는 공익은 위에서 본 바와 같이 월등하게 크다. 결국 심판대상조항은 법익의 균형성에도 위배된다.

(5) 소결론

역사의 흐름에 따라 사람들이 바뀌고 세상도 바뀌며 상품도 바뀐다. 그에 따라 시장도 변화하면서 새로운 형태의 시장이 생겨나고 소멸된다. 상품이나 시장은 도입·성장·성숙·쇠퇴라는 '수명주기'(retail life cycle)가 있다. 대형마트 등도 위 수명주기에서 자유로울 수가 없다. 미국의 '아마존'이 온라인쇼핑의 강자로 등장하여 '월마트'를 누르고 미국 소비자가 가장 선호하는 소매유통업체로 등극한 사실에 주목하여야 한다. 우리나라의 경우 이미 전통시장 등은 시장원리에 따라 상당부분 쇠퇴하고 있고, 최근 1인 가구의 증가와 '다빈도 소량구매' 및 '쇼루밍(showrooming)'현상 등에 따른 소비패턴의 변화로 새롭게 등장한 전자상거래, 즉 인터넷쇼핑이 소매시장의 주류가 되어가고 있는 상황이다.

전통시장 등의 보호라는 명분으로 대형마트 등의 영업 자체를 규제하는 심판대상조항은 시대의 흐름과 소매시장구조의 재편에 역행할 뿐만 아니라 소비자의 자기결정권을 과도하게 침해하는 과잉 규제입법이므로 헌법에 위배된다.

그럼에도 불구하고 20대 국회에서 발의된 20여 건의 유통산업발전법 개정안은 대규모 점포개설의 허가제 전환, 의무휴업일수의 확대, 백화점·복합쇼핑몰·면세점까지 의무휴업일 지정범위 확대, 출점시 인근 지방자치단체와의 합의 의무화 등 대규모점포 등에 대한 더욱 강도 높은 진입 및 영업규제를 도입하려 하고 있다. 이러한 처분적 규제입법은 시장 위에 정치를 두고 인위적으로 시장질서를 설계하려는 국가개입이다. 이러한 의도는 자생적 질서로서의 시장경제 원칙에 반하고, 결국 정책의 실패를 초래하여 시장의 복수를 가져온다는 것이 역사적 경험이다.

경제민주화라는 명분에 집착하여 자유시장경제라는 우리 헌법상 경제질서에 반하는 정제되지 않은 규제입법이 성행하고 이에 근거한 집행이 이루어지고 있음에도, 우리 헌법재판소가 위헌심사를 통하여 이를 적절하게 통제하지 아니한다면 그 존재가치를 의심받게 된다.

다. 결 론

심판대상조항은 청구인들의 직업수행의 자유를 침해하여 헌법에 위반된다.

제 10 장

정당해산, 탄핵, 권한쟁의

1. 정당 해산

▸ 정당해산심판절차에 민사소송에 관한 법령을 준용할 수 있도록 규정한 헌법재판소법 제40조 제1항 전문 중 '정당해산심판의 절차'에 관한 부분이 청구인의 공정한 재판을 받을 권리를 침해하는지 여부, 정당해산심판에 가처분을 허용하는 헌법재판소법 제57조가 청구인의 정당활동의 자유를 침해하는지 여부 (전원 소극, 2014. 2. 27. 2014헌마7; 공보 209호 490면)

▸ 정당해산결정에 대하여 재심이 허용되는지 여부(적극:소극 6:3, 2016. 5. 26. 2015헌아20; 공보 236호 864면): 다수의견은 정당해산결정에 대하여 재심이 허용된다고 보면서도 이 사건에서는 재심대상결정(2014. 12. 19. 2013헌다1)에 민사소송법 제451조 제1항의 어느 재심사유도 없다고 하여 각하 의견이었고, 반대의견은 정당해산결정은 그 성질상 재심에 의한 불복이 허용되지 아니한다고 하여 각하 의견이었다.

[91] 통합진보당 해산 사건

(2014. 12. 19. 2013헌다1)

◇ 사안과 쟁점

피청구인인 통합진보당의 목적이나 활동이 민주적 기본질서에 위배되는지 여부가 쟁점이다(긍정:반대 8:1, 2014. 12. 19. 2013헌다1; 공보 219호 95면).

8명의 재판관은 이를 긍정하여 통합진보당을 해산하고 소속 국회의원의 의원직 상실을 결정하였다. 이에 대하여는 재판관 1명의 반대의견과 법정의견에 대한 재판관 조용호 등 2명의 보충의견이 있었다. 법정의견은, 통합진보당의 주도세력이 북한식 사회주의를 실현한다는 목적을 가지고 내란을 논의하는 등의 활동을 한 것은 민주적 기본질서에 위배되고, 통합진보당에 대한 해산결정은 비례원칙에 어긋나지 아니하며, 정당해산의 실효성 확보를 위해 소속 국회의원의 의원직을 상실시킬 수 있다고 하였다.

◇ 재판관 조용호 집필 부분

6. 피청구인의 해산 여부

가. 피청구인의 목적이나 활동이 민주적 기본질서에 위배되는지 여부

(1) 민주적 기본질서에 대한 실질적 해악을 끼칠 구체적 위험성

헌법 제8조 제4항에서 말하는 민주적 기본질서의 위배란, 민주적 기본질서에 대한 단순한 위반이나 저촉을 의미하는 것이 아니라, 민주 사회의 불가결한 요소인 정당의 존립을 제약해야 할 만큼 그 정당의 목적이나 활동이 우리 사회의 민주적 기본질서에 대하여 실질적인 해악을 끼칠 수 있는 구체적 위험성을 초래하는 경우를 가리킨다는 점은 위에서 본 바와 같다.

(2) 피청구인의 목적이 민주적 기본질서에 저촉되는지 여부

㈎ 앞서 우리는 우리 헌법 제8조 제4항이 의미하는 민주적 기본질서는, 개인의 자율적 이성을 신뢰하고 모든 정치적 견해들이 각각 상대적 진리성과 합리성을 지닌다고 전제하는 다원적 세계관에 입각한 것으로서, 모든 폭력적·자의적 지배를 배제하고, 다수를 존중하면서도 소수를 배려하는 민주적 의사결정과 자유·평등을 기본원리로 하여 구성되고 운영되는 정치적 질서를 말하며, 구체적으로는 국민주권의 원리, 기본적 인권의 존중, 권력분립제도, 복수정당제도 등임을 확인하였다.

㈏ 피청구인의 진정한 목적인 폭력에 의한 진보적 민주주의의 실현과 이에 기초한 북한식 사회주의의 실현이 민주적 기본질서에 저촉되는지를 살펴본다.

피청구인이 실현하려고 하는 북한식 사회주의 체제는 조선노동당이 제시하는 정치적 노선을 절대적인 선으로 받아들이고 그 정당의 특정한 계급노선과 결부된 인민민주주의 독재방식과 수령론에 기초한 1인의 독재를 통치의 본질로 추구하는 점에서 우리 헌법상 민주적 기본질서와 근본적으로 충돌한다. 북한의 계급독재적 통치이념이 관철되는 사회에서는 모든 국민에게 주권이 인정되는 국민주권원리가 부인됨은 물론, 자유로운 정견의 표출과 이를 통한 정치적 참여라는 가장 기본적인 표현의 자유 내지 사상의 자유조차 향유하기 어려울 것으로 보이고, 이는 개인의 기본적 인권

이 심각하게 침해되는 상황을 강하게 암시한다. 나아가 복수정당간의 경쟁을 통해 민주적 의사가 드러나는 정치적 과정도 구현되기 어려우며, 개인의 인권과 민주적 절차를 보호하기 위한 권력분립과 사법권 독립의 취지도 무색해질 것이다. 이러한 요소들이 명목상 보장될 수는 있겠지만 실질적으로 기능하기는 힘들다.

북한식 사회주의는 절대적인 계급노선을 통해 정치적 의사결정의 방향이 이미 확정되고, 인민민주주의적 독재로 이 노선을 관철함으로써 다른 의견과 건설적인 정치적 평론의 가능성이 심각하게 제약된다는 점에서, 장래 의사결정의 내용적 불확실성과 비결정성을 기본이념으로 하며 민주적 의사결정의 절차적 정당성을 중시하는 우리 헌법상 민주적 기본질서와는 이념적 전제부터 근본적으로 달리한다. 이와 같은 북한식 사회주의 체제가 수립된다면 우리 헌법의 중핵을 구성하는 내용들을 유지하는 것이 불가능해진다.

또한 피청구인은 진보적 민주주의를 실현하기 위해서는 대중투쟁, 전민항쟁, 저항권 등 폭력을 행사하여 자유민주주의 체제를 전복할 수 있다고 하는바, 이는 모든 폭력적·자의적 지배를 배제하고, 다수를 존중하면서도 소수를 배려하는 민주적 의사결정을 기본원리로 하는 우리의 민주적 기본질서에 정면으로 저촉된다.

(3) 피청구인의 활동이 민주적 기본질서에 저촉되는지 여부

㈎ 피청구인의 활동 가운데 특히 내란관련 사건은 피청구인의 진정한 목적을 명백하게 드러낸 활동으로 볼 수 있다. 내란은 대한민국 영토에 대하여 주권을 미치지 못하게 하거나 헌법질서를 정상적으로 작동하지 못하도록 폭동을 일으켜 국가의 존립 자체를 위협하는 것으로서, 이○기 등 피청구인 소속 국회의원과 당원들이 내란을 선동하고 대한민국의 존립에 위해를 가할 수 있는 방안들을 구체적으로 논의한 것은 그 자체로 민주적 기본질서에 반함이 명백하다.

㈏ 과거 인권을 탄압하였던 권위주의 정부 시절에는 평화적인 방법에 의한 민주화운동 등이 사실상 불가능하고 폭력에 의존해서만 사회개혁이 가능하다고 생각했던 경우도 있었다. 그러나 이제는 우리 사회의 민주화가 상당히 진전됨에 따라 민주주의 이념에 입각한 사회 변화를 추구하는 것이 충분히 가능하다. 합헌적인 내용으로 충분한 설득력을 가지는 정책이라면 언제든지 다수 국민을 설득시켜 입법 등을 통해 그 정책을 제도적으로 실현할 수 있는 가능성이 보장되고 있다. 또한 자유로운 의사교환에 의한 민주적 의사결정을 방해하고 권위주의적 지배를 옹호하는 법률이라면 헌법재

판을 통해 무효화시킬 수 있는 길도 열려있다. 급진 이념이라고 하더라도 원칙적으로 헌법에 의해 하나의 정견으로 주장되고 논의될 수 있는 자격이 주어져 있으며, 과거 폭력적 수단에 의지했던 투쟁의 신화가 오늘날 대한민국의 민주적 정당성을 갖춘 정부에 대해서도 마찬가지로 적용될 수 있다고 믿는 것은 시대착오이다.

따라서 여전히 자신들의 시대착오적 신념을 폭력에 의지해 추구하고, 이를 구체적인 실현의 단계로 옮기려 하였거나 옮긴 내란관련 사건과 중앙위원회 폭력 사건 등은 목적 달성을 위해 조직적, 계획적으로 폭력적인 수단의 사용을 옹호한 것으로서 민주주의의 이념에 정면으로 저촉된다.

㈐ 결국 내란관련 사건, 비례대표 부정경선 사건, 중앙위원회 폭력 사건 및 ○○을 지역구 여론조작 사건 등 앞서 본 피청구인의 여러 활동들은 내용적 측면에서는 국가의 존립, 민주적 의사형성, 법치주의 등을 부정하거나 훼손하는 것이고, 수단이나 성격의 측면에서는 자신의 의사를 관철하기 위해 폭력, 위계 등을 적극적으로 사용하여 민주주의 이념에 반하는 것이다.

(4) 피청구인의 목적이나 활동이 민주적 기본질서에 위배되는지 여부

㈎ 정권의 획득이나 권력의 장악을 추구하는 정당의 개념본질적인 표지로 인해, 정당의 목적은 항상 실천적 성격과 현실적 지향성을 지닌다. 정당의 목적이나 정치적 이념은 단순한 관념에 불과한 것이 아니라 현실 속에서 구현하고자 하는 실물적인 힘과 의지를 내포한다. 따라서 정당이라는 단체의 위헌적 목적은 그 정당이 제도적으로 존재하는 한 현실적인 측면에서 상당한 위험성을 인정할 충분한 이유가 된다. 특히 우리의 경우 정당법상 정당등록요건을 갖추기 위해서는 일정 수준의 당원(시·도당별 1천인 이상)과 시·도당수(5 이상)를 가져야 하는바(정당법 제17조, 제18조), 피청구인의 경우 주도세력에 의하여 정당의 의사결정이 이루어질 뿐만 아니라 16개 시·도당에 수만 명의 당원을 가지고 활동하고 있다.

또한 위 내란관련 사건, 비례대표 부정경선 사건, 중앙위원회 폭력 사건 및○○을 지역구 여론조작 사건 등 앞서 본 피청구인의 여러 활동들은 그 경위, 양상, 피청구인 주도세력의 성향, 구성원의 활동에 대한 피청구인의 태도 등에 비추어 보면, 피청구인이 단순히 일회적, 우발적으로 민주적 기본질서에 저촉되는 사건을 일으킨 것이 아니라 피청구인의 진정한 목적에 기초하여 일으킨 것으로서, 향후 유사상황에서 반복될 가능성도 매우 크다. 더욱이 앞서 본 바와 같이 피청구인이 폭력에 의한 집권

가능성을 인정하고 있는 점에 비추어 피청구인의 여러 활동들은 민주적 기본질서에 대해 실질적인 해악을 끼칠 구체적 위험성이 발현된 것으로 보인다. 특히 내란관련 사건에서 보듯이 이○기를 정점으로 한 피청구인 주도세력은 북한의 정전협정 폐기 선언을 전쟁상태의 돌입으로 인식하면서 북한에 동조하여 국가기간시설 파괴 등을 도모하는 등 대한민국의 존립에 위해를 가할 수 있는 방안들을 구체적으로 논의하기까지 하였다. 이는 피청구인의 진정한 목적을 단적으로 드러낸 것으로 표현의 자유의 한계를 넘어 민주적 기본질서에 대한 구체적 위험성을 배가시킨 것이다. 또한 북한과 정치·군사적으로 첨예하게 대치하고 있는 한반도 상황에 비추어 이러한 위험성은 단순히 추상적 위험에 그친다고 볼 수만은 없다.

이상을 종합하면, 피청구인의 위와 같은 진정한 목적이나 그에 기초한 활동은 우리 사회의 민주적 기본질서에 대해 실질적인 해악을 끼칠 수 있는 구체적 위험성을 초래하였다고 판단된다.

(나) 정견의 자유를 누리는 정당이라면, 자신들의 대안을 통해 현재보다 진일보한 국가공동체의 미래상을 지향하는 과정에서 현재 지배적인 관념들에 대한 의문을 제기할 수 있다. 현행 헌법상의 민주적 기본질서에 포함된다고 인정되는 내용들이라고 하더라도 그에 대한 정치적 대안을 제시하여 사회적 논의를 시도하는 것은 가능하고 또한 공당의 성실한 자세로서 마땅히 존중되어야 한다. 이러한 맥락에서라면 어떤 정당이 정치적 견해를 개진하는 과정에서 다소간 민주적 기본질서와 상치되는 주장을 제시하는 것도 불가능하지는 않다. 즉, 민주적 기본질서의 내용으로 간주되는 개별 요소들에 대한 정치적 논의와 비판의 자유는 보장된다. 이는 우리 사회의 건전한 토론과 정치적 숙고를 촉발시키고, 보다 진전된 정치적 목표를 형성하여 이것이 우리 공동체 안에서 널리 공유될 수 있도록 하는 데 기여할 것이다.

그러나 지금껏 드러난 피청구인의 목적이나 활동은 위와 같은 차원에서 우리 헌법상 민주적 기본질서의 내용에 대한 정치적 비판을 제기하는 상황이 아니라, 의도적이고 계획적으로 그리고 적극적이고 투쟁적으로 헌법상 민주적 기본질서를 훼손시키거나 폐지하고자 시도하는 것이다. 피청구인은 민주사회에서 보장되는 합법적인 의사결정의 과정 등을 부정하지 않는다고 주장하지만, 자신에게 유리한 조건에서만 그러할 뿐, 필요하면 폭력적인 수단일지라도 사용해서 의사를 관철할 수 있다는 투쟁노선을 여전히 버리지 않고 있으며, 이는 앞서 본 피청구인의 목적과 활동 속에서 확인되었다.

결국 피청구인의 위와 같은 목적이나 그에 기초한 활동은 우리 헌법상 민주적 기본질서에 위배된다.

나. 비례의 원칙에 위배되는지 여부

(1) 정당해산에서의 비례의 원칙

앞서 우리는 헌법 제8조 제4항의 요건이 구비된 경우에도 정당해산제도의 최후수단적 성격과 보충적 성격을 감안한다면, 해당 정당의 위헌적 문제성을 해결할 수 있는 다른 대안적 수단이 없고 정당해산결정으로 인해 초래되는 정당의 정당활동 자유 제한으로 인한 불이익과 민주주의 사회에 대한 중대한 제약이라는 사회적 불이익을 상쇄하거나 이를 초과할 수 있을 정도로 정당해산결정을 통하여 얻을 수 있는 사회적 이익이 큰 경우에 한하여 정당해산결정이 정당화될 수 있음을 확인하였다.

(2) 구체적 검토

우리는 다음과 같은 사정들을 고려하여 볼 때 피청구인에 대한 정당해산결정이 비례원칙에 어긋나지 않는다고 판단한다.

첫째, 피청구인의 목적과 활동에 내포된 위헌적 성격의 중대성이다.

피청구인의 목적은 궁극적으로 북한식 사회주의를 실현하는 것이고, 북한식 사회주의는 특정한 계급노선과 인민민주주의 독재 이념을 토대로 하여 조선노동당을 절대적 지위를 가지는 정치적 주체로 인정하는 것이며, 이러한 사회주의를 대한민국으로 확장하기 위하여 비합법적·반합법적이고 폭력적인 수단들도 고려하고 있고, 전민항쟁에 의한 집권도 배제하지 않는다는 내심의 의도까지 드러낸 바 있다.

피청구인은 그동안 공당으로서 당내 북한 추종세력들의 활동을 묵인하고, 때로는 장려하기도 했으며, 외부로부터의 비판이 제기될 때에는 그들의 이념과 활동의 정당성을 옹호해 왔다. 이러한 상황은 진보적 민주주의로 포장된 북한추종적 이념을 무기로 우리 헌법상 민주적 기본질서를 공격하고 제거 혹은 폐지하려는 주장들이 현재 피청구인의 의사결정과정에서 쉽게 관철될 수 있는 조건이 마련되었음을 의미한다. 자신과 적대적인 정견을 가진 집단에 대하여 폭력적 수단을 사용하는 것을 긍정하는 입장이 정치적 다수자의 지위를 차지한다면, 그들이 정치적 소수자의 의견을 통제하거나 묵살하고, 심지어 폭력으로 억압하게 될 것이라는 점은 북한 등의 역사적 경험에 비추어 볼 때 그리 예상하기 어려운 일이 아니다.

이러한 피청구인의 정치적 입장은 우리 헌법상 민주적 기본질서와 결코 부합할 수 없을 뿐만 아니라, 적극적이고 계획적으로 우리 헌법상의 민주적 기본질서를 공격하여 그 근간을 훼손시키거나 이를 폐지하고자 하는 것이므로, 이로 인해 우리 사회에 초래되는 위험성을 시급히 제거할 필요성이 있다. 목적이나 활동에 관하여 일정 부분의 위헌적 성격을 가지는 정당에 대해서 설령 현재 우리 사회의 정치적 공론장이 적절하게 작동함으로써 그 정당의 정치적 위험성을 상당부분 견제할 수 있다 하더라도, 그 정당의 목적이나 활동이 중대한 위헌성을 지니는 것이라면 정당해산제도의 예방적 성격에 비추어 정당해산의 필요성은 인정된다.

둘째, 대한민국이 처해 있는 특수한 상황 또한 고려되어야 한다.

우리는 분단이라는 특수성으로 인하여 민족공동체임에도 대남혁명전략에 따라 대한민국 체제를 파괴·변혁하고 전복하려는 북한이라는 반국가단체와 대결하고 있다. 북한은 6·25전쟁 이후부터 지속적으로 대남도발을 전개해왔고, 이는 지금도 계속 자행되고 있는 현재진행형이다. 21세기라는 새로운 시대는 탈냉전이라는 역사적 흐름에도 불구하고 아직까지 한반도는 이념적 대립으로 인해 남과 북으로 분단된 정치적·경제적 체제를 유지하며 첨예한 대결의 양상을 보이고 있으며, 북한은 여전히 남한을 궁극적으로 타도 또는 대체해야 할 대상으로 여기고 있다. 대한민국의 민주적 기본질서는 현실적인 적으로부터 공격의 대상으로 겨냥되고 있는 상황이다.

오늘날 우리가 산업화와 민주화를 이룩하고 얻은 자유와 번영, 놀라울 정도의 발전은 빛나는 업적으로 자부해도 좋을 일이지만, 그 과정 속에 이루 말로 표현하기 힘들 정도의 큰 노력과 희생이 수반되었음을 잊어서는 안된다. 그리고 지난 세기 전체주의 정당이 집권했던 독일, 이탈리아 등의 경험을 돌이켜 보면, 우리는 일단 허물어진 민주적 기본질서를 다시금 회복하는 일에도 상당한 노력과 사회적 희생이 소요됨을 확인할 수 있다.

셋째, 피해의 최소성, 즉 다른 대안적 수단이 존재하는지 살펴본다.

피청구인으로 인해 우리 사회에 초래된 위험성은, 가령 실정법을 위반한 일부 당원에 대해서 형사적 제재를 가하고 관련자들을 정당에서 배제하면 되지 굳이 정당해산까지 나아갈 필요가 있는지 하는 의문이 있을 수 있다. 그러나 개별적인 형사처벌의 경우 위법행위가 확인된 개개인에 대해 형사처벌이 가능할 뿐이고, 정당 자체의 위험성은 제거되지 않기 때문에, 나머지 당원들은 계속하여 그 정당을 통해 위헌적 활동을 할 수 있게 된다. 또한 개별 당원의 제명이나 자격심사는 단순한 인적 교체에 불과할 뿐만 아니라, 2차 분당 사태까지 초래했던 비례대표 부정경선 사건과 관련된 피청구인 주도세력의 행태에 비추어 볼 때 이는 사실상 기대하기 어렵다. 그리고 우리 헌법상 문제된 행위나 발언을 한 국회의원에 대하여 국회가 제명시킬 수 있는 제도적 장치가 마련되어 있으나(헌법 제64조 제3항), 그동안의 역사적 경험에 비추어 볼 때 이 역시 기대하기 어렵다.

피청구인 주도세력은 언제든 그들의 위헌적 목적을 정당의 정책으로 내걸어 곧바로 실현할 수 있는 상황에 있다. 따라서 합법정당을 가장하여 국민의 세금으로 상당한 액수의 정당보조금을 받아 활동하면서 헌법상 최고 가치인 민주적 기본질서를 파괴하려는 피청구인의 고유한 위험성을 제거하기 위해서는 결국 정당해산결정 외에는 다른 대안이 없다.

정당해산제도는 최후적·보충적인 수단이므로 우리 사회의 정치적 공론장이 제대로 작동하는 한 정당해산결정을 통한 정치과정에의 개입은 최대한 자제되어야 한다는 견해는 피청구인의 경우 그 취지는 옳지만 지나친 낙관으로 일관하는 자세로서 적절한 태도라고 볼 수 없다. 예컨대, 세계 제2차 대전의 발발에 결정적인 원인을 제공했고 집권기간에 비인도적 범죄를 저질러 인류에 큰 상처를 안겼던 독일 나치당의 전례는 시사하는 바가 적지 않다. 나치당은 1928년 5월 선거에서 2.6%의 득표에 그쳐 고작 12석의 의석을 확보하는 수준이었다. 그러나 불과 2년 후인 1930년 9월 선거에서 18%를 득표했고, 107석의 의석을 가져갔으며, 다시 2년이 지난 1932년 7월에 있었던 선거에서 나치당은 전체 투표자 중 37.2%의 지지를 얻었고, 230석의 의석을 획득함으로써 제1당으로 부상하였다. 이처럼 나치당은 불과 4년만에 2.6%의 지지율을 보인 군소정당에서 37.2%의 득표에 성공한 제1당으로 변모한 것이다. 비록 이를 흔한 일로 볼 수는 없을지라도, 현실정치의 역동적인 성격에 비추어 볼 때 향후에 결코 다시 발생하지 않을 일이라고 단언할 수도 없다.

두 차례의 분당을 거치면서 피청구인이 종북주의에 매몰되었다는 일반 국민들의 인식과 내란관련 사건 등으로 인하여 그 정치적 기반이 축소된 것은 사실이다. 특히 피청구인은 2014. 6. 4. 시행된 제6회 지방선거에서 광역 비례대표 의원 3인, 기초 지역구 의원 31인, 기초 비례대표 의원 3인을 당선시키는데 그쳤고, 광역 비례대표 정당득표율은 약 4.3%였다. 2010. 6. 2. 시행된 제5회 지방선거에서 피청구인의 전신인 민주노동당이 기초단체장 3석, 광역 의원 24석, 기초 의원 115석을 차지한 것과 비교하면 상당한 차이를 엿볼 수 있다. 비록 피청구인에 대한 지지율이 현저히 떨어지고 피청구인의 진성당원의 수가 급격히 줄어들었다고는 하나, 전체 당원의 수가 수만 명으로 여전히 적지 않은 수이며, 특히 당내 주도세력이 수적으로는 소수에 불과하지만 조직적으로 뭉쳐 응집력을 발휘하는 까닭에 피청구인의 비례대표 국회의원 선정과정이나 각종 정책결정과정에서 결정적인 영향력을 행사하고 있는 점에 비추어 보면, 정치적 상황과 환경의 변화에 따라서는 언제든지 정치적 기반의 확대를 가져올 가능성이 있다. 이는 앞서 본 나치당의 전례에서도 확인된다.

넷째, 해산결정을 해야 할 사회적 필요성(법익 형량)과 관련하여 살펴본다.

해방 이후 1948년 대한민국의 건국과 더불어 채택한 헌법의 자유민주주의와 시장경제질서는 보편적 가치로서 산업화, 민주화의 밑바탕이 되어 오늘날의 자유와 국가적 번영을 가져다주었다. 우리 헌법은 그동안 공산주의라는 유토피아의 허울 아래 실상 1당독재와 1인독재로 운영된 북한의 도전으로부터 헌법적 가치를 지키기 위해 몸부림을 치면서 스스로의 생존을 지켜왔다. 그것은 곧 우리 국민의 의지이다. 멀리 단군의 홍익인간 이념으로부터 시작되는, 대한민국 임시정부의 법통을 이어받은 대한민국의 정통성은 우리나라의 기본이념과 가치를 담고 있는 헌법질서 그 자체이자 우리의 정체성이다. 북한식 사회주의 체제로 가려는 주장은 반헌법적인 것이고 인류 보편의 가치를 거스르는 시대역행적 현상이다.

정당해산결정을 할 경우 정당의 정당활동의 자유가 제한됨은 물론, 그 정당이 지향하는 이념을 지지하는 국민들의 정치적 자유가 제한될 수 있고, 우리 사회에서 통용될 수 있는 정치적 사상이나 이념의 폭이 협소해져 다원적 민주주의에 일정 부분 제한이 가해질 수 있는 우려는 인정된다. 그러나 우리 사회가 다원적 민주주의를 추구할지라도 다원적 민주주의 자체를 부정하는 세력에 대해서는 관용을 유보할 수 있으며, 민주적 기본질서를 훼손하고 폐지하고자 하는 이념을 추구하는 정당을 지지할 정치적 자유는 그와 같은 범위 안에서 제한될 수 있는 것이다. 헌법상 정당보호도 중요한 가치이기는 하나 그 정당을 보호하는 헌법마저 부정하고 헌법에 기초한 현 체제의 변혁을 꾀하는 정당에 대해서까지 상대적·다원적 가치를 이유로 보호한다는 것은 정당보호의 근거인 헌법 질서를 파괴하거나 국가의 정체성을 침해하는 것이어서 허용될 수 없다.

따라서 피청구인에 대한 정당해산결정으로 얻을 수 있는 이익은 피청구인이 파괴하려고 한 우리 헌법상의 최고가치인 국민주권원리, 기본권 보장, 복수정당제, 권력분립 등의 민주적 기본질서 수호이다. 나아가 피청구인에 대한 정당해산결정이 한 알의 밀알이 되어 이 땅에 전체주의나 북한의 이념과 체제를 추종하지 않으면서도 진보적 사상과 이념을 지향하는 진보정당이 터 잡고 성장할 수 있는 자리를 마련함으로써 민주주의의 다원성과 상대성을 보장할 수 있다. 이러한 민주적 기본질서의 수호와 민주주의의 다원성·상대성 보장이라는 사회적 이익은 정당해산결정으로 초래되는 피청구인의 정당활동의 자유에 대한 근본적 제약이나 민주주의에 대한 일부 제한이라는 불이익에 비하여 월등히 크고 중요하다.

결국 피청구인에 대하여 해산결정을 해야 할 사회적 필요성(법익 형량)도 인정된다.

(3) 소 결

우리 재판소는 대한민국이 국민주권 원리, 기본적 인권의 존중, 민주적 의사 결정 등 헌법상 민주적 기본질서를 실질적으로 확립해오기까지 4·19 혁명이나 1987년 민주화운동 등과 같이 수많은 국민들의 희생과 정성, 그리고 헌신과 노력이 있었음을 무겁게 받아들이는 바이므로, 이 헌법의 근본가치를 무력화 혹은 약화시키려는 세력에 대해서는 그 위험성을 섬세하게 감지할 수밖에 없다.

피청구인 주도세력은 북한식 사회주의를 추구하면서 적극적이고 계획적으로 우리 헌법상 민주적 기본질서를 공격하여 이를 훼손하거나 궁극적으로 폐지하려고 한다.

따라서 피청구인에 대한 해산결정은 민주적 기본질서에 가해지는 위험성을 실효적으로 제거하기 위한 부득이한 해법으로서 헌법 제8조 제4항에 의하여 정당화되므로 비례의 원칙에 어긋나지 않는다.

다. 피청구인의 해산

위에서 본 바와 같이 피청구인의 목적이나 활동이 민주적 기본질서에 위배되고, 피청구인의 목적과 활동에 내포된 위헌적 성격의 중대성과 대한민국이 처해 있는 특수한 상황 등에 비추어 피청구인의 위헌적 문제성을 해결할 수 있는 다른 대안적 수단이 없으며, 정당해산결정으로 초래되는 불이익보다 이를 통하여 얻을 수 있는 사회적 이익이 월등히 커서 피청구인에 대하여 해산결정을 해야 할 사회적 필요성(법익

형량)도 있다고 인정된다.

따라서 피청구인은 해산되어야 한다.

2. 탄핵 사건

[92] 박근혜 대통령에 대한 탄핵심판 사건

(2017. 3. 10. 2016헌나1)

◇ 사안과 쟁점

박근혜 대통령에 대한 탄핵심판 사건에서 재판관 8명은 전원 일치 의견으로, 피청구인의 헌법과 법률 위배행위가 국민의 신임을 배반한 행위로서 헌법수호의 관점에서 용납될 수 없는 중대한 법 위배행위라고 판단하여 대통령 박근혜를 파면하는 결정을 하였다(2017. 3. 10. 2016헌나1; 공보 245호 367면). 이 결정에는 세월호와 관련한 재판관 2명의 보충의견과 이른바 제왕적 대통령제에 관한 재판관 1명의 보충의견이 있었다.

◇ 법정의견 주요 부분의 요지

1. 헌법 제7조 제1항은 국민주권주의와 대의민주주의를 바탕으로 공무원을 '국민 전체에 대한 봉사자'로 규정하고 공무원의 공익실현의무를 천명하고 있고, 헌법 제69조는 대통령의 공익실현의무를 다시 한 번 강조하고 있다. 대통령은 '국민 전체'에 대한 봉사자이므로 특정 정당, 자신이 속한 계급·종교·지역·사회단체, 자신과 친분 있는 세력의 특수한 이익 등으로부터 독립하여 국민 전체를 위하여 공정하고 균형 있게 업무를 수행할 의무가 있다. 대통령의 공익실현의무는 국가공무원법 제59조, 공직자윤리법 제2조의2 제3항, '부패방지 및 국민권익위원회의 설치와 운영에 관한 법률'(이하 '부패방지권익위법') 제2조 제4호 가목, 제7조 등 법률을 통해 구체화되고

있다.

피청구인은 최○원이 추천한 인사를 다수 공직에 임명하였고 이렇게 임명된 일부 공직자는 최○원의 이권 추구를 돕는 역할을 하였다. 피청구인은 사기업으로부터 재원을 마련하여 재단법인 미르와 재단법인 케이스포츠(이하 '미르'와 '케이스포츠')를 설립하도록 지시하였고, 대통령의 지위와 권한을 이용하여 기업들에게 출연을 요구하였다. 이어 최○원이 추천하는 사람들을 미르와 케이스포츠의 임원진이 되도록 하여 최○원이 두 재단을 실질적으로 장악할 수 있도록 해 주었다. 그 결과 최○원은 자신이 실질적으로 운영하는 주식회사 플레이그라운드커뮤니케이션즈와 주식회사 더블루케이(이하 '더블루케이')를 통해 위 재단을 이권 창출의 수단으로 활용할 수 있었다. 피청구인은 기업에 대하여 특정인을 채용하도록 요구하고 특정 회사와 계약을 체결하도록 요청하는 등 대통령의 지위와 권한을 이용하여 사기업 경영에 관여하였다. 그 밖에도 피청구인은 스포츠클럽 개편과 같은 최○원의 이권과 관련된 정책 수립을 지시하였고, 롯데그룹으로 하여금 5대 거점 체육인재 육성사업을 위한 시설 건립과 관련하여 케이스포츠에 거액의 자금을 출연하도록 하였다.

피청구인의 이러한 일련의 행위는 최○원 등의 이익을 위해 대통령으로서의 지위와 권한을 남용한 것으로서 공정한 직무수행이라 할 수 없다. 피청구인은 헌법 제7조 제1항, 국가공무원법 제59조, 공직자윤리법 제2조의2 제3항, 부패방지권익위법 제2조 제4호 가목, 제7조를 위반하였다.

2. 피청구인은 직접 또는 경제수석비서관을 통하여 대기업 임원 등에게 미르와 케이스포츠에 출연할 것을 요구하였다. 대통령의 재정·경제 분야에 대한 광범위한 권한과 영향력, 비정상적 재단 설립 과정과 운영 상황 등을 종합하여 보면, 피청구인의 요구는 임의적 협력을 기대하는 단순한 의견제시나 권고가 아니라 사실상 구속력 있는 행위라고 보아야 한다. 공권력 개입을 정당화할 수 있는 기준과 요건을 법률로 정하지 않고 대통령의 지위를 이용하여 기업으로 하여금 재단법인에 출연하도록 한 피청구인의 행위는 해당 기업의 재산권 및 기업경영의 자유를 침해한 것이다.

피청구인은 롯데그룹에 최○원의 이권 사업과 관련 있는 하남시 체육시설 건립 사업 지원을 요구하였고, 안○범으로 하여금 사업 진행 상황을 수시로 점검하도록 하였다. 피청구인은 현대자동차그룹에 최○원의 지인이 경영하는 회사와 납품계약을 체결하도록 요구하였고, 주식회사 케이티에는 최○원과 관계있는 인물의 채용과 보직 변경을 요구하였다. 그 밖에도 피청구인은 기업에 스포츠팀 창단 및 더블루케이와의 계약 체결을 요구하였고, 그 과정에서 고위공직자인 안○범이나 김○을 이용하여 영향력을 행사하였다. 피청구인의 이와 같은 일련의 행위들은 기업의 임의적 협력을 기대하는 단순한 의견제시나 권고가 아니라 구속적 성격을 지닌 것으로 평가된다. 아무런 법적 근거 없이 대통령의 지위를 이용하여 기업의 사적 자치 영역에 간섭한 피청구인의 행위는 해당 기업의 재산권 및 기업경영의 자유를 침해한 것이다.

3. 피청구인은 최○원에게 공무상 비밀이 포함된 국정에 관한 문건을 전달했고, 공직자가 아닌 최○원의 의견을 비밀리에 국정 운영에 반영하였다. 피청구인의 이러한 위법행위는 피청구인이 대통령으로 취임한 때부터 3년 이상 지속되었다. 피청구인은 국민으로부터 위임받은 권한을 사적 용도로 남용하여 적극적·반복적으로 최○원의 사익 추구를 도와주었고, 그 과정에서 대통령의 지위를 이용하거나 국가의 기관과 조직을 동원하였다는 점에서 법 위반의 정도가 매우 중하다. 대통령은 공무 수행을 투명하게 공개하여 국민의 평가를 받아야 한다. 그런데 피청구인은 최○원의 국정 개입을 허용하면서 이 사실을 철저히 비밀에 부쳤고, 그에 관한 의혹이 제기될 때마다 이를 부인하며 의혹 제기 행위만을 비난하였다. 따라서 권력분립원리에 따른 국회 등 헌법기관에 의한 견제나 언론 등 민간에 의한 감시 장치가 제대로 작동될 수 없었다. 이와 같은 피청구인의 일련의 행위는 대의민주제의 원리와 법치주의의 정신을 훼손한 것으로서 대통령으로서의 공익실현의무를 중대하게 위반한 것이다.

결국 피청구인의 이 사건 헌법과 법률 위배행위는 국민의 신임을 배반한 행위로서 헌법수호의 관점에서 용납될 수 없는 중대한 법 위배행위라고 보아야 한다. 그렇다면 피청구인의 법 위배행위가 헌법질서에 미치게 된 부정적 영향과 파급 효과가 중대하므로, 피청구인을 파면함으로써 얻는 헌법수호의 이익이 대통령 파면에 따르는 국가적 손실을 압도할 정도로 크다고 인정된다.

3. 권한쟁의

일반 사건에서의 의견

◇ 서울특별시와 안전행정부장관 간의 권한쟁의

쟁점: 피청구인인 안전행정부장관의 2012. 11. 19.자 대여용 차량에 대한 지방세(취득세) 과세권 귀속 결정이 청구인인 서울특별시의 자치재정권(지방세 과세권)을 침해할 가능성이 있는지 여부(전원 소극, 2014. 3. 27. 2012헌라4; 공보 210호 574면)

이 사건 과세권 귀속 결정은 지방세 과세권의 귀속 여부 등에 대하여 관계 지방자치단체의 장의 의견이 서로 다른 경우 피청구인의 행정적 관여 내지 공적인 견해 표명에 불과할 뿐, 그 결정에 법적 구속력이 있다고 보기 어렵다. 청구인은 피청구인의 이 사건 과세권 귀속 결정에도 불구하고, 이 사건 리스회사에 대하여 과세처분을 할 수 있으며, 이미 한 과세처분의 효력에도 아무런 영향이 없다. 따라서 피청구인의 이 사건 과세권 귀속 결정으로 말미암아 청구인의 자치재정권 등 자치권한이 침해될 가능성이 없으므로 이 사건 권한쟁의심판청구는 부적법하다.

◇ 홍성군과 태안군 등 간의 권한쟁의

쟁점: 공유수면에 대한 지방자치단체의 관할구역 경계 및 그 기준(의견이 6:2:1로 나뉨, 2015. 7. 30. 2010헌라2; 공보 226호 1120면)

6명의 다수의견은 국가기본도상의 해상경계선을 공유수면에 대한 불문법상 해상경계선으로 보아온 선례(2004. 9. 23. 2000헌라2)를 변경하고, 제반 사정을 종합적으로 고려하여 형평의 원칙, 등거리 중간선 원칙에 따라 청구인과 피청구인 사이의 관할 구역 경계를 확인함으로써 청구인의 청구를 일부 인용하였다.

이에 대하여는 지방자치단체의 경계를 획정하기 위해서는 주민들의 생활권역에 대한 종합적 고려가 있어야 하고, 따라서 해상경계를 확정할 때에는 분쟁 대상 해역의 해저 지형이나 해류 등의 자연조건이 주민들의 생활에 어떤 영향을 미치는지 확인할 필요가 있는데, 이 사건 쟁송해역이 청구인 주민들의 생활권역과 밀접한 관련이 있다는 등 청구인의 관할에 속한다는 점을 인정하기에는 부족하므로 이 사건 심판청구는 기각되어야 한다는 2명의 반대의견과, 공유수면을 지방자치단체의 관할구역으로 인정하려면 법률로 정해야 하는데, 정부 수립 이후 그동안 법령으로 바다에 대한 지방자치단체의 구역을 확정한 적도 없으며 이에 관한 행정관습도 없는바, 헌법재판소는 근거법령이 없는데도 지방자치단체의 자치권한을 새로 창설하는 방법으로 입법기능이나 행정기능을 수행할 수는 없으므로 이 사건 심판청구는 기각되어야 한다는 1명의 반대의견이 있다. 재판관 조용호는 2명의 반대의견에 가담하였다.

◇ 국회의원과 대통령 간의 권한쟁의

쟁점: 국회의 구성원인 국회의원이 국회의 권한침해를 주장하는 권한쟁의심판에서 청구인적격을 갖추는지 여부, 피청구인 대통령이 조약 체결·비준에 대한 국회의 동의를 요구하지 않은 경우 국회의원의 심의·표결권한이 침해될 가능성이 있는지 여부(소극:적극 6:3, 2015. 11. 26. 2013헌라3; 공보 230호 1742면)

권한쟁의심판에서 국회의원이 국회의 권한침해를 주장하여 심판청구를 하는 이른바 '제3자 소송담당'을 허용하는 명문의 규정이 없고, 다른 법률의 준용을 통해서 이를 인정하기도 어려운 현행법 체계 하에서, 국회의 의사가 다수결로 결정되었음에도 다수결의 결과에 반하는 소수의 국회의원에게 권한쟁의심판을 청구할 수 있게 하는 것은 다수결의 원리와 의회주의의 본질에 어긋날 뿐만 아니라, 국가기관이 기관 내부에서 민주적인 토론을 통해 기관의 의사를 결정하는 대신 모든 문제를 사법적 수단에 의해 해결하려는 방향으로 남용될 우려도 있다. 따라서 '제3자 소송담당'이 허용되지 않는 현행법 하에서 국회의 구성원인 국회의원은 국회의 조약 체결·비준 동의권 침해를 주장하는 권한쟁의심판에서 청구인적격이 없다.

국회의원의 심의·표결권은 국회의 대내적인 관계에서 행사되고 침해될 수 있을 뿐 다른 국가기관과의 대외적인 관계에서는 침해될 수 없는 것이므로, 대통령 등 국회 이외의 국가기관과의 사이에서는 권한침해의 직접적인 법적 효과를 발생시키지 아니한다. 따라서 피청구인 대통령이 조약 체결·비준에 대한 국회의 동의를 요구하지 않았다고 하더라도 국회의원인 청구인들의 심의·표결권이 침해될 가능성은 없다.

◇ 국회의원과 행정자치부장관 간의 권한쟁의

국회에서 국민안전처 등을 이전대상 제외 기관으로 명시할 것인지에 관한 법률안에 대하여 심의를 하던 중에 행정자치부장관이 고시로 국민안전처 등을 세종시로 이전하는 것이 국회의 입법권과 국회의원의 심의·표결권을 침해한다고 주장하면서 국회의원이 행정자치부장관을 상대로 권한쟁의심판을 청구한 사건에서, 국회의원의 심의·표결권은 국회의 대내적인 관계에서 행사되고 침해되고 있을뿐 다른 국가기관과의 대외적인 관계에서는 침해될 수 없다고 하여 권한쟁의 심판청구를 각하하였다(2016. 4. 28. 2015헌라5; 공보 235호 712면).

◇ 경상남도교육감과 경상남도 간의 권한쟁의

쟁점: 교육감과 해당 지방자치단체 사이의 내부적 분쟁과 관련한 권한쟁의심판청구의 적법 여부(전원 소극, 2016. 6. 30. 2014헌라1; 공보 237호 1021면)

경상남도지사(피청구인)가 경상남도 교육감(청구인)에게 학교무상급식에 대한 감사계획을 통보하고 각 학교에 수감자료 제출을 요구하자, 청구인은 피청구인의 위 감사계획 통보 행위가 청구인의 학교급식에 관한 감사 권한을 침해하였다고 주장하면서 권한쟁의심판을 청구하였다.

“헌법 제111조 제1항 제4호는 지방자치단체 상호간의 권한쟁의에 관한 심판을 헌법재판소가 관장하도록 규정하고 있고, 지방자치단체 ‘상호간’의 권한쟁의심판에서 말하는 ‘상호간’이란 ‘서로 상이한 권리주체간’을 의미한다. 그런데 ‘지방교육자치에 관한 법률’은 교육감을 시·도의 교육·학예에 관한 사무의 ‘집행기관’으로 규정하고 있으므로, 교육감과 해당 지방자치단체 상호간의 권한쟁의심판은 ‘서로 상이한 권리주체간’의 권한쟁의심판청구로 볼 수 없다. 나아가 헌법은 ‘국가기관’과는 달리 ‘지방자치단체’의 경우에는 그 종류를 법률로 정하도록 규정하고 있으며(헌법 제117조 제2항), 지방자치법은 지방자치단체의 종류를 특별시, 광역시, 특별자치시, 도, 특별자치도와 시, 군, 구로 정하고 있고(지방자치법 제2조 제1항), 헌법재판소법은 이를 감안하여 권한쟁의심판의 종류를 정하고 있다. 즉, 지방자치법은 헌법의 위임을 받아 지방자치단체의 종류를 규정하고 있으므로, 지방자치단체 상호간의 권한쟁의심판을 규정하는 헌법재판소법 제62조 제1항 제3호를 예시적으로 해석할 필요성 및 법적 근거가 없다. 따라서 시·도의 교육·학예에 관한 집행기관인 교육감과 해당 지방자치단체 사이의 내부적 분쟁과 관련된 심판청구는 헌법재판소가 관장하는 권한쟁의심판에 속하지 아니한다."

◇ 거제시의회와 거제시장 간의 권한쟁의

쟁점: 지방자치단체의 의결기관과 지방자치단체의 집행기관 사이의 내부적 분쟁과 관련한 권한쟁의심판청구의 적법 여부(전원 소극, 2018. 7. 26. 2018헌라1; 공보 262호 1236면)

지방자치단체의 의결기관인 지방의회와 지방자치단체의 집행기관인 지방자치단체장 간의 내부적 분쟁은 지방자치단체 상호간의 권한쟁의심판의 범위에 속하지 아니하고, 달리 국가기관 상호간의 권한쟁의심판이나 국가기관과 지방자치단체 상호간의 권한쟁의심판에 해당한다고 볼 수도 없다.

◇ 경상남도 사천시와 경상남도 고성군 간의 권한쟁의

쟁점: 매립지에 대한 지방자치단체의 관할구역 경계 및 기준(2019. 4. 11. 2015헌라2; 공보 271호 409면)

이미 소멸되어 사라진 종전 공유수면의 해상경계선을 매립지의 관할구역 경계선으로 보아온 선례(2011. 9. 29. 2009헌라3등)를 변경하고, 공유수면의 매립 목적, 그 사업목적의 효과적 달성, 매립지와 인근 지방자치단체의 교통관계나 외부로부터의 접근성 등 지리상의 조건, 행정권한의 행사내용, 사무 처리의 실상, 매립 전 공유수면에 대한 행정권한의 행사 연혁이나 주민들의 사회적·경제적 편의 등을 모두 종합하여 형평의 원칙에 따라 합리적이고 공평하게 그 경계를 획정할 수 밖에 없다고 한 사례

◇ 서울특별시와 대통령 간의 권한쟁의

쟁점: 지방자치단체가 사회보장기본법상의 협의·조정을 거치지 아니하거나 그 결과를 따르지 아니하고 사회보장제도를 신설 또는 변경하여 경비를 지출한 경우 행정안전부장관이 교부세를 감액하거나 반환을 명할 수 있는 것으로 지방세법 시행령을 개정한 행위가 서울시의 자치권한을 침해하였거나 침해할 현저한 위험이 인정되는지 여부(전원 소극, 2019. 4. 11. 2016헌라3; 공보 271호 423면)

"이 사건 심판청구가 적법하려면 이 사건 시행령조항의 내용으로 인하여 실제로 청구인에게 권한침해가 발생하였거나 적어도 권한 침해의 현저한 위험이 인정되어야 한다. 그런데 이 사건 시행령조항 및 모법인 지방교부세법 제11조 제2항은 '지방자치단체가 협의·조정을 거치지 않거나 그 결과를 따르지 아니하고 경비를 지출한 경우 지방교부세를 감액하거나 반환하도록 명할 수 있다.'는 것에 불과하므로 실제로 지방교부세가 감액되거나 반환되지 않는 이상 권한침해가 현실화되었다고 보기는 어렵고, 그 전에는 조건 성립 자체가 유동적이므로 권한침해의 현저한 위험, 즉 조만간에 권한침해에 이르게 될 개연성이 현저하게 높은 상황이라고 보기도 어렵다. 따라서 이 사건 개정행위 자체로써 지방자치단체의 자치권한의 침해가 확정적으로 현실화되었다거나 자치권한을 침해할 현저한 위험이 인정된다고 보기는 어렵다."

◇ 성남시 등과 대통령 간의 권한쟁의

쟁점: 피청구인(대통령)이 2016. 8. 29. 대통령령 제27463호로 지방재정법시행령 제36조 제3항, 제4항을 개정한 행위가 성남시 등 지방자치단체(청구인들)의 자치권한을 침해하는지, 나아가 무효인지 여부(전원 소극, 2019. 4. 11. 2016헌라7; 공보 271호 426면)

"지방자치단체별로 세입규모와 서비스 비용이 다른 상황에서 국가와 지방자치단체는 대한민국 국민이 어디에 살든 일정한 기본행정서비스를 제공받을 수 있도록 노력할 의무가 있다. 지방자치단체의 재정자립도가 상당히 낮은 현실에서 국가는 다양한 방법으로 국가와 지방자치단체 간, 그리고 광역지방자치단체와 기초지방자치단체 간의 재원이전에 관한 제도를 시행할 수밖에 없으며, 국가 재정이 소요되는 국고보조금과 지방교부세 외에 광역자치단체의 재원이 소요되는 조정교부금의 배분에 있어서도 지방재정의 형평성 확보를 위해 필요한 경우 그 배분에 관여할 수 있다. 이 사건 개정행위는 광역지방자치단체 내에서 재정자립도가 상대적으로 높은 보통교부세 불교부단체에 대하여 조정교부금을 우선 배분하는 특례를 삭제함으로써 재정력이 상대적으로 약한 같은 광역지방자치단체 내 다른 시·군에 대하여 조정교부금을 확대하여 공정하고 합리적인 지방재정 조정을 통한 재정균형을 도모하기 위한 것이다. 이로 인하여 청구인들의 자치재정권이 다소 제한을 받는다 하더라도, 청구인들의 고유한 자치권한을 유명무실하게 할 정도의 지나친 제한이라고 보기는 어렵다. 따라서 이 사건 개정행위는 청구인들의 자치재정권을 침해한다고 볼 수 없고, 이를 무효라고 할 수도 없다."

[93] 이른바 국회선진화법 사건

(2016. 5. 26. 2015헌라1)

◇ 사안과 쟁점

제18대 국회는 2012. 5. 2. 쟁점안건을 심의하는 과정에서 발생하는 물리적 충돌을 방지하여 민주적이고 효율적인 국회를 구현하고자 국회의장의 심사기간 지정 요건을 엄격하게 제한하고, 그 대신 상임위원회에 회부된 안건에 대해 일정한 요건이 갖춰지면 신속처리안건으로 지정할 수 있도록 하는 내용 등을 포함한 국회법 일부 개정법률안(이른바 '국회선진화법')을 가결하였고, 이는 법률 제11453호로 공포되어 제19대 국회 임기 개시일인 2012. 5. 30.부터 시행되었다. 청구인들은 국회 교섭단체 ○○당 소속의 제19대 국회의원들로서, 청구인들을 포함한 국회의원 146명은 2014. 12. 9. 피청구인 국회의장에게 각 소관 상임위원회에 계류 중인 북한인권법안을 포함한 11건의 법률안에 대하여 심사기간 지정 및 본회의 부의(직권상정) 요청을 하였으나, 국회의장은 2014. 12. 17. 국회법 제85조 제1항의 심사기간 지정 요건을 충족하지 못하였다는 이유로 위 법률안에 대한 심사기간을 지정할 수 없고, 심사기간 지정을 전제로 한 본회의 부의도 할 수 없다는 답변을 하였다. 청구인 나○린을 포함한 11명의 기재위 소속 위원들은 2015. 1. 15. 피청구인 국회 기획재정위원회 위원장(기재위 위원장)에게 기재위 법안심사소위원회에 계류 중인 서비스산업발전 기본법안을 신속처리대상안건으로 지정할 것을 요청하였으나, 기재위 위원장은 2015. 1. 29. 기재위 위원 총 26명 중 11명이 서명한 신속처리대상안건 지정요구 동의(신속처리안건지정동의)는 기재위 재적위원 과반수가 서명한 것이 아니라는 이유로 국회법 제85조의2 제1항에 따라 위 지정동의안에 대해 표결을 실시할 수 없다는 취지의 의견을 송부하였다. 이에 청구인들은 국회법 제85조 제1항 제3호 중 '각 교섭단체대표의원과의 합의' 부분 및 제85조의2 제1항 중 '재적위원 5분의 3 이상의 찬성' 부분이 가중된 특별정족수를 요구하고 있어 헌법상 다수결의 원리 등에 반하여 위헌이며, 피청구인들은 위헌인 위 국회법 조항들에 근거하여 심사기간을 지정하지 아니하거나 신속처리대상안건으로 지정하지 아니한 것이므로, 위 국회법 조항들 및 위와 같은 피청구인들의 행위가 국회의원인 청구인들의 법률안 심의·표결권을 침해하였다고 주장하면서, 2015. 1. 30. 이 사건 권한쟁의심판을 청구하였다. 한편, 청구인들을 포함한 ㅇㅇ당 소속 의원 157명은 2015. 12. 16. 피청구인 국회의장에게 서비스산업발전 기본법안을 포함한 10건의 법률안에 대하여 직권상정 요청을 하였으나, 국회의장은 2016. 1. 6. 국회법 제85조 제1항의 심사기간 지정 요건을 충족하지 못하였다는 이유로 위 법률안에 대한 심사기간 지정은 할 수 없다는 답변을 하였다.

이에 청구인들은 2016. 1. 11. 이 사건 청구취지에 피청구인 국회의장이 2016. 1. 6. 서비스산업발전 기본법안을 포함한 10건의 법률안에 대한 심사기간 지정 요청을 거부한 행위 및 피청구인 국회의장이 2012. 5. 2. 제307회 국회에서 국회법 일부개정법률안에 대한 수정안 중 국회법 제85조의2를 가결선포한 행위에 대하여 청구인들의 권한침해의 확인 및 무효의 확인을 구하는 내용을 추가하였다.

쟁점은, ① 대한민국 국회가 2012. 5. 25. 법률 제11453호로 국회법 제85조 제1항 및 제85조의2 제1항을 개정한 행위('이 사건 국회법 개정행위'), ② 피청구인 국회의장이 2014. 12. 17. 북한인권법안을 포함한 11건의 법률안에 대한 심사기간 지정 요청을 거부한 행위('이 사건 제1 심사기간 지정 거부행위') 및 2016. 1. 6. 서비스산업발전 기본법안을 포함한 10건의 법률안에 대한 심사기간 지정 요청을 거부한 행위('이 사건 제2 심사기간 지정 거부행위', 이하 이들을 합하여 '이 사건 심사기간 지정 거부행위'라 한다), ③ 피청구인 기재위 위원장이 2015. 1. 29. 서비스산업발전 기본법안에 대한 신속처리대상안건 지정 요청에 대해 기재위 재적위원 과반수가 서명한 신속처리안건지정동의가 아니라는 이유로 표결실시를 거부한 행위('이 사건 표결실시 거부행위'), ④ 피청구인 국회의장이 2012. 5. 2. 제307회 국회에서 국회법 일부개정법률안에 대한 수정안 중 국회법 제85조의2를 가결선포한 행위('이 사건 가결선포행위')가 각각 청구인들의 법률안 심의·표결권을 침해하였는지 여부 및 이 사건 가결선포행위가 무효인지 여부이다.

쟁점 ①에 대하여는, 법률의 제·개정 행위를 다투는 권한쟁의심판의 경우는 국회가 피청구인적격을 가지는데 이 사건은 피청구인적격이 없는 국회의장 및 기재위 위원장에 대하여 제기한 것이어서 부적법하고, 쟁점 ④에 대하여는, 이 사건 가결선포행위가 있은 날인 2012. 5. 2.부터 180일이 경과한 후에 심판청구를 제기한 것이어서 청구기간을 도과하여 부적법하며, 쟁점 ③에 대하여는, 신속처리대상안건 지정동의가 적법한 요건을 갖추지 못하였으므로 이 사건 표결실시 거부행위로 인하여 기재위 소속 위원인 청구인 나○린의 신속처리안건지정동의에 대한 표결권을 침해하거나 침해할 위험성이 없으므로 부적법하다는 이유로, 모두 각하하는 데 이견이 없었다.

문제는 쟁점 ②의 경우 국회의장의 '이 사건 심사기간 지정 거부행위'가 국회의원인 청구인들의 법률안 심의·표결권을 침해하거나 침해할 가능성이 있는지 여부이다(전부 각하5:일부 기각, 일부 각하2:일부 기각, 일부 <u>인용</u>2, 2016. 5. 26. 2015헌라1; 공보 236호 866면).

이에 대하여 다수의견(5명)은, 이 사건 심사기간 지정 거부행위는 국회의원인 청구인들의 법률안 심의·표결권을 침해하거나 침해할 위험성이 없으며, 그 근거조항인 국회법 제85조 제1항 제3호나 이 사건 입법부작위의 위헌성을 이유로 이 사건 심사기간 지정 거부행위가 청구인들의 법률안 심의·표결권을 침해할 가능성 또한 인정되지 아니하므로 이 사건 심사기간 지정 거부행위에 대한 심판청구는 부적법하다고 하여 '각하' 의견이었다.

2명의 재판관은, 국회의장의 제2 심사기간 지정 거부행위에 의하여 청구인들의 위 법률안에 대한 본회의에서의 심의·표결권이 침해될 개연성이 인정된다고 볼 수 있고, 나아가 본안 판단을 하더라도 이 사건 제2 심사기간 지정 거부행위는 국회법 제85조 제1항을 준수한 것으로서 적법하다고 하여 '기각' 의견을, 제1 심사기간 지정 거부행위는 국회 재적의원 과반수에 미치지 못하는 국회의원 146명이 심사기간 지정 및 본회의 부의를 요청한 것에 대하여 피청구인 국회의장이 이를 거부한 것이므로 청구인들의 헌법상 부여된 법률안에 대한 심의·표결권을 침해하거나 침해할 개연성이 없다고 하여 '별개'의 각하의견을 제시하였다.

재판관 조용호 등 또 다른 2명의 재판관은, 이 사건 심사기간 지정 거부행위에 대한 권한쟁의심판청구는 적법하다고 보고, 본안에 관하여는 "위원회 단계에서 교착상태에 빠진 쟁점안건에 대하여 적어도 국회 본회의에서 의결할 수 있는 재적의원 과반수가 당해 안건의 본회의 부의·상정을 요구하면 의무적으로 본회의에 부의·상정하여 전체 국회의원이 당해 안건에 대하여 심의·표결하도록 하는 비상처리절차가 마련되어야 한다. 그럼에도 불구하고 국회법 제85조 제1항이 그 요건으로 천재지변이나 국가비상사태의 경우만을 마련하고 있을 뿐, 위원회 단계에서 교착상태에 빠진 쟁점안건에 대하여 재적의원 과반수가 심사기간 지정요구를 하는 경우 국회의장이 의무적으로 심사기간을 지정하도록 하는 내용의 규정을 마련하지 아니함으로써, 당해 안건에 대하여 재적의원 과반수가 요구하더라도 그 안건에 대한 국회의원의 본회의에서의 심의·표결을 원천 봉쇄하고 있는바, 이는 헌법 제49조에 의한 국회 의사결정방식으로서의 다수결원리와 헌법상의 본회의 결정주의에 위반되고, 나아가 국민주권주의와 대의민주주의 및 의회민주주의 원리에도 위반된다. 따라서 국회법 제85조 제1항은 국회의 입법재량 및 의사자율권의 한계를 일탈한 것으로서 헌법에 위반된다."고 판단한 다음, 그렇다면, 이 사건 제1 심사기간 지정 거부행위는 국회 재적의원 과반수에 미치지 못하는 국회의원 146명의 심사기간 지정 요청에 대한 것이므로, 위 거부행위로 인하여 국회의원인 청구인들의 법률안에 대한 심의·표결권이 침해되었다고 볼 수 없으므로 그에 대한 심판청구는 이유 없고, 이 사건 제2 심사기간 지정 거부행위는 국회 재적의원 과반수인 국회의원 157명이 심사기간 지정을 요청하였음에도 불구하고 피청구인 국회의장이 위헌인 국회법 제85조 제1항에 기하여 이를 거부한 것이어서 헌법에 위반된다고 하여 일부 기각, 일부 인용(위헌) 의견을 제시하였다. 재판관 조용호는 인용의견에 대한 보충의견을 집필하였다.

◇ 인용의견에 대한 보충의견

국회선진화법은 제18대 국회의 이른바 '동물국회'에 대한 반성적 고려에서 '의안처리 개선 및 질서유지 등을 위한 국회법 개정안'으로 통과된 국회법 개정 조항들에 붙인 별칭이다. 그러나 국회선진화법은 그 운용과정에서 제19대 국회를 이른바 '식물국회'로 변모시켰다는 것은 우리가 지난 4년간 경험한 정치현실이다. 나는 국회법 제85조 제1항이 우리 헌법의 이념과 가치를 구현하는 기본원리인 대의민주주의와 의회민주주의, 다수결의 원리 등에 위배된다는 인용의견에 견해를 같이 하면서, 아래와 같이 보충의견을 밝힌다.

가. 책임정치의 구현과 시의적절한 입법의 필요성

헌법은 국회에 입법권을 부여하고 있는바(헌법 제40조), 입법권은 국회의 가장 중요한 권한이다. 국회가 의결한 법률은 정치·경제·사회·문화 등 국민들의 거의 모든 생활영역을 규율하면서 항상 현실과 맞닿아 있으므로, 우리 사회의 현실에 맞게 법률의 내용 역시 신속한 제·개정이 요구되는 경우가 많다. 따라서 국회는 현재 시행되고 있는 법률에 불합리한 점이 있으면 그 내용을 삭제 또는 수정하고, 새롭게 규율이 필요한 영역이 있으면 기존 법률에 새로운 조항을 추가하거나 아예 새로운 법률을 제정하는 등의 입법활동을 제때 할 필요가 있다. 오늘날과 같이 치열한 국제경쟁의 시대에 특정 사안에 대하여 적절한 시기에 적절한 입법을 하지 못하는 경우 우리나라는 아예 경쟁에서 도태되거나 낙오될 가능성이 크다. 뒤늦게 쟁점안건(법안)이 국회를 통과하더라도 이미 때를 놓치는 경우에는 정책의 실효성이 크게 떨어진다. 여야간의 정쟁 등으로 인하여 필요한 입법이 제때 이루어지지 아니할 경우 그로 인한 피해는 매우 크고 광범위할 수밖에 없으며, 이는 고스란히 국가와 국민에게 돌아간다.

국민이 선택한 정부 또는 다수당이 입법 주도권을 행사하고, 만약에 그 국정운영 또는 입법 결과가 잘못되었다면 다음 선거(대선 또는 총선)에서 심판을 받는 것이 대의민주제와 책임정치의 원리다. 그런데 제19대 국회에서의 여야, 다수당·소수당을 떠나, 제20대 국회는 물론 그 이후로도 어느 정당이 집권당이 되고 다수당이 되더라도 국회선진화법이 현재와 같은 그대로의 모습이라면 제대로 된 책임정치의 구현은 사실상 불가능하다.

국회선진화법은 제19대 국회의원 총선을 앞두고 당시의 여야 모두 소수당으로 전락할 때를 대비한 정치적 보험차원에서 여야 합의 아래 통과시킨 법이라는 것은 주지의 사실이다. 국회법 제85조 제1항의 입법적 불비로 인하여 쟁점안건(법안)의 적시 처리가 어려워지게 되었고, 이를 빌미로 다른 안건까지 무더기로 쟁점안건에 연계하여 함께 처리하는 '졸속입법'의 관행이 제19대 국회의 운영과정에서 지속되어 왔다. 그로 인하여 정국의 운영은 물론 국가정책 결정에서 어느 정당에게 책임이 있는지조차 불분명하게 되어버렸고, 이는 결국 책임정치의 실종을 가져왔다. 이러한 책임정치의 실종은 필연적으로 국민주권주의와 대의민주주의가 제대로 작동하지 못하게 한다.

나. 국회법 제85조 제1항의 문제점

국회법 제85조 제1항은 이른바 직권상정의 요건으로 천재지변의 경우(제1호), 전시·사변 또는 이에 준하는 국가비상사태의 경우(제2호), 의장이 각 교섭단체대표의원과 합의하는 경우(제3호)를 규정하고 있는바, 위 규정은 다음과 같은 문제가 있다.

먼저 제3호와 관련하여, '의장이 각 교섭단체대표의원과 합의하는 경우'는 사실상 만장일치를 요구하는 지나치게 까다로운 요건일 뿐만 아니라, 의장이 각 교섭단체대표의원과 합의하는 경우에는 굳이 제3호와 같은 규정을 따로 둘 필요도 없다. 국회의장이 각 교섭단체대표의원과 합의하는 경우에는 직권상정을 하더라도 단지 위원회의 심사를 생략함으로써 입법기간을 단축시키는 것에 불과하므로, 입법교착 상태를 타개하는 절차로서의 직권상정의 의미는 상실된다.

그리고 제1호 및 제2호와 관련하여, 어떠한 경우를 천재지변이나 전시·사변 또는 이에 준하는 국가비상사태의 경우로 볼 것인지, 나아가 구체적인 현실 상황이 위와 같은 경우에 해당하는지 여부에 대해서도 여야 또는 교섭단체 간의 이견과 다툼이 있을 수 있다. 만약 위 요건에 해당하는 진정한 국가적 위기상황이 발생하였음에도 여야의 정쟁으로 입법교착 상태가 발생하는 경우 이를 어떻게 해결할 것인지에 대하여 국회법 제85조 제1항은 아무런 규정을 두고 있지 아니하다.

이와 같이 국회법 제85조 제1항은 직권상정의 요건을 지나치게 엄격하게 규정하고, 그 요건의 충족 여부에 관하여 많은 논란을 야기할 가능성이 있으며, 그로 인한 입법교착 상태를 해결할 안건비상처리절차 또는 비상입법절차에 관한 방안을 마련해놓고 있지 아니하므로, 위 조항으로 인하여 쟁점안건이나 쟁점법안이 본회의에 부의되는 것은 사실상 불가능하다. 이 조항은 성숙된 합의문화가 부족한 우리의 정치적 토양에서 여야의 대화와 타협만을 강조하였지, 대화와 타협에 따른 합의가 되지 않을 경우의 비상사태에 대비하지 아니한 점에서 중대한 문제가 있다.

결국 '대화와 타협을 통한 갈등 제어'와 '효율성과 생산성 제고'라는 입법목표를 제시하고 있는 국회선진화법은 우리의 후진적인 정치토양에서 제 기능을 하지 못하고, 소수파가 다수파에게 자신의 의사를 강제하는 수단(이른바 '소수독재')으로 변질되었다. 지난 4.13 총선 결과에 따른 국회의 정당별 구성비율에 비추어 볼 때, 국회법 제85조 제1항을 포함한 일부 국회선진화법 조항을 개정하는 등 특단의 조치가 없는 한 제20대 국회의 입법활동 역시 제19대 국회와 별로 다를 것이 없어 보인다.

다. 국회 자율권의 한계와 헌법재판소의 역할

통상 의사진행에 관한 규칙을 제정하는 것은 국회의 자율권에 속한다(헌법 제64조 제1항 참조). 즉, 국회의 의사결정방식에 관하여 국회가 스스로 절차를 결정하는 것이다. 그러나 그러한 규칙이 단순히 의사절차의 문제에 머무르는 것이 아니라 국회법 제85조 제1항과 같이 법률안의 본회의 부의 여부에 결정적인 영향을 미치는 경우라면, 이를 전적으로 국회의 자율권에 속하는 문제라고만 할 수는 없다. 앞서 보았듯이 장기간의 입법교착 상태로 인하여 반드시 필요한 입법이 제때 이루어지지 아니할 경우 그 피해는 국회와 국회의원이 아닌 오롯이 국가와 국민의 몫이기 때문이다.

이러한 입법교착 상태는 일종의 의회민주주의의 한계 내지 실패 상황이라 할 수 있다. 즉, 의회에서 민주적인 방식으로 그 의사결정절차(국회법 제85조 제1항)를 변경하였는데, 그로 인하여 의사결정이 원활하게 되지 않음으로써 의회민주주의가 제대로 작동하지 않게 되고 주권자인 국민에게 피해가 가는 상황이 발생하고 있는 것이다. 이는 국회선진화법이 의사절차에 관한 규정이어서, 이를 개정하는 것 자체도 위 규정들에 따를 수밖에 없는 모순적 상황에도 상당 부분 기인한다. 이와 같은 상황에서는 헌법재판소가 나서서 그 한계 내지 실패를 극복하는 길을 터줌으로써 민주주의가 원활하게 작동할 수 있도록 하여야 하고, 이는 헌법과 민주주의를 수호하는 헌법재판소의 당연한 권한이자 역할이다.

다수의견은, 상임위원회에서의 입법교착 상태로 인해 의결에 이르지 못하는 입법기능장애가 야기될 수 있으나 이는 국회 내부에서 민주적이고 자율적인 방법으로 스스로 해결할 문제이지 헌법재판소가 권한쟁의심판을 통하여 해결할 문제는 아니라고 한다. 물론 이러한 문제를 국회 스스로 민주적 절차를 통하여 해결하는 것이 가장 바람직한 것임은 두말할 나위가 없다. 그러나 이 사건은 국회 스스로 해결하지 못하고 헌법재판소에 권한쟁의심판을 청구하여 온 사건이다. 아무리 국회의 자율권에 속하는 사항으로서 이를 존중하여야 한다고 하더라도 국회의 의사절차나 입법절차에 헌법규정이나 기본원리를 명백히 위반한 흠이 있는 경우에는 헌법상 요구되는 법치주의원칙상 자율권을 근거로 정당화될 수는 없다(헌재 2006. 2. 23. 2005헌라6 인용의견 참조). 그럼에도 불구하고 다수의견과 같이 단순히 이를 국회의 의사자율권의 문제라고 외면하는 것은 헌법재판소의 직무유기에 다름 아니다.

다수의견 및 기각의견에서는, 입법교착이 사실영역의 문제일뿐 규범영역의 문제가 아니라고 하여 이에 대한 판단을 회피하고 있으나, 법률이나 규칙 등 규범이 불완전하고 불충분하기 때문에 여러 가지 불합리한 의사진행 관행이나 입법절차상의 관행이 나오는 것이므로, 입법교착과 같은 중대한 문제를 야기하는 국회의 관행을 사실영역이라 하여 가볍게 배척할 것은 아니다.

헌법의 해석과 법률의 위헌 여부에 대한 결정은 단순히 법률가의 논리조작에만 의하여 할 것이 아니라, 보편적인 상식의 범위 내에서 일반 국민들도 수긍하고 납득할 수 있는 것이어야 한다. 다수의 국민들은 물론 국회선진화법에 찬성하였던 여야 의원들조차 국회선진화법의 문제점과 그 개정의 필요성을 인식하고 있음에도 불구하고, 국회가 자율적으로 이를 해결하지 못하고 헌법재판소에 권한쟁의심판을 청구하여 온 이상, 헌법재판소가 이 문제에 적극 개입하여 권한쟁의심판을 보다 활성화하고 입법교착 상황을 해소하여 주는 것은 가능하고 필요한 것이다.

국회법 제85조 제1항을 포함한 국회선진화법의 일부 규정들로 인하여 야기되는 입법교착의 상황은 앞으로도 계속 발생할 가능성이 크다. 가까운 사례를 보더라도, '국회의원 선거구구역표'에 대한 헌법불합치 결정(헌재 2014. 10. 30. 2012헌마192등)에 따라 국회는 헌법재판소가 정한 입법시한인 2015. 12. 31.까지 국회의원 선거구를 새로 획정할 의무가 있었고, 그 선거구 획정에 관한 입법이 지연될 경우 제20대 국회의원 총선에 심각한 문제를 발생시키고 관련 예비후보자 등에게 회복할 수 없는 피해를 입힐 수 있는 상황이었음에도 불구하고, 국회는 허송세월하다가 입법시한을 2개월 여를 넘긴 끝에서야 선거구를 획정하고 가까스로 4.13 총선을 시행할 수 있었다. 또한 기각의견에서 언급한 '북한인권법'은 2005. 8.에 발의되었음에도 10년 여가

지난 2016. 2.에야 겨우 처리되었다. 이러한 상황은 국회와 국회의원들의 대화와 타협에 따른 합의정신의 부족, 쟁점안건에 대한 과도한 정쟁과 낮은 준법의식 등으로 말미암아 우리 헌정사에서 여러 차례 반복, 계속되는 경험이다.

라. 결 론

따라서 국회의 오류를 바로잡을 수 있는 유일한 국가기관인 헌법재판소가 국회선진화법의 일부 조항 중 국회법 제85조 제1항이나마 그 위헌성을 선언함으로써 입법교착 상태를 가져오는 원인을 제거해주어야 한다. 이것이 헌법제정권력자인 국민들이 헌법재판소에 부여한 임무를 완수하는 길이다.

[94] 공유수면 경계획정과 무인도의 취급 (고창군과 부안군 간의 권한쟁의)

(2019. 4. 11. 2016헌라8등)

◇ 사안과 쟁점

고창군과 부안군은 모두 전라북도 내에서 서해안을 해안선으로 하여 남북으로 위치하고 있는 지방자치단체이다. 정부는 2010. 11.경 서남해 해상에 2.5GW 규모의 해상풍력발전단지를 단계적으로 개발하는 해상풍력발전단지 종합추진계획을 발표하였고, 이에 따라 2012. 12. 7. (주)○○이 설립되었다. 산업통상자원부장관은 2016. 3. 4. '서남해 해상풍력 실증단지 건설사업'을 위한 전원개발사업 실시계획 승인 고시를 하였다(이 사건 사업실시계획). 위 승인 고시 및 그에 첨부된 '전원개발사업 실시계획 승인문'에는 사업구역의 위치가 "해상: 전북 부안군 및 고창군 해역 일원", "육상: 전북 고창군 상하면 용정리 1268-4번지 일원"으로 기재되어 있는데, 특히 발전시설의 위치는 "부안군 소재 공유수면"으로 기재되어 있다. 이에 따라 부안군은 (주)○○의 해상풍력발전기의 위치를 포함하는 해역에 관한 2016. 3. 4.자 공유수면 점용·사용 신고를 수리하고, 이후 2017. 1. 9.자, 2018. 1. 16.자, 2018. 6. 26.자로 각 공유수면 점용·사용료 부과처분을 하였다. 이에 고창군은 부안군의 위 각 공유수면 점용·

사용 신고수리로 인하여 고창군의 자치권한이 침해되었다고 주장하면서 권한쟁의심판을 청구하였고(이하 위 해상풍력발전기를 포함하는 쟁송해역을 '제1쟁송해역'이라 한다), 부안군의 위 각 공유수면 점용·사용료 부과처분으로 인하여 고창군의 자치권한이 침해되었다고 주장하였다.

한편, 고창군과 부안군 사이에 곰소만이 위치해 있고, 곰소만에 있는 죽도는 고창군의 관할 도서이다. 부안군은 곰소만의 공유수면 중 일부 북쪽 해역(위 어장을 포함하는 쟁송해역을 '제2쟁송해역'이라 한다)이 부안군의 관할구역임에도, 2018. 2.경 고창군의 어업면허 등 처분 및 그에 따라 예정된 장래의 연장허가 처분으로 인하여 부안군의 자치권한이 침해되었다고 주장하면서, 위 해역에 대한 관할권한의 확인 및 이를 침해하는 고창군의 어업면허 등 처분의 무효확인을 구하는 취지의 권한쟁의심판을 청구하였다.

이 사건 심판대상은, ① 제1쟁송해역 및 제2쟁송해역에 관한 자치권한이 고창군 또는 부안군에게 속하는지 여부, ② 부안군의 2016. 3. 4.자 공유수면 점용·사용 신고수리(이 사건 신고수리) 및 2017. 1. 9.자, 2018. 1. 16.자, 2018. 6. 26.자 각 공유수면 점용·사용료 부과처분(이 사건 부과처분)이 고창군의 자치권한을 침해한 것으로서 무효인지 여부, ③ 고창군의 2018. 8. 10.자 어업면허 처분(이 사건 면허처분)이 부안군의 자치권한을 침해한 것으로서 무효인지 여부이다.

쟁점은, 제1쟁송해역 및 제2쟁송해역의 관할권한이 각각 청구인과 피청구인에게 귀속되는지 여부, 즉 공유수면에 대한 지방자치단체의 관할구역 경계획정 원리인데, 이 사건에서는 특히 무인도에 대한 고려상의 차이에 견해의 대립이 있다(다수:소수 8:1, 2019. 4. 11. 2016헌라8등; 공보 271호 433면). 즉, 다수의견의 지방자치단체의 관할구역과 자치권한, 공유수면에 대한 지방자치단체의 관할구역 경계획정 원리, 불문법상 해상경계의 존재 여부(이 사건에서 제출된 자료만으로는 제1쟁송해역 및 제2쟁송해역에 관하여 불문법상 해상경계가 성립되어 있다고 볼 수 없다), 형평의 원칙에 따른 해상경계선의 획정 원리(제1쟁송해역 및 제2쟁송해역에 관하여 불문법상 해상경계가 존재한다고 할 수 없으므로, 그 지리상의 자연적 조건, 관련 법령의 현황, 연혁적인 상황, 행정권한 행사 내용, 사무처리의 실상, 주민들의 사회·경제적 편익 등을 종합하여 형평의 원칙에 따라 합리적이고 공평하게 해상경계선을 획정할 수밖에 없다고 하는 것)에 대하여는 특별한 이견이 없다. 다만, 재판관 조용호는 형평의 원칙에 따라 해상경계를 획정하기 위해서 무인도를 어떻게 고려할 것인지에 관하여 8명의 다수의견과 견해를 달리하였다.

◇ 반대의견

나는 이 사건 권한쟁의심판에서 형평의 원칙에 따라 해상경계를 획정하기 위해서 무인도를 어떻게 고려할 것인지에 관하여 다수의견과 견해를 달리하므로 아래와 같이 그 이유를 밝힌다.

다수의견은 해상경계 획정에 있어 유인도는 고려하되, 무인도의 경우에는 지방자치단체가 중요 시설을 설치하여 이를 관리하고 있거나 해당 무인도가 간조시 육지와 연결된다는 등의 지리상의 자연적 조건상 특별한 사정이 있는 경우(이하 '유의미한 무인도'라 한다)에 한하여 고려할 수 있다는 취지로 이해된다.

무인도의 경우 그것이 유의미한 경우이든 그렇지 아니한 경우이든 주민들의 삶과 밀접하게 관련이 있고 지방자치단체 운영에 중요한 영향을 주는 경우가 충분히 있을 수 있는데, 이런 가능성을 해상경계 획정에서 전적으로 배제하는 것은 부당하다(헌재 2015. 7. 30. 2010헌라2 반대의견 참조). 현재 어떤 섬이 유인도 또는 무인도라는 상황이 장래에도 계속 변하지 않고 유지될 것이라고 기대하기는 어렵다. 다수의견의 법리에 따르면 현재의 유인도가 장래 무인도로 변하거나 반대로 무인도가 유인도로 변하는 등의 경우 또는 상황에 따라 무인도를 둘러싼 지리상의 자연적 조건이 바뀌게 되는 등의 경우에는 그 때마다 해상경계를 다시 획정하거나 또는 지방자치단체가 다시 획정하여 달라고 권한쟁의심판 청구를 하여오는 등 분쟁이 계속 이어질 우려가 있다. 이렇게 되면 지방자치단체의 해상경계가 확정적이지 않고 주민의 거주 또는 지리상의 자연적 조건의 변화라는 우연한 사정에 따라 수시로 변경될 가능성이 있는데, 이런 결론은 받아들이기 어렵다.

또한 다수의견과 같이 무인도 가운데 유의미한 무인도만을 고려한다고 할 경우, '유의미한 무인도'의 명확한 의미 확정이 없는 이상, 형평의 원칙이라는 불확정한 기준 아래 그때 그때 상황에 따라 유의미한지 여부가 고려됨으로써 해상경계가 자의적으로 왜곡될 가능성이 있는바, 이는 확정적이고 안정적이며 예측가능하여야 하는 지방자치단체 간의 해상경계 획정방식으로 타당하다고 볼 수 없다. 특히 유인도 111개와 무인도 719개 등 830개 '섬'으로만 이루어진 전라남도 '신안군'의 경우 인근에 접하고 있는 지방자치단체로서 전라남도 영광군, 함평군, 무안군, 목포시, 해남군, 진도군 등이 있는데, 향후 이들 지방자치단체와 해상경계에 관한 분쟁이 발생할 경우 신안군의 무인도 719개 또는 인근 시·군의 많은 무인도를 어떻게 일일이 유의미한지 여부를 판단할 것인지 매우 어려운 상황에 직면할 수 있다. 이러한 사정은 역시 유인도 26개, 무인도 74개의 섬으로만 이루어져 있는 인천광역시 '옹진군'의 경우도 마찬가지이다.

한편, 해상경계에 관한 분쟁의 전개 상황에 따라 지방자치단체에 따라서는 무인도에 다수의견이 예시하는 바와 같은 시설 등을 설치하여 관리하는 등 유의미한 무인도로 조성함으로써 분쟁을 유리한 상황으로 유도할 가능성도 배제할 수 없다.

나아가 유의미한 무인도만을 고려한다면, 유인도와 유의미한 무인도를 잇는 해상경계선 밖에 위치하는 유의미하지 않은 무인도의 경우 행정구역상으로는 A시·군에 속하면서 해상경계상으로는 B시·군에 속하는 불합리한 경우가 발생할 수 있다.

이 사건의 경우, 기록에 의하면 '쌍여도'는 동호항에서 4.5킬로키터 떨어진 면적 12,298평방미터의 무인도로서 1979년부터 현재까지 공군 제1전투비행단의 사격장으로 사용되어왔는데, 공군 사격장으로 사용되면서 이전부터 중심반경 5해리가 안전구역으로 설정되어 있었으나 2014년부터 3해리로 안전구역이 변경된 사실이 인정되는바, 이러한 사정에 따라 쌍여도는 임의적으로 중요 시설 없는 무인도가 된 것이 아니라 공군 사격장으로 사용되면서 불가피하게 중요 시설 없는 무인도가 되었을 가능성도 있고, 무인도를 등대 등 시설을 설치하여 관리하든 공군 사격장으로 이용하든 유의미하다는 점에서는 특별한 차이가 있는 것도 아니다. 이 점에서도 유의미한지 여부의 평가가 다소 자의적이라고 하지 않을 수 없다.

해상경계 획정에서는 지형학적 고려가 매우 중요하고, 섬이나 암초와 같은 육안으로 보이는 육지 현상은 지형학적 고려에서 빼놓을 수 없는 요소이다. 이러한 점을 고려한다면, 어느 특정 무인도의 존재로 인하여 쟁송 권역의 해상경계가 터무니 없이 그어짐으로써 오히려 형평의 원칙에 현저히 반하는 경우가 아닌 이상, 일단 쟁송 권역에 소재한 무인도는 유의미하든 그렇지 아니하든 모두 고려하여 해상경계를 획정하여야 한다.

제 11 장

헌법소원심판 관련

1. 공권력 행사성

[95] '지방자치단체 입찰 및 계약 집행기준'의 공권력 행사성 여부

(2018. 5. 31. 2015헌마853)

◇ 사안과 쟁점

청구인 주식회사○○은 충주시장이 발주한 공사에 수의계약을 체결하였는데, 그 대표이사가 수의계약 체결 등과 관련하여 관계 공무원에게 뇌물을 공여하였다는 이유로, '지방자치단체를 당사자로 하는 계약에 관한 법률' 및 그 시행령, 행정자치부 예규에 따라 청구인에게 3개월의 입찰참가자격 제한처분을 하였다. 이에 청구인은 2015. 8. 20. 지방자치단체가 체결하는 수의계약과 관련하여 견적제출자의 견적가격과 계약이행능력 등 행정자치부장관이 정하는 기준에 따라 계약상대자를 결정하도록 규정한 위 시행령 제30조 제5항(이하 '이 사건 시행령조항') 및 당시 행정자치부 예규인 '지방자치단체 입찰 및 계약집행 기준' 제5장 <별표 1> ③ 중 "부정당업자 제재 처분을 받고 그 종료일로부터 6개월이 지나지 아니한 자" 부분(이하 '이 사건 예규조항')의 위헌확인을 구하는 헌법소원심판을 청구하였다.

시행령조항은 기본권침해의 직접성이 인정되지 않는다는 이유로 그 부분 심판청구를 각하한다는 점에 대하여는 의견의 다툼이 없었다.

쟁점은, 계약의 체결·이행 등과 관련한 금품 제공 등으로 부정당업자 제재 처분을 받은 자를 일정기간 수의계약의 계약상대자에서 배제하도록 한 이 사건 예규조항이 헌법소원의 대상이 되는 '공권력 행사'에 해당하는지 여부, 이 사건 예규조항이 법률유보원칙에 반하여 지방자치단체가 체결하는 수의계약의 계약상대자가 되고자 하는 청구인의 직업수행의 자유를 침해하거나 과잉금지원칙에 반하여 청구인의 직업수행의 자유를 침해하는지 여부이다(적극:소극 5:4, 2018. 5. 31. 2015헌마853; 공보 260호 896면).

재판관 조용호를 포함한 다수의견(5명)은 이 사건 예규조항이 '법령보충적 행정규칙'으로서 공권력 행사성을 인정하고, 나아가 본안 판단으로 법률유보원칙이나 과잉금지원칙에 반하지 아니한다고 판단하였음에 반하여, 4명의 반대의견은 이 사건 예규가 '지방자치단체의 내부규정'에 불과하다는 이유로 공권력 행사성 자체를 부정하여 이 부분 심판청구를 각하하여야 한다고 하였다. 법정의견에 대하여는 재판관 조용호 등 3명의 보충의견, 재판관 1명의 별개의 보충의견이 있고, 반대의견에 대한 재판관 1명의 보충의견이 있다. 재판관 조용호는 주심으로 법정의견은 물론 법정의견에 대한 3명의 보충의견도 집필하였다.

◇ 법정의견

4. 적법요건에 대한 판단

가. 이 사건 시행령조항에 관한 판단

법령이 헌법재판소법 제68조 제1항에 따른 헌법소원의 대상이 되려면 구체적인 집행행위 없이 직접 기본권을 침해하여야 하고, 여기의 집행행위에는 입법행위도 포함되므로 법령이 그 규정의 구체화를 위하여 하위규범의 시행을 예정하고 있는 경우에는 당해 법령의 직접성은 원칙적으로 부인된다(헌재 2013. 6. 27. 2011헌마475 등 참조).

이 사건 시행령조항은 지방자치단체가 '지방자치단체를 당사자로 하는 계약에 관한 법률'(이하 '지방계약법'이라 한다)에 따라 당사자로서 체결하는 수의계약(이하 '지방계약법상 수의계약'이라 한다)의 계약상대자를 선정하는 기준과 관련하여 행정자치부장관에게 하위규범을 제정·시행할 권한을 부여하고 있을 뿐, 지방계약법상 수의계약의 체결을 통하여 업무를 수행하고자 하는 청구인에 대하여 자유의 제한, 의무의 부과, 권리 또는 법적 지위의 박탈이라는 법적 효과를 발생시키는 내용을 직접 규정하고 있지 아니하다.

따라서 이 사건 시행령조항에 대한 심판청구는 기본권 침해의 직접성이 인정되지 아니하여 부적법하다.

나. 이 사건 예규조항에 관한 판단

헌법재판소법 제68조 제1항은 '공권력의 행사 또는 불행사로 인하여 기본권을 침해받은 자'가 헌법소원을 제기할 수 있다고 규정하고 있는바, 여기에서 '공권력'이란 입법권 · 행정권 · 사법권을 행사하는 모든 국가기관 · 공공단체 등의 고권적 작용을 말하고(헌재 2001. 3. 21. 99헌마139등), 그 행사 또는 불행사로 국민의 권리와 의무에 대하여 직접적인 법률효과를 발생시켜 청구인의 법률관계 내지 법적 지위를 불리하게 변화시키는 것이어야 한다(헌재 2008. 1. 17. 2007헌마700).

지방계약법 제9조 제1항은 본문에서 지방자치단체의 장 또는 계약담당자는 계약을 체결하려는 경우 이를 공고하여 일반입찰에 부쳐야 한다고 규정하고, 단서에서 계약의 목적 · 성질 · 규모 및 지역특수성 등을 고려하여 필요하다고 인정되면 지명입찰에 부치거나 수의계약을 할 수 있다고 규정하고 있으며, 같은 조 제3항은 수의계약의 대상범위 및 수의계약상대자의 선정절차, 그 밖에 필요한 사항은 대통령령으로 정하도록 규정하고 있다. 그리고 이 사건 시행령조항은 지방계약법 제9조 제3항의 위임에 따라 '견적제출자의 견적가격과 계약이행능력 등 행정자치부장관이 정하는 기준'에 따라 지방계약법상 수의계약의 계약상대자를 결정하도록 규정함으로써 행정자치부장관에게 '수의계약상대자의 선정에 필요한 사항'을 정하도록 재위임하고 있고, 이 사건 예규는 제5장 제1절 통칙에서 지방계약법 시행령 제25조 내지 제27조, 제29조 내지 제31조 및 지방계약법 시행규칙 제33조에 따라 지방자치단체가 수의계약을 체결하는 경우에 계약상대자의 선정방법 등 필요한 사항을 정함을 목적으로 한다고 규정하고 있다. 그렇다면 이 사건 예규조항은 지방계약법 제9조 제3항 및 이 사건 시행령조항의 위임에 따라 지방계약법상 수의계약의 계약상대자 선정 기준을 구체화한 것으로 볼 수 있다.

또한, 이 사건 예규조항은 '지방계약법 시행령 제92조 제1항 제10호에 따라 부정당업자 제재 처분을 받고 그 종료일로부터 6개월이 지나지 아니한 자'를 지방계약법상 수의계약의 계약상대자에서 배제하고 있다. 이와 같이 국가가 일방적으로 결정한 기준에 따라 지방자치단체와 수의계약을 체결할 자격 내지 기회를 박탈하는 불이익을 주는 것은 단순한 간접적 · 사실적 · 경제적 불이익이 아닌 법적 불이익으로 평가될 수 있고, 이는 지방자치단체가 사경제의 주체로서 수의계약을 체결하는 행위 자체와는 별개로 지방자치단체와 수의계약을 체결하고자 하는 상대방의 법적 지위에 영향을 미치는 것이다.

따라서 이 사건 예규조항은 헌법소원의 대상이 되는 공권력의 행사에 해당된다.

5. 이 사건 예규조항이 직업수행의 자유를 침해하는지 여부

(1) 법률유보원칙 위반 여부

㈎ 기본권 제한에 관한 법률유보원칙은 '법률에 근거한 규율'을 요청하는 것이므로, 그 형식이 반드시 법률일 필요는 없다 하더라도 법률상의 근거는 있어야 한다. 따라서 모법의 위임범위를 벗어난 하위법령은 법률의 근거가 없는 것으로 법률유보원칙에 위반된다(헌재 2012. 5. 31. 2010헌마139등 참조).

한편, 하위법령에 규정된 내용이 상위법령이 위임한 범위 안에 있는지 여부를 판단함에 있어서는, 당해 특정 법령조항 하나만 가지고 판단할 것이 아니라 관련 법령조항 전체를 유기적·체계적으로 고려하여 종합적으로 판단하여야 한다. 수권법령조항 자체가 위임하는 사항과 그 범위를 명확히 규정하고 있지 않다고 하더라도 관련 법규의 전반적 체계와 관련 규정에 비추어 위임받은 내용과 범위의 한계를 객관적으로 확인할 수 있다면 그 범위 안에서 규정된 하위법령 조항은 위임입법의 한계를 벗어난 것이 아니다(헌재 2010. 10. 28. 2008헌마408 참조).

㈏ 앞서 본 바와 같이 이 사건 예규조항은 지방계약법 제9조 제3항 및 이 사건 시행령조항에 그 위임의 근거를 두고 있다.

지방계약법 제9조 제3항은 '수의계약상대자의 선정절차, 그 밖에 필요한 사항'을 대통령령으로 정하도록 규정하고, 이 사건 시행령조항은 '견적제출자의 견적가격 및 계약이행능력 등 행정자치부장관이 정하는 기준'에 따라 수의계약상대자를 결정한다고 규정함으로써 다소 포괄적으로 이 사건 예규조항에 수의계약상대자의 선정과 관련한 사항을 위임하고 있다.

그러나 어느 규율대상이 기본권적 중요성을 가질수록, 그리고 그에 관한 공개적 토론의 필요성 내지 상충하는 이익 간 조정의 필요성이 클수록 그 규율대상이 국회의 법률에 의하여 직접 규율되어야 할 필요성 및 그 규율밀도의 요구 정도가 더 증대되는데(헌재 2004. 3. 25. 2001헌마882 참조), 지방계약법상 수의계약의 체결은 지방자치단체가 사경제의 주체로서 행하는 것으로 볼 수 있는 점, 지방계약법상 수의계약은 계약의 목적·성격·규모·지역특수성 등에 비추어 경쟁입찰에 의하는 것이 불가능하거나 적절하지 아니한 경우에 한하여 제한적·보충적으로 이루어지는 것인 점(지방계약법 제2조 및 제9조, 지방계약법 시행령 제23조 내지 제27조 참조), 엄격한 경쟁입찰

절차를 통해 선정된 낙찰자와 계약을 체결하는 경우와 달리 수의계약의 경우는 보다 간이한 절차로 특정인과 계약을 체결하여 일정한 영업이익을 보장함으로써 계약상대방에게 혜택을 주는 것인 점, 수의계약은 위와 같이 제한적·보충적으로 이루어지는 것이므로 경쟁입찰계약과 달리 본질상 계약상대방의 결정에 일정한 재량이 인정될 필요가 있는 점을 고려하면, 수의계약상대자의 선정과 관련한 사항을 규율함에 있어서는 국회의 법률로써 이를 직접 규율하여야 할 필요성 또는 그 규율밀도의 요구 정도가 상대적으로 약하다고 볼 수 있다.

그렇다면 지방계약법 제9조 제3항이 이 사건 시행령조항에 '수의계약상대자의 선정절차, 그 밖에 필요한 사항'을 위임함에 따라, 이 사건 시행령조항이 이 사건 예규조항에 위임하고 있는 '견적제출자의 견적가격 및 계약이행능력 등 행정자치부장관이 정하는 기준'에는 수의계약상대자를 선정하기 위한 적극적 요건뿐만 아니라 일정한 사유에 해당하는 자를 수의계약상대자에서 배제하는 소극적 요건도 포함된다고 볼 수 있다. 특히, 이 사건 시행령조항이 수의계약상대자의 선정 기준 중 하나로 명시하고 있는 '계약이행능력'이란 견적제출자의 기술능력, 재무상태, 자재 및 인력조달가격의 적정성, 계약질서의 준수정도, 과거 계약의 이행실적, 계약금액, 품질 및 성실도 등을 포함하는 개념으로 볼 수 있으므로, 이러한 '계약이행능력'을 갖추지 못한 자를 수의계약상대자에서 배제하는 것은 이 사건 예규조항이 상위법령으로부터 위임받은 사항에 포함된다.

그러므로 '지방계약법 시행령 제92조 제1항 제10호에 따라 부정당업자 제재 처분을 받고 그 종료일로부터 6개월이 지나지 아니한 자'를 수의계약상대자의 배제사유로 규정한 것은 이 사건 예규조항이 지방계약법 제9조 제3항 및 이 사건 시행령조항의 위임에 따라 '계약이행능력'을 비롯한 수의계약상대자의 선정 기준을 구체화한 것으로서 상위법령의 위임 범위를 벗어난 것이라고 볼 수 없다.

따라서 이 사건 예규조항은 모법의 위임한계를 일탈한 것이라 할 수 없으므로, 이 사건 예규조항이 모법의 근거 없이 제정되어 법률유보원칙에 반하여 청구인의 직업수행의 자유를 침해한다고 볼 수 없다.

(2) 과잉금지원칙 위반 여부

㈎ 직업수행의 자유를 제한하는 것은 직업선택의 자유를 제한하는 것에 비하여 상대적으로 인격발현에 대한 침해의 효과가 작다고 할 수 있으나, 직업수행의 자유

를 제한할 때에도 헌법 제37조 제2항에서 정하고 있는 기본권 제한의 한계인 과잉금지원칙이 준수되어야 한다(헌재 2009. 4. 30. 2007헌마103 참조).

(나) 지방자치단체가 수행하는 사업은 공공성이 높고 국민생활에 미치는 사회적·경제적 영향력이 매우 크다. 이에 지방계약법은 지방자치단체가 수입 및 지출의 원인이 되는 계약 등을 체결하는 경우 원칙적으로 경쟁입찰의 방식에 의하도록 하되, 계약의 목적·성격·규모·지역특수성 등에 비추어 경쟁입찰에 의하는 것이 불가능하거나 적절하지 아니한 경우에 한하여 수의계약을 제한적으로 허용하고 있다(제2조 및 제9조 참조). 그런데 수의계약은 자본과 신용이 있고 경험이 풍부한 상대방을 신속하게 선택하여 검증된 품질의 제품과 용역을 공급받을 수 있고, 절차의 간소화를 통해 행정비용을 절감할 수 있다는 장점이 있는 반면, 경쟁입찰의 원리가 배제됨에 따라 계약담당자의 자의가 개입되거나 불필요한 예산을 남용할 우려가 있으므로, 수의계약의 목적을 달성하기 위해서는 충분한 계약이행능력을 갖춘 신뢰할 수 있는 사업자를 계약상대방으로 선정하는 것이 무엇보다 중요하다. 또한, 지방계약법상 수의계약은 불특정 다수의 주민들을 위한 공익 실현을 목적으로 한다는 점에서 계약이행의무의 위반이 가져오는 공익 침해의 정도나 사회적 파급효과가 매우 크므로, 계약체결과정에서 그 공정성과 적정한 이행을 확보할 필요가 있다.

(다) 이 사건 예규조항은 지방계약법상 수의계약 체결의 공정성과 그 충실한 이행을 확보하고 지방자치단체가 입게 될 불이익을 미연에 방지하기 위한 것으로, 지방자치단체가 수행하는 사업이 가지는 공공성과 사회적·경제적 중요성 및 수의계약의 특성을 고려하면 입법목적의 정당성이 인정된다. 또한, 지방자치단체가 수의계약 상대자 선정 시 고려하여야 할 계약이행능력의 평가요소에는 견적제출자의 이행실적, 기술능력, 재무상태, 과거 계약이행 성실도, 자재 및 인력조달가격의 적정성, 계약질서의 준수 정도 등의 요소가 포함된다. 그러므로 이 사건 예규조항이 과거 입찰·낙찰 또는 계약의 체결·이행과 관련한 금품 등 제공행위를 하여 제재 처분을 받은 자에 대하여 일정 기간 지방계약법상 수의계약의 체결 자격을 제한하는 것은 계약이행능력의 평가요소 중 하나인 계약질서의 준수 정도를 고려한 것으로 입법목적 달성을 위한 효과적인 수단에 해당한다.

한편, 지방계약법상 수의계약이 사법상 계약에 해당한다 하더라도, 지방자치단체는 어디까지나 수의계약의 목적과 성질에 부합하는 공정하고 효율적인 계약질서의 확립이라는 정책적 목표를 고려하여 계약체결 과정의 공정성 및 투명성을 확보하고 계약이행의무 위반에 따른 공익 침해를 방지할 수 있도록 하여야 할 책임과 의무가 있고, 계약상대방에게는 사인 간 계약의 경우보다 더욱 엄격하게 계약질서를 준수할 것이 요구된다고 볼 수 있다.

이 사건 예규조항은 해당 배제사유자를 예외 없이 지방계약법상 수의계약상대자에서 배제하고 있으나, 지방계약법 시행령 제92조 제1항 제10호가 규정하고 있는 부정당업자 제재 처분의 사유인 '입찰·낙찰 또는 계약의 체결·이행과 관련하여 관계 공무원에게 금품 또는 그 밖의 재산상 이익을 제공하는 행위'는 그 경위, 처벌의 정도나 횟수 등과 관계없이 계약업무의 공정성 및 신뢰성을 매우 중대하게 침해하는 행위라는 점에서 비록 과거의 계약질서 위반이라 하더라도 공정한 계약체결 및 계약의 적정한 이행을 해칠 염려가 큰 경우에 해당한다는 점에서 이를 지나치다고 볼 수 없다. 또한, 이 사건 예규조항은 지방자치단체와 새롭게 수의계약을 체결할 자격을 6개월 동안 일시적으로 제한할 뿐이고, 해당 배제사유자가 기존에 지방자치단체와 체결한 계약의 이행을 금지하는 것도 아니다. 해당 배제사유자는 이 사건 예규조항의 적용을 받는 기간 중에도 아무런 제한 없이 민간시장에서 영업활동을 할 수 있음은 물론, 지방자치단체가 발주하는 경쟁입찰에 참가할 수도 있다. 이러한 점을 종합하면, 이 사건 예규조항이 침해의 최소성에 위반된다고 볼 수 없다.

나아가, 해당 배제사유자가 6개월 동안 지방계약법상 수의계약을 체결할 수 없게 되어 입는 불이익이 지방계약법상 수의계약의 체결 및 이행 과정에서 공정성 및 적정성을 확보하고 지방자치단체가 입게 될 불이익을 미연에 방지하고자 하는 공익보다 더 중요하다고 볼 수 없으므로, 이 사건 예규조항은 법익의 균형성도 갖추었다.

따라서 이 사건 예규조항이 과잉금지원칙을 위반하여 청구인의 직업수행의 자유를 침해한다고 볼 수 없다.

◇ 법정의견에 대한 보충의견

우리는 이 사건 예규조항이 법률유보원칙과 과잉금지원칙에 위반되지 아니한다는 다수의견과 견해를 같이 하면서, 나아가 이 사건 예규조항이 행정권의 공권력 행사에 해당하여 헌법소원의 대상이 된다고 생각하므로 아래와 같이 보충의견(반대의견에 대한 비판을 겸하여)을 밝힌다.

가. 행정규칙과 헌법소원 대상성

(1) 이 사건 예규조항은 지방계약법상 수의계약 상대방의 배제사유를 행정자치부의 예규, 즉 '행정규칙'의 형식으로 규정하고 있는데, 일반적으로 행정규칙은 행정의 사무처리기준으로서 행정조직 내부에서만 효력을 가질 뿐 대외적인 구속력을 가지는 것이 아니라는 이유로 이 사건 예규조항을 헌법소원의 대상이 되는 공권력의 행사에 해당한다고 보는 것에 대하여 의문이 있을 수 있다.

그러나 오늘날 행정국가화 경향에 따라 국가기능이 확대되고 복잡화·전문화되면서 국회입법이 아닌 행정입법을 통한 탄력적 규율의 필요성이 높아지게 되었고, 행정입법이 규율하는 대상도 점차 확대되어 그 규율 대상이 단순히 행정조직 내부사항에 그치는 것이 아니라 국민의 권리·의무에 관한 사항에까지도 이르게 되었다. 특히 행정규칙은 포괄적 개념으로서 그 기능 및 종류가 다양하고, 따라서 그 효력도 다양하다. 즉, 행정규칙은 내부적 효력만을 갖는 경우도 있고, 간접적 외부효력을 갖는 경우도 있으며, 직접적 외부효력을 갖는 경우도 있을 수 있다.

이에 헌법재판소는 행정규칙도 일정한 경우 헌법재판소법 제68조 제1항에 따른 헌법소원의 대상으로 인정하여 행정규칙에 의한 기본권 침해를 통제하고 있는바, 이러한 헌법재판소의 태도는 국민의 권리·의무에 관한 사항을 공개된 토론과 협의 절차를 거치는 국회입법을 피하여 쉽게 행정규칙으로 규율하려는 '행정규칙으로의 도피현상'을 견제하고 행정작용인 행정규칙의 합헌성을 보장함으로써 기본권 보장기관으로서의 역할에 충실하고자 하는 것이다.

(2) 헌법재판소는 "행정규칙은 일반적으로 행정조직 내부에서만 효력을 가지는 것이나, 행정규칙이 법령의 규정에 의하여 행정관청에 법령의 구체적 내용을 보충할 권한을 부여한 경우나 재량권 행사의 준칙인 규칙이 그 정한 바에 따라 되풀이 시행되어 행정관행이 이룩되면, 평등의 원칙이나 신뢰보호의 원칙에 따라 행정기관은 그 상대방에 대한 관계에서 그 규칙에 따라야 할 자기구속을 당하게 되는 경우에는 대외적인 구속력을 가지게 되는바, 이러한 경우에는 헌법소원의 대상이 될 수도 있다." 라고 하고 있다(헌재 1990. 9. 3. 90헌마13; 헌재 2004. 10. 28. 99헌바91; 헌재 2001. 5. 31. 99헌마413 등 참조). 즉, 위와 같이 대외적 구속력이 인정되는 행정규칙의 경우에는 국

민의 권리와 의무에 대하여 직접적인 법률효과를 발생시켜 청구인의 법률관계 내지 법적 지위를 불리하게 변화시키는 것에 해당한다고 보아 헌법소원의 대상성도 인정된다고 본 것이다. 한편, 대법원도 행정규칙의 법규성 인정 여부, 즉 해당 행정규칙을 위반한 행정행위의 위법성 판단에 있어 위 두 가지 기준을 적용해 오고 있다(대법원 1987. 9. 29. 선고 86누484 판결; 2009. 12. 24. 선고 2009두7967 판결).

여기서 행정규칙이 헌법소원의 대상이 되는가의 문제와 행정규칙의 법규성 인정 문제가 서로 같은 기준에 의하여 판단되어 같은 결과로 귀결되는 문제인가 하는 의문이 들 수 있다. 그러나 '행정규칙의 헌법소원 대상성 문제'와 '행정규칙의 법규성 인정 문제'는 행정규칙을 대하는 문제 상황이 다르고, 위 각 문제는 헌법소원과 행정소송의 고유한 목적·구조·기능에 따라 독자적인 기준에 의하여 판단되어야 한다.

행정소송은 본질상 법원이 공법상의 법률관계에 관한 분쟁에 관하여 판단하는 재판절차로서 위법한 행정작용으로 말미암아 권리이익을 침해당한 국민이 쟁송절차를 통하여 구제받도록 함으로써 실질적 법치행정의 원리를 구현하려는 데 목적이 있다. 반면에, 헌법소원은 개인이 공권력 행사에 의한 헌법상 권리의 침해 여부를 다투는 주관적 권리구제절차로서 공권력의 남용으로부터 개인의 기본권을 보호하고 객관적으로 헌법질서를 수호하는 데 목적이 있다. 행정소송에서 행정규칙은 원고가 처분 등 구체적 행정작용의 위헌·위법 여부를 다투는 과정에서 주로 문제가 되므로, 법원의 관심사는 소송 당사자 사이에 공법상의 법률관계가 형성되었는지 그리고 행정작용의 위법성 판단에 행정규칙을 그 '기준'으로 삼을 수 있는지에 집중되고, 따라서 행정규칙에 대외적 효력이 인정되는지 또는 행정기관의 내부규율에 불과한 것인지가 중요한 기준이 된다. 그러나 헌법소원에서는 행정권에 의한 행정규칙이 헌법소원의 '대상'으로 될 수 있는지가 문제되고, 헌법재판소법 제68조 제1항 및 헌법소원심판의 본질적 측면에서 행정규칙이 기본권 침해의 개연성이 있는 행정권의 일방적 작용에 해당하는지 여부가 헌법소원 대상성의 판단 기준이 될 뿐, 공권력 행사의 주체와 소송 당사자 사이에 행정소송의 관할을 인정하기 위한 전제인 공법상 법률관계가 형성되었는지 여부 또는 그것이 행정소송에서 기준이 될 수 있는지 여부는 주된 관심사가 아니다.

헌법재판소 선례나 대법원 판례에서 말하는 '법령보충적 행정규칙'과 '재량준칙'이 대표적으로 행정규칙의 법규성과 헌법소원 대상성이 모두 인정되는 경우임은 분명하지만, 단지 이를 근거로 행정규칙의 법규성과 헌법소원의 대상성을 동일한 문제로 취급할 것은 아니고, 어느 한 쪽의 판단결과가 당연히 다른 쪽을 구속한다고 할 수도 없다. 이는 헌법소원의 독자성 및 보충성을 고려할 때 더욱 그러하다. 그러므로 행정규칙에 법규성이 있는지 여부, 즉 대외적 구속력이 있는지 여부가 헌법소원 대상성 판단에 있어서 유일한 기준은 아니고, 어떤 행정규칙이 대외적 구속력이 없다 하더라도 행정권의 일방적 결정으로서 국민의 기본권을 침해할 가능성이 긍정되면 일단 헌법소원의 대상성이 인정되는 것이다.

(3) 이러한 이해를 바탕으로 행정규칙인 이 사건 예규조항이 헌법소원의 대상이 되는지 여부를 살펴본다.

이 사건 예규조항은, 위에서 다수의견이 설시한 바와 같이, 지방계약법 제9조 제3항 및 이 사건 시행령조항이 '수의계약상대자의 선정에 필요한 사항'을 위임함에 따라 위 법령의 시행, 즉 수의계약의 체결에 필요한 사항 중 하나로서 지방계약법상 수의계약의 계약상대자 선정 기준을 구체화한 것이므로 위 상위법령과 결합하여 일체가 되는 한도 내에서 상위법령의 일부가 됨으로써 대외적 구속력을 가진다. 이 점에서 이 사건 예규조항은 헌법소원의 대상이 된다.

나아가, 청구인에 대하여는 이 사건 예규조항에 의하여 일정 기간 수의계약의 상대방이 될 수 없다는 법적 지위가 행정권에 의하여 일방적으로 형성되고, 그로 인한 기본권 침해의 가능성이 인정된다. 따라서 이러한 관점에서 보더라도 이 사건 예규조항은 헌법소원의 대상이 된다.

나. 입찰 · 수의계약의 프로세스에 따른 쟁송과 관련하여

(1) 사경제주체로서의 행위와 공권력행사

헌법재판소는 국가나 공법인 등이 사경제의 주체로서 행한 행위(폐천부지의 교환행위, 협의취득에 대한 보상금 지급행위 등)에 대하여는 공권력의 행사에 해당하지 아니한다고 하였고(헌재 1992. 11. 12. 90헌마160; 헌재 1992. 12. 24. 90헌마182 등 참조), 국가 등이 사경제주체로서 체결하는 계약조건(협의취득에서 이주정착금액 기준, 대부계약에서 대부료 산정기준 등)을 규정한 시행령, 시행규칙 등에 대하여는 기본권 침해가능성이 없다고 하였다(헌재 2006. 12. 28. 2004헌마38; 헌재 2008. 11. 27. 2006헌마1244 등 참조). 이에 이 사건 예규조항이 규율하는 지방계약법상 수의계약 체결은 지방자치단체가 사경제주체로서 행하는 사법상의 법률행위에 불과하고, 따라서 수의계약의 세부기준을 정한 이 사건 예규조항 역시 공권력 행사성이나 기본권 침해가능성이 없는 것은 아닌지 의문이 들 수 있다.

그러나 위 결정 중 공권력 행사성을 부정한 선례들은 국가의 사경제주체로서의 교환 내지 협의취득에 따른 이행행위 그 자체가 문제된 경우인 점에서 지방계약법상 수의계약 상대방의 배제사유를 정한 행정규칙인 이 사건 예규조항과는 구별되고, 기본권 침해가능성을 부정한 선례들은 심판대상이 된 시행령, 시행규칙 조항이 모두 청구인의 자유로운 의사결정에 따른 계약 체결을 매개로 하여 그 계약조건으로 편입되는 내용을 규정한 조항들이라는 점에서 해당 시행령, 시행규칙 조항 자체가 자유의 제한, 의무의 부과, 권리 또는 법적 지위의 박탈이라는 법적 효과를 부여하는 것이 아니고 그로 인한 영향은 사실상의 것에 불과하다고 판단한 것인바, 일방적으로 수의계약 상대방의 배제사유를 규정하여 청구인으로 하여금 수의계약 체결 자체를 불가능하게 하는 이 사건 예규조항과는 구별된다.

오히려 헌법재판소는 2007. 5. 31. 2003헌마579 결정에서 건설산업기본법 시행규칙상의 시공능력평가기준이나 입찰심사요령(재정경제부 회계예규)과 조달청심사기준(조달청 회계예규)에 의한 사전심사기준에 대하여, 정부입찰공사의 사전심사 단계에서 국가가 일방적으로 산정한 환산재해율에 의한 불이익을 주는 것과 위 환산재해율을 반영하여 건설업체들에 대한 시공능력평가액을 산출하여 줌으로써 국가기관이나 개별 발주자들이 이를 입찰 시 반영하도록 하고 있는 것은 계약상대방이 될 건설업자들의 법률상의 지위에 영향을 준다는 의미에서 사경제주체로서의 행위라기보다는 공권력 행사로서의 성질을 갖는다고 판시한 바 있다.

그렇다면 수의계약의 체결 자체는 지방자치단체가 사경제주체로서 행하는 행위라고 하더라도, 이 사건 예규조항과 같이 지방자치단체가 수의계약 체결을 위한 대상자 선정과정의 사전심사 단계에서 지방자치단체가 일방적으로 정한 기준에 따라 개별 사업자를 배제하는 것은 수의계약의 상대방이 되고자 하는 자들의 법률상의 지위에 직접 영향을 준다는 의미에서 사경제주체로서의 행위라기보다는 공권력 행사로서의 성질을 갖는다.

(2) 입찰 · 수의계약의 프로세스와 법적 성질

통상 국가 또는 지방자치단체의 입찰·수의계약의 절차는, ① 국가 또는 지방자치단체의 계약법령으로 정한 입찰·수의계약에 관한 규정(입찰·수의계약 체결 대상자에 관한 세부기준 포함)에 따라, ② 낙찰자·수의계약 대상자의 결정, ③ 입찰·수의계약의 체결, ④ 계약의 이행 또는 불이행, ⑤ 그 불이행에 대한 제재 등의 과정을 거친다.

반대의견은 대법원 2001. 12. 11. 선고 2001다33604 판결에 따라 입찰·수의계약의 체결행위가 사경제주체로서의 행위이기 때문에 입찰·수의계약 체결 대상자에 관한 세부기준도 행정기관이 사경제주체로서 계약이라는 사법상의 행위를 함에 있어 그 내부적인 기준을 정한 것에 불과하여 공권력의 행사로 볼 수 없다고 한다. 그러나 위 대법원 판결은 관련 법령 및 행정규칙을 적용한 것이 해당 계약의 효력을 무효로 하거나 그 규정을 해석·적용한 행위가 위법한 것인지 여부가 문제된 민사소송에서 해당 규정의 성질을 판시한 것에 불과하고, 또한 다수 학설로부터 연혁적으로도 법치주의가 확립됨에 따라 극복된 독일의 국고(國庫)이론의 잔재라는 비판을 받고 있다. 오히려 대법원은 부정당업자의 입찰 참가 자격을 제한하는 지방계약법 제33조 제2항, 국가계약에서 계약상대자의 계약상 이익을 부당하게 제한하는 특약 또는 조건을 금지하는 '국가를 당사자로 하는 계약에 관한 법률' 시행령 제4조 등에 관하여 대외적 구속력을 인정한 바 있다(대법원 2014. 5. 29. 선고 2013두7070 판결; 대법원 2017. 12. 21. 선고 2012다74076 판결). 결국 국가계약법령 내지 지방계약법령의 법적 성격은 일률적으로 단정할 수 없으며 해당 규정의 여러 측면을 고려하여 개별적으로 판단할 문제라는 점에서 위 대법원 판결은 이 사건 예규조항의 헌법소원의 대상성 부정의 근거가 되기에 부족하다.

한편, 입찰·수의계약의 체결행위에 대한 법적 성질에 관하여는 판례와 달리 '공법상 계약'으로 보는 유력한 견해도 다수 있고, 행정의 새로운 패러다임으로서 '행정계약'으로 그 성질을 규명하려는 견해도 있다. 국가작용은 공법적 형식에 의한 것이든 사법적 형식에 의한 것이든 헌법상 원리 또는 기본권에 구속되어야 하는 점, 국가나 지방자치단체가 체결하는 입찰·수의계약은 사인 간의 계약과 달리 경제적 이익의 추구가 아닌 공익의 실현을 목적으로 하고, 그 재원이 대부분 국민의 세금으로 충당되고 있으며, 현실적으로도 입찰·수의계약과 같은 공공계약에서 사인이 국가나 지방자치단체와 대등한 지위에 있다고 보기 어려운 점 등에 비추어 볼 때, 입찰·수의계약은 그 법적 성질을 무엇으로 보든 사적자치와 계약자유의 원칙에 전적으로 맡겨 둘 수 없고 엄격한 법적 규율과 통제의 대상이 될 필요가 있다. 이와 같은 취지에서 입법자는 '국가를 당사자로 하는 계약에 관한 법률' 및 지방계약법 등 독자적인 법률로써 입찰·수의계약을 규율하고 있는 것이므로, 이러한 법적 규율을 일반적인 사경제주체의 내부적 기준과 전적으로 동일한 것으로 볼 수는 없다. 만일 반대의견과 같이 지방계약법상 수의계약이 사경제주체로서의 행위라는 이유만으로 그 계약의 전 과정에 대하여 일률적으로 헌법소원 대상성을 부인한다면, 위와 같은 규제의 필요성에도 불구하고 국가나 지방자치단체의 계약 영역을 규제와 감시의 사각지대로 만들어 법치행정을 회피하려는 행정관료의 자의(恣意)를 방치하는 결과를 가져온다.

대법원 판결에 따른 반대의견의 논리를 일관할 경우, 동일한 입찰·수의계약의 프로세스에서 입찰·수의계약의 체결 대상자에 대한 세부기준(①)과 입찰·수의계약의 체결(③)은 사경제주체의 사법상 행위로 보면서 입찰·수의계약자의 계약 불이행에 따른 제재, 즉 부정당업자 제재 처분(⑤)은 판례가 왜 일관되게 항고소송의 대상이 되는 행정처분으로 보는지(대법원 1983. 12. 27. 선고 81누366 판결; 1999. 3. 9. 98두18565 판결 등) 도저히 설명이 안 된다. 오히려 이 점에서 볼 때 대법원 판결도 국가계약법령 내지 지방계약법령에 따른 입찰·수의계약의 프로세스의 법적 성격을 일률적으로 단정하는 것이 아니라 해당 규정의 여러 측면을 고려하여 개별적으로 판단하고 있다고 볼 수 있다. 결국 대법원 판결이 입찰·수의계약의 체결행위를 사경제주체로서 행하는 행위로 본다는 이유만으로 입찰·수의계약의 체결행위 외 그 전후에 걸친 절차 전체를 일률적으로 사법상 행위로 파악할 것은 아니다.

다. 소 결

이 사건 예규조항은 지방자치단체가 일방적으로 일정한 자들에게 일정 기간 수의계약을 체결하지 못하는 불이익을 가하는 행정권의 입법작용으로서 헌법소원의 대상이 되는 공권력의 행사에 해당한다.

대법원 판결을 근거로 하여 이 사건 예규조항의 헌법소원 대상성을 부정하는 판시를 할 경우 추후 다른 사건에서 이에 구속되어 행정규칙에 대한 탄력적인 통제가 어려워지는 문제가 생길 수도 있음을 지적하여 둔다.

2. 국가의 기본권 보호의무

[96] 담배사업법과 국가의 기본권보호의무 위반 여부

(2015. 4. 30. 2012헌마38)

◇ 사안과 쟁점

청구인들은, 국가는 흡연의 폐해로부터 국민의 건강을 보호하여야 할 의무가 있음에도 불구하고 국가가 담배사업법을 통하여 담배의 제조 및 판매를 허용하고 보장하는 것이 청구인들의 보건권, 행복추구권, 생명권, 인간다운 생활을 할 권리 등을 침해한다고 주장하며 헌법소원심판을 청구하였다.

쟁점은, 담배의 제조 및 판매 자체를 허용하고 있는 담배사업법이 국민의 생명·신체의 안전에 대한 국가의 보호의무에 관한 과소보호금지 원칙을 위반하고 있는 것으로 볼 수 있는지 여부이다(전원 소극, 2015. 4. 30. 2012헌마38; 공보 223호 703면). 전원일치 의견으로 이를 부인하였다. 재판관 조용호는 주심으로 법정의견을 집필하였다.

◇ 법정(합헌)의견

가. 제한되는 기본권과 심사기준 등

(1) 제한되는 기본권

헌법 제10조는 "모든 국민은 인간으로서의 존엄과 가치를 가지며, 행복을 추구할 권리를 가진다. 국가는 개인이 가지는 불가침의 기본적 인권을 확인하고 이를 보장할 의무를 진다."고 규정하여, 모든 국민이 인간으로서의 존엄과 가치를 지닌 주체임을 천명하고, 국가권력이 국민의 기본권을 침해하는 것을 금지함은 물론 이에서 더 나아가 적극적으로 국민의 기본권을 보호하고 이를 실현할 의무가 있음을 선언하고 있다. 또한 생명·신체의 안전에 관한 권리는 인간의 존엄과 가치의 근간을 이루는 기본권일 뿐만 아니라, 헌법은 제36조 제3항에서 국민의 보건에 관한 국가의 보호의무를 특별히 강조하고 있다. 따라서 국민의 생명·신체의 안전이 질병 등으로부터 위협받거나 받게 될 우려가 있는 경우 국가는 그 위험의 원인과 정도에 따라 사회·경제적인 여건 및 재정사정 등을 감안하여 국민의 생명·신체의 안전을 보호하기에 필요한 적절하고 효율적인 입법·행정상의 조치를 취하여 그 침해의 위험을 방지하고 이를 유지할 포괄적인 의무를 진다(헌재 2008. 12. 26. 2008헌마419등).

이 사건에서는 담배사업법에 따라 담배의 제조 및 판매가 이루어짐으로써 담배를 구매하여 직접 흡연하는 일반 국민의 기본권이 침해되었는지 여부, 즉 직접흡연으로 인하여 국민의 생명·신체의 안전이 위협받거나 받게 될 우려가 있는지 여부가 문제 된다. 따라서 이 사건에서 제한되는 기본권은 국가의 보호의무에 상응하는 생명·신체의 안전에 관한 권리이다.

이 외에도 청구인 이○희는 생명권, 행복추구권 및 인간다운 생활을 할 권리도 침해되었다고 주장하나, 생명권은 이미 위 생명·신체의 안전에 관한 권리에 포함되어 있는 권리이므로 이에 대하여 별도로 판단할 필요가 없고, 행복추구권은 다른 기본권에 대한 보충적 기본권으로서의 성격을 지니고 있으므로 생명·신체의 안전에 관한 권리의 침해 여부를 판단하는 이상 그 침해 여부에 대하여 별도로 판단할 필요가 없으며, 인간다운 생활을 할 권리는 인간의 존엄에 상응하는 최소한의 물질적인 생활의 유지에 필요한 급부를 요구할 수 있는 권리를 의미하므로 국가의 국민에 대한 생명·신체 보호의무가 문제되는 이 사건에서는 별도로 판단하지 않기로 한다.

(2) 심사기준

국가가 국민의 생명·신체의 안전을 보호할 의무를 진다 하더라도 국가의 보호의무를 입법자 또는 그로부터 위임받은 집행자가 어떻게 실현하여야 할 것인가 하는 문제는 원칙적으로 권력분립과 민주주의의 원칙에 따라 국민에 의하여 직접 민주적 정당성을 부여받고 자신의 결정에 대하여 정치적 책임을 지는 입법자의 책임범위에 속하므로, 헌법재판소는 단지 제한적으로만 입법자 또는 그로부터 위임받은 집행자에 의한 보호의무의 이행을 심사할 수 있다. 따라서 국가가 국민의 생명·신체의 안전에 대한 보호의무를 다하지 않았는지 여부를 헌법재판소가 심사할 때에는 국가가 이를 보호하기 위하여 적어도 적절하고 효율적인 최소한의 보호조치를 취하였는가 하는 이른바 '과소보호금지 원칙'의 위반 여부를 기준으로 삼아, 국민의 생명·신체의 안전을 보호하기 위한 조치가 필요한 상황인데도 국가가 아무런 보호조치를 취하지 않았든지 아니면 취한 조치가 법익을 보호하기에 전적으로 부적합하거나 매우 불충분한 것임이 명백한 경우에 한하여 국가의 보호의무의 위반을 확인하여야 한다(헌재 2008. 12. 26. 2008헌마419등).

(3) 이 사건에서의 위험상황 및 이에 상응하는 보호조치의 특성

이 사건에서는 담배의 제조 및 판매에 대하여 규율하고 있는 담배사업법이 직접흡연으로 인한 폐해라는 위험상황으로부터 소비자인 국민의 생명·신체의 안전을 보호하기 위하여 적절하고도 효율적인 최소한의 보호조치를 취하고 있는지가 문제된다.

그런데 '직접흡연으로 인한 생명·신체의 침해'라는 위험상황에는 담배의 제조 및 판매와 담배의 구매 및 흡연, 그리고 이로 인한 폐암 등의 발생이라는 일련의 과정이 존재한다. 이처럼 흡연자 자신의 행동이 매개된다는 점에서 일반적인 위험상황과는그 성격이 다르다. 그리고 이에 대한 보호조치의 적절성 여부를 판단할 때에도 담배의 유해성이 흡연자의 생명·신체를 중대하게 침해하여 국가가 담배의 제조 및 판매 자체를 금지하여야만 하는지, 만약 그 정도는 아니라면 어느 수준의 보호조치가 필요한지가 검토되어야 한다.

(4) 담배의 유해성에 대한 보호조치에 관한 국제기준

세계보건기구(WHO)의 '담배규제기본협약'은 비준국에게 준수일정에 따라 담배의 제조, 생산, 유통, 소비의 전 과정에서 각종 규제장치의 입법화를 요구하고 있는데, 우리나라도 비준국으로서 이에 따를 국제법상의 의무가 있다. 38개 조항으로 되어 있는 위 기본협약의 주요 내용은 담배규제를 위한 담배수요 및 담배공급의 감소조치이다.

나. 과소보호금지 원칙 위반 여부

(1) 담배의 유해성(위험상황)

담배 연기 중 필터를 통해 체내로 흡입되는 주류연(main stream) 속에는 약 4,000여 종의 화학물질이 포함되어 있는 것으로 추정되고 있다. 담배연기의 성분 중 인체에 유해하다고 알려진 것은 타르와 니코틴이다.

타르에는 여러 종류의 발암물질이 함유되어 있는 것으로 알려져 있고, 연구 결과에 따르면 직접흡연과 폐암은 역학적으로 상관관계가 인정된다. 그러나 흡연과 폐암 사이에 역학적으로 상관관계가 있음이 인정된다 하더라도, 폐암은 그 외에 여러 가지 선천적 요인과 후천적 요인이 복합적으로 작용하여 발생할 수 있기 때문에 아

직까지는 흡연과 폐암이 필연적인 관계가 있다고 단정하기 어렵다(대법원 2014. 4. 10. 선고 2011다22092 판결 참조).

니코틴은 중추신경계에 작용하여 의존성과 관계 있으나, 상당 부분이 심리적인 것이고 신체적 의존의 정도가 약하다. 담배의 의존성은 직접흡연자로 하여금 구체적인 상황에서 흡연을 할지 여부 또는 흡연행위를 지속할지 여부를 '자유의사'에 따라 선택하는 데에 일정 정도 영향을 미치지만, 마약류와 달리 이를 불가능하게 하거나 현저히 어렵게 할 정도라고 보기는 어렵다.

(2) 담배사업법의 규제 내용(보호조치)

담배사업법에서는 담배의 제조 및 판매를 금지하고 있지 않다. 국가가 인체에 유해한 물질의 '제조 및 판매'에 대하여 어떤 규제를 가해야 하는지는, 그 물질이 가진 유해성의 내용과 정도, 그리고 일반적인 유통 및 사용의 방법 등을 고려하여 그러한 물질의 '사용'에 대한 규제와 함께 종합적으로 그 적정성 여부를 살펴야 할 문제이다. 인체에 유해한 물질이라 하더라도 그 유해성은 상대적인 경우가 많고, 해당 물질의 판매조건이나 사용 등에 대한 규제가 적절하다면 그 제조 및 판매를 허용한다는 것 자체만으로 바로 생명·신체의 안전에 관한 국가의 보호의무 위반이라고 단정할 수는 없다.

위에서 본 바와 같이 현재로서는 흡연과 폐암 등의 질병 사이에 필연적인 관계가 있다거나 흡연자 스스로 흡연 여부를 결정할 수 없을 정도로 의존성이 높아서 국가가 개입하여 담배의 제조 및 판매 자체를 금지하여야만 한다고 보기는 어렵고, 따라서 담배의 제조 및 판매를 전면 금지하지 않는다고 하여 보호조치로서 필요한 최소한의 내용을 갖추지 않았다고 볼 수는 없다. 더욱이 담배사업법은 아래에서 보는 바와 같이 담배의 유해성으로부터 국민의 생명·신체를 보호하고자 일련의 장치들을 두고 있다.

㈎ 담배제조·판매업에 대한 규제

담배사업법상 담배제조업은 엄격한 허가제로 규율되고 있고(제11조), 그 허가의 기준은 담배의 제조 및 품질관리에 필요한 일정 수준 이상의 자본력이나 기술력의 구비에 초점이 맞추어져 있는바(법 시행령 제4조 제1항), 이를 통하여 군소제조업체의 난립이나 저질의 제품이 생산되는 것을 방지하고 있다.

담배의 유통과 관련하여, 중간 단계에 해당하는 담배의 수입판매업이나 도매업의 경우 등록제도를 도입하였고, 소매인 지정을 받은 소매인만이 소비자에게 담배를 판매할 수 있도록 제한하면서(제12조 제1, 2항, 제13조 제1항, 제16조 제1항), 소매인은 소비자에게 우편판매나 전자거래의 방법으로 판매할 수 없도록 제한하고 있다(제12조 제4항). 이처럼 담배의 유통단계에서도 행정관청이 개입하여 엄격하게 관리하고 있고, 담배를 쉽게 사고 팔 수 없도록 하여 담배의 과도한 소비를 억제하고 있다.

㈏ **담배의 판매조건에 대한 규제**

담배사업법은 담배의 판매조건들로 담배의 판매가격 규제, 담배성분의 표시, 경고문구 표시의 강제, 광고의 제한 등에 관하여 규정하고 있다. 이들 조건은 주로 담배의 구매 및 흡연의 동기를 약화하고 담배의 유해성에 관한 정보를 구매자에게 제공하는 데에 초점이 있다. 이는 직접흡연자의 경우 건강에 대한 위험이 자신의 의사에 따른 담배의 구매와 흡연행위가 매개되어 발생한다는 점에서 일응 적절한 보호조치로 보인다.

1) 담배 판매가격에 대한 규제

담배사업법은 담배 제조업자 또는 수입판매업자가 담배 판매가격을 결정하여 행정 당국에 신고하게 하고, 이를 일간신문이나 인터넷 등 소비자가 잘 알 수 있는 방법으로 공고하며, 소매인은 공고된 판매가격으로 담배를 판매하도록 하면서(제18조 제1항, 제3항 내지 제5항), 이를 위반한 경우 일정한 과태료나 영업정지의 처분을 할 수 있게 하였다(제28조 제1항 제2호, 제2항 제1호, 제17조 제2항 제1의2호).

담배가격을 국가에서 직접 정하고 있지는 않지만, 국가는 담배에 부과하는 세금 인상 및 면세 담배 폐지를 통한 가격 정책을 실시하여 담배수요를 억제할 수 있다. 담배에는 담배소비세, 교육세, 부가가치세, 국민건강증진부담금, 폐기물부담금 등의 조세와 부담금이 부과되고 있는데, 이를 통하여 담배가격을 인상하는 것은 담배수요 감소에 이바지하는 면이 있고, 특히 청소년 흡연율 감소에 많은 영향을 미치는 것으로 나타난다.

이러한 조치는 담배제품에 대하여 조세정책과 가격정책을 시행하도록 하고, 국제 여행객에 의하여 이루어지는 면세·무관세 담배제품의 판매·수입을 금지 또는 규제하도록 권고하고 있는 담배규제기본협약 제6조에도 부합한다.

2) 담배성분의 표시

담배사업법은 담배 1개비의 연기 중에 포함된 주요 성분과 그 함유량을 담배의 갑포장지 등에 표시하도록 규정하면서(제25조의2 제1항), 그 위반에 대하여는 형사처벌(제27조의2 제5호) 또는 일정한 행정명령(제25조의2 제4항, 제25조 제3항)을 할 수 있도록 규정하고 있다.

담배사업법이 담배연기의 구성 물질에 대한 정보를 제공하도록 하는 조치는 담배규제기본협약 제9조 및 제10조에도 부합한다.

3) 경고문구의 표시

담배사업법은 담배의 갑포장지, 소매인 영업소에 부착하는 스티커 또는 포스터에 의한 광고 및 잡지광고 등에 '흡연은 건강에 해롭다'는 내용의 경고문구를 표시하도록 하면서(제25조 제1항, 법 시행령 제8조), 그 경고문구의 크기, 색상, 위치 등의 표시방법에 관하여는 법 시행규칙에서 자세히 규정하고 있고(법 시행규칙 제15조 제1항), 이를 위반한 제조업자 또는 수입업자에 대하여는 형사처벌 또는 시정조치를 할 수 있도록 규정하고 있다(제27조의2 제3호, 제25조 제3항).

담배의 갑포장지 등에 경고문구를 표시하도록 한 것은 흡연자로 하여금 흡연 여부를 결정할 때 흡연으로 인하여 건강 침해의 우려가 있음을 진지하게 고려하도록 하는 기능을 하고, 이는 담배규제기본협약 제11조의 권고에도 부합한다.

4) 담배광고의 제한 및 금품제공의 금지

담배사업법은 담배에 관한 광고를 금지 또는 제한할 수 있고(제25조 제2항), 담배 판매 촉진을 위한 금품제공 등의 금지에 대해서도 규정하고 있는바(제25조의4, 법 시행령 제10조), 이는 담배 구매동기를 유발하는 광고나 판촉 등을 제한함으로써 담배수요를 억제하고자 하는 노력으로 보인다.

위와 같은 규율내용은 담배에 대한 광고·판촉·후원의 포괄적 금지 또는 제한과 이에 필요한 법적 행정적 조치를 실시하도록 명시하고 있는 담배규제기본협약 제13조에도 부합한다.

(3) 소 결

담배사업법은 담배의 제조 및 판매 자체는 허용하지만 위에서 본 바와 같은 여러 규제들을 통하여 직접흡연으로부터 국민의 생명·신체의 안전을 보호하려고 노력하고 있다. 따라서 담배사업법이 국민의 생명·신체의 안전에 대한 국가의 보호의무에 관한 과소보호금지 원칙을 위반하였다고 볼 수는 없다.

[97] 원자력발전소 건설과 국가의 기본권보호의무 위반 여부

(2016. 10. 27. 2015헌바358)

◇ 사안과 쟁점

산업통상자원부장관은 2014. 1. 29. 한국수력원자력 주식회사('한수원')를 사업시행자로 하여 울산 울주군 ○○면 ○○리 일대 사업구역에 신고리 원자력발전소 5, 6호기를 건설하는 것을 내용으로 하는 전원개발사업 실시계획을 승인·고시하였다('이 사건 처분').

청구인들은 2014. 4. 28. 이 사건 처분의 취소를 구하는 소를 제기하고, 그 소송 계속 중에 전원개발촉진법 제2조 제1호, 제5조 제1항 본문 및 구 전원개발촉진법 제5조의2 제1항 본문에 대하여 위헌법률심판제청신청을 하였다. 서울행정법원은 2015. 9. 24. 일부 청구인들에 대하여는 원고적격이 없다는 이유로 소 각하 판결을, 일부 청구인들에 대하여는 청구기각 판결을 선고하면서 위헌법률심판제청신청을 모두 기각하였다. 청구인들은 서울고등법원에 항소를 제기하는 한편, 이 사건 헌법소원심판을 청구하였다.

쟁점은, 원자력발전소 건설을 내용으로 하는 전원개발사업 실시계획에 대한 승인권한을 산업통상부장관에게 부여하고 있는 전원개발촉진법 제5조 제1항 본문('이 사건 승인조항')이 국가의 기본권 보호의무를 위반하는지 여부이다(전원 소극, 2016. 10. 27. 2015헌바358; 공보 241호 1648면). 재판관 조용호는 주심으로 법정의견을 집필하였다.

◇ 법정(합헌)의견

가. 이 사건 승인조항 부분

(1) 쟁점 및 심사기준

㈎ 청구인들은 이 사건 승인조항이 청구인들의 생명권, 건강권, 환경권, 재산권을 침해한다고 주장하나, 위 조항은 전원개발사업자를 수범자로 하여 전원개발사업 시행을 위한 요건을 설정한 규정으로, 청구인들이 주장하는 기본권이 위 조항에 의하여 직접 제한되는 것은 아니다. 그러나 한편, 원전 사업자가 위 조항에 의하여 전

원개발사업 실시계획 승인을 받아 원전을 건설·운영하는 경우에 있어서는 인근 주민들의 생명·신체의 안전에 위험이 발생할 수도 있으므로, 원전 건설을 내용으로 하는 전원개발사업 실시계획에 대한 승인권한을 산업통상자원부장관에게 부여하는 것이 원전의 건설·운영과 관련된 국민의 생명·신체의 안전을 위한 조치로서 국가의 기본권 보호의무를 위반하는 것은 아닌지를 살펴 볼 필요가 있다.

청구인들은 이 사건 승인조항이 적법절차 원칙에도 위반된다고 주장하나, 그 주장 취지는 청구인들의 위 기본권 침해 주장과 크게 다르지 아니하고, 이와 관련하여 이 사건 승인조항의 국가의 기본권 보호의무 위반 여부를 판단하기로 한 이상, 위 주장에 대하여는 별도로 판단하지 않는다.

(나) 국가가 국민의 생명·신체의 안전을 보호할 의무를 진다 하더라도, 국가의 보호의무를 입법자 또는 그로부터 위임받은 집행자가 어떻게 실현할 것인가 하는 문제는 원칙적으로 권력분립과 민주주의의 원칙에 따라 국민에 의하여 직접 민주적 정당성을 부여받고 자신의 결정에 대하여 정치적 책임을 지는 입법자의 책임범위에 속하므로, 헌법재판소는 단지 제한적으로만 입법자 또는 그로부터 위임받은 집행자에 의한 보호의무의 이행을 심사할 수 있다. 그렇다면 국가가 국민의 생명·신체의 안전에 대한 보호의무를 다하지 않았는지 여부를 헌법재판소가 심사할 때에는, 국가가 이를 보호하기 위하여 적어도 적절하고 효율적인 최소한의 보호조치를 취하였는지를 기준으로 삼아야 한다(헌재 1997. 1. 16. 90헌마110등; 헌재 2008. 12. 26. 2008헌마419등 참조).

(2) 국가의 기본권 보호의무 위반 여부

(가) 원전을 건설·운영하려고 하는 원전 사업자는 수력, 화력 등 다른 전원개발사업자와 마찬가지로 이 사건 승인조항에 따라 전원개발사업 실시계획을 수립하여 산업통상자원부장관의 승인을 받아야 한다.

전원개발촉진법은 전원개발사업을 효율적으로 추진함으로써 전력수급의 안정을 도모하고 국민경제의 발전에 이바지함을 목적으로 제정된 것으로(제1조), 우리나라 전체의 전력수급상황이나 장기적인 에너지 정책에 부합하는지 여부 등을 고려하여 전원개발의 필요성을 따져보아야 하므로, 이를 종합적으로 검토하기 위하여 수력, 화력, 원자력 등 그 종류를 불문하고 전원개발사업 실시 단계에서 일률적으로 주무부처인 산업통상자원부장관의 승인을 받도록 한 것은 그 타당성이 있다.

(나) 다만, 외국의 원전 사고로 인한 방사능 피해의 심각성에서 볼 수 있는 바와

같이, 원전 개발은 다른 전원 개발과 달리 취급하여야 할 필요성이 있다. 원전 사고로 인한 피해는 그 규모가 크고 광범위할 뿐만 아니라 치명적이므로, 전원개발의 효율성만을 앞세워 원자력의 특성을 도외시하고 다른 전원 개발과 동일한 절차만으로 원전을 건설·운영할 수 있도록 한다면, 이는 국민의 생명·신체의 안전에 상당한 위협이 될 수 있기 때문이다.

그런데 국가는 원전의 건설·운영을 산업통상자원부장관의 전원개발사업 실시계획 승인만으로 가능하도록 한 것이 아니라, 원자력의 안전규제를 위하여 별도로 마련한 '원자력안전법'에서 규정하고 있는 건설허가 및 운영허가 등의 절차를 거치도록 하고 있다. 즉, 원전을 건설·운영하려는 자는 산업통상자원부장관으로부터 전원개발사업 실시계획 승인을 받는 이외에도, 원자력안전위원회로부터 발전용원자로 및 관계시설에 대한 건설허가를 받아야 하고(제10조 제1항), 건설허가를 받은 후에도 다시 운영허가를 받아야 한다(제20조 제1항). 그리고 원전 사고로 인한 방사능 피해는 전원개발사업 실시계획 승인 단계에서가 아니라 원전의 건설·운영과정에서 실제로 발생하게 된다는 점에서 전원개발사업 실시계획 승인 이후의 단계인 원전 건설·운영의 허가 단계에서 보다 엄격한 기준을 마련하여 원전의 건설·운영으로 인한 피해가 발생하지 않도록 조치들을 강구하고 있다.

원자력안전법은 건설허가 신청서에 방사선환경영향평가서, 예비안정성 분석보고서, 건설에 관한 품질보증계획서, 발전용원자로 및 관계시설의 해체계획서와 그 밖에 총리령으로 정하는 서류를 첨부하고(제10조 제2항), 운영허가 신청서에 발전용원자로 및 관계시설에 관한 운영기술지침서, 최종안전성분석보고서, 사고관리계획서(중대사고관리계획을 포함한다), 운전에 관한 품질보증계획서, 방사선환경영향평가서, 발전용원자로 및 관계시설의 해체계획서(제10조 제2항에 따라 제출된 방사선환경영향평가서 및 해체계획서와 달라진 부분만 해당), 액체 및 기체 상태의 방사성물질 등의 배출계획서 및 총리령으로 정하는 서류를 첨부하도록 함으로써 전원개발사업자가 원전 건설 및 운영에 있어 안전기준을 충실히 이행할 수 있는지를 심사·검토할 수 있도록 하는 한편(제20조 제2항), 건설·운영 허가의 기준으로 ① 발전용원자로 및 관계시설의 위치·구조 및 설비와 그 성능이 위원회규칙으로 정하는 기술기준에 적합하여 방사성물질등에 따른 인체·물체 및 공공의 재해방지에 지장이 없을 것과, ② 발전용원자로 및 관계시설의 건설·운영으로 인하여 발생되는 방사성물질등으로부터 국민의 건강 및 환경상의 위해를 방지하기 위하여 대통령령으로 정하는 기준에 적합할 것 등을 요구하는(제11조, 제21조) 등 원전 건설·운영허가에 있어 원자력 안전에 관한 사항들을 규제할 수 있는 여러 장치들을 마련해 두고 있다.

또한 위와 같은 원전 건설·운영에 관한 허가 권한을 가진 원자력안전위원회의 독립성과 공정성 확보는 무엇보다 중요하므로, '원자력안전위원회의 설치 및 운영에 관한 법률' 제3조, 제4조에서 원자력안전위원회를 9명의 위원으로 구성하고 국무총리 소속으로 두며 정부조직법 제2조에 따른 중앙행정기관으로 본다고 규정하여, 원자력 안전에 관한 업무를 수행하도록 하고 있다.

따라서 이 사건 승인조항에서 원전 건설을 내용으로 하는 전원개발사업 실시계획에 대한 승인권한을 다른 전원개발과 마찬가지로 산업통상자원부장관에게 부여하고 있다 하더라도, 국가가 원전의 건설·운영으로 인한 위험에 있어 국민의 생명·신체의 안전을 보호하기 위하여 필요한 최소한의 보호조치를 취하지 아니한 것이라고 보기는 어렵다.

㈐ 한편, 전원개발사업자가 실시계획의 승인을 받았을 때에는 전원개발촉진법 제6조 각 호에서 규정하고 있는 관련 법령상의 허가·인가·면허·결정·지정·승인·해제·협의 또는 처분 등을 받은 것으로 의제되고 전원개발사업에 필요한 토지등을 수용하거나 사용할 수도 있게 된다(전원개발촉진법 제6조, 제6조의2).

특히 이 사건 처분 당시 적용법률인 구 전원개발촉진법(2016. 1. 27. 법률 제13862호로 개정되기 전의 것, 이하 '구 전원개발촉진법'이라 한다) 제6조 제1항 제17호는 사업자가 전원개발실시계획 승인을 받았을 때 원자력안전법 제10조 제3항에 따른 부지 사전승인을 받은 것으로도 의제하고 있다. 원자력안전법 제10조 제3항 및 제4항은 "위원회는 발전용 원자로 및 관계 시설을 건설하려는 자가 건설허가신청 전에 부지에 관한 사전 승인 신청을 하면 이를 검토한 후에 승인할 수 있고, 이에 따라 부지에 관한 승인을 받은 자는 총리령으로 정하는 범위에서 공사를 할 수 있다"고 규정하고 있는데, 전원개발사업자가 산업통상자원부장관으로부터 전원개발실시계획 승인을 받는 경우에는 원자력안전법 제10조 제3항에서 정한 부지 사전승인을 받은 것으로 의제되어 원자력안전위원회의 승인 없이도 총리령으로 정하는 범위에서 사전 공사를 할 수 있으므로, 이 사건 승인조항이 이러한 의제 규정과 결합하여 원자력안전법 제10조 제3항을 형해화함으로써 국민의 생명·신체에 위험을 초래한다는 의심을 불러올 수 있다.

그러나 구 전원개발촉진법은 전원개발사업자가 부지의 사전승인을 얻고자 하는 경우 원자력안전법 제10조 제5항에 따른 부지사전승인신청서, 방사선환경영향평가서 및 부지조사보고서를 첨부하여 그 부지에 관한 사항을 전원개발사업 실시계획에 미리 포함시키도록 함으로써{구 전원개발촉진법 제5조 제3항 제7호, 구 전원개발촉진법 시행령(2016. 7. 28. 대통령령 제27405호로 개정되기 전의 것) 제15조 제3항 제5호 및 제15조 제5항}, 전원개발사업 실시계획 승인 단계에서 원자력안전법상 부지 사전승인의 요건을 함께 심사하도록 하였다.

또한 구 전원개발촉진법 제5조 제4항은 산업통상자원부장관이 전원개발사업 실시계획에 대한 승인을 함에 있어서 미리 해당 전원개발사업구역을 관할하는 특별시장·광역시장·도지사 또는 특별자치도지사의 의견을 듣고 관계 중앙행정기관의 장과 협의한 후 전원개발사업추진위원회의 심의를 거치도록 하고 있다. 그런데 위에서 본 바와 같이 원자력안전위원회는 '원자력안전위원회의 설치 및 운영에 관한 법률' 제3조 제2항 본문에 따라 정부조직법 제2조에 따른 중앙행정기관으로 보게 되므로, 산업통상자원부장관은 전원개발사업실시계획에 대한 승인을 함에 있어 원자력안전위원회와의 협의도 거치게 된다.

뿐만 아니라 부지 사전승인에 따라 원전사업자가 사전 공사를 할 수 있는 범위는 '원자로시설을 설치할 지점의 굴착과 그 지점의 암반의 보호 및 보강을 위한 콘크리트공사'에 불과하고(원자력안전법 시행규칙 제7조 제1항), 원전의 본격적인 건설과 운영을 위해서는 원자력안전위원회의 건설 및 운영 허가를 별도로 받아야 한다.

따라서 구 전원개발촉진법 제6조 제1항 제17호에서 원전부지 사전승인에 대한 의제 규정을 두고 있다는 사정만으로, 원자력안전법이 원자력안전위원회로 하여금 원전 건설·운영에 관한 안전규제업무를 담당하도록 한 취지가 몰각된다고 보기는 어렵다. 한편, 원전부지의 사전승인에 대한 불필요한 오해를 불식시키고 원자력안전위원회로 하여금 원자력 안전문제를 통일적으로 관리·감독하도록 하기 위하여 위 의제규정은 2016. 1. 27. 전원개발촉진법 개정 시 삭제되었다.

㈑ 이러한 사정들을 종합적으로 고려하면, 이 사건 승인조항이 국민의 생명·신체의 안전에 관한 국가의 기본권 보호의무를 위반하였다고 볼 수 없다.

3. 기본권침해가능성, 권리보호의 이익

[98] 국외강제동원 희생자 유족에 대한 위로금의 성격

(2015. 4. 30. 2012헌마38)

◇ 사안과 쟁점

청구인의 조부 서○봉은 1940년경 일본에 노무자로 강제동원된 후 1940.12. 17. 일본에서 사망하였고, 2005. 6. 28. 구 '일제강점하 강제동원피해 진상규명 등에 관한 특별법'에 따라 피해자로 인정되었다. 청구인은 2009. 2. 16. 구 '태평양전쟁 전후 국외 강제동원희생자 등 지원에 관한 법률'에 따라 희생자인 서○봉의 유족으로 인정받고, 태평양전쟁전후국외강제동원희생자지원위원회에 위로금 지급을 신청하였다. 관련법률의 개폐로 위 위원회의 소관 사무를 승계받은 대일항쟁기강제동원피해조사및국외강제동원희생자등지원위원회는 2010. 7. 23. 국외강제동원 희생자인 망 서○봉에 대한 위로금 2천만 원을 그 유족인 청구인 외 7인에게 각각 250만 원씩 지급한다는 결정을 하였다. 청구인은 위로금의 액수를 국외강제동원 희생자 1명당 2천만 원으로 정한 '대일항쟁기 강제동원 피해조사 및 국외강제동원 희생자 등 지원에 관한 특별법'('대일항쟁기강제동원자지원법') 제4조 제1호가 청구인의 재산권을 침해한다고 주장하면서 헌법소원심판을 청구하였다.

쟁점은, 위로금의 액수를 국외강제동원 희생자 1명당 2천만 원으로 정한 대일항쟁기강제동원자지원법 조항이 국외강제동원 희생자 유족인 청구인의 재산권 등 기본권을 침해할 가능성이 있는지 여부이다(전원 소극, 2015. 12. 23. 2010헌마620; 공보 231호 167면). 재판관 전원 일치 의견으로 이를 부정하였다.

◇ 법정의견

헌법재판소는 구 태평양전쟁강제동원자지원법에 규정된 위로금 등의 각종 지원이 태평양전쟁이라는 특수한 상황에서 일제에 의한 강제동원으로 인해 희생된 사람과 그 유족이 입은 고통을 치유하기 위한 시혜적 조치라고 판단하였다(헌재 2011. 2.

24. 2009헌마94; 헌재 2011. 12. 29. 2009헌마182등; 헌재 2012. 7. 26. 2011헌바352 참조). 구 태평양전쟁강제동원자지원법이 폐지되면서 제정된 대일항쟁기강제동원자지원법은 위로금 등 구 태평양전쟁강제동원자지원법과 실질적으로 동일한 내용의 지원에 대하여 규정하고 있다. 이 법은 국외강제동원 희생자와 그 유족 등에게 인도적 차원에서 위로금 등을 지원함으로써 이들의 고통을 치유하고 국민화합에 기여함을 목적으로 하고(제1조), 위로금 등을 지급받을 수 있는 '유족'의 범위를 민법상의 재산상속인으로 하지 않고 강제동원으로 인한 고통과 슬픔을 함께 하는 '일부 친족'으로 한정하고 있다(제3조). 선례와 위 법률의 규정취지에 비추어 보면, 대일항쟁기강제동원자지원법 상의 위로금은 국외강제동원 희생자와 그 유족이 받은 손해를 보상 내지 배상하는 것이라기보다는, 그들을 위로하고 그들이 입은 고통을 치유하기 위한 인도적 차원의 시혜적인 금전 급부로 보는 것이 타당하다.

이와 같이 대일항쟁기강제동원자지원법 상의 위로금을 인도적 차원의 시혜적인 금전 급부로 이해하는 이상, 그 위로금은 국외강제동원 희생자 유족의 재산권의 대상에 포함된다고 하기 어렵다. 그 밖에 다른 기본권이 침해된다고 볼 만한 사정도 보이지 않으므로, 이 사건 심판청구는 기본권 침해 가능성의 요건을 갖추지 못하였다.

[99] 공소시효 완성을 이유로 한 내사종결처분과 이를 다툴 권리보호이익의 유무

(2014. 9. 25. 2012헌마175)

◇ 사안과 쟁점

청구인은 2005. 6.22. 의사 신○원으로부터 위 내시경 검사를 받던 중 그의 과실로 청구인에게 위와 간 부위의 통증이 발생하였음에도 불구하고 신○원이 작성한 진료기록에는 내시경 검사를 정상적으로 한 것으로 기재되어 있다고 주장하며, 2011. 10.경 피청구인(○○경찰서장)에게 신○원을 업무상과실치상 등으로 처벌하여 달라는 취지의 고소장을 제출하였다. 피청구인이 청구인의 고소장을 진정사건으로 접수하여 2011. 11. 22. 공소권없음(2010. 6. 21. 공소시효 만료) 의견으로 내사종결처분을 하자, 청구인은 내사종결처분이 청구인의 재판절차진술권 등을 침해하였다고 주장하면서 헌법소원심판을 청구하였다.

쟁점은, 피청구인이 공소시효의 완성을 이유로 내사종결처분을 한 이 사건에서 청구인은 공소시효가 완성되지 않았다고 주장하면서 피청구인의 처분을 다투고 있는바, 이 경우 권리보호이익을 인정하고 본안 판단에 나아갈 것인지, 공소시효의 완성 여부를 적법요건으로 보아 각하할 것인지 여부이다(기각:각하 5:4, 2014. 9. 25. 2012헌마175; 공보 216호 1579면). 다수의견은 권리보호 이익을 인정하고 본안 판단에 나아가 공소시효 완성을 이유로 청구인의 청구를 기각하였다. 재판관 조용호 등 4명은 공소시효 완성 여부가 적법요건이라는 전제 아래 이 사건 내사종결처분 시점 이전에 공소시효가 완성되었으므로 청구를 각하하여야 한다는 입장이다. 재판관 조용호는 각하설(반대의견)을 집필하였다.

◇ 반대의견: 각하설

우리는 공소시효의 완성을 이유로 한 내사종결처분의 취소를 구하는 헌법소원심판청구사건에서 공소시효의 완성 여부는 적법요건이고 이 사건 내사종결처분 시점 이전에 피고소인에 대한 고소사실의 공소시효가 모두 경과하였으므로 청구인의 심판청구를 각하해야 한다고 생각하므로 이에 대한 의견을 밝힘과 아울러 법정의견이 부당함을 밝히고자 한다.

(1) 소송요건이란 소가 적법한 취급을 받기 위하여 갖추지 않으면 안될 사항을 말한다. 만일 소송요건의 흠결이 있으면 법원은 본안판결이나 본안심리를 하여서는 아니 되므로 소송요건은 본안판결의 요건인 동시에 본안심리의 요건이다. 이러한 소송요건제도는 국가의 재판권행사를 효율적으로 하기 위한 공익적 성격을 갖는 것이므로 원칙적으로 본안판단에 앞서 소송요건의 존부를 직권으로 심리하고 조사하며, 소송요건을 갖추지 못한 경우에는 본안에 들어가 실체를 판단할 필요없이 소를 부적법하다 하여 각하하게 된다.

헌법소원심판에 있어서도 헌법재판소에서는 사건의 실체에 관한 판단 전에 결정선고시를 기준으로 하여 소송요건에 해당하는 청구의 적법요건 구비 여부에 대하여 먼저 심사한다. 청구인으로부터 고소장을 제출받고도 부적법하게 진정사건으로 접수하여 내사종결처분을 한 경우 그러한 내사종결처분은 헌법소원의 대상인 공권력의 행사에 해당한다고 할 것이지만, 그러한 경우에도 자기관련성, 보충성, 청구기간, 권리보호이익 등 헌법소원심판청구의 적법요건을 갖추어야 한다.

이 중 권리보호이익 내지 소의 이익은, 국가적·공익적 입장에서는 무익한 소송제도의 이용을 통제하는 원리이고, 당사자의 입장에서는 소송제도를 이용할 정당한 이익 또는 필요성을 말하는 것으로, '이익 없으면 소 없다'라는 법언이 지적하듯이 소송제도에 필연적으로 내재하는 요청이다. 이에 의하여 헌법재판소나 법원은 본안판단을 필요로 하는 사건에만 그 노력을 집중할 수 있게 되고, 또 불필요한 소송에 응소하지 않으면 안 되는 상대방의 불이익을 배제할 수 있게 되는 것이다. 따라서 권리보호이익이라는 헌법소원심판의 적법요건은 헌법재판소법 제40조 제1항에 의하여 준용되는 민사소송법 내지 행정소송법 규정들에 대한 해석상 인정되는 일반적인 소송원리이다(헌재 2001. 9. 27. 2001헌마152).

이 사건에서 권리보호이익이 문제되는 예로는 공소시효의 완성, 피의자의 사망, 피의사실에 대한 기판력의 적용 등을 들 수 있다(이는 검사의 불기소처분에 대하여도 동일하다). 이러한 사유가 있을 때에는 종국적으로 검사가 공소를 제기할 수 없고, 검사가 공소제기를 할 수 없으면, 공소제기를 통하여 청구인의 재판절차진술권, 평등권 등 기본권의 구제를 받을 수 없음이 확정되므로, 내사종결처분의 당부를 따질 필요도 없이 권리보호이익이 없어 내사종결처분의 취소를 구하는 헌법소원이 부적법하게 되는 것이다.

이러한 권리보호이익의 기준시점은 헌법재판소의 결정시점이다. 헌법소원이 비록 적법하게 제기되었더라도 권리보호이익은 헌법재판소의 결정 당시에도 존재해야 하므로, 헌법소원심판청구 당시 권리보호이익이 인정되더라도 심판 계속 중에 사실관계 또는 법률관계의 변동으로 말미암아 청구인이 주장하는 기본권의 침해가 종료된 경우에는 원칙적으로 권리보호이익이 없다(헌재 1997. 3. 27. 93헌마251).

따라서, 이 사건과 같은 내사종결처분에 대한 헌법소원사건에서 경찰서장의 내사종결처분이 정당한가를 심리함에 있어서는 결정선고시점을 기준으로 적법요건 중의 하나인 권리보호이익의 문제, 즉, 궁극적으로 공소제기에 의하여 청구인이 기본권의 구제를 받을 수 있는 것인지 여부를 우선적으로 살펴야 하고, 내사종결처분의 내용이 공소시효완성을 이유로 한 경우도 예외가 될 수 없다.

이 적법요건(권리보호이익)을 심사하는 단계에서는 경찰서장의 처분내용이 무엇인지, 청구인이 주장하는 사유가 무엇인지를 문제삼을 필요도 없이 헌법재판소가 독자적 입장에서 청구의 적법성을 심사하는 것이므로, 논리적으로, 법리적으로 경찰서장의 내사종결이유의 당부판단에 나아가기에 앞서 반드시 권리보호이익의 구비 여부에 대한 심사가 선행되어야 하며, 권리보호이익 등 그 심판청구의 적법요건 구비 여부에 관한 심사를 제쳐놓고 들어가 경찰서장이 한 처분이 옳은지의 여부를 판단할 것은 아니다.

헌법재판소에서 청구인의 주장사유를 판단하기 전에 사건의 공소시효를 따져보니 결정선고시점에서 이미 공소시효가 완성되었다면, 경찰서장의 처분 이전이든 그 이후이든, 그 사건은 종국적으로 청구인의 권리구제목적인 공소제기를 할 수 없음이 확정된 것이고, 따라서 권리보호의 이익이 없으므로 사건을 각하하게 된다.

헌법재판소는 경찰서장 처분의 당부를 심판하는 입장에 있지만, 경찰조직이나 검찰조직과는 별개의 독립기관이며 심급과도 관계없는 기관으로서, 경찰서장이 공소시효완성을 이유로 내사종결처분을 하였든 아니든, 청구인이 공소시효가 완성되지 않았다고 주장을 하든 하지 않든 관계없이 헌법재판소 나름의 입장에서 직권으로 적법요건을 심사하는 것이다.

(2) 법정의견에 따르면, 청구인은 이 사건의 실체를 판단하지 아니한 채 공소시효가 완성되었다고 판단한 경찰서장의 처분 자체를 다투고 있으므로 권리보호이익을 인정함이 상당하고, 공소시효의 완성 여부는 본안심판의 대상이 되며, 공소시효의 완성 여부를 적법요건으로 본다면 경찰서장이 실체 판단 없이 공소시효의 완성 여부만을 판단한 사건에서 본안의 판단 대상이 없게 되어 부당하다는 것이다.

그러나, 공소시효완성 여부가 곧 본안심판의 대상이라는 법정의견은 공소시효완성에 관한 경찰서장의 판단과 헌법재판소의 적법요건에 관한 판단이 같은 내용(즉, 공소시효가 완성되었다는 것)에 관한 것이라는 피상적 현상에만 주목하여, 헌법재판소에서 경찰서장 처분의 당부(즉, 공소시효의 완성 여부)를 판단하였으므로 본안판단을 한 것이라고 보는 것인데, 헌법재판소에서는 직권으로 적법요건인 공소시효의 완성 여부를 판단한 것이지 청구인의 주장사실이나 피청구인 처분의 당부를 판단한 것이 아니다. 이 사건에서 경찰서장이 공소시효완성을 이유로 내사종결처분을 하였고, 청구인이 청구원인에서 공소시효완성 여부를 다투고 있다고 하여, 헌법재판소의 적법요건심사라는 본질이 달라지지는 않는다. 또한, 일반적으로 본안판단이란 분쟁의 실체에 관한 판단 즉, 소송의 목적인 청구권의 존부 및 그 전제가 되는 청구원인에 관한 판단을 말하는 것인바, 내사종결처분의 취소를 구하는 헌법소원사건에서는 궁극적으로 공소제기를 통하여 기본권의 구제를 받으려는 것이므로 이 공소제기 여부를 판가름하는 '혐의사실의 존부'와 '공소할 가치의 유무'가 핵심쟁점이고 분쟁의 실체로서 본안이 되는 것이지, 형식적 요건에 관한 판단인 공소시효완성에 관한 판단의 당부가 본안이 될 수는 추호도 없는 것이다.

결국, 이 사건과 같은 내사종결처분에 대한 헌법소원에서의 본안(실체)은 사건의 '혐의사실의 존부'와 '공소할 가치의 유무'인데, 공소시효완성을 이유로 한 내사종결처분에 대한 헌법소원사건에서는 경찰서장이 실체에 관한 판단을 하지 않은 상태여서 청구인도 우선 형식적 요건에 대한 경찰서장의 판단이 잘못되었음을 이유로 그 처분을 취소하여 달라고 하는 것이므로, 헌법재판소에서도 본안에 관하여는 판단을 하지 않고, 단지 적법요건에 대하여만 심리하여 청구를 각하하거나 내사종결처분을 취소하는 것이다. 헌법소원심판의 구조상 헌법재판소는 잘못된 경찰서장의 내사종결처분을 취소할 뿐 직접 기소결정을 하지는 않기 때문에, 이러한 경우 헌법재판소가 사건의 실체에 대해서까지 나아가 판단할 수는 없기 때문이다.

그리고 재판에 있어서 반드시 본안에 관한 판단을 하여야 청구를 인용할 수 있는 것은 아니다. 민사소송 사건의 제1심에서 소가 부적법하다고 하여 각하판결을 하였을 때 이에 대한 항소심에서 심리한 결과 항소가 이유 있으면(즉, 소송요건을 갖추었다고 인정되면) 원칙적으로 원심판결을 취소하고 사건을 원심법원에 환송하도록 하고 있고(민사소송법 제418조), 상고심에서도 이를 준용하고 있는바(같은 법 제425조), 이처럼 민사소송에서도 본안에 앞서 소의 적법요건이 쟁점이 되어 선고된 판결에 대한 상소심에서 상소를 받아들여 적법요건에 관한 판단 잘못을 이유로 원심판결을 취소하는 종국판결을 선고할 수 있는 것이므로, 헌법소원에서도 본안은 아직 심판대상이 되고 있지 않은 상태에서 적법요건에 관한 판단 잘못을 이유로 내사종결처분을 취소할 수 있다고 보는 데에 아무런 무리가 없다.

(3) 그동안 헌법재판소는 검사의 불기소처분 이전에 공소시효가 완성되었음에도 공소권없음의 불기소처분을 하지 아니하고 혐의없음의 불기소처분을 한 경우(헌재 2002. 1. 31. 2001헌마571; 헌재 2003. 12. 18. 2003헌마482 등)나 검사의 불기소처분이 행하

여진 뒤에 공소시효가 완성된 경우(헌재 1997. 7. 16. 97헌마40; 헌재 1998. 4. 30. 97헌마117 등)에는 모두 권리보호의 이익이 없어 부적법하다는 이유로 심판청구를 각하하였고, 같은 맥락에서 검사가 공소시효가 완성된 것으로 잘못 판단하여 공소권없음의 불기소처분을 하였어도 헌법소원심판청구 이후 공소시효가 완성된 경우에는 역시 권리보호의 이익이 없어 부적법하다는 이유로 심판청구를 각하하였다(헌재 2006. 12. 28. 2006헌마434). 그 중 2006헌마434 사건은 검사가 공소시효의 완성 여부를 불기소처분의 이유에서 판단하고 청구인도 이를 다투고 있으므로 이 사건과의 차이점은 결국 불기소처분 전에 공소시효가 완성되었는지 아니면 그 이후에 완성되었는지 여부밖에 없다고 할 것인데, 그것만으로 헌법재판소 결정의 주문을 달리할 수 있을지 의문이다.

대법원도 일반론으로서 소송요건에 관한 판단의 기준시기에 관하여 사실심변론종결시를 기준으로 한다고 설시하면서도(대법원 1994. 9. 30. 선고 93다27703 판결), 정작 소송요건에 대한 사실관계가 원심 변론종결 이후에 변경되면 소수 사건을 제외하고는 모두 그 변경된 사정을 고려하여 판결하고 있으며(대법원 1995. 7. 14. 선고 95누4087 판결; 대법원 1999. 2. 23. 선고 93두14471 판결 등), 각하 사유가 잘못된 경우에 결론이 정당하다고 하여 상고기각을 할 것인지 아니면 원심판결을 파기하고 다시 소각하의 자판(自判)을 하여야 할 것이지 여부가 문제된 사안에서, 과거에는 일부 상고기각 판결을 하기도 하였으나(대법원 1986. 5. 27. 선고 85누879 판결; 대법원 1993. 11. 9. 선고 93누9989 판결 등), 최근에는 대부분의 판결에서 소송판결에도 그 각하사유로 삼은 소송요건의 흠결에 관하여 기판력이 있으므로 잘못된 원심의 소각하 판결을 결론이 맞는다고 하여 상고기각을 하게 되면 잘못된 각하사유에 관한 원심의 판단에 기판력을 생기게 하는 것이 되므로 원심을 파기하고 소각하의 자판을 하고 있다(대법원 1995. 5. 12. 선고 94누5281 판결; 대법원 1996. 10. 15. 선고 95누8119 판결; 대법원 1997. 11. 11. 선고 97누1990 판결 등).

이처럼 헌법재판소와 대법원은 모두 결정 내지 판결 선고 시점에서 당사자의 주장 사유나 청구원인에 구속되지 않고 직권으로 적법요건 또는 소송요건을 우선적으로 심리·판단하여 왔다.

또한, 판단누락 내지 판단유탈을 청구원인으로 한 재심사건에서도, 적법요건이란 본안판단을 받기 위한 선결요건을 의미하고 헌법소원이 적법요건을 충족하지 못하여 각하결정을 받는 경우에는 본안주장에 대한 판단을 하지 않는 것이 적법요건의 성질상 당연하므로 판단누락에 해당하지 아니한다고 판시하거나(헌재 2013. 2. 28. 2012헌아99), 소송요건에 흠결 등이 있어서 본안에 들어가 판단할 수 없는 경우에 있어서는 그 소송은 부적법하다 하여 각하하여야 하고 본안에 관하여는 판단을 할 수 없으므로 이러한 경우에 본안에 관한 판단이 없다 하여 이를 판결결과에 영향이 있는 판단유탈이라고 할 수 없다고 판시하여(대법원 1997. 6. 27. 선고 97후235 판결), 본안에 관한 판단 없이 적법요건 내지 소송요건만을 심리하여 판단하여도 판단누락 내지 판단유탈의 문제는 발생하지 않는다고 보고 있다.

(4) 결론적으로 이 사건에서 피청구인의 내사종결처분이 정당하므로 심판청구를 기각하자는 법정의견은 헌법재판소에서의 권리보호이익에 관한 적법요건심사의 본질과 논리적 구조를 간과하고 사안을 피상적으로만 파악한 것이어서 부당하다. 그렇다면 헌법재판소는 이 사건에서 이미 공소시효가 완성되었으므로 피청구인 처분의 당부 등에 관하여 더 나아가 살펴볼 필요도 없이 권리보호이익의 흠결을 이유로 청구인의 심판청구를 각하하는 것이 마땅하다.

4. 재판의 전제성

[100] 제소기간이 도과한 행정처분의 근거법률의 위헌 여부와 재판의 전제성

(2014. 1. 28. 2010헌바251)

◇ 사안과 쟁점

○○주식회사는 산업자원부 장관한테서 강릉시 사업부지에 풍력발전소를 설치하는 발전사업을 허가받았다('이 사건 처분'). 청구인들은 인근 주민들로 위 사업허가에 중대·명백한 하자가 있다고 주장하며 위 장관을 상대로 이 사건 처분의 무효확인을 구하는 소를 제기하였고, 위 소송 계속 중 위 사업부지가 백두대간 보호지역 핵심구역에 위치하고 있는데, '백두대간 보호에 관한 법률' 제7조 제1항 제6호('이 사건 법

률조항')에 의하여 신에너지 및 재생에너지 이용·보급을 위한 시설에 해당하기만 하면 그 신에너지 및 재생에너지의 종류와 성질을 불문하고 백두대간 보호지역 중 핵심구역 안에서도 시설물 등의 건축 등이 가능하게 되어 청구인들의 행복추구권 및 환경권을 침해한다고 주장하며 위 법률조항에 대한 위헌법률심판제청신청을 하였으나 기각되자, 헌법소원심판을 청구하였다.

쟁점은, 행정처분에 대한 제소기간이 도과한 후 그 처분에 대한 무효확인의 소를 제기한 경우 당해 행정처분의 근거법률이 위헌인지 여부가 당해 사건 재판의 전제가 되는지 여부, 즉 이 사건 법률조항이 재판의 전제성이 인정되는지 여부에 있다(소극:적극 5:4, 2014. 1. 28. 2010헌바251; 공보 208호 277면). 재판관 조용호는 다수의견 및 이에 대한 보충의견까지 집필하였다. 헌재 2014. 1. 28. 2011헌바38(공보 208호 286면)도 같은 쟁점의 사건이었다.

◇ 법정(각하)의견

이 사건 심판청구가 적법한지 여부를 살펴본다.

가. 재판의 전제성의 의미

재판의 전제성은 위헌법률심판과 헌법재판소법 제68조 제2항의 헌법소원심판이 가지는 구체적 규범통제절차로서의 본질을 드러내 주는 요건으로서(헌재 1993. 5. 13. 92헌가10 등 참조), 헌법재판소법 제68조 제2항의 헌법소원심판청구가 적법하려면 당해 사건에 적용될 법률이 헌법에 위반되는지 여부가 재판의 전제가 되어야 하고, 여기에서 법률의 위헌 여부가 재판의 전제가 된다는 것은 그 법률이 당해 사건에 적용되고, 그 위헌 여부에 따라 재판의 주문이 달라지거나 재판의 내용과 효력에 관한 법률적 의미가 달라지는 것을 말한다(헌재 2010. 9. 30. 2009헌바101).

나. 간접 적용되는 법률조항과 재판의 전제성

(1) 당해 사건의 재판에 직접 적용되지 않는 법률조항이라 하더라도, 그것이 헌법에 위반되는지 여부에 따라 당해 사건의 재판에 직접 적용되는 법률조항이 헌법에 위반되는지 여부가 결정되거나 그 의미가 달라짐으로써 당해 사건 재판에 영향을 미

치는 경우 등과 같이, 양 규범 사이에 내적인 관련이 있는 경우에는 간접적으로 적용되는 법률조항에 대해서도 재판의 전제성이 인정될 수 있다(헌재 2001. 10. 25. 2000헌바5; 헌재 2011. 10. 25. 2009헌바234 등 참조).

(2) 이 사건 처분은 직접적으로는 전기사업의 허가에 관한 구 전기사업법 제7조 제1항에 근거한 것이어서 이 사건 법률조항이 당해 사건 재판에 적용되는 법률조항에 해당하는지 의문이 제기될 수 있다. 그러나 이 사건 처분에 의하여 허가된 이 사건 사업은 백두대간 보호지역 중 핵심구역 안에서 신·재생에너지에 속하는 풍력을 이용하여 전기를 생산하는 발전시설을 설치하는 것도 포함하고 있으므로, 이 사건 처분은 그 내용상 '백두대간 보호지역 중 핵심구역 안에서는 건축물의 건축이나 공작물 그 밖의 시설물의 설치 등을 원칙적으로 금지하되, 다만 신·재생에너지의 이용·보급을 위한 시설의 설치 등의 경우에는 예외를 인정하는' 이 사건 법률조항의 요건을 충족하는 것을 당연한 전제조건으로 하는 것이다. 따라서 이 사건 법률조항은 적어도 구 전기사업법 제7조 제1항과 내적 관련이 있는 조항으로서 당해 사건의 재판에 간접 적용되는 법률조항이라고 볼 수 있다.

다. 불가쟁력이 발생한 행정처분과 위헌인 법률에 근거한 행정처분의 효력

비록 위헌인 법률에 기한 행정처분이라고 하더라도 그 행정처분에 대하여 법령에 정한 제소기간이 모두 경과하는 등 더 이상 취소소송을 제기하여 다툴 수 없게 된 때에는 그 뒤에 한 위헌결정의 효력이 이에 미치지 않는다고 보아야 한다.

제소기간이 경과함으로써 그 행정처분을 더 이상 다툴 수 없게 된 뒤에도 당사자 또는 이해관계인이 그 처분의 무효확인소송이나 처분의 효력 유무를 선결문제로서 다투는 민사소송 등에서 언제든지 그 처분의 근거 법률이 위헌이라는 이유를 들어 그 처분의 효력을 부인할 수 있도록 한다면, 그 처분으로 불이익을 받은 개인의 권리구제에는 더없는 장점이 되기는 하겠지만, 이로 말미암아 제소기간의 규정을 두고 있는 현행의 행정쟁송제도가 뿌리째 흔들리게 됨은 물론, 기존의 법질서에 의하여 형성된 법률관계와 이에 기초한 다른 개인의 법적 지위에 심각한 불안정을 초래할 수 있다. 이러한 결과는 헌법재판소법 제47조 제2항이 법률의 위헌결정의 효력을 장래에 미치도록 규정함으로써 법적 안정성을 도모하는 취지에 반하는 것일 뿐만 아니라, 비록 위헌인 법률이라 하더라도 헌법재판소의 위헌결정에 의하여 비로소 형성적으로 그 효력을 잃게 되는 것이므로 헌법재판소의 위헌결정이 있기 전에는 어느 누구도 그 법률의 효력을 부인할 수는 없다는 이치에도 어긋나는 것이다.

이렇게 본다고 하여 위헌법률심판에 의한 구체적 규범통제의 실효성 확보나 개인의 권리구제에 심각한 지장이 생긴다고 단정할 수 없다. 행정처분의 당사자 또는 법적 이해관계인은 그 처분에 대한 법령상의 제소기간이 경과하기 전에 적법한 소송을 제기하고 그 사건에서 그 처분의 근거가 된 법률이 위헌이라고 주장하여 법원이 이에 대하여 위헌 여부 심판을 제청하는 길과 제청신청이 기각되는 경우 헌법재판소법 제68조 제2항에 따라 헌법소원심판을 청구하여 위헌법률 및 이에 근거한 행정처분의 효력을 당해 사건에서 소급적으로 제거할 수 있는 길이 열려 있기 때문이다. 결국 위헌인 법률에 근거한 행정처분의 당사자 또는 법적 이해관계인에게는 법령상 인정된 제소기간 내에 적법한 소송을 제기하여 그 절차 내에서 그 행정처분의 근거가 된 법률 또는 법률조항의 위헌 여부를 다툴 수 있도록 보장하고, 제소기간의 경과 등 그 처분에 대하여 더 이상 다툴 수 없게 된 때에는 비록 위헌인 법률에 근거한 행정처분이라 하더라도 되도록 그 효력을 유지하도록 함으로써 다 같이 헌법상 지켜져야 할 가치인 법적 안정성과 개인의 권리구제를 조화시킴이 바람직한 길이다(헌재 1994. 6. 30. 92헌가18 반대의견; 헌재 1994. 6. 30. 92헌바23 반대의견 참조).

바로 이러한 이유 때문에 대법원은, 행정청이 어떠한 법률에 근거하여 행정처분을 한 후 헌법재판소가 그 법률을 위헌으로 결정한 경우 그 행정처분은 결과적으로 법률의 근거 없이 행하여진 것과 마찬가지여서 하자 있는 것으로 되지만, 일반적으로 법률이 헌법에 위반된다는 사정은 헌법재판소의 위헌결정이 있기 전에는 객관적으로 명백한 것이라고 할 수는 없으므로, 특별한 사정이 없는 한 그러한 하자는 행정처분의 취소사유일 뿐 당연무효사유는 아니라고 판시해 오고 있는 것이다(대법원 1994. 10. 28. 선고 92누9463 판결; 대법원 2001. 3. 23. 선고 98두5583 판결; 대법원 2009. 5. 14. 선고 2007두16202 판결 등 참조).

라. 위헌인 법률에 근거한 행정처분의 효력과 재판의 전제성

(1) 법률의 위헌 여부가 재판의 전제가 된다는 것은 그 법률이 당해 사건에 적용되고 그 위헌 여부에 따라 재판의 주문이 달라지거나 재판의 내용과 효력에 관한 법률적 의미가 달라지는 것을 의미하는바, 근거 법률에 대한 위헌결정이 행정처분의

효력에 영향을 미칠 여지가 없는 경우에는 그 법률의 위헌 여부에 따라 당해 사건 재판의 주문이 달라지거나 재판의 내용과 효력에 관한 법률적 의미가 달라질 수 없는 것이므로 재판의 전제성을 인정할 수 없게 된다. 물론 위헌인 법률에 기한 행정처분이 무효인지 여부는 당해 사건을 재판하는 법원이 판단할 사항이다.

앞서 살핀 바와 같이 대법원은 행정청이 법률에 근거하여 행정처분을 한 후에 헌법재판소가 그 행정처분의 근거가 된 법률을 위헌으로 결정하였다면 결과적으로 그 처분은 법률의 근거가 없이 행하여진 것과 마찬가지가 되어 하자가 있는 것이 된다고 할 것이나, 특별한 사정이 없는 한 이러한 하자는 단지 행정처분의 취소사유에 해당할 뿐이라는 입장이다.

이에 따라, 헌법재판소는 법률이 헌법에 위반된다는 사정은 헌법재판소의 위헌결정이 있기 전에는 객관적으로 명백한 것이라고 할 수는 없으므로 특별한 사정이 없는 한 그러한 하자는 행정처분의 취소사유에 해당할 뿐 당연무효사유는 아니라고 전제한 다음, 제소기간이 경과한 뒤에는 행정처분의 근거 법률이 위헌임을 이유로 무효확인소송 등을 제기하더라도 행정처분의 효력에는 영향이 없음이 원칙이므로, 이미 제소기간이 경과하여 불가쟁력이 발생한 행정처분의 근거 법률의 위헌 여부에 따라 당해 사건 재판의 주문이 달라지거나 재판의 내용과 효력에 관한 법률적 의미가 달라진다고 볼 수 없어, 이 경우는 재판의 전제성을 인정할 수 없다고 판단하여 왔다(헌재 2001. 9. 27. 2001헌바38; 헌재 2005. 3. 31. 2003헌바113; 헌재 2006. 11. 30. 2005헌바55; 헌재 2007. 10. 4. 2005헌바71; 헌재 2010. 9. 30. 2009헌바101 등 참조).

(2) 헌법재판소법 제68조 제2항에 의한 헌법소원심판에 있어 요구되는 재판의 전제성은 헌법재판소법 제41조에 의한 위헌법률심판절차와 마찬가지로 '구체적' 규범통제절차로서의 본질을 드러내 주는 요건이다. 행정처분에 대한 제소기간이 경과한 후 무효확인소송을 제기한 경우, 앞서 살핀 바와 같이 근거 법률의 위헌 여부가 당해 사건 재판의 주문 등에 영향을 미칠 수 없음에도 불구하고 재판의 전제성을 인정한다면, 구체적 사건의 해결과 관계없이 근거 법률의 위헌 여부를 판단하는 것이 되어 구체적 규범통제제도에 근거한 현행 헌법재판제도와 조화되기 어렵다. 설령 구체적 규범통제제도로 인한 규범적 공백에서 발생하는 문제가 있다고 하더라도 이를 메우는 것은 헌법재판소에 주어진 역할이 아니다. 또한 본안 판단의 결과 법률의 위헌결정을 통하여 달성할 수 있는 헌법의 최고규범성 확보 역시 구체적 규범통제를

위한 적법요건 판단 단계에서 고려할 사항은 아니라고 할 것이다.

그리고 헌법재판소법 제47조 제2항은 “위헌으로 결정된 법률은 그 결정이 있는 날부터 효력을 상실한다. 다만 형벌에 관한 법률은 소급하여 그 효력을 상실한다.”라고 규정하고 있다. 위 법률규정에도 불구하고, 헌법재판소는 구체적 규범통제의 실효성을 보장하기 위하여 법원의 제청·헌법소원의 청구 등을 통하여 헌법재판소에 법률의 위헌결정을 위한 계기를 부여한 당해 사건 등에 대하여 형벌에 관한 법률 이외에도 소급효가 인정된다고 본다(헌재 2000. 8. 31. 2000헌바6 참조). 위와 같은 예외적인 소급효 인정과 관련하여, 재판의 전제성 부인이 재심청구를 통해 확정판결의 효력을 부인할 수 있도록 규정한 헌법재판소법 제75조 제7항 취지에 부합하지 아니한다는 의문이 제기될 수 있다. 그러나 헌법재판소법 제68조 제2항의 헌법소원절차에서는, 행정처분의 근거 법률이 위헌으로 결정된 경우 그 행정처분의 근거 법률이 소급하여 효력을 상실한다는 전제에서, 그 처분의 효력을 판단하여 당해 사건 재판의 주문 등이 달라지는지 여부에 따라 재판의 전제성 인정 여부를 결정한다. 결국 제소기간이 경과한 행정처분의 근거 법률에 대한 재판의 전제성의 부인은 법률의 위헌결정에 대한 소급효 인정과 서로 조화될 수 없는 것이 아니고 헌법재판소법의 체계에 부합하는 것이다.

그렇다면 앞서 살펴본 헌법재판소의 견해는 여전히 타당하고, 이와 달리 판단할 사정의 변경이나 필요성이 있다고 인정되지 않는다. 다만 헌법재판소는 행정처분의 근거가 된 법률에 의해 침해되는 기본권이 중요하며 그 법률에 대한 헌법적 해명이 긴요히 필요한 경우에는 근거 법률에 대한 위헌결정이 행정처분의 효력에 영향을 미칠 여지가 없는 때에도 헌법질서의 수호자로서의 사명을 다하기 위하여 예외적으로 본안판단에 나아갈 수 있을 것이다(헌재 1993. 12. 23. 93헌가2; 헌재 2013. 7. 25. 2012헌바63 참조).

(3) 이러한 입장에서 이 사건 심판청구를 살펴보면, 먼저 당해 사건은 이 사건 처분에 대한 제소기간이 경과한 후에 제기되었으므로 설령 이 사건 법률조항에 대하여 위헌결정이 있다 하더라도 이 사건 처분이 취소될 수 없다. 또한 이 사건 처분을 할 당시 이미 이 사건 법률조항의 위헌성이 명백하였다고 볼 만한 특별한 사정도 없다.

결국 이 사건 심판청구는 이 사건 법률조항의 위헌 여부에 따라 당해 사건 재판의 주문이 달라지거나 재판의 내용과 효력에 관한 법률적 의미가 달라지는 경우로 볼 수 없고, 따라서 재판의 전제성을 갖추지 못하였다.

◇ 보충의견

나는 반대의견에 대한 비판을 통하여 다수의견을 보충하고자 한다.

(1) 헌법재판소법 제68조 제2항의 헌법소원심판청구가 적법하려면 당해 사건에 적용될 법률이 헌법에 위반되는지 여부가 재판의 전제가 될 것이 요구된다. 이 경우 재판의 전제성 요건은 당해 사건에 적용될 법률에 대한 위헌결정이 그 법률에 근거한 행정처분을 당연무효로 만드는지 여부에 달려있다.

대법원은 행정처분의 근거법률이 위헌으로 결정되었다는 사정은 특별한 사정이 없는 한 무효사유는 아니라고 꾸준히 판시해 오고 있으므로, 위헌법률에 근거한 행정처분이 법원에서 무효로 인정되는 것은 매우 예외적인 경우에 한정될 것이다. 그런데 반대의견과 같이 매우 예외적으로 법원에서 무효가 인정될 수 있음을 전제로 하면서 '일반적으로 재판의 전제성을 인정'할 경우, 위헌법률에 근거한 행정처분의 효력에 대한 법적 불확실성의 부담이 커지고, 그 부담은 결국 행정기관과 국민에게 돌아가게 된다. 나아가 행정처분의 무효확인을 구하고 근거법률을 다투는 것이 완전히 허용됨에 따라 무효확인소송의 일반화와 남소(濫訴)가 우려되는데, 이는 법적 안정성과 실질적 정의라는 법치국가 원리의 구성요소들간의 형량(衡量)에 있어서, 거의 구제가능성도 없으면서 국민의 권리구제라는 명분에만 지나치게 경도된 나머지 법적 안정성을 무의미하게 만드는 결과를 초래하게 된다.

(2) 재판의 전제성 인정 여부와 관련하여, 행정행위 하자, 즉 무효와 취소의 구별기준에 관한 이른바 '중대명백설'은 반대의견이 법정의견에 대한 공격의 도구개념으로 사용하고 있는 것일 뿐, 법정의견이 중대명백설에 기초하여 재판의 전제성을 부정하는 것은 아니다. 법정의견이, 위헌법률에 근거한 행정처분이라 할지라도 그것이 당연무효는 아니라고 보는 가장 근본적인 이유는, 그 하자가 명백한지 여부를 떠나 이 경우를 무효라고 본다면 법적 안정성을 해칠 우려가 크다는 데 있다. 법률조항은 그 속성상 다수의 수범자를 전제로 하여 수많은 행정처분의 근거가 되고, 그 법률조항에 기하여 행정처분이 대량으로 계속 반복하여 이루어지므로, 공법관계에서는 특히 법적 안정성과 신뢰보호의 요청이 강하기 때문이다. 일반적으로 법률이 헌법에

위반된다는 사정이 헌법재판소의 위헌결정이 있기 전에는 객관적으로 명백하다고 할 수 없다는 것도, 국회에서 헌법과 법률이 정한 절차에 의하여 제정·공포된 법률은 그 합헌성이 추정된다는 데에 그 근거가 있다(헌재 2005. 3. 31. 2003헌바113; 헌재 2007. 10. 4. 2005헌바71 등 참조). 반대의견에 따를 경우, 행정처분의 쟁송기간이 경과한 후에도 그 처분의 직·간접적인 근거 법률의 위헌성을 주장하기만 하면 언제든지, 또 어떤 소송형태로든 그 효력을 다툴 수 있게 되는바, 이는 행정처분의 무효사유와 취소사유의 구분을 전제로 구축하여 온 행정법체계와 행정쟁송체계 전반에 혼란을 초래할 우려가 있으므로, 법적 안정성의 측면에서 결코 바람직하다고 볼 수 없다.

(3) 위헌결정의 소급효 또는 재심청구가 가능함을 이유로 당해 사건만큼은 재판의 전제성을 인정하여야 한다는 반대의견은, 위헌결정의 장래효를 원칙으로 한 헌법재판소법 제47조 제2항에 반할 뿐 아니라, 행정행위의 고유한 특성, 즉 불가쟁력(확정력)을 무의미하게 만든다. 위헌결정의 소급효와 관련하여 헌법재판소보다 더 넓게 소급효를 인정하고 있는 대법원도 "위헌결정의 소급효가 인정된다고 하여 위헌인 법률에 근거한 행정처분이 당연무효가 된다고는 할 수 없고, 오히려 이미 취소소송의 제기기간이 경과하여 확정력이 발생한 행정처분에는 위헌결정의 소급효가 미치지 않는다."고 하였다(대법원 1994. 10. 28. 선고 92누9463 판결). 따라서 어떤 행정처분이 무효인지 여부는 결국 법원이 여러 사정을 종합하여 판단할 수밖에 없고, 독일연방헌법재판소법 제79조 제2항 제1문과 같은 명문의 규정이 없는 우리나라에서도 법적 안정성과 신뢰보호의 원칙 내지 헌법재판소법 제47조 제2항의 해석상 위헌인 법률에 근거한 행정처분이 당연무효가 아니라는 해석이 얼마든지 가능하기 때문에, 굳이 반대의견과 같이 법률에 대한 위헌결정의 효력범위를 입법정책으로 확보할 문제는 아니다. 이렇게 재판의 전제성을 부정한다고 하여 구체적 규범통제의 실효성 확보나 국민의 권리구제에 심각한 지장이 생긴다고 볼 수 없다. 행정처분의 당사자 또는 법적 이해관계인은 그 처분에 대한 법령상의 불복기간이 경과하기 전에 적법한 소송을 제기하고 그 사건에서 그 처분의 근거가 된 법률이 위헌이라고 주장하여 다툴 수 있는 길이 열려 있기 때문이다.

(4) 위헌인 법률에 근거한 행정처분이 당연무효가 아니라는 것이 일반적이라 하더라도 그에는 예외가 인정되어야 하는 경우가 있을 수 있다(헌재 1994. 6. 30. 92헌바23 등 참조). 그러나 위와 같은 '예외적 사정'을 인정한다고 하여 일반적으로 재판의

전제성을 인정해야 하는 것도 아니고, 예외적 사정을 인정하는 경우 법적 안정성을 크게 훼손할 염려가 있는지 여부는 헌법재판소에 드러난 사실관계와 법률관계만으로 파악 가능한 것이고, 반드시 행정소송의 본안판단 문제라고만 볼 것도 아니다.

[101] 보안관찰법 제27조 제2항 등 위헌소원 사건

(2015. 11. 26. 2014헌바475)

◇ 사안과 쟁점

청구인은 국가보안법위반(잠입·탈출)죄 등으로 징역 3년의 형이 확정되어 그 형의 집행을 종료하였다. 법무부장관은 2012. 11. 8. 청구인에게 보안관찰처분을 하였고, 청구인은 위 결정을 고지받은 후 7일 이내에 정당한 이유 없이 보안관찰법 제18조 제1항에 따른 신고를 하지 아니하였으며, 이로 인하여 보안관찰법위반죄로 기소되어 1심에서 벌금 50만 원의 유죄판결을 선고받았다. 청구인은 항소하였으나 항소기각되자 상고하여 현재 상고심 계속 중이다. 청구인은 항소심 계속 중 보안관찰처분의 근거조항인 보안관찰법 제2조, 제3조, 제4조, 제12조 제1항, 제14조 및 기소된 범죄사실의 처벌조항인 보안관찰법 제27조 제2항, 제18조 제1항에 대하여 위헌법률심판제청신청을 하였으나, 기각되자 헌법소원심판을 청구하였다.

쟁점은, 보안관찰법 제2조, 제3조, 제4조, 제12조 제1항, 제14조('보안관찰처분 근거조항') 및 제27조 제2항 중 '정당한 이유 없이 제18조 제1항의 규정에 의한 신고를 하지 아니한 자는 2년 이하의 징역 또는 100만 원 이하의 벌금에 처한다'는 부분('처벌조항')의 위헌 여부이다(2015. 11. 26. 2014헌바475; 공보 230호 1810면). 다수의견(7명)은 보안관찰처분 근거조항 및 처벌조항의 위헌 여부에 대하여 본안 판단을 하였으나, 재판관 조용호 등 2명은 보안관찰처분 근거조항은 재판의 전제성이 인정되지 아니하여 각하하여야 한다고 하였다.

◇ 반대의견

우리는 이 사건 처벌조항이 헌법에 위반되지 않는다는 점에서는 다수의견과 견해를 같이한다. 그러나 보안관찰처분 근거조항에 대한 이 사건 심판청구 부분은 재판의 전제성이 인정되지 않아 부적법하므로 이를 각하하는 것이 옳다고 생각한다.

가. 구체적 규범통제절차로서의 헌법소원과 재판의 전제성

(1) 헌법재판소법 제68조 제2항의 헌법소원에 있어서는 법원에 계속된 구체적 사건에 적용할 법률의 위헌 여부가 재판의 전제로 되어 있어야 하고(헌법재판소법 제68조 제2항, 제41조 제1항), 이 경우 재판의 전제가 된다고 함은 문제되는 법률이나 법률조항이 당해 소송사건의 재판에 적용되는 것이어야 하며, 그 법률이나 법률조항의 위헌 여부에 따라 재판의 주문이 달라지거나 재판의 내용과 효력에 관한 법률적 의미가 달라지는 경우를 말한다. 이러한 재판의 전제성 요건은 헌법재판소법 제68조 제2항의 헌법소원심판이 '구체적' 규범통제절차로서의 본질을 가지고 있다는 점을 드러내는 것으로서, '추상적' 규범통제절차와 구분해주는 의미를 갖는다. 그러므로 청구인에 대한 공소사실에 관하여 적용되지 아니한 법률이나 법률조항의 위헌 여부는 다른 특별한 사정이 없는 한 청구인이 재판을 받고 있는 당해 사건에 있어서 그 재판의 전제가 된다고 할 수 없고(헌재 1989. 9. 29. 89헌마53 결정 등 참조), 설사 공소장의 '적용법조'란에 적시된 법률조항이라 하더라도, 구체적 소송사건에서 법원이 적용하지 아니한 법률조항 역시 재판의 전제성이 인정되지 않는다고 보아야 한다(헌재 1997. 1. 16. 89헌마240 참조). 왜냐하면 헌법재판소에서 그러한 법률조항에 대하여 위헌결정을 한다 하더라도 다른 특별한 사정이 없는 한 그로 인하여 당해 사건의 재판의 주문이 달라지지 않을 뿐만 아니라 재판의 내용과 효력에 관한 법률적 의미가 달라지지도 않기 때문이다.

(2) 청구인은 보안관찰처분결정고지를 받은 날로부터 7일 이내에 등록기준지, 주거, 가족 및 동거인 상황과 교우관계 등 보안관찰법 제18조 제1항 각호에 규정한 사항을 주거지를 관할하는 서울강서경찰서장에게 신고하여야 함에도 정당한 이유 없이 그 신고의무를 이행하지 아니하였다는 범죄사실로 기소되었고, 법원은 당해 사건 재판에서 이 사건 처벌조항을 적용하여 청구인에 대하여 유죄판결을 선고하였다. 그

러므로 당해 사건에서 재판의 전제성이 인정되는 법률조항은 원칙적으로 이 사건 처벌조항뿐이라 할 것이고, 설사 보안관찰처분 근거조항에 대하여 위헌결정이 있더라도, 뒤에서 보는 것처럼 청구인에 대한 보안관찰처분이 확정되어 이미 불가쟁력이 발생한 이상, 청구인에 대한 당해 사건에서 재판의 주문이 달라지거나 재판의 내용과 효력에 관한 법률적 의미가 달라지지 않으므로, 보안관찰처분 근거조항은 재판의 전제성이 인정되지 않는다고 보아야 한다.

나. 위헌인 법률에 근거한 행정처분의 효력과 재판의 전제성

(1) 대법원은 행정청이 어떠한 법률에 근거하여 행정처분을 한 후 헌법재판소가 그 법률을 위헌으로 결정한 경우 그 행정처분은 결과적으로 법률의 근거 없이 행하여진 것과 마찬가지여서 하자 있는 것으로 되지만, 일반적으로 법률이 헌법에 위반된다는 사정은 헌법재판소의 위헌결정이 있기 전에는 객관적으로 명백한 것이라고 할 수는 없으므로, 특별한 사정이 없는 한 그러한 하자는 행정처분의 취소사유일 뿐 당연무효사유는 아니라고 판시해 오고 있다(대법원 1994. 10. 28. 선고 92누9463 판결; 대법원 2001. 3. 23. 선고 98두5583 판결; 대법원 2009. 5. 14. 선고 2007두16202 판결 등 참조). 헌법재판소도 역시 법률이 헌법에 위반된다는 사정은 헌법재판소의 위헌결정이 있기 전에는 객관적으로 명백한 것이라고 할 수는 없으므로 특별한 사정이 없는 한 그러한 하자는 행정처분의 취소사유에 해당할 뿐 당연무효사유는 아니라고 전제한 다음, 제소기간이 경과한 뒤에는 행정처분의 근거 법률이 위헌임을 이유로 무효확인소송 등을 제기하더라도 행정처분의 효력에는 영향이 없음이 원칙이므로, 이미 제소기간이 경과하여 불가쟁력이 발생한 행정처분의 근거 법률의 위헌 여부에 따라 당해 사건 재판의 주문이 달라지거나 재판의 내용과 효력에 관한 법률적 의미가 달라진다고 볼 수 없어, 이 경우는 재판의 전제성을 인정할 수 없다고 여러 차례 판단하여 왔다(헌재 2001. 9. 27. 2001헌바38; 헌재 2005. 3. 31. 2003헌바113; 헌재 2006. 11. 30. 2005헌바55; 헌재 2007. 10. 4. 2005헌바71; 헌재 2010. 9. 30. 2009헌바101; 헌재 2014. 1. 28. 2010헌바251; 헌재 2014. 1. 28. 2011헌바246등; 헌재 2014. 3. 27. 2011헌바232 참조).

(2) 보안관찰처분은 보안관찰처분심의위원회의 의결을 거쳐 법무부장관이 행하므로(보안관찰법 제14조 제1항), 그 법적 성격은 행정처분에 해당한다. 그리고 보안관찰처분은 받은 사람(이하 '피보안관찰자'라고 한다.)은 그 결정에 대하여 이의가 있을 때에

는 행정소송법이 정하는 바에 따라 그 결정이 집행된 날로부터 60일 이내에 서울고등법원에 소를 제기하여 그 결정의 당부를 다툴 수 있고(보안관찰법 제23조), 이러한 소송에 관하여는 보안관찰법에서 따로 규정한 것을 제외하고는 행정소송법이 준용된다(보안관찰법 제24조). 그러므로 만약 피보안관찰자인 청구인이 위 제소기간 내에 자신에 대한 보안관찰처분의 취소를 구하는 소송을 제기하고(물론 행정소송법 제23조에 따라 보안관찰처분의 '집행정지'도 함께 신청할 수 있을 것이다.) 그 소송절차에서 보안관찰처분 근거조항의 위헌을 주장하였다면 그 법률조항의 위헌 여부에 따라 재판의 결과가 달라질 것이 명백하므로 재판의 전제성을 인정할 수 있을 것이다. 그러나 청구인은 위 제소기간 내에 행정소송을 제기하지 아니한 채 그 기간을 도과하였으므로 청구인에 대한 보안관찰처분은 확정되어 불가쟁력이 발생하였고, 따라서 그 이후에 설사 보안관찰처분 근거조항이 위헌임을 이유로 무효확인소송 등을 제기하더라도 행정처분의 효력에는 영향이 없음이 원칙이므로, 보안관찰처분 근거조항은 위 무효확인소송 등에서 재판의 전제성이 인정되지 아니한다.

다. 보안관찰처분 근거조항의 간접적용과 재판의 전제성

(1) 다수의견은 보안관찰처분 근거조항이 청구인에 대한 당해 사건에 직접 적용되지는 않지만 간접적으로 적용되므로 재판의 전제성이 인정된다고 보는 듯하다. 즉 보안관찰처분 근거조항이 위헌으로 결정되면 이에 근거한 청구인에 대한 보안관찰처분은 무효로 되고, 그렇게 되면 청구인은 보안관찰법상의 신고의무를 부담하지 않게 되므로, 결국 청구인은 당해 사건에서 무죄판결을 받을 수 있으니 재판의 전제성이 인정된다는 논리이다.

그러나 아무리 간접적용되는 법률조항이라 하더라도 그것이 헌법에 위반되는지 여부에 따라 당해사건의 재판에 직접 적용되는 법률조항이 헌법에 위반되는지 여부가 결정되거나 그 의미가 달라짐으로써 당해 사건 재판에 영향을 미치는 경우 등과 같이, 양 규범 사이에 내적인 관련이 있는 경우라야만 간접적으로 적용되는 법률조항에 대하여도 재판의 전제성을 인정할 수 있다(헌재 2000. 1. 27. 99헌바23; 헌재 2001. 10. 25. 2000헌바5; 헌재 2010. 2. 25. 2007헌바131등; 헌재 2014. 1. 28. 2010헌바251 참조).

그런데 피보안관찰자인 청구인은 제소기간 내에 보안관찰처분의 취소를 구하는 소송을 제기하고 그 소송절차에서 재판의 전제성이 인정되는 보안관찰처분 근거조항에 대하여 얼마든지 위헌법률심판제청신청을 할 수 있었고, 그 신청이 기각되면 헌법재판소법 제68조 제2항에 따른 헌법소원심판을 제기할 수 있었음에도, 그러한 소송을 제기하지 아니한 채 제소기간을 도과하였다. 그러므로 청구인에 대한 보안관찰처분은 이미 확정되어 불가쟁력이 발생하였고, 이를 더 이상 취소할 방법이 없다.

피보안관찰자는 보안관찰법 제18조 제1항에 따른 신고의무를 이행하여야 하고 이를 이행하지 않으면 이 사건 처벌조항에 따라 처벌을 받게 되므로, 그가 그 신고의무를 종국적으로 면하기 위하여는 보안관찰처분의 효력을 무효화시켜 피보안관찰자의 지위에서 벗어나야만 한다. 그러나 앞서 본 것처럼 청구인에 대한 보안관찰처분은 불가쟁력이 생겨 더 이상 이를 취소할 방법이 없고, 또 설사 그 후에 헌법재판소가 보안관찰처분 근거조항을 위헌으로 결정한다고 하더라도, 보안관찰처분이 헌법 제12조 제1항에 근거한 '보안처분'의 일종이지(헌재 1997. 11. 27. 92헌바28 참조) 형벌이 아닌 이상, 보안관찰처분 근거조항 역시 '형벌에 관한 법률조항'에 해당하지 않으므로 그에 대한 위헌결정의 효력은 그 결정이 있은 날로부터 장래에 미칠 뿐이라는 점(헌법재판소법 제47조 제2항)에 비추어 보아도, 그 전에 이미 불가쟁력이 발생한 보안관찰처분이 당연무효로 되지는 않는다. 그러므로 청구인은 여전히 피보안관찰자의 지위에서 벗어날 수 없고, 보안관찰법 제18조 제1항에 따른 신고의무도 면할 수 없으므로, 정당한 이유 없이 그 신고의무를 이행하지 아니하면 이 사건 처벌조항에 따라 처벌을 받을 수밖에 없다. 따라서 설사 보안관찰처분 근거조항이 간접적용된다고 하더라도 그 위헌 여부에 따라 청구인에 대한 당해 사건의 재판의 주문이 달라지거나 재판의 내용과 효력에 관한 법률적 의미가 달라지는 경우에 해당하지 않으므로 재판의 전제성을 인정할 수 없다. 이는 예컨대 위해식품 등의 판매를 금지하는 식품위생법 제4조를 위반하여 식품위생법 제75조 제1항에 따라 영업허가취소처분을 받은 영업자가 그 허가취소처분에 대한 쟁송기간을 도과한 이후 영업허가를 받지 않은 채 계속 영업하다가 적발되어 무허가 영업 금지 및 그 처벌규정인 식품위생법 제94조 제1항 제3호, 제37조 제1항에 따라 기소된 형사사건에서, 불가쟁력이 발생한 영업허가취소처분의 효력을 부인할 방법이 없고, 설사 식품위생법 제75조 제1항, 제4조에 대하여 위헌결정이 있더라도 그 전에 이미 불가쟁력이 발생한 영업허가취소처분이 당연무효로 되지는 않기 때문에 법원으로서는 무허가 영업행위를 한 범죄사실에 대하여 유죄를 선고할 수밖에 없고, 따라서 영업허가취소처분의 근거되는 법률조항인 식품위생법 제75

조 제1항, 제4조는 위 형사사건에서 재판의 전제성이 인정되지 않는 것과 같은 이치이다.

(2) 만약 다수의견과 같이 보안관찰처분 근거조항의 위헌 여부가 당해 사건 재판의 주문 등에 영향을 미칠 수 없음에도 불구하고 재판의 전제성을 인정한다면, 재판의 전제성이 '구체적' 규범통제절차로서의 본질을 드러내 주는 요건인데도, 구체적 사건의 해결과 관계없이 근거 법률의 위헌 여부를 판단하는 것이 되어 구체적 규범통제제도에 근거한 현행 헌법재판제도와 조화되기 어렵다(헌재 2014. 1. 28. 2011헌바246등 참조)는 점에서 찬성할 수 없다.

라. 긴요한 헌법적 해명의 필요성과 재판의 전제성

(1) 한편 행정처분의 근거가 된 법률에 의해 침해되는 기본권이 중요하며 그 법률에 대한 헌법적 해명이 긴요히 필요한 경우에는 근거 법률에 대한 위헌결정이 행정처분의 효력에 영향을 미칠 여지가 없어서 재판의 전제성이 인정되지 않는 때에도 헌법재판소는 헌법질서의 수호자로서의 사명을 다하기 위하여 예외적으로 본안판단에 나아갈 수 있음은 물론이다(헌재 1993. 12. 23. 93헌가2; 헌재 2013. 7. 25. 2012헌바63; 헌재 2014. 1. 28. 2011헌바246등 참조).

(2) 그러나 헌법재판소는 이미 1997. 11. 27. 92헌바28 결정에서 보안관찰처분 근거조항이 적법절차원칙 및 재판을 받을 권리를 침해하지 아니하고, 이중처벌금지의 원칙에도 위반되지 않을 뿐 아니라 양심의 자유도 침해하지 않는다고 결정한 바 있고, 다수의견도 인정하는 것처럼 이러한 헌법재판소의 선례를 변경할 만한 사정변경이 있다고 할 수 없으므로 종전 선례를 그대로 유지함이 타당하다. 따라서 보안관찰처분 근거조항이 청구인에 대한 당해 사건에서 재판의 전제가 되지는 않지만 예외적으로 다시 헌법적 해명을 할 필요성이 긴요한 경우에 해당한다고 보기도 어렵다.

마. 결 론

결국 보안관찰처분 근거조항에 대한 이 사건 심판청구 부분은 청구인에 대한 당해 사건에서 재판의 전제성이 인정되지 않아 부적법하므로 이를 각하함이 옳다.

[102] 법관 재임명 조항과 국가배상청구

(2014. 4. 24. 2011헌바56)

◇ 사안과 쟁점

청구인은 1977년 판사로 임명되어 법원에 근무하였는데, 헌법이 1980년 전부개정되어 판사의 임명권자가 대통령에서 대법원장으로 바뀌었다. 당시 대법원장은 1981년 개정헌법 부칙 제8조 제1항 및 법원조직법 부칙 제3항에 근거하여, 판사로 재직하고 있던 563명 중 청구인을 포함한 37명을 판사로 임명하지 아니하였다('이 사건 재임명 제외행위'). 한편, '민주화운동관련자 명예회복 및 보상심의위원회'는 2005년 청구인이 5·18 광주민주화운동에 참가한 사실을 이유로 판사직에서 해임되었다고 판단하고, 청구인을 민주화운동을 이유로 해직을 당한 자로 인정하는 의결을 하였다. 이에 청구인은 2008년 이 사건 재임명 제외행위는 헌법상 신분이 보장된 법관의 독립을 침해하는 위헌·위법행위라고 주장하면서, 대한민국을 상대로 손해배상청구의 소를 제기하였으나 기각되었고, 항소한 후 법원조직법 부칙 제3항이 법관의 임기와 신분을 보장하고 있는 헌법규정에 반한다고 주장하면서 위헌법률심판제청신청을 하였으나 기각되자, 헌법소원심판을 청구하였다.

쟁점은, 대법원장으로 하여금 법관을 새로이 임명하도록 하면서 임명받지 아니한 법관은 후임자의 임명이 있은 날의 전일까지 그 직을 가지도록 한 법원조직법 부칙 규정의 위헌 여부가 그 조항에 의한 법관 재임명 시 청구인을 재임명에서 제외한 행위를 원인으로 국가배상을 청구한 당해 사건의 전제가 되는지 여부이다(소극:적극 6:3, 2014. 4. 24. 2011헌바56; 공보 211호 752면). 재판관 조용호는 주심으로 법정의견을 집필하였다.

◇ 법정(각하)의견

가. 헌법재판소법 제68조 제2항의 헌법소원의 경우 법원에 계속된 구체적 사건에 적용할 법률의 위헌 여부가 재판의 전제가 되어야 하고, 이 경우 재판의 전제라 함은 문제된 법률 또는 법률조항이 당해 소송사건의 재판에 적용되는 것이어야 하

며, 그 위헌 여부에 따라 재판의 주문이 달라지거나 재판의 내용과 효력에 관한 법률적 의미가 달라지는 경우를 말한다(헌재 1995. 7. 21. 93헌바46; 헌재 1997. 11. 27. 92헌바28; 헌재 2011. 11. 24. 2010헌바353 등 참조).

당해 사건에서 청구인은 이 사건 재임명 제외행위가 헌법상의 법관 신분 보장을 위반하여 위법한 행위라고 주장하면서 불법행위를 청구원인으로 한 국가배상을 구하고 있는데, 이 경우 재판의 전제성이 인정되는지 여부를 살펴본다.

나. 공무원의 고의 또는 과실에 의한 위법행위를 이유로 대한민국을 상대로 손해배상을 구하는 당해 사건과 관련하여, 헌법재판소는, 일반적으로 법률이 헌법에 위반된다는 사정은 헌법재판소의 위헌결정이 있기 전에는 객관적으로 명백한 것이라고 할 수 없어 법률이 헌법에 위반되는지 여부를 심사할 권한이 없는 공무원으로서는 행위 당시의 법률에 따를 수밖에 없다 할 것이므로, 행위의 근거가 된 법률조항에 대하여 위헌결정이 선고된다 하더라도 위 법률조항에 따라 행위한 당해 공무원에게는 고의 또는 과실이 있다 할 수 없어 국가배상책임은 성립되지 아니하고, 이러한 경우 위 법률조항이 헌법에 위반되는지 여부에 따라 당해 사건 재판의 주문이 달라지거나 재판의 내용과 효력에 관한 법률적 의미가 달라진다고 볼 수 없으므로 재판의 전제성을 인정할 수 없다고 판단하여 왔다(헌재 2008. 4. 24. 2006헌바72; 헌재 2009. 9. 24. 2008헌바23; 헌재 2011. 3. 31. 2009헌바286; 헌재 2011. 9. 29. 2010헌바65 등 참조).

이 사건 재임명 제외행위는 심판대상조항에 따른 것으로서, 심판대상조항이 위헌이라는 사정이 그 당시 객관적으로 명백하였다고 볼 수 없다. 1980년 개정헌법은, 법률이 헌법에 위반되는 여부가 재판의 전제가 된 경우에 법원은 법률이 헌법에 위반되는 것으로 인정할 때에는 헌법위원회에 제청하여 그 결정에 의하여 재판하도록 하였으나(제108조 제1항), 이 사건 재임명 제외행위 당시 심판대상조항의 위헌 여부가 재판의 전제가 되지는 않았으므로 위헌심사가 가능한 경우는 아니었다. 더욱이 심판대상조항은 1980년 개정헌법 부칙 제8조 제1항에 근거한 것으로, 이 사건 재임명 제외행위 당시 위 헌법 부칙의 내용과 동일하게 규정된 심판대상조항의 합헌성에 대하여 합리적 의심이 가능하였다고 볼 수도 없으므로, 심판대상조항에 근거한 이 사건 재임명 제외행위에 고의 또는 과실이 있었다고 볼 수는 없다.

따라서 당해 사건 법원은 심판대상조항의 위헌 여부와 무관하게 불법행위의 성립 여부를 판단하여야 할 것이어서, 심판대상조항의 위헌 여부에 따라 재판의 주문이 달라지거나 재판의 내용과 효력에 관한 법률적 의미가 달라지는 경우로 볼 수 없어 재판의 전제성을 갖추지 못하였다.

5. 불기소처분(기소유예 등) 관련

[103] 기업결합에 대한 무혐의 결정에 경쟁사업자의 자기관련성 여부

(2014. 7. 24. 2012헌마180)

◇ 사안과 쟁점

청구인들은 파렛트를 제조하여 판매하는 주식회사들이다. ○○주식회사는 청구인들과 마찬가지로 파렛트를 제조하여 판매하는 업체로서, 2009. 6.경 파렛트의 대여에 관한 사업을 하는 □□주식회사의 주식 27.66%를 추가로 취득하여 □□의 주식 중 총 33.40%의 주식을 보유하게 되었다('이 사건 기업결합'). ○○주식회사는 2010. 6.경 피청구인(공정거래위원회)에게 이 사건 기업결합 신고를 하였는데, 피청구인은 이 사건 기업결합이 '독점규제 및 공정거래에 관한 법률'('공정거래법') 제7조 제1항에 위반되는 기업결합인지 여부를 심리한 후, 2011. 11. 25. 무혐의결정('이 사건 무혐의결정')을 하였다. 청구인들은 피청구인에게, 이 사건 무혐의결정을 취소하고 재심의를 개시할 것을 요청하는 내용의 이의신청을 하였으나, 피청구인은 "공정거래법 제53조 제1항에 위반하여 제기되었다"는 이유로 2012. 2. 3. 위 이의신청에 대한 각하결정('이 사건 각하결정')을 하였다. 이에 청구인들은, 이 사건 무혐의결정과 이 사건 각하결정이 청구인들의 평등권 및 재판절차진술권을 침해한다고 주장하면서 각 그 취소를 구하는 헌법소원심판을 청구하였다.

청구인들은 이 사건 심판청구를 함에 있어, 주위적으로 이 사건 무혐의결정의 취소를, 예비적으로 이 사건 각하결정의 취소를 각 구하고 있다.

쟁점은, 이 사건 심판청구가 기본권 침해가능성이 인정되는지 여부이다(적극:소극 7:2, 2014. 7. 24. 2012헌마180; 공보 214호 1286면). 다수의견(7명)은, 청구인들이 주장하는 바는 이 사건 무혐의결정의 위헌 여부에 대한 본안판단을 하여 달라는 취지이고, 위 각 청구는 예비적 병합이 아니라 선택적 병합으로 보면서, 이 사건 무혐의결정에 대한 심판청구에서 그 위헌 여부에 대한 본안판단을 하므로, 이 사건 각하결정에 대한 심판청구부분은 따로 판단하지 아니하였다. 다수의견은, 이 사건 심판대상인 무혐의결정의 대상이 된 기업결합은 주식취득에 의한 수직적 기업결합에 해당하고, 관련기록에 의하면 위 기업결합으로 인하여 취득회사의 피취득회사에 대한 지배관계는 형성되지 않았으니, 위 기업결합은 공정거래법이 금지하는 경쟁제한적인 기업결합에 해당하지 아니하므로, 위 무혐의결정으로 말미암아 청구인들이 주장하는 기본권이 침해되었다고 볼 수 없다고 하여, 청구인들의 헌법소원심판 청구를 기각하였다.

재판관 조용호 등 2명은 기본권 침해가능성 내지 자기관련성을 부인하여 청구인들의 이 사건 무혐의결정에 대한 심판청구 및 이 사건 각하결정에 대한 심판청구를 모두 각하하여야 한다고 하였다.

◇ 각하의견

가. 우리는 청구인들의 이 사건 무혐의결정에 대한 심판청구 및 이 사건 각하결정에 대한 심판청구가 청구인들의 기본권침해의 가능성 내지 기본권침해의 자기관련성을 인정할 수 없어 부적법하므로 이를 모두 각하하여야 한다고 생각한다.

나. 먼저 이 사건 무혐의결정에 대한 심판청구에 관하여 본다.

헌법소원의 경우 원칙적으로 공권력의 행사 또는 불행사의 직접적인 상대방만이 자기관련성이 인정되고, 공권력의 작용에 단지 간접적이나 사실적 또는 경제적인 이해관계가 있을 뿐인 제3자인 경우에는 자기관련성이 인정되지 않는다(헌재 2009. 2. 26. 2007헌마1262 등 참조). 다만 공권력 작용의 직접적인 상대방이 아닌 제3자라고 하더라도 공권력 작용이 그 제3자의 기본권을 직접적이고 법적으로 침해하고 있는 경우에는 예외적으로 그 제3자의 자기관련성이 인정된다고 할 것인데, 제3자에게 자기관련성이 인정되는지의 여부는 공권력 작용의 목적 및 실질적인 규율대상, 공권력 작용에 의한 제한이나 금지가 제3자에게 미치는 효과나 진지성의 정도 등을 종합적으로 고려하여 판단하여야 한다(헌재 2013. 10. 24. 2011헌마871 등 참조).

살피건대, 독과점 규제는 국가의 경제정책적 목표이고(헌재 1996. 12. 26. 96헌가18 등 참조), 독점규제 및 공정거래에 관한 법률은 그러한 국가목표를 구체적으로 실현하기 위하여 제정되었다. 같은 법률 제7조에 규정된 기업결합규제의 목적은 둘 이상의 기업이 하나의 관리하에 통합됨으로써 결합된 경제력이 시장의 경쟁구조에 미치는 부정적 효과를 차단하여 개별 시장에서 유효경쟁구조를 유지·보호하고자 하는 것이다.

이와 같이 기업결합규제는 결합회사와 피결합회사 사이의 주식취득, 임원겸임, 합병 등 기업결합과 관련된 법률행위 등을 포함한 시장구조에 대한 것으로서 일정한 범위로 확정된 관련 시장의 유효한 경쟁구조를 보호하기 위한 것임에 비하여, 시장지배적 지위남용과 불공정거래행위에 대한 규제는 당해 기업과 거래상대방 사이에 이루어지는 개별적인 거래행위를 직접 대상으로 하는 거래형태에 대한 것으로서 거래상대방의 영업활동 또는 영업이익을 보호하기 위한 것이다. 따라서 경쟁사업자는 기업결합금지조항의 직접적인 수범자가 아니고, 나아가 기업결합 당사자와 경쟁사업자 사이의 개별적인 거래행위도 위 조항에 의하여 보호하려는 대상이 아니다.

청구인들은 이 사건 기업결합 후 ○○와 □□과의 구매비율 유지 합의로 인하여 청구인들의 □□에 대한 매출감소가 예상된다고 주장한다. 그런데 ○○와 □□이 기업결합을 하였다고 하더라도 그것만으로 기업결합 당사자는 물론 경쟁사업자의 매출에 직접 영향을 주지는 아니한다. 위와 같은 기업결합 후 경쟁사업자의 매출이 감소되었다면 그것은 기업결합 자체로 인한 것이 아니라, 기업결합 후 결합행위 당사자가 그들 간의 거래량을 증가시키고 기존에 거래하던 경쟁사업자와의 거래량을 감소케 하는 등 별도의 거래행위로 인하여 발생하는 효과일 뿐이다. 그런데 이러한 거래행위는 시장지배적 지위남용이나 불공정거래행위에 관한 법률 조항에 의하여 규제되어야 할 것이지 기업결합행위에 관한 법률 조항으로 규제되어야 할 것은 아니다. 따라서 기업결합 후 불공정한 거래행위 등으로 인하여 거래상대방이 매출감소 등의 불이익을 받는다고 하더라도 그러한 효과는 기업결합금지조항과 법적으로 의미 있게 관련되었다고 보기는 어렵고, 간접적, 사실적 또는 경제적으로 관련있는 정도에 불과하다. 또한, 기업결합규제로 인하여 관련시장의 경쟁구조가 유지됨으로써 청구인들이 일정한 이익을 누린다고 하더라도 그것은 독과점 규제라는 경제정책의 실행으로 주어지는 반사적 이익으로서, 시장관련자들 전체가 가지는 공통적이고 추상적이며 평균적 · 일반적인 이익에 불과할 뿐, 관련시장 내의 경쟁사업자로서 법적으로 보호받아야 할 직접적 · 개별적 · 구체적인 이익이라고 볼 수 없다.

결국 이 사건 무혐의결정에 대한 심판청구는 기본권침해의 자기관련성이 없어 부적법하다.

다. 다음으로 이 사건 각하결정에 대한 심판청구에 관하여 본다.

청구인들이 예비적으로 구하는 바와 같이 이 사건 각하결정을 취소한다고 하여 이 사건 무혐의결정 자체의 존부나 효력에 영향이 있는 것도 아니고, 나아가 이 사건 각하결정은 청구인들의 법적 지위에 아무런 영향을 미치지 아니하여 기본권침해의 가능성이 인정되지 아니하므로, 이에 대한 심판청구 역시 부적법하다.

라. 따라서 이 사건 무혐의결정 및 이 사건 각하결정에 대한 심판청구는 모두 각하되어야 한다.

[104] 공중위생관리법상 목욕장업이 모두 풍속영업에 해당하는지 여부

(2015. 5. 28. 2012헌마410)

◇ 사안과 쟁점

청구인은, 서울 서초구 소재 ○○여성전용사우나를 운영하는 자로, 2011. 12. 26. 13:00경부터 약 40분 동안 조○순 등 5명이 위 사우나 내에서 판돈 297,700원을 걸고 고스톱을 하게 하여 풍속영업을 하는 자의 준수할 사항을 지키지 아니하였다는 '풍속영업의 규제에 관한 법률'(이하 '풍속업법')위반 사건의 피의사실로 기소유예 처분을 받고, 그 취소를 구하는 헌법소원심판을 청구하였다.

쟁점은, 공중위생관리법상의 목욕장업이 모두 '풍속업법'에서 규제하는 풍속영업에 해당하는지 여부이다(긍정설:부정설 5:4, 2015. 5. 28. 2012헌마410; 공보 224호 927면). 재판관 조용호는 주심으로 인용의견(부정설)을 집필하였다.

◇ 인용의견

우리는, 다수의견과 달리 이 사건 기소유예처분은 풍속업법상 목욕장업의 범위 및 죄형법정주의원칙에 관한 법리를 오해한 자의적인 검찰권의 행사라고 생각하므로, 그 이유를 밝힌다.

가. 죄형법정주의원칙과 법률해석

(1) 헌법은 제12조 제1항 후단에서 "…법률과 적법한 절차에 의하지 아니하고는 처벌·보안처분 또는 강제노역을 받지 아니한다."라고 규정하고, 제13조 제1항 전단에서 "모든 국민은 행위시의 법률에 의하여 범죄를 구성하지 아니하는 행위로 소추되지 아니하며…"라고 하여 죄형법정주의원칙을 천명하고 있다. 죄형법정주의원칙은 법률이 처벌하고자 하는 행위가 무엇이며 그에 대한 형벌이 어떠한 것인지를 누구나 예견할 수 있고, 그에 따라 자신의 행위를 결정할 수 있게끔 구성요건을 명확하게 규정할 것을 요구한다. 형벌법규의 내용이 애매모호하거나 추상적이어서 불명확하면 무엇이 금지된 행위인지를 국민이 알 수 없어 법을 지키기가 어려울 뿐만 아니라, 범죄의 성립 여부가 법관의 자의적인 해석에 맡겨져서 죄형법정주의에 의하여 국민의 자유와 권리를 보장하려는 법치주의의 이념은 실현될 수 없기 때문이다(헌재 2010. 12. 28. 2008헌바157등).

(2) 일반적으로 형벌법규 이외의 법규범에서는 법문의 의미가 명확하지 않거나 특정한 상황에 들어맞는 규율을 하고 있는 것인지 모호할 경우에는, 입법목적이나 입법자의 의도를 합리적으로 추론하여 문언의 의미를 보충하여 확정하는 체계적, 합목적적 해석을 할 수도 있고, 유사한 규범이나 유사한 사례로부터 확대해석을 하거나 유추해석을 하여 법의 흠결을 보충할 수도 있으며, 나아가 법률의 문언 그대로 구체적 사건에 적용할 경우에는 오히려 부당한 결론에 도달하게 되고 입법자가 그러한 결과를 의도하였을 리가 없다고 판단되는 경우에는 문언을 일정부분 수정하여 해석하는 경우도 있을 수 있다. 그러나 형벌조항을 해석함에 있어서는 앞서 본 바와 같은 헌법상 규정된 죄형법정주의원칙 때문에 입법목적이나 입법자의 의도를 감안하는 확대해석이나 유추해석은 일체 금지되고 형벌조항의 문언의 의미를 엄격하게 해석해야 하는 것이다(헌재 2012. 5. 31. 2009헌바123등).

나. 이 사건의 경우

(1) 법률 조항의 해석

입법과정을 살펴보면, 2010. 7. 23. 법률 제10377호로 개정된 풍속업법의 전반적인 개정이유가 '알기 쉬운 법령 만들기 사업'의 일환으로 이루어진 것이라는 것만 확인할 수 있을 뿐, 풍속업법 제2조 제4호를 개정하면서 목욕장업과 이용업의 순서를 바꾼 이유는 알 수 없다. 다만, 경찰청장에 대한 사실조회결과에 의하면, 법제처가 경찰청 담당자에게 풍속업법 개정안에 대한 의견을 구하면서 개정안의 의미가 현행과 달라지지 않는지를 검토 주안점으로 삼도록 하였음을 알 수 있는바, 실질적인 법률의 변경을 의도한 것이 아니었음을 짐작하게 해준다. 그러므로 법률 제10377호로 풍속업법 제2조 제4호를 개정한 것이 '대통령령으로 정하는 것'에 목욕장업이 걸리지 않도록 하기 위한 것이라고 보기는 어렵다.

문교부 고시 제88-1호(1988. 1. 19.)로 고시되어 2010. 7. 23. 법률 제10377호로 풍속업법이 개정될 당시 적용되던 '한글 맞춤법'에 의하면, 문장 부호 중 반점(,)은 같은 자격의 어구가 열거될 때 쓴다고 되어 있는바, 이에 따르면 풍속업법 제2조 제4호의 '대통령령으로 정하는 것'은 숙박업, 목욕장업, 이용업 모두에 걸리는 것으로 해석되고, 이 사건 당시 시행되던 풍속업법 시행령에는 목욕장업에 대한 규정이 존재하고 있었다.

한편, 관계 법령에서 동일한 내용의 규정 형식을 두고 있는 경우 특별한 사정이 없는 한 이를 동일하게 해석하는 것이 법령의 통일적·체계적 해석에도 부합하는 것인바, 풍속업법 제2조 제4호와 유사한 규정을 두고 있는 청소년보호법을 보더라도, 청소년보호법 제2조 제5호 나목 2)에서 청소년고용금지업소를 "「공중위생관리법」에 따른 숙박업, 목욕장업, 이용업 중 대통령령으로 정하는 것"이라고 규정하고, 청소년보호법 시행령 제6조 제1항 제2호에서 "목욕장업 중 안마실을 설치하여 영업을 하거나 개별실(個別室)로 구획하여 하는 영업"으로 규정함으로써, 대통령령으로 정하는 것에 목욕장업이 당연히 걸리는 것임을 전제로 하고 있는바, 풍속업법 제2조 제4호 역시 이와 동일하게 해석하여야 한다.

신·구 풍속업법 및 그 시행령, 구 공중위생법 및 그 시행령, 공중위생관리법 및 그 시행령의 관계 규정들을 비교·검토하여 체계적으로 해석하고 각 그 입법연혁까지 감안함과 동시에, 특히 아래에서 보는 바와 같이 이 사건 시행령조항에서 목욕장업에 관하여 세분된 규정을 두고 있는 점을 아울러 고려하여 보면, 풍속업법 제2조 제4호에서 '대통령령으로 정하는 것'에 목욕장업이 걸리지 않는다고 단정할 수 없다. 정작 '대통령령으로 정하는 것'에 명확하게 걸리는 것으로 보이는 이용업의 경우 같은 법 시행령에서 법 및 시행령의 개정 전후를 불문하고 이용업의 범위에 관하여 아무런 규정도 두고 있지 않을 뿐만 아니라, 숙박업의 경우도 처음부터 같은 법 시행령에서 아무런 규정도 두고 있지 않다.

입법의 공백을 방지하고 법령을 정치(精緻)하게 정비하는 것은 원칙적으로 입법자의 권한이고 책임이라 할 것이므로, 법령 개정 과정에서의 오류로 인한 불이익을 수범자인 국민에게 전가하면서까지 법령을 해석할 수는 없다. 더구나 이는 처벌범위를 확대하는 것으로서, 명문 규정의 의미를 피고인에게 불리한 방향으로 지나치게 확장해석하거나 유추해석하는 것이 되어 죄형법정주의원칙상 허용될 수 없다.

그렇다면 풍속업법 제2조 제4호에서 '대통령령으로 정하는 것'에 목욕장업도 당연히 걸린다고 보아야 하고, 청구인을 풍속업법으로 규제하기 위해서는 대통령령으로 정한 내용을 살펴야 한다.

(2) 대통령령의 내용

이 사건 시행령조항은 『법 제2조 제2호에서 "목욕장업 중 대통령령으로 정하는 것"이라 함은 공중위생법시행령 제3조 제2호 나목의 규정에 의한 특수목욕장업을 말한다.』라고 규정하고 있다. 위 규정은 1991. 6. 8. 대통령령 제13383호로 제정된 때부터 계속하여 같은 내용으로 규정되어 오고 있다가, 2011. 11. 1. 개정되면서 그 내용이 삭제되었다.

다수의견은 이 사건 시행령조항이 풍속업법의 개정으로 위임의 근거가 없어지게 되어 무효인 규정이라고 하나, 앞서 '개정된 풍속업법의 입법과정'에서 살펴본 바와 같이 법률 제10377호로 풍속업법 제2조 제4호를 개정한 것이 '대통령령으로 정하는 것'에 목욕장업이 걸리지 않도록 하기 위한 것은 아니므로, 목욕장업과 이용업이 풍속업법 개정으로 그 위치가 바뀌었다는 것만으로 이 사건 시행령조항의 위임근거가 없어졌다고 볼 것은 아니다. 결국 이 사건 당시(2011. 12. 26.) 아직 이 사건 시행령조항이 유효하게 존속 중이었고(2011. 11. 1. 개정된 시행령은 2012. 2. 1.부터 시행되었다), 명시적으로 폐지되지 아니한 이상 법령의 존재를 함부로 부정할 수는 없다. 목욕장업이 '대통령령으로 정하는 것'에 걸린다고 보는 우리의 입장에서는, 아직 이 사건 시행령조항이 살아있는 이상 이들 풍속업의 범위에 관한 관계법령의 규정을 체계적·합목적적으로 해석하지 않을 수 없다.

그런데 이 사건 시행령조항은 두 가지 오류를 내포하고 있다. 첫째, 목욕장업에 관하여 풍속업법은 '제2조 제4호'에서 규율하고 있는데 이 사건 시행령조항은 '법 제2조 제2호'로 기재되어 있다. 이는 풍속업법이 2010. 7. 23. 개정되면서 종전의 법 제2조 제2호에 있던 목욕장업 관련 조항이 같은 조 제4호로 위치가 변동되었음에도 시행령에서 이를 반영하지 못한 데에 기인하는 것으로 보인다. 둘째, 이 사건 시행령조항이 인용하고 있는 '공중위생법 시행령'은 모법인 공중위생법이 1999. 2. 8. 법률 제5839호로 폐지되고 그를 대체하는 공중위생관리법이 제정·시행되면서 공중위생관리법 시행령 부칙(1999. 12. 27. 대통령령 제16619호) 제2항에 의하여 폐지되었는데, 풍속업법에서는 새로 제정된 공중위생관리법을 인용하면서도 정작 그 시행령에서는 이미 폐지된 공중위생법 시행령을 인용하고 있는 입법상의 오류를 범하고 있다.

한편, 공중위생관리법 부칙(1999. 2. 8. 법률 제5839호) 제8조는 "이 법 시행 당시 다른 법령에서 종전의 공중위생법을 인용하고 있는 경우 이 법 중 그에 해당하는 규정이 있는 때에는 종전의 규정에 갈음하여 이 법 또는 이 법의 해당규정을 인용한 것으로 본다."고 규정하고, 같은 법 시행령 부칙(1999. 12. 27. 대통령령 제16619호) 제4항도 같은 취지의 규정을 두었다. 그런데 공중위생관리법 시행령에서는 구 공중위생법 시행령 제3조 제2호 나목의 규정과 같이 목욕장업을 세분하는 규정을 두고 있지 아니하여 인용할 규정이 없으므로, 특수목욕장업에 관한 내용은 그 효력이 없게 되었다.

결국 이 사건 시행령조항은 이미 효력을 잃은 무의미한 조항이고, 그에 따라 풍속업법 시행령에는 목욕장업에 관하여 아무런 규정이 없으니, 범죄의 성립과 처벌은 행위시의 법률에 의하도록 한 헌법 제13조 제1항 및 형법 제1조 제1항에 의하여 청구인의 행위는 풍속업법위반죄를 구성하지 아니한다.

다. 결 론

그러므로 '대통령령으로 정하는 것'에 한정하지 않고 목욕장업 전체가 풍속영업자에 해당한다는 전제에서 한 이 사건 기소유예처분은 풍속업법상 목욕장업의 범위 및 죄형법정주의원칙에 관한 법리를 오해한 자의적인 검찰권의 행사라 할 것이고, 그로 말미암아 청구인의 평등권과 행복추구권이 침해되었다 할 것이니, 이 사건 기소유예처분은 취소되어야 한다.

[105] 간호사의 혈액채취 사건

(2017. 9. 28. 2017헌마491)

◇ 사안과 쟁점

청구인은 간호사로서 2016. 3. 19. 의사의 지시·감독 없이 유○기의 혈액을 채취함으로써 의료법을 위반하였다는 피의사실로 기소유예처분을 받고, 위 기소유예처분이 자신의 평등권과 행복추구권을 침해하였다고 주장하면서, 헌법소원심판을 청구하였다.

쟁점은, 혈액채취에 의한 음주측정을 요구한 운전자에게 경찰관의 입회하에 의사의 포괄적인 지도·감독 아래 채혈을 실시한 간호사가 의료법을 위반하였는지 여부이다(2017. 9. 28. 2017헌마491; 공보 252호 1034면). 전원 일치 의견으로 청구인의 심판청구를 인용하였다.

◇ 법정의견

가. 인정사실

이 사건 기록에 의하면 다음과 같은 사실이 인정된다.

(1) 유○기는 2016. 3. 19. 07:17경 부천시 원미구 ○○로 ○○ 앞 도로를 술에 취한 상태에서 화물차를 운전하여 진행하다가 전방 주시를 제대로 하지 않은 채 진행한 과실로 교통사고를 일으켰다.

(2) 유○기는 출동한 경찰관의 요구에 의해 호흡측정한 결과 혈중알콜농도가 높게 나왔다고 생각하여 채혈을 통한 혈중알콜농도의 측정을 요구하였고, 경찰관과 함께 이 사건 병원 응급실로 가서 혈액채취를 의뢰하자 청구인은 유○기의 혈액을 채

취하여 경찰관에게 건네주었다.

(3) 유○기는 교통사고처리특례법위반 및 도로교통법위반(음주운전) 혐의로 기소되어 2016. 7.경 벌금 250만 원을 선고받았다. 유○기는 법정에서 음주측정결과를 다투었고 청구인은 공판기일에 증인으로 출석하여 음주측정의 경위와 방법 등에 관하여 진술하였다.

(4) 유○기는 위 판결에 불복하여 항소하였으나 2016. 11.경 항소가 기각되었고, 상고하였으나 2017. 2.경 상고가 기각되었다. 유○기는 청구인이 의사의 지시를 받지 않고 채혈함으로써 의료법을 위반하였으므로 그와 같이 채혈된 혈액에 대한 알콜농도 감정결과를 담고 있는 국립과학수사연구소의 감정의뢰회보가 위법수집증거에 해당하여 증거능력이 없다고 다투었다. 이에 대하여 항소심은 유○기가 경찰관의 정당한 요구에 응한 호흡측정결과에 대해 불복하면서 혈액측정의 방법을 요구하여 유○기의 의사에 따라 채혈이 이루어진 경우 병원에서 채취되어 경찰에 교부된 혈액은 유○기가 임의로 제출한 물건에 해당하므로 의료법이 정한 절차의 준수가 요구되는 강제채혈의 경우와 동일하게 볼 수 없고 채혈 과정에 의사가 관여하지 않은 절차상의 문제가 있다 하더라도 혈중알콜농도의 감정결과를 담고 있는 증거서류들이 위법수집증거에 해당하여 증거능력이 없다고 볼 수 없다는 이유로 유○기의 주장을 배척하였고 대법원 또한 항소심의 위 판단이 정당하다고 판시하였다.

(5) 유○기는 부천시에 청구인이 의사의 지시·감독 없이 이 사건 채혈행위를 하였다고 주장하며 민원을 제기하였고 부천시는 부천원미경찰서장에게 청구인 및 이 사건 병원의 대표자인 강○인을 의료법위반 혐의로 고발하였다.

(6) 피청구인은 2017. 3. 8. 청구인에 대하여는 기소유예의 불기소처분을 하였고, 강○인에 대하여는 그가 현재 암투병으로 미국에서 치료중인바, 의료법인의 대표자라는 이유만으로 간호사인 청구인의 의료행위를 지시·감독할 주의의무가 있다고 볼 수 없으므로 양벌규정에 의한 의료법위반의 책임을 지지 않는다고 판단하여 혐의없음의 불기소처분을 하였다.

나. 이 사건 기소유예처분의 당부

(1) 의료법 제2조 제2항 제5호 나목은 간호사는 '의사의 지도하에 시행하는 진료의 보조'를 할 수 있다고 규정하고 있다. 대법원은 이에 대하여 "간호사가 '진료의

보조'를 함에 있어서는 모든 행위 하나하나마다 항상 의사가 현장에 입회하여 일일이 지도·감독하여야만 하는 것은 아니고 경우에 따라서는 의사가 진료의 보조행위 현장에 입회할 필요 없이 일반적인 지도·감독을 하는 것으로 족한 경우도 있을 수 있다 할 것인데, 여기에 해당하는 보조행위인지 여부는 그 보조행위의 유형이나 환자의 상태, 간호사의 숙련도 등에 따라 개별적으로 결정하여야 한다."고 판시하였다(대법원 2003. 8. 19. 선고 2001도3667 판결 참조).

채혈은 진료 내지 건강검진에 수반하여 대상자의 신체부위의 이상 유무 내지 건강상태를 의학적으로 확인·판단하기 위하여 행하여지는 것으로, 채혈의 필요성에 대한 판단 및 채혈 결과에 대한 판독이 의료인 또는 의료기관의 주도 아래 이루어지므로 채혈 자체만 독립적으로 이루어지는 경우를 상정하기 어렵다. 진료 내지 건강검진에 수반한 채혈의 경우 이를 통하여 질병의 예방 및 조기발견이 가능할 뿐만 아니라 그 결과에 오류가 발생할 경우 이를 신뢰한 피검진자의 보건위생상 위해가 생길 우려가 있으므로 의학적 전문지식을 기초로 하는 경험과 기능을 가진 의사의 지도·감독이 필요하다.

그러나 통상 채혈은 간호사에 의하여 특별한 위험 없이 이루어질 수 있는 진료보조행위로서, 특별한 사정이 없는 한 의사가 채혈행위 현장에 입회하여 일일이 지도·감독하는 것이 아니라 사전에 의사의 포괄적인 지도·감독하에 간호사에 의하여 이루어지고 있다. 특히 혈액 채취에 의한 음주측정(도로교통법 제44조 제3항)은 혈중알콜농도 수치를 감정하고자 하는 것인바, 이는 호흡조사에 의한 측정결과에 불복하는 운전자에 대하여 그 불이익을 구제받을 수 있는 기회를 보장하기 위한 것이지 음주운전자의 건강 상태, 병상 및 병명을 의학적으로 규명·판단하기 위한 것이 아니다.

(2) 위와 같은 법리에 이 사건 기록에 나타난 다음의 각 사정, 즉 ① 이 사건 병원은 관공서의 업무협조 요청에 따라 음주측정을 위한 채혈을 시행하여 왔는데, 음주 채혈의 경우 동행한 경찰관의 입회 아래 간호사가 미리 약속된 처방(현장에서의 개별적인 의사의 지도·감독이 없더라도 포괄적인 지도·감독에 따라 간호사가 직접 채혈할 수 있도록 하는 것)에 따라 채혈을 하여 온 점, ② 청구인은 2012. 2. 21. 간호사 면허를 취득하여 2015. 9. 4.부터 이 사건 병원에서 근무하여 왔는데, 당시 유○기의 음주채혈에 대한 동의서를 확인한 후 경찰관이 주는 음주채혈키트를 받아 채혈을 하고 채혈자난에 서명한 점, ③ 이 사건 채혈행위 당시 응급실에 당직 의사 김○진 및 간호사

박○은이 근무하고 있었고, 특히 당직 의사는 이 사건 채혈행위가 음주측정을 위한 채혈에 해당하는 것임을 알고 있어 채혈 중 응급상황이 발생하더라도 신속한 대처가 가능하였던 점, ④ 이 사건 채혈행위는 단순히 대상자의 혈중알콜농도 수치를 감정하기 위하여 수사기관에 대한 업무협조 차원에서 이루어진 것으로, 이로 인하여 청구인이나 이 사건 병원이 어떠한 경제적 이익을 얻은 것도 없는 점, ⑤ 일반적으로 음주측정에 필요한 소량의 혈액을 채취하는 과정에서 인체에 위해를 발생시킬 가능성은 낮은 것으로 보이는바, 특히 유○기는 호흡측정결과에 불복하여 스스로 혈액채취를 요구하였고 그가 당시 어떠한 통증이나 질환을 앓고 있었다고 볼 만한 사정이 없을 뿐만 아니라 실제 이 사건 채혈행위 이후 유○기가 어떠한 부작용이나 통증을 호소한 적도 없는 점, ⑥ 청구인이나 이 사건 병원은 채혈의 필요성에 대한 판단 및 결과에 대한 판독에 전혀 관여한 바가 없고, 따라서 그 결과에 오류가 발생하더라도 유○기에 대한 형사처벌 여부에 영향을 미칠 뿐 유○기에게 보건위생상 어떠한 위해가 생길 우려가 있다고 보기 어려운 점, ⑦ 유○기는 오래전부터 이 사건 병원에 내원하여 입원과 통원을 자주 반복하던 자로 이 사건 채혈행위 당시 이를 전혀 문제삼지 않았다가 이후 음주운전으로 처벌받은 것에 불만을 품고 비로소 채혈과정에서 절차위반이 있었다고 주장하여 온 점 등을 종합하여 보면, 이 사건 채혈행위는 간호사의 진료보조행위의 범위를 벗어나지 아니한 행위이거나 또는 형법 제20조 소정의 정당행위로서 위법성이 조각된다고 볼 여지가 많다.

다. 소 결

따라서 피청구인이 청구인의 이 사건 채혈행위가 간호사로서의 정당한 진료보조행위에 해당하는지 여부 또는 형법 제20조 소정의 정당행위에 해당하는지 여부에 관하여 수사와 판단을 제대로 하지 않은 채 청구인에 대하여 이 사건 기소유예처분을 한 것은 수사미진 및 법리오해의 잘못이 그 결정에 영향을 미친 자의적인 검찰권 행사이고, 이로 말미암아 청구인의 평등권과 행복추구권이 침해되었다.

[106] 온라인서비스제공자의 상시 신고조치의무 사건

(2018. 12. 27. 2017헌마901)

◇ 사안과 쟁점

청구인은 ○○주식회사에서 운영하는 웹하드 사이트 파일○○(www.○○○○.com, 이 사건 사이트) 대표이사로, 인터넷을 통해 영화, 드라마, 동영상 등 콘텐츠를 제공하는 온라인서비스제공 사업자인데, 온라인서비스제공자는 자신이 관리하는 정보통신망에서 아동·청소년이용음란물을 발견하기 위하여 대통령령으로 정하는 조치를 취하고, 발견된 아동·청소년이용 음란물을 즉시 삭제, 전송을 방지 또는 중단하는 기술적인 조치를 취해야 함에도 청구인은 2014. 12.경 이 사건 사이트를 개설, 온라인으로 회원들이 업로드 한 영화, 드라마, 유틸, 게임, 성인물, 음란물 등 콘텐츠를 회원들에게 제공하며, 아동·청소년이용음란물이 발견될 경우 회원들이 즉각 신고하여 삭제, 전송이 방지되도록 시스템을 제작하는 등의 조치를 하지 않아 온라인서비스제공자의 의무를 위반하였다는 혐의사실로 기소유예처분을 받고, 그 취소를 구하는 헌법소원심판을 청구하였다.

청구인은, 이 사건 사이트의 전체 카테고리와 성인물 카테고리에 고객센터로 바로 연결되는 버튼을 별도 마련하여 이용자가 음란물을 발견할 경우 즉시 신고할 수 있도록 하였고, '상담하기' 버튼을 마련하여 상담유형 중 '신고'를 클릭한 후 신고내용을 기재할 수 있도록 하였으며, 24시간 고객센터를 운영하여 전화·메일 등을 통해 신고할 수 있는 시스템을 갖추었으므로 이용자가 아동·청소년이용음란물로 의심되는 온라인 자료를 발견하는 경우 온라인서비스제공자에게 상시적으로 신고할 수 있도록 하는 조치를 취하였다고 주장한다.

이에 대하여 검사는, 청구인이 취한 조치는 고객상담센터를 통하여 아동·청소년이용음란물에 대해 신고를 할 수 있도록 하는 것으로 이용자가 손쉽게 신고를 할 수 있도록 한 것이 아니라 간접적으로 신고를 하게 하는 것이어서 근거법령에서 정한 상시적으로 신고할 수 있도록 하는 조치에 해당한다고 보기 어렵고, 또한 일반 이용자의 입장에서 고객센터를 통하여 아동·청소년이용음란물을 신고할 수 있다고 예상하기 어려우며 이에 대한 안내사항도 없었던 점에 비추어 이를 두고 신고를 할 수 있도록 하는 조치를 다했다고 보기 어렵다고 주장한다.

쟁점은, 온라인서비스제공자가 정보통신망에 '고객센터>상담하기>신고' 시스템을 갖춘 것만으로 '아동·청소년의 성보호에 관한 법률'이 요구하는 '상시적으로 신고할 수 있도록 하는 조치'를 취한 것으로 볼 수 있는지 여부이다(소극:적극 7:2, 2018. 12. 27. 2017헌마901; 공보 267호 11면).

다수의견(7명)은 청구인이 취한 조치가 '상시적으로 신고할 수 있도록 하는 조치'로 부족하다고 하여 청구를 기각하였고, 재판관 조용호 등 2명은 상시적으로 신고할 수 있는 조치에 관하여 법령상 명확한 규정이 없는 이상 청구인이 취한 조치만으로도 상시적으로 신고할 수 있도록 하는 조치로 보아야 하므로 청구인의 청구를 인용하여야 한다고 하였다.

◇ 반대(인용)의견

우리는 다수의견과 달리 이 사건 기소유예처분은 이 사건 근거법령상 '상시적으로 신고할 수 있도록 하는 조치를 취하지 아니한 경우'의 의미와 죄형법정주의 원칙에 관한 법리를 오해하였거나 수사미진의 자의적인 검찰권의 행사라고 생각하므로 그 이유를 밝힌다.

가. 죄형법정주의 원칙과 법률해석

죄형법정주의의 원칙은 법률이 처벌하고자 하는 행위가 무엇이며 그에 대한 형벌이 어떠한 것인지를 누구나 예견할 수 있고, 그에 따라 자신의 행위를 결정할 수 있게끔 구성요건을 명확하게 규정할 것을 요구한다. 형벌법규의 내용이 애매모호하거나 추상적이어서 불명확하면 무엇이 금지된 행위인지를 국민이 알 수 없어 법을 지키기가 어려울 뿐만 아니라, 범죄의 성립 여부가 자의적인 해석에 맡겨져서 죄형법정주의에 의하여 국민의 자유와 권리를 보장하려는 법치주의의 이념은 실현될 수 없기 때문이다[헌재 2010. 12. 28. 2008헌바157, 2009헌바88(병합) 참조].

이러한 죄형법정주의 원칙에서 누구나 법률이 처벌하고자 하는 행위가 무엇이며 그에 대한 형벌이 어떠한 것인지를 예견할 수 있고 그에 따라 자신의 행위를 결정지을 수 있도록 구성요건이 명확할 것을 요구하는 '명확성의 원칙'과 범죄와 형벌에 대한 규정이 없음에도 해석을 통하여 유사한 성질을 가지는 사항에 대하여 범죄와 형벌을 인정하는 것을 금지하는 '유추해석금지의 원칙'이 도출된다.

일반적으로 형벌법규 이외의 법규범에서는 법문의 의미가 명확하지 않거나 특정한 상황에 들어맞는 규율을 하고 있는 것인지 모호할 경우에는, 입법목적이나 입법자의 의도를 합리적으로 추론하여 문언의 의미를 보충하여 확정하는 체계적, 합목적적 해석을 할 수도 있고, 유사한 규범이나 유사한 사례로부터 확대해석을 하거나 유추해석을 하여 법의 흠결을 보충할 수도 있으며, 나아가 법률의 문언 그대로 구체적 사건에 적용할 경우에는 오히려 부당한 결론에 도달하게 되고 입법자가 그러한 결과를 의도하였을 리가 없다고 판단되는 경우에는 문언을 일정부분 수정하여 해석하는 경우도 있을 수 있다. 그러나 형벌조항을 해석함에 있어서는 앞서 본 바와 같은 헌법상 규정된 죄형법정주의 원칙 때문에 입법목적이나 입법자의 의도를 감안하는 확대해석이나 유추해석은 일체 금지되고 형벌조항의 문언의 의미를 엄격하게 해석해야 하는 것이다(헌재 2012. 5. 31. 2009헌바123 참조).

나. 판 단

(1) 이 사건 근거법령의 해석

이 사건 근거법령은 '상시적으로 신고할 수 있도록 하는 조치'라고만 규정하고 있을 뿐 상시적으로 신고할 수 있도록 하는 조치가 구체적으로 어떤 조치를 말하는지에 대하여 아무런 규정도 두고 있지 아니하고, 또한 '조치를 취하지 아니한' 온라인서비스제공자를 처벌한다고 규정하고 있을 뿐 온라인서비스제공자가 취한 조치가 미흡한 경우 이를 처벌하는지 여부 또는 어느 정도 미흡해야 처벌하는지 여부에 대하여도 아무런 규정을 두고 있지 아니하다. 따라서 이 사건 근거법령은 형벌법규의 내용이 애매모호하거나 추상적이어서 불명확하다.

한편, 이 사건 근거법령은 2011. 9. 15. 개정된 아동·청소년의 성보호에 관한 법률에서 도입되었는데, 그 후 약 7년이 흘렀으나 이를 더 구체화하는 행정규칙이나 가이드라인, 지침 등은 제정된 바 없고, 주무관청인 방송통신위원회의 실무상 평소 웹하드사업자의 책임자들에게 이 사건 근거법령과 관련하여 상시적으로 신고할 수 있는 최선의 조치를 마련하라는 취지로 계도하고 있을 뿐, 나아가 이용자가 한 개의 버튼만 누르면 되는 등 보다 간편하고 쉽게 신고할 수 있도록 하는 조치까지 취하도록 권고하고 있지는 아니하다. 또한 현재 많이 이용되고 있는 다른 웹하드서비스 사례를 보더라도 이 사건 기소유예처분 당시 청구인 운영의 서비스와 같이 게시물마다 신고 버튼을 마련하고 있지 않고, 따라서 게시물마다 신고 버튼을 마련하는 것이 업계의 확립된 관행이라고 볼 수도 없다.

그렇다면 이 사건 근거법령은 그 문언상 원칙적으로 '상시적으로 신고할 수 있도록 하는 조치를 아예 취하지 아니한 경우', 즉 "신고조치의 상시성"을 위반한 경우를 처벌하되, 다만 형식적인 조치는 취하였으나 상시적 신고 기능이 형해화된 것과 다름없는 등 사실상 아무런 조치를 취하지 않은 것과 마찬가지인 경우에는 상시적으로 신고할 수 있도록 하는 조치를 취하지 아니한 경우에 해당한다고 볼 수는 있을 것이다. 그러나 이와 같은 해석을 넘어서 이 사건 근거법령을 '한 개의 버튼만 누르면 되는 등 보다 간편하고 쉽게 신고를 할 수 있도록 하는 조치를 취하지 아니한 경우' 또는 '신고 방법을 안내하는 등 적극적인 조치를 취하지 아니한 경우', 즉 "신고조치의 접근용이성"에 위반한 경우로 해석하는 것은 오히려 이 사건 근거법령 문언의 통상적인 의미를 벗어난 확대해석이거나 이 사건 법령에 없는 의무를 부담지우는 것이어서 죄형법정주의의 원칙상 허용될 수 없다.

(2) 이 사건의 경우

(가) 이 사건에서 보건대, ○○주식회사는 일응 '신고' 기능이 있는 이 사건 조치를 취하고 있으므로 이용자가 아동·청소년이용음란물로 의심되는 온라인 자료를 발견하는 경우 상시적으로 신고할 수 있도록 하기 위한 아무런 조치를 취하지 아니한 경우에는 해당하지 아니한다. 또한 이 사건 조치는 이 사건 사이트 주(메인) 화면 오른쪽 하단에 둔 '1:1 상담' 버튼 또는 고객센터 화면의 '1:1 상담' 버튼을 누른 후 나타나게 되는 '상담글 쓰기'를 이용하여 아동·청소년이용음란물로 의심되는 온라인 자료를 신고하도록 한 것으로, 이용자가 언제든지 위 각 버튼을 누르고 '상담글 쓰기'를 할 수 있으므로 상시적으로 신고할 수 있는 조치를 취하였다고 볼 수 있고, 이 사건 조치를 이용하여 글쓰기를 할 때 반드시 선택하여야 하는 '상담유형'란의 상담유형에 '신고' 항목이 포함되어 있으며, '찾아보기' 버튼으로 신고하고자 하는 콘텐츠를 바로 선택하고 그 콘텐츠 제목을 자동으로 입력할 수 있도록 되어 있으므로 청구인이 충전·내려받기·회원정보·판매등록과 관련한 상담 뿐 아니라 아동·청소년이용음란물 등의 신고도 할 수 있도록 '1:1 상담'을 운영해온 것으로 봄이 상당하다.

이 사건 기록에 의하면, 실제 이 사건 사이트 이용자들이 수년 동안 이 사건 조치를 이용하여 아동·청소년이용음란물로 의심되는 온라인 자료를 신고해 온 사실이 인정되는바, 이 사건 조치가 신고를 할 수 있도록 하는 형식만 갖추었다거나 신고 기능이 형해화된 것과 다름없는 등 사실상 이 사건 근거법령에서 정하고 있는 조치를 취하지 아니한 경우에 해당한다고 보기도 어렵고, 나아가 피청구인의 주장처럼 이용자가 '1:1 상담' 버튼을 쉽게 발견하기 어렵다거나 '1:1 상담' 버튼을 이용하여 신고할 것을 기대하기 어렵다고 단정할 수도 없다.

따라서 피청구인으로서는 주무관청인 방송통신위원회의 이 사건 근거법령과 관련된 실무 운영상황, 이 사건 사이트 중 '상담글 쓰기'의 상담유형에 '신고'가 추가된 시기 및 그 이유, '1:1 상담' 버튼을 이용하여 아동·청소년이용음란물로 의심되는 온라인 자료의 신고가 이루어진 기간 및 신고 비율, 이 사건 사이트와 유사한 성격의 사이트를 운영하는 온라인서비스제공자들이 취한 통상적인 조치 및 그와 같은 조치에 따른 신고 비율 등을 추가로 조사하여 본 다음, 이 사건 조치가 상시적으로 신고할 수 있도록 하는 조치를 취하지 아니한 경우 또는 그와 동일한 경우에 해당하는지 여부를 엄격하게 판단하였어야 한다.

㈏ 이 사건 조치가 '개별 게시물마다 신고할 수 있는 조치를 마련해 놓거나 또는 별도의 신고 안내 문구를 마련해 놓은 경우'에 비해 다소 번거롭거나 미흡하다고 볼 여지는 있다. 그러나 이 사건 근거법령 및 다른 법령에서 이용자로 하여금 아동·청소년이용음란물에 대해 신고를 할 수 있도록 하기 위하여 온라인서비스제공자가 취하여야 하는 조치의 구체적 내용에 관하여 따로 정하고 있지 않고, '개별 게시물마다 신고할 수 있는 조치 또는 별도의 신고 안내 문구를 마련해 놓는 조치'가 이 사건 근거법령에서 정한 '온라인서비스제공자에게 상시적으로 신고할 수 있도록 하는 조치'라고 제한하여 해석할 근거도 없다. 결국 청구인과 같은 유형의 이른바 '웹하드서비스'를 운영하는 온라인서비스제공자로서는 서비스이용자가 이용하는 단계에 따라 예상 가능한 여러 조치 중 어느 경우가 '상시적으로 신고할 수 있도록 하는 조치를 취하지 아니하는 경우'에 해당하여 처벌을 받게 되는지 여부를 전혀 예견할 수 없게 되고, 이는 죄형법정주의 원칙상 도저히 용인될 수 없는 결과를 가져오게 된다. 따라서 이 사건 조치가 피청구인이 바람직하다고 주장하는 바의 조치에 비하여 다소 번거롭다거나 미흡하다고 하는 이유만으로 이 사건 근거법령을 확대해석하여 형사처벌

할 것은 아니다.

(다) 그럼에도 불구하고 피청구인이 이 사건 조치를 단지 이용자가 '손쉽게 신고를 할 수 있도록 한 것이 아니라 간접적으로 신고를 하게 하는 것이고, 고객센터를 통하여 신고를 할 수 있다는 것에 대한 안내사항도 없었다'는 이유만으로 신고를 할 수 있도록 하는 조치를 다했다고 보기 어렵다고 판단한 것은 피청구인이 이 사건 근거법령을 자의적으로 해석하여 적용하였거나 수사미진의 결과에 의한 것으로 보인다.

다. 결 론

따라서 피청구인이 피의사실을 인정하여 이 사건 기소유예처분을 한 것은 이 사건 근거법령상 '상시적으로 신고할 수 있도록 하는 조치를 취하지 아니한 경우'의 의미 및 죄형법정주의 원칙에 관한 법리를 오해하였거나 수사미진에 따른 자의적인 검찰권의 행사라 할 것이고, 그로 말미암아 청구인의 평등권과 행복추구권이 침해되었다고 할 것이므로, 이 사건 기소유예처분은 취소되어야 한다.

◇ 위헌심사기준 관련

1. 책임주의원칙

[107] 종업원의 범죄행위에 대한 법인의 형사처벌 사건

(2013. 6. 27. 2013헌가10)

◇ 사안과 쟁점

제청신청인 ○○증권 주식회사는 "그 종업원인 조○웅이 제청신청인의 업무에 관하여 고객인 강○으로부터 유가증권의 매매거래에 관한 위탁을 받지 아니하고 2008. 1. 11.경부터 2008. 3. 3.경까지 제청신청인의 ○○지점에서 ○○뱅크 주식의

3회 매수, 16회 매도를 하여 임의로 유가증권의 매매거래를 하였다."는 취지의 범죄사실로 벌금 5,000,000원의 판결을 선고받아 확정되었다. 제청신청인은 위 확정판결에 대하여 제청법원에 재심청구를 하였고, 그 후 제청법원의 재심개시결정에 따라 재심심판(당해 사건)이 계속 중이던 2012. 12. 20. 위헌법률심판제청신청을 하였으며, 제청법원은 이를 받아들여 당해 사건에 적용될 구 증권거래법 제215조에 대하여 위헌법률심판을 제청하였다.

쟁점은, 법인의 종업원 등이 법인의 업무에 관하여 범죄행위를 하면 그 법인에게도 동일한 벌금형을 과하도록 규정되어 있는 구 증권거래법('자본시장과 금융투자업에 관한 법률'로 폐지되기 전의 것) 제215조 중 "법인의 대리인·사용인 기타 종업원이 그 법인의 업무에 관하여 제207조의3의 위반행위를 한 때에는 그 법인에 대하여도 해당 조의 벌금형을 과한다."는 부분('이 사건 법률조항')이 책임주의원칙에 위배되는지 여부이다(전원 적극, 2013. 6. 27. 2013헌가10; 공보 201호 779면).

◇ 법정(위헌)의견

가. 이 사건 법률조항은 법인이 고용한 종업원 등이 법인의 업무에 관하여 위반행위를 한 사실이 인정되면 곧바로 그 종업원 등을 고용한 법인에게도 종업원 등에 대한 처벌조항에 규정된 형을 과하도록 규정하고 있다.

즉, 이 사건 법률조항은 종업원 등의 범죄행위에 대한 법인의 가담 여부나 이를 감독할 주의의무의 위반 여부를 법인에 대한 처벌요건으로 규정하지 아니하고, 달리 법인이 면책될 가능성에 대해서도 규정하지 아니하고 있어, 결국 종업원 등의 일정한 행위가 있으면 법인이 그와 같은 종업원 등의 범죄에 대해 어떠한 잘못이 있는지를 전혀 묻지 않고 곧바로 영업주인 법인을 종업원 등과 같이 처벌하는 것이다.

나. 형벌은 범죄에 대한 제재로서 그 본질은 법질서에 의해 부정적으로 평가된 행위에 대한 비난이다. 만약 법질서가 부정적으로 평가한 결과가 발생하였다고 하더라도 그러한 결과의 발생이 어느 누구의 잘못에 의한 것도 아니라면, 부정적인 결과가 발생하였다는 이유만으로 누군가에게 형벌을 가할 수는 없다. 이와 같이 '책임 없는 자에게 형벌을 부과할 수 없다'는 형벌에 관한 책임주의는 형사법의 기본원리로서, 헌법상 법치국가의 원리에 내재하는 원리인 동시에 헌법 제10조의 취지로부터

도출되는 원리이고, 법인의 경우도 자연인과 마찬가지로 책임주의원칙이 적용된다.

그런데 이 사건 법률조항에 의할 경우, 법인이 종업원 등의 위반행위와 관련하여 선임·감독상의 주의의무를 다하여 아무런 잘못이 없는 경우까지도 법인에게 형벌이 부과될 수밖에 없게 된다. 이처럼 이 사건 법률조항은 종업원 등의 범죄행위에 관하여 비난할 근거가 되는 법인의 의사결정 및 행위구조, 즉 종업원 등이 저지른 행위의 결과에 대한 법인의 독자적인 책임에 관하여 전혀 규정하지 않은 채, 단순히 법인이 고용한 종업원 등이 업무에 관하여 범죄행위를 하였다는 이유만으로 법인에 대하여 형사처벌을 과하고 있는바, 이는 다른 사람의 범죄에 대하여 그 책임 유무를 묻지 않고 형벌을 부과하는 것으로서, 헌법상 법치국가의 원리 및 죄형법정주의로부터 도출되는 책임주의원칙에 반한다(헌재 2009. 7. 30. 2008헌가14).

2. 명확성원칙

[108] 국적법 제5조 제3호 위헌소원 사건

(2016. 7. 28. 2014헌바421)

◇ 사안과 쟁점

청구인은 네팔 국적의 외국인으로 1997. 9. 30. 단기상용 사증으로 대한민국에 입국하였다가 그 체류기간 만료 이후 출국하지 않고 불법으로 체류하던 중, 대한민국 국민과 결혼하여 2007. 1. 30. 혼인거주 사증으로 체류자격을 변경하여 체류하고 있다. 청구인은 2013. 1. 24. 법무부장관에게 국적법 제6조에 따른 간이귀화 신청을 하였으나, 법무부장관은 청구인이 과거 불법체류를 하였고, 업무방해 및 공무집행방해, 집회 및 시위에 관한 법률위반죄로 벌금 500만 원을 선고받아 2014. 2. 27. 그 판결이 확정된 범죄경력이 있어 국적법 제5조 제3호의 '품행이 단정할 것'이라는 요건을 갖추지 못하였다는 이유로, 2014. 3. 11. 청구인의 귀화를 불허하는 처분을 하였다. 청구인은 서울행정법원에 위 처분의 취소를 구하는 소를 제기하고, 그 소송계속 중 국적법 제5조 제3호에 대하여 위헌법률심판 제청신청을 하였으나 기각되자, 2014. 10. 10. 헌법소원심판을 청구하였다.

쟁점은, 외국인이 귀화허가를 받기 위해서는 '품행이 단정할 것'의 요건을 갖추도록 한 국적법 제5조 제3호가 명확성원칙에 위배되는지 여부이다(전원 소극, 2016. 7. 28. 2014헌바421; 공보 238호 1223면). 재판관 조용호는 주심으로 법정의견을 집필하였다.

◇ 법정(합헌)의견

가. 귀화제도 일반

(1) 헌법 제2조 제1항은 "대한민국의 국민이 되는 요건은 법률로 정한다."라고 규정하여 국민의 요건을 입법에 위임하고 있고, 그 위임을 받아 제정된 국적법은 국적 취득의 원인으로 출생에 의한 국적 취득, 인지에 의한 국적 취득, 귀화에 의한 국적 취득을 규정하고 있다.

그 중 '귀화'란 출생에 의한 선천적 국적 취득요건과 관계없이 그 국가의 국내법에서 정한 요건을 충족하고 그 국가에서 정한 절차에 따라 국적 취득을 신청한 사람에 대하여 국가가 이를 허락함으로써 국민으로 받아들이는 제도로, 대한민국 국적을 취득한 사실이 없는 외국인은 법무부장관의 귀화허가를 받아 대한민국 국적을 취득할 수 있고, 법무부장관은 귀화요건을 갖추었는지의 여부를 심사한 후 그 요건을 갖춘 자에 한하여 귀화를 허가할 수 있다(국적법 제4조).

(2) 귀화에는 일반귀화, 간이귀화, 특별귀화가 있다. 일반귀화는 ① 5년 이상 계속하여 대한민국에 주소가 있을 것, ② 대한민국 민법상 성년일 것, ③ 품행이 단정할 것, ④ 생계를 유지할 능력이 있을 것, ⑤ 국어능력과 대한민국의 풍습에 대한 이해 등 대한민국 국민으로서의 기본 소양이 있을 것을 요건으로 한다(국적법 제5조).

간이귀화는 부 또는 모가 대한민국의 국민이었던 자, 대한민국에서 출생한 자로서 부 또는 모가 대한민국에서 출생한 자, 대한민국 양자로서 입양 당시 대한민국의 민법에 의하여 성년이었던 자, 배우자가 대한민국의 국민인 외국인을 대상으로 하는 것으로, 일반귀화를 받는 데 필요한 ① 요건이 단축되는 이외에는 나머지 ② 내지 ⑤ 요건을 동일하게 갖추어야 한다(국적법 제6조).

특별귀화는 부 또는 모가 대한민국의 국민인 자, 대한민국에 특별한 공로가 있는 자, 과학·경제·문화·체육 등 특정 분야에서 매우 우수한 능력을 보유한 자로서 대한민국의 국익에 기여할 것으로 인정되는 자를 대상으로 하는 것으로, 현재 대한민국에 주소가 있는 자는 일반귀화 요건 중 ①, ②, ④를 갖추지 아니하여도 귀화가 가능하다(국적법 제7조).

일반귀화, 간이귀화, 특별귀화를 불문하고 ③ 품행이 단정할 것, ⑤ 국어능력과 대한민국의 풍습에 대한 이해 등 대한민국 국민으로서의 기본 소양이 있을 것의 요건은 갖추어야 귀화가 허가될 수 있다.

(3) 국적은 국민의 자격을 결정짓는 것이고, 이를 취득한 사람은 주권자가 되는 동시에 국가의 속인적 통치권의 대상이 되므로, 귀화허가는 외국인에게 대한민국 국적을 부여함으로써 국민으로서의 법적 지위를 포괄적으로 설정하는 행위이며, 귀화허가의 근거규정의 형식과 문언, 귀화허가의 내용과 특성 등을 고려해 보면, 법무부장관은 귀화신청인이 귀화요건을 갖추었다 하더라도 귀화를 허가할 것인지 여부에 관하여 재량권을 가진다(대법원 2010. 7. 15. 선고 2009두19069 판결; 대법원 2010. 10. 28. 선고 2010두6496 판결 참조).

나. 심판대상조항의 위헌 여부

(1) 쟁점 정리

심판대상조항은 귀화허가의 요건으로 '품행이 단정할 것'이라는 추상적이고 포괄적인 개념을 사용하고 있는바, 이러한 규정이 명확성원칙을 위반하는 것은 아닌지 문제된다.

청구인은, 심판대항조항이 '품행이 단정할 것'의 판단기준을 법률로 정하지 아니한 채 오로지 행정청의 판단에 맡기고 있어 법률유보원칙에 위반된다고도 주장하나, 이는 곧 '품행이 단정할 것'의 개념이 명확하지 않다는 것에 다름 아니다.

청구인은 또한, 심판대상조항이 외국인의 일반적 행동자유권과 그 가족들의 행복추구권을 침해하고, 귀화신청을 하려는 외국인을 그렇지 아니한 외국인 또는 한국인과 합리적 이유 없이 차별하여 평등권을 침해한다고 주장한다. 그러나 심판대상조항은 외국인에게 대한민국 국적을 부여하는 귀화허가의 요건을 규정한 것으로서 외국인의 일반적 행동자유권이나 그 가족의 행복추구권과 직접 관련이 없고, 귀화신청을 하지 않는 외국인이나 한국인은 귀화하려는 자들이 아니어서 귀화를 신청하려는 자와 차별의 문제를 불러오지 않는다.

따라서 이하에서는 심판대상조항의 명확성원칙 위반 여부만을 살펴본다.

(2) 명확성원칙 위반 여부

(가) 모든 법률은 법적 안정성의 관점에서 행정과 사법에 의한 법적용의 기준이 되므로 명확해야 한다. 법규범의 의미내용이 불확실하면 법적 안정성과 예측가능성을 확보할 수 없고, 법집행 당국의 자의적인 법해석과 집행을 가능하게 한다는 것을 그 근거로 한다. 그런데 명확성의 정도는 모든 법률에 있어서 동일한 정도로 요구되는 것은 아니며, 개개의 법률이나 법조항의 성격에 따라, 그리고 각 법률이 제정되게 된 배경이나 상황에 따라 차이가 있을 수 있다. 일반론으로는 어떠한 규정이 부담적 성격을 가지는 경우에는 수익적 성격을 가지는 경우에 비하여 명확성원칙이 더욱 엄격하게 요구되고, 특히 죄형법정주의가 지배하는 형사관련 법률에서는 명확성의 정도가 강화되어 더 엄격한 기준이 적용된다고 할 수 있다. 또한 통상적으로 법률규정은 일반성, 추상성을 가지는 것으로서 입법기술상 어느 정도의 보편적 내지 일반적 개념의 용어사용은 부득이하므로, 당해 법률이 제정된 목적과 다른 규범과의 연관성을 고려하여 합리적인 해석이 가능한지의 여부에 따라 명확성의 구비 여부가 가려지고, 당해 법률조항의 입법취지와 전체적 체계 및 내용 등에 비추어 법관의 법 보충작용으로서의 해석을 통하여 그 의미가 분명해질 수 있다면 이 경우까지 명확성을 결여하였다고 할 수 없다(헌재 2001. 10. 25. 2001헌바9; 헌재 2014. 8. 28. 2013헌바172 등; 헌재 2015. 3. 26. 2014헌바156 참조).

(나) '귀화'는 대한민국 국적을 취득한 사실이 없는 외국인에게 대한민국 국적을 부여하는 제도이다. 국적을 취득한 사람은 국가의 주권자가 되는 동시에 국가의 속인적 통치권의 대상이 되므로, 국가는 외국인을 국가공동체의 새로운 구성원으로 받아들이게 되는 귀화 요건을 정함에 있어 국가질서 및 사회질서에의 적합성 여부를 여러 측면에서 고려하게 된다.

심판대상조항은 이러한 귀화 요건 중 하나로 외국인을 국가공동체의 새로운 구성원으로 받아들이는 데 있어 그가 기존 국가질서 및 사회구성원과 조화를 이룰 수 있는 건전한 인격과 품성을 갖추고 있는지 여부를 판단하기 위한 것으로, 귀화허가 결정에 있어 국가에게 폭넓은 재량권이 인정된다는 점까지를 고려하면, 심판대상조항에서 '품행이 단정할 것'과 같이 어느 정도 보편적이고 가치평가적인 개념을 사용하는 것은 불가피한 측면이 있다.

미국은 '선량한 도덕적 인격(good moral character)'을, 영국은 '선량한 인격(good character)'을, 프랑스는 '건전한 생활태도와 품행(bonnes vie et moeurs)'을, 일본은 '소행이 선량할 것(素行 善良)'을 규정하는 등 여러 입법례에서 귀화허가 요건 중 하나로 인격이나 품성과 관련된 불확정개념을 사용하고 있는 것도 귀화제도의 이러한 특성에 기인한 것이라 볼 수 있다.

한편 '품행(品行)'이란 흔히 겉으로 드러난 행동을 사회의 일반적 도덕관념에 비추어 평가할 때 사용되는 용어로서 사전적으로 품성과 행실을 아울러 이르는 말이고, '단정(端正)'이란 옷차림새나 몸가짐 등이 얌전하고 바른 것을 의미하는 말로서, '품행이 단정하다'는 품성과 행실이 얌전하고 바르다는 의미로 일반적으로 통용된다.

그리고 일반적으로 법원은 "(심판대상조항에서) 품행이 단정하다는 것은 당해 외국인의 성별, 연령, 직업, 가족, 경력, 전과관계 등 여러 사정을 종합하여 볼 때 그를 우리 국가공동체의 구성원으로 인정하여 주권자의 한 사람으로 받아들이는 데 지장이 없는 품성을 갖추고 행동하는 것을 의미한다."고 판시하고 있다.

이러한 심판대상조항의 입법취지와 용어의 사전적 의미 및 법원의 해석 등을 종합해 보면, 심판대상조항에서의 '품행이 단정할 것'은 '귀화신청자를 대한민국의 새로운 구성원으로서 받아들이는 데 지장이 없을 만한 품성과 행실을 갖춘 것'을 의미한다고 해석할 수 있고, 구체적으로 어떠한 경우가 이에 해당하는지는 귀화신청자의 성별, 연령, 직업, 가족, 경력, 전과관계 등 여러 사정을 종합적으로 고려하여 판단될 것이며, 특히 전과관계도 단순히 범죄를 저지른 사실의 유무뿐만이 아니라 범죄의 내용, 처벌의 정도, 범죄 당시 및 범죄 후의 사정, 범죄일로부터 귀화 처분시까지의 기간 등 여러 사정들이 종합적으로 고려될 것이라는 점을 예측할 수 있다.

따라서 심판대상조항의 해석이 불명확하여 수범자의 예측가능성을 해하거나 법집행기관의 자의적인 집행을 초래할 정도로 불명확하다고는 할 수 없으므로, 명확성원칙에 위배된다고 볼 수 없다.

3. 포괄위임금지원칙

[109] 의료사고 피해구제 및 의료분쟁 조정 등에 관한 법률 제47조 제2항 위헌제청 사건

(2014. 4. 24. 2013헌가4)

◇ 사안과 쟁점

2011. 4. 7. 제정된 '의료사고 피해구제 및 의료분쟁 조정 등에 관한 법률'('의료분쟁조정법')은 의료사고 피해자가 한국의료분쟁조정중재원('조정중재원')의 조정이나 법원 판결 등으로 확정된 손해배상금을 배상의무자로부터 지급받지 못한 경우, 피해자의 신청으로 조정중재원이 우선 미지급분을 대불하고 향후 배상의무자에게 구상하는 제도('손해배상금 대불제도')를 도입하였다. 제청신청인들은 의원 또는 병원을 개설한 의사들로서, 조정중재원장이 2012. 4. 9. '손해배상금 대불 시행 및 운영방안'을 공고하자(조정중재원공고 제2012-1호, '이 사건 공고처분'), 서울행정법원에 위 공고처분의 취소를 구하는 소를 제기하고, 그 소송 계속 중 보건의료기관개설자가 손해배상금 대불에 필요한 비용을 부담하여야 하고 그 금액과 납부방법 및 관리 등에 관하여 필요한 사항은 대통령령으로 정하도록 규정한 의료분쟁조정법 제47조 제2항이 법률유보원칙 등에 위배된다고 주장하면서 위헌법률심판제청을 신청하였다. 제청법원은 의료분쟁조정법 제47조 제2항 중 "그 금액과 납부방법 및 관리 등에 관하여 필요한 사항은 대통령령으로 정한다." 부분('심판대상조항')이 법률유보원칙에 위배된다는 이유로 위헌법률심판을 제청하였다.

쟁점은, 심판대상조항은 재정조달목적 부담금의 성격을 가지는 대불비용 부담금의 금액과 납부방법 및 관리 등의 규율을 대통령령에 위임하고 있으므로 포괄위임입법금지원칙을 규정한 헌법 제75조에 위반되는지 여부가 문제되고, 제청법원은 대불비용 부담금 금액의 결정에 관하여 국회의 관여를 배제한 채 대통령령에 위임한 것이 법률유보원칙에 위배된다는 점을 주된 제청이유로 삼았으므로, 개별 보건의료기관개설자의 구체적인 '대불비용 부담액'이 입법자가 법률로써 스스로 규율하여야 하는 사항인지 여부이다(전원 소극, 2014. 4. 24. 2013헌가4; 공보 211호 720면). 재판관 조용호는 주심으로 법정의견을 집필하였다.

◇ 법정(합헌)의견

라. 법률유보원칙 위배 여부

법률유보원칙은 단순히 행정작용이 법률에 근거를 두기만 하면 충분한 것이 아니라, 국가공동체와 그 구성원에게 기본적이고도 중요한 의미를 갖는 영역, 특히 국민의 기본권 실현에 관련된 영역에 있어서는 행정에 맡길 것이 아니라 국민의 대표자인 입법자 스스로 그 본질적 사항에 대하여 결정하여야 한다는 요구, 즉 의회유보원칙까지 내포하는 것으로 이해되고 있다.

입법자가 형식적 법률로 스스로 규율하여야 하는 사항이 어떤 것인가는 일률적으로 획정할 수 없고 구체적인 사례에서 관련된 이익 내지 가치의 중요성, 규제 내지 침해의 정도와 방법 등을 고려하여 개별적으로 결정할 수 있을 뿐이나, 적어도 헌법상 보장된 국민의 자유나 권리를 제한하는 때에는 그 제한의 본질적인 사항에 관한 한 입법자가 법률로써 스스로 규율하여야 할 것이다(헌재 2008. 2. 28. 2006헌바70 참조).

의료분쟁조정법 제47조 제1항에서는 대불의 대상이 되는 손해배상금이 어떤 종류의 것인지를 구체적으로 정하고 있고, 같은 조 제2항에서는 보건의료기관개설자를 대불비용 부담금의 부담 주체로 규정하고 있으며, 같은 조 제6항에서는 보건의료기관개설자의 사후구상책임을 규정하여 초기에 적립된 재원이 어느 정도 유지되는 것을 전제로 하고 있는 등, 손해배상금 대불제도의 기본적인 사항에 관해서는 법률에서 규율하고 있다.

또한, 의료분쟁조정법 제47조 제4항은 국민건강보험공단이 요양급여기관인 보건의료기관개설자에게 지급하는 비용의 일부를 조정중재원에 지급하는 방법으로 대불비용 부담금을 징수할 수 있도록 하여, 사실상 대부분의 보건의료기관개설자에 적용될 수 있는 징수방법도 규율하고 있다. 뿐만 아니라 의료분쟁조정법은 조정중재원이 대불을 위하여 독립된 계정을 설치하여야 하며, 대불금을 구상함에 있어 상환이 불가능한 대불금에 대하여 결손처분을 할 수 있도록 정하는 등(제47조 제3항, 제7항), 대불비용 부담금의 관리에 관한 기본 사항도 규율하고 있다.

한편, 앞에서 본 바와 같이 대불비용 부담금은 의료분쟁조정제도 시행 초기에 제도를 운영할 수 있을 만큼 재원을 적립하는 것에 우선적인 목표가 있고, 이후에 추가로 징수할 비용은 결손을 보충하는 정도에 불과하여 보건의료기관개설자들에 대하여 대불비용 부담금을 시행 초기와 같은 정도의 금액으로 '정기적·장기적으로' 징수할 가능성이 없다는 점, 손해배상금 대불제도 운영 이전 단계에서 대불에 필요한 적립금이 어느 정도 수준으로 유지되어야 하는지를 미리 확정하기 어려운 점 등을 고려하면, 보건의료기관개설자들이 구체적으로 부담할 금액 혹은 부담액의 상한이 법률에서 정해야 할 정도로 본질적인 사항이라고 보기는 어렵다.

그렇다면 대불비용 부담금에 관련된 기본권 제한의 본질적인 사항에 관해서는 법률에서 이를 규율하고 있으므로, 구체적인 부담액을 대통령령에 위임한 심판대상조항이 법률유보원칙에 위배된다고 보기 어렵다.

마. 포괄위임입법금지원칙 위배 여부

(1) 포괄위임입법금지원칙 일반론 및 심사강도

헌법 제75조는 "대통령은 법률에서 구체적으로 범위를 정하여 위임받은 사항과 법률을 집행하기 위하여 필요한 사항에 관하여 대통령령을 발할 수 있다."고 규정하여 위임입법의 근거를 마련하는 한편, 대통령령으로 입법할 수 있는 사항을 법률에서 구체적으로 범위를 정하여 위임받은 사항으로 한정함으로써 위임입법의 범위와 한계를 제시하고 있다. 헌법에 의하여 위임입법이 용인되는 한계인 '법률에서 구체적으로 범위를 정하여 위임받은 사항'이라 함은 법률에 이미 대통령령으로 규정될 내용 및 범위의 기본사항이 구체적이고 명확하게 규정되어 있어서 누구라도 당해 법률 그 자체로부터 대통령령에 규정될 내용의 대강을 예측할 수 있어야 한다는 것을 의미한다.

이러한 예측가능성의 유무는 당해 특정조항 하나만을 가지고 판단할 것은 아니고 관련 법 조항 전체를 유기적·체계적으로 종합 판단하여야 하며, 각 대상법률의 성질에 따라 구체적·개별적으로 검토하여야 한다. 위임입법의 위와 같은 구체성, 명확성의 요구 정도는 각종 법률이 규제하고자 하는 대상의 종류와 성질에 따라 달라질 것이지만, 특히 처벌법규나 조세법규와 같이 국민의 기본권을 직접적으로 제한하거나 침해할 소지가 있는 법규에서는 구체성, 명확성의 요구가 강화되어 그 위임의 요건과 범위가 일반적인 급부행정법규의 경우보다 더 엄격하게 제한적으로 규정되어야 하는 반면에, 규율대상이 지극히 다양하거나 수시로 변화하는 성질의 것일 때에는 위임의 구체성, 명확성의 요건이 완화된다(헌재 1999. 1. 28. 97헌가8 참조).

(2) 위임의 필요성

개별 보건의료기관개설자들의 부담액이나 납부의 절차 등에 관련된 기술적이고 세부적인 사항은, 전문적 판단이 필요하고 수시로 변화하는 상황에 대응해야 할 필요가 있어 하위법령에 위임할 필요가 있는 영역이다.

다만, 보건의료기관개설자의 부담액에 관하여 적어도 금액의 상한이나 금액 산정에 관한 대강의 기준을 법률에서 정해야 하는 것은 아닌지가 문제될 수 있으나, 손해배상금 대불제도는 처음 도입되는 단계에 있으므로 대불에 필요한 적립금이 어느 정도 수준으로 유지되고 있어야 하는지를 제도 운영 이전에 입법단계에서 예측하기 어렵다. 또한 초기에 제도를 운영할 수 있을 만큼 재원을 적립한 이후에 추가로 징수할 비용은 결손을 보충하는 정도에 불과하므로 손해배상 대불제도를 실제로 운영하는 과정을 통해서 추산할 수밖에 없다.

금액 산정의 기준 역시 의료사고로 인한 보건의료기관개설자들의 손해배상책임 발생 현황 등의 통계에 대한 분석과 의료행위별 위험성, 보건의료기관별 지급곤란 요소 등에 관한 전문적인 판단이 필요하다는 특수성이 있다. 그러므로 금액의 상한이나 금액 산정의 기준에 관하여도 상황의 변동에 따라 시의 적절하게 탄력적으로 대응할 수 있도록 하위 법령에 위임할 필요성이 인정된다.

(3) 예측가능성

앞에서 본 손해배상금 대불제도의 입법목적과 의료사고로 인한 손해배상책임이 발생할 위험성이 높은 의료행위를 하거나 의료행위의 절대량이 많은 보건의료기관일수록 손해배상금 대불제도로 인한 혜택을 누리게 될 가능성이 크다는 점을 고려하면, 대불비용 부담금을 부과하는 산정기준으로 의료행위에 따른 위험성의 정도 차이와 의료기관에서 행해지는 의료행위의 양 등이 주로 고려될 것임을 예측할 수 있다. 따라서 의과, 치과, 한의과, 약국, 조산원과 같이 행해지는 의료행위의 종류에 따라, 또한 종합병원, 병원, 의원과 같이 의료기관의 규모에 따라 부담금의 차이가 날 것임이 예측 가능하다.

또한, 의료분쟁조정법 제47조 제6항에서 조정중재원이 손해배상금을 대불한 경우 이를 구상할 수 있다고 규정하고, 제7항에서 상환이 불가능한 대불금에 대해서 결손처분을 할 수 있다고 규정하고 있으므로, 일단 적립된 금액은 결손이 발생하지 않는 한 어느 정도 수준으로 유지될 것이고, 그 후의 추가적인 부담은 대불이 필요한 손해배상금의 총액이 증가하는 정도와 결손이 발생하는 정도를 고려하여 정해질 것임도 예측할 수 있다.

나아가 앞에서 본 바와 같이 의료분쟁조정법 제47조 제4항은 국민건강보험공단이 요양급여기관인 보건의료기관개설자에게 지급하는 비용의 일부를 조정중재원에 지급하는 방법으로 징수할 수 있도록 하여 사실상 대부분의 보건의료기관개설자에게 적용될 수 있는 징수방법에 관하여도 정하고 있고, 상환이 불가능한 대불금에 대한 결손처분 등 대불비용 부담금의 관리에 관한 기본 사항도 규율하고 있어 그 세부적인 사항에 관해서도 충분히 예측할 수 있다.

한편, 심판대상조항이 적용되는 대상은 보건의료기관개설자라는 특정한 집단으로, 집단의 특수성 · 밀접한 관련성 · 전문성으로 인해 손해배상금 대불을 위한 부담금의 산정기준 등이 예측 가능한 자들이라는 점도 고려해야 할 것이다.

(4) 소 결

이러한 점들을 종합할 때, 심판대상조항에서 하위법령에 위임한 보건의료기관개설자들의 구체적인 납부금액이나 방법 등은 그 위임의 필요성이 인정되고, 수권법률인 의료분쟁조정법의 관련조항들을 유기적 · 체계적으로 해석함으로써 하위법령에 규정될 내용의 대강도 예측할 수 있다. 따라서 심판대상조항은 포괄위임입법금지원칙에 위배되지 아니한다.

[110] 총포 · 도검 · 화약류 등 단속법 제11조 제1항 등 위헌소원 사건

(2019. 2. 28. 2017헌바393)

◇ 사안과 쟁점

청구인은 총포의 소지허가를 받은 사람으로서, '(1) 2015. 4. 3. 남양주시 ○○읍에 있는 청구인의 주거지에서, 총포의 소지허가를 받은 사람이 그 허가된 용도에 사용하기 위하여 소지할 수 있는 실탄은 400발임에도 불구하고, 실탄 3,034발을 보관함으로써 관할관청의 허가를 받지 아니하고 화약류를 소지하였고, (2) 2015. 4. 3. 같은 장소에서 탄환의 운동에너지가 0.061kgm에 이르는 비비탄 권총 1정을 보관함으로써 모의총포를 소지하였다.' 등 취지의 범죄사실로 기소되었고, 제1심 법원은 위 범죄사실 등을 각 유죄로 인정하여 징역 8월 및 몰수를 선고하였다. 청구인 및 검사는 이에 불복하여 항소를 제기하였고, 청구인은 항소심 재판 계속 중 구 '총포·도검·화약류 등 단속법'(이하 '총포화약법') 제11조 제1항 및 제15조에 대하여 위헌법률심판제청신청을 하였으나 기각되자 헌법소원심판을 청구하였다.

쟁점은, ① 총포와 아주 비슷하게 보이는 것으로서 대통령령이 정하는 모의총포의 소지를 처벌하는 규정인 구 총포화약법 제11조 제1항 본문의 '소지' 부분 및 제73조 제1호 중 제11조 제1항 본문의 '소지' 부분('이 사건 모의총포에 관한 규정')이 명확성원칙 및 포괄위임금지원칙에 위반되는지 여부, ② 총포의 소지허가를 받은 사람이 소지할 수 있는 실탄의 수량을 하위법령에 위임하도록 규정한 구 총포화약법 제15조 중 '총포의 소지허가를 받은 사람이 그 허가된 용도에 사용하기 위하여 소지하는 실탄으로서 행정자치부령이 정하는 수량' 부분(이하 '이 사건 실탄의 수량에 관한 규정')이 명확성원칙 및 포괄위임금지원칙에 위반되는지 여부이다(2019. 2. 28. 2017헌바393; 공보 269호 262면).

①의 '이 사건 모의총포에 관한 규정'에 관하여, 헌법재판소는 2009. 9. 24. 2007헌마949 결정, 2011. 11. 24. 2011헌바18 결정 및 2013. 6. 27. 2012헌바273 결정에서 이 사건 처벌조항이 죄형법정주의의 명확성원칙 및 포괄위임금지원칙에 위반되지 아니한다고 판단하였고, 여기에서도 이를 그대로 원용하고 있다.

문제는 ②의 '이 사건 실탄의 수량에 관한 규정' 부분인데, 재판관 전원 일치 의견으로 죄형법정주의의 명확성원칙 및 포괄위임금지원칙에 위반되지 아니한다고 판단하였다. 재판관 조용호는 주심으로 법정의견을 집필하였다.

◇ 법정(합헌)의견

라. 이 사건 실탄의 수량에 관한 규정에 대한 판단

(1) 위임입법의 필요성

이 사건 실탄의 수량에 관한 규정은 총포화약법에 따른 총포 소지허가에 대한 특례로서 '총포의 소지허가를 받은 자가 허가받은 용도에 사용하는 실탄으로서 행정자치부령이 정하는 수량'에 대해서는 같은 법 제10조, 제18조, 제21조 및 제25조의 규정을 적용하지 아니함으로써 그 소지, 사용, 양도·양수를 허용하거나 화약류저장소를 설치할 수 있도록 하는 것이다. 이때 실탄의 수량에 따라 인명·신체상 유해성 및 위험성이 달라지므로 총포 및 화공품의 제조기술의 발전에 따라 허용할 수 있는 수량의 범위도 달라질 것이다.

총포화약법은 화약류를 화약, 폭약, 화공품 등으로 구분하고 있으며(제2조 제3항), 실탄은 그중 화공품에 속한다(같은 항 제3호 나목). 총포의 소지허가를 받은 자는 용도에 따라 실탄 외에도 공포탄, 총용뇌관, 신호용뇌관, 신호용염관, 신호용화전, 신호용화공품, 시동약을 소지할 수 있고, 이때 총포의 소지허가를 받은 자가 소지할 수 있는 실탄의 수량에 관하여 법률에서 상세히 규율하지 않고 그 구체적인 범위를 행정자치부령에서 정하도록 위임하고 있다(총포화약법 제15조). 실탄을 비롯하여 화공품의 종류가 다양한 만큼 각 화약류의 유해성 및 위험성에 대응하여 그 소지가 허용되는 수량의 범위도 달라질 수밖에 없고, 새로운 소재의 출현 및 제조기술의 발달에 따라 모양과 성능을 달리하여 개발되고 있으므로 소지할 수 있는 실탄의 수량 범위를 탄력적으로 규정할 필요가 있기 때문이다.

또한, 총포의 소지허가를 받은 자가 그 용도에 사용하기 위하여 소지하는 실탄에 대하여 총포화약법 제10조, 제18조, 제21조 및 제25조의 규정을 적용하지 아니하는 실탄의 수량은 총포학, 화약학, 발파학 등에 관한 기본적인 지식을 전제하는 고도의 전문적·기술적 사항이다. 이와 같은 취지에서 총포화약법은 화약류 취급의 전문적·기술적 성격을 고려하여 화약류의 운반(제26조 제4항), 저장(제24조 제1항), 사용(제18조 제4항), 폐기(제20조 제3항) 등에 필요한 기술상의 기준 역시 대통령령에 위임하고 있다. 마찬가지로 총포 소지허가에 대한 특례로서 총포의 소지허가를 받은 자가 허가받은 용도에 사용하기 위하여 소지할 수 있는 실탄의 수량 역시 행정입법을 통하여 규율할 필요가 있다.

이러한 사정을 고려하면, 총포화약법 제12조 또는 제14조에 따라 총포의 소지허가를 받은 자가 소지할 수 있는 실탄의 수량에 관한 구체적인 내용을 법률로써 미리 자세히 규정하기 보다는, 법률에서는 총포 소지허가에 대한 특례만을 정한 뒤 구체적이고 세부적인 수량에 관한 내용은 전문적·기술적 능력을 갖춘 행정부에서 상황의 변동에 따라 시의 적절하게 탄력적으로 대응할 수 있도록 하위법령에 위임할 필요성이 인정된다.

(2) 위임범위의 예측가능성

이 사건 실탄의 수량에 관한 규정은 '총포의 소지허가를 받은 자가 허가받은 용도에 사용하기 위하여 소지하는 실탄'이라는 기준을 제시하고 그 구체적인 수량을 행정자치부령에서 정하도록 위임하고 있다.

'총포의 소지허가를 받은 자'는 총포화약법 제12조에 따라 예외적으로 총포의 소지를 허가받은 자 또는 같은 법 제14조에 따라 국내 또는 국외에서 개최되는 국제사격경기대회, 수렵대회 또는 무술대회 등에 참가하기 위하여 그 대회에서 사용할 총포의 소지를 허가받은 자로 규정하고 있으므로 그 범위가 비교적 명확하다.

'허가받은 용도에 사용하기 위하여 소지하는 실탄으로서 행정차지부령으로 정하는 수량'이란 총포화약법 제12조 또는 제14조에 따라 소지허가를 받은 개별적인 총포 당 실탄의 개수로 해석될 여지도 있으나, 총포의 소지허가를 받은 사람 당 같은 법 제15조의 특례가 적용되는 총 실탄의 개수로 해석함이 타당하다. 즉, ① 총포화약법은 총포 등을 소지하기 위해서는 소지허가를 받을 것을 요구하고 있으며, 허가받지 않은 자가 총포 등을 소지하는 것을 엄격히 금지하고 있는 점, ② 개인의 소유물임에도 불구하고 이처럼 총포 등의 소지를 제한하는 이유는 사람을 살상하는 기능을 가지고 있는 총포 등에 의한 위해의 발생을 방지하기 위한 것인 점, ③ 청구인의 주장과 같이 '소지허가를 받은 개별적인 총포 당 실탄의 개수'를 의미한다고 해석한다면 소지허가가 내려진 총포가 다량일 경우 허가 없이 보관되는 실탄이 지나치게 늘어나 국민생활의 안전을 심히 위협하게 되는 점, ④ 이 사건 실탄의 수량에 관한 규정은 '총포의 소지허가를 받은 사람'을 기준으로 총포 소지허가에 대한 특례를 적용받는 실탄의 수량을 제한하는 규정 형식을 취하고 있는 점, ⑤ '1인당 총포 소지허가에 대한 특례를 적용받을 수 있는 총 실탄의 개수'로 해석하더라도 그 수량을 초과하여 소지를 희망하는 자는 같은 법 제12조 제1항 소정의 화약류에 대한 소지허가를 받아 초과수량을 소지하는 것이 가능하고, 이는 화약류에 대한 소지를 원칙적으로 허가사항으로 정하는 입법취지에 비추어 당연한 귀결이라고 볼 수 있는 점 등을 종합하여 보면, 위 '실탄의 수량'은 총포의 소지허가를 받은 자가 소지할 수 있는 총 실탄의 개수를 뜻하는 것임을 알 수 있다.

이 사건 실탄의 수량에 관한 규정만으로는 행정자치부령으로 정하여질 수량의 상·하한 등 그 범위가 어느 정도인지 불분명하다고 볼 수도 있다. 그러나 앞서 본 바와 같이 총포의 소지허가를 받은 자에게 특례가 적용되는 실탄의 수량에 관한 내용은 화약류 취급의 전문적·기술적 성격을 고려하여 행정입법으로서 규율함이 바람직하다. 이 사건 실탄의 수량에 관한 규정은 총포의 소지허가를 받은 자에 대하여 그 허가된 용도에 사용하기 위하여 소지할 수 있는 실탄에 대하여 예외적으로 총포화약법 제10조, 제18조, 제21조 및 제25조의 규정을 적용하지 아니한다는 내용의 특례를 인정한 것이므로, 총포 및 실탄에 의한 살상 및 위해의 발생을 방지하기 위하여 최소한의 수량이 정하여질 것임을 예상할 수 있다. 특히 이 사건 실탄의 수량에 관한 규정은 구체적으로 '그 허가된 용도에 사용하기 위하여'라는 실탄의 용도에 제한을 두고 있다.

이 사건 실탄의 수량에 관한 규정의 수범자는 총포화약법 제12조 또는 제14조의 규정에 의하여 총포의 소지허가를 받은 사람으로서, 위와 같은 허가를 받으려면 지방경찰청장의 허가 또는 경찰서장의 허가를 받아야 하고(총포화약법 제12조, 같은 법 시행령 제14조, 같은 법 시행규칙 제21조), 그 허가를 받기 전에 총포 및 화약류의 취급 및 관리 등에 관한 법령, 엽총·공기총 등 사용·보관 및 취급에 관한 실기 및 안전교육을 받아야 한다(같은 법 제22조). 경찰서에 총포와 실탄을 보관하는 경우 보관증명서를 발급받게 되며, 총포를 허가받은 용도로 사용하는 경우 등에 한하여 그 보관을 해제하고 총포와 실탄을 반환받을 수 있다(총포화약법 제12조 및 제47조 제2항, 같은 법 시행령 제70조의2). 총포 소지허가의 갱신을 받으려는 사람은 그 신청서를 허가관청에 제출하여야 한다(총포화약법 제16조, 같은 법 시행규칙 제28조). 그렇다면 총포의 소지허가를 받은 사람은 그 허가를 받거나 총포와 실탄을 보관하는 과정에서 본인이 총포 소지허가에 대한 특례로서 예외적으로 소지할 수 있는 실탄의 수량이 어느 정도인지를 예측할 수 있는 정도의 전문지식과 능력을 갖추었다고 보아야 할 것이다.

결국 이 사건 실탄의 수량에 관한 규정의 입법취지 및 관련 조항들을 유기적·체계적으로 종합하여 보면, 위 규정이 수범자로 하여금 소지허가 받은 총포를 그 용도에 사용하기 위하여 특별히 소지할 수 있는 실탄의 수량을 전혀 예측할 수 없을 정도로 포괄적으로 입법사항을 위임하고 있다고 보기 어렵다.

(3) 소 결

따라서 이 사건 실탄의 수량에 관한 규정은 죄형법정주의의 명확성원칙 및 포괄위임금지원칙에 위반되지 아니한다.

저자 약력

조용호

건국대학교를 졸업하고, 제20회 사법시험에 합격하여, 군법무관, 각급법원의 판사, 부장판사, 법원장을 거쳐, 헌법재판관을 역임하였다.

헌법재판의 길

초판발행 2020년 5월 30일
중판발행 2020년 10월 10일

지은이 조용호
펴낸이 안종만 · 안상준

편 집 장유나
기획/마케팅 정연환
표지디자인 조아라
제 작 우인도 · 고철민

펴낸곳 (주) 박영사
서울특별시 종로구 새문안로3길 36, 1601
등록 1959. 3. 11. 제300-1959-1호(倫)
전 화 02)733-6771
f a x 02)736-4818
e-mail pys@pybook.co.kr
homepage www.pybook.co.kr
ISBN 979-11-303-3654-1 93360

정 가 48,000원